本成果獲北京納通科技集團有限公司和
國家社科基金資助

子曰全集

郭沂 編撰

中華書局

圖書在版編目(CIP)數據

子曰全集/郭沂編撰. —北京:中華書局,2017.6
(2018.3 重印)
ISBN 978 - 7 - 101 - 12509 - 2

Ⅰ.子… Ⅱ.郭… Ⅲ.孔丘(前551 - 前479) - 語録
Ⅳ.B222.2

中國版本圖書館 CIP 數據核字(2017)第 050249 號

書　　名	子曰全集
編 撰 者	郭　沂
責任編輯	石　玉
出版發行	中華書局
	(北京市豐臺區太平橋西里38號　100073)
	http://www.zhbc.com.cn
	E - mail:zhbc@ zhbc.com.cn
印　　刷	北京瑞古冠中印刷廠
版　　次	2017 年 6 月北京第 1 版
	2018 年 3 月北京第 2 次印刷
規　　格	開本/710×1000 毫米　1/16
	印張 64　插頁 2　字數 1000 千字
印　　數	2001 - 3500 册
國際書號	ISBN 978 - 7 - 101 - 12509 - 2
定　　價	198.00 元

序

　　我早年在校讀書期間，讀過一點古文，但參加工作後，因國家需要轉學了機械。離開工作崗位之後，曾留心過祖國傳統文化，到儒聯後才算是入了"啓蒙班"。

　　歷史上，以孔子爲代表的儒學是中國傳統文化的主幹，對孔子的儒學著作、言論進行編輯、考證、詮釋以及各種爭論，兩千多年來不曾斷過。其中何爲孔子原著，何爲他人轉述，何爲後學發掘、編述，歷來也是議家蜂起，各持己見。因此，集合一些專家們，下一番旁搜博覽、探幽鉤沉、分析比較和去僞存真的功夫，編出一本爲學者所普遍認可的孔子著述全集來，應屬加强儒學研究、教育、傳播和應用的基礎性工作。在我的腦海裏早就有過這樣的念頭，很希望有一本"子曰全集"之類的書能早日問世。

　　頃聞郭沂教授等專家經略於此事，已努力有年，近日終於完成《子曰全集》的編纂，誠爲可喜可賀之事，謹嚮郭沂教授和他的研究同行們表示感謝。納通集團董事長趙毅武先生鼎力資助，玉成其事，其向學之忱，尤宜表彰。

　　是爲序。

葉選平

二〇一六年十一月

目　录

前　言

　　2011年3月27日,時任國際儒學聯合會會長的葉選平先生在國際儒學聯合會四屆二次常任理事會上的講話中指出:"孔夫子和他的一些學生的思想,反映在《論語》當中,但孔夫子的思想是不是就是《論語》中的那些東西? 恐怕還有散見在其他歷史典籍中的。可不可以把凡是'子曰'的東西,不管是在《論語》中還是在其他典籍中的,都把它們搜集起來,也編成一個'全集',姑且叫它《子曰全集》,可行不可行呢? 如果可以編出來,我想對於儒學工作的推進也是有益處的。"對於孔子乃至儒學研究來説,葉會長提出的問題和建議極其重要。

　　誠如葉會長所説,孔子的言行史料也散見於《論語》之外的各種歷史典籍中。近代以來,學者們多認爲這些史料屬後人假託,未給予足夠的重視。但是,近年來出土的竹簡、帛書材料却證明,其中有許多記載是可靠的,應該納入孔子文獻的範圍。

　　其實,在歷史上,早已有人輯録《論語》以外散見於各種典籍中的孔子言行資料了。根據有關記載,這項工作最早可以追溯到梁武帝的《孔子正言》和唐代詩人王勃的《次論語》,可惜這兩部書都早已亡佚。現存此類文獻有宋代楊簡的《先聖大訓》和薛據的《孔子集語》,明代蔡復賞的《孔聖全書》和潘士達的《論語外篇》,清代馬驌的《繹史·孔子類記》、曹庭棟的《孔子逸語》和孫星衍的《孔子集語》等。上世紀九十年代以來,也有一些當代學者從事這項工作,其中最值得稱道的有姜義華等的《孔子——周秦漢晉文獻集》、李啓謙等的《孔子資料匯編》和郭沂的《孔子集語校補》。

　　毋庸諱言,以上作品雖然成就斐然,但仍然存在各種問題。首先,對相關文獻的輯佚不夠完備,故都稱不上"全集"。其次,未對史料的真實性進行認真考證甄辨。再次,對疑難字句未作必要的注釋。另外,在體例上也存在這樣那樣的不足之處。因此,在前人的基礎上,將歷史文獻中的孔子史料搜集在一起,編撰一部真正的《子曰全集》，並進行認真校勘、考證和注釋，具有重要意義。

鑒於此，國際儒學聯合會根據葉會長的指示，在北京納通科技集團有限公司董事長、國際儒聯副會長趙毅武先生的資助下，設立《子曰全集》項目。經過多方徵求意見，決定由筆者承擔，並成立編委會。

筆者接受了這項任務後，便主要從以下四個方面展開工作：一是從230多種春秋至明代的典籍中搜集了原始史料，可以說，收集之全是空前的；二是參考多種版本，對這些史料進行全面校勘；三是爲了便於閱讀，對疑難字句做了注釋；四是爲了方便讀者瞭解各種原始文獻的情況，爲每一種文獻做了題解。需要說明的是，雖然出土文獻中也保存了不少有關孔子言行的史料，但鑒於目前有關研究尚不成熟，故暫未收錄。

經過數年的努力，初稿已於2015年6月完成。隨後，國際儒聯秘書處特別邀請朱漢民教授、廖名春教授、王鈞林教授、舒大剛教授、楊朝明教授等專家評審初稿。他們一方面給予了充分的肯定，另一方面也提出了許多寶貴的意見和建議。在這同時，本書責任編輯石玉先生也從編輯出版的角度，對初稿提出了一些十分重要的修改意見。2015年10月以來，筆者又根據各位專家和石玉先生的意見和建議，對全稿做了一遍新的修訂。

特別值得強調的是，在本項目進行的過程中，國際儒聯的有關領導和同事給予了極大的支持。葉選平前會長和滕文生會長都一直非常關心本書的進展情況，並提出了許多指導性意見；牛喜平秘書長則負責相關協調工作，費心尤多；李煥梅女士、楊雪翠博士先後擔任本項目的聯絡等事務，十分辛苦。

另外，諸生對本書也做出了不少貢獻，特別是袁青君搜集了部分文獻，並作了初步校對；李浩然君搜集並初步整理了題解的資料；周玉銀君則參與了不少校對、編輯的工作。在後期的修訂過程中，李慧子博士又對全稿進行了整理。清樣出來以後，中國孔子研究院的崔偉芳女士、劉曉霞女士復以各原始典籍爲底本進行了認真的校訂。在此書出版之際，謹對以上各位致以誠摯的謝意！

本書爲集腋成裘之作，卷帙浩繁，錯訛遺漏之處一定不少，盼望專家和讀者賜教！

郭　沂
2015年12月7日初稿
2017年1月2日定稿

凡　例

　　一、本書爲歷史上有關孔子言行記録的文獻總集，采自春秋至明代的二百三十多種典籍。

　　二、本書根據文獻性質，分爲十二卷。其中，第一至第五卷爲《論語》類文獻，即專門記録孔子言行的文獻。歷史上記載孔子言行的專書有三部，一是《論語》，二是《孝經》，三是《孔子家語》，宜列前三卷。《孔叢子》記録了孔子以及子思、子上、子高、子順、子魚等孔氏先祖的言行，屬於孔氏家學，列爲第四卷。至於保存在其他典籍中的《論語》類文獻，列爲第五卷。第六卷收録《春秋》三傳中的有關記載，第七卷收録儒家子書中的有關記載，第八卷收録《史記》中的《孔子世家》和《仲尼弟子列傳》兩篇文獻，第九卷收録歷代史書中的有關記載，第十卷收録歷代傳注中的有關記載，第十一卷收録歷代子書中的有關記載，第十二卷收録讖緯書中的有關記載。其中，第十卷和第十一卷又分爲若干類，前者包括易類、書類、詩類、禮類、樂類、春秋類、孝經類、論語類、其他等類，後者包括道家類、法家類、名家類、墨家類、小説家類、詩賦類等。

　　三、本書所收史料的排列次序，依循了兩個原則。一是可靠性原則。大致來説，第一卷至第八卷爲基本可靠的史料，第九卷至第十一卷爲比較可靠的史料，但來源龐雜，亦難免魚目混珠。至於第十二卷，多屬依託，然其中又不乏信史。二是時間性原則，即每卷及每類之下，基本上是按照成書時代先後來排列的。這兩個原則又具有一致性，即總體而言，成書時代越早的文獻，可信度越高。

　　四、同一內容爲不同文獻記載者，盡量在相關各條末尾注明，相關文字較多參考孫星衍《孔子集語》。

　　五、魏晉以後文獻所引漢以前常見典籍，不再收録。

　　六、中國歷史典籍在流傳過程中，難免手民之誤，乃至錯簡脱句，有些字句也已經很難理解。有鑒於此,本書對所收史料進行了校勘和注釋。

七、本書對各種文獻的整理,盡量選擇善本作爲校勘底本,並吸收前人的注解和時賢的成果。注釋中所采各家校語,皆標以姓名,不再注明原始出處;所采各家語詞解釋,一般不特別標出;屬本書所校者,或逕作注語,或書"今案"二字。

八、注釋中所采古注,多轉引自有關文獻。如:《孔叢子》宋咸注引自傅亞庶《孔叢子校釋》(中華書局 2011 年版),《荀子》楊倞注引自王先謙《荀子集解》(中華書局 1988 年版),《禮記》鄭玄注引自孫希旦《禮記集解》(中華書局 1989 年版),《大戴禮記》盧辯注引自王聘珍《大戴禮記解詁》(中華書局 1983 年版),《尚書大傳》鄭玄注引自王闓運《尚書大傳補注》(中華書局據《靈鶼閣叢書》本排印,1991 年版),《國語》韋昭注引自徐元誥《國語集解》(中華書局 2002 年版),《列子》張湛注引自楊伯峻《列子集釋》(中華書局 1979 年版),《莊子》郭象注、成玄英疏、司馬彪注引自郭慶藩《莊子集釋》(中華書局 2004 年版),《韓非子》舊注引自陳奇猷《韓非子新校注》(上海古籍出版社 2000 年版),《呂氏春秋》高誘注引自陳奇猷《呂氏春秋新校釋》(上海古籍出版社 2002 年版),《淮南子》高誘注引自劉文典《淮南鴻烈集解》(中華書局 1989 年版),緯書部分鄭玄注引自安居香山、中村璋八輯《緯書集成》(河北人民出版社 1994 年版)。

九、本書對所收文獻,各撰題解,簡要介紹其作者、時代、成書、流傳、內容以及主要注本等等。題解之下,則明言本書所據版本。

第一卷　論語精義

論　語

　　《論語》爲流傳最廣、影響最大的孔子言行録。劉歆説:"《論語》者,孔子應答弟子時人及弟子相與言而接聞于夫子之語也。當時弟子各有所記。夫子既卒,門人相與輯而論纂,故謂之《論語》。"(《漢書·藝文志》)該書所記時代最晚的一件事是曾子之死,而曾子死於公元前 435 年,所以這一年可以定爲《論語》結集時代的上限。現存直接提到論語其書並引用其文的文獻是《禮記·坊記》。《坊記》乃子思所記孔子言論。根據郭沂的新考,子思享年九十二,卒年的下限爲公元前 403 年,所以這一年可以定爲《論語》結集時代的下限。根據這種推斷,《論語》當結集於公元前 435 年至公元前 403 年這三十二年之間。從這個時間看,《論語》的結集者當僅限於孔子弟子和再傳弟子兩代。此書特别注重道德修養,其結集者很可能是孔子德行、文學兩科的弟子門人。

　　和許多先秦古籍一樣,《論語》經過秦火和戰亂曾一度失傳,至漢代復出現若干傳本,最著名的就是《古論語》、《齊論語》和《魯論語》。後來,張禹以《魯論》爲底本,同《齊論》相參校,並從後者吸收了一些内容,號《張侯論》。至東漢,鄭玄又以《張侯論》爲底本,參校以《齊論》、《古論》二本,遂成定本。

　　東漢時,連同五經和《孝經》合稱"七經"。南宋時與《大學》、《中庸》、《孟子》合稱《四書》。

　　歷代注疏者繁多,影響較大者主要有漢鄭玄《論語鄭氏注》、魏何晏《論語集解》、南朝皇侃《論語集解義疏》、北宋邢昺《論語正義》、南宋朱熹《論語集注》、清劉寶楠《論語正義》、程樹德《論語集釋》等。

　　本書以中華書局版《四書章句集注·論語集注》爲底本，參閲了楊伯峻的《論語譯注》、蔣伯潛的《論語新解》、錢穆的《論語新解》、錢遜的《論語讀本》、來可泓的《論語直解》、黄懷信的《論語匯校集釋》諸本進行校勘和注釋。

學而篇第一

　　1.1 子曰[一]："學而時習之[二]，不亦説乎[三]？有朋自遠方來[四]，不亦樂乎？人不知而不愠[五]，不亦君子乎[六]？"

〔一〕子，對有德、有學、爲人之師者的尊稱，典籍中不冠以姓氏名號而單獨稱"子"者，多指孔子。何晏引馬融云："子者，男子之通稱，謂孔子也。"邢昺則進一步指出："書傳直言'子曰'者，皆指孔子，以其聖德著聞，師範來世，不須言其氏，人知之故也。若其他傳授師説，後人稱其先師之言，則以子冠氏上，所以明其爲師也，子公羊子、子沈子之類是也。若非己師而稱他有德者，則不以子冠氏上，直言某子，若高子、孟子之類是也。"

〔二〕時，適時，時常。朱子《論語集注》曰："習，鳥數飛也。學之不已，如鳥數飛也。"故習的本義爲演習、實習，引申爲温習。

〔三〕説，讀爲"悦"，喜悦。

〔四〕朋，舊注説"同門曰朋"，這裏有同門和弟子二義。朱子曰："朋，同類也。"今人多解爲朋友。

〔五〕知，了解，這裏指對自己的了解，相當於《憲問篇》"君子病無能焉，不病人之不己知也"中的"己知"。愠：怨恨，憤怒。

〔六〕君子，本義爲國君之子，泛指貴族。在夏商周三代，只有貴族才有權接受教育，正如《先進篇》所説："先進於禮樂，野人也；後進於禮樂，君子也。"所以，君子又指受過禮樂教育從而有道德修養的人。

　　1.2 有子曰[一]："其爲人也孝弟[二]，而好犯上者[三]，鮮矣[四]；不好犯上，而好作亂者，未之有也。君子務本[五]，本立而道生[六]。孝弟也者，其爲仁之本與[七]！"

〔一〕有子，孔子弟子有若。此章稱有若爲有子，當爲其弟子所筆録。"君子務本，本立而道生"二句，《説苑·建本》引爲"孔子曰"。所以《論語》中有些文句雖出自弟子之口，而往往爲《漢志》所謂"弟子相與言而接聞于夫子之語"，此其例也。

〔二〕弟，讀爲"悌"，善事兄長。

〔三〕犯，冒犯，違逆。上，指在上位者。

〔四〕鮮，少也。

〔五〕務，致力，專注。

〔六〕在早期儒家思想中，不加定語的"道"，一般指人道，也就是人們應當遵從的行爲規範，所指與"德"略同，皆道德之總稱。如果有區別的話，則前者重過程，後者重德目。《中庸》云："天下之達道五，所以行之者三。曰君臣也，父子也，夫婦也，昆弟也，朋友之交也。五者天下之達道也。知、仁、勇三者，天下之達德也，所以行之者一也。"這裏的"五達道"，重在強調君與臣、父與子等五種倫理關係之間的互動過程，而"三達德"則指"知、仁、勇"三種德目。

〔七〕仁者愛人。儒家講愛人，着眼於日常生活，強調推己及人。人之生也，首先見到的是父母，其次是兄長，且其成長離不開父母的養育和兄長的關愛，所以愛人要從愛父母兄長開始。敬愛父母爲孝，善事兄長爲悌，故孝悌爲仁之根本。

1.3 子曰："巧言令色〔一〕，鮮矣仁〔二〕！"

〔一〕巧，美好。令，柔善。

〔二〕鮮，少也。"鮮矣仁"，皇侃《論語義疏》作"鮮矣有仁"。今案："鮮矣有仁"文義不暢，當以"鮮矣仁"爲是。句本當作"仁鮮矣"，但爲了強調"鮮"，便將其前置，這種情況在古漢語中常見。

1.4 曾子曰〔一〕："吾日三省吾身〔二〕：爲人謀而不忠乎〔三〕？與朋友交而不信乎？傳不習乎〔三〕？"

〔一〕曾子，孔子晚年弟子，名參。

〔二〕三省，有兩種解釋，一是省察多次，二是省察三事。竊以爲，當以前者爲是。若依後者，不當加賓語"吾身"。

〔三〕忠，朱子云："盡己之謂忠。"

〔四〕傳，傳授。朱子云："謂受之於師。"習，演習，實習，溫習。

1.5 子曰："道千乘之國〔一〕，敬事而信〔二〕，節用而愛人，使民以時〔三〕。"

〔一〕道，讀爲"導"，引導，領導，這裏爲治理的意思。乘，音剩，兵車單位，一輛四匹馬拉着的兵車爲一乘。古代以乘爲衡量國力的單位，千乘之國爲當時的強大國家。

〔二〕敬，謹慎。

〔三〕本章是孔子對君主的要求。"敬事"就責任心而言。身爲一國之主，擔負着人民的安樂和國家的命運，能不"敬事"乎！"信"就政府公信力而言。守信是維護民衆凝聚力、提升政權權威的根本，否則必將爾虞我詐，人心渙散，社會失序，以致道德淪喪。"節用"就執政者的道德修養而言。只要執政者厲行節約，則貪腐不興，國家清明，所謂儉以養德。至於"愛人，使民以時"，所強調的是執政者保有一顆仁心，有仁心則有仁政。

1.6 子曰："弟子入則孝〔一〕，出則弟〔二〕，謹而信，汎愛衆，而親仁〔三〕。行有餘力，則以學文〔四〕。"

〔一〕弟子，這裏指年幼者。

〔二〕弟，善事兄長，這裏泛指善事長者。

〔三〕仁，這裏指仁者、仁人。

〔四〕馬融云："文者，古之遺文。"

1.7 子夏曰〔一〕："賢賢易色〔二〕；事父母能竭其力；事君能致其身〔三〕；與朋友交言而有信。雖曰未學，吾必謂之學矣〔四〕。"

〔一〕子夏，孔子晚年弟子，姓卜名商，子夏是其字。

〔二〕賢賢，第一個"賢"爲動詞，尊敬，重視；第二個"賢"爲名詞，賢者，賢德。有二解：一是尊敬賢者；二是由下文分言"事父母"、"事君"、"與朋友交"三種人倫，故此處亦非泛指，當指一種具體的人倫關係，那就是夫婦之道，謂重視妻子的賢德。

〔三〕朱子云："致，猶委也。委致其身，謂不有其身。"

〔四〕往聖先賢是沿着兩個線索來建構儒學核心價值的，一是孝、弟、仁、義等基本道德範疇，二是基本人倫關係，而兩者又往往是互相配合的。本章論述夫婦、父子、君臣、朋友四倫。

1.8 子曰："君子不重〔一〕則不威，學則不固〔二〕。主忠信，無友不如己者〔三〕。過則勿憚改〔四〕。"

〔一〕重，厚重。

〔二〕固，固陋，固執。

〔三〕無，通"毋"，不要。友，用作動詞，交友。"主忠信，無友不如己者"一語，歷來爭議很大，學者多斷爲兩句。我們認爲，以斷爲一句爲宜，旨在強調交友要以忠信爲主，就是說，交友首先要看他是不是一個忠信之人，然後再看他是否有其他值得學習的地方。或曰，如果人人都不與不如自己的人交友，那麼勝於己者亦不與自己交友矣，這樣一來，豈不是大家都無友可交？這種理解當然不符合孔子的本意。孔子説過："三人行，必有我師焉。擇其善者而從之，其不善者而改之。"（《述而》）周圍的人，總有值得我們學習的地方，也就是說，總有勝於自己的地方；反之,自己也總有勝於別人、值得別人學習的地方。因此,大家都可以互相成爲朋友。只有那些頑劣不化、一無是處之人,才不值得我們交往。

〔四〕憚,怕。

1.9 曾子曰:"愼終,追遠〔一〕,民德歸厚矣〔二〕。"

〔一〕鄭玄曰:"老死曰終。"朱子曰:"愼終者,喪盡其禮。追遠者,祭盡其誠。"據此,愼終是就喪禮而言的,追遠是就祭禮而言的。

〔二〕仁爲德之首,孝乃仁之本,然孝並不限於對父母生前的侍奉。父母逝去之時,悲慟不已,孝心益篤。日後每臨祭祀,緬懷恩情,孝心綿長。如是培養仁心,民德能不歸厚乎!

1.10 子禽問於子貢曰〔一〕:"夫子至於是邦也〔二〕,必聞其政,求之與? 抑與之與?"子貢曰:"夫子溫、良、恭、儉、讓以得之。夫子之求之也,其諸異乎人之求之與〔三〕?"

〔一〕子禽,姓陳,名亢,子禽乃其字。或曰爲孔子弟子。子貢,孔子弟子,姓端木,名賜,字子貢,衛國人。

〔二〕夫子,古代對大夫的敬稱。孔子的身份爲大夫,故弟子稱其爲夫子,後世沿襲用來稱呼老師。

〔三〕其諸,表示揣測之辭,或許,大概。溫、良、恭、儉、讓五者,既是內在的德性,又是這五種德性自然流露在外的氣象,更是與人相接之道。良好的品格,莊嚴而不失溫和的威儀,總能贏得人們的信任和敬仰。夫子能溫、良、恭、儉、讓,故至於是邦,必聞其政,不亦宜乎!

1.11 子曰:"父在,觀其志〔一〕;父没,觀其行;三年無改於父之道〔二〕,可謂孝矣〔三〕。"

〔一〕從"父没,觀其行"看,這裏的兩個"其"字皆指兒子。志,意也,想法。

〔二〕父之道,這裏指那些自己想改變的父親生前的做法。

〔三〕父親健在時,一切都由父親做主,兒子雖然有自己的想法,但不能實施,所以説"父在,觀其志"。當父親去世以後,兒子才獨立行事,故"父没,觀其行"。不過,兒子總有一些不同於父親的想法,因此兒子要改變一些父親生前的做法。但是,在守喪三年期間,他不忍心去改變,則是出自他對父親的懷戀。

1.12 有子曰:"禮之用〔一〕,和爲貴〔二〕。先王之道斯爲美〔三〕。小

大由之〔四〕,有所不行。知和而和,不以禮節之,亦不可行也〔五〕。"

〔一〕用,作用,功用。

〔二〕和,和諧,調融。

〔三〕斯,這裏指禮。

〔四〕"小大由之"的"之",亦指禮。

〔五〕"亦不可行也",漢石經無"可"字。俞樾《群經平議》曰:"上云'有所不行',此云
　　　'亦不行也',兩'不行'之義彼此貫通。'亦'者亦上文而言,上無'可'字,則此亦
　　　無'可'字,蓋涉馬注而衍。"

1.13　有子曰:"信近於義〔一〕,言可復也〔二〕。恭近於禮,遠恥辱也。
因不失其親〔三〕,亦可宗也〔四〕。"

〔一〕義是儒家的另一個核心價值。《中庸》説:"義者,宜也。"《釋名·釋言語》:"義,
　　　宜也。裁制事物使合宜也。"《易·旅》"其義焚也",陸德明《釋文》:"馬云:義,宜
　　　也。一本曰'宜其焚也'。"看來,義就是適宜、應當、正當。由這種含義,可引申出
　　　正義、公平的意思。《釋文·釋典藝》:"義,正也。"《墨子·天下》:"義者,正也。"
　　　《管子·水地》:"唯無不流,至平而止,義也。"《孔子家語·執轡》"以之義則國
　　　乂",王肅注:"義,平也。"這個意義上的義,與西方的正義概念相當,但更加豐富、
　　　靈活、親切。什麼是判斷事情是否適宜、應當、正當、正義和公平的標準呢? 是
　　　道,所以儒家經常將道義並稱。

〔二〕朱子曰:"復,踐言也。"

〔三〕因,依靠,憑藉。"因不失其親",朱子注曰:"所依者不失其可親之人。"此後注家
　　　多沿用人唯親的思路釋之,恐失夫子原旨。

〔四〕宗,尊崇,敬仰。

1.14　子曰:"君子食無求飽,居無求安,敏於事而慎於言,就有道
而正焉〔一〕,可謂好學也已。"

〔一〕有道,指有道者,即有道德和道術的人。正,匡正,這裏指匡正己之非。

1.15　子貢曰:"貧而無諂,富而無驕,何如?"子曰:"可也。未若貧
而樂〔一〕,富而好禮者也。"子貢曰:"《詩》云'如切如磋,如琢如
磨〔二〕',其斯之謂與?"子曰:"賜也,始可與言《詩》已矣,告諸往而知
來者〔三〕。"

〔一〕皇侃本"貧而樂"下有"道"字,如此則此句"樂道"與下句"好禮"對舉,近是。

〔二〕“如切如磋，如琢如磨”，引自《詩·衛風·淇奥》。歷史上有兩種解釋：一種認爲切、磋、琢、磨分別爲對骨、象牙、玉和石的加工，如《爾雅》説：“骨謂之切，象謂之磋，玉謂之琢，石謂之磨。”另一種認爲切、磋是加工骨和象牙的兩個階段，琢、磨是加工玉石的兩個階段，如朱子説：“治骨、角者，既切之而復磋之；治玉、石者，既琢之而復磨之。治之已精，而益求其精也。子貢自以無諂無驕爲至矣，聞夫子之言，又知義理之無窮，雖有得焉，而未可遽自足也，故引是詩以明之。”這種説法更符合本章原義。

〔三〕朱子云：“往者，其所已言者。來者，其所未言者。”

1.16 子曰：“不患人之不己知〔一〕，患不知人也〔二〕。”

〔一〕患，擔心，憂慮。

〔二〕作爲自爲的人，總是自然而然地站在自己的立場上想問題，爲自己着想。至於換位思考，爲別人着想，去了解別人，那是對自我的超越，是一種更高的境界。所以“知人”並不是一件容易的事情，非下一番内省、推己之功不可。

爲政篇第二

2.1 子曰：“爲政以德，譬如北辰〔一〕，居其所而衆星共之〔二〕。”

〔一〕北辰，即北極星。

〔二〕共，同“拱”，鄭玄本正作“拱”，學者多釋爲圍繞、環抱。今案：當依陸德明釋爲拱手，有朝拜、尊崇、嚮往、歸依之意。

2.2 子曰：“《詩》三百〔一〕，一言以蔽之〔二〕，曰：‘思無邪〔三〕。’”

〔一〕《詩》三百，《詩》實有三百零五篇，“三百”乃其約數。

〔二〕蔽，遮蓋，這裏指概括。

〔三〕“思無邪”取自《詩·魯頌·駉》。在原詩中，“思”爲語首詞，無義，而孔子在這裏將其轉化爲思想之“思”。邪，邪念，邪惡。

2.3 子曰：“道之以政〔一〕，齊之以刑〔二〕，民免而無恥〔三〕；道之以德，齊之以禮，有恥且格〔四〕。”

〔一〕道，同“導”，引導。之，這裏指人民。政，法制政令。

〔二〕齊，齊一，整治。

〔三〕免，避免，這裏指免於刑罰。恥，羞恥心。

〔四〕格，有多種解釋，有的釋爲至，即“至於善”；有的釋爲正，即“歸於正”。竊以爲，

“有耻且格”當與“民免而無耻”相應，“有耻”對“無耻”，“格”對“免”。在“民免而無耻”中，“免”是值得肯定的，但“無耻”是否定的，而在“有耻且格”中，“有耻”和“格”都是肯定的。因此，“格”與“免”所指應該相同，都是不受刑罰的意思。用“格”來表達不受刑罰的意思，當指合於法令，此爲“歸於正”所應有之義。

2.4 子曰：“吾十有五而志於學〔一〕，三十而立〔二〕，四十而不惑〔三〕，五十而知天命〔四〕，六十而耳順〔五〕，七十而從心所欲〔六〕，不踰矩〔七〕。”

〔一〕有，同“又”。

〔二〕立，指立足於社會。按照孔子“立於禮”（《論語·泰伯》）的説法，守禮處世才能立足於社會。

〔三〕不惑，能够洞察社會，明瞭各種現象之情理，不爲之困惑。

〔四〕朱子曰：“天命，即天道之流行而賦於物者，乃事物所以當然之故也。”用現在的話説，天命就是事物本性與發生發展的客觀規律。孔子“五十而知天命”當與“加我數年，五十以學《易》”（《論語·述而》）一事有關，乃孔子五十歲以後通過學《易》對世界的參悟。

〔五〕耳順，指修養達到很高水平，對各種意見，不管是表揚的還是批評的、正確的還是錯誤的，都能泰然處之，不感到逆耳。

〔六〕從，順從。

〔七〕踰矩，越過規矩，這裏指違背道德規範。

2.5 孟懿子問孝〔一〕。子曰：“無違〔二〕。”樊遲御〔三〕，子告之曰：“孟孫問孝於我〔四〕，我對曰，‘無違’。”樊遲曰：“何謂也？”子曰：“生，事之以禮；死，葬之以禮，祭之以禮。”

〔一〕孟懿子，魯國大夫，名何忌，懿是謚號。姓孟孫，其祖先慶父因與莊公爲同父異母兄弟，故以莊公爲兄而自稱仲孫。孟懿子之父孟僖子臨死時曾囑咐他向孔子學禮。

〔二〕無，通“毋”。違，這裏指違背禮。

〔三〕樊遲，孔子弟子，名須，字子遲。

〔四〕孟孫，這裏指孟懿子。

2.6 孟武伯問孝〔一〕。子曰：“父母唯其疾之憂〔二〕。”

〔一〕孟武伯，名彘，謚號爲武，孟懿子之子。

〔二〕“父母唯其疾之憂”，主要有兩種解釋，一種解釋認爲“其”指父母，是説做子女的只擔憂父母的疾病。二是認爲"其"指子女，是説子女只讓父母擔憂其疾病，其他事情不用父母擔心，之所以如此，是因爲只有疾病是自己不能控制的，而其他差錯，是可以通過自己的謹慎持身來避免的。第二種解釋較爲合理。

2.7 子游問孝〔一〕。子曰："今之孝者，是謂能養。至於犬馬，皆能有養。不敬，何以别乎？"

〔一〕子游，孔子晚年弟子，姓言，名偃，字子游。

2.8 子夏問孝。子曰："色難〔一〕。有事弟子服其勞〔二〕，有酒食先生饌〔三〕，曾是以爲孝乎〔四〕？"

〔一〕色難，和顏悦色爲難。《禮記·祭義篇》説："孝子之有深愛者必有和氣，有和氣者必有愉色，有愉色者必有婉容。"

〔二〕弟，年幼者。

〔三〕先生，本章談孝，這裏指父母。饌，食用。

〔四〕曾，竟然。

2.9 子曰："吾與回言終日〔一〕，不違〔二〕，如愚。退而省其私〔三〕，亦足以發，回也不愚。"

〔一〕回，孔子最得意的弟子，姓顏，字淵，回是其名。

〔二〕違，違背，這裏指意見相背。

〔三〕退，這裏指從孔子處退下。私，進見請問之外其他時候的表現。

2.10 子曰："視其所以〔一〕，觀其所由〔二〕，察其所安〔三〕。人焉廋哉〔四〕！人焉廋哉！"

〔一〕以，憑依，依據。

〔二〕由，路徑，方式。

〔三〕安，心安，這裏指精神寄託。

〔四〕廋，藏匿，隱藏。

2.11 子曰："温故而知新〔一〕，可以爲師矣。"

〔一〕温故而知新，温，温習，學習。故、新有兩種解釋。一曰：故，古也，已然之迹也，即歷史。新，今也，當時之事也，即現實。這樣全句又有兩種理解，一是從學習歷史中了解現實；二是既學習歷史，又了解現實。二曰：故，舊的知識。新，新的知識。

這樣全句也有兩種理解,一是在温習舊的知識中有新的體悟,並獲得新知;二是既温習舊的知識,又學習新的知識。

2.12 子曰:"君子不器〔一〕。"

〔一〕器,器具。每種器具各有一種用途,而不能通用於各種用途。在這裏,孔子强調君子應該無所不通,具備各種才能。

2.13 子貢問君子。子曰:"先行其言而後從之。"

2.14 子曰:"君子周而不比〔一〕,小人比而不周。"

〔一〕周,團結,齊心協力。比,勾結,結黨營私。

2.15 子曰:"學而不思則罔〔一〕,思而不學則殆〔二〕。"

〔一〕罔,迷惘。只學習而不思考,就會淹没在知識的海洋中,失去方向,失去目標。

〔二〕殆,疑惑。只思考而不學習,就會進退失據,不知所從。

2.16 子曰:"攻乎異端〔一〕,斯害也已〔二〕。"

〔一〕攻,治也,這裏指致力於做某事。異端,一般解釋爲他技,即不同於孔子的思想學説,或不正確的言論。但戴震説:"端,頭也。凡事有兩頭謂之異端。"《論語補疏》曰:"異端者,各爲一端,彼此互異。"錢穆亦云:"異端,一事必有兩頭,如一線必有兩端,由此達彼。若專就此端言,則彼端成爲異端。從彼端視此端亦然。"

〔二〕也已,有兩種解釋,一曰:語氣詞;二曰:已,止也。全句有多種理解。戴震曰:"言業精於專,兼攻兩頭,則爲害耳。"錢穆曰:"專向反對的一端用力,那就有害了。"楊伯峻曰:"批判那些不正確的議論,禍害就可以消滅了。"今案:《論語·子罕》載孔子語:"吾有知乎哉?無知也。有鄙夫問於我,空空如也。我叩其兩端而竭焉。"異端,即"兩端";"攻乎異端",即"叩其兩端"。

2.17 子曰:"由〔一〕!誨女知之乎〔二〕!知之爲知之,不知爲不知,是知也〔三〕。"

〔一〕由,孔子早年弟子,姓仲,字子路,由乃其名。

〔二〕女,同"汝"。

〔三〕"是知也"之"知",讀如"智"。今案:從"是知也"一語看,本章是解釋什麼是"智"的,故"誨女知之乎"之"知",亦當讀爲"智",這樣本句當作"誨女知乎","之"字涉下文"知之"之"之"而衍。

2.18 子張學干禄〔一〕。子曰:"多聞闕疑,慎言其餘,則寡尤〔二〕;多見闕殆〔三〕,慎行其餘,則寡悔。言寡尤,行寡悔,禄在其中矣。"

〔一〕子張,孔子晚年弟子,姓顓孫,名師,字子張。干禄,干,求也。禄,官吏的俸禄。干禄指謀求官職。

〔二〕尤,過錯。

〔三〕殆,疑惑。

2.19 哀公問曰〔一〕:"何爲則民服?"孔子對曰〔二〕:"舉直錯諸枉〔三〕,則民服;舉枉錯諸直,則民不服。"

〔一〕哀公,魯君,姓姬,名蔣,哀是其謚號。

〔二〕孔子對曰,《論語》凡記對答君上之問,必稱"對曰",尊君也。

〔三〕錯,放置。諸,"之於"的合音。枉,彎曲,這裏指邪曲之人。

2.20 季康子問〔一〕:"使民敬、忠以勸〔二〕,如之何?"子曰:"臨之以莊〔三〕,則敬;孝慈,則忠;舉善而教不能,則勸。"

〔一〕季康子,魯大夫,姓季孫,名肥,康是其謚號。

〔二〕以,而。勸,勸勉,勉勵。

〔三〕臨,上對下爲臨。莊,莊恭,莊重。

2.21 或謂孔子曰:"子奚不爲政?"子曰:"《書》云:'孝乎惟孝,友于兄弟〔一〕。'施於有政〔二〕,是亦爲政,奚其爲爲政?"

〔一〕"孝乎惟孝,友于兄弟",《尚書》佚文。今見《古文尚書·君陳》篇。

〔二〕施,有兩種解釋,一是施行;二是延及,傳佈。

2.22 子曰:"人而無信,不知其可也。大車無輗,小車無軏〔一〕,其何以行之哉?"

〔一〕大車無輗,小車無軏,大車爲牛車,小車爲馬車。輗爲大車上連接車轅及其前邊橫木的活銷,軏爲小車上連接車轅及其前邊橫木的活銷,没有輗、軏,車子就無法行走。

2.23 子張問："十世可知也^{〔一〕}?" 子曰："殷因於夏禮^{〔二〕},所損益^{〔三〕},可知也;周因於殷禮,所損益,可知也;其或繼周者,雖百世,可知也。"

〔一〕世,代,古人以三十年爲一世。

〔二〕因,因襲,承襲。

〔三〕損,減損。益,增益。

2.24 子曰："非其鬼而祭之^{〔一〕},諂也^{〔二〕}。見義不爲^{〔三〕},無勇也。"

〔一〕其,這裏指祭者。鬼,人死爲鬼,這裏指祖先的鬼神。

〔二〕諂,諂媚。

〔三〕義,宜也,這裏指應當做的事情。

八佾篇第三

3.1 孔子謂季氏^{〔一〕}："八佾舞於庭^{〔二〕},是可忍也^{〔三〕},孰不可忍也!"

〔一〕季氏,魯國大夫季孫氏。

〔二〕佾,古代舞蹈以八人爲一行,一行爲一佾。根據禮制,天子用八佾,諸侯用六佾,大夫用四佾,士用二佾。因此,作爲大夫的季氏,當用四佾,八佾爲僭用天子之禮。

〔三〕忍,有二解,一爲容忍,謂孔子無法容忍季氏僭越禮制;二爲忍心,謂季氏忍心僭越禮制。當以後解爲佳。

3.2 三家者以《雍》徹^{〔一〕}。子曰："'相維辟公^{〔二〕},天子穆穆^{〔三〕}',奚取於三家之堂?"

〔一〕三家,魯國大夫孟孫、叔孫和季孫。《雍》,《詩·周頌》的一篇。徹,同"撤",這裏指祭祀結束撤祭品。按照古代禮制,撤祭品時要奏樂唱詩,《雍》是天子撤祭品時所用的詩。三家爲大夫而以《雍》撤,爲僭用天子之禮。

〔二〕相,助祭者。辟公,諸侯。

〔三〕穆穆,莊嚴肅穆。

3.3 子曰："人而不仁,如禮何? 人而不仁,如樂何?"

3.4 林放問禮之本^{〔一〕}。子曰："大哉問！禮，與其奢也，寧儉；喪，與其易也，寧戚^{〔二〕}。"

〔一〕林放，魯國人，或曰孔子弟子。

〔二〕與其易也，寧戚，《禮記·檀弓上》載："子路曰：吾聞諸夫子：喪禮，與其哀不足而禮有餘也，不若禮不足而哀有餘也。"

3.5 子曰："夷狄之有君^{〔一〕}，不如諸夏之亡也^{〔二〕}。"

〔一〕夷狄，在古代，中國周邊文明欠發達的民族，東曰夷，北曰狄，西曰戎，南曰蠻，統稱夷或夷狄、蠻夷。

〔二〕諸夏，先秦時期中原地區華夏族諸國，亦稱"中國"。亡，同"無"。

3.6 季氏旅於泰山^{〔一〕}。子謂冉有曰^{〔二〕}："女弗能救與^{〔三〕}？"對曰："不能。"子曰："嗚呼！曾謂泰山不如林放乎^{〔四〕}？"

〔一〕旅，祭山。按照禮制，只有天子才有資格祭祀天下名山大川，諸侯可以祭祀境內山川。季氏只是魯國的大夫，竟去祭祀泰山，顯然僭禮。

〔二〕冉有，孔子弟子，名求，字子有，時爲季氏家宰。

〔三〕女，讀如"汝"。救，朱子曰"謂救其陷於僭竊之罪"，也就是諫止。

〔四〕曾，竟然。"曾謂"猶今言"難道"。泰山，這裏指泰山神。曾謂泰山不如林放乎，林放曾向孔子請教"禮之本"，當熟知禮制。這句話是說，泰山神當然比林放更了解禮制，所以是不會接受季氏的祭祀的。

3.7 子曰："君子無所爭，必也射乎^{〔一〕}！揖讓而升，下而飲^{〔二〕}，其爭也君子。"

〔一〕射，指射禮。

〔二〕揖讓而升，下而飲，舉行大射禮時，每兩人爲一組，相互作揖三次而後登堂比試射藝。比試結束，再揖讓而降。等各組比試者皆降，勝者各向不勝者作揖，取酒，相對立而飲之。

3.8 子夏問曰："'巧笑倩兮，美目盼兮，素以爲絢兮^{〔一〕}。'何謂也？"子曰："繪事後素^{〔二〕}。"曰："禮後乎^{〔三〕}？"子曰："起予者商也！始可與言《詩》已矣。"

〔一〕巧笑倩兮，美目盼兮，素以爲絢兮，前兩句爲《詩·衛風·碩人》詩句，後一句可能是逸詩。倩，兩頰，這裏指笑容美好。盼，眼睛黑白分明，這裏指眼睛婉轉動人。

素,白色,這裏指素粉。絢,文采絢麗。

〔二〕繪事後素,錢穆先生云:"古人繪畫,先布五彩,再以粉白線條加以勾勒。"

〔三〕禮後乎,錢穆先生云:"子夏因此悟人有忠信之質,必有禮以成之。所謂忠信之人可以學禮,禮乃後起而加之以紋飾,然必加於忠信之美質,猶以素色間於五彩而益增五彩之鮮明。"

3.9 子曰:"夏禮吾能言之,杞不足徵也〔一〕;殷禮吾能言之,宋不足徵也〔二〕。文獻不足故也〔三〕。足則吾能徵之矣。"

〔一〕杞,周代夏禹後裔的封國,故城在今河南杞縣。徵,證明、證成。

〔二〕宋,周代商湯後裔的封國,故城在今河南商丘縣南。

〔三〕文獻,朱子云:"文,典籍也;獻,賢也。"

3.10 子曰:"禘自既灌而往者〔一〕,吾不欲觀之矣〔二〕。"

〔一〕禘,周代的一種大祭之禮。天子駕崩,新天子奉其神主入廟,先在太廟合祭歷代之祖,謂之禘。在常祭中,天子每五年在太廟舉行禘祭,合祭歷代之祖。另外,諸侯亦有禘祭。灌,又作"祼"或"盥"。灌為第一次向尸獻酒,屬行禮之初。

〔二〕吾不欲觀之矣,魯僖公雖爲閔公庶兄,但承閔公之君位。魯文公舉行禘祭時,升其父僖公於閔公之前,這是逆祀,有違禮制,故孔子稱"吾不欲觀之矣",以表達不滿。

3.11 或問禘之說。子曰:"不知也〔一〕。知其說者之於天下也,其如示諸斯乎〔二〕!"指其掌。

〔一〕不知也,從上章看,孔子不滿魯國的禘禮,所以在本章當有人向他請教禘禮時,他不願深談,推脱說"不知也"。

〔二〕示,有兩種解釋,一說當作"寘",同"置";一說當作"視"。

3.12 祭如在,祭神如神在〔一〕。子曰:"吾不與祭〔二〕,如不祭。"

〔一〕祭如在,祭神如神在,朱子引程子説:"祭,祭先祖也。祭神,祭外神也。"

〔二〕與,參預。

3.13 王孫賈問曰〔一〕:"'與其媚於奧,寧媚於竈〔二〕',何謂也?"子曰:"不然;獲罪於天〔三〕,無所禱也。"

〔一〕王孫賈,衛國大夫,時任衛靈公的大臣。

〔二〕與其媚於奧,寧媚於竈,應爲當時俗語。奧,居室的西南角,爲一家尊者所居,這裏指奧神。竈爲做飯的地方,這裏指竈神。奧神雖尊,但不管具體事務;竈神雖卑,但掌管飲食,故這兩句話猶今語“縣官不如現管”。在這裏,可能是王孫賈向孔子請教是不是討好衛君不如討好衛君左右的權臣;有可能是王孫賈暗示孔子討好衛君不如討好他王孫賈。

〔三〕天,天帝,至高神。“獲罪於天”當指違背天命。

3.14 子曰:“周監於二代〔一〕,郁郁乎文哉〔二〕!吾從周。”

〔一〕監,通“鑑”,借鑑。二代,指夏、商兩代。

〔二〕郁郁,文采燦爛。文,又稱文章,指禮樂典章文化。

3.15 子入太廟〔一〕,每事問。或曰:“孰謂鄹人之子知禮乎〔二〕?入太廟,每事問。”子聞之,曰:“是禮也。”

〔一〕太廟,這裏指魯國祭祀開國之君周公的廟,又叫周公廟。

〔二〕鄹人之子,又作“郰”,魯國小邑,孔子出生地。孔子父親叔梁紇曾經作過鄹大夫,所以孔子在這裏被稱爲“鄹人”。

3.16 子曰:“射不主皮〔一〕,爲力不同科〔二〕,古之道也。”

〔一〕射不主皮,古代用布做成箭靶子,稱爲侯。有時候在布的中心貼上一張獸皮,稱爲鵠。舉行射禮或演練射箭時,主要看是否射中,而不以是否射穿箭靶子爲主。

〔二〕科,等級。

3.17 子貢欲去告朔之餼羊〔一〕。子曰:“賜也,爾愛其羊〔二〕,我愛其禮。”

〔一〕告朔之餼羊,告,告知,頒佈。朔,每個月的第一天,初一。餼,殺而未烹之牲。依周禮,每年秋冬之交,天子向諸侯頒佈包含何日爲每月初一的來年曆書。諸侯接受曆書後藏之於祖廟,每逢初一,便殺一隻羊祭於廟,這就是“告朔”。春秋末年,魯君已經不親臨祖廟告朔了,只是殺一隻羊應付而已。子貢認爲,這樣的告朔形同虛設,不如乾脆連羊也不殺了。

〔二〕愛,愛惜,可惜。

3.18 子曰:“事君盡禮,人以爲諂也。”

3.19 定公問〔一〕:"君使臣,臣事君,如之何?"孔子對曰:"君使臣以禮,臣事君以忠。"

〔一〕定公,魯君,名宋,定是其諡號。

3.20 子曰:"《關雎》〔一〕,樂而不淫〔二〕,哀而不傷。"

〔一〕《關雎》,《詩》的第一篇。這首詩並無悲哀的情緒,劉台拱《論語駢枝》認爲:"詩有《關雎》,樂亦有《關雎》,此章據樂言之。古之樂章皆三篇爲一。……樂而不淫者,《關雎》《葛覃》也;哀而不傷者,《卷耳》也。"不知所據。竊以爲此處以首篇《關雎》的名稱概稱《詩》,猶以首篇《離騷》概稱《楚辭》。

〔二〕淫,過分以至失當。

3.21 哀公問社於宰我〔一〕。宰我對曰:"夏后氏以松,殷人以柏,周人以栗。曰:使民戰栗〔二〕。"子聞之曰:"成事不説,遂事不諫,既往不咎。"

〔一〕社,土神,也指祭祀土神的廟。古人建國必立社,立社則樹其地所宜之木爲社主,也有立木製牌位爲社主者。這裏的社,指社主種樹。宰我,孔子早年弟子,名予,字子我。

〔二〕戰栗,即戰慄,恐懼貌。

3.22 子曰:"管仲之器小哉〔一〕!"或曰:"管仲儉乎?"曰:"管氏有三歸〔二〕,官事不攝〔三〕,焉得儉?""然則管仲知禮乎?"曰:"邦君樹塞門〔四〕,管氏亦樹塞門;邦君爲兩君之好,有反坫〔五〕,管氏亦有反坫。管氏而知禮,孰不知禮?"

〔一〕管仲,春秋時齊國人,名夷吾,爲齊桓公相,輔佐桓公成爲霸主,桓公尊之曰仲父。器,器量,器度。

〔二〕三歸,有多種解釋。或曰:女嫁曰歸。按照禮制,諸侯可娶三姓女,管仲亦娶三姓女。或曰:歸通"饋"。按照古禮,諸侯三薦,管仲亦用三牲之獻。或曰:爲藏貨財之所。或曰:據《管子·山至數篇》"則民之三有歸於上矣",三歸爲市租按常例當歸之公者也。或曰:爲三處采邑。或曰:有三處府第可歸。

〔三〕攝,兼。

〔四〕樹,立。塞門,按照禮制,天子和諸侯在門口建造短墻以別內外,與現在的照壁類似。

〔五〕反坫,用來放置酒杯的土臺,類似現在的茶几。按照古禮,僅天子和諸侯有反坫。

3.23 子語魯大師樂[一]，曰："樂其可知也：始作，翕如也[二]；從之[三]，純如也[四]，皦如也[五]，繹如也[六]，以成。"

〔一〕語，告訴。大師，樂官之長。

〔二〕翕，合也，這裏指樂聲收斂。

〔三〕從，讀爲縱，放縱，放開。

〔四〕純，和諧。

〔五〕皦，清楚明白。

〔六〕繹，連續，延綿。

3.24 儀封人請見[一]，曰："君子之至於斯也，吾未嘗不得見也。"從者見之[二]。出曰："二三子何患於喪乎[三]？天下之無道也久矣，天將以夫子爲木鐸[四]。"

〔一〕儀，衛邑。封人，負責邊疆的官。

〔二〕見之，使之見。

〔三〕喪，失位去國，這裏謂孔子師徒失位去國，周遊列國。

〔四〕木鐸，木舌的銅鈴，古代天子發佈政教，搖之以警眾。

3.25 子謂《韶》[一]，"盡美矣，又盡善也"。謂《武》[二]，"盡美矣，未盡善也[三]"。

〔一〕《韶》，舜時樂曲。

〔二〕《武》，周武王時樂曲。

〔三〕朱子曰："美者，聲容之盛。善者，美之實也。舜紹堯致治，武王伐紂救民，其功一也，故其樂皆盡美。然舜之德，性之也，又以揖遜而有天下；武王之德，反之也，又以征誅而得天下，故其實有不同者。"

3.26 子曰："居上不寬，爲禮不敬，臨喪不哀，吾何以觀之哉？"

里仁篇第四

4.1 子曰："里仁爲美[一]。擇不處仁[二]，焉得知[三]！"

〔一〕里，鄉里，這裏引申爲住在。仁，一說指仁者。一說指仁德，里仁猶孟子所說"仁，人之安宅也"。後說義長。

〔二〕處，居住。

〔三〕知，讀如智。

4.2 子曰："不仁者不可以久處約〔一〕，不可以長處樂。仁者安仁〔二〕，知者利仁〔三〕。"

〔一〕約，窮困。

〔二〕安仁，安於仁，安居於仁德。

〔三〕知，讀如智。利仁，利於仁，從仁德得到好處。

4.3 子曰："唯仁者能好人，能惡人。"

4.4 子曰："苟志於仁矣，無惡也。"

4.5 子曰："富與貴是人之所欲也，不以其道得之，不處也。貧與賤是人之所惡也，不以其道得之，不去也〔一〕。君子去仁，惡乎成名〔二〕？君子無終食之間違仁，造次必於是〔三〕，顛沛必於是。"

〔一〕"貧與賤，是人之所惡也，不以其道得之，不去也"，既然"貧與賤，是人之所惡也"，故無人願意"得之"，"得之"二字當有誤，當據句意解爲"擺脱"。

〔二〕惡乎，如何。

〔三〕造次，倉促，匆忙。

4.6 子曰："我未見好仁者，惡不仁者。好仁者，無以尚之〔一〕。惡不仁者，其爲仁矣，不使不仁者加乎其身。有能一日用其力於仁矣乎？我未見力不足者。蓋有之矣〔二〕，我未之見也！"

〔一〕尚，同"上"，這裏指超過。

〔二〕蓋，大概。

4.7 子曰："人之過也，各於其黨〔一〕。觀過，斯知仁矣〔二〕。"

〔一〕黨，類也。

〔二〕仁，《後漢書·吳祐傳》引作"人"，亦通。

4.8 子曰："朝聞道，夕死可矣。"

4.9 子曰:"士志於道,而耻惡衣惡食者,未足與議也。"

4.10 子曰:"君子之於天下也[一],無適也[二],無莫也[三],義之與比[四]。"

〔一〕天下,這裏指天下萬事。

〔二〕適,專主,可也。

〔三〕莫,不肯,不可。

〔四〕比,遵從。

4.11 子曰:"君子懷德[一],小人懷土[二];君子懷刑[三],小人懷惠[四]。"

〔一〕懷,懷想。

〔二〕土,鄉土,故土。

〔三〕刑,法度。

〔四〕惠,恩惠。

4.12 子曰:"放於利而行[一],多怨。"

〔一〕放,依據。

4.13 子曰:"能以禮讓爲國乎? 何有[一]? 不能以禮讓爲國,如禮何?"

〔一〕何有,猶言何難之有,不難的意思。

4.14 子曰:"不患無位[一],患所以立[二];不患莫己知,求爲可知也[三]。"

〔一〕位,職位。

〔二〕所以立,這裏指所以立於其職位者,即德才。

〔三〕爲可知,爲,被也。爲可知指值得被可知者,亦即德才。

4.15 子曰:"參乎! 吾道一以貫之[一]。"曾子曰:"唯。"子出,門人問曰:"何謂也?"曾子曰:"夫子之道,忠恕而已矣[二]。"

〔一〕貫,貫穿,統貫。

〔二〕忠恕，朱子曰：“盡己之謂忠，推己之謂恕。”這種解釋是符合孔子思想的，如孔子本人對“恕”的解釋爲“己所不欲，勿施於人”，正是“推己”。

4.16 子曰：“君子喻於義〔一〕，小人喻於利。”

〔一〕喻，曉得，懂得。

4.17 子曰：“見賢思齊焉，見不賢而內自省也。”

4.18 子曰：“事父母幾諫〔一〕。見志不從，又敬不違〔二〕，勞而不怨〔三〕。”

〔一〕幾，輕微，婉轉。
〔二〕違，違逆。
〔三〕勞，憂慮，憂愁。

4.19 子曰：“父母在，不遠遊，遊必有方〔一〕。”

〔一〕方，方位，處所，地方。

4.20 子曰：“三年無改於父之道，可謂孝矣〔一〕。”

〔一〕本章已見《學而篇》(1.11)。

4.21 子曰：“父母之年，不可不知也〔一〕。一則以喜，一則以懼。”

〔一〕知，這裏指長記在心。

4.22 子曰：“古者言之不出〔一〕，耻躬之不逮也〔二〕。”

〔一〕言，這裏當指諾言。
〔二〕躬，躬行。逮，及，達到。

4.23 子曰：“以約失之者鮮矣〔一〕。”

〔一〕約，約束，收斂。

4.24 子曰：“君子欲訥於言而敏於行〔一〕。”

〔一〕訥，言語遲鈍。

4.25 子曰:"德不孤〔一〕,必有鄰〔二〕。"

〔一〕德,這裏指有德者。

〔二〕鄰,猶親也。

4.26 子游曰:"事君數〔一〕,斯辱矣;朋友數,斯疏矣。"

〔一〕數,稠密,屢屢。

公冶長篇第五

5.1 子謂公冶長〔一〕,"可妻也〔二〕。雖在縲絏之中〔三〕,非其罪也。"以其子妻之〔四〕。

〔一〕公冶長,孔子弟子,齊人。

〔二〕妻,爲之妻。

〔三〕縲絏,捆綁犯人的繩索,這裏指監獄。

〔四〕子,古代兒女皆稱子,這裏指女兒。

5.2 子謂南容〔一〕,"邦有道,不廢;邦無道,免於刑戮"。以其兄之子妻之〔二〕。

〔一〕南容,孔子弟子,姓南宮,名絛(《家語》作"韜"),字子容。《史記·仲尼弟子列傳》謂南宮括(括亦作"适")。

〔二〕以其兄之子妻之,按《史記·孔子世家》,孔子有兄名孟皮,病足。是時孟皮已卒,故孔子爲其女主婚事。

5.3 子謂子賤〔一〕,"君子哉若人〔二〕! 魯無君子者,斯焉取斯〔三〕?"

〔一〕子賤,姓宓,名不齊,字子賤,孔子弟子。

〔二〕若人,猶言這個人。

〔三〕斯焉取斯,斯,此也。上一個"斯"字指子賤,下一個"斯"字指君子之德。

5.4 子貢問曰:"賜也何如?"子曰:"女,器也〔一〕。"曰:"何器也?"曰:"瑚璉也〔二〕。"

〔一〕器,器具。每種器具各有一種用途,故這裏指具有專門能力的人才。孔子説過"君子不器",而這裏稱子貢"器也",看來他没有以君子許之。

〔二〕瑚璉,宗廟中用以盛黍稷的器具,夏曰瑚,商曰璉,周曰簠簋,以玉爲飾,乃尊貴之器。子貢雖然尚非不器的君子,但爲尊貴的宗廟之器。

5.5 或曰:"雍也仁而不佞[一]。"子曰:"焉用佞? 禦人以口給[二],屢憎於人。不知其仁[三],焉用佞?"

〔一〕雍,孔子弟子,姓冉,字仲弓,雍是其名,《論衡·自紀篇》以爲是冉伯牛之子。佞,口才好。

〔二〕口給,言辭敏捷,辯才無礙。

〔三〕不知其仁,非真不知,只是尚未達到仁的委婉表達方式。

5.6 子使漆彫開仕[一]。對曰:"吾斯之未能信[二]!"子説。

〔一〕漆彫開,姓漆彫,名啓,字子開,孔子弟子。

〔二〕吾斯之未能信,爲"吾未能信斯"的倒裝形式。

5.7 子曰:"道不行,乘桴浮于海[一]。從我者其由與!"子路聞之喜。子曰:"由也好勇過我,無所取材[二]。"

〔一〕桴,用竹木編成,猶現在的竹筏、木筏,可浮行於水面。

〔二〕材,材料,這裏指用來做桴的竹木。或曰材同"哉"。或曰材通"裁",謂裁度。

5.8 孟武伯問:"子路仁乎?"子曰:"不知也。"又問。子曰:"由也,千乘之國,可使治其賦也[一],不知其仁也。"

"求也何如?"子曰:"求也,千室之邑[二],百乘之家[三],可使爲之宰也[四],不知其仁也。"

"赤也何如[五]?"子曰:"赤也,束帶立於朝[六],可使與賓客言也[七],不知其仁也。"

〔一〕賦,兵賦,謂出車徒以供兵役,這裏泛指軍事。

〔二〕千室之邑,有一千户的邑,在當時算是大邑。

〔三〕百乘之家,有車百輛的卿大夫之家。

〔四〕宰,這裏指邑和家的總管。

〔五〕赤,孔子弟子公西華,名赤。

〔六〕束帶,古時的官員,朝服必加帶,這裏指穿着禮服。

〔七〕賓客,天子、諸侯的客人叫賓,一般的客人叫客。這裏指別國派來的使者。

5.9 子謂子貢曰："女與回也孰愈[一]？"對曰："賜也何敢望回？ 回也聞一以知十，賜也聞一以知二。"子曰："弗如也。 吾與女弗如也[二]。"

〔一〕愈，勝也。

〔二〕與，贊同，認同。全句謂我贊同你不如顔回的意見。

5.10 宰予晝寢。子曰："朽木不可雕也，糞土之牆不可杇也[一]。於予與何誅[二]？"子曰："始吾於人也，聽其言而信其行；今吾於人也，聽其言而觀其行。於予與改是。"

〔一〕糞土，胡紹勳《四書拾義》曰："《左傳》云：'小人糞除先人之敝盧。'是除穢謂糞，所除之穢亦謂糞。此經'糞土'猶言'穢土'。古人牆本築土而成，歷久不免生穢，故曰'不可杇'。"今案：土牆牆面日久粉化，和污穢攪和在一起，這種牆即爲糞土之牆。杇，抹牆的工具。亦作動詞，粉刷之義。

〔二〕誅，責也。

5.11 子曰："吾未見剛者。"或對曰："申棖[一]。"子曰："棖也慾，焉得剛？"

〔一〕申棖，孔子弟子，字子周，又作申黨、申堂、申棠。

5.12 子貢曰："我不欲人之加諸我也[一]，吾亦欲無加諸人。"子曰："賜也，非爾所及也。"

〔一〕加，凌也。

5.13 子貢曰："夫子之文章[一]，可得而聞也[二]；夫子之言性與天道[三]，不可得而聞也。"

〔一〕文章，指文獻典章，如《詩》《書》、禮、樂之類。

〔二〕聞，聽而知之。從"聽而不聞"的成語看，"聽"和"聞"是不同的。

〔三〕性，萬物的本性，尤指人性。

5.14 子路有聞，未之能行，唯恐有聞[一]。

〔一〕有，同"又"。

5.15 子貢問曰："孔文子何以謂之文也〔一〕?"子曰："敏而好學,不耻下問,是以謂之文也〔二〕。"

〔一〕孔文子,衛國大夫,名圉,文是其謚。

〔二〕"敏而好學,不耻下問,是以謂之文也",俞樾《羣經平議》云:"下問者,非僅以貴下賤之謂。凡以能問於不能,以多問於寡,皆是。"《謚法》曰:"勤學好問曰文。"正與孔子答語相合。

5.16 子謂子産〔一〕,"有君子之道四焉:其行己也恭,其事上也敬,其養民也惠,其使民也義"。

〔一〕子産,鄭國大夫,姓公孫,名僑,子産爲其字。

5.17 子曰："晏平仲善與人交〔一〕,久而敬之〔二〕。"

〔一〕晏平仲,齊國大夫,姓晏,名嬰,字仲,平爲其謚。

〔二〕久而敬之,朱子引程子曰:"人交久則敬衰。久而能敬,所以爲善。"以"之"爲晏平仲相交之人。或以"之"爲晏平仲,謂久而人敬平仲。

5.18 子曰："臧文仲居蔡〔一〕,山節藻梲〔二〕,何如其知也〔三〕?"

〔一〕臧文仲,魯國大夫,姓臧孫,名辰,字仲,文是其謚。居蔡,居,使之居住,這裏指寶藏。蔡,大龜。舊説蔡地産大龜,故大龜被稱爲蔡。按照古禮,只有國君才有資格用大龜卜問吉凶,所以臧文仲寶藏大龜謂僭越。

〔二〕山節藻梲,節,屋中柱子上的斗栱。山節,雕刻着山的斗栱。藻,水草。梲,房梁上的短柱。藻梲,指畫着水草的短柱。山節藻梲是天子的廟飾,臧文仲用之,也屬僭禮。

〔三〕知,同"智"。

5.19 子張問曰："令尹子文三仕爲令尹〔一〕,無喜色;三已之,無愠色。舊令尹之政,必以告新令尹。何如?"子曰："忠矣。"曰："仁矣乎?"曰："未知。焉得仁?"

"崔子弑齊君〔二〕,陳文子有馬十乘〔三〕,棄而違之。至於他邦,則曰:'猶吾大夫崔子也。'違之。之一邦,則又曰:'猶吾大夫崔子也。'違之。何如?"子曰："清矣。"曰："仁矣乎?"曰："未知。焉得仁?"

〔一〕令尹子文,令尹,楚國官職,相當於宰相。子文,楚大夫,姓鬬,名穀於菟。楚人謂

“乳”爲穀，謂虎爲“於菟”。子文爲私生子，出生後即被棄於野，而虎乳之，故名。

〔二〕崔子，齊國大夫，名杼。弑，下殺上。齊君，爲齊莊公，名光。

〔三〕陳文子，也是齊國大夫，名須無。乘，四匹馬拉的車。單就馬匹而言，一乘爲
　　四匹。

5.20　季文子三思而後行〔一〕。子聞之，曰：“再，斯可矣。”

〔一〕季文子，魯國大夫，姓季孫，名行父，文爲其謚。

5.21　子曰：“甯武子〔一〕，邦有道則知〔二〕，邦無道則愚。其知可及
也，其愚不可及也。”

〔一〕甯武子，衛國大夫，姓甯，名俞，武是其謚。

〔二〕知，讀如“智”。

5.22　子在陳，曰：“歸與！歸與！吾黨之小子狂簡〔一〕，斐然成章，
不知所以裁之〔二〕。”

〔一〕吾黨，我的家鄉。黨，鄉黨也。小子，弟子，這裏指孔子周遊列國期間留在魯國的
　　弟子。狂簡，志大而略於事，言雖懷進取之志，但閱歷尚少。

〔二〕斐然，有文采的樣子。成章，章，文章。如繪畫，五彩備謂之成章。又如布帛，已
　　織成五彩，亦謂之成章，只是尚未裁剪，仍無確切之用。

5.23　子曰：“伯夷、叔齊不念舊惡〔一〕，怨是用希〔二〕。”

〔一〕伯夷、叔齊，孤竹國君的兩個兒子。據《史記》本傳：“父欲立叔齊。及父卒，叔齊
　　讓伯夷。伯夷曰：‘父命也。’遂逃去。叔齊亦不肯立而逃之。國人立其中子。於
　　是伯夷、叔齊聞西伯昌善養老，盍往歸焉！及至，西伯卒，武王載木主，號爲文王，
　　東伐紂。伯夷、叔齊叩馬而諫曰：‘父死不葬，爰及干戈，可謂孝乎？以臣弑君，可
　　謂仁乎？’左右欲兵之。太公曰：‘此義人也。’扶而去之。武王已平殷亂，天下宗
　　周，而伯夷、叔齊恥之，義不食周粟，隱於首陽山，采薇而食之。……遂餓死於首
　　陽山。”惡，一說爲惡人、惡事之惡。一說即怨字，猶交惡之惡，舊惡即夙怨。

〔二〕是用，因此。

5.24　子曰：“孰謂微生高直〔一〕？或乞醯焉〔二〕，乞諸其鄰而與之。”

〔一〕微生高，魯國人，姓微生，名高，素有直的名聲。

〔二〕醯，醋。

5.25 子曰："巧言、令色、足恭〔一〕，左丘明耻之〔二〕，丘亦耻之。匿怨而友其人，左丘明耻之，丘亦耻之。"

〔一〕足恭，朱子云："足，過也。"足恭就是過於恭敬。然孔穎達云："便僻貌。"邢昺疏曰："便僻其足以爲恭，謂前卻俯仰，以足爲恭也。"結合全句，此説可證之於《禮記·表記》孔子之語："君子不失足於人，不失色於人，不失口於人。"巧言，失口於人也；令色，失色於人也；足恭，失足於人也。

〔二〕左丘明，魯國太史，姓左丘，名明，相傳爲《左傳》和《國語》的作者。

5.26 顔淵、季路侍〔一〕。子曰："盍各言爾志〔二〕？"子路曰："願車馬、衣、輕裘〔三〕，與朋友共，敝之而無憾。"顔淵曰："願無伐善〔四〕，無施勞〔五〕。"子路曰："願聞子之志。"子曰："老者安之，朋友信之，少者懷之。"

〔一〕侍，指立而侍。若坐而侍，則謂之侍坐。

〔二〕盍，"何不"的合音字。

〔三〕輕，當係衍文，唐以前寫本並無此字。

〔四〕伐，誇耀。

〔五〕施勞，張揚功勞。一説施加勞苦於人。

5.27 子曰："已矣乎！吾未見能見其過而内自訟者也〔一〕。"

〔一〕訟，猶責也。

5.28 子曰："十室之邑，必有忠信如丘者焉，不如丘之好學也。"

雍也篇第六

6.1 子曰："雍也，可使南面〔一〕。"

〔一〕南面，面朝南，爲人君聽政之位，這裏泛指做官。

6.2 仲弓問子桑伯子〔一〕。子曰："可也，簡〔二〕。"仲弓曰："居敬而行簡，以臨其民，不亦可乎？居簡而行簡，無乃大簡乎〔三〕？"子曰："雍之言然。"

〔一〕子桑伯子，魯國人，有人以爲就是《莊子》中的子桑户。

〔二〕簡，簡約。

〔三〕無乃,豈非。大,讀爲"太"。

6.3 哀公問:"弟子孰爲好學?"孔子對曰:"有顏回者好學,不遷怒〔一〕,不貳過〔二〕,不幸短命死矣! 今也則亡,未聞好學者也。"

〔一〕遷怒,轉移怨怒。

〔二〕貳過,第二次犯同樣的錯誤。

6.4 子華使於齊〔一〕,冉子爲其母請粟〔二〕。子曰:"與之釜〔三〕。"

請益。曰:"與之庾〔四〕。"

冉子與之粟五秉〔五〕。

子曰:"赤之適齊也,乘肥馬,衣輕裘。吾聞之也,君子周急不繼富〔六〕。"

〔一〕子華,孔子弟子,姓公西,名赤,字子華。

〔二〕冉子,即冉有。除冉有外,《論語》稱"子"的孔子弟子還有曾參、有若、閔子騫三人,所涉内容,當爲各自的弟子所記。粟,小米。

〔三〕釜,量名,一釜爲六斗四升。

〔四〕庾,量名,一庾爲二斗四升。

〔五〕秉,量名,一秉爲十六斛。一斛爲十斗。

〔六〕周,補不足,救濟。急,窮迫。繼,續有餘。

6.5 原思爲之宰〔一〕,與之粟九百〔二〕,辭。子曰:"毋! 以與爾鄰里鄉黨乎〔三〕!"

〔一〕原思,孔子弟子,姓原,名憲,字子思。爲之宰,做孔子的家宰。之,其,這裏指孔子。孔子爲魯司寇時,曾以原思爲家宰。

〔二〕九百,當爲九百斛。

〔三〕鄰里鄉黨,五家爲鄰,二十五家爲里,一萬兩千五百家爲鄉,五百家爲黨。這裏指家鄉的人。

6.6 子謂仲弓,曰:"犁牛之子騂且角〔一〕,雖欲勿用〔二〕,山川其舍諸〔三〕!"

〔一〕犁牛,耕牛,不配用來作犧牲。騂,赤色。周人尚赤,祭牲用赤色的。角,角長得周正,適合用來作祭牲。

〔二〕用,這裏指殺牲祭祀。

〔三〕山川,這裏指山川之神。其,同"豈"。諸,"之乎"的合音字。朱子曰:"仲弓父賤而行惡,故夫子以此譬之。言父之惡,不能廢其子之善。如仲弓之賢,自當見用於世也。"

6.7 子曰:"回也,其心三月不違仁〔一〕,其餘則日月至焉而已矣〔二〕。"

〔一〕三月,非確指,言其久也。

〔二〕日月,言其短暫也。

6.8 季康子問:"仲由可使從政也與?"子曰:"由也果〔一〕,於從政乎何有?"

曰:"賜也,可使從政也與?"曰:"賜也達〔二〕,於從政乎何有?"

曰:"求也,可使從政也與?"曰:"求也藝〔三〕,於從政乎何有?"

〔一〕果,有決斷,果斷。

〔二〕達,通達事理。

〔三〕藝,多才多藝。

6.9 季氏使閔子騫爲費宰〔一〕。閔子騫曰:"善爲我辭焉!如有復我者,則吾必在汶上矣〔二〕。"

〔一〕閔子騫,孔子弟子,姓閔,名損,子騫是其字。費,魯國地名,爲季氏食邑,故城在今山東費縣西北二十里。

〔二〕汶上,汶,水名,即今山東的大汶河,處齊南魯北的邊境上。水北爲上,故汶上指汶水以北,這裏代指齊國。

6.10 伯牛有疾〔一〕,子問之,自牖執其手〔二〕,曰:"亡之〔三〕,命矣夫!斯人也而有斯疾也!斯人也而有斯疾也!"

〔一〕伯牛,魯人,孔子弟子,姓冉,名耕,伯牛是其字。

〔二〕自牖執其手,《淮南子·精神訓》云:"伯牛爲厲。"厲爲癘之省,當爲麻風一類的惡疾,傳染性强。因伯牛得的是傳染性惡疾,故探視者不得入室,但孔子師生情深,仍自牖執其手。

〔三〕亡之,一說爲喪失,一說爲死亡。

6.11 子曰:"賢哉,回也!一簞食〔一〕,一瓢飲,在陋巷〔二〕。人不堪其憂,回也不改其樂。賢哉,回也!"

〔一〕簞,盛飯的竹器,猶今之飯籃。

〔二〕陋巷,一般解釋爲簡陋的巷子,但王念孫認爲指陋室。

6.12 冉求曰:"非不説子之道〔一〕,力不足也〔二〕。"子曰:"力不足者,中道而廢。今女畫〔三〕。"

〔一〕説,讀如"悦"。

〔二〕力不足,欲進而不能。

〔三〕畫,同"劃",止也,能進而不欲,如劃地以自限。

6.13 子謂子夏曰:"女爲君子儒〔一〕,無爲小人儒〔二〕。"

〔一〕女,同"汝"。儒,在這裏爲職業,即師儒,鄉里教以道藝者,也就是老師。

〔二〕無,同"毋"。

6.14 子游爲武城宰〔一〕。子曰:"女得人焉爾乎〔二〕?"曰:"有澹臺滅明者〔三〕,行不由徑〔四〕,非公事,未嘗至於偃之室也〔五〕。"

〔一〕武城,魯國邑名,在今山東費縣西南。

〔二〕女,同"汝"。焉,在……地方。爾,楊伯峻依《唐石經》、《宋石經》、皇侃《義疏》本作"耳"。

〔三〕澹臺滅明,姓澹臺,名滅明,字子羽,後亦爲孔子弟子。《史記·仲尼弟子列傳》把他列入弟子。

〔四〕徑,路之小而捷者。

〔五〕偃,子游的名。

6.15 子曰:"孟之反不伐〔一〕。奔而殿〔二〕,將入門,策其馬,曰:'非敢後也,馬不進也。'"

〔一〕孟之反,魯國大夫,名側。

〔二〕奔,敗走,戰敗逃跑。殿,在隊伍後邊拒敵。

6.16 子曰:"不有祝鮀之佞〔一〕而有宋朝之美〔二〕,難乎免於今之世矣。"

〔一〕祝鮀,衛國大夫,字子魚,有口才。

〔二〕宋朝,宋國的公子朝,美而淫。仕於衛的時候,曾通於宣姜和南子。

6.17 子曰:"誰能出不由戶? 何莫由斯道也?"

6.18 子曰:"質勝文則野〔一〕,文勝質則史〔二〕。文質彬彬〔三〕,然後君子。"

〔一〕質,質樸。文,文飾。野,鄙野。

〔二〕史,本爲掌管文辭的史官,辭多則浮誇,是亦爲史。

〔三〕彬彬,猶班班,物相雜而適均,這裏指文質相雜而適均。

6.19 子曰:"人之生也直〔一〕,罔之生也幸而免〔二〕。"

〔一〕生,活着。直,正直,直道而行。

〔二〕罔,謂邪曲誣罔之人。幸,僥倖。免,免死。

6.20 子曰:"知之者不如好之者,好之者不如樂之者。"

6.21 子曰:"中人以上,可以語上也;中人以下,不可以語上也。"

6.22 樊遲問知〔一〕。子曰:"務民之義〔二〕,敬鬼神而遠之,可謂知矣。"問仁。曰:"仁者先難而後獲〔三〕,可謂仁矣。"

〔一〕知,讀如"智"。

〔二〕義,宜也。

〔三〕獲,得也。

6.23 子曰:"知者樂水,仁者樂山〔一〕;知者動,仁者静;知者樂〔二〕,仁者壽。"

〔一〕知者樂水,仁者樂山,朱子云:"知者達於事理而周流無滯,有似於水,故樂水;仁者安於義理而厚重不遷,有似於山,故樂山。"樂,喜好。

〔二〕樂,快樂,歡樂。

6.24 子曰:"齊一變,至於魯;魯一變,至於道。"

6.25 子曰:"觚不觚〔一〕。觚哉! 觚哉!"

〔一〕觚,盛酒之器。上圓下方,有棱。孔子之時,改爲圓形,無棱,已失其制,但仍然叫瓠。孔子以此諷君不君、臣不臣、父不父、子不子等當時名實不符諸現象。

6.26 宰我問曰：“仁者，雖告之曰：‘井有仁焉〔一〕。’其從之也？”子曰：“何爲其然也？君子可逝也〔二〕，不可陷也〔三〕；可欺也，不可罔也〔四〕。”

〔一〕仁，當作“人”，以字音致誤。

〔二〕逝，俞樾《群經平議》爲“折”，曰：“逝與折古通用。君子殺身成仁則有之矣，故可得而摧折，然不可以非理陷害之，故可折而不可陷。”一説，逝，往也，可逝謂可使之往。

〔三〕陷，陷害，這裏指陷之入井。

〔四〕可欺也，不可罔也，欺和罔皆欺騙之意，其區別在於，用一定的方式方法欺騙叫欺，不以一定的方式方法欺騙叫罔。據《孟子·萬章上》載：“昔者有饋生魚於鄭子産，子産使校人畜之池。校人烹之，反命曰：‘始舍之，圉圉焉；少則洋洋焉；攸然而逝。’子産曰：‘得其所哉！得其所哉！’校人出，曰：‘孰謂子産知？予既烹而食之，曰，得其所哉，得其所哉。’故君子可欺以其方，難罔以非其道。”這段文字對欺和罔做了區別。

6.27 子曰：“君子博學於文，約之以禮〔一〕，亦可以弗畔矣夫〔二〕！”

〔一〕約，約束。之，一説指上文的“君子”，一説指“文”。

〔二〕畔，同“叛”。

6.28 子見南子〔一〕，子路不説。夫子矢之曰〔二〕：“予所否者〔三〕，天厭之〔四〕！天厭之！”

〔一〕南子，衛靈公夫人，有淫行。據《史記·孔子世家》，南子使人謂孔子曰：“四方之君子，辱欲與寡君爲兄弟者，必見寡小君。寡小君願見。”孔子辭謝，不得已而見之。

〔二〕矢，一説同“誓”。一説直陳、直言。

〔三〕所，如果，假若，用於誓詞中。

〔四〕厭，棄絶。

6.29 子曰：“中庸之爲德也〔一〕，其至矣乎！民鮮久矣。”

〔一〕中庸，孔子的最高道德標準。中，適中，恰到好處，無過無不及。庸，平常。庸亦同“用”，如此則中庸爲“用中”。

6.30 子貢曰:"如有博施於民而能濟衆〔一〕,何如? 可謂仁乎?"子曰:"何事於仁! 必也聖乎〔二〕! 堯舜其猶病諸! 夫仁者,己欲立而立人,己欲達而達人。能近取譬〔三〕,可謂仁之方也已。"

〔一〕施,給予。

〔二〕聖,從本章看,爲比仁更高的道德標準和人格境界。在馬王堆帛書和郭店楚墓竹簡《五行》篇中,聖亦爲五行即聖、智、仁、義、禮之首。

〔三〕譬,比喻。

述而篇第七

7.1 子曰:"述而不作〔一〕,信而好古,竊比於我老彭〔二〕。"

〔一〕述,傳述。作,創始,製作。

〔二〕老彭,商代賢大夫,事見《大戴禮·虞戴德篇》,蓋信古而從事傳述者也。竊比於我老彭,倒裝句,當言"竊比我於老彭"。

7.2 子曰:"默而識之〔一〕,學而不厭〔二〕,誨人不倦,何有於我哉!"

〔一〕識,記。

〔二〕厭,滿足。

7.3 子曰:"德之不修,學之不講,聞義不能徙,不善不能改,是吾憂也。"

7.4 子之燕居〔一〕,申申如也〔二〕,夭夭如也〔三〕。

〔一〕燕居,閒居。

〔二〕申申,其容舒也。

〔三〕夭夭,其色愉也。

7.5 子曰:"甚矣吾衰也! 久矣吾不復夢見周公〔一〕!"

〔一〕周公,姓姬,名旦,周文王的兒子,武王的弟弟,成王的叔父,魯國的始祖,主要貢獻是制禮作樂。

7.6 子曰:"志於道〔一〕,據於德〔二〕,依於仁〔三〕,游於藝〔四〕。"

〔一〕志,心之所之。

〔二〕據，執守。

〔三〕依，不違之謂。

〔四〕游，玩物適情之謂。藝：這裏指禮、樂、射、御、書、數六藝。

7.7 子曰："自行束脩以上〔一〕，吾未嘗無誨焉。"

〔一〕束脩，脩，乾肉，又叫脯。將十條乾肉縶成一束，叫束脩。古者相見，必帶禮物，何
　　況拜師。束脩是最薄的禮物了。

7.8 子曰："不憤不啓〔一〕，不悱不發〔二〕。舉一隅不以三隅反〔三〕，則不復也。"

〔一〕憤，心求通而未得之意。

〔二〕悱，口欲言而未能之貌。

〔三〕舉一隅不以三隅反，隅，角。方形有四個角，舉出一個角便可推知其他三個角的
　　樣子。反，還以相證。

7.9 子食於有喪者之側，未嘗飽也。

7.10 子於是日哭〔一〕，則不歌。

〔一〕哭，這裏指弔喪而哭。

7.11 子謂顏淵曰："用之則行，舍之則藏，惟我與爾有是夫！"

　　子路曰："子行三軍〔一〕，則誰與〔二〕？"

　　子曰："暴虎馮河〔三〕，死而無悔者，吾不與也。必也臨事而懼，好謀而成者也。"

〔一〕行三軍，行軍猶言行師，率領軍隊的意思。

〔二〕與，偕同。

〔三〕暴虎，徒手搏虎。馮河，徒足涉河。

7.12 子曰："富而可求也，雖執鞭之士〔一〕，吾亦爲之。如不可求，從吾所好。"

〔一〕執鞭之士，據《周禮》，有兩種人以執鞭爲職，一是執鞭爲天子和諸侯出行開道的
　　人，二是執鞭維護市場秩序的人，皆賤職。

7.13 子之所愼：齊[一]，戰，疾。

〔一〕齊，讀爲“齋”，祭祀之前齋戒，包括身和心兩個方面的潔淨功夫，具體事項有沐浴
　　更衣、不吃葷、不飲酒、不與妻妾同寢等。

7.14 子在齊聞《韶》[一]，三月不知肉味。曰：“不圖爲樂之至於斯也。”

〔一〕《韶》，舜樂。

7.15 冉有曰：“夫子爲衛君乎[一]？”子貢曰：“諾；吾將問之。”

入，曰：“伯夷、叔齊何人也[二]？”曰：“古之賢人也。”曰：“怨乎？”曰：“求仁而得仁，又何怨？”

出，曰：“夫子不爲也。”

〔一〕爲，幫助，這裏也有贊成之意。衛君：這裏指衛出公輒。衛靈公驅逐其太子蒯聵。
　　靈公薨，國人立蒯聵之子輒，而逃亡在晉國的蒯聵藉助該國勢力回國，輒拒之，父
　　子相爭若此。孔子時在衛國，故冉有欲知其師對輒的態度。

〔二〕伯夷、叔齊，孤竹君之二子，互讓君位而皆逃亡（詳見5·23注），與蒯聵、蒯輒父
　　子相爭恰成對比。

7.16 子曰：“飯疏食[一]，飲水，曲肱而枕之[二]，樂亦在其中矣。不義而富且貴，於我如浮雲。”

〔一〕疏食，粗飯。

〔二〕肱，胳膊。

7.17 子曰：“加我數年，五十以學《易》[一]，可以無大過矣。”

〔一〕加，可以釋爲增益，也可以讀爲“假”，借也，兩種理解意思相近。然而，人之天年
　　有定數，安能增益或相借？所以，“加我數年”必爲不可能實現的假設。如果孔子
　　在五十歲以前出此語，其前提必須是他意識到自己天年已終，否則，享其天年，便
　　可至五十，何須“假年”？如果孔子是在七十三歲去世之前出此語，他一定會説
　　“加我數年，八十以學《易》”，這又和“五十”毫不相干。其實，既然是“假年”，則
　　所假之年既可往未來方向推，也可往過去方向推。此處正屬後一種情況，意思相
　　當於我們現在所説的“如果我再年輕幾歲”。因此，此語一定是孔子在五十幾歲
　　之後、六十歲之前説的。

7.18 子所雅言，《詩》、《書》、執禮，皆雅言也〔一〕。

〔一〕雅言，即正言，爲西周鎬京附近的語言，相當於現在的普通話。

7.19 葉公問孔子於子路〔一〕，子路不對。子曰："女奚不曰，其爲人也，發憤忘食，樂以忘憂，不知老之將至云爾〔二〕。"

〔一〕葉公，楚國大夫，姓沈，名諸梁，字子高，葉是其食邑，公是其僭稱。

〔二〕云，如此。爾同"耳"，而已，罷了。

7.20 子曰："我非生而知之者，好古，敏以求之者也。"

7.21 子不語怪、力、亂、神。

7.22 子曰："三人行，必有我師焉。擇其善者而從之，其不善者而改之。"

7.23 子曰："天生德於予〔一〕，桓魋其如予何〔二〕？"

〔一〕天生德於予，包咸注曰："天生德者，謂授我以圣性，德合天地，吉无不利，故曰其如予何。"後人多從之。然德由修養，非由天生，此解或誤。今案：生，成也。此語謂天使我修德有成。

〔二〕桓魋，宋國的司馬向魋，因向氏出於桓公，所以又稱桓氏。據《史記·孔子世家》載："孔子去曹，適宋，與弟子習禮大樹下。宋司馬桓魋欲殺孔子，拔其樹。孔子去，弟子曰：'可以速矣！'孔子曰：'天生德於予，桓魋其如予何？'"

7.24 子曰："二三子以我爲隱乎〔一〕？吾無隱乎爾〔二〕。吾無行而不與二三子者，是丘也。"

〔一〕二三子，諸弟子。

〔二〕乎爾，語末助詞，與《孟子·盡心下》"然而無有乎爾，則亦無有乎爾"句法相同。或云：爾，你，指二三子。

7.25 子以四教：文〔一〕、行〔二〕、忠、信。

〔一〕文，文獻典籍。

〔二〕行，德行。

7.26 子曰:"聖人,吾不得而見之矣,得見君子者,斯可矣。"

子曰[一]:"善人,吾不得而見之矣,得見有恒者,斯可矣。亡而爲有,虛而爲盈,約而爲泰[二],難乎有恒矣。"

〔一〕朱子疑此"子曰"爲衍文。

〔二〕泰,奢侈。

7.27 子釣而不綱[一],弋不射宿[二]。

〔一〕綱,網上的大繩,這裏指用大繩掛網横攔在水流中捕魚,這樣可一舉獲多魚。

〔二〕弋,用繫生絲的矢來射。宿,這裏指歇宿了的鳥。

7.28 子曰:"蓋有不知而作之者[一],我無是也。多聞,擇其善者而從之,多見而識之[二],知之次也[三]。"

〔一〕作,創作,立説。

〔二〕識,記。

〔三〕次,這裏指次一等。

7.29 互鄉難與言[一]。童子見,門人惑。子曰:"與其進也[二],不與其退也,唯何甚[三]! 人潔己以進[四],與其潔也,不保其往也[五]。"

〔一〕互鄉,鄉村名。

〔二〕與,贊許。

〔三〕唯何甚,謂如此有何過分。甚,過分。

〔四〕潔,清除污穢,這裏指改掉"難與言"的毛病。"童子見"本身説明他已經改掉"難與言"的毛病了。

〔五〕保,守也。

7.30 子曰:"仁遠乎哉? 我欲仁,斯仁至矣。"

7.31 陳司敗問[一]:"昭公知禮乎[二]?"孔子曰:"知禮。"

孔子退,揖巫馬期而進之[三],曰:"吾聞君子不黨,君子亦黨乎? 君取於吳[四],爲同姓[五],謂之吳孟子[六]。君而知禮,孰不知禮!"

巫馬期以告。子曰:"丘也幸,苟有過,人必知之。"

〔一〕陳司敗,司敗,有人説是官名,即司寇。

〔二〕昭公,即魯昭公,名裯。

〔三〕巫馬期,孔子弟子,姓巫馬,名施,字子期。

〔四〕取,同"娶"。

〔五〕爲同姓,魯爲周公之後,姬姓;吳爲太伯之後,也是姬姓。依周禮,同姓不婚。

〔六〕吳孟子,春秋時期,國君夫人的稱號一般是以其原籍國名加其本姓,故魯昭公的
這位夫人應稱爲吳姬,但礙於同姓不婚的禮法,所以改稱"吳孟子"。之所以稱爲
"孟子",可能是因爲這位夫人爲長女。

7.32 子與人歌而善,必使反之〔一〕,而後和之。

〔一〕反,復,再。

7.33 子曰:"文莫〔一〕吾猶人也。躬行君子,則吾未之有得。"

〔一〕文莫,與黽勉、忞慔皆一聲之轉,勤勉,努力。

7.34 子曰:"若聖與仁〔一〕,則吾豈敢! 抑爲之不厭〔二〕,誨人不倦,
則可謂云爾已矣。"公西華曰:"正唯弟子不能學也。"

〔一〕聖,先秦儒家最高的道德標準和人格境界。參見 6.30 注。

〔二〕抑,轉折連詞,與"但"相近。之,這裏指前邊提到的聖與仁。

7.35 子疾病〔一〕,子路請禱。子曰:"有諸〔二〕?"子路對曰:"有之。
誄曰〔三〕:'禱爾于上下神祇〔四〕。'"子曰:"丘之禱久矣。"

〔一〕疾病,重病。

〔二〕諸,"之乎"的合音。

〔三〕誄,應作"讄",用於生者的祈禱文。用於死者的祈禱文才叫"誄"。

〔四〕神祇,神爲天神,祇爲地神。

7.36 子曰:"奢則不孫〔一〕,儉則固〔二〕。與其不孫也,寧固。"

〔一〕孫,同"遜"。

〔二〕固,固陋。

7.37 子曰:"君子坦蕩蕩〔一〕,小人長戚戚〔二〕。"

〔一〕坦,平也。蕩蕩,寬闊貌。

〔二〕戚戚,憂戚貌。

7.38 子温而厲〔一〕,威而不猛,恭而安。

〔一〕厲,嚴肅。

泰伯篇第八

8.1 子曰:"泰伯〔一〕,其可謂至德也已矣。三以天下讓〔二〕,民無得而稱焉。"

〔一〕泰伯,亦作"太伯",周國君古公亶父的長子。古公有三子,長子太伯,次子仲雍,三子季歷。相傳古公知季歷的兒子姬昌有聖德,便有意將君位傳給季歷,以便傳於昌。泰伯得知後,便在古公生病時,託辭采藥,避居江南,成爲吳國的始祖,而季歷終得君位,再傳於昌,是爲文王。至文王之子武王伐紂,周遂有天下。

〔二〕三以天下讓,當時周尚未有天下,泰伯之讓,實爲讓國。言"天下"者,乃以後來周有天下之事而美譽之。

8.2 子曰:"恭而無禮則勞〔一〕,慎而無禮則葸〔二〕,勇而無禮則亂,直而無禮則絞〔三〕。君子篤於親〔四〕,則民興於仁;故舊不遺,則民不偷〔五〕。"

〔一〕勞,勞苦,勞頓。

〔二〕葸,畏懼,畏怯。

〔三〕絞,急切。

〔四〕君子,相對於下句的"民",這裏指在上位者。篤,篤厚。

〔五〕偷,待人刻薄冷淡。

8.3 曾子有疾〔一〕,召門弟子,曰:"啓予足〔二〕!啓予手!《詩》云:'戰戰兢兢〔三〕,如臨深淵,如履薄冰。'而今而後,吾知免夫〔四〕!小子!"

〔一〕疾,重病。

〔二〕啓,同"晵",視也。引詩見《詩·小雅·小旻》。

〔三〕戰戰,恐懼。兢兢,戒慎。

〔四〕吾知免夫,免,指身體免於毀傷。《孝經》云:"身體髮膚,受之父母,不敢毀傷。"曾子是一個重視孝道的人,所以一直很謹慎地保全身體,在病死之前,當然爲其免於毀傷而欣慰。

8.4 曾子有疾,孟敬子問之[一]。曾子言曰[二]:“鳥之將死,其鳴也哀;人之將死,其言也善。君子所貴乎道者三:動容貌,斯遠暴慢矣[三];正顔色,斯近信矣;出辭氣[四],斯遠鄙倍矣[五]。籩豆之事[六],則有司存[七]。”

〔一〕孟敬子,魯國大夫,姓仲孫,名捷。

〔二〕言曰,在“曰”前加一“言”字,有强調所説的内容的意思。

〔三〕暴,粗厲,粗暴。慢,放肆。

〔四〕辭,言語。氣,聲氣,説話的聲調。

〔五〕鄙,固陋。倍,同“背”,這裏指背理。

〔六〕籩豆,祭器,籩是竹子做的,豆是木頭做的。

〔七〕有司,負責某項事務的小吏。

8.5 曾子曰:“以能問於不能,以多問於寡,有若無,實若虚,犯而不校[一],昔者吾友嘗從事於斯矣[二]。”

〔一〕犯,冒犯。校,通“較”,計較。

〔二〕吾友,馬融認爲指顔淵。當時顔淵已死,故曰“昔者”。

8.6 曾子曰:“可以託六尺之孤,可以寄百里之命[一],臨大節而不可奪也。君子人與? 君子人也!”

〔一〕百里,這裏指方圓百里的大國。

8.7 曾子曰:“士不可以不弘毅[一],任重而道遠。仁以爲己任,不亦重乎? 死而後已,不亦遠乎?”

〔一〕弘,大也,這裏指志向遠大。毅,剛强不屈。

8.8 子曰:“興於詩[一],立於禮,成於樂。”

〔一〕興,興起,開始。

8.9 子曰:“民可使,由之;不可使,知之[一]。”

〔一〕本章一般讀爲“民可使由之,不可使知之”。大意是,只能讓人民按照統治者的意願去做,不能讓他們知道爲什麽這樣做。由此可見,本章反映了孔子的愚民思想。

但是,孔子是很重視教育人民的,不可能有愚民思想。如:

子適衛,冉有僕。子曰:"庶矣哉!"冉有曰:"既庶矣,又何加焉?"曰:"富之。"曰:"既富矣,又何加焉?"曰:"教之。"(13.9)

我們認爲,本章討論的是使民的問題。《論語》對使民多有論述,如:

子曰:"道千乘之國,敬事而信,節用而愛人,使民以時。"(1.5)

子謂子產:"有君子之道四焉:其行己也恭,其事上也敬,其養民也惠,其使民也義。"(5.16)

仲弓問仁。子曰:"出門如見大賓,使民如承大祭。"(12.2)

本章重點討論了民可使與不可使的問題。"民可使,由之;不可使,知之",是說人民在可以使用的時候,要依照他們各自的特長來使用。在人民不可使用的時候,要教育他們,以便讓他們知道怎麼做。從後一句看,民可使與不可使的標準是是否受到了教育。沒有經過教育,尚不知道怎麼做某事的人民,是不可來使用的。正因如此,孔子還說:"以不教民戰,是謂棄之。"

8.10 子曰:"好勇疾貧〔一〕,亂也。人而不仁,疾之已甚,亂也。"

〔一〕疾,怨恨,憎惡。

8.11 子曰:"如有周公之才之美,使驕且吝,其餘不足觀也已。"

8.12 子曰:"三年學,不至於穀〔一〕,不易得也。"

〔一〕穀,俸祿。古時俸祿都用穀,一直到漢代還是這樣。

8.13 子曰:"篤信、好學、守死善道〔一〕。危邦不入,亂邦不居。天下有道則見〔二〕,無道則隱。邦有道,貧且賤焉,恥也;邦無道,富且貴焉,恥也。"

〔一〕篤信,謂信道之堅。好學,言學道之勤。守死,堅守至死。善道,自古有多種解釋,多以"善"爲動詞。竊以爲,"善"爲形容詞,美善的意思。學者皆講此句讀爲"篤信好學,守死善道",如此"篤信好學"則無着落。若讀爲"篤信、好學、守死善道",則"善道"爲"篤信"、"好學"、"守死"三者共同的賓語。

〔二〕見,同"現"。

8.14 子曰:"不在其位,不謀其政。"

8.15 子曰:"師摯之始〔一〕,《關雎》之亂〔二〕,洋洋乎盈耳哉!"

〔一〕師摯,魯國太師,摯爲其名,太師爲樂官。始,樂曲的開始,即"升歌",一般由太師
　　演奏。

〔二〕《關雎》,《詩》的首篇。亂,樂曲的結束,即"合樂",一般演奏《關雎》。

8.16 子曰:"狂而不直,侗而不愿〔一〕,悾悾而不信〔二〕,吾不知
之矣。"

〔一〕侗,無知貌。愿,謹厚。

〔二〕悾悾,無能貌。

8.17 子曰:"學如不及〔一〕,猶恐失之。"

〔一〕不及,這裏當指不及真知。

8.18 子曰:"巍巍乎〔一〕,舜禹之有天下也〔二〕,而不與焉〔三〕!"

〔一〕巍巍,高大之貌。

〔二〕舜禹,舜和禹皆古天子,舜受堯的禪讓,禹又受舜的禪讓而得帝位。

〔三〕不與,主要有三種解釋:一,何晏、皇侃和邢昺認爲是"不求與",即其有天下,不是
　　自己求而得之的。二,朱子説:"猶言不相關,言其不以位爲樂也。"三,毛奇齡認
　　爲,此謂"無爲"也,即得人善任,不身親其事。今采朱説,而以爲此章旨在強調舜
　　禹不像後代那樣私有天下、坐享天下。

8.19 子曰:"大哉堯之爲君也! 巍巍乎! 唯天爲大,唯堯則
之〔一〕! 蕩蕩乎〔二〕,民無能名焉〔三〕。巍巍乎! 其有成功也;煥乎〔四〕,
其有文章!"

〔一〕則,猶準也,謂堯之德可與天準。或曰:則,效法。但此章旨在強調堯之偉大,非
　　論堯之行爲,故前説義勝。

〔二〕蕩蕩,廣遠之稱。

〔三〕名,稱道,言説。

〔四〕煥,光明之貌。

8.20 舜有臣五人而天下治。武王曰:"予有亂臣十人〔一〕。"孔子
曰:"才難,不其然乎! 唐虞之際〔二〕,於斯爲盛。有婦人焉,九人而
已〔三〕。三分天下有其二〔四〕,以服事殷。周之德,其可謂至德也

已矣。”

〔一〕亂臣,治國之臣。《説文》:“亂,治也。”

〔二〕堯爲陶唐氏的首領,故稱唐堯。舜的國號爲有虞,故稱虞舜。唐虞之際,指堯的
　　時代和舜的時代之間,即堯舜交替的時候。這兩句話多有爭議,當指自堯舜之際
　　以來至周初這整個歷史過程中,周初爲盛。斯,指武王時代,即周初。

〔三〕婦人當爲武王之后、姜太公之女邑姜。九人治外,邑姜治内。

〔四〕三分天下有其二,文王時已有天下三分之二的土地歸於周。

8.21 子曰:“禹,吾無間然矣〔一〕。菲飲食而致孝乎鬼神〔二〕,惡衣
服而致美乎黻冕〔三〕,卑宫室而盡力乎溝洫〔四〕。禹,吾無間然矣。”

〔一〕間,《後漢書·殤帝紀》引此文,李賢注云:“間,非也。”

〔二〕菲,薄也。

〔三〕黻冕,黻,蔽膝。冕,冠也。這裏皆指祭服也。

〔四〕溝洫,溝渠,田間水道。

子罕篇第九

9.1 子罕與利〔一〕。與命,與仁。

〔一〕罕,少也。與,贊許。

　　“與利”之“與”原作“言”,故本章一般讀爲“子罕言利與命與仁”,這樣“與”就是
　　和的意思了。問題是,從《論語》看,孔子談論命和仁的地方不少。因此,有人便
　　讀爲“子罕言利,與命,與仁”。但這樣一來,問題仍然存在,因爲孔子對利,尤其
　　對義利關係還是多有言説的。如:

　　子曰:“放於利而行,多怨。”(4.12)

　　子曰:“君子喻於義,小人喻於利。”(4.16)

　　子夏爲莒父宰,問政。子曰:“無欲速,無見小利。欲速,則不達;見小利,則大事
　　不成。”(13.17)

　　(子)曰:“今之成人者何必然? 見利思義,見危授命,久要不忘平生之言,亦可以
　　爲成人矣。”(14.12)

　　子曰:“因民之所利而利之,斯不亦惠而不費乎?(20.2)

　　因此,以上兩種意見都不可取。

　　儘管中華書局標點本《史記·孔子世家》,所引此章和今本《論語》並無差異,但我
　　們欣喜地發現,程樹德《論語集釋》説,此章“《史記·孔子世家》引作‘子罕與利
　　與命與仁’”。作爲《論語》研究大家,程樹德的説法一定是有根據的,何況他還提

到,金代王若虚的《史記辨惑》曾就此提出疑問:"馬遷并以此言爲'與'字,豈傳寫之訛歟?"也就是説,王若虚看到的《史記》此處也作"與"字。我們知道,今本《論語》是在漢代三《論》即《古論》、《齊論》、《魯論》的基礎上形成的,而在三《論》中,《古論》出現於景帝末年,最爲原始。《漢書·儒林傳》説,司馬遷曾從孔安國學古文,司馬遷也説自己"年十歲則誦古文"(《史記·太史公自序》),其中當然包括《古論》,這正是司馬遷引文的來源。因此,"子罕與利與命與仁"爲此章的原貌。

根據文義,我們將此章讀爲"子罕與利。與命,與仁"。是否可以讀爲"子罕與利、與命、與仁"呢? 不可,因爲這樣不符合古漢語語法。如果是孔子"罕與"利、命、仁三者,當曰:"子罕與利、命、仁。""罕與利"即甚少贊美利,上引孔子對利的論述,正反映了這種情況。

9.2 達巷黨人曰[一]:"大哉孔子! 博學而無所成名[二]。"子聞之,謂門弟子曰:"吾何執? 執御乎[三]? 執射乎? 吾執御矣。"

〔一〕達巷,黨名。五百家曰黨。或曰"達"爲地名,"巷黨"爲居民組織單位。

〔二〕博學而無所成名,謂雖然博學,但由於不專一藝之長,故無所成名。此乃"君子不器"之意,此孔子之所以爲孔子也。

〔三〕執御,孔子不敢當達巷黨人的美譽,便謙以六藝之中最低級的執御自居,有自我解嘲的意味。

9.3 子曰:"麻冕[一],禮也。今也純[二],儉,吾從眾。拜下[三],禮也。今拜乎上,泰也[四]。雖違眾,吾從下。"

〔一〕麻冕,一種用麻織的帽子。

〔二〕純,黑色的絲。朱子云:"緇布冠,以三十升布爲之,升八十縷,則其經二千四百縷矣。細密難成,不如用絲之省約。"

〔三〕拜下,古時候臣對君行禮,當拜於堂下,然後升堂再拜。

〔四〕泰,驕慢也。

9.4 子絕四:毋意,毋必,毋固,毋我。

9.5 子畏於匡[一],曰:"文王既没,文不在兹乎[二]? 天之將喪斯文也,後死者不得與於斯文也[三];天之未喪斯文也,匡人其如予何?"

〔一〕子畏於匡,畏,黄懷信《論語匯校集釋》曰:"當作'圍',以音誤。"匡,地名,本爲鄭邑。定公六年,魯師侵鄭,季氏家臣陽虎攻取匡邑,與顏刻自城牆缺口而入。及定公十三年,孔子經過匡,而由顏刻駕車。顏刻舉起鞭子指着城牆缺口説:"以前就是從這個缺口進入的。"由於孔子長得像陽虎,又由顏刻駕車,所以匡人以爲是陽虎而圍困之。

〔二〕文,這裏指禮樂制度。

〔三〕後死者,孔子自謂。

9.6 太宰問於子貢曰〔一〕:"夫子聖者與? 何其多能也?"子貢曰:"固天縱之將聖〔二〕,又多能也。"子聞之,曰:"太宰知我乎! 吾少也賤,故多能鄙事。君子多乎哉? 不多也。"

〔一〕太宰,官名,鄭玄認爲這位太宰是吳太宰嚭。

〔二〕縱,猶肆也,言不爲限量。將聖,大聖。將,大也。

9.7 牢曰〔一〕:"子云:'吾不試〔二〕,故藝。'"

〔一〕牢,孔子弟子,姓琴,字子開,牢是其名。

〔二〕試,用也。

9.8 子曰:"吾有知乎哉? 無知也。有鄙夫問於我〔一〕,空空如也。我叩其兩端而竭焉〔二〕。"

〔一〕鄙夫,指没有知識學問的粗人。

〔二〕朱子曰:"兩端,猶言兩頭。言終始、本末、上下、精粗,無所不盡。"

9.9 子曰:"鳳鳥不至,河不出圖〔一〕,吾已矣夫!"

〔一〕鳳鳥即鳳凰,相傳舜時來儀,文王時又鳴於岐山。河:黄河。相傳伏羲時有龍馬自黄河中出,背上的毛顯示爲八卦之圖。鳳鳥河圖,皆爲聖人在位之祥瑞。

9.10 子見齊衰者、冕衣裳者與瞽者〔一〕,見之,雖少必作〔二〕;過之,必趨〔三〕。

〔一〕齊衰,喪服。古代喪服是用粗麻布做的,緝邊的叫齊衰,不緝邊叫斬衰。齊衰服輕,斬衰服重,這裏舉齊衰以包斬衰。冕衣裳:大夫的禮服。冕,大夫以上之冠。衣,上服。裳,下服。瞽者,盲人。

〔二〕作,起身。

〔三〕趨,疾行。

9.11 顔淵喟然歎曰[一]：“仰之彌高[二]，鑽之彌堅；瞻之在前，忽焉在後。夫子循循然善誘人[三]，博我以文，約我以禮，欲罷不能。既竭吾才，如有所立卓爾[四]。雖欲從之，末由也已[五]。”

〔一〕喟，嘆聲。

〔二〕彌，更加。

〔三〕循循，有次序的樣子。

〔四〕卓，立貌。

〔五〕末，無。由，路徑。

9.12 子疾病，子路使門人爲臣[一]。病間[二]，曰：“久矣哉，由之行詐也！無臣而爲有臣。吾誰欺？欺天乎？且予與其死於臣之手也，無寧死於二三子之手乎[三]！且予縱不得大葬[四]，予死於道路乎？”

〔一〕臣，家臣，這裏指籌辦喪事的家臣，在死者去世之前就開始做一些準備工作。按照禮的規定，只有一定社會地位的人死時才能有家臣。孔子曾經擔任魯國的大司寇，所以本來是應該有家臣的，但當時已經去位，就不應該有家臣了。子路爲孔子安排家臣，意在尊崇聖人。

〔二〕病間，病稍減輕。

〔三〕無寧，寧也。

〔四〕大葬，謂君臣的葬禮。

9.13 子貢曰：“有美玉於斯，韞匵而藏諸[一]？求善賈而沽諸[二]？”子曰：“沽之哉！沽之哉！我待賈者也。”

〔一〕韞匵，韞，藏也。匵，櫃子。諸，“之乎”二字的合音。

〔二〕善賈，一說，賈，商人，善賈即良賈。一說同“價”，指價錢，善賈便是好價錢。今案：孔子期待明主，倒不一定在乎待遇，故以前說爲是。

9.14 子欲居九夷[一]。或曰：“陋[二]，如之何？”子曰：“君子居之，何陋之有？”

〔一〕九夷，東方民族曰夷，夷有九種，故曰九夷。

〔二〕陋，僻陋，不開化。

9.15 子曰：“吾自衛反魯[一]，然後樂正，《雅》、《頌》各得其所〔二〕。”

〔一〕自衛反魯,魯哀公十一年冬,孔子從衛國回到魯國,時年六十九。

〔二〕孔子之時,禮樂廢,《詩》《書》缺,於是孔子論次《詩》《書》,修起禮樂。此章異説
　　頗多,一般認爲,“樂正”與“《雅》、《頌》各得其所”爲同一件事,而我們認爲,前者
　　指孔子整理樂之事,後者指孔子調整《詩》篇章次序之事。樂正,一説正其樂章,
　　一説正其樂音,其實二者兼可有之。《雅》、《頌》爲《詩》的兩部,這裏代指《詩》。

9.16 子曰:“出則事公卿,入則事父兄,喪事不敢不勉,不爲酒困,
何有於我哉?”〔一〕

〔一〕孔子幼年喪父,兄亦早亡,故此章並不是針對自己而發。

9.17 子在川上曰:“逝者如斯夫! 不舍晝夜〔一〕。”

〔一〕舍,一説同“捨”,一説釋爲居住,停留。

9.18 子曰:“吾未見好德如好色者也。”

9.19 子曰:“譬如爲山,未成一簣〔一〕,止,吾止也;譬如平地,雖覆
一簣,進,吾往也。”

〔一〕簣,竹筐,用以盛土。

9.20 子曰:“語之而不惰者〔一〕,其回也與!”

〔一〕語,讀去聲,告也。惰,懈怠。

9.21 子謂顔淵,曰:“惜乎! 吾見其進也,未見其止也。”

9.22 子曰:“苗而不秀者有矣夫〔一〕! 秀而不實者有矣夫!”

〔一〕秀,莊稼吐穗開花。

9.23 子曰:“後生可畏,焉知來者之不如今也? 四十、五十而無聞
焉,斯亦不足畏也已。”

9.24 子曰:“法語之言〔一〕,能無從乎? 改之爲貴。巽與之言〔二〕,

能無説乎？繹之爲貴〔三〕。説而不繹，從而不改，吾末如之何也已矣。"

〔一〕法語之言，此語甚爲不辭，"之"當作"正"，或涉下文"巽與之言"而譌。法語，合乎法度的話語。正言，平正的言論。

〔二〕巽與之言，順耳贊美的言論。巽，順也。與，稱贊，贊美。

〔三〕繹，尋繹，分析。

9.25 子曰："主忠信，毋友不如己者，過則勿憚改。"

〔一〕見卷一《學而》篇。

9.26 子曰："三軍可奪帥也〔一〕，匹夫不可奪志也〔二〕。"

〔一〕三軍，泛指軍隊。帥，統帥。

〔二〕匹夫，平民。

9.27 子曰："衣敝縕袍〔一〕，與衣狐貉者立〔二〕，而不耻者，其由也與！'不忮不求，何用不臧〔三〕？'"子路終身誦之。子曰："是道也，何足以臧？"

〔一〕衣，去聲，穿。縕，舊絮。古代没有棉花，絮以絲綿爲之。

〔二〕狐貉，這裏指用狐貉的皮做的裘，爲衣之貴者。

〔三〕不忮不求，何用不臧，引自《詩·邶風·雄雉》。忮，害也，嫉妒而欲加害别人之心也。求，貪也。臧，善也。

9.28 子曰："歲寒，然後知松柏之後彫也〔一〕。"

〔一〕彫，同"凋"，凋零，凋落。

9.29 子曰："知者不惑，仁者不憂，勇者不懼。"

9.30 子曰："可與共學，未可與適道〔一〕；可與適道，未可與立〔二〕；可與立，未可與權〔三〕。"

〔一〕適，往也。

〔二〕立，指立足於社會。

〔三〕權，秤砣，這裏指權衡輕重緩急。

9.31"唐棣之華,偏其反而。豈不爾思？室是遠而[一]。"子曰:"未之思也,夫何遠之有?"

〔一〕這四句詩不見於今本《詩經》,當爲逸詩。唐棣,花名。華,即花。偏,通"翩"。反,通"翻"。而,語助詞。偏其反而,形容花朵搖動之狀。

鄉黨篇第十

10.1孔子於鄉黨[一],恂恂如也[二],似不能言者。其在宗廟朝廷,便便言[三],唯謹爾。

〔一〕鄉黨,猶今言鄉里。

〔二〕恂恂,恭敬温和貌。

〔三〕便便,辯也,善於辭令。

10.2朝,與下大夫言[一],侃侃如也[二];與上大夫言[三],誾誾如也[四]。君在,踧踖如也[五],與與如也[六]。

〔一〕下大夫,職位較低的大夫。

〔二〕侃侃,和樂之貌。

〔三〕上大夫,即卿相。

〔四〕誾誾,中正之貌。

〔五〕踧踖,恭敬之貌。

〔六〕與與,威儀中適之貌。

10.3君召使擯[一],色勃如也[二],足躩如也[三]。揖所與立[四],左右手[五],衣前後[六],襜如也[七]。趨進,翼如也[八]。賓退,必復命曰:"賓不顧矣。"

〔一〕擯,又作"儐"。古時候賓主相見,賓副曰介,主副曰儐。

〔二〕勃如,變色起敬貌。

〔三〕躩如,兩腳盤旋逡巡之貌。

〔四〕所與立,謂同爲儐者。儐不止一人。

〔五〕左右手,揖左人左其手,揖右人右其手。

〔六〕衣前後,謂衣服隨着作揖時身體的俯仰而前後擺動。

〔七〕襜如,衣動貌。一説整齊之貌。

〔八〕趨進,翼如也,疾趨而兩手不動,如鳥舒翼而翔。

10.4 入公門[一]，鞠躬如也[二]，如不容。立不中門，行不履閾[三]。過位[四]，色勃如也，足躩如也，其言似不足者。攝齊升堂[五]，鞠躬如也，屏氣似不息者[六]。出，降一等[七]，逞顔色，怡怡如也。没階，趨進，翼如也。復其位[八]，踧踖如也。

〔一〕公門，君主之門。

〔二〕鞠躬如，一說曲身的樣子，一說謹慎恭敬的樣子。

〔三〕閾，門檻。

〔四〕過位，諸侯的朝廷分爲外朝、治朝和内朝三朝，這裏指經過外朝中君主的座位，當時應爲虚位。

〔五〕攝齊，提起衣服的下襬。攝，提起。齊，衣的下襬。

〔六〕屏氣，即屏息。

〔七〕等，臺階。

〔八〕復其位，謂又經過外朝君主的虚位。

10.5 執圭[一]，鞠躬如也，如不勝。上如揖，下如授。勃如戰色[二]，足蹜蹜如有循[三]。享禮[四]，有容色[五]。私覿[六]，愉愉如也。

〔一〕圭，即玉圭，上鋭下方。國君出使鄰國，需持國君的玉圭作爲憑信，行聘禮。

〔二〕戰色，戰慄的樣子。

〔三〕足蹜蹜，脚步促狹。

〔四〕享禮，即獻禮。聘禮授圭，享禮授璧，而所獻之物亦多，一一羅列庭中，謂之"庭實"。

〔五〕有容色，圭所以申信，璧所以交歡，故此時不復有戰慄之色，容貌較先時從容。

〔六〕私覿，行聘享之禮以後，以私人身份見鄰國君主。覿，見也。

10.6 君子不以紺緅飾[一]，紅紫不以爲褻服[二]。當暑，袗絺綌[三]，必表而出之[四]。緇衣，羔裘；素衣，麑裘；黄衣，狐裘[五]。褻裘長[六]，短右袂[七]。必有寢衣[八]，長一身有半。狐貉之厚以居[九]。去喪，無所不佩。非帷裳[一○]，必殺之[一一]。羔裘玄冠不以弔[一二]。吉月[一三]，必朝服而朝。

〔一〕紺緅飾，紺，深青中透紅的顔色，天青色。緅，赤而微黑，絳紫色。飾，領緣，這裏用如動詞。齋服用紺色，故以紺爲飾則像齋服。緅色是用以飾三年之喪的喪服的。

〔二〕褻服，平時家居穿的衣服。紅紫非正色，且近於女子之服，時人雖愛用之，但孔子連家居也不用此二色,更遑論正服了。

〔三〕袗絺綌,袗,單衣,此處用爲動詞。絺,細葛布。綌,粗葛布。

〔四〕必表而出之,言夏布單衫只可做外衣,需加一件貼身的內衣,以使皮肉不外露。

〔五〕緇衣,羔裘;素衣,麑裘;黃衣,狐裘:緇,黑色。羔裘,黑羊皮。素,白色。麑,小鹿,它的毛是白色。狐裘,黃色的狐皮。古人穿皮襖,以毛朝外,皮襖外邊再加一層罩衣,謂之裼。這裏的"衣"字,即裼也。這三句表示,罩衣和皮襖的顏色要相稱。

〔六〕褻裘長,褻裘長是爲了保暖。古代男子上面穿衣,下面穿裳(裙),衣裳不相連。因之孔子在家的皮襖就做得比較長。

〔七〕短右袂,袂,袖子。右袖較短,爲了做事方便。

〔八〕寢衣,即被子。

〔九〕狐貉之厚以居,一説用厚厚的狐貉皮做坐墊,一説居家的時候穿厚狐貉皮襖。

〔一〇〕帷裳,禮服,上朝和祭祀時穿,用整幅布做,不加剪裁,多餘的布作褶疊,猶如今天的百褶裙。

〔一一〕殺,減少,裁去,這裏指裁去多餘的布,不用褶疊,省工省料。

〔一二〕羔裘玄冠不以弔,玄冠,一種禮帽。羔裘和玄冠都是黑色的,古代都用作吉服。喪事是凶事,因之不能穿戴着去弔喪。

〔一三〕吉月,大年初一。一説每月初一。一説"吉"乃"告"字之誤,"告月"就是每月月底,司曆者以下月初一告之於君。

10.7　齊〔一〕,必有明衣〔二〕,布。齊必變食〔三〕,居必遷坐〔四〕。

〔一〕齊,同"齋",齋戒。

〔二〕明衣,齋戒時沐浴後所穿的浴衣。

〔三〕變食,改變平時的飲食習慣,如不飲酒、不吃葷腥、不吃辛辣等。

〔四〕遷坐,謂改變臥室,由內室"燕寢"遷到"外寢"(也叫"正寢"),不和妻妾同房。

10.8　食不厭精,膾不厭細〔一〕。食饐而餲〔二〕,魚餒而肉敗〔三〕,不食。色惡,不食。臭惡,不食。失飪,不食。不時〔四〕,不食。割不正〔五〕,不食。不得其醬,不食。肉雖多,不使勝食氣〔六〕。唯酒無量,不及亂〔七〕。沽酒市脯不食〔八〕。不撤薑食。不多食。

〔一〕膾,細切的魚肉。

〔二〕饐而餲,食物久放而變質腐臭。

〔三〕餒,魚腐爛。敗,肉腐爛。

〔四〕不時,一説不合時令的蔬食,一説不到該吃飯的時候。

〔五〕割不正,宰殺牲畜時没按一定的方法分解。

〔六〕食氣,飯,這裏指主食。

〔七〕亂,酒醉頭昏。

〔八〕沽酒市脯,買來的酒和肉乾。

10.9 祭於公,不宿肉〔一〕。祭肉不出三日〔二〕。出三日,不食之矣。

〔一〕不宿肉,古時候大夫、士都有助君祭祀之禮。天子諸侯的祭禮要舉行兩天,然後
　　才令各人拿自己帶來助祭的肉回去,或依貴賤等級分別頒賜祭肉。這樣,祭於公
　　的肉至少是放了一兩宿了,不能再過夜了。

〔二〕祭肉,這裏指家中用來祭祀的肉。

10.10 食不語,寢不言。

10.11 雖疏食菜羹,瓜祭〔一〕,必齊如也。

〔一〕瓜祭,別本作"必祭",或是。指飯前將席上各種食品取出少許,放在食具之間,以
　　祭最初發明飲食的人。

10.12 席不正,不坐。

10.13 鄉人飲酒〔一〕,杖者出,斯出矣。

〔一〕鄉人飲酒,即行鄉飲酒禮。

10.14 鄉人儺〔一〕,朝服而立於阼階〔二〕。

〔一〕儺,古時候迎神以驅逐疫鬼的一種風俗。

〔二〕阼階,東面的臺階,主人站立的地方。

10.15 問人於他邦〔一〕,再拜而送之〔二〕。

〔一〕問,問候,一般要致送禮物以表達情意。

〔二〕拜,拱手並彎腰。

10.16 康子饋藥,拜而受之。曰:"丘未達,不敢嘗。"

10.17 廐焚。子退朝,曰:"傷人乎?"不問馬。

10.18 君賜食,必正席先嘗之;君賜腥〔一〕,必熟而薦之〔二〕。君賜生,必畜之。侍食於君,君祭,先飯〔三〕。

〔一〕腥,生肉。

〔二〕薦,進奉,這裏指進奉給自己的祖先。

〔三〕先飯,依禮,在國君祭奠時自己先吃飯,就像爲國君嘗食,亦表示敬意。

10.19 疾,君視之,東首〔一〕,加朝服,拖紳〔二〕。

〔一〕東首,古人臥榻一般設在南窗的西面,如果頭朝東,則國君臨榻時就可以面向南了。

〔二〕加朝服,拖紳,臥病在牀,自不能穿朝服,只能蓋在身上。紳是束在腰間的大帶,束了以後,仍有一節從榻上拖下來。

10.20 君命召,不俟駕行矣。

10.21 入太廟,每事問〔一〕。

〔一〕見《八佾》篇。

10.22 朋友死,無所歸,曰:"於我殯〔一〕。"

〔一〕殯,停放靈柩和埋葬都可以叫殯,這裏泛指喪葬事務。

10.23 朋友之饋,雖車馬,非祭肉,不拜。

10.24 寢不尸〔一〕,居不容〔二〕。

〔一〕尸,謂挺直躺着如死尸。

〔二〕容,容儀,這裏用作動詞。"容",《經典釋文》和《唐石經》作"客"。

10.25 見齊衰者,雖狎,必變。見冕者與瞽者,雖褻,必以貌。凶服者式之〔一〕。式負版者〔二〕。有盛饌,必變色而作。迅雷風烈,必變。

〔一〕式,同"軾",車輛前的橫木,這裏用作動詞,指低首曲身,雙手伏軾,以表示敬意。

〔二〕版,國家圖籍。當時無紙,國家圖籍一般寫在竹板和木板上。

10.26 升車,必正立,執綏〔一〕。車中,不内顧,不疾言〔二〕,不親指。

〔一〕綏,挽以上車的帶子。

〔二〕疾言,説話響而快。

10.27 色斯舉矣〔一〕,翔而後集。曰:“山梁雌雉〔二〕,時哉! 時哉!”子路共之〔三〕,三嗅而作〔四〕。

〔一〕色斯舉矣,王引之《經傳釋詞》卷八云:“‘色斯’者,狀鳥舉之疾也。與‘翔而後集’意正相反。‘色斯’猶‘色然’,驚飛貌也。《吕氏春秋·審應》篇曰:‘蓋聞君子猶鳥也,駭則舉。’哀六年《公羊傳》:‘諸大夫見之,皆色然驚而駭。’何注曰:‘色然,驚駭貌。’義與此相近也。漢人多以色斯二字連讀。”

〔二〕山梁,山石在兩巖之間如梁者。

〔三〕共,“拱”之借字。《爾雅·釋詁》:“拱,執也。”《吕氏春秋·審己》篇“子路揜雉而復釋之”中的“揜”,即此處的“共”。

〔四〕嗅,臭,張兩翅之貌。

先進篇第十一

11.1 子曰:“先進於禮樂,野人也;後進於禮樂,君子也〔一〕。如用之,則吾從先進。”

〔一〕這兩句話有多種解釋,但都不能自圓其説,今暫采劉寶楠之説。“先進於禮樂”,謂先學習禮樂而後做官者。“後進於禮樂”,謂承襲先世的爵禄,起先並没有學習禮樂,到了做官以後才思禮樂之事者。野人,平民。君子,貴族。

11.2 子曰:“從我於陳、蔡者〔一〕,皆不及門也〔二〕。”

〔一〕陳、蔡,皆國名。孔子周遊列國期間,曾厄於陳、蔡,以至絶糧七日,當時弟子想從者甚多。

〔二〕及門,指在孔子家裏,在孔子身邊。

11.3 德行:顔淵、閔子騫、冉伯牛、仲弓。言語:宰我、子貢。政事:冉有、季路。文學〔一〕:子游、子夏。

〔一〕文學,指文獻典籍。

11.4 子曰:“回也非助我者也,於吾言無所不説。”

11.5 子曰:"孝哉閔子騫! 人不間於其父母昆弟之言^{〔一〕}。"

〔一〕間,非議。昆,兄。

11.6 南容三復白圭^{〔一〕},孔子以其兄之子妻之^{〔二〕}。

〔一〕白圭,見《詩·大雅·抑》"白圭之玷,尚可磨也;斯言之玷,不可爲也"。

〔二〕子,這裏指女兒。

11.7 季康子問:"弟子孰爲好學?"孔子對曰:"有顏回者好學,不幸短命死矣! 今也則亡。"

11.8 顏淵死,顏路請子之車以爲之椁^{〔一〕}。子曰:"才不才,亦各言其子也。鯉也死^{〔二〕},有棺而無椁。吾不徒行以爲之椁。以吾從大夫之後^{〔三〕},不可徒行也。"

〔一〕顏路,名無繇,路是其字,顏淵的父親,也是孔子學生。椁,也作"槨",外椁。

〔二〕鯉,字伯魚,孔子之子。

〔三〕從大夫之後,字面意思是"跟在大夫行列之後隨行",是以謙遜的口吻表達"曾爲大夫"的意思。依禮,大夫出門要乘車。

11.9 顏淵死,子曰:"噫! 天喪予! 天喪予!"

11.10 顏淵死,子哭之慟^{〔一〕}。從者曰:"子慟矣!"曰:"有慟乎?非夫人之爲慟而誰爲^{〔二〕}!"

〔一〕慟,哀傷過甚。

〔二〕夫人,這個人,這裏指顏淵。夫,指示代詞,那個,這個。

11.11 顏淵死,門人欲厚葬之。子曰:"不可。"門人厚葬之。子曰:"回也視予猶父也,予不得視猶子也。非我也,夫二三子也^{〔一〕}。"

〔一〕二三子,指弟子門人。

11.12 季路問事鬼神。子曰:"未能事人,焉能事鬼?"曰:"敢問死。"曰:"未知生,焉知死?"

11.13 閔子侍側[一]，誾誾如也[二]；子路，行行如也[三]；冉有、子貢，侃侃如也[四]。子樂。"若由也，不得其死然[五]。"

〔一〕侍側，指伺候在孔子身邊。

〔二〕誾誾，中正恭敬之貌。

〔三〕行行，剛强之貌。

〔四〕侃侃，和樂之貌。

〔五〕不得其死，猶言不得善終。然，語氣詞，用法同"焉"。

11.14 魯人爲長府[一]。閔子騫曰："仍舊貫[二]，如之何？何必改作？"子曰："夫人不言，言必有中。"

〔一〕爲，這裏指改建。長府，府庫名。府，用來藏財貨的府庫。

〔二〕仍舊貫，沿用舊制，照老樣子做。貫，事也。

11.15 子曰："由之瑟奚爲於丘之門[一]？"門人不敬子路。子曰："由也升堂矣，未入於室也[二]。"

〔一〕瑟，一種絃樂器。鼓瑟的聲音要優柔和緩，使人優遊自得，但子路好勇喜鬥，難免雜入殺伐音調，故孔子不滿意。

〔二〕升堂矣，未入於室也，謂已得大體，尚未精深。堂，正廳。室，內室。古人以入門、升堂、入室比作學問的不同階段。

11.16 子貢問："師與商也孰賢[一]？"子曰："師也過，商也不及。"曰："然則師愈與？"子曰："過猶不及。"

〔一〕師，子張的名。商，子夏的名。

11.17 季氏富於周公，而求也爲之聚斂而附益之[一]。子曰："非吾徒也。小子鳴鼓而攻之，可也。"

〔一〕聚斂，積聚，搜括。

11.18 柴也愚[一]，參也魯[二]，師也辟[三]，由也喭[四]。

〔一〕柴，姓高，字子羔，柴是其名，孔子弟子。愚，憨直。

〔二〕魯，遲鈍。

〔三〕辟，便辟，謂習於容止，少誠實也。一說，偏也，謂顓孫師以其志過高而流於一偏也。

〔四〕嗲,强武粗率。

11.19 子曰:"回也其庶乎〔一〕,屢空〔二〕。賜不受命〔三〕,而貨殖焉〔四〕,億則屢中〔五〕。"

〔一〕庶,庶幾,差不多。

〔二〕空,家裏缺衣少食,是空的,謂窮困。

〔三〕受命,接受命運安排,聽天由命。

〔四〕貨殖,居積生財,做生意。殖,積也,滋生也。

〔五〕億,猜測。

11.20 子張問善人之道〔一〕。子曰:"不踐迹〔二〕,亦不入於室。"

〔一〕善人,質美而未學者也。

〔二〕踐迹,踏着別人的腳印,因循守舊。踐,踏,踩。

11.21 子曰:"論篤是與〔一〕,君子者乎? 色莊者乎?"

〔一〕論篤,言論篤實,誠實。與,贊揚,贊許。

11.22 子路問:"聞斯行諸〔一〕?"子曰:"有父兄在,如之何其聞斯行之?"

冉有問:"聞斯行諸?"子曰:"聞斯行之。"

公西華曰:"由也問聞斯行諸,子曰'有父兄在';求也問聞斯行諸,子曰'聞斯行之'。赤也惑,敢問。"子曰:"求也退,故進之;由也兼人〔二〕,故退之。"

〔一〕諸,"之乎"的合音。

〔二〕兼人,一人兼兩個人做事的速度,謂子路性急魯莽。

11.23 子畏於匡〔一〕,顏淵後。子曰:"吾以女爲死矣。"曰:"子在,回何敢死?"

〔一〕畏,黃懷信曰:"當作'圍',以音誤。"

11.24 季子然問〔一〕:"仲由、冉求可謂大臣與?"子曰:"吾以子爲異之問,曾由與求之問。所謂大臣者,以道事君,不可則止。今由與求也,可謂具臣矣。”

曰:“然則從之者與?”子曰:“弑父與君,亦不從也。”

〔一〕季子然,當爲魯國大夫季氏的子弟。

11.25 子路使子羔爲費宰。子曰:“賊夫人之子[一]。”

子路曰:“有民人焉,有社稷焉[二],何必讀書,然後爲學?”

子曰:“是故惡夫佞者[三]。”

〔一〕賊,害也。

〔二〕社稷,社爲土神,稷爲穀神,兩神共祀。

〔三〕佞者,利口善辯的人。

11.26 子路、曾皙[一]、冉有、公西華侍坐。子曰:“以吾一日長乎爾,毋吾以也[二]。居則曰[三]:‘不吾知也。’如或知爾,則何以哉?”

子路率爾而對曰[四]:“千乘之國,攝乎大國之間[五],加之以師旅[六],因之以饑饉,由也爲之,比及三年[七],可使有勇,且知方也[八]。”夫子哂之[九]。

“求! 爾何如?”對曰:“方六七十,如五六十[一〇],求也爲之,比及三年,可使足民。如其禮樂,以俟君子。”

“赤! 爾何如?”對曰:“非曰能之,願學焉。宗廟之事,如會同[一一],端章甫[一二],願爲小相焉[一三]。”

“點! 爾何如?”鼓瑟希[一四],鏗爾,舍瑟而作,對曰:“異乎三子者之撰[一五]。”子曰:“何傷乎? 亦各言其志也。”曰:“莫春者[一六],春服既成,冠者五六人[一七],童子六七人,浴乎沂[一八],風乎舞雩[一九],詠而歸[二〇]。”夫子喟然歎曰:“吾與點也!”

三子者出,曾皙後。曾皙曰:“夫三子者之言何如?”子曰:“亦各言其志也已矣。”曰:“夫子何哂由也?”曰:“爲國以禮,其言不讓,是故哂之。”“唯求則非邦也與?”“安見方六七十如五六十而非邦也者?”“唯赤則非邦也與?”“宗廟會同,非諸侯而何? 赤也爲之小,孰能爲之大?”

〔一〕曾皙,名點,曾子之父,也是孔子的弟子。

〔二〕"毋吾以"爲"毋以吾"的倒裝,是"毋以吾一日長乎爾也"的省略,因與上句"以吾一日長乎爾"有重複之嫌,所以如此省略。其實,這兩句話本來應該只是一句,爲"毋以吾一日長乎爾也"。可以想見,當時的情景大概是:孔子説出"以吾一日長乎爾"後,馬上意識到少説了一個"毋"字,故馬上又加上"毋"重説了一遍,但記錄者不察,便把這兩句話都記下來,又嫌其重複,故形成現在這個樣子。

〔三〕居,謂平居之時。

〔四〕率爾,莽撞輕率,不假思索之貌。

〔五〕攝乎大國之間,猶言夾在大國中間。攝,威懾,謂小國爲大國所威懾。

〔六〕師旅,兩千五百人爲師,五百人爲旅,合稱師旅,這裏指戰事。

〔七〕比及,到。

〔八〕知方,知道向義。方,義方。

〔九〕哂,笑不露齒,含輕蔑之意。

〔一〇〕如,或也。

〔一一〕如,與也。會同,這裏指諸侯相會。

〔一二〕端,玄端,禮服。章甫,玄冠,禮帽也。

〔一三〕相,贊禮之人,猶現在的司儀。

〔一四〕希,同"稀"。

〔一五〕撰,具也,這裏指所具的志向。

〔一六〕莫,同"暮"。

〔一七〕冠者,二十歲以上的成年人。古代以二十歲爲成年人,要行冠禮。

〔一八〕沂,河名,在今曲阜城南。

〔一九〕風,乘涼。舞雩,求雨的祭壇,壇上多樹木,故可乘涼。

〔二〇〕詠,吟詩。

顔淵篇第十二

12.1 顔淵問仁。子曰:"克己復禮爲仁〔一〕。一日克己復禮,天下歸仁焉。爲仁由己,而由人乎哉?"顔淵曰:"請問其目。"子曰:"非禮勿視,非禮勿聽,非禮勿言,非禮勿動。"顔淵曰:"回雖不敏,請事斯語矣〔二〕。"

〔一〕克己,約束自己。復禮,歸於禮。復,返也,歸也。

〔二〕事,從事,實踐。

12.2 仲弓問仁。子曰:"出門如見大賓〔一〕,使民如承大祭〔二〕。己所不欲,勿施於人。在邦無怨,在家無怨〔三〕。"仲弓曰:"雍雖不敏,請事斯語矣。"

〔一〕大賓,貴賓。

〔二〕大祭,重要的祭祀。

〔三〕在家,這裏指罷官在家。一説家指士大夫之家。

12.3 司馬牛問仁〔一〕。子曰:"仁者,其言也訒〔二〕。"曰:"其言也訒,斯謂之仁已乎?"子曰:"爲之難,言之得無訒乎?"

〔一〕司馬牛,名耕,字子牛,孔子弟子。關於本章的背景,《史記·仲尼弟子列傳》云:"牛多言而躁,問仁於孔子。孔子曰:'仁者其言也訒。'"

〔二〕訒,説話遲緩謹慎。

12.4 司馬牛問君子。子曰:"君子不憂不懼。"曰:"不憂不懼,斯謂之君子已乎?"子曰:"内省不疚,夫何憂何懼?"

12.5 司馬牛憂曰:"人皆有兄弟,我獨亡〔一〕。"子夏曰:"商聞之矣:死生有命,富貴在天。君子敬而無失,與人恭而有禮。四海之内,皆兄弟也。君子何患乎無兄弟也?"

〔一〕亡,同"無"。

12.6 子張問明。子曰:"浸潤之譖〔一〕,膚受之愬〔二〕,不行焉,可謂明也已矣。浸潤之譖,膚受之愬,不行焉,可謂遠也已矣〔三〕。"

〔一〕浸潤之譖,謂讒言毀人如水之浸物,逐漸浸透,而令人不易察覺,而信之深矣。譖,以讒言毀人,中傷。

〔二〕膚受之愬,感同身受一樣的誹謗,儼然有切身之痛一樣的誣告,聽者容易信以爲真。愬,誹謗。

〔三〕遠,明之至也。

12.7 子貢問政。子曰:"足食,足兵,民信之矣。"子貢曰:"必不得已而去,於斯三者何先?"曰:"去兵。"子貢曰:"必不得已而去,於斯二者何先?"曰:"去食。自古皆有死,民無信不立。"

12.8 棘子成曰[一]："君子質而已矣[二]，何以文爲[三]？"子貢曰："惜乎，夫子之説君子也！駟不及舌[四]。文猶質也，質猶文也。虎豹之鞟猶犬羊之鞟[五]。"

〔一〕棘子成，衛國大夫。

〔二〕質，質地。

〔三〕何以文爲，"以文何爲"的倒裝。文，文采。

〔四〕駟不及舌，四匹馬也追不回説出的話，即一言既出，駟馬難追。

〔五〕鞟，去了毛的皮。

12.9 哀公問於有若曰："年饑，用不足，如之何？"有若對曰："盍徹乎[一]？"曰："二[二]，吾猶不足，如之何其徹也？"對曰："百姓足，君孰與不足？百姓不足，君孰與足？"

〔一〕盍，"何不"的合音。徹，抽取收益十分之一的税法。

〔二〕二，這裏指抽取十分之二的税。

12.10 子張問崇德辨惑[一]。子曰："主忠信，徙義[二]，崇德也。愛之欲其生，惡之欲其死；既欲其生，又欲其死，是惑也。'誠不以富，亦祇以異[三]。'"

〔一〕崇德，尊崇道德。

〔二〕徙義，改變自己以歸於義。徙，遷徙，改變。

〔三〕誠不以富，亦祇以異，《詩·小雅·我行其野》詩句，但引在此處令人費解。朱子引程子曰："此錯簡，當在第十六篇齊景公有馬千駟之上，因此下文亦有齊景公字而誤也。"宦懋庸《論語稽》則説："引《詩》者斷章取義。'富'如'富哉言乎'之'富'，以富於聞見。'異'如'異乎二三子之撰'之'異'，以異於庸俗言。言欲崇德辨惑，豈在富於見聞哉？亦只求存養省察之精，以有異於庸俗而已。"

12.11 齊景公問政於孔子[一]。孔子對曰："君君，臣臣，父父，子子。"公曰："善哉！信如君不君，臣不臣，父不父，子不子，雖有粟，吾得而食諸[二]？"

〔一〕齊景公，齊國國君，名杵臼，景是其諡。景公問政於孔子，當在魯昭公末年，孔子遊歷齊國時。

〔二〕諸，"之乎"的合音。

12.12 子曰:"片言可以折獄者[一],其由也與!"

子路無宿諾[二]。

〔一〕片言,片面之辭,即訴訟雙方中一方的説法。折獄,斷案。折,斷也。

〔二〕子路無宿諾,宿諾,過夜才兑現的諾言。宿,過夜。這句話看起來和上文没有關係。唐陸德明《經典釋文》云:"或分此爲别章。"蔣伯潛説:"照常理,判斷官司必須兼聽兩造之辭,子路何以只要聽一面的話呢? 這疑問,我想大家都有的,所以記者記了孔子稱贊子路的話,又在下面補記一句子路平日的行爲道:'子路無宿諾。'……子路平日的行爲如此,所以大家都説他有信用。别人受了他的感化,也以信待他,不敢在他面前説謊,所以但聽便可折獄也。"

12.13 子曰:"聽訟[一],吾猶人也,必也使無訟乎!"

〔一〕聽訟,審理訴訟。

12.14 子張問政。子曰:"居之無倦,行之以忠。"

12.15 子曰:"博學於文,約之以禮,亦可以弗畔矣夫!"

12.16 子曰:"君子成人之美,不成人之惡。小人反是。"

12.17 季康子問政於孔子。孔子對曰:"政者,正也。子帥以正[一],孰敢不正?"

〔一〕帥,同"率",率領,率先。

12.18 季康子患盗,問於孔子。孔子對曰:"苟子之不欲,雖賞之不竊。"

12.19 季康子問政於孔子曰:"如殺無道,以就有道[一],何如?"孔子對曰:"子爲政,焉用殺? 子欲善,而民善矣。君子之德風[二],小人之德草[三]。草上之風[四],必偃[五]。"

〔一〕就,成就,成全。

〔二〕君子,這裏指當政者。

〔三〕小人,這裏指人民。

〔四〕上，一作“尚”，加也。

〔五〕偃，倒伏。

12.20　子張問：“士何如斯可謂之達矣？”子曰：“何哉，爾所謂達者？”子張對曰：“在邦必聞，在家必聞。”子曰：“是聞也，非達也。夫達也者，質直而好義，察言而觀色，慮以下人〔一〕。在邦必達，在家必達。夫聞也者，色取仁而行違，居之不疑。在邦必聞，在家必聞。”

〔一〕下人，居人之下，謂對人謙恭。

12.21　樊遲從遊於舞雩之下，曰：“敢問崇德，修慝〔一〕，辨惑。”子曰：“善哉問！先事後得，非崇德與？攻其惡，無攻人之惡，非修慝與？一朝之忿，忘其身，以及其親，非惑與？”

〔一〕修慝，去掉藏在内心的惡念。修，治而去之。慝，藏在内心的惡念。

12.22　樊遲問仁。子曰：“愛人。”問知。子曰：“知人。”樊遲未達。子曰：“舉直錯諸枉，能使枉者直。”樊遲退，見子夏曰：“鄉也吾見於夫子而問知〔一〕，子曰‘舉直錯諸枉，能使枉者直’，何謂也？”子夏曰：“富哉言乎！舜有天下，選於衆，舉皋陶〔二〕，不仁者遠矣〔三〕。湯有天下，選於衆，舉伊尹，不仁者遠矣。”

〔一〕鄉，去聲，同“嚮”，以前。

〔二〕皋陶，舜之臣。

〔三〕遠，遠離。

12.23　子貢問友。子曰：“忠告而善道之〔一〕，不可則止，毋自辱焉。”

〔一〕道，讀如“導”。

12.24　曾子曰：“君子以文會友，以友輔仁。”

子路篇第十三

13.1　子路問政。子曰：“先之勞之〔一〕。”請益。曰：“無倦。”

〔一〕之,這裏指民。勞,勸勉。

13.2 仲弓爲季氏宰,問政。子曰:"先有司〔一〕,赦小過,舉賢才。"曰:"焉知賢才而舉之?"子曰:"舉爾所知。爾所不知,人其舍諸〔二〕?"

〔一〕有司,負責各項事務的官吏。
〔二〕諸,"之乎"的合音。

13.3 子路曰:"衛君待子而爲政,子將奚先?"子曰:"必也正名乎!"子路曰:"有是哉,子之迂也! 奚其正?"子曰:"野哉由也! 君子於其所不知,蓋闕如也。名不正,則言不順;言不順,則事不成;事不成,則禮樂不興;禮樂不興,則刑罰不中;刑罰不中,則民無所錯手足。故君子名之必可言也,言之必可行也。君子於其言,無所苟而已矣。"

13.4 樊遲請學稼〔一〕。子曰:"吾不如老農。"請學爲圃〔二〕。曰:"吾不如老圃。"樊遲出,子曰:"小人哉〔三〕,樊須也! 上好禮,則民莫敢不敬;上好義,則民莫敢不服;上好信,則民莫敢不用情〔四〕。夫如是,則四方之民襁負其子而至矣〔五〕,焉用稼?"

〔一〕學稼,學習種莊稼。種五穀曰稼。
〔二〕學爲圃,學習種菜。
〔三〕小人,這裏指體力勞動者。
〔四〕用情,以真心對待別人。情,情實也。
〔五〕襁,即襁褓,用來背小兒的布包。

13.5 子曰:"誦《詩》三百,授之以政,不達〔一〕;使於四方,不能專對〔二〕。雖多,亦奚以爲?"

〔一〕達,這裏指明達治理。
〔二〕專對,隨機應變,獨立應對。春秋時期的外交場合,多引《詩》應對。

13.6 子曰:"其身正,不令而行;其身不正,雖令不從。"

13.7 子曰:"魯、衛之政,兄弟也。"

13.8 子謂衛公子荆[一]，"善居室[二]。始有，曰：'苟合矣[三]。'少有，曰：'苟完矣。'富有，曰：'苟美矣'"。

〔一〕衛公子荆，衛國大夫。因魯國也有一位公子荆，故加"衛"字以示區別。

〔二〕居室，持家。

〔三〕苟，聊且粗略之意。合，通"給"，足也。

13.9 子適衛，冉有僕[一]。子曰："庶矣哉[二]！"冉有曰："既庶矣，又何加焉？"曰："富之。"曰："既富矣，又何加焉？"曰："教之。"

〔一〕僕，駕御車馬。

〔二〕庶，眾多。

13.10 子曰："苟有用我者，期月而已可也[一]，三年有成。"

〔一〕期月，一整年。

13.11 子曰："'善人爲邦百年，亦可以勝殘去殺矣[一]。'誠哉是言也！"

〔一〕勝殘，克服殘暴。勝，勝過，克服。去殺，免除殺戮。去，去掉。

13.12 子曰："如有王者，必世而後仁[一]。"

〔一〕世，古人以三十年爲一世。一世，也就是一代。

13.13 子曰："苟正其身矣，於從政乎何有？ 不能正其身，如正人何？"

13.14 冉子退朝[一]。子曰："何晏也[二]？"對曰："有政。"子曰："其事也。如有政，雖不吾以[三]，吾其與聞之[四]。"

〔一〕冉子退朝，冉有此時爲季氏宰，故此處的"朝"當謂季氏私朝。

〔二〕晏，遲也，晚也。

〔三〕以，用也。

〔四〕與，參預之意。

13.15 定公問："一言而可以興邦，有諸？"孔子對曰："言不可以若是,其幾也〔一〕。人之言曰:‘爲君難,爲臣不易。’如知爲君之難也,不幾乎一言而興邦乎?”

曰:“一言而喪邦,有諸?”孔子對曰:“言不可以若是,其幾也。人之言曰:‘予無樂乎爲君,唯其言而莫予違也。’如其善而莫之違也,不亦善乎? 如不善而莫之違也,不幾乎一言而喪邦乎?”

〔一〕幾,近也,這裏指接近真理,即有道理。一説,幾,期也,“其幾也”連上讀,謂不能期望言語有如此之效果。

13.16 葉公問政。子曰:“近者説〔一〕,遠者來。”

〔一〕説,同“悦”。

13.17 子夏爲莒父宰〔一〕,問政。子曰:“無欲速〔二〕,無見小利。欲速,則不達;見小利,則大事不成。”

〔一〕莒父,魯邑。

〔二〕無,通“毋”。

13.18 葉公語孔子曰:“吾黨有直躬者〔一〕,其父攘羊〔二〕,而子證之〔三〕。”孔子曰:“吾黨之直者異於是。父爲子隱,子爲父隱,直在其中矣。”

〔一〕直躬,直身而行者。或云:有直人名躬者,因其行直,故謂之直躬。

〔二〕攘,偷竊,猶指有因而盜。

〔三〕證,告也。

13.19 樊遲問仁。子曰:“居處恭〔一〕,執事敬〔二〕,與人忠。雖之夷狄〔三〕,不可棄也。”

〔一〕居處,日常起居。

〔二〕執事,辦事。

〔三〕之,到也。

13.20 子貢問曰:“何如斯可謂之士矣?”子曰:“行己有耻〔一〕,使於四方,不辱君命,可謂士矣。”曰:“敢問其次。”曰:“宗族稱孝焉,鄉黨稱弟焉。”曰:“敢問其次。”曰:“言必信,行必果,硜硜然小人哉〔二〕!

抑亦可以爲次矣。"曰:"今之從政者何如?"子曰:"噫! 斗筲之人^{〔三〕},何足算也^{〔四〕}!"

〔一〕行己,使自己的行爲。行,在這裏爲使動用法。

〔二〕硜硜然,小石堅確之狀,喻小人必信必果之貌。

〔三〕斗筲之人,喻見識和器量很小的人。斗,容十升。筲,飯筐,能容五升。

〔四〕算,數也,猶言算數。

13.21 子曰:"不得中行而與之^{〔一〕},必也狂狷乎^{〔二〕}! 狂者進取^{〔三〕},狷者有所不爲也^{〔四〕}。"

〔一〕中行,能依乎中庸之道而行,無過無不及者也。

〔二〕狂狷,狂者,有大志者也。狷者,有氣節者也。

〔三〕進取,過於激進,故時或過乎中庸。

〔四〕有所不爲,這裏指有該爲者而不爲,行爲保守,故時或不及中庸。

13.22 子曰:"南人有言曰:'人而無恒,不可以作巫醫^{〔一〕}。'善夫!"

"不恒其德,或承之羞^{〔二〕}。"子曰:"不占而已矣。"

〔一〕巫醫,通過巫術給人治病的人,爲賤業。

〔二〕不恒其德,或承之羞,《周易》恒卦爻辭。或,常也。

13.23 子曰:"君子和而不同^{〔一〕},小人同而不和。"

〔一〕和,和諧,這裏指不同事物和諧搭配,如烹調時五味之調劑,奏樂時八音之配合,言談時異見之紛呈。同,同一,這裏指同一事物單調相加,如烹調時以水濟水,奏樂時琴瑟專一,言談時阿比之聲,一言堂。

13.24 子貢問曰:"鄉人皆好之,何如?"子曰:"未可也。""鄉人皆惡之,何如?"子曰:"未可也;不如鄉人之善者好之,其不善者惡之。"

13.25 子曰:"君子易事而難説也^{〔一〕}。説之不以道,不説也。及其使人也,器之^{〔二〕}。小人難事而易説也。説之雖不以道,説也。及其使人也,求備焉。"

〔一〕易事,容易共事、相處。説,同"悦"。

〔二〕器之,謂随其材器而使之也。

13.26 子曰:"君子泰而不驕〔一〕,小人驕而不泰。"

〔一〕泰,安舒。驕,恣肆。

13.27 子曰:"剛、毅、木、訥近仁。"

13.28 子路問曰:"何如斯可謂之士矣?"子曰:"切切偲偲〔一〕,怡怡如也〔二〕,可謂士矣。朋友切切偲偲,兄弟怡怡。"

〔一〕切切偲偲,相互切磋勉勵之貌。

〔二〕怡怡,和順也。

13.29 子曰:"善人教民七年,亦可以即戎矣〔一〕。"

〔一〕即戎,從軍打仗。即,就也。戎,兵戎。

13.30 子曰:"以不教民戰,是謂棄之。"

憲問篇第十四

14.1 憲問耻〔一〕。子曰:"邦有道,穀〔二〕。邦無道,穀,耻也。"

"克〔三〕、伐〔四〕、怨、欲不行焉,可以爲仁矣?"子曰:"可以爲難矣,仁則吾不知也。"

〔一〕憲,原思之名。蒋伯潛先生認爲:"此章或是憲自記,故不稱字,不加姓。"

〔二〕穀,拿俸禄。中國早期俸禄爲穀米。

〔三〕克,好勝。

〔四〕伐,自誇。

14.2 子曰:"士而懷居〔一〕,不足以爲士矣。"

〔一〕居,謂意所便安處也。凡宫室之安,口體之奉,皆居也。

14.3 子曰:"邦有道,危言危行〔一〕;邦無道,危行言孫〔二〕。"

〔一〕危,正也。

〔二〕孫,同"遜"。

14.4 子曰:"有德者必有言,有言者不必有德。仁者必有勇,勇者不必有仁。"

14.5 南宮适問於孔子曰〔一〕:"羿善射〔二〕,奡盪舟〔三〕,俱不得其死然。禹稷躬稼而有天下。"夫子不答〔四〕。南宮适出,子曰:"君子哉若人〔五〕!尚德哉若人!"

〔一〕南宮适,即孔子弟子南容。

〔二〕羿,有窮國的君主,滅夏后相而篡其位,其臣寒浞又殺羿而代之。

〔三〕奡盪舟,奡,《左傳》又作"澆",寒浞之子,力大,曾伐堪鄩氏,左右衝殺,而覆其船,後爲少康所殺。盪舟,覆船。

〔四〕夫子不答,南宮适的言外之意是以羿、奡比當時的權臣,以禹、稷比孔子,故"夫子不答"。

〔五〕若人,此人。

14.6 子曰:"君子而不仁者有矣夫,未有小人而仁者也。"

14.7 子曰:"愛之,能勿勞乎〔一〕?忠焉,能勿誨乎?"

〔一〕勞,勤勞。

14.8 子曰:"爲命〔一〕,裨諶草創之〔二〕,世叔討論之〔三〕,行人子羽修飾之〔四〕,東里子産潤色之〔五〕。"

〔一〕命,這裏指應對諸侯的辭令。

〔二〕裨諶,鄭國大夫。

〔三〕世叔,《左傳》作子太叔,名游吉,鄭國大夫。討論,就草稿加以審議。

〔四〕行人,官名,掌管出使各國的事務。子羽,鄭國大夫公孫揮的字。

〔五〕東里,里名。

14.9 或問子産。子曰:"惠人也。"問子西〔一〕。曰:"彼哉!彼哉!"問管仲。曰:"人也〔二〕。奪伯氏駢邑三百〔三〕,飯疏食,没齒無怨言〔四〕。"

〔一〕子西,楚國令尹公子申的字。子西讓國於昭王,亦當時之賢大夫也,然不能使昭王斥貪庸之公子囊瓦,又召白公而致殺身禍國之變,故孔子以爲不足稱也。

〔二〕人也，“人”上或謂脫“夫”字，或謂脫“仁”字，或謂“人”當讀爲“仁”。今按，當以脫“仁”字爲是。其一，上文有“惠人”之例。其二，下文的“奪伯氏駢邑三百，飯疏食，没齒無怨言”乃仁者之徵。其三，孔子曾許管仲以仁，曰“如其仁，如其仁”（見本篇）。

〔三〕奪伯氏駢邑三百，伯氏有罪，故奪其邑。一説桓公奪伯氏之邑以予管仲。伯氏，齊國的大夫。駢邑，地名，伯氏之采邑。三百，謂駢邑有三百户也。

〔四〕没齒，猶言終生。齒，年也。

14.10 子曰：“貧而無怨難，富而無驕易。”

14.11 子曰：“孟公綽爲趙、魏老則優〔一〕，不可以爲滕、薛大夫〔二〕。”

〔一〕孟公綽，魯國大夫。趙、魏，晉國之卿趙氏、魏氏。老，家臣之長。優，綽綽有餘。

〔二〕滕、薛，二國名，皆爲魯國附近的小國。

14.12 子路問成人〔一〕。子曰：“若臧武仲之知〔二〕，公綽之不欲，卞莊子之勇〔三〕，冉求之藝，文之以禮樂，亦可以爲成人矣。”曰：“今之成人者何必然！見利思義，見危授命，久要不忘平生之言〔四〕，亦可以爲成人矣。”

〔一〕成人，成德之人，猶言完人。

〔二〕臧武仲，魯國大夫臧孫紇。

〔三〕卞莊子，魯國大夫，也是一個勇士。卞，邑名。

〔四〕久要，“要”爲“約”的借字，窮困。平生，猶言平時。

14.13 子問公叔文子於公明賈曰〔一〕：“信乎？夫子不言，不笑，不取乎？”公明賈對曰：“以告者過也〔二〕。夫子時然後言，人不厭其言；樂然後笑，人不厭其笑；義然後取，人不厭其取。”子曰：“其然？豈其然乎？”

〔一〕公叔文子，衛國大夫，姓公孫，名拔，文乃其謚。公明賈，衛人，姓公明，名賈。

〔二〕以，此也。

14.14 子曰：“臧武仲以防求爲後於魯〔一〕，雖曰不要君〔二〕，吾不信也。"

〔一〕防,魯地,臧武仲的封邑。魯襄公二十三年,武仲爲孟氏所誣陷,出奔邾。自邾至防,請求立其後爲卿大夫,魯許之,立其子臧爲,武仲乃離開防而奔齊。

〔二〕要,要挾。

14.15 子曰:"晉文公譎而不正〔一〕,齊桓公正而不譎〔二〕。"

〔一〕晉文公,名重耳,春秋五霸之一。譎,狡詐,詭詐。

〔二〕齊桓公,名小白,亦春秋五霸之一。

14.16 子路曰:"桓公殺公子糾,召忽死之,管仲不死〔一〕。"曰:"未仁乎?"子曰:"桓公九合諸侯,不以兵車,管仲之力也。如其仁〔二〕!如其仁!"

〔一〕齊僖公生諸兒、糾、小白。僖公卒,諸兒立,是爲襄公。襄公無道,鮑叔牙預知齊國生亂,乃奉小白奔莒。及襄公爲其從弟無知所弒,無知自立,召忽、管仲亦奉公子糾奔魯。齊人殺無知,小白自莒先入,立爲齊君,是爲桓公。齊使魯殺糾,執管仲、召忽入齊。召忽自殺,魯遂囚管仲,將其押送回齊國。桓公接受鮑叔牙的建議,以管仲爲相。

〔二〕如,猶"乃"也。

14.17 子貢曰:"管仲非仁者與〔一〕?桓公殺公子糾,不能死,又相之。"子曰:"管仲相桓公,霸諸侯,一匡天下〔二〕,民到于今受其賜。微管仲〔三〕,吾其被髮左衽矣〔四〕。豈若匹夫匹婦之爲諒也〔五〕,自經於溝瀆而莫之知也〔六〕?"

〔一〕與,同"歟"。

〔二〕匡,正。

〔三〕微,無也。

〔四〕被髮左衽,夷狄之俗也。被,同"披"。衽,衣襟。左衽,衣服的衣襟向左扣。當時華夏族的衣襟是向右扣的。

〔五〕諒,小信也。

〔六〕自經,自縊。溝瀆,田間溝渠。一說爲地名,即《左傳》的"句瀆",《史記》的"笙瀆"。

14.18 公叔文子之臣大夫僎與文子同升諸公〔一〕。子聞之,曰:

“可以爲‘文’矣。”

〔一〕臣，家臣。大夫，家臣之中，爵秩不同，尊者爲大夫，次亦爲士。諸，用法同“於”。據《禮記·檀弓》，公叔文子實謚爲貞惠文子。鄭玄《禮記》注説：“不言‘貞惠’者？‘文’足以兼之。”公，公朝。

14.19　子言衛靈公之無道也，康子曰：“夫如是，奚而不喪〔一〕？”孔子曰：“仲叔圉治賓客〔二〕，祝鮀治宗廟，王孫賈治軍旅。夫如是，奚其喪？”

〔一〕奚而，猶奚爲也。

〔二〕仲叔圉，即孔文子。

14.20　子曰：“其言之不怍〔一〕，則爲之也難。”

〔一〕怍，慚愧。

14.21　陳成子弑簡公〔一〕。孔子沐浴而朝，告於哀公曰：“陳恒弑其君，請討之。”公曰：“告夫三子〔二〕！”孔子曰：“以吾從大夫之後，不敢不告也。君曰‘告夫三子’者！”之三子告，不可。孔子曰：“以吾從大夫之後，不敢不告也。”

〔一〕陳成子，姓田，名恒，齊國大夫。“田”、“陳”古音相同。簡公，齊君，名壬。

〔二〕三子，這裏指季孫、孟孫、叔孫三家。

14.22　子路問事君。子曰：“勿欺也，而犯之。”

14.23　子曰：“君子上達，小人下達〔一〕。”

〔一〕上達、下達，上達謂通達道，下達爲通達器，即物性。小人因從事體力勞動，故通物性。一説上達謂達於仁義，下達謂達於財利。

14.24　子曰：“古之學者爲己，今之學者爲人。”

14.25　蘧伯玉使人於孔子〔一〕，孔子與之坐而問焉。曰：“夫子何爲？”對曰：“夫子欲寡其過而未能也。”使者出，子曰：“使乎！使乎！”

〔一〕蘧伯玉，衛國大夫，名瑗。孔子在衛國時，曾經住過他家。

14.26 子曰："不在其位,不謀其政。"曾子曰："君子思不出其位。"

14.27 子曰："君子耻其言而過其行〔一〕。"

〔一〕而,用法同"之"。

14.28 子曰："君子道者三,我無能焉:仁者不憂,知者不惑,勇者不懼。"子貢曰："夫子自道也。"

14.29 子貢方人〔一〕。子曰："賜也賢乎哉? 夫我則不暇。"

〔一〕方人,謂言人之過惡。方,通"謗"。

14.30 子曰："不患人之不己知,患其不能也。"

14.31 子曰："不逆詐〔一〕,不億不信〔二〕,抑亦先覺者,是賢乎!"

〔一〕逆,逆料,未至而迎之。

〔二〕億,同"臆",臆度,未見而臆之。

14.32 微生畝謂孔子曰〔一〕:"丘何爲是栖栖者與〔二〕? 無乃爲佞乎?"孔子曰:"非敢爲佞也,疾固也〔三〕。"

〔一〕微生畝,姓微生,名畝。從直呼孔子之名看,當爲孔子前輩。

〔二〕栖栖,猶皇皇,不安居之意。

〔三〕固,固陋,謂昧於仁義之道,習非勝是也。

14.33 子曰："驥不稱其力〔一〕,稱其德也。"

〔一〕驥,良馬,千里馬。

14.34 或曰："以德報怨,何如?"子曰:"何以報德? 以直報怨,以德報德。"

14.35 子曰："莫我知也夫!" 子貢曰:"何爲其莫知子也?"子曰:"不怨天,不尤人,下學而上達〔一〕。知我者其天乎!"

〔一〕下學而上達,古今注釋多有歧義,學者多采皇侃《義疏》之説:"下學,學人事;上達,達天命。我既學人事,人事有否有泰,故不尤人。上達天命,天命有窮有通,故我不怨天也。"竊以爲,此章應結合《公冶長》子貢對孔子的評論來理解:"夫子之文章,可得而聞也;夫子之言性與天道,不可得而聞也。"據此,下學,謂學習"文章",即禮樂制度和各種道德規範。上達,謂上通"性與天道"。"下學而上達"概括了孔子一生的思想歷程:從早年以禮爲核心的教化思想,中年以仁爲核心的内省思想,到晚年以易爲核心的形上學思想。

14.36 公伯寮愬子路於季孫〔一〕。子服景伯以告〔二〕,曰:"夫子固有惑志於公伯寮,吾力猶能肆諸市朝〔三〕。"子曰:"道之將行也與? 命也。道之將廢也與? 命也。公伯寮其如命何!"

〔一〕公伯寮,孔子弟子,複姓公伯,名寮。寮或作"僚"。愬,同"訴",説壞話。

〔二〕子服景伯,魯國大夫,複姓子服,名何,字伯,景爲其謚。

〔三〕肆,殺而陳尸。市朝,古人把罪人之尸示衆,大夫陳於朝,士陳於市。據此,本來應該説將公伯寮"肆諸市","朝"字是連帶説到的。

14.37 子曰:"賢者辟世〔一〕,其次辟地〔二〕,其次辟色〔三〕,其次辟言〔四〕。"子曰:"作者七人矣。"

〔一〕辟,隱居不仕。辟,同"避"。

〔二〕辟地,去亂國,適治邦也。

〔三〕辟色,禮貌衰則必去之,避開難看的臉色。

〔四〕辟言,有違言而去之,避開惡言。

14.38 子路宿於石門〔一〕。晨門曰〔二〕:"奚自?"子路曰:"自孔氏。"曰:"是知其不可而爲之者與?"

〔一〕石門,魯城外門。

〔二〕晨門,管早晨開門的人。

14.39 子擊磬於衛〔一〕。有荷蕢而過孔氏之門者〔二〕,曰:"有心哉,擊磬乎!"既而曰:"鄙哉〔三〕! 硜硜乎〔四〕! 莫己知也,斯己而已矣。'深則厲,淺則揭〔五〕。'"子曰:"果哉! 末之難矣〔六〕。"

〔一〕磬,一種樂器。

〔二〕荷,負也。蕢,草編的土筐。

〔三〕鄙,狹也。

〔四〕硜硜,磬的聲音。

〔五〕深則厲,淺則揭,水深則穿着衣服涉水,水淺則提起衣襟涉水。當視水之深淺不同,涉水方式有異,喻君子於道可行則行,不可行則止。人莫己知,不必悲觀。和衣涉水曰厲,提起衣襟涉水曰揭。引詩見於《詩·邶風·匏有苦葉》。

〔六〕末之難,"末難之"的倒裝。末,無也。難,責難。

14.40 子張曰:"《書》云:'高宗諒陰〔一〕,三年不言。'何謂也?"子曰:"何必高宗!古之人皆然。君薨,百官總己以聽於冢宰三年〔二〕。"

〔一〕高宗,商王武丁。諒陰,王者居喪的名稱。又作"諒闇"、"梁闇"。梁,楣也。闇,廬也。故諒陰爲王者喪服中所居之"凶廬"。引語見《尚書·無逸篇》。

〔二〕冢宰,太宰。

14.41 子曰:"上好禮,則民易使也。"

14.42 子路問君子。子曰:"修己以敬。"曰:"如斯而已乎?"曰:"修己以安人。"曰:"如斯而已乎?"曰:"修己以安百姓〔一〕。修己以安百姓,堯舜其猶病諸!"

〔一〕人、百姓,朱子云:"人者,對己而言。百姓,則盡乎人矣。"今案:"對己而言"的人爲他人,這裏指身邊的人。

14.43 原壤夷俟〔一〕。子曰:"幼而不孫弟〔二〕,長而無述焉,老而不死,是爲賊〔三〕。"以杖叩其脛〔四〕。

〔一〕原壤,孔子的老朋友。夷俟,伸展兩腳,像簸箕一樣坐着等待。夷,箕踞。俟,等待。

〔二〕孫弟,同"遜悌"。

〔三〕賊,害人。

〔四〕脛,小腿。

14.44 闕黨童子將命〔一〕。或問之曰:"益者與?"子曰:"吾見其居於位也〔二〕,見其與先生并行也〔三〕。非求益者也,欲速成者也。"

〔一〕闕黨,即闕里,孔子住的地方。將命,在主客之間傳話。

〔二〕居於位,這裏指與主人并居於位。據《禮記·玉藻》:"童子無事則立主人之北,南面。”故不當與主人并居於位。

〔三〕與先生并行，與先生并行走路。依禮，童子當走在長者之後。

衛靈公篇第十五

15.1 衛靈公問陳於孔子〔一〕。孔子對曰：“俎豆之事〔二〕，則嘗聞之矣；軍旅之事〔三〕，未之學也。”明日遂行。

〔一〕陳，即今“陣”字，軍陣。

〔二〕俎豆，俎和豆都是古代的禮器，爲盛肉食的器皿，這裏指禮儀。

〔三〕軍旅，古代軍隊編制名稱。一萬兩千五百人爲軍，五百人爲旅。

15.2 在陳絕糧，從者病，莫能興。子路愠見曰：“君子亦有窮乎？”子曰：“君子固窮，小人窮斯濫矣。”

15.3 子曰：“賜也，女以予爲多學而識之者與〔一〕？”對曰：“然。非與？”曰：“非也。予一以貫之〔二〕。”

〔一〕識，今作“誌”，記也。

〔二〕一以貫之，有多種解釋。從《里仁》看，曾子對孔子“吾道一以貫之”的解釋是：“夫子之道，忠恕而已矣。”這應該是“一以貫之”的正解。

15.4 子曰：“由！知德者鮮矣。”

15.5 子曰：“無爲而治者〔一〕，其舜也與！夫何爲哉？恭己正南面而已矣。”

〔一〕無爲而治，任官得其人，故政事不必親勞。

15.6 子張問行〔一〕。子曰：“言忠信，行篤敬，雖蠻貊之邦行矣〔二〕。言不忠信，行不篤敬，雖州里〔三〕，行乎哉？立，則見其參於前也〔四〕；在輿，則見其倚於衡也〔五〕。夫然後行。”子張書諸紳。

〔一〕行，這裏指行得通，即達。

〔二〕蠻貊，蠻，南方民族。貊，北方民族。蠻貊統稱未開化的地區。

〔三〕州里，指本鄉本土。

〔四〕參，即《中庸》“與天地參”之“參”，叁也，謂“言忠信”、“行篤敬”與自己並列而爲叁。

〔五〕輿,車。衡,車前的横木。

15.7 子曰:“直哉史魚[一]！邦有道,如矢;邦無道,如矢。君子哉蘧伯玉[二]！邦有道,則仕;邦無道,則可卷而懷之。”

〔一〕史魚,衛國大夫史鰌,字子魚。因不能進用蘧伯玉,斥退彌子瑕,死而以尸諫,事見《韓詩外傳》卷七。

〔二〕蘧伯玉,事可參見《左傳》襄公十四年和二十六年。

15.8 子曰:“可與言而不與之言,失人;不可與言而與之言,失言。知者不失人,亦不失言。”

15.9 子曰:“志士仁人,無求生以害仁,有殺身以成仁。”

15.10 子貢問爲仁。子曰:“工欲善其事,必先利其器。居是邦也,事其大夫之賢者,友其士之仁者。”

15.11 顔淵問爲邦[一]。子曰:“行夏之時[二],乘殷之輅[三],服周之冕[四],樂則韶舞[五]。放鄭聲[六],遠佞人。鄭聲淫,佞人殆。”

〔一〕爲邦,猶治國。

〔二〕行夏之時,三代曆法各不相同。周以陰曆十一月爲正月,殷以陰曆十二月爲正月,只有夏以陰曆一月爲正月。夏曆合於農時,故亦謂之農曆,一直沿用到辛亥革命。

〔三〕乘殷之輅,輅爲天子所坐的車子。周天子的輅飾以金玉,過於奢侈。殷朝的輅樸實堅固。

〔四〕服周之冕,冕,祭祀時所戴的禮帽。周代的冕雖華而不爲靡,雖貴不及奢。

〔五〕韶舞,舜時的音樂韶。因韶樂兼舞,故又稱爲“韶舞”。一説“舞”同“武”,周武王時的音樂。

〔六〕放,禁絶。鄭聲,鄭國的音調。

15.12 子曰:“人無遠慮,必有近憂。”

15.13 子曰:"已矣乎! 吾未見好德如好色者也。"

15.14 子曰:"臧文仲其竊位者與〔一〕! 知柳下惠之賢而不與立也〔二〕。"

〔一〕臧文仲,魯國大夫,已見《公冶長》篇。

〔二〕柳下惠,魯國賢人,姓展,名獲,字禽,又叫展季。柳下或爲其所居,惠是他的私諡。立,同"位"。一説讀如字,爲並立於朝。

15.15 子曰:"躬自厚而薄責於人,則遠怨矣。"

15.16 子曰:"不曰'如之何,如之何'者,吾末如之何也已矣〔一〕。"

〔一〕末,無,沒有。如之何,怎麼辦,深思遠慮之謂也。

15.17 子曰:"群居終日,言不及義,好行小慧,難矣哉!"

15.18 子曰:"君子義以爲質,禮以行之,孫以出之〔一〕,信以成之。君子哉!"

〔一〕出,這裏指出言。

15.19 子曰:"君子病無能焉,不病人之不己知也。"

15.20 子曰:"君子疾没世而名不稱焉〔一〕。"

〔一〕没世,離開人世,一輩子。

15.21 子曰:"君子求諸己,小人求諸人。"

15.22 子曰:"君子矜而不争〔一〕,群而不黨〔二〕。"

〔一〕矜,莊重。

〔二〕群,合群,團結。黨,結黨,勾結。

15.23 子曰:"君子不以言舉人,不以人廢言。"

15.24 子貢問曰:"有一言而可以終身行之者乎?"子曰:"其恕乎!己所不欲,勿施於人。"

15.25 子曰:"吾之於人也,誰毀誰譽? 如有所譽者,其有所試矣〔一〕。斯民也,三代之所以直道而行也。"

〔一〕試,考驗,驗證。

15.26 子曰:"吾猶及史之闕文也,有馬者借人乘之,今亡矣夫!"

15.27 子曰:"巧言亂德。小不忍則亂大謀。"

15.28 子曰:"衆惡之,必察焉;衆好之,必察焉。"

15.29 子曰:"人能弘道,非道弘人。"

15.30 子曰:"過而不改,是謂過矣。"

15.31 子曰:"吾嘗終日不食,終夜不寢,以思,無益,不如學也。"

15.32 子曰:"君子謀道不謀食。耕也,餒在其中矣〔一〕;學也,禄在其中矣。君子憂道不憂貧。"

〔一〕餒,飢餓。

15.33 子曰:"知及之〔一〕,仁不能守之,雖得之,必失之。知及之〔二〕,仁能守之,不莊以涖之〔三〕,則民不敬。知及之,仁能守之,莊以涖之,動之不以禮〔四〕,未善也。"

〔一〕從"不莊以涖之,則民不敬"、"動之不以禮"諸句來看,這裏的"之"字當指民。

〔二〕及之,這裏指得民。

〔三〕涖,同"莅",臨也。

〔四〕動之,這裏指感動、教化人民。此"動"相當於《中庸》"誠則形,形則著,著則明,明則動,動則變,變則化,唯天下至誠爲能化"中的"動"字。

15.34 子曰:"君子不可小知而可大受也〔一〕,小人不可大受而可小知也。"

〔一〕小知,這裏指從小處了解。大受,承受大命。

15.35 子曰:"民之於仁也,甚於水火。水火,吾見蹈而死者矣,未見蹈仁而死者也。"

15.36 子曰:"當仁,不讓於師。"

15.37 子曰:"君子貞而不諒〔一〕。"

〔一〕諒,小信。

15.38 子曰:"事君,敬其事而後其食〔一〕。"

〔一〕食,這裏指食禄。

15.39 子曰:"有教無類。"

15.40 子曰:"道不同,不相爲謀。"

15.41 子曰:"辭達而已矣。"

15.42 師冕見〔一〕。及階,子曰:"階也。"及席,子曰:"席也。"皆坐,子告之曰:"某在斯,某在斯。"師冕出,子張問曰:"與師言之道與?"子曰:"然。固相師之道也〔二〕。"

〔一〕師冕,師,樂師。冕,人名。古代樂官一般由盲人擔任。

〔二〕相,幫助。

季氏篇第十六

16.1 季氏將伐顓臾〔一〕。冉有、季路見於孔子曰:"季氏將有事於顓臾〔二〕。"孔子曰:"求!無乃爾是過與〔三〕?夫顓臾,昔者先王以爲東蒙主〔四〕,且在邦域之中矣,是社稷之臣也。何以伐爲?"冉有曰:"夫子欲之〔五〕,吾二臣者皆不欲也。"

孔子曰:"求!周任有言曰〔六〕:'陳力就列〔七〕,不能者止〔八〕。'危而不持,顛而不扶,則將焉用彼相矣〔九〕?且爾言過矣,虎兕出於柙〔一〇〕,龜玉毀於櫝中,是誰之過與?"冉有曰:"今夫顓臾,固而近於費〔一一〕。今不取,後世必爲子孫憂。"孔子曰:"求!君子疾夫舍曰欲之而必爲之辭〔一二〕。丘也聞有國有家者,不患寡而患不均,不患貧而患不安〔一三〕。蓋均無貧,和無寡,安無傾。夫如是,故遠人不服,則修文德以來之。既來之,則安之。今由與求也,相夫子,遠人不服,而不能來也;邦分崩離析,而不能守也;而謀動干戈於邦内。吾恐季孫之憂,不在顓臾,而在蕭牆之内也〔一四〕。"

〔一〕季氏,季康子。當時冉有和子路正做季氏的家臣,故以季氏之事告孔子。顓臾,魯國境内的一個小國,其君風姓,伏羲之後。其朝貢不達於天子,而附於魯侯,即所謂附庸國。

〔二〕有事,這裏指用兵。

〔三〕爾是過,責怪你。"過"字用如動詞,責怪。"是",表倒裝。"爾是過",即"過爾"。

〔四〕東蒙主,主持祭祀東蒙山的人。東蒙,即蒙山。

〔五〕夫子,這裏指季氏。

〔六〕周任,古之良史。

〔七〕陳力,謂施展能力。就列,猶言就職。列,位也。

〔八〕止,這裏指去位。

〔九〕相,扶持瞎子的人。

〔一〇〕兕,野牛。柙,關虎兕等猛獸的木籠。

〔一一〕費,音祕,魯國季氏采邑,今山東費縣西南七十里有費城。

〔一二〕舍,同"捨"。

〔一三〕不患寡而患不均,不患貧而患不安,當作"不患貧而患不均,不患寡而患不安","貧"和"均"是從財富着眼,下文"均無貧"可以爲證;"寡"和"安"是從人民着眼,下文"和無寡"可以爲證。

〔一四〕蕭牆,即塞門。蕭牆之内,一說指季氏内部。後來季氏家臣陽虎囚季桓子,應了孔子之預言。一說唯國君有蕭牆,故蕭牆之内隱指魯君。當時魯哀公欲去三桓,而顓臾世爲魯社稷之臣,季氏懼其爲魯君之助,故欲伐之。

16.2 孔子曰:"天下有道,則禮樂征伐自天子出;天下無道,則禮樂征伐自諸侯出。自諸侯出,蓋十世希不失矣[一];自大夫出,五世希不失矣;陪臣執國命[二],三世希不失矣。天下有道,則政不在大夫。天下有道,則庶人不議。"

〔一〕希,同"稀",少也。

〔二〕陪臣,臣之臣,即大夫的家臣。陪,重也。

16.3 孔子曰:"禄之去公室,五世矣[一];政逮於大夫,四世矣[二]。故夫三桓之子孫微矣[三]。"

〔一〕禄之去公室,五世矣,魯國自襄仲殺文公之子而立宣公,便大權旁落,爵禄不出自國君的公室,至哀公時,已經五代了,包括宣公、成公、襄公、昭公、定公。禄,爵禄,這裏指國家政權。

〔二〕政逮於大夫,四世矣,自從魯大夫季氏掌國政,至此已經四代了,包括文子、武子、平子、桓子。逮,及也。

〔三〕三桓,魯卿仲孫(即孟孫)、叔孫、季孫都出於魯桓公,故稱"三桓"。

16.4 孔子曰:"益者三友,損者三友。友直,友諒[一],友多聞,益矣。友便辟[二],友善柔[三],友便佞[四],損矣。"

〔一〕諒,誠信。

〔二〕便辟,謂習於威儀而不直。便,習熟也。

〔三〕善柔,謂工於媚悦而不諒。

〔四〕便佞,謂誇誇其談而無聞見之實。

16.5 孔子曰:"益者三樂,損者三樂。樂節禮樂,樂道人之善,樂多賢友,益矣。樂驕樂,樂佚遊,樂宴樂,損矣。"

16.6 孔子曰:"侍於君子有三愆[一]:言未及之而言謂之躁,言及之而不言謂之隱,未見顔色而言謂之瞽。"

〔一〕愆,過失。

16.7 孔子曰:"君子有三戒:少之時,血氣未定,戒之在色;及其壯也,血氣方剛,戒之在鬭;及其老也,血氣既衰,戒之在得[一]。"

〔一〕得,貪得。

16.8 孔子曰：“君子有三畏：畏天命，畏大人〔一〕，畏聖人之言。小人不知天命而不畏也，狎大人〔二〕，侮聖人之言。”

〔一〕大人，指在上位的人。

〔二〕狎，慢而不敬。

16.9 孔子曰：“生而知之者，上也；學而知之者，次也；困而學之，又其次也；困而不學，民，斯爲下矣〔一〕。”

〔一〕民，斯爲下矣，在人中，這就是下等的了。民，人也。

16.10 孔子曰：“君子有九思：視思明，聽思聰，色思温，貌思恭，言思忠，事思敬，疑思問，忿思難，見得思義。”

16.11 孔子曰：“‘見善如不及，見不善如探湯。’吾見其人矣，吾聞其語矣。‘隱居以求其志，行義以達其道。’吾聞其語矣，未見其人也。”

16.12 齊景公有馬千駟〔一〕，死之日，民無德而稱焉。伯夷、叔齊餓于首陽之下〔二〕，民到于今稱之。其斯之謂與〔三〕？

〔一〕千駟，四千匹馬。四匹馬駕一輛車爲一駟。

〔二〕首陽，山名，不詳何處。

〔三〕其斯之謂與，從語氣看，上當有引語。程頤以爲《顔淵》篇的“誠不以富，亦祇以異”兩句引文應置此處。

16.13 陳亢問於伯魚曰〔一〕：“子亦有異聞乎〔二〕？”對曰：“未也。嘗獨立，鯉趨而過庭。曰：‘學詩乎？’對曰：‘未也。’‘不學詩，無以言。’鯉退而學詩。他日，又獨立，鯉趨而過庭。曰：‘學禮乎？’對曰：‘未也。’‘不學禮，無以立。’鯉退而學禮。聞斯二者。”陳亢退而喜曰：“問一得三，聞詩，聞禮，又聞君子之遠其子也。”

〔一〕陳亢，即陳子禽。伯魚，名鯉，孔子之子。

〔二〕異聞，特別的教誨，這裏指不同於對其他弟子所講的内容。

16.14 邦君之妻[一],君稱之曰夫人,夫人自稱曰小童,邦人稱之曰君夫人,稱諸異邦曰寡小君,異邦人稱之亦曰君夫人。

〔一〕邦君,即國君。

陽貨篇第十七

17.1 陽貨欲見孔子[一],孔子不見,歸孔子豚[二]。孔子時其亡也,而往拜之[三]。遇諸塗[四]。謂孔子曰:"來! 予與爾言。"曰:"懷其寶而迷其邦[五],可謂仁乎?"曰:"不可。""好從事而亟失時[六],可謂知乎?"曰:"不可。日月逝矣,歲不我與。"孔子曰:"諾。吾將仕矣。"

〔一〕陽貨,又作陽虎,貨、虎一聲之轉,季氏的家臣。此時季氏把持魯國的政權,而陽貨又掌握季氏的權柄,以陪臣而執國政。

〔二〕歸,同"饋",贈送。豚,小豬。

〔三〕孔子時其亡也,而往拜之,孔子瞰准他不在家的時候而去拜謝他。時,通"伺",伺機。《孟子·滕文公下》對此事記載較詳:"陽貨欲見孔子而惡無禮。大夫有賜於士,不得受於其家,則往拜其門。陽貨瞰孔子之亡也,而饋孔子蒸豚。孔子亦瞰其亡也,而往拜之。當是時,陽貨先,豈得不見!"孔子本來是不願見陽貨的,所以趁他不在家時才去登門拜謝。

〔四〕塗,路也。

〔五〕寶,喻道德才學。

〔六〕亟,屢也。

17.2 子曰:"性相近也,習相遠也。"

17.3 子曰:"唯上知與下愚不移。"

17.4 子之武城[一],聞弦歌之聲[二]。夫子莞爾而笑[三],曰:"割雞焉用牛刀?"子游對曰:"昔者偃也聞諸夫子曰:'君子學道則愛人,小人學道則易使也。'"子曰:"二三子! 偃之言是也,前言戲之耳。"

〔一〕之,往。武城,魯邑,子游時任邑宰。

〔二〕弦歌,弦指彈奏琴瑟,歌指唱詩。子游以禮樂來教化百姓,故教之以弦歌。

〔三〕莞爾,微笑貌。

17.5 公山弗擾以費畔〔一〕,召,子欲往。子路不説〔二〕,曰:"末之也已〔三〕,何必公山氏之之也〔四〕?"子曰:"夫召我者而豈徒哉? 如有用我者,吾其爲東周乎〔五〕?"

〔一〕公山弗擾,姓公山,名弗擾,又作公山不狃,季氏家臣。畔,同"叛"。

〔二〕説,同"悦"。

〔三〕末之也已,没有地方去,就算了。末,没有,這裏指没有地方。之,往也。已,止也。

〔四〕何必公山氏之之也,"何必之公山氏也"的倒裝。第一個"之"字爲用於倒裝的結構助詞,第二個"之"字爲動詞,往也。

〔五〕爲東周,謂興周道於東方。一説東周爲成周。

17.6 子張問仁於孔子。孔子曰:"能行五者於天下爲仁矣。"請問之。曰:"恭、寬、信、敏、惠。恭則不侮,寬則得衆,信則人任焉,敏則有功,惠則足以使人。"

17.7 佛肸召〔一〕,子欲往。子路曰:"昔者由也聞諸夫子曰:'親於其身爲不善者,君子不入也。'佛肸以中牟畔〔二〕,子之往也,如之何?"子曰:"然,有是言也。不曰堅乎,磨而不磷〔三〕? 不曰白乎,涅而不緇〔四〕? 吾豈匏瓜也哉〔五〕? 焉能繫而不食?"

〔一〕佛肸,朱子説"佛肸,晉大夫趙氏之中牟宰也",以中牟爲趙簡子之食邑。然據《史記·孔子世家》:"佛肸爲中牟宰,趙簡子攻范中行,伐中牟,佛肸叛,使人召孔子。"則中牟爲范中行之食邑,而佛肸爲范中行之家臣也。

〔二〕中牟,春秋時晉邑。

〔三〕磷,薄也。

〔四〕涅,本是一種礦物,用作黑色染料,這裏作動詞,染物使黑。緇,黑色。

〔五〕匏瓜,一種瓜,類似現在的葫蘆,味苦,不能食用,可以掛在牆上供觀賞,也可以繫於腰,用以泅渡。

17.8 子曰:"由也! 女聞六言六蔽矣乎〔一〕?"對曰:"未也。""居! 吾語女。好仁不好學,其蔽也愚;好知不好學,其蔽也蕩〔二〕;好信不好學,其蔽也賊〔三〕;好直不好學,其蔽也絞〔四〕;好勇不好學,其蔽也亂;好剛不好學,其蔽也狂。"

〔一〕六言,指下文的"仁"、"知"、"信"、"直"、"勇"、"剛"六者。六蔽,指下文的"愚"、
　　　"蕩"、"賊"、"絞"、"亂"、"狂"六者。蔽,遮蔽不明。

〔二〕蕩,缺乏根基,無所適守也。

〔三〕賊,害也。

〔四〕絞,急切刻薄。

　　17.9　子曰:"小子何莫學夫詩? 詩,可以興〔一〕,可以觀〔二〕,可以
群〔三〕,可以怨〔四〕。邇之事父,遠之事君。多識於鳥獸草木之名〔五〕。"

〔一〕興,觸景生情,引發感人之情意,聯想。

〔二〕觀,這裏指察看不同時代和不同地方的風俗文化。

〔三〕群,詩教通於樂,樂以和爲主,故可合群。

〔四〕怨,詩抒發哀怨之情,亦用以諷刺政治。

〔五〕識,記住。學者皆將此字理解爲認識之"識",然則"鳥獸草木之名"是用來記住
　　　的,而不是用來認識的。

　　17.10　子謂伯魚曰:"女爲《周南》、《召南》矣乎〔一〕? 人而不爲
《周南》、《召南》,其猶正牆面而立也與〔二〕?"

〔一〕《周南》、《召南》,《詩·國風》篇名。周公旦、召公奭輔成王,分陝而治,南國被其
　　　化,故所采南國之詩,分別繫之於周召二公,曰《周南》、《召南》,而列之於《國風》
　　　之首。馬融稱此兩篇爲"三綱之首,王教之端"。

〔二〕正牆面而立,直面牆壁而立,喻無所見,不能行,無法與人説話。

　　17.11　子曰:"禮云禮云,玉帛云乎哉? 樂云樂云,鐘鼓云乎哉?"

　　17.12　子曰:"色厲而内荏〔一〕,譬諸小人,其猶穿窬之盜也與〔二〕?"

〔一〕厲,嚴厲而莊重。荏,軟弱,怯懦。

〔二〕窬,牆洞。

　　17.13　子曰:"鄉原〔一〕,德之賊也。"

〔一〕鄉原,鄉人之愿者也,即總是順着別人的願望説話、同流合污以媚於世、不分是非
　　　的好好先生。原,同"愿"。

　　17.14　子曰:"道聽而塗説〔一〕,德之棄也。"

〔一〕塗,同"途",道路。

17.15 子曰:"鄙夫可與事君也與哉?其未得之也,患得之^{〔一〕};既得之,患失之。苟患失之,無所不至矣。"

〔一〕患得之,當作"患不得之"。王符《潛夫論·愛日篇》云:"孔子疾夫未之得也,患不得之,既得之,患失之者。"可證東漢時尚未脱"不"字。

17.16 子曰:"古者民有三疾,今也或是之亡也^{〔一〕}。古之狂也肆^{〔二〕},今之狂也蕩^{〔三〕};古之矜也廉^{〔四〕},今之矜也忿戾^{〔五〕};古之愚也直,今之愚也詐而已矣。"

〔一〕亡,同"無"。

〔二〕狂,心志太高。肆,不拘小節。

〔三〕蕩,連大節也不顧。

〔四〕矜,持守太嚴。廉,"廉隅"的"廉",本義是器物的稜角,這裏指人的行爲稜角太露。

〔五〕忿戾,憤恨乖戾。

17.17 子曰:"巧言令色,鮮矣仁。"

17.18 子曰:"惡紫之奪朱也^{〔一〕},惡鄭聲之亂雅樂也^{〔二〕},惡利口之覆邦家者^{〔三〕}。"

〔一〕朱,大紅,爲正色。紫,紅而稍黑,爲間色。春秋時魯桓公和齊桓公都喜歡穿紫色衣服,蓋紫色已成爲時尚,而不知其非正色。

〔二〕雅樂,周代之正樂。

〔三〕利口,即"言僞而辯"者。

17.19 子曰:"予欲無言。"子貢曰:"子如不言,則小子何述焉?"子曰:"天何言哉?四時行焉,百物生焉,天何言哉?"

17.20 孺悲欲見孔子^{〔一〕},孔子辭以疾^{〔二〕}。將命者出户^{〔三〕},取瑟而歌。使之聞之。

〔一〕孺悲,魯國人。《禮記·雜記》云:"恤由之喪,哀公使孺悲之孔子學士喪禮,《士喪禮》於是乎書。"

〔二〕辭以疾，託病拒絕。依禮，士無介不見。據《儀禮·士相見禮》疏，孺悲不由紹介，故孔子辭以疾，爲的是讓孺悲想想自己有什麽不合禮之處，正如《孟子·告子下》所説："教亦多術矣。予不屑之教誨也者，是亦教誨之而已矣。"

〔三〕將命者，傳達言語的人。

17.21　宰我問："三年之喪，期已久矣。君子三年不爲禮，禮必壞；三年不爲樂，樂必崩。舊穀既没，新穀既升，鑽燧改火〔一〕，期可已矣〔二〕。"子曰："食夫稻，衣夫錦〔三〕，於女安乎？"曰："安。""女安，則爲之！夫君子之居喪，食旨不甘，聞樂不樂，居處不安，故不爲也。今女安，則爲之！"宰我出，子曰："予之不仁也！子生三年，然後免於父母之懷。夫三年之喪，天下之通喪也，予也有三年之愛於其父母乎〔四〕！"

〔一〕鑽燧改火，古時候鑽木取火，所用的木料，四季不同。正如馬融所説："春取榆柳之火，夏取棗杏之火，季夏取桑柘之火，秋取柞楢之火，冬取槐檀之火。"這樣各種木料一年輪一遍，故曰改火。

〔二〕期，同"朞"，一年。

〔三〕食夫稻，衣夫錦，古時候守喪期間，只食黍稷，不食稻粱；只服麻衣，不衣錦帛。當時中國北方以黍稷爲主糧，稻粱較稀缺。

〔四〕予也有三年之愛於其父母乎，倒裝句，正常語序當言"予也於其父母有三年之愛乎"。

17.22　子曰："飽食終日，無所用心，難矣哉！不有博弈者乎〔一〕？爲之猶賢乎已〔二〕。"

〔一〕博，古時候局戲，擲采行棋，用子十二枚，六白六黑，故亦名六博。弈，即現在的圍棋。焦循《孟子正義》説："蓋弈但行棋，博以擲采而後行棋。"又説："後人不行棋而專擲采，遂稱擲采爲博，博與弈益遠矣。"

〔二〕已，止。

17.23　子路曰："君子尚勇乎〔一〕？"子曰："君子義以爲上。君子有勇而無義爲亂，小人有勇而無義爲盜。"

〔一〕尚，同"上"，這裏指崇尚。

17.24　子貢曰："君子亦有惡乎？"子曰："有惡。惡稱人之惡者，惡居下流而訕上者〔一〕,惡勇而無禮者,惡果敢而窒者〔二〕。"曰:"賜也亦有惡乎?""惡徼以爲知者〔三〕,惡不孫以爲勇者,惡訐以爲直者〔四〕。"

〔一〕下流,據考證,晚唐以前的本子沒有"流"字,當係衍文。訕,毀謗。

〔二〕窒,不通也,這裏指不通事理。

〔三〕徼以爲知,臨事急迫,自炫其能。"徼",鄭玄本作"絞",急也。一説徼,抄也,抄人之意以爲己有。

〔四〕訐,揭發別人的隱私,攻擊別人的短處。

17.25 子曰:"唯女子與小人爲難養也〔一〕,近之則不孫,遠之則怨。"

〔一〕養,猶待也。

17.26 子曰:"年四十而見惡焉,其終也已。"

微子篇第十八

18.1 微子去之〔一〕,箕子爲之奴〔二〕,比干諫而死〔三〕。孔子曰:"殷有三仁焉。"

〔一〕微子,名啓,紂王的同母兄長。出生時,其母尚爲帝乙之妾,後立爲妻,生紂,故紂得嗣立,而微子不得立。微子見紂無道,屢諫不聽,乃離去。後受周封於宋。一説爲紂王叔父。

〔二〕箕子,紂王的叔父。箕子進諫紂王而不聽,便披髮佯狂,降爲奴隸。

〔三〕比干,也是紂的叔父,力諫紂王不已,爲紂所殺。

18.2 柳下惠爲士師〔一〕,三黜〔二〕。人曰:"子未可以去乎?"曰:"直道而事人,焉往而不三黜? 枉道而事人,何必去父母之邦?"

〔一〕士師,典獄官。

〔二〕黜,退也,貶也。

18.3 齊景公待孔子曰:"若季氏,則吾不能,以季、孟之間待之。"曰:"吾老矣,不能用也。"孔子行。

18.4 齊人歸女樂〔一〕,季桓子受之〔二〕。三日不朝。孔子行。

〔一〕齊人歸女樂,孔子時任魯國司寇,參與政權,齊國恐魯國任用孔子,國力强大起來,對齊國不利,乃用犁鉏之計,選了許多能歌善舞的美女送給魯君。歸,同"饋"。

〔二〕季桓子,即季孫斯,魯國權臣。

18.5 楚狂接輿歌而過孔子〔一〕,曰:"鳳兮鳳兮! 何德之衰〔二〕? 往者不可諫,來者猶可追〔三〕。已而,已而! 今之從政者殆而!"孔子下,欲與之言。趨而辟之,不得與之言。

〔一〕接輿,楚國隱士,姓接名輿。一説"接輿"非姓名,以其接近孔子之車而歌,故稱之曰接輿,然劉寶楠《論語正義》考證此説非是。歌而過孔子,舊解謂過孔子之車。然據《莊子・人間世》"孔子適楚,楚狂接輿游其門",當爲過孔子之門。

〔二〕以鳳凰比孔子。鳳凰是禽類中的聖鳥,天下有道則見,無道則隱。今孔子棲棲遑遑,無道不隱,故曰"何德之衰"。

〔三〕猶可追,猶言來得及,這裏指隱居還來得及。

18.6 長沮、桀溺耦而耕〔一〕,孔子過之,使子路問津焉〔二〕。長沮曰:"夫執輿者爲誰〔三〕?"子路曰:"爲孔丘。"曰:"是魯孔丘與?"曰:"是也。"曰:"是知津矣。"

問於桀溺。桀溺曰:"子爲誰?"曰:"爲仲由。"曰:"是魯孔丘之徒與?"對曰:"然。"曰:"滔滔者天下皆是也〔四〕,而誰以易之〔五〕? 且而與其從辟人之士也〔六〕,豈若從辟世之士哉〔七〕?"耰而不輟〔八〕。

子路行以告。夫子憮然曰〔九〕:"鳥獸不可與同群〔一〇〕,吾非斯人之徒與而誰與? 天下有道,丘不與易也。"

〔一〕長沮、桀溺,兩位隱者,非真實姓名。從下文"問津"的情況看,是孔子師徒在河邊遇到的,所以就以兩個從水旁的字"沮"、"溺"名之。耦而耕,兩個人持耜共耕。

〔二〕津,渡口。

〔三〕執輿,即執轡,持繮繩。執轡的本來是子路,因爲他下車問路了,故由孔子親自執轡。

〔四〕滔滔,大水橫流貌,喻時局不安定。天下皆是,謂到處都一樣。

〔五〕以,與也。

〔六〕而,同"爾"。辟人之士,指孔子。孔子不見用於齊、魯、衛諸國當權者,最終都離開了他們,故謂之"辟人"。辟,同"避"。

〔七〕辟世之士,桀溺自稱。

〔八〕耰,播種之後,再以土覆之。

〔九〕憮然,悵然失意之貌。

〔一〇〕鳥獸不可與同群,隱居於山林,是與鳥獸同群也。

18.7 子路從而後,遇丈人〔一〕,以杖荷蓧〔二〕。子路問曰:“子見夫子乎?”丈人曰:“四體不勤〔三〕,五穀不分,孰爲夫子?”植其杖而芸〔四〕。子路拱而立。

止子路宿〔五〕,殺雞爲黍而食之〔六〕,見其二子焉。

明日,子路行,以告。子曰:“隱者也。”使子路反見之。至,則行矣。

子路曰:“不仕無義。長幼之節,不可廢也;君臣之義,如之何其廢之? 欲潔其身,而亂大倫。君子之仕也,行其義也。道之不行,已知之矣。”

〔一〕丈人,老人。

〔二〕蓧,竹器,用來除草,《說文》作“莜”。

〔三〕四體,四肢。

〔四〕芸,同“耘”,除草。

〔五〕止,留也。

〔六〕爲黍,做黃米飯。黍就是現在的黍子,也叫黃米。

18.8 逸民〔一〕:伯夷、叔齊、虞仲〔二〕、夷逸〔三〕、朱張〔四〕、柳下惠、少連〔五〕。子曰:“不降其志,不辱其身,伯夷、叔齊與!”謂柳下惠、少連,“降志辱身矣。言中倫,行中慮,其斯而已矣”。謂虞仲、夷逸,“隱居放言,身中清,廢中權”。“我則異於是,無可無不可。”

〔一〕逸民,有德而隱居,遺佚於世的人。逸,同“佚”。民,無位之稱。

〔二〕虞仲,或以爲即仲雍曾孫周章之弟。

〔三〕夷逸,或以爲即夷詭諸的後裔,見於《尸子》和《說苑》。

〔四〕朱張,王弼以爲即《荀子·非十二子》中的子弓,不知何據。

〔五〕少連,東夷人,見於《禮記·雜記》和《孔子家語》。

18.9 大師摯適齊〔一〕,亞飯干適楚,三飯繚適蔡,四飯缺適秦〔二〕,鼓方叔入於河〔三〕,播鼗武入於漢〔四〕,少師陽、擊磬襄入於海〔五〕。

〔一〕大師,魯國樂官之長。摯,該大師之名。

〔二〕亞飯、三飯、四飯,皆以樂侑食之官。干、繚、缺,皆人名。

〔三〕鼓,擊鼓者。方叔,人名。

〔四〕播鼗,搖小鼓者。播,搖也。鼗,小鼓,即現在的撥浪鼓。武,其名也。

〔五〕少師,樂官之佐。陽、襄,二人名。襄即孔子所從學琴者。海,海島。

18.10 周公謂魯公曰〔一〕:“君子不施其親〔二〕,不使大臣怨乎不以〔三〕。故舊無大故〔四〕,則不棄也。無求備於一人!”

〔一〕魯公,周公之子伯禽。周公封於魯,因自己留相成王,故使兒子伯禽到魯國做君主,稱爲魯公。

〔二〕施,同“弛”,有些本子即作“弛”,遺棄、怠慢之意。一説用也。

〔三〕以,用也。

〔四〕故舊,以前的舊臣。

18.11 周有八士:伯達、伯适、仲突、仲忽、叔夜、叔夏、季隨、季騧〔一〕。

〔一〕伯達等八人,皆爲周人,但不可具考。從名字中伯、仲、叔、季都有兩個的情況看,當爲一母所生,共生四胎,每胎都是雙生。

子張篇第十九

19.1 子張曰:“士見危致命,見得思義,祭思敬,喪思哀,其可已矣。”

19.2 子張曰:“執德不弘,信道不篤,焉能爲有? 焉能爲亡〔一〕?”

〔一〕焉能爲有,焉能爲亡,謂其存在與否,皆無足輕重。

19.3 子夏之門人問交於子張。子張曰:“子夏云何?”對曰:“子夏曰:‘可者與之,其不可者拒之。’”子張曰:“異乎吾所聞〔一〕:‘君子尊賢而容衆,嘉善而矜不能〔二〕。’我之大賢與,於人何所不容? 我之不賢與,人將拒我,如之何其拒人也?”

〔一〕吾所聞,這裏當指子張聞於孔子之語。

〔二〕嘉,贊也。矜,憐也。

19.4 子夏曰："雖小道〔一〕,必有可觀者焉。致遠恐泥〔二〕,是以君子不爲也。"

〔一〕小道,技藝。

〔二〕泥,滯陷不通。

19.5 子夏曰："日知其所亡,月無忘其所能,可謂好學也已矣。"

19.6 子夏曰："博學而篤志,切問而近思,仁在其中矣。"

19.7 子夏曰："百工居肆以成其事〔一〕,君子學以致其道〔二〕。"

〔一〕肆,工場。事,這裏指百工之業。

〔二〕致,使之至,招致,獲得。

19.8 子夏曰："小人之過也必文。"

19.9 子夏曰："君子有三變:望之儼然,即之也温,聽其言也厲。"

19.10 子夏曰："君子信而後勞其民;未信,則以爲厲己也〔一〕。信而後諫;未信,則以爲謗己也。"

〔一〕厲,害也。

19.11 子夏曰："大德不踰閑,小德出入可也〔一〕。"

〔一〕大德、小德,猶言大節、小節。閑,闌也,這裏指界限。

19.12 子游曰："子夏之門人小子,當洒掃、應對、進退〔一〕,則可矣,抑末也。本之則無,如之何?"子夏聞之,曰:"噫!言游過矣!君子之道,孰先傳焉?孰後倦焉〔二〕?譬諸草木,區以別矣〔三〕。君子之道,焉可誣也〔四〕?有始有卒者〔五〕,其惟聖人乎!"

〔一〕洒掃,往地上灑水,令不揚塵,然後掃地。洒,同"灑"。

〔二〕倦,爲誨人不倦之倦,這裏指傳授。

〔三〕區,猶類也。

〔四〕誣,誣枉。

〔五〕有始有卒,始卒即終始,亦即本末,如《大學》所言:"物有本末,事有終始。"

19.13 子夏曰:"仕而優則學〔一〕,學而優則仕。"

〔一〕優,有餘力也。

19.14 子游曰:"喪致乎哀而止〔一〕。"

〔一〕致,至也,極也。

19.15 子游曰:"吾友張也〔一〕,爲難能也,然而未仁。"

〔一〕張,指子張。

19.16 曾子曰:"堂堂乎張也〔一〕,難與並爲仁矣。"

〔一〕堂堂,謂容貌之盛。張,子張。

19.17 曾子曰:"吾聞諸夫子:人未有自致者也,必也親喪乎!"

19.18 曾子曰:"吾聞諸夫子:孟莊子之孝也〔一〕,其他可能也。其不改父之臣,與父之政,是難能也。"

〔一〕孟莊子,魯國大夫,姓仲孫,名速。其父爲孟獻子仲孫蔑,有賢德。

19.19 孟氏使陽膚爲士師〔一〕,問於曾子。曾子曰:"上失其道,民散久矣。如得其情,則哀矜而勿喜!"

〔一〕陽膚,曾子弟子。士師,典獄官,法官。

19.20 子貢曰:"紂之不善,不如是之甚也。是以君子惡居下流〔一〕,天下之惡皆歸焉。"

〔一〕下流,猶言水流的下游,地形卑下之處,衆流之所歸,這裏喻品行低下。

19.21 子貢曰:"君子之過也,如日月之食焉。過也,人皆見之;更也,人皆仰之。"

19.22 衛公孫朝問於子貢曰^{〔一〕}："仲尼焉學?"子貢曰:"文武之道,未墜於地,在人。賢者識其大者^{〔二〕},不賢者識其小者,莫不有文武之道焉。夫子焉不學? 而亦何常師之有?"

〔一〕衛公孫朝,衛國大夫公孫朝。春秋時衛、魯、楚、鄭皆有人叫公孫朝,所以這裏冠"衛"字以別之。

〔二〕識,記住。

19.23 叔孫武叔語大夫於朝曰^{〔一〕}："子貢賢於仲尼。"子服景伯以告子貢。子貢曰:"譬之宮牆^{〔二〕},賜之牆也及肩,窺見室家之好。夫子之牆數仞^{〔三〕},不得其門而入,不見宗廟之美、百官之富^{〔四〕}。得其門者或寡矣。夫子之云,不亦宜乎!"

〔一〕叔孫武叔,魯國大夫,名州仇,"武"是他的謚。

〔二〕宮牆,圍墻。

〔三〕仞,長度單位,或言七尺,或言八尺。清代宦懋庸《論語稽》據《周禮》考之,以八尺爲是。

〔四〕官,本義是房舍,其後引申爲官職之義,這裏用本義。

19.24 叔孫武叔毀仲尼。子貢曰:"無以爲也^{〔一〕}! 仲尼不可毀也。他人之賢者,丘陵也,猶可踰也;仲尼,日月也,無得而踰焉。人雖欲自絶,其何傷於日月乎? 多見其不知量也^{〔二〕}。"

〔一〕無以爲,猶言無用爲此。以,此也。

〔二〕多,祇也,適也。不知量也,謂不自知其分量。

19.25 陳子禽謂子貢曰:"子爲恭也,仲尼豈賢於子乎?"子貢曰:"君子一言以爲知,一言以爲不知,言不可不慎也。夫子之不可及也,猶天之不可階而升也。夫子之得邦家者,所謂立之斯立,道之斯行^{〔一〕},綏之斯來^{〔二〕},動之斯和。其生也榮^{〔三〕},其死也哀,如之何其可及也?"

〔一〕道,讀如"導"。行,從也。

〔二〕綏,安也。

〔三〕榮,謂莫不尊親。

堯曰篇第二十

20.1 堯曰：“咨〔一〕！爾，舜！天之曆數在爾躬〔二〕。允執其中〔三〕。四海困窮，天禄永終〔四〕。”

舜亦以命禹。

〔一〕咨，嗟歎聲。

〔二〕曆數，即“曆象”，歲、月、日、星辰運行之法也。古時候以定曆數爲王者大事。

〔三〕允，信也，誠也。

〔四〕天禄，天子玉食萬方，其禄自天予之，故曰“天禄”。

曰：“予小子履敢用玄牡〔一〕，敢昭告于皇皇后帝〔二〕：有罪不敢赦〔三〕。帝臣不蔽〔四〕，簡在帝心〔五〕。朕躬有罪，無以萬方；萬方有罪，罪在朕躬。”〔六〕

〔一〕履，商湯之名。予小子，上古帝王自稱之詞。玄牡，用作犧牲的黑色公牛。夏尚黑，商尚白，此時商初克夏，尚未改所尚，故仍舊用玄牡。

〔二〕皇皇后帝，指天上的上帝。皇，大也。后，君也。

〔三〕有罪不敢赦，即“不敢赦有罪”。

〔四〕帝臣不蔽，即“不蔽帝臣”。帝臣，指夏桀。桀爲天子，亦爲上帝之使臣，故曰“帝臣”。

〔五〕簡，閱也。謂桀的罪過已爲上帝所知悉。

〔六〕本段爲湯登天子位，告於天下之辭，引自《尚書·商書·湯誥》。

周有大賚〔一〕，善人是富〔二〕。“雖有周親〔三〕，不如仁人。百姓有過，在予一人。”〔四〕

〔一〕賚，賜予，這裏指上天賜予周善人。

〔二〕富，多也。

〔三〕周親，至親。這裏指紂王的至親箕子、微子、比干等。一説“周親”指周的親屬管叔、蔡叔。

〔四〕引語爲《尚書·周書·太誓》之辭。此段述武王事。

謹權量〔一〕，審法度〔二〕，修廢官，四方之政行焉。興滅國，繼絶世，舉逸民，天下之民歸心焉〔三〕。

〔一〕謹，整飭之，使民謹守。權，秤錘也，這裏指稱重量的秤。量，量容量的斗斛。

〔二〕法度，一説指長度。一説指禮樂制度。一説指律度。律，爲十二律，樂聲也。度，謂尺，量長短者也。

〔三〕此段一般認爲是孔子之語。

　　所重：民、食、喪、祭〔一〕。

〔一〕此段即《尚書·武成》所言：“重民五教，惟食、喪、祭。”此外，還有一種句讀方案：所重：民食、喪、祭。

　　寬則得衆，信則民任焉，敏則有功〔一〕，公則説。

〔一〕此三語又見於《陽貨》篇孔子答子張問仁。據此，“民”當作“人”。

　　20.2 子張問於孔子曰：“何如斯可以從政矣？”子曰：“尊五美，屏四惡〔一〕，斯可以從政矣。”子張曰：“何謂五美？”子曰：“君子惠而不費，勞而不怨，欲而不貪，泰而不驕，威而不猛。”子張曰：“何謂惠而不費？”子曰：“因民之所利而利之，斯不亦惠而不費乎？擇可勞而勞之，又誰怨？欲仁而得仁，又焉貪？君子無衆寡，無小大，無敢慢，斯不亦泰而不驕乎？君子正其衣冠，尊其瞻視，儼然人望而畏之，斯不亦威而不猛乎？”子張曰：“何謂四惡？”子曰：“不教而殺謂之虐。不戒視成謂之暴〔二〕。慢令致期謂之賊〔三〕。猶之與人也〔四〕，出納之吝謂之有司〔五〕。”

〔一〕屏，屏除，去除。

〔二〕不戒視成，不加告誡而責其成功。

〔三〕慢令致期，起先懈怠，臨時限期。賊，殘害。

〔四〕猶之，猶言均之也，即同樣。

〔五〕出納，這裏只有“出”意，猶如“萬一有個好歹”中的“好歹”只有“歹”意一樣。有司，管理府庫的小吏，這裏喻器量小。

　　20.3 孔子曰：“不知命，無以爲君子也；不知禮，無以立也；不知言，無以知人也。”

論語佚文

　　孔子與君圖事于庭，圖政于堂〔一〕。（《儀禮士相見禮疏》引）

〔一〕“政”，《十三經注疏》本作“事”。

第二卷　孝經今古

孝　經

　　《孝經》爲孔子和曾子的對話，與《論語》性質相同，是《論語》類文獻，反映了孔子有關孝道的思想。正如《漢書·藝文志》所説："《孝經》者，孔子爲曾子陳孝道也。夫孝，天之經，地之義，民之行也。舉大者言，故曰《孝經》。"

　　《孝經》在曾子去逝之前就已成書，早於《論語》，其編者是曾子弟子樂正子春。和多數先秦古籍一樣，《孝經》亦經由漢人整理，時有今古文二本。現存的通行本《孝經》和《古文孝經》皆非僞書。《孝經》在漢有長孫氏、博士江翁、少府后倉、諫大夫翼奉、安昌侯張禹之傳，雖各自名家，但經文皆同，唯孔壁中古文爲異。至劉向典校經籍，以十八章爲定本，鄭衆、馬融並爲之注。歷代注疏，影響較大者主要有漢鄭玄《孝經注》、唐代唐玄宗《孝經注》、北宋邢昺《孝經注疏》、明黄道周《孝經集傳》等。

　　本書以阮元校刻《十三經注疏》本《孝經注疏》（中華書局 1980 年版）爲底本，參閱了金良年整理的《孝經注疏》（上海古籍出版社 2009 年版）、胡平生的《孝經譯注》（中華書局 1996 年版）、黄得時的《孝經今注今譯》（臺灣商務印書館 1979 年版）等本進行校勘注釋。

開宗明義章第一〔一〕

　　仲尼居，曾子侍。子曰："先王有至德要道，以順天下，民用和睦〔二〕，上下無怨。汝知之乎？"曾子避席曰："參不敏，何足以知之？"子曰："夫孝，德之本也，教之所由生也。復坐，吾語汝。身體髮膚，受之父母,不敢毁傷,孝之始也。立身行道,揚名於後世,以顯父母,孝之終也。夫孝,始於事親,中於事君,終於立身。《大雅》云:'無念爾祖,聿脩厥德。'〔三〕"

〔一〕邢昺曰:"開,張也。宗,本也。明,顯也。義,理也。言此章開張一經之宗本,顯明五孝之義理,故曰'開宗明義章'也。"

〔二〕用,因而。

〔三〕唐玄宗曰:"《詩·大雅》也。無念,念也。聿,述也。厥,其也。義取恒念先祖,述修其德。"今案:《詩·大雅·文王》也。

天子章第二

子曰:"愛親者,不敢惡於人;敬親者,不敢慢於人。愛敬盡於事親,而德教加於百姓,刑于四海〔一〕。蓋天子之孝也。《甫刑》云:'一人有慶,兆民賴之。'〔二〕"

〔一〕刑,通"型",範型,典範,這裏用於動詞,謂樹立典範。

〔二〕唐玄宗曰:"《甫刑》即《尚書·吕刑》也。一人,天子也。慶,善也。十億曰兆。義取天子行孝,兆人皆賴其善。"

諸侯章第三

在上不驕,高而不危;制節謹度〔一〕,滿而不溢。高而不危,所以長守貴也。滿而不溢,所以長守富也。富貴不離其身,然後能保其社稷,而和其民人。蓋諸侯之孝也。《詩》云:"戰戰兢兢,如臨深淵,如履薄冰。"〔二〕

〔一〕制節,約束花費。謹度,謹守法度。

〔二〕見《詩·小雅·小旻》。

卿大夫章第四

非先王之法服不敢服〔一〕,非先王之法言不敢道〔二〕,非先王之德行不敢行。是故非法不言,非道不行;口無擇言,身無擇行。言滿天下無口過〔三〕,行滿天下無怨惡。三者備矣,然後能守其宗廟。蓋卿、大夫之孝也。《詩》云:"夙夜匪懈,以事一人。"〔四〕

〔一〕法服,合乎禮法的衣服。

〔二〕法言,合乎禮法的言語。

〔三〕口過,猶言錯話。

〔四〕夙,早。匪,通“非”。見《詩·大雅·烝民》。

士章第五

資於事父以事母,而愛同;資於事父以事君,而敬同〔一〕。故母取其愛,而君取其敬,兼之者父也。故以孝事君則忠,以敬事長則順。忠順不失,以事其上,然後能保其禄位,而守其祭祀。蓋士之孝也。《詩》云:“夙興夜寐,無忝爾所生。”〔二〕

〔一〕唐玄宗曰:“資,取也。言愛父與母同,敬父與君同。”

〔二〕見《詩·小雅·小宛》。唐玄宗曰:“忝,辱也。‘所生’謂父母也。義取早起夜寐,無辱其親也。”

庶人章第六

用天之道,分地之利〔一〕,謹身節用,以養父母,此庶人之孝也。故自天子至於庶人,孝無終始〔二〕,而患不及者〔三〕,未之有也。

〔一〕唐玄宗曰:“分別五土,視其高下,各盡所宜,此分地利也。”

〔二〕無終始,謂無始無終,永恒存在。

〔三〕患不及,擔心做不到孝道。

三才章第七〔一〕

曾子曰:“甚哉,孝之大也!”子曰:“夫孝,天之經也,地之義也,民之行也〔二〕。天地之經,而民是則之〔三〕。則天之明,因地之利〔四〕,以順天下。是以其教不肅而成,其政不嚴而治。先王見教之可以化民也,是故先之以博愛,而民莫遺其親;陳之於德義,而民興行〔五〕;先之以敬讓,而民不争;導之以禮樂,而民和睦;示之以好惡,而民知禁。《詩》云:‘赫赫師尹,民具爾瞻。’〔六〕”

〔一〕三才,指天、地、人。

〔二〕唐玄宗曰:“經,常也。利物爲義。孝爲百行之首,人之常德,若三辰運天而有常,五土分地而爲義也。”

〔三〕是,乃,於是。則,以爲準則,效法。

〔四〕因,順應。

〔五〕興行,興起實行。

〔六〕見《詩·小雅·節南山》。唐玄宗注曰:“赫赫,明盛貌也。尹氏爲太師,周之三公
　　也。義取大臣助君行化,人皆瞻之。”

孝治章第八

　　子曰:“昔者明王之以孝治天下也,不敢遺小國之臣,而況於公、侯、伯、子、男乎？故得萬國之懽心〔一〕,以事其先王〔二〕。治國者,不敢侮於鰥寡,而況於士民乎？故得百姓之懽心,以事其先君。治家者,不敢失於臣妾〔三〕,而況於妻子乎？故得人之懽心,以事其親。夫然,故生則親安之,祭則鬼享之;是以天下和平,災害不生,禍亂不作。故明王之以孝治天下也如此。《詩》云:‘有覺德行,四國順之。’〔四〕”

〔一〕懽,同“歡”。

〔二〕唐玄宗曰:“萬國,舉其多也。言行孝道以理天下,皆得歡心,則各以其職來助
　　祭也。”

〔三〕臣妾,家奴,男曰臣,女曰妾。

〔四〕見《詩·大雅·抑》。唐玄宗曰:“覺,大也。義取天子有大德行,則四方之國順而
　　行之。”

聖治章第九

　　曾子曰:“敢問聖人之德,無以加於孝乎〔一〕？”子曰:“天地之性,人爲貴。人之行,莫大於孝。孝莫大於嚴父〔二〕,嚴父莫大於配天,則周公其人也。昔者,周公郊祀后稷以配天〔三〕,宗祀文王於明堂以配上帝〔四〕。是以四海之內,各以其職來祭〔五〕。夫聖人之德,又何以加於孝乎？故親生之膝下,以養父母日嚴〔六〕。聖人因嚴以教敬,因親以教愛。聖人之教,不肅而成,其政不嚴而治,其所因者本也〔七〕。父子之道,天性也,君臣之義也。父母生之,續莫大焉〔八〕。君親臨之〔九〕,厚莫重焉。故不愛其親而愛他人者,謂之悖德〔一○〕;不敬其親而敬他人者,謂之悖禮〔一一〕。以順則逆〔一二〕,民無則焉。不在於善〔一三〕,而皆在於凶德〔一四〕,雖得之,君子不貴也。君子則不然,言思可道,行思可樂〔一五〕,德義可尊,作事可法,容止可觀,進退可度〔一六〕。以臨其民,是

以其民畏而愛之,則而象之。故能成其德教,而行其政令。《詩》云:
'淑人君子,其儀不忒。'〔一七〕"

〔一〕加於,超過。

〔二〕唐玄宗曰:"萬物資始於乾,人倫資父爲天,故孝行之大,莫過於尊嚴其父也。"

〔三〕郊祀,在國都郊外筑圜丘祭天。天子冬至祭於南郊,夏至祭於北郊。唐玄宗曰:
　　"后稷,周之始祖也。郊謂圜丘祀天也。周公攝政,因行郊天之祭,乃尊始祖以配
　　之也。"

〔四〕宗祀,或謂在宗廟祭祀,或謂聚宗族而祭。唐玄宗曰:"明堂,天子布政之宮也。
　　周公因祀五方上帝於明堂,乃尊文王以配之也。"

〔五〕唐玄宗曰:"君行嚴配之禮,則德教刑於四海,海内諸侯各脩其職來助祭也。"

〔六〕唐玄宗曰:"親猶愛也。'膝下'謂孩幼之時也。言親愛之心生於孩幼,比及年長,
　　漸識義方,則日加尊嚴,能致敬於父母也。"

〔七〕唐玄宗曰:"本,謂孝也。"

〔八〕唐玄宗曰:"父母生子,傳體相續,人倫之道莫大於斯。"

〔九〕君親臨之,人君之愛和人父之情同時降臨。

〔一〇〕悖德,悖亂之德。

〔一一〕悖禮,悖亂之禮。

〔一二〕以順則逆,謂順從悖德、悖禮,就會悖逆常德、常禮。

〔一三〕不在於善,謂不用心於善行。"在",古文本作"宅"。宅,謂宅心,居心。

〔一四〕凶德,這裏指悖德、悖禮。

〔一五〕言思可道,行思可樂,説話要想着爲人所稱道,行爲舉止要想着讓人高興。

〔一六〕唐玄宗曰:"容止,威儀也,必合規矩則可觀也;進退,動静也,不越禮法則可
　　度也。"

〔一七〕見《詩·曹風·鳲鳩》。唐玄宗曰:"淑,善也;忒,差也。義取君子威儀不差,爲
　　人法則。"

紀孝行章第十

　　子曰:"孝子之事親也,居則致其敬〔一〕,養則致其樂,病則致其
憂,喪則致其哀,祭則致其嚴。五者備矣,然後能事親。事親者,居上
不驕,爲下不亂,在醜不争〔二〕。居上而驕則亡,爲下而亂則刑,在醜而
争則兵〔三〕。三者不除,雖日用三牲之養〔四〕,猶爲不孝也。"

〔一〕致,盡。

〔二〕唐玄宗曰:"醜,衆也。争,競也。當和順以從衆也。"

〔三〕兵,兵器,武器,這裏指兵刃相加,互相殘殺。

〔四〕三牲,一般指牛、羊、豕。

五刑章第十一

子曰:"五刑之屬三千〔一〕,而罪莫大於不孝。要君者無上〔二〕,非聖人者無法〔三〕,非孝者無親〔四〕。此大亂之道也。"

〔一〕五刑之屬三千,應該處以五刑的罪有三千條。唐玄宗曰:"五刑謂墨、劓、剕、宮、大辟也。"剕,斷腳。

〔二〕要,要挾。無上,目無君上。

〔三〕無法,目無法規。

〔四〕無親,目無雙親。

廣要道章第十二〔一〕

子曰:"教民親愛,莫善於孝。教民禮順,莫善於悌。移風易俗,莫善於樂。安上治民,莫善於禮。禮者,敬而已矣。故敬其父,則子悦;敬其兄,則弟悦;敬其君,則臣悦;敬一人,而千萬人悦〔二〕。所敬者寡,而悦者衆,此之謂要道也。"

〔一〕廣,弘揚、闡釋。

〔二〕一人,指父兄君王。千萬人,指子弟臣下。

廣至德章第十三

子曰:"君子之教以孝也,非家至而日見之也〔一〕。教以孝,所以敬天下之爲人父者也。教以悌,所以敬天下之爲人兄者也。教以臣,所以敬天下之爲人君者也。《詩》云:'愷悌君子,民之父母。'〔二〕非至德,其孰能順民,如此其大者乎!"

〔一〕唐玄宗曰:"言教不必家到戶至,日見而語之,但行孝於內,其化自流於外。"

〔二〕見《詩·大雅·泂酌》。唐玄宗曰:"愷,樂也。悌,易也。義取君以樂易之道化人,則爲天下蒼生之父母也。"

廣揚名章第十四

子曰:"君子之事親孝,故忠可移於君;事兄悌,故順可移於長;居家理，故治可移於官。是以行成於内[一]，而名立於後世矣。”

〔一〕行，指事親孝、事兄悌、居家理三種優良品行。内，謂家内。

諫諍章第十五

曾子曰：“若夫慈愛、恭敬、安親、揚名，則聞命矣。敢問子從父之令，可謂孝乎？”子曰：“是何言與，是何言與！昔者，天子有争臣七人[一]，雖無道，不失其天下；諸侯有争臣五人[二]，雖無道，不失其國；大夫有争臣三人[三]，雖無道，不失其家；士有争友，則身不離於令名[四]；父有争子，則身不陷於不義。故當不義，則子不可以不争於父，臣不可以不争於君，故當不義則争之。從父之令，又焉得爲孝乎？”

〔一〕争臣，諫諍之臣。争，同“諍”。七人，謂太師、太傅、太保三公和前疑、後丞、左輔、右弼四輔。

〔二〕五人，或謂司馬、司空、司徒三卿和内史、外史。

〔三〕三人，孔穎達説指家相（管家）、室老（家臣之長）、側室（家臣）。王肅以邑宰代側室。

〔四〕唐玄宗曰：“令，善也。”

應感章第十六[一]

子曰：“昔者，明王事父孝，故事天明[二]；事母孝，故事地察[三]；長幼順，故上下治。天地明察，神明彰矣。故雖天子，必有尊也，言有父也；必有先也，言有兄也。宗廟致敬，不忘親也。脩身慎行，恐辱先也。宗廟致敬，鬼神著矣。孝悌之至，通於神明，光于四海，無所不通。《詩》云：‘自西自東，自南自北，無思不服。’[四]”

〔一〕感應，本指陰陽二氣交感相應，這裏指孝悌之道，通於神明，光於四海。

〔二〕明，謂明白上天覆庇萬物的道理。

〔三〕察，謂詳察大地承載萬物的道理。

〔四〕見《詩・大雅・文王有聲》。唐玄宗曰：“義取德教流行，莫不服義從化也。”

事君章第十七

子曰：“君子之事上也，進思盡忠，退思補過[一]，將順其美[二]，匡救其惡，故上下能相親也。《詩》云：‘心乎愛矣，遐不謂矣。中心藏之,何日忘之?'〔三〕"

〔一〕進、退,可以理解爲上朝和退朝,也可以理解爲出仕和退職。

〔二〕唐玄宗曰:"將,行也。君有美善則順而行之。"

〔三〕見《詩·小雅·隰桑》。唐玄宗曰:"遐,遠也。義取臣心愛君,雖離左右不謂爲遠,愛君之志恒藏心中,無日暫忘也。"

喪親章第十八

子曰:"孝子之喪親也,哭不偯〔一〕,禮無容〔二〕,言不文〔三〕,服美不安,聞樂不樂,食旨不甘〔四〕,此哀戚之情也。三日而食〔五〕,教民無以死傷生,毀不滅性,此聖人之政也。喪不過三年,示民有終也。爲之棺、椁、衣、衾而舉之;陳其簠、簋而哀慼之〔六〕;擗踴哭泣〔七〕,哀以送之;卜其宅兆〔八〕,而安措之;爲之宗廟,以鬼享之;春秋祭祀,以時思之。生事愛敬,死事哀慼,生民之本盡矣〔九〕,死生之義備矣,孝子之事親終矣。"

〔一〕偯,哭時拉長腔調。

〔二〕容,這裏指端正的儀態容貌。

〔三〕唐玄宗曰:"不爲文飾。"

〔四〕唐玄宗曰:"旨,美也。"

〔五〕三日而食,依喪禮,親喪三天之内不進食。

〔六〕唐玄宗曰:"簠、簋,祭器也。陳奠素器而不見親,故哀慼也。"

〔七〕擗,捶胸。踴,頓足。

〔八〕唐玄宗曰:"宅,墓穴也。兆,塋域也。"

〔九〕生民之本,這裏指孝道。

古文孝經

據鮑廷博所輯《知不足齋叢書》本輯録。

開宗明誼章第一

仲尼閒居,曾子侍坐。子曰:"參! 先王有至德要道,以訓天下,民用和睦,上下亡怨,女知之乎?"曾子辟席曰:"參不敏,何足以知之乎?"子曰:"夫孝,德之本也,教之所繇生也。復坐,吾語女。身體髮膚,受之父母,不敢毀傷,孝之始也;立身行道,揚名於後世,以顯父母,孝之終也。夫孝,始於事親,中於事君,終於立身。《大雅》云:'亡念爾祖,聿脩其德。'"

天子章第二

子曰:"愛親者,不敢惡於人;敬親者,不敢慢於人。愛敬盡於事親,然後德教加於百姓,刑於四海。蓋天子之孝也。《呂刑》云:'一人有慶,兆民賴之。'"

諸侯章第三

子曰:"居上不驕,高而不危;制節謹度,滿而不溢。高而不危,所以長守貴也;滿而不溢,所以長守富也。富貴不離其身,然後能保其社稷而和其民人。蓋諸侯之孝也。《詩》云:'戰戰兢兢,如臨深淵,如履薄冰。'"

卿大夫章第四

子曰:"非先王之法服不敢服,非先王之法言不敢道,非先王之德行不敢行。是故非法不言,非道不行;口亡擇言,身亡擇行。言滿天下亡口過,行滿天下亡怨惡。三者備矣,然後能保其禄位而守其宗廟。蓋卿、大夫之孝也。《詩》云:'夙夜匪解,以事一人。'"

士章第五

子曰:"資於事父以事母,其愛同;資於事父以事君,其敬同。故母取其愛而君取其敬,兼之者父也。故以孝事君則忠,以弟事長則順,忠順不失,以事其上,然後能保其爵禄而守其祭祀。蓋士之孝也。《詩》云:'夙興夜寐,亡忝爾所生。'"

庶人章第六

子曰:"因天之時,就地之利。謹身節用,以養父母。此庶人之孝也。”

孝平章第七

子曰:“故自天子以下,至於庶人,孝亡終始而患不及者,未之有也。”

三才章第八

曾子曰:“甚哉,孝之大也!”子曰:“夫孝,天之經也,地之誼也,民之行也。天地之經而民是則之。則天之明,因地之利,以訓天下。是以其教不肅而成,其政不嚴而治。先王見教之可以化民也,是故先之以博愛,而民莫遺其親;陳之以德誼,而民興行;先之以敬讓,而民不爭;道之以禮樂,而民和睦;示之以好惡,而民知禁。《詩》云:‘赫赫師尹,民具爾瞻。’”

孝治章第九

子曰:“昔者明王之以孝治天下也,不敢遺小國之臣,而況於公、侯、伯、子、男乎? 故得萬國之歡心,以事其先王。治國者,不敢侮於鰥寡,而況於士民乎? 故得百姓之歡心,以事其先君。治家者,不敢失於臣妾之心,而況於妻子乎? 故得人之歡心,以事其親。夫然,故生則親安之,祭則鬼享之,是以天下和平,災害不生,禍亂不作。故明王之以孝治天下也如此。《詩》云:‘有覺德行,四國順之。’”

聖治章第十

曾子曰:“敢問聖人之德,亡以加於孝乎?”子曰:“天地之性,人爲貴。人之行,莫大於孝。孝莫大於嚴父,嚴父莫大於配天,則周公其人也。昔者,周公郊祀后稷以配天,宗祀文王於明堂以配上帝。是以四海之內,各以其職來助祭。夫聖人之德,又何以加於孝乎? 是故親生毓之,以養父母日嚴。聖人因嚴以教敬,因親以教愛。聖人之教不肅而成,其政不嚴而治,其所因者本也。”

父母生績章第十一

子曰："父子之道,天性也,君臣之誼也。父母生之,績莫大焉。君親臨之,厚莫重焉。"

孝優劣章第十二

子曰："不愛其親而愛他人者,謂之悖德;不敬其親而敬他人者,謂之悖禮。以訓則昏,民亡則焉。不宅於善,而皆在於凶德。雖得志,君子弗從也。君子則不然,言思可道,行思可樂,德誼可尊,作事可法,容止可觀,進退可度,以臨其民。是以其民畏而愛之,則而象之。故能成其德教,而行其政令。《詩》云:'淑人君子,其儀不忒。'"

紀孝行章第十三

子曰："孝子之事親也,居則致其敬,養則致其樂,疾則致其憂,喪則致其哀,祭則致其嚴。五者備矣,然後能事其親。事親者,居上不驕,爲下不亂,在醜不爭。居上而驕則亡,爲下而亂則刑,在醜而爭則兵。此三者不除,雖日用三牲之養,猶爲不孝也。"

五刑章第十四

子曰："五刑之屬三千,而辠莫大於不孝。要君者亡上,非聖人者亡法,非孝者亡親,此大亂之道也。"

廣要道章第十五

子曰："教民親愛,莫善於孝。教民禮順,莫善於弟。移風易俗,莫善於樂。安上治民,莫善於禮。禮者,敬而已矣。故敬其父,則子說;敬其兄,則弟說;敬其君,則臣說;敬一人,而千萬人說。所敬者寡,而說者衆,此之謂要道也。"

廣至德章第十六

子曰："君子之教以孝也,非家至而日見之也。教以孝,所以敬天下之爲人父者也。教以弟，所以敬天下之爲人兄者也。教以臣，所以敬天下之爲人君者也。《詩》云：‘愷悌君子，民之父母。’非至德，其孰能訓民，如此其大者乎！”

應感章第十七

子曰：“昔者，明王事父孝，故事天明；事母孝，故事地察；長幼順，故上下治。天地明察，鬼神章矣。故雖天子，必有尊也，言有父也；必有先也，言有兄也；必有長也。宗廟致敬，不忘親也。修身慎行，恐辱先也。宗廟致敬，鬼神著矣。孝弟之至，通於神明，光於四海，亡所不暨。《詩》云：‘自東自西，自南自北，亡思不服。’”

廣揚名章第十八

子曰：“君子事親孝，故忠可移於君；事兄弟，故順可移於長；居家理，故治可移於官。是以行成於内，而名立於後世矣。”

閨門章第十九

子曰：“閨門之内，具禮矣乎！嚴親嚴兄。妻子臣妾，繇百姓徒役也。”

諫爭章第二十

曾子曰：“若夫慈愛、龔敬、安親、揚名，參聞命矣。敢問子從父之命，可謂孝乎？”子曰：“參！是何言與，是何言與！言之不通邪！昔者天子有爭臣七人，雖亡道，不失天下；諸侯有爭臣五人，雖亡道，不失其國；大夫有爭臣三人，雖亡道，不失其家；士有爭友，則身不離於令名；父有爭子，則身不陷於不誼。故當不誼，則子不可以不爭於父，臣不可以不爭於君，故當不誼則爭之。從父之命，又安得爲孝乎？”

事君章第二十一

子曰：“君子之事上也，進思盡忠，退思補過，將順其美，匡救其惡,故上下能相親也。《詩》云;'心乎愛矣,遐不謂矣。忠心臧之,何日忘之?'"

喪親章第二十二

子曰:"孝子之喪親也,哭不偯,禮亡容,言不文,服美不安,聞樂不樂,食旨不甘,此哀戚之情也。三日而食,教民亡以死傷生也,毀不滅性,此聖人之正也。喪不過三年,示民有終也。爲之棺、椁、衣、衾以舉之;陳其簠、簋而哀戚之;哭泣擗踊,哀以送之;卜其宅兆,而安措之;爲之宗廟,以鬼亨之;春秋祭祀,以時思之。生事愛敬,死事哀戚,生民之本盡矣,死生之誼備矣,孝子之事終矣。"

第三卷　孔子家語

　　根據孔安國的《家語序》,《孔子家語》爲結集《論語》所剩餘的材料:"弟子取其正實而切事者,别出爲《論語》,其餘則都集録之,名之曰《孔子家語》。""與《論語》、《孝經》並時。"如此看來,此書顯然是《論語》類文獻。不過,此書成書時曾爲七十二子所潤色,故"頗有浮説,煩而不要"。儘管如此,"凡所論辯疏判較歸,實自夫子本旨也"。至漢初,"乃散在人間,好事者各以意增損其言,故使同是事而輒異辭"。於是,孔安國曾重新編輯整理:"乃以事類相次,撰集爲四十篇。"據此看,《孔子家語》雖在成書時即爲七十二弟子所潤色,漢初又被增損,但仍不失"夫子本旨"。

　　自唐代以來,學者多疑其僞。如唐顔師古注《漢書》時,曾指出《藝文志》所録本"非今所有《家語》",而唐宋以後所録者乃三國時魏王肅所編撰。王柏《家語考》則明確提出《孔子家語》爲僞書。清代姚際恒有《古今僞書考》、范家相作《家語證僞》、孫志祖著《家語疏證》均稱《家語》非真。《四庫全書總目提要》也説:"反覆考證,其出於肅手無疑,特其流傳既久,且遺文軼事,往往多見於其中。故自唐以來,知其僞而不能廢也。"然從七十年代以來的各種出土文獻看,僞書之説是不成立的。

　　本書以《四部叢刊》本(據江南圖書館藏明翻宋本影印)爲底本,參校以上海古籍出版社影印文瀾閣《四庫全書》本(簡稱"《四庫》本")、同文書局石印影宋抄本(簡稱"同文本"),在校勘和注釋過程中還參考了楊朝明、宋立林主編的《孔子家語通解》(齊魯書社 2009 年版)及王國軒、王秀梅譯注的《孔子家語》(中華書局 2011 年版)。

相魯第一

　　孔子初仕,爲中都宰[一]。制爲養生送死之節,長幼異食[二],强弱異任〔三〕,男女別塗〔四〕,路無拾遺,器不雕僞〔五〕。爲四寸之棺,五寸之椁〔六〕,因丘陵爲墳,不封〔七〕,不樹〔八〕。行之一年,而西方之諸侯則焉〔九〕。定公謂孔子曰:"學子此法以治魯國,何如?"孔子對曰:"雖天下,可乎,何但魯國而已哉!"於是二年,定公以爲司空,乃別五土之性〔一○〕,而物各得其所生之宜〔一一〕,咸得厥所。先時,季氏葬昭公于墓道之南〔一二〕,孔子溝而合諸墓焉〔一三〕。謂季桓子曰〔一四〕:"貶君以彰己罪,非禮也。今合之,所以揜夫子之不臣〔一五〕。"由司空爲魯大司寇,設法而不用,無姦民。(又見於《禮記·檀弓上》《史記·孔子世家》《左傳·定公元年》)

〔一〕中都,魯邑,在今汶上縣西。宰,長官。

〔二〕王肅注:"如禮,年五十異食也。"

〔三〕王肅注:"任謂力作之事,各從所任,不用弱也。"

〔四〕塗,通"途",道路。

〔五〕王肅注:"無文飾,雕畫不詐僞。"

〔六〕王肅注:"以木爲椁。"今案:古代棺木有兩重,裏面的叫棺,外面的叫椁。

〔七〕王肅注:"不聚土以起墳者也。"

〔八〕王肅注:"不樹松柏。"

〔九〕王肅注:"魯國在東,故西方諸侯皆法則。"

〔一○〕王肅注:"五土之性,一曰山林,二曰川澤,三曰丘陵,四曰墳衍,五曰原隰。"

〔一一〕王肅注:"所生之物,各得其宜。"

〔一二〕王肅注:"季平子逐昭公死於乾侯,平子別而葬之,貶之,不令近先公也。"

〔一三〕溝,挖溝。謂通過挖溝的方式把昭公之墓同其他魯君的墓地合在一起。

〔一四〕王肅注:"桓子,平子之子。"

〔一五〕揜,同"掩"。

定公與齊侯會于夾谷〔一〕,孔子攝相事〔二〕,曰:"臣聞有文事者必有武備,有武事者必有文備。古者諸侯並出疆,必具官以從〔三〕,請具左右司馬〔四〕。"定公從之。至會所,爲壇位,土階三等,以遇禮相見〔五〕,揖讓而登。獻酢既畢〔六〕,齊使萊人以兵鼓譟劫定公〔七〕。孔子歷階而進〔八〕,以公退,曰:"士,以兵之。吾兩君爲好,裔夷之俘敢以兵亂之〔九〕,非齊君所以命諸侯也。裔不謀夏,夷不亂華〔一○〕,俘不干盟,兵不偪好〔一一〕,於神爲不祥,於德爲愆義〔一二〕,於人爲失禮,君必不然。"齊侯心怍[一三],麾而避之[一四]。有頃,齊奏宮中之樂,俳優侏儒戲於前[一五]。孔子趨進,歷階而上,不盡一等[一六],曰:"匹夫熒侮諸侯者[一七],罪應誅。請右司馬速刑焉!"於是斬侏儒,手足異處。齊侯懼,有慙色。將盟,齊人加載書曰[一八]:"齊師出境,而不以兵車三百乘從我者,有如此盟。"孔子使茲無還對曰[一九]:"而不返我汶陽之田[二〇],吾以供命者[二一],亦如之。"齊侯將設享禮,孔子謂梁丘據曰[二二]:"齊魯之故,吾子何不聞焉[二三]?事既成矣,而又享之,是勤執事[二四]。且犧象不出門[二五],嘉樂不野合[二六]。享而既具,是棄禮;若其不具,是用粃稗[二七]。用粃稗,君辱;棄禮,名惡。子盍圖之?夫享,所以昭德也。不昭,不如其已。"乃不果享。齊侯歸,責其群臣曰:"魯以君子道輔其君,而子獨以夷狄道教寡人,使得罪。"於是乃歸所侵魯之四邑及汶陽之田[二八]。

〔一〕齊侯,即齊景公。夾谷,齊地,在今山東省萊蕪市夾谷峪。

〔二〕攝,代理。相,司儀。

〔三〕具官,配備官員。

〔四〕左右,相當於現在的正副。司馬,掌管軍事的官員。

〔五〕王肅注:"會遇之禮,禮之簡略者也。"

〔六〕獻酢,主客相互敬酒。主敬客爲獻,客回敬爲酢。

〔七〕王肅注:"萊人,齊人東夷。雷鼓曰謤。"

〔八〕歷階,一步一級地登臺階。

〔九〕王肅注:"裔,邊裔。夷,夷狄。俘,軍所獲虜也。言此三者何敢以兵亂兩君之好也。"

〔一〇〕王肅注:"華夏,中國之名。"

〔一一〕偪,同"逼",逼迫,威脅。

〔一二〕愆,違背。

〔一三〕怍,慚愧。

〔一四〕麾,指揮用的旗幟,這裏用於動詞,揮手示意。

〔一五〕俳優,演滑稽戲的藝人。

〔一六〕指没有登上最高的那個臺階。

〔一七〕熒,熒惑。

〔一八〕載書,盟書。

〔一九〕茲無還,魯國大夫。

〔二〇〕汶陽,汶水之北。水之北爲陽。

〔二一〕供命,指如盟約派軍隊供齊國驅使。

〔二二〕梁丘據,齊國大夫。

〔二三〕王肅注:"梁丘據舊聞齊魯之故事。"

〔二四〕勤,勤勞。

〔二五〕王肅注:"作犧牛及象於其背爲鐏。"

〔二六〕野合,在野外演奏。

〔二七〕王肅注:"粃,穀之不成者。粺,草之似穀者。"

〔二八〕王肅注:"四邑,鄆、讙、竈、陰也。洙有汶陽之田,本魯界。"今案:王注末句"洙有"二字《四庫》本無,此爲衍文。

　　孔子言於定公曰:"家不藏甲〔一〕,邑無百雉之城〔二〕,古之制也。今三家過制〔三〕,請皆損之。"乃使季氏宰仲由隳三都〔四〕。叔孫不得意於季氏〔五〕,因費宰公山弗擾率費人以襲魯〔六〕。孔子以公與季孫、叔孫、孟孫入于費氏之宮,登武子之臺。費人攻之,及臺側,孔子命申句須、樂頎勒士衆下伐之〔七〕,費人北。遂隳三都之城,強公室,弱私家,尊君卑臣,政化大行。(又見於《左傳·定公十二年》、《春秋公羊傳》)

〔一〕王肅注:"卿大夫稱家。甲,鎧也。"

〔二〕王肅注:"高丈長丈曰堵。三堵曰雉。"

〔三〕三家,指當時的魯國權臣季孫、叔孫、孟孫。他們都是魯桓公的後代,故又稱三桓。

〔四〕隳,毀壞。三都,指三桓的采邑,即季孫氏之費、叔孫氏之郈、孟孫氏之成。

〔五〕叔孫,這裏指叔孫氏庶子叔孫輒。季氏當作"叔孫氏"。《左傳·定公十二年》杜預注"輒不得志於叔孫氏",就是説得不到叔孫氏的重用。

〔六〕因,依靠,憑藉。

〔七〕勒,率領。

　　初,魯之販羊有沈猶氏者,常朝飲其羊以詐市人;有公慎氏者,妻淫不制;有慎潰氏,奢侈踰法。魯之鬻六畜者〔一〕,飾之以儲價〔二〕。及孔子之爲政也,則沈猶氏不敢朝飲其羊,公慎氏出其妻,慎潰氏越境而徙。三月,則鬻牛馬者不儲價,賣羊豚者不加飾,男女行者別其塗,道不拾遺,男尚忠信,女尚貞順,四方客至於邑,不求有司〔三〕,皆如歸焉〔四〕。(又見於《荀子·儒效》、《新序·雜事一》、《新序·雜事二》、《吕氏春秋·先識覽·樂成》、《孔叢子·陳士義》)

〔一〕鬻，賣。

〔二〕飾，打扮，裝飾。儲價，擡高價格。

〔三〕王肅注："有司常供其職，客不求而有司存焉。"

〔四〕王肅注："言如歸家，無所之也。"

始誅第二

孔子爲魯司寇〔一〕，攝行相事〔二〕，有喜色。仲由問曰："由聞君子禍至不懼，福至不喜，今夫子得位而喜，何也?"孔子曰："然，有是言也。不曰'樂以貴下人'乎?"於是朝政七日而誅亂政大夫少正卯，戮之於兩觀之下〔三〕，尸於朝三日。子貢進曰："夫少正卯，魯之聞人也，今夫子爲政而始誅之，或者爲失乎?"孔子曰："居，吾語汝以其故。天下有大惡者五，而竊盜不與焉。一曰心逆而險〔四〕，二曰行僻而堅〔五〕，三曰言僞而辯〔六〕，四曰記醜而博〔七〕，五曰順非而澤〔八〕。此五者，有一於人，則不免君子之誅，而少正卯皆兼有之。其居處足以撮徒成黨〔九〕，其談説足以飾褒榮衆〔一〇〕，其强禦足以反是獨立〔一一〕，此乃人之姦雄者也，不可以不除!夫殷湯誅尹諧，文王誅潘正，周公誅管、蔡，太公誅華士〔一二〕，管仲誅付乙，子産誅史何，是此七子皆異世而同誅者。以七子異世而同惡，故不可赦也。《詩》云：'憂心悄悄，愠于群小。'〔一三〕小人成群，斯足憂矣。"（又見於《荀子·宥坐》、《説苑·指武》）

〔一〕司寇，主管刑獄的官員。

〔二〕攝，代理。

〔三〕王肅注："兩觀，闕名。"今案：爲宮門外兩邊的望樓。

〔四〕心逆而險，心志違逆而險惡。

〔五〕行僻而堅，行爲邪僻而堅決。

〔六〕言僞而辯，言論虛僞而狡辯。

〔七〕王肅注："醜謂非義。"

〔八〕順非而澤：遵從謬誤而加以潤飾。

〔九〕王肅注："撮，聚。"

〔一〇〕褒原作"襃"，今據《四庫》本改。褒，同"邪"。榮，通"瑩"，熒惑。

〔一一〕强禦足以反是獨立，强悍足以違背正道，獨立門户。

〔一二〕王肅注："士之爲人虛僞，亦聚黨也，而韓非謂華士耕而後食，鑿井而飲，信其如此，而太公誅之，豈所以謂太公者哉?"

〔一三〕見《詩·邶風·柏舟》。

　　孔子爲魯大司寇,有父子訟者,夫子同狴執之〔一〕,三月不別。其父請止,夫子赦之焉。季孫聞之,不悦,曰:“司寇欺余,曩告余曰:‘國家必先以孝。’余今戮一不孝以教民孝,不亦可乎? 而又赦,何哉?”冉有以告孔子〔二〕。子喟然歎曰:“嗚呼! 上失其道而殺其下,非理也。不教以孝而聽其獄,是殺不辜。三軍大敗,不可斬也;獄犴不治〔三〕,不可刑也。何者? 上教之不行,罪不在民故也。夫慢令謹誅〔四〕,賊也〔五〕;徵斂無時,暴也;不試責成,虐也。政無此三者,然後刑可即也。《書》云:‘義刑義殺,勿庸以即汝心,惟曰未有慎事。’言必教而後刑也〔六〕。既陳道德以先服之,而猶不可,尚賢以勸之;又不可,即廢之;又不可,而後以威憚之。若是三年,而百姓正矣。其有邪民不從化者,然後待之以刑,則民咸知罪矣。《詩》云:‘天子是毗,俾民不迷。’〔七〕是以威厲而不試,刑錯而不用〔八〕。今世則不然,亂其教,繁其刑,使民迷惑而陷焉,又從而制之,故刑彌繁而盜不勝也。夫三尺之限〔九〕,空車不能登者,何哉? 峻故也。百仞之山,重載陟焉,何哉? 陵遲故也〔一〇〕。今世俗之陵遲久矣〔一一〕,雖有刑法,民能勿踰乎?”(又見於《荀子·宥坐》、《韓詩外傳》卷三、《説苑·政理》)

　〔一〕王肅注:“狴,獄牢也。”

　〔二〕冉有,即冉求,字子有,孔子弟子。

　〔三〕獄犴,刑獄。

　〔四〕慢令謹誅,法令鬆弛而刑殺嚴格。

　〔五〕賊,殘害。

　〔六〕王肅注:“庸,用也。即,就也。刑教皆當以義,勿用以就汝心之所安,當謹之,自謂未有順事,且陳道德以服之,以無刑殺而後爲順,是先教而後刑也。”

　〔七〕王肅注:“毗,輔也。俾,使也。言師尹當毗輔天子,使民不迷。”今案:引詩見《詩·小雅·節南山》。

　〔八〕錯,放置。

　〔九〕限,門檻,這裏指障礙物。

　〔一〇〕王肅注:“陵遲猶陂池也。”今案:陵遲謂山坡斜緩。

　〔一一〕陵遲,這裏指逐漸衰敗。

王言解第三

孔子〔一〕閒居，曾參侍〔二〕。孔子曰："參乎，今之君子，唯士與大夫之言可聞也。至於君子之言者，希也。於乎！吾以王言之，其不出戶牖而化天下〔三〕。"

〔一〕"孔子"，原作"曾子"，據《四庫》本改。

〔二〕曾參，即曾子，字子輿，孔子弟子。

〔三〕戶牖，門窗。化，教化。

曾子起，下席而對曰："敢問何謂王之言？"孔子不應。曾子曰："侍夫子之閒也難〔一〕，是以敢問。"孔子又不應。曾子肅然而懼，摳衣而退〔二〕，負席而立〔三〕。有頃，孔子歎息，顧謂曾子曰："參，汝可語明王之道與？"曾子曰："非敢以爲足也，請因所聞而學焉。"

〔一〕"難"下原有"對"字，據王國軒依《大戴禮記·主言》刪。

〔二〕摳，提也。

〔三〕負席，背對席子。

子曰："居，吾語汝！夫道者，所以明德也。德者，所以尊道也。是以非德道不尊，非道德不明。雖有國之良馬，不以其道服乘之〔一〕，不可以道里〔二〕。雖有博地衆民，不以其道治之，不可以致霸王。是故昔者明王內修七教，外行三至。七教修，然後可以守；三至行，然後可以征。明王之道，其守也，則必折衝千里之外〔三〕；其征也〔四〕，則必還師衽席之上〔五〕。故曰內修七教而上不勞，外行三至而財不費。此之謂明王之道也。"

〔一〕服，使用。

〔二〕不可以道里，談不上行走一里。道，言説。

〔三〕折衝，使敵人的戰車後撤，即擊退敵軍。

〔四〕"也"字原無，據《四庫》本補。

〔五〕還師衽席之上，指平安還師。衽席，臥席。

曾子曰："不勞不費之謂明王，可得聞乎？"

孔子曰："昔者帝舜左禹而右皋陶,不下席而天下治。夫如此,何上之勞乎? 政之不平,君之患也;令之不行,臣之罪也。若乃十一而稅〔一〕,用民之力歲不過三日。入山澤以其時而無征,關譏市㕓皆不收賦〔二〕,此則生財之路,而明王節之,何財之費乎?"

〔一〕十一,十分之一。

〔二〕王肅注:"譏,呵也。譏異服、譏異言及市㕓皆不賦稅,古之法也。"今案:關,關卡。譏,呵察,稽查,檢查行旅。市,市場。㕓,市場上儲存貨物的屋舍和場地。

曾子曰:"敢問何謂七教?"

孔子曰："上敬老則下益孝,上尊齒則下益悌,上樂施則下益寬,上親賢則下擇友,上好德則下不隱,上惡貪則下恥爭,上廉讓則下恥節,此之謂七教。七教者,治民之本也。政教定,則本正也。凡上者,民之表也〔一〕,表正則何物不正? 是故人君先立仁於己,然後大夫忠而士信,民敦俗璞〔二〕,男愨而女貞〔三〕。六者,教之致也,布諸天下四方而不怨,納諸尋常之室而不塞。等之以禮,立之以義,行之以順,則民之棄惡如湯之灌雪焉。"

〔一〕表,表率。

〔二〕王肅注:"璞,愨愿貌。"今案:璞,未經雕琢的玉石,謂淳樸。

〔三〕愨,誠實,謹慎。

曾子曰:"道則至矣,弟子不足以明之。"

孔子曰："參! 以爲姑止乎? 又有焉。昔者明王之治民也,法必裂地以封之,分屬以理之,然後賢民無所隱,暴民無所伏。使有司日省而時考之,進用賢良,退貶不肖,然則賢者悦而不肖者懼。哀鰥寡,養孤獨,恤貧窮,誘孝悌,選才能。此七者修,則四海之内無刑民矣。上之親下也,如手足之於腹心;下之親上也,如幼子之於慈母矣。上下相親如此,故令則從,施則行,民懷其德,近者悦服,遠者來附,政之致也。夫布指知寸〔一〕,布手知尺,舒肘知尋,斯不遠之則也。周制,三百步爲里,千步爲井,三井而埒,埒三而矩〔二〕,五十里而都,封百里而有國,乃爲蓄積衣裘焉〔三〕,恤行者之有亡〔四〕。是以蠻夷諸夏,雖衣冠不同,言語不合,莫不來賓,故曰無市而民不乏,無刑而民不亂。田獵罩弋〔五〕,非以盈宮室也;徵斂百姓,非以盈府庫也。惨怛以補不足〔六〕,禮節以損有餘。多信而寡貌,其禮可守,其言可覆,其迹可履。如飢而食,如渴而飲。民之信之,如寒暑之必驗。故視遠若邇,非道邇也,見明德也。是故兵革不動而威,用利不施而親,萬民懷其惠。此之謂明王之守,折衝千里之外者也。"

〔一〕布,展開。

〔二〕王肅注:"此説里數不可以言井,井自方里之名,疑此誤。"今案:坰,田間的分界矮墙,這裏用作地域單位。

〔三〕"蓄積衣裘",原作"福積資求",據《大戴禮記·主言》改。

〔四〕行者之有亡,這裏指出門在外者有無盤纏。"之"字原無,據《四庫》本補。

〔五〕罩,捕魚或鳥的竹器。弋,以繩繫線而射。王肅注:"罩,掩網。弋,繳射。"

〔六〕惨怛,悲傷,這裏指同情。

　　曾子曰:"敢問何謂三至?"

　　孔子曰:"至禮不讓而天下治,至賞不費而天下士悦,至樂無聲而天下民和。明王篤行三至,故天下之君可得而知,天下之士可得而臣,天下之民可得而用。"

　　曾子曰:"敢問此義何謂?"

　　孔子曰:"古者明王必盡知天下良士之名,既知其名,又知其實,又知其數及其所在焉,然後因天下之爵以尊之,此之謂至禮不讓而天下治;因天下之禄以富天下之士,此之謂至賞不費而天下之士悦。如此,則天下之民名譽興焉,此之謂至樂無聲而天下之民和。故曰:'所謂天下之至仁者,能合天下之至親也。所謂天下之至知者,能用天下之至和者也〔一〕。所謂天下之至明者,能舉天下之至賢者也。'此三者咸通,然後可以征。是故仁者莫大乎愛人,智者莫大乎知賢,賢政者莫大乎官能。有土之君修此三者,則四海之内供命而已矣。夫明王之所征,必道之所廢者也。是故誅其君而改其政,弔其民而不奪其財。故明王之政,猶時雨之降,降至則民悦矣。是故行施彌博,得親彌衆,此之謂還師衽席之上〔二〕。"

〔一〕"所謂天下之至知者,能用天下之至和者也"諸字原無,依王國軒據《大戴禮記·主言》補。

〔二〕王肅注：“言安安而無憂。”

大婚解第四

　　孔子侍坐於哀公。公問曰：“敢問人道孰爲大？”孔子愀然作色而對曰[一]：“君及此言也，百姓之惠也，固臣敢無辭而對[二]。人道政爲大。夫政者，正也。君爲正，則百姓從而正矣。君之所爲，百姓之所從。君不爲正，百姓何所從乎？”

　〔一〕愀然，改變臉色的樣子。

　〔二〕固，同“故”，所以。無辭，不推辭。

　　公曰：“敢問爲政如之何？”孔子對曰：“夫婦別，男女親，君臣信。三者正，則庶物從之[一]。”公曰：“寡人雖無能也，願知所以行三者之道，可得聞乎？”孔子對曰：“古之政，愛人爲大；所以治愛人，禮爲大；所以治禮，敬爲大；敬之至矣，大婚爲大[二]；大婚至矣，冕而親迎[三]；親迎者，敬之也。是故君子興敬爲親，捨敬則是遺親也。弗親弗敬，弗尊也。愛與敬，其政之本與？”

　〔一〕庶物，萬事。庶，衆也。物，事也。

　〔二〕大婚，指天子諸侯的婚姻。

　〔三〕冕，禮帽，這裏用作動詞。

　　公曰：“寡人願有言也，然冕而親迎，不已重乎？”孔子愀然作色而對曰：“合二姓之好，以繼先聖之後，以爲天下宗廟社稷之主，君何謂已重焉[一]？”公曰：“寡人實固[二]，不固安得聞此言乎！寡人欲問，不能爲辭，請少進。”孔子曰：“天地不合，萬物不生。大婚，萬世之嗣也，君何謂已重焉？”孔子遂言曰：“内以治宗廟之禮，足以配天地之神[三]；出以治直言之禮，以立上下之敬[四]。物耻則足以振之[五]，國耻足以興之[六]。故爲政先乎禮。禮，其政之本與！”孔子遂言曰：“昔三代明王，必敬妻子也，蓋有道焉。妻也者，親之主也[七]；子也者，親之後也，敢不敬與？是故君子無不敬。敬也者，敬身爲大。身也者，親之支也[八]，敢不敬與？不敬其身，是傷其親；傷其親，是傷本也；傷其本，則支從之而亡。三者，百姓之象也[九]。身以及身，子以及子，妃以及妃。君以修此三者,則大化愾乎天下矣〔一〇〕,昔太王之道也〔一一〕。如此,國家順矣。”

〔一〕王肅注:“魯周公之後得郊天,故言以爲天下之主也。”

〔二〕王肅注:“鄙陋。”

〔三〕王肅注:“言宗廟,天地神之次。”

〔四〕王肅注:“夫婦正則始可以治正言禮矣,身正然可以正人者也。”

〔五〕王肅注:“恥事不知禮,足以振救之。”

〔六〕王肅注:“恥國不知足,以興起者也。”

〔七〕指侍奉宗祧的主人。

〔八〕支,支系,支裔。

〔九〕王肅注:“言百姓之所法而行”。

〔一〇〕王肅注:“氣滿。”

〔一一〕王肅注:“太王出亦姜女,入亦姜女,國無鰥民,愛其身以及人之身,愛其子以及人之子,故曰太王之道。”

公曰:“敢問何謂敬身?”孔子對曰:“君子過言則民作辭,過行則民作則〔一〕。言不過辭,動不過則,百姓恭敬以從命。若是則可謂能敬其身,敬其身則能成其親矣〔二〕。”

〔一〕過言,過頭的話,不當的言論。過行,過分的行爲,不當的行爲。

〔二〕“敬其身”三字原無,據《四庫》本補。

公曰:“何謂成其親?”孔子對曰:“君子者也,人之成名也。百姓與名,謂之君子,則是成其親,爲君而爲其子也。”孔子遂言曰:“愛政而不能愛人,則不能成其身;不能成其身,則不能安其土;不能安其土,則不能樂天〔一〕。”公曰:“敢問何能成身?”孔子對曰:“夫其行己不過乎物〔二〕,謂之成身。不過乎物〔三〕,合天道也。”公曰:“君子何貴乎天道也?”孔子曰:“貴其不已也。如日月東西相從而不已也,是天道也;不閉而能久〔四〕,是天道也;無爲而物成,是天道也;已成而明之,是天道也。”

〔一〕王肅注:“天道也。”

〔二〕過乎物,謂超越事物的常理。

〔三〕“物”字原無,據同文本補。

〔四〕王肅注:"不閉常通而能久,言無極。"

公曰:"寡人且愚冥〔一〕,幸煩子之於心〔二〕。"孔子蹴然避席而對曰〔三〕:"仁人不過乎物,孝子不過乎親,是故仁人之事親也如事天,事天如事親,此謂孝子成身。"公曰:"寡人既聞如此言,無如後罪何〔四〕?"孔子對曰:"君之〔五〕及此言,是臣之福也。"

〔一〕王肅注:"言恚愚冥暗也。"

〔二〕王肅注:"欲煩孔子議識其心所能行也。"

〔三〕蹴然,局促不安貌。

〔四〕此句指後來出了過錯怎麼辦呢。無如,奈何。

〔五〕"之",原作"子",據《四庫》本改。

儒行解第五

孔子在衛,冉求言於季孫曰〔一〕:"國有聖人而不能用,欲以求治,是猶卻步而欲求及前人,不可得已。今孔子在衛,衛將用之,己有才而以資鄰國,難以言智也,請以重幣迎之。"季孫以告哀公,公從之。孔子既至舍,哀公館焉〔二〕。公自阼階〔三〕,孔子賓階〔四〕,升堂立侍。

〔一〕季孫,這裏爲季孫肥,即季康子,魯哀公正卿。

〔二〕王肅注:"就孔子舍。"

〔三〕阼階,即東階,爲主人之位。

〔四〕賓階,即西階。古代賓主相見,賓自西階上。

公曰:"夫子之服,其儒服與?"

孔子對曰:"丘少居魯,衣逢掖之衣〔一〕。長居宋,冠章甫之冠〔二〕。丘聞之,君子之學也博,其服以鄉〔三〕,丘未知其爲儒服也。"

〔一〕王肅注:"深衣之褒大也。"今案:逢掖之衣,即寬袖之衣,爲儒者所服。

〔二〕章甫之冠,緇布冠,爲古代舉行冠禮時所戴。

〔三〕王肅注:"隨其鄉也。"

公曰:"敢問儒行?"

孔子曰:"略言之,則不能終其物;悉數之,則留僕未可以對〔一〕。"

〔一〕王肅注:"留,久也。僕,太僕。君燕朝,則正位掌儐相更衣之,爲久將倦,使之相代者也。"元陳皓《禮記集説》云："僕，臣之擯相者。久則疲瘵，雖更代其僕，亦未可盡言之也。"

哀公命席。子侍坐，曰："儒有席上之珍以待聘[一]，夙夜强學以待問，懷忠信以待舉，力行以待取[二]。其自立有如此者。儒有衣冠中，動作順，其大讓如慢[三]，小讓如僞，大則如威，小則如愧。難進而易退，粥粥若無能也[四]。其容貌有如此者。儒有居處齊難[五]，其起坐恭敬，言必誠信，行必忠正。道塗不爭險易之利，冬夏不爭陰陽之和。愛其死以有待也，養其身以有爲也。其備預有如此者。儒有不寶金玉而忠信以爲寶，不祈土地而仁義以爲土地，不求多積多文以爲富。難得而易禄也[六]，易禄而難畜也[七]。非時不見，不亦難得乎？非義不合，不亦難畜乎？先勞而後禄，不亦易禄乎？其近人情有如此者。儒有委之以財貨而不貪[八]，淹之以樂好而不淫[九]，劫之以衆而不懼，阻之以兵而不懾[一○]。見利不虧其義，見死不更其守[一一]。往者不悔，來者不豫[一二]。過言不再[一三]，流言不極[一四]。不斷其威[一五]，不習其謀[一六]，其特立有如此者。儒有可親而不可劫，可近而不可迫，可殺而不可辱。其居處不過，其飲食不溽[一七]，其過失可微辯而不可面數也。其剛毅有如此者。儒有忠信以爲甲胄，禮義以爲干櫓[一八]，戴仁而行，抱德而處，雖有暴政，不更其所。其自立有如此者。儒有一畝之宮，環堵之室[一九]，蓽門圭窬[二○]，蓬户甕牖[二一]，易衣而出[二二]，并日而食[二三]。上答之，不敢以疑[二四]；上不答之，不敢以諂。其爲士有如此者。儒有今人以居，古人以稽[二五]；今世行之，後世以爲楷[二六]。若不逢世，上所不受，下所不推，詭諂之民有比黨而危之，身可危也，其志不可奪也。雖危起居，猶竟信其志[二七]，乃不忘百姓之病也[二八]。其憂思有如此者。儒有博學而不窮，篤行而不倦，幽居而不淫[二九]，上通而不困[三○]。禮必以和，優游以法[三一]，慕賢而容衆，毁方而瓦合[三二]。其寬裕有如此者。儒有内稱不避親，外舉不避怨。程功積事，不求厚禄[三三]。推賢達能，不望其報。君得其志，民賴其德。苟利國家，不求富貴。其舉賢援能有如此者。儒有澡身浴德[三四]，陳言而伏[三五]。静言而正之，而上下不知也；默而翹之，又不急爲也〔三六〕。不臨深而爲高，不加少而爲多〔三七〕。世治不輕，世亂不沮〔三八〕。同己不與，異己不非。其特立獨行有如此者。儒有上不臣天子，下不事諸侯，慎静尚寬，底厲廉隅〔三九〕。強毅以與人，博學以知服〔四〇〕。雖以分國，視之如錙銖〔四一〕，弗肯臣仕。其規爲有如此者〔四二〕。儒有合志同方，營道同術，並立則樂〔四三〕，相下不厭〔四四〕，久别則聞流言不信，義同而進，不同而退。其交有如此者。夫温良者，仁之本也；慎敬者，仁之地也；寬裕者，仁之作也〔四五〕；遜接者，仁之能也；禮節者，仁之貌也；言談者，仁之文也；歌樂者，仁之和也；分散者，仁之施也。儒皆兼此而有之，猶且不敢言仁也。其尊讓有如此者。儒有不隕穫於貧賤〔四六〕，不充詘於富貴〔四七〕，不溷君王，不累長上，不閔有司，故曰儒〔四八〕。今人之名儒也妄〔四九〕，常以儒相詬疾〔五〇〕。”

〔一〕王肅注：“席上之珍，能敷陳先王之道以爲政治。”

〔二〕王肅注：“力行仁義道德以待人取。”

〔三〕王肅注：“慢，簡略也。”

〔四〕粥粥，謙卑的樣子。

〔五〕王肅注：“齋莊可畏難也。”

〔六〕易禄，指容易滿足俸禄。

〔七〕蓄，蓄養，蓄留。

〔八〕委，給予。

〔九〕淹，沉迷。淫，過度。

〔一〇〕王肅注：“阻，難也。以兵爲之難。”

〔一一〕守，操守。

〔一二〕豫，通“預”，謂預先考慮。

〔一三〕王肅注：“不再過言。”

〔一四〕王肅注：“流言相毁，不窮極也。”今案：謂對流言不追根問底。

〔一五〕王肅注：“常嚴莊也。”

〔一六〕王肅注：“不豫習其謀慮。”

〔一七〕潯，味道濃重。

〔一八〕王肅注：“干，楯也。櫓，大戟。”

〔一九〕王肅注：“方丈曰堵，一堵言其小者也。”

〔二〇〕王肅注：“蓽門，荆竹織門也。圭窬，穿墻爲之如圭也。”

〔二一〕王肅注：“以編蓬爲户，破甕爲牖也。”

〔二二〕王肅注：“更相易衣而後可以出。”

〔二三〕王肅注:"并一日之糧以爲一食也。"

〔二四〕王肅注:"君用之,不敢疑貳事君也。"

〔二五〕王肅注:"稽同。"

〔二六〕王肅注:"法也。"

〔二七〕信,通"伸"。

〔二八〕王肅注:"起居,猶動靜也。竟,終也。言身雖危動靜,猶終身不忘百姓。"

〔二九〕幽居,獨處。淫,放縱。

〔三〇〕謂通達於上而不爲名利所困。

〔三一〕謂自在閒居之時。

〔三二〕王肅注:"去己之大圭角,下與衆人小合。"

〔三三〕王肅注:"程,猶劾也,言功劾而已,不求厚禄也。"

〔三四〕王肅注:"常自潔净其身,沐浴於德行也。"

〔三五〕王肅注:"陳言於君,不望其報。"

〔三六〕王肅注:"言事君清静,因事而止之,則君不知;默而翹發之,不急爲,所以爲不爲。"

〔三七〕王肅注:"言不因勢位自矜莊。"

〔三八〕王肅注:"不自輕,不自沮。"

〔三九〕底厲廉隅,謂磨練自己歸於端方。底厲,同"砥礪",磨練。廉隅,本指棱角,這裏指品行端正。

〔四〇〕服,力行也。

〔四一〕王肅注:"視之輕如錙銖。八兩爲錙。"

〔四二〕規爲,規範行爲。

〔四三〕謂並有建樹則樂。

〔四四〕謂一併處下而不相厭棄。

〔四五〕王肅注:"動作。"

〔四六〕王肅注:"隕穫,憂悶不安之貌。"

〔四七〕王肅注:"充詘,踴躍參擾之貌。"

〔四八〕王肅注:"涸,辱。閔疾言不爲君長所辱。病儒者中和之名。"

〔四九〕妄,原作"忘",今據《四庫》本改。

〔五〇〕王肅注:"詬,辱。"

　　哀公既得聞此言也,言加信,行加敬,曰:"終殁吾世,弗敢復以儒爲戲矣!"

問禮第六

　　哀公問於孔子曰:"大禮何如[一]? 子之言禮,何其尊也!"孔子對曰:"丘也鄙人,不足以知大禮也。"公曰:"吾子言焉!"孔子曰:"丘聞之:民之所以生者,禮爲大。非禮則無以節事天地之神焉[二],非禮則無以辯君臣、上下、長幼之位焉,非禮則無以別男女、父子、兄弟、婚姻、親族、疏數之交焉[三]。是故君子此之爲尊敬,然後以其所能教順百姓,不廢其會節[四]。既有成事,而後治其文章黼黻[五],以別尊卑、上下之等。其順之也,而後言其喪祭之紀、宗廟之序,品其犧牲[六],設其豕腊[七],修其歲時[八],以敬其祭祀,別其親疏,序其昭穆[九],而後宗族會醮[一〇]。即安其居,以綴恩義[一一],卑其宮室,節其服御[一二],車不雕璣[一三],器不刻鏤[一四],食不二味[一五],心不淫志[一六],以與萬民同利。古之明王行禮也如此。"公曰:"今之君子胡莫之行也?"孔子對曰:"今之君子,好利無厭,淫行不倦[一七],荒怠慢遊,固民是盡,以遂其心,以怨其政[一八]。忤其衆,以伐有道。求得當欲,不以其所[一九];虐殺刑誅,不以其治。夫昔之用民者由前[二〇],今之用民者由後[二一],是即今之君子莫能爲禮也。"

　〔一〕大禮,隆重的禮儀。

　〔二〕王肅注:"祭以事天地之神,皆以禮爲儀節。"

　〔三〕疏數,疏遠與親密。數,密,這裏指親密。

　〔四〕王肅注:"所能謂禮也,會謂男女之會,節謂親疏之節也。"

　〔五〕文章,指錯雜的色彩或花紋。黼黻,《淮南子·説林訓》"黼黻之美,在於杼軸",高誘注曰:"白與黑爲黼,青與赤爲黻,皆文衣也。"文章黼黻本來皆指衣服上的花紋,這裏指禮服。

　〔六〕品,種類,這裏指區分。

　〔七〕豕腊,用於祭祀的豬肉乾。

　〔八〕歲時,這裏指依節氣進行的祭祀。

　〔九〕昭穆,宗廟的排位次序。始祖居中,二世、四世等偶數代祖先居左,稱昭;三世、五世等奇數代祖先居右,稱穆。

　〔一〇〕醮,同"宴",宴飲。

　〔一一〕綴,連綴,連結。

　〔一二〕服御,衣服車馬之類,這裏指日常用度。

〔一三〕雕瑑,雕飾成凹凸花紋。

〔一四〕刻鏤,鏤刻。"刻"原作"彤",據《四庫》本改。

〔一五〕指飲食簡單,不求滋味之盛。

〔一六〕淫志,過分的意願。

〔一七〕淫行,過分的行爲,放縱的行爲。

〔一八〕使其政招怨。在這裏,"怨"爲使動用法。

〔一九〕王肅注:"言苟求得當其情欲而已。"

〔二〇〕王肅注:"用上所言。"

〔二一〕王肅注:"用下所言。"

　　言偃問曰:"夫子之極言禮也,可得而聞乎?"孔子言:"我欲觀夏,是故之杞〔一〕,而不足徵也〔二〕,吾得《夏時》焉〔三〕。我欲觀殷道,是故之宋〔四〕,而不足徵也,吾得《坤乾》焉〔五〕。《坤乾》之義,《夏時》之等〔六〕,吾以此觀之。夫禮初也,始於飲食。太古之時,燔黍擘豚〔七〕,汙鐏抔飲〔八〕,蕢桴土鼓〔九〕,猶可以致敬鬼神〔一〇〕。及其死也,升屋而號,告曰:'高〔一一〕!某復!'然後飲腥苴熟〔一二〕。形體則降,魂氣則上,是謂天望而地藏也〔一三〕。故生者南嚮,死者北首〔一四〕,皆從其初也。昔之王者,未有宮室,冬則居營窟,夏則居橧巢〔一五〕。未有火化〔一六〕,食草木之實、鳥獸之肉,飲其血,茹其毛。未有絲麻,衣其羽皮。後聖有作,然後修火之利,範金〔一七〕合土〔一八〕,以爲宮室、户牖,以炮以燔〔一九〕,以烹以炙〔二〇〕,以爲醴酪〔二一〕。治其絲麻,以爲布帛。以養生送死,以事鬼神。故玄酒在室〔二二〕,醴醆在户〔二三〕,粢醍在堂〔二四〕,澄酒在下〔二五〕。陳其犧牲,備其鼎俎,列其琴、瑟、管、磬、鐘、鼓,以降上神〔二六〕,與其先祖,以正君臣,以篤父子,以睦兄弟,以齊上下,夫婦有所,是謂承天之佑。作其祝號〔二七〕,玄酒以祭,薦其血毛〔二八〕,腥其俎,熟其殽〔二九〕。越席以坐〔三〇〕,疏布以羃〔三一〕。衣其浣帛〔三二〕,醴醆以獻,薦其燔炙。君與夫人交獻,以嘉魂魄〔三三〕。然後退而合烹〔三四〕,體其犬豕牛羊〔三五〕,實其簠簋〔三六〕,籩豆鉶羹〔三七〕,祝以孝告〔三八〕,嘏以慈告〔三九〕,是爲大祥〔四〇〕。此禮之大成也。"(又見於《禮記·禮運》)

〔一〕王肅注:"夏后封於杞也。"

〔二〕王肅注:"徵,成。"徵,驗證。

〔三〕王肅注:"於四時之正,正夏,數得天心中。"

〔四〕王肅注:"殷后封宋。"

〔五〕王肅注:"乾,天。坤,地。得天地陰陽之書也。""坤乾"原作"乾坤",據《四庫》本和《禮記·禮運》改,下句"坤乾"同。《坤乾》,即《易》,商《易》首坤次乾,故曰《坤乾》。

〔六〕等,例。

〔七〕王肅注:"古未有釜甑,釋米擗肉加於燒石之上而食之。"燔,燒烤。擘,用手掰開。

〔八〕王肅注:"鑿地爲罇,以手飲之也。""抔"原作"杯",據《四庫》本改。汙,鑿地爲坑。罇,酒具。抔,手捧。

〔九〕蕢讀爲"凷",堛也,即土塊。桴,鼓槌。蕢桴,謂搏土爲鼓槌。一説,蕢,草也。土鼓,築土爲鼓。

〔一〇〕王肅注:"神饗德,不求備物也。"

〔一一〕高,通"皋",大聲呼喊。

〔一二〕王肅注:"始死,含以珠貝,將葬,苴茢以遣,奠以送之。"腥,指珍珠、貝殼等帶有腥味的飾品。苴,苞苴,用蒲草包束西。

〔一三〕王肅注:"魂氣升而在天,形體藏而在地。"

〔一四〕古人認爲南屬陽,北屬陰,故活着的人以面向南爲尊,死者下葬時頭要朝北。

〔一五〕王肅注:"掘地而居,謂之營窟,有柴謂橧,在樹曰巢。""橧"原作"櫓",據《四庫》本改。

〔一六〕火化,謂用火燒熟食物。化,變也。

〔一七〕王肅注:"治金爲器用刑範也。"

〔一八〕王肅注:"合和以作瓦物。"

〔一九〕王肅注:"毛曰炮,加火曰燔也。"炮,把禽鳥塗上泥放在火上烤。

〔二〇〕王肅注:"爇之曰烹,炮之曰炙。"

〔二一〕王肅注:"醴,醴酒。酪,漿酢。"

〔二二〕王肅注:"玄酒,水也,言尚古在,略近。"玄酒,用來祭祀的水。因深水爲黑色,故曰玄酒。

〔二三〕王肅注:"醴,盎齊也。五齊,二曰醴齊,三曰盎齊。"五齊,酒的五個等級。

〔二四〕王肅注:"深醍澄齊。"粢醍,用穀類做的淺紅色的清酒。

〔二五〕王肅注:"澄,清。漏其酒也。"澄酒,一種淡酒。

〔二六〕王肅注:"上神,天神。"

〔二七〕王肅注:"犧牲玉帛祝辭,皆異爲之號也。"

〔二八〕薦,進獻。

〔二九〕王肅注:"言雖有所熟,猶有所腥,腥本不忘古也。"殽,通"肴",煮熟的魚肉。

〔三〇〕王肅注:"翦蒲席也。"翦,通"踐",踏。

〔三一〕王肅注:"羃,覆酒巾也。質,故用疏也。"疏布,粗布。羃,覆蓋。

〔三二〕王肅注:"練染以爲祭服。"浣帛,經過煮練染色的帛。

〔三三〕王肅注:"嘉,善樂也。"

〔三四〕王肅注:"合其烹熟之禮,無復醒也。"

〔三五〕王肅注:"體,鮮其牲體而薦之。"

〔三六〕王肅注:"受黍稷之器也。"

〔三七〕王肅注:"竹曰籩,木曰豆,鉶所以盛羹也。"

〔三八〕王肅注:"祝,通孝子語於先祖。"

〔三九〕王肅注:"嘏,傳先祖語於孝子。"

〔四〇〕王肅注:"祥,善。"

五儀解第七

哀公問於孔子曰:"寡人欲論魯國之士〔一〕,與之爲治,敢問如何取之?"孔子對曰:"生今之世,志古之道;居今之俗,服古之服。舍此而爲非者〔二〕,不亦鮮乎?"曰:"然則章甫、絢屨〔三〕、紳帶、縉笏者,皆賢人也〔四〕?"孔子曰:"不必然也。丘之所言,非此之謂也。夫端衣玄裳,冕而乘軒者,則志不在於食焄〔五〕;斬衰菅菲〔六〕,杖而歠粥者〔七〕,則志不在於酒肉。生今之世,志古之道;居今之俗,服古之服,謂此類也。"公曰:"善哉!盡此而已乎?"孔子曰:"人有五儀,有庸人,有士人,有君子,有賢人,有聖人。審此五者,則治道畢矣。"公曰:"敢問何如斯可謂之庸人?"孔子曰:"所謂庸人者,心不存慎終之規〔八〕,口不吐訓格之言〔九〕,不擇賢以託其身,不力行以自定,見小闇大而不知所務,從物如流,不知其所執。此則庸人也。"公曰:"何謂士人?"孔子曰:"所謂士人者,心有所定,計有所守,雖不能盡道術之本,必有率也〔一〇〕;雖不能備百善之美,必有處也〔一一〕。是故知不務多,必審其所知;言不務多,必審其所謂〔一二〕;行不務多,必審其所由。智既知之,言既道之〔一三〕,行既由之,則若性命之形骸之不可易也。富貴不足以益,貧賤不足以損。此則士人也。"公曰:"何謂君子?"孔子曰:"所謂君子者,言必忠信而心不怨〔一四〕,仁義在身而色無伐〔一五〕,思慮通明而辭不專〔一六〕。篤行信道,自强不息。油然若將可越〔一七〕,而終不可及者,此則君子也。"公曰:"何謂賢人?"孔子曰:"所謂賢人者,德不踰閑[一八],行中規繩。言足以法於天下而不傷於身[一九],道足以化於百姓而不傷於本[二〇]。富則天下無宛財[二一],施則天下不病貧。此則賢者也。"公曰:"何謂聖人?"孔子曰:"所謂聖者,德合於天地,變通無方。窮萬事之終始,協庶品之自然[二二],敷其大道而遂成情性[二三]。明並日月,化行若神。下民不知其德,覩者不識其鄰[二四]。此謂聖人也。"公曰:"善哉!非子之賢,則寡人不得聞此言也。雖然,寡人生於深宮之内,長於婦人之手,未嘗知哀,未嘗知憂,未嘗知勞,未嘗知懼,未嘗知危,恐不足以行五儀之教,若何?"孔子對曰:"如君之言,已知之矣,則丘亦無所聞焉[二五]。"公曰:"非吾子,寡人無以啓其心。吾子言也。"孔子曰:"君入廟[二六],如右[二七],登自阼階[二八],仰視榱桷[二九],俯察几筵[三〇],其器皆存,而不覩其人。君以此思哀,則哀可知矣。昧爽夙興[三一],正其衣冠。平旦視朝,慮其危難。一物失理,亂亡之端。君以此思憂,則憂可知矣。日出聽政,至於中冥[三二],諸侯子孫,往來爲賓,行禮揖讓,慎其威儀。君以此思勞,則勞亦可知矣。緬然長思[三三],出於四門,周章遠望[三四],覩亡國之墟,必將有數焉[三五]。君以此思懼,則懼可知矣。夫君者,舟也;庶人者,水也。水所以載舟,亦所以覆舟。君以此思危,則危可知矣。君既明此五者,又少留意於五儀之事,則于政治何有失矣!"(《又見於《荀子·哀公》、《大戴禮記·哀公問五義》、《新序·雜事四》)

〔一〕論,通"掄",選擇。

〔二〕舍,處於,謂處於以上情況的人。

〔三〕王肅注:"章甫,冠也。絇履,履頭有鉤飾也。"

〔四〕王肅注:"紳,大帶;縉,插也;笏,所以執書思對命。"縉笏,插笏於紳。縉,同"搢",插也。笏,古代朝會時大臣所執的手板,其上書寫所奏之事,以備遺忘。

〔五〕王肅注:"端衣玄裳,齋服也。軒,軒車。葷,辛菜也。"葷,同"葷",蔥蒜韭菜等有特殊氣味的蔬菜。

〔六〕"菅"原作"營",據《四庫》本改。斬衰,喪服,用麤麻布做成,不縫邊。菅菲,據《荀子·哀公》當作"菅屨",草鞋。

〔七〕杖,喪杖,這裏用作動詞。歠粥,喝粥。

〔八〕慎終,即慎終如始,謂謹慎。

〔九〕王肅注："格,法。"

〔一〇〕王肅注："率,猶行也。"率,循也。

〔一一〕處,居所,這裏指堅守。

〔一二〕王肅注："所務者,謂言之要也。"

〔一三〕王肅注："得其要也。"

〔一四〕王肅注："怨,咎。"

〔一五〕王肅注："無伐善之色也。"伐,誇耀。

〔一六〕專,專橫。

〔一七〕王肅注："油然,不進之貌也。越,過也。"

〔一八〕王肅注："閑,法。"

〔一九〕王肅注："言滿天下無口過也。"

〔二〇〕王肅注："本亦身。"

〔二一〕王肅注："宛,積也,古字亦或作此,故或誤不着草矣。"今案："宛"當依王注作
　　　"苑"。

〔二二〕庶品,萬物。庶,衆也。品,類也。

〔二三〕敷,佈也。

〔二四〕王肅注："鄰以喻界畔也。"

〔二五〕王肅注："君如此言,已爲知之,故無所復言,謙以誘進哀公矣。"

〔二六〕"君"下原有"子"字,據同文本删。

〔二七〕"如"字當依《荀子·哀公》作"而"。

〔二八〕阼階,東階,主人之位。

〔二九〕榱桷,房屋的椽子。

〔三〇〕几筵,祭祀的席位,靈座。"几"原作"机",據《四庫》本改。

〔三一〕王肅注："爽,明也。昧,明始明也。夙,早。興,起。"

〔三二〕王肅注："中,日中。冥,昳中。"今案:日昃曰昳,即午後日偏斜。

〔三三〕緬然,悠思貌。

〔三四〕周章,惶恐貌。

〔三五〕王肅注："言亡國,故墟非但一。"

　　哀公問於孔子曰:"請問取人之法?"孔子對曰:"事任於官〔一〕,無
取捷捷〔二〕,無取鉗鉗〔三〕,無取啍啍〔四〕。捷捷,貪也〔五〕;鉗鉗,亂也;
啍啍,誕也〔六〕。故弓調而後求勁焉,馬服而後求良焉,士必愨而後求
智能者焉。不愨而多能,譬之豺狼,不可邇〔七〕。"(又見於《荀子·哀公》、
《韓詩外傳》卷四、《説苑·尊賢》)

〔一〕王肅注：“言各當以其所能之事任於官。”

〔二〕捷捷，貪得無厭。

〔三〕王肅注：“鉗鉗，妄對不謹誠。”

〔四〕王肅注：“哼哼，多言。”

〔五〕王肅注：“捷捷而不已食，所以爲貪也。”

〔六〕王肅注：“誕，欺詐也。”

〔七〕王肅注：“言人無智者，雖性愨信不能爲大惡；不愨信而有智，然後乃可畏也。”愨，謹慎誠實。邇，接近。

　　哀公問於孔子曰：“寡人欲吾國小而能守，大則無攻〔一〕，其道如何？”孔子對曰：“使君朝廷有禮，上下相親，天下百姓皆君之民，將誰攻之？苟違此道〔二〕，民畔如歸〔三〕，皆君之讎也，將與誰守？”公曰：“善哉！”於是廢山澤之禁，弛關市之稅〔四〕，以惠百姓。（又見於《説苑·指武》）

〔一〕“無”字原無，據《四庫》本補。

〔二〕“違”原作“爲”，據《四庫》本改。

〔三〕畔，通“叛”，背叛。

〔四〕弛，廢除。

　　哀公問於孔子曰：“吾聞君子不博〔一〕，有之乎？”孔子曰：“有之。”公曰：“何爲？”對曰：“爲其有二乘〔二〕。”公曰：“有二乘，則何爲不博？”子曰：“爲其兼行惡道也〔三〕。”哀公懼焉。有間，復問曰：“若是乎，君之惡惡道至甚也！”孔子曰：“君子之惡惡道不甚，則好善道亦不甚；好善道不甚，則百姓之親上亦不甚。《詩》云：‘未見君子，憂心惙惙〔四〕，亦既見止，亦既覯止，我心則悦。’〔五〕《詩》之好善道甚也如此！”公曰：“美哉！夫君子成人之善，不成人之惡，微吾子言焉，吾弗之聞也。”（又見於《説苑·君道》）

〔一〕博，博弈，下棋。

〔二〕“有”字原無，據《四庫》本補。向宗魯《説苑校正》引關嘉之説以及《古博經》，謂“乘”即“道”，二乘即白黑分道也。

〔三〕王肅注：“此具博三十六道也。”

〔四〕惙惙，憂慮貌。

〔五〕見《詩·召南·草蟲》。

哀公問於孔子曰：“夫國家之存亡禍福，信有天命，非唯人也？”孔子對曰：“存亡禍福，皆己而已，天災地妖，不能加也。”公曰：“善！吾子之言，豈有其事乎？”孔子曰：“昔者殷王帝辛之世[一]，有雀生大鳥於城隅焉，占之，曰：‘凡以小生大，則國家必王，而名必昌。’於是帝辛介雀之德[二]，不修國政，亢暴無極[三]，朝臣莫救，外寇乃至，殷國以亡。此即以己逆天時，詭福反爲禍者也[四]。又其先世殷王太戊之時，道缺法圮，以致夭蘗[五]，桑穀于朝[六]，七日大拱[七]。占之者曰：‘桑穀野木而不合生朝[八]，意者國亡乎？’大戊恐駭，側身修行[九]，思先王之政，明養民之道，三年之後，遠方慕義，重譯至者[一〇]，十有六國。此即以己逆天時，得禍爲福者也。故天災地妖，所以儆人主者也[一一]。寤夢徵怪[一二]，所以儆人臣者也。災妖不勝善政，寤夢不勝善行，能知此者，至治之極也，唯明王達此。”公曰：“寡人不鄙固此，亦不得聞君子之教也。”（又見於《説苑·敬慎》）

〔一〕王肅注：“帝紂。”

〔二〕王肅注：“介，助也。以雀之德爲助也。”

〔三〕亢暴，極其殘暴。亢，極也，甚也。

〔四〕詭，違也。

〔五〕夭蘗，反常的樹木。

〔六〕穀，楮樹。古人以桑樹和楮樹同生於朝爲不祥之兆。

〔七〕拱，兩手合圍。

〔八〕不合，不該。

〔九〕側身，傾側其身，謂恐懼之狀。

〔一〇〕重譯，輾轉翻譯，指偏遠地區的使者。

〔一一〕王肅注：“儆，戒。”

〔一二〕寤夢，夢醒。徵怪，徵兆怪異。

哀公問於孔子曰：“智者壽乎？仁者壽乎？”孔子對曰：“然。人有三死而非其命也，行己自取也[一]。夫寢處不時，飲食不節，逸勞過度者，疾共殺之；居下位而上干其君[二]，嗜慾無厭而求不止者，刑共殺之；以少犯衆，以弱侮强，忿怒不類[三]，動不量力者，兵共殺之。此三者死非命也，人自取之。若夫智士仁人，將身有節[四]，動靜以義，喜怒以時，無害其性，雖得壽焉，不亦可乎？”（又見於《韓詩外傳》卷一、《説苑·雜

言》、《文子·符言》）

〔一〕“行”字或爲衍文，當據同文本删。

〔二〕干，冒犯。

〔三〕不類，不合禮法。類，法也。

〔四〕王肅注：“將，行。”

致思第八

　　孔子北遊於農山〔一〕，子路、子貢、顔淵侍側。孔子四望，喟然而嘆曰：“於斯致思，無所不至矣〔二〕。二三子各言爾志，吾將擇焉。”子路進曰：“由願得白羽若月，赤羽若日〔三〕，鐘鼓之音上震於天，旍旗繽紛下蟠於地〔四〕。由當一隊而敵之，必也攘地千里〔五〕，搴旗執馘〔六〕。唯由能之，使二子者從我焉。”夫子曰：“勇哉！”子貢復進曰：“賜願使齊、楚合戰於漭瀁之野〔七〕，兩壘相望，塵埃相接，挺刃交兵。賜著縞衣白冠〔八〕，陳説其間，推論利害，釋國之患。唯賜能之，使夫二子者從我焉。”夫子曰：“辯哉〔九〕！”顔回退而不對。孔子曰：“回，來！汝奚獨無願乎？”顔回對曰：“文武之事，則二子者既言之矣，回何云焉？”孔子曰：“雖然，各言爾志也，小子言之。”對曰：“回聞薰、蕕不同器而藏〔一〇〕，堯、桀不共國而治，以其類異也。回願得明王聖主輔相之，敷其五教〔一一〕，導之以禮樂，使民城郭不修，溝池不越〔一二〕，鑄劍戟以爲農器，放牛馬於原藪〔一三〕，室家無離曠之思，千歲無戰鬬之患，則由無所施其勇，而賜無所用其辯矣。”夫子凛然曰：“美哉，德也！”子路抗手而對曰〔一四〕：“夫子何選焉？”孔子曰：“不傷財，不害民，不繁詞，則顔氏之子有矣。”（又見於《韓詩外傳》卷九、《説苑·指武》）

〔一〕農山，山名，在魯國北部。

〔二〕王肅注：“言思無所不至。”

〔三〕羽，旌旗上裝飾的五色羽毛，這裏代指旗幟。

〔四〕旍旗，即旌旗。王肅注：“蟠，委。”

〔五〕王肅注：“攘，卻。”

〔六〕王肅注：“搴，取也，取敵之旍旗。馘，截耳也，以效獲也。”

〔七〕王肅注：“漭瀁，廣大之類。”

〔八〕王肅注：“兵，凶事，故白冠服也。”縞衣，白色絲衣。

〔九〕辯,有辯才,口才好。

〔一〇〕薰、蕕,兩種有氣味的草。王肅注:"薰香蕕臭。"

〔一一〕王肅注:"敷,布也。五教,父義、母慈、兄友、弟恭、子孝也。"

〔一二〕王肅注:"言無踰越溝池。"

〔一三〕王肅注:"廣平曰原,澤無水曰藪也。"

〔一四〕抗手,舉手行禮。

魯有儉嗇者,瓦鬲煮食〔一〕,食之,自謂其美,盛之土型之器〔二〕,以進孔子。孔子受之,歡然而悦,如受大牢之饋〔三〕。子路曰:"瓦甄,陋器也;煮食,薄膳也。夫子何喜之如此乎?"子曰:"夫好諫者思其君,食美者念其親。吾非以饌具之爲厚,以其食厚而我思焉。"(又見於《説苑·反質》)

〔一〕王肅注:"瓦釜。"

〔二〕王肅注:"瓦甄。"一種陶製的瓦罐。型,製作器物的模子。

〔三〕大牢即太牢,指祭祀時牛羊豬皆備。王肅注:"牛羊豕。饋,餽也。"今案:王注"餽",當依《四庫》本作"遺"。

孔子之楚,而有漁者而獻魚焉,孔子不受。漁者曰:"天暑市遠,無所鬻也。思慮棄之糞壤,不如獻之君子,故敢以進焉。"於是夫子再拜受之,使弟子掃地,將以享祭。門人曰:"彼將棄之,而夫子以祭之,何也?"孔子曰:"吾聞諸:惜其腐餒而欲以務施者〔一〕,仁人之偶也〔二〕。惡有受仁人之饋而無祭者乎?"(又見於《説苑·貴德》)

〔一〕腐餒,變質的食物。

〔二〕偶,類也。

季羔爲衛之士師〔一〕,刖人之足〔二〕。俄而,衛有蒯聵之亂〔三〕,季羔逃之,走郭門。刖者守門焉,謂季羔曰:"彼有缺。"季羔曰:"君子不踰。"又曰:"彼有竇〔四〕。"季羔曰:"君子不隧〔五〕。"又曰:"於此有室。"季羔乃入焉。既而追者罷,季羔將去,謂刖者:"吾不能虧主之法而親刖子之足矣。今吾在難,此正子之報怨之時,而逃我者三,何故哉?"刖者曰:"斷足固我之罪,無可奈何。曩者君治臣以法令,先人後臣,欲臣之免也,臣知;獄決罪定,臨當論刑,君愀然不樂,見君顔色,臣又知之。君豈私臣哉？天生君子，其道固然。此臣之所以悦君也。”孔子聞之，曰：“善哉爲吏，其用法一也！思仁恕則樹德，加嚴暴則樹怨。公以行之，其子羔乎？”（又見於《韓非子·外儲説左下》《説苑·至公》）

〔一〕季羔，即高柴，字子羔，孔子弟子。士師，王肅注：“獄官。”

〔二〕刖，酷刑，砍斷腳。

〔三〕王肅注：“初，衛靈公太子蒯聵得罪出奔晉，靈公卒，立其子輒，蒯聵自晉襲衛，時子羔、子路並位於衛也。”

〔四〕竇，洞。

〔五〕王肅注：“隧，從竇出。”

孔子曰：“季孫之賜我粟千鍾也〔一〕，而交益親〔二〕。自南宫敬叔之乘我車也，而道加行〔三〕。故道雖貴，必有時而後重，有勢而後行。微夫二子之貺財〔四〕，則丘之道殆將廢矣。”（又見於《説苑·雜言》）

〔一〕季孫，即季康子，名肥，魯國大夫。鍾，六石四斗爲一鍾。

〔二〕王肅注：“得季孫千鍾之粟，以施與衆而交益親。”

〔三〕南宫敬叔，名閲，孟僖子之子，魯國大夫。王肅注：“孔子欲見老聃，而西觀周。敬叔言於魯君，給孔子車馬，問禮於老子。孔子歷觀郊廟，自周而還，弟子四方來習也。”

〔四〕貺，餽贈。

孔子曰：“王者有似乎春秋〔一〕，文王以王季爲父，以太任爲母，以太姒爲妃，以武王、周公爲子，以太顛、閎夭爲臣，其本美矣。武王正其身以正其國，正其國以正天下，伐無道，刑有罪，一動而天下正，其事成矣。春秋致其時而萬物皆及，王者致其道而萬民皆治，周公載己行化〔二〕，而天下順之，其誠至矣。”（《又見於《説苑·有道》）

〔一〕春秋，這裏指像春種秋收一樣。王肅注：“正其本而萬物皆正。”

〔二〕王肅注：“載亦行矣，言行己以行化。其身正，不令而行也。”

曾子曰：“入是國也，言信於群臣，而留可也；行忠於卿大夫，則仕可也；澤施於百姓，則富可也。”孔子曰：“參之言此，可謂善安身矣。”（又見於《説苑·談叢》）

子路爲蒲宰〔一〕，爲水備，與其民修溝瀆。以民之勞煩苦也，人與之一簞食〔二〕、一壺漿。孔子聞之,使子貢止之。子路忿然不悦〔三〕,往見孔子。曰:"由也以暴雨將至,恐有水災,故與民修溝洫以備之,而民多匱餓者,是以簞食壺漿而與之。夫子使賜止之,是夫子止由之行仁也。夫子以仁教而禁其行,由不受也。"孔子曰:"汝以民爲餓也,何不白於君,發倉廩以賑之? 而私以爾食饋之,是汝明君之無惠,而見己之德美矣。汝速已則可,不則汝之見罪必矣〔四〕。"(又見於《説苑·臣術》)

〔一〕蒲,魯國邑名,在今河北省長垣縣境内。

〔二〕簞,盛飯的竹筐。王肅注:"簞,笥。"

〔三〕"然"字據《百子全書》本補。

〔四〕見罪,被怪罪。

　　子路問於孔子曰:"管仲之爲人何如?"子曰:"仁也〔一〕。"子路曰:"昔管仲説襄公,公不受,是不辯也;欲立公子糾而不能,是不智也〔二〕;家殘於齊而無憂色,是不慈也〔三〕;桎梏而居檻車,無慙心,是無醜也〔四〕;事所射之君,是不貞也;召忽死之,管仲不死,是不忠也。仁人之道,固若是乎?"孔子曰:"管仲説襄公,襄公不受,公之闇也〔五〕;欲立子糾而不能,不遇時也;家殘於齊而無憂色,是知權命也〔六〕;桎梏而無慙心,自裁審也;事所射之君,通於變也;不死子糾,量輕重也。夫子糾未成君,管仲未成臣。管仲才度義〔七〕,管仲不死束縛而立功名,未可非也。召忽雖死,過與取仁,未足多也〔八〕。"(又見於《説苑·善説》)

〔一〕王肅注:"得仁道也。"

〔二〕王肅注:"齊襄立無常,鮑叔牙曰:'君使民慢,亂將作矣。'奉公子小白出奔莒,公孫無知殺襄公,管夷吾、召忽奉公子糾奔魯,齊人殺無知,魯伐齊納子糾,小白自莒先入,是爲桓公,公乃殺子糾,召忽死之也。"

〔三〕管仲離開齊國外出求仕時,父母被殺。

〔四〕在争奪齊國君位的鬥争中,公子糾、管仲、召忽一方失敗,公子糾被殺,管仲被用囚車送回齊國。桎梏,鐐銬。檻車,囚車。王肅注:"言無耻惡之心。"

〔五〕闇,昏暗,糊塗。

〔六〕權命,權變和命運。

〔七〕度,超過。

〔八〕多，稱贊。

　　孔子適齊，中路聞哭者之聲，其音甚哀。孔子謂其僕曰："此哭哀則哀矣，然非喪者之哀矣。"驅而前，少進，見有異人焉，擁鐮帶素〔一〕，哭者不哀。孔子下車，追而問曰："子何人也？"對曰："吾，丘吾子也。"曰："子今非喪之所，奚哭之悲也？"丘吾子曰："吾有三失，晚而自覺，悔之何及？"曰："三失可得聞乎？願子告吾，無隱也。"丘吾子曰："吾少時好學，周遍天下，後還，喪吾親，是一失也；長事齊君，君驕奢失士，臣節不遂，是二失也；吾平生厚交，而今皆離絶，是三失也。夫樹欲靜而風不停，子欲養而親不待。往而不來者，年也；不可再見者，親也。請從此辭。"遂投水而死。孔子曰："小子識之！斯足爲戒矣。"自是弟子辭歸養親者十有三。（又見於《説苑·敬慎》）

〔一〕擁鐮帶素，拿着鐮刀，身穿素衣。

　　孔子謂伯魚曰〔一〕："鯉乎，吾聞可以與人終日不倦者，其唯學焉！其容體不足觀也，其勇力不足憚也，其先祖不足稱也，其族姓不足道也。終而有大名，以顯聞四方、流聲後裔者，豈非學之効也？故君子不可以不學，其容不可以不飾〔二〕，不飾無類，無類失親〔三〕，失親不忠〔四〕，不忠失禮〔五〕，失禮不立〔六〕。夫遠而有光者，飾也；近而愈明者，學也。譬之污池，水潦注焉〔七〕，萑葦生焉〔八〕，雖或以觀之，孰知其源乎〔九〕？"（又見於《説苑·建本》、《尚書大傳》、《韓詩外傳》卷六）

〔一〕伯魚，姓孔，名鯉，伯魚乃其字，孔子之子。

〔二〕飾，修飾，打扮。

〔三〕王肅注："類，宜爲貌。不在飾，故無貌，不得言不飾無類也。禮貌矜莊，然後親愛可久，故曰無類失親也。"

〔四〕王肅注："情不相親則無忠誠。"

〔五〕王肅注："禮以忠信爲本。"

〔六〕王肅注："非禮則無以立。"

〔七〕水潦，雨水。

〔八〕萑葦，蘆葦類植物。

〔九〕王肅注："源，泉源也。水潦注於池而生萑葦，觀者誰知其非源泉乎？以言學者雖從外入，及其用之，人誰知其非從此出也者乎？"

子路見於孔子曰："負重涉遠，不擇地而休；家貧親老，不擇禄而仕。昔者由也事二親之時，常食藜藿之實[一]，爲親負米百里之外。親殁之後，南遊于楚，從車百乘，積粟萬鍾，累茵而坐[二]，列鼎而食，願欲食藜藿，爲親負米，不可復得也。枯魚銜索[三]，幾何不蠹[四]？二親之壽，忽若過隙。"孔子曰："由也事親，可謂生事盡力、死事盡思者也。"（又見於《説苑・建本》）

　　[一]藜藿之實，指粗劣的食物。藜藿爲兩種植物。

　　[二]茵，墊子。

　　[三]枯魚銜索，用繩索串着的乾魚。

　　[四]蠹，蟲蛀，腐爛。

　　孔子之郯[一]，遭程子於塗，傾蓋而語終日[二]，甚相親。顧謂子路曰："取束帛以贈先生[三]。"子路屑然對曰："由聞之，士不中間見[四]，女嫁無媒，君子不以交，禮也。"有間，又顧謂子路。子路又對如初。孔子曰："由，《詩》不云乎："有美一人，清揚宛兮。邂逅相遇，適我願兮。'[五]今程子，天下賢士也，於斯不贈，則終身弗能見也。小子行之！"（又見於《韓詩外傳》卷二、《説苑・尊賢》）

　　[一]王肅注："郯，國名也，少昊之後，吾之本縣也。郯子達禮，孔子故往諮問焉。"

　　[二]王肅注："傾蓋，駐車。"

　　[三]王肅注："贈，送。"

　　[四]王肅注："中間，謂始介也。"今案：王注"始"字當依《四庫》本改爲"紹"。

　　[五]王肅注："清揚，眉目之間也。宛然，美也。幽期而會令願也。"引詩見《詩・鄭風・野有蔓草》。

　　孔子自衛反魯，息駕于河梁而觀焉[一]。有懸水三十仞[二]，圜流九十里[三]，魚鱉不能導[四]，黿鼉不能居[五]。有一丈夫，方將厲之[六]。孔子使人並涯止之，曰："此懸水三十仞，圜流九十里，魚鱉黿鼉不能居也，意者難可濟也。"丈夫不以措意[七]，遂渡而出。孔子問之，曰："子巧乎[八]？有道術乎？所以能入而出者，何也?"丈夫對曰："始吾之入也，先以忠信；及吾之出也，又從以忠信。忠信措吾軀於波流，而吾不敢以用私，所以能入而復出也。"孔子謂弟子曰："二三子識

之,水且猶可以忠信成身親之,而況於人乎?”(又見於《列子·説符》、《説苑·雜言》)

〔一〕息駕,停車。河梁,河上的橋梁。王肅注:“河水無梁。莊周書説孔子於閭梁言事者,通渭水爲河也。”

〔二〕王肅注:“八尺曰仞。懸,二十四丈者也。”

〔三〕王肅注:“圜流,迴流也,水深急則然。”

〔四〕王肅注:“導,行。”今案:王注“導”字原誤作“道”。

〔五〕黿鼉,鱉和鱷魚。

〔六〕王肅注:“厲,渡。”

〔七〕措意,在意,放在心上。

〔八〕“巧”字原無,據同文本補。

孔子將行,雨而無蓋。門人曰:“商也有之[一]。”孔子曰:“商之爲人也,甚悋於財[二]。吾聞與人交,推其長者,違其短者,故能久也。”(又見於《説苑·雜言》)

〔一〕王肅注:“子夏名也。”

〔二〕王肅注:“悋,嗇甚也。”

楚王渡江,江中有物大如斗,圓而赤,直觸王舟。舟人取之。王大怪之,遍問群臣,莫之能識。王使使聘于魯,問於孔子。子曰:“此所謂萍實者也[一],可剖而食之,吉祥也,唯霸者爲能獲焉。”使者反。王遂食之,大美。久之,使來,以告魯大夫。大夫因子游問曰:“夫子何以知其然乎?”曰:“吾昔之鄭,過乎陳之野,聞童謡曰:‘楚王渡江得萍實,大如斗,赤如日,剖而食之甜如蜜。’此是楚王之應也,吾是以知之。”(又見於《説苑·辨物》)

〔一〕王肅注:“萍,水草也。”

子貢問於孔子曰:“死者有知乎?將無知乎?”子曰:“吾欲言死之有知,將恐孝子順孫妨生以送死[一];吾欲言死之無知,將恐不孝之子棄其親而不葬。賜不欲知死者有知與無知,非今之急,後自知之。”(又見於《説苑·辨物》)

〔一〕孝子順孫,孝順的子孫。

子貢問治民於孔子。子曰："懍懍焉若持腐索之扞馬[一]。"子貢曰："何其畏也?"孔子曰："夫通達御之[二]，皆人也。以道導之，則吾畜也;不以道導之，則吾讎也。如之何其無畏也?"（又見於《説苑·政理》）

〔一〕王肅注："懍懍，戒懼之貌。扞馬，突馬。"今案:扞馬，御馬。此句《説苑·政理》作"懍懍焉如以腐索御奔馬"。

〔二〕"之"字據《四庫》本、同文本補。

魯國之法，贖人臣妾于諸侯者[一]，皆取金於府[二]。子貢贖之，辭而不取金。孔子聞之曰："賜失之矣。夫聖人之舉事也[三]，可以移風易俗，而教導可以施之於百姓，非獨適身之行也。今魯國富者寡而貧者衆，贖人受金則爲不廉，則何以相贖乎?　自今以後，魯人不復贖人於諸侯。"（又見於《吕氏春秋·先識覽·察微》、《説苑·政理》、《淮南子·齊俗》和《道應》）

〔一〕臣妾，家臣、奴僕。

〔二〕府，府庫，官府儲存財物的倉庫。

〔三〕舉事，做事。

子路治蒲，請見於孔子，曰："由願受教於夫子。"子曰："蒲其何如?"對曰："邑多壯士，又難治也。"子曰："然。吾語爾:恭而敬，可以攝勇;寬而正，可以懷强;愛而恕，可以容困[一];温而斷，可以抑姦。如此而加之，則正不難矣。"（又見於《史記·仲尼弟子列傳》、《説苑·政理》）

〔一〕王肅注："言愛恕者，能容困窮。"

三恕第九

孔子曰："君子有三恕。有君不能事，有臣而求其使，非恕也;有親不能孝，有子而求其報，非恕也;有兄不能敬，有弟而求其順，非恕也。士能明於三恕之本，則可謂端身矣[一]。"（又見於《荀子·法行》）

〔一〕端身，即正身。端，正也。

孔子曰："君子有三思，不可不察也。少而不學，長無能也;老而不教，死莫之思也;有而不施，窮莫之救也。故君子少思其長則務學，

老思其死則務教，有思其窮則務施。"（又見於《荀子·法行》）

伯常騫問於孔子曰〔一〕："騫固周國之賤吏也〔二〕，不自以不肖，將北面以事君子，敢問正道宜行，不容於世〔三〕，隱道宜行，然亦不忍〔四〕，今欲身亦不窮，道亦不隱，爲之有道乎？"孔子曰："善哉，子之問也！自丘之聞，未有若吾子所問辯且説也〔五〕。丘嘗聞君子之言道矣，聽者無察，則道不入〔六〕，奇偉不稽，則道不信〔七〕。又嘗聞君子之言事矣，制無度量，則事不成；其政曉察，則民不保〔八〕。又嘗聞君子之言志矣，罡折者不終〔九〕，徑易者則數傷〔一〇〕，浩倨者則不親〔一一〕，就利者則無不弊〔一二〕。又嘗聞養世之君子矣，從輕勿爲先，從重勿爲後〔一三〕，見像而勿强〔一四〕，陳道而勿怫〔一五〕。此四者，丘之所聞也。"〔一六〕（又見於《晏子春秋·內篇·問下》）

〔一〕"伯常騫問於孔子曰"，《晏子春秋》作"柏常騫去周之齊，見晏子，曰"。柏常騫，春秋時齊國人。

〔二〕吏，《晏子春秋》作"史"，是也。

〔三〕王肅注："正道宜行，而出莫之能貴，故行之則不容於世。"

〔四〕王肅注："世亂則隱道爲行，然亦不忍爲隱事。"

〔五〕王肅注："辯當其理，得其説矣。"

〔六〕王肅注："言聽者不明察，道則不能入也。"

〔七〕王肅注："稽，考也。聽道者不能考校奇偉，則道不見信。此言苟非其人，道不虛行。"

〔八〕王肅注："保，安也。政大曉了分察，則民不安矣。"

〔九〕王肅注："罡則折矣，不終其性命矣。""罡"，《四庫》本作"剛"，二字通。

〔一〇〕王肅注："徑，輕也。志輕則數傷於義矣。"

〔一一〕王肅注："浩倨，簡略不恭。如是則不親矣。"

〔一二〕王肅注："言好利者不可久也。"

〔一三〕王肅注："赴憂患，從勞苦，輕者宜爲後，重者宜爲先，養世者也。"

〔一四〕王肅注："像，法也。見法而已，不以强世也。"

〔一五〕王肅注："怫，詭也。陳道而已，不與世相詭違也。"

〔一六〕在《晏子春秋》中，本條爲柏常騫與晏子的對話，蓋《家語》作者將晏子誤記爲孔子。

孔子觀於魯桓公之廟〔一〕，有欹器焉〔二〕。夫子問於守廟者曰："此謂何器？"對曰："此蓋爲宥坐之器〔三〕。"孔子曰："吾聞宥坐之器，虛則敧,中則正[四],滿則覆。明君以爲至誠,故常置之於坐側。"顧謂弟子曰:"試注水焉!"乃注之。水中則正,滿則覆。夫子喟然歎曰:"嗚呼!夫物惡有滿而不覆哉!"子路進曰:"敢問持滿有道乎?"子曰:"聰明睿智,守之以愚;功被天下,守之以讓;勇力振世,守之以怯;富有四海,守之以謙。此所謂損之又損之之道也。"(又見於《荀子·宥坐》、《韓詩外傳》卷三、《淮南子·道應》、《説苑·敬慎》)

〔一〕魯桓公,春秋時魯國國君,名軌,在位十八年,後被殺。

〔二〕王肅注:"敧,傾。"

〔三〕宥坐之器,放在座位右邊以示警戒的器皿,相當於後來的座右銘。宥,同"右"。

〔四〕中,這裏指水量適中。

孔子觀于東流之水。子貢問曰:"君子所見大水必觀焉,何也?"孔子對曰[一]:"以其不息,且遍與諸生而不爲也[二]。夫水似乎德[三]:其流也,則卑下倨拘必循其理,此似義[四];浩浩乎無屈盡之期,此似道;流行赴百仞之嵠而不懼,此似勇;至量必平之,此似法;盛而不求概[五],此似正;綽約微達[六],此似察;發源必東,此似志;以出以入,萬物就以化絜,此似善化也。水之德有若此,是故君子見必觀焉。"(又見於《荀子·宥坐》、《説苑·雜言》)

〔一〕"對"字當據《荀子》、《説苑》删。

〔二〕諸生,各種生物。

〔三〕王肅注:"遍與諸生者,物得水而後生,水不與生而又不德也。"

〔四〕倨拘,彎曲。"拘",原作"邑",據同文本改。"循",原作"修",據《四庫》本和同文本改。"此"字據《四庫》本、同文本補。

〔五〕概,用量器量穀物時用來刮平的木條。

〔六〕綽約,柔弱的樣子。微達,即達微,達至細微之處。

子貢觀於魯廟之北堂,出而問於孔子曰:"向也賜觀於太廟之堂,未既輟,還瞻北蓋,皆斷焉[一],彼將有説耶? 匠過之也?"孔子曰:"太廟之堂,官致良工之匠[二],匠致良材,盡其功巧,蓋貴久矣,尚有説也[三]。"(又見於《荀子·宥坐》)

〔一〕王肅注:"輟,止。觀北面之蓋,斷絕也。"

〔二〕"官",原作"宮",據《四庫》本、同文本改。

〔三〕王肅注：“尚，猶必也，言必有説。”

孔子曰：“吾有所耻[一]，有所鄙，有所殆。夫幼而不能强學，老而無以教，吾耻之；去其鄉，事君而達，卒遇故人，曾無舊言，吾鄙之[二]；與小人處而不能親賢，吾殆之[三]。”（又見於《荀子·宥坐》）

〔一〕“耻”，原作“齒”，據《四庫》本、同文本改。

〔二〕王肅注：“事君而達，得志於君，而見故人，曾無舊言，是棄其平生之舊交，而無進之之心者乎！”

〔三〕王肅注：“殆，危也。夫疏賢而近小人，是危亡之道也。”

子路見於孔子。孔子曰：“智者若何？仁者若何？”子路對曰：“智者使人知己，仁者使人愛己。”子曰：“可謂士矣。”子路出，子貢入，問亦如之。子貢對曰：“智者知人，仁者愛人。”子曰：“可謂士矣。”子貢出，顏回入，問亦如之。對曰：“智者自知，仁者自愛。”子曰：“可謂士君子矣。”（又見於《荀子·子道》）

子貢問於孔子曰：“子從父命，孝乎[一]！臣從君命，貞乎！奚疑焉？”孔子曰：“鄙哉！賜，汝不識也。昔者明王萬乘之國，有争臣七人，則主無過舉[二]；千乘之國，有争臣五人，則社稷不危也[三]；百乘之家，有争臣三人[四]，則禄位不替[五]；父有争子，不陷無禮；士有争友，不行不義[六]。故子從父命，奚詎爲孝[七]？臣從君命，奚詎爲貞？夫能審其所從[八]，之謂孝，之謂貞矣。”（又見於《荀子·子道》）

〔一〕“乎”字原無，據同文本補。

〔二〕王肅注：“天子有三公四輔，主諫争以救其過失也。四輔：前曰疑，後曰丞，左曰輔，右曰弼也。”

〔三〕王肅注：“諸侯有三卿，股肱之臣有内外者也，故有五人焉。”

〔四〕王肅注：“大夫之臣有室老、家相、邑宰，凡三人，能以義諫諍。”

〔五〕替，廢棄。

〔六〕王肅注：“士雖有臣，既微且陋，不能以義匡其君，故須朋友之諫争於己，然後不義之事不得行之者也。”

〔七〕奚詎，豈能，何能。

〔八〕王肅注：“當詳審所宜從與不。”

子路盛服見於孔子[一]。子曰:"由,是倨倨者,何也[二]?夫江始出於岷山,其源可以濫觴[三],及其至于江津,不舫舟[四]、不避風則不可以涉,非唯下流水多耶?今爾衣服既盛,顏色充盈,天下且孰肯以非告汝乎?"子路趨而出,改服而入,蓋自若也。子曰:"由,志之,吾告汝:奮於言者華[五],奮於行者伐[六]。夫色智而有能者[七],小人也。故君子知之曰智,言之要也;不能曰不能,行之至也。言要則智,行至則仁,既仁且智,惡不足哉!"(又見於《荀子·子道》、《韓詩外傳》卷三、《說苑·雜言》)

〔一〕盛服,盛裝。

〔二〕倨倨,衣服盛貌。

〔三〕濫觴,浮起酒杯,謂水少。王肅注:"觴可以盛酒,言其微。"

〔四〕舫,有倉室的船。

〔五〕王肅注:"自矜奮於言者,華而無實。"

〔六〕王肅注:"自矜奮行者,是自伐。"

〔七〕色智而有能,臉色表現出聰明且有能力。

子路問於孔子曰:"有人於此,披褐而懷玉[一],何如?"子曰:"國無道,隱之可也;國有道,則袞冕而執玉[二]。"

〔一〕王肅注:"褐,毛布衣。"

〔二〕王肅注:"袞冕,文衣盛飾。"

好生第十

魯哀公問於孔子曰:"昔者舜冠何冠乎?"孔子不對。公曰:"寡人有問於子,而子無言,何也?"對曰:"以君之問,不先其大者,故方思所以爲對。"公曰:"其大何乎?"孔子曰:"舜之爲君也,其政好生而惡殺,其任授賢而替不肖,德若天地而靜虛,化若四時而變物[一],是以四海承風,暢於異類[二],鳳翔麟至,鳥獸馴德[三],無他也,好生故也。君舍此道而冠冕是問,是以緩對。"(又見於《荀子·哀公》)

〔一〕變物,使萬物變化。

〔二〕王肅注:"異類,四方之夷狄也。"

〔三〕王肅注:"馴,順。"

孔子讀史,至楚復陳[一],喟然歎曰:"賢哉,楚王!輕千乘之國而重一言之信,匪申叔之信不能達其義,匪莊王之賢不能受其訓。"

〔一〕王肅注:"陳夏徵舒殺其君,楚莊王討之,因陳取之,而申叔時諫,莊王從之,還復陳。"

孔子常自筮其卦,得賁焉,愀然有不平之狀。子張進曰:"師聞卜者得賁卦,吉也,而夫子之色有不平,何也?"孔子對曰[一]:"以其離耶[二]。在《周易》,山下有火謂之賁[三],非正色之卦也。夫質也,黑白宜正焉。今得賁[四],非吾兆也。吾聞丹漆不文,白玉不雕,何也?質有餘,不受飾故也。"(又見於《吕氏春秋·壹行》、《説苑·反質》)

〔一〕"對"字當爲衍文。

〔二〕離,賁卦的下卦爲離。

〔三〕王肅注:"離下艮上,離爲火,艮爲山。"王注"離下艮上"原作"離上艮下",據《四庫》本改。

〔四〕王肅注:"賁,飾。"

孔子曰:"吾於《甘棠》,見宗廟之敬甚矣[一]。思其人,必愛其樹;尊其人,必敬其位,道也。"(又見於《説苑·貴德》)

〔一〕王肅注:"邵伯聽訟於甘棠,愛其樹,作《甘棠》之詩也。"

子路戎服見於孔子,拔劍而舞之,曰:"古之君子,以劍自衛乎?"孔子曰:"古之君子,忠以爲質,仁以爲衛,不出環堵之室而知千里之外[一],有不善則以忠化之,侵暴則以仁固之,何持劍乎?"子路曰:"由乃今聞此言,請攝齊以受教[二]。"(又見於《説苑·貴德》)

〔一〕環堵之室,方丈之室。堵,長高各一丈爲一堵。

〔二〕攝齊,提起衣襟,升堂受教。古人穿長袍,上臺階時需要提起衣襟,防止跌倒,並表示恭謹有禮。攝,提。齊,長衣下部的緝邊。王肅注:"齊裳,下緝也。受教者,攝齊升堂。"

楚王出遊,亡弓[一],左右請求之。王曰:"止,楚王失弓,楚人得之,又何求之!"孔子聞之:"惜乎!其不大也。不曰人遺弓,人得之而已,何必楚也?"(又見於《説苑·至公》)

〔一〕“楚王出遊,亡弓”,《四庫》本、同文本作“楚恭王出遊,亡烏嗥之弓”。王肅注:
“王,恭王。弓,烏嗥之良弓。”

孔子爲魯司寇,斷獄訟,皆進衆議者而問之,曰:“子以爲奚若?某以爲何若?”皆曰云云如是,然後夫子曰:“當從某子,幾是〔一〕。”(又見於《説苑·至公》)

〔一〕王肅注:“近也。重獄事,故與衆議之。”

孔子問漆雕憑曰〔一〕:“子事臧文仲、武仲及孺子容〔二〕,此三大夫孰賢?”對曰:“臧氏家有守龜焉〔三〕,名曰蔡〔四〕。文仲三年而爲一兆〔五〕,武仲三年而爲二兆,孺子容三年而爲三兆,憑從此之見,若問三人之賢與不賢,所未敢識也。”孔子曰:“君子哉! 漆雕氏之子。其言人之美也,隱而顯;言人之過也,微而著。智而不能及,明而不能見,孰克如此〔六〕?”(又見於《説苑·權謀》)

〔一〕漆雕憑,人名,姓漆雕,名憑,不見他書記載。
〔二〕臧文仲、武仲及孺子容,三人皆爲魯國大夫。
〔三〕天子諸侯用來占卜的龜,有專人守護,故曰“守龜”。
〔四〕用來占卜的龜以蔡地産的最有名,故稱“蔡”。
〔五〕三年而爲一兆,三年占卜一次。兆,本來爲占卜時龜甲和獸骨上出現的預示吉凶的裂紋,這裏指占卜。
〔六〕王肅注:“克,能也,而宜爲如也。”

魯公索氏將祭而亡其牲。孔子聞之曰:“公索氏不及二年將亡。”後一年而亡。門人問曰:“昔公索氏亡其祭牲,而夫子曰‘不及二年必亡’。今過朞而亡,夫子何以知其然?”孔子曰:“夫祭者,孝子所以自盡於其親,將祭而亡其牲,則其餘所亡者多矣。若此而不亡者,未之有也。”(又見於《説苑·權謀》)

虞、芮二國爭田而訟〔一〕,連年不決,乃相謂曰:“西伯仁也〔二〕,盍往質之〔三〕?”入其境,則耕者讓畔〔四〕,行者讓路〔五〕;入其朝,士讓爲大夫,大夫讓於卿。虞、芮之君曰:“嘻! 吾儕小人也〔六〕,不可以入君子之朝。”遂自相與而退〔七〕,咸以所爭之田爲閒田也。孔子曰:“以此觀

之，文王之道，其不可加焉，不令而從，不教而聽，至矣哉！”（又見於《尚書大傳》、《説苑·君道》、《詩·大雅·綿》毛傳）

〔一〕虞、芮，商末周初的兩個小諸侯國。

〔二〕王肅注：“西伯，文王。”

〔三〕王肅注：“盍，何不質正也。”

〔四〕畔，田界。

〔五〕《四庫》本、同文本後有“入其邑，男女異路，斑白不提挈”一段。

〔六〕王肅注：“儕，等。”

〔七〕“遂”，原作“遠”，據《四庫》本、同文本改。

曾子曰：“狎甚則相簡〔一〕，莊甚則不親，是故君子之狎足以交歡，其莊足以成禮。”孔子聞斯言也，曰：“二三子志之，孰謂參也不知禮乎？”（又見於《説苑·談叢》）

〔一〕狎，親近而不莊重。簡，倨傲怠慢。

哀公問曰：“紳、委、章甫〔一〕，有益於仁乎？”孔子作色而對曰：“君胡然焉？衰麻苴杖者〔二〕，志不存乎樂，非耳弗聞，服使然也；黼黻袞冕者〔三〕，容不褻慢〔四〕，非性矜莊，服使然也；介胄執戈者，無退懦之氣，非體純猛，服使然也。且臣聞之，好肆不守折〔五〕，而長者不爲市〔六〕。竊夫其有益與無益〔七〕，君子所以知。”（又見於《荀子·哀公》）

〔一〕紳，束在腰間的大帶子。委，帶子拖下來的樣子。王肅注：“委，委貌。章甫，冠名也。”

〔二〕衰麻，用粗麻布做的喪服。苴杖，喪杖。

〔三〕黼黻，禮服中繡的黑白相間的花紋，這裏指禮服。袞冕，袞衣和冕，帝王和公侯的禮服和禮帽。

〔四〕褻慢，輕慢，不莊重。“褻”原作“襲”，據《四庫》本和同文本改。

〔五〕王肅注：“言市弗能爲廉，好肆不守折也。”

〔六〕王肅注：“言長者之行，則不爲市買之事。”

〔七〕王肅注：“竊，宜爲察”。

孔子謂子路曰：“見長者而不盡其辭，雖有風雨，吾不能入其門矣。故君子以其所能敬人，小人反是。”

孔子謂子路曰：“君子以心導耳目，立義以爲勇；小人以耳目導心，不愻以爲勇。故曰退之而不怨，先之斯可從已〔一〕。”

〔一〕王肅注：“言人退之不怨，先之則可從，足以爲師也。”

孔子曰：“君子有三患〔一〕：未之聞，患不得聞；既得聞之，患弗得學；既得學之，患弗能行。有其德而無其言，君子耻之；有其言而無其行，君子耻之；既得之而又失之，君子耻之；地有餘，民不足，君子耻之；衆寡均而人功倍己焉，君子耻之〔二〕。”（又見於《禮記·雜記下》、《説苑·談叢》）

〔一〕“有”字據《四庫》本、同文本補。

〔二〕王肅注：“凡興功業，多少與人同，而功殊倍己，故耻之也。”

魯人有獨處室者，鄰之釐婦亦獨處一室〔一〕。夜，暴風雨至，釐婦室壞，趨而託焉。魯人閉戶而不納，釐婦自牖與之言：“何不仁而不納我乎〔二〕？”魯人曰：“吾聞男女不六十不同居，今子幼，吾亦幼，是以不敢納爾也。”婦人曰：“子何不如柳下惠然？嫗不逮門之女〔三〕，國人不稱其亂。”魯人曰：“柳下惠則可，吾固不可。吾將以吾之不可學柳下惠之可。”孔子聞之曰：“善哉！欲學柳下惠者，未有似於此者。期於至善，而不襲其爲，可謂智乎！”（又見於《詩·小雅·巷伯》毛傳）

〔一〕王肅注：“釐，寡婦也。”

〔二〕“何”上，《四庫》本、同文本有“子”字。

〔三〕嫗，禽鳥以體溫孵卵，這裏指以體相温。不逮門，指没趕上時間走出城門。“逮”，原作“建”，據《四庫》本、同文本改。

孔子曰：“小辯害義〔一〕，小言破道〔二〕。《關雎》興于鳥〔三〕，而君子美之，取其雄雌之有別；《鹿鳴》興於獸〔四〕，而君子大之，取其得食而相呼。若以鳥獸之名嫌之，固不可行也。”（又見於《淮南子·泰族訓》）

〔一〕小辯，辯説小事。

〔二〕小言，不合大道的言論。

〔三〕《關雎》，《詩經》的第一篇，以“關關雎鳩，在河之洲”起興。

〔四〕《鹿鳴》，《詩經·小雅》的第一篇，其第一句爲“呦呦鹿鳴”。

　　孔子謂子路曰:"君子而强氣[一],而不得其死;小人而强氣,則刑戮荐臻[二]。《豳詩》曰:'殆天之未陰雨,徹彼桑土,綢繆牖户[三],今汝下民,或敢侮余[四]!'"孔子曰:"能治國家之如此,雖欲侮之,豈可得乎?周自后稷積行累功,以有爵土,公劉重之以仁。及至大王亶甫[五],敦以德讓,其樹根置本,備豫遠矣。初,大王都豳,翟人侵之。事之以皮幣[六],不得免焉;事之以珠玉,不得免焉。於是屬耆老而告之:'所欲吾土地。吾聞之,君子不以所養而害人。二三子何患乎無君?'遂獨與大姜去之[七],踰梁山,邑於岐山之下。豳人曰:'仁人之君,不可失也。'從之如歸市焉。天之與周,民之去殷,久矣,若此而不能王天下[八],未之有也。武庚惡能侮[九]?《鄁詩》曰[一〇]:'執轡如組,兩驂如舞[一一]。'"孔子曰:"爲此詩者,其知政乎!夫爲組者,稷紕於此[一二],成文於彼。言其動於近,行於遠也。執此法以御民,豈不化乎?《竿旄》之忠告,至矣哉![一三]"

〔一〕强氣,意氣用事。

〔二〕荐臻,同"薦臻",再三來到。荐,再,又。臻,至也。

〔三〕王肅注:"殆,及也。徹,剥也。桑土,桑根也。鴟鴞天未雨剥取桑根,以纏綿其牖户,喻我國家積累之功,乃難成之若此也。"今案:王注"若此"原作"若者",今據《四庫》本、同文本改。

〔四〕王肅注:"今者,周公時。言我先王致此大功至艱,而下民敢侵侮我周道。謂管、蔡之屬,不可不遏絶之,以存周室者也。"

〔五〕大王亶甫,即古公亶父,文王的祖父。

〔六〕皮幣,毛皮和繒帛。

〔七〕大姜,亦稱"太姜",古公亶父的妻子。

〔八〕"王"字原無,據文義補。

〔九〕王肅注:"武庚,紂子,名禄父,與管叔共爲亂也。"

〔一〇〕《鄁詩》,即《詩經·邶風》。鄁,同"邶"。但引詩見於《鄭風》,故"鄁"當爲"鄭"字之誤。

〔一一〕王肅注:"驂之以服,和調中節。"

〔一二〕稷紕,編織。

〔一三〕王肅注:"《竿旄》之詩者,樂乎善道告人,取喻於素絲良馬如組紕之義。"今案:爲《詩經·鄘風》中的一篇。

觀周第十一

　　孔子謂南宮敬叔曰[一]："吾聞老聃博古知今[二]，通禮樂之原，明道德之歸，則吾師也，今將往矣。"對曰："謹受命。"遂言於魯君曰："臣受先臣之命云[三]：'孔子，聖人之後也[四]，滅于宋[五]，其祖弗父何，始有國而授厲公[六]。及正考父佐戴、武、宣[七]，三命兹益恭[八]。故其鼎銘曰[九]："一命而僂，再命而傴，三命而俯[一〇]。循牆而走[一一]，亦莫余敢侮[一二]。饘於是，粥於是，以餬其口[一三]。"其恭儉也若此。'臧孫紇有言[一四]：'聖人之後，若不當世[一五]，則必有明君而達者焉。孔子少而好禮，其將在矣[一六]。'屬臣曰：'汝必師之。'今孔子將適周，觀先王之遺制，考禮樂之所極，斯大業也！君盍以乘資之[一七]？臣請與往。"公曰："諾。"與孔子車一乘，馬二疋，豎子侍御[一八]，敬叔與俱。至周，問禮於老聃，訪樂於萇弘[一九]，歷郊社之所，考明堂之則[二〇]，察廟朝之度[二一]，於是喟然曰："吾乃今知周公之聖，與周之所以王也。"及去周，老子送之，曰："吾聞富貴者送人以財，仁者送人以言。吾雖不能富貴，而竊仁者之號，請送子以言乎：凡當今之士，聰明深察而近於死者，好譏議人者也；博辯閎達而危其身，好發人之惡者也。無以有己為人子者[二二]，無以惡己為人臣者[二三]。"孔子曰："敬奉教。"自周反魯，道彌尊矣，遠方弟子之進，蓋三千焉。（又見於《左傳·昭公七年》、《史記·孔子世家》）

　　〔一〕王肅注："敬叔，孟僖子子也。"

　　〔二〕王肅注："老聃，老子，博古知今而好道。"

　　〔三〕王肅注："先臣，僖子。"

　　〔四〕王肅注："聖人，殷湯。"

　　〔五〕王肅注："孔子之先去宋奔魯，故曰滅於宋也。"

　　〔六〕王肅注："弗父何，緡公世子，厲公兄也，讓國以授厲公，《春秋傳》曰：以有宋而授厲公，宜始始也，始有宋也。"

　　〔七〕王肅注："正考父，何之曾孫也。戴、武、宣，三公也。"

　　〔八〕三命，三次任命。王肅注："考父士一命，其大夫再命，卿三命是也。"

　　〔九〕王肅注："臣有功德，君命銘之於其宗廟之鼎也。"

　　〔一〇〕僂、傴、俯，皆彎腰屈身之意，程度有別。王肅注："傴恭於僂，俯恭於傴。"

〔一一〕王肅注:"言恭之甚。"

〔一二〕王肅注:"余,我也。我考父也,以其恭如此,故人亦莫之侮。"

〔一三〕饘,稠粥。王肅注:"饘,糜也。爲糜粥於此鼎,言至儉也。"

〔一四〕王肅注:"紇,臧武仲。"臧武仲爲臧文仲之孫,魯國大夫。

〔一五〕王肅注:"弗父何,殷湯之後,而不繼世爲宋君。"

〔一六〕王肅注:"將在孔子。"

〔一七〕盍以乘資之,何不資助他車乘。

〔一八〕豎子,原作"豎其",據《四庫》本改。

〔一九〕王肅注:"弘,周大夫。"

〔二〇〕王肅注:"則,法。"

〔二一〕王肅注:"宗廟、朝廷之法度也。"

〔二二〕王肅注:"身,父母有之也。"

〔二三〕王肅注:"言聽則仕,不用則退,保身全行,臣之節也。"

孔子觀乎明堂,覩四門墉〔一〕,有堯舜之容,桀紂之象,而各有善惡之狀,興廢之誡焉。又有周公相成王〔二〕,抱之負斧扆〔三〕,南面以朝諸侯之圖焉。孔子徘徊而望之,謂從者曰:"此周公之所以盛也。夫明鏡所以察形,往古者所以知今。人主不務襲迹於其所以安存,而忽急所以危亡,是猶未有以異於卻走而欲求及前人也,豈不惑哉〔四〕!"

〔一〕墉,墙壁。

〔二〕王肅注:"世之博學者謂周公便履天子之位,失之遠矣也。"

〔三〕負斧扆,負,背對。斧扆,設在宮殿內門與窗之間的大屏風。

〔四〕是猶未有以異於卻走而欲求及前人也,這與想追上前面的人而往回跑没什麽不同。"猶"和"未有以異於"語意重複,二者之中一爲衍文。

孔子觀周,遂入太祖后稷之廟。廟堂右階之前,有金人焉〔一〕,三緘其口〔二〕,而銘其背曰:"古之慎言人也,戒之哉!無多言,多言多敗;無多事,多事多患。安樂必戒〔三〕,無所行悔〔四〕。勿謂何傷,其禍將長;勿謂何害,其禍將大;勿謂不聞,神將伺人〔五〕。焰焰不滅,炎炎若何〔六〕?涓涓不壅,終爲江河。綿綿不絕,或成網羅〔七〕。毫末不札,將尋斧柯〔八〕。誠能慎之,福之根也。口是何傷?禍之門也。強梁者不得其死〔九〕,好勝者必遇其敵。盜憎主人,民怨其上。君子知天下之不可上也,故下之;知衆人之不可先也,故後之。溫恭慎德,使人慕之;執雌持下,人莫踰之。人皆趨彼,我獨守此;人皆或之〔一〇〕,我獨不徙。內藏我智,不示人技。我雖尊高,人弗我害,誰能於此?江海雖左,長於百川,以其卑也〔一一〕。天道無親,而能下人。戒之哉!"孔子既讀斯文也,顧謂弟子曰:"小人識之〔一二〕!此言實而中,情而信。《詩》曰:'戰戰兢兢,如臨深淵,如履薄冰〔一三〕。'行身如此,豈以口過患哉?"(又見於《説苑·敬慎》)

〔一〕金人,銅人。

〔二〕三緘,用多層封條封住。

〔三〕王肅注:"雖處安樂,必警戒也。"

〔四〕王肅注:"言當詳而後行,所悔之事不可復行。"

〔五〕伺,候望,觀察。

〔六〕焰焰,火苗之貌。炎炎,火盛貌。

〔七〕王肅注:"綿綿,微細若不絶,則有成羅網者也。"

〔八〕王肅注:"如毫之末,言至微也。札,拔也。尋,用者也。"

〔九〕强梁,蠻橫,粗暴。

〔一〇〕王肅注:"或之,東西轉移之貌。"

〔一一〕王肅注:"水陰長,右江海,雖在於其左,而能爲百川長,以其能下。"

〔一二〕王肅注:"音志。"

〔一三〕王肅注:"戰戰,恐也。兢兢,戒也。恐墜也,恐陷也。"

　　孔子見老聃而問焉,曰:"甚矣,道之於今難行也!吾比執道〔一〕,而今委質以求當世之君而弗受也〔二〕,道於今難行也。"老子曰:"夫説者流於辯〔三〕,聽者亂於辭,如此二者,則道不可以忘也。"(又見於《説苑·反質》)

〔一〕比,近來。

〔二〕委質,古人相見,必獻禮物,稱委質。一説指臣下拜見君主,屈膝而委身於地。

〔三〕王肅注:"流,猶過也,失也。"

弟子行第十二

　　衛將軍文子問於子貢曰〔一〕:"吾聞孔子之施教也,先之以《詩》、《書》,而道之以孝悌〔二〕,説之以仁義,觀之以禮樂,然後成之以文德,蓋入室升堂者,七十有餘人,其孰爲賢?"子貢對以不知。

文子曰:"以吾子常與學,賢者也,何爲不知[三]?"子貢對曰:"賢人無妄[四],知賢即難,故君子之言曰:'智莫難於知人。'是以難對也。"

文子曰:"若夫知賢,莫不難。今吾子親遊焉,是以敢問。"子貢曰:"夫子之門人,蓋有三千就焉。賜有逮及焉,未逮及焉,故不得徧知以告也。"

文子曰:"吾子所及者,請問其行!"子貢對曰:"夫能夙興夜寐,諷誦崇禮,行不貳過[五],稱言不苟[六],是顔回之行也。孔子説之以《詩》曰:'媚兹一人,應侯慎德[七]','永言孝思,孝思惟則[八]'。若逢有德之君,世受顯命,不失厥名,以御于天子,則王者之相也。"

"在貧如客[九],使其臣如借[一〇],不遷怒,不深怨,不録舊罪[一一],是冉雍之行也。孔子論其材曰:'有土之君子也,有衆使也,有刑用也,然後稱怒焉[一二]。'孔子告之以《詩》曰:'靡不有初,鮮克有終[一三]。'匹夫不怒,唯以亡其身[一四]。"

"不畏强禦[一五],不侮矜寡[一六],其言循性[一七],其都以富[一八],材任治戎[一九],是仲由之行也。孔子和之以文,説之以《詩》,曰:'受小拱大拱,而爲下國駿厖,荷天子之龍[二〇]','不戁不悚,敷奏其勇[二一]'。强乎武哉!文不勝其質[二二]。"

"恭老恤幼,不忘賓旅[二三],好學博藝,省物而勤也[二四],是冉求之行也。孔子因而語之曰:'好學則智,恤孤則惠,恭則近禮,勤則有繼。堯舜篤恭,以王天下。'其稱之也,曰:'宜爲國老[二五]。'"

"齊莊而能肅,志通而好禮,擯相兩君之事,篤雅有節,是公西赤之行也。子曰:'禮經三百,可勉能也[二六];威儀三千,則難也[二七]。'公西赤問曰:'何謂也?'子曰:'貌以儐禮,禮以儐辭,是謂難焉[二八]。'衆人聞之,以爲成也[二九]。孔子語人曰:'當賓客之事,則達矣[三〇]。'謂門人曰:'二三子之欲學賓客之禮者,其於赤也。'"

"滿而不盈,實而如虛,過之如不及,先王難之[三一];博無不學,其貌恭,其德敦;其言於人也,無所不信;其驕大人也,常以浩浩[三二],是以眉壽[三三],是曾參之行也。孔子曰:'孝,德之始也;悌,德之序也〔三四〕；信，德之厚也；忠，德之正也。參中夫四德者也。’以此稱之。”

“美功不伐，貴位不善，不侮不佚〔三五〕，不傲無告〔三六〕，是顓孫師之行也。孔子言之曰：‘其不伐則猶可能也，其不弊百姓〔三七〕，則仁也。’《詩》云：‘愷悌君子，民之父母〔三八〕。’夫子以其仁爲大。”

“學之深〔三九〕，送迎必敬〔四〇〕，上交下接若截焉〔四一〕，是卜商之行也。孔子説之以《詩》曰：‘式夷式已，無小人殆〔四二〕。’若商也，其可謂不險矣〔四三〕。”

“貴之不喜，賤之不怒，苟利於民矣，廉於行己，其事上也以佑其下〔四四〕，是澹臺滅明之行也。孔子曰：‘獨貴獨富，君子助之，夫也中之矣〔四五〕。’”

“先成其慮，及事而用之，故動則不妄，是言偃之行也。孔子曰：‘欲能則學，欲知則問，欲善則詳〔四六〕，欲給則豫〔四七〕，當是而行，偃也得之矣。’”

“獨居思仁，公言仁義，其於《詩》也，則一日三覆‘白圭之玷’〔四八〕，是宮縚之行也〔四九〕。孔子信其能仁，以爲異士〔五〇〕。”

“自見孔子，出入於户，未嘗越禮；往來過之，足不履影〔五一〕；啓蟄不殺〔五二〕，方長不折〔五三〕；執親之喪，未嘗見齒〔五四〕，是高柴之行也。孔子曰：‘柴於親喪，則難能也；啓蟄不殺，則順人道；方長不折，則恕仁也。成湯恭而以恕，是以日隮〔五五〕。’”

“凡此諸子，賜之所親覩者也。吾子有命而訊賜〔五六〕，賜也固，不足以知賢。”

文子曰：“吾聞之也，國有道則賢人興焉，中人用焉〔五七〕，乃百姓歸之。若吾子之論，既富茂矣。壹諸侯之相也〔五八〕，抑世未有明君，所以不遇也。”

子貢既與衛將軍文子言，適魯，見孔子，曰：“衛將軍文子問二三子之於賜，不壹而三焉〔五九〕。賜也辭不獲命，以所見者對矣，未知中否，請以告。”孔子曰：“言之乎！”子貢以其辭狀告孔子。子聞而笑曰：“賜，汝次爲人矣〔六〇〕。”子貢對曰：“賜也何敢知人，此以賜之所覩也。”孔子曰：“然。吾亦語汝耳之所未聞，目之所未見者，豈思之所不至，智之所未及哉？”子貢曰：“賜願得聞之。”孔子曰：“不克不忌〔六一〕，不念舊怨，蓋伯夷、叔齊之行也。思天而敬人，服義而行信，孝於父母，恭於兄弟，從善而不教，蓋趙文子之行也〔六二〕。其事君也，不敢愛其死，然亦不敢忘其身，謀其身不遺其友，君陳則進而用之〔六三〕，不陳則行而退，蓋隨武子之行也〔六四〕。其爲人之淵源也，多聞而難誕〔六五〕，內植足以没其世〔六六〕，國家有道，其言足以治，無道，其默足以生，蓋銅鍉伯華之行也〔六七〕。外寬而內正，自極於隱括之中〔六八〕，直己而不直人，汲汲於仁，以善自終，蓋蘧伯玉之行也〔六九〕。孝恭慈仁，允德圖義〔七〇〕，約貨去怨〔七一〕，輕財不匱，蓋柳下惠之行也。其言曰君雖不量於其身〔七二〕，臣不可以不忠於其君，是故君擇臣而任之，臣亦擇君而事之，有道順命〔七三〕，無道衡命〔七四〕，蓋晏平仲之行也〔七五〕。蹈忠而行信，終日言不在尤之內〔七六〕，國無道，處賤不悶〔七七〕，貧而能樂，蓋老子之行也。易行以俟天命〔七八〕，居下不援其上〔七九〕，其觀於四方也，不忘其親，不盡其樂〔八〇〕，以不能則學，不爲己終身之憂〔八一〕，蓋介子山之行也〔八二〕。”子貢曰：“敢問夫子之所知者，蓋盡於此而已乎？”孔子曰：“何謂其然？亦略舉耳目之所及而矣。昔晉平公問祁奚曰〔八三〕：‘羊舌大夫，晉之良大夫也，其行如何？’祁奚辭以不知。公曰：‘吾聞子少長乎其所〔八四〕，今子掩之，何也？’祁奚對曰：‘其少也恭而順，心有恥而不使其過宿〔八五〕；其爲大夫，悉善而謙其端〔八六〕；其爲輿尉也，信而好直其功〔八七〕；至於其爲容也，溫良而好禮，博聞而時出其志〔八八〕。’公曰：‘曩者問子，子奚曰不知也？’祁奚曰：‘每位改變，未知所止，是以不敢得知也。’此又羊舌大夫之行也。”子貢跪曰：“請退而記之。”
（又見於《大戴禮記·衛將軍文子》）

〔一〕王肅注：“衛卿，名彌牟也。”

〔二〕道，讀爲“導”。

〔三〕“何爲不知”，原作“不知何謂”，據《四庫》本、同文本改。

〔四〕王肅注：“賢人無妄，舉動不妄。”

〔五〕王肅注：“貳，再也。有不善未嘗不知，知之未嘗復行也。”

〔六〕王肅注：“舉言典法，不苟且也。”

〔七〕王肅注：“一人，天子也。應，當也。侯，惟也。言顏淵之德，之以媚愛天子，當於其心惟慎德。”

〔八〕王肅注：“言能長是孝道，足以爲法則也。”

〔九〕王肅注：“言不以貧累志，矜莊如爲客也。”

〔一〇〕王肅注：“言不有其臣，如借使之也。”

〔一一〕録，記也。

〔一二〕王肅注：“言有土地之君，有衆足使，有刑足用，然後可以稱怒。冉雍非有土之
　　　君，故使其臣如借而不加怒也。”

〔一三〕王肅注：“冉雍能終其行。”引詩見《詩·大雅·蕩》。

〔一四〕疋夫，即匹夫。王肅注：“因説不怒之義，遂及疋夫以怒亡身。”

〔一五〕强禦，强暴。

〔一六〕矜，通“鰥”。

〔一七〕王肅注：“循其性也，而言不誣其爾。”

〔一八〕都，居，這裏指居政之處。王肅注：“仲由長於富貴。”

〔一九〕王肅注：“戎，軍旅也。”

〔二〇〕王肅注：“孔子曰：和仲由以文，説之以《詩》，此其義也。拱，法也。駿，大也。
　　　厖，厚也。龍，荷也。言受大小法，爲下國大厚，乃可任天下道也。”“厖”，原作
　　　“龐”，據《四庫》本改。引詩見《詩·商頌·長髮》。

〔二一〕王肅注：“戁，恐。悚，懼。敷，陳。奏，薦。”引詩見《詩經·商頌·長髮》。

〔二二〕王肅注：“言子路强勇，文不勝其質。”

〔二三〕王肅注：“賓旅，謂寄客也。”

〔二四〕王肅注：“省録諸事而能勤也。”

〔二五〕王肅注：“國老助宣德教。”

〔二六〕王肅注：“禮經三百，可勉學而能知。”

〔二七〕王肅注：“能躬行三千之威儀，則難可爲，而公西赤能躬行之。”

〔二八〕王肅注：“言所以爲者，當觀容貌而儐相其禮，度其禮而儐相其辭，度事制儀，故
　　　難也。”

〔二九〕王肅注：“衆人聞公西赤能行三千之威儀，故以爲成也。”

〔三〇〕王肅注：“孔子曰：當賓客之事則達，未盡達於治國之本體也。”

〔三一〕王肅注：“盈而如虛，過而不及，是先王之所難，而曾參體其行。”

〔三二〕王肅注：“浩然志大。驕，太貌也。大人，富貴者也。”“大”，原作“於”，據《四
　　　庫》本改。

〔三三〕王肅注：“不慕富貴，安静虛無，所以爲之富貴。”

〔三四〕王肅注：“悌以敬長，是德之次序也。”

〔三五〕王肅注：“侮、佚，貪功慕勢之貌。”

〔三六〕王肅注：“鰥、寡、孤、獨，此四者天民之窮而無告者也，子張之行，不傲此四者。”

〔三七〕王肅注：“不弊愚百姓，即所謂不傲之也。”

〔三八〕王肅注：“愷，樂。悌，易也。樂以强教之，易以説安之，民皆有是父之尊、母之

親也。”引詩見《詩·大雅·泂酌》。

〔三九〕王肅注：“學而能入其深義也。”

〔四〇〕王肅注：“送迎賓客，常能敬也。”

〔四一〕截，界限分明。

〔四二〕王肅注：“式，用。夷，平也。言用平則已也。殆，危也，無以小人至於危也。”引
　　　　詩見《詩·小雅·節南山》。

〔四三〕王肅注：“險，危也。言子夏常屬以斷之，近小人斷不危。”

〔四四〕王肅注：“言所以事上，乃欲佑助其下也。”

〔四五〕王肅注：“夫謂滅明。中，猶當也。”

〔四六〕王肅注：“欲善其事，當詳慎也。”

〔四七〕王肅注：“事欲給而不礙，則莫若於豫。”

〔四八〕王肅注：“玷，缺也。《詩》曰：‘白圭之玷，尚可磨也。斯言之玷，不可爲也。’一
　　　　日三覆之，慎之至也。”引詩見《詩·大雅·抑》。

〔四九〕宫縚，即南宫括，字子容，亦稱南容，孔子弟子。

〔五〇〕王肅注：“殊異之士也。大戴引之曰：‘以爲異姓婚姻也，以兄之女妻之者也。’”

〔五一〕王肅注：“言其往來常迹，故迹不履影也。”

〔五二〕王肅注：“春分當發，蟄蟲啓户咸出，於此時，不殺生也。”

〔五三〕王肅注：“春夏生長養時，草木不折。”

〔五四〕見齒，露齒，指笑。

〔五五〕王肅注：“隮，升也。成湯行恭而能恕，出見博鳥焉，四面施網，乃去其三面。
　　　　《詩》曰：‘湯降不遲，聖敬日隮。’言湯疾行下人之道，其聖敬之德日升聞也。”

〔五六〕王肅注：“訊，問。”

〔五七〕王肅注：“中庸之人，爲時用也。”

〔五八〕王肅注：“壹，皆。”

〔五九〕不壹而三，這裏指再三。

〔六〇〕王肅注：“言爲知人之次。”

〔六一〕不克不忌，勝不過別人也不忌恨。

〔六二〕趙文子，亦稱趙孟，名武，春秋時晉國人，趙朔之子。

〔六三〕王肅注：“陳謂陳列於君，爲君之使用也。”

〔六四〕隨武子，即隨會，又稱范會、士會、范武子，春秋時晉國大夫。

〔六五〕王肅注：“誕，欺。”一說誕，欺也。

〔六六〕植，通“直”。

〔六七〕銅鞮伯華，即羊舌赤，字伯華，羊舌肸（叔向）之兄，春秋時晉國大夫。

〔六八〕自極，自我約束。隱括，校正彎曲竹木的器具。王肅注：“隱括所以自極。”

〔六九〕蘧伯玉，名瑗，字伯玉，春秋時衛國人。

〔七〇〕王肅注:“允,信也。圖,謀也。”

〔七一〕王肅注:“夫利,怨之所聚,故約省其貨,以遠去其怨。”

〔七二〕王肅注:“謂不量度其臣之德器也。”

〔七三〕王肅注:“君有道則順從其命。”

〔七四〕王肅注:“衡,横也。謂不受其命之隱居者也。”

〔七五〕晏平仲,即晏嬰,春秋時齊相。

〔七六〕王肅注:“尤,過。”

〔七七〕王肅注:“悶,憂。”

〔七八〕王肅注:“易,治。”

〔七九〕王肅注:“雖在下位,不攀援其上以求進。”

〔八〇〕王肅注:“雖有觀四方之樂,常念其親,不盡其歸之。”“觀”上原衍“親”字,據
　　《百子全書》本删。

〔八一〕王肅注:“凡憂,憂所知不能,則學何憂之有?”

〔八二〕介子山,即介子推,亦作介之推,春秋時晉國大夫。

〔八三〕祁奚,春秋時晉國人,有“外舉不避仇,内舉不避親”的美譽。

〔八四〕王肅注:“於其所長。”

〔八五〕王肅注:“心常有所耻惡,及其有過,不令更宿輒改。”

〔八六〕王肅注:“盡善道而謙讓,是其正也。”

〔八七〕王肅注:“言其功直。”此注原竄入正文,據《四庫》本改。

〔八八〕王肅注:“時出,以其出之,誨未及之,是其志也。”

賢君第十三

　　哀公問於孔子曰:“當今之君,孰爲最賢?”孔子對曰:“丘未之見
也,抑有衛靈公乎?”公曰:“吾聞其閨門之内無别,而子次之賢〔一〕,何
也?”孔子曰:“臣語其朝廷行事,不論其私家之際也。”公曰:“其事何
如?”孔子對曰:“靈公之弟曰公子渠牟〔二〕,其智足以治千乘,其信足
以守之,靈公愛而任之。又有士曰林國者〔三〕,見賢必進之,而退與分
其禄,是以靈公無遊放之士,靈公賢而尊之。又有士曰慶足者,衛國
有大事,則必起而治之;國無事,則退而容賢〔四〕,靈公悦而敬之。又有
大夫史鰌,以道去衛,而靈公郊舍三日〔五〕,琴瑟不御,必待史鰌之入而
後敢入。臣以此取之,雖次之賢,不亦可乎?”(又見於《説苑·尊賢》)

〔一〕次,列次,列入。

〔二〕“靈公之弟曰公子渠牟”,原作“靈公之弟曰靈公弟子渠牟”,據《四庫》本、同文

本改。

〔三〕"曰"字原脱,據《四庫》本、同文本補。

〔四〕王肅注:"言其所以退者,欲以容賢於朝。"

〔五〕郊舍,在郊外住宿。

子貢問於孔子曰:"今之人臣,孰爲賢?"子曰:"吾未識也。往者齊有鮑叔〔一〕,鄭有子皮〔二〕,則賢者矣。"子貢曰:"齊無管仲,鄭無子產?"子曰:"賜,汝徒知其一,未知其二也。汝聞用力爲賢乎? 進賢爲賢乎?"子貢曰:"進賢賢哉。"子曰:"然。吾聞鮑叔達管仲,子皮達子產〔三〕,未聞二子之達賢己之才者也。"(又見於《韓詩外傳》卷七、《説苑·臣術》)

〔一〕鮑叔,即鮑叔牙,春秋時齊國大夫,曾推薦管仲擔任齊桓公的相。

〔二〕子皮,春秋時鄭國大夫,曾推薦子產擔任鄭國的相。

〔三〕這兩個"達"字皆使動用法,乃"使……顯達"之意。

哀公問於孔子曰:"寡人聞忘之甚者,徙而忘其妻,有諸?"孔子對曰:"此猶未甚者也。甚者乃忘其身。"公曰:"可得而聞乎?"孔子曰:"昔者夏桀,貴爲天子,富有四海,忘其聖祖之道,壞其典法,廢其世祀,荒於淫樂,耽湎於酒。佞臣諂諛,窺導其心〔一〕;忠士折口〔二〕,逃罪不言。天下誅桀,而有其國。此謂忘其身之甚矣。"(又見於《尸子》、《説苑·敬慎》)

〔一〕窺導,窺測誘導。

〔二〕王肅注:"折口,杜口。"

顏淵將西遊於宋,問於孔子曰:"何以爲身〔一〕?"子曰:"恭敬忠信而已矣。恭則遠於患,敬則人愛之,忠則和於衆,信則人任之。勤斯四者,可以政國〔二〕,豈特一身者哉〔三〕? 故夫不比於數,而比於疏,不亦遠乎〔四〕? 不修其中,而修外者,不亦反乎? 慮不先定,臨事而謀,不亦晚乎?"(又見於《説苑·敬慎》)

〔一〕爲身,指修身。

〔二〕政,通"正"。

〔三〕王肅注:"特,但。"

〔四〕比，親近。數，親密，親近。王肅注：“不比親數，近疏遠也。”

孔子讀《詩》，于《正月》六章〔一〕，惕焉如懼，曰：“彼不達之君子，豈不殆哉？從上依世則道廢，違上離俗則身危。時不興善，己獨由之，則曰非妖即妄也。故賢也既不遇天，恐不終其命焉。桀殺龍逢〔二〕，紂殺比干〔三〕，皆類是也。《詩》曰：‘謂天蓋高，不敢不局。謂地蓋厚，不敢不蹐〔四〕。’此言上下畏罪，無所自容也。”（又見於《説苑·敬慎》）

〔一〕《正月》，《詩·小雅·節南山》中的一篇。
〔二〕龍逢，即關龍逢，夏朝賢人。夏桀無道，爲酒池糟丘，關龍逢極力諫阻，爲夏桀所殺。
〔三〕比干，殷紂王叔父。紂王淫亂，比干犯顏强諫，被紂王剖心而死。
〔四〕蓋，同“盍”。王肅注：“此《正月》六章之辭也。局，曲也。言天至高，己不敢不曲身危行，恐上干忌諱也。蹐，累足也。言地至厚，己不敢不累足，恐陷累在位之羅網。”

子路問於孔子曰：“賢君治國，所先者何？”孔子曰：“在於尊賢而賤不肖。”子路曰：“由聞晉中行氏尊賢而賤不肖矣〔一〕，其亡何也？”孔子曰：“中行氏尊賢而不能用，賤不肖而不能去。賢者知其不用而怨之，不肖者知其必己賤而讎之。怨讎並存於國，鄰敵搆兵於郊〔二〕，中行氏雖欲無亡，豈可得乎？”（又見於《説苑·尊賢》）

〔一〕中行氏，指中行文子荀寅，春秋時晉卿，後與范宣子被趙鞅打敗而奔齊。
〔二〕搆兵，交兵，交戰。

孔子閑處，喟然而歎曰：“嚮使銅鞮伯華無死〔一〕，則天下其有定矣。”子路曰：“由願聞其人也。”子曰：“其幼也敏而好學，其壯也有勇而不屈，其老也有道而能下人，有此三者，以定天下也，何難乎哉！”子路曰：“幼而好學，壯而有勇，則可也。若夫有道下人，又誰下哉？”子曰：“由不知，吾聞以衆攻寡，無不尅也；以貴下賤，無不得也。昔者周公居冢宰之尊〔二〕，制天下之政，而猶下白屋之士〔三〕，日見百七十人，斯豈以無道也，欲得士之用也，惡有道而無下天下君子哉？”（又見於《説苑·尊賢》）

〔一〕銅鞮伯華,即羊舌赤,晉國大夫。

〔二〕冢宰,周代官職,百官之長,相當於後代的宰相。

〔三〕王肅注:"草屋也。"

齊景公來適魯,舍于公館,使晏嬰迎孔子。孔子至,景公問政焉。孔子答曰:"政在節財。"公悦。又問曰:"秦穆公國小處僻而霸,何也?"孔子曰:"其國雖小,其志大;處雖僻,而政其中。其舉也果,其謀也和,法無私而令不愉〔一〕。首拔五羖,爵之大夫〔二〕,與語三日而授之以政。以此取之〔三〕,雖王可,其霸少矣。"景公曰:"善哉!"（又見於《説苑・尊賢》）

〔一〕王肅注:"愉,宜爲偷。愉,苟且也。"

〔二〕王肅注:"首,宜爲身。五羖大夫,百里奚也。"

〔三〕"以"字據陳本、《文獻集》本補。

哀公問政於孔子。孔子對曰:"政之急者,莫大乎使民富且壽也。"公曰:"爲之奈何?"孔子曰:"省力役,薄賦斂,則民富矣;敦禮教,遠罪疾,則民壽矣。"公曰:"寡人欲行夫子之言,恐吾國貧矣。"孔子曰:"《詩》云:'愷悌君子,民之父母。'〔一〕未有子富而父母貧者也。"（又見於《説苑・政理》）

〔一〕引詩出自《詩・大雅・泂酌》。

衛靈公問於孔子曰:"有語寡人:有國家者,計之於廟堂之上〔一〕,則政治矣,何如?"孔子曰:"其可也。愛人者則人愛之,惡人者則人惡之,知得之己者則知得之人。所謂不出環堵之室而知天下者,知反己之謂也〔二〕。"（又見於《呂氏春秋・季春紀・數盡》、《説苑・政理》）

〔一〕廟堂之上,指朝廷。

〔二〕反己,反省自己。

孔子見宋君,君問孔子曰:"吾欲使長有國,而列都得之〔一〕,吾欲使民無惑,吾欲使士竭力,吾欲使日月當時,吾欲使聖人自來,吾欲使官府治理,爲之奈何?"孔子對曰:"千乘之君,問丘者多矣,而未有若主君之問問之悉也,然主君所欲者,盡可得也。丘聞之,鄰國相親,則長有國;君惠臣忠,則列都得之;不殺無辜,無釋罪人,則民不惑;士益之禄,則皆竭力;尊天敬鬼,則日月當時;崇道貴德,則聖人自來;任能黜否〔二〕,則官府治理。"宋君曰:"善哉! 豈不然乎! 寡人不佞〔三〕,不足以致之也。"孔子曰:"此事非難,唯欲行之云耳。"(又見於《説苑·政理》)

〔一〕王肅注:"國之列都皆得其道。"

〔二〕否,惡,這裏指小人。

〔三〕不佞,不才,謙辭。

辯政第十四

子貢問於孔子曰:"昔者齊君問政於夫子,夫子曰'政在節財';魯君問政於夫子,夫子曰'政在諭臣'〔一〕;葉公問政於夫子,夫子曰'政在悦近而來遠'〔二〕。三者之問一也,而夫子應之不同。然政在異端乎〔三〕?"孔子曰:"各因其事也。齊君爲國,奢乎臺榭,淫于苑囿,五官伎樂,不解於時〔四〕,一旦而賜人以千乘之家者三,故曰'政在節財'。魯君有臣三人〔五〕,內比周以愚其君〔六〕,外距諸侯之賓以蔽其明,故曰'政在諭臣'。夫荆之地廣而都狹,民有離心,莫安其居,故曰'政在悦近而來遠'。此三者所以爲政殊矣。《詩》云:'喪亂蔑資,曾不惠我師〔七〕!'此傷奢侈不節以爲亂者也。又曰:'匪其止共,惟王之邛〔八〕。'此傷姦臣蔽主以爲亂也。又曰:'亂離瘼矣,奚其適歸?〔九〕'此傷離散以爲亂者也。察此三者,政之所欲,豈同乎哉!"(又見於《韓非子·難三》、《尚書大傳》)

〔一〕諭,知道,了解。"夫"字據《四庫》本、同文本補。

〔二〕"來遠",原作"遠來",據《四庫》、同文本改。

〔三〕異端,不同方面。

〔四〕解,通"懈"。

〔五〕王肅注:"孟孫、叔孫、季孫,三也。"

〔六〕比周,勾結。

〔七〕王肅注:"蔑,無也。資,財也。師,衆也。夫爲亡亂之政,重賦厚斂,民無資財,曾莫肯愛我衆。"

〔八〕共,通"恭"。王肅注:"止,止息也。邛,病也。讒人不共所止息,故惟王之病。"

〔九〕王肅注:"離,憂也。瘼,病也。言離散以成憂憶,禍亂於斯,歸於禍亂者也。"

孔子曰：“忠臣之諫君有五義焉：一曰譎諫[一]，二曰戇諫[二]，三曰降諫[三]，四曰直諫，五曰風諫[四]。唯度主而行之，吾從其風諫乎！”（又見於《説苑・正諫》）

　　〔一〕王肅注：“正其事以譎諫其君。”
　　〔二〕戇，剛直。王肅注：“戇諫，無文飾也。”
　　〔三〕王肅注：“卑降其體所以諫也。”
　　〔四〕風，通“諷”。王肅注：“風諫，依違遠罪避害者也。”

子曰：“夫道不可不貴也，中行文子倍道失義以亡其國，而能禮賢以活其身[一]。聖人轉禍爲福，此謂是與[二]！”（又見於《説苑・權謀》）

　　〔一〕中行文子，即荀寅。王肅注：“此説倍道失義，不宜説得道之意。而云禮賢，不與上相次配，又文子無禮賢之事。中行文子得罪於晉，出亡至邊，從者曰：‘謂此嗇夫者，君子也。故休馬待駿者。’文子曰：‘吾好音，以子遺吾琴。好珮，子遺吾玉。是以不振吾過，自容於我者也。吾怨其以我求容也。’遂不入車。人聞文子之所言，執而不殺之。孔子聞之曰：‘文子倍道失義以亡其國，然得之由活其身，而能禮賢以爲宜，以然後得也。’”
　　〔二〕王肅注：“若入將死，不入得活，故曰轉禍爲福。”

楚王將遊荆臺[一]，司馬子祺諫[二]，王怒之。令尹子西賀於殿下[三]，諫曰：“今荆臺之觀，不可失也。”王喜，拊子西之背曰：“與子共樂之矣。”子西步馬十里[四]，引轡而止，曰：“臣願言有道，王肯聽之乎？”王曰：“子其言之。”子西曰：“臣聞爲人臣而忠其君者，爵禄不足以賞也；諛其君者，刑罰不足以誅也。夫子祺者，忠臣也；而臣者，諛臣也，願王賞忠而誅諛焉。”王曰：“我今聽司馬之諫，是獨能禁我耳。若後世遊之何也？”子西曰：“禁後世易耳。大王萬歲之後，起山陵於荆臺之上，則子孫必不忍遊於父祖之墓以爲歡樂也。”王曰：“善！”乃還。孔子聞之，曰：“至哉，子西之諫也！入之於千里之上，抑之於百世之後者也。”（又見於《戰國策》、《説苑・正諫》）

　　〔一〕楚王，這裏爲楚昭王。荆臺，楚國著名高臺，故址在今湖北監利北。
　　〔二〕司馬子祺，即楚國公子結。司馬爲官職名。“祺”或作“綦”。
　　〔三〕令尹子西，即公子申，楚平王庶長子，子西爲其字。令尹，官職名，春秋時楚國最高官職，相當於相。

〔四〕步馬，習馬，訓練馬。

子貢問於孔子曰〔一〕：“夫子之於子産、晏子，可爲至矣。敢問二大夫之所爲，目夫子之所以與之者〔二〕。”孔子曰：“夫子産於民爲惠主，於學爲博物。晏子於君爲忠臣，而行爲恭敬。故吾皆以兄事之，而加愛敬。”

〔一〕“問”原作“聞”，據《四庫》本改。

〔二〕目，視也，看也，猶言看作、當作。

齊有一足之鳥，飛集於宮朝〔一〕，下止於殿前，舒翅而跳。齊侯大怪之〔二〕，使使聘魯，問孔子。孔子曰：“此鳥名曰商羊，水祥也。昔童兒有屈其一腳，振訊兩眉而跳〔三〕，且謡曰：‘天將大雨，商羊鼓舞〔四〕。’今齊有之，其應至矣。急告民趨治溝渠，修堤防，將有大水爲災。”頃之，大霖雨〔五〕，水溢泛諸國，傷害民人，唯齊有備，不敗。景公曰：“聖人之言，信而徵矣。”（又見於《説苑·辨物》）

〔一〕宮朝，宮殿朝堂。“宮”，《四庫》本作“公”，指齊公，亦通。

〔二〕齊侯，這裏爲齊景公。

〔三〕振訊，抖動。“兩眉”，一作“兩肩”。

〔四〕鼓舞，舞動。

〔五〕霖雨，連綿大雨。

孔子謂宓子賤曰〔一〕：“子治單父〔二〕，衆悦，子何施而得之也？子語丘所以爲之者。”對曰：“不齊之治也，父恤其子，其子恤諸孤，而哀喪紀〔三〕。”孔子曰：“善。小節也，小民附矣，猶未足也。”曰：“不齊所父事者三人，所兄事者五人，所友事者十一人。”孔子曰：“父事三人，可以教孝矣；兄事五人，可以教悌矣；友事十一人，可以舉善矣。中節也，中人附矣，猶未足也。”曰：“此地民有賢於不齊者五人，不齊事之而禀度焉〔四〕，皆教不齊之道。”孔子歎曰：“其大者乃於此乎有矣！昔堯舜聽天下，務求賢以自輔。夫賢者，百福之宗也，神明之主也。惜乎！不齊之所以治者〔五〕，小也。”（又見於《韓詩外傳》卷八、《説苑·政理》）

〔一〕宓子賤，名不齊，子賤是其字，春秋時魯國人，孔子弟子。

〔二〕單父,魯邑,故址在今山東單縣南。

〔三〕“父恤其子,其子恤諸孤,而哀喪紀”,《説苑·政理》作“父其父,子其子,恤諸孤, 而哀喪紀”,據此,“其子恤諸孤”之“其”字爲衍文。

〔四〕稟度,受教。

〔五〕“所以”,原作“以所”,據《四庫》本、同文本改。

　　子貢爲信陽宰[一],將行,辭於孔子。孔子曰:“勤之慎之,奉天子之時,無奪無伐,無暴無盜。”子貢曰:“賜也少而事君子,豈以盜爲累哉?”孔子曰:“汝未之詳也。夫以賢代賢,是謂之奪;以不肖代賢,是謂之伐;緩令急誅,是謂之暴;取善自與,是謂之盜[二]。盜非竊財之謂也。吾聞之,知爲吏者,奉法以利民;不知爲吏者,枉法以侵民,此怨之所由也。治官莫若平,臨財莫如廉,廉、平之守不可改也。匿人之善,斯謂蔽賢;揚人之惡,斯爲小人。內不相訓而外相謗,非親睦也。言人之善,若己有之;言人之惡,若己受之,故君子無所不慎焉。”(又見於《説苑·政理》)

〔一〕信陽,楚邑,故址在今河南省信陽市南。

〔二〕“是”字原無,據《四庫》本、同文本補。

　　子路治蒲三年[一],孔子過之。入其境,曰:“善哉! 由也恭敬以信矣。”入其邑,曰:“善哉! 由也忠信而寬矣。”至庭[二],曰:“善哉! 由也明察以斷矣。”子貢執轡而問曰:“夫子未見由之政,而三稱其善,其善可得聞乎?”孔子曰:“吾見其政矣。入其境,田疇盡易[三],草萊甚辟,溝洫深治,此其恭敬以信,故其民盡力也;入其邑,牆屋完固,樹木甚茂,此其忠信以寬,故其民不偷也;至其庭,庭甚清閒,諸下用命[四],此其言明察以斷,故其政不擾也。以此觀之,雖三稱其善,庸盡其美乎[五]?”(又見於《韓詩外傳》卷六)

〔一〕蒲,春秋時衛地。

〔二〕“庭”,原作“廷”,據《四庫》本改,這裏指官衙。

〔三〕易,整治。

〔四〕用命,聽從命令。

〔五〕庸,豈,難道。

六本第十五

孔子曰："行己有六本焉[一]，然後爲君子也。立身有義矣，而孝爲本；喪紀有禮矣，而哀爲本；戰陣有列矣，而勇爲本；治政有理矣，而農爲本；居國有道矣，而嗣爲本[二]；生財有時矣，而力爲本。置本不固，無務農桑；親戚不悦，無務外交；事不終始，無務多業；記聞而言，無務多説[三]；比近不安，無務求遠。是故反本修邇，君子之道也。"（又見於《説苑·建本》）

〔一〕行己，指立身處世。

〔二〕王肅注："繼嗣不立，則亂之萌。"

〔三〕王肅注："但説所聞而言，言不出説中，故不可以務多説。"

孔子曰："良藥苦於口而利於病，忠言逆於耳而利於行。湯武以諤諤而昌[一]，桀紂以唯唯而亡。君無争臣[二]，父無争子，兄無争弟，士無争友，無其過者，未之有也。故曰：'君失之，臣得之；父失之，子得之；兄失之，弟得之；己失之，友得之。'是以國無危亡之兆，家無悖亂之惡，父子兄弟無失，而交友無絶也。"（《説苑·正諫》）

〔一〕諤諤，直言進諫的樣子。

〔二〕争，通"諍"，直言勸告。

孔子見齊景公，公悦焉，請置廪丘之邑以爲養。孔子辭而不受，入謂弟子曰："吾聞君子賞功受賞，今吾言於齊君，君未之有行，而賜吾邑，其不知丘亦甚矣。"於是遂行。（又見於《吕氏春秋·離俗覽·高義》、《説苑·立節》）

孔子在齊，舍於外館，景公造焉。賓主之辭既接，而左右白曰："周使適至，言先王廟災。"景公覆問："災何王之廟也？"孔子曰："此必釐王之廟。"公曰："何以知之？"孔子曰："《詩》云：'皇皇上天，其命不忒。'[一]天之以善，必報其德，禍亦如之。夫釐王變文武之制，而作玄黄華麗之飾，宮室崇峻，輿馬奢侈，而弗可振也[二]，故天殃所宜加其廟焉。以是占之爲然[三]。"公曰："天何不殃其身，而加罰其廟也？"孔子曰："蓋以文武故也。若殃其身，則文武之嗣，無乃殄乎[四]？故當殃其廟以彰其過。”俄頃，左右報曰：“所災者，釐王廟也。”景公驚起，再拜曰：“善哉！聖人之智，過人遠矣。”（又見於《説苑·權謀》）

〔一〕王肅注：“此逸《詩》也。皇皇，美貌也。忒，差也。”
〔二〕王肅注：“振，救。”
〔三〕占，預測，推測。
〔四〕殄，斷絶，滅絶。

子夏三年之喪畢〔一〕，見於孔子。子曰：“與之琴，使之弦〔二〕。”侃侃而樂。作而曰：“先王制禮，不敢不及。”子曰：“君子也。”閔子三年之喪畢，見於孔子。孔子與之琴，使之弦，切切而悲。作而曰：“先王制禮〔三〕，弗敢過也。”子曰：“君子也。”子貢曰：“閔子哀未盡，夫子曰‘君子也’，子夏哀已盡，又曰‘君子也’，二者殊情而俱曰君子，賜也或〔四〕，敢問之。”孔子曰：“閔子哀未忘，能斷之以禮；子夏哀已盡，能引之及禮，雖均之君子，不亦可乎？”（又見於《禮記·檀弓上》、《詩經·檜風·素冠》毛傳、《説苑·修文》）

〔一〕“子夏”，原作“子貢”，據《四庫》本、同文本改。
〔二〕弦，這裏用作動詞，彈奏。
〔三〕自“不敢不及”至此凡三十九字原脱，據《四庫》本、同文本補。
〔四〕或，通“惑”。

孔子曰：“無體之禮〔一〕，敬也；無服之喪，哀也；無聲之樂，歡也。不言而信，不動而威，不施而仁。志夫鐘之音〔二〕，怒而擊之則武，憂而擊之則悲。其志變者，聲亦隨之。故志誠感之，通於金石，而況人乎！”（又見於《説苑·修文》、《太平御覽》引《尸子》）

〔一〕無體之禮，没有按照一定程式進行的禮。體，形式，儀式。
〔二〕志夫鐘之音，致心志於音樂。

孔子見羅雀者所得〔一〕，皆黃口小雀〔二〕。夫子問之曰：“大雀獨不得，何也？”羅者曰：“大雀善驚而難得，黃口貪食而易得。黃口從大雀則不得，大雀從黃口亦不得。”孔子顧謂弟子曰：“善驚以遠害，利食而忘患，自其心矣，而以所從爲禍福。故君子慎其所從，以長者之慮，則

有全身之階;隨小者之戀〔三〕,而有危亡之敗也。"(又見於《説苑・敬慎》)

〔一〕羅,羅網,這裏用作動詞。

〔二〕黄口,幼鳥的嘴呈黄色。

〔三〕戀,癡,傻。

孔子讀《易》,至於《損》、《益》,喟然而歎。子夏避席問曰〔一〕:"夫子何歎焉?"孔子曰:"夫自損者必有益之,自益者必有決之〔二〕,吾是以歎也。"子夏曰〔三〕:"然則學者不可以益乎?"子曰:"非道益之謂也。道彌益而身彌損。夫學者損其自多,以虚受人,故能成其滿。博哉!天道成而必變。凡持滿而能久者,未嘗有也。故曰:'自賢者,天下之善言不得聞於耳矣。'昔堯治天下之位,猶允恭以持之,克讓以接下〔四〕,是以千歲而益盛,迄今而逾彰。夏桀昆吾〔五〕,自滿而極,亢意而不節〔六〕,斬刈黎民如草芥焉,天下討之如誅匹夫,是以千載而惡著,迄今而不滅。觀此,如行則讓長,不疾先;如在輿,遇三人則下之,遇二人則式之〔七〕。調其盈虚,不令自滿,所以能久也。"子夏曰:"商請志之,而終身奉行焉。"(又見於《説苑・敬慎》)

〔一〕避席,離開席位。

〔二〕決,缺,損。王肅注:"《易》,《損》卦次得《益》,《益》次《夬》。夬,決也。損而不已,必益,故受之以《益》;益而不已,必決,故受之以《夬》。"

〔三〕"夏"字原脱,據《四庫》本補。

〔四〕王肅注:"允,信也。克,能也。"

〔五〕王肅注:"昆吾國與夏桀作亂。"

〔六〕亢意,驕橫,恣意妄爲。

〔七〕式,通"軾",車前横木,這裏用作動詞,彎腰屈身,以手扶軾,以表達敬意。

子路問於孔子曰:"請釋古之道而行由之意〔一〕,可乎?"子曰:"不可。昔東夷之子,慕諸夏之禮,有女而寡,爲内私壻〔二〕,終身不嫁,不嫁則不嫁矣〔三〕,亦非貞節之義也〔四〕。蒼梧嬈娶妻而美,讓與其兄,讓則讓矣,然非禮之讓矣。不慎其初,而悔其後,何嗟及矣〔五〕?今汝欲舍古之道,行子之意,庸知子意不以是爲非、以非爲是乎?後雖欲悔,難哉!"(又見於《説苑・建本》)

〔一〕釋，放下，放棄。

〔二〕内，同“納”，招納。

〔三〕前一“不”字原無，據《四庫》本、同文本補。

〔四〕“非”，原作“有”，據《四庫》本、同文本改。

〔五〕王肅注：“言事至而後悔，吁嗟又何及矣。”

　　曾子耘瓜，誤斬其根。曾皙怒〔一〕，建大杖以擊其背。曾子仆地而不知人久之。有頃，乃蘇，欣然而起，進於曾皙曰：“嚮也參得罪於大人，大人用力教參，得無疾乎？”退而就房，援琴而歌，欲令曾皙而聞之，知其體康也。孔子聞之而怒，告門弟子曰：“參來勿内！”曾參自以爲無罪，使人請於孔子。子曰：“汝不聞乎？ 昔瞽瞍有子曰舜〔二〕，舜之事瞽瞍，欲使之，未嘗不在於側；索而殺之，未嘗可得。小棰則待過，大杖則逃走。故瞽瞍不犯不父之罪，而舜不失烝烝之孝〔三〕。今參事父，委身以待暴怒，殪而不避〔四〕，既身死而陷父於不義，其不孝孰大焉？ 汝非天子之民也？ 殺天子之民，其罪奚若？”曾參聞之，曰：“參罪大矣。”遂造孔子而謝過。（又見於《韓詩外傳》卷八、《説苑・建本》）

〔一〕曾皙，曾子之父，亦孔子弟子。

〔二〕瞽瞍，即瞽叟，舜父。

〔三〕烝烝，淳厚貌。

〔四〕王肅注：“殪，死。”

　　荆公子行年十五而攝荆相事〔一〕，孔子聞之，使人往觀其爲政焉。使者反曰：“視其朝清净而少事，其堂上有五老焉，其廊下有二十壯士焉。”孔子曰：“合二十五人之智以治天下，其固免矣，況荆乎？”（又見於《説苑・尊賢》）

〔一〕攝，代理。

　　子夏問於孔子曰：“顔回之爲人奚若？”子曰：“回之信賢於丘。”曰：“子貢之爲人奚若？”子曰：“賜之敏賢於丘。”曰：“子路之爲人奚若？”子曰：“由之勇賢於丘。”曰：“子張之爲人奚若？”子曰：“師之莊賢於丘。”子夏避席而問曰：“然則四子何爲事先生？”子曰：“居，吾語汝：夫回能信而不能反〔一〕，賜能敏而不能詘〔二〕，由能勇而不能怯，師能莊而不能同〔三〕。兼四子者之有以易吾，弗與也，此其所以事吾而弗貳也。”（又見於《列子・仲尼》、《淮南子・人間訓》）

〔一〕王肅注：“反，謂反信也。君子言不必信，唯義所在耳。”

〔二〕詘，同“屈”。王肅注：“言人雖辨敏，亦宜有屈折時也。”

〔三〕王肅注：“言人雖矜莊，亦當有和同時也。”

　　孔子遊於泰山，見榮聲期〔一〕行乎郕之野，鹿裘帶索，鼓瑟而歌。孔子問曰：“先生所以爲樂者，何也？”期對曰：“吾樂甚多，而至者三：天生萬物，唯人爲貴，吾既得爲人，是一樂也；男女之別，男尊女卑，故人以男爲貴，吾既得爲男，是二樂也；人生有不見日月、不免襁褓者，吾既以行年九十五矣，是三樂也。貧者士之常，死者人之終，處常得終，當何憂哉？”孔子曰：“善哉！能自寬者也〔二〕。”（又見於《列子・天瑞》、《説苑・雜言》）

〔一〕王肅注：“聲宜爲啓，或曰榮益期也。”

〔二〕王肅注：“得宜爲待。”

　　孔子曰：“回有君子之道四焉：强於行義，弱於受諫，怵於待禄〔一〕，慎於治身。史鰌有君子之道三焉〔二〕：不仕而敬上，不祀而敬鬼，直己而曲人。”曾子侍曰：“參昔常聞夫子三言而未之能行也，夫子見人之一善而忘其百非，是夫子之易事也；見人之有善若己有之，是夫子之不争也；聞善必躬行之，然後導之，是夫子之能勞也。學夫子之三言而未能行，以自知終不及二子者也〔三〕。”

〔一〕王肅注：“怵，怵惕也。待，宜爲得也。”

〔二〕史鰌，春秋時衛國大夫，字子魚，曾尸諫衛靈公。“君子”，原作“男子”，據《四庫》本、同文本及《説苑》改。

〔三〕王肅注：“二子，顏回、史鰌也。”

　　孔子曰：“吾死之後，則商也日益〔一〕，賜也日損〔二〕。”曾子曰：“何謂也？”子曰：“商也好與賢己者處，賜也好説不若己者。不知其子視其父，不知其人視其友，不知其君視其所使，不知其地視其草木。故曰：‘與善人居，如入芝蘭之室，久而不聞其香，即與之化矣；與不善人居，如入鮑魚之肆〔三〕，久而不聞其臭，亦與之化矣。’丹之所藏者赤，漆之所藏者黑，是以君子必慎其所與處者焉。"（又見於《說苑·雜言》）

〔一〕商，即卜商，字子夏，孔子弟子。

〔二〕賜，即端木賜，字子貢，孔子弟子。

〔三〕鮑魚之肆，賣鹹魚的市場，腥臭難聞。鮑魚，鹹魚。

曾子從孔子之齊，齊景公以下卿之禮聘曾子，曾子固辭。將行，晏子送之曰："吾聞之，君子遺人以財〔一〕，不若善言。今夫蘭本三年，湛之以鹿醢〔二〕，既成，噉之〔三〕，則易之匹馬。非蘭之本性也，所以湛者美矣，願子詳其所湛者。夫君子居必擇處，遊必擇方，仕必擇君。擇君所以求仕，擇方所以修道。遷風移俗〔四〕，嗜慾移性，可不慎乎！"孔子聞之曰："晏子之言，君子哉！依賢者固不困，依富者固不窮，馬蚿斬足而復行〔五〕，何也？以其輔之者眾。"（又見於《晏子春秋·内篇·雜上》、《荀子·大略》、《說苑·雜言》）

〔一〕遺，贈送。

〔二〕湛，浸。鹿醢，用鹿肉做的肉湯。

〔三〕噉，同"啖"，吃。

〔四〕"俗"下原有"者"字，據《四庫》本、同文本刪。

〔五〕馬蚿，一種多足多節肢爬蟲。

孔子曰："以富貴而下人〔一〕，何人不尊？以富貴而愛人，何人不親？發言不逆，可謂知言矣；言而衆嚮之，可謂知時矣。是故以富而能富人者，欲貧不可得也；以貴而能貴人者，欲賤不可得也；以達而能達人者，欲窮不可得也。"（又見於《說苑·雜言》）

〔一〕"以"，原作"與"，據《四庫》本、同文本改。

孔子曰："中人之情也〔一〕，有餘則侈，不足則儉，無禁則淫，無度則逸，從欲則敗〔二〕。是故鞭撲之子〔三〕，不從父之教；刑戮之民，不從君之令。此言疾之難忍，急之難行也。故君子不急斷，不急制，使飲食有量，衣服有節，宮室有度，畜積有數，車器有限，所以防亂之原也。

夫度量不可不明〔四〕,是中人所由之令〔五〕。"（又見於《説苑・雜言》）

〔一〕中人,中等材質的人,普通人。

〔二〕從,同"縱"。

〔三〕"撲",原作"朴",據《四庫》本、同文本改。

〔四〕"不明"之"不"字原無,據《四庫》本、同文本補。

〔五〕王肅注:"教令之令。"

　　孔子曰:"巧而好度〔一〕,必攻〔二〕;勇而好問,必勝;智而好謀,必成。以愚者反之,是以非其人告之,弗聽;非其地樹之,弗生。得其人,如聚砂而雨之〔三〕;非其人,如會聾而鼓之。夫處重擅寵,專事妒賢,愚者之情也。位高則危,任重則崩,可立而待。"（又見於《荀子・仲尼》、《説苑・雜言》）

〔一〕度,揣度。

〔二〕王肅注:"攻,堅。"

〔三〕王肅注:"言立人也。"

　　孔子曰:"舟非水不行,水入舟則没;君非民不治,民犯上則傾,是故君子不可不嚴也,小人不可不整一也。"

　　齊高庭問於孔子曰:"庭不曠山,不直地〔一〕,衣穰而提贄〔二〕,精氣以問事君子之道,願夫子告之。"孔子曰:"貞以幹之〔三〕,敬以輔之,施仁無倦,見君子則舉之,見小人則退之,去汝惡心而忠與之,效其行,修其禮,千里之外,親如兄弟。行不效,禮不修,則對門不汝通矣。夫終日言,不遺己之憂;終日行,不遺己之患,唯智者能之。故自修者,必恐懼以除患、恭儉以避難者也。終身爲善,一言則敗之,可不慎乎！"（又見於《説苑・雜言》）

〔一〕王肅注:"庭,高庭名也。曠,隔也。不以山爲隔,踰山而來。直,宜爲植,不根於地而遠來也。"

〔二〕王肅注:"穰,蒿草衣。提,持。贄,所以執爲禮也。"

〔三〕王肅注:"真正以爲幹植。"

辯物第十六

季桓子穿井,獲如玉缶〔一〕,其中有羊焉。使使問孔子曰:"吾穿井於費〔二〕,而於井中得一狗,何也?"孔子曰:"丘之所聞者,羊也。丘聞之,木石之怪,夔、蝄蜽;水之怪,龍、罔象;土之怪,羵羊也。"(又見於《國語·魯語下》、《説苑·辨物》)

〔一〕"玉",《四庫》本、同文本作"土"。缶,一種大腹小口的器皿。

〔二〕費,魯邑,故址在今山東費縣北。

吳伐越,墮會稽〔一〕,獲巨骨一節,專車焉。吳子使來聘於魯,且問之孔子,命使者曰:"無以吾命也。"賓既將事,乃發幣於大夫,及孔子〔二〕,孔子爵之〔三〕。既徹俎而燕〔四〕,客執骨而問曰:"敢問骨何如爲大?"孔子曰:"丘聞之:昔禹致群臣於會稽之山,防風後至〔五〕,禹殺而戮之,其骨專車焉,此爲大矣。"客曰:"敢問誰守爲神?"孔子曰:"山川之靈,足以紀綱天下者〔六〕,其守爲神〔七〕。諸侯社稷之守爲公侯〔八〕,山川之祀者爲諸侯,皆屬於王〔九〕。"客曰:"防風何守?"孔子曰:"汪芒氏之君守封嵎山者〔一〇〕,爲添姓,在虞、夏、商爲汪芒氏,於周爲長瞿氏,今曰大人〔一一〕。"有客曰:"人長之極幾何?"孔子曰:"焦僥氏長三尺,短之至也。長者不過十,數之極也。"(又見於《國語·魯語下》)

〔一〕王肅注:"吳王夫差敗越王勾踐,棲於會稽,吳又墮之。會稽,山也。墮,毀者也。"

〔二〕幣,這裏指用作聘問禮物的玉、馬、皮、帛等。王肅注:"賜大夫,及孔子。"

〔三〕王肅注:"飲酒。"

〔四〕徹,同"撤",撤去。俎,盛祭品的祭器。燕,同"宴",宴飲。

〔五〕防風,汪芒國之君。一説禹時的部落首領。

〔六〕王肅注:"謂名山大川能興雲致雨以利天下也。"今案:此注據《四庫》本補。

〔七〕王肅注:"守山川之祀者爲神。"

〔八〕王肅注:"但守社稷,無山川之祀者,直爲公侯而已。"

〔九〕王肅注:"神與公侯之屬也。"

〔一〇〕王肅注:"汪芒,國名。封嵎,山名。"

〔一一〕王肅注:"周之初及當孔子之時,其名異也。"

孔子在陳,陳惠公賓之于上館〔一〕。時有隼集陳侯之庭而死〔二〕,楛矢貫之,石砮〔三〕,其長尺有咫〔四〕。惠公使人持隼,如孔子館而問焉。孔子曰:"隼之來遠矣,此肅慎氏之矢〔五〕。昔武王克商,通道于九夷百蠻〔六〕,使各以其方賄來貢〔七〕,而無忘職業。於是肅慎氏貢楛

矢、石砮，其長尺有咫。先王欲昭其令德之致遠物也，以示後人，使永
鑒焉，故銘其栝曰‘肅慎氏貢楛矢〔八〕’，以分大姬，配胡公而封諸
陳〔九〕。古者分同姓以珍玉，所以展親親也；分異姓以遠方之職貢，所
以無忘服也，故分陳以肅慎氏貢焉。君若使有司求諸故府，其可得
也。”公使人求，得之金牘〔一〇〕，如之。（又見於《國語·魯語下》）

〔一〕陳惠公，名吳，在位二十八年。上館，上等館舍。

〔二〕王肅注：“隼，鳥也，始集庭便死。”

〔三〕王肅注：“楛，木名。砮，箭鏃。”

〔四〕王肅注：“咫，八寸也。”

〔五〕王肅注：“肅慎氏之矢也。”

〔六〕王肅注：“九夷，東方九種。百蠻，夷狄百種。”

〔七〕方賄，地方特產。

〔八〕王肅注：“楛，箭栝也。”

〔九〕王肅注：“大姬，武王女。胡公，舜之後。”

〔一〇〕王肅注：“牘，匱也。”

　　郯子朝魯，魯人問曰：“少昊氏以鳥名官〔一〕，何也？”對曰：“吾祖
也，我知之。昔黃帝以雲紀官，故爲雲師而雲名〔二〕。炎帝以火〔三〕，共
工以水〔四〕，大昊以龍〔五〕，其義一也〔六〕。我高祖少昊摰之立也，鳳鳥
適至，是以紀之於鳥，故爲鳥師而鳥名。自顓頊氏以來，不能紀遠，乃
紀於近，爲民師而命以民事，則不能故也〔七〕。”孔子聞之，遂見郯子而
學焉。既而告人曰：“吾聞之：‘天子失官，學在四夷。’猶信。”〔八〕（又見
於《左傳·昭公十七年》）

〔一〕王肅注：“魯人叔孫昭子。少昊，金天氏也。”

〔二〕王肅注：“黃帝，軒轅氏。師，長也。雲，紀其官長而爲官名者也。”

〔三〕王肅注：“神農氏也。”

〔四〕王肅注：“共工霸九州也。”

〔五〕王肅注：“包犧氏也。”

〔六〕王肅注：“火師而火名也，龍師而龍名也。”

〔七〕王肅注：“言不能紀遠方。”

〔八〕王肅注：“郯，小國也。故吳伐郯，季文子歎曰：‘中國不振旅，蠻夷之伐，吾亡無日
　　矣。’孔子稱官學在四夷，疾時之廢學也。郯，少昊之後，以其世則遠矣，以其國則
　　小矣。魯公之後，以其世則遠矣，以其國則大矣。然其知禮不若郯子，故孔子發

此言,疾時之不學也。"

邾隱公朝於魯[一],子貢觀焉[二]。邾子執玉高,其容仰,定公受玉卑,其容俯[三]。子貢曰:"以禮觀之,二君者將有死亡焉。夫禮,生死存亡之體,將左右周旋,進退俯仰,於是乎取之;朝祀喪戎,於是乎觀之。今正月相朝而皆不度[四],心以亡矣[五]。嘉事不體[六],何以能久?高仰,驕也;卑俯,替也[七]。驕近亂,替近疾。若爲主[八],其先亡乎?"夏五月,公薨,又邾子出奔。孔子曰:"賜不幸而言中,是賜多言。"(又見於《左傳·定公十五年》)

〔一〕邾隱公,邾國國君,名益。邾,周武王時所封,後爲魯國附庸,故址在今山東鄒城境内。
〔二〕王肅注:"子貢時爲魯大夫也。"
〔三〕王肅注:"玉所以聘於王。"
〔四〕王肅注:"不得其法度也。"
〔五〕以,同"已"。
〔六〕王肅注:"朝聘,亦嘉事也。不體,不得其體。"
〔七〕兩"也"原無,字據《四庫》本、同文本補。替,廢惰,衰敗。
〔八〕"若",《四庫》本、同文本作"君"。

孔子在陳,陳侯就之燕遊焉[一]。行路之人云:"魯司鐸災[二],及宗廟。"以告孔子。子曰:"所及者,其桓、僖之廟[三]。"陳侯曰:"何以知之?"子曰:"禮,祖有功而宗有德,故不毀其廟焉。今桓、僖之親盡矣,又功德不足以存其廟,而魯不毀,是以天災加之。"三日,魯使至,問焉,則桓、僖也。陳侯謂子貢曰:"吾乃今知聖人之可貴。"對曰:"君之知之,可矣,未若專其道而行其化之善也。"(又見於《左傳·哀公三年》)

〔一〕燕遊,閑遊。
〔二〕王肅注:"司鐸,官名。"
〔三〕王肅注:"桓公、僖公。"

陽虎既奔齊[一],自齊奔晉,適趙氏。孔子聞之,謂子路曰:"趙氏其世有亂乎?"子路曰:"權不在焉,豈能爲亂[二]?"孔子曰:"非汝所知。夫陽虎親富而不親仁,有寵於季孫,又將殺之,不剋而奔,求容於齊,齊人囚之,乃亡歸晉,是齊、魯二國,已去其疾[三]。趙簡子好利而多信,必溺其説而從其謀,禍敗所終,非一世可知也。”(又見於《左傳·定公九年》)

〔一〕陽虎,字貨,魯國季孫氏家臣。

〔二〕“能”,原作“不”,據《四庫》本、同文本改。

〔三〕疾,害也。

　　季康子問於孔子曰[一]:“今周十二月,夏之十月,而猶有螽[二],何也?”孔子對曰:“丘聞之,火伏而後蟄者畢[三]。今火猶西流,司曆過也。”季康子曰:“所失者,幾月也?”孔子曰:“於夏十月,火既没矣。今火見,再失閏也。”(又見於《左傳·哀公十二年》)

〔一〕季康子,即季康肥,魯哀公時正卿,康乃其諡。

〔二〕螽,蝗蟲。

〔三〕王肅注:“火,大火,心星也。蟄,蟄蟲也。”

　　吳王夫差將與哀公見晉侯[一]。子服景伯對使者曰[二]:“王合諸侯,則伯率侯牧以見於王[三];伯合諸侯,則侯率子、男以見於伯[四]。今諸侯會,而君與寡君見晉君,則晉成爲伯也。且執事以伯召諸侯,而以侯終之,何利之有焉?”吳人乃止。既而悔之,遂囚景伯。伯謂大宰嚭曰[五]:“魯將以十月上辛有事於上帝、先王,季辛而畢[六]。何也世有職焉[七],自襄已來之改之[八]。若其不會,則祝宗將曰‘吳實然’[九]。”嚭言於夫差,歸之。子貢聞之,見於孔子曰:“子服氏之子拙於説矣,以實獲囚,以詐得免。”孔子曰:“吳子爲夷德[一〇],可欺而不可以實。是聽者之蔽,非説者之拙也。”(又見於《左傳·哀公十二年》)

〔一〕王肅注:“吳子、魯哀公十二年與晉侯會于黃池。”

〔二〕子服景伯,即子服何,魯國大夫。

〔三〕王肅注:“伯,王官。侯牧,方伯名。”

〔四〕王肅注:“伯,侯牧也。”

〔五〕太宰嚭,即伯嚭,吳國宰相,吳王夫差的寵臣。

〔六〕王肅注:“有事祭,所以欺吳也。”

〔七〕王肅注:“何,景伯名。”

〔八〕王肅注:“襄,魯襄公是也。”“之改之”,《四庫》本作“未之改也”。

〔九〕祝宗,主持祭祀禱告的人。

〔一〇〕夷,夷人。

叔孫氏之車士曰子鉏商〔一〕,采薪於大野,獲麟焉〔二〕,折其前左足,載以歸。叔孫以爲不祥,棄之于郭外〔三〕,使人告孔子曰:“有麏而角者,何也?”孔子往觀之,曰:“麟也。胡爲來哉?胡爲來哉?”反袂拭面,涕泣沾衿。叔孫聞之,然後取之。子貢問曰:“夫子何泣爾?”孔子曰:“麟之至,爲明王也。出非其時而見害〔四〕,吾是以傷焉。”(又見於《左傳》、《公羊傳·哀公十四年》、《孔叢子·記問》)

〔一〕叔孫氏,魯國大夫。王肅注:“車士,持車者。子,姓也。”

〔二〕王肅注:“《春秋經·魯哀公十四年》:‘西狩獲麟。’《傳》曰:‘西狩大野。’今此曰‘采薪於大野’,若車士子鉏商非狩者,采薪,西獲麟。麟,瑞物,時見狩獲,故經書‘西狩獲麟’也。”大野,即大野澤,在今山東巨野北。

〔三〕王肅注:“《傳》曰:‘以賜虞人。’棄之郭外,將以賜虞人也。”

〔四〕“見”字原無,據《四庫》本、同文本補。

哀公問政第十七

哀公問政於孔子。孔子對曰:“文武之政,布在方策〔一〕。其人存,則其政舉;其人亡,則其政息。天道敏生,人道敏政,地道敏樹。夫政者,猶蒲盧也〔二〕,待化以成,故爲政在於得人。取人以身,修道以仁。仁者,人也,親親爲大;義者,宜也,尊賢爲大。親親之殺〔三〕,尊賢之等,禮所以生也。禮者,政之本也,是以君子不可以不修身;思修身,不可以不事親;思事親,不可以不知人;思知人,不可以不知天。天下之達道有五,其所以行之者三。曰君臣也,父子也,夫婦也,昆弟也,朋友也,五者,天下之達道。智、仁、勇三者,天下之達德也。所以行之者,一也。或生而知之,或學而知之,或困而知之,及其知之,一也。或安而行之,或利而行之,或勉强而行之,及其成功,一也。”公曰:“子之言美矣,至矣!寡人實固,不足以成之也。”孔子曰:“好學近乎智,力行近乎仁,知恥近乎勇。知斯三者,則知所以修身;知所以修身,則知所以治人;知所以治人,則能成天下國家者矣。”公曰:“政其盡此而已乎?”孔子曰:“凡爲天下國家有九經〔四〕,曰修身也,尊賢也,親親也,敬大臣也,體羣臣也,子庶民也,來百工也,柔遠人也,懷諸侯也。夫脩身則道立,尊賢則不惑,親親則諸父兄弟不怨,敬大臣則不眩[五],體羣臣則士之報禮重,子庶民則百姓勸,來百工則財用足,柔遠人則四方歸之,懷諸侯則天下畏之。”公曰:“爲之奈何?”孔子曰:“齊潔盛服[六],非禮不動,所以脩身也;去讒遠色,賤財而貴德,所以尊賢也;爵其能,重其禄,同其好惡,所以篤親親也;官盛任使[七],所以敬大臣也;忠信重禄[八],所以勸士也;時使薄斂,所以子百姓也;日省月考,既稟稱事[九],所以來百工也;送往迎來,嘉善而矜不能,所以綏遠人;繼絶世,舉廢邦,治亂持危,朝聘以時,厚往而薄來,所以懷諸侯也。治天下國家有九經,其所以行之者一也。凡事豫則立[一〇],不豫則廢。言前定則不跲[一一],事前定則不困,行前定則不疚,道前定則不窮。在下位不獲於上,民弗可得而治矣。獲於上有道,不信於友,不獲於上矣。信於友有道,不順於親,不信於友矣。順於親有道,反諸身不誠,不順於親矣。誠身有道,不明於善,不誠於身矣。誠者,天之至道也[一二];誠之者,人之道也。夫誠,弗勉而中,不思而得,從容中道,聖人之所以體定也;誠之者[一三],擇善而固執之者也。”公曰:“子之教寡人備矣,敢問行之所始?”孔子曰:“立愛自親始,教民睦也;立敬自長始,教民順也。教之慈睦,而民貴有親;教以敬,而民貴用命[一四]。民既孝於親,又順以聽命,措諸天下,無所不可。”公曰:“寡人既得聞此言也,懼不能果行而獲罪咎。”(又見於《禮記·中庸》)

〔一〕王肅注:“方,板。”

〔二〕王肅注:“蒲盧,蜾蠃也,謂土蜂也,取螟蛉而化之,以爲子。爲政化百姓,亦如之者也。”王注“以爲子”之“爲”,原作“君”,據《四庫》本改。

〔三〕殺,減少,降低。

〔四〕經,常也,這裏指原則。

〔五〕眩,眼花,迷惑。

〔六〕齊,同“齋”,齋戒。

〔七〕王肅注:“盛其官,委任使之也。”

〔八〕王肅注:“忠信者,與之重禄也。”

〔九〕既稟稱事,所發的俸禄要與所做的事情相稱。既稟,同“餼廩”,俸禄,俸給。王肅注:“既稟食之多寡,稱其事也。”

〔一〇〕豫，同“預”，預先做準備。

〔一一〕跲，跌倒，這裏指説話不順暢。王肅注：“跲，躓。”

〔一二〕“至”字《四庫》本、同文本無。

〔一三〕誠之，這裏爲使動用法，使之誠也。

〔一四〕用命，聽從命令。

　　宰我問於孔子曰：“吾聞鬼神之名，而不知所謂，敢問焉。”孔子曰：“人生有氣有魂。氣者，人之盛也〔一〕。夫生必死，死必歸土，此謂鬼。魂氣歸天，此謂神。合鬼與神而享之，教之至也〔二〕。骨肉弊於下，化爲野土，其氣發揚於上者，此神之著也。聖人因物之精，制爲之極〔三〕，明命鬼神以爲民之則〔四〕，而猶以是爲未足也，故築爲宮室，設爲宗祧〔五〕，春秋祭祀，以別親疏，教民反古復始，不敢忘其所由生也。衆人服自此，聽且速焉〔六〕，教以二端，二端既立，報以二禮〔七〕，建設朝事〔八〕，燔燎羶薌〔九〕，所以報氣也；薦黍稷，修肺肝，加以鬱鬯〔一〇〕，所以報魄也。此教民修本、反始、崇愛，上下用情，禮之至也〔一一〕。君子反古復始，不忘其所由生，是以致其敬，發其情，竭力從事，不敢不自盡也〔一二〕，此之謂大教。昔者文王之祭也，事死如事生，思死而不欲生，忌日則必哀，稱諱則如見親，祀之忠也。思之深，如見親之所愛。祭欲見親顔色者，其唯文王與！《詩》云：‘明發不寐，有懷二人。’〔一三〕則文王之謂與〔一四〕！祭之明日，明發不寐，有懷二人，敬而致之，又從而思之。祭之日，樂與哀半，饗之必樂，已至必哀〔一五〕，孝子之情也，文王爲能得之矣。”（又見於《禮記·祭義》）

〔一〕王肅注：“精氣者，人神之盛也。”“人”，《四庫》本、同文本以及《禮記·祭義》皆作“神”。《禮記·祭義》此下有“魄也者，鬼之盛也”一句。

〔二〕王肅注：“合神鬼而事之者，孝道之至。孝者，教之所由生也。”

〔三〕王肅注：“極，中。制爲中法。”

〔四〕王肅注：“明命，猶尊名，使民事其祖禰也。”

〔五〕王肅注：“宗，宗廟也。祧，遠廟也。天子特有二祧，諸侯謂始祖爲祧也。”

〔六〕王肅注：“聽，謂慎教令也。”

〔七〕王肅注：“二端，氣與魄也。二禮，謂薦黍、稷也。”

〔八〕王肅注：“薦醒時也。”

〔九〕燔燎羶薌，祭祀時祭品的香氣。燔燎，燒柴祭天。羶薌，祭祀時燒牛羊肉的香味。

王肅注：“謂以蕭光取祭脂以合膻香也。

〔一〇〕王肅注：“鬱，香草。鬯，樽也。”今案：“所以報氣也；薦黍稷，修肺肝，加以鬱鬯”
　　十五字以及王注皆據《四庫》本補。

〔一一〕王肅注：“民能不忘其所由生，然後能相愛也。上下，謂尊卑。用情，謂親也。”

〔一二〕盡，這裏指盡心盡力。

〔一三〕明發，謂凌晨天放亮。引詩見《詩·小雅·小宛》。

〔一四〕王肅注：“假此詩以喻文王。二人，謂父母也。”

〔一五〕王肅注：“已至，謂祭事以畢，不知親饗否，故哀。”

顏回第十八

　　魯定公問於顏回曰：“子亦聞東野畢之善御乎〔一〕？”對曰：“善則善矣。雖然，其馬將必佚〔二〕。”定公色不悅，謂左右曰：“君子固有誣人也。”顏回退。後三日，牧來訴之曰〔三〕：“東野畢之馬佚，兩驂曳，兩服入於廄〔四〕。”公聞之，越席而起，促駕召顏回。回至，公曰：“前日寡人問吾子以東野畢之御，而子曰：‘善則善矣，其馬將佚。’不識吾子奚以知之？”顏回對曰：“以政知之。昔者帝舜巧於使民，造父巧於使馬〔五〕。舜不窮其民力，造父不窮其馬力，是以舜無佚民，造父無佚馬。今東野畢之御也，升馬執轡，銜體正矣〔六〕；步驟馳騁，朝禮畢矣〔七〕；歷險致遠，馬力盡矣，然而猶乃求馬不已。臣以此知之。”公曰：“善！誠若吾子之言也。吾子之言，其義大矣，願少進乎？”顏回曰：“臣聞之：鳥窮則啄，獸窮則攫，人窮則詐，馬窮則佚。自古及今，未有窮其下而能無危者也。”公悅，遂以告孔子。孔子對曰：“夫其所以爲顏回者，此之類也，豈足多哉？”（又見於《荀子·哀公》、《呂氏春秋·離俗覽·適威》、《韓詩外傳》卷二、《新序·雜事五》）

〔一〕東野畢，春秋時人，姓東野，名畢，也作東野稷，善於駕車。

〔二〕佚，走失，逃逸。

〔三〕牧，掌養馬的官吏。

〔四〕古代四匹馬拉一輛車，位於兩邊的兩匹叫驂，居中的兩匹叫服。曳，踰也，這裏指逃逸。

〔五〕造父，西周時擅御者。

〔六〕王肅注：“馬非爲車。”

〔七〕步，慢走。驟，疾行。朝禮，猶調理。朝，通“調”。王肅注：“馬步驟馳騁，盡禮之儀也。”

　　孔子在衛，昧旦晨興〔一〕，顏回侍側，聞哭者之聲甚哀。子曰：“回，汝知此何所哭乎？”對曰：“回以此哭聲，非但爲死者而已，又有生離別者也。”子曰：“何以知之？”對曰：“回聞桓山之鳥，生四子焉，羽翼既成，將分於四海，其母悲鳴而送之，哀聲有似於此，謂其往而不返也。回竊以音類知之。”孔子使人問哭者，果曰：“父死家貧，賣子以葬，與之長決〔二〕。”子曰：“回也，善於識音矣。”（又見於《説苑·辨物》）

　　〔一〕昧旦，天放亮時。
　　〔二〕決，通“訣”，訣別。

　　顏回問於孔子曰：“成人之行若何？”子曰：“達於情性之理，通於物類之變，知幽明之故，覩游氣之原，若此可謂成人矣。既能成人，而又加之以仁義禮樂，成人之行也。若乃窮神知禮，德之盛也〔一〕。”（又見於《説苑·辨物》）

　　〔一〕王肅注：“禮宜爲化。”

　　顏回問於孔子曰：“臧文仲、武仲孰賢〔一〕？”孔子曰：“武仲賢哉！”顏回曰：“武仲世稱聖人，而身不免於罪，是智不足稱也〔二〕；好言兵討，而挫鋭於邾，是智不足名也〔三〕。夫文仲其身雖殁，而言不朽，惡有未賢〔四〕？”孔子曰：“身殁言立，所以爲文仲也。然猶有不仁者三，不智者三，是則不及武仲也。”回曰：“可得聞乎？”孔子曰：“下展禽〔五〕，置六關〔六〕，妾織蒲〔七〕，三不仁；設虚器〔八〕，縱逆祀〔九〕，祠海鳥〔一〇〕，三不智。武仲在齊，齊將有禍，不受其田，以避其難〔一一〕，是智之難也。夫臧武仲之智而不容於魯〔一二〕，抑有由焉，作而不順，施而不恕也夫〔一三〕。《夏書》曰：‘念兹在兹，順事恕施〔一四〕。’”（又見於《左傳·文公二年》、《襄公二十三年》）

　　〔一〕臧文仲，即臧孫辰，“文”乃其謚，春秋時魯國大夫。武仲，即臧武仲，“武”爲其謚，亦魯國大夫，曾任魯司寇。
　　〔二〕王肅注：“武仲爲季氏廢適立庶，爲孟氏所譖，出奔於齊。”王注中“適”，《四庫》本作“嫡”。

〔三〕王肅注："武仲與邾戰而敗績,國人頌之曰:'我君,小子侏儒使我敗於邾。'"

〔四〕王肅注："立不朽之言,故以爲賢。"

〔五〕王肅注："展禽,柳下惠。知其賢而使在下位,不與立於朝也。"

〔六〕王肅注："六關,關名。魯本無此關,文仲置之以税行者,故爲不仁。《傳》曰'廢六關',非也。"

〔七〕王肅注："《傳》曰:織蒲,蒲席也。言文仲爲國爲家,在於貪利也。"

〔八〕蔡,大龜。舊説蔡地産大龜,故大龜被稱爲蔡。按照古禮,只有國君才有資格用大龜卜問吉凶,所以臧文仲寶藏大龜謂僭越。孔子爲此對臧文仲的批評亦見於《論語》:"子曰:'臧文仲居蔡,山節藻梲,何如其知也?'"(《論語·公冶長》)王肅注："居蔡。蔡,天子之守龜,非文仲所有,故曰虚器也。"

〔九〕王肅注："夏父弗忌爲宗人,躋僖公於閔公之上,文仲縱而不禁也。"王注"宗"原作"宋",據《四庫》本改。

〔一〇〕王肅注："海鳥止于魯東門之上,文仲不知,而令國人祠之,是不知也。"

〔一一〕王肅注："武仲奔齊,齊莊公將與之田,武仲知莊公將有難,辭而不受也。"

〔一二〕"武仲",原作"文仲",今據《左傳》襄公二十三年以及《四庫》本改。

〔一三〕王肅注："不順不恕,爲廢適立庶,武仲之所以然,欲爲施於季氏也。"王注"適",《四庫》本作"嫡"。

〔一四〕王肅注："今此在常,當順其事,恕其施也。"王注"今",《四庫》本作"念"。引文當爲《尚書》佚文。

　　顏回問君子〔一〕。孔子曰:"愛近仁,度近智〔二〕,爲己不重〔三〕,爲人不輕,君子也夫。"回曰:"敢問其次。"子曰:"弗學而行,弗思而得。小子勉之。"

〔一〕"問"下原衍"于"字,據《四庫》本、同文本删。

〔二〕王肅注："度事而行,近於智也。"

〔三〕王肅注："不重,爲人。"

　　仲孫何忌問於顏回曰〔一〕:"仁者一言而必有益於仁智,可得聞乎?"回曰:"一言而有益於智,莫如預;一言而有益於仁,莫如恕。夫知其所不可由,斯知所由矣。"

〔一〕仲孫何忌,即孟懿子,春秋時魯國大夫,幼時曾從孔子學禮。

　　顏回問小人。孔子曰:"毀人之善以爲辯,狡訐懷詐以爲智〔一〕,

幸人之有過，恥學而羞不能，小人也。”

〔一〕狡訐，攻擊誣陷。訐，攻人所短，發人隱私。

顏回問子路曰：“力猛於德而得其死者，鮮矣，盍慎諸焉。”孔子謂顏回曰：“人莫不知此道之美，而莫之御也〔一〕，莫之爲也，何居爲聞者盍日思也夫〔二〕。”

〔一〕王肅注：“御，猶待也。”

〔二〕王肅注：“爲聞盍日有聞而後言者。”

顏回問於孔子曰：“小人之言有同乎？君子者不可不察也。”孔子曰：“君子以行言，小人以舌言，故君子於爲義之上相疾也，退而相愛〔一〕；小人於爲亂之上相愛也，退而相惡〔二〕。”

〔一〕“於”字原脱，據《四庫》本、同文本補。王肅注：“相病，急欲相勸，令爲仁義。”

〔二〕王肅注：“樂並爲亂，是以相愛。小人之情不能久親也。”

顏回問：“朋友之際如何？”孔子曰：“君子之於朋友也，心必有非焉而弗能謂，吾不知其仁人也，不忘久德，不思久怨，仁矣夫！”

叔孫武叔見未仕於顏回〔一〕，回曰：“賓之〔二〕。”武叔多稱人之過，而己評論之。顏回曰：“固子之來辱也，宜有得於回焉。吾聞知諸孔子曰：‘言人之惡，非所以美己；言人之枉，非所以正己。’故君子攻其惡，無攻人惡。”

〔一〕叔孫武叔，春秋時魯國大夫。

〔二〕賓之，當作賓客對待。

顏回謂子貢曰：“吾聞諸夫子：身不用禮而望禮於人，身不用德而望德於人，亂也。夫子之言，不可不思也。”

子路初見第十九

子路初見孔子〔一〕，子曰：“汝何好樂？”對曰：“好長劍。”孔子曰：“吾非此之問也，徒謂以子之所能，而加之以學問，豈可及乎？”子路曰：“學豈益也哉〔二〕？”孔子曰：“夫人君而無諫臣則失正，士而無教友

則失聽。御狂馬不釋策〔三〕，操弓不反檠〔四〕。木受繩則直，人受諫則
聖。受學重問，孰不順哉？毀仁惡士，必近於刑〔五〕。君子不可不
學。”子路曰：“南山有竹，不揉自直〔六〕，斬而用之，達於犀革。以此言
之，何學之有？”孔子曰：“括而羽之〔七〕，鏃而礪之，其入之不亦深乎？”
子路再拜曰：“敬而受教。”（又見於《説苑·建本》）

〔一〕“初”字據《四庫》本補。
〔二〕“也哉”原作“哉也”，據《四庫》本、同文本改。
〔三〕王肅注：“御狂馬者，不得釋箠策也。”
〔四〕王肅注：“弓不反於檠，然後可持也。”檠，校正弓的器具。
〔五〕“士”原作“仕”，據《四庫》本、同文本改。王肅注：“謗毀仁者，憎怒士人，必主於
　　刑也。”
〔六〕揉，使彎曲，這裏指校正。“揉”，原作“柔”，據《四庫》本、同文本改。
〔七〕括，通“栝”，箭末扣弦處。

子路將行，辭於孔子。子曰：“贈汝以車乎？贈汝以言乎？”子路
曰：“請以言。”孔子曰：“不强不達〔一〕，不勞無功，不忠無親，不信無
復〔二〕，不恭失禮，慎此五者而矣。”子路曰：“由請終身奉之。敢問親
交取親若何〔三〕？言寡可行若何？長爲善士而無犯若何？”孔子曰：
“汝所問苞在五者中矣〔四〕。親交取親，其忠也；言寡可行，其信乎；長
爲善士而無犯於禮也。”（又見於《説苑·雜言》）

〔一〕王肅注：“人不以强力，則不能自達。”
〔二〕王肅注：“信近於義，言可復也。今而不信，則無可復。”
〔三〕“親交”之“親”，通“新”。
〔四〕苞，同“包”。

孔子爲魯司寇，見季康子，康子不悦〔一〕。孔子又見之，宰予進曰：
“昔予也常聞諸夫子曰：‘王公不我聘則弗動。’今夫子之於司寇也日
少〔二〕，而屈節數矣〔三〕，不可以已乎？”孔子曰：“然。魯國以衆相陵，以
兵相暴之日久矣，而有司不治，則將亂也，其聘我者，孰大於是
哉〔四〕？”魯人聞之曰：“聖人將治，何不先自遠刑罰，自此之後，國無争
者。”孔子謂宰予曰：“違山十里，蟪蛄之聲，猶在於耳，故政事莫如應
之〔五〕。”（又見於《説苑·政理》）

〔一〕王肅注：“當爲桓子，非康子也。”

〔二〕王肅注：“謂在司寇官少日淺。”

〔三〕王肅注：“謂屈節數見於季孫。”

〔四〕王肅注：“言聘我使在官，其爲治，豈復可大於此者也。”

〔五〕王肅注：“違，去也。蟪蛄，蛁蟟也。蛁蟟之聲去山十里，猶在於耳，以其鳴而不已，言政事須慎聽之，然後行之者也。”

　　孔子兄子有孔篾者〔一〕，與宓子賤偕仕。孔子往過孔篾，而問之曰：“自汝之仕，何得何亡？”對曰：“未有所得，而所亡者三：王事若龍〔二〕，學焉得習〔三〕？是學不得明也；俸禄少，饘粥不及親戚〔四〕，是以骨肉益疏也；公事多急，不得吊死問疾，是朋友之道闕也。其所亡者三，即謂此也。”孔子不悦，往過子賤，問如孔篾。對曰：“自來仕者無所亡，其有所得者三：始誦之，今得而行之，是學益明也；俸禄所供，被及親戚，是骨肉益親也；雖有公事，而兼以吊死問疾，是朋友篤也。”孔子喟然謂子賤曰：“君子哉，若人〔五〕！魯無君子者，則子賤焉取此〔六〕？”（又見於《説苑·政理》）

〔一〕孔篾，即孔忠，孔子的侄子，亦孔子弟子。

〔二〕王肅注：“龍，宜爲聾，前後相因也。”

〔三〕王肅注：“言不得習學也。”

〔四〕饘粥，稀飯。

〔五〕王肅注：“若人，猶言是人者也。”

〔六〕王肅注：“如魯無君子者，此人安得而學之？言魯有君子也。”

　　孔子侍坐於哀公，賜之桃與黍焉。哀公曰：“請食。”孔子先食黍而後食桃，左右皆掩口而笑。公曰：“黍者所以雪桃〔一〕，非爲食之也。”孔子對曰：“丘知之矣。然夫黍者，五穀之長，郊禮宗廟以爲上盛〔二〕，菓屬有六而桃爲下，祭祀不用，不登郊廟。丘聞之，君子以賤雪貴，不聞以貴雪賤。今以五穀之長雪菓之下者，是從上雪下，臣以爲妨於教，害於義，故不敢。”公曰：“善哉！”（又見於《韓非子·外儲説左下》）

〔一〕王肅注：“雪，拭。”

〔二〕盛，祭祀時放在祭器中的祭品。

子貢曰：“陳靈公宣婬於朝〔一〕，泄冶正諫而殺之〔二〕，是與比干諫而死同，可謂仁乎？”子曰：“比干於紂，親則諸父，官則少師，忠報之心在於宗廟而已〔三〕，固必以死爭之〔四〕。冀身死之後，紂將悔寤，其本志情在於仁者也。泄冶之於靈公，位在大夫，無骨肉之親，懷寵不去，仕於亂朝。以區區之一身，欲正一國之婬昏，死而無益，可謂狷矣〔五〕。《詩》云：‘民之多僻，無自立辟〔六〕。’其泄冶之謂乎？”（又見於《左傳·宣公九年》）

〔一〕陳靈公，春秋時陳國國君，曾與孔寧、儀行父私通於夏姬，甚至相互出示夏姬所贈送的内衣在朝廷上戲謔。王肅注：“靈公與卿共婬夏姬。”

〔二〕泄冶，陳國大夫。“冶”原作“治”，據《四庫》本、同文本改。本段後同。

〔三〕宗廟，這裏指國家。

〔四〕爭，同“諍”，諫諍。

〔五〕狷，耿直，固執。“狷”原作“捐”，據《四庫》本、同文本改。

〔六〕王肅注：“僻，邪。辟，法。”王注“法”字原脱，據《四庫》本、同文本補。引詩見《詩經·大雅·板》。

孔子相魯〔一〕，齊人患其將霸，欲敗其政，乃選好女子八十人，衣以文飾而舞《容璣》〔二〕，及文馬四十駟〔三〕，以遺魯君。陳女樂，列文馬於魯城南高門外，季桓子微服往觀之再三，將受焉，告魯君爲周道遊觀，觀之終日，怠於政事。子路言於孔子曰：“夫子可以行矣。”孔子曰：“魯今且郊，若致膰於大夫〔四〕，是則未廢其常，吾猶可以止也。”桓子既受女樂，君臣淫荒，三日不聽國政，郊又不致膰俎，孔子遂行。宿於郭屯，師以送曰〔五〕：“夫子非罪也。”孔子曰：“吾歌可乎？歌曰：‘彼婦人之口，可以出走；彼婦人之請，可以死敗〔六〕。優哉遊哉，聊以卒歲〔七〕。’”（又見於《史記·孔子世家》）

〔一〕相，擔任丞相，這裏指孔子“攝相事”，即擔任代理丞相。

〔二〕王肅注：“《容璣》，舞曲。”

〔三〕王肅注：“駟，四馬也。”

〔四〕王肅注：“膰，祭肉也”。

〔五〕師以，魯國樂師。“以”，《四庫》本、同文本作“已”。

〔六〕王肅注：“言婦人口請謁，足以使人死敗，故可出走。”

〔七〕王肅注：“言士不遇，優遊以終歲也。”

澹臺子羽有君子之容〔一〕，而行不勝其貌；宰我有文雅之辭，而智不克其辯。孔子曰：“里語云〔二〕：‘相馬以輿，相士以居，弗可廢矣。’以容取人，則失之子羽；以辭取人，則失之宰予。”（又見於《韓非子·顯學》、《史記·仲尼弟子列傳》）

〔一〕澹臺子羽，即澹臺滅明，孔子弟子。

〔二〕里語，鄉里諺語。

孔子曰：“君子以其所不能畏人，小人以其所不能不信人，故君子長人之才，小人抑人而取勝焉。”

孔篾問行己之道〔一〕。子曰：“知而弗爲，莫如勿知；親而弗信，莫如勿親。樂之方至，樂而勿驕；患之將至，思而勿憂。”孔篾曰：“行己乎？”子曰：“攻其所不能，補其所不備。毋以其所不能疑人，毋以其所能驕人。終日言，無遺己之憂〔二〕；終日行，不遺己患，唯智者有之。”（又見於《説苑·雜言》）

〔一〕行己，爲人處世。

〔二〕“之”字《四庫》本、同文本無。

在厄第二十

楚昭王聘孔子，孔子往拜禮焉，路出於陳、蔡。陳、蔡大夫相與謀曰：“孔子聖賢，其所刺譏，皆中諸侯之病。若用於楚，則陳、蔡危矣。”遂使徒兵距孔子〔一〕。孔子不得行，絕糧七日，外無所通，藜羹不充〔二〕，從者皆病。孔子愈慷慨講誦〔三〕，絃歌不衰，乃召子路而問焉，曰：“《詩》云：‘匪兕匪虎，率彼曠野〔四〕’。吾道非乎，奚爲至於此？”子路愠，作色而對曰：“君子無所困。意者夫子未仁與，人之弗吾信也〔五〕？意者夫子未智與，人之弗吾行也〔六〕？且由也昔者聞諸夫子：‘爲善者，天報之以福；爲不善者，天報之以禍。’今夫子積德懷義，行之久矣，奚居之窮也？”子曰：“由未之識也，吾語汝：汝以仁者爲必信也，則伯夷、叔齊不餓死首陽；汝以智者爲必用也，則王子比干不見剖心；汝以忠者爲必報也，則關龍逢不見刑〔七〕；汝以諫者爲必聽也，則伍子胥不見殺〔八〕。夫遇不遇者，時也；賢不肖者，才也。君子博學深謀而不遇時者衆矣，何獨丘哉！且芝蘭生於深林，不以無人而不芳，君子修道立德,不爲窮困而改節〔九〕。爲之者,人也;生死者,命也。是以晉重耳之有霸心,生於曹、衛〔一○〕;越王勾踐之有霸心,生於會稽〔一一〕。故居下而無憂者,則思不遠;處身而常逸者,則志不廣。庸知其終始乎〔一二〕?"子路出。召子貢,告如子路。子貢曰:"夫子之道至大,故天下莫能容夫子,夫子盍少貶焉?"子曰:"賜,良農能稼,不必能穡〔一三〕;良工能巧,不能爲順〔一四〕。君子能修其道,綱而紀之,不必其能容。今不修其道,而求其容。賜,爾志不廣矣,思不遠矣!"子貢出。顏回入,問亦如之。顏回曰:"夫子之道至大,天下莫能容,雖然,夫子推而行之,世不我用,有國者之醜也,夫子何病焉? 不容然後見君子。"孔子欣然歎曰:"有是哉,顏氏之子! 吾亦使爾多財,吾爲爾宰〔一五〕。"(又見於《荀子·宥坐》、《韓詩外傳》卷七、《史記·孔子世家》、《說苑·雜言》)

〔一〕距,通"拒"。

〔二〕藜羹,用藜草作的菜湯,這裏指粗劣的食物。

〔三〕"誦"字原無,據《四庫》本、同文本補。

〔四〕王肅注:"率,修也。言非兕虎,而修曠野也。"王注"修"字《四庫》本、同文本作"循",是也。兕,一種類似犀牛的動物。引詩見《詩經·小雅·何草不黃》。

〔五〕王肅注:"言人不信,豈以未仁故也?"

〔六〕王肅注:"言人不使通行而困窮者,豈以吾未智也?"

〔七〕關龍逢,夏末賢臣,夏桀無道,極力勸諫,遂爲桀所殺。"逄",同文本作"逢"。

〔八〕伍子胥,名員,春秋時楚國人。父兄均爲楚平王所殺,逃到吳國,與孫武共輔吳王闔閭伐楚,掘楚平王墓,鞭尸三百。後因勸阻吳王夫差接受越王勾踐請和,被賜死。

〔九〕改節,猶言"變節"。"爲",原作"謂",據《四庫》本、同文本改。"改",《四庫》本、同文本作"敗",亦通。

〔一○〕王肅注:"重耳,晉文公也。爲公子時出奔,困於曹、衛。"

〔一一〕王肅注:"言越王之有霸心,乃生困於會稽之時也。"

〔一二〕王肅注:"庸,用也。汝何用知其終始? 或者晉文公、越王之時也。"

〔一三〕王肅注:"種之爲稼,斂之爲穡,良農能蓋種之,未必能斂獲之也哉。"王注"哉"字《四庫》本無。

〔一四〕王肅注:"言良工能巧,不能每順人意也。"

〔一五〕王肅注:"宰,主財者。爲汝主財,意志同也。"

子路問於孔子曰:"君子亦有憂乎?"子曰:"無也。君子之修行也,其未得之則樂其意,既得之又樂其治,是以有終身之樂,無一日之憂。小人則不然,其未得也患弗得之,既得之又恐失之,是以有終身之憂,無一日之樂也。"(又見於《荀子·子道》、《説苑·雜言》)

　　曾子弊衣而耕於魯,魯君聞之,而致邑焉〔一〕。曾子固辭不受。或曰:"非子之求,君自致之,奚固辭也?"曾子曰:"吾聞受人施者常畏人,與人者常驕人。縱君有賜,不我驕也,吾豈能勿畏乎?"孔子聞之曰:"參之言,足以全其節也。"(又見於《説苑·立節》)

〔一〕致,贈送。

　　孔子厄於陳、蔡,從者七日不食。子貢以所齎貨〔一〕,竊犯圍而出告糴於野人〔二〕,得米一石焉。顏回、仲由炊之於壞屋之下,有埃墨墮飯中〔三〕,顏回取而食之。子貢自井望見之,不悦,以爲竊食也。入問孔子曰:"仁人廉士,窮改節乎?"孔子曰:"改節即何稱於仁、廉哉?"子貢曰:"若回也,其不改節乎?"子曰:"然。"子貢以所飯告孔子。子曰:"吾信回之爲仁久矣,雖汝有云,弗以疑也。其或者必有故乎? 汝止,吾將問之。"召顏回曰:"疇昔予夢見先人〔四〕,豈或啓祐我哉? 子炊而進飯,吾將進焉〔五〕。"對曰:"向有埃墨墮飯中,欲置之則不潔,欲棄之則可惜,回即食之,不可祭也。"孔子曰:"然乎,吾亦食之。"顏回出,孔子顧謂二三子曰:"吾之信回也,非待今日也。"二三子由此乃服之。(又見於《吕氏春秋·審分覽·任數》)

〔一〕齎,攜帶。

〔二〕告糴,請求買糧。糴,買糧。

〔三〕埃墨,被炊煙熏黑的塵埃。

〔四〕疇昔,往日。

〔五〕進,祭祀。

入官第二十一

　　子張問入官於孔子〔一〕。孔子曰:"安身取譽爲難。"子張曰:"爲之如何?"孔子曰:"己有善勿專〔二〕,教不能勿怠〔三〕,己過勿發〔四〕,失言勿揜〔五〕,不善勿遂〔六〕,行事勿留〔七〕。君子入官,有此六者,則身安譽至而政從矣〔八〕。且夫忿數者〔九〕,官獄所由生也;距諫者〔一〇〕,慮之所以塞也；慢易者，禮之所以失也；怠惰者，時之所以後也；奢侈者，財之所以不足也；專獨者，事之所以不成也。君子入官，除此六者，則身安譽至而政從矣。故君子南面臨官，大域之中而公治之〔一一〕，精智而略行之〔一二〕，合是忠信，考是大倫，存是美惡〔一三〕，進是利而除是害，無求其報焉，而民之情可得也。夫臨之無抗民之惡〔一四〕，勝之無犯民之言〔一五〕，量之無佼民之辭〔一六〕，養之無擾於其時，愛之無寬於刑法〔一七〕。若此，則身安譽至而民得也。君子以臨官，所見則邇，故明不可蔽也〔一八〕；所求於邇，故不勞而得也〔一九〕；所以治者約，故不用衆而譽立。凡法象在內，故法不遠而源泉不竭〔二〇〕，是以天下積而本不寡〔二一〕。短長得其量，人志治而不亂政。德貫乎心，藏乎志，形乎色，發乎聲，若此，而身安譽至，民咸自治矣。是故臨官不治則亂，亂生則爭之者至，爭之至又於亂〔二二〕。明君必寬裕以容其民，慈愛優柔之〔二三〕，而民自得矣。行者，政之始也〔二四〕；說者，情之導也〔二五〕。善政行易而民不怨〔二六〕，言調說和則民不變〔二七〕。法在身則民象之〔二八〕，明在己則民顯之。若乃供己而不節，則財利之生者微矣〔二九〕；貪以不得，則善政必簡矣〔三〇〕。苟以亂之，則善言必不聽也；詳以納之〔三一〕，則規諫日至。言之善者在所日聞〔三二〕，行之善者在所能爲。故君上者，民之儀也；有司執政者，民之表也；邇臣便僻者，群僕之倫也〔三三〕。故儀不正則民失，表不端則百姓亂，邇臣便辟則群臣汙矣〔三四〕，是以人主不可不敬乎三倫。君子修身反道，察里言而服之〔三五〕，則身安譽至，終始在焉。故夫女子必自擇絲麻，良工必自擇完材〔三六〕，賢君必自擇左右。勞於取人，佚於治事。君子欲譽，則必謹其左右。爲上者，譬如緣木焉，務高而畏下滋甚。六馬之乖離，必於四達之交衢；萬民之叛道，必於君上之失政。上者尊嚴而危，民者卑賤而神〔三七〕。愛之則存，惡之則亡，長民者必明此之要。故南面臨官，貴而不驕，富而能供〔三八〕，有本而能圖末，修事而能建業〔三九〕，久居而不滯，情近而暢乎遠，察一物而貫乎多，治一物而萬物不能亂者，以身爲本者也。君子蒞民，不可以不知民之性而達諸民之情。既知其性，又習其情，然後民乃從命矣。故世舉則民親之，政均則民無怨。故君子蒞民，不臨以高〔四〇〕，不導以遠，不責民之所不爲，不强民之所不能。

以明王之功,不因其情,則民嚴而不迎〔四一〕。篤之以累年之業,不因其力,則民引而不從〔四二〕。若責民所不爲,强民所不能,則民疾,疾則僻矣〔四三〕。古者聖主冕而前旒〔四四〕,所以蔽明也;紘紞充耳〔四五〕,所以掩聰也。水至清則無魚,人至察則無徒。枉而直之,使自得之;優而柔之,使自求之〔四六〕;揆而度之,使自索之〔四七〕。民有小罪,必求其善,以赦其過;民有大罪,必原其故,以仁輔化;如有死罪,其使之生,則善也。是以上下親而不離,道化流而不蘊〔四八〕。故德者,政之始也。政不和,則民不從其教矣。不從教,則民不習。不習,則不可得而使也。君子欲言之見信也,莫善乎先虛其内〔四九〕;欲政之速行也,莫善乎以身先之;欲民之速服也,莫善乎以道御之,故雖服必强〔五〇〕。自非忠信,則無可以取親於百姓者矣。内外不相應,則無可以取信於庶民者矣〔五一〕。此治民之至道矣,入官之大統矣。”子張既聞孔子斯言,遂退而記之。(又見於《大戴禮記・子張問入官》)

〔一〕王肅注:“入官謂當官治民之職也。”

〔二〕王肅注:“雖有善,當與下共之,勿專以爲己有者也。”

〔三〕王肅注:“怠,懈。”

〔四〕王肅注:“言人已過誤,無所傷害,勿發揚。”王聘珍《大戴禮記解詁》云:“發,行也。”是也。

〔五〕“掎”,《大戴禮記・子張問入官》作“踦”,曲護,曲爲之説。王肅注:“有人失言,勿掎角之。”

〔六〕王肅注:“已有不善,不可遂行。”

〔七〕王肅注:“宜行之事,勿令留滯。”

〔八〕王肅注:“衆從其政,無違教也。”

〔九〕忿數,忿疾,忿怒,憎惡。

〔一〇〕距,同“拒”。

〔一一〕王肅注:“大域,猶辜較也。”王注“辜”,《四庫》本作“大”。大較,猶大略。

〔一二〕王肅注:“以精知之略行,舉其要而行之。”王注,《四庫》本、同文本作“以精知之,略舉其要而行之。”

〔一三〕存,孔廣森《大戴禮記補注》云:“察也。”

〔一四〕抗,《周書・謚法》:“逆天虐民曰抗。”王肅注:“治民無抗揚之志也。”

〔一五〕王肅注:“以慎勝民,言不犯民。”

〔一六〕“佼”,《大戴禮記・子張問入官》作“狡”,狡詐。王肅注:“佼,猶周也。度量而施政,辭不周民也。"今案:周,比周,結黨營私。

〔一七〕王肅注:"言雖愛民,不可寬於刑法,威尅其愛,故事無不成也。"

〔一八〕王肅注:"所見邇,謂察於微也。"

〔一九〕王肅注:"所求者近,故不勞而得也。"

〔二〇〕法象,謂合乎儀軌的儀表、舉止。王肅注:"法象近在於内,故不遠而源泉不竭盡。"

〔二一〕王肅注:"言天下之事,皆積聚而成,如源泉之本,非徒不竭,乃不寡。"

〔二二〕王肅注:"小亂則争,争之甚者,又大亂至矣。"

〔二三〕優柔,寬舒,從容。

〔二四〕王肅注:"行爲政始,言民從行不從言也。"

〔二五〕王肅注:"言説者,但導達其情。"

〔二六〕王肅注:"言善政行簡易而民無怨者也。"

〔二七〕王肅注:"調,適也。言適於事,説和於民,則不變。"

〔二八〕"之"字原無,據《四庫》本、同文本補。王肅注:"言法度常在身,則民法之。"

〔二九〕王肅注:"言自供不節於財,財不可供,生財之道微矣。"

〔三〇〕王肅注:"言徒貪於不得財,善政則簡略而不脩也。"

〔三一〕王肅注:"納善言也。"

〔三二〕王肅注:"日聞善言,可行於今日也。"

〔三三〕王肅注:"僻,宜爲'辟'。便辟,執事在君之左右者。倫,紀也,爲衆之紀。"

〔三四〕便辟,原作"便僻",據《四庫》本改,指逢迎,獻媚,巧佞。

〔三五〕王肅注:"服,行。"

〔三六〕"完",原作"貌",據《四庫》本、同文本改。完材,完美的材料。

〔三七〕王肅注:"君有愛思之心感於民,故謂如神。"王聘珍《大戴禮記解詁》曰:"神者,不可測者也。"

〔三八〕王肅注:"'供'宜爲'共',古'恭'字也。"

〔三九〕王肅注:"既能修治舊事,又能建乎功業也。"王注"又"下原有"人君"二字,據《四庫》本删。

〔四〇〕王肅注:"不亢揚也。"

〔四一〕王肅注:"迎,奉也。民嚴畏其上而不奉迎其教也。"

〔四二〕王肅注:"引,弘也。教之以非其力之所堪,則民引弘而不從其教也矣。"

〔四三〕王肅注:"民疾其上,即邪僻之心生。"

〔四四〕冕,古代帝王、諸侯以及卿相大臣等所戴的禮帽。旒,冕前後所懸垂的玉飾。

〔四五〕紘統,垂於冠冕兩旁用來懸瑱的帶子。

〔四六〕王肅注:"優,寬也。柔,和也。使自求其宜也。"

〔四七〕王肅注:"揆度其法以開示之,使自索得之也。"

〔四八〕王肅注："蘊,滯積也。"

〔四九〕王肅注："虛其內,謂直道而行,無情欲也。"王注"欲",原作"故",據《四庫》本改。

〔五〇〕王肅注："言民雖服,必以威強之,非心服也哉。"

〔五一〕"可以",原作"已",據《四庫》本、同文本改。

困誓第二十二

　　子貢問於孔子曰："賜倦於學,困於道矣,願息於事君〔一〕,可乎?"孔子曰："《詩》云:'溫恭朝夕,執事有恪〔二〕。'事君之難也,焉可息哉!"曰："然則賜願息於事親〔三〕。"孔子曰："《詩》云:'孝子不匱,永錫爾類〔四〕。'事親之難也,焉可以息哉?"曰："然賜請願息於妻子。"孔子曰："《詩》云:'刑于寡妻,至于兄弟,以御于家邦〔五〕。'妻子之難也,焉可以息哉?"曰："然賜願息於朋友。"孔子曰："《詩》云:'朋友攸攝,攝以威儀。'朋友之難也,焉可以息哉?"曰："然則賜願息於耕矣。"孔子曰："《詩》云:'晝爾于茅,宵爾索綯,亟其乘屋,其始播百穀〔六〕。'耕之難也,焉可以息哉?"曰："然則賜將無所息者也?"孔子曰："有焉。自望其廣,則睪如也〔七〕;視其高,則填如也〔八〕;察其從,則隔如也〔九〕。此其所以息也矣。"子貢曰："大哉乎死也! 君子息焉,小人休焉,大哉乎死也!"（又見於《荀子·大略》、《韓詩外傳》卷八、《列子·天瑞》）

〔一〕"於",《四庫》本、同文本作"而",蓋誤。

〔二〕王肅注："敬也。"引詩見《詩經·商頌·那》。

〔三〕"於",各本皆作"而",今據上下文校改。

〔四〕王肅注："匱,竭也。類,善也。孝子之道不匱竭者,能以類相傳,長錫爾以善道也。"引詩見《詩經·大雅·既醉》。

〔五〕王肅注："刑,法也。寡,適也。御,正也。文王以正法接其寡妻,至于同姓兄弟,以正治天下之國家者矣。"引詩見《詩經·大雅·思齊》。

〔六〕王肅注："宵,夜。綯,絞也。當以時治屋也。亟,疾也。當亟乘爾屋以善治之也。其復當脩農播百穀,言無懈息。"

〔七〕王肅注："'廣',宜爲'壙'。睪,高貌。壙而高冢是也。"

〔八〕《荀子·大略》作"嵮如也"。"填"當爲"嵮"之誤。"嵮",通"巔"。王肅注："填,塞實貌也。冢雖高而塞實也。"

〔九〕"隔",當爲"鬲"之誤。《荀子·大略》作"鬲"。"鬲",類似鼎的炊具,三足中空。

王肅注：“言其隔而不得復相從也。”

孔子自衛將入晉，至河，聞趙簡子殺竇犨鳴犢及舜華[一]，乃臨河而歎曰：“美哉水，洋洋乎！丘之不濟此，命也夫！”子貢趨而進曰：“敢問何謂也？”孔子曰：“竇犨鳴犢、舜華，晉之賢大夫也。趙簡子未得志之時，須此二人而後從政。及其已得志也，而殺之。丘聞之，刳胎殺夭[二]，則麒麟不至其郊；竭澤而漁，則蛟龍不處其淵；覆巢破卵，則鳳凰不翔其邑，何則？君子違傷其類者也[三]。鳥獸之於不義，尚知避之，況於人乎？”遂還，息於鄒，作《槃操》以哀之[四]。（又見於《史記·孔子世家》、《説苑·權謀》、《孔叢子·記問》、《新序》）

〔一〕趙簡子，即趙鞅，趙武之孫，晉定公時爲卿。竇犨鳴犢，姓竇名犨字鳴犢，晉國賢大夫。舜華，亦晉國賢大夫。

〔二〕刳，剖。夭，幼小的生命。

〔三〕王肅注：“違，去也。違，或爲諱也。”

〔四〕王肅注：“《槃操》，琴曲名也。”

子路問於孔子曰：“有人於此，夙興夜寐，耕芸樹藝[一]，手足胼胝[二]，以養其親，然而名不稱孝，何也？”孔子曰：“意者身不敬與？辭不順與？色不悦與？古之人有言曰：‘人與己與，不汝欺[三]。’”“今盡力養親而無三者之闕，何謂無孝之名乎？”孔子曰：“由，汝志之，吾語汝。雖有國士之力，而不能自舉其身，非力之少，勢不可矣。夫内行不修，身之罪也；行修而名不彰，友之罪也；行修而名自立。故君子入則篤行，出則交賢，何謂無孝名乎？”（又見於《荀子·子道》、《韓詩外傳》卷九）

〔一〕芸，通“耘”。藝，種植。

〔二〕胼胝，手腳上的老繭。

〔三〕王肅注：“言人與己事實相通，不相欺也。”

孔子遭厄於陳、蔡之間，絶糧七日，弟子餒病，孔子絃歌。子路入見曰：“夫子之歌，禮乎？”孔子弗應，曲終而曰：“由，來，吾語汝。君子好樂，爲無驕也；小人好樂，爲無懾也[一]。其誰之子，不我知而從我者乎[二]？”子路悦，援戚而舞，三終而出。明日免於厄。子貢執轡曰：

“二三子從夫子而遭此難也，其弗忘矣！”孔子曰：“善，惡何也〔三〕？夫陳、蔡之間，丘之幸也。二三子從丘者，皆幸也。吾聞之：君不困不成王，烈士不困行不彰。庸知其非激憤厲志之始於是乎在〔四〕？”（又見於《説苑・雜言》）

〔一〕王肅注：“懾，懼。”

〔二〕王肅注：“其誰之子，猶言以誰氏子，謂子路，曰：雖從我而不知我也。”

〔三〕王肅注：“善子貢言也。惡何，猶言是何也。”

〔四〕在，同“哉”。

孔子之宋，匡人簡子以甲士圍之。子路怒，奮戟將與戰。孔子止之曰：“惡有修仁義而不免世俗之惡者乎？夫《詩》、《書》之不講，禮、樂之不習，是丘之過也。若以述先王、好古法而爲咎者，則非丘之罪也。命之夫。歌，予和汝。”子路彈琴而歌，孔子和之，曲三終，匡人解甲而罷。（又見於《韓詩外傳》卷六、《説苑・雜言》）

孔子曰：“不觀高崖，何以知顛墜之患？不臨深泉，何以知没溺之患？不觀巨海，何以知風波之患？失之者其在此乎〔一〕！士慎此三者，則無累於身矣。”（又見於《説苑・雜言》）

〔一〕王肅注：“不在此三者之域也。”

子貢問於孔子曰：“賜既爲人下矣，而未知爲人下之道，敢問之。”子曰：“爲人下者，其猶土乎。汩之之深則出泉〔一〕，樹其壤則百穀滋焉，草木植焉，禽獸育焉，生則出焉，死則入焉。多其功而不意〔二〕，弘其志而無不容〔三〕，爲人下者以此也。”（又見於《荀子・堯問》、《韓詩外傳》卷七、《説苑・雜言》）

〔一〕汩，治理，疏通。王肅注：“汩，渥。”

〔二〕王肅注：“功雖多而無所意也。”

〔三〕王肅注：“爲人下者當弘志，如地無所不容也。”

孔子適鄭，與弟子相失，獨立東郭門外。或人謂子貢曰：“東門外有一人焉，其長九尺有六寸，河目隆顙〔一〕，其頭似堯，其頸似皋繇，其肩似子産，然自腰已下〔二〕，不及禹者三寸，纍然如喪家之狗〔三〕。”子貢

以告，孔子欣然而歎曰："形狀，末也〔四〕。如喪家之狗，然乎哉！然乎哉！"（又見於《史記·孔子世家》、《韓詩外傳》卷九）

〔一〕王肅注："河目，上下匡平而長。顙，頰也。"今案：顙，額也。

〔二〕已，同"以"。

〔三〕王肅注："喪家狗，主人哀荒，不見飯食，故纍然不得意。孔子生於亂世，道不得行，故纍然，是不得意之貌也。"

〔四〕"末"，《四庫》本、同文本作"未"，皆通。

孔子適衛，路出於蒲〔一〕，會公叔氏以蒲叛衛〔二〕，而止之。孔子弟子有公良儒者〔三〕，爲人賢長，有勇力，以私車五乘從夫子行，喟然曰："昔吾從夫子遇難於匡，又伐樹於宋〔四〕，今遇困於此，命也夫！與其見夫子仍遇於難，寧我鬬死。"挺劍而合衆，將與之戰。蒲人懼，曰："苟無適衛，吾則出子。"以盟孔子，而出之東門。孔子遂適衛。子貢曰："盟可負乎？"孔子曰："要我以盟，非義也。"衛侯聞孔子之來，喜而於郊迎之。問伐蒲，對曰："可哉！"公曰："吾大夫以爲，蒲者，衛之所以恃晉、楚也，伐之，無乃不可乎？"孔子曰："其男子有死之志〔五〕，吾之所伐者，不過四五人矣〔六〕。"公曰："善！"卒不果伐。他日，靈公又與夫子語，見飛雁過，而仰視之，色不悦。孔子乃逝〔七〕。（又見於《史記·孔子世家》）

〔一〕蒲，春秋時衛地。

〔二〕公孫氏，這裏指公孫戌，衛大夫。

〔三〕公良儒，又作"公良孺"，字子正，陳國人，孔子弟子。

〔四〕王肅注："孔子與弟子行禮於大樹之下，桓魋欲害之，故先伐其樹焉。"

〔五〕王肅注："公叔氏欲蒲適他國，故男子欲死之，不樂適也。"

〔六〕王肅注："本與叔孫同畔者也。"王注"畔"，原作"伴"，據《四庫》本改。

〔七〕王肅注："逝，行。"

衛籧伯玉賢〔一〕，而靈公不用，彌子瑕不肖，反任之。史魚驟諫，而不從。史魚病將卒，命其子曰："吾在衛朝，不能進籧伯玉，退彌子瑕，是吾爲臣不能正君也。生而不能正君，則死無以成禮。我死，汝置屍牖下，於我畢矣〔二〕。"其子從之。靈公弔焉，怪而問焉。其子以其父言告公。公愕然失容曰："是寡人之過也。"於是命之殯於客位，進籧伯玉而用之,退彌子瑕而遠之。孔子聞之曰:"古之列諫之者〔三〕,死則已矣,未有若史魚死而屍諫,忠感其君者也,不可謂直乎〔四〕?"(又見於《新書·胎教》、《新序·雜事一》、《大戴禮記·保傅》、《韓詩外傳》卷七)

〔一〕籧伯玉,名瑗,衛國賢大夫。

〔二〕王肅注:"禮,飯含於牖下,小斂於户内,大斂於阼,殯於客位也。"

〔三〕列,同"烈",强烈,極力。

〔四〕"不可",《四庫》本、同文本作"可不"。

五帝德第二十三

宰我問於孔子曰:"昔者吾聞諸榮伊曰'黄帝三百年'〔一〕。請問黄帝者,人也? 抑非人也? 何以能至三百年乎?"孔子曰:"禹、湯、文、武、周公,不可勝以觀也。而上世黄帝之問,將謂先生難言之故乎〔二〕!"宰我曰:"上世之傳,隱微之説,卒采之辯〔三〕,闇忽之意〔四〕,非君子之道者,則予之問也固矣〔五〕。"孔子曰:"可也,吾略聞其説。黄帝者,少昊之子,曰軒轅。生而神靈,弱而能言。幼齊叡莊,敦敏誠信。長聰明,治五氣〔六〕,設五量〔七〕,撫萬民,度四方〔八〕。服牛乘馬,擾馴猛獸。以與炎帝戰於阪泉之野〔九〕,三戰而後尅之。始垂衣裳,作爲黼黻〔一〇〕。治民以順天地之紀,知幽明之故,達生死存亡之説。播時百穀〔一一〕,嘗味草木,仁厚及於鳥獸昆蟲。考日月星辰,勞耳目,勤心力,用水火財物以生民。民賴其利,百年而死;民畏其神,百年而亡;民用其教,百年而移,故曰黄帝三百年。"

〔一〕榮伊,又作"榮伯",周朝同姓諸侯,爲卿大夫。

〔二〕王肅注:"言禹、湯已下,不可勝觀,乃問上世黄帝,將爲先生長老難言之,故問。"

〔三〕王肅注:"采,事也。辯,説也。卒,終也。其事之説也。"

〔四〕王肅注:"闇忽,久遠不明。"

〔五〕王肅注:"固,陋。不得其問。"

〔六〕王肅注:"五行之氣。"

〔七〕王肅注:"五量:權衡、升斛、尺丈、里步、十百。"

〔八〕王肅注:"商度四方而無安定。"

〔九〕王肅注:"炎帝,神農氏之後也。"

〔一〇〕王肅注:"白與黑謂之黼,若斧文。黑與青謂之黻,若兩已相戾。"

〔一一〕王肅注:"時,是。"

　　宰我曰:"請問帝顓頊[一]?"孔子曰:"五帝用説,三王有度[二]。汝欲一日徧聞遠古之説,躁哉予也!"宰我曰:"昔予也聞諸夫子曰'小子毋或宿',故敢問[三]。"孔子曰:"顓頊,黄帝之孫,昌意之子,曰高陽。淵而有謀[四],疏通以知遠,養財以任地,履時以象天。依鬼神而制義,治氣性以教衆,潔誠以祭祀,巡四海以寧民。北至幽陵[五],南暨交趾[六],西抵流沙[七],東極蟠木[八]。動静之神[九],小大之物,日月所照,莫不底屬[一〇]。"

〔一〕顓頊,黄帝次子昌意的兒子,號高陽氏,傳説中的古代帝王。

〔二〕王肅注:"五帝久遠,故用説也。三王邇,則有成法度。"

〔三〕王肅注:"有所問當問,勿令更宿也。"

〔四〕淵,深也。

〔五〕幽陵,即幽州,古代十二州之一。

〔六〕交趾,地名,指今越南北部一帶。

〔七〕流沙,指沙漠地區。

〔八〕蟠木,又作"扶木",即"扶桑",傳説中的神木,太陽出其下,故又指日出之地。

〔九〕"神",《四庫》本、同文本皆作"類"。

〔一〇〕"底",《四庫》本作"砥"。王肅注:"底,平。四遠皆平而來服屬之也。"

　　宰我曰:"請問帝嚳[一]?"孔子曰:"玄枵之孫[二],喬極之子[三],曰高辛。生而神異,自言其名。博施厚利,不於其身。聰以知遠,明以察微。仁以威,惠而信,以順天地之義。知民所急,修身而天下服。取地之財而節用焉,撫教萬民而誨利之。歷日月之生朔而迎送之,明鬼神而敬事之。其色也和,其德也重,其動也時,其服也哀[四]。春夏秋冬,育護天下。日月所照,風雨所至,莫不從化。"

〔一〕帝嚳,黄帝曾孫,號高辛氏,傳説中的古代帝王。

〔二〕玄枵,黄帝之子。

〔三〕喬極,玄枵之子。

〔四〕服,這裏指着喪服。

　　宰我曰:"請問帝堯?"孔子曰:"高辛氏之子,曰陶唐。其仁如天,其智如神。就之如日,望之如雲。富而不驕,貴而能降。伯夷典禮[一],夔、龍典樂[二]。舜時而仕,趨視四時,務先民始之[三]。流四凶而天下服。其言不忒，其德不回〔四〕。四海之内，舟輿所及，莫不夷説〔五〕。”

〔一〕伯夷，這裏指堯之臣伯夷，非殷末的伯夷。

〔二〕王肅注：“舜時夔典樂，龍作納言，然則堯時龍亦典樂者也。”

〔三〕“先”，原作“元”，據《四庫》本、同文本改。王肅注：“務先民事以爲始也。”

〔四〕回，違背，這裏指背理。

〔五〕王肅注：“夷，平心。‘説’，古通以爲‘悦’字。”

宰我曰：“請問帝舜？”孔子曰：“喬牛之孫，瞽瞍之子也，曰有虞。舜孝友聞於四方，陶漁事親〔一〕。寬裕而温良，敦敏而知時，畏天而愛民，恤遠而親近。承受大命，依於二女〔二〕。叡明智通，爲天下帝。命二十二臣，率堯舊職，躬己而已〔三〕。天平地成，巡狩四海，五載一始。三十年在位，嗣帝五十載。陟方岳〔四〕，死於蒼梧之野而葬焉〔五〕。”

〔一〕王肅注：“爲陶器，躬捕魚以養父母。”

〔二〕王肅注：“堯妻舜以二女，舜動静謀之於二女。”

〔三〕“躬”，《四庫》本、同文本作“恭”。

〔四〕陟，登高。方岳，四方的大山。

〔五〕蒼梧，山名，又名九疑，在今湖南寧遠南。

宰我曰：“請問禹？”孔子曰：“高陽之孫，鯀之子也，曰夏后。敏給克齊〔一〕，其德不爽〔二〕，其仁可親，其言可信。聲爲律，身爲度〔三〕。亹亹穆穆〔四〕，爲紀爲綱。其功爲百神之主〔五〕，其惠爲民父母。左準繩，右規矩〔六〕，履四時〔七〕，據四海。任皋繇、伯益以贊其治，興六師以征不序〔八〕，四極之民，莫敢不服。”孔子曰：“予，大者如天，小者如言，民悦至矣。予也非其人也〔九〕。”宰我曰：“予也不足以戒敬承矣。”他日，宰我以語子貢，子貢以復孔子。子曰：“吾欲以顔狀取人也，則於滅明改矣；吾欲以言辭取人也，則於宰我改之矣；吾欲以容貌取人也，則於子張改之矣。”宰我聞之，懼，弗敢見焉。（本篇又見於《大戴禮記·五帝德》）

〔一〕敏給，敏捷。克，能。齊，通“濟”，成也。

〔二〕王肅注：“爽，忒。”

〔三〕王肅注：“以身爲法度也。”

〔四〕亹亹，勤勉不倦貌。穆穆，容止莊敬貌。

〔五〕王肅注:“禹治水,天下既平,然後百神得其所。”

〔六〕王肅注:“左右,言常用也。”

〔七〕王肅注:“所行不違四時之宜。”

〔八〕六師,猶六軍,這裏指軍隊。

〔九〕王肅注:“言不足以明五帝之德也。”

五帝第二十四

季康子問於孔子曰:“舊聞五帝之名,而不知其實,請問何謂五帝?”孔子曰:“昔丘也聞諸老聃曰:‘天有五行:水、火、金、木、土〔一〕。分時化育,以成萬物〔二〕,其神謂之五帝〔三〕。’古之王者,易代而改號,取法五行。五行更王,終始相生,亦象其義〔四〕。故其爲明王者,而死配五行。是以太皥配木,炎帝配火,黄帝配土,少皞配金,顓頊配水。”

〔一〕《四庫》本、同文本作“木、火、金、水、土”,符合五行相生的學説,近是。

〔二〕王肅注:“一歲三百六十日,五行各主七十二日也。化生長育,一歲之功,萬物莫敢不成。”

〔三〕王肅注:“五帝,五行之神,佐生物者,而讖緯皆爲之名字,亦爲妖怪妄言。”

〔四〕王肅注:“法五行更王,終始相生,始以木德王天下,其次以生之行轉相承,而諸説乃謂五精之帝下生王者,其爲帝或無可言也。”

康子曰:“太皥氏其始之木何如?”孔子曰:“五行用事〔一〕,先起於木。木東方,萬物之初皆出焉,是故王者則之,而首以木德王天下,其次則以所生之行轉相承也〔二〕。”

〔一〕用事,從事,這裏指五行的運行。

〔二〕王肅注:“木生火、火生土之屬。“

康子曰:“吾聞勾芒爲木正〔一〕,祝融爲火正〔二〕,蓐收爲金正〔三〕,玄冥爲水正〔四〕,后土爲土正〔五〕,此五行之主而不亂,稱曰帝者,何也?”孔子曰:“凡五正者,五行之官名。五行佐成上帝,而稱五帝。太皥之屬配焉,亦云帝,從其號〔六〕。昔少皞氏之子有四叔,曰重、曰該、曰脩、曰熙〔七〕。實能金、木及水。使重爲勾芒,該爲蓐收,脩及熙爲玄冥。顓頊氏之子曰黎,爲祝融。共工氏之子曰勾龍,爲后土。此五者,各以其所能業爲官職〔八〕,生爲上公,死爲貴神,別稱五祀,不得同帝〔九〕。”

〔一〕勾芒，名重，少皞氏之後，佐木德之帝，死後爲木官之神。正，官長。

〔二〕祝融，顓頊帝之後，爲高辛氏火正，死後爲火官之神。

〔三〕蓐收，名該，死後祀爲金神。

〔四〕玄冥，死後祀爲水神。

〔五〕后土，土官之神。

〔六〕王肅注：“天至尊，物不可以同其號，亦兼稱上帝。上天以其五行佐成天事，謂之五帝。以地有五行而其精神在上，故亦爲帝五帝。黄帝之屬，故亦稱帝，亦從天五帝之號。故王者雖號稱帝，而不或曰天帝，而曰天子者。而天子與父，其尊卑相去遠矣。曰天王者，言乃天下之王也。”

〔七〕楊朝明等《孔子家語通解》據《左傳・昭公二十九年》“少皞氏有四叔，曰重、曰該、曰脩、曰熙”，疑“之子”二字涉下文而衍。叔，這裏指諸弟。

〔八〕王肅注：“各以一行之官爲職業之事。”

〔九〕王肅注：“五祀，上公之神，故不得稱帝也。其序則五正不及五帝，五帝不及天地。而不知者以祭社爲祭地，不亦失之遠矣。且土與火、水，俱爲五行，是地之子也。以子爲母，不亦顛倒，失尊卑之序也。”今案：王注“其序則”原作“正史者”，“知”原作“設”，皆據《四庫》本改。

康子曰：“如此之言，帝王改號於五行之德，各有所統，則其所以相變者，皆主何事〔一〕？”孔子曰：“所尚則各從其所王之德次焉〔二〕。夏后氏以金德王，色尚黑，大事斂用昏〔三〕，戎事乘驪〔四〕，牲用玄；殷人用水德王，色尚白〔五〕，大事斂用日中〔六〕，戎事乘翰〔七〕，牲用白；周人以木德王，色尚赤，大事斂用日出〔八〕，戎事乘騵〔九〕，牲用騂〔一○〕。此三代之所以不同。”康子曰：“唐虞二帝，其所尚者何色？”孔子曰：“堯以火德王，色尚黄；舜以土德王，色尚青〔一一〕。”康子曰：“陶唐、有虞、夏后、殷、周獨不配五帝，意者德不及上古耶？將有限乎？”孔子曰：“古之平治水土，及播殖百穀者衆矣，唯勾龍氏兼食於社〔一二〕，而棄爲稷神〔一三〕，易代奉之，無敢益者，明不可與等。故自太皞以降，逮於顓頊，其應五行而王，數非徒五，而配五帝，是其德不可以多也。”

〔一〕王肅注：“怪木家而尚赤，所以問也。”王注“怪”字原作“在”，據《四庫》本改。

〔二〕王肅注：“木次火，而木家尚赤者，以木德義之著。修其母，兼其子。”

〔三〕王肅注：“大事，喪、昏時，亦黑也。”

〔四〕王肅注：“黑馬也。”

〔五〕王肅注："水家尚青,而尚白者,避土家之尚青。"

〔六〕王肅注："日中,白也。"

〔七〕王肅注："翰,白色馬。"

〔八〕王肅注："日出時亦赤也。"

〔九〕王肅注："驈,驪馬白腹。"王注"驈"字據《四庫》本、同文本補。

〔一〇〕王肅注："駱,赤色也。"

〔一一〕王肅注："土家宜尚白。土者,四行之主,王於四季。五行用事,先起於木,色青,是以木家避土,土家尚白。"王注兩"木"字原作"水",據《四庫》本、同文本改。

〔一二〕王肅注："兼,猶配也。"

〔一三〕棄,后稷之名,周始祖。

執轡第二十五

閔子騫爲費宰,問政於孔子。子曰："以德以法。夫德法者,御民之具,猶御馬之有銜勒也。君者,人也;吏者,轡也;刑者,策也。夫人君之政,執其轡策而已。"子騫曰："敢問古之爲政?"孔子曰："古者天子以內史爲左右手〔一〕,以德法爲銜勒,以百官爲轡,以刑罰爲策,以萬民爲馬,故御天下數百年而不失。善御馬者〔二〕,正銜勒,齊轡策,均馬力,和馬心。故口無聲而馬應轡,策不舉而極千里。善御民,壹其德法,正其百官,以均齊民力,和安民心。故令不再而民順從,刑不用而天下治。是以天地德之〔三〕,而兆民懷之〔四〕。夫天地之所德,兆民之所懷,其政美,其民而衆稱之〔五〕。今人言五帝、三王者,其盛無偶,威察若存〔六〕,其故何也?其法盛,其德厚,故思其德,必稱其人,朝夕祝之。升聞於天,上帝俱歆〔七〕,用永厥世〔八〕,而豐其年。不能御民者,棄其德法,專用刑辟〔九〕,譬猶御馬,棄其銜勒,而專用筆策,其不制也,可必矣。夫無銜勒而用筆策,馬必傷,車必敗。無德法而用刑,民必流,國必亡。治國而無德法,則民無脩〔一〇〕;民無脩,則迷惑失道。如此,上帝必以其爲亂天道也。苟亂天道,則刑罰暴,上下相諛〔一一〕,莫知念患〔一二〕,俱無道故也。今人言惡者,必比之於桀、紂,其故何也?其法不聽,其德不厚。故民惡其殘虐,莫不吁嗟,朝夕祝之。升聞於天,上帝不蠲〔一三〕,降之以禍罰,災害並生,用殄厥世〔一四〕。故曰:'德法者,御民之本。'"

〔一〕王肅注：“内史，掌王八柄及叙事之法，納以詔王聽治命，孤卿大夫則策命以四方之事，書則讀之。王制禄則費爲之，賞則亦如之，故王以爲左右手。”

〔二〕“者”字原無，據《四庫》本、同文本補。

〔三〕王肅注：“天地以有爲德。”

〔四〕王肅注：“懷，歸。”

〔五〕王肅注：“其民爲衆所稱舉也。”

〔六〕王肅注：“其盛以明察，帝若存。”

〔七〕歆，饗。

〔八〕用，以。永，長久，這裏用如動詞。厥，其。

〔九〕辟，法也。

〔一〇〕脩，循也。

〔一一〕王肅注：“詔諛。”

〔一二〕“患”，原作“忠”，據《四庫》本、同文本改。

〔一三〕蠲，減免。

〔一四〕殄，滅絶。

　　“古之御天下者，以六官總治焉。冢宰之官以成道〔一〕，司徒之官以成德〔二〕，宗伯之官以成仁〔三〕，司馬之官以成聖〔四〕，司寇之官以成義〔五〕，司空之官以成禮〔六〕。六官在手以爲轡，司會均仁以爲納〔七〕，故曰御四馬者執六轡，御天下者正六官。是故善御馬者，正身以總轡，均馬力，齊馬心，回旋曲折，唯其所之。故可以取長道，可赴急疾。此聖人所以御天地與人事之法則也。天子以内史爲左右手，以六官爲轡，已而與三公爲執六官，均五教，齊五法〔八〕。故亦唯其所引，無不如志。以之道則國治〔九〕，以之德則國安〔一〇〕，以之仁則國和，以之聖則國平〔一一〕，以之禮則國定〔一二〕，以之義則國義〔一三〕，此御政之術。過失，人之情莫不有焉〔一四〕。過而改之，是爲不過。故官屬不理，分職不明，法政不一，百事失紀，曰亂。亂則飭冢宰〔一五〕。地而不殖，財物不蕃，萬民饑寒，教訓不行，風俗淫僻，人民流散，曰危。危則飭司徒。父子不親，長幼失序，君臣上下，乖離異志，曰不和。不和則飭宗伯。賢能而失官爵，功勞而失賞禄〔一六〕，士卒疾怨，兵弱不用，曰不平。不平則飭司馬。刑罰暴亂，姦邪不勝，曰不義。不義則飭司寇。度量不審，舉事失理，都鄙不脩〔一七〕，財物失所，曰貧。貧則飭司空。故御者同是車馬,或以取千里,或不及數百里,其所謂進退緩急異也。夫治者同是官法,或以致平,或以致亂者,亦其所以爲進退緩急異也。古者天子常以季冬考德正法〔一八〕,以觀治亂。德盛者,治也;德薄者,亂也。故天子考德,則天下之治亂,可坐廟堂之上而知之。夫德盛則法修,德不盛則飭法與政,咸德而不衰〔一九〕。故曰王者又以孟春論吏之德及功能〔二〇〕,能德法者爲有德,能行德法者爲有行〔二一〕,能成德法者爲有功,能治德法者爲有智。故天子論吏而德法行,事治而功成。夫季冬正法,孟春論吏,治國之要。"(又見於《大戴禮記·盛德》,未明確爲孔子語)

〔一〕冢宰,周代官名,爲百官之長。王肅注:"治官所以成道。"

〔二〕司徒,官名,掌管教化。王肅注:"教官所以成德。"

〔三〕宗伯,官名,掌管宗廟祭祀等。王肅注:"祀官所以成仁。"

〔四〕司馬,官名,掌管軍事。王肅注:"治官所以成聖,聖通征伐,所以通天下也。"

〔五〕司寇,官名,掌管刑獄。王肅注:"刑官所以成義。"

〔六〕司空,官名,掌管建築工程、車服器械製造等。王肅注:"事官所以成禮,禮非事不立。"

〔七〕"司會"二字原竄入注文。司會,官名,掌管財政經濟以及對百官政績的考核。王肅注:"納,驂馬轡。轡,繫軾前者。司會,掌邦之六典、八法之戒,以周知四方之治,冢宰之副。故不在其六轡,至當納位。"

〔八〕王肅注:"仁、義、禮、智、信之法也。"

〔九〕王肅注:"冢宰治官。"

〔一〇〕王肅注:"德教成,以之仁,則國和。禮之用,和爲貴,則國安。"

〔一一〕王肅注:"通治遠近,則國平也。"

〔一二〕"定",原作"安",據《四庫》本、同文本及王注改。王肅注:"事物以禮,則國定也。"

〔一三〕王肅注:"義,平也。刑罰當罪則國平。"

〔一四〕"之"字,《四庫》本、同文本並無。

〔一五〕王肅注:"飭,謂整攝人也。"

〔一六〕王肅注:"司勳之職,屬之司馬。"

〔一七〕鄙,邊遠地區。

〔一八〕季冬,冬季的最後一個月,即十二月。

〔一九〕王肅注:"法與政皆合於德,則不殺。"

〔二〇〕孟春,春季的第一個月,即正月。"吏"字原無,據《四庫》本、同文本補。

〔二一〕行,這裏指品行。

子夏問於孔子曰：“商聞易之生人及萬物，鳥獸昆蟲，各有奇耦〔一〕，氣分不同〔二〕，而凡人莫知其情，唯達德者能原其本焉〔三〕。天一，地二，人三，三三如九〔四〕，九九八十一，一主日，日數十，故人十月而生〔五〕；八九七十二，偶以從奇，奇主辰，辰爲月，月主馬，故馬十二月而生〔六〕；七九六十三，三主斗，斗主狗，故狗三月而生〔七〕；六九五十四，四主時，時主豕，故豕四月而生；五九四十五，五爲音，音主猿，故猿五月而生〔八〕；四九三十六，六爲律，律主鹿，故鹿六月而生；三九二十七，七主星，星主虎，故虎七月而生〔九〕；二九一十八，八主風，風爲蟲，故蟲八月而生〔一〇〕；其餘各從其類矣。鳥魚生陰而屬於陽，故皆卵生。魚游於水，鳥游於雲，故立冬則燕雀入海化爲蛤。蠶食而不飲，蟬飲而不食，蜉蝣不飲不食，萬物之所以不同。介鱗夏食而冬蟄〔一一〕，齕吞者八竅而卵生〔一二〕，齟齬者九竅而胎生〔一三〕，四足者無羽翼，戴角者無上齒，有角無前齒者膏，有角無後齒者脂〔一四〕，晝生者類父，夜生者似母，是以至陰主牝，至陽主牡。敢問其然乎？”孔子曰：“然。吾昔聞諸老聃〔一五〕，亦如汝之言。”

〔一〕奇，奇數。耦，同“偶”，偶數。

〔二〕王肅注：“易主天地，以生萬物。言受氣各有分，數不齊同。”

〔三〕“德”上《四庫》本、同文本有“道”字。

〔四〕原奪一“三”字，據《四庫》本、同文本補。

〔五〕王肅注：“一主日，從一而生。日者，陽從奇數。日數十，從甲至癸也。”

〔六〕王肅注：“偶以承奇，陰以承陽。辰數十二，從子至亥也。”

〔七〕王肅注：“斗次日月，故以主斗。”

〔八〕“五九四十五，五爲音，音主猿，故猿五月而生”十七字原無，據《四庫》本、同文本補。王肅注：“音不過五，故五爲音。”

〔九〕王肅注：“星，二十八宿爲四方，方有七度，七主星也。”

〔一〇〕王肅注：“風之數，盡於八。凡蟲爲風，風爲蟲也。”王注“蟲”字，《四庫》本、同文本作“主”，是也。

〔一一〕王肅注：“介，甲蟲也。”

〔一二〕王肅注：“八竅，鳥屬。”

〔一三〕王肅注：“九竅，人及獸屬。”

〔一四〕“有角”，原作“無角”，據《四庫》本及王注改。王肅注：“《淮南》取此義曰：無角者膏而無前，有角者脂而無後。膏，豚屬；而脂，羊屬。無前、後，皆謂其銳小者也。”

〔一五〕“諸”字原無，據《四庫》本、同文本補。

子夏曰：“商聞《山書》曰〔一〕：‘地東西爲緯，南北爲經，山爲積德，川爲積刑，高者爲生，下者爲死，丘陵爲牡，谿谷爲牝，蚌蛤龜珠，與日月而盛虛〔二〕。’是故堅土之人剛，弱土之人柔，墟土之人大〔三〕，沙土之人細，息土之人美，耗土之人醜〔四〕。食水者善游而耐寒，食土者無心而不息〔五〕，食木者多力而不治〔六〕，食草者善走而愚，食桑者有緒而蛾，食肉者勇毅而捍，食氣者神明而壽，食穀者智惠而巧，不食者不死而神。故曰羽蟲三百有六十，而鳳爲之長；毛蟲三百有六十，而麟爲之長；甲蟲三百有六十，而龜爲之長；鱗蟲三百有六十，而龍爲之長；倮蟲三百有六十〔七〕，而人爲之長。此乾巛之美也〔八〕。殊形異類之數，王者動必以道，静必順理〔九〕，以奉天地之性，而不害其所主，謂之仁聖焉。”子夏言終而出。子貢進曰：“商之論也何如？”孔子曰：“汝謂何也？”對曰：“微則微矣，然則非治世之待也。”孔子曰：“然。各其所能〔一〇〕。”（又見於《大戴禮記·易本命》，全部爲孔子語，非如此處爲對話形式）

〔一〕《山書》，當爲記載山陵的圖書，已佚。

〔二〕王肅注：“月盛則蚌蛤之屬滿，月虧則虛。”

〔三〕墟土，丘陵之地。

〔四〕王肅注：“耗，耗字也。息土細緻。耗土，粗疏者也。”

〔五〕王肅注：“螾屬，不氣息也。”

〔六〕王肅注：“血氣不治。《淮南子》曰：多力而弗戾，亦不治之貌者也。”

〔七〕倮，通“裸”。

〔八〕巛，即坤字。王肅注：“乾，天。巛，地。”

〔九〕“王者動必以道，静必順理”，原作“王者動必以道動，静必以道静，必順理”，據《四庫》本、同文本改。

〔一〇〕王肅注：“孔子曰：然。子貢治世不待此事，此事之急，然亦各其所知能也。”

本命解第二十六

魯哀公問於孔子曰：“人之命與性何謂也？”孔子對曰：“分於道，謂之命〔一〕；形於一，謂之性〔二〕；化於陰陽，象形而發，謂之生；化窮數盡，謂之死。故命者，性之始也；死者，生之終也。有始則必有終矣。人始生而有不具者五焉：目無見，不能食，不能行，不能言，不能化。及生三月而微煦〔三〕，然後有見；八月生齒，然後能食；三年顋合〔四〕，然後能言；十有六而精通，然後能化。陰窮反陽，故陰以陽變；陽窮反陰，故陽以陰化。是以男子八月生齒，八歲而齔〔五〕；女子七月生齒，七歲而齔，十有四而化。一陽一陰，奇偶相配〔六〕，然後道合化成。性命之端，形於此也。”

〔一〕分，制也。王肅注：“分於道，謂始得爲人，故下句云性命之始。”

〔二〕王肅注：“人各受陰陽以剛柔之性，故曰形於一也。”

〔三〕王肅注：“煦，睛轉也。”王注“轉”原誤作“人”，據《四庫》本、同文本改。

〔四〕顋，同“腮”。

〔五〕齔，同“齓”，換乳牙。

〔六〕王肅注：“陽，奇數；陰，偶數。”王注《四庫》本、同文本作“陽數，奇；陰數，偶”。

公曰：“男子十六精通，女子十四而化，是則可以生民矣。而禮，男子三十而有室，女子二十而有夫也，豈不晚哉？”孔子曰：“夫禮言其極，不是過也。男子二十而冠，有爲人父之端；女子十五許嫁，有適人之道〔一〕。於此而往，則自婚矣。群生閉藏乎陰，而爲化育之始〔二〕。故聖人因時以合偶男子，窮天數也〔三〕。霜降而婦功成，嫁娶者行焉〔四〕；冰泮而農桑起，婚禮而殺於此〔五〕。男子者，任天道而長萬物者也。知可爲，知不可爲；知可言，知不可言；知可行，知不可行者。是故審其倫而明其別，謂之知，所以效匹夫之聽也〔六〕。女子者，順男子之教而長其理者也〔七〕。是故無專制之義，而有三從之道：幼從父兄，既嫁從夫，夫死從子。言無再醮之端〔八〕，教令不出於閨門，事在供酒食而已，無闑外之非儀也〔九〕，不越境而奔喪，事無擅爲，行無獨成，參知而後動，可驗而後言，晝不遊庭，夜行以火，所以效匹婦之德也。”

〔一〕適人，嫁人。

〔二〕王肅注：“陰爲冬也。冬藏物而爲化育始。”

〔三〕王肅注：“極也。”此注原竄入正文，無“也”字，據《四庫》本改。

〔四〕王肅注：“季秋霜降，嫁娶者始於此。《詩》云‘將子無怒，秋以爲期’也。”

〔五〕王肅注：“泮，散也。正月農事起，蠶者采桑，婚禮始殺，言未正也。至二月農事始

起,會男女之無夫家者、奔者,期盡此月故也。《詩》云:‘士如歸妻,迨冰未泮。’言
如欲使妻歸,當及冰未泮散之盛時也。”

〔六〕王肅注:“聽,宜爲德。”

〔七〕王肅注:“爲男子長養其理也。”王注《四庫》本“子”作“女”,“也”作“分”。

〔八〕醮,在冠禮、婚禮時舉行的一種儀式。王肅注:“始嫁言醮,禮無再醮之端,統言不
改事人也。”

〔九〕王肅注:“閾,門限。婦人以自專,無閾外之威儀。《詩》云:‘無非無儀,酒食
是議。’”

　　孔子遂言曰:“女有五不取〔一〕:逆家子者〔二〕,亂家子者〔三〕,世有
刑人子者〔四〕,有惡疾子者〔五〕,喪父長子〔六〕。婦有七出、三不去。七
出者〔七〕:不順父母出者〔八〕,無子者〔九〕,淫僻者〔一〇〕,嫉妒者〔一一〕,惡
疾者〔一二〕,多口舌者〔一三〕,竊盜者〔一四〕。三不去者:謂有所取無所
歸〔一五〕,與共更三年之喪〔一六〕,先貧賤後富貴〔一七〕。凡此,聖人所以順
男女之際,重婚姻之始也。”

〔一〕王肅注:“逆家子也,亂家子也,世有刑人子也,世有惡疾子也,喪父長子也,此五
者皆不取也矣。”

〔二〕王肅注:“謂其逆德。”

〔三〕王肅注:“謂其亂倫。”

〔四〕王肅注:“謂其棄於人也。”

〔五〕王肅注:“謂其棄於天也。”

〔六〕王肅注:“謂其無受命也。”

〔七〕王肅注:“不順母父,出;無子,出;淫僻,出;嫉妒,出;惡疾,出;多口舌,出;竊盜,
出。”今案:王注“嫉妒,出;惡疾,出”原作“惡疾,出;妒嫉,出”,今據《四庫》本改。

〔八〕王肅注:“謂其逆德也。”

〔九〕王肅注:“謂其絶世也。”

〔一〇〕王肅注:“謂其亂族也。”

〔一一〕王肅注:“謂其亂家也。”

〔一二〕王肅注:“謂其不可供粢盛也。”

〔一三〕王肅注:“謂其離親也。”

〔一四〕王肅注:“謂其反義也。”

〔一五〕王肅注:“一也。”

〔一六〕王肅注:“二也。”

〔一七〕王肅注:“三也。”

孔子曰："禮之所以象五行也〔一〕,其義四時也。故喪禮有舉焉,有恩有義,有節有權〔二〕。其恩厚者其服重,故爲父母斬衰三年,以恩制者也。門内之治恩掩義,門外之治義掩恩。資於事父以事君而敬同。尊尊貴貴,義之大也。故爲君亦服衰三年,以義制者也。三日而食,三月而沐,期而練〔三〕,毀不滅性,不以死傷生;喪不過三年,齊衰不補,墳墓不修;除服之日鼓素琴,示民有終也。凡此以節制者也。資於事父以事母而愛同。天無二日,國無二君,家無二尊,以治之。故父在爲母齊衰朞者,見無二尊也。百官備,百物具,不言而事行者,扶而起〔四〕;言而後事行者,杖而起〔五〕;身自執事行者,面垢而已〔六〕。此以權制者也。親始死,三日不怠,三月不懈,朞悲號,三年憂,哀之殺也。聖人因殺以制節也。"（全篇又見於《大戴禮記·本命》,末段又見於《禮記·喪服四制》）

〔一〕王肅注:"服之制有五等。"

〔二〕王肅注:"所以舉,象四時。"

〔三〕練,一種祭祀,這裏指穿戴練冠和練衣。

〔四〕王肅注:"謂天子諸侯也。"

〔五〕王肅注:"卿、大夫、士也。"

〔六〕王肅注:"謂庶人也。"

論禮第二十七

孔子閒居,子張、子貢、言游侍,論及於禮。孔子曰："居,汝三人者,吾語汝以禮,周流無不遍也。"子貢越席而對曰："敢問如何?"子曰："敬而不中禮謂之野,恭而不中禮謂之給,勇而不中禮謂之逆。"子曰："給奪慈仁〔一〕。"子貢曰："敢問將何以爲此中禮者?"子曰："禮乎!夫禮所以制中也。"子貢退,言游進曰："敢問禮也,領惡而全好者與〔二〕?"子曰："然。"子貢問:"何也?"子曰:"郊社之禮〔三〕,所以仁鬼神也;禘嘗之禮〔四〕,所以仁昭穆也;饋奠之禮〔五〕,所以仁死喪也;射饗之禮〔六〕,所以仁鄉黨也;食饗之禮〔七〕,所以仁賓客也。明乎郊社之義,禘嘗之禮,治國其如指諸掌而已。是故居家有禮,故長幼辨;以之閨門有禮,故三族和〔八〕;以之朝廷有禮,故官爵序;以之田獵有禮,故戎事閑;以之軍旅有禮,故武功成。是以宮室得其度,鼎俎得其象,物得其時,樂得其節,車得其軾,鬼神得其享,喪紀得其哀,辯説得其黨[九],百官得其體[一〇],政事得其施[一一]。加於身而措於前,凡衆之動,得其宜也。"言游退,子張進曰:"敢問禮何謂也?"子曰:"禮者,即事之治也。君子有其事,必有其治。治國而無禮,譬猶瞽之無相,倀倀乎何所之? 譬猶終夜有求於幽室之中,非燭何以見? 故無禮,則手足無所措,耳目無所加,進退揖讓無所制。是故以其居處,長幼失其別,閨門三族失其和,朝廷官爵失其序,田獵戎事失其策,軍旅武功失其勢,宮室失其度,鼎俎失其象,物失其時,樂失其節,車失其軾,鬼神失其享,喪紀失其哀,辯説失其黨,百官失其體,政事失其施。加於身而措於前,凡動之衆失其宜[一二]。如此,則無以祖洽四海[一三]。"子曰:"慎聽之,汝三人者,吾語汝:禮猶有九焉,大饗有四焉[一四]。苟知此矣,雖在畎畝之中,事之,聖人矣[一五]。兩君相見[一六],揖讓而入門,入門而懸興[一七]。揖讓而升堂,升堂而樂闋[一八]。下管象舞,夏籥序興[一九]。陳其薦俎,序其禮樂,備其百官[二〇]。如此而後,君子知仁焉。行中規[二一],旋中矩[二二],鸞和中《采薺》[二三]。客出以《雍》[二四],徹以《振羽》[二五]。是故君子無物而不在於禮焉。入門而金作,示情也[二六];升歌《清廟》,示德也[二七];下管象舞,示事也[二八]。是故古之君子,不必親相與言也,以禮樂相示而已。夫禮者,理也;樂者,節也。無禮不動,無節不作。不能《詩》[二九],於禮謬;不能樂,於禮素[三〇];於德薄,於禮虛[三一]。"子貢作而問曰:"然則夔其窮與[三二]?"子曰:"古之人與! 上古之人也,達於禮而不達於樂,謂之素;達於樂而不達於禮,謂之偏[三三]。夫夔達於樂而不達於禮,是以傳於此名也[三四]。古之人也。凡制度在禮,文爲在禮,行之其在人乎?"三子者,既得聞此論於夫子也,焕若發矇焉。(又見於《禮記·仲尼燕居》)

〔一〕王肅注:"巧言、足恭、捷給之人似仁非仁,故言'給奪慈仁'。"

〔二〕王肅注:"領,理。"

〔三〕郊社之禮,周代在冬至日祭天於南郊謂之"郊",夏至日祭地於北郊謂之"社"。

〔四〕禘嘗之禮,《禮記·王制》:"天子諸侯宗廟之祭,春曰礿,夏曰禘,秋曰嘗,冬曰烝。"

〔五〕饋奠之禮,指人死後至葬前的饋食之祭。

〔六〕射饗之禮,指鄉射禮和鄉飲酒禮。

〔七〕食饗之禮,食禮和饗禮。

〔八〕三族,指父、子、孫三代。

〔九〕王肅注:"黨,類。"

〔一〇〕"體",原作"禮",據《四庫》本、同文本改。

〔一一〕王肅注:"各得其所宜施行之。"

〔一二〕"動之衆",同文本作"衆之動"。

〔一三〕王肅注:"祖,始也。洽,合。無禮則無以爲衆法,無以合聚衆。"

〔一四〕王肅注:"語汝有九,其四大饗,所以待賓之禮。其五動靜之威儀也。"

〔一五〕王肅注:"在畎畝之中,猶焉爲聖人。"

〔一六〕"君",原作"軍",據《禮記》改。

〔一七〕王肅注:"興,作樂。一也。"

〔一八〕闋,止也。王肅注:"二也。"

〔一九〕王肅注:"下管,堂下吹管。《象》,武舞也。《夏》,文舞也。執籥,籥如笛,序以
　　更作。"

〔二〇〕薦俎,進獻祭品。俎,祭祀時放祭品的木器。王肅注:"四也,所以大饗有
　　四也。"

〔二一〕王肅注:"五也。"

〔二二〕王肅注:"六也。"

〔二三〕鑾和,皆爲鈴鐺。掛在車前橫木上的爲和,掛在轅和車架上的爲鑾。王肅注:
　　"《采薺》,樂曲名,所以爲和鑾之節。七也。"

〔二四〕王肅注:"《雍》,樂曲名,在《周頌》。八也。"

〔二五〕王肅注:"亦樂曲名。九也。"

〔二六〕王肅注:"金既鳴聲,終始若一,故以示情也。"

〔二七〕王肅注:"《清廟》,所以頌文王之德也。"

〔二八〕王肅注:"凡舞象事也。"

〔二九〕王肅注:"《詩》以言禮。"

〔三〇〕王肅注:"素,質。"

〔三一〕"於德薄",《四庫》本作"薄於德"。王肅注:"非其人,則禮不虛行。"

〔三二〕夔,舜時的樂官。王肅注:"言達於樂而不達於禮者也。"

〔三三〕王肅注:"達謂徧有所達,非殊。"

〔三四〕王肅注:"言達於樂多,故遂傳名樂。"

　　子夏侍坐於孔子,曰:"敢問《詩》云'愷悌君子,民之父母'〔一〕,何
如斯可謂民之父母?"孔子曰:"夫民之父母,必達於禮樂之源,以致五

至而行三無,以橫於天下。四方有敗,必先知之。此之謂民之父母。"子夏曰:"敢問何謂五至?"孔子曰:"志之所至,詩亦至焉;詩之所至,禮亦至焉;禮之所至,樂亦至焉;樂之所至,哀亦至焉。詩禮相成,哀樂相生。是以正明目而視之,不可得而見;傾耳而聽之,不可得而聞。志氣塞於天地,行之充於四海。此之謂五至矣。"子夏曰:"敢問何謂三無?"孔子曰:"無聲之樂,無體之禮,無服之喪,此之謂三無。"子夏曰:"敢問三無何《詩》近之?"孔子曰:"'夙夜基命宥密',無聲之樂也[二];'威儀逮逮,不可選也'[三],無體之禮也;'凡民有喪,扶伏救之'[四],無服之喪也。"子夏曰:"言則美矣,大矣,言盡於此而已乎[五]?"孔子曰:"何謂其然?吾語汝!其義猶有五起焉。"子夏曰:"何如?"孔子曰:"無聲之樂,氣志不違;無體之禮,威儀遲遲;無服之喪,內恕孔悲;無聲之樂,所願必從;無體之禮,上下和同;無服之喪,施及萬邦。既然,而又奉之以三無私而勞天下,此之謂五起。"子夏曰:"何謂三無私?"孔子曰:"天無私覆,地無私載,日月無私照。其在《詩》曰:'帝命不違,至于湯齊[六]。湯降不遲,聖敬日躋[七]。昭假遲遲,上帝是祇[八]。帝命式于九圍[九]。'是湯之德也。"子夏蹶然而起,負牆而立曰:"弟子敢不志之!"(又見於《禮記·孔子閒居》、《上海博物館藏戰國楚竹書(二)》之《民之父母》)

〔一〕引詩見《詩·大雅·泂酌》。
〔二〕王肅注:"夙夜,恭也。基,始也。命,信也。宥,寬也。密,寧也。言以行與民信,王教在寬,民以安寧,故謂之無聲之樂也。"引詩見《詩·周頌·昊天有成命》。
〔三〕引詩見《詩·邶風·柏舟》。逮逮,今本《詩經》作"棣棣",雍容嫻雅。
〔四〕引詩見《詩·邶風·谷風》。扶伏,今本《詩經》作"匍匐",急切爬行貌。
〔五〕"乎"字原無,據《四庫》本、同文本補。
〔六〕王肅注:"至湯,以大心齊。"今案:此注《四庫》本作"至湯興,天心齊"。
〔七〕王肅注:"不遲,言疾。躋,升也。湯疾行下人之道,其聖敬之德日升聞也。"
〔八〕王肅注:"湯之威德,昭明遍至,化行寬舒,遲遲然,故上帝敬其德。"
〔九〕王肅注:"九圍,九州也。天命用于九州,謂以爲天下王。"引詩見《詩·商頌·長髮》。

觀鄉射第二十八

孔子觀於鄉射[一],喟然歎曰:"射之以禮樂也,何以射?何以聽?

循聲而發〔二〕，不失正鵠者，其唯賢者乎〔三〕？若夫不肖之人，則將安能以求飲〔四〕？《詩》云：‘發彼有的，以祈爾爵〔五〕。’祈，求也。求所中，以辭爵〔六〕。酒者，所以養老，所以養病也。求中以辭爵，辭其養也。是故士使之射而弗能，則辭以病，懸弧之義〔七〕。”於是退而與門人習射於矍相之圃〔八〕，蓋觀者如堵牆焉〔九〕。試射至於司馬〔一〇〕，使子路執弓矢，出列延，謂射之者曰〔一一〕：“奔軍之將〔一二〕，亡國之大夫，與爲人後者，不得入〔一三〕，其餘皆入。”蓋去者半。又使公罔之裘、序點揚觶而語曰〔一四〕：“幼壯孝悌，耆老好禮，不從流俗，修身以俟死者，在此位。”蓋去者半。序點又揚觶而語曰〔一五〕：“好學不倦，好禮不變，旄期稱道而不亂者〔一六〕，則在此位〔一七〕。”蓋僅有存焉。射既闋〔一八〕，子路進曰：“由與二三子者之爲司馬，何如？”孔子曰：“能用命矣。”（又見於《禮記·郊特牲》、《禮記·射義》）

〔一〕鄉射，指射禮。有兩類，一是州長於春秋兩季在州序（學校）以禮會民；二是鄉大夫三年大比，獻賢能之士於君，行鄉射之禮。

〔二〕“循聲”，原作“修身”，據《四庫》本、同文本改。

〔三〕王肅注：“正鵠，所射者也。”

〔四〕飲，這裏指飲箭，謂射中。《禮記》作“中”。

〔五〕王肅注：“的，實也。祈，求也。言發中的求飲爾爵也，勝者飲不勝者。”引詩見《詩·小雅·賓之初筵》。

〔六〕王肅注：“飲彼則己不飲，故曰以辭爵也。”

〔七〕王肅注：“弧，弓也。男子生則懸弧於其門，明必有射事也。而今不能射，唯病可以爲辭也。”

〔八〕矍相，魯地，在今山東省曲阜市孔廟之西。

〔九〕“堵牆”，《四庫》本、同文本作“牆堵”。

〔一〇〕“試”字原無，據《四庫》本、同文本補。

〔一一〕王肅注：“子路爲司馬，故射至，使子路出延射。”

〔一二〕“奔軍”，又作“賁軍”，覆敗之軍。

〔一三〕王肅注：“人已有後而又爲人後，故曰與爲人後世也。”

〔一四〕王肅注：“先行射、鄉飲酒，故二人揚觶。”觶，酒具。

〔一五〕“又”字原無，據《四庫》本、同文本補。

〔一六〕王肅注：“八十、九十曰旄，言雖老而能稱解道而不亂也。”期，百歲。

〔一七〕“則”字原無，據《四庫》本、同文本補。

〔一八〕闋，終也。

　　孔子曰:"吾觀於鄉[一],而知王道之易易也[二]。主人親速賓及介[三],而衆賓從之,至於正門之外,主人拜賓及介,而衆賓自入[四],貴賤之義別矣。三揖至於階,三讓以賓升。拜至[五],獻[六],酬[七],辭讓之節繁。及介升,則省矣。至於衆賓,升而受爵,坐祭[八],立飲,不酢而降[九]。隆殺之義辯矣[一〇]。工入[一一],升歌三終,主人獻賓[一二]。笙入三終,主人又獻之[一三]。間歌三終[一四],合樂三闋[一五],工告樂備而遂出[一六]。一人揚觶,乃立司正焉[一七],知其能和樂而不流。賓酬主人,主人酬介,介酬衆賓,賓少長以齒,終於沃洗者焉[一八],知其能弟長而無遺矣。降,脫屨,升坐[一九],修爵無算[二〇]。飲酒之節,旰不廢朝,暮不廢夕[二一]。賓出,主人拜送[二二],節文終遂焉,知其能安燕而不亂也。貴賤既明,降殺既辯,和樂而不流,弟長而無遺,安燕而不亂。此五者,足以正身安國矣。彼國安而天下安矣。故曰:'吾觀於鄉,而知王道之易易也。'"(又見於《荀子·樂論》)

〔一〕鄉,指鄉飲酒禮。

〔二〕易易,極易。

〔三〕王肅注:"速,召。"

〔四〕"賓"字原無,據《四庫》本、同文本補。

〔五〕拜至,拜謝客人到來。

〔六〕獻,主人進酒於賓。

〔七〕酬,主人先自飲,再勸賓飲酒。

〔八〕祭,這裏指以酒祭神。

〔九〕酢,客以酒回敬主人。

〔一〇〕殺,減,降。"隆"字原無,據《四庫》本、同文本補。

〔一一〕工,樂正。

〔一二〕王肅注:"《記》曰:主人獻之,於義不得爲賓也。下句'笙入三終,主又獻之'是也。歌《鹿鳴》、《四牡》、《皇皇者華》三篇終,主人乃獻之是也。"

〔一三〕王肅注:"吹《南陔》、《白華》、《華黍》三篇終,主人獻也。"

〔一四〕王肅注:"乃歌《魚麗》,笙《由庚》;歌《南有嘉魚》,笙《崇丘》;歌《南山有臺》,笙《由儀》者也。"今案:王注"由庚"前脱"笙"字,據《四庫》本補。《四庫》本無"者"字。

〔一五〕王肅注:"合笙聲同其音,歌《周南》、《召南》三篇也。"

〔一六〕王肅注:"樂正既告備而降,言遂出,自此至去,不復升也。"

〔一七〕王肅注:“賓將欲去,故復使一人揚觶,乃立司正,主威儀,請安賓也。”

〔一八〕沃,澆水洗手。洗,以水洗爵。

〔一九〕“坐”,《四庫》本、同文本作“座”。

〔二〇〕修爵,相互勸酒。無算,不計算杯數。

〔二一〕旰,早晨。朝,早朝。夕,晚朝。王肅注:“旰,晨飲早哺。廢,罷。”

〔二二〕“拜”,原作“迎”,據《四庫》本改。

子貢觀於蜡〔一〕。孔子曰:“賜也,樂乎?”對曰:“一國之人皆若狂〔二〕,賜未知其爲樂也。”孔子曰:“百日之勞,一日之樂,一日之澤,非爾所知也〔三〕。張而不弛,文武弗能;弛而不張,文武弗爲。一張一弛,文、武之道也。”(又見於《禮記·雜記下》)

〔一〕王肅注:“蜡,索也。歲十有二月,索群神而祀之,今之臘也。”

〔二〕王肅注:“言醉亂也。”

〔三〕王肅注:“古民皆勤苦稼穡,有百日之勞,喻久也。今一日使之飲酒焉,樂之,是君之恩澤也。”

郊問第二十九

定公問於孔子曰:“古之帝王必郊祀其祖以配天〔一〕,何也?”孔子對曰:“萬物本於天,人本乎祖。郊之祭也,大報本反始也,故以配上帝。天垂象,聖人則之,郊所以明天道也。”公曰:“寡人聞郊而莫同,何也?”孔子曰:“郊之祭也,迎長日之至也〔二〕,大報天而主日配以月〔三〕,故周之始郊,其月以日至〔四〕,其日用上辛〔五〕,至於啓蟄之月,則又祈穀於上帝〔六〕,此二者,天子之禮也。魯無冬至,大郊之事,降殺於天子〔七〕,是以不同也。”公曰:“其言郊,何也?”孔子曰:“兆丘於南,所以就陽位也,於郊,故謂之郊焉〔八〕。”曰:“其牲器何如?”孔子曰:“上帝之牛角繭栗〔九〕,必在滌三月〔一〇〕,后稷之牛唯具〔一一〕,所以別事天神與人鬼也。牲用騂〔一二〕,尚赤也;用犢,貴誠也〔一三〕。掃地而祭,貴其質也〔一四〕;器用陶匏,以象天地之性也〔一五〕。萬物無可稱之者,故因其自然之體也。”公曰:“天子之郊,其禮儀可得聞乎?”孔子對曰:“臣聞天子卜郊〔一六〕,則受命於祖廟,而作龜於禰宫〔一七〕,尊祖親考之義也。卜之日,王親立於澤宫,以聽誓命,受教諫之義也〔一八〕。既卜,獻命庫門之內〔一九〕,所以誡百官也。將郊,則天子皮弁以聽報〔二〇〕,示民嚴上也。郊之日,喪者不敢哭,凶服者不敢入國門,氾掃清路〔二一〕,行者必止,弗命而民聽,敬之至也〔二二〕。天子大裘以黼之,被衮象天〔二三〕,乘素車,貴其質也。旂十有二旒〔二四〕,龍章而設以日月,所以法天也。既至泰壇〔二五〕,王脫裘矣,服衮以臨,燔柴〔二六〕,戴冕,璪十有二旒〔二七〕,則天數也。臣聞之,誦《詩》三百,不足以一獻〔二八〕;一獻之禮,不足以大饗〔二九〕;大饗之禮,不足以大旅〔三〇〕;大旅具矣,不足以饗帝〔三一〕,是以君子無敢輕議於禮者也。"(又見於《禮記·郊特牲》、《禮記·禮器》)

〔一〕郊祀,在郊外祭祀。

〔二〕王肅注:"周人始以日至之月,冬日至而日長。"

〔三〕主,指主祭。配,指配祭。

〔四〕日至,這裏指冬至。

〔五〕上辛,指農曆每個月上旬的辛日。

〔六〕王肅注:"祈,求也。爲農祈穀於上帝。《月令》:孟春之月,乃以元日祈穀於上帝。兼無仲冬大郊之事,至於祈農,與天子同。故《春秋傳》曰:夫郊祀后稷,以祈農事也。是故啓蟄而郊,郊而後耕。而説學者不知推經禮之指歸,皮膚妄説,至乃顛倒神祇,變易時日,遷改兆位,良可痛心者也。"王注"説學者"之"説",《四庫》本、同文本無,蓋衍。

〔七〕殺,降,減。

〔八〕王肅注:"兆丘於南,謂之圓丘兆之(《四庫》本、同文本無"之"字)於南郊也。然則郊之名有三焉:築爲圓丘以象天自然,故謂之圓丘。圓丘,人之(原作"之人",據《四庫》本、同文本改)所造,故謂之泰壇。於南郊在南,説學者謂南郊與圓丘異。若是,則《詩》、《易》、《尚書》謂之圜丘也,又不通。泰壇之名,或乃謂《周官》圜丘。虛妄之言,皆不通典制也。"兆,祭壇的界域,這裏用作動詞。南,指南郊。

〔九〕繭栗,謂初生小牛的角狀如蠶繭和栗子。

〔一〇〕王肅注:"滌,所以養生處。"王注"處"原作"具",據《四庫》本改。

〔一一〕王肅注:"別祀稷時,牲亦豢之三月,配天之時獻,故唯具之也。"

〔一二〕騂,原義爲赤色的馬,這裏指赤色的牛。

〔一三〕王肅注:"犢質愨,貴誠之美也。"

〔一四〕"貴",原作"於",據《四庫》本、同文本改。王肅注:"地,圜丘之地。掃焉而祭,貴其質也。"

〔一五〕王肅注:"人之作物,無可稱之,故取天地之性,以自然也。"

〔一六〕卜郊,占卜郊祭的時間。

〔一七〕作龜,龜卜。王肅注:"禰宮,父廟也。受祭天之命於祖,而作龜於父廟。"

〔一八〕王肅注:"澤宮,宮也。誓命,祭天所行威儀也。王親受之,故曰受教諫之義。"

〔一九〕庫門,天子、諸侯宮室的外門。

〔二〇〕王肅注:"報,白也。王夙興朝服以待白,祭事後服袞。"

〔二一〕王肅注:"氾,遍也。清路,以新土無復行之。"

〔二二〕王肅注:"以王恭敬事天,故民化之,不令而行之也。"

〔二三〕王肅注:"大裘爲黼文也。言被之大裘,其有象天之文,故被之道路,至大壇而脱之。"

〔二四〕旂,一種旗幟。旒,旌旗下面垂懸的飾物。

〔二五〕泰壇,祭天的神壇,在都城南郊。

〔二六〕燔柴,一種祭祀天的儀式,把玉帛、犧牲同置於積柴之上焚燒,使氣味上達於天。

〔二七〕璪,用五彩絲爲繩,垂之以爲冕旒也。

〔二八〕王肅注:"祭群小祀。"

〔二九〕王肅注:"大饗,祫祭天王。"王注"王"字,《四庫》本作"地",近是。

〔三〇〕王肅注:"大旅,祭五帝也。"

〔三一〕王肅注:"饗帝,祭天。"

五刑解第三十

冉有問於孔子曰:"古者三皇、五帝不用五刑,信乎?"孔子曰:"聖人之設防,貴其不犯也;制五刑而不用,所以爲至治也。凡民之爲姦邪〔一〕、竊盜、靡法〔二〕、妄行者,生於不足,不足生於無度,無度則小者偷盜,大者侈靡,各不知節。是以上有制度,則民知所止,民知所止則不犯,故雖有姦邪、賊盜、靡法、妄行之獄,而無陷刑之民。不孝者生於不仁,不仁者生於喪祭之無禮也〔三〕,明喪祭之禮,所以教仁愛也。能教仁愛,則服喪思慕〔四〕,祭祀不解人子饋養之道〔五〕。喪祭之禮明,則民孝矣。故雖有不孝之獄,而無陷刑之民。殺上者生於不義,義,所以別貴賤、明尊卑也。貴賤有別,尊卑有序,則民莫不尊上而敬長。朝聘之禮者,所以明義也,義必明則民不犯。故雖有殺上之獄,而無陷刑之民。鬬變者生於相陵,相陵者生於長幼無序而遺敬讓〔六〕。鄉飲酒之禮者,所以明長幼之序而崇敬讓也。長幼必序,民懷敬讓,故雖有鬭變之獄，而無陷刑之民。淫亂者生於男女無別，男女無別，則夫婦失義。禮聘享者，所以別男女、明夫婦之義也。男女既別，夫婦既明，故雖有淫亂之獄，而無陷刑之民。此五者，刑罰之所以生，各有源焉。不豫塞其源，而輒繩之以刑，是謂爲民設穽而陷之。刑罰之源，生於嗜慾不節。夫禮度者，所以禦民之嗜慾，而明好惡，順天之道。禮度既陳，五教畢修，而民猶或未化，尚必明其法典，以申固之〔七〕。其犯姦邪、靡法、妄行之獄者，則飭制量之度；有犯不孝之獄者，則飭喪祭之禮；有犯殺上之獄者，則飭朝覲之禮；有犯鬭變之獄者，則飭鄉飲酒之禮；有犯淫亂之獄者，則飭婚聘之禮。三皇、五帝之所化民者如此，雖有五刑之用，不亦可乎？”孔子曰：“大罪有五，而殺人爲下。逆天地者罪及五世，誣文、武者罪及四世，逆人倫者罪及三世，謀鬼神者罪及二世，手殺人者罪及其身。故曰大罪有五，而殺人爲下矣。”（又見於《大戴禮記·盛德》）

〔一〕“民”，原作“夫”，據《四庫》本、同文本改。

〔二〕靡法，無視法律。靡，無也。

〔三〕“無”字原無，據文義補。“也”字原無，據《四庫》本補。

〔四〕“教”，《四庫》本、同文本作“致”。“服”字原無，據《四庫》本、同文本補。

〔五〕“解”，《四庫》本作“懈”，懈怠，鬆弛。王肅注：“言孝子奉祭祀不敢解，生時饋養之道同之也。”

〔六〕王肅注：“遺，忘。”

〔七〕王肅注：“尚，猶也。申令固其教也。”

　　冉有問於孔子曰：“先王制法，使刑不上於大夫，禮不下於庶人。然則大夫犯罪，不可以加刑；庶人之行事，不可以治於禮乎？”孔子曰：“不然。凡治君子，以禮御其心，所以屬之以廉恥之節也〔一〕。故古之大夫，其有坐不廉汙穢而退放之者，不謂之不廉汙穢而退放，則曰‘簠簋不飭〔二〕’；有坐淫亂男女無別者，不謂之淫亂男女無別，則曰‘帷幕不修’也；有坐罔上不忠者〔三〕，不謂之罔上不忠，則曰‘臣節未著’；有坐罷軟不勝任者，不謂之罷軟不勝任，則曰‘下官不職〔四〕’；有坐干國之紀者，不謂之干國之紀，則曰‘行事不請〔五〕’。此五者，大夫既自定有罪名矣，而猶不忍斥然正以呼之也，既而爲之諱，所以愧恥之。是故大夫之罪，其在五刑之域者，聞而譴發〔六〕，則白冠氂纓〔七〕，盤水加劍〔八〕，造乎闕而自請罪，君不使有司執縛牽掣而加之也；其有大罪者，聞命則北面再拜，跪而自裁，君不使人捽引而刑殺之也〔九〕，曰：‘子大夫自取之耳，吾遇子有禮矣。’以刑不上大夫，而大夫亦不失其罪者，教使然也。所謂禮不下庶人者，以庶人遽其事而不能充禮〔一〇〕，故不責之以備禮也。”冉有跪然免席〔一一〕，曰：“言則美矣！求未之聞。”退而記之。

〔一〕屬，通“囑”。

〔二〕王肅注：“飭，整齊也。”

〔三〕罔上，朦騙主上。

〔四〕王肅注：“言其下官不稱，移其職，不斥其身也。”

〔五〕王肅注：“言不請而擅行。”

〔六〕王肅注：“譴，譴讓也。發，始發露。”

〔七〕白冠氂纓，《漢書·賈誼傳》鄭注：“以毛作纓。白冠，喪服也。”

〔八〕盤水加劍，《漢書·賈誼傳》如淳注曰：“水性平。若己有罪，君以平法治之也。加劍，當以自刎也。”

〔九〕捽引，揪出，扭，拉。“之也”二字原無，據《四庫》本、同文本補。

〔一〇〕遽，急，匆忙。充禮，充分守禮。

〔一一〕免席，退席。

刑政第三十一

仲弓問於孔子曰〔一〕：“雍聞至刑無所用政〔二〕，至政無所用刑。至刑無所用政，桀、紂之世是也；至政無所用刑，成、康之世是也。信乎？”孔子曰：“聖人之治化也，必刑政相參焉〔三〕。太上以德教民，而以禮齊之；其次以政焉導民〔四〕，以刑禁之，刑不刑也〔五〕。化之弗變，導之弗從，傷義以敗俗，於是乎用刑矣。顆五刑必即天倫〔六〕，行刑罰則輕無赦〔七〕。刑，侀也〔八〕；侀，成也。壹成而不可更，故君子盡心焉。”（又見於《禮記·王制》）

〔一〕仲弓，姓冉，名雍，字仲弓，孔子弟子。

〔二〕至刑，最嚴酷的刑罰。

〔三〕相參，相互配合。

〔四〕“焉”，《四庫》本、同文本作“言”。

〔五〕刑不刑，懲罰不守刑罰的人。

〔六〕顓，通“專”，專擅，專用。王肅注：“即，就也。就天倫謂合天意。”

〔七〕王肅注：“行刑罰之官，雖輕猶不得作威作福。”

〔八〕侀，鑄造器物的範型。

　　仲弓曰：“古之聽訟，尤罰麗於事，不以其心，可得聞乎〔一〕？”孔子曰：“凡聽五刑之訟，必原父子之情，立君臣之義以權之；意論輕重之序，慎測淺深之量以別之；悉其聰明，正其忠愛以盡之。大司寇正刑明辟以察獄〔二〕，獄必三訊焉〔三〕。有指無簡，則不聽也〔四〕。附從輕，赦從重〔五〕。疑獄則泛與衆共之，疑則赦之，皆以小大之比成也。是故爵人必於朝，與衆共之也；刑人必於市，與衆棄之也。古者公家不畜刑人，大夫弗養也。士遇之塗，以弗與之言。屏諸四方，唯其所之，不及與政，弗欲生之也。”仲弓曰：“聽獄，獄之成，成何官？”孔子曰：“成獄成於吏，吏以獄成告於正〔六〕，正既聽之，乃告大司寇，大司寇〔七〕聽之，乃奉於王，王命三公鄉士參聽棘木之下〔八〕，然後乃以獄之成告於王〔九〕，王三宥之以聽命〔一〇〕，而制刑焉，所以重之也。”仲弓曰：“其禁何禁？”孔子曰：“巧言破律〔一一〕，遁名改作〔一二〕，執左道與亂政者殺〔一三〕；作淫聲〔一四〕，造異服〔一五〕，設伎奇器，以蕩上心者殺〔一六〕；行僞而堅〔一七〕，言詐而辯，學非而博，順非而澤〔一八〕，以惑衆者殺；假於鬼神，時日卜筮，以疑衆者殺。此四誅者不以聽〔一九〕。”仲弓曰：“其禁盡於此而已？”孔子曰：“此其急者，其餘禁者十有四焉。命服命車，不粥於市〔二〇〕；珪璋璧琮，不粥於市；宗廟之器，不粥於市；兵車旞旗〔二一〕，不粥於市；犧牲秬鬯〔二二〕，不粥於市；戎器兵甲，不粥於市；用器不中度，不粥於市；布帛精麤不中數，廣狹不中量，不粥於市；姦色亂正色〔二三〕，不粥於市；文錦珠玉之器，雕飾靡麗，不粥於市；衣服飲食，不粥於市〔二四〕；菓實不時，不粥於市；五木不中伐〔二五〕，不粥於市；鳥獸魚鱉不中殺，不粥於市。凡執此禁以齊衆者，不赦過也。”

〔一〕王肅注：“尤，過也。麗，附也。怪過人罰之，必以事相當，而不與其心也。”

〔二〕辟，法也。

〔三〕王肅注：“一曰訊群臣，二曰訊群吏，三曰訊萬民也。”

〔四〕王肅注：“簡，誠也。有意無其誠者，不論以爲罪也。”

〔五〕王肅注:"附人之罪,以輕爲比;赦人之罪,以重爲比。"

〔六〕王肅注:"吏,獄官吏。正,獄官長。"

〔七〕"大司寇"三字原不重,據《四庫》本、同文本補。

〔八〕王肅注:"外朝法:左九棘,孤卿大夫位焉。右九棘,公侯伯子男位焉。面三槐,三公位。"楊朝明、宋立林主編《孔子家語通解》注曰:"據《周禮·秋官·朝士》説,外朝左(東)邊種有九棵棘樹,是孤卿大夫之位;右(西)邊種有九棵棘樹,是公侯伯子男之位;南邊種有三棵槐樹,是三公之位。因外朝主要用棘樹標位,故曰'聽於棘木之下'。"

〔九〕"告",原作"疑",據《四庫》本改。

〔一〇〕王肅注:"君王尚寬宥,罪雖以定,猶三宥之,不可得輕,然後刑之者也。"

〔一一〕王肅注:"巧賣法令者也。"

〔一二〕遁名,假冒名義。王肅注:"變言與物名也。"

〔一三〕王肅注:"左道,亂也。"

〔一四〕王肅注:"淫,逆也。惑亂人之聲。"王注"逆"字,《四庫》本、同文本作"逸",近是。

〔一五〕王肅注:"非所常見。"

〔一六〕王肅注:"怪異之伎,可以眩曜人心之器。蕩,動。"

〔一七〕王肅注:"行詐僞而守之堅也。"

〔一八〕王肅注:"順其非而滑澤。"

〔一九〕王肅注:"不聽棘木之下。"

〔二〇〕王肅注:"粥,賣。"

〔二一〕旂旗,即"旌旗"。

〔二二〕秬鬯,以黑黍和鬱金草釀造的酒,用於祭祀。

〔二三〕姦色,不正的顏色。

〔二四〕王肅注:"賣成衣服,非侈必僞,故禁之。禁賣熟食,所以厲取也。"王注"取"字,《四庫》本、同文本作"恥"。

〔二五〕五木,五種用於取火的木料。古時候鑽木取火,所用的木料,四季不同。正如馬融所説:"春取榆柳之火,夏取棗杏之火,季夏取桑柘之火,秋取柞楢之火,冬取槐檀之火。"

禮運第三十二

孔子爲魯司寇,與於蜡〔一〕。既賓事畢〔二〕,乃出遊於觀之上〔三〕,喟然而嘆。言偃侍,曰:"夫子何嘆也?"孔子曰:"昔大道之行〔四〕,與三代之英〔五〕,吾未之逮也,而有記焉。大道之行,天下爲公,選賢與能,講信修睦〔六〕。故人不獨親其親,不獨子其子〔七〕,老有所終,壯有所用,矜寡孤疾皆有所養。貨惡其棄於地,不必藏於己;力惡其不出於身,不必爲人〔八〕。是以姦謀閉而不興,盜竊亂賊不作,故外戶而不閉,謂之大同。今大道既隱,天下爲家,各親其親,各子其子,貨則爲己,力則爲人,大人世及以爲常,城郭溝池以爲固。禹、湯、文、武、成王、周公由此而選〔九〕,未有不謹於禮。禮之所興,與天地並。如有不由禮而在位者,則以爲殃。”

〔一〕蜡,即蜡祭,周代於十二月對百神的合祭。

〔二〕賓,通“儐”,引導,相禮。王肅注:“畢賓客之事也。”

〔三〕王肅注:“觀,宮門外闕,《周禮》所謂象魏者也。”

〔四〕王肅注:“此謂三皇、五帝時大道行也。”

〔五〕王肅注:“英,秀,謂禹、湯、文、武也。”

〔六〕王肅注:“講,習也。修,行也。睦,親也。”

〔七〕王肅注:“所謂大道,天下爲公。”

〔八〕王肅注:“言力惡其不出於身,不以爲德惠也。”

〔九〕王肅注:“言用禮義爲之選也。”

言偃復問曰:“如此乎,禮之急也?”孔子曰:“夫禮,先王所以承天之道,以治人之情,列其鬼神,達於喪祭、鄉射、冠婚、朝聘。故聖人以禮示之,則天下國家可得以禮正矣。”

言偃曰:“今之在位莫知由禮,何也?”孔子曰:“嗚呼,哀哉!我觀周道,幽、厲傷也〔一〕。吾捨魯何適〔二〕?夫魯之郊及禘皆非禮〔三〕,周公其已衰矣〔四〕。杞之郊也禹〔五〕,宋之郊也契〔六〕,是天子之事守也〔七〕,天子以杞、宋二王之後。周公攝政,致太平,而與天子同是禮也。諸侯祭社稷宗廟,上下皆奉其典,而祝嘏莫敢易其常法,是謂大嘉。

〔一〕王肅注:“幽、厲二王者,皆傷周道也。”

〔二〕王肅注:“魯有聖人之風,猶勝諸國也。”

〔三〕王肅注:“言失於禮而亡其義。”

〔四〕王肅注:“子孫不能行其禮義。”

〔五〕王肅注:“杞,夏后,本郊鯀。周公以鯀非令德,故令杞郊禹。”

〔六〕契,帝嚳、簡狄之子,商朝的始祖。

〔七〕事守，職守。

“今使祝嘏辭説〔一〕，徒藏於宗祝巫史，非禮也〔二〕，是謂幽國〔三〕；醆斝及尸君，非禮也〔四〕，是謂僭君〔五〕；冕弁兵車，藏於私家，非禮也〔六〕，是謂脅君〔七〕；大夫具官，祭器不假，聲樂皆具，非禮也〔八〕，是爲亂國。故仕於公曰臣，仕於家曰僕。三年之喪，與新有婚者，朞不使也。以衰裳入朝〔九〕，與家僕雜居齊齒〔一〇〕，非禮也，是謂臣與君共國；天子有田以處其子孫，諸侯有國以處其子孫，大夫有采以處其子孫〔一一〕，是謂制度。天子適諸侯，必舍其宗廟，而不禮籍入〔一二〕，是謂天子壞法亂紀；諸侯非問疾弔喪而入諸臣之家，是謂君臣爲謔〔一三〕。夫禮者，君之柄〔一四〕，所以別嫌、明微、儐鬼神、考制度、列仁義、立政教、安君臣上下也。故政不正則君位危，君位危則大臣倍、小臣竊，刑肅而俗弊則法無常，法無常則禮無別，禮無別則士不仕、民不歸，是謂疵國。

〔一〕祝，祭祀時致祝禱之辭的人。嘏，替人向鬼神祈福的人。

〔二〕王肅注：“言君臣皆當知辭説之意義也。”王注“義”原作“議”，據《四庫》本、同文本改。

〔三〕王肅注：“幽，敝於禮。”

〔四〕醆，一種淺底的小酒杯。斝，一種盛酒器。王肅注：“夏曰醆，殷曰斝。非王者之後，則尸與君不得用。”

〔五〕王肅注：“僭侈之君。”

〔六〕王肅注：“大夫稱家。冕弁，大夫之服。孔子曰：天子、諸侯、大夫冕弁服歸設奠後。此謂不得賜而藏之也。”王注“服歸設奠後”，《四庫》本、同文本作“復歸設奠服”。

〔七〕王肅注：“迫於其君。”

〔八〕王肅注：“大夫無田者，不爲祭器。今皆不假，故非禮。”

〔九〕“裳”，原作“嘗”，據《四庫》本改。

〔一〇〕齊齒，指並列。

〔一一〕采，采邑。

〔一二〕王肅注：“所謂臨諸侯，將舍宗廟，先告其鬼神以將入止也。”

〔一三〕王肅注：“謔，戲。”

〔一四〕王肅注：“柄，亦秉持。”

　　"是故夫政者,君之所以藏身也〔一〕,必本之天,效以降命〔二〕。命,降於社之謂效地〔三〕,降於祖廟之謂仁義〔四〕,降於山川之謂興作〔五〕,降於五祀之謂制度〔六〕。此聖人所以藏身之固也〔七〕。聖人參於天地,並於鬼神,以治政也。處其所存,禮之序也;翫其所樂,民之治也〔八〕。天生時,地生財,人其父生而師教之。四者,君以政用之,所以立於無過之地〔九〕。

〔一〕王肅注:"言所藏於身,不可以假人也。"

〔二〕王肅注:"效天以下教令,所謂則天之明。"

〔三〕"效",原作"教",據《四庫》本、同文本改。王肅注:"所謂因地之利。"

〔四〕王肅注:"奉祖廟,彌近彌親,彌遠彌尊,仁義之道也。"

〔五〕王肅注:"下命所謂祭山川者,謂其興造雲雨,作生萬物也。"

〔六〕王肅注:"下命使事五祀者,以其能爲人事之制度。"

〔七〕王肅注:"藏身以此則固。"

〔八〕王肅注:"言聖人常所存處者,禮之次序;常所玩樂者,民之治安也。"《四庫》本、同文本無王注"玩樂"上之"所"字。

〔九〕王肅注:"時及財,天地之所以生,而師以教之,君以政用之而已,故常立於無過之地也。"

　　"君者,人所則,非則人者也〔一〕;人所養,非養人者也;人所事,非事人者也。夫君者,明人則有過〔二〕,故養人則不足〔三〕,事人則失位。故百姓則君以自治〔四〕,養君以自安,事君以自顯,是以禮達而分定。人皆愛其死而患其生〔五〕,是故用人之智去其詐,用人之勇去其怒,用人之仁去其貪。國有患,君死社稷爲之義,大夫死宗廟爲之變〔六〕。凡聖人能以天下爲一家,以中國爲一人,非意之〔七〕,必知其情,從於其義,明於其利,達於其患,然後爲之。

〔一〕兩"則"字原作"明",據《四庫》本、同文本改。

〔二〕王肅注:"爲君徒欲明人而已,則過謬也。"

〔三〕王肅注:"時君失政,不能爲民所養。"

〔四〕"則",原作"明",據《四庫》本、同文本改。

〔五〕王肅注:"人皆愛惜其死,而患其生之無禮也。"

〔六〕兩"爲之",《四庫》本、同文本作"謂之"。"爲"、"謂"通。王肅注:"大夫有去就之義,未必常死宗廟者。其死宗廟者,權變爲也。"

〔七〕王肅注："非以意貪之，必有致之也。"

　　"何謂人情？喜、怒、哀、懼、愛、惡、欲，七者弗學而能。何謂人義？父慈、子孝、兄良、弟悌、夫義、婦聽、長惠、幼順、君仁、臣忠，十者謂之人義。講信修睦，謂之人利。爭奪相殺，謂之人患。聖人之所以治人七情，脩十義，講信脩睦，尚辭讓，去爭奪，舍禮何以治之？飲食男女，人之大欲存焉；死亡貧苦，人之大惡存焉。欲、惡者，人之大端，人藏其心，不可測度，美、惡皆在其心，不見其色，欲一以窮之，舍禮何以哉？

　　"故人者，天地之德，陰陽之交，鬼神之會，五行之秀。天秉陽，垂日星；地秉陰，載於山川〔一〕。播五行於四時，和四氣而後月生〔二〕。是以三五而盈，三五而缺〔三〕，五行之動，共相竭也〔四〕。五行、四氣、十二月，還相爲本〔五〕；五聲、五律、十二管，還相爲宮〔六〕；五味、六和、十二食，還相爲質〔七〕；五色、六章、十二衣，還相爲主〔八〕。故人者，天地之心〔九〕，而五行之端〔一〇〕，食味、別聲、被色而生者。

〔一〕《四庫》本、同文本無"於"字。

〔二〕王肅注："月生而後四時行焉，布五行，和四時、四氣，而後月生焉。"

〔三〕王肅注："月，陰道，不常滿。故十五日滿，十五日缺也。"

〔四〕王肅注："竭，盡也。水用事盡，則木用事。五行用事，更相盡也。"

〔五〕王肅注："用事者爲本也。"

〔六〕王肅注："五聲者，宮、商、角、徵、羽也。管，十二月也，一月一管，陽律陰呂，其用事爲宮也。"

〔七〕王肅注："五味，酸、苦、鹹、辛、甘。六和者，和之各有宜者，春多酸、秋多辛之屬是也。十二食者，十二月之食。質，本也。"

〔八〕王肅注："五色者，青、赤、白、黑、黃。《學記》曰：水無當於五色，五色不得不彰，五色待水而章也。"

〔九〕王肅注："於天地間，如五臟之有心矣。人，有生最靈；心，五臟最聖也。"王注上"五臟"之"臟"，原作"藏"，據《四庫》本、同文本改。下"五臟"之"臟"同。

〔一〇〕王肅注："端，始也。能用五行也。"

　　"聖人作則〔一〕，必以天地爲本，以陰陽爲端，以四時爲柄〔二〕，以日星爲紀，月以爲量，鬼神以爲徒，五行以爲質，禮義以爲器，人情以爲田,四靈以爲畜。以天地爲本,故物可舉[三];以陰陽爲端,故情可睹[四];以四時爲柄,故事可勸[五];以日星爲紀,故業可別[六];月以爲量,故功有藝[七];鬼神以爲徒,故事有守[八];五行以爲質,故事可復也[九];禮義以爲器,故事行有考[一〇];人情以爲田,故人以爲奥也[一一];四靈以爲畜,故飲食有由[一二]。

〔一〕王肅注:“作爲則法。”

〔二〕柄,猶“權”也,權衡。

〔三〕王肅注:“天地爲本,則萬物苞在於其中。”

〔四〕王肅注:“陰陽之爲情始。”王注“之爲情始”,《四庫》本作“爲情之始”。

〔五〕王肅注:“四時各有事,故事可得而勸也。”

〔六〕王肅注:“日以紀晝,星以紀夜,故事可得而分別也。”

〔七〕王肅注:“有度量以成四時,猶功業各有分理也。藝,猶理。”

〔八〕王肅注:“鬼神不相干,各有守。”

〔九〕王肅注:“五行終則復始,故事可修復也。”

〔一〇〕王肅注:“考,成。”

〔一一〕本句原無,據《四庫》本、同文本補。《禮記·禮運》鄭注:“奥,猶主也。田無主則荒。”

〔一二〕本句原無,據《四庫》本、同文本補。王肅注:“四靈,鳥獸之長。四靈爲畜,則飲食可用。”

“何謂四靈? 麟、鳳、龜、龍謂之四靈。故龍以爲畜,而魚鮪不諗[一];鳳以爲畜,而鳥不觝;麟以爲畜,而獸不狘[二];龜以爲畜,而人情不失[三]。先王秉蓍龜,列祭祀,瘞繒,宣祝嘏[四],設制度,祝嘏辭説,故國有禮,官有御[五],事有職[六],禮有序[七]。

〔一〕王肅注:“諗,潜藏也。”

〔二〕王肅注:“觝、狘,飛走之貌也。”

〔三〕王肅注:“《易》曰:定天下之吉凶,成天下之亹亹者,莫善於蓍龜。人情不失也。”

〔四〕瘞,掩埋。繒,布帛,這裏指寫有祝辭的布帛。瘞繒,爲一種祭祀儀式。王肅注:“瘞,謂祭祀之瘞。繒,謂若增封太山。宣,謂播宣揚之。”

〔五〕王肅注:“治也。”

〔六〕“事有”二字原無,據《四庫》本、同文本補。

〔七〕“禮”字原無,據《四庫》本、同文本補。

“先王患禮之不達於下，故饗帝於郊，所以定天位也；祀社於國，所以列地利也；禘祖廟，所以本仁也；旅山川，所以儐鬼神也；祭五祀，所以本事也。故宗祝在廟，三公在朝，三老在學[一]，王前巫而後史，卜筮瞽侑[二]，皆在左右，王中心無爲也，以守至正。是以禮行於郊，而百神受職；禮行於社，而百貨可極；禮行於祖廟，而孝慈服焉[三]；禮行於五祀，而正法則焉。故郊社、宗廟、山川、五祀，義之脩而禮之藏[四]。

〔一〕三公，指司馬、司徒、司空，或太師、太傅、太保。三老，指上壽、中壽、下壽，泛指年老致仕者。王肅注：“王養三老在學。”
〔二〕瞽，盲人。因古代的樂師多爲盲人，所以這裏指樂師。侑，助也，這裏指輔佐君王的諫官。“筮”，原作“蓍”，據《四庫》本、同文本改。
〔三〕王肅注：“孝慈之道，爲遠近所服焉。”
〔四〕王肅注：“言禮之寶藏。”

“夫禮必本於太一[一]，分而爲天地，轉而爲陰陽，變而爲四時，列而爲鬼神。其降曰命[二]。其官於天也[三]，協於分藝[四]，其居於人也曰養[五]：所以講信修睦，而固人之肌膚之會、筋骸之束者；所以養生送死、事鬼神之大端；所以達天道、順人情之大寶。唯聖人爲知禮之不可以已也，故破國、喪家、亡人，必先去其禮。

〔一〕王肅注：“太一者，元氣也。”
〔二〕王肅注：“即上所爲命，降於天地祖廟也。”
〔三〕王肅注：“官爲職分也。言禮之職分，皆從天下來也。”王本“之”字原無，據《四庫》本、同文本補。
〔四〕王肅注：“藝，理。”
〔五〕王肅注：“言禮之於人身，所以養成人也。”

“禮之於人，猶酒之有糱也[一]，君子以厚，小人以薄。聖人脩義之柄、禮之序，以治人情。人情者，聖王之田也，修禮以耕之，陳義以種之，講學以耨之[二]，本仁以聚之，播樂以安之。故禮者，義之實也，協諸義而協，則禮雖先王未有，可以義起焉；義者，藝之分，仁之節，協於藝，講於仁，得之者強，失之者喪；仁者，義之本，順之體，得之者尊。故治國不以禮，猶無耜而耕；爲禮而不本於義，猶耕之而弗種；爲義而不講於學，猶種而弗耨；講之以學而不合以仁，猶耨而不穫；合之以仁而不安之以樂，猶獲而弗食；安之以樂而不達於順，猶食而不肥。四體既正，膚革充盈，人之肥也；父子篤，兄弟睦，夫婦和，家之肥也；大臣法，小臣廉，官職相序，君臣相正，國之肥也；天子以德爲車，以樂爲御，諸侯以禮相與，大夫以法相序，士以信相考，百姓以睦相守，天下之肥也，是謂大順。順者，所以養生送死，事鬼神之常也。故事大積焉而不苑〔三〕，並行而不謬，細行而不失，深而通，茂而有間〔四〕，連而不相及〔五〕，動而不相害，此順之至也。明於順，然後乃能守危〔六〕。

〔一〕蘖，酒曲，用來釀酒的發酵劑。

〔二〕王肅注：“耨，除穢也。”

〔三〕王肅注：“苑，滯積也。”

〔四〕王肅注：“言有理也。”

〔五〕王肅注：“言有叙也。”

〔六〕王肅注：“高而不危，以長守危。”

　　“夫禮之不同，不豐不殺〔一〕，所以持情而合危也〔二〕。山者不使居川，渚者不使居原；用水、火、金、木，飲食必時〔三〕；冬合男女，春頒爵位，必當年德，皆所順也。用民必順〔四〕。故無水旱昆蟲之災，民無凶饑妖孽之疾。天不愛其道，地不愛其寶，人不愛其情，是以天降甘露，地出醴泉，山出器車〔五〕，河出馬圖〔六〕，鳳凰麒麟，皆在郊撖〔七〕，龜龍在宮沼，其餘鳥獸及卵胎，皆可俯而窺也。則是無故，先王能循禮以達義，體信以達順。此順之實也。”（本篇又見於《禮記·禮運》）

〔一〕下“不”字原無，據《四庫》本、同文本補。殺，減也，降也。

〔二〕王肅注：“合禮，安也。”

〔三〕王肅注：“用水，漁人以時入澤梁，乃溉灌。用火，季春出火，季秋納火也。用金，以時采銅鐵。用木，斧斤以時入山林。飲食各隨四時之宜者也。”

〔四〕王肅注：“悦以使民。”

〔五〕王肅注：“出銀甕、丹竈之器及象車也。”

〔六〕王肅注：“龍似馬，負圖出。”

〔七〕“撖”，楊朝明、宋立林主編《孔子家語通解》以爲當爲“椒”字之誤。椒，草澤。

冠頌第三十三

　　邾隱公既即位〔一〕，將冠〔二〕，使大夫因孟懿子問禮於孔子。子曰：

“其禮如世子之冠,冠於阼者,以著代也〔三〕。醮於客位,加其有成〔四〕。三加彌尊,導喻其志〔五〕。冠而字之,敬其名也。雖天子之元子,猶士也,其禮無變。天下無生而貴者,故也行冠事必於祖廟,以祼享之禮以將之〔六〕,以金石之樂節之〔七〕,所以自卑而尊先祖,示不敢擅。”懿子曰:“天子未冠即位,長亦冠也。”孔子曰:“古者王世子雖幼,其即位則尊爲人君,人君治成人之事者,何冠之有?”懿子曰:“然則諸侯之冠,異天子與〔八〕?”孔子曰:“君薨而世子主喪,是亦冠也已,人君無所殊也〔九〕。”懿子曰:“今邾君之冠,非禮也〔一〇〕。”孔子曰:“諸侯之有冠禮也,夏之末造也〔一一〕,有自來矣,今無譏焉〔一二〕。天子冠者,武王崩,成王年十有三而嗣立,周公居冢宰,攝政以治天下,明年夏六月,既葬〔一三〕,冠成王而朝於祖,以見諸侯,示有君也〔一四〕。周公命祝雍作頌曰〔一五〕:‘祝王達而未幼。’祝雍辭曰:‘使王近於民〔一六〕,遠於年〔一七〕,嗇於時〔一八〕,惠於財,親賢而任能。’其頌曰:‘令月吉日,王始加元服〔一九〕,去王幼志,服袞職〔二〇〕,欽若昊命〔二一〕,六合是式〔二二〕,率爾祖考,永永無極。’此周公之制也。”懿子曰:“諸侯之冠,其所以爲賓主,何也?”孔子曰:“公冠則以卿爲賓,無介公自爲主,迎賓揖升自阼,立於席北,其醴也則如士,饗之以三獻之禮〔二三〕,既醴,降自阼階。諸侯非公而自爲主者,其所以異,皆降自西階〔二四〕,玄端與皮弁〔二五〕,異朝服素畢〔二六〕,公冠四〔二七〕,加玄冕祭〔二八〕,其酬幣於賓,則束帛乘馬〔二九〕,王太子、庶子之冠擬焉〔三〇〕,皆天子自爲主〔三一〕,其禮與士無變,饗食賓也,皆同。”懿子曰:“始冠必加緇布之冠,何也?”孔子曰:“示不忘古。太古冠布齋則緇之,其緌也吾未之聞〔三二〕,今則冠而幣之〔三三〕,可也。”懿子曰:“三王之冠,其異何也?”孔子曰:“周弁,殷冔,夏收,一也〔三四〕。三王共皮弁、素緌。委貌,周道也;章甫,殷道也;毋追,夏后氏之道也〔三五〕。”

〔一〕邾隱公,春秋時邾國國君。

〔二〕冠,這裏指冠禮,即男子二十歲舉行的成年禮。

〔三〕王肅注:“阼,主人之階,以明其代父。”

〔四〕醮,舉行冠禮時舉行的一個儀式,即尊者爲卑者斟酒,卑者盡飲之,不必回敬。王肅注:“冠於階,若不體則醮,用酒於客位,敬而成之。户西爲客位。”

〔五〕王肅注：“喻其志，使加彌尊，宜敬成，始緇布，次皮弁，次爵弁。”

〔六〕王肅注：“祼，灌鬯也。灌鬯以享神，享獻將行也。”

〔七〕王肅注：“金石者，鐘磬也。”

〔八〕王肅注：“怪天子無冠禮，如諸侯之冠，故問之。”

〔九〕王肅注：“諸侯亦人君，與天子無異。”

〔一〇〕王肅注：“懿子以諸侯無冠，則邾君之冠非也。”今案：王注“以”原作“亦”，據《四庫》本改。

〔一一〕王肅注：“夏之末世，乃造諸侯冠禮。”

〔一二〕王肅注：“言有所從來，故今無所識。”

〔一三〕王肅注：“《周書》亦曰：‘歲十有三，武王崩，元年六月葬。’與此若合符。而説者橫爲年紀，蹙促成年少。又命周公，武王崩後五月乃攝政，良可爲冠與！痛哉！”

〔一四〕“示”，原作“亦”，據《四庫》本、同文本改。

〔一五〕祝雍，周初大夫。

〔一六〕王肅注：“常得民之心也。”

〔一七〕王肅注：“壽長。”

〔一八〕王肅注：“嗇，愛也。於時，不奪民時也。”

〔一九〕元服，冠，這裏指行冠禮。

〔二〇〕王肅注：“袞職，盛服有禮文也。”

〔二一〕王肅注：“欽，敬。若，順。”昊命，指天命。

〔二二〕王肅注：“天地四方謂之六合，言爲之法式。”

〔二三〕三獻，祭祀時獻酒三次，即初獻爵、亞獻爵、終獻爵。

〔二四〕王肅注：“西階，賓也。”

〔二五〕王肅注：“玄端，緇布冠之服。皮弁，自服其服也。”

〔二六〕王肅注：“服朝而畢，示不忘古。”

〔二七〕王肅注：“公四加冠。”

〔二八〕王肅注：“加玄冕，着祭服。”

〔二九〕王肅注：“已冠而饗。既饗，與賓幣，謂之酬幣。乘馬，駟馬也。”

〔三〇〕王肅注：“王之太子、庶子皆擬諸侯冠禮也。”

〔三一〕“主”，原作“三”，據《四庫》本、同文本改。

〔三二〕王肅注：“言今有緌，未聞之於古，古無緌也。緌，冠之飾也。”

〔三三〕幣，以幣帛等禮物相贈。王肅注：“今不復冠。幣，布幣之不復者也。”

〔三四〕王肅注：“皆祭服也。”

〔三五〕王肅注：“常所服之冠也。”

廟制第三十四

衛將軍文子將立先君之廟於其家〔一〕,使子羔訪於孔子。子曰:
"公廟設於私家,非古禮之所及,吾弗知。"子羔曰:"敢問尊卑上下立
廟之制,可得而聞乎?"孔子曰:"天下有王,分地建國,設祖宗〔二〕,乃
爲親疏貴賤多少之數。是故天子立七廟,三昭三穆,與太祖之廟七。
太祖近廟,皆月祭之〔三〕。遠廟爲祧,有二祧焉〔四〕,享嘗乃止〔五〕。諸
侯立五廟〔六〕,二昭二穆,與太祖之廟而五,曰祖考廟〔七〕,享嘗乃止。
大夫立三廟〔八〕,一昭一穆,與太廟而三,曰皇考廟,享嘗乃止。士立一
廟〔九〕,曰考廟,王考無廟,合而享嘗乃止〔一〇〕。庶人無廟,四時祭於
寢。此自有虞以至於周之所不變也〔一一〕。凡四代帝王之所謂郊
者〔一二〕,皆以配天;其所謂禘者,皆五年大祭之所及也〔一三〕。應爲太祖
者,則其廟不毀;不及太祖,雖在禘郊,其廟則毀矣〔一四〕。古者祖有功
而宗有德,謂之祖宗者,其廟皆不毀〔一五〕。"

〔一〕"先君",原作"三軍",據《四庫》本改。王肅注:"文子,名彌牢。"今案:王注"牢",
　　《四庫》本作"牟"。

〔二〕帝王世系,肇基者爲祖,繼祖者爲宗。王肅注:"祖有功,宗有德。"

〔三〕王肅注:"近謂高祖,下親爲近。"

〔四〕王肅注:"祧,遠意。親盡爲祧。二祧者,高祖及父母祖是也。"

〔五〕王肅注:"四時祭也。"

〔六〕王肅注:"降天子二也。"

〔七〕王肅注:"始祖廟也。"

〔八〕王肅注:"降諸侯二也。"

〔九〕王肅注:"降大夫二也。"

〔一〇〕王肅注:"祖合於父廟中。"

〔一一〕王肅注:"自有虞以至於周,禮("禮"上原衍"周"字,據《四庫》本删)不異,而説
　　者以周有廟,以有文、武,故祧當遷者,而以爲文、武之("武之"二字原無,據《四
　　庫》本補)廟,或有甚矣。禮典皆有七廟之文,唯《喪服小記》云:'王者禘其祖之
　　所出(《四庫》本無"之"字。"所"下原衍"自以其祖所"五字),以其祖配之,而立
　　四廟。'謂始王者未有始祖,故立四廟。今有虞亦始王者,而既立七廟矣,則《喪服
　　小記》之言亦妄矣。"

〔一二〕郊,指郊祭。

〔一三〕王肅注：“殷、周禘嚳，五年大祭而及。”

〔一四〕王肅注：“諸禘享考無廟，郊亦無廟。后稷之所以有廟者（“者”原作“自”，據《四庫》本改），以太祖。故曰不爲太祖，雖在禘郊，其廟則毀。據后稷而言，殷人不郊冥，以冥有大功（上兩句《四庫》本作“殷人之郊冥，冥以有大功”）。契既爲太祖之廟，若復郊，則冥永不與於祀典，是以郊冥者也。”

〔一五〕王肅注：“祖宗者，不毀之名。其廟有功者謂之祖，至於周文王是也。有德者謂之宗，武王是也（“宗”，原訛作“周”，據《四庫》本改。“也”字據《四庫》本補）。二廟自有祖、宗，乃謂之二祧，又以爲配食明堂之名，亦可謂達聖指，失實事也。”

　　子羔問曰：“祭典云[一]：‘昔有虞氏祖顓頊而宗堯，夏后氏亦祖顓頊而宗禹，殷人祖契而宗湯，周人祖文王而宗武王。’此四祖四宗，或乃異代，或其考祖之有功德，其廟可也。若有虞宗堯，夏祖顓頊，皆異代之有功德者也，亦可以存其廟乎？”孔子曰：“善，如汝所聞也。如殷、周之祖宗，其廟可以不毀，其他祖宗者，功德不殊，雖在殊代，亦可以無疑矣。《詩》云：‘蔽芾甘棠，勿翦勿伐’、‘邵伯所憩’[二]。周人之於邵公也，愛其人，猶敬其所舍之樹，況祖宗其功德，而可以不尊奉其廟焉？”（本篇又見於《禮記·祭法》）

〔一〕祭典，有關祭祀的典籍。

〔二〕王肅注：“蔽芾，小貌。甘棠，杜也。憩，席也。”

辯樂解第三十五

　　孔子學琴於師襄子[一]。襄子曰：“吾雖以擊磬爲官，然能於琴。今子於琴已習，可以益矣。”孔子曰：“丘未得其數也[二]。”有間，曰：“已習其數，可以益矣。”孔子曰：“丘未得其志也。”有間，曰：“已習其志，可以益矣。”孔子曰：“丘未得其爲人也。”有間，曰[三]：“孔子有所謬然思焉[四]，有所睪然高望而遠眺[五]。”曰：“丘迨得其爲人矣，黯而黑[六]，頎然長[七]，曠如望羊[八]，奄有四方[九]。非文王，其孰能爲此？”師襄子避席葉拱而對曰[一〇]：“君子聖人也，其傳曰《文王操》[一一]。”（又見於《韓詩外傳》卷五、《史記·孔子世家》）

〔一〕師襄子，春秋時樂官，一說魯國人，一說衛國人。

〔二〕數，節奏度數。

〔三〕“曰”，楊朝明、宋立林主編《孔子家語通解》以爲乃衍文。

〔四〕王肅注：“謬然，深思貌。”

〔五〕王肅注：“眺，見也。”

〔六〕“黮”上原衍“近”字，據《四庫》本删。王肅注：“黮，黑貌。”

〔七〕王肅注：“頎，長貌。”

〔八〕王肅注：“曠，用志廣遠。望羊，遠視也。”

〔九〕王肅注：“奄，同也。文王之時三分天下有其二，後周有四方，文王之功也。”

〔一〇〕葉拱，一種禮儀。雙手像兩片葉子一樣靠近胸前環拱。王肅注：“葉拱，兩手薄其心也。”

〔一一〕《文王操》，琴曲名。

　　子路鼓琴，孔子聞之，謂冉有曰：“甚矣，由之不才也。夫先王之制音也，奏中聲以爲節〔一〕，流入於南〔二〕，不歸於北。夫南者，生育之鄉；北者，殺伐之城。故君子之音，溫柔居中，以養生育之氣。憂愁之感，不加於心也；暴厲之動，不在於體也。夫然者，乃所謂治安之風也。小人之音則不然，亢麗微末〔三〕，以象殺伐之氣。中和之感，不載於心；溫和之動，不存於體。夫然者，乃所以爲亂之風。昔者舜彈五絃之琴，造《南風》之詩，其詩曰：‘南風之薰兮，可以解吾民之愠兮。南風之時兮，可以阜吾民之財兮〔四〕。’唯脩此化，故其興也勃焉。德如泉流，至於今，王公大人述而弗忘。殷紂好爲北鄙之聲，其廢也忽焉。至於今，王公大人舉以爲誡。夫舜起布衣，積德含和，而終以帝。紂爲天子，荒淫暴亂，而終以亡。非各所修之致乎？由，今也匹夫之徒，曾無意於先王之制，而習亡國之聲，豈能保其六七尺之體哉？”冉有以告子路，子路懼而自悔，静思不食，以至骨立〔五〕。夫子曰：“過而能改，其進矣乎！”（又見於《説苑·修文》）

〔一〕中聲，中和之聲。

〔二〕《四庫》本、同文本無“流”字。

〔三〕亢麗，激烈。微末，細微。

〔四〕王肅注：“得其時。阜，盛也。”

〔五〕骨立，極其消瘦的樣子。

　　周賓牟賈侍坐於孔子〔一〕，孔子與之言及樂曰：“夫《武》之備誡之以久〔二〕，何也?”對曰:“病疾不得其衆〔三〕。”“詠歎之，淫液之〔四〕，何也?”對曰:“恐不逮事〔五〕。”“發揚蹈厲之已蚤〔六〕，何也?”對曰:“及時事〔七〕。”“《武》坐致右而軒左〔八〕，何也?”對曰:“非《武》坐〔九〕。”“聲淫及商〔一○〕，何也?”對曰:“非武音也〔一一〕。”孔子曰:“若非武音，則何音也?”對曰:“有司失其傳也〔一二〕。”孔子曰:“唯。丘聞諸萇弘〔一三〕，亦若吾子之言是也〔一四〕。若非有司失其傳，則武王之志荒矣。”賓牟賈起，免席而請曰〔一五〕:“夫武之備誡之以久，則既聞命矣。敢問遲矣而又久立於綴，何也?”子曰:“居，吾語爾。夫樂者，象成者也〔一六〕。總干而山立〔一七〕，武王之事也;發揚蹈厲〔一八〕，太公之志也;《武》亂皆坐〔一九〕，周、邵之治也。且夫《武》，始成而北出〔二○〕，再成而滅商，三成而南反〔二一〕，四成而南國是疆〔二二〕，五成而分陝，周公左，邵公右〔二三〕，六成而復綴，以崇其天子焉〔二四〕。衆夾振焉而四伐，所以盛威於中國〔二五〕;分陝而進，所以事蚤濟〔二六〕;久立於綴，所以待諸侯之至也。今汝獨未聞牧野之語乎〔二七〕，武王克殷而反商之政，未及下車，則封黄帝之後於薊，封帝堯之後於祝，封帝舜之後於陳。下車又封夏后氏之後於杞，封殷之後於宋〔二八〕，封王子比干之墓，釋箕子之囚，使人行商容之舊，以復其位〔二九〕。庶民弛政〔三○〕，庶士倍禄。既濟河西，馬散之華山之陽而弗復乘，牛散之桃林之野而弗復服〔三一〕，車甲則釁之而藏之諸府庫〔三二〕，以示弗復用，倒載干戈而包之以虎皮，將率之士，使爲諸侯，命之曰鞬櫜〔三三〕，然後天下知武王之不復用兵也。散軍而修郊射〔三四〕，左射以《貍首》，右射以《騶虞》，而貫革之射息也〔三五〕;裨冕搢笏，而虎賁之士脱劍〔三六〕;郊祀后稷，而民知尊父焉;配明堂，而民知孝焉;朝覲，然後諸侯知所以臣;耕籍，然後民知所以敬親〔三七〕。六者，天下之大教也。食三老五更於太學，天子袒而割牲，執醬而饋，執爵而酳〔三八〕，冕而總干〔三九〕，所以教諸侯之弟也。如此則周道四達，禮樂交通。夫《武》之遲久，不亦宜乎!”（又見於《禮記·樂記》《史記·樂書》）

〔一〕賓牟賈，春秋時期音樂家，或謂孔子弟子。

〔二〕王肅注:“武謂周武。備誡，擊鼓警衆也。”

〔三〕王肅注:“病，憂也。憂恐不得其士衆之心敬者也。”

〔四〕淫液，形容聲音綿延不絕。王肅注:“淫液，歆淫滋味。”

〔五〕王肅注:"言汲汲欲及此安民和衆事。"

〔六〕王肅注:"厲,病。備戒雖久,至其發作又疾。"

〔七〕王肅注:"欲令事及其時。"

〔八〕軒,提起。王肅注:"右膝至地,左膝不至地也。"

〔九〕王肅注:"言無《武》坐。"王注,《四庫》本作"言《武》無坐。"

〔一〇〕王肅注:"言聲歆淫貪商。"

〔一一〕王肅注:"武王之事不得已爲天下除殘賊,非苟貪商。"

〔一二〕有司,負責的官吏,這裏指樂官。

〔一三〕萇弘,周大夫,相傳孔子從之學樂。

〔一四〕"亦若",原作"若非",據《四庫》本、同文本改。

〔一五〕免席,避席,離席,表示尊敬。

〔一六〕王肅注:"象成功而爲樂。"

〔一七〕王肅注:"總持干,若山立不動。"

〔一八〕王肅注:"志在鷹揚。"

〔一九〕王肅注:"《武》亂,《武》治,皆坐而以象安民之事也。"

〔二〇〕成,一曲終了爲一成。

〔二一〕王肅注:"誅紂已而南也。"

〔二二〕王肅注:"言有南國以爲疆界。"

〔二三〕王肅注:"分東西而治也。"

〔二四〕王肅注:"以象尊天子也。六成,謂舞之節解也。"

〔二五〕王肅注:"夾武王四面會振威武。四伐者,伐四方與紂同惡也。"

〔二六〕王肅注:"所以分陝而蚤進者,欲事蚤成。"

〔二七〕語,這裏指説法、傳言。

〔二八〕王肅注:"武王伐殷,封其子禄父。武王崩,禄父叛,周公誅之,封微子於宋,以爲殷後。禄父不成殷後,故成言之。"

〔二九〕王肅注:"商容,商之禮儀。其位,舊居也。傳説多以商容爲殷之賢人,或使箕子求商容乎。行,猶索也。"

〔三〇〕王肅注:"解其力役之事。"

〔三一〕王肅注:"桃林,西方塞也。"

〔三二〕釁,血祭,即以牲血塗抹在器物上進行祭祀。

〔三三〕韇櫜,本指盛弓箭的器具,這裏用作動詞,收存。王肅注:"言所以藏弓矢而不用者,將率之士力也,故使以爲諸侯,爲之韇櫜也。"

〔三四〕王肅注:"郊有學官,可以習禮。"

〔三五〕《貍首》、《騶虞》,皆樂章名稱。王肅注:"左東學,右西學。《貍首》、《騶虞》,所爲節也。"

〔三六〕王肅注：“袞冕之屬，通謂之裨冕。脫劍，解劍也。”

〔三七〕王肅注：“親耕籍田，所以奉祠祀之粢盛。“

〔三八〕王肅注：“食已飲酒謂之酳也。”

〔三九〕王肅注：“親在舞位。”

問玉第三十六

子貢問於孔子曰：“敢問君子貴玉而賤珉，何也？爲玉之寡而珉多歟〔一〕？”孔子曰：“非爲玉之寡故貴之，珉之多故賤之。夫昔者君子比德於玉：溫潤而澤，仁也；縝密以栗〔二〕，智也；廉而不劌〔三〕，義也；垂之如墜，禮也〔四〕；叩之，其聲清越而長，其終則詘然，樂矣〔五〕；瑕不掩瑜，瑜不掩瑕，忠也〔六〕；孚尹旁達，信也〔七〕；氣如白虹，天也；精神見于山川，地也〔八〕；珪璋特達〔九〕，德也；天下莫不貴者，道也。《詩》云：‘言念君子，溫其如玉。’〔一〇〕故君子貴之也。”（又見於《禮記·聘義》、《荀子·法行》）

〔一〕王肅注：“珉，石，似玉。”

〔二〕王肅注：“縝密，緻塞貌。栗，堅也。”

〔三〕王肅注：“割而有廉隅，而不割傷也。”

〔四〕王肅注：“禮尚謙卑。”

〔五〕王肅注：“詘，斷絕貌，似樂之息。”

〔六〕王肅注：“瑜，其忠美者也。”王注“忠”，《四庫》本作“中”。

〔七〕王肅注：“孚尹，玉貌。旁達，似信者，無不通。”王注“似信者”原作“言似者”，據《四庫》本改。

〔八〕王肅注：“精神本出山川，是故地也。”

〔九〕珪璋特達，直接送達。古代用珪、璋、璧、琮等作爲聘享之禮，其中璧、琮要加上束帛才可以送達，而珪、璋因其品質優良，不用束帛便可送達，故謂之特達。

〔一〇〕語出《詩·秦風·小戎》。

孔子曰：“入其國，其教可知也。其爲人也，溫柔敦厚，《詩》教也；疏通知遠，《書》教也；廣博易良〔一〕，《樂》教也；潔静精微，《易》教也；恭儉莊敬，《禮》教也；屬辭比事，《春秋》教也。故《詩》之失，愚〔二〕；《書》之失，誣〔三〕；《樂》之失，奢；《易》之失，賊〔四〕；《禮》之失，煩；《春秋》之失，亂〔五〕。其爲人也，溫柔敦厚而不愚，則深於《詩》者矣；疏通知遠而不誣,則深於《書》者矣;廣博易良而不奢,則深於《樂》者矣;潔靜精微而不賊,則深於《易》者矣;恭儉莊敬而不煩,則深於《禮》者矣;屬辭比事而不亂,則深於《春秋》者矣。天有四時者,春、夏、秋、冬,風、雨、霜、露,無非教也。地載神氣,吐納雷霆,流形庶物[六],無非教也。清明在躬,氣志如神[七],有物將至,其兆必先[八]。是故天地之教與聖人相參。其在《詩》曰:'嵩高惟嶽,峻極于天。惟嶽降神,生甫及申[九]。惟申及甫,惟周之翰[一〇]。四國于蕃,四方于宣[一一]。'此文、武之德[一二]。'矢其文德,協此四國[一三]。'此文王之德也。凡三代之王,必先其令問。《詩》云:'明明天子,令問不已[一四]。'三代之德也。"
(又見於《禮記·經解》、《淮南子·泰族訓》)

〔一〕易,平易。

〔二〕王肅注:"敦厚之失。"王注"之失"二字原無,據《四庫》本補。

〔三〕王肅注:"知遠之失。"

〔四〕王肅注:"精微之失。"

〔五〕王肅注:"屬辭比事之失。"

〔六〕流形庶物,產生萬物。

〔七〕王肅注:"清明之德在身也,則其氣志如神也。"

〔八〕王肅注:"物,事也。言有事將至,必先有兆應之者也。"

〔九〕王肅注:"嶽降神靈和氣,生申、甫之大功也。"

〔一〇〕王肅注:"翰,幹。美其宗族世有大功於周,甫侯相穆王制祥刑,申伯佐宣王成德教。"

〔一一〕王肅注:"言能藩屏四國,宣王德化於天下也。"引詩見《詩·大雅·崧高》。

〔一二〕王肅注:"言文、武聖德,篤佐周家,正爲先王良佐,成中興之功。"

〔一三〕王肅注:"《毛詩》:'矢其文德。'矢,陳。協,和。"引詩見《詩·大雅·江漢》。

〔一四〕明明,猶勉勉,勤勉貌。"問",今本《毛詩》作"聞",是也。令聞,好名聲。語出《詩·大雅·江漢》。

　　子張問聖人之所以教。孔子曰:"師乎,吾語汝。聖人明於禮樂,舉而措之而已[一]。"子張又問。孔子曰:"師,爾以爲必布几筵,揖讓升降,酌獻酬酢,然後謂之禮乎? 爾以爲必行綴兆[二],執羽籥,作鐘鼓,然後謂之樂乎? 言而可履,禮也;行而可樂,樂也。聖人力此二者,以躬己南面。是故天下太平,萬民順伏,百官承事,上下有禮也。

夫禮之所以興，衆之所以治也；禮之所以廢，衆之所以亂也。目巧之
室則有隩阼〔三〕，席則有上下，車則有左右，行則並隨，立則有列序，古
之義也。室而無隩阼，則亂於堂室矣；席而無上下，則亂於席次矣〔四〕；
車而無左右，則亂於車上矣；行而無並隨，則亂於階塗矣〔五〕；列而無次
序，則亂於著矣〔六〕。昔者明王聖人，辯貴賤長幼〔七〕，正男女內外，序
親疏遠近，而莫敢相踰越者，皆由此塗出也。"（又見於《禮記·仲尼燕居》）

〔一〕措，實施。

〔二〕綴兆，舞者的行列位置。"爲"字原無，據《四庫》本、同文本補。

〔三〕王肅注："言目巧作室，必有隩阼之位。室西南隅謂之隩。阼，阼階也。"

〔四〕王肅注："亂於席上之次第。"

〔五〕王肅注："升階塗無並隨，則階塗亂。"

〔六〕王肅注："著，所立之位也。門屛之間謂之著也。"

〔七〕辯，同"辨"。

屈節解第三十七

子路問於孔子曰："由聞丈夫居世，富貴不能有益於物〔一〕；處貧
賤之地，而不能屈節以求伸，則不足以論乎人之域矣。"孔子曰："君子
之行己，期於必達於己。可以屈則屈，可以伸則伸。故屈節者，所以
有待〔二〕；求伸者，所以及時〔三〕。是以雖受屈而不毀其節，志達而不犯
於義〔四〕。"

〔一〕王肅注："以道濟物，不爲身也。"

〔二〕王肅注："待知求也。"

〔三〕王肅注："及良時也。"

〔四〕王肅注："合於義也乃行。"

孔子在衛，聞齊國田常將欲爲亂〔一〕，而憚鮑、晏〔二〕，因欲移其兵
以伐魯。孔子會諸弟子而告之曰："魯，父母之國，不可不救，不忍視
其受敵，今吾欲屈節於田常以救魯，二三子誰爲使？"於是子路曰："請
往齊。"孔子弗許。子張請往，又弗許。子石請往，又弗許。三子退，
謂子貢曰："今夫子欲屈節以救父母之國，吾三人請使而不獲往，此則
吾子用辯之時也，吾子盍請行焉？"子貢請使，夫子許之。遂如齊，說

田常曰："今子欲收功於魯，實難，不若移兵於吳，則易。"田常不悦，子貢曰："夫憂在内者攻強，憂在外者攻弱，吾聞子三封而三不成，是則大臣不聽令，戰勝以驕主，破國以尊臣〔三〕，而子之功不與焉，則交日疏於主，而與大臣爭。如此，則子之位危矣。"田常曰："善。然兵甲已加魯矣，不可更，如何？"子貢曰："緩師。吾請於吳，令救魯而伐齊，子因以兵迎之。"田常許諾。子貢遂南説吳王曰："王者不滅國，霸者無強敵，千鈞之重，加銖兩而移〔四〕，今以齊國而私千乘之魯〔五〕，與吳爭強〔六〕，甚爲王患之。且夫救魯以顯名，以撫泗上諸侯〔七〕，誅暴齊以服晉，利莫大焉。名存亡魯，實困強齊，智者不疑。"吳王曰："善。然吳常困越，越王今苦身養士，有報吳之心，子待我伐越〔八〕，然後乃可。"子貢曰："越之勁不過魯，吳之彊不過齊，而王置齊而伐越，則齊必私魯矣。王方以存亡繼絶之名，棄強齊而伐小越〔九〕，非勇也。勇者不避難〔一〇〕，仁者不窮約，智者不失時，義者不絶世。今存越，示天下以仁，救魯伐齊，威加晉國，諸侯必相率而朝，霸業盛矣。且王必惡越，臣請見越君，令出兵以從。此則實害越而名從諸侯以伐齊。"吳王悦，乃遣子貢之越。越王郊迎，而自爲子貢御，曰："此蠻夷之國，大夫何足儼然辱而臨之？"子貢曰："今者吾説吳王以救魯伐齊，其志欲之，而心畏越，曰：'待我伐越而後可，則破越必矣。'且無報人之志而令人疑之，拙矣；有報人之意而使人知之，殆矣〔一一〕；事未發而先聞者，危矣。三者，舉事之患矣。"勾踐頓首，曰："孤嘗不料力而興吳難，受困會稽，痛於骨髓，日夜焦脣乾舌，徒欲與吳王接踵而死，孤之願也。今大夫幸告以利害。"子貢曰："吳王爲人猛暴，群臣不堪，國家疲弊，百姓怨上，大臣内變，申胥以諫死〔一二〕，大宰嚭用事〔一三〕，此則報吳之時也。王誠能發卒佐之，以邀射其志〔一四〕，而重寶以悦其心，卑辭以尊其禮，則其伐齊必矣。此聖人所謂屈節求其達者也。彼戰不勝，王之福；若勝，則必以兵臨晉，臣還北請見晉君共攻之，其弱吳必矣。鋭兵盡於齊，重甲困於晉，而王制其弊焉。"越王頓首，許諾。子貢返五日，越使大夫文種頓首言於吳王曰："越悉境内之士三千人以事吳。"吳王告子貢曰："越王欲身從寡人，可乎？"子貢曰："悉人之衆〔一五〕，又從其君，非義也。"吳王乃受越王卒，謝留勾踐，遂自發國内之兵以伐齊，敗之。

子貢遂北見晉君，令承其弊，吳、晉遂遇於黃池，越王襲吳之國，吳王歸與越戰，滅焉。孔子曰：“夫其亂齊存魯，吾之始願，若能強晉以弊吳，使吳亡而越霸者，賜之説之也。美言傷信，慎言哉！”〔一六〕（又見於《史記·仲尼弟子列傳》、《吳越春秋·夫差内傳》、《越絶書·陳恒傳》）

〔一〕王肅注：“專齊，有無君之心也。”

〔二〕王肅注：“鮑氏、晏氏，齊之卿大夫也。”

〔三〕王肅注：“鮑、晏等率師，若破國，則益尊者也。”

〔四〕鈞、銖、兩，皆重量單位，二十四銖爲一兩，十六兩爲一斤，三十斤爲一鈞。千鈞，形容極重。銖兩，形容極輕。

〔五〕私，用如動詞，據爲私有，霸佔。

〔六〕“吳”，原作“吾”，據《四庫》本、同文本改。

〔七〕泗上，泗水之北的地區。水之北爲上。泗水發源於今山東省泗水縣東部的泉林鎮。王肅注：“泗，水名也。”

〔八〕“伐”，原作“先”，據《四庫》本、同文本改。

〔九〕“强”字原無，據《四庫》本、同文本補。

〔一〇〕“者”，原作“而”，據《四庫》本、同文本改。

〔一一〕“矣”，原作“乎”，據《四庫》本、同文本改。

〔一二〕王肅注：“申胥，伍子胥也。”

〔一三〕王肅注：“嚭，吳王佞臣也。”

〔一四〕王肅注：“邀，激其志。”

〔一五〕“衆”上原衍“率”字，據《四庫》本、同文本删。

〔一六〕王肅注：“孔子以哀公十六年卒，吳以二十二年滅。時吳知己將亡，而言之也。”

孔子弟子有宓子賤者，仕於魯，爲單父宰〔一〕，恐魯君聽讒言，使己不得行其政，於是辭行，故請君之近史二人〔二〕，與之俱至官。宓子戒其邑吏，令二史書，方書輒掣其肘，書不善，則從而怒之。二史患之，辭請歸魯。宓子曰：“子之書甚不善，子勉而歸矣。”二史歸報於君曰：“宓子使臣書而掣肘，書惡而又怒臣，邑吏皆笑之，此臣所以去之而來也。”魯君以問孔子。子曰：“宓不齊，君子也，其才任霸王之佐，屈節治單父，將以自試也。意者以此爲諫乎？”公寤〔三〕，太息而歎曰：“此寡人之不肖。寡人亂宓子之政，而責其善者，非矣。微二史，寡人無以知其過；微夫子，寡人無以自寤。”遽發所愛之使告宓子曰：“自今已往，單父非吾有也，從子之制，有便於民者，子決爲之，五年一言其要。”宓子敬奉詔,遂得行其政,於是單父治焉。躬敦厚,明親親,尚篤敬,施至仁,加懇誠,致忠信,百姓化之。齊人攻魯,道由單父,單父之老請曰:“麥已熟矣,今齊寇至,不及人人自收其麥,請放民出,皆獲傅郭之麥[四],可以益糧,且不資於寇。”三請而宓子不聽。俄而齊寇逮於麥,季孫聞之怒,使人以讓宓子曰[五]:“民寒耕熱耘,曾不得食,豈不哀哉? 不知猶可,以告者而子不聽,非所以爲民也。”宓子蹵然曰[六]:“今兹無麥,明年可樹,若使不耕者獲,是使民樂有寇,且得單父一歲之麥,於魯不加强,喪之不加弱,若使民有自取之心,其創必數世不息。”季孫聞之,赧然而愧曰[七]:“地若可入,吾豈忍見宓子哉?”三年,孔子使巫馬期往觀政焉[八]。巫馬期陰免衣[九],衣弊裘,入單父界,見夜漁者得魚輒舍之。巫馬期問焉,曰:“凡漁者爲得,何以得魚即舍之?”漁者曰:“魚之大者名爲鱄,吾大夫愛之,其小者名爲鱦[一〇],吾大夫欲長之,是以得二者,輒舍之。”巫馬期返,以告孔子,曰:“宓子之德,至使民闇行,若有嚴刑於旁,敢問宓子何行而得於是?”孔子曰:“吾嘗與之言曰:‘誠於此者刑乎彼。’宓子行此術於單父也。”(又見於《吕氏春秋·具備》、《吕氏春秋·察賢》、《新書·審微》、《淮南子·道應訓》、《新序·雜事》等)

〔一〕單父,春秋時魯邑,故城在今山東省單縣南。

〔二〕史,負責起草文書的低級官吏。

〔三〕寤,通“悟”。

〔四〕傅郭,靠近外城的地方。傅,近也。

〔五〕讓,責備。

〔六〕蹵然,恭敬的樣子。

〔七〕赧然,因羞愧而臉紅的樣子。

〔八〕巫馬期,姓巫馬,名施,字子期,孔子弟子。“往”,原作“遠”,據《四庫》本、同文本改。

〔九〕陰,暗地裏,偷偷地。免衣,去掉帽子,扎起頭髮,以布纏頭。

〔一〇〕王肅注:“鱄宜爲鱣。《新序》作‘鱏’,鮑魚之懷妊之者也。”王注“妊”原作“任”,據《四庫》本改。

孔子之舊曰原壤,其母死,夫子將助之以沐槨[一]。子路曰:“由也昔者聞諸夫子曰:‘無友不如己者,過則勿憚改。’夫子憚矣,姑已若何〔二〕？”孔子曰：“凡民有喪，匍匐救之，況故舊乎！非友也，吾其往。”
及爲槨，原壤登木曰〔三〕：“久矣予之不託於音也〔四〕。”遂歌曰：“狸首
之班然，執女手之卷然。”夫子爲之隱，佯不聞以過之。子路曰：“夫子
屈節而極於此，失其與矣，豈未可以已乎？”孔子曰：“吾聞之，親者不
失其爲親也，故者不失其爲故也。”（又見於《禮記·檀弓》、《論語·憲問》）

〔一〕沐，治也。“沐”，《四庫》本、同文本作“木”。

〔二〕王肅注：“姑，且也。已，止也。”

〔三〕登木，這裏指爬上棺槨。登，升也。

〔四〕託，寄託。

七十二弟子解第三十八

顏回，魯人，字子淵。年二十九而髮白，三十一早死〔一〕。孔子曰：
“自吾有回，門人日益親。”回之德行著名，孔子稱其仁焉。

〔一〕《四庫》本王肅注：“此書久遠，年數錯誤，未可詳校。其年，則顏回死時，孔子年六
十一。然伯魚五十先孔子卒，卒時孔子且七十。此謂顏回先伯魚死，而《論語》
云：‘顏回死，顏路請子之車以爲之槨。子曰：鯉也死，有棺而無槨。’或爲設事之
辭。”楊朝明、宋立林《孔子家語通解》以“三十一”爲“四十一”之譌。

閔損，魯人，字子騫。以德行著名，孔子稱其孝焉。

冉耕，魯人，字伯牛。以德行著名。有惡疾，孔子曰：“命也夫！”

冉雍，字仲弓，伯牛之宗族。生於不肖之父。以德行著名。

宰予，字子我，魯人。有口才著名。

端木賜，字子貢，衛人。有口才著名。

冉求，字子有，仲弓之族〔一〕。有才藝，以政事著名。

〔一〕族，這裏指族人。

仲由，卞人〔一〕，字子路。有勇力才藝，以政事著名。

〔一〕“卞”，原作“弁”，據《四庫》本、同文本改。

言偃，魯人，字子游。以文學著名。

卜商，衛人〔一〕。無以尚之。嘗返衛，見讀史志者云：“晉師伐秦，

三豕渡河。"子夏曰:"非也!己亥耳。"讀史志者問諸晉史〔二〕,果曰"己亥"。於是衛以子夏爲聖。孔子卒後,教於西河之上〔三〕。魏文侯師事之,而諮國政焉。

〔一〕"人"下《四庫》本、同文本有"字子夏。少孔子四十四歲。習於《詩》,能通其義,以文學著名。爲人性不弘,好論精微,時人"三十三字。

〔二〕"者",原作"曰",依楊朝明、宋立林《孔子家語通解》據陳本改。

〔三〕西河,戰國時魏地,在今河南安陽。當時黃河流經安陽以東,安陽屬河西。

顓孫師,陳人,字子張,少孔子四十八歲。爲人有容貌資質,寬沖博接〔一〕,從容自務,居不務立於仁義之行〔二〕,孔子門人友之而弗敬。

〔一〕沖,和也。接,結交。

〔二〕王肅注:"子張不侮鰥寡,性凱悌寬沖,故子貢以爲未仁。然不務立仁義之行,故子貢激之,以爲未仁也。"

曾參,南武城人〔一〕,字子輿,少孔子四十六歲。志存孝道,故孔子因之以作《孝經》。齊嘗聘,欲與爲卿,而不就,曰:"吾父母老,食人之禄,則憂人之事,故吾不忍遠親而爲人役。"參後母遇之無恩,而供養不衰。及其妻以藜烝不熟〔二〕,因出之〔三〕。人曰:"非七出也。"參曰:"藜烝,小物耳。吾欲使熟,而不用吾命,況大事乎?"遂出之,終身不取妻〔四〕。其子元請焉,告其子曰:"高宗以後妻殺孝己〔五〕,尹吉甫以後妻放伯奇〔六〕。吾上不及高宗,中不比吉甫,庸知其得免於非乎?"

〔一〕南武城,春秋時魯地,在今山東省平邑縣。

〔二〕藜烝,蒸熟藜的嫩葉所做的一種食物。烝,通"蒸"。

〔三〕出,謂逐出家門,離異。

〔四〕取,通"娶"。

〔五〕高宗,即殷高宗武丁。孝己,高宗子,遭後母讒言,被高宗放逐,憂苦而死。

〔六〕尹吉甫,周宣王時的賢臣。伯奇,尹吉甫之子,遭後母讒言,被其父放逐於野。

澹臺滅明,武城人〔一〕,字子羽,少孔子四十九歲〔二〕。有君子之姿,孔子嘗以容貌望其才。其才不充孔子之望,然其爲人公正無私,以取與去就以諾爲名。仕魯爲大夫也。

〔一〕武城,春秋時魯地,在今山東省平邑縣。

〔二〕“四十九”，《史記·仲尼弟子列傳》作“三十九”。

　　高柴，齊人，高氏之别族，字子羔，少孔子四十歲〔一〕。長不過六尺，狀貌甚惡。爲人篤孝而有法正。少居魯，見知名於孔子之門。仕爲武城宰。

〔一〕“四十”，《史記·仲尼弟子列傳》作“三十”。

　　宓不齊，魯人，字子賤，少孔子四十九歲〔一〕。仕爲單父宰。有才智，仁愛百姓，不忍欺。孔子大之〔二〕。

〔一〕“四十九”，《四庫》本、同文本作“四十”，《史記·仲尼弟子列傳》作“三十”。

〔二〕大，稱贊。《四庫》本、同文本作“美”。

　　樊須，魯人，字子遲，少孔子四十六歲〔一〕。弱仕於季氏。

〔一〕“四十六”，《史記·仲尼弟子列傳》作“三十六”。

　　有若，魯人，字子有，少孔子三十六歲。爲人强識〔一〕，好古道也。

〔一〕識，記也。

　　公西赤，魯人，字子華，少孔子四十二歲。束帶立朝，閑賓主之儀〔一〕。

〔一〕閑，通“嫻”，嫻熟。

　　原憲，宋人，字子思，少孔子三十六歲。清净守節，貧而樂道。孔子爲魯司寇，原憲嘗爲孔子宰。孔子卒後，原憲退隱，居於衛。

　　公冶長，魯人，字子長。爲人能忍耻。孔子以女妻之。

　　南宫韜〔一〕，魯人，字子容。以智自將，世清不廢，世濁不洿〔二〕。孔子以兄子妻之。

〔一〕“韜”，《史記·仲尼弟子列傳》作“括”。

〔二〕洿，通“污”。

　　公析哀〔一〕，齊人，字季沉〔二〕。鄙天下多仕於大夫家者，是故未嘗屈節人臣。孔子特歎貴之。

〔一〕“公析”，《史記·仲尼弟子列傳》作“公皙”。

〔二〕“沉”，《四庫》本作“沈”，《史記·仲尼弟子列傳》作“次”。

　　曾點〔一〕，曾參父，字子皙，疾時禮教不行，欲修之，孔子善焉。《論語》所謂“浴乎沂，風乎舞雩之下”〔二〕。

〔一〕“點”，《史記·仲尼弟子列傳》作“蒧”。

〔二〕見《論語·先進》。今本《論語》無“之下”二字。

　　顏由〔一〕，顏回父，字季路，孔子始教學於闕里而受學〔二〕，少孔子六歲。

〔一〕“由”，《史記·仲尼弟子列傳》作“無繇”。

〔二〕闕里，里名，孔子故里，在今曲阜市闕里街。

　　商瞿，魯人，字子木，少孔子二十九歲。特好《易》，孔子傳之志焉。

　　漆雕開，蔡人，字子若〔一〕，少孔子十一歲。習《尚書》，不樂仕。孔子曰：“子之齒可以仕矣，時將過。”子若報其書曰：“吾斯之未能信〔二〕。”孔子悦焉。

〔一〕“若”，《史記》作“開”。

〔二〕王肅注：“言未能明信此書意。”

　　公良儒〔一〕，陳人，字子正，賢而有勇。孔子周行〔二〕，常以家車五乘從〔三〕。

〔一〕“儒”，《四庫》本、同文本、《史記》作“孺”。

〔二〕周行，猶言周遊。

〔三〕常，通“嘗”。

　　秦商，魯人，字不慈〔一〕，少孔子四歲。其父堇父，與孔子父叔梁紇俱力聞。

〔一〕“不慈”，《史記》作“子丕”。

　　顏刻〔一〕，魯人，字子驕，少孔子五十歲。孔子適衛，子驕爲僕，衛靈公與夫人南子同車出,而令宦者雍梁參乘[二],使孔子爲次乘[三],遊過市,孔子耻之。顔刻曰:"夫子何耻之?"孔子曰:"《詩》云:'覯爾新婚,以慰我心[四]。'"乃歎曰:"吾未見好德如好色者也。"

〔一〕"刻",《四庫》本作"亥",《史記》作"高"。

〔二〕參乘,陪乘。

〔三〕次乘,從乘。

〔四〕王肅注:"慰,安。"語出《詩經·小雅·車舝》。

司馬黎耕[一],宋人,字子牛。牛爲人性躁[二],好言語,見兄桓魋行惡,牛常憂之。

〔一〕《四庫》本、同文本、《史記》皆無"黎"字。

〔二〕"人"字原脱,依楊朝明、宋立林《孔子家語通解》據陳本補。

巫馬期[一],陳人,字子期[二]。少孔子三十歲。孔子將近行,命從者皆持蓋,已而果雨。巫馬期問曰:"旦無雲,既日出,而夫子命持雨具,敢問何以知之?"孔子曰:"昨暮月宿畢。《詩》不云乎:'月離於畢,俾滂沱矣。'[三]以此知之。"

〔一〕"期",《四庫》本、同文本、《史記》作"施"。

〔二〕"期",《史記》作"旗"。

〔三〕引詩見《詩經·小雅·漸漸之石》。離,通"麗",附麗,靠近。畢,畢星。

梁鱣,齊人,字叔魚。少孔子三十九歲[一]。年三十未有子,欲出其妻。商瞿謂曰:"子未也。昔吾年三十八無子,吾母爲吾更取室,夫子使吾之齊,母欲請留吾。夫子曰:'無憂也。瞿過四十,當有五丈夫[二]。'今果然,吾恐子自晚生耳,未必妻之過。"從之,二年而有子。

〔一〕"三十九",《史記》作"二十九"。

〔二〕丈夫,這裏指男孩。

琴牢,衛人,字子開,一字張。與宗魯友。聞宗魯死,欲往弔焉,孔子弗許,曰:"非義也。"

冉儒[一],魯人,字子魚[二]。少孔子五十歲。

〔一〕"儒",《四庫》本、同文本並作"孺"。

〔二〕“魚”，《四庫》本、同文本並作“魯”。

顔辛〔一〕，魯人，字子柳。少孔子四十六歲。
〔一〕“辛”，《四庫》本、《史記》作“幸”。

伯虔，字楷〔一〕，少孔子五十歲。
〔一〕“楷”，《史記》作“析”。

公孫寵〔一〕，衛人，字子石。少孔子五十三歲。
〔一〕“寵”，《四庫》本、同文本並作“龍”。

曹卹，少孔子五十歲。

陳亢，陳人，字子亢，一字子禽。少孔子四十歲。

叔仲會，魯人，字子期。少孔子五十歲，與孔琁年相比，每孺子之執筆記事於夫子，二人迭侍左右。孟武伯見孔子而問曰：“此二孺子之幼也，於學豈能識於壯哉？”孔子曰：“然少成則若性也，習慣若自然也。”

秦祖，字子南。

奚蒧〔一〕，字子偕。
〔一〕“蒧”，《四庫》本、同文本作“箴”，《史記》作“容箴”。

公祖兹〔一〕，字子之。
〔一〕“兹”，《史記》作“句兹”。

廉潔，字子曹〔一〕。
〔一〕“子曹”，《史記》作“庸”。

公西與〔一〕，字子上。
〔一〕“與”，《史記》作“輿”。

宰父黑〔一〕，字子黑。
〔一〕“宰”，《史記》作“罕”。

公西減〔一〕,字子尚〔二〕。

〔一〕"減",《史記》作"蒧"。

〔二〕"尚",《史記》作"上"。

穰駟赤〔一〕,字子從〔二〕。

〔一〕"穰",《史記》作"壤"。

〔二〕"從",《史記》作"徒"。

冉季,字子產。

薛邦〔一〕,字子從〔二〕。

〔一〕"薛邦",《史記》作"鄭國"。

〔二〕"從",《史記》作"徒"。

石處〔一〕,字里之〔二〕。

〔一〕"石",《史記》作"后"。

〔二〕"里之",《史記》作"子里"。

懸亶,字子象。

左郢〔一〕,字子行〔二〕。

〔一〕"左郢",《史記》作"左人郢"。

〔二〕《史記》無"子"字。

狄黑,字哲之〔一〕。

〔一〕"哲之",《史記》作"晳"。

商澤,字子秀。

任不齊,字子選〔一〕。

〔一〕《史記》無"子"字。

榮祈〔一〕,字子祺〔二〕。

〔一〕"祈",《史記》作"旂"。

〔二〕"祺",《史記》作"祈"。

顔噲,字子聲。

原桃,字子籍。

公肩,字子仲。

秦非,字子之。

漆雕從,字子文。

燕級,字子思。

公夏守,字子乘。

勾井疆,字子疆。

步叔乘,字子車。

石子蜀,字子明。

邽選,字子斂。

施之常,字子常。

申績,字子周。

樂欣,字子聲。

顔之僕,字子叔。

孔弗,字子蔑[一]。

〔一〕王肅注:"孔子兄之子。"王注"之子"原作"弟",據《四庫》本改。

漆雕侈,字子歛。

懸成,字子橫。

顔相,字子襄。

右夫子弟子七十二人,皆升堂入室者。

本姓解第三十九

孔子之先,宋之後也。微子啓,帝乙之元子[一],紂之庶兄,以圻內諸侯[二],入爲王卿士。微,國名,子爵。初,武王尅殷,封紂之子武庚於朝歌,使奉湯祀。武王崩,而與管、蔡、霍三叔作難[三],周公相成王,東征之。二年,罪人斯得,乃命微子於殷,後作《微子之命》申之[四]。與國於宋[五],徙殷之子孫,唯微子先往仕周,故封之賢[六]。其弟曰仲思,名衍,或名泄,嗣微子後[七],故號微仲。生宋公稽,胄子雖遷爵易位〔八〕，而班級不及其故者〔九〕，得以故官爲稱。故二微雖爲宋公，而猶以微之號自終。至於稽，乃稱公焉。宋公生丁公申，申公生緡公共及襄公熙，熙生弗父何及厲公方祀。方祀以下，世爲宋卿。弗父何生宋父周，周生世子勝，勝生正考甫，考甫生孔父嘉。五世親盡，別爲公族，故後以孔爲氏焉。一曰孔父者，生時所賜號也，是以子孫遂以氏族。孔父生子木金父，金父生睪夷，睪夷生防叔，避華氏之禍而奔魯〔一〇〕。方叔生伯夏，伯夏生叔梁紇。曰：“雖有九女，是無子。”其妾生孟皮，孟皮一字伯尼，有足病。於是乃求婚於顏氏。顏氏有三女，其小曰徵在。顏父問三女曰：“陬大夫雖父祖爲士，然其先聖王之裔。今其人身長十尺，武力絶倫，吾甚貪之。雖年長性嚴，不足爲疑。三子孰能爲之妻？”二女莫對。徵在進曰：“從父所制，將何問焉？”父曰：“即爾能矣。”遂以妻之。徵在既往，廟見〔一一〕。以夫之年大，懼不時有男〔一二〕，而私禱尼丘之山以祈焉〔一三〕。生孔子，故名丘，字仲尼。孔子三歲而叔梁紇卒，葬於防。至十九，娶於宋之并官氏〔一四〕，一歲而生伯魚。魚之生也，魯昭公以鯉魚賜孔子。榮君之貺，故因以名曰鯉，而字伯魚。魚年五十，先孔子卒。（又見於《史記·宋微子世家》、《史記·孔子世家》、《世本》）

〔一〕帝乙，商代帝王，紂王之父。元子，長子。

〔二〕圻，京畿。

〔三〕管、蔡、霍三叔，皆文王之子，武王、周公之弟。

〔四〕“申”，原作“由”，依王國軒、王秀梅據《史記·宋微子世家》改。

〔五〕與，通“舉”，立也。

〔六〕賢，猶多也。

〔七〕“子”，原作“之”，據《四庫》本、同文本改。

〔八〕胄子，帝王和貴族的長子。

〔九〕班級，官位、爵位的等級。

〔一〇〕華氏之禍，指太宰華督爲霸佔孔父嘉的美貌妻子而將其殺害之事。

〔一一〕廟見，指女子結婚三月後到廟中參拜去世的公婆。

〔一二〕不時，謂不及時。“男”，原作“勇”，據《四庫》本、同文本改。

〔一三〕尼丘之山，即尼山，在今山東省曲阜市東南。

〔一四〕“并”，一作“亓”。

　　齊太史子與適魯，見孔子，孔子與之言道，子與悦，曰：“吾鄙人也，聞子之名，不覩子之形久矣，而求知之寶貴也。乃今而後，知泰山之爲高，淵海之爲大。惜乎夫子之不逢明王，道德不加於民，而將垂寶以貽後世。”遂退而謂南宫敬叔曰：“今孔子，先聖之嗣，自弗父何以來，世有德讓[一]，天所祚也[二]。成湯以武德王天下，其配在文。殷宗以下[三]，未始有也。孔子生於衰周，先王典籍，錯亂無紀，而乃論百家之遺記，考正其義，祖述堯舜，憲章文武，删《詩》述《書》，定《禮》理《樂》，制作《春秋》，贊明《易》道[四]，垂訓後嗣，以爲法式，其文德著矣。然凡所教誨，束脩已上三千餘人[五]，或者天將欲與素王之乎[六]？夫何其盛也！”敬叔曰：“殆如吾子之言，夫物莫能兩大。吾聞聖人之後，而非繼世之統，其必有興者焉。今夫子之道至矣，乃將施之無窮，雖欲辭天之祚，故未得耳。”子貢聞之，以二子之言告孔子。子曰：“豈若是哉？亂而治之，滯而起之，自吾志，天何與焉？”

　　〔一〕世有德讓，指孔子先祖弗父何讓位其弟厲公之事。

　　〔二〕祚，賜福，保佑。

　　〔三〕殷宗，指殷代天子。

　　〔四〕贊明，幫助闡明。贊，助也。

　　〔五〕束脩，十條乾肉，爲拜師的微薄禮金。

　　〔六〕素王，指有帝王之德而無其位的聖賢，後專指孔子。

終記解第四十

　　孔子蚤晨作[一]，負手曳杖，逍遥於門，而歌曰：“泰山其頹乎！梁木其壞乎[二]！喆人其萎乎[三]！”既歌而入，當户而坐。子貢聞之，曰：“泰山其頹，則吾將安仰？梁木其壞，吾將安杖[四]？喆人其萎，吾將安放[五]？夫子殆將病也。”遂趨而入。夫子歎而言曰：“賜，汝來何遲？予疇昔夢坐奠於兩楹之間[六]。夏后氏殯於東階之上則猶在阼，殷人殯於兩楹之間即與賓主夾之，周人殯於西階之上則猶賓之[七]，而丘也即殷人。夫明王不興，則天下其孰能宗余[八]，余逮將死。”遂寢病，七日而終，時年七十二矣。

　　〔一〕王肅注：“作，起。”

　　〔二〕王肅注：“梁木，木主爲梁者。”

〔三〕王肅注："萎頓。"

〔四〕杖，通"仗"，依靠。

〔五〕王肅注："放，法。"

〔六〕王肅注："疇昔，猶近昨夜。兩楹之間，殷人所殯處。而具奠於殯處，故自知死也。"

〔七〕"周人"二字原無，據《四庫》本、同文本補。

〔八〕王肅注："言天下無明主，莫能宗己道。臨終其有命，傷道之不行也。"

哀公誄曰〔一〕："昊天不弔，不憖遺一老〔二〕，俾屏余一人以在位〔三〕，煢煢余在疚〔四〕。於乎哀哉！尼父，無自律〔五〕。"子貢曰："公其不没於魯乎？夫子有言曰：'禮失則昏，名失則愆。'失志爲昏，失所爲愆。生不能用，死而誄之，非禮也；稱一人，非名〔六〕。君兩失之矣。"

〔一〕誄，叙述死者功德以示哀悼的文辭，猶今之悼辭。

〔二〕王肅注："弔，善也。憖，願，且。一老，孔子也。"

〔三〕俾，使。屏，通"摒"。

〔四〕煢煢，孤獨貌。王肅注："疚，病。"

〔五〕王肅注："父，丈夫之顯稱。律，法。言無以自爲法。"

〔六〕王肅注："一人，天子之稱也。"

既卒，門人疑所以服夫子者〔一〕，子貢曰："昔夫子之喪顔回也，若喪其子，而無服，喪子路亦然。今請喪夫子如喪父，而無服。"於是弟子皆弔服而加麻。出有所之，則由絰〔二〕。子夏曰："入宜絰可居，出則不絰。"子遊曰："吾聞諸夫子：喪朋友，居則絰，出則否；喪所尊，雖絰而出，可也。"

〔一〕"疑"字原無，據《四庫》本、同文本補。

〔二〕絰，喪服中的麻帶子，繫在腰間或頭上。

孔子之喪，公西赤掌殯葬焉〔一〕。唅以疏米三貝〔二〕，襲衣十有一稱〔三〕，加朝服一，冠章甫之冠，珮象環〔四〕，徑五寸而綨組綬〔五〕，桐棺四寸，柏棺五寸，飭廟置翣〔六〕。設披，周也；設崇，殷也；綢練、設旐，夏也〔七〕。兼用三王禮，所以尊師，且備古也。葬於魯城北泗水上，藏入地，不及泉，而封爲偃斧之形，高四尺，樹松柏爲志焉。弟子皆家於墓,行心喪之禮。

〔一〕“赤”字原無,據《四庫》本和同文本補。

〔二〕唅,納珠、玉、貝、米等於死者口中。王肅注:“疏,粳米。《禮記》曰稻,曰嘉疏。”

〔三〕襲衣,全套的衣服。稱,量詞,搭配齊全的一套衣服。

〔四〕象環,象牙環。

〔五〕王肅注:“緎,雜色。組綬,所以繫象環。”

〔六〕廟,停放靈柩的地方。翣,出殯時用的棺飾,形似扇,在路以障車,入槨以障柩。

〔七〕王肅注:“披,柩(原作“樞”,據《四庫》本改)行夾引棺者。崇,崇牙,旌旗飾。綢練,以旌之杜,於葬乘車所建也。疎練廣克長尋曰旆也。”

既葬,有自燕來觀者,舍於子夏氏。子貢謂之曰:“吾亦人之葬聖人,非聖人之葬人。子奚觀焉? 昔夫子言曰:‘見吾封若夏屋者〔一〕,見若斧矣。’從若斧者也〔二〕,馬鬣封之謂也〔三〕。今徒一日三斬板而以封〔四〕,尚行夫子之志而已〔五〕。何觀乎哉!”

〔一〕王肅注:“夏屋,今之殿形,中高而四方下也。”

〔二〕王肅注:“上難登,狹又易爲功。”

〔三〕馬鬣,馬鬃。王肅注:“俗間之名。”

〔四〕王肅注:“板蓋廣二尺,長六尺。斬板,謂斬其縮,縮斬上。傍殺,蓋高四尺也。”

〔五〕王肅注:“尚,庶。”

二三子三年喪畢,或留或去,惟子貢廬於墓六年。自後群弟子及魯人處於墓如家者,百有餘家,因名其居曰孔里焉。(本篇又見於《禮記·檀弓上》、《史記·孔子世家》)

正論解第四十一

孔子在齊,齊侯出田〔一〕,招虞人以旌〔二〕,不進〔三〕,公使執之。對曰:“昔先君之田也,旌以招大夫,弓以招士,皮冠以招虞人。臣不見皮冠,故不敢進。”乃舍之。孔子聞之,曰:“善哉! 守道不如守官〔四〕。”君子韙之〔五〕。(又見於《左傳·昭公二十年》)

〔一〕王肅注:“田,獵。”

〔二〕旌,用羽毛裝飾的旗子。

〔三〕王肅注:“虞人,掌山澤之官也。”

〔四〕王肅注：“道爲恭敬之道。見君召便往。守官，非守，召不往也。”

〔五〕王肅注：“讎，是。”

　　齊國書伐魯〔一〕，季康子使冉求率左師禦之，樊遲爲右。師不踰溝，樊遲曰〔二〕：“非不能也，不信子〔三〕，請三刻而踰之〔四〕。”如之，衆從之。師入齊軍，齊軍遁〔五〕。冉有用戈，故能入焉。孔子聞之曰：“義也〔六〕。”既戰，季孫謂冉有曰：“子之於戰，學之乎？性達之乎？”對曰：“學之。”季孫曰：“從事孔子，惡乎學？”冉有曰：“即學之孔子也。夫孔子者，大聖無不該〔七〕，文武並用、兼通，求也適聞其戰法，猶未之詳也。”季孫悦，樊遲以告孔子。孔子曰：“季孫於是乎可謂悦人之有能矣。”（又見於《左傳·哀公十一年》）

〔一〕王肅注：“國書，齊卿。”正文及王注“書”原作“師”，據《四庫》本、同文本改。

〔二〕“師不踰溝，樊遲曰”七字原無，依楊朝明、宋立林主編《孔子家語通解》據陳本、《文獻集》本、燕山本補。

〔三〕王肅注：“言季孫德不素著，爲民所信也。”

〔四〕王肅注：“與衆要信，三刻而踰蒲也。”

〔五〕王肅注：“遁，逃。”

〔六〕王肅注：“在軍能卻敵，合於義。”

〔七〕王肅注：“該，包。”

　　南容説、仲孫何忌既除喪〔一〕，而昭公在外〔二〕，未之命也〔三〕。定公即位，乃命之，辭曰：“先臣有遺命焉〔四〕，曰：‘夫禮，人之幹也，非禮則無以立。’囑家老使命二臣〔五〕，必事孔子而學禮，以定其位。”公許之。二子學於孔子。孔子曰：“能補過者，君子也。《詩》云：‘君子是則是傚。’〔六〕孟僖子可則傚矣，懲己所病，以誨其嗣，《大雅》所謂‘詒厥孫謀，以燕翼子〔七〕’，是類也夫。”（又見於《左傳·昭公七年》）

〔一〕南容説，即仲孫閲，又稱南宫敬叔。仲孫何忌，即孟懿子。二人皆孟僖子之子。
　　　王肅注：“除父僖子之喪。”

〔二〕王肅注：“時爲季孫所逐。”

〔三〕王肅注：“未命二人爲卿大夫。”

〔四〕王肅注：“僖子病不知禮，及其將死，而屬其二子，使事孔子。”

〔五〕家老，大夫之家的宰臣。

〔六〕引詩見《詩·小雅·鹿鳴》。

〔七〕王肅注：“詒，遺也。燕，安也。翼，敬也。言遺其子孫嘉謀（“嘉”，原作“加”，據《四庫》本改），學安敬之道也。”引詩見《詩·大雅·文王有聲》。

　　衛孫文子得罪於獻公，居戚〔一〕。公卒未葬，文子擊鐘焉。延陵季子適晉過戚〔二〕，聞之，曰：“異哉！夫子之在此，猶燕子巢於幕也〔三〕，懼猶未也，又何樂焉？君又在殯，可乎？”文子於是終身不聽琴瑟。孔子聞之，曰：“季子能以義正人，文子能克己服義，可謂善改矣。”（又見於《左傳·襄公二十九年》）

〔一〕王肅注：“文子，衛卿，林父得罪，以戚叛也。”

〔二〕王肅注：“吳公子札。”

〔三〕王肅注：“燕巢於幕，言至危也。”

　　孔子覽《晉志》〔一〕，晉趙穿殺靈公〔二〕，趙盾亡，未及山而還〔三〕。史書“趙盾弑君”〔四〕。盾曰：“不然。”史曰：“子爲正卿，亡不出境，返不討賊，非子而誰？”盾曰：“嗚呼！‘我之懷矣，自詒伊戚’〔五〕，其我之謂乎！”孔子嘆曰：“董狐，古之良史也，書法不隱。趙宣子，古之良大夫也，爲法受惡。惜也，越境乃免〔六〕。”（又見於《左傳·宣公二年》）

〔一〕王肅注：“晉之史記。”

〔二〕王肅注：“穿，趙盾從弟也。”

〔三〕王肅注：“山，晉之境。”

〔四〕史，史官。

〔五〕伊，此也。引詩見《詩·邶風·雄雉》。

〔六〕王肅注：“惜盾不越境以免於譏，而受弑君之責也。”

　　鄭伐陳，入之，使子產獻捷於晉，晉人問陳之罪焉。子產對曰：“陳亡周之大德〔一〕，介恃楚衆〔二〕，馮陵弊邑〔三〕，是以有往年之告〔四〕。未獲命〔五〕，則又有東門之役〔六〕。當陳隧者，井陻木刊〔七〕，弊邑大懼，天誘其衷〔八〕，啓弊邑心，知其罪，授首於我〔九〕，用敢獻功。”晉人曰：“何故侵小？”對曰：“先王之命，惟罪所在，各致其辟〔一〇〕，且昔天子一圻，列國一同〔一一〕，自是以衰，周之制也〔一二〕。今大國多數圻矣，若無侵小，何以至焉？”晉人曰：“其辭順。”孔子聞之，謂子貢曰：“志有之〔一三〕,言以足志〔一四〕,文以足言〔一五〕。不言誰知其志,言之無文,行之不遠〔一六〕。晉爲伯,鄭入陳〔一七〕,非文辭不爲功,小子慎哉!"(又見於《左傳·襄公二十五年》)

〔一〕王肅注:"武王以元女大姬以配胡公,而封諸陳。"

〔二〕王肅注:"介,大。"

〔三〕馮陵,欺凌。

〔四〕王肅注:"告晉爲陳所侵。"

〔五〕王肅注:"未得晉平陳之成命。"

〔六〕王肅注:"與楚共伐鄭,至其東門也。"王注"鄭"原作"陳",據《四庫》本改。

〔七〕王肅注:"勝。陳人陘塞、刊斫也。"

〔八〕王肅注:"誘,進。衷,善也。天導其善,大執陳者也。"王注"執",《四庫》本作"克"。

〔九〕授首,投降或被殺。"授",原作"校",據《四庫》本、同文本改。

〔一〇〕王肅注:"辟,誅。"

〔一一〕王肅注:"地方千里曰圻,方百里曰同也。"

〔一二〕王肅注:"大國方百里,從是以爲差。伯方七十里,子、男五十里,周之制也。而說學者以周大國方七百里,失之矣。"

〔一三〕王肅注:"志,古之書也。"

〔一四〕足,成也。王肅注:"言以足成其志。"

〔一五〕王肅注:"加以文章,以足成其言。"

〔一六〕王肅注:"有言而無文章,雖行而不遠也。"

〔一七〕伯,通"霸"。"伯鄭",原作"鄭伯",據《四庫》本、同文本改。

楚靈王汰侈〔一〕,右尹子革侍坐〔二〕,左史倚相趨而過。王曰:"是良史也,子善視之,是能讀《三墳》、《五典》、《八索》、《九丘》〔三〕。"對曰:"夫良史者,記君之過,揚君之善。而此子以潤辭爲官,不可爲良史。"曰:"臣又乃嘗聞焉,昔周穆王欲肆其心〔四〕,將過行天下,使皆有車轍並馬迹焉。祭公謀父作《祈昭》〔五〕,以止王心〔六〕,王是以獲歿於文宮〔七〕。臣問其詩焉〔八〕,而弗知;若問遠焉,其焉能知?"王曰:"子能乎?"對曰:"能,其詩曰:'祈昭之愔愔乎,式昭德音〔九〕。思我王度,式如玉,式如金〔一〇〕。刑民之力,而無有醉飽之心〔一一〕。'"靈王揖而入,饋不食,寢不寐,數日,則固不能勝其情,以及於難。孔子讀其《志》曰:"古者有志,克己復禮爲仁〔一二〕,信善哉!楚靈王若能如是,豈期

辱於乾谿〔一三〕？子革之非左史，所以風也〔一四〕。稱詩以諫，順哉！"（又見於《左傳·昭公十二年》）

〔一〕王肅注："驕汰奢侈。"

〔二〕王肅注："右尹，官名。子革，然丹。"王注"然丹"，原作"煞舟"，據《四庫》本改。

〔三〕王肅注："《三墳》，三皇之書。《五典》，五帝之典。《八索》，索法。《九丘》，國聚也。"王注"九"，原作"丘"，據《四庫》本改。

〔四〕王肅注："肆，極。"

〔五〕王肅注："謀父，周卿士。《祈昭》，詩名。猶齊景公作君臣相說之樂，蓋曰《徵招》《角招》是也。'昭'，宜爲'招'。《左傳》作'招'。"王注"左傳"，原作"耳補"，據《四庫》本改。

〔六〕王肅注："止王心之逸遊。"

〔七〕獲歿，得到善終。"歿"，原作"殆"，據《四庫》本、同文本改。

〔八〕"問"，原作"聞"，據《四庫》本、同文本改。

〔九〕王肅注："祈昭愔愔，言祈昭樂之安和，其法足以昭其德音者也。"

〔一〇〕王肅注："思王之法度，如金玉純美。《詩》云：'追琢其章，金玉其相。'"

〔一一〕王肅注："刑傷民力，用之不勝不節，無有醉飽之心，言無厭足。"

〔一二〕王肅注："克，勝。言能勝己私情，復之於禮，則爲仁也。"

〔一三〕王肅注："靈王起章華之臺於乾谿，國人潰畔，遂死焉。"

〔一四〕風，通"諷"，諷諫。

叔孫穆子避難奔齊〔一〕，宿於庚宗之邑〔二〕，庚宗寡婦通焉而生牛〔三〕，穆子返魯，以牛爲内豎〔四〕，相家〔五〕，牛讒叔孫二子〔六〕，殺之，叔孫有病，牛不通其饋，不食而死，牛遂輔叔孫庶子昭而立之〔七〕。昭子既立朝，其家衆曰："豎牛禍叔孫氏，使亂大從〔八〕，殺適立庶，又被其邑〔九〕，以求舍罪〔一〇〕，罪莫大焉，必速殺之。"遂殺豎牛。孔子曰："叔孫昭子之不勞〔一一〕，不可能也。周任有言曰〔一二〕：'爲政者不賞私勞，不罰私怨。'《詩》云：'有覺德行，四國順之〔一三〕。'昭子有焉。"（又見於《左傳》昭公四年、五年）

〔一〕王肅注："穆子，叔孫豹，其兄僑如淫亂，故避之而出奔齊。"

〔二〕庚宗，魯邑，在今山東省泗水縣東部。

〔三〕王肅注："名牛。"

〔四〕王肅注："豎，通内外之命。"

〔五〕王肅注："長，遂命爲相家。"

〔六〕"子",原作"人",據《四庫》本改。

〔七〕王肅注:"子,叔孫婼。"

〔八〕王肅注:"從,順。"

〔九〕王肅注:"牛取叔氏鄙三十邑以行賄也。"

〔一〇〕舍罪,赦罪。

〔一一〕王肅注:"勞,功也,不以立己爲功。"王注"功",原作"力",據《四庫》本改。《四庫》本無"也"字。

〔一二〕王肅注:"周任,古之賢人。"

〔一三〕王肅注:"覺,直。"引詩見《詩·大雅·抑》。

晉邢侯與雍子爭田〔一〕,叔魚攝理〔二〕,罪在雍子,雍子納其女於叔魚,叔魚弊獄邢侯〔三〕,邢侯怒殺叔魚與雍子於朝。韓宣子問罪於叔向〔四〕,叔向曰:"三姦同坐,施生戮死可也〔五〕。雍子自知其罪,而賂以置直,鮒也鬻獄,邢侯專殺,其罪一也。己惡而掠美爲昏〔六〕,貪以敗官爲默〔七〕,殺人不忌爲賊〔八〕。《夏書》曰:'昏、默、賊,殺〔九〕。'咎陶之刑也。請從之。"乃施邢侯而尸雍子、叔魚於市。孔子曰:"叔向,古之遺直也。治國制刑,不隱於親,三數叔魚之罪,不爲末〔一〇〕,或曰義〔一一〕,可謂直矣。平丘之會,數其賄也,以寬衛國,晉不爲暴〔一二〕;歸魯季孫,稱其詐也,以寬魯國,晉不爲虐〔一三〕;邢侯之獄,言其貪也,以正刑書,晉不爲頗〔一四〕。三言而除三惡,加三利〔一五〕,殺親益榮,由義也夫!"(又見於《左傳·昭公十三年》)

〔一〕晉邢侯、雍子,皆春秋時晉國大夫。

〔二〕叔魚,即羊舌鮒,春秋時晉國大夫。王肅注:"叔魚,叔向弟。理,獄官之名。"

〔三〕王肅注:"弊,斷。斷罪歸邢侯。"

〔四〕王肅注:"宣子,晉正卿韓起也。"

〔五〕施生,對活着的人施加刑罰。戮,暴尸。王肅注:"施,宜爲與。與,猶行。行生者之罪也。"

〔六〕王肅注:"掠美善,昏亂也。己惡即以賂求善,爲惡也。"

〔七〕王肅注:"默猶冒,苟貪不畏罪。"

〔八〕王肅注:"忌,憚。"

〔九〕王肅注:"《夏書》,夏家之書。三者宜皆殺者也。"

〔一〇〕王肅注:"末,薄。"

〔一一〕王肅注:"'或',《左傳》作'咸'也。"

〔一二〕王肅注:"諸侯會於平丘,晉人淫芻蕘者於衛。衛人患之,賂叔向,叔向使與叔魚,客未退而禁之。"王注"未退"原作"末追",據同文本改。

〔一三〕王肅注:"魯季孫見執,諮於晉,晉人歸之。季孫貴禮,不肯歸,叔向言叔魚能歸之。叔魚説季孫,季孫懼,乃歸也。"

〔一四〕王肅注:"頗,偏。"

〔一五〕王肅注:"暴衛虐魯,殺三罪,去三惡,加三利也。"

鄭有鄉校〔一〕,鄉校之士,非論執政。馹明欲毀鄉校〔二〕。子產曰:"何以毀爲也? 夫人朝夕退而遊焉,以議執政之善否。其所善者,吾則行之;其所否者,吾則改之,若之何其毀也? 我聞忠言以損怨,不聞立威以防怨。防怨猶防水也,大決所犯,傷人必多,吾弗克救也。不如小決使導之,不如吾所聞而藥之〔三〕。"孔子聞是言也,曰:"吾以是觀之,人謂子產不仁,吾不信也。"(又見於《左傳·襄公三十一年》)

〔一〕王肅注:"鄉之學校。"

〔二〕王肅注:"馹明,然明。"

〔三〕王肅注:"藥,治療也。"

晉平公會諸侯於平丘,齊侯及盟,鄭子產爭貢賦之所承〔一〕,曰:"昔日天子班貢〔二〕,輕重以列,列尊貢重〔三〕,周之制也。卑而貢重者甸服〔四〕。鄭伯,南也〔五〕,而使從公侯之貢,懼弗給也,敢以爲請。"自日中爭之,以至於昏,晉人許之。孔子曰:"子產於是行也,是以爲國基也。《詩》云:'樂只君子,邦家之基〔六〕。'子產,君子之於樂者〔七〕。"且曰:"合諸侯而藝貢事,禮也〔八〕。"(又見於《左傳·昭公十三年》)

〔一〕王肅注:"所承之輕重也。"

〔二〕班,制定等級標準。

〔三〕"列尊貢重",原作"尊卑貢",依楊朝明、宋立林《孔子家語通解》據陳本改。

〔四〕王肅注:"甸服,王圻之內,與圻外諸侯異,故貢重也。"

〔五〕"南"上原衍"男"字,據《四庫》本、同文本刪。南,依周制,按國土距國都遠近分爲五服,南方稱南服。王肅注:"南,《左氏》("氏"原作"輔",據《四庫》本改)作男,古字作南,亦多有作此南,連言之,猶言公侯也。"

〔六〕王肅注:"本也。"引詩見《詩·小雅·南山有臺》。

〔七〕王肅注:"能爲國之本,則人樂藝也。"

〔八〕王肅注：“藝，分別貢獻之事也。”

鄭子產有疾，謂子太叔曰〔一〕：“我死，子必爲政，唯有德者能以寬服民，其次莫如猛。夫火烈，民望而畏之，故鮮死焉；水濡弱〔二〕，民狎而翫之〔三〕，則多死焉，故寬難。”子產卒，子太叔爲政，不忍猛而寬，鄭國多掠盜〔四〕。太叔悔之曰：“吾早從夫子，必不及此。”孔子聞之曰：“善哉！政寬則民慢，慢則糾於猛〔五〕，猛則民殘〔六〕，民殘則施之以寬，寬以濟猛，猛以濟寬，寬猛相濟，政是以和。《詩》曰：‘民亦勞止，汔可小康〔七〕。惠此中國，以綏四方。’〔八〕施之以寬。‘毋縱詭隨〔九〕，以謹無良〔一〇〕。式遏寇虐，慘不畏明。’〔一一〕糾之以猛也。‘柔遠能邇〔一二〕，以定我王。’〔一三〕平之以和也。又曰：‘不競不絿，不剛不柔〔一四〕，布政優優，百祿是遒。’〔一五〕和之至也。”子產之卒也，孔子聞之，出涕，曰：“古之遺愛。”（又見於《左傳·昭公二十年》）

〔一〕子太叔，即游吉，春秋時鄭國正卿，繼子產爲政。
〔二〕濡弱，柔弱。
〔三〕王肅注：“狎，易。翫，習。”
〔四〕王肅注：“抄掠。”
〔五〕王肅注：“糾，猶攝也”
〔六〕王肅注：“猛政民殘。”
〔七〕王肅注：“汔，危也。勞民人病，汔可小變，故以安也。”
〔八〕引詩見《詩·大雅·民勞》。
〔九〕王肅注：“詭人、隨人，遺人小惡者也。”
〔一〇〕王肅注：“謹以小懲之也。”
〔一一〕王肅注：“慘，曾也。當用遏止爲寇虐之人也。曾不畏天之明道者，言威也。”引詩見《詩·大雅·民勞》。
〔一二〕王肅注：“言能安遠者能安近。”王注“安遠”二字原無，據《四庫》本補。
〔一三〕王肅注：“以定安王位也。”引詩見《詩·大雅·民勞》。
〔一四〕王肅注：“不競不絿，中和。”
〔一五〕王肅注：“優優，和。遒，聚。”引詩見《詩·商頌·長髮》。

孔子適齊，過泰山之側，有婦人哭於野者而哀。夫子式而聽之〔一〕，曰：“此哀一似重有憂者。”使子貢往問之。而曰：“昔舅死於

虎〔二〕,吾夫又死焉,今吾子又死焉。”子貢曰:“何不去乎?”婦人曰:
“無苛政。”子貢以告孔子。子曰:“小子識之,苛政猛於暴虎。”(又見於
《禮記・檀弓下》)

〔一〕式,通“軾”,車前橫木。這裏用如動詞,以手扶軾。

〔二〕舅,公公,夫之父。

　　晉魏獻子爲政〔一〕,分祁氏及羊舌氏之田〔二〕,以賞諸大夫,及其子
成,皆以賢舉也。又謂賈辛曰〔三〕:“今汝有力於王室,吾是以舉汝〔四〕,
行乎,敬之哉,毋墮乃力。”孔子聞之曰:“魏子之舉也,近不失親〔五〕,
遠不失舉〔六〕,可謂義矣〔七〕。又聞其命賈辛以爲忠。《詩》云‘永言配
命,自求多福’,忠也〔八〕。魏子之舉也義,其命也忠,其長有後於晉國
乎!”(又見於《左傳・昭公二十八年》)

〔一〕王肅注:“獻子,魏舒。”

〔二〕王肅注:“荀櫟滅晉大夫祁氏、羊舌氏,故獻子分其田。”王注“荀櫟滅”原竄入正
　　　文,據《四庫》本、同文本改。

〔三〕“謂”,原作“將”,據《四庫》本、同文本改。

〔四〕王肅注:“周有子朝之亂,賈辛帥師救周。”

〔五〕王肅注:“子可舉而舉也。”

〔六〕王肅注:“不以遠故不舉。”

〔七〕“義”,原作“美”,依楊朝明、宋立林《孔子家語通解》據陳本、《左傳》以及下文改。

〔八〕王肅注:“言,我。《文王》之詩。我長配天命而行庶國,亦當求多福。人多福,忠
　　　也。”引詩見《詩・大雅・文王》。

　　趙簡子賦晉國一鼓鐘〔一〕,以鑄刑鼎,著范宣子所爲刑書〔二〕。孔
子曰:“晉其亡乎,失其度矣。夫晉國將守唐叔之所受法度〔三〕,以經
緯其民者也〔四〕。卿大夫以序守之〔五〕,民是以能遵其道而守其業,貴
賤不愆,所謂度也。文公是以作執秩之官,爲被廬之法〔六〕,以爲盟主。
今棄此度也,而爲刑鼎,銘在鼎矣,何以尊貴〔七〕? 何業之守也〔八〕? 貴
賤無序,何以爲國? 且夫宣子之刑,夷之蒐也,晉國亂制〔九〕,若之何其
爲法乎?”(又見於《左傳・昭公二十九年》)

〔一〕王肅注:“三十斤謂之鈞,鈞四謂之石,石四謂之鼓。”今案:王注二“鈞”字,原作
　　　“鐘”,據《四庫》本改。鐘,這裏指用來做鼎的金屬。

〔二〕王肅注：“范宣子，晉卿。范自銘其刑書著鼎也。”

〔三〕王肅注：“唐叔，成王母弟，始封於晉者也。”

〔四〕王肅注：“經緯，猶織以成文也。”

〔五〕王肅注：“序，次序也。”

〔六〕王肅注：“晉文公既霸，彊于時，蓋作執秩之官以爲晉國法也。”

〔七〕王肅注：“民將棄神而徵於書，不復戴奉上也。”

〔八〕王肅注：“民不奉上，則上無所守也。”

〔九〕王肅注：“夷蒐之時，變易軍師，陽唐父爲賈季所殺，故曰亂制也。”

　　楚昭王有疾，卜曰：“河神爲祟。”王弗祭。大夫請祭諸郊。王曰：“三代命祀，祭不越望〔一〕。江、漢、沮、漳，楚之望也〔二〕。禍福之至，不是過乎？不穀雖不德，河非所獲罪也。”遂不祭。孔子曰：“楚昭王知大道矣〔三〕，其不失國也宜哉〔四〕！《夏書》曰：‘維彼陶唐，率彼天常〔五〕，在此冀方〔六〕。今失厥道，亂其紀綱，乃滅而亡〔七〕。’又曰：‘允出兹在兹。’〔八〕由己率常，可矣〔九〕。”（又見於《左傳·哀公六年》、《説苑·君道》、《韓詩外傳》卷三）

〔一〕望，祭祀山川的儀式。望而祭之，故名。王肅注：“天子望祀天地，諸侯祀境内，故曰祭不越望也。”

〔二〕王肅注：“四水名也。”

〔三〕王肅注：“求之於己，不越祀也。”

〔四〕王肅注：“楚爲吳所滅，昭王出奔，已復國者也。”

〔五〕王肅注：“陶唐，堯。率，猶循。天常，天之常道。”

〔六〕王肅注：“中國爲冀。”

〔七〕王肅注：“謂變夏桀。”引語見《尚書·五子之歌》。

〔八〕引文見《尚書·大禹謨》。

〔九〕王肅注：“言善惡各有類，信出此則在此，以能循常道，可也。”

　　衛孔文子使太叔疾出其妻，而以其女妻之〔一〕，疾誘其初妻之娣，爲之立宮，與文子女，如二妻之禮。文子怒，將攻之。孔子舍璩伯玉之家〔二〕，文子就而訪焉。孔子曰：“簠簋之事〔三〕，則嘗聞學之矣，兵甲之事，未之聞也。”退而命駕而行曰：“鳥則擇木，木豈能擇鳥乎？”文子遽自止之曰：“圉也豈敢度其私哉〔四〕？亦訪衛國之難也。”將止，會季康子問冉求之戰，冉求既對之，又曰：“夫子播之百姓，質諸鬼神，而無憾〔五〕,用之則有名。"康子言於哀公,以幣迎孔子曰:"人之於冉求信之矣,將大用之。"(又見於《左傳·哀公十一年》《史記·孔子世家》)

〔一〕王肅注:"初,疾娶於宋子朝,其婦嬖於朝,文子使疾出其妻,而己妻之。"王注"婦嬖於朝"原作"歸孽子朝出",據《四庫》本改。

〔二〕璩伯玉,即蘧伯玉。

〔三〕簠簋,用來祭祀的兩種食器,這裏代指祭祀。

〔四〕圉,孔文子之名。王肅注:"度,謀。"

〔五〕王肅注:"恨也。"

　　齊陳恒弑其君簡公〔一〕,孔子聞之,三日沐浴而適朝,告於哀公曰:"陳恒弑其君,請伐之。"公弗許,三請,公曰:"魯爲齊弱久矣,子之伐也,將若之何?"對曰:"陳恒弑其君,民之不與者半,以魯之眾,加齊之半,可克也。"公曰:"子告季氏。"孔子辭〔二〕,退而告人曰:"以吾從大夫之後,吾不敢不告也。"(又見於《左傳·哀公十四年》)

〔一〕"君"字原無,據《四庫》本、同文本補。

〔二〕王肅注:"不告季氏。"

　　子張問曰:"《書》云:'高宗三年不言,言乃雍。'有諸〔一〕?"孔子曰:"胡爲其不然也? 古者天子崩,則世子委政於冢宰三年,成湯既没,太甲聽於伊尹〔二〕,武王既喪,成王聽於周公,其義一也。"(又見於《禮記·檀弓下》)

〔一〕王肅注:"雍,歡聲貌。《尚書》云'言乃雍',和。有諸,問有之也。"

〔二〕王肅注:"太甲,湯孫。"

　　衛孫桓子侵齊,遇,敗焉〔一〕,齊人乘之〔二〕,執。新築大夫仲叔于奚以其眾救桓子,桓子乃免。衛人以邑賞仲叔于奚,于奚辭,請曲懸之樂〔三〕,繁纓以朝〔四〕,許之,書在三官〔五〕。子路仕衛,見其故,以訪孔子。孔子曰:"惜也。不如多與之邑,惟器與名不可以假人〔六〕,君之所司〔七〕。名以出信,信以守器,器以藏禮〔八〕,禮以行義,義以生利,利以平民,政之大節也。若以假人,與人政也。政亡則國家從之,不可止也。"(又見於《左傳·成公二年》《新書·審微》)

〔一〕王肅注:"桓子,孫良夫也。侵齊,與齊師遇,爲齊所敗也。"

〔二〕乘，追擊。

〔三〕王肅注：“諸侯軒懸，軒懸闕一向也，故謂之曲懸之樂。”

〔四〕王肅注：“馬纓當膺以索群，銜以黄金爲飾也。”

〔五〕王肅注：“司徒書名，司馬書服，司空書勳也。”

〔六〕王肅注：“器，禮樂以器。名，尊卑以名。”

〔七〕王肅注：“司，主。”

〔八〕王肅注：“有器然後得行其禮，故曰器以藏禮。”

　　公父文伯之母〔一〕，紡績不解，文伯諫焉。其母曰：“古者王后親織玄紞〔二〕，公侯之夫人加之紘綖〔三〕，卿之内子爲大帶〔四〕，命婦成祭服〔五〕，列士之妻〔六〕，加之以朝服，自庶士已下，各衣其夫，社而賦事，烝而獻功〔七〕，男女紡績，愆則有辟〔八〕，聖王之制也。今我寡也，爾又在位〔九〕，朝夕恪勤，猶恐忘先人之業，況有怠墮，其何以避辟？”孔子聞之曰：“弟子志之，季氏之婦，可謂不過矣。”（又見於《國語·魯語下》、《列女傳·母儀傳》）

〔一〕王肅注：“文伯母，敬姜也。”

〔二〕王肅注：“紞，冠垂者。”

〔三〕王肅注：“纓屈而上者謂之紘。綖，冠之上覆也。”

〔四〕王肅注：“卿之妻爲内子。”

〔五〕王肅注：“大夫之妻爲命婦。”

〔六〕列士，上士。

〔七〕王肅注：“男女春秋而勤歲事，冬烝祭而獻其功也。”王注“冬烝”原作“各祭”，據《四庫》本改。烝，冬祭。

〔八〕王肅注：“績，功也。辟，法也。”

〔九〕“在”下，楊朝明、宋立林主編《孔子家語通解》據陳本補“下”字。

　　樊遲問於孔子曰：“鮑牽事齊君，執政不撓，可謂忠矣〔一〕，而君刖之，其爲至闇乎？”孔子曰：“古之士者，國有道則盡忠以輔之，國無道則退身以避之。今鮑莊子食於淫亂之朝〔二〕，不量主之明暗，以受大刖，是智之不如葵，葵猶能衞其足〔三〕。”（又見於《左傳·成公十七年》）

〔一〕王肅注：“齊慶尅通於夫人，鮑牽知之，以告國武子（“國”原作“匡”，據《四庫》本改），武子召慶尅而讓之，慶尅告夫人，夫人怒。國子相靈公（此五字原作“閔子子因需公”，據《四庫》本改），以會於諸侯，高、鮑處（原作“去”，據《四庫》本改）守，還,將及至,閉門而索(原作"牽",據《四庫》本改)客。夫人訴之曰:高、鮑將不納君。遂刖鮑牽之足。"

〔二〕"莊",原作"疾",據《四庫》本、同文本改。

〔三〕王肅注:"葵傾葉隨日轉,故曰衛其足也。"

　　季康子欲以一井田出法賦焉〔一〕,使訪孔子。子曰:"丘弗識也。"冉有三發卒曰:"子爲國老,待子而行,若之何子之不言?"孔子不對,而私於冉有曰:"求,汝來,汝弗聞乎,先王制土,藉田以力〔二〕,而底其遠近〔三〕;賦里以入,而量其無有〔四〕;任力以夫,而議其老幼〔五〕。於是鰥寡孤疾老者,軍旅之出則徵之,無則已〔六〕。其歲收,田一井出稷禾、秉芻、缶米,不是過〔七〕,先王以爲之足。君子之行,必度於禮,施取其厚〔八〕,事舉其中〔九〕,斂從其薄,若是其已,丘亦足矣〔一〇〕。不度於禮,而貪冒無厭〔一一〕,則雖賦田,將有不足。且子孫若以行之而取法,則有周公之典在;若欲犯法,則苟行之,又何訪焉。"(又見於《左傳·哀公十一年》、《國語·魯語下》)

〔一〕法賦,法定的田賦,常賦,即田畝稅。

〔二〕王肅注:"田有稅收,藉力以治公田也。"

〔三〕王肅注:"底,平。平其遠近,俱十一而中。"

〔四〕王肅注:"里,廛。里有稅,度其有無,爲多少之入也。"

〔五〕王肅注:"力作度之事,丁夫任其長幼,或重或輕。"

〔六〕王肅注:"於軍旅之役,則鰥、寡、孤、疾或有所共,無軍事則止之。"

〔七〕"稷禾、秉芻、缶米",原作"獲禾秉缶米芻薬",依楊朝明、宋立林《孔子家語通解》據《國語》改。王肅注:"其歲,軍旅之歲。一把曰秉,四秉曰("曰",原作"固",據《四庫》本改)稷穗。連薬芻不可分,故曰步缶。十六斗曰秉也。"

〔八〕王肅注:"施以厚爲德也。"

〔九〕王肅注:"事以中爲節。"

〔一〇〕王肅注:"丘,十六井。"

〔一一〕貪冒,貪得。

　　子游問於孔子曰:"夫子之極言子産之惠也,可得聞乎?"孔子曰:"惠在愛民而已矣。"子游曰:"愛民謂之德教,何翅施惠哉〔一〕?"孔子曰:"夫子産者,猶衆人之母也,能食之,弗能教也。"子游曰:"其事可

言乎？”孔子曰：“子産以所乘之輿濟冬涉者，是愛無教也。”（又見於《禮記·仲尼燕居》、《説苑·政理》）

〔一〕翅，通“啻”，止也。

　　哀公問於孔子曰：“二三大夫皆勸寡人使隆敬於高年，何也？”孔子對曰：“君之及此言，將天下實賴之，豈唯魯哉？”公曰：“何也？其義可得聞乎？”孔子曰：“昔者有虞氏貴德而尚齒，夏后氏貴爵而尚齒，殷人貴富而尚齒〔一〕，周人貴親而尚齒，虞、夏、殷、周，天下之盛王也，未有遺年者焉。年者貴於天下久矣，次於事親，是故朝廷同爵而尚齒。七十杖於朝，君問則席〔二〕；八十則不仕朝，君問則就之，而悌達乎朝廷矣；其行也，肩而不並〔三〕，不錯則隨〔四〕，斑白者不以其任於道路〔五〕，而悌達乎道路矣；居鄉以齒，而老窮不匱，强不犯弱，衆不暴寡，而悌達乎州巷矣；古之道，五十不爲甸役〔六〕，頒禽隆之長者，而悌達乎蒐狩矣〔七〕；軍旅什伍，同爵則尚齒，而悌達乎軍旅矣。夫聖王之教，孝悌發諸朝廷，行於道路，至於州巷，放於蒐狩，循於軍旅，則衆感以義，死之而弗敢犯。”公曰：“善哉，寡人雖聞之，弗能成。”

〔一〕王肅注：“富貴世禄之家。”

〔二〕王肅注：“君欲問之，則爲之設席而問焉。”

〔三〕王肅注：“不敢與長者並肩也。”

〔四〕王肅注：“錯，鴈行。父黨隨行，兄黨鴈行也。”

〔五〕王肅注：“任，負也。少者代之也。”

〔六〕王肅注：“五十始老，不爲力役之事，不爲田獵之徒也。”

〔七〕蒐狩，田獵。

　　哀公問之於孔子曰：“寡人聞東益不祥〔一〕，信有之乎？”孔子曰：“不祥有五，而東益不與焉。夫損人自益，身之不祥；棄老而取幼，家之不祥；釋賢而任不肖〔二〕，國之不祥；老者不教，幼者不學，俗之不祥；聖人伏匿，愚者擅權，天下不祥。不祥有五，東益不與焉。”（又見於《新序·雜事五》、《淮南子·人間訓》）

〔一〕東益，向東擴建。益，增加。王肅注：“東益之宅。”

〔二〕“釋”，原作“擇”，據《四庫》本、同文本改。

　　孔子適季孫,季孫之宰謁曰:"君使求假於田,特與之乎?"季孫未言。孔子曰:"吾聞之,君取於臣謂之取,與於臣謂之賜;臣取於君謂之假,與於君謂之獻。"季孫色然悟曰:"吾誠未達此義。"遂命其宰曰:"自今已往,君有取之,一切不得復言假也。"(又見於《韓詩外傳》卷五、《新序·雜事五》)

曲禮子貢問第四十二

　　子貢問於孔子曰:"晉文公實召天子,而使諸侯朝焉〔一〕。夫子作《春秋》,云:'天王狩于河陽。'何也?"孔子曰:"以臣召君,不可以訓,亦書其率諸侯事天子而已。"(又見於《左傳·僖公二十八年》)

〔一〕王肅注:"晉文公會諸侯於溫,召襄王,且使狩於河陽,因使諸侯朝。"

　　孔子在宋,見桓魋自爲石槨,三年而不成,工匠皆病。夫子愀然曰:"若是其靡也〔一〕,死不如速朽之愈〔二〕。"冉子僕〔三〕,曰:"禮,凶事不豫,此何謂也?"夫子曰:"既死而議謚,謚定而卜葬〔四〕,既葬而立廟,皆臣子之事,非所豫屬也,況自爲之哉?"(又見於《禮記·檀弓上》)

〔一〕王肅注:"靡,侈。"

〔二〕"速朽之愈",原作"朽之速愈",據《四庫》本、同文本改。

〔三〕僕,駕車。

〔四〕卜葬,通過龜卜決定葬日和墓地。

　　南宮敬叔以富得罪於定公,奔衛。衛侯請復之,載其寶以朝。夫子聞之曰:"若是其貨也〔一〕,喪不若速貧之愈〔二〕。"子游侍,曰:"敢問何謂如此?"孔子曰:"富而不好禮,殃也。敬叔以富喪矣,而又弗改,吾懼其將有後患也。"敬叔聞之,驟如孔氏,而後循禮施散焉。

〔一〕貨,賄賂。

〔二〕王肅注:"喪,失位也。"

　　孔子在齊,齊大旱,春饑。景公問於孔子曰:"如之何?"孔子曰:"凶年則乘駑馬,力役不興,馳道不修〔一〕,祈以幣玉〔二〕,祭祀不懸〔三〕,祀以下牲〔四〕。此賢君自貶以救民之禮也。"

〔一〕王肅注:“馳道,君行之道。”

〔二〕王肅注:“君所祈請,用幣及玉,不用牲也。”

〔三〕王肅注:“不作樂也。”

〔四〕王肅注:“當用大牢者用少牢。”

　　孔子適季氏,康子晝居内寢〔一〕。孔子問其所疾,康子出見之。言終,孔子退。子貢問曰:“季孫不疾,而問諸疾,禮與?”孔子曰:“夫禮,君子不有大故,則不宿於外;非致齊也〔二〕,非疾也,則不晝處於内。是故夜居外,雖弔之,可也;晝居於内,雖問其疾,可也。”

〔一〕内寢,卧室。

〔二〕齊,通“齋”,齋戒。

　　孔子爲大司寇,國廄焚。子退朝而之火所,鄉人有自爲火來者,則拜之,士一,大夫再。子貢曰:“敢問何也?”孔子曰:“其來者,亦相弔之道也。吾爲有司,故拜之。”(又見於《禮記·雜記下》)

　　子貢問曰:“管仲失於奢,晏子失於儉。與其俱失矣,二者孰賢?”孔子曰:“管仲鏤簋而朱紘〔一〕,旅樹而反坫〔二〕,山節藻梲〔三〕,賢大夫也,而難爲上。晏平仲祀其先祖,而豚肩不揜豆〔四〕,一狐裘三十年,賢大夫也,而難爲下。君子上不僭下,下不偪上。”(又見於《禮記·禮器》、《禮記·雜記下》)

〔一〕王肅注:“鏤,刻而飾之。朱紘,天子冕之紘。”

〔二〕王肅注:“旅,施也。樹,屏也。天子外屏,諸侯内屏。反坫,在兩楹之間,人君好會,獻酢禮畢,反爵於其上。”

〔三〕王肅注:“節,栭也,刻爲山雲。梲,梁上楹也,畫藻文也。”

〔四〕王肅注:“言陋小也。”

　　冉求曰:“昔文仲知魯國之政〔一〕,立言垂法,於今不亡,可謂知禮矣。”孔子曰:“昔臧文仲安知禮? 夏父弗綦逆祀而不止〔二〕,燔柴於竈以祀焉。夫竈者,老婦之所祭〔三〕,盛於甕,尊於瓶〔四〕,非所柴也。故曰禮也者,由體也〔五〕,體不備,謂之不成人。設之不當,猶不備也。”(又見於《禮記·禮器》)

〔一〕知,主持。

〔二〕夏父弗綦,又作夏父弗忌、夏父不忌,春秋時魯國大夫。逆祀,不符合禮的祭祀。

〔三〕王肅注:"謂祭竈報其功,老婦主祭也。"

〔四〕尊,通"樽",酒樽,這裏用於動詞,當作酒樽。

〔五〕由,通"猶"。

子路問於孔子曰:"臧武仲率師與邾人戰於狐鮐,遇,敗焉,師人多喪而無罰。古之道然與?"孔子曰:"凡謀人之軍,師敗則死之;謀人之國,邑危則亡之,古之正也。其君在焉者,有詔則無討〔一〕。"

〔一〕王肅注:"詔,君之教也。有君教,則臣無討。"

晉將伐宋,使人覘之〔一〕。宋陽門之介夫死〔二〕,司城子罕哭之哀。覘者反〔三〕,言於晉侯曰:"陽門之介夫死,而子罕哭之哀,民咸悦。宋殆未可伐也。"孔子聞之曰:"善哉,覘國乎!《詩》云:'凡民有喪,匍匐救之。'〔四〕子罕有焉。雖非晉國,其天下孰能當之〔五〕?是以周任有言曰:'民悦其愛者,弗可敵也。'"(又見於《禮記·檀弓下》)

〔一〕王肅注:"觀也。"

〔二〕王肅注:"陽門,宋城門也。介夫,被甲御門者。"

〔三〕"者",原作"之",據《四庫》本、同文本改。

〔四〕引詩見《詩經·邶風·谷風》。

〔五〕王肅注:"言雖非晉國,使天下有强者,猶不能當也。"

楚伐吳,工尹商陽與陳棄疾追吳師〔一〕。及之,棄疾曰:"王事也,子手弓而可〔二〕。"商陽手弓。棄疾曰:"子射諸!"射之,斃一人,韔其弓〔三〕。又及,棄疾謂之。又及,棄疾復謂之。斃二人。每斃一人,輒掩其目,止其御,曰:"吾朝不坐,燕不與〔四〕,殺三人,亦足以反命矣。"孔子聞之曰:"殺人之中,又有禮焉。"子路怫然進曰〔五〕:"人臣之節,當君大事,唯力所及,死而後已。夫子何善此?"子曰:"然,如汝言也。吾取其有不忍殺人之心而已。"(又見於《禮記·檀弓下》)

〔一〕工尹,春秋時楚官名,掌百工。陳棄疾,楚國公子。

〔二〕手弓,以手執弓。

〔三〕韔,弓囊,這裏用作動詞,將弓放入弓囊。王肅注:"韔,韜。"

〔四〕王肅注:"士卑故也。"

〔五〕怫然,發怒的樣子。

　　孔子在衛,司徒敬之卒〔一〕,夫子弔焉。主人不哀,夫子哭不盡聲而退。蘧伯玉請曰:“衛鄙俗,不習喪禮,煩吾子辱相焉〔二〕。”孔子許之。掘中霤而浴〔三〕,毀竈而綴足〔四〕,襲於牀〔五〕。及葬,毀宗而躐行也〔六〕,出於大門。及墓,男子西面,婦人東面,既封而歸。殷道也,孔子行之。子游問曰:“君子行禮,不求變俗,夫子變之矣。”孔子曰:“非此之謂也,喪事則從其質而已矣。”(又見於《禮記·檀弓下》)

〔一〕司徒敬之,春秋時衛國大夫。

〔二〕相,贊禮,主持禮儀。

〔三〕王肅注:“室中。”

〔四〕毀竈而綴足,拆掉竈臺,並用燕几(一種在臥室用來倚靠的小几)固定尸足,使不變形,以便於穿鞋。王肅注:“胡不復有事於此也。綴足,不欲令僻戾矣。”

〔五〕襲,全套的衣服,這裏用作動詞,穿衣。

〔六〕王肅注:“毀宗廟而出,行神位在廟門之外也。”

　　宣公八年六月辛巳,有事於太廟〔一〕,而東門襄仲卒〔二〕,壬午猶繹〔三〕。子游見其故,以問孔子曰:“禮與?”孔子曰:“非禮也,卿卒不繹。”(又見於《左傳·宣公八年》、《禮記·檀弓下》)

〔一〕有事,這裏指舉行禘祭。

〔二〕東門襄仲,即公子遂,春秋時魯國上卿。

〔三〕王肅注:“繹,祭之明日又祭也。”

　　季桓子喪,康子練而無衰〔一〕。子游問於孔子曰:“既服練服,可以除衰乎?”孔子曰:“無衰衣者,不以見賓,何以除焉?”

〔一〕練,練祭,又稱小祥,一週年的祭祀。衰,喪服,將麻布條綴於胸前。

　　邾人以同母異父之昆弟死,將為之服〔一〕,因顏克而問禮於孔子。子曰:“繼父同居者,則異父昆弟從為之服;不同居,繼父且猶不服,況其子乎?”

〔一〕服,服喪,這裏用作動詞,穿喪服。

　　齊師侵魯，公叔務人[一]遇人入保，負杖而息[二]。務人泣曰：“使之雖病[三]，任之雖重[四]，君子弗能謀，士弗能死，不可也。我則既言之矣，敢不勉乎？”與其鄰嬖童汪錡乘往[五]，奔敵，死焉，皆殯[六]，魯人欲勿殤童汪錡[七]，問於孔子，曰：“能執干戈以衛社稷，可無殤乎？”（又見於《左傳·哀公十一年》、《禮記·檀弓下》）

〔一〕王肅注：“昭公之子公爲。”

〔二〕王肅注：“遇，見也（三字原無，據《四庫》本補）。見走（“走”原作“先”，據《四庫》本改）避入齊師，將入保，疲倦，加杖頸上，兩手掖之，休息者也。保，縣邑小城也。”

〔三〕王肅注：“謂時徭役。”

〔四〕王肅注：“謂時賦税。”

〔五〕嬖，寵愛。乘，駕車。

〔六〕殯，斂而未葬。

〔七〕殤，未成年而死。這裏指爲殤者舉行的葬禮。

　　魯昭公夫人吳孟子卒，不赴於諸侯[一]。孔子既致仕[二]，而往弔焉。適於季氏[三]，季氏不絰[四]，孔子投絰而不拜[五]。子游問曰：“禮與？”孔子曰：“主人未成服，則弔者不絰焉，禮也。”（又見於《左傳·哀公十二年》）

〔一〕赴，同“訃”，報喪。

〔二〕致仕，辭去官職，退休。

〔三〕季氏，這裏指季康子。

〔四〕絰，一種喪服，用麻做的帶子，或繫於首，或繫於腰。

〔五〕王肅注：“以季氏無故，己亦不成禮。”

　　公父穆伯之喪，敬姜晝哭；文伯之喪，晝夜哭。孔子曰：“季氏之婦，可謂知禮矣！愛而無私[一]，上下有章[二]。”（又見於《國語·魯語下》、《禮記·檀弓下》、《列女傳·仁智》）

〔一〕“私”字原無，據《四庫》本、同文本補。

〔二〕王肅注：“上謂夫，下謂子也。章，別也。哭夫，晝哭。哭子，晝夜哭。哭夫與子各有別也。”

　　南宮縚之妻，孔子兄之女。喪其姑[一]，而誨之髽[二]，曰：“爾毋從

從爾,毋扈扈爾〔三〕。蓋榛以爲笄,長尺,而總八寸〔四〕。"(又見於《禮記·檀弓上》)

〔一〕姑,丈夫的母親。

〔二〕誨,教。髽,一種喪服,把麻摻入頭髮打成髮髻。

〔三〕王肅注:"從從,高。扈扈,大也。皆(原作"扈",據《四庫》本改)言喪百無容飾(原作"節",據《四庫》本改)也。"

〔四〕王肅注:"總,束髮。束髮垂爲飾者,齊衰之總八寸也。"

子張有父之喪,公明儀相焉〔一〕,問啓顙於孔子〔二〕。孔子曰:"拜而後啓顙,頹乎其順〔三〕;啓顙而後拜,頎乎其至也〔四〕。三年之喪,吾從其至也。"(又見於《禮記·檀弓上》)

〔一〕公明儀,魯國人,曾子、子張之弟子。

〔二〕啓顙,即稽顙,一種跪拜禮。屈膝跪拜,以額觸地。

〔三〕頹,恭順貌。《禮記》鄭玄注:"先拜賓,順事也。"

〔四〕《禮記》鄭玄注:"頎,至也。先觸地而無容,哀之至。"

孔子在衛,衛之人有送葬者,而夫子觀之,曰:"善哉爲葬乎! 足以爲法也。小子識之!"子貢問曰:"夫子何善爾?"曰〔一〕:"其往也如慕〔二〕,其返也如疑。"子貢曰:"豈若速返而虞哉〔三〕?"子曰:"此情之至者也。小子識之! 我未之能也。"(又見於《禮記·檀弓上》)

〔一〕"曰"字原無,據《四庫》本、同文本補。

〔二〕慕,思慕。

〔三〕王肅注:"返葬而祭謂之虞也。"

卞人有母死而孺子之泣者〔一〕,孔子曰:"哀則哀矣,而難繼也。夫禮,爲可傳也,爲可繼也。故哭踊有節〔二〕,而變除有期〔三〕。"(又見於《禮記·檀弓上》)

〔一〕卞,魯邑,在今山東省泗水縣東。

〔二〕踊,跳躍,哀痛之至極也。

〔三〕除,這裏指除喪服。

孟獻子禫〔一〕,懸而不樂〔二〕,可御而處内〔三〕。子游問於孔子曰:

“若是則過禮也?”孔子曰:“獻子可謂加於人一等矣。”(又見於《禮記‧檀弓上》)

〔一〕孟獻子,即仲孫蔑,魯國大夫。禫,除喪服時舉行的祭祀。

〔二〕懸,這裏指將樂器懸而不用。

〔三〕御,指與妻妾同房。内,這裏指内寢。

魯人有朝祥而暮歌者〔一〕,子路笑之。孔子曰:“由!爾責於人終無已。夫三年之喪,亦以久矣〔二〕。”子路出,孔子曰:“又多乎哉〔三〕!踰月,則其善也。”(又見於《禮記‧檀弓上》)

〔一〕祥,一種祭祀,父母死後十三個月而祭爲小祥,二十五個月而祭爲大祥。

〔二〕以,通“已”。

〔三〕王肅注:“又,復也。言其可以歌不復久也。”

子路問於孔子曰:“傷哉貧也!生而無以供養,死則無以爲禮也。”孔子曰:“啜菽飲水,盡其歡心,斯謂之孝〔一〕。斂手足形〔二〕,旋葬而無椁〔三〕,稱其財,斯謂之禮〔四〕。貧何傷乎?”(又見於《禮記‧檀弓下》)

〔一〕此句原作“斯爲之孝乎”,據《四庫》本、同文本改。

〔二〕斂,通“殮”,爲死者穿衣,并置之於棺材。

〔三〕王肅注:“旋,便。”

〔四〕此句原作“爲之禮”,據《四庫》本、同文本改。

吳延陵季子聘於上國〔一〕,適齊。於其返也,其長子死於嬴、博之間〔二〕。孔子聞之,曰:“延陵季子,吳之習於禮者也。”往而觀其葬焉。其斂以時服而已〔三〕;其壙掩坎〔四〕,深不至於泉;其葬,無盟器之贈〔五〕。既葬,其封廣輪揜坎〔六〕,其高可肘隱也〔七〕。既封,則季子乃左袒,右還其封〔八〕,且號者三,曰:“骨肉歸於土,命也!若魂氣,則無所不之,則無所不之!”而遂行。孔子曰:“延陵季子之禮,其合矣。”(又見於《禮記‧檀弓下》、《説苑‧修文》)

〔一〕吳延陵季子,即吳公子季札。

〔二〕王肅注:“嬴、博,地名也。”

〔三〕王肅注:“隨冬、夏之服,無所加。”

〔四〕壙,墓穴,墳墓。坎,這裏指墓坑。

〔五〕盟器，即明器，隨葬的器物。

〔六〕廣輪，長寬。東西爲廣，南北爲輪。掩，通"掩"。

〔七〕"肘"，原作"時"，據《四庫》本、同文本改。

〔八〕還，通"環"。

子游問喪之具。孔子曰："稱家之有亡焉。"子游曰："有亡惡於齊〔一〕？"孔子曰："有也，則無過禮。苟亡矣，則歛手足形，還葬〔二〕，懸棺而封。人豈有非之者哉？故夫喪亡〔三〕，與其哀不足而禮有餘，不若禮不足而哀有餘也；祭祀〔四〕，與其敬不足而禮有餘，不若禮不足而敬有餘也。"（又見於《禮記·檀弓下》）

〔一〕王肅注："惡，何。齊，限。"

〔二〕還，通"旋"，速。

〔三〕"喪亡"，《四庫》本作"喪禮"。

〔四〕"祭祀"，《四庫》本作"祭禮"。

伯高死於衛，赴於孔子。子曰："吾惡乎哭諸？兄弟，吾哭諸廟；父之友，吾哭諸廟門之外；師，吾哭之寢；朋友，吾哭之寢門之外；所知，吾哭之諸野。今於野則已疏，於寢則已重。夫由賜也而見我，吾哭於賜氏。"遂命子貢爲之主，曰："爲爾哭也來者，汝拜之；知伯高而來者，汝勿拜。"既哭，使子張往弔焉。未至，冉求在衛，攝束帛、乘馬而以將之。孔子聞之，曰："異哉！徒使我不成禮於伯高者，是冉求也。"（又見於《禮記·檀弓上》）

子路有姊之喪，可以除之矣，而弗除。孔子曰："何不除也？"子路曰："吾寡兄弟，而弗忍也。"孔子曰："行道之人皆弗忍。先王制禮，過之者俯而就之，不至者企而及之。"子路聞之，遂除之。（又見於《禮記·檀弓上》）

伯魚之喪母也，期而猶哭。夫子聞之，曰："誰也？"門人曰："鯉也。"孔子曰："嘻！其甚也，非禮也。"伯魚聞之，遂除之。（又見於《禮記·檀弓上》）

衛公使其大夫求婚於季氏，桓子問禮於孔子。子曰："同姓爲宗有合族之義，故繫之以姓而弗別，綴之以食而弗殊〔一〕。雖百世，婚姻不得通,周道然也。"桓子曰:"魯、衛之先,雖寡兄弟[二],今已絶遠矣。可乎?"孔子曰:"固非禮也。夫上治祖禰[三],以尊尊之;下治子孫,以親親之;旁治昆弟,所以教睦也。此先王不易之教也。"

〔一〕王肅注:"君有食族人之禮,雖親盡,不異之族食多少也。"

〔二〕寡兄弟,指嫡出的兄弟。這裏是説魯國始祖周公旦和衛國始祖康叔皆爲文王與太姒之子。

〔三〕禰,已在廟中立牌位的亡父。

有若問於孔子曰:"國君之於百姓,如之何?"孔子曰:"皆有宗道焉。故雖國君之尊,猶百世不廢其親[一],所以崇愛也。雖以族人之親,而不敢戚君,所以謙也[二]。"

〔一〕"世",原作"姓",據《四庫》本、同文本改。

〔二〕王肅注:"戚,親也。尊敬君不敢如其親也。"

曲禮子夏問第四十三

子夏問於孔子曰:"居父母之仇,如之何?"孔子曰:"寢苦枕干[一],不仕,弗與共天下也。遇於朝市,不返兵而鬭[二]。"曰:"請問居昆弟之仇,如之何?"孔子曰:"仕,弗與同國,銜君命而使,雖遇之不鬭。"曰:"請問從昆弟之仇,如之何?"曰:"不爲魁,主人能報之,則執兵而陪其後。"(又見於《禮記·檀弓上》)

〔一〕王肅注:"干,楯。"

〔二〕王肅注:"兵常不離於身。"

子夏問:"三年之喪既卒哭[一],金革之事無避,禮與?初有司爲之乎[二]?"孔子曰:"夏后氏之喪三年,既殯而致事[三],殷人既葬而致事,周人既卒哭而致事[四]。《記》曰:'君子不奪人之親,亦不奪故也。'"子夏曰:"金革之事無避,非與?"孔子曰:"吾聞諸老聃曰:'魯公伯禽有爲爲之也[五]。'今以三年之喪從利者[六],吾弗知也。"(又見於《禮記·曾子問》)

〔一〕卒哭,祭祀名稱。孝子自父母死後,哭不絶聲;殯後思及父母即哭,稱"無時之哭";死後約百日,即舉行卒哭祭,自此改爲朝夕各一次哭奠。

〔二〕王肅注：“有司，當吏職也。”

〔三〕“致事”，原作“致仕”，據《四庫》本、同文本改。

〔四〕王肅注：“致事，還政於君也。卒哭，止無時之哭。大夫三月而葬，三月而卒哭，士既葬而卒哭也。”王注“卒哭止”三字原作“子哭之”，據《四庫》本改。

〔五〕王肅注：“伯禽有母之喪，東方有戎爲不義，伯禽爲方伯，以不得不誅之。”

〔六〕“今”，原作“公”，據《四庫》本、同文本改。

子夏問於孔子曰：“《記》云：‘周公相成王，教之以世子之禮。’有諸？”孔子曰：“昔者成王嗣立，幼未能涖阼〔一〕，周公攝政而治，抗世子之法於伯禽〔二〕，欲王之知父子君臣之道，所以善成王也。夫知爲人子者，然後可以爲人父；知爲人臣者，然後可以爲人君；知事人者，然後可以使人。是故抗世子法於伯禽，使成王知父子君臣長幼之義焉。凡君之於世子，親則父也，尊則君也，有父之親，有君之尊，然後兼天下而有之，不可不慎也。行一物而三善皆得，唯世子齒於學之謂也〔三〕。世子齒於學，則國人觀之。曰：‘此將君我，而與我齒讓，何也？’曰：‘有父在，則禮然，然而衆知父子之道矣。’其二曰〔四〕：‘此將君我，而與我齒讓，何也？’曰：‘有臣在〔五〕，則禮然，而衆知君臣之義矣。’其三曰：“此將君我，而與我齒讓，何也？’曰：‘長長也，則禮然，然而衆知長幼之節矣。’故父在斯爲子，君在斯爲臣，君子與臣之位，所以尊君而親親也。在學，學之爲父子焉，學之爲君臣焉，學之爲長幼焉，父子、君臣、長幼之道得，而後國治。語曰：‘樂正司業，父師司成〔六〕，一有元良，萬國以貞〔七〕。’世子之謂。聞之曰：爲人臣者，殺其身而有益於君，則爲之，況于其身〔八〕，以善其君乎，周公優爲也〔九〕。”

（又見於《禮記·文王世子》）

〔一〕涖阼，臨朝理政。阼，東階，爲主人之位。

〔二〕抗，舉也。

〔三〕齒，年也。這裏用作動詞，依年齒排序。

〔四〕“二”，原作“一”，據《四庫》本、同文本改。

〔五〕“臣”，楊朝明、宋立林主編《孔子家語通解》據《禮記》改爲“君”，近是。

〔六〕王肅注：“師有父道，成生人者。”

〔七〕王肅注：“一謂天子也。元善，太子也。”

〔八〕王肅注：“于，寬也，大也。”

〔九〕優爲,做得好。

子夏問於孔子曰:“居君之母與妻之喪,如之何?”孔子曰:“居處、言語、飲食,衎爾〔一〕。於喪所,則稱其服而已。”“敢問伯母之喪如之何?”孔子曰:“伯母、叔母,疏衰期〔二〕,而踊不絕地。姑、姊、妹之大功,踊絕於地。若知此者,由文矣哉〔三〕。”(又見於《禮記·檀弓上》、《禮記·雜記下》)

〔一〕衎爾,和安的樣子。

〔二〕疏衰,即齊衰。期,週年。

〔三〕王肅注:“言如《禮》文,意當言姑姊妹而已。姊上長姑自也。”

子夏問於夫子曰:“凡喪小功已上〔一〕,虞、袝、練、祥之祭皆沐浴〔二〕。於三年之喪,子則盡其情矣。”孔子曰:“豈徒祭而已哉!三年之喪,身有瘍則浴〔三〕,首有瘡則沐,病則飲酒食肉。毀瘠而病〔四〕,君子不爲也。毀則死者,君子爲之,無子則祭之。沐浴爲齊潔也,非爲飾也。”(又見於《禮記·雜記下》)

〔一〕小功,爲兄弟所服之喪,期限爲五個月。

〔二〕虞、袝、練、祥,皆祭祀父母的儀式。

〔三〕瘍,瘡、癰、疽、癤之類的疾病。

〔四〕毀瘠,因居喪期間過度悲傷而病弱。

子夏問於孔子曰:“客至無所舍,而夫子曰:‘生於我乎館。’客死無所殯矣,夫子曰:‘於我乎殯。’敢問禮與?仁者之心與?”孔子曰:“吾聞諸老聃曰:‘館人,使若有之。惡有有之而不得殯乎〔一〕?’夫仁者,制禮者也,故禮者不可不省也。禮不同不異,不豐不殺〔二〕,稱其義以爲之宜,故曰我戰則尅,祭則受福,蓋得其道矣。”(又見於《禮記·檀弓上》、《禮記·禮器》)

〔一〕“惡有”下原衍“之惡”二字,據《四庫》本刪。

〔二〕豐,增益。殺,減損。

孔子食於季氏,食祭〔一〕,主人不辭,不食亦不飲而飱〔二〕。子夏問曰:“禮也?”孔子曰:“非禮也,從主人也。吾食於少施氏而飽,少施氏食我以禮,吾食祭,作而辭曰:‘疏食不足祭也。’吾飱,而作辭曰:‘疏食,不敢以傷吾子之性。’主人不以禮,客不敢盡禮;主人盡禮,則客不敢不盡禮也。”(又見於《禮記·玉藻》《禮記·雜記下》)

〔一〕食祭,飯前對祖先的祭奠。

〔二〕飱,同“餐”。

子夏問曰:“官於大夫〔一〕,既升於公,而反爲之服,禮與?”孔子曰:“管仲遇盜,取二人焉,上之爲公臣。曰:‘所以遊〔二〕,僻者〔三〕,可人也。’公許。管仲卒,桓公使爲之服〔四〕。官於大夫者爲之服,自管仲始也,有君命焉。”(又見於《禮記·雜記下》)

〔一〕官,這裏指做官。

〔二〕以,同“與”。

〔三〕僻,邪僻之人。

〔四〕“服”字原無,據《四庫》本、同文本補。

子貢問居父母喪。孔子曰:“敬爲上,哀次之,瘠爲下,顏色稱情,戚容稱服。”曰:“請問居兄弟之喪。”孔子曰:“則存乎書筴已。”(又見於《禮記·雜記下》)

子貢問於孔子曰:“殷人既窆而弔於壙〔一〕,周人反哭而弔於家,如之何?”孔子曰:“反哭之弔也,喪之至也,反而亡矣,失之矣,於斯爲甚,故弔之,死,人卒事也。殷以愨〔二〕,吾從周。殷人既練之,明日,而祔於祖,周人既卒哭之,明日,祔於祖。祔,祭神之始事也。周以戚〔三〕,吾從殷。”(又見於《禮記·檀弓下》)

〔一〕窆,下葬。“窆”,原作“定”,依楊朝明、宋立林主編《孔子家語通解》據陳本、文獻集本改。

〔二〕愨,真樸。

〔三〕王肅注:“戚,猶促也。”

子貢問曰:“聞諸晏子,少連、大連善居喪,其有異稱乎?”孔子曰:“父母之喪,三日不怠,三月不解〔一〕,期悲哀,三年憂。東夷之子,達於禮者也。”(又見於《禮記·雜記下》)

〔一〕解,通“懈”。

　　子游問曰：“諸侯之世子，喪慈母如母[一]，禮與？”孔子曰：“非禮也。古者男子外有傅父[二]，内有慈母，君命所使教子者也，何服之有？昔魯孝公少喪其母，其慈母良，及其死也，公弗忍，欲喪之。有司曰：‘禮，國君慈母無服，今也君爲之服，是逆古之禮，而亂國法也。若終行之，則有司將書之，以示後世，無乃不可乎？’公曰：‘古者天子喪慈母，練冠以燕居[三]。’遂練冠以喪慈母[四]。喪慈母如母，始則魯孝公之爲也。”（又見於《禮記·曾子問》）

　　〔一〕慈母，養母。

　　〔二〕男子，這裏指國君之子。傅父，養育、教育貴族子弟的年長男性。

　　〔三〕練冠，一種喪服，喪週年小祥祭時所戴之冠。王肅注：“謂庶子。王爲其母也。”

　　〔四〕“冠”字原無，據《四庫》本、同文本補。

　　孔子適衛，遇舊館人之喪，入而哭之哀。出，使子貢脱驂以贈之[一]。子貢曰：“於所識之喪[二]，不能有所贈。贈於舊館，不已多乎？”孔子曰：“吾向入哭之，遇一哀而出涕，吾惡夫涕而無以將之，小子行焉。”（又見於《禮記·檀弓上》）

　　〔一〕驂，駕車的四匹馬中兩邊的兩匹馬。

　　〔二〕“於所”，原作“所於”，據《四庫》本、同文本改。

　　子路問於孔子曰：“魯大夫練而杖[一]，禮也？”孔子曰：“吾不知也。”子路出，謂子貢曰：“吾以爲夫子無所不知，夫子亦徒有所不知也。”子貢曰：“子所問何哉？”子路曰：“由問：魯大夫練而杖，禮與？夫子曰：吾不知也。”子貢曰[二]：“止，吾將爲子問之。”遂趨而進曰：“練而杖，禮與？”孔子曰：“非禮也。”子貢出，謂子路曰：“子謂夫子而弗知之乎，夫子徒無所不知也。子問，非也，禮，居是邦，則不非其大夫。”（又見於《荀子·子道》）

　　〔一〕杖，喪杖。這裏用作動詞，持喪杖。

　　〔二〕“由問”至“子貢曰”二十字原無，依楊朝明、宋立林主編《孔子家語通解》據陳本、文獻集本、燕山本及《荀子》補。

　　叔孫武叔之母死[一]，既小斂，舉尸者出户，武叔從之[二]，出户，乃祖[三]，投其冠而括髮[四]。子路歎之，孔子曰："是禮也。"子路問曰："將小斂，則變服，今乃出戶，而夫子以爲知禮，何也?"孔子曰："由，汝問非也。君子不舉人以質士[五]。"（又見於《禮記·檀弓上》）

〔一〕"武"，原作"母"，據《四庫》本、同文本改。

〔二〕"叔"，原作"孫"，據《四庫》本、同文本改。

〔三〕袒，一種喪服，袒露左臂。

〔四〕括髮，一種喪服，小殮後以麻繩束髮。

〔五〕王肅注："質，猶正也。"

齊晏桓子卒[一]，平仲麤衰斬[二]，苴経、帶、杖[三]，以菅屨，食粥，居傍廬[四]，寢苫枕草。其老曰[五]："非大夫喪父之禮也。"晏子曰："唯卿大夫。"曾子以問孔子。孔子曰："晏平仲可謂能遠害矣。不以己之是駁人之非[六]，遜辭以避咎[七]，義也夫[八]。"（又見於《左傳·襄公十七年》、《晏子春秋·雜篇上》）

〔一〕晏桓子，即晏弱，春秋時齊卿，晏嬰之父。

〔二〕衰斬，即斬衰，一種喪服。

〔三〕苴経、帶、杖，皆喪服。苴経，即首経，繫在頭上的麻帶。苴帶，繫在腰間的麻帶。苴杖，即喪棒。

〔四〕傍廬，居喪時臨時搭的草棚。

〔五〕老，總管家務的家臣。

〔六〕"己"下"之"字原作"知"，據《四庫》本、同文本改。

〔七〕遜，同"遜"。

〔八〕王肅注："記者乃舉人避害之，遜以辭，而謂大夫、士喪父母有異，亦怪也。"

季平子卒[一]，將以君之璵璠斂[二]，贈以珠玉。孔子初爲中都宰，聞之，歷級而救焉[三]。曰："送而以寶玉，是猶曝尸於中原也[四]。其示民以姦利之端，而有害於死者，安用之? 且孝子不順情以危親，忠臣不兆姦以陷君[五]。"乃止。（又見於《左傳·定公五年》、《呂氏春秋·安死》）

〔一〕季平子，即季孫意如，春秋時魯大夫，季桓子之父。

〔二〕璵璠，美玉。

〔三〕王肅注："歷級，遽登階，不聚足。"

〔四〕中原，即原中，原野之中。

〔五〕王肅注："兆姦，爲姦之兆成也。"

孔子之弟子琴張與宗魯友〔一〕。衛齊豹見宗魯於公子孟縶〔二〕，孟縶以爲參乘焉，及齊豹將殺孟縶，告宗魯，使行。宗魯曰：“吾由子而事之，今聞難而逃，是僭子也〔三〕。子行事乎，吾將死以周事子〔四〕，而歸死於公孟可也。”齊氏用戈擊公孟，宗魯以背蔽之〔五〕，斷肱中，公孟、宗魯皆死。琴張聞宗魯死，將往弔之。孔子曰：“齊豹之盜，孟縶之賊也，汝何弔焉？君子不食姦〔六〕，不受亂〔七〕，不爲利病於回〔八〕，不以回事人，不蓋非義〔九〕，不犯非禮，汝何弔焉？”琴張乃止。（又見於《左傳·昭公二十年》）

〔一〕“魯”字原無，據《四庫》本補。

〔二〕見，通“現”，這裏指舉薦。

〔三〕王肅注：“僭，不信。使子言不信。”

〔四〕周，密也，謂不洩露此事。“周事”，原作“事周”，依楊朝明、宋立林主編《孔子家語通解》據陳本、《左傳》改。

〔五〕“魯”字原無，據《四庫》本、同文本補。

〔六〕食姦，從奸邪之人那裏得到俸禄。“子”字原無，依楊朝明、宋立林主編《孔子家語通解》據《左傳》補。

〔七〕受，承也，應也。

〔八〕王肅注：“回，邪也。不以利放而病於邪也。”

〔九〕王肅注：“蓋，揜。”

郕人子蒲卒〔一〕，哭之，呼滅〔二〕。子游曰：“若是哭也，其野哉。孔子惡野哭者。”哭者聞之，遂改之。（又見於《禮記·檀弓上》）

〔一〕“蒲”，原作“革”，據《四庫》本、同文本及王注改。

〔二〕王肅注：“舊説以滅子蒲名，人少名滅者。又哭名，其父不近人情。疑以孤窮，自謂亡滅也。”

公父文伯卒，其妻妾皆行哭失聲，敬姜戒之曰：“吾聞好外者士死之，好內者女死之〔一〕，今吾子早殀，吾惡其以好內聞也。二三婦人之欲供先祀者〔二〕，請無瘠色，無揮涕，無拊膺〔三〕，無哀容，無加服，有降服，從禮而静，是昭吾子也。”孔子聞之，曰：“女智無若婦，男智莫若夫，公父氏之婦智矣〔四〕，剖情損禮，欲以明其子爲令德也。”（又見於《國語·魯語下》、《列女傳·母儀》）

〔一〕外，指家門外的朋友。内，指家門内的妻妾。

〔二〕王肅注：“言欲留，不改嫁，供奉先人之祀。”

〔三〕王肅注：“揮涕，不哭，流涕以手揮之。拊，猶撫也。膺，謂胸也。”

〔四〕“父”，原作“文”，據《四庫》本改。

　　子路與子羔仕於衛，衛有蒯聵之難。孔子在魯，聞之，曰：“柴也其來，由也死矣！”既而衛使至，曰：“子路死焉。”夫子哭之於中庭。有人弔者，而夫子拜之。已哭，進使者而問故。使者曰：“醢之矣〔一〕。”遂令左右皆覆醢，曰：“吾何忍食此！”（又見於《左傳·哀公十五年》、《史記·衛康叔世家》、《禮記·檀弓上》）

〔一〕醢，肉醬。這裏用作動詞，剁成肉醬。

　　季桓子死，魯大夫朝服而弔。子游問於孔子曰：“禮乎？”夫子不答。他日，又問〔一〕。夫子曰：“始死則矣。羔裘、玄冠者〔二〕，易之而已。汝何疑焉？”〔三〕（又見於《禮記·檀弓上》）

〔一〕此下原有“墓而不墳”至“笙歌”一段，今據《四庫》本、同文本移至《曲禮公西赤問第四十四》“孔子之母既喪”章“吾聞之”之後。

〔二〕羔裘、玄冠，皆黑色朝服，爲吉服，不能穿着去吊喪。

〔三〕“夫子曰”以下原在本篇“原思言於曾子”章“知喪道也”之後，“曰”字原脱，據《四庫》本、同文本補，並移於此。

　　孔子有母之喪，既練，陽虎弔焉，私於孔子曰：“今季氏將大饗境内之士，子聞諸？”孔子答曰：“丘弗聞也。若聞之，雖在衰絰，亦欲與往？”陽虎曰：“子謂不然乎，季氏饗士，不及子也。”陽虎出，曾點問曰：“語之何謂也〔一〕？”孔子曰：“己則衰服，猶應其言，示所以不非也〔二〕。”〔三〕

〔一〕“語”，原作“吾”，據《四庫》本、同文本改。

〔二〕王肅注：“孔子衰服，陽虎之言犯禮，故孔子答之，以示不非其言者也。”

〔三〕《四庫》本、同文本本章在《曲禮公西赤問第四十四》。

　　顔回死，魯定公弔焉，使人訪於孔子。孔子對曰：“凡在封内，皆臣子也。禮，君弔其臣，升自東階，向尸而哭，其恩賜之，施不有

竿也〔一〕。”〔二〕

〔一〕王肅注：“竿，計也。又竹器也。”

〔二〕《四庫》本、同文本本章在《曲禮公西赤問第四十四》。

　　原思言於曾子曰：“夏后氏之送葬也，用盟器〔一〕，示民無知也；殷人用祭器，示民有知也；周人兼而用之，示民疑也。”曾子曰：“其不然矣。夫以盟器，鬼器也；祭器，人器也。古之人胡爲而死其親也？”子游問於孔子曰：“之死而致死乎，不仁，不可爲也；之死而致生乎，不智，不可爲也。凡爲盟器者，知喪道也。有備物而不可用也〔二〕，是故竹不成用〔三〕，而瓦不成膝〔四〕，琴瑟張而不平，笙竽備而不和，有鐘磬而無簨簴〔五〕。其曰盟器，神明之也。哀哉，死者而用生者之器，不殆而用殉也〔六〕。”〔七〕（又分見於《禮記·檀弓上》、《禮記·檀弓下》）

〔一〕盟器，即明器，陪葬的器物。

〔二〕自“有備物”至“用殉也”一段，原竄入《曲禮公西赤問第四十四》“孔子之母既喪”章，今據《四庫》本、同文本移至此處。

〔三〕王肅注：“謂邊之無緣也。”

〔四〕膝，楊朝明、宋立林主編《孔子家語通解》以爲當作“漆”。“不成漆”謂未上漆，没有光澤。王肅注：“膝，鑕。”

〔五〕王肅注：“簨簴，可以懸鐘磬也。”

〔六〕王肅注：“殺人以從死謂之殉。”

〔七〕《四庫》本、同文本本章在《曲禮公西赤問第四十四》。

　　子罕問於孔子曰：“始死之設重也〔一〕，何爲？”孔子曰：“重，主道也。殷主綴重焉〔二〕，周人徹重焉〔三〕。”“請問喪朝〔四〕。”子曰：“喪之朝也，順死者之孝心，故至於祖考廟而後行〔五〕。殷朝而後殯於祖〔六〕，周朝而後遂葬。”（又見於《禮記·檀弓下》）

〔一〕重，暫代木主者。《禮記》鄭玄注：“始死未作主，以重主其神。”

〔二〕王肅注：“綴，連也。殷人作主而連其重，懸諸廟也。”

〔三〕王肅注：“周人作主，徹重，就所倚處而治。”

〔四〕王肅注：“喪，將葬，朝於廟而後行焉。”

〔五〕“考”，原作“者”，據《四庫》本、同文本改。

〔六〕祖，這裏指祖廟。

孔子之守狗死[一],謂子貢曰:“路馬死[二],則藏之以帷,狗則藏之以蓋,汝往埋之。吾聞弊帷不棄,爲埋馬也。弊蓋不棄,爲埋狗也。今吾貧無蓋,於其封也與之席,無使其首陷於土焉。”（又見於《禮記·檀弓下》）

〔一〕守狗,守家的狗。

〔二〕王肅注:“路馬,常所乘馬。”

曲禮公西赤問第四十四

公西赤問於孔子曰:“大夫以罪免[一],卒,其葬也如之何?”孔子曰:“大夫廢其事,終身不仕,死則葬之以士禮。老而致仕者[二],死則從其列。”

〔一〕免,這裏指罷免。

〔二〕“致”,原作“政”,據《四庫》本改。

公儀仲子嫡子死,而立其弟,檀弓問子服伯子曰[一]:“何居[二]?我未之前聞也。”子服伯子曰:“仲子亦猶行古人之道。昔者文王捨伯邑考[三],而立武王,微子捨其孫脤,立其弟衍。”子游以聞諸孔子,子曰:“否,周制立孫。”（又見於《禮記·檀弓上》）

〔一〕子服伯子,即子服景伯,魯國大夫。

〔二〕居,同“乎”。

〔三〕王肅注:“伯邑考,文王之長子也。言文王亦立子而不立孫也。”

孔子之母既喪[一],將合葬焉[二],曰:“古者不祔葬[三],爲不忍先死者之復見也。《詩》云:‘死則同穴。’自周公已來祔葬矣。故衛人之祔也,離之[四],有以間焉[五];魯人之祔也,合之[六],美夫! 吾從魯。”遂合葬於防。曰:“吾聞之,古者墓而不墳[七]。今丘也[八],東西南北之人,不可以弗識也。吾見封之若堂者矣[九],又見若坊者矣[一○],又見履夏屋者矣[一一],又見若斧形者矣,吾從斧者焉。”於是封之,崇四尺。孔子先反虞,門人後。雨甚,至墓崩,修之而歸。孔子問焉,曰:“爾來何遲?”對曰:“防墓崩。”孔子不應。三云,孔子泫然而流涕曰:“吾聞之,古不修墓,及二十五月而大祥,五日而彈琴不成聲,十日過

禪而成笙歌〔一二〕。"（又見於《禮記·檀弓上》）

〔一〕"喪"，原作"葬"，據《四庫》本、同文本改。

〔二〕"合"，原作"立"，據《四庫》本、同文本改。

〔三〕祔葬，即合葬。

〔四〕離之，謂葬於兩個並排的墓穴。

〔五〕"間"，原作"聞"，據《四庫》本、同文本改。

〔六〕合之，謂葬於同一個墓穴。

〔七〕"古者墓而不墳"，原無"古者"，據《四庫》本、同文本補。自"墓而不墳"至"笙歌"，原在《曲禮子夏問第四十三》"季桓子死"章"又問"之後，今據《四庫》本、同文本移至此處。而此處原有"有備物"至"用殉也"一段，據《四庫》本、同文本移至《曲禮子夏問第四十三》"原思言於曾子"章之"知喪道也"之後。

〔八〕"今"上原衍"孔子曰"三字，據《四庫》本、同文本刪。

〔九〕王肅注："堂形，四方若高者。"

〔一〇〕坊，同"防"，堤防。王肅注："坊形，旁殺，平上而長。"

〔一一〕夏，大也。

〔一二〕大祥，父母死後二十五月而舉行的祭祀，表示服喪期結束。禫，除喪服之祭。王肅注："孔子大祥二十五月，禫故十日，踰月而歌也。"

子游問於孔子曰："葬者塗車芻靈〔一〕，自古有之，然今人或有偶〔二〕，是無益於喪。"孔子曰："爲芻靈者善矣，爲偶者不仁，不殆於用人乎。"（又見於《禮記·檀弓下》）

〔一〕塗車、芻靈，皆送葬之物。塗車，即遣車，送葬時載牲體的車子，以彩色塗之，以象金玉。芻靈，束茅爲車馬。謂之靈者，神之類。

〔二〕王肅注："偶，亦人也。"

顏淵之喪既祥，顏路饋祥肉於孔子。孔子自出而受之，入，彈琴以散情，而後乃食之。（又見於《禮記·檀弓上》）

孔子嘗〔一〕，奉薦而進〔二〕，其親也愨〔三〕，其行也趨，趨以數〔四〕。已祭，子貢問曰："夫子之言祭也，濟濟漆漆焉〔五〕，今夫子之祭，無濟濟漆漆，何也？"孔子曰："濟濟者，容也遠也。漆漆者，自反。容以遠，若容以自反，夫何神明之及交？必如此，則何濟濟漆漆之有？反饋樂成〔六〕，進則燕俎〔七〕，序其禮樂，備其百官，於是君子致其濟濟漆漆焉。

夫言豈一端而已哉！亦各有所當也[八]。”

〔一〕王肅注：“嘗，秋祭也。”

〔二〕薦，祭品。

〔三〕王肅注：“愻，親之奉薦也，慈質也。”

〔四〕王肅注：“言少威儀。”

〔五〕王肅注：“威儀容止。”

〔六〕反饋，天子、諸侯舉行宗廟大祭，先祭於廟堂，再返於廟室舉行饋食禮。

〔七〕燕，通“宴”。俎，盛犧牲的禮器。

〔八〕自“子之祭”至此，依楊朝明、宋立林主編《孔子家語通解》據《四庫》本、同文本、陳本、文獻集本以及《禮記》補。

　　子路爲季氏宰，季氏祭，逮昏而奠，終日不足，繼以燭，雖有彊力之容，肅敬之心，皆倦怠矣。有司跛倚以臨，其爲不敬也大矣。他日，子路與焉，室事交於戶[一]，堂事當於階[二]，質明而始行事[三]，晏朝而徹[四]。孔子聞之，曰：“以此觀之[五]，孰爲由也而不知禮[六]！”

〔一〕室事，《禮記·禮器》孔穎達疏：“謂正祭之事，事尸在室。”

〔二〕堂事，《禮記·禮器》孔穎達疏：“正祭後儐尸之事，事尸於堂。”

〔三〕質明，黎明。

〔四〕晏朝，黃昏。徹，結束。

〔五〕“以此觀之”原無，據《四庫》本、同文本補。

〔六〕爲，通“謂”。“由”，原作“士”，依楊朝明、宋立林主編《孔子家語通解》據陳本以及《禮記·禮器》改。

第四卷　孔叢家學

孔叢子

　　據宋咸《孔叢子注序》説：“《孔叢子》者，乃孔子八世孫鮒，字子魚，仕陳勝爲博士，以言不見用，託目疾而退，論集先君仲尼、子思、子上、子高、子順之言，及己之事，凡二十一篇，爲六卷。名之曰《孔叢子》，蓋言有善而叢聚之也。至漢孝武朝，太常孔臧又以其所爲賦與書謂之《連叢》上下篇爲一卷，附之於末。”

　　此書不見於《漢志》，但爲《隋書·經籍志》所録。後世多疑其爲僞書，如朱熹認爲，《孔叢子》文氣軟弱，不似西漢文字，大概爲後人集先世遺文而加作；清孫志祖謂王肅作《聖證論》以攻康成，故《孔叢子》亦王肅僞託。但據李學勤先生研究，此書乃漢魏間孔氏家學。這一判斷應該是符合事實的。此書既然舊題陳勝博士孔鮒所作，故其主體部分當成於孔鮒之手，後由孔氏家族陸續增補完善，當爲信史。

　　《孔叢子》最早的注本爲北宋宋咸所撰的《孔叢子注》，後來朱熹、洪邁、葉適、胡應麟、宋濂、戴震、朱駿聲、段玉裁以及日本學者冢田虎等都對其做過校注性研究。

　　本書以傅亞庶撰的《孔叢子校釋》（中華書局 2011 年版）爲底本，參考王鈞林、周海生譯注的《孔叢子》（中華書局 2009 年版）進行整理，同時吸收了宋咸注。

嘉　言〔一〕

　　夫子適周，見萇弘〔二〕，言終而退。萇弘語劉文公曰〔三〕：“吾觀孔仲尼,有聖人之表。其狀河目而隆顙〔四〕,黄帝之形貌也;脩肱而龜背〔五〕,其長九尺有六寸,成湯之容體也。然言稱先王,躬禮廉讓,洽聞强記,博物不窮,抑亦聖人之興者乎?"劉子曰:"方今周室衰微〔六〕,而諸侯力争,孔丘布衣,聖將安施?"萇弘曰:"堯、舜、文、武之道,或弛而墜,禮樂崩喪,亦正其統紀而已矣〔七〕。"既而夫子聞之,曰:"吾豈敢哉! 亦好禮樂者也。"

〔一〕宋咸注:"是書之第,乃以仲尼、子思、子上、子高、子順、子襄子孫之言爲之先後。以'嘉言'名篇者,取夫子應答之善言云爾。"

〔二〕宋咸注:"萇弘,周大夫萇叔也。"孔子曾向萇弘學樂。

〔三〕宋咸注:"劉文公,王卿士劉摯之子文公卷也。劉,畿内之國。"

〔四〕宋咸注:"河目言深且廣。隆,高也。顙,額也。"

〔五〕宋咸注:"言肱長背隆。"

〔六〕宋咸注:"時當敬王。"

〔七〕宋咸注:"言仲尼雖不得其位以行堯、舜、文、武之道,亦可正統紀而已。祖述憲章然。"

陳惠公大城〔一〕,因起淩陽之臺,未終而坐法死者數十人,又執三監吏〔二〕,將殺之。夫子適陳,聞之,見陳侯,與俱登臺而觀焉。夫子曰:"美哉,斯臺! 自古聖王之爲城臺,未有不戮一人而能致功若此者也。"陳侯默然而退,遽竊赦所執吏。既而見夫子,問曰:"昔周作靈臺〔三〕,亦戮人乎?"答曰:"文王之興,附者六州〔四〕。六州之衆,各以子道來。故區區之臺,未及期日而已成矣〔五〕,何戮之有乎? 夫以少少之衆,能立大大之功,唯君爾。"

〔一〕宋咸注:"惠公,陳悼太子師之子吴也,蓋楚平王立之。"

〔二〕宋咸注:"監吏,即監起臺之吏。"

〔三〕靈臺,周代祭天的場所。

〔四〕宋咸注:"仲尼稱文王三分天下有其二,蓋言九州之有六州,即文王所感雍、梁、荆、豫、徐、揚之六州,餘一分冀、青、兗三州屬紂。"

〔五〕期日,一晝夜。宋咸注:"文王受命,作邑於豐,乃及靈臺,所以觀被象民(傅亞庶按:"疑當作'觀象被民'")樂其有靈德,故庶民子來,經始而不日成之。"

子張曰:"女子必漸乎二十而後嫁,何也?"孔子曰:"十五許嫁,而後從夫,是陽動而陰應[一]、男唱而女隨之義也。以爲紡績組紃織紝者[二],女子之所有事也;黼黻文章之美[三],婦人之所有大功也。必十五以往,漸乎二十,然後可以通乎此事。通乎此事,然後乃能上以孝於姑舅[四],下以事夫養子也。"

〔一〕宋咸注:"蓋三十之男,陽之數;二十之女,陰之義。"

〔二〕宋咸注:"組,綬也。紃,絛也。紝亦織也。"

〔三〕宋咸注:"黼若斧形,黻若兩己相戾。赤與青謂之文,白與赤謂之章,白與黑謂之黼,黑與青謂之黻,皆九文之數。"

〔四〕姑舅,即公婆。姑,婆婆,丈夫的母親。舅,公公,丈夫的父親。

宰我使於齊而反,見夫子,曰:"梁丘據遇虺毒[一],三旬而後療,朝齊君。齊君會大夫衆賓而慶焉,弟子與在賓列。大夫衆賓並復獻攻療之方,弟子謂之曰:'夫所以獻方,將爲病也,今梁丘子已療矣,而諸夫子乃復獻方,方將安施? 意欲梁丘大夫復有虺害,當用之乎?' 衆坐默然無辭。弟子此言何如?"夫子曰:"汝説非也。夫三折肱爲良醫,梁丘子遇虺毒而獲療,諸有與之同疾者,必問所以已之之方焉[二]。衆人爲此,故各言其方,欲售之,以已人之疾也[三]。凡言其方者,稱其良也,且以參據所以已之之方優劣耳。"

〔一〕宋咸注:"梁丘據,齊大夫子猶也。"

〔二〕宋咸注:"已,上也。"

〔三〕宋咸注:"鬻物而遂曰售。此欲售,猶欲驗之云。"

夫子適齊,晏子就其館,既宴其私焉[一],曰:"齊其危矣,譬若載無轄之車,以臨千仞之谷,其不顛覆,亦難冀也。子,吾心也,子以齊爲游息之館,當或可救,子幸不吾隱也。"夫子曰:"夫死,病不可爲醫。夫政令者,人君之銜轡,所以制下也。今齊君失之已久矣。子雖欲挾其輈而扶其輪,良弗及也,抑猶可以終齊君及子之身,過此以往,齊其田氏矣[二]。"

〔一〕宋咸注:"私謂竊訪齊之所以危亡。"

〔二〕宋咸注:"後田常殺簡公,田和遷康公於海濱,呂氏絶祀,卒有齊國焉。"

齊東郭亥欲攻田氏〔一〕，執贄見夫子而訪焉〔二〕。夫子曰：“子爲義也，丘不足與計事。”揖子貢使答之。子貢謂之曰：“今子，士也，位卑而圖大。位卑則人不附也，圖大則人憚之，殆非子之任也，盍姑已乎〔三〕？夫以一縷之任，繫千鈞之重〔四〕，上縣之於無極之高，下垂之於不測之深，旁人皆哀其絶，而造之者不知其危，子之謂乎！馬方駭，鼓而驚之；繫方絶，重而填之〔五〕。馬奔車覆，六轡不禁；繫絶於高，墜入於深。其危必矣。”東郭亥色戰而跪，曰：“吾已矣，願子無言。”既而夫子告子貢曰：“東郭亥，欲爲義者也。子亦告之以難易則可矣，奚至懼之哉？”

〔一〕宋咸注：“亥，齊大夫東郭賈之族。賈亦曰子方，闞止之黨也。”

〔二〕贄，初次拜見尊長所送的禮物。

〔三〕宋咸注：“姑，且也。”

〔四〕宋咸注：“三十斤曰鈞。”

〔五〕宋咸注：“填，猶墜也。”

宰我問：“君子尚辭乎？”孔子曰：“君子以禮爲尚，博而不要，非所察也；繁辭富説，非所聽也。唯知者不失理。”孔子曰：“吾於予，取其言之近類也〔一〕；於賜，取其言之切事也。近類，則足以喻之；切事，則足以懼之〔二〕。”

〔一〕宋咸注：“謂倫類。”

〔二〕宋咸注：“喻謂若比興之言，懼謂若强直之諫。”

論　書〔一〕

子張問曰：“聖人受命，必受諸天，而《書》云‘受終於文祖’〔二〕，何也？”孔子曰：“受命於天者，湯、武是也；受命於人者，舜、禹是也〔三〕。夫不讀《詩》、《書》、《易》、《春秋》，則不知聖人之心，又無以別堯、舜之禪，湯、武之伐也〔四〕。”

〔一〕宋咸注：“論《書》者，蓋仲尼與諸侯、弟子析白《尚書》之義。然自子張問‘聖人受命’洎‘有鰥在下’、子夏問《書》大義，凡三事，舊在《嘉言》篇，臣咸今易之於此，首庶一貫焉。”

〔二〕語出《尚書·舜典》。孔傳：“文祖者，堯文德之祖廟。”

〔三〕宋咸注：“受命於天者，順天以誅惡，非湯、武而何？受命於人者，順人以歸義，非

　　　舜、禹而何？”

〔四〕宋咸注：“聖人以百姓心爲心，故《詩》、《書》、《易》、《春秋》之爲教，本於是。”

　　　子張問曰：“禮，丈夫三十而室〔一〕。昔者舜三十徵庸〔二〕，而《書》云‘有鰥在下，曰虞舜’〔三〕，何謂也？曩師聞諸夫子曰〔四〕：‘聖人在上，君子在位，則内無怨女，外無曠夫。’堯爲天子，而有鰥在下，何也？”孔子曰：“夫男子二十而冠，冠而後娶，古今通義也。舜父頑母嚚，莫能圖室家之端焉，故逮三十而謂之鰥也。《詩》云‘娶妻如之何，必告父母’〔五〕，父母在，則宜圖婚，若已殁，則已之娶，必告其廟。今舜之鰥，乃父母之頑嚚也〔六〕，雖堯爲天子，其如舜何〔七〕？”

〔一〕室，成家。

〔二〕徵庸，徵召任用。

〔三〕見《尚書·堯典》。

〔四〕師，子張之名。

〔五〕見《詩·齊風·南山》。

〔六〕宋咸注：“不孝有三，無後爲大，故舜不告而娶，父頑母嚚然。”

〔七〕宋咸注：“父頑母嚚，雖堯元聖，亦無如之何。”

　　　子夏問《書》大義。子曰：“吾於《帝典》〔一〕，見堯、舜之聖焉；於《大禹》、《皋陶謨》、《益稷》，見禹、稷、皋陶之忠勤功勳焉；於《洛誥》，見周公之德焉。故《帝典》可以觀美〔二〕，《大禹謨》、《禹貢》可以觀事〔三〕，《皋陶謨》、《益稷》可以觀政〔四〕，《洪範》可以觀度〔五〕，《泰誓》可以觀義〔六〕，《五誥》可以觀仁〔七〕，《甫刑》可以觀誠〔八〕。通斯七者，則《書》之大義舉矣。”

〔一〕《帝典》，指《尚書》的《堯典》、《舜典》兩篇。

〔二〕宋咸注：“謂君聖臣賢，稱讓禮樂之美。”

〔三〕宋咸注：“謂世賢運德，宅土貢賦之事。”

〔四〕宋咸注：“謂典章教象之政。”

〔五〕宋咸注：“謂皇極彝倫之度。”

〔六〕宋咸注：“謂天命之義。”

〔七〕宋咸注：“謂弔民之仁。”

〔八〕宋咸注:"謂欽慎之戒。"

孔子曰:"《書》之於事也,遠而不闊,近而不迫,志盡而不怨,辭順而不諂。吾於《高宗肜日》,見德之有報之疾也。苟由其道致其仁,則遠方歸志而致其敬焉〔一〕。吾於《洪範》,見君子之不忍言人之惡而質人之美也。發乎中而見乎外以成文者〔二〕,其唯《洪範》乎!"

〔一〕宋咸注:"德脩則異變,況於人乎?"

〔二〕宋咸注:"心悅於德而錫之福,以至乎大中,非發中見外而何?"

子張問曰:"堯、舜之世,一人不刑而天下治,何則? 以教誠而愛深也。龍子以爲一夫而被以五刑〔一〕,敢問何謂?"孔子曰:"不然。五刑所以佐教也,龍子未可謂能爲《書》也〔二〕。"

〔一〕宋咸注:"龍子,趙岐謂古之賢者,蓋嘗有此語。"

〔二〕宋咸注:"以龍子失《書》之義。"

子夏讀《書》,既畢而見於夫子。夫子謂曰:"子何爲於《書》?"子夏對曰:"《書》之論事也,昭昭然若日月之代明,離離然若星辰之錯行,上有堯、舜之德,下有三王之義。凡商之所受《書》於夫子者〔一〕,志之於心弗敢忘,雖退而窮居河、濟之間,深山之中,作壞室〔二〕,編蓬戶,常於此彈琴,以歌先王之道,則可以發憤慷喟,忘己貧賤,故有人亦樂之,無人亦樂之。上見堯、舜之德,下見三王之義,忽不知憂患與死也。"夫子愀然變容曰〔三〕:"嘻! 子殆可與言《書》矣。雖然,其亦表之而已,未覩其裏也〔四〕。夫闚其門而不入其室,惡覩其宗廟之奧、百官之美乎?"

〔一〕商,子夏之名。

〔二〕宋咸注:"壞室,猶穴土而居然。"

〔三〕宋咸注:"愀然,不平之狀。"

〔四〕宋咸注:"表者,禮樂仁義之美;裏者,天命之極。"

宰我問:"《書》云'納于大麓〔一〕,烈風雷雨弗迷'〔二〕,何謂也?"孔子曰:"此言人事之應乎天也。堯既得舜,歷試諸難,已而納之於尊顯之官，使大録萬機之政，是故陰陽清和，五星來備[三]，烈風雷雨各以其應，不有迷錯愆伏，明舜之行合於天也。”

〔一〕大麓，守山林之官。宋咸注：“麓，録也。言大録萬機之事。”

〔二〕見《尚書·舜典》。

〔三〕五星，指水星、金星、火星、木星、土星。

宰我曰：“敢問‘禋於六宗’[一]，何謂也？”孔子曰：“所宗者六，皆潔祀之也：埋少牢於太昭，所以祭時也[二]；祖迎於坎壇，所以祭寒暑也[三]；主於郊宮，所以祭日也[四]；夜明，所以祭月也[五]；幽禜，所以祭星也[六]；雩禜，所以祭水旱也。‘禋於六宗’，此之謂也[七]。”

〔一〕語出《尚書·舜典》。宋咸注：“宗，尊也，尊而祭之有六神。禋者，煙也，潔也，精也。煙者，言燔柴升煙於天也。潔者，言其潔清也。精者，言其精肅也。”

〔二〕少牢，古代祭祀的犧牲，牛、羊、豕全備叫太牢，只有羊、豕叫少牢。宋咸注：“壇曰太昭，以祭四時。太，大也。昭，明也。言四時之功大而明著。”

〔三〕宋咸注：“祖，送也，言或迎寒而送暑，或迎暑以送寒。祭暑於壇以象陽，祭寒於坎以象陰。”

〔四〕宋咸注：“王宮主日。郊宮猶王宮，祭日壇也，言壇土爲塋域，若宮室然。”

〔五〕宋咸注：“月主於夜，故其壇曰夜明。”

〔六〕宋咸注：“祭星壇曰幽禜。言星則昧於月，故曰幽也。禜者，亦塋域之象。”

〔七〕宋咸注：“祭水旱壇曰雩禜者，蓋雩者吁嗟之辭，言祈之則爲吁嗟之聲。”

《書》曰：“兹予大享於先王，爾祖其從與享之[一]。”季桓子問曰[二]：“此何謂也？”孔子曰：“古之王者，臣有大功，死則必祀之於廟，所以殊有績、勸忠勤也。盤庚舉其事以厲其世臣，故稱焉。”桓子曰：“天子之臣有大功者，則既然矣，諸侯之臣有大功者，可以如之乎？”孔子曰：“勞能定國，功加於民，大臣死難，雖食之公廟，可也。”桓子曰：“其位次如何？”孔子曰：“天子諸侯之臣，生則有列於朝，死則有位於廟，其序一也。”

〔一〕宋咸注：“《商書·盤庚》篇之文。”

〔二〕宋咸注：“桓子，魯正卿季平子之子，名斯。”

《書》曰：“維高宗報上甲微[一]。”定公問曰：“此何謂也？”孔子對曰：“此謂親盡廟毀，有功而不及祖，有德而不及宗，故於每歲之大嘗而報祭焉[二]，所以昭其功德也。”公曰：“先君僖公，功德前行[三]，可以與於報乎？”孔子曰：“丘聞昔虞、夏、商、周，以帝王行此禮者則有矣，自此以下，未之知也。”

〔一〕引語不見於今本《尚書》，蓋爲佚文。宋咸注：“上甲微，契後八世，湯之先也，於高宗時已爲毀廟。報，謂祭也，以報其德。”

〔二〕大嘗，廟祭名。秋祭曰嘗。宋咸注：“禮，毀廟之主藏於始祖廟中，斂以石室，祫、禘大祭則出之，此制蓋當時然歟？”

〔三〕宋咸注：“或作‘前列’。”

定公問曰：“《周書》所謂‘庸庸祇祇，威威顯民’[一]，何謂也？”孔子對曰：“不失其道，明之於民之謂也。夫能用可用，則正治矣；敬可敬，則尚賢矣；畏可畏，則服刑恤矣。君審此三者以示民，而國不興，未之有也。”

〔一〕宋咸注：“《周書·康誥》之文。言文王用可用，敬可敬，畏可畏，以此道示於民。”

子張問：“《書》云‘奠高山’[一]，何謂也？”孔子曰：“高山五嶽，定其差秩，祀所視焉。”子張曰：“其禮如何？”孔子曰：“牲幣之物，五嶽視三公[二]，小名山視子男[三]。”子張曰：“仁者何樂於山？”孔子曰：“夫山者，巋然高。”子張曰：“高則何樂爾？”孔子曰：“夫山，草木植焉，鳥獸蕃焉，財用出焉，直而無私焉，四方皆伐焉。直而無私，興吐風雲，以通乎天地之間。陰陽和合，雨露之澤，萬物以成，百姓咸饗，此仁者之所以樂乎山也。”

〔一〕宋咸注：“《夏書·禹貢》之文。”

〔二〕三公，周代的最高爵位，即太師、太傅、太保。

〔三〕子男，子爵、男爵。

孟懿子問[一]：“《書》曰‘欽四鄰’[二]，何謂也？”孔子曰：“王者前有疑，後有丞，左有輔，右有弼，謂之四近，言前後左右近臣當畏敬之，不可以非其人也。周文王胥附、奔輳、先後、禦侮[三]，謂之四鄰，以免乎牖里之害[四]。”懿子曰：“夫子亦有四鄰乎？”孔子曰：“吾有四友焉。

自吾得回也〔五〕，門人加親，是非胥附乎？自吾得賜也〔六〕，遠方之士日至，是非奔輳乎？自吾得師也〔七〕，前有光，後有輝，是非先後乎？自吾得由也〔八〕，惡言不至於門，是非禦侮乎？”

〔一〕宋咸注：“孟懿子，魯大夫仲孫何忌。懿，謚也。”

〔二〕引語不見於今本《尚書》，蓋爲佚文。

〔三〕宋咸注：“胥附猶相附，奔輳猶賓集，亦作‘湊’。”

〔四〕宋咸注：“文王得四臣，以免牖里之害，即散宜生、閎夭、南宮括、太顛也。”

〔五〕回，即顏回，字淵，孔子弟子。

〔六〕賜，即端木賜，字子貢，孔子弟子。

〔七〕師，即顓孫師，字子張，孔子弟子。

〔八〕由，仲由，字子路，孔子弟子。

　　孔子見齊景公。梁丘據自外而至，公曰：“何遲？”對曰：“陳氏戮其小臣〔一〕，臣有辭焉〔二〕，是故遲。”公笑而目孔子，曰：“《周書》所謂‘明德慎罰’〔三〕，陳子明德也，罰人而有辭，非不慎矣。”孔子答曰：“昔康叔封衛，統三監之地〔四〕，命爲孟侯〔五〕。周公以成王之命作《康誥》焉，稱述文王之德，以成勑誡之文。其《書》曰‘惟乃丕顯考文王，克明德慎罰’〔六〕，克明德者，能顯用有德，舉而任之也；慎罰者，並心而慮之，眾平然後行之，致刑錯也〔七〕。此言其所任不失德，所罰不失罪，不謂己德之明也。”公曰：“寡人不有過言，則安得聞君子之教也？”

〔一〕宋咸注：“陳氏，齊大夫之家。”

〔二〕宋咸注：“爲閔實辭也。”“爲”，他本或作“焉”。

〔三〕宋咸注：“《周書·康誥》之文。言文王能顯用俊德，慎去刑罰。”

〔四〕三監，武王滅商後，分商王畿爲三部分，由三人監視管理，故曰三監。三監具體所指，説法不一，一説爲紂王子武庚和武王之弟管叔、蔡叔；一説爲武王之弟管叔、蔡叔和霍叔。

〔五〕宋咸注：“成王既滅三監，以其地封康叔爲衛侯。曰孟侯者，孟，長也，言以康叔爲五侯之長，若方伯然。”

〔六〕語出《尚書·康誥》。

〔七〕刑錯，措置刑法而不用。錯，置也。

　　《書》曰：“其在祖甲，不義惟王。”〔一〕公西赤曰〔二〕：“聞諸晏子：

'湯及太甲、祖乙、武丁,天下之大君〔三〕。'夫太甲爲王,居喪行不義,同稱君,何也?"孔子曰:"君子之於人,計功以除過。太甲即位,不明居喪之禮,而干冢宰之政,伊尹放之於桐,憂思三年,追悔前愆〔四〕,起而復位,謂之明王。以此觀之,雖四於三王,不亦可乎?"

〔一〕義,宜也。宋咸注:"《周書·無逸》篇之文。言湯孫太甲爲王不義,伊尹放之桐宮。"

〔二〕公西赤,即公西華,姓公孫,名赤,字子華,孔子弟子。

〔三〕宋咸注:"蓋赤也嘗聞晏子有是言。"

〔四〕愆,過錯,罪過。

　　魯哀公問〔一〕:"《書》稱夔曰'於,予擊石拊石,百獸率舞,庶尹允諧'〔二〕,何謂也?"孔子對曰:"此言善政之化乎物也。古之帝王,功成作樂,其功善者其樂和,樂和則天地且猶應之,況百獸乎?夔爲帝舜樂正〔三〕,實能以樂盡治理之情。"公曰:"然則政之大本,莫尚樂乎?"孔子曰:"夫樂,所以歌其成功,非政之本也〔四〕。衆官之長,既咸熙熙,然後樂乃和焉。"公曰:"吾聞夔一足,有異於人,信乎?"孔子曰:"昔重黎舉夔而進,又欲求人而佐焉。舜曰:'夫樂,天地之精也,唯聖人爲能和六律,均五聲,知樂之本,以通八風。夔能若此,一而足矣。'故曰'一足',非一足也。"公曰:"善〔五〕!"

〔一〕宋咸注:"哀公,魯定公之子,名將。"

〔二〕庶,衆也。尹,正,長。允,信,確實。宋咸注:"《舜典》之文。言夔之作樂,感百獸相率而舞,則人神和可知焉。"

〔三〕樂正,掌管音樂的官。

〔四〕宋咸注:"言功成則樂作,非所以爲政本。"

〔五〕宋咸注:"張華《博物志》稱:'小山有夔,其形如鼓,一足,知禮。'豈非世傳之僞,好事者之爲也?願以孔子是言辨。"

記　義〔一〕

　　季桓子以粟千鍾餼夫子〔二〕,夫子受之而不辭,既而以頒門人之無者。子貢進曰:"季孫以夫子貧,故致粟。夫子受之而以施人,無乃非季孫之意乎?"子曰:"何?"對曰:"季孫以爲惠也。"子曰:"然,吾得千鍾，所以受而不辭者，爲季孫之惠，且以爲寵也。夫受人財不以成富，與季孫之惠於一人，豈若惠數百人哉？”

〔一〕宋咸注：“‘記義’者，言記夫子答弟子、諸侯所問之義。”

〔二〕季桓子，魯國大夫，季康子之父，魯定公時執政。宋咸注：“餼，遺也。《家語》稱：‘孔子曰：季孫賜我粟千鍾，而交益親。’”

秦莊子死，孟武伯問於孔子曰〔一〕：“古者，同寮有服乎〔二〕？”答曰：“然。同寮有相友之義，貴賤殊等，不爲同官。聞諸老聃：昔者虢叔、閎夭、太顛、散宜生、南宮括，五臣同寮，比德以贊文、武〔三〕。及虢叔死，四人者爲之服朋友之服〔四〕，古之達禮者行之也。”

〔一〕宋咸注：“莊子，魯大夫。武伯，懿子之子仲孫彘。武，諡也。”

〔二〕服，孝服。

〔三〕比德，同心同德。贊，助也，輔佐。

〔四〕宋咸注：“四人爲服，史不載其事。老聃有齡，疑熟（傅亞庶疑當爲“孰”之訛）其說，故曰聞之云。”

公父文伯死〔一〕，室人有從死者〔二〕，其母怒而不哭，相室諫之〔三〕。其母曰：“孔子，天下之賢人也，不用於魯，退而去，是子素宗之而不能隨。今死而内人從死者二人焉，若此，於長者薄，於婦人厚也。”既而夫子聞之，曰：“季氏之婦尚賢哉！”子路愀然對曰：“夫子亦好人之譽己乎？夫子死而不哭，是不慈也，何善爾？”子曰：“怒其子之不能隨賢，所以爲尚賢者，吾何有焉？其亦善此而已矣〔四〕。”

〔一〕宋咸注：“公父文伯，魯大夫，季悼子之孫，公父穆伯之子，名歜。”

〔二〕室人，妻妾。

〔三〕宋咸注：“其母，敬姜也。相室，蓋其家老也。”

〔四〕宋咸注：“《家語》《國語》亦載其事。母曰：‘吾聞好外士死之，好内女死之。今吾子夭死，吾惡其以好内聞也。二三婦之欲供先者祀，請無瘠色，無揮涕，無拊膺，無哀容，無加服，有降服，從禮而静，是昭吾子也。’孔子聞之，曰：‘女知無若婦，男知莫若夫，公文氏之婦知矣，割情損禮，欲以明其子爲令德也。’其辭與此文異，未知孰是焉。《史記》所載，與此義同。”

衛出公使人問孔子曰〔一〕：“寡人之任臣，無大小，一一自言問觀察之,猶復失人,何故?"答曰:"如君之言,此即所以失之也。人既難知,非言問所及、觀察所盡。且人君之慮者多,多慮則意不精。以不精之意,察難知之人,宜其有失也。君未之聞乎?昔者舜臣堯[二],官才任士,堯一從之[三]。左右曰:'人君用士,當自任耳目,而取信於人,無乃不可乎?'堯曰:'吾之舉舜,已耳目之矣。今舜所舉人,吾又耳目之,是則耳目人終無已已也[四]。'君苟付可付,則己不勞,而賢才不失矣[五]。"

〔一〕宋咸注:"出公名輒,靈公孫,太子蒯聵之子。"

〔二〕宋咸注:"言舜臣事堯之時。"

〔三〕宋咸注:"言一從舜所選任。"

〔四〕宋咸注:"言舜之舉人,吾又親耳目之,則是己之用耳目,無已時矣。""已已",一本作"已時"。

〔五〕宋咸注:"'付可付',亦如堯之付舜。""可付"下一本有"者"字。

子貢問曰:"昔孫文子以衛侯哭之不哀[一],知其將為亂,不敢捨其重器而行,盡實諸戚[二],而善晉大夫二十人[三]。或稱其知,何如?"孔子曰:"吾知其為知也,人未知其為知也。"子貢曰:"敢問何謂也?"子曰:"食其祿者必死其事。孫子知衛君之將不君,不念伏死以爭,而素規去就,尸利攜貳[四],非人臣也。臣而有不臣之心,明君所不赦。幸哉!孫子之以此免戮也[五]。"

〔一〕宋咸注:"孫文子,衛卿林父也,得罪於衛殤公,以戚叛而奔晉。"

〔二〕宋咸注:"戚乃其所居之邑。'戚'一作'宿'。"

〔三〕宋咸注:"善晉大夫二十人,謂能結其歡心。"

〔四〕尸利,謂居位受祿而無所作為。攜貳,有二心。宋咸注:"尸,主也。攜貳,猶違忒也,言心主利而違忒。"

〔五〕宋咸注:"《史記》稱孫文子攻出衛獻公,獻公奔齊。遂與甯惠子共立殤公。後甯喜與文子爭寵,殤公使甯喜攻文子,文子奔晉,復求入故衛獻公。與此文異,未知孰是。"

孔子使宰予使於楚,楚昭王以安車象飾[一],因宰予以遺孔子焉[二]。宰予曰:"夫子無以此為也。"王曰:"何故?"對曰:"臣以其用,思其所在,觀之,有以知其然。"王曰:"言之。"宰予對曰:"自臣侍從夫子以來,切見其行不離道,動不違仁,貴義尚德,清素好儉。士而有祿,不以爲費,不合則去,退無吝心。妻不服綵,妾不衣帛。車器不彫,馬不食粟。道行則樂其治,不行則樂其身,此所以爲夫子也。若夫觀目之麗靡,窈窕之淫音,夫子過之弗之視,遇之弗之聽也。故臣知夫子之無用此車也。”王曰:“然則夫子何欲而可?”對曰:“方今天下,道德寢息〔三〕,其志欲興而行之。天下誠有欲治之君,能行其道,則夫子雖徒步以朝,固猶爲之,何必遠辱君之重貺乎〔四〕?”王曰:“乃今而後知夫子之德也大矣!”宰予歸,以告孔子。孔子曰:“二三子以予之言何如?”子貢對曰:“未盡夫子之美也。夫子德高則配天,深則配海,若予之言,行事之實也。”子曰:“夫言貴實,使人信之,捨實何稱乎? 是賜之華,不若予之實也〔五〕。”

〔一〕宋咸注:“昭王,楚平王之子,名熊珍,以象牙飾其車。”

〔二〕宋咸注:“遺,貺也。”

〔三〕寢息,停息,荒廢。

〔四〕貺,賜也。宋咸注:“重貺爲象乎?”

〔五〕宋咸注:“天海之言,非人所能際極,故不若以行事之實。”

　　孔子適齊,齊景公讓登,夫子降一等〔一〕,景公三辭,然後登。既坐,曰:“夫子降德,辱臨寡人,寡人以爲榮也;而降階以遠,自絕於寡人,寡人未知所以爲罪。”孔子答曰:“君惠顧外臣〔二〕,君之賜也;然以匹夫敵國君,非所敢行也。雖君私之,其若義何?”

〔一〕宋咸注:“讓登其階,故降之一等。”

〔二〕外臣,一國大夫對別國君主的自稱。

　　顏讎善事親〔一〕,子路義之。後讎以非罪執於衛,將死,子路請以金贖焉,衛人將許之,既而二三子納金於子路以入衛〔二〕。或謂孔子曰:“受人之金,以贖其私昵,義乎〔三〕?”子曰:“義而贖之,貧取於友,非義而何? 愛金而令不辜陷辟〔四〕,凡人且猶不忍,況二三子於由之所親乎?《詩》云:‘如可贖兮,人百其身〔五〕。’苟出金可以生人,雖百倍古人,不以爲多。故二三子行其欲,由也成其義,非汝之所知也。”

〔一〕宋咸注:“讎,魯人也。”

〔二〕宋咸注:"二三子,夫子弟子,皆出金與仲由以入衞。"

〔三〕宋咸注:"私,親也。昵,近也。"

〔四〕宋咸注:"辟,法也。"

〔五〕宋咸注:"《秦風》哀三良之詩。"

　　孔子讀《詩》,及《小雅》,喟然而嘆曰〔一〕:"吾於《周南》、《召南》,見周道之所以盛也〔二〕。於《柏舟》,見匹夫執志之不可易也〔三〕。於《淇澳》,見學之可以爲君子也〔四〕。於《考槃》,見遁世之士而不悶也〔五〕。於《木瓜》,見苞苴之禮行也〔六〕。於《緇衣》,見好賢之心至也〔七〕。於《雞鳴》,見古之君子不忘其敬也〔八〕。於《伐檀》,見賢者之先事後食也〔九〕。於《蟋蟀》,見陶唐儉德之大也〔一○〕。於《下泉》,見亂世之思明君也〔一一〕。於《七月》,見豳公之所造周也〔一二〕。於《東山》,見周公之先公而後私也〔一三〕。於《狼跋》,見周公之遠志所以爲聖也〔一四〕。於《鹿鳴》,見君臣之有禮也〔一五〕。於《彤弓》,見有功之必報也〔一六〕。於《羔羊》,見善政之有應也〔一七〕。於《節南山》,見忠臣之憂世也〔一八〕。於《蓼莪》,見孝子之思養也〔一九〕。於《楚茨》,見孝子之思祭也〔二○〕。於《裳裳者華》,見古之賢者世保其祿也〔二一〕。於《采菽》,見古之明王所以敬諸侯也〔二二〕。"

〔一〕宋咸注:"喟然,大息貌。"

〔二〕宋咸注:"六州之人,浸被大王、王季、文王之化,故王迹所起焉。"

〔三〕宋咸注:"雖不見用,而不忍去之,心踰石焉。"

〔四〕宋咸注:"衞武公年九十有五,猶箴儆於卿、師長士,以懿戒自儆。及其没也,謂之睿聖武公。《詩》稱'切磋琢磨',猶學而成然。"

〔五〕宋咸注:"雖窮處,不忘君之惡,然終日槃樂。"

〔六〕宋咸注:"投投(傅亞庶認爲當爲"投報"之訛)之好,始於此焉。"

〔七〕宋咸注:"夫德之盛,而使人樂愛也如是。"

〔八〕宋咸注:"以蠅聲爲雞,月光爲旦,亦敬之甚。"

〔九〕宋咸注:"稼則取禾,狩乃有貆,是知禄非無功而受焉。"

〔一○〕宋咸注:"以晉爲唐,訓亦至焉。"

〔一一〕宋咸注:"闇主庸相,誦此宜戒。"

〔一二〕宋咸注:"后稷、大王之勤,於是見焉。"

〔一三〕宋咸注:"非此無以見周公之聖。"

〔一四〕宋咸注:"蹛踚之難而終不失其正,非周公,則孰能與於是?"

〔一五〕宋咸注:"君既將意之厚,而臣之忠也亦至。"

〔一六〕宋咸注:"臣非桓、文,所宜愧焉。"

〔一七〕宋咸注:"由文王之化,遂皆正直。"

〔一八〕宋咸注:"大臣誦此,安得不戒?"

〔一九〕宋咸注:"役若養闕,乃君爲之。"

〔二〇〕宋咸注:"《小雅·四月》章,刺幽王以在位貪殘,下國構禍,怨亂並興,乃無孝子思祭之藁詳。"

〔二一〕宋咸注:"昏主則不能致是。"

〔二二〕宋咸注:"仲尼居常言《詩》固多矣,子思不能盡録,但舉其略。"

　　孔子晝息於室而鼓琴焉,閔子自外聞之,以告曾子,曰:"嚮也,夫子之音,清徹以和,淪入至道;今也,更爲幽沈之聲〔一〕。幽則利欲之所爲發,沈則貪得之所爲施,夫子何所之感而若是乎?吾從子入而問焉。"曾子曰:"諾。"二子入問孔子,孔子曰:"然。汝言是也。吾有之,嚮見貓〔二〕,方取鼠,欲其得之,故爲之音也,汝二人者孰視諸〔三〕?"曾子對曰:"是閔子〔四〕。"夫子曰:"可與聽音矣。"

〔一〕幽沈,亦作"幽沉",低沉。幽,隱也。沉,没也。

〔二〕宋咸注:"一作'貍',非也。"

〔三〕宋咸注:"問汝二人孰能識此。"

〔四〕宋咸注:"曾子對以爲是閔子知此。"

刑　論〔一〕

　　仲弓問古之刑教與今之刑教。孔子曰:"古之刑省,今之刑繁。其爲教,古有禮,然後有刑,是以刑省;今無禮以教,而齊之以刑,刑是以繁。《書》曰:'伯夷降典,折民維刑〔二〕。'謂下禮以教之,然後繼以刑折之也。夫無禮則民無恥,而正之以刑,故民苟免。"

〔一〕宋咸注:"夫禮以先民,遂至於道。雖刑爲輔,亦自情設。故夫子之論,獨名於篇。此有論《書》者四,然皆主於刑義,故不附於前。"

〔二〕宋咸注:"《書·吕刑》之文。言堯命伯夷下禮典以教民,而斷折以法。"

　　孔子適衛,衛將軍文子問曰〔一〕:"吾聞魯公父氏不能聽獄〔二〕,信乎?"孔子答曰:"不知其不能也。夫公父氏之聽獄,有罪者懼,無罪者恥。"文子曰:"有罪者懼,是聽之察、刑之當也。無罪者恥,何乎?"孔子曰:"齊之以禮,則民恥矣;刑以止刑,則民懼矣。"文子曰:"今齊之以刑,刑猶弗勝,何禮之齊?"孔子曰:"以禮齊民,譬之於御則轡也;以刑齊民,譬之於御則鞭也。執轡於此而動於彼,御之良也;無轡而用策,則馬失道矣[三]。"文子曰:"以御言之,左手執轡,右手運策,不亦速乎? 若徒轡無策,馬何懼哉?"孔子曰:"吾聞古之善御者,執轡如組,兩驂如舞[四],非策之助也。是以先王盛於禮而薄於刑,故民從命。今也廢禮而尚刑,故民彌暴。"文子曰:"吳、越之俗,無禮而亦治,何也?"孔子曰:"夫吳、越之俗,男女無別,同川而浴,民相輕犯,故其刑重而不勝,由無禮也。中國之教,爲外內以別男女,異器服以殊等類,故其民篤而法,其刑輕而勝,由有禮也。"

〔一〕宋咸注:"文子,魏卿,名彌牟。"

〔二〕宋咸注:"公父氏,魯大夫季氏。"

〔三〕失道,謂翻車。宋咸注:"捨轡而用策,則馬失道;去禮而任刑,則民忘生。"

〔四〕驂,古代馬車由四匹馬駕車,兩側的馬稱爲驂。宋咸注:"《鄭風·大叔於田》篇。言驂服和諧中節如組者,如組織之爲。"

孔子曰:"民之所以生者,衣食也。上不教民,民匱其生,飢寒切於身而不爲非者,寡矣。故古之於盜,惡之而不殺也。今不先其教,而一殺之,是以罰行而善不反,刑張而罪不省。夫赤子知慕其父母,由審故也,況爲政,興其賢者,而廢其不賢,以化民乎? 知審此二者,則上盜先息[一]。"

〔一〕宋咸注:"上盜猶大盜。"

《書》曰:"茲殷伐有倫[一]。"子張問曰:"何謂也?"孔子曰:"不失其理之謂也。今諸侯不同德,每君異法,折獄無倫,以意爲限,是故知法之難也。"子張曰:"古之知法者與今之知法者,異乎?"孔子曰:"古之知法者能遠獄[二],今之知法者不失有罪。不失有罪,其於怨寡矣[三];能遠於獄,其於防深矣。寡怨近乎濫,防深治乎本。《書》曰'維敬五刑,以成三德[四]',言敬刑所以爲德矣。"

〔一〕宋咸注:“《周書·康誥》之文。言此殷家刑罰有倫理者,亦當兼用之。”

〔二〕宋咸注:“遠謂能止於其源,以禮教先之也。”

〔三〕宋咸注:“既不先禮,復不以情,惟法爲得。”

〔四〕宋咸注:“《周書·吕刑》之文。言教以惟敬五刑,所以成剛、柔、正直之三德。”

《書》曰:“非從維從。〔一〕”孔子曰:“君子之於人也,有不語也,無不聽也〔二〕,況聽訟乎? 必盡其辭矣。夫聽訟者,或從其情,或從其辭。辭不可從,必斷以情。《書》曰:‘人有小罪,非眚,乃惟終,自作不典,式爾;有厥罪小,乃不可不殺。乃有大罪,非終,乃惟眚災,適爾,既道極厥辜,時乃不可殺〔三〕。’”

〔一〕宋咸注:“《周書·吕刑》云:‘察辭於差,非從惟從。’言察囚辭,當差錯,不可從,其僞辭必審,從所本之意。”

〔二〕宋咸注:“有不語則已,語則無不聽,在審其真僞焉。”

〔三〕宋咸注:“《周書·康誥》之文。眚,過也。災,害也。典,常也。式,用也。適,從也。既,盡也。言人有小罪過誤,乃惟終,自作不常用,犯汝。厥罪雖小,乃不可不殺也。乃有大罪,非終,乃惟過誤,難(傅亞庶以爲“難”當爲“雖”之訛)有其害,從汝盡聽訟之道,以拯其罪,是亦不可殺,必以罰宥論焉。”

曾子問聽獄之術。孔子曰:“其大法有三焉:治必以寬,寬之之術,歸於察〔一〕。察之之術,歸於義〔二〕。是故聽而不寬,是亂也〔三〕;寬而不察,是慢也;察而不中義,是私也〔四〕。私則民怨。故善聽者,言不越辭,辭不越情,情不越義〔五〕。《書》曰:‘上下比罰,無僭亂辭〔六〕。’”

〔一〕宋咸注:“夫寬則民慢,慢則姦僞生焉,故明(傅亞庶按:“明”,《説郛》本注文作“歸”)之以察。”

〔二〕宋咸注:“夫察甚則或過乎暴,故以義爲質。”

〔三〕宋咸注:“夫聽大函則失於詳,故事之是否亂焉。”

〔四〕宋咸注:“私謂刑失其正,若私曲然。”

〔五〕宋咸注:“夫善聽者,得辭則審之以情,得情則斷之以義。”

〔六〕宋咸注:“《周書·吕刑》之文。言上下比方其罪,無聽僭辭之亂以自疑。”

《書》曰:“哀敬折獄〔一〕。”仲弓問曰:“何謂也?”孔子曰:“古之聽訟者,察貧窮,哀孤獨及鰥寡,宥老弱不肖而無告者,雖得其情,必哀矜之。死者不可生,斷者不可屬〔二〕。若老而刑之,謂之悖;弱而刑之,謂之克;不赦過,謂之逆〔三〕;率過以小罪,謂之枳〔四〕。故宥過〔五〕,赦小罪,老弱不受刑,先王之道也。《書》曰:'大辟疑,赦〔六〕。'又曰:'與其殺不辜,寧失不經〔七〕。'"

〔一〕敬,謹慎。宋咸注:"《周書·呂刑》之文。言當哀人之所犯,而敬斷其獄。"

〔二〕宋咸注:"屬,續也。"

〔三〕宋咸注:"《皋陶》云:'宥過無大,刑故無小。'是則過雖大,可宥焉。此云不赦過爲逆,是逆於道矣。"

〔四〕宋咸注:"'枳',作'疷',猶傷也。夫過則宜宥,若率以爲小罪,亦傷乎義焉,況爲之大罪耶?"

〔五〕宥,寬恕。

〔六〕宋咸注:"《周書·呂刑》之文。言大辟死刑,疑則亦赦。"

〔七〕宋咸注:"《大禹謨》之文。言寧失不常之罪,不枉不辜之人。"

　　《書》曰:"若保赤子〔一〕。"子張問曰:"聽訟可以若此乎?"孔子曰:"可哉!古之聽訟者,惡其意,不惡其人〔二〕;求所以生之,不得其所以生,乃刑之,君必與衆共焉,愛民而重棄之也〔三〕。今之聽訟者,不惡其意,而惡其人,求所以殺,是反古之道也〔四〕。"

〔一〕宋咸注:"《周書·康誥》之文。言愛民若安嬰孩赤子然,不使失其欲。"

〔二〕宋咸注:"非喜怒其人,但疾其意之有險害。"

〔三〕宋咸注:"是所謂刑人於市,與衆棄之也。"

〔四〕宋咸注:"蓋以喜怒愛惡(傅亞庶按:"喜怒愛惡",《宛委別藏》本、周叔弢藏本、《指海》本注文並作"任情")而爲之刑,非反古而何?"

　　孟氏之臣叛,武伯問孔子曰〔一〕:"如之何?"答曰:"人臣而叛,天下所不容也,其將自反,子姑待之〔二〕。"三旬,果自歸孟氏。武伯將執之,訪於夫子。夫子曰:"無也。子之於臣,禮意不至,是以去子〔三〕。今其自反,罪以反除,又何報焉〔四〕?子脩禮以待之,則臣去子,將安往?"武伯乃止。

〔一〕宋咸注:"武伯之家臣。"

〔二〕宋咸注:"姑,且也。"

〔三〕宋咸注:"夫禮不交則意不通,意不通則疑所以生,疑生則去矣。"

〔四〕宋咸注:"此所謂過而能改,善莫大焉。故李廣殺降兵,世稱其非也。"

記　問〔一〕

夫子閒居，喟然而嘆〔二〕。子思再拜請曰〔三〕：“意子孫不脩，將忝祖乎〔四〕？羨堯、舜之道，恨不及乎？”夫子曰：“爾孺子，安知吾志？”子思對曰：“伋於進善，亟聞夫子之教：其父析薪，其子弗克負荷，是謂不肖。伋每思之，所以大恐而不解也。”夫子忻然笑曰〔五〕：“然乎，吾無憂矣。世不廢業，其克昌乎〔六〕！”

〔一〕宋咸注：“諸有問焉，夫子以法度之言爲之復，故目而記之。”

〔二〕宋咸注：“喟然，大息之聲。”

〔三〕宋咸注：“孔伋，字子思，孔子之孫，鯉之子，年六十二。”

〔四〕宋咸注：“忝，辱也。”

〔五〕忻然，高興的樣子。

〔六〕宋咸注：“以子思知大恐析薪之憂，故所以無憂。”

子思問於夫子曰：“爲人君者，莫不知任賢之逸也〔一〕，而不能用賢，何故？”子曰：“非不欲也，所以官人失能者〔二〕，由於不明也。其君以譽爲賞，以毀爲罰，賢者不居焉〔三〕。”

〔一〕逸，超逸，出衆。

〔二〕官，這裏用於動詞，授以官職。

〔三〕宋咸注：“譽己者賞之，毀己者罰之，則賢人去而佞人至矣，夫人主不可不察焉。”

子思問於夫子曰：“亟聞夫子之詔〔一〕，正俗化民之政，莫善於禮樂也。管子任法以治齊，而天下稱仁焉，是法與禮樂異用而同功也，何必但禮樂哉〔二〕？”子曰：“堯、舜之化，百世不輟，仁義之風遠也。管仲任法，身死則法息，嚴而寡恩也。若管仲之智，足以定法，材非管仲，而專任法，終必亂成矣〔三〕。”

〔一〕宋咸注：“詔，告也。”“亟”，周子義本等作“伋”。

〔二〕宋咸注：“言儉（傅亞庶疑“儉”爲“任”字之訛）法則已，何必但須禮樂？”

〔三〕宋咸注：“亦猶孟軻所謂‘非伊尹之心則篡也’。”

子思問於夫子曰：“物有形類，事有真僞，必審之，奚由？”子曰：

“由乎心。心之精神是謂聖，推數究理不以疑〔一〕，周其所察，聖人難諸〔二〕？”

〔一〕宋咸注：“心誠神通則數不能遁。”

〔二〕宋咸注：“雖聖人猶難，矧其下者，可不慎乎？”

趙簡子使聘夫子〔一〕，夫子將至焉，及河，聞鳴犢與竇犨之見殺也〔二〕，迴輿而旋，之衛，息鄹，遂爲操曰〔三〕：“周道衰微，禮樂陵遲〔四〕。文、武既墜，吾將焉師？周遊天下，靡邦可依〔五〕。鳳鳥不識，珍寶梟鴟〔六〕。眷然顧之，慘焉心悲。巾車命駕〔七〕，將適唐都〔八〕。黃河洋洋，攸攸之魚。臨津不濟，還轅息鄹。傷予道窮，哀彼無辜〔九〕。翱翔於衛，復我舊廬。從吾所好，其樂只且。”

〔一〕宋咸注：“簡子，晉卿，趙文子之孫、景叔之子趙鞅也。”

〔二〕宋咸注：“或作‘鳴鐸、竇犨’，又作‘竇鳴犢、舜華’，皆晉國之賢大夫也。”

〔三〕宋咸注：“孔子曰：‘趙簡子未得志之時，須此二人而後政；及己得志，殺之。夫鳴獸之於不義，尚知避之，況乎丘哉！’乃還，息乎陬鄉，作《陬操》以哀之。‘陬’亦作‘鄹’也。”

〔四〕陵遲，逐漸衰敗。

〔五〕靡，無也。

〔六〕宋咸注：“言不識鳳鳥，而以梟鴟爲珍。”

〔七〕巾車，以帷幕裝飾車，指整車出行。

〔八〕宋咸注：“晉乃唐堯所都之域。”

〔九〕宋咸注：“既傷己之道窮，復哀彼二人無辜見殺。”

哀公使以幣如衛迎夫子〔一〕，而卒不能當〔二〕，故夫子作《丘陵之歌》〔三〕，曰：“登彼丘陵，峛崺其阪〔四〕。仁道在邇，求之若遠〔五〕。遂迷不復，自嬰《屯》、《蹇》〔六〕。喟然迴慮，題彼泰山〔七〕。欝確其高〔八〕，梁甫迴連。枳棘充路〔九〕，陟之無緣。將伐無柯，患兹蔓延。惟以永嘆，涕霣潺湲〔一〇〕。”

〔一〕幣，泛指車馬皮帛等禮物。

〔二〕宋咸注：“魯哀公雖迎之，而終不能用。”

〔三〕宋咸注：“《詩》稱‘周道如砥，其直如矢’，言明王之道，砥平失直，故昏主之道艱且險，若丘陵然。故作是歌以託意焉。”

〔四〕宋咸注:“屻嵬,猶崎嶇相屬也。丘陵既高且險,其阪又崎嶇而相屬。丘陵謂王室,阪指諸侯。”

〔五〕宋咸注:“仁道本近,人自以爲遠,而不能求之。太平可致,而昏主自以爲遠。”

〔六〕宋咸注:“時王、諸侯既迷塗不反,故我所以嬰此《屯》、《蹇》。”傅亞庶曰:“‘嬰’通‘攖’,遭遇。《屯》、《蹇》,《易》之卦名,謂困苦之意。”

〔七〕宋咸注:“題猶顧也。泰山,謂魯也。言歷諸國,既無所用,乃喟然而嘆,復顧魯而還也。”

〔八〕礐硞,高大貌。

〔九〕枳棘,兩種多刺的樹木,喻小人。

〔一〇〕涕,淚水。霣,落。潺湲,流淚貌。宋咸注:“言顧魯而還。公室既礐硞而險,大夫亦亂如枳棘之滿路,吾欲伐去之,乃無斧柯。梁甫,泰山下之小山,指三桓也。”

　　楚王使使奉金帛聘夫子〔一〕。宰予、冉有曰:“夫子之道,於是行矣。”遂請見,問夫子曰:“太公勤身苦志,八十而遇文王,孰與許由之賢〔二〕?”夫子曰:“許由,獨善其身者也;太公,兼利天下者也。然今世無文王之君也,雖有太公,孰能識之〔三〕?”乃歌曰:“大道隱兮禮爲基,賢人竄兮將待時〔四〕,天下如一兮欲何之〔五〕?”

〔一〕宋咸注:“時楚昭王欲以書社地七百里封孔子,爲令尹子西諫而止。”

〔二〕宋咸注:“堯欲以天下禪許由,而許由遁去。太公八十,乃事文王。問二人孰賢。”

〔三〕宋咸注:“言今天下無文王,楚安能用我?”

〔四〕竄,躲藏。

〔五〕宋咸注:“是時諸侯皆亂,吾將何適?”

　　叔孫氏之車子曰鉏商,樵於野而獲獸焉〔一〕,衆莫之識,以爲不祥,棄之五父之衢〔二〕。冉有告夫子曰:“麕身而肉角〔三〕,豈天之妖乎〔四〕?”夫子曰:“今何在? 吾將觀焉。”遂往,謂其御高柴曰〔五〕:“若求之言,其必麟乎!”到視之,果信。言偃問曰〔六〕:“飛者宗鳳,走者宗麟,爲其難至也。敢問今見,其誰應之?”子曰:“天子布德,將致太平,則麟鳳龜龍先爲之祥;今周宗將滅,天下無主,孰爲來哉?”遂泣曰:“予之於人,猶麟之於獸也。麟今出而死,吾道窮矣。”乃歌曰:“唐、虞世兮麟鳳遊,今非其時來何求? 麟兮麟兮我心憂。”

〔一〕宋咸注:“《春秋經·哀公十四年》:‘西狩獲麟。’左氏曰‘西狩於大野,叔孫氏之車子鉏商獲麟’,與此云‘樵於野’小殊。”

〔二〕宋咸注:“衢,名(傅亞庶按:“名”上疑脱“道”字。《左傳·襄公十一年》杜預注:
“五父衢,道名,在魯國東南”)也。”

〔三〕麕,鹿屬動物。

〔四〕宋咸注:“《爾雅》云:‘麟,麕身,牛尾,一角。’《毛詩義疏》曰:‘麟,馬足,黄色,圓
蹄,角端有肉。’”

〔五〕高柴,字子羔,孔子弟子。

〔六〕言偃,字子游,孔子弟子。

雜　訓〔一〕

子上雜所習,請於子思〔二〕。子思曰:“先人有訓焉:學必由聖,所
以致其材也;厲必由砥,所以致其刃也。故夫子之教,必始於《詩》、
《書》,而終於禮樂,雜説不與焉,又何請?”

〔一〕宋咸注:“諸侯弟子有所請,而子思訓之非一理,故曰雜焉。”

〔二〕宋咸注:“孔白字子上,子思之子,年四十七。雜謂諸子百家,非聖人之道者。”

懸子問子思曰〔一〕:“吾聞同聲者相求,同志者相好。子之先君見
子產時,則兄事之〔二〕,而世謂子產仁愛,稱夫子聖人,是謂聖道事仁愛
乎〔三〕？吾未諭其人之孰先後也,故質於子〔四〕。”子思曰:“然,子之問
也。昔季孫問子游〔五〕,亦若子之言也。子游答曰:‘以子產之仁愛譬
夫子,其猶浸水之與膏雨乎〔六〕？’康子曰:‘子產死,鄭人丈夫捨玦珮,
婦女捨珠瑱〔七〕,巷哭三月,竽瑟不作。夫子之死也,吾未聞魯人之若
是也,奚故哉？’子游曰:‘夫浸水之所及也則生,其所不及則死,故民
皆知焉〔八〕。膏雨之所生也,廣莫大焉,民之受賜也普矣,莫識其由來
者。上德不德,是以無德。’季孫曰:‘善。’”懸子曰:“其然。”

〔一〕宋咸注:“懸子,名瑣,魯之賢人。”

〔二〕宋咸注:“子產,國僑,鄭成公少子也。相鄭,爲人仁愛,事君忠厚。孔子嘗過鄭,
與子產如兄弟。”

〔三〕宋咸注:“世稱子產乃仁愛之人,夫子乃聖人,然夫子以兄事子產,是謂以聖道事
仁愛也。”

〔四〕宋咸注:“言我不審其聖道仁愛之先後,故質正於子。”

〔五〕宋咸注:“季孫,季康子,魯正卿,季悼子之孫,桓子之子,名肥。”

〔六〕浸水,用來灌溉的水。膏雨,滋潤萬物的甘霖。宋咸注:“仁愛之惠,猶浸水及物,
　　　白而易知。聖道之教,猶膏雨濟時,普而難曉。”

〔七〕宋咸注:“言丈夫無暇佩其玦,婦人無暇飾其瑱。”

〔八〕宋咸注:“夫物得浸水則生,不得則死,故民皆易知。”

　　孟子車尚幼,請見子思〔一〕。子思見之,甚悦其志,命子上侍坐焉,
禮敬子車甚崇,子上不願也〔二〕。客退,子上請曰:“白聞士無介不
見〔三〕,女無媒不嫁。孟孺子無介而見,大人悦而敬之,白也未諭,敢
問。”子思曰:“然。吾昔從夫子於郯〔四〕,遇程子於途〔五〕,傾蓋而語終
日〔六〕,而别,命子路將束帛贈焉,以其道同於君子也。今孟子車,孺子
也,言稱堯、舜,性樂仁義,世所希有也,事之猶可,況加敬乎! 非爾所
及也。”

〔一〕宋咸注:“‘孟子車’,一作‘子居’,即孟軻也。蓋軻常(傅亞庶以爲“常”通“嘗”)
　　　師子思焉。言孟軻嘗居貧,坎軻,故名曰軻,字子居。先儒亦稱軻字子輿,乃子車
　　　之云耶?”今案:孟子與子思時不相值,清人已有定論,此人固非孟子,當爲與孟子
　　　同姓名的子思弟子。

〔二〕宋咸注:“不願,言子上不樂子思禮子車之大優也。”

〔三〕白,子上之名。宋咸注:“古者主有擯,客有介。諸侯七擯七介,大夫五擯五介,士
　　　三擯三介。”

〔四〕宋咸注:“郯國,少昊之後。”

〔五〕宋咸注:“仲尼稱程子爲天下之賢士。”

〔六〕傾蓋,車蓋向一起傾斜。

　　魯人有同姓死而弗吊者。人曰:“在禮,當免不免〔一〕,當弔不吊,
有司罰之,如之何子之無吊也?”答曰:“吾以其疏遠也。”子思聞之,
曰:“無恩之甚也。昔者季孫問於夫子曰〔二〕:‘百世之宗有絶道乎?’
子曰:‘繼之以姓,義無絶也。故同姓爲宗,合族爲屬。雖國子之
尊〔三〕,不廢其親,所以崇愛也。是以綴之以食,序列昭穆,萬世婚姻不
通,忠篤之道然也。’”

〔一〕宋咸注:“言當爲免服。”

〔二〕宋咸注:“季孫,季康子肥。”

〔三〕宋咸注:“國子,諸侯、卿大夫之子。”

懸子問子思曰:"顏回問爲邦,夫子曰:'行夏之時。'若是,殷、周異正爲非乎[一]?"子思曰:"夏數得天[二],堯、舜之所同也[三]。殷、周之王,征伐革命,以應乎天,因改正朔,若云天時之改爾,故不相因也[四]。夫受禪於人者,則襲其統[五];受命於天者,則革之,所以神其事,如天道之變然也。三統之義,夏得其正,是以夫子云。"

〔一〕宋咸注:"懸子瑣言夏以建寅爲正,夫子是,則商以子、丑爲正乃非乎?"

〔二〕夏數,夏代的曆法。

〔三〕宋咸注:"夏以寅爲正,得天數之全,故堯、舜亦然。"

〔四〕宋咸注:"湯、武革命,所以應天,故變其正朔,蓋言若受天命然。"

〔五〕宋咸注:"夏因人心之歸,以受舜禪,故亦因其朔,不改。"

居　衛[一]

曾子謂子思曰:"昔者吾從夫子遊於諸侯,夫子未嘗失人臣之禮,而猶聖道不行。今吾觀子有傲世主之心,無乃不容乎!"子思曰:"時移世異,各有宜也。當吾先君,周制雖毀,君臣固位,上下相持,若一體然[二]。夫欲行其道,不執禮以求之,則不能入也。今天下諸侯方欲力爭,競招英雄以自輔翼,此乃得士則昌、失士則亡之秋也[三]。伋於此時不自高,人將下吾;不自貴,人將賤吾。舜、禹揖讓,湯、武用師[四],非故相詭[五],乃各時也[六]。"

〔一〕宋咸注:"子思久去於魯,以居於衛,中有在齊適宋之言,蓋本自衛而往,故主衛名篇。"

〔二〕宋咸注:"言夫子時,周室雖凌遲,然諸侯尚有欲以名尊周者。"

〔三〕宋咸注:"周自敬王時,與子朝爭立,屢出。自敬王崩,當元定主時,周已大亂,諸侯爭雄。"

〔四〕用師,猶用兵。

〔五〕詭,抵觸。

〔六〕宋咸注:"《易》曰:'知至至之,可與機也;知終終之,可與存義也。'其此之謂乎!"

子思既免,曰:"文王囚於羑里,作《周易》;祖君屈於陳、蔡,作《春秋》;吾困於宋,可無作乎?"於是撰《中庸》之書四十九篇[一]。

〔一〕宋咸注:"作《中庸》凡四十九篇,以述聖祖之業,授弟子孟軻之徒數百人,《禮記·中庸篇》乃其略也。"

公　儀

穆公謂子思曰："子之書所記夫子之言，或者以謂子之辭也。"子思曰："臣所記臣祖之言，或親聞之者，有聞之於人者，雖非其正辭，然猶不失其意焉[一]，且君之所疑者何？"公曰："於事無非。"子思曰："無非，所以得臣祖之意也。就如君言，以爲臣之辭，臣之辭無非，則亦所宜貴矣。事既不然，又何疑焉？"

〔一〕宋咸注："言聞之於人，雖非夫子當時之正辭，然亦盡得其意。"

公孫龍[一]

公孫龍者，平原君之客也[二]，好刑名[三]，以白馬爲非馬[四]。或謂子高曰[五]："此人小辨而毀大道[六]，子盍往正諸？"子高曰："大道之悖，天下之交往也[七]，吾何病焉？"或曰："雖然，子爲天下故，往也。"子高適趙，與龍會平原君家，謂之曰："僕居魯，遂聞下風，而高先生之行也，願受業之日久矣。然所不取於先生者，獨不取先生以白馬爲非馬爾。誠去白馬非馬之學，則穿請爲弟子。"公孫龍曰："先生之言悖也。龍之學，正以白馬爲非馬者也，今使龍去之，則龍無以教矣。今龍無以教，而乃學於龍，不亦悖乎！且夫學於龍者，以智與學不逮也。今教龍去白馬非馬，是先教也而後師之，不可也。先生之所教龍者，似齊王之問尹文[八]。齊王曰：'寡人甚好士，而齊國無士。'尹文曰："今有人於此，事君則忠，事親則孝，交友則信，處鄉則順，有此四行者，可謂士乎？'王曰：'善！是真吾所謂士者也。'尹文曰：'王得此人，肯以爲臣乎？'王曰：'所願不可得也。'尹文曰：'使此人於廣庭大衆之中，見侮而不敢鬭，王將以爲臣乎？'王曰：'夫士也見侮而不敢鬭，是辱也，則寡人不以爲臣矣。'尹文曰：'雖見侮而不敢鬭，是未失所以爲士也；然而王不以爲臣，則鄉所謂士者[九]，乃非士乎？夫王之令："殺人者死，傷人者刑。"民有畏王令，故見侮終不敢鬭，是全王之法也。而王不以爲臣，是罰之也。王以不敢鬭爲辱，必以敢鬭爲榮。是王之所賞，吏之所罰也[一〇]；上之所是，法之所非也[一一]。賞罰、是非相與曲謬,雖十黃帝,固所不能治也〔一二〕。'齊王無以應。且白馬非馬者,乃子先君仲尼之所取也〔一三〕。龍聞楚王張繁弱之弓〔一四〕,載忘歸之矢〔一五〕,以射蛟兕於云夢之囿〔一六〕,反而喪其弓。左右請求之,王曰:'止也。楚人遺弓,楚人得之,又何求乎?'仲尼聞之,曰:'楚王仁義而未遂。亦曰"人得之"而已矣,何必楚乎?'若是者,仲尼異楚人於所謂人也。夫是仲尼之異楚人於所謂人,而非龍之異白馬於所謂馬,悖也。先生好儒術,而非仲尼之所取也〔一七〕。欲學,而使龍去所以教,雖百龍之智,固不能當前也〔一八〕。"子高莫之應,退而告人曰:"言非而博,巧而不理,此固吾所不答也。"

〔一〕宋咸注:"公孫詭辯,因是而被名,書於題,所以顯子高之正論。"

〔二〕宋咸注:"平原君,趙勝,趙惠文王弟,最賢,喜賓客。相惠文王及孝成王。三去相,三復位,封於東武城。公孫龍喜爲堅白之辨,平原君嘗厚待之。及鄒衍過趙,言至道,乃絀公孫龍。"

〔三〕刑名,猶名實,這裏指名實之學。刑,通"形",指事物的形體。

〔四〕宋咸注:"龍之學,但白馬而已,何獨以白爲? 故曰以白馬爲非馬。"

〔五〕宋咸注:"子高,孔穿字,孔箕之子,伋之玄孫,年五十一,嘗著《讕言》十二篇。"

〔六〕宋咸注:"以白馬爲非馬,是猶以小人爲非小人,無乃毀道之甚。"

〔七〕宋咸注:"言既悖大道,則天下當同往而正之。"

〔八〕齊王,這裏當指齊宣王。尹文,戰國時齊國人,稷下學派代表人物,著有《尹文子》。宋咸注:"尹文,齊大夫。"

〔九〕宋咸注:"'鄉'讀爲嚮明之嚮。"

〔一〇〕宋咸注:"言鬬則吏當罰,而王反賞之。"

〔一一〕宋咸注:"言鬬則法所非,而反爲上所是。"

〔一二〕宋咸注:"言雖以十人(傅亞庶疑"人"字衍)黃帝,亦不能治。"

〔一三〕宋咸注:"龍強以仲尼去楚言人,而與己學義同。"

〔一四〕繁弱,大弓名。

〔一五〕忘歸,名箭。

〔一六〕蛟,一種傳説中的動物,又指鯊魚。兕,獸名。宋咸注:"雲夢,楚澤也。"

〔一七〕宋咸注:"以仲尼異楚人於所謂人,而同己異白馬於所謂馬,是小辨矣。"

〔一八〕宋咸注:"言雖一百公孫龍不能當。"

儒　服

平原君與子高飲,强子高酒,曰:"昔有遺諺:堯、舜千鍾,孔子百觚[一]，子路嗑嗑[二]，尚飲十榼[三]。古之聖賢，無不能飲也，吾子何辭焉？”子高曰：“以穿所聞，賢聖以道德兼人，未聞以飲食也。”平原君曰：“即如先生所言，則此言何生？”子高曰：“生於嗜酒者。蓋其勸屬獎戲之辭，非實然也。”平原君欣然，曰：“吾不戲子，無所聞此雅言也。”

〔一〕宋咸注：“觚，飲器，受三升。”

〔二〕嗑嗑，少飲貌。一説“子路”爲“子貢”之誤，嗑嗑謂多言。

〔三〕榼，酒器。

平原君問子高曰：“吾聞‘子之先君，親見衛夫人南子’，又云‘南遊過乎阿谷，而交辭於漂女[一]’，信有之乎？”答曰：“士之相保，聞流言而不信者，何哉？以其所已行之事占之也。昔先君在衛，衛君問軍旅焉，拒而不告，色不在己，攝駕而去[二]。衛君請見，猶不能終，何夫人之能覯乎[三]？古者大饗[四]，夫人與焉。於時禮儀雖廢，猶有行之者。意衛君夫人饗夫子，則夫子亦弗獲已矣[五]。若夫阿谷之言，起於近世，殆是假其類以行其心者之爲也[六]。”

〔一〕交辭，猶搭訕。宋咸注：“以水擊絮曰漂。”

〔二〕宋咸注：“攝，取也。言顧其顔色，尚問之不已，遂取駕而去。”今案：《史記·孔子世家》載：“明日，與孔子語，見蜚雁，仰視之，色不在孔子。孔子遂行，復如陳。”

〔三〕覯，相見。

〔四〕大饗，一種祭禮，帝王合祭其祖先。

〔五〕弗獲已，不得已。宋咸注：“史稱‘夫人在絺帷中，孔子入門，北面稽首。夫人自帷中再拜，環佩玉聲璆然。孔子曰：‘吾鄉爲弗見，見之禮答焉。’”

〔六〕宋咸注：“戰國用詐，聖人道塞，故有假其醜類，厚誣仲尼，以行其邪心人。”

陳士義[一]

李由之母少寡，與李音竊相好而生由。由有才藝，仕於魏，王甚愛之。或曰：“李由母姦，不知其父，不足貴也。”王以告由，且曰：“吾不以此賤子也。雖然，古之聖賢，亦有似子者乎？吾將舉以折毀子者[二]。”李由對曰：“今人不通於遠，在臣欲言誰爾？且孔子少孤，則亦不知其父者也[三]。孔子母死，殯於五父之衢，人見之，皆以爲葬。

問耶曼父之母,得合葬於防。此則聖人與臣同者也〔四〕。”王笑曰:
“善。”子順聞之,問魏王曰:“李由安得斯言?”王曰:“假以自顯,無傷
也。”對曰:“虛造謗言,以誣聖人,非無傷也。且夫明主之於臣,唯德
所在,不以小疵妨大行也。昔鬭子文生於淫,而不害其爲令尹〔五〕。今
李由可,則寵之,何患於人之言而使橫生不然之説。若欺有知,則有
知不受;若欺凡人,則凡人疑之;必亦問臣,則臣亦不爲君之故誣祖以
顯由也。如此,群臣更知由惡,此惡必聚矣。所謂求自潔而益其垢,
猶抱石以救溺,愈不濟矣〔六〕。”

〔一〕宋咸注:“是篇多賢否之論,故曰《陳義士》焉。”

〔二〕折,折服,説服。

〔三〕宋咸注:“言今四方之遠,假有如臣者,臣又不能通於遠,欲言誰耶? 故以孔子之
　　　父爲之言。”

〔四〕宋咸注:“叔梁紇與顏氏女野合而得孔子。孔子生而叔梁紇死,葬於防山。孔子
　　　疑其父墓處,母諱之也。孔子母死,乃殯於五父之衢。耶人輓父之母誨孔子父
　　　墓,然後往合葬於防。‘輓’亦作‘曼’。”

〔五〕宋咸注:“楚鬭伯比淫於邧子之女,生子文。邧夫人使棄諸雲夢澤中,虎乳之。邧
　　　子田,見之,懼而歸。夫人以告,遂收之。楚人謂乳‘穀’,謂虎‘於菟’,故命之曰
　　　鬭穀於菟,以其女妻伯比,實爲令尹子文。”

〔六〕宋咸注:“言李由若可用,則寵之,何患人之言? 若以仲尼之事折毀由者,則由之
　　　惡名愈聚,是猶求潔而益垢、抱石而救溺矣。”

　　昔邱成子自魯聘晉,過乎衛。右宰穀臣止而觴之,陳樂而不作,
送以寶璧。反,過而不辭。其僕曰:“日者〔一〕,右宰之觴吾甚歡也,今
過而不辭,何也?”成子曰:“夫止而觴我,與我歡也。陳樂而不作,告
我哀也。送我以璧,寄之我也。若由此觀之,衛其有亂乎!”背衛三十
里,聞甯喜作難〔二〕,右宰死之。還車而臨,三舉而歸。反命於君,乃使
人迎其妻子,隔宅而居之,分禄而食之。其子長,而反其璧〔三〕。夫子
聞之,曰:“智可與微謀、仁可與託孤、廉可以寄財者,其邱成子之
謂乎!”

〔一〕日者,猶言昔者。

〔二〕宋咸注:“衛獻公以師曹亂出奔齊,孫文子、甯惠子共立殤公。甯喜與孫文子爭寵
　　　相惡,殤公使甯喜攻孫文子。文子奔晉,復求入故衛獻公。晉平公執殤公與甯

喜，而復入衛獻公。”

〔三〕宋咸注：“反其璧與縠臣之子。”

執　節〔一〕

魏安釐王問天下之高士，子順曰：“世無其人也。抑可以爲次，其魯仲連乎〔二〕？”王曰：“魯仲連，强作之者，非體自然也。”答曰：“人皆作之，作之不止，乃成君子。文、武欲作堯、舜而至焉。昔我先君夫子欲作文、武而至焉。作之不變，習與體成。習與體成，則自然矣。”

〔一〕宋咸注：“夫臣節之固，莫右乎伊尹，故凡論事不詘，亦所以附焉。”

〔二〕宋咸注：“魯仲連，齊人，不肯仕官任職，好持高節。嘗遊趙，挫新垣衍帝秦。又爲齊田單與燕將書，遂下聊城。田單歸而言其功，齊欲爵之，魯連乃逃隱於海上，曰：‘吾與富貴而詘於人，寧貧賤而輕世肆志焉。’”

虞卿著書，名曰《春秋》〔一〕。魏齊曰：“子無然也〔二〕。《春秋》，孔聖所以名經也。今子之書，大抵談說而已，亦以爲名何？”答曰：“經者，取其事常也。可常，則爲經矣。是不爲孔子，其無經乎？”齊問子順，子順曰：“無傷也。魯之史記曰《春秋》，《春秋經》因以爲名焉，又晏子之書亦曰《春秋》〔三〕。吾聞太山之上，封禪者七十有二君，其見稱述，數不盈十，所謂貴賤不嫌同名也〔四〕。”

〔一〕宋咸注：“虞卿，游說之士。爲趙孝成王上卿，後不得意，乃著書，上采春秋，下觀近世，《節義》、《稱號》、《揣摩》、《政謀》凡八篇，以刺譏國家得失，世傳之曰《虞氏春秋》。”

〔二〕宋咸注：“魏齊，魏之公子，爲魏相。”

〔三〕宋咸注：“晏嬰，字平仲，萊之夷維人。事齊靈公、莊公、景公，以節儉力行重於齊。後著書曰《晏子春秋》，見行於世。”

〔四〕宋咸注：“《史記》述無懷氏以來封禪之事。司馬相如《封禪文》稱七十二君，然有名氏可稱述者，不盈於十。言切（“切”字，傅亞庶以爲當爲“其”字之訛）名雖同，而其實自殊，無足怪也。”

趙王謂子順曰：“寡人聞孔氏之世，自正考甫以來，儒林相繼〔一〕，仲尼重之以大聖。自兹以降，世業不替，天下諸侯咸資禮焉。先生承其緒，作二國師〔二〕，從古及今，載德流聲，未有若先生之家者也。先生之嗣,率由前訓,將與天地相敵矣。"答曰:"若先祖父,並稟聖人之性,如君王之言也。至如臣者,學行不敏,寄食於趙,禄仕於魏,幸遇二國之君,寬以容之。若乃師也,未敢承命。假令賴君之福,願後世克祚,不忝前人,不泯祖業,豈徒一家之賜哉?亦天下之慶也。"王曰:"必然。必然。"

〔一〕宋咸注:"魯大夫孟釐子病且死,誡其嗣懿子曰:孔丘,聖人之後,其祖弗父何始有宋而嗣讓厲公。及正考父佐戴公、宣公,三命兹益恭。故孔子,宋人也。防叔生伯夏,伯夏生叔梁紇,紇與顔氏野合生孔子。"

〔二〕宋咸注:"二國,謂趙與魏。"

<h1 style="text-align:center">詰　墨〔一〕</h1>

墨子稱:"景公問晏子以孔子而不對,又問三,皆不對。公曰:'以孔子語寡人者衆矣,俱以爲賢聖人。今問子而不對,何也?'晏子曰:'嬰聞孔子之荆,知白公謀,而奉之以石乞〔二〕。勸下亂上,教臣弑君,非賢聖之行也。'"詰之曰:"楚昭王之世,夫子應聘如荆,不用而反,周旋乎陳、宋、齊、衛。楚昭王卒,惠王立。十年〔三〕,令尹子西乃召王孫勝以爲白公,是時魯哀公十五年也,夫子自衛反魯,居五年矣。白公立一年,然後乃謀作亂。亂作,在哀公十六年秋也,夫子已卒十旬矣〔四〕。墨子雖欲謗毀聖人,虚造妄言,奈此年世不相值何?"

〔一〕宋咸注:"墨翟當戰國時,有弟子禽滑釐等三百餘人。孟子稱楊朱、墨翟之言盈天下。楊氏爲我,是無君也;墨氏兼愛,是無父也;無父無君,是禽獸也。其著書,誣稱孔、晏之事,故孔鮒詰而辨之。"

〔二〕宋咸注:"楚昭王卒,公子閭乃與子西、子綦迎昭王妾越女之子章立之,是爲惠王。惠王二年,子西召故平王太子建之子勝於吳,以爲巢大夫,號曰白公。白,楚之邑也。白公好兵而下士。後晉伐鄭,鄭告急於楚。使子西救鄭,受賂而去。白公勝怒,乃遂與勇士石乞等襲殺令尹子西、子綦於朝,因劫惠王,置之高府,欲殺之。惠王從者屈固負王走昭王夫人宮。白公自立爲王。月餘,會葉公來救楚。楚惠王之徒共殺白公,惠王乃復位。"

〔三〕宋咸注:"《史記》云二年,此云十年,疑子鮒言是。"

〔四〕宋咸注:"孔子於哀公十六年四月卒,白公於秋始亂,是孔子卒已十旬。"

墨子曰:"孔子之齊,見景公。公悦之,封之以尼谿〔一〕。晏子曰:

'不可。夫儒,法居而自順,立命而怠事。崇喪遂哀,盛用繁禮。其道不可以治國,其學不可以導家。'公曰:'善[二]。'"詰之曰:"即如此言,晏子爲非儒惡禮,不欲崇喪遂哀也。察傳記,晏子之所行,未有以異於儒焉。又景公問所以爲政,晏子答以禮云,景公曰:'禮其可以治乎?'晏子曰:'禮於政,與天地並。'此則未有以惡於禮也。晏桓子卒[三],晏嬰斬衰[四],枕草,苴絰、帶、杖[五],菅菲[六],食粥,居於倚廬[七],遂哀三年。此又未有以異於儒也。若能以口非之而躬行之,晏子所弗爲。"

〔一〕宋咸注:"史稱景公欲以尼谿田封孔子。尼谿,齊邑也。諸本或作'雞',誤也。"

〔二〕宋咸注:"史稱晏嬰進曰:'夫儒者滑稽而不可軌法;倨傲自順,不可以爲下;崇喪遂哀,破産厚葬,不可以爲俗;游説乞貨,不可以爲國。今孔子盛容飾,繁登降之禮,趨翔之節,累世不能殫其學,當年不能究其禮。君欲用之以移齊俗,非所以先細民也。'與此文微異。"

〔三〕宋咸注:"桓子,嬰之父。"

〔四〕斬衰,子爲父守喪穿的一種喪服,左右和下擺不縫邊。

〔五〕苴絰、帶、杖,皆喪服。苴絰,即首絰,繫在頭上的麻帶。苴帶,繫在腰間的麻帶。苴杖,即喪棒。

〔六〕菅菲,《孔子家語·曲禮子夏問》作"菅屨",草鞋。

〔七〕倚廬,《孔子家語·曲禮子夏問》作"傍廬",居喪時臨時搭的草棚。

墨子曰:"孔子怒景公之不封己,乃樹鴟夷子皮於田常之門[一]。"詰之曰:"夫樹人爲其信己也。《記》曰:'孔子適齊,惡陳常而終不見,常病之[二],亦惡孔子。'交相惡而又任事,其不然矣。《記》又曰:'陳常殺其君,孔子齋戒沐浴而朝,請討之。'觀其終不樹子皮審矣[三]。"

〔一〕宋咸注:"鴟夷形若榼,以馬革爲之。吳王夫差取五子胥尸,盛以鴟夷革,浮之江中。此云'樹鴟夷子皮',蓋言若皮鴟夷然。范蠡去越之齊,自號鴟夷子皮。田常乃田和之曾祖,殺簡公,立平公,遂專齊政。此言夫子欲田常知己欲去而用之云。"

〔二〕宋咸注:"陳常及田常。"

〔三〕宋咸注:"田常殺齊簡公,孔子請魯伐之,而哀公不聽,是不樹子皮可審。"

墨子曰:"孔子爲魯司寇,舍公家而奉季孫[一]。"詰之曰:"若以季孫爲相,司寇統焉,奉之,自法也。若附意季孫〔二〕,季孫既受女樂,則孔子去之;季孫欲殺囚,則孔子赦之,非苟順之謂也。"

〔一〕宋咸注:"季孫,三桓之家,時專魯政。"

〔二〕宋咸注:"附意謂阿意附季孫。"

墨子曰:"孔子厄於陳、蔡之間,子路烹豚,孔子不問肉之所由來而食之。剝人之衣以沽酒,孔子不問酒之所由來而飲之。"詰之曰:"所謂厄者,沽買無處,藜羹不粒〔一〕,乏食七日。若烹豚飲酒,則何言乎厄? 斯不然矣。且子路爲人,勇於見義,縱有豚酒,不以義不取之,可知也,又何問焉?"

〔一〕藜羹,用藜菜做的羹,這裏指粗茶淡飯。

墨子曰:"孔子諸弟子,子貢、季路輔孔悝以亂衛〔一〕,陽虎亂魯〔二〕,弗肸以中牟畔〔三〕,漆彫開形殘〔四〕。"詰之曰:"如此言,衛之亂,子貢、季路爲之耶? 斯不待言而了矣〔五〕。陽虎欲見孔子,孔子不見,何弟子之有? 弗肸以中牟畔,召孔子,則有之矣,爲孔子弟子,未之聞也。且漆彫開形殘,非行己之致〔六〕,何傷於德哉?"

〔一〕宋咸注:"季路以衛出公難,結纓而死。孔悝竟立蒯聵爲莊公。孔悝乃孔圉文子之子、蒯聵之甥。衛之亂,子貢時不與。"

〔二〕陽虎,又作陽貨,季氏家臣。季氏長期把持魯國政治,而陽虎則掌握季氏之權柄。宋咸注:"陽虎欲盡殺三桓,載季桓子,將殺之,桓子詐而得脫。三桓共攻,陽虎奔齊。"

〔三〕弗肸,晉國中牟邑宰。

〔四〕漆雕開,複姓漆雕,名開,字子若,春秋末期魯國人,孔子弟子。宋咸注:"形殘,惡疾。"

〔五〕宋咸注:"孔悝與蒯聵作亂,子路聞之而後往,是時子貢爲魯使於齊。"

〔六〕行己,猶行身。

墨子曰:"孔子相魯,齊景公患之,謂晏子曰:'鄰有聖人,國之憂也。今孔子相魯,爲之若何?' 晏子對曰:'君其勿憂。彼魯君,弱主也;孔子,聖相也。不如陰重孔子,欲以相齊,則必強諫魯君。魯君不聽,將適齊。君勿受,則孔子困矣。'"詰之曰:"案如此辭,則景公、晏

子畏孔子之聖也。上而云非聖賢之行，上下相反，若晏子悖，可也；不
然，則不然矣〔一〕。”

〔一〕宋咸注：“言晏子前稱孔子所爲皆非聖賢之行，此又以爲聖相，是先後相反矣。”

墨子曰：“孔子見景公，公曰：‘先生素不見晏子乎？’對曰：‘晏子
事三君而得順焉，是有三心，所以不見也〔一〕。’公告晏子。晏子曰：
‘三君皆欲其國安，是以嬰得順也。聞“君子獨立不慙於景”，今孔子
伐樹削迹，不自以爲辱〔二〕；身窮陳、蔡，不自以爲約。始吾望儒貴之，
今則疑之。’”詰之曰：“若是乎孔子、晏子交相毀也，小人有之，君子則
否〔三〕。孔子曰：‘靈公汙，而晏子事之以整；莊公怯，而晏子事之以
勇；景公侈，而晏子事之以儉：晏子，君子也〔四〕。’梁丘據問晏子曰：
‘事三君，而不同心，而俱順焉，仁人固多心乎？’晏子曰：‘一心可以事
百君，百心不可以事一君，故三君之心非一也，而嬰之心非三也〔五〕。’
孔子聞之，曰：‘小子記之：晏子以一心事三君，君子也。’如此，則孔子
譽晏子，非所謂毀而不見也。景公問晏子曰：‘若人之衆，則有孔子
乎？’對曰：‘孔子者，君子行有節者也。’晏子又曰：‘盈成匡，父之孝
子、兄之悌弟也〔六〕。其父尚爲孔子門人〔七〕，門人且以爲貴，則其師亦
不賤矣。’是則晏子亦譽孔子，可知也。夫德之不脩，己之罪也。不幸
而屈於人，己之命也。伐樹削迹，絶糧七日，何約乎哉？若晏子以此
而疑儒，則晏子亦不足賢矣。”

〔一〕宋咸注：“言事靈公、莊公、景公三君，皆得順。似諂而不正，若有三心然。”
〔二〕宋咸注：“言孔子伐樹於宋，削迹於衛。”
〔三〕宋咸注：“言小人則相毀如是，君子則不然。”
〔四〕宋咸注：“言晏子隨其君所蔽而轉拂之。”
〔五〕宋咸注：“言君之心非一，名有所蔽也。嬰事君之心非三，推正而已。”
〔六〕宋咸注：“言盈成匡乃人父之孝子、人兄之悌弟。”
〔七〕宋咸注：“盈成匡之父爲孔子門人，不在七十子之列。”

墨子曰：“景公祭路寢〔一〕，聞哭聲，問梁丘據。對曰：‘魯孔子之
徒也。其母死，服喪三年，哭泣甚哀。’公曰：‘豈不可哉？’晏子曰：‘古
者聖人非不能也，而不爲者，知其無補於死者，而深害生事故也。’”詰

之曰：“墨子欲以親死不服，三日哭而已，於意安者，卒自行之，空用晏子爲引而同於己，適證其非耳〔二〕。且晏子服父以禮，則無緣非行禮者也。”

〔一〕祭，一本作“登”。路寢，天子、諸侯的正廳。

〔二〕宋咸注：“言墨子以親死欲不哭，於意爲安，則終自行之，何必用晏子爲引，以同於己哉？”

　　曹明問子魚曰〔一〕：“觀子詰墨者之辭，事義相反，墨者妄矣。假使墨者復起，對之乎〔二〕？”答曰：“苟得其禮，雖百墨，吾益明白焉。失其正，雖一人，猶不能當前也〔三〕。墨子之所引者，矯稱晏子〔四〕。晏子之善吾先君，先君之善晏子，其事庸盡乎？”曹明曰：“可得聞諸？”子魚曰：“昔齊景公問晏子曰：‘吾欲善治，可以霸諸侯乎？’對曰：‘官未具也。臣亟以聞，而君未肯然也。臣聞孔子聖人，然猶居處勌惰〔五〕，廉隅不修，則原憲、季羔侍〔六〕；一食血氣不休，志意不通，則仲由、卜商侍；德不盛，行不勤，則顔、閔、冉雍侍。今君之朝臣萬人，立車千乘，不善之政加於下民者衆矣，未能以聞者〔七〕，臣故曰官未備也。’此又晏子之善孔子者也。子曰：‘晏平仲善與人交，久而敬之。’此又孔子之貴晏子者也。”曹明曰：“吾始謂墨子可疑，今則決妄不疑矣。”

〔一〕宋咸注：“曹明，未詳何許人。子魚，孔鮒字，子順之子，爲陳涉博士，年五十七。”

〔二〕宋咸注：“言墨子今已死，使其復起，則子敢對之乎？”

〔三〕宋咸注：“言詰之得其禮，雖百墨子，吾益明。自失其正，則雖一人之少，吾亦不能當之。”

〔四〕矯稱，假稱，詐稱。

〔五〕勌惰，倦怠。

〔六〕宋咸注：“原憲，字子思。季羔，高柴也，字子羔。”

〔七〕宋咸注：“未能有善以聞於時。”

獨　治〔一〕

　　子魚，名鮒甲，陳人或謂之子鮒，或稱孔甲。陳勝既立爲王，其妻之父兄往焉，勝以衆賓待之，長揖不拜〔二〕，無加其禮。其妻之父怒曰：“怙亂僭號而傲長者〔三〕，不能久矣！”不辭而去。陳王跪謝，遂不爲顧。王心憨焉,遂適博士太師之館而言曰:……王曰:"善哉!請問同姓而服不及者[四],其制何耶?"(子魚)對曰:"先王制禮,雖國君,有合族之道,宗人掌其列[五],繼之以姓而無別,酳之以食而無殊[六],各隨本屬之隆殺[七]。屬近,則死爲之免[八];屬遠,則吊之而已,禮之政也。是故臣之家,哭孔氏之別姓於弗父之廟[九],哭孔氏則於夫子之廟[一〇],此有據而然也。周之道,雖百世,婚姻不通,重先君之同體也。"王跪曰:"先生之言,厥義博哉!寡人雖固[一一],敢不盡心!"

〔一〕宋咸注:"此言行己如是,則可自抗不詘,獨治於己。"

〔二〕長揖,拱手高舉然後落下。拜,這裏指跪拜。

〔三〕怙亂,乘亂取利。僭號,僭用名號。

〔四〕宋咸注:"服不及,言同姓而無服者。"

〔五〕宋咸注:"列,猶藉也。"

〔六〕酳,祭奠。

〔七〕隆殺,猶尊卑、厚薄、高低。殺,減,降。

〔八〕宋咸注:"爲之免服。"

〔九〕宋咸注:"別姓,猶言別宗。弗父何,宋愍公之子,孔子之始祖。"

〔一〇〕宋咸注:"孔氏大小宗則於夫子之廟。"

〔一一〕宋咸注:"固,猶言固陋。"

答　問[一]

陳人有武臣[二],謂子鮒曰:"夫聖人者,誠高材美稱也。吾謂聖人之知,必見未形之前,功垂於身後,立教而庶夫弗犯[三],吐言而辯士不破也。子之先君,可謂當之矣。然韓子立法[四],其所以異夫子之謂者,紛如也。予每探其意而校其事,持久歷遠,遏姦勸善,韓氏未必非,孔子未必得也。吾今而後,乃知聖人無世不有爾。前聖後聖,法制固不一也。若韓非者,亦當世之聖人也,子以爲奚若[五]?"子鮒曰:"子信之爲然,是固未免凡俗也。今世人有言高者必以極天爲稱,言下者必以深淵爲名,是資勢之談,而無其實者也。好事而未鑿者,必言經以自輔,援聖以自賢,欲以取信於群愚而度其説也。若諸子之書,其義皆然,吾先君之所自志也。請略説一隅,而吾子審其信否焉。"武臣曰:"諾。"子鮒曰:"乃者[六],趙、韓、魏共并知氏[七],趙襄子之行〔八〕，賞先加其臣而後有功〔九〕。韓非書云‘夫子善之’，引以張本，然後難之，豈有不似哉？然實詐也。何以明其然？昔我先君以春秋哀公十六年四月己丑卒。至三十七年，荀瑤與韓、趙、魏伐鄭，遇陳恒而還〔一〇〕，是時夫子卒已十一年矣，而晉四卿皆在也〔一一〕。後悼公十四年，知氏乃亡。此先後甚遠，而韓非公稱之，曾無怍意。是則世多好事之徒，皆非之罪也。故吾以是默口於小道、塞耳於諸子久矣。而子立尺表以度天〔一二〕，直寸指以測淵，蒙大道而不悟，信誣說以疑聖，殆非所望也。”武臣叉手跪謝〔一三〕，施施而退〔一四〕，遂告人曰：“吾自以爲學之博矣，而可吞於孔氏，方知學不在多，要在精之也。”

〔一〕宋咸注：“武安君洎陳王涉有所問，子魚得詳而答之，故以名篇。”

〔二〕宋咸注：“武臣，即武安君。”

〔三〕宋咸注：“雖狂戾之夫亦不能犯。”

〔四〕韓子，即韓非子。

〔五〕宋咸注：“韓非喜刑名法術之學，本於黄、老。爲人口吃，不能道説，而善著書，作《孤憤》、《五蠹》、《内》、《外儲》、《説林》、《説難》十餘萬言。後韓王遣非使秦。秦王悦之，未信用。李斯、姚賈毁之曰：‘韓非，韓之諸公子也。今王欲并諸侯，非終爲韓不爲秦，此人之情也。今王不用，久留而歸之，此自遺患也，不如以過法誅之。’秦王以爲然，下吏治非。李斯使人遺非藥，使自殺。然非知説之難，爲《説難》書，終死於秦，不能自脱。”

〔六〕乃者，猶囊者，從前。

〔七〕知氏，即知伯，春秋時晉國四卿之一。本姓荀，因其食邑在知，遂以邑爲氏。因其名瑤，故又稱荀瑤。

〔八〕趙襄子，春秋戰國之際晉國趙氏的封君趙毋恤，襄乃其謚。

〔九〕宋咸注：“趙襄子立四年，知伯與趙、韓、魏盡分其范、中行故地。後知伯益驕，請地韓、魏，韓、魏與之。又請地於趙，不與。知伯怒，遂率韓、魏攻趙。趙襄子懼，出奔晉陽。三國攻晉陽，群臣皆有外心，惟高共不敢失禮。襄子懼，乃夜使相張孟同私於韓、魏。韓、魏與合謀，反滅知氏，共分其地。於是襄子行賞，高共爲上。張孟同曰：‘晉陽之難，惟共無功。’襄子曰：‘方晉陽急，群臣皆懈，惟共不敢失人臣禮，是以先之。’”今案：“其”，一本誤作“具”。

〔一〇〕陳恒，即田恒，春秋時齊國大夫。

〔一一〕宋咸注：“哀公二十七年，晉荀瑤帥師伐鄭，次於同丘。鄭駟弘請救於齊，齊師救鄭。知伯聞之，乃還，曰：‘我卜伐鄭，不卜敵齊。’是此時知伯與中行氏諸卿猶在，而仲尼已卒也。”

〔一二〕尺表,即日晷,通過測日影來確定時辰的器物。

〔一三〕叉手,一種禮儀,兩手交叉齊胸,俯首至手。

〔一四〕宋咸注:“施施,猶俯偏然。”冢田虎曰:“施施,自得之貌。”

連叢子下

弘農太守皇甫威明問仲淵曰〔一〕:“吾聞孔氏自三父之後〔二〕,能傳祖之業者,常在於叔祖。今觀《連叢》所記,信如所聞。然則伯季之後,弗克負荷矣。”答曰:“不然也。先君所以爲業者,非唯經傳而已。可以學則學,可以進則進,可以止則止,故曰‘無可無不可也’。蓋唯執行中庸,其於得道,非末嗣子孫所能及也。是以先父各取所能:能仕則仕,能學則學。自伯祖之子孫,世仕有位。季祖之子孫,或學或仕,或文或武,所統不壹。故學不稽古,仕無高官,文非俎豆〔三〕,武非戢兵〔四〕,不專故也。”

〔一〕宋咸注:“皇甫規,字威明,爲度遼將軍,尋爲尚書,後遷弘農太守,封壽成亭侯,讓封不受,轉爲護羌校尉,年七十一卒。仲淵乃季彦族人。”

〔二〕宋咸注:“《禮》‘別子爲祖,繼別爲宗’,今云‘三父之後’,猶伯、季、叔之三宗也。”

今案:三父,這裏指孔子八世孫子順的三個兒子子魚、子襄、子文。

〔三〕俎豆,兩種祭器,這裏指禮儀。

〔四〕戢兵,息兵。

第五卷　儒書存録

易　傳

　　《易傳》是一部闡釋《易經》的文集，共七種十篇，包括《彖傳》上下篇、《象傳》上下篇、《文言》、《繫辭》上下篇、《説卦》、《序卦》、《雜卦》。漢《易緯乾坤鑿度》統稱之爲"十翼"，後世沿用其説。

　　《易傳》的成書與作者，是中國學術史上一個懸而未決的重大問題。《史記·孔子世家》曰："孔子晚而喜《易》，序《彖》、《繫》、《象》、《説卦》、《文言》。"唐代陸德明録《經典釋文·注解傳述人》亦云："文王拘于羑里，作卦辭，周公作爻辭，孔子作《彖辭》、《象辭》、《文言》、《繫辭》、《説卦》、《序卦》、《雜卦》，謂之十翼。"但北宋歐陽修《易童子問》提出，十翼中只有《彖傳》和《象傳》作於孔子，而《繫辭》、《文言》、《説卦》以下多"繁衍叢脞之言"，"吾不知聖人之作繁衍叢脞之如此也"。沿着這個思路，清人崔東壁、姚際恒、近人康有爲、李鏡池、馮友蘭等皆認爲《易傳》晚出，與孔子無關。

　　然根據郭沂的最新研究，今本《易傳》由兩個部分構成。第一部分爲孔子之前的《周易》文獻，可稱之爲早期《易傳》，包括《彖》、《象》二傳全部，《説卦》前三章之外的部分和《序卦》、《雜卦》全部（古《説卦》佚文），《乾文言》的第一節（古《文言》佚文）。它們成書於西周初年《易經》成書後至孔子出生前這大約五百年時間裏。第二部分爲孔子易説，屬於《論語》類文獻。其目有三：一是孔門弟子所記孔子關於《周易》的言論，存於今本《繫辭》中。二是孔子的《易序》佚文，包括《繫辭》的另一部分和《説卦》前三章。三是孔子的另兩篇佚文。一篇爲《續乾文言》，包括《乾文言》的第二、三、四節；另一篇姑名之爲《乾坤大義》，包括《乾文言》的第五、六節和《坤文言》全部。將以上文獻編輯在一起,成爲現在這個樣子,乃漢人所爲。

《易傳》歷代注疏者衆,影響較大者有漢鄭玄的《周易注》、三國王弼的《周易注》、唐孔穎達的《周易正義》、唐李鼎祚的《周易集解》等。

本次整理,以高亨《周易大傳今注》(清華大學出版社 2004 年版)爲底本,另外參考了朱熹《周易本義》(中華書局 2009 年版)和周振甫《周易譯注》(中華書局 1991 年版)。

乾文言

初九曰:"潛龍勿用。"何謂也? 子曰:"龍,德而隱者也。不易乎世〔一〕,不成乎名〔二〕。遯世无悶〔三〕,不見是而无悶,樂則行之,憂則違之,確乎其不可拔〔四〕,潛龍也。"

〔一〕不易乎世,謂不爲世俗所移。易,移也。

〔二〕不成乎名,不求成名。

〔三〕遯世,避世隱居。悶,煩悶。

〔四〕確,堅定。拔,移也。

九二曰:"見龍在田,利見大人。"何謂也? 子曰:"龍,德而正中者也。庸言之信,庸行之謹,閑邪存其誠,善世而不伐〔一〕,德博而化。《易》曰:'見龍在田,利見大人。'君德也。"

〔一〕高亨曰:"李鼎祚曰:'庸,常也。'按庸由正中而來。正中者,無過,無不及,無偏,無邪也。正中之言乃爲庸言。正中之行乃爲庸行。之猶是也。此二句猶云庸言是信,庸行是謹,即信於庸言,謹於庸行。"閑,防止。善世,改善社會。伐,自誇。

九三曰:"君子終日乾乾,夕惕若,厲无咎。"何謂也? 子曰:"君子進德脩業。忠信所以進德也。脩辭立其誠,所以居業也。知至至之,可與言幾也〔一〕。知終終之〔二〕,可與存義也。是故居上位而不驕,在下位而不憂。故乾乾因其時而惕,雖危无咎矣。"

〔一〕知至至之,謂九三處下體之終,又臨上體之始,陽剛仍有繼續增長之趨勢,故君子知陽剛之所至和其所將至。

〔二〕知終終之,謂知其所終止和其所當止。

　　九四曰：“或躍在淵，无咎。”何謂也？子曰：“上下无常，非爲邪也。進退无恒，非離群也。君子進德脩業，欲及時也，故无咎[一]。”

〔一〕“故无咎”三字，據《周易本義》等本補。

　　九五曰：“飛龍在天，利見大人。”何謂也？子曰：“同聲相應，同氣相求。水流濕，火就燥。雲從龍，風從虎。聖人作而萬物覩[一]。本乎天者親上，本乎地者親下，則各從其類也。”

〔一〕高亨以爲“覩”當讀爲“著”。著，附也，言聖人作起，則萬人皆親附之。

　　上九曰：“亢龍有悔。”何謂也？子曰：“貴而无位，高而无民，賢人在下位而无輔，是以動而有悔也。”

　　“潛龍勿用”，下也。“見龍在田”，時舍也[一]。“終日乾乾”，行事也。“或躍在淵”，自試也。“飛龍在天”，上治也。“亢龍有悔”，窮之災也。乾元“用九”，天下治也。

〔一〕時舍，暫時居住（於民間）。

　　“潛龍勿用”，陽氣潛藏。“見龍在田”，天下文明。“終日乾乾”，與時偕行。“或躍在淵”，乾道乃革。“飛龍在天”，乃位乎天德[一]。“亢龍有悔”，與時偕極[二]。乾元“用九”，乃見天則。

〔一〕高亨以爲“位”當讀爲“立”。立，成也。

〔二〕偕，俱也。極，窮極。

　　乾“元”者，始而亨者也[一]。“利貞”者，性情也。乾始能以美利利天下，不言所利，大矣哉！大哉乾乎！剛健中正，純粹精也[二]。六爻發揮，旁通情也[三]。時乘六龍，以御天也。雲行雨施，天下平也。

〔一〕亨，亨通。

〔二〕俞琰曰：“純則無雜，粹則無疵，精則純粹之至。”

〔三〕揮，動也。旁，廣也。

　　君子以成德爲行，日可見之行也。“潛”之爲言也，隱而未見，行而未成，是以君子弗“用”也。

君子學以聚之，問以辯之〔一〕，寬以居之，仁以行之。《易》曰：“見龍在田，利見大人。”君德也。

〔一〕辯，通“辨”。

九三重剛而不中，上不在天，下不在田，故“乾乾”因其時而“惕”，雖危“无咎”矣。

九四重剛而不中，上不在天，下不在田，中不在人，故“或”之。或之者，疑之也，故“无咎”。

夫“大人”者，與天地合其德，與日月合其明，與四時合其序，與鬼神合其吉凶〔一〕。先天而天弗違，後天而奉天時〔二〕。天且弗違，而況於人乎？況於鬼神乎？

〔一〕姚配中曰：“與，偕也。”

〔二〕先天、後天，分別指先於和後於天道規律而動。

“亢”之爲言也，知進而不知退，知存而不知亡，知得而不知喪。其唯聖人乎？知進退存亡而不失其正者，其唯聖人乎？

坤文言

坤至柔而動也剛，至靜而德方，後得主而有常，含萬物而化光〔一〕。坤道其順乎，承天而時行。

〔一〕干寶曰：“光，大也。”

積善之家，必有餘慶。積不善之家，必有餘殃。臣弑其君，子弑其父，非一朝一夕之故，其所由來者漸矣。由辯之不早辯也〔一〕。《易》曰：“履霜，堅冰至。”蓋言順也。

〔一〕辯，通“辨”，察也。

“直”，其正也。“方”，其義也〔一〕。君子敬以直內，義以方外，敬義立而德不孤。“直方〔二〕，大不習，无不利。”則不疑其所行也。

〔一〕高亨曰：“其猶乃也（《經傳釋詞》有此例）。‘直’乃存心之正，‘方’乃行事之義。”

〔二〕惠棟曰：“陽動而陰應之，故直。”方，方域。

陰雖有美，“含”之以從王事〔一〕，弗敢成也。地道也，妻道也，臣道也。地道“无成”，而代“有終”也〔二〕。

〔一〕含，含藏。

〔二〕俞琰曰：“代，繼也。”

天地變化，草木蕃。天地閉，賢人隱。《易》曰：“括囊，无咎无譽。”蓋言謹也。

君子“黃”中通理〔一〕，正位居體〔二〕，美在其中，而暢於四支〔三〕，發於事業，美之至也。

〔一〕高亨曰：“黃爲美麗之色，故黃裳比喻人美其内心，此是德之黃中。通理，通達事理。”

〔二〕高亨疑“體”借爲“禮”，居體即居禮，猶言守禮。

〔三〕高亨曰：“暢，達也。”

陰疑於陽必“戰”〔一〕，爲其嫌於无陽也〔二〕，故稱“龍”焉。猶未離其類也，故稱“血”焉。夫“玄黃”者，天地之雜也。天玄而地黃〔三〕。

〔一〕高亨曰：“此下數句釋上六爻辭‘龍戰於野，其血玄黃’。朱熹曰：‘疑，謂鈞（均）敵而無小大之差也。’王引之曰：‘疑之言擬也。’皆是也。疑當讀爲擬，擬猶比也。……《坤》之六爻皆爲陰爻，上六居一卦之上位，乃象陰達於極盛之地位，與陽勢均力敵，即陰擬於陽矣。陰陽勢均力敵，則必相與鬥争，正如人或物兩方矛盾對立，勢均力敵，則必相與鬥争。故曰：‘陰疑於陽必戰。’”

〔二〕高亨曰：“《集解》無‘无’字，乃據荀爽本也。王引之曰：‘荀本爲長。《説文》：嫌，疑也。嫌於陽即上文之疑於陽也。疑之言擬也。……’”

〔三〕朱熹曰：“血，陰屬。蓋氣陽而血陰也。玄、黃，天地之正色，言陰陽皆傷也。”高亨曰：“阮元曰：‘古本雜下有色字。’按：雜下當有色字。《説文》：‘五采相合也。’五色相配合爲雜，五色相混合亦爲雜。此云‘雜色’，即混合之色。”

繫辭上

天尊地卑，乾坤定矣。卑高以陳，貴賤位矣〔一〕。動静有常，剛柔斷矣〔二〕。方以類聚〔三〕，物以群分，吉凶生矣。在天成象，在地成形，變化見矣。是故剛柔相摩，八卦相盪〔四〕。鼓之以雷霆〔五〕，潤之以風雨。日月運行，一寒一暑。乾道成男，坤道成女。乾知大始，坤作成物〔六〕。乾以易知,坤以簡能〔七〕。易則易知,簡則易從。易知則有親,易從則有功。有親則可久,有功則可大。可久則賢人之德,可大則賢人之業。易簡而天下之理得矣。天下之理得,而成位乎其中矣。

〔一〕高亨曰:"以與已同。陳,列也。位猶立也。"

〔二〕李鼎祚引虞翻曰:"斷,分也。"

〔三〕高亨以爲"方"當作"人"。

〔四〕八卦,這裏指八卦所代表的天、地、雷、風、水、火、山、澤等八種事物。蕩,激蕩。

〔五〕鼓,鼓動。雷霆,雷電。

〔六〕朱熹曰:"知,猶主也。"高亨引王念孫曰:"知猶爲也,爲亦作也。"

〔七〕高亨曰:"此易字乃平易之易,平易猶平常也。此知字當讀爲智,智猶巧也。天創始萬物,可謂巧矣;然其應時而變化,皆有規律,不是神秘,而是平常。天以平常成其巧,故曰:'乾以易知。'地養成萬物,可謂能矣;然其順天以生育,亦有規律,不是複雜,而是簡單。地以簡單成其能,故曰:'坤以簡能。'"

聖人設卦觀象繫辭焉,而明吉凶。剛柔相推而生變化。是故吉凶者,失得之象也。悔吝者,憂虞之象也〔一〕。變化者,進退之象也。剛柔者,畫夜之象也。六爻之動,三極之道也〔二〕。是故君子所居而安者,《易》之象也〔三〕。所樂而玩者〔四〕,爻之辭也。是故君子居則觀其象而玩其辭,動則觀其變而玩其占。是以自天祐之,吉无不利。

〔一〕高亨曰:"悔,小不幸也。吝,難也。俞樾曰:'《廣雅·釋詁》曰:"虞,驚也。"然則憂虞猶言憂驚也。'《易經》所謂悔吝,乃人遇悔吝之事而心中憂驚之象也。"

〔二〕三極之道,即天道、地道、人道。

〔三〕高亨曰:"安讀爲按或案,觀察也。象原作序,《釋文》引虞翻本作象,《集解》本同,今據改。此言君子平居而觀察者乃《易》之卦爻象也。"

〔四〕朱熹曰:"玩者,觀之詳。"

彖者,言乎象者也。爻者,言乎變者也〔一〕。吉凶者,言乎其失得也。悔吝者,言乎其小疵也。无咎者,善補過也。是故列貴賤者存乎位,齊小大者存乎卦,辯吉凶者存乎辭〔二〕,憂悔吝者存乎介,震无咎者存乎悔〔三〕。是故卦有小大,辭有險易〔四〕。辭也者,各指其所之〔五〕。《易》與天地準,故能彌綸天地之道〔六〕。仰以觀於天文,俯以察於地理,是故知幽明之故。原始反終〔七〕,故知死生之説。

〔一〕朱熹曰："彖,謂卦辭……爻,謂爻辭……象,指全體而言;變,指一節而言。"

〔二〕朱熹曰："位,謂六爻之位。齊,猶定也。小謂陰,大謂陽。"高亨曰："辯借爲辨,別也。辭指卦爻辭。"

〔三〕朱熹曰："介,辯別之端,蓋善惡已動而未形之時也。……震,動也。知悔則有以動其補過之心,而可以無咎矣。"高亨曰："介當讀爲忿。……此謂人遇悔吝而憂之者,在於對事忽略而不警惕。"

〔四〕易,平易。

〔五〕之,往。

〔六〕準,齊準。彌綸,普遍包括。

〔七〕朱熹曰："原者,推之於前;反者,要之於後。"

精氣爲物,游魂爲變,是故知鬼神之情狀。與天地相似,故不違。知周乎萬物而道濟天下〔一〕,故不過。旁行而不流〔二〕,樂天知命,故不憂。安土敦乎仁〔三〕,故能愛。範圍天地之化而不過〔四〕,曲成萬物而不遺〔五〕,通乎晝夜之道而知,故神无方而易无體〔六〕。一陰一陽之謂道,繼之者善也,成之者性也。仁者見之謂之仁,知者見之謂之知,百姓日用而不知,故君子之道鮮矣。

〔一〕知,智也。濟,成也。

〔二〕旁,廣也。侯果曰："應變旁行。"流,流弊。焦循曰："流,讀如樂勝則流之流。"

〔三〕敦,厚也。

〔四〕範圍,包括。

〔五〕高亨曰："曲猶俱也。成讀爲盛,用器納物爲盛……遺,漏也。此言《易經》普遍容納萬物而不遺漏。"

〔六〕方,方向。體,形體。

顯諸仁〔一〕,藏諸用,鼓萬物而不與聖人同憂。盛德大業,至矣哉!富有之謂大業,日新之謂盛德,生生之謂易,成象之謂乾,效法之謂坤,極數知來之謂占〔二〕,通變之謂事,陰陽不測之謂神。夫《易》,廣矣大矣,以言乎遠則不御,以言乎邇則靜而正,以言乎天地之間則備矣〔三〕。夫乾,其靜也專,其動也直,是以大生焉〔四〕。夫坤,其靜也翕,其動也辟,是以廣生焉〔五〕。廣大配天地,變通配四時,陰陽之義配日月,易簡之善配至德。

〔一〕諸,之於。

〔二〕極,盡也。

〔三〕朱熹曰:“不御,言無盡。静而正,言即物而理存。備,言無所不有。”

〔四〕高亨曰:“乾,天也。專借爲圜。《説文》:‘圜,圓也。’天静而晴明,其形爲圓;天動而降雨雪,其勢直下。圓形則無不包,直下則無不至,是以能大生。”

〔五〕高亨曰:“坤,地也。《集解》引宋衷曰:‘翕猶閉也。’陸德明曰:‘辟,開也。’地静而不生草木,則土閉;地動而生草木,則土開。唯其能閉能開,是以能廣生。”

　　子曰:“《易》其至矣乎! 夫《易》,聖人所以崇德而廣業也。知崇禮卑〔一〕,崇效天,卑法地。天地設位,而易行乎其中矣。成性存存,道義之門。”聖人有以見天下之賾,而擬諸其形容,象其物宜〔二〕,是故謂之象。聖人有以見天下之動,而觀其會通,以行其典禮,繫辭焉以斷其吉凶,是故謂之爻。言天下之至賾而不可惡也〔三〕,言天下之至動而不可亂也。擬之而後言,議之而後動,擬議以成其變化。

〔一〕知,通“智”。

〔二〕高亨曰:“賾,雜也。擬,比擬也。諸猶乎也。萬物之性各有其宜,故曰‘物宜’。”

〔三〕朱熹曰:“惡,猶厭也。”高亨疑“惡”借爲“諤”,諤,妄言也。

　　“鳴鶴在陰,其子和之。我有好爵,吾與爾靡之。”〔一〕子曰:“君子居其室,出其言善,則千里之外應之,況其邇者乎? 居其室,出其言不善,則千里之外違之,況其邇者乎? 言出乎身,加乎民。行發乎邇,見乎遠。言行,君子之樞機〔二〕。樞機之發,榮辱之主也。言行,君子之所以動天地也,可不慎乎?”

〔一〕引文爲《中孚》九二爻辭。爵,飲酒器,形制如雀,這裏指酒。李光地曰:“好爵,謂酒也。靡,醉也。”

〔二〕樞機,弩弓之樞機也,即關鍵之處。

　　“同人先號咷而後笑。”〔一〕子曰:“君子之道,或出或處,或默或語。二人同心,其利斷金。同心之言,其臭如蘭〔二〕。”

〔一〕引文爲《同人》九五爻辭,謂起初未能與人同心同行,故號咷大哭;後來得到同心同行,便破涕爲笑。

〔二〕臭,氣味。

　　初六：“藉用白茅，无咎。”〔一〕子曰：“苟錯諸地而可矣〔二〕，藉之用茅，何咎之有？慎之至也。夫茅之爲物薄，而用可重也。慎斯術也以往，其无所失矣〔三〕。”

〔一〕引文爲《大過》初六爻辭。藉，襯墊。這裏是説用白茅襯墊祭品，使之潔净。

〔二〕錯，通“措”，放置。

〔三〕高亨曰：“‘慎斯術’之慎，《釋文》云：‘一本作順。’此慎字當讀爲順，遵循也。《釋文》又引鄭云：‘術，道也。’此言用茅墊祭品，使祭品潔净，是對祭事慎重之至。遵循慎重之道以行事，則無過失矣。”

　　“勞謙，君子有終，吉。”〔一〕子曰：“勞而不伐，有功而不德〔二〕，厚之至也。語以其功下人者也。德言盛，禮言恭〔三〕。謙也者，致恭以存其位者也。”

〔一〕引文爲《謙》九三爻辭。勞謙，有功勞而謙也。終，好的結果。

〔二〕伐，自誇。德，自以爲有功德。

〔三〕高亨曰：“言讀爲焉，猶則也。”

　　“亢龍有悔。”〔一〕子曰：“貴而无位，高而无民，賢人在下位而无輔，是以動而有悔也。”

〔一〕引文爲《乾》上九爻辭。

　　“不出户庭，无咎。”〔一〕子曰：“亂之所生也，則言語以爲階。君不密則失臣，臣不密則失身，幾事不密則害成。是以君子慎密而不出也。”

〔一〕引文爲《節》初九爻辭。

　　子曰：“作《易》者，其知盗乎？《易》曰：‘負且乘，致寇至。’〔一〕負也者，小人之事也。乘也者，君子之器也。小人而乘君子之器，盗思奪之矣。上慢下暴〔二〕，盗思伐之矣。慢藏誨盗〔三〕，冶容誨淫〔四〕。《易》曰‘負且乘，致寇至’，盗之招也〔五〕。”

〔一〕引文爲《解》六三爻辭。高亨曰：“且猶而也。人負物而乘車，是以其物之珍貴示人，將招賊寇來劫。”

〔二〕慢，惰也。

〔三〕慢藏，懶於收藏財物。誨，引誘。

〔四〕冶容，妖冶的容貌。誨淫，引誘淫者來淫亂。

〔五〕以下原有"大衍之數"一章，蓋爲漢人京房雜入，今略去。參見郭沂《從早期易傳到孔子易說——重新檢討易傳成書問題》，載《國際易學研究》第三輯，華夏出版社 1997 年版。

　　子曰："知變化之道者，其知神之所爲乎？易有聖人之道四焉：以言者尚其辭〔一〕，以動者尚其變，以制器者尚其象，以卜筮者尚其占。"是以君子將有爲也，將有行也，問焉而以言。其受命也如響〔二〕，无有遠近幽深，遂知來物〔三〕。非天下之至精，其孰能與於此〔四〕？參伍以變，錯綜其數〔五〕。通其變，遂成天下之文。極其數，遂定天下之象。非天下之至變，其孰能與於此？易无思也，无爲也，寂然不動，感而遂通天下之故〔六〕。非天下之至神，其孰能與於此？夫《易》，聖人之所以極深而研幾也〔七〕。唯深也，故能通天下之志。唯幾也，故能成天下之務。唯神也，故不疾而速，不行而至。

〔一〕辭，卦爻辭。

〔二〕孔穎達曰："謂蓍受人命，報人吉凶，如嚮之應聲也。"

〔三〕來物，未來之事。

〔四〕與，及，至。

〔五〕朱熹曰："參者，三數之也。伍者，五數之也。既參以變，又伍以變，一先一後，更相考覈，以審其多寡之實也。錯者，交而互之，一左一右之謂也。綜者，總而挈之，一低一昂之謂也。"

〔六〕故，事也。

〔七〕朱熹曰："研，猶審也；幾，微也。"

　　子曰："《易》有聖人之道四焉者，此之謂也〔一〕：'天一，地二；天三，地四；天五，地六；天七，地八；天九，地十。'〔二〕"

〔一〕"此"下當據帛書《繫辭》補"言"字。

〔二〕"天一，地二"等二十字，有些注本移至"大衍之數"章，今據帛書《繫辭》復原。

　　子曰："夫《易》，何爲者也？夫《易》，開物成務，冒天下之道〔一〕，如斯而已者也。"是故聖人以通天下之志，以定天下之業，以斷天下之疑。是故蓍之德圓而神，卦之德方以知，六爻之義易以貢〔二〕。聖人以此洗心〔三〕，退藏於密〔四〕，吉凶與民同患。神以知來，知以藏往〔五〕。其孰能與於此哉！古之聰明睿知神武而不殺者夫！是以明於天之道，而察於民之故，是興神物，以前民用〔六〕。聖人以此齋戒，以神明其德夫。是故闔戶謂之坤，辟戶謂之乾〔七〕，一闔一辟謂之變，往來不窮謂之通。見乃謂之象〔八〕；形乃謂之器；制而用之謂之法；利用出入，民咸用之謂之神。是故易有太極，是生兩儀。兩儀生四象，四象生八卦，八卦定吉凶，吉凶生大業。是故法象莫大乎天地，變通莫大乎四時，縣象著明莫大乎日月〔九〕，崇高莫大乎富貴。備物致用，立功成器，以爲天下利，莫大乎聖人。探賾索隱，鉤深致遠，以定天下之吉凶，成天下之亹亹者〔一〇〕，莫大乎蓍龜。是故天生神物，聖人則之。天地變化，聖人效之。天垂象，見吉凶，聖人象之。河出圖，洛出書，聖人則之。易有四象，所以示也〔一一〕。繫辭焉，所以告也。定之以吉凶，所以斷也。”

〔一〕朱熹曰：“開物成務，謂使人卜筮以知吉凶而成事業。冒天下之道，謂卦爻既設，而天下之道皆在其中。”冒，覆也，含蓋。

〔二〕朱熹曰：“圓神，謂變化無方；方知，謂事有定理；易以貢，謂變易以告人。”

〔三〕高亨曰：“洗借爲先。此句言聖人以《易經》啓導其心也。”洗心，亦可解釋爲滌除思慮。

〔四〕高亨曰：“《集解》引陸績曰：‘而退藏之於心也。’可通。亨按：此謂占筮之後，記其事，退而藏之於密處，以爲來日之借鑒也。”

〔五〕高亨曰：“下知字讀爲智。藏往謂記其往事而藏之，以爲來日之借鑒也。”

〔六〕高亨曰：“《廣雅·釋詁》：‘興，舉也。’神物指蓍草。前，先導也。”

〔七〕闔，閉也。辟，開也。

〔八〕見，通“現”。

〔九〕縣，同“懸”。著，明也。

〔一〇〕朱熹曰：“亹亹，猶勉勉也。”連斗山曰：“人因吉凶之理昭然而勉勉於趨避，是天下之勉勉，易有以成之也。”

〔一一〕朱熹曰：“四象，謂陰陽老少。示，謂示人以所值之卦爻。”

《易》曰：“自天祐之，吉无不利。”〔一〕子曰：“祐者，助也。天之所助者，順也；人之所助者，信也。履信，思乎順，又以尚賢也。是以自天祐之，吉无不利也。”

〔一〕此引《大有》上九爻辭。

子曰：“書不盡言，言不盡意。”然則聖人之意，其不可見乎？子曰：“聖人立象以盡意，設卦以盡情僞，繫辭焉以盡其言，變而通之以盡利，鼓之舞之以盡神。乾坤，其易之緼邪〔一〕？乾坤成列，而易立乎其中矣。乾坤毀，則無以見易；易不可見，則乾坤或幾乎息矣。是故形而上者謂之道，形而下者謂之器，化而裁之謂之變，推而行之謂之通，舉而錯之天下之民謂之事業〔二〕。是故夫象〔三〕，聖人有以見天下之賾，而擬諸其形容，象其物宜，是故謂之象。聖人有以見天下之動，而觀其會通，以行其典禮，繫辭焉以斷其吉凶，是故謂之爻。極天下之賾者存乎卦；鼓天下之動者存乎辭；化而裁之存乎變；推而行之存乎通；神而明之存乎其人；默而成之，不言而信，存乎德行。”

〔一〕緼，通“蘊”，蘊藏也。

〔二〕錯，通“措”，施也。

〔三〕高亨以爲“夫”當作“爻”。

繫辭下

八卦成列，象在其中矣。因而重之，爻在其中矣。剛柔相推，變在其中矣。繫辭焉而命之，動在其中矣。吉凶悔吝者，生乎動者也。剛柔者，立本者也。變通者，趣時者也。吉凶者，貞勝者也〔一〕。天地之道，貞觀者也〔二〕。日月之道，貞明者也。天下之動，貞夫一者也〔三〕。夫乾確然，示人易矣。夫坤隤然，示人簡矣〔四〕。爻也者，效此者也。象也者，像此者也。爻象動乎内，吉凶見乎外，功業見乎變，聖人之情見乎辭。天地之大德曰生；聖人之大寶曰位；何以守位曰仁〔五〕；何以聚人曰財；理財正辭〔六〕，禁民爲非曰義。

〔一〕朱熹曰：“貞，正也，常也。”

〔二〕朱熹曰：“觀，示也。”貞觀，以正示人也。

〔三〕高亨曰：“《校勘記》曰：‘古本夫作于。’裴學海曰：‘夫猶于也。’（《古書虛字集釋》）貞夫一，正於一也。”

〔四〕朱熹曰：“確然，健貌；隤然，順貌，所謂‘貞觀者也’。”

〔五〕高亨曰:“《釋文》仁作人。……作人是也。”

〔六〕正辭,端正制度法令的條文。

　　古者包犧氏之王天下也〔一〕,仰則觀象於天,俯則觀法於地,觀鳥獸之文與地之宜,近取諸身,遠取諸物,於是始作八卦,以通神明之德,以類萬物之情。作結繩而爲罔罟〔二〕,以佃以漁〔三〕,蓋取諸《離》。包犧氏没,神農氏作,斲木爲耜,揉木爲耒〔四〕,耒耨之利〔五〕,以教天下,蓋取諸《益》。日中爲市,致天下之民,聚天下之貨,交易而退,各得其所,蓋取諸《噬嗑》。神農氏没,黄帝、堯、舜氏作,通其變,使民不倦;神而化之,使民宜之。《易》,窮則變,變則通,通則久。是以自天祐之,吉无不利。黄帝、堯、舜垂衣裳而天下治〔六〕,蓋取諸《乾》《坤》。刳木爲舟,剡木爲楫〔七〕,舟楫之利,以濟不通,致遠以利天下,蓋取諸《涣》。服牛乘馬〔八〕,引重致遠,以利天下,蓋取諸《隨》。重門擊柝,以待暴客〔九〕,蓋取諸《豫》。斷木爲杵,掘地爲臼,杵臼之利,萬民以濟〔一○〕,蓋取諸《小過》。弦木爲弧,剡木爲矢〔一一〕,弧矢之利,以威天下,蓋取諸《睽》。上古穴居而野處,後世聖人易之以宫室,上棟下宇,以待風雨,蓋取諸《大壯》。古之葬者,厚衣之以薪〔一二〕,葬之中野,不封不樹〔一三〕,喪期无數〔一四〕。後世聖人易之以棺椁,蓋取諸《大過》。上古結繩而治,後世聖人易之以書契〔一五〕,百官以治,萬民以察,蓋取諸《夬》。

〔一〕包犧氏,即伏羲氏。

〔二〕高亨曰:“古書引此句多無作字。王念孫曰:‘作字涉上文“作八卦”而衍。’是也。罔,古網字。《釋文》引馬、姚云:‘罟猶網也。’(罔亦古網字。)”

〔三〕高亨曰:“《釋文》:‘佃本亦作田。’《集解》本作田。田佃古通用,獵也,捕鳥獸也。”

〔四〕高亨曰:“《説文》:‘斲,斫也。’即砍削也。耜,《説文》作梠,云:‘梠,鍫也。’古之木鋤形似鍫,此文之耜即鋤也。……揉,揉之使曲也。《説文》:‘耒,手耕曲木也。’耒即犁,耒與犁一聲之轉。”

〔五〕高亨以爲“耨”當爲“耜”之譌,當從。

〔六〕高亨以爲“垂”當借爲“綴”,綴,縫也。

〔七〕高亨曰:“《説文》:‘刳,判也。剡,鋭利也。’按:刳,劈開也,亦剜空也。剡,削尖也。楫,撥船長竿也。”

〔八〕服、乘,均指駕車。

〔九〕暴客,盜賊。

〔一〇〕高亨曰:“《爾雅·釋言》曰:‘濟,益也。’言萬民得其益。”

〔一一〕剡,削。

〔一二〕高亨曰:“衣,包裹之也。薪,草柴也。”

〔一三〕高亨曰:“中野,野中也。《禮記·王制》記葬禮曰:‘庶人……不封不樹。’鄭注:‘封謂聚土爲墳。’樹,植樹也。”

〔一四〕喪期无數,服喪之期無一定之期。

〔一五〕書契,文字。

　　是故《易》者,象也。象也者,像也。彖者,材也〔一〕。爻也者,效天下之動者也〔二〕。是故吉凶生而悔吝著也。陽卦多陰,陰卦多陽,其故何也? 陽卦奇,陰卦耦〔三〕。其德行何也? 陽一君而二民,君子之道也。陰二君而一民,小人之道也。

〔一〕高亨曰:“《繫辭》稱卦辭爲彖。彖,斷也。……材讀爲裁,裁亦斷也。”

〔二〕朱熹曰:“效,倣也。”

〔三〕耦,即“偶”。

　　《易》曰:“憧憧往來,朋從爾思。”〔一〕子曰:“天下何思何慮? 天下同歸而殊塗,一致而百慮。天下何思何慮? 日往則月來,月往則日來,日月相推而明生焉。寒往則暑來,暑往則寒來,寒暑相推而歲成焉。往者屈也,來者信也,屈信相感而利生焉〔二〕。尺蠖之屈,以求信也〔三〕。龍蛇之蟄〔四〕,以存身也。精義入神,以致用也。利用安身,以崇德也〔五〕。過此以往,未之或知也。窮神知化,德之盛也。”

〔一〕引文爲《咸》九四爻辭。《咸》卦《彖傳》:“咸,感也。”憧憧,心神不定貌。朋,朋友,這裏指相感的兩方面。

〔二〕高亨曰:“《釋文》:‘信本又作伸。’按:信借爲伸。”

〔三〕高亨曰:“《説文》:‘蠖,尺蠖,屈申蟲也。’《爾雅翼》曰:‘尺蠖,狀如蠶而細小,行則促其腰,使首尾相就,乃能進步。屈中有申,故曰屈申蟲。’”

〔四〕蟄,蟄伏。

〔五〕朱熹曰:“精研其義,至於入神,屈之至也。然乃所以爲出而致用之本,利其施用,無適不安,信之極也。然乃所以爲入神而崇德之資,內外交相養,互相發也。”

　　《易》曰:“困于石,據于蒺藜,入于其宮,不見其妻,凶。”〔一〕子曰:
“非所困而困焉,名必辱。非所據而據焉,身必危。既辱且危,死期將
至,妻其可得見耶〔二〕?”

　　〔一〕此引《困》九三爻辭。據,手抓。蒺藜,刺木。

　　〔二〕其,通“豈”。

　　《易》曰:“公用射隼于高墉之上,獲之,无不利。”〔一〕子曰:“隼者,
禽也。弓矢者,器也。射之者,人也。君子藏器於身,待時而動,何不
利之有? 動而不括,是以出而有獲,語成器而動者也〔二〕。”

　　〔一〕引文爲《解》上六爻辭。隼,鷹也。墉,城牆。

　　〔二〕高亨曰:“姚配中:‘括,閉也。’《方言》十二:‘括,閉也。’《廣雅·釋詁》:‘括,塞
　　　　也。’動而不括,謂其行通而無阻也。出而有獲,謂其出有所得也。語成器而動,
　　　　謂《易經》所云是言人挾有成器而後動也。要之,《易傳》認爲:《易經》所云‘公射
　　　　隼獲之’,乃由於有弓矢之器,此喻人行動有成功,乃由於有才能也。”

　　子曰:“小人不耻不仁,不畏不義,不見利不勸〔一〕,不威不懲。小
懲而大誡,此小人之福也。《易》曰:‘屨校滅趾,无咎。’〔二〕此之謂也。
善不積,不足以成名。惡不積,不足以滅身。小人以小善爲无益而弗
爲也,以小惡爲无傷而弗去也,故惡積而不可揜,罪大而不可解。
《易》曰:‘何校滅耳,凶。’〔三〕”

　　〔一〕勸,勉力。

　　〔二〕引文爲《噬嗑》初九爻辭。高亨曰:“屨,今本作履,本卦經文作屨,《釋文》及《集
　　　　解》本與經文同。按:履字誤,今據改。屨,曳也。校,加於足上之刑具也。滅,掩
　　　　蓋也。趾,足也。屨校滅趾,刑之輕者,故《傳》曰‘小懲’。”

　　〔三〕引文爲《噬嗑》上九爻辭。高亨曰:“何,今通用荷字,負荷也。校,枷也,加於頸上
　　　　之刑具。何校滅耳,刑之重者。受此重刑是凶矣。”

　　子曰:“危者,安其位者也;亡者,保其存者也;亂者,有其治者也。
是故君子安而不忘危,存而不忘亡,治而不忘亂,是以身安而國家可
保也。《易》曰:‘其亡! 其亡! 繫于苞桑。’〔一〕”

　　〔一〕引文爲《否》九五爻辭。高亨曰:“其猶將也。繫疑借爲磐,堅固也。苞,茂也。”

子曰:"德薄而位尊,知小而謀大,力少而任重〔一〕,鮮不及矣〔二〕。《易》曰:'鼎折足,覆公餗,其形渥,凶。'〔三〕言不勝其任也。"

〔一〕高亨曰:"知讀爲智。謀大,計謀大事。力少原作力小,《集解》本、唐石經、《潛夫論》等書引均作力少。力少與知小相對爲文,作力少是也。今據改。"

〔二〕高亨曰:"鮮,少也。及,及於禍難也。及於禍難,古語祇曰及。免於禍難,古語祇曰免。語之簡省也。"

〔三〕引文爲《鼎》九四爻辭。高亨曰:"覆,傾倒也。餗,米粥或菜湯也。渥,汁液濡地之貌(其形渥有異文異説,見本卦)。"

子曰:"知幾,其神乎。君子上交不諂,下交不瀆〔一〕,其知幾乎。幾者,動之微,吉凶之先見者也〔二〕。君子見幾而作,不俟終日〔三〕。《易》曰:'介於石,不終日。貞吉。'〔四〕介如石焉,寧用終日,斷可識矣〔五〕。君子知微知彰,知柔知剛,萬夫之望。"

〔一〕高亨曰:"諂,甘言媚人曰諂。瀆借爲嬻,輕侮人曰嬻。"

〔二〕高亨曰:"幾,微也。今本無凶字。……按:幾字兼括吉凶而言,有凶字是也。今據補。"

〔三〕高亨曰:"作猶行也。俟,待也。"

〔四〕引文爲《豫》六二爻辭。高亨曰:"介借爲砎,堅也。王引之曰:'於猶如也。'貞,占問也。"

〔五〕高亨曰:"王引之曰:'寧猶何也。'此言堅剛如石,何可用之終日,斷然可知也。"

子曰:"顏氏之子,其殆庶幾乎〔一〕?有不善未嘗不知,知之未嘗復行也。《易》曰:'不遠復,无祇悔,元吉。'〔二〕天地絪緼,萬物化醇。男女構精,萬物化生。《易》曰:'三人行,則損一人;一人行,則得其友。'言致一也〔三〕。"

〔一〕殆,大概。庶幾,近乎,表示贊揚。

〔二〕引文爲《復》初九爻辭。高亨曰:"祇,大也。元吉,大吉也。爻辭言:出行不遠而還,則無大悔且大吉,蓋古人認爲在家千日好,出門百事難也。《易傳》釋爲及時改過,非經意也。"

〔三〕朱熹曰:"絪緼,交密之狀。醇,謂厚而凝也,言氣化者也。化生,形化者也。此釋《損》六三爻義。"

子曰:"君子安其身而後動,易其心而後語〔一〕,定其交而後求。

君子脩此三者,故全也〔二〕。危以動,則民不與也。懼以語,則民不應也。无交而求,則民不與也〔三〕。莫之與,則傷之者至矣。《易》曰:'莫益之,或擊之,立心勿恒,凶。'〔四〕"

〔一〕易,平易。

〔二〕高亨曰:"脩借爲修,《集解》本正作修。全,安全也。"

〔三〕高亨曰:"民猶人也。上與字,助也。下與字,予也。"

〔四〕引文爲《益》上九爻辭。高亨曰:"無人助益之,有人攻擊之,不可堅持己見,因其爲凶也。"

子曰:"乾坤,其易之門邪? 乾,陽物也。坤,陰物也。陰陽合德〔一〕,而剛柔有體〔二〕,以體天地之撰,以通神明之德〔三〕。其稱名也,雜而不越。於稽其類,其衰世之意邪〔四〕? 夫易,彰往而察來,而微顯闡幽〔五〕。開而當名辨物,正言斷辭,則備矣。其稱名也小,其取類也大。其旨遠,其辭文。其言曲而中,其事肆而隱〔六〕。因貳以濟民行〔七〕,以明失得之報。

〔一〕陽爲乾之德,陰爲坤之德。陰陽合德,謂乾之陽德與坤之陰德相合。

〔二〕體,形體,這裏指乾坤二卦的剛柔兩種爻畫。

〔三〕高亨曰:"《周禮·天官·序官》:'體國經野。'鄭注:'體猶分也。'此體字即劃分之義。《廣雅·釋詁》:'撰,具也。'天地之撰,謂天地所具有之一切事物也。"

〔四〕王引之曰:"於,語助也。"虞翻曰:"稽,考也。"孔穎達曰:"類謂事類。"

〔五〕朱熹曰:"而微顯恐當作微顯而。"高亨曰:"此句似當作'顯微而闡幽'。《廣雅·釋詁》:'彰,明也。'韓康伯曰:'闡,明也。'彰往,表明往事也。察來,觀察來事也。顯微,顯示微細之事也。闡幽,闡明幽隱之事也。"

〔六〕肆而隱,直而隱蔽。

〔七〕朱熹曰:"貳,疑也。"濟,成也。

"《易》之興也,其於中古乎? 作《易》者,其有憂患乎? 是故《履》,德之基也;《謙》,德之柄也;《復》,德之本也;《恒》,德之固也;《損》,德之脩也;《益》,德之裕也;《困》,德之辨也;《井》,德之地也;《巽》,德之制也。《履》,和而至;《謙》,尊而光;《復》,小而辨於物;《恒》,雜而不厭〔一〕;《損》,先難而後易;《益》,長裕而不設〔二〕;《困》,窮而通;《井》,居其所而遷;《巽》,稱而隱。《履》以和行,《謙》以制禮，《復》以自知，《恒》以一德，《損》以遠害，《益》以興利，《困》以寡怨，《井》以辨義，《巽》以行權。

〔一〕朱熹曰：“《恒》，處雜而常德不厭。”陸九淵曰：“設者，侈張也，又侈大不實之意。”高亨引王引之曰：“雜當讀爲帀。帀，周也，一終之謂也。恒之爲道，終始相巡，而無已時，故曰：‘帀而不壓。’”

〔二〕朱熹曰：“《益》，但充長而不造作。”高亨曰：“設字殊不易解，疑當讀爲鷙，困頓也。”

“《易》之爲書也不可遠，爲道也屢遷〔一〕，變動不居，周流六虛〔二〕，上下无常，剛柔相易，不可爲典要〔三〕，唯變所適。其出入以度外内，使知懼，又明於憂患與故〔四〕。无有師保，如臨父母〔五〕。初率其辭而揆其方，既有典常〔六〕。苟非其人，道不虛行。

〔一〕“易”有“爲書”和“爲道”兩種含義，前者指《易》這本書，後者指“易”這個哲學概念。

〔二〕朱熹曰：“周流六虛，謂陰陽流行於卦之六位。”

〔三〕高亨曰：“《爾雅·釋言》：‘典，經也。’又《釋詁》：‘典，常也。’六爻之變或在上位，或在下位，或剛變爲柔，或柔變爲剛，不可提出經常之綱要。”

〔四〕高亨引韓康伯曰：“故，事故也。”

〔五〕朱熹曰：“雖無師保，而常若父母臨之，戒懼之至。”高亨曰：“无當作尤，形似而誤。尤讀爲猶，似也。古代貴族之子弟皆有師保。《禮記·文王世子》曰：‘入則有保，出則有師。’師保負教育輔導之責。”

〔六〕高亨曰：“《爾雅·釋詁》：‘率，循也。’《説文》：’揆，度也。’《廣雅·釋詁》：‘方，義也。’此言尋索《易經》卦爻辭而度其義理，則有其典常（至於其卦爻之變化則不可爲典要，如上文所云）。”

“《易》之爲書也，原始要終，以爲質也〔一〕。六爻相雜，唯其時物也。其初難知，其上易知〔二〕，本末也。初辭擬之，卒成之終〔三〕。若夫雜物撰德，辯是與非，則非其中爻不備〔四〕。噫亦要存亡吉凶，則居可知矣〔五〕。知者觀其彖辭〔六〕，則思過半矣。

〔一〕高亨曰：“原，察也。要，求也。”韓康伯曰：“質，體也。”

〔二〕高亨曰：“初指初爻。上指上爻。”

〔三〕高亨曰：“初辭，初爻之辭也。卒下承上句省辭字。卒，終也。卒辭，上爻之辭也。成猶定也。”

〔四〕高亨曰：“撰，具列也。辯借爲辨，《集解》本正作辨。中爻指二、三、四、五諸爻也。
　　　此言錯雜其事物，具列其德性，辨别其是非，則非中間四爻不能完備也。”

〔五〕王引之曰：“噫與抑通。”高亨曰：“此言用《易經》求人事之存亡吉凶，則安坐可
　　　知矣。”

〔六〕朱熹曰：“‘知者’之知，音智。象，統論一卦六爻之體。”

　　“二與四同功而異位〔一〕，其善不同，二多譽，四多懼，近也。柔之
爲道不利遠者。其要无咎，其用柔中也〔二〕。三與五同功而異位。三
多凶，五多功，貴賤之等也。其柔危，其剛勝邪〔三〕？

〔一〕高亨曰：“二指第二爻。四指第四爻。《小爾雅・廣詁》：‘功，事也。’位，爻
　　　位也。”

〔二〕朱熹曰：“同功，謂皆陰位。異位，謂遠近不同。四近君，故多懼。柔不利遠，而二
　　　多譽者，以其柔中也。”

〔三〕朱熹曰：“三、五同陽位，而貴賤不同，然以柔居之則危，唯剛則能勝之。”

　　“《易》之爲書也，廣大悉備，有天道焉，有人道焉，有地道焉。兼
三材而兩之，故六。六者非它也，三材之道也。道有變動，故曰爻。
爻有等，故曰物。物相雜，故曰文。文不當，故吉凶生焉〔一〕。

〔一〕朱熹曰：“道有變動，謂卦之一體。等，謂遠近貴賤之差。相雜，謂剛柔之位相間。
　　　不當，謂爻不當位。”高亨曰：“‘文不當’祇爲凶不爲吉，何得云‘吉凶生’哉？‘文
　　　不當’疑本作‘文當不’，轉寫誤倒。不否古通用，當不即當否也。”

　　“易之興也，其當殷之末世、周之盛德邪？當文王與紂之事邪？
是故其辭危。危者使平，易者使傾。其道甚大，百物不廢。懼以終
始，其要无咎。此之謂易之道也。

　　“夫乾，天下之至健也，德行恒易，以知險〔一〕。夫坤，天下之至順
也，德行恒簡，以知阻。能説諸心〔二〕，能研諸侯之慮，定天下之吉凶，
成天下之亹亹者〔三〕。是故變化云爲〔四〕，吉事有祥。象事知器。占事
知來〔五〕。天地設位，聖人成能。人謀鬼謀，百姓與能〔六〕。八卦以象
告，爻象以情言〔七〕。剛柔雜居，而吉凶可見矣。變動以利言，吉凶以
情遷。是故愛惡相攻〔八〕，而吉凶生。遠近相取〔九〕，而悔吝生。情僞
相感〔一〇〕，而利害生。凡易之情，近而不相得則凶，或害之〔一一〕，悔且

吝。將叛者,其辭慙〔一二〕。中心疑者,其辭枝〔一三〕。吉人之辭寡〔一四〕。躁人之辭多。誣善之人,其辭游。失其守者,其辭屈。”

〔一〕高亨曰:“知猶爲也。”下同。

〔二〕高亨曰:“說乃借爲閱。《説文》:‘閱,具數於門中也。’物具列於前,覽而數之,是爲閱。”

〔三〕高亨曰:“司馬光、朱熹並謂:‘侯之’二字是衍文。亨按:此文當作‘能研諸慮,侯之,定天下之吉凶……’乃侯之二字誤竄入上句,非無端而衍也。侯借爲候。《説文》:‘候,伺望也。’引申爲預占之義。《列子·周穆王》篇:‘夢有六候。’張注:‘候,占也。’然則候之即占之也。亹亹,奮勉前進也。此四句言:能將天地之道研究之於思慮中,因而占筮之,以定天下之吉凶,以促成天下人之奮勉前進者。”

〔四〕高亨曰:“云爲,孔穎達曰:‘或口之所云,或身之所爲也。’”

〔五〕高亨曰:“用《易經》象事,則知製器之方法。用《易經》占事,則知來日之結果。”

〔六〕朱熹曰:“與,音預。天地設位,而聖人作《易》以成其功,於是‘人謀鬼謀’,雖百姓之慮,皆得以與其能。”

〔七〕朱熹曰:“象謂卦畫,爻象謂卦爻辭。”

〔八〕尚秉和曰:“攻,摩也。”

〔九〕連斗山曰:“取,求也。”

〔一〇〕毛奇齡曰:“情僞,虛實也。”感,感應。高亨曰:“情,感情也。僞讀爲爲,行爲也。”

〔一一〕高亨曰:“或害之謂有人害之。”

〔一二〕高亨曰:“慙即慚字。亨按:慙當讀爲漸。漸,詐也。”

〔一三〕高亨曰:“枝當讀爲歧,分歧也。中心疑者,對於事物不敢論定孰是孰非,模棱兩可,故其辭分歧。”

〔一四〕高亨曰:“《説文》:‘吉,善也。’”

説　卦

昔者聖人之作《易》也,幽贊於神明而生蓍〔一〕,參天兩地而倚數〔二〕,觀變於陰陽而立卦,發揮於剛柔而生爻,和順於道德而理於義,窮理盡性以至於命。

〔一〕朱熹曰:“幽贊神明,猶言贊化育。”幽,隱也。贊,助也。幽贊,謂神靈在幽隱之處相助。

〔二〕虞翻曰:"倚,立也。"朱熹曰:"天圓地方,圓者一而圍三,三各一奇,故參天而爲三。方者一而圍四,四合二耦,故兩地而爲二。"

昔者聖人之作《易》也,將以順性命之理,是以立天之道曰陰與陽,立地之道曰柔與剛,立人之道曰仁與義。兼三才而兩之,故《易》六畫而成卦。分陰分陽,迭用柔剛,故《易》六位而成章。

天地定位,山澤通氣。雷風相薄,水火不相射〔一〕。八卦相錯〔二〕。數往者順,知來者逆,是故《易》逆數也〔三〕。

〔一〕高亨曰:"不字疑衍。射即射箭之射。射以殺傷對方,故相射猶言相剋也。"薄,通"迫",迫近。

〔二〕錯,交錯。

〔三〕高亨曰:"易卦六爻,其順序如自上而下數之,是順數也;今自下而上數之,是逆數也。六爻何爲逆數哉? 因用易卦以占知來事也。人之數往者皆自遠而近,如云'夏、商、周、秦、漢'是也。自遠而近,是順數也,故曰'數往者順'。人之知來者皆自近而遠,如云'今後一年、二年、三年、四年'是也。自近而遠,是逆數也,故曰'知來者逆'。用《易經》占事,在於知來,所以六爻逆數。亨按:此三句當在前文'故《易》六位而成章'句下,蓋斷簡誤置此處。"

荀　子

《荀子》最初爲劉向所校訂,後來由唐人楊倞重新整理編次。據《四庫全書總目提要》稱:"周荀況撰。況,趙人。嘗仕爲蘭陵令。亦曰荀卿。漢人或稱孫卿,則以宣帝諱詢,避嫌名也。《漢志》儒家載《荀卿》三十三篇,王應麟《考證》謂當作三十二篇。劉向《校書序録》稱孫卿書凡三百二十三篇,以相校,除重複二百九十篇,定著三十三篇,爲十二卷,題曰《新書》。唐楊倞分易舊第,編爲二十卷,復爲之注,更名《荀子》,即今本也。"

然此書並非全部爲荀子的著作。梁啓超説:"楊倞將《大略》、《宥坐》、《子道》、《法行》、《哀公》、《堯問》六篇降附於末,似有特識。"從內容上看,這六篇大抵爲孔子的言論,也有一些有關古禮的記載。所以,其性質與古本《禮記》相同,或許可稱之爲"荀派《禮記》"。也就是説,其中的孔子言論,實乃《論語》類文獻。這種推斷的一個有力的證據來自孔安國的《家語序》:"孔子既没而微言絶,七十二弟子終而大義乖。六國之世，儒道分散，游説之士各以巧意而爲枝葉，孟軻、荀卿守其所習。當秦昭王時，荀卿入秦，昭王從之問儒術，荀卿以孔子之語及諸國事七十二弟子之言凡百餘篇與之，由此秦悉有焉。"這就是説，荀子的確擁有大量有關孔子之語的記載。

歷代注疏《荀子》成就顯著者，有唐楊倞《荀子注》、清郝懿行《荀子補注》、清王先謙《荀子集解》、近人梁啓雄《荀子簡釋》等。

本書以王先謙的《荀子集解》（中華書局 1988 年版）爲底本，以《百子全書》本、梁啓雄的《荀子簡釋》（中華書局 1993 年版）、王天海的《荀子校釋》（上海古籍出版社 2005 年版）、楊柳橋的《荀子詁譯》（齊魯書社 1985 年版）、李滌生的《荀子集釋》（臺灣學生書局 1979 年版）、章詩同的《荀子簡注》（上海人民出版社 1974 年版）以及郭沂的《孔子集語校補》（齊魯書社 1998 年版。後同）爲參校本加以校勘注釋。

大略篇

子謂子家駒續然大夫，不如晏子[一]；晏子，功用之臣也，不如子產；子產，惠人也，不如管仲；管仲之爲人，力功不力義，力知不力仁。野人也，不可以爲天子大夫[二]。

[一]楊倞注曰："子家駒，魯公子慶之孫，公孫歸父之後，名羈，駒其字也。續，言補續君之過。不能興功用，故不如晏子也。"

[二]楊倞注曰："言四子皆類郊野之人，未浸漬於仁義，故不可爲王者佐。"

子貢問於孔子曰："賜倦於學矣，願息事君。"孔子曰："《詩》云：'溫恭朝夕，執事有恪。'[一]事君難，事君焉可息哉？""然則賜願息事親。"孔子曰："《詩》云：'孝子不匱，永錫爾類。'事親難，事親焉可息哉？""然則賜願息於妻子。"孔子曰："《詩》云：'刑于寡妻，至于兄弟，以御于家邦。'[二]妻子難，妻子焉可息哉？""然則賜願息於朋友。"孔子曰："《詩》云：'朋友攸攝，攝以威儀。'[三]朋友難，朋友焉可息哉？""然則賜願息耕。"孔子曰："《詩》云：'晝爾于茅，宵爾索綯。亟其乘屋，其始播百穀。'耕難，耕焉可息哉？""然則賜無息者乎？"孔子曰："望其壙，皋如也，巔如也，鬲如也[四]，此則知所息矣。"子貢曰："大哉，死乎！君子息焉，小人休焉。"（又見於《韓詩外傳》八、《列子·天瑞》）

〔一〕見《詩·商頌·那》。執事，即行事。恪，古爲“愙”，《説文》曰：“愙，敬也。”故“執事有恪”即行事恭敬。

〔二〕見《詩·大雅·思齊》。刑，法也，這裹指作爲效法的榜樣，以身作則。

〔三〕見《詩·大雅·既醉》。攝，《説文》曰：“引持也。”段注曰：“引持也，謂引進而持之也。凡云攝者皆整飭之意。《詩》：‘攝以威儀。’《傳》曰：‘言相攝佐者以威儀也。’”

〔四〕壙，墳。皋，高。巔，同“巓”，山巓。鬲，鼎一類的器物，這裏用其中空義。

宥坐篇

孔子觀於魯桓公之廟，有敧器焉[一]。孔子問於守廟者，曰：“此爲何器？”守廟者曰：“此蓋爲宥坐之器[二]。”孔子曰：“吾聞宥坐之器者，虛則敧，中則正，滿則覆。”孔子顧謂弟子曰：“注水焉。”弟子挹水而注之[三]。中而正，滿而覆，虛而敧。孔子喟然而歎曰：“吁！惡有滿而不覆者哉！”子路曰：“敢問持滿有道乎？”孔子曰：“聰明聖知，守之以愚；功被天下，守之以讓；勇力撫世[四]，守之以怯；富有四海，守之以謙。此所謂挹而損之之道也[五]。”（又見於《韓詩外傳》三、《淮南子·道應訓》、《説苑·敬慎》）

〔一〕楊倞注曰：“《春秋·哀公三年》‘桓宫、僖宫災’，《公羊傳》曰：‘此皆毁廟也。其言災何？復立也。’或曰：三桓之祖廟敧器傾。敧，易覆之器。”

〔二〕楊倞注曰：“宥與右同。言人君可置於坐右，以爲戒也。”

〔三〕楊倞注曰：“挹，酌。”

〔四〕楊倞注曰：“撫，掩也。猶言蓋世矣。”

〔五〕楊倞注曰：“挹，亦退也。挹而損之，猶言損之又損。”

孔子爲魯攝相，朝七日而誅少正卯[一]。門人進問曰：“夫少正卯，魯之聞人也，夫子爲政而始誅之[二]，得無失乎？”孔子曰：“居，吾語女其故。人有惡者五，而盜竊不與焉：一曰心達而險，二曰行辟而堅，三曰言僞而辯，四曰記醜而博，五曰順非而澤[三]。此五者，有一於人，則不得免於君子之誅，而少正卯兼有之。故居處足以聚徒成群，言談足以飾邪營衆，强足以反是獨立[四]，此小人之桀雄也，不可不誅也。是以湯誅尹諧，文王誅潘止，周公誅管叔，太公誅華仕，管仲誅付里乙，子産誅鄧析、史付。此七子者，皆異世同心，不可不誅也。《詩》

曰：'憂心悄悄，愠于群小。'〔五〕小人成群，斯足憂矣。"（又見於《尹文子·
聖人》、《淮南子·氾論訓下》、《説苑·指武》、《論衡·講瑞》、《劉子·心隱》、《漢書·趙
尹韓張兩王傳》）

　　〔一〕楊倞注曰："爲司寇而攝相也。朝，謂聽朝也。"

　　〔二〕楊倞注曰："聞人，謂有名，爲人所聞知者也。始誅，先誅之也。"

　　〔三〕楊倞注曰："心達而險，謂心通達於事而凶險也。辟，讀曰僻。醜，謂怪異之事。
　　　　澤，有潤澤也。"

　　〔四〕楊倞注曰："營，讀爲熒。熒衆，惑衆也。强，剛愎也。反是，以非爲是也。獨立，
　　　　人不能傾之也。"

　　〔五〕見《詩·邶風·柏舟》。楊倞注曰："悄悄，憂貌。愠，怒也。"

　　孔子爲魯司寇，有父子訟者，孔子拘之，三月不別〔一〕。其父請止，
孔子舍之。季孫聞之，不説，曰："是老也欺予，語予曰：'爲國家必以
孝。'今殺一人以戮不孝，又舍之。"冉子以告。孔子慨然歎曰："嗚呼！
上失之，下殺之，其可乎？不教其民，而聽其獄，殺不辜也。三軍大
敗，不可斬也；獄犴不治〔二〕，不可刑也，罪不在民故也。嫚令謹誅，賊
也〔三〕；今生也有時〔四〕，斂也無時，暴也；不教而責成功，虐也。已此三
者，然後刑可即也〔五〕。《書》曰：'義刑義殺，勿庸以即，予維曰未有順
事。'言先教也〔六〕。故先王既陳之以道，上先服之〔七〕；若不可，尚賢以
綦之；若不可，廢不能以單之〔八〕；綦三年而百姓往矣〔九〕。邪民不從，
然後俟之以刑，則民知罪矣〔一〇〕。《詩》曰：'尹氏太師，維周之氏；秉
國之均，四方是維；天子是庫，卑民不迷。'〔一一〕是以威厲而不試，刑錯
而不用，此之謂也〔一二〕。今之世則不然：亂其教，繁其刑，其民迷惑而
墮焉〔一三〕，則從而制之，是以刑彌繁而邪不勝，三尺之岸而虛車不能登
也，百仞之山任負車登焉，何則？陵遲故也〔一四〕。數仞之牆而民不踰
也，百仞之山而豎子馮而游焉〔一五〕，陵遲故也。今夫世之陵遲亦久矣，
而能使民勿踰乎！《詩》曰：'周道如砥，其直如矢。君子所履，小人所
視。眷焉顧之，潸焉出涕。'豈不哀哉〔一六〕！《詩》曰：'瞻彼日月，悠悠
我思。道之云遠，曷云能來〔一七〕？'"子曰："伊稽首，不其有來
乎〔一八〕！"（又見於《韓詩外傳》三、《説苑·政理》、《長短經·政體》）

　　〔一〕楊倞注曰："別，猶決也。謂不辨別其子之罪。"

〔二〕楊倞注曰：“獄犴不治，謂法令不當也。犴，亦獄也。《詩》曰：‘宜犴宜獄。’‘獄’字從二‘犬’，象所以守者。犴，胡地野犬，亦善守，故獄謂之犴也。”

〔三〕楊倞注曰：“嫚與慢同。謹，嚴也。賊，賊害人也。”

〔四〕王念孫曰：“‘今’字當在‘嫚令謹誅’上，總下三事言之，文義方順。”

〔五〕楊倞注曰：“已，止。即，就。”

〔六〕楊倞注曰：“《書·康誥》。言周公命康叔，使以義刑義殺，勿用以就汝之心，不使任其喜怒也。維刑殺皆以義，猶自謂未有使人可順守之事，故有抵犯者。自責其教之不至也。”

〔七〕楊倞注曰：“服，行也。謂先自行之，然後教之。”

〔八〕楊倞注曰：“綦，極也，謂優寵也。單，盡也。盡，謂黜削。‘單’，或爲‘殫’。”

〔九〕楊倞注曰：“百姓從化，極不過三年也。”盧文弨曰：“‘往’乃‘從’之誤，下注同。”王念孫曰：“案‘從’下當有風字。今本無‘風’字者，‘從’誤爲‘往’，則‘往風’二字義不可通，後人因删‘風’字耳。”

〔一〇〕楊倞注曰：“百姓既往，然後誅其姦邪也。”王念孫曰：“案‘邪民’本作‘躬行’。”

〔一一〕楊倞注曰：“《詩·小雅·節南山》之篇。氐，本也。庳，讀爲毗，輔也。卑，讀爲俾。”

〔一二〕楊倞注曰：“厲，抗也。試，亦用也。但抗其威而不用也。錯，置也。如置物於地不動也。”

〔一三〕孫星衍《孔子集語》“墮”作“陷”。

〔一四〕楊倞注曰：“岸，崖也。負，重也。任負車，任重之車也。遲，慢也。陵遲，言丘陵之勢漸慢也。”盧文弨曰：“案《淮南子·泰族篇》：‘山以凌遲，故能高。’凌遲，猶迤邐、陂陀之謂。此注與《匡謬正俗》俱訓陵爲丘陵，似泥。”王念孫曰：“古無訓負爲重者。負，亦任也。《魯語》注曰：‘任，負荷也。’《楚辭·九章》注曰：‘任，負也。’連言‘任負’者，古人自有複語耳。倒言之，則曰‘負任’，《齊語》‘負任擔荷’是也。陵遲，盧説是也。《説文》：‘夌，夌𢓅也。’其字本作‘夌’，則非謂丘陵明矣。”

〔一五〕王念孫注曰：“馮者，登也。”

〔一六〕楊倞注曰：“《詩·小雅·大東》之篇。言失其砥矢之道，所以陵遲，哀其法度墮壞。”

〔一七〕見《詩·邶風·雄雉》。

〔一八〕楊倞注曰：“稽首，恭敬之至。有所不來者，爲上失其道而人散也。若施德化，使下人稽首歸向，雖道遠，能無來乎？”俞樾曰：“如楊注義，則‘伊稽首’三字甚爲不詞，殆非也。首，當連讀爲道。《周書·芮良夫篇》‘予小臣良夫稽道’，《群書治要》作‘稽首’，是首、道古通用。……稽道，猶同道也。伊者，語詞，猶維也。……孔子言道苟同，則雖遠而亦來，故曰‘伊稽道，不其有來乎’。”

孔子觀於東流之水。子貢問於孔子曰：“君子之所以見大水必觀焉者，是何？”孔子曰：“夫水，大徧與諸生而無爲也，似德〔一〕；其流也埤下，裾拘必循其理，似義〔二〕；其洸洸乎不淈盡〔三〕，似道；若有決行之，其應佚若聲響，其赴百仞之谷不懼，似勇〔四〕；主量必平，似法〔五〕；盈不求概，似正；淖約微達，似察〔六〕；以出以入，以就鮮絜，似善化；其萬折也必東，似志。是故君子見大水必觀焉。”（又見於《大戴禮記·勸學》、《説苑·雜言》）

〔一〕楊倞注曰：“徧與諸生謂水能徧生萬物。爲其不有其功，似上德不德者。”王念孫以爲“徧與”上不當有“大”字，蓋涉上文“大水”而衍。

〔二〕楊倞注曰：“裾與倨同，方也。拘，讀爲鉤，曲也。其流必卑下，或方或曲，必循卑下之理，似義者無不循理也。”

〔三〕楊倞注曰：“洸，讀爲滉。滉，水至之貌。”王念孫以爲楊注非也，古無此訓。“滉滉”，當依《家語》作“浩浩”。

〔四〕楊倞注曰：“決行，決使之行也。佚與逸同，奔逸也。若聲響，言若響之應聲也。似勇者，果於赴難也。”王念孫以爲“奔逸”與“聲響”，義不相屬，楊説非也。佚，讀爲呹。呹，疾貌也。言其相應之疾，若響之應聲也。

〔五〕楊倞注曰：“主，讀爲注。量，謂阬受水之處也。言所經阬坎，注必平之然後過，似有法度均平也。”

〔六〕楊倞注曰：“淖，當爲綽。約，弱也。綽約，柔弱也。雖至柔弱，而侵淫通達於物，似察之見細微也。”

孔子曰：“吾有恥也，吾有鄙也，吾有殆也：幼不能彊學，老無以教之，吾恥之；去其故鄉，事君而達，卒遇故人，曾無舊言，吾鄙之；與小人處者，吾殆之也。”

孔子曰：“如垤而進〔一〕，吾與之；如丘而止，吾已矣。今學曾未如肬贅〔二〕，則具然欲爲人師〔三〕。”

〔一〕垤，小土堆。

〔二〕王先謙釋“肬贅”爲“結肉”，並引《莊子》“以生爲附贅懸肬”爲證。

〔三〕具然，自滿的樣子。

孔子南適楚，厄於陳、蔡之閒，七日不火食，藜羹不糂〔一〕，弟子皆有飢色。子路進問之曰：“由聞之：爲善者天報之以福，爲不善者天報之以禍,今夫子累德、積義、懷美,行之日久矣,奚居之隱也〔二〕?"孔子曰:"由不識,吾語女。女以知者爲必用邪? 王子比干不見剖心乎! 女以忠者爲必用邪? 關龍逢不見刑乎? 女以諫者爲必用邪? 吴子胥不磔姑蘇東門外乎〔三〕! 夫遇不遇者,時也;賢不肖者,材也。君子博學深謀,不遇時者多矣! 由是觀之,不遇世者衆矣,何獨丘也哉! 且夫芷蘭生於深林,非以無人而不芳。君子之學,非爲通也,爲窮而不困,憂而意不衰也,知禍福終始而心不惑也。夫賢不肖者,材也;爲不爲者,人也;遇不遇者,時也;死生者,命也。今有其人,不遇其時,雖賢,其能行乎? 苟遇其時,何難之有! 故君子博學、深謀、脩身、端行以俟其時。"孔子曰:"由,居,吾語汝。昔晉公子重耳霸心生於曹,越王句踐霸心生於會稽,齊桓公小白霸心生於莒。故居不隱者思不遠,身不佚者志不廣〔四〕。女庸安知吾不得之桑落之下〔五〕?"(又見於《韓詩外傳》七、《説苑・雜言》)

〔一〕《説文・米部》云:"糂,以米和羹也。糝,古文糂。"

〔二〕楊倞注曰:"隱,謂窮約。"

〔三〕楊倞注曰:"磔,車裂也。姑蘇,吴都名也。"俞樾曰:"案子胥不被車裂之刑,楊注非是。《漢書・景帝紀》'改磔曰棄市',師古注曰:'磔,謂張其尸也。'當從此訓。"今案:趙懷玉云:"當時説士所爲,每不細考前後。"趙善詒云:"趙校是也。孔子困陳、蔡在哀六年,伍子胥被殺在哀十一年。"所載史事既不可靠,則楊注亦可從。

〔四〕楊倞注曰:"佚與逸通,謂奔竄也。《家語》作'常逸者'。"

〔五〕楊倞注曰:"桑落,九月時也。夫子當時蓋暴露居此樹下。"盧文弨曰:"正文'桑落之下'下,宋本有'乎哉'二字。今案:可省。"郝懿行曰:"桑落,'索郎'反語也。索,言蕭索;郎,言郎當,皆謂困窮之貌。時孔子當阨,子路愠恚,故作隱語發其志意。楊注説固可通,而與上言曹、莒、會稽等義差遠。"

　　子貢觀於魯廟之北堂〔一〕,出而問於孔子曰:"鄉者賜觀於太廟之北堂,吾亦未輟〔二〕,還復瞻被九蓋皆繼,被有説邪〔三〕? 匠過絶邪〔四〕?"孔子曰:"太廟之堂亦嘗有説〔五〕,官致良工〔六〕,因麗節文〔七〕,非無良材也,蓋曰貴文也〔八〕。"

〔一〕楊倞曰:"北堂,神主所在也。"

〔二〕楊倞曰:"輟,止也。"

〔三〕楊倞曰:"'九'當爲'北',傳寫誤耳。'被',皆當爲'彼'。蓋,音盍,户扇也。皆繼,謂其材木斷絶,相接繼也。"

〔四〕楊倞曰:"匠過誤而遂絶之也。"

〔五〕楊倞曰:"言舊曾説,今則無也。"王天海引久保愛説:"本注'説'上當補'有'字。"

〔六〕楊柳橋曰:"致,猶授意也。官致良工,謂官授意于良工也。"

〔七〕楊倞曰:"工則因隨其木之美麗節文而裁製之,所以斷也。"

〔八〕楊倞曰:"非無良才大木,不斷絶者,蓋所以貴文飾也。"今案:"曰",猶"爲"也。

子道篇

魯哀公問於孔子曰:"子從父命,孝乎? 臣從君命,貞乎?"三問,孔子不對。孔子趨出,以語子貢曰:"鄉者,君問丘也,曰:'子從父命,孝乎? 臣從君命,貞乎?'三問而丘不對。賜以爲何如?"子貢曰:"子從父命,孝矣;臣從君命,貞矣。夫子有奚對焉〔一〕?"孔子曰:"小人哉,賜不識也! 昔萬乘之國有争臣四人〔二〕,則封疆不削;千乘之國有争臣三人,則社稷不危;百乘之家有争臣二人,則宗廟不毁;父有争子,不行無禮;士有争友,不爲不義。故子從父,奚子孝? 臣從君,奚臣貞? 審其所以從之之謂孝、之謂貞也〔三〕。"

〔一〕盧文弨曰:"有,讀爲又。"

〔二〕争,通"諍"。下同。

〔三〕楊倞曰:"審其可從則從,不可從則不從也。"盧文弨曰:"《家語·三恕篇》'四人'作'七人','三人'作'五人','二人'作'三人',末句作'夫能審其所從之謂孝,之謂貞也'。"

子路問於孔子曰:"有人於此,夙興夜寐,耕耘樹藝,手足胼胝〔一〕,以養其親,然而無孝之名,何也?"孔子曰:"意者身不敬與? 辭不遜與? 色不順與? 古之人有言曰:'衣與! 繆與! 不女聊〔二〕。'今夙興夜寐,耕耘樹藝,手足胼胝,以養其親,無此三者,則何以爲而無孝之名也〔三〕?"孔子曰:"由,志之,吾語女:雖有國士之力,不能自舉其身,非無力也,勢不可也。故入而行不脩,身之罪也;出而名不章〔四〕,友之過也。故君子入則篤行,出則友賢,何爲而無孝之名也?"(又見於《韓詩外傳》九)

〔一〕楊倞曰:"樹,栽植。藝,播種。胼,謂手足勞。胝,皮厚也。"

〔二〕楊倞曰：“繆，紕繆也。與，讀爲歟。聊，賴也。言雖與之衣而紕繆不精，則不聊賴於汝也。或曰：繆，綢繆也。言雖衣服我，綢繆我，而不敬不順，則不賴汝也。”

〔三〕王先謙引王念孫之説以爲“以”字衍。

〔四〕章，通“彰”。

　　子路問於孔子曰：“魯大夫練而牀，禮邪〔一〕？”孔子曰：“吾不知也。”子路出，謂子貢曰：“吾以夫子爲無所不知，夫子徒有所不知〔二〕。”子貢曰：“女何問哉？”子路曰：“由問魯大夫練而牀，禮邪，夫子曰：‘吾不知也。’”子貢曰：“吾將爲女問之。”子貢問曰：“練而牀，禮邪？”孔子曰：“非禮也。”子貢出，謂子路曰：“女謂夫子爲有所不知乎？夫子徒無所不知，女問非也。禮，居是邑，不非其大夫。”

〔一〕楊倞注曰：“練，小祥也。《禮記》曰‘期而小祥，居惡室，寢有席；又期而大祥，居複寢，中月而禫，禫而牀’也。”

〔二〕王先謙曰：“《華嚴經音義》引劉熙云：‘徒，猶獨也。’”

　　子路盛服見孔子。孔子曰：“由，是裾裾何也〔一〕？昔者江出於岷山，其始出也，其源可以濫觴；及其至江之津也，不放舟〔二〕，不避風，則不可涉也，非維下流水多邪〔三〕？今女衣服既盛，顔色充盈，天下且孰肯諫女矣〔四〕？由！”子路趨而出，改服而入，蓋猶若也〔五〕。孔子曰：“志之，吾語女：奮於言者華，奮於行者伐，色知而有能者〔六〕，小人也。故君子知之曰知之，不知曰不知，言之要也；能之曰能之，不能曰不能，行之至也。言要則知，行至則仁。既知且仁，夫惡有不足矣哉！”（又見於《韓詩外傳》三、《説苑·雜言》）

〔一〕楊倞注曰：“裾裾，衣服盛貌。《説苑》作‘襜襜’。”

〔二〕楊倞注曰：“放，讀爲方。《國語》曰‘方舟設泭’，韋昭曰：‘方，並也。編木爲泭。’”

〔三〕楊倞注曰：“維與唯同。言豈不以下流水多，故人畏之邪？言盛服色厲亦然也。”

〔四〕楊倞注曰：“充盈，猛厲。”

〔五〕楊倞注曰：“猶若，舒和之貌。”

〔六〕楊倞注曰：“奮，振矜也；色知，謂所知見於顔色；有能，自有其能：皆矜伐之意。”

　　子路入，子曰：“由，知者若何？仁者若何？”子路對曰：“知者使人知己,仁者使人愛己。"子曰:"可謂士矣。"子貢入,子曰:"賜,知者若何?仁者若何?"子貢對曰:"知者知人,仁者愛人。"子曰:"可謂士君子矣。"顔淵入,子曰:"回,知者若何?仁者若何?"顔淵對曰:"知者自知,仁者自愛。"子曰:"可謂明君子矣。"

　　子路問於孔子曰:"君子亦有憂乎?"孔子曰:"君子,其未得也則樂其意[一],既已得之又樂其治[二],是以有終身之樂,無一日之憂。小人者,其未得也則憂不得,既已得之又恐失之,是以有終身之憂,無一日之樂也。"(又見於《説苑·雜言》)

　　〔一〕王先謙曰:"得,謂得位也。樂其意,自有所樂也。"
　　〔二〕治,治理,平治。

法行篇

　　子貢問於孔子曰:"君子之所以貴玉而賤珉者[一],何也?爲夫玉之少而珉之多邪?"孔子曰:"惡!賜,是何言也!夫君子豈多而賤之,少而貴之哉!夫玉者,君子比德焉:温潤而澤,仁也;栗而理,知也[二];堅剛而不屈,義也;廉而不劌,行也[三];折而不橈,勇也;瑕適並見,情也[四];扣之,其聲清揚而遠聞,其止輟然,辭也[五]。故雖有珉之雕雕,不若玉之章章[六]。《詩》曰:'言念君子,温其如玉。'[七]此之謂也。"

　　〔一〕楊倞注曰:"珉,石之似玉者。"
　　〔二〕"栗"上原有"縝"字,王先謙據王引之之説删,是也。楊倞注曰:"鄭云'栗,堅貌也'。理,有文理也。似智者處事堅固,又有文理。"
　　〔三〕楊倞注曰:"劌,傷也。雖有廉棱而不傷物,似有德行者不傷害人。"
　　〔四〕楊倞注曰:"瑕,玉之病也。適,玉之美澤調適之處也。瑕適並見,似不匿情者也。"王念孫以爲"適"當讀爲"謫","謫"亦瑕也。尹知章同王念孫之説。
　　〔五〕楊倞注曰:"扣與叩同。似有辭辨,言發言則人樂聽之,言畢更無繁辭也。"
　　〔六〕楊倞注曰:"雕雕,謂雕飾文采也。章章,素質明著也。"
　　〔七〕楊倞注曰:"《詩·秦風·小戎》之篇。引之喻君子比德。"

　　孔子曰:"君子有三恕:有君不能事,有臣而求其使,非恕也;有親不能報,有子而求其孝,非恕也;有兄不能敬,有弟而求其聽令,非恕也。士明於此三恕,則可以端身矣。"

孔子曰："君子有三思，而不可不思也：少而不學，長無能也；老而不教，死無思也〔一〕；有而不施，窮無與也〔二〕。是故君子少思長，則學；老思死，則教；有思窮，則施也。"

〔一〕王天海引熊公哲曰："無思，謂無遺澤爲人所思也。"

〔二〕王天海引劉師培曰："與，即《國策》'富視其所與'之'與'。言窮乏之時，將無復周濟之人也。"釋"與"爲"周濟"，是也。

南郭惠子問于子貢曰："夫子之門何其雜也？"子貢曰："君子正身以俟，欲來者不距，欲去者不止。且夫良醫之門多病人，檃括之側多枉木，是以雜也。"（又見於《説苑・雜言》、《繹史》九十五引《尚書大傳》）

哀公篇

魯哀公問於孔子曰："吾欲論吾國之士〔一〕，與之治國，敢問何如取之邪〔二〕？"孔子對曰："生今之世，志古之道；居今之俗，服古之服；舍此而爲非者，不亦鮮乎？"哀公曰："然則夫章甫、絢屨、紳而搢笏者，此賢乎〔三〕？"孔子對曰："不必然。夫端衣、玄裳、絻而乘路者，志不在於食葷〔四〕；斬衰、菅屨、杖而啜粥者，志不在於酒肉〔五〕。生今之世，志古之道，居今之俗，服古之服，舍此而爲非者，雖有，不亦鮮乎？"哀公曰："善！"孔子曰："人有五儀：有庸人，有士，有君子，有賢人，有大聖。"哀公曰："敢問何如斯可謂庸人矣？"孔子對曰："所謂庸人者，口不能道善言，必不知色色〔六〕，不知選賢人善士，託其身焉，以爲己憂，勤行不知所務，止交不知所定〔七〕，日選擇於物，不知所貴，從物如流，不知所歸，五鑿爲正〔八〕，心從而壞，如此則可謂庸人矣。"哀公曰："善！敢問何如斯可謂士矣？"孔子對曰："所謂士者，雖不能盡道術，必有率也；雖不能徧美善，必有處也。是故知不務多，務審其所知；言不務多，務審其所謂；行不務多，務審其所由。故知既已知之矣，言既已謂之矣，行既已由之矣，則若性命肌膚之不可易也。故富貴不足以益也，卑賤不足以損也，如此則可謂士矣。"哀公曰："善！敢問何如斯可謂之君子矣？"孔子對曰："所謂君子者，言忠信而心不德〔九〕，仁義在身而色不伐，思慮明通而辭不争，故猶然如將可及者〔一〇〕，君子也。”哀公曰：“善！敢問何如斯可謂賢人矣？”孔子對曰：“所謂賢人者，行中規繩而不傷於本〔一〕，言足法於天下而不傷於身，富有天下而無怨財，布施天下而不病貧，如此則可謂賢人矣。”哀公曰：“善！敢問何如斯可謂大聖矣？”孔子對曰：“所謂大聖者，知通乎大道，應變而不窮，辨乎萬物之情性者也。大道者，所以變化遂成萬物也；情性者，所以理然不、取舍也〔一二〕。是故其事大辨乎天地〔一三〕，明察乎日月，總要萬物於風雨，繆繆肫肫，其事不可循〔一四〕，若天之嗣，其事不可識〔一五〕，百姓淺然不識其鄰，若此則可謂大聖矣。”哀公曰：“善！”（又見於《大戴禮記·哀公問五義》）

〔一〕熊公哲曰：“論，是論其賢愚能否，換言之，即選録也。”楊柳橋曰：“高誘注《吕氏春秋》：‘論，猶擇也。’論，借爲‘掄’，俗作‘遴’。”

〔二〕“取”字爲王先謙依盧文弨之説增。

〔三〕楊倞注曰：“章甫，殷冠。王肅云：‘絇，謂屨頭有拘飾也。’鄭康成云：‘絇之言拘也。以爲行戒，狀如刀衣鼻，在屨頭。’紳，大帶也，搢笏於紳者也。”王念孫據《大戴禮記》、《孔子家語》以爲“紳”下有“帶”字，“賢”上有“皆”字，於意義爲長。俞樾以爲“此”當作“比”，比，皆也。

〔四〕楊倞注曰：“端衣、玄裳，即朝玄端也。絻與冕同。”王先謙曰：“端衣、玄裳、絻而乘路，所以祭也，故志不在於食葷。”

〔五〕楊倞注曰：“《儀禮·喪服》曰：‘斬者何？不緝也。’衰長六尺，博四寸，三升布爲之。鄭注《喪服》云：‘上曰衰，下曰裳。’當心前有衰，後有負板，左右有辟領，孝子哀戚，無不在也。菅，菲也。此言服被於外，亦所以制其心也。”

〔六〕楊倞注曰：“色色，謂以己色觀彼之色，知其好惡也。”“色色”，郝懿行據《大戴禮記》以爲當作“邑邑”。郝曰：“邑邑”與“悒悒”同，“悒悒”，憂逆短氣貌也。

〔七〕楊倞注曰：“交，謂接待於物。皆言不能辨是非，悵悵失據也。”梁啓雄則依郝懿行據《大戴禮記》改“勤”爲“動”，改“交”爲“立”。

〔八〕楊倞注曰：“鑿，竅也。五鑿，謂耳目鼻口及心之竅也。言五竅雖似於正，而其心已從外物所誘而壞矣，是庸愚之人也。一曰：五鑿，五情也。《莊子》曰：‘六鑿相攘。’司馬彪曰：‘六情相攘奪。’《韓詩外傳》作‘五藏爲正’也。”郝懿行以爲楊倞注“五竅，五情”是也。王念孫也以爲楊倞後説以五鑿爲五情頗勝前説。

〔九〕楊倞注曰：“不自以爲有德。”

〔一〇〕楊倞注曰：“猶然，舒遲之貌。”

〔一一〕楊倞注曰：“本，亦身也。言雖廣大而不傷其身也。”郝懿行認爲楊注非也：“本，猶質也。謂性之本質如木之有根幹。”

〔一二〕楊倞注曰：“辨情性，乃能理是非之取舍而不惑。”王先謙曰：“然不，猶然否，與‘取舍’對文。注中‘之’字衍。”

〔一三〕楊倞注曰：“其事，謂聖人所理化之事。言辨別萬事，如天地之別萬物，各使區分。”郝懿行曰：“辨與辯同。辯者，治辯也。”王念孫以爲“辨”讀爲“徧”。俞樾認爲“大”字絶句，“是故其事大”與上文“大道者”相應，下“明”字衍。

〔一四〕楊倞注曰：“‘繆’，當爲‘膠’，相加之貌。《莊子》云：‘擾擾。’肫與沌同，雜亂之貌。《爾雅》云：‘沌沌，亂也。’言聖人治萬物錯雜，膠膠沌沌，然而衆人不能循其事。”郝懿行曰：“《大戴記》作‘穆穆純純，其莫之能循’。穆穆，和而美也。純純，精而密也。‘穆’‘繆’古字通，‘純’‘肫’聲相借耳。注並失之。”

〔一五〕楊倞釋“嗣”爲“繼”，郝懿行同。王念孫以爲“嗣”當讀爲“司”，司，主也，言若天之主司萬化，其事不可得而知也。

魯哀公問舜冠於孔子，孔子不對。三問，不對。哀公曰：“寡人問舜冠於子，何以不言也？”孔子對曰：“古之王者，有務而拘領者矣〔一〕，其政好生而惡殺焉。是以鳳在列樹，麟在郊野，烏鵲之巢，可俯而窺也。君不此問，而問舜冠，所以不對也。”

〔一〕楊倞注曰：“務，讀爲冒。拘與句同，曲領也。言雖冠衣拙樸，而行仁政也。”

魯哀公問於孔子曰：“寡人生於深宮之中，長於婦人之手，寡人未嘗知哀也，未嘗知憂也，未嘗知勞也，未嘗知懼也，未嘗知危也。”孔子曰：“君之所問，聖君之問也。丘，小人也，何足以知之？”曰：“非吾子無所聞之也。”孔子曰：“君入廟門而右，登自阼階，仰視榱棟，俯見几筵，其器存，其人亡，君以此思哀，則哀將焉不至矣〔一〕！君昧爽而櫛冠〔二〕，平明而聽朝，一物不應〔三〕，亂之端也，君以此思憂，則憂將焉不至矣！君平明而聽朝，日昃而退，諸侯之子孫必有在君之末庭者，君以此思勞，則勞將焉不至矣！君出魯之四門，以望魯四郊，亡國之虛，則必有數蓋焉〔四〕，君以此思懼，則懼將焉不至矣！且丘聞之，‘君者，舟也；庶人者，水也。水則載舟，水則覆舟’，君以此思危，則危將焉而不至矣！”（又見於《新序·雜事四》）

〔一〕楊倞注曰：“謂祭祀時也。阼與阼同。榱亦椽也。哀將焉不至，言必至也。”王先謙本、梁啓雄本、《百子全書》本“焉”下有“而”字。下文“憂將焉不至”、“勞將焉不至”、“懼將焉不至”倣此。盧文弨曰：“正文‘將焉’下，元刻有‘而’字，下四句並同。而，當訓爲能，若以爲衍，不應五句皆誤。”王念孫同意盧説。

〔二〕楊倞注曰：“昧，闇。爽，明也。謂初曉尚暗之時。”櫛冠，王天海曰：“梳髮束冠也。”

〔三〕王天海曰：“不應，不相適應也。或曰：不應，不稱、不當也。”

〔四〕楊倞注曰：“虛，讀爲墟。有數蓋焉，猶言蓋有數焉，倒言之耳。”盧文弨曰：“數蓋，猶言數區也。”郝懿行曰：“‘虛’‘墟’古今字。……蓋者，苫也。言故虛羅列其間，必有聚廬而居者焉。觀此易興亡國之感。”

魯哀公問於孔子曰：“紳、委、章甫〔一〕，有益於仁乎？”孔子蹴然曰：“君號然也〔二〕！資衰、苴杖者不聽樂〔三〕，非耳不能聞也，服使然也。黼衣、黻裳者不茹葷，非口不能味也，服使然也〔四〕。且丘聞之，好肆不守折，長者不爲市。竊其有益與其無益〔五〕，君其知之矣。”

〔一〕楊倞注曰：“紳，大帶也。委，委貌，周之冠也。章甫，殷冠也。”鄭玄注《儀禮》云：“委，安也，所以安正容貌。章，表明也。殷質，言所以表明丈夫也。”

〔二〕“號”，梁啓雄以爲當據《家語》改爲“胡”。

〔三〕楊倞注曰：“資與齊同。苴杖，竹也。苴，謂蒼白色自死之竹也。”

〔四〕楊倞注曰：“黼衣、黻裳，祭服也。白與黑爲黼，黑與青爲黻。禮，祭致齊，不茹葷。非不能味，謂非不能知味也。”

〔五〕“竊”，梁啓雄以爲當據《家語》注改爲“察”。

魯哀公問於孔子曰：“請問取人？”孔子對曰：“無取健，無取詌〔一〕，無取口啍〔二〕。健，貪也；詌，亂也；口啍，誕也〔三〕。故弓調而後求勁焉，馬服而後求良焉，士信愨而後求知能焉。士不信愨而有多知能，譬之其豺狼也，不可以身尒也〔四〕。語曰：‘桓公用其賊，文公用其盜〔五〕。’故明主任計不信怒〔六〕，闇主信怒不任計。計勝怒則彊，怒勝計則亡。”（又見於《韓詩外傳》四、《説苑•尊賢》）

〔一〕孫星衍《孔子集語》注引《家語》作“鉗”。今案：王肅注曰：“謂妄對不謹誠者。”

〔二〕楊倞注曰：“啍與諄同。《方言》云：‘齊、魯凡相疾謂之諄憎。’諄，之閏反。王肅云：‘啍，多言。’或曰：《詩》云：‘誨爾諄諄。’口諄，謂口教誨，心無誠實者。”郝懿行曰：“‘詌’蓋譌字，《説苑•尊賢篇》作‘拑’，是也。拑訓脅持。《家語•五儀解》作‘鉗’，亦假借字耳。‘口啍’，《家語》作‘啍啍’，王肅注：‘多言也。’《韓詩外傳》四‘詌’作‘佞’，‘口啍’作‘口讒’，恐亦譌字，當作‘口鑱’。鑱者，銳也。今《説苑》正作‘銳’，是矣。”

〔三〕楊倞注曰:"健羨之人多貪欲,詀忌之人多悖亂,讒疾之人多妄誕。"郝懿行曰:"健無貪義,不知何字之譌。楊注甚謬。《韓詩外傳》作'健,驕也',《説苑》'健者必欲兼人,不可以爲法',以此參證,可知作'貪'必譌字矣。拑者利口捷給,變亂是非,故云'亂也'。誕者誇大,故《説苑》云'口鋭者多誕而寡信,後恐不驗也'。"

〔四〕楊倞注曰:"有,讀爲'又'。尒,與'邇'同。"

〔五〕久保愛曰:"管仲射桓公中鉤,故曰'賊'。文公之豎頭須,竊藏以逃,已而又用之,故曰'盜'。"

〔六〕章詩同曰:"憑謀慮不憑忿怒。"

堯問篇

子貢問於孔子曰:"賜爲人下而未知也〔一〕。"孔子曰:"爲人下者乎,其猶土也? 深抇之而得甘泉焉〔二〕,樹之而五穀蕃焉,草木殖焉,禽獸育焉;生則立焉,死則入焉;多其功而不息〔三〕。爲人下者,其猶土也。"(又見於《韓詩外傳》七、《説苑·臣術》)

〔一〕楊倞注曰:"下,謙下也。子貢問欲爲人下,未知其益也。"

〔二〕楊倞注曰:"抇,掘也。"

〔三〕"息",王引之以爲當據《御覽》改爲"悳"。"悳",古"德"字。

禮　記

《史記·孔子世家》載:"孔子之時,周室微而禮樂廢,《詩》、《書》缺。追迹三代之禮,序《書傳》。上紀唐虞之際,下至秦繆,編次其事。曰:'夏禮吾能言之,杞不足徵也。殷禮吾能言之,宋不足徵也。足,則吾能徵之矣。'觀殷夏所損益,曰:'後雖百世可知也,以一文一質。周監於二代,郁郁乎文哉。吾從周。'故《書傳》、《禮記》自孔氏。"既然"《禮記》自孔氏",那麽它一定就是先秦古籍。從司馬遷的叙述看,古本《禮記》乃孔子所"言"夏商周三代之禮。所謂"自孔氏",並不是説作於孔子,而是傳自孔子。孔子自謂"述而不作"即指此類。經秦火以後,漢初至少有兩部古本《禮記》重現於世,一部發現於孔壁,另一部爲河間獻王劉德所收藏。《經典釋文·叙録》引劉向《別録》云:"古文《記》二百四篇。"這應是兩種古本《禮記》的總篇數。《漢書·藝文志》載:"《記》百三十一篇。"這應是劉向校讎兩種古本《禮記》,並"除複重",從而"定著"以後的篇數。當時出現的這兩種古本《禮記》，應該分別是大小戴《禮記》的祖本。今本大小戴《禮記》有多處重複，則是不同的傳本造成的。因此，過去人們一直認爲大小戴《禮記》來自《漢志》所著録的《記》一百三十一篇，是一個歷史誤會。

大小戴《禮記》的内容大致可分爲四類。第一類爲古本《禮記》，包括《論語》類文獻。第二類爲其他《論語》類文獻，如《孔子三朝》等。關於《漢志》所著録的《孔子三朝》七篇，顔師古注曰：“今《大戴禮》有其一篇，蓋孔子對哀公語也。三朝見公，故曰三朝。”沈欽韓糾正道：“今《大戴記·千乘》、《四代》、《虞戴德》、《誥志》、《小辯》、《用兵》、《少間》。”《史記·五帝本紀》索隱亦引劉向《别録》云：“孔子見魯哀公問政，比三朝，退而爲此記，故曰《三朝》。凡七篇，並入《大戴記》。”這就是説，《孔子三朝》七篇今存。第三類爲七十子後學的文獻，其中亦包括一些《論語》類文獻，如《緇衣》、《表記》、《坊記》之屬。第四類爲秦漢時的作品。

歷代注疏《禮記》的代表作有漢鄭玄的《禮記注》、唐孔穎達的《禮記注疏》、清朱彬的《禮記訓纂》、清孫希旦的《禮記集解》等。

本次整理，除《大學》、《中庸》兩篇以朱熹《四書章句集注》（中華書局 1983 年點校本）爲底本外，其餘均以孫希旦《禮記集解》（中華書局 1989 年點校本）爲底本。在校勘和注釋過程中，還參考了楊天宇《禮記譯注》（上海古籍出版社 2004 年版）和楊天宇注説《禮記》（河南大學出版社 2010 年版）。

檀弓上

公儀仲子之喪，檀弓免焉[一]。仲子舍其孫而立其子，檀弓曰：“何居[二]？我未之前聞也。”趨而就子服伯子於門右[三]，曰：“仲子舍其孫而立其子，何也？”伯子曰：“仲子亦猶行古之道也。昔者文王舍伯邑考而立武王，微子舍其孫腯而立衍也。夫仲子亦猶行古之道也。”子游問諸孔子。孔子曰：“否。立孫[四]。”

〔一〕公儀仲子，春秋時魯國人。檀弓，公儀仲子之友。免，一種頭戴的喪飾。鄭玄曰：“檀弓故爲非禮譏仲子也。禮，朋友皆在他邦，乃袒免。仲子所立非也。公儀蓋魯同姓。周禮，適子死，立適孫爲後。”

〔二〕居，語助詞。

〔三〕鄭玄曰：“檀弓去賓位，就主人兄弟之賢者而問之。子服伯子，蓋仲孫蔑之玄孫子服景伯。蔑，魯大夫。”

〔四〕鄭玄曰：“伯子爲親者諱耳，立子非也。文王立武王，權也。微子適子死，立其弟衍,殷禮也。孔子曰‘立孫’,據周禮。”

子上之母死而不喪[一],門人問諸子思曰:“昔者子之先君子喪出母乎[二]?”曰:“然。”“子之不使白也喪之,何也?”子思曰:“昔者,吾先君子無所失道,道隆則從而隆,道污則從而污[三],伋則安能! 爲伋也妻者,是爲白也母;不爲伋也妻者,是不爲白也母。”故孔氏之不喪出母,自子思始也。

〔一〕子上,孔伋(子思)之子,孔子曾孫,名白,字子上,其母已爲子思所出。

〔二〕鄭玄曰:“禮爲出母期,父卒,爲父後者不服耳。”

〔三〕鄭玄曰:“污猶殺也。有隆有殺,進退如禮。”

孔子曰:“拜而后稽顙,頹乎其順也;稽顙而后拜,頎乎其至也。三年之喪,吾從其至者[一]。”

〔一〕顙,額頭。鄭玄曰:“拜而后稽顙,此殷之喪拜也。頹,順也。先拜賓,順於事也。稽顙而后拜,此周之喪拜也。頎,至也。先觸地無容,哀之至。重者尚哀戚,自期如殷可。”

孔子既得合葬於防,曰:“吾聞之,古也墓而不墳[一]。今丘也,東西南北之人也,不可以弗識也[二]。”於是封之[三],崇四尺。孔子先反[四],門人後,雨甚至,孔子問焉,曰:“爾來何遲也?”曰:“防墓崩。”孔子不應。三,孔子泫然流涕曰:“吾聞之,古不修墓。”

〔一〕不墳,不起墳。

〔二〕識,標誌。

〔三〕封,封土爲墳,作爲標誌。

〔四〕反,同“返”,返回。

孔子哭子路於中庭,有人弔者,而夫子拜之。既哭,進使者而問故。使者曰:“醢之矣[一]。”遂命覆醢[二]。

〔一〕鄭玄曰:“醢之者,示欲啖食以怖衆。”

〔二〕鄭玄曰:“覆,棄之,不忍食。”

孔子少孤,不知其墓[一],殯於五父之衢。人之見之者,皆以爲葬也。其慎也〔二〕,蓋殯也。問於郰曼父之母〔三〕,然後得合葬於防。

〔一〕不知其墓,不知道其父親墓地之所在。

〔二〕鄭玄曰:“慎,當爲‘引’,禮家讀然,聲之誤也。殯引,飾棺以輴;葬引,飾棺以柳
　　翣。”今案:“慎”釋爲“慎重”亦通。

〔三〕郰,地名,在今曲阜東南。曼父之母,孔子之母生前的鄰居。

魯人有朝祥而莫歌者〔一〕,子路笑之。孔子曰:“由!爾責於人,
終無已夫!三年之喪,亦已久矣夫!”子路出,夫子曰:“又多乎哉,踰
月則其善也。”

〔一〕莫,通“暮”,晚上。孔穎達曰:“祥,謂二十五月。大祥歌哭不同日,故仲由笑之。”

南宫縚之妻之姑之喪〔一〕,夫子誨之髽曰〔二〕:“爾毋從從爾!爾毋
扈扈爾!蓋榛以爲笄,長尺而總八寸〔三〕。”

〔一〕鄭玄曰:“南宫縚,孟僖子之子南宫閲也,字子容。其妻,孔子兄女。”

〔二〕髽,古代婦女服喪期間扎成的髮髻。

〔三〕鄭玄曰:“從從,謂大高。扈扈,謂大廣。總,束髮垂爲飾。齊衰之總八寸。”

孟獻子禫〔一〕,縣而不樂〔二〕,比御而不入〔三〕。夫子曰:“獻子加於
人一等矣!”

〔一〕鄭玄曰:“孟獻子,魯大夫仲孫蔑。”又《士虞禮》注曰:“禫,祭名也,與大祥間一
　　月。自喪至此,凡二十七月。禫之言澹澹然,平安意也。”

〔二〕縣,通“懸”,縣而不樂,即懸掛樂器而不奏樂。

〔三〕比御而不入,即排列好了同房的婦女而不入房。

孔子既祥,五日彈琴而不成聲,十日而成笙歌〔一〕。

〔一〕孔穎達曰:“祥是凶事用遠日,故十日得踰月。若其卜遠不吉,則用近日。雖祥後
　　十日,未得成笙歌,以其未踰月也。”

子路有姊之喪,可以除之矣〔一〕,而弗除也。孔子曰:“何弗除
也?”子路曰:“吾寡兄弟而弗忍也。”孔子曰:“先王制禮,行道之人皆
弗忍也。”子路聞之,遂除之。

〔一〕除之,這裏指除去喪服。

伯魚之母死^{〔一〕},期而猶哭。夫子聞之,曰:"誰與哭者?"門人曰: "鯉也。"夫子曰:"嘻!其甚也。"伯魚聞之,遂除之。

〔一〕伯魚,孔子之子孔鯉。

伯高之喪^{〔一〕},孔氏之使者未至,冉子攝束帛、乘馬而將之^{〔二〕}。孔子曰:"異哉^{〔三〕}!徒使我不誠於伯高。"

〔一〕鄭玄曰:"伯高死時在衛,未知何國人。"

〔二〕鄭玄曰:"冉子,孔子弟子冉有。攝猶貸也。"攝,即假借,即説冉有假借孔子之名去悼念。

〔三〕異,驚奇。

伯高死於衛,赴於孔子^{〔一〕}。孔子曰:"吾惡乎哭諸?兄弟,吾哭諸廟;父之友,吾哭諸廟門之外;師,吾哭諸寢^{〔二〕};朋友,吾哭諸寢門之外;所知,吾哭諸野。於野則已疏,於寢則已重。夫由賜也見我,吾哭諸賜氏。"遂命子貢爲之主^{〔三〕},曰:"爲爾哭也來者,拜之;知伯高而來者,勿拜也。"

〔一〕鄭玄曰:"赴,告也。"

〔二〕寢,正寢,爲齋戒或疾病時居之。

〔三〕主,主喪之人。

子夏喪其子而喪其明^{〔一〕}。曾子弔之曰:"吾聞之也,朋友喪明則哭之。"曾子哭,子夏亦哭,曰:"天乎!予之無罪也!"曾子怒,曰:"商!女何無罪也?吾與女事夫子於洙、泗之間,退而老於西河之上,使西河之民疑女於夫子^{〔二〕},爾罪一也。喪爾親,使民未有聞焉,爾罪二也。喪爾子,喪爾明,爾罪三也。而曰女何無罪與?"子夏投其杖而拜曰: "吾過矣!吾過矣!吾離群而索居亦已久矣。"

〔一〕喪其明,眼睛失明。

〔二〕疑,通"擬",比擬。

孔子之衛,遇舊館人之喪^{〔一〕},入而哭之哀。出,使子貢説驂而賻之^{〔二〕}。子貢曰:"於門人之喪,未有所説驂,説驂於舊館,無乃已重乎？”夫子曰：“予鄉者入而哭之，遇於一哀而出涕〔三〕。予惡夫涕之無從也，小子行之！”

〔一〕鄭玄曰：“館人，前日君所使舍己。”

〔二〕説，楊天宇以爲通“脱”。賻，鄭玄曰：“助喪用。”

〔三〕一哀，專一致哀。

孔子在衛，有送葬者，而夫子觀之，曰：“善哉爲喪乎！足以爲法矣。小子識之！”子貢曰：“夫子何善爾也？”曰：“其往也如慕，其反也如疑〔一〕。”子貢曰：“豈若速反而虞乎〔二〕？”子曰：“小子識之！我未之能行也。”

〔一〕鄭玄曰：“慕，謂小兒隨父母啼呼。疑者，哀親之在彼，如不欲還然。”

〔二〕虞，虞祭，人死葬後當天中午回來行虞祭。

顏淵之喪，饋祥肉，孔子出受之；入，彈琴而後食之。

孔子與門人立，拱而尚右〔一〕，二三子亦皆尚右。孔子曰：“二三子之嗜學也，我則有姊之喪故也。”二三子皆尚左。

〔一〕拱，拱手。

孔子蚤作〔一〕，負手曳杖〔二〕，消摇於門〔三〕，歌曰：“泰山其頹乎！梁木其壞乎！哲人其萎乎〔四〕！”既歌而入，當户而坐。子貢聞之，曰：“泰山其頹，則吾將安仰？梁木其壞，哲人其萎，則吾將安放〔五〕？夫子殆將病也！”遂趨而入。夫子曰：“賜！爾來何遲也？夏后氏殯於東階之上，則猶在阼也；殷人殯於兩楹之間，則與賓主夾之也；周人殯於西階之上，則猶賓之也。而丘也，殷人也。予疇昔之夜〔六〕，夢坐奠於兩楹之間。夫明王不興，而天下其孰能宗予？予殆將死也。”蓋寢疾七日而没。

〔一〕蚤作，早起。

〔二〕負，背。曳，拖。

〔三〕消摇，即逍遥。

〔四〕萎，病也。

〔五〕放,仿效。

〔六〕疇昔,往昔,往日。

孔子之喪,門人疑所服〔一〕。子貢曰:“昔者夫子之喪顔淵,若喪子而無服。喪子路亦然。請喪夫子若喪父而無服。”

〔一〕疑,疑問,拿不準。

孔子之喪,公西赤爲志焉〔一〕。飾棺牆〔二〕,置翣〔三〕,設披〔四〕,周也;設崇〔五〕,殷也;綢練設旐〔六〕,夏也。

〔一〕公西赤,孔子弟子,字子華。志,墓志銘。

〔二〕鄭玄曰:“牆,柳衣。牆之障柩,猶垣牆障家。”

〔三〕翣,一種長柄的布扇,出殯時由人拿着在柩車兩邊以爲飾。

〔四〕披,繫在柩車上的帛帶,柩車行進時,由人執之,以防因道路顛簸而致棺柩傾斜。

〔五〕崇,鄭玄曰:“牙旐,旗飾也。”即周圍飾有牙邊的旗。

〔六〕鄭玄曰:“綢練,以練綢(纏)旐之杠。此旐,葬乘車所建也。旐之旒,緇布廣充幅,長尋曰旐。”

子夏問於孔子曰:“居父母之仇〔一〕,如之何?”夫子曰:“寢苫枕干〔二〕,不仕,弗與共天下也。遇諸市朝,不反兵而鬬〔三〕。”曰:“請問居昆弟之仇如之何?”曰:“仕弗與共國,銜君命而使〔四〕,雖遇之不鬬。”曰:“請問居從父、昆弟之仇如之何?”曰:“不爲魁〔五〕,主人能,則執兵而陪其後。”

〔一〕居,處也。

〔二〕苫,草墊子。干,盾。

〔三〕鄭玄注曰:“弗與共天下,不可以並生也。不反兵,言雖適市朝,不釋兵也。”

〔四〕銜,領受。

〔五〕魁,首領。

孔子之喪,二三子皆絰而出〔一〕;群,居則絰〔二〕,出則否。

〔一〕絰,麻所做的孝帶。

〔二〕居,在家。

子路曰:“吾聞諸夫子:‘喪禮,與其哀不足而禮有餘也,不若禮不足而哀有餘也。祭禮，與其敬不足而禮有餘也，不若禮不足而敬有餘也。’”

弁人有其母死而孺子泣者〔一〕，孔子曰：“哀則哀矣，而難爲繼也〔二〕。夫禮，爲可傳也，爲可繼也，故哭踊有節。”

〔一〕弁，地名。孺子泣，像孩子一樣哭泣，即不依禮而盡情痛哭。鄭玄曰：“孺子泣，言聲無節。”

〔二〕鄭玄曰：“難繼，失禮中也。”

孔子曰：“之死而致死之〔一〕，不仁而不可爲也；之死而致生之〔二〕，不知而不可爲也。是故竹不成用，瓦不成味，木不成斲，琴瑟張而不平，竽笙備而不和，有鐘磬而無簨虡，其曰明器，神明之也〔三〕。”

〔一〕之死而致死之，前往葬禮而將死者當作無知者。

〔二〕之死而致生之，前往葬禮而將死者當作有知者。

〔三〕鄭玄曰：“成，善也。竹不可善用，謂邊無縢。味當作‘沫’。不和，無宮商之調。無簨虡，不縣之也。橫曰簨，植曰虡。神明之，言神明死者也。神明者非人所知，故其器如此。”

有子問於曾子曰：“問喪於夫子乎〔一〕？”曰：“聞之矣：喪欲速貧，死欲速朽。”有子曰：“是非君子之言也。”曾子曰：“參也聞諸夫子也。”有子又曰：“是非君子之言也。”曾子曰：“參也與子游聞之。”有子曰：“然。然則夫子有爲言之也〔二〕？”曾子以斯言告於子游。子游曰：“甚哉！有子之言似夫子也。昔者夫子居於宋，見桓司馬自爲石椁，三年而不成。夫子曰：‘若是其靡也〔三〕，死不如速朽之愈也〔四〕。’死之欲速朽，爲桓司馬言之也。南宮敬叔反，必載寶而朝。夫子曰：‘若是其貨也！喪不如速貧之愈也。’喪之欲速貧，爲敬叔言之也。”曾子以子游之言告於有子。有子曰：“然。吾固曰非夫子之言也。”曾子曰：“子何以知之？”有子曰：“夫子制於中都，四寸之棺，五寸之椁，以斯知不欲速朽也。昔者夫子失魯司寇，將之荆，蓋先之以子夏〔五〕，又申之以冉有，以斯知不欲速貧也。”

〔一〕問，楊天宇以爲當作“聞”。

〔二〕有爲言之,有所指而言。

〔三〕靡,浪費。

〔四〕愈,更佳。

〔五〕先之以子夏,先派子夏去瞭解詳情。

　　夫子曰:“始死,羔裘、玄冠者,易之而已。”羔裘、玄冠,夫子不以弔〔一〕。

〔一〕孫希旦曰:“羔裘、玄冠,吉服也。弔於未成服之前者皆吉服,以主人尚未喪服也;主人既成服,則不以吉服弔矣。羔裘不以弔,則弔衰皆襲麑裘也。”

　　子游問喪具〔一〕。夫子曰:“稱家之有亡〔二〕。”子游曰:“有亡惡乎齊?”夫子曰:“有,毋過禮。苟亡矣,斂首足形,還葬,縣棺而封,人豈有非之者哉〔三〕?”

〔一〕具,具備。問喪具,詢問辦喪事如何才算具備。

〔二〕稱,相當。稱家之有亡,與家中財物多少相稱。

〔三〕鄭玄曰:“惡乎齊,問豐省之比。還之言便也。言已斂即葬,不待三月。縣官而封,不設碑繂,不備禮。封當爲‘窆’,下棺也。”

　　孟獻子之喪,司徒旅歸四布〔一〕。夫子曰:“可也。”

〔一〕鄭玄曰:“獻子,魯大夫仲孫蔑。旅,下士也。司徒使下士歸四方之賻布。”楊天宇曰:“據注、疏,司徒名敬子,是孟獻子的家臣;……布是賻錢。孟獻子送終之物皆備,而賻錢有餘,因此‘司徒敬子稟承主人之意,使旅下士歸還四方之泉布也’。”

　　子夏問諸夫子曰:“居君之母與妻之喪,居處、言語、飲食衎爾〔一〕。”

〔一〕鄭玄曰:“衎爾,自得貌。”

　　賓客至,無所館〔一〕。夫子曰:“生於我乎館,死於我乎殯。”

〔一〕館,住宿。

　　孔子之喪,有自燕來觀者,舍於子夏氏〔一〕。子夏曰:“聖人之葬人與?人之葬聖人也。子何觀焉?昔者夫子言之曰:‘吾見封之若堂者矣〔二〕,見若坊者矣〔三〕,見若覆夏屋者矣〔四〕,見若斧者矣〔五〕。'從若斧者焉,馬鬣封之謂也〔六〕。今一日而三斬板〔七〕,而已封,尚行夫子之志乎哉〔八〕!"

〔一〕舍,住宿。

〔二〕封,封土而墳。堂,堂基,四方而高。

〔三〕坊,堤防。

〔四〕鄭玄曰:"覆,謂茨瓦也。夏屋,今之門廡也,其形旁廣而卑。"

〔五〕若斧,據孔穎達疏,斧形刃向上,長而高也。

〔六〕鄭玄曰:"馬鬣封,俗間名。"楊天宇曰:"鬣,馬鬃毛。據陳澔説,馬頸部長鬃鬣處,其肉薄似斧,封形與之相似。"

〔七〕楊天宇曰:"據注、疏,這是説爲孔子築墳,是用板築法。板寬二尺,長六尺,圍其周,而用繩約束之,板中填土築實,築夠一板,即斬斷約板的繩索,再約板而築之,這樣築三次,即所謂'三斬板'。"

〔八〕尚,孔穎達曰:"庶幾也。"

魯哀公誄孔丘曰:"天不遺耆老,莫相予位焉。嗚呼哀哉!尼父〔一〕!"

〔一〕孫希旦曰:"稱孔丘者,君臣之辭也。耆老,謂孔子。相,助也。言孔子死而無助我之位者,傷之之辭也。尼父,孔子之字也。孔子無謚而爲誄,誄之不必有謚,於此見矣。"

孔子惡野哭者。

檀弓下

殷既封而弔〔一〕,周反哭而弔。孔子曰:"殷已慤〔二〕,吾從周。"

〔一〕鄭玄曰:"封當爲'窆'。窆,下棺也。"

〔二〕慤,質樸少文。

殷練而祔,周卒哭而祔,孔子善殷〔一〕。

〔一〕孫希旦曰:"殷練而祔,於練祭之明日而祔也。周卒哭而祔,於卒哭之明日而祔也。祔畢,主皆還於寢,至三年喪畢,而後祭於廟,則殷、周之所同也。"練,人死一周年祭名。

孔子謂:“爲明器者〔一〕,知喪道矣,備物而不可用也。”

〔一〕明器,陪葬的器物。

孔子謂:“爲芻靈者善。”謂:“爲俑者不仁〔一〕。”

〔一〕鄭玄曰:“俑,人偶也,有面目機發,似於生人。”

衛司徒敬子死,子夏弔焉,主人未小斂,絰而往。子游弔焉,主人既小斂,子游出,絰,反哭。子夏曰:“聞之也與?”曰:“聞諸夫子:主人未改服〔一〕,則不絰。”

〔一〕楊天宇曰:“據《士喪禮》,主人小斂後始‘襲絰’,包括首絰和腰絰,也就是所謂‘改服’。”

子張曰:“司徒敬子之喪,夫子相,男子西鄉,婦人東鄉。”

穆伯之喪,敬姜晝哭;文伯之喪,晝夜哭。孔子曰:“知禮矣。”

子張問曰:“《書》云:‘高宗三年不言,言乃讙〔一〕。’有諸?”仲尼曰:“胡爲其不然也! 古者天子崩,王世子聽於冢宰三年。”

〔一〕讙,喜悦也。鄭玄曰:“冢宰,天官卿,貳王事者,三年之喪,使之聽朝。”

子路曰:“傷哉貧也! 生無以爲養,死無以爲禮也。”孔子曰:“啜菽飲水,盡其歡,斯之謂孝。斂首足形,還葬而無椁,稱其財,斯之謂禮〔一〕。”

〔一〕孔穎達曰:“啜菽,以菽爲粥而常啜之。”還,謂不到日期。

仲遂卒于垂,壬午猶繹,《萬》入去《籥》〔一〕。仲尼曰:“非禮也。卿卒不繹。”

〔一〕孫希旦曰:“仲遂卒于垂,壬午猶繹,《萬》入去《籥》,此《春秋·宣八年經》文也。仲遂,魯大夫東門襄仲也。垂,齊地。繹,祭之明日又祭也。猶者,可已而不已之辭也。《萬》者,文、武二舞之總名。《籥》,文舞也。舞以武舞爲重,文舞爲輕,《祭統》‘舞莫重于武宿夜’是也。《萬》入去《籥》,言文、武二舞皆入,去文舞而獨用武舞,蓋但去其輕者,以示殺樂之意,而其重者猶不去也。”

戰于郎[一]，公叔禺人遇負杖入保者息[二]，曰：“使之雖病也，任之雖重也[三]，君子不能爲謀也，士弗能死也，不可。我則既言矣。”與其鄰重汪踦往[四]，皆死焉。魯人欲勿殤重汪踦，問於仲尼。仲尼曰：“能執干戈以衛社稷，雖欲勿殤也，不亦可乎！”

〔一〕鄭玄曰：“郎，魯近邑也。哀十一年‘齊國書帥師伐我’是也。”

〔二〕鄭玄曰：“遇，見也。見走辟齊師，將入保，罷倦，加其杖頸上，兩手掫之休息者。保，縣邑小城。禺人，昭公之子，《春秋傳》曰‘公叔務人’。”

〔三〕鄭玄曰：“使之病，謂時繇役。任之重，謂時賦稅。”

〔四〕鄭玄曰：“重，皆當爲‘童’。童，未冠者之稱，姓汪名踦，《春秋傳》曰‘童汪錡’。”

工尹商陽與陳棄疾追吳師[一]，及之[二]。陳棄疾謂工尹商陽曰：“王事也，子手弓而可[三]。”手弓。“子射諸！”射之，斃一人，韔弓[四]。又及，謂之，又斃二人。每斃一人，揜其目。止其御曰[五]：“朝不坐，燕不與[六]，殺三人，亦足以反命矣[七]。”孔子曰：“殺人之中，又有禮焉。”

〔一〕鄭玄曰：“工尹，楚官名。棄疾，楚公子棄疾也。以魯昭八年帥師滅陳，縣之，楚人善之，因號焉。”

〔二〕及之，追上了。

〔三〕手弓，將弓拿在手中。

〔四〕鄭玄曰：“韔，韜也。韔弓，不忍復射也。”韜，弓或劍的套子。

〔五〕御，駕車者。

〔六〕與，參加。

〔七〕反命，復命。

夫子之母名徵在。

孔子過泰山側，有婦人哭於墓者而哀。夫子式而聽之[一]，使子路問之曰：“子之哭也，壹似重有憂者[二]。”而曰[三]：“然。昔者吾舅死於虎，吾夫又死焉，今吾子又死焉！”夫子曰：“何爲不去也？”曰：“無苛政。”夫子曰：“小子識之！苛政猛於虎也。”

〔一〕式，手撫車軾。

〔二〕壹，的確。

〔三〕鄭玄曰："而,乃也。"

延陵季子適齊〔一〕,於其反也,其長子死,葬於嬴、博之間〔二〕。孔子曰："延陵季子,吴之習於禮者也。"往而觀其葬焉。其坎深不至於泉,其斂以時服,既葬而封〔三〕,廣輪揜坎〔四〕,其高可隱也〔五〕。既封,左祖〔六〕,右還其封〔七〕,且號者三,曰："骨肉歸復於土,命也。若魂氣則無不之也,無不之也。"而遂行。孔子曰："延陵季子之於禮也,其合矣乎!"

〔一〕鄭玄曰："季子名札,魯昭公二十七年'吴公子札聘於上國'是也。季子讓國,居延陵,因號焉。"

〔二〕鄭玄曰："嬴、博,齊地,今泰山縣是也。孔子往而觀其葬者,往弔之也。坎深不至於泉,以生恕死。斂以時服,斂以行時之服,不改制節也。輪,從也。廣輪揜坎,其高可隱,亦節也。還,圍也。號,哭且言也。"

〔三〕封,封土起墳。

〔四〕廣輪揜坎,墳長寬正好掩蓋住墓穴。

〔五〕鄭玄曰："隱,據也。封可手據,謂高四尺所。"

〔六〕左祖,祖露左肩。

〔七〕右還,向右環繞墳墓。

仲尼之畜狗死,使子貢埋之,曰："吾聞之也:敝帷不棄,爲埋馬也;敝蓋不棄,爲埋狗也。丘也貧,無蓋,於其封也,亦予之席,毋使其首陷焉〔一〕。"路馬死〔二〕,埋之以帷。

〔一〕鄭玄曰："畜狗,馴守。封當爲'窆'。陷,謂没於土。"

〔二〕鄭玄曰："路馬,君所乘者。其他狗馬不能以帷蓋。"

陽門之介夫死,司城子罕入而哭之哀〔一〕。晉人之覘宋者反報於晉侯曰〔二〕:"陽門之介夫死,而子罕哭之哀,而民説,殆不可伐也。"孔子聞之曰："善哉覘國乎!《詩》云:'凡民有喪,扶服救之。'〔三〕雖微晉而已〔四〕,天下其孰能當之?"

〔一〕鄭玄曰："陽門,宋國門名。介夫,甲衛士。宋以武公諱司空爲司城。子罕,戴公子樂甫術之後樂喜也。"

〔二〕覘,窺視。

〔三〕見《詩·邶風·谷風》。

〔四〕微,非也。

　　孔子之故人曰原壤,其母死,夫子助之沐椁^{〔一〕}。原壤登木曰^{〔二〕}:"久矣予之不託於音也。"歌曰:"貍首之斑然,執女手之卷然^{〔三〕}。"夫子爲弗聞也者而過之^{〔四〕}。從者曰:"子未可以已乎^{〔五〕}?"夫子曰:"丘聞之:親者毋失其爲親也,故者毋失其爲故也。"

〔一〕沐,治。

〔二〕木,這裏指椁材。

〔三〕卷,通"婘",美好。

〔四〕爲弗聞,假裝聽不見。

〔五〕已,這裏謂絕交。

　　孔子曰:"衛人之祔也離之^{〔一〕},魯人之祔也合之,善夫!"

〔一〕鄭玄曰:"祔,合葬也。離之,有以間其椁中。"

曾子問

　　曾子問曰:"君薨而世子生,如之何?"孔子曰:"卿、大夫、士從攝主^{〔一〕},北面於西階南。大祝裨冕^{〔二〕},執束帛,升自西階,盡等^{〔三〕},不升堂,命毋哭。祝聲三,告曰:'某之子生,敢告。'升,奠幣于殯東几上,哭降。衆主人^{〔四〕}、卿、大夫、士、房中皆哭^{〔五〕},不踊^{〔六〕},盡一哀,反位,遂朝奠。小宰升,舉幣^{〔七〕}。三日,衆主人、卿、大夫、士如初位^{〔八〕},北面,大宰、大宗、大祝皆裨冕^{〔九〕}。少師奉子以衰^{〔一〇〕}。祝先,子從,宰、宗人從,入門,哭者止。子升自西階,殯前北面,祝立于殯東南隅。祝聲三,曰:'某之子某,從執事敢見。'子拜稽顙^{〔一一〕},哭,祝、宰、宗人、衆主人、卿、大夫、士哭,踊三者三^{〔一二〕},降,東反位,皆袒。子踊,房中亦踊三者三^{〔一三〕}。襲^{〔一四〕},衰,杖。奠出。大宰命祝、史,以名徧告于五祀、山川。"

〔一〕孫希旦曰:"攝主,謂攝爲喪主者。蓋世子雖未生,而喪不可以無主,故以庶子或兄弟之子暫主喪事。"

〔二〕大祝,祝官之長。裨,一种禮服。冕,頭戴的冠名。

〔三〕盡等,登完臺階,即登上臺階的最上一級。

〔四〕衆主人,已死之君的父兄。

〔五〕房中,謂婦人。

〔六〕踊,雙腳同時跳起,極哀痛之狀。

〔七〕孔穎達曰:"《周禮·小宰職》'凡祭祀,贊玉、幣、爵之事','喪荒,受其含襚幣玉之事',是幣,小宰所主也。"

〔八〕初位,即西階南之位。

〔九〕孔穎達曰:"大宰是教令之官,大宗是主宗廟之官。初不裨冕,而今得裨冕者,以爲奉子接神,故服祭服。"

〔一〇〕少師,孔穎達曰:"主養子之官。"孫希旦曰:"初生未能服衰,故用衰奉之。"

〔一一〕稽顙,屈膝下拜,以額觸地。

〔一二〕楊天宇據《儀禮·士喪禮》"成踊"下賈疏説,踊以跳躍三次爲一節,是爲一踊;如此者三節,即跳躍九次,是爲三踊;三踊則禮成,即所謂"踊者三者三"之意。

〔一三〕楊天宇據孫希旦説,當男人們下堂"東反位"時,婦女們則從西房返回到阼階上之位(即堂上正應着阼階的位置),這是婦女們的朝夕哭位,但此時仍以"房中"來代指她們。

〔一四〕襲,謂掩好祖時解開的衣襟。

曾子問曰:"如已葬而世子生,則如之何?"孔子曰:"大宰、大宗從大祝而告于禰〔一〕。三月,乃名于禰,以名徧告,及社稷、宗廟、山川。"

〔一〕孔穎達曰:"禰,父殯宫之主也。既葬,無尸柩,唯有主在,故告於主,同廟主之稱,故曰'禰'也。"

孔子曰:"諸侯適天子,必告于祖,奠于禰,冕而出視朝,命祝、史告于社稷、宗廟、山川,乃命國家五官而后行〔一〕。道而出〔二〕。告者五日而徧,過是非禮也。凡告,用牲、幣,反亦如之。諸侯相見,必告于禰,朝服而出視朝。命祝、史告于五廟〔三〕、所過山川,亦命國家五官,道而出。反必親告于祖禰,乃命祝、史告至于前所告者,而後聽朝而入。"

〔一〕五官,掌管國事的五位大夫。

〔二〕道,祭名,向路神行祭拜之禮,以求平安。

〔三〕五廟,指禰廟、祖廟、曾祖廟、高祖廟、始祖廟。

　　曾子問曰：“並有喪[一]，如之何？何先何後？”孔子曰：“葬，先輕而後重。其奠也，先重而後輕，禮也。自啓及葬[二]，不奠[三]，行葬不哀次[四]，反葬奠，而后辭於殯[五]，遂修葬事。其虞也[六]，先重而後輕，禮也。”

〔一〕鄭玄曰：“並，謂父母若親同者同月死。”

〔二〕啓，謂葬前啓殯，這裏指先啓恩輕者之殯而葬之。

〔三〕鄭玄曰：“不奠，務於當葬者。”據孔穎達疏，不奠指不爲後葬者（即恩重者）設朝夕奠。

〔四〕鄭玄曰：“不哀次，輕於在殯者。”

〔五〕鄭玄曰：“殯當爲‘賓’，聲之誤也。辭於賓，謂告將葬啓期也。”

〔六〕虞，虞祭。

　　孔子曰：“宗子雖七十，無無主婦[一]；非宗子，雖無主婦可也。”

〔一〕主婦，宗子之妻。

　　曾子問曰：“將冠子，冠者至，揖讓而入，聞齊衰、大功之喪，如之何？”孔子曰：“内喪則廢，外喪則冠而不醴[一]，徹饌而埽[二]，即位而哭。如冠者未至，則廢。如將冠子而未及期日，而有齊衰、大功、小功之喪，則因喪服而冠。”“除喪不改冠乎？”孔子曰：“天子賜諸侯、大夫冕弁服於大廟，歸設奠，服賜服。於斯乎有冠醮，無冠醴[三]。父没而冠，則已冠埽地而祭於禰，已祭而見伯父叔父，而后饗冠者。”

〔一〕内喪，家門内之喪，即冠者自己家人有喪事。外喪，家門外之喪，即非冠者自己家人有喪。醴，醴禮。

〔二〕埽，埽除行冠禮之處。

〔三〕鄭玄曰：“酒爲醮。冠禮醴重而醮輕。此服賜服，酌用酒，尊賜也。不醴，明不爲改冠，改冠當醴之。”

　　曾子問曰：“祭如之何則不行旅酬之事矣[一]？”孔子曰：“聞之，小祥者，主人練祭而不旅[二]，奠酬於賓，賓弗舉，禮也。昔者魯昭公練而舉酬行旅，非禮也。孝公大祥[三]，奠酬弗舉，亦非禮也。”

〔一〕旅，衆。酬，向人敬酒。

〔二〕小祥，人死一周年之祭名。練祭，因主人戴練冠而名。

〔三〕孝公,西周時魯君。大祥,人死兩周年後之祭名。

　　曾子問曰:“大功之喪,可以與於饋奠之事乎〔一〕?”孔子曰:“豈大功耳,自斬衰以下皆可,禮也。”曾子曰:“不以輕服而重相爲乎〔二〕?”孔子曰:“非此之謂也。天子諸侯之喪,斬衰者奠,大夫齊衰者奠,士則朋友奠。不足則取於大功以下者,不足則反之。”曾子問曰:“小功可以與於祭乎?”孔子曰:“何必小功耳! 自斬衰以下與祭,禮也。”曾子曰:“不以輕喪而重祭乎?”孔子曰:“天子諸侯之喪祭也,不斬衰者不與祭。大夫齊衰者與祭。士祭不足,則取於兄弟大功以下者。”曾子問曰:“相識有喪服〔三〕,可以與於祭乎?”孔子曰:“緦不祭〔四〕,又何助於人?”曾子問曰:“廢喪服,可以與於饋奠之事乎?”孔子曰:“説衰與奠〔五〕,非禮也。以擯相可也〔六〕。”

〔一〕饋奠,向死者行祭奠之禮。
〔二〕輕服而重相,輕視自己所服之喪而重視參加別人的喪事。
〔三〕相識,相識之人。
〔四〕緦,服緦麻之人。
〔五〕説,通“脱”。
〔六〕擯相,協助主人行禮事者。

　　曾子問曰:“昏禮既納幣〔一〕,有吉日〔二〕,女之父母死,則如之何?”孔子曰:“壻使人弔。如壻之父母死,則女之家亦使人弔。父喪稱父,母喪稱母。父母不在,則稱伯父世母〔三〕。壻已葬,壻之伯父致命女氏曰〔四〕:‘某之子有父母之喪,不得嗣爲兄弟〔五〕,使某致命。’女氏許諾,而弗敢嫁,禮也。壻免喪,女之父母使人請,壻弗取,而后嫁之,禮也。女之父母死,壻亦如之。”

〔一〕納幣,婚禮“六禮”之一,表示男女雙方正式確立關係。
〔二〕吉日,迎親之日。
〔三〕世母,伯母。
〔四〕致命女氏,告知女方。
〔五〕嗣,繼。兄弟,兩姓結爲婚姻關係,有兄弟之義。

　　曾子問曰:“親迎〔一〕,女在塗,而壻之父母死,如之何?”孔子曰:

“女改服，布深衣，縞總〔二〕，以趨喪。女在塗，而女之父母死，則女反。”“如壻親迎，女未至，而有齊衰、大功之喪，則如之何？”孔子曰：“男不入，改服於外次〔三〕，女入，改服於内次，然後即位而哭。”曾子問曰：“除喪則不復昏禮乎？”孔子曰：“祭，過時不祭，禮也，又何反於初？”孔子曰：“嫁女之家，三夜不息燭，思相離也。取婦之家，三日不舉樂，思嗣親也。三月而廟見，稱‘來婦’也。擇日而祭於禰，成婦之義也。”曾子問曰：“女未廟見而死，則如之何？”孔子曰：“不遷於祖，不祔於皇姑，壻不杖、不菲、不次，歸葬于女氏之黨，示未成婦也〔四〕。”曾子問曰：“取女有吉日而女死，如之何？”孔子曰：“壻齊衰而弔，既葬而除之〔五〕。夫死亦如之。”

〔一〕親迎，婚禮“六禮”中最後一禮，即由壻親自去女家迎娶婦。

〔二〕縞總，用白繒纏髮髻。

〔三〕次，次舍。

〔四〕鄭玄曰：“遷，朝廟也。壻雖不備喪禮，猶爲之服齊衰也。”

〔五〕鄭玄曰：“既葬而除，以未有期三年之恩也。女服斬衰。”

　　曾子問曰：“喪有二孤〔一〕，廟有二主，禮與？”孔子曰：“天無二日，土無二王。嘗、禘、郊、社〔二〕，尊無二上，未知其爲禮也。昔者齊桓公亟舉兵，作僞主以行〔三〕，及反，藏諸祖廟。廟有二主，自桓公始也。喪之二孤，則昔者衛靈公適魯，遭季桓子之喪，衛君請弔，哀公辭，不得命。公爲主，客入弔，康子立於門右，北面。公揖讓，升自東階，西鄉；客升自西階弔，公拜，興哭。康子拜稽顙於位。有司弗辯也。今之二孤，自季康子之過也。”

〔一〕二孤，兩個主持喪禮的人。

〔二〕嘗、禘、郊、社，均爲祭禮。

〔三〕鄭玄曰：“僞猶假也。舉兵，以遷廟主行，無則主命。爲假主，非也。”

　　曾子問曰：“古者師行〔一〕，必以遷廟主行乎〔二〕？”孔子曰：“天子巡守，以遷廟主行，載于齊車〔三〕，言必有尊也。今也取七廟之主以行〔四〕，則失之矣。當七廟五廟無虛主。虛主者，唯天子崩，諸侯薨，與去其國，與祫祭於祖，爲無主耳。吾聞諸老聃曰〔五〕：‘天子崩，國君薨,則祝取群廟之主而藏諸祖廟〔六〕,禮也。卒哭成事〔七〕,而后主各反其廟。君去其國,大宰取群廟之主以從,禮也。祫祭於祖〔八〕,則祝迎四廟之主,主出廟入廟,必蹕〔九〕。'老聃云。"

〔一〕師,軍隊。

〔二〕遷廟主,最新遷入太廟的神主。

〔三〕鄭玄曰:"齊車,金路。"孫希旦曰:"金路,王乘之以朝、覲、會、同。"

〔四〕七廟,西周天子七廟,在太廟之下,加文王、武王,再加高祖、曾祖、祖、禰四廟,故爲七廟。

〔五〕鄭玄曰:"老聃,古壽考者之號也,與孔子同時。"

〔六〕鄭玄曰:"藏諸主於祖廟,象有凶事者聚也。"

〔七〕鄭玄曰:"卒哭成事,先祔之祭名也。"成事,完畢。

〔八〕祫祭,合祭。

〔九〕蹕,清除道路,禁止通行。

曾子問曰:"古者師行無遷主,則何主?"孔子曰:"主命〔一〕。"問曰:"何謂也?"孔子曰:"天子諸侯將出,必以幣、帛、皮、圭告于祖、禰,遂奉以出,載于齊車以行〔二〕。每舍〔三〕,奠焉而后就舍〔四〕。反必告,設奠,卒,斂幣、玉,藏諸兩階之間,乃出。蓋貴命也。"

〔一〕孫希旦曰:"主命者,受命而出,而遂以爲主,但主其命而無主也。"

〔二〕齊,通"齋"。齊車,載神主之車。

〔三〕舍,停宿。

〔四〕奠,設奠以祭主命。舍,館舍。

子游問曰:"喪慈母如母,禮與?"孔子曰:"非禮也。古者男子外有傅〔一〕,内有慈母,君命所使教子也,何服之有? 昔者魯昭公少喪其母,有慈母良,及其死也,公弗忍也,欲喪之。有司以聞,曰:'古之禮,慈母無服。今也君爲之服,是逆古之禮而亂國法也。若終行之,則有司將書之,以遺後世。無乃不可乎?'公曰:'古者天子練冠以燕居〔二〕。'公弗忍也,遂練冠以喪慈母。喪慈母自魯昭公始也。"

〔一〕傅,老師。

〔二〕練冠以燕居,庶子爲庶母服喪。

曾子問曰：“諸侯旅見天子[一]，入門不得終禮，廢者幾？”孔子曰：“四。”請問之。曰：“大廟火[二]，日食，后之喪，雨霑服失容，則廢。如諸侯皆在而日食，則從天子救日，各以其方色與其兵[三]。大廟火，則從天子救火，不以方色與兵。”

〔一〕旅，衆也。

〔二〕大廟，即太廟，始祖之廟。

〔三〕鄭玄曰：“方色者，東方衣青，南方衣赤，西方衣白，北方衣黑。兵，未聞也。”

曾子問曰：“諸侯相見，揖讓入門，不得終禮，廢者幾？”孔子曰：“六”。請問之。曰：“天子崩，大廟火，日食，后、夫人之喪，雨霑服失容，則廢。”

曾子問曰：“天子嘗、禘、郊、社、五祀之祭，簠、簋既陳[一]，天子崩，后之喪，如之何？”孔子曰：“廢。”

〔一〕簠、簋均爲食器，代指祭品。

曾子問曰：“當祭而日食，大廟火，其祭也如之何？”孔子曰：“接祭而已矣[一]。如牲至未殺，則廢。天子崩，未殯，五祀之祭不行，既殯而祭。其祭也，尸入[二]，三飯，不侑[三]，酳不酢而已矣[四]。自啓至于反哭[五]，五祀之祭不行。已葬而祭，祝畢獻而已。”

〔一〕接，通“捷”，迅速。

〔二〕尸，活人扮作五祀之神以受祭者。

〔三〕侑，勸也。

〔四〕酳，食畢飲酒漱口，古代宴會或祭祀時的一種禮節。已，停止。

〔五〕啓，葬前啓殯。反廟，葬後回祖廟而哭。

曾子問曰：“諸侯之祭社稷，俎豆既陳[一]，聞天子崩，后之喪，君薨，夫人之喪，如之何？”孔子曰：“廢。自薨比至于殯，自啓至于反哭，奉帥天子[二]。”

〔一〕俎豆，祭器。

〔二〕孫希旦曰：“帥，循也。自薨比至于殯，自啓至于反哭，此謂君薨、夫人之喪也。奉循天子者，言亦如天子之於五祀，既殯而祭，既葬而祭也。”

曾子問曰：“大夫之祭，鼎、俎既陳，籩、豆既設，不得成禮，廢者幾？”孔子曰：“九。”請問之。曰：“天子崩，后之喪，君薨，夫人之喪，君之大廟火，日食，三年之喪，齊衰，大功，皆廢。外喪自齊衰以下行也〔一〕。其齊衰之祭也，尸入，三飯，不侑，酳不酢而已矣。大功，酳而已矣。小功、緦，室中之事而已矣〔二〕。士之所以異者，緦不祭，所祭，於死者無服，則祭。”

〔一〕外喪，非同門中之喪。

〔二〕室中之事，謂全部的尸祭之禮。

曾子問曰：“三年之喪弔乎〔一〕？”孔子曰：“三年之喪，練〔二〕，不群立，不旅行。君子禮以飾情，三年之喪而弔哭，不亦虛乎〔三〕！”

〔一〕弔，弔唁。

〔二〕練，小祥祭。

〔三〕鄭玄曰：“不群立、旅行，爲其苟語忘哀也。三年之喪而弔哭，爲彼哀則不專於親，爲親哀則是妄弔。”

曾子問曰：“大夫、士有私喪〔一〕，可以除之矣。而有君服焉，其除之也如之何？”孔子曰：“有君喪，服於身，不敢私服，又何除焉？於是乎有過時而弗除也。君之喪服除而后殷祭，禮也〔二〕。”

〔一〕私喪，自家之喪。

〔二〕鄭玄曰：“有君服不敢私服，重喻輕也。君之喪服除而後殷祭，謂主人也；支子則否。”

曾子問曰：“父母之喪，弗除可乎？”孔子曰：“先王制禮，過時弗舉，禮也。非弗能勿除也，患其過於制也。故君子過時不祭，禮也。”

曾子問曰：“君薨既殯，而臣有父母之喪，則如之何？”孔子曰：“歸居于家，有殷事則之君所〔一〕，朝夕否〔二〕。”曰：“君既啟〔三〕，而臣有父母之喪，則如之何？”孔子曰：“歸哭而反送君〔四〕。”曰：“君未殯，而臣有父母之喪，則如之何？”孔子曰：“歸殯，反于君所，有殷事則歸，朝夕否。大夫室老行事，士則子孫行事。大夫內子〔五〕，有殷事，亦之君所，朝夕否。”

〔一〕殷事，朔月奠、月半奠及薦新奠。

〔二〕朝夕，朝夕哭奠。

〔三〕啓，將葬而啓殯。

〔四〕鄭玄曰：“言‘送君’，則既葬而歸也。歸哭者，服君服而歸，不敢私服也。”

〔五〕鄭玄曰：“内子，大夫適妻也。”

　　曾子問曰：“君出疆，以三年之戒，以椑從〔一〕。君薨，其入如之何？”孔子曰：“共殯服，則子麻弁絰、疏衰、菲、杖〔二〕，入自闕，升自西階〔三〕。如小斂，則子免而從柩，入自門，升自阼階。君、大夫、士一節也〔四〕。”

〔一〕椑，内棺。

〔二〕麻弁絰，布牟加環絰。疏衰，粗布做的衣服。菲，草編的喪屨。杖，喪杖。

〔三〕孫希旦曰：“入自闕，升自西階，皆所以異於生也。”

〔四〕一節，同一種禮節。

　　曾子問曰：“君之喪既引〔一〕，聞父母之喪，如之何？”孔子曰：“遂。既封而歸，不俟子〔二〕。”

〔一〕引，拉柩車的大繩。

〔二〕鄭玄曰：“遂，遂送君也。封當爲‘窆’。子，嗣君也。”

　　曾子問曰：“父母之喪既引及塗〔一〕，聞君薨，如之何？”孔子曰：“遂。既封，改服而往〔二〕。”

〔一〕塗，通“途”，道路。

〔二〕鄭玄曰：“封亦當爲‘窆’。改服，括髮，徒跣，布深衣，扱上衽，不以私喪包至尊也。”

　　曾子問曰：“宗子爲士，庶子爲大夫，其祭也如之何？”孔子曰：“以上牲祭於宗子之家〔一〕，祝曰：‘孝子某，爲介子某薦其常事〔二〕。’若宗子有罪，居于他國，庶子爲大夫，其祭也，祝曰：‘孝子某，使介子某執其常事。’攝主不厭祭〔三〕，不旅，不假〔四〕，不綏祭，不配〔五〕，布奠於賓，賓奠而不舉，不歸肉〔六〕。其辭於賓曰：‘宗兄、宗弟、宗子在他國，使某辭〔七〕。'"

〔一〕上牲,即少牢,一頭羊和一頭豬。

〔二〕鄭玄曰:"介,副也。不言'庶',使若可以祭然。"常事,祭祀之常禮。

〔三〕攝主,庶子。厭祭,讓神吃飽喝足的祭祀。

〔四〕鄭玄曰:"不旅,不旅酬也。叚讀爲嘏。不嘏,不嘏主人也。"

〔五〕鄭玄曰:"不綏祭,謂今主人也。綏,《周禮》作'墮'。不配者,祝辭不言'以某妃配某氏'。"

〔六〕鄭玄曰:"布奠,謂主人酬賓,奠觶於薦北。賓奠,謂取觶奠於薦南也。此酬之始也。奠之不舉,止旅。肉,俎也。"

〔七〕鄭玄曰:"諸與祭者留之共燕。辭猶告也。宿賓之辭,與宗子爲列,則曰'宗兄'若'宗弟';昭穆異者,曰'宗子'而已。其辭若曰:'宗兄某在他國,使某執其常事,使某告。'"

　　曾子問曰:"宗子去在他國,庶子無爵而居者,可以祭乎?"孔子曰:"祭哉!""請問其祭如之何?"孔子曰:"望墓而爲壇,以時祭。若宗子死,告於墓,而后祭於家。宗子死,稱名不言'孝',身没而已。子游之徒,有庶子祭者,以此,若義也〔一〕。今之祭者,不首其義,故誣於祭也〔二〕。"

〔一〕鄭玄曰:"若,順也。"

〔二〕鄭玄曰:"首,本也。誣猶妄也。"

　　曾子問曰:"祭必有尸乎? 若厭祭,亦可乎?"孔子曰:"祭成喪者必有尸〔一〕,尸必以孫,孫幼則使人抱之,無孫則取於同姓可也。祭殤必厭〔二〕,蓋弗成也。祭成喪而無尸,是殤之也。"

〔一〕成喪,成人之喪。

〔二〕殤,年幼而死者。

　　孔子曰:"有陰厭,有陽厭。"曾子問曰:"殤不祔祭,何謂陰厭、陽厭〔一〕?"孔子曰:"宗子爲殤而死,庶子弗爲後也。其吉祭特牲,祭殤不舉肺,無肵俎,無玄酒,不告利成,是謂陰厭〔二〕。凡殤與無後者,祭於宗子之家,當室之白。尊于東房,是謂陽厭〔三〕。"

〔一〕孫希旦曰:"殤唯祔與除服二祭則止。祔,附也。不祔祭,言不得附於宗廟四時之祭也。宗廟之祭有尸，故其祭初，尸未入而饗神，曰'陰厭'；祭末，尸已謖而改設，曰'陽厭'。殤不祔祭，而其祔與除服之祭，初未嘗有尸，則無所爲陰陽二厭之分，故曾子疑而問之。"祔，楊天宇以爲"備"字之誤。

〔二〕鄭玄曰："宗子爲殤而死，族人以其倫代之，明不序昭穆立之廟，其祭之就其祖而已。代之者主其禮。卒哭成事之後爲吉祭。'不舉肺'以下，以其無尸，及所降也，其他如成人。舉肺，胏俎，利成，禮之施於尸者。陰厭，是宗子爲殤，祭之於奥之禮。小宗爲殤，其禮亦如之。"

〔三〕鄭玄曰："凡殤，謂庶子之適也：或昆弟之子，或從父昆弟。無後者如有昆弟及諸父，此則今死者皆宗子大功以内親，共祖、禰者。言'祭於宗子之家'者，爲有異居之道也。無廟，爲墠祭之，親者共其牲物，宗子皆主其禮。當室之白，尊於東房，異於宗子之爲殤。當室之白，謂西北隅得户明者也。明者曰陽。凡祖廟在小宗之家，小宗祭之亦然。宗子之適，亦爲凡殤。過此以往，則不祭也。"

曾子問曰："葬引至于堩，日有食之，則有變乎[一]？且不乎？"孔子曰："昔者吾從老聃助葬於巷黨[二]，及堩，日有食之，老聃曰：'丘！止柩就道右，止哭以聽變。'既明反[三]，而后行，曰：'禮也。'反葬，而丘問之曰：'夫柩不可以反者也。日有食之，不知其已之遲數[四]，則豈如行哉？'老聃曰：'諸侯朝天子，見日而行，逮日而舍奠[五]。大夫使，見日而行，逮日而舍。夫柩不蚤出，不莫宿[六]。見星而行者，唯罪人與奔父母之喪者乎！日有食之，安知其不見星也？且君子行禮，不以人之親痁患[七]。'吾聞諸老聃云。"

〔一〕孫希旦曰："堩，道也。有變，謂有異禮也。"

〔二〕助葬，幫助別人舉行葬禮。

〔三〕既明反，日食過去、太陽復返光明之後。

〔四〕數，通"速"。

〔五〕逮，及。舍，停宿。

〔六〕蚤，通"早"。莫，通"暮"。

〔七〕孫希旦曰："痁，病也。不以人之親痁患，謂不使其見星而行，而病於姦宄之患也。"

曾子問曰："爲君使而卒於舍，禮曰：'公館復，私館不復[一]。'凡所使之國，有司所授舍，則公館已。何謂私館不復也？"孔子曰："善乎問之也！自卿大夫之家曰私館，公館與公所爲曰公館[二]。公館復，此之謂也。”

〔一〕鄭玄曰：“復，始死招魂也。公館，若今縣官舍也。”

〔二〕鄭玄曰：“公所爲，君所命使舍己者。”

曾子問曰：“下殤土周葬于園[一]，遂輿機而往[二]，塗邇故也。今墓遠，則其葬也如之何？”孔子曰：“吾聞諸老聃曰：‘昔者史佚有子而死，下殤也，墓遠。召公謂之曰：“何以不棺斂於宫中？”史佚曰：“吾敢乎哉！”召公言於周公。周公曰：“豈不可？”史佚行之。’下殤用棺衣棺，自史佚始也。”

〔一〕下殤，指年八歲至十一歲而死者。鄭玄曰：“土周，堲周也。周人以夏后氏之堲周葬下殤，葬於園，以其去成人遠，不就墓也。”

〔二〕鄭玄曰：“機，輿尸之牀也。以繩絚其中央，又以繩從兩旁鉤之。”

曾子問曰：“卿大夫將爲尸於公，受宿矣[一]，而有齊衰内喪，則如之何？”孔子曰：“出舍於公館以待事，禮也。”孔子曰：“尸弁冕而出，卿、大夫、士皆下之，尸必式，必有前驅。”

〔一〕受，已經接受命令。宿，獨宿而齋戒。

子夏問曰：“三年之喪卒哭，金革之事無辟也者[一]，禮與？初有司與[二]？”孔子曰：“夏后氏三年之喪，既殯而致事，殷人既葬而致事[三]。《記》曰：‘君子不奪人之親，亦不可奪親也。’此之謂乎！”

〔一〕辟，通“避”，推辭。

〔二〕鄭玄曰：“初有司，疑有司初使之然。”

〔三〕鄭玄曰：“致事，謂還其職位於君。周卒哭而致事。”

子夏曰：“金革之事無辟也者，非與？”孔子曰：“吾聞諸老聃曰：‘昔者魯公伯禽有爲爲之也[一]。今以三年之喪從其利者，吾弗知也。’”

〔一〕魯公伯禽，周公長子。有爲爲之，有原因不得已而爲之。

文王世子

仲尼曰：“昔者周公攝政，踐阼而治，抗《世子法》於伯禽，所以善成王也〔一〕。聞之曰:'爲人臣者,殺其身有益於君則爲之。'況于其身以善其君乎! 周公優爲之。"

〔一〕善成王,教育成王學習善道。

禮　運

昔者仲尼與於蜡賓〔一〕,事畢,出遊於觀之上〔二〕,喟然而嘆。仲尼之嘆,蓋嘆魯也。言偃在側〔三〕,曰:"君子何嘆?"孔子曰:"大道之行也〔四〕,與三代之英,丘未之逮也,而有志焉〔五〕。大道之行也,天下爲公,選賢與能,講信脩睦。故人不獨親其親,不獨子其子,使老有所終,壯有所用,幼有所長,矜、寡、孤、獨、廢、疾者皆有所養,男有分,女有歸〔六〕。貨惡其棄於地也,不必藏於己;力惡其不出於身也,不必爲己。是故謀閉而不興〔七〕,盜竊亂賊而不作,故外戶而不閉〔八〕。是謂大同。今大道既隱〔九〕,天下爲家,各親其親,各子其子,貨力爲己,大人世及以爲禮〔一〇〕,城郭溝池以爲固,禮義以爲紀。以正君臣,以篤父子,以睦兄弟,以和夫婦,以設制度,以立田里〔一一〕,以賢勇知〔一二〕,以功爲己。故謀用是作〔一三〕,而兵由此起。禹、湯、文、武、成王、周公,由此其選也。此六君子者,未有不謹於禮者也。以著其義,以考其信〔一四〕,著有過,刑仁講讓〔一五〕,示民有常。如有不由此者,在執者去〔一六〕,衆以爲殃,是謂小康。"

言偃復問曰:"如此乎禮之急也〔一七〕?"孔子曰:"夫禮,先王以承天之道,以治人之情,故失之者死,得之者生。《詩》曰:'相鼠有體,人而無禮。人而無禮,胡不遄死〔一八〕?'是故夫禮必本於天,殽於地,列於鬼神〔一九〕,達於喪、祭、射、御、冠、昏、朝、聘。故聖人以禮示之,故天下國家可得而正也〔二〇〕。"

言偃復問曰:"夫子之極言禮也〔二一〕,可得而聞與?"孔子曰:"我欲觀夏道,是故之杞,而不足徵也〔二二〕,吾得《夏時》焉〔二三〕。我欲觀殷道,是故之宋,而不足徵也,吾得《坤乾》焉〔二四〕。《坤乾》之義,《夏時》之等,吾以是觀之。夫禮之初,始諸飲食,其燔黍捭豚,汙尊而抔飲,蕢桴而土鼓,猶若可以致其敬於鬼神〔二五〕。及其死也,升屋而號,告曰:'皋某復〔二六〕!'然後飯腥而苴孰〔二七〕,故天望而地藏也。體魄則降,知氣在上,故死者北首,生者南鄉,皆從其初〔二八〕。昔者先王未有宮室,冬則居營窟,夏則居橧巢〔二九〕。未有火化,食草木之實,鳥獸之肉,飲其血,茹其毛〔三〇〕。未有麻絲,衣其羽皮。後聖有作,然後脩火之利,範金、合土,以爲臺榭、宮室、牖户〔三一〕。以炮以燔,以亨以炙,以爲醴酪〔三二〕;治其麻絲,以爲布帛。以養生送死,以事鬼神上帝,皆從其朔〔三三〕。故玄酒在室〔三四〕,醴、醆在户〔三五〕,粢醍在堂,澄酒在下〔三六〕。陳其犧牲,備其鼎、俎,列其琴、瑟、管、磬、鐘、鼓,脩其祝、嘏〔三七〕,以降上神與其先祖,以正君臣,以篤父子,以睦兄弟,以齊上下,夫婦有所,是謂承天之祜。作其祝號,玄酒以祭,薦其血毛,腥其俎,孰其殽,與其越席,疏布以冪,衣其澣帛〔三八〕,醴、醆以獻,薦其燔炙〔三九〕。君與夫人交獻〔四〇〕,以嘉魂魄〔四一〕,是謂合莫〔四二〕。然後退而合亨〔四三〕,體其犬豕牛羊,實其簠、簋、籩、豆、鉶羹,祝以孝告,嘏以慈告,是謂大祥〔四四〕。此禮之大成也。"

〔一〕與,參與。蠟,祭名。孫希旦曰:"蠟,歲十二月,合聚鬼神而索饗之也。"

〔二〕孫希旦曰:"觀,闕也,門旁築土而高,可登以眺望者。"

〔三〕言偃,孔子學生子游。

〔四〕大道之行,指五帝之時。

〔五〕孫希旦曰:"逮,及也。孔子言帝王之盛,己不及見,而有志乎此。"

〔六〕分,職分。歸,女子出嫁。

〔七〕孫希旦曰:"謀,謂相圖謀也。"

〔八〕外户而不閉,門朝外開而不關門。

〔九〕隱,微。

〔一〇〕父子相傳爲世,兄弟相傳爲及。

〔一一〕立,明確所有權。

〔一二〕知,通"智"。賢勇知,以有勇有智爲賢。

〔一三〕用是,因此。作,興起。

〔一四〕著,明。考,成。

〔一五〕刑,通"形",表現,彰顯。

〔一六〕埶,即"勢",代指王位。

〔一七〕急,急需。

〔一八〕所引詩,見《詩·邶風·相鼠》。相,察看。遄,疾速。

〔一九〕本,根據。殽,效法。列於鬼神,取法度於鬼神。

〔二〇〕正,治理。

〔二一〕極言,竭力強調。

〔二二〕徵,驗證。

〔二三〕《夏時》,夏代的曆法書。

〔二四〕《坤乾》,易類占筮之書,以坤爲首卦,或即商易《歸藏》。

〔二五〕鄭玄曰:“言其物雖質略,有齊敬之心則可以薦羞於鬼神,鬼神饗德不饗味也。中古未有釜、甑,釋米捭肉,加於燒石之上而食之耳,今北狄猶然。汙尊,鑿地爲尊也。抔飲,手掬之也。蕢讀爲由,堛也,謂搏土爲桴也。土鼓,築土爲鼓也。”

〔二六〕鄭玄曰:“招之於天。”孔穎達曰:“皋,引聲之言。某,名也。”所謂“引聲之言”,即拉長腔調呼喚。某,這裏指死者的名字。

〔二七〕孔穎達曰:“升屋北面告天,招魂復魄,復魄不復,然後浴尸而行含禮,飯用生米,故曰‘飯腥’。至葬,設遣奠,苞裹孰肉以送尸,故曰‘苴孰’。”今案:生米曰腥。苴,即苞苴、蒲包。

〔二八〕孔穎達曰:“天望,謂望天而招魂。地藏,謂葬地以藏尸也。所以地藏者,由體魄則降故也。所以天望者,由知氣在上故也。體魄入地爲陰,故死者北首,歸陰之義;生者南鄉,歸陽也。”

〔二九〕檜,鄭玄曰:“聚薪柴居其上。”

〔三〇〕茹,食也。陳澔曰:“未有火化,故去毛不能盡,而並食之也。”

〔三一〕鄭玄曰:“作,起也。脩火之利,謂孰治萬物。範金,謂鑄作器用。合土,謂瓦瓶、甓及甒、大。榭,器之所藏也。”

〔三二〕鄭玄曰:“炮,裹燒之也。燔,加於火上。亨,煮之鑊也。炙,貫之火上。以爲醴酪,蒸釀之也。酪,酢截。”

〔三三〕朔,初。

〔三四〕孫希旦曰:“玄酒,鬱鬯也。水及明水皆謂之玄酒。鬱鬯配明水而設,而尊於五齊,故因謂鬱鬯爲玄酒也。在室者,在室內之北也。”

〔三五〕醴、醆,皆酒名。孫希旦曰:“醴,醴齊也。醆,盎齊也。盎齊盛之以醆,故謂之醆。在戶者,醴在戶內之東,醆在戶外之東也。”

〔三六〕粢醍、澄酒,都是酒名。孫希旦曰:“粢醍,醍齊也。在堂,在堂上也。”

〔三七〕鄭玄曰:“祝,祝爲主人饗神辭也。嘏,祝爲尸致福於主人之辭也。”

〔三八〕鄭玄曰:“《周禮》祝號有六:‘一曰神號,二曰鬼號,三曰祇號,四曰牲號,五曰齍號,六曰幣號。’號者,所以尊神顯物也。腥其俎,謂豚解而腥之,及血、毛,皆所以法於上古也。孰其殽,謂體解而燗之。此以下,皆所法於中古也。越席,翦蒲也。冪,覆尊也。疏帛,練染以爲祭服。”

〔三九〕燔炙,燔肉炙肝。

〔四〇〕交獻,交替向尸獻酒。

〔四一〕嘉,樂。

〔四二〕合莫,契合。

〔四三〕楊天宇據孫希旦説,上文"孰其殽",其實业未真正煮熟,故此時又和亨(烹)之。

〔四四〕鄭玄曰:"此謂薦今世之食也。體其犬豕牛羊,謂分別骨肉之貴賤,以爲衆俎也。祝以孝告,嘏以慈告,各首其義也。祥,善也。今世之食,於人道爲善也。"

孔子曰:"於呼哀哉! 吾觀周道,幽、厲傷之,吾舍魯何適矣! 魯之郊、禘〔一〕,非禮也。周公其衰矣〔二〕! 杞之郊也,禹也;宋之郊也,契也,是天子之事守也。故天子祭天地,諸侯祭社稷。"

〔一〕孫希旦曰:"郊,祭天於南郊也。禘,王者宗廟之大祭,追祭始祖之所自出於大廟,而以始祖配之也。"

〔二〕其,推測之辭,猶言大概。

禮　　器

孔子曰:"禮不可不省也。禮不同、不豐、不殺〔一〕。"

〔一〕孔穎達曰:"省,察也。禮既有諸事,所趣不同,不察則無由可知。不同,謂高下、大小、文素之異也。不豐者,應少不可多;不殺者,應多不可少也。"

孔子曰:"我戰則克,祭則受福。蓋得其道矣〔一〕。"

〔一〕我,鄭玄曰:"知禮者也。"孫希旦曰:"得其道者,謂慎於行禮也。蓋禮者,所以治神人,和上下。禮得,則人和而神饗。故以戰則克,以祭則受福。然孔子未嘗戰,而云此者,蓋以理決之爾。"

孔子曰:"臧文仲安知禮? 夏父弗綦逆祀而弗止也,燔柴於奧。夫奧者,老婦之祭也。盛於盆,尊於瓶〔一〕。"

〔一〕鄭玄曰:"文仲,魯公子彄之曾孫臧孫辰也。莊、文之間爲大夫,於時爲賢,是以非之,不正禮也。文二年'八月丁卯,大事于大廟,躋僖公',始逆祀,是夏父弗綦爲宗伯之爲也。奧當爲'爨',字之誤也。禮,尸卒食而祭饎爨、饗爨也。時人以爲祭火神,乃燔柴。老婦,先炊者也。盆、瓶,炊器也。明此祭先炊,非火神,燔柴似失之。"

孔子曰:"誦《詩》三百,不足以一獻;一獻之禮,不足以大饗;大饗之禮，不足以大旅；大旅具矣，不足以饗帝。毋輕議禮[一]！”

〔一〕孫希旦曰：“誦《詩》三百，可以言矣，而未嘗學禮，故不足以一獻。一獻禮輕，故未
足以大饗。此大饗，謂祫祭先王也。大旅者，因事祭天之名，其禮稍殺於正祭。
《大宗伯》：‘國有故，則旅上帝及四望。’有故，謂凶裁也。有故而禱於上帝及四
望，皆曰旅，而上帝之旅爲大旅也。饗帝，謂祀天之正禮也。大饗、大旅皆大祭，
然分有遠近，則誠之所感有難易；大旅、饗帝皆祀天，而禮有隆殺，則敬之所致有
淺深。行禮者必至於可以饗帝，然後爲內盡忠信之本而外極義理之文，禮其可輕
言乎？”

子路爲季氏宰。季氏祭，逮闇而祭[一]，日不足，繼之以燭。雖有
强力之容，肅敬之心，皆倦怠矣。有司跛倚以臨祭，其爲不敬大矣。
他日祭，子路與，室事交乎户，堂事交乎階[二]，質明而始行事，晏朝而
退[三]。孔子聞之曰：“誰謂由也而不知禮乎！”

〔一〕孫希旦曰：“宰，家臣之長也。逮，及也。闇，未昧爽也。”

〔二〕孫希旦曰：“室事，謂正祭事，尸在室也。交乎户者，室外之人取饌至户，而室內之
人受之以進於尸也。堂事，謂儐尸時在堂也。交乎階者，堂下之人取饌至階，而
堂上之人受之以進於尸侑也。”

〔三〕孫希旦曰：“質明，正明也。晏，晚也。晏朝，謂夕時也。質明而始行事，則不必逮
闇矣；晏朝而退，則不必繼以燭矣。”

郊特牲

賓入大門而奏《肆夏》，示易以敬也，卒爵而樂闋[一]。孔子屢
歎之。

〔一〕孫希旦曰：“《肆夏》，《詩》篇名，九夏之首也。（説見《玉藻》。）易，和悦也。闋，止
也。卒爵而樂闋者，王獻賓，賓飲卒爵，賓又酢王，王飲卒爵，而樂乃闋也。”

鄉人禓，孔子朝服立于阼，存室神也[一]。

〔一〕鄭玄曰：“禓，强鬼也。謂時儺，索室驅疫，逐强鬼也。存室神者，神依人也。”

孔子曰：“射之以樂也，何以聽？何以射[一]？”

〔一〕鄭玄曰：“多其射容與樂節相應也。”

孔子曰：“士使之射，不能則辭以疾，縣弧之義也〔一〕。”

〔一〕孫希旦曰：“男子生，則懸弧於門左。射者，男子之所有事也。故君使士射，不能
　　則託疾以辭，因有懸弧之義，不可自言其不能射故也。”

孔子曰：“三日齊〔一〕，一日用之，猶恐不敬。二日伐鼓，何居〔二〕？”

〔一〕齊，通“齋”。

〔二〕伐鼓，敲鼓。何居，爲甚麽。

孔子曰：“繹之於庫門内，祊之於東方，朝市之於西方，失
之矣〔一〕。”

〔一〕孫希旦曰：“繹者，祭而又祭之名。《絲衣》詩序曰：‘繹，賓尸也。’大夫正祭畢而
　　賓尸，天子諸侯祭之明日又祭，亦祭畢而賓尸，而大名曰繹也。庫門，諸侯之外門
　　也。繹之於庫門内，謂於庫門之内塾也。”

冠義，始冠之，緇布之冠也。大古冠布，齊則緇之〔一〕。其緌
也〔二〕，孔子曰：“吾未之聞也，冠而敝之可也〔三〕。”

〔一〕鄭玄曰：“始冠三加，先加緇布冠也。太古無飾，非時人緌也。《雜記》曰：‘太白、
　　緇布之冠不緌。’太白即太古白布冠，今喪冠也。齊則緇之者，鬼神尚幽闇也。
　　唐、虞以前曰太古。”

〔二〕緌，冠上之纓飾。孫希旦曰：“緌者，結纓而垂其餘以爲飾也。”

〔三〕鄭玄曰：“冠而敝之者，此重古而冠之耳。三代改制，齊冠不復用也。以白布冠
　　質，以爲喪冠也。”

玉　藻

孔子曰：“朝服而朝，卒朔然後服之〔一〕。”曰：“國家未道，則不充
其服焉〔二〕。”

〔一〕孫希旦曰：“卒朔，謂卒視朔之事也。”

〔二〕鄭玄曰：“未道，未合於道。”不充，不穿。

孔子佩象環五寸而綦組綬〔一〕。

〔一〕孫希旦曰：“象環，以象牙爲環也。《爾雅》曰：‘肉好若一謂之環。’”綦組綬，蒼白
　　色或青黑色的綬帶。

孔子食於季氏，不辭，不食肉而飱〔一〕。

〔一〕爲客之禮，飯前當先起身推辭，就餐時先吃肉塊，最後行飱禮，即吃三口水泡飯。孔子既不推辭，又不食肉而飱，當因季氏進食失禮。

樂　記

賓牟賈侍坐於孔子，孔子與之言，及樂，曰：“夫《武》之備戒之已久〔一〕，何也？”對曰：“病不得其衆也〔二〕。”“咏歎之，淫液之〔三〕，何也？”對曰：“恐不逮事也〔四〕。”“發揚蹈厲之已蚤〔五〕，何也？”對曰：“及時事也。”“《武》坐，致右憲左〔六〕，何也？”對曰：“非《武》坐也。”“聲淫及商〔七〕，何也？”對曰：“非《武》音也。”子曰：“若非《武》音，則何音也？”對曰：“有司失其傳也。若非有司失其傳〔八〕，則武王之志荒矣。”子曰：“唯。丘之聞諸萇弘〔九〕，亦若吾子之言是也。”賓牟賈起，免席而請曰：“夫《武》之備戒之已久，則既聞命矣，敢問遲之遲而又久〔一〇〕，何也？”子曰：“居〔一一〕，吾語女。夫樂者，象成者也。總干而山立〔一二〕，武王之事也。發揚蹈厲，大公之志也。《武》亂皆坐，周、召之治也。且夫《武》，始而北出，再成而滅商，三成而南，四成而南國是疆，五成而分周公左，召公右，六成復綴，以崇天子〔一三〕。夾振之而駟伐〔一四〕，盛威於中國也。分夾而進，事蚤濟也。久立於綴，以待諸侯之至也。且女獨未聞牧野之語乎？武王克殷反商〔一五〕，未及下車而封黄帝之後於薊，封帝堯之後於祝，封帝舜之後於陳；下車而封夏后氏之後於杞，投殷之後於宋，封王子比干之墓，釋箕子之囚，使之行商容而復其位〔一六〕。庶民弛政，庶士倍禄〔一七〕。濟河而西，馬散之華山之陽而弗復乘，牛散之桃林之野而弗復服，車甲釁而藏之府庫而弗復用，倒載干戈，包之以虎皮，將帥之士使爲諸侯，名之曰‘建櫜’〔一八〕。然後天下知武王之不復用兵也。散軍而郊射，左射《貍首》，右射《騶虞》，而貫革之射息也〔一九〕。裨冕搢笏，而虎賁之士説劍也〔二〇〕。祀乎明堂，而民知孝。朝覲，然後諸侯知所以臣。耕藉〔二一〕，然後諸侯知所以敬。五者，天下之大教也。食三老、五更於大學，天子袒而割牲，執醬而饋，執爵而酳，冕而總干，所以教諸侯之弟也〔二二〕。若此，則周道四達，禮樂交通，則夫《武》之遲久，不亦宜乎！”

〔一〕鄭玄曰：“《武》，謂周舞也。備戒，擊鼓警衆。”

〔二〕病，憂。

〔三〕鄭玄曰：“詠歎、淫液，歌遲之也。”

〔四〕鄭玄曰：“逮，及也。事，戎事也。”

〔五〕孔穎達曰：“發揚蹈厲，初舞之時，手足發揚蹈地而猛厲也。初舞則然，故云‘已蚤’。”

〔六〕鄭玄曰：“致，謂膝至地也。憲讀爲軒，聲之誤也。”孔穎達曰：“軒，起也。”坐，以膝至地，即今之跪。

〔七〕淫，過多。

〔八〕鄭玄曰：“有司，典樂者也。言典樂者失其傳，而時人妄説也。”

〔九〕萇弘，周大夫。

〔一〇〕孫希旦曰：“免席，避席也。聞命，謂聞孔子是賈之言也。賈所言凡五事，孔子皆是之，而但言‘備戒之已久’者，舉其始問者以該其餘也。遲之遲而又久者，《武》舞六成，每成皆遲久而後終，故重言以見其意也。賈既聞孔子是己所言，又自以其所疑者問之也。”

〔一一〕居，坐。

〔一二〕鄭玄曰：“總干，持盾也。山立，猶正立也。象武王持盾正立待諸侯也。”

〔一三〕綴，停止。崇，完備。

〔一四〕鄭玄曰：“駟當爲‘四’。《武》舞，戰象也。每奏四伐，一擊一刺爲一伐。《牧誓》曰：‘今日之事，不過四伐五伐。’”

〔一五〕反，楊天宇以爲“及”字之誤。

〔一六〕鄭玄曰：“封，謂故無土地者也。投，舉徙之辭也。時武王封紂子武庚於殷墟，所徙者微子也，後周公更封而大之。積土爲封。封比干墓，崇賢也。行猶視也。使箕子視商禮樂之官，賢者所處，皆令反其居也。”

〔一七〕鄭玄曰：“弛政，去其紂時苛政也。倍禄，復其紂時薄者也。”

〔一八〕鄭玄曰：“散，放也。桃林，在華山旁。甲，鎧也。邽，‘纛’字也。包干戈以虎皮，明能以武服兵也。建，讀爲鍵，字之誤也。兵甲之衣曰‘櫜’。鍵櫜，言閉藏兵甲也。《詩》曰：‘載櫜弓矢。’《春秋傳》曰：‘垂櫜而入。’《周禮》曰：‘櫜之欲其約也。’”陽，山之南面。

〔一九〕鄭玄曰：“郊射，爲射宮於郊也。左，東學也。右，西學也。《貍首》、《騶虞》，所以歌爲節也。貫革，射穿甲革也。”

〔二〇〕鄭玄曰：“裨冕，衣裨衣而冠冕也。裨衣，袞之屬也。搢猶插也。賁，憤怒也。”

〔二一〕鄭玄曰：“耕藉，藉田也。”

〔二二〕鄭玄曰：“冕而總干，親在舞位也。周名大學曰東膠。”孔穎達曰：“天子養三老、五更，親袒衣而割牲，親執醬而饋之，親執爵而酳口，親自著冕，手執干戚而舞也。

此冕當爲鷩冕、養老、饗、射之類。”

雜記下

曾子問曰:“卿大夫將爲尸於公,受宿矣〔一〕,而有齊衰内喪,則如之何?”孔子曰:“出舍乎公宮以待事,禮也。”孔子曰:“尸弁、冕而出〔二〕,卿、大夫、士皆下之〔三〕。尸必式〔四〕,必有前驅。”

〔一〕受宿,受命獨宿而齋戒。

〔二〕尸,充當尸之人。尸弁、冕而出,即尸或戴皮牟、或戴冕而出。

〔三〕下之,爲之下車。

〔四〕式,通“軾”。

子貢問喪〔一〕,子曰:“敬爲上,哀次之,瘠爲下〔二〕。顏色稱其情,戚容稱其服。”“請問兄弟之喪。”子曰:“兄弟之喪,則存乎書策矣。”

〔一〕鄭玄曰:“問喪,問居父母之喪也。”

〔二〕瘠,面容憔悴。

孔子曰:“少連、大連善居喪,三日不怠,三月不解,期悲哀,三年憂,東夷之子也〔一〕。”

〔一〕鄭玄曰:“言其生於夷狄而知禮也。怠,惰也。解,倦也。”

孔子曰:“身有瘍則浴,首有創則沐〔一〕,病則飲酒食肉。毀瘠爲病〔二〕,君子弗爲也。毀而死〔三〕,君子謂之無子。”

〔一〕瘍,癰瘡。創,通“瘡”。

〔二〕毀瘠爲病,因哀傷瘦瘠而生病。

〔三〕鄭玄曰:“毀而死,是不重親。”

孔子曰:“伯母、叔母疏衰,踊不絕地〔一〕。姑、姊妹之大功,踊絕於地。如知此者,由文矣哉! 由文矣哉!〔二〕”

〔一〕絕,離也。

〔二〕鄭玄曰:“伯母、叔母,義也。姑、姊妹,骨肉也。”陸佃曰:“疏衰、大功,文也。踊絕、不絕,情也。伯、叔母之喪,文至而情不至;姑、姊妹之大功,文不至而情至。知此者,則凡於禮知由於内矣,故曰‘由文矣哉’。若夫徒文具而無至誠惻怛之實,失是矣。”

孔子曰:“管仲鏤簋而朱紘[一],旅樹而反坫[二],山節而藻梲[三],賢大夫也,而難爲上也[四]。晏平仲祀其先人,豚肩不揜豆[五],賢大夫也,而難爲下也[六]。君子上不僭上,下不逼下。”

〔一〕鏤簋,鏤玉以飾簋,此爲天子之簋飾。朱紘,繫冕、牟的紅絲帶,也爲天子所用。

〔二〕旅,道。樹,屏。依禮,天子設屏於外。反坫,依禮,兩君飲酒畢,即將爵反置於坫上,故名反坫。

〔三〕山節,建柱頭爲斗拱結構,其形如山。藻梲,畫梁上短柱以藻飾。二者均爲天子專用。

〔四〕鄭玄曰:“難爲上,言其僭天子諸侯。”

〔五〕豚肩,小豬前脛骨的上端。揜,通“掩”。豚肩不揜豆,指晏平仲過於節儉。

〔六〕鄭玄曰:“難爲下,言其偪士庶人。”

孔子曰:“凶年則乘駑馬,祀以下牲[一]。”

〔一〕鄭玄曰:“自貶損,亦取易供也。駑馬,六種最下者。下牲,少牢,若特豕、特豚也。”

恤由之喪,哀公使孺悲之孔子學士喪禮,《士喪禮》於是乎書[一]。

〔一〕鄭玄曰:“時人轉而僭上,士之喪禮已廢矣,孔子以教孺悲,國人乃復書而存之。”

子貢觀於蜡,孔子曰:“賜也樂乎?”對曰:“一國之人皆若狂,賜未知其樂也[一]。”子曰:“百日之蜡,一日之澤,非爾所知也[二]。”

〔一〕鄭玄曰:“蜡也者,索也,歲十二月,合聚萬物而索饗之也。國索鬼神而祭祀,則黨正以禮屬民,而飲酒於序,以正齒位。於是時,民無不醉者,如狂矣。曰‘未知其樂’,怪之。”

〔二〕鄭玄曰:“蜡之祭,主先嗇而祭司嗇,勞農以休息之,言民皆勤稼穡,有百日之勞,喻久也。今一日使之飲酒燕樂,是君之恩澤。非女所知,言其義大。

廐焚,孔子拜鄉人爲火來者。拜之[一],士壹,大夫再,亦相弔之道也。

〔一〕鄭玄曰:“言‘拜之’者,爲其來弔己。《宗伯職》曰:‘以弔禮哀禍災。’”

孔子曰:"管仲遇盗,取二人焉,上以爲公臣,曰:'其所與遊,辟也[一]。可人也。'管仲死,桓公使爲之服[二]。宦於大夫者之爲之服也,自管仲始也,有君命焉爾也[三]。"

〔一〕辟,邪僻。

〔二〕服,服喪。

〔三〕鄭玄曰:"此仕於大夫,更升於公,與違大夫之諸侯同,禮不反服。"

孔子曰:"吾食於少施氏而飽,少施氏食我以禮。吾祭,作而辭曰:'疏食不足祭也。'吾飧,作而辭曰:'疏食也,不敢以傷吾子。'[一]"

〔一〕鄭玄曰:"貴其以禮待己而爲之飽也。時人倨慢,若季氏則不以禮矣。少施氏,魯惠公子施父之後。"

祭　義

仲尼嘗,奉薦而進,其親也慤,其行也趨趨以數[一]。已祭,子贛問曰:"子之言祭,濟濟漆漆然。今子之祭,無濟濟漆漆,何也?"子曰:"濟濟者,容也,遠也。漆漆者,容也,自反也。容以遠,若容以自反也,夫何神明之及交[二]? 夫何濟濟漆漆之有乎? 反饋,樂成[三],薦其薦俎[四],序其禮樂,備其百官。君子致其濟濟漆漆,夫何慌惚之有乎[五]? 夫言豈一端而已,夫各有所當也。"

〔一〕鄭玄曰:"嘗,秋祭也。親,謂身親執事時也。慤與趨趨,言少威儀也。趨讀如促。數之言速也。"

〔二〕鄭玄曰:"漆漆,讀如朋友切切。自反,猶言自脩整也。容以遠,言非所以接親親也。容以自反,言非孝子所以事親也。及,與也。此皆非與神明交之道也。"

〔三〕反饋,進熟的祭品。

〔四〕上"薦"字爲進義。薦俎,兩種祭器。

〔五〕慌惚,思念深切。

子曰:"立愛自親始,教民睦也。立敬自長始,教民順也。教以慈睦,而民貴有親;教以敬長,而民貴用命。孝以事親,順以聽命,錯諸天下[一],無所不行。"

〔一〕錯,通"措",施行。

宰我曰："吾聞鬼神之名，不知其所謂。"子曰："氣也者，神之盛也。魄也者，鬼之盛也。合鬼與神，教之至也[一]。"

〔一〕鄭玄曰："氣，謂嘘吸出入者也。耳目之聰明爲魄。合鬼神而祭之，此聖人教之至極也。"

夫子曰："斷一樹，殺一獸，不以其時，非孝也。"

樂正子春下堂而傷其足[一]，數月不出，猶有憂色。門弟子曰："夫子之足瘳矣[二]，數月不出，猶有憂色，何也？"樂正子春曰："善如爾之問也！善如爾之問也！吾聞諸曾子，曾子聞諸夫子，曰：'天之所生，地之所養，無人爲大。父母全而生之，子全而歸之，可謂孝矣。不虧其體，不辱其身，可謂全矣。故君子頃步而弗敢忘孝也[三]。'今予忘孝之道，予是以有憂色也。壹舉足而不敢忘父母，壹出言而不敢忘父母。壹舉足而不敢忘父母，是故道而不徑[四]，舟而不游，不敢以先父母之遺體行殆[五]。壹出言而不敢忘父母，是故惡言不出於口，忿言不反於身。不辱其身，不羞其親，可謂孝矣。"

〔一〕樂正子春，曾子弟子。

〔二〕瘳，病癒。

〔三〕頃，"跬"字之誤。跬，半步。

〔四〕徑，小路，此處指不走小路。

〔五〕行殆，做危險之事。

經　解

孔子曰："入其國，其教可知也：其爲人也，溫柔敦厚，《詩》教也；疏通知遠[一]，《書》教也；廣博易良[二]，《樂》教也；絜静精微[三]，《易》教也；恭儉莊敬，《禮》教也；屬辭比事[四]，《春秋》教也。故《詩》之失，愚；《書》之失，誣；《樂》之失，奢；《易》之失，賊[五]；《禮》之失，煩；《春秋》之失，亂。其爲人也，溫柔敦厚而不愚，則深於《詩》者也；疏通知遠而不誣，則深於《書》者也；廣博易良而不奢，則深於《樂》者也；絜静精微而不賊，則深於《易》者也；恭儉莊敬而不煩，則深於《禮》者也；屬辭比事而不亂，則深於《春秋》者也。"

〔一〕疏通知遠,通達政事而又瞭解歷史。

〔二〕易良,平易善良。

〔三〕絜,通“潔”。絜静,純潔文静。

〔四〕屬辭比事,連接文辭而排列史事。

〔五〕賊,傷害。

孔子曰:“安上治民,莫善於禮。”

哀公問

　　哀公問於孔子曰:“大禮何如〔一〕? 君子之言禮,何其尊也!”孔子曰:“丘也小人,不足以知禮。”君曰:“否。吾子言之也。”孔子曰:“丘聞之,民之所由生,禮爲大。非禮無以節事天地之神也,非禮無以辨君臣、上下、長幼之位也,非禮無以別男女、父子、兄弟之親,昏姻、疏數之交也〔二〕。君子以此之爲尊敬然。然後以其所能教百姓,不廢其會節〔三〕。有成事,然後治其雕鏤、文章、黼黻以嗣。其順之,然後言其喪筭〔四〕,備其鼎、俎,設其豕、腊,脩其宗廟〔五〕,歲時以敬祭祀,以序宗族,即安其居,節醜其衣服〔六〕,卑其宫室,車不雕幾〔七〕,器不刻鏤,食不貳味,以與民同利。昔之君子之行禮者如此。”公曰:“今之君子,胡莫之行也?”孔子曰:“今之君子,好實無厭,淫德不倦〔八〕,怠荒敖慢,固民是盡〔九〕,午其衆以伐有道〔一〇〕,求得當欲,不以其所。昔之用民者由前,今之用民者由後〔一一〕。今之君子莫爲禮也。”

〔一〕大禮,孔穎達曰:“禮之所用,其事廣大,包含處廣,故云大禮。”

〔二〕孫希旦曰:“節,制限也。天地之神,尊卑不同,各以其制限事之,若天子祭天地,諸侯祭社稷也。疏數,謂交際往來或疏或數也。”

〔三〕會節,行禮之期節,即時節。

〔四〕孫希旦曰:“喪筭,謂喪之月數也。”

〔五〕脩,通“修”,修繕。

〔六〕醜,類。節醜其衣服,節制其衣服而使歸於其類。

〔七〕幾,凹凸的刻紋。

〔八〕實,猶富。淫,放縱。

〔九〕陳澔曰:“固,猶‘固獲’之固,言取之力也。盡,竭其所有也。”

〔一〇〕午,通“忤”。

〔一一〕鄭玄曰："當猶稱也。所猶道也。由前,用上所言。由後,用下所言。"

　　孔子侍坐於哀公,哀公曰："敢問人道誰爲大?"孔子愀然作色而對曰："君之及此言也,百姓之德也。固臣敢無辭而對〔一〕:人道,政爲大。"公曰："敢問何謂爲政?"孔子對曰："政者,正也。君爲正,則百姓從政矣。君之所爲,百姓之所從也。君所不爲,百姓何從?"公曰："敢問爲政如之何?"孔子對曰："夫婦別,父子親,君臣嚴,三者正,則庶物從之矣〔二〕。"公曰："寡人雖無似也〔三〕,願聞所以行三言之道,可得聞乎?"孔子對曰："古之爲政,愛人爲大。所以治愛人,禮爲大。所以治禮,敬爲大。敬之至矣,大昏爲大〔四〕。大昏至矣。大昏既至,冕而親迎,親之也。親之也者,親之也。是故君子興敬爲親,舍敬,是遺親也。弗愛不親,弗敬不正。愛與敬,其政之本與?"

〔一〕鄭玄曰："愀然,變動貌也。作猶變也。德猶福也。辭,讓也。"
〔二〕孫希旦曰："庶物,謂衆事也。"
〔三〕孫希旦曰："似,肖也。無似,猶言不肖也。"
〔四〕孫希旦曰："大昏,謂天子諸侯之昏也。"

　　公曰："寡人願有言然。冕而親迎,不已重乎〔一〕?"孔子愀然作色而對曰："合二姓之好,以繼先聖之後,以爲天地、宗廟、社稷之主,君何謂已重乎?"公曰："寡人固〔二〕!不固,焉得聞此言也?寡人欲問,不得其辭,請少進!"孔子曰："天地不合,萬物不生。大昏,萬世之嗣也,君何謂已重焉?"孔子遂言曰："内以治宗廟之禮,足以配天地之神明;出以治直言之禮,足以立上下之敬。物耻足以振之,國耻足以興之〔三〕。爲政先禮,禮其政之本與?"孔子遂言曰："昔三代明王之政,必敬其妻子也,有道。妻也者,親之主也,敢不敬與?子也者,親之後也,敢不敬與?君子無不敬也,敬身爲大。身也者,親之枝也,敢不敬與?不能敬其身,是傷其親;傷其親,是傷其本;傷其本,枝從而亡。三者,百姓之象也。身以及身,子以及子,妃以及妃,君行此三者,則愾乎天下矣,大王之道也〔四〕。如此,則國家順矣。"

〔一〕已,過分。
〔二〕固,固陋。

〔三〕孫希旦曰："物,事也。物耻,謂事之廢壞而可耻。國耻,謂國之衰弱而可耻也。"

〔四〕鄭玄曰："愾猶至也。"方慤曰："三者,百姓之象,言身與妻、子者百姓之象也。蓋能敬其身,則能敬百姓之身矣,以至妻也子也,亦莫不然。"葉夢得曰："三者,君行於上而民傚於下,故曰'百姓之象也'。百姓象其行,莫不敬其身,亦莫不敬其妻、子,所謂'愾乎天下'也。大王愛厥妃,至於内無怨女,外無曠夫,蓋得其政矣。"

公曰:"敢問何謂敬身?"孔子對曰:"君子過言則民作辭,過動則民作則。君子言不過辭,動不過則〔一〕,百姓不命而敬恭。如是,則能敬其身;能敬其身,則能成其親矣。"

〔一〕鄭玄曰:"則,法也。民者,化君者也。君之言雖過,民猶稱其辭;君之行雖過,民猶以爲法。"

公曰:"敢問何謂成親?"孔子對曰:"君子也者,人之成名也。百姓歸之名,謂之君子之子,是使其親爲君子也,是爲成其親之名也已〔一〕。"孔子遂言曰:"古之爲政,愛人爲大。不能愛人,不能有其身〔二〕;不能有其身,不能安土;不能安土,不能樂天;不能樂天,不能成其身。"

〔一〕方慤曰:"君子者,君國、子民之稱也。達則能居是位,窮則能全是德,如是則成而無虧矣,故曰'人之成名也'。《祭義》所謂'不遺父母惡名'者,如是而已。"孫希旦曰:"君子者,道德成就之名。己能立身行道,以顯父母,推本其所從來者,未嘗不歸美於其親焉,故曰'是使其親爲君子也'。"

〔二〕鄭玄曰:"有猶保也。"

公曰:"敢問何謂成身?"孔子對曰:"不過乎物〔一〕。"

〔一〕鄭玄曰:"物猶事也。"朱熹曰:"《家語》作'夫其行己也不過乎物,謂之成身。不過乎物,是天道也'。以上下文推之,當從《家語》。"

公曰:"敢問君子何貴乎天道也?"孔子對曰:"貴其不已。如日月東西相從而不已也,是天道也。不閉其久,是天道也。無爲而物成,是天道也。已成而明,是天道也〔一〕。"

〔一〕朱熹曰:"不閉其久,當從《家語》作'不閉而能久'。"方慤曰:"物成而功可見,故曰'已成而明'。"

公曰:"寡人惷愚、冥煩,子志之心也〔一〕。"孔子蹴然辟席而對曰:"仁人不過乎物,孝子不過乎物。是故仁人之事親也如事天,事天如事親〔二〕。是故孝子成身。"公曰:"寡人既聞此言也,無如後罪何〔三〕!"孔子對曰:"君之及此言也,是臣之福也。"

〔一〕孫希旦曰:"惷亦愚也。冥者暗於理。煩者亂於事。志猶記也。"

〔二〕鄭玄曰:"蹴然,敬貌。事親、事天,孝敬同也。《孝經》曰:'事父孝,故事天明。'舉無過事,以孝事親,是所以成身。"

〔三〕孫希旦曰:"罪猶過也。哀公既聞孔子之言,而自恐其行之不能無過也。"

仲尼燕居

仲尼燕居,子張、子貢、言游侍,縱言至於禮〔一〕。子曰:"居〔二〕,女三人者。吾語女禮,使女以禮周流,無不徧也。"子貢越席而對曰:"敢問何如?"子曰:"敬而不中禮謂之野,恭而不中禮謂之給〔三〕,勇而不中禮謂之逆。"子曰:"給奪慈仁。"子曰:"師,爾過,而商也不及。子產猶衆人之母也,能食之,不能教也。"子貢越席而對曰:"敢問將何以爲此中者也?"子曰:"禮乎禮! 夫禮,所以制中也。"子貢退。

〔一〕鄭玄曰:"退朝而處曰燕居。縱言,汎説事。"言游,即子游。

〔二〕鄭玄曰:"居,使之坐。凡與尊者言,更端則起。"

〔三〕給,討好逢迎。

言游進曰:"敢問禮也者,領惡而全好者與〔一〕?"子曰:"然。""然則何如?"子曰:"郊、社之義,所以仁鬼神也;嘗、禘之禮,所以仁昭穆也;饋、奠之禮,所以仁死喪也;射、鄉之禮,所以仁鄉黨也;食、饗之禮,所以仁賓客也。"子曰:"明乎郊、社之義,嘗、禘之禮,治國其如指諸掌而已乎! 是故以之居處有禮,故長幼辨也;以之閨門之內有禮〔二〕,故三族和也〔三〕;以之朝廷有禮,故官爵序也;以之田獵有禮,故戎事閑也〔四〕;以之軍旅有禮,故武功成也。是故宮室得其度,量、鼎得其象,味得其時,樂得其節,車得其式,鬼神得其饗,喪紀得其哀,辨説得其黨〔五〕,官得其體,政事得其施,加於身而錯於前,凡衆之動得其宜。"

〔一〕孫希旦曰:"領猶治也。惡者氣質之偏,好者德性之美。領惡、全好,猶《禮器》之言‘釋回增美’也。”

〔二〕閨門，内室的門，也指家門。閨門之内，家庭之内。

〔三〕鄭玄曰：“三族，父、子、孫也。”

〔四〕閑，通“嫻”，熟練。

〔五〕鄭玄曰：“黨，類也。”

　　子曰：“禮者何也？即事之治也。君子有其事必有其治。治國而無禮，譬猶瞽之無相與〔一〕，倀倀乎其何之〔二〕？譬如終夜有求於幽室之中，非燭何見？若無禮，則手足無所錯〔三〕，耳目無所加，進退、揖讓無所制。是故以之居處，長幼失其別，閨門、三族失其和，朝廷、官爵失其序，田獵、戎事失其策，軍旅、武功失其制，宮室失其度，量、鼎失其象，味失其時，樂失其節，車失其式，鬼神失其饗，喪紀失其哀，辨説失其黨，官失其體，政事失其施，加於身而錯於前，凡衆之動失其宜。如此，則無以祖洽於衆也〔四〕。”

〔一〕相，輔助，此處指攙扶盲人的人。

〔二〕孫希旦曰：“倀倀，狂行不知所如也。”

〔三〕錯，通“措”，放置。

〔四〕鄭玄曰：“祖，始也。洽，合也。言失禮無以爲衆倡始而合和之。”

　　子曰：“慎聽之！女三人者，吾語女：禮猶有九焉，大饗有四焉〔一〕。苟知此矣，雖在畎畝之中，事之，聖人已。兩君相見，揖讓而入門，入門而縣興〔二〕。揖讓而升堂，升堂而樂闋。下管《象》、《武》、《夏》籥序興，陳其薦、俎，序其禮樂，備其百官，如此而后，君子知仁焉。行中規，還中矩，和、鸞中《采齊》〔三〕，客出以《雍》，徹以《振羽》，是故君子無物而不在禮矣。入門而金作，示情也。升歌《清廟》，示德也。下而管《象》，示事也〔四〕。是故古之君子，不必親相與言也，以禮樂相示而已。”

〔一〕孫希旦曰：“大饗，謂諸侯相饗也。大饗有四者。金作示情，一也。升歌《清廟》示德，二也。下管《象》示事，三也。《武》、《夏》籥序興，四也。禮有九而大饗有四，則其餘五事不在大饗也。”

〔二〕縣，懸掛的鐘磬。興，作。

〔三〕孫希旦曰：“和、鸞中《采齊》，謂車出迎賓之時，奏《采齊》之詩，以爲車行之節，而車之和鸞,其聲與樂相應也。”

〔四〕孫希旦曰:“《雍》、《振羽》,皆《周頌》篇名。《振羽》,即《振鷺》也。……示德者,
　　《清廟》以發文王之德也。示事者,《維清》以奏《象》舞,所以象文王征伐之
　　事也。”

子曰:“禮也者,理也;樂也者,節也。君子無理不動,無節不作。
不能《詩》,於禮繆;不能樂,於禮素〔一〕;薄於德,於禮虛。”

〔一〕鄭玄曰:“繆,誤也。素猶質也。”

子曰:“制度在禮,文爲在禮,行之,其在人乎〔一〕!”

〔一〕馬晞孟曰:“制度者,文爲之體;文爲者,制度之用。簠、簋、俎、豆,所謂制度也。
　　升降上下,所謂文爲也。制度、文爲,皆禮之法也。徒法不能以自行,故行之
　　在人。”

子貢越席而對曰:“敢問夔其窮與〔一〕?”子曰:“古之人與? 古之
人也。達於禮而不達於樂,謂之素;達於樂而不達於禮,謂之偏。夫
夔,達於樂而不達於禮,是以傳於此名也,古之人也。”

〔一〕窮,這裏指窮於禮,即不懂得禮。

子張問政。子曰:“師乎! 前,吾語女乎! 君子明於禮樂,舉而錯
之而已〔一〕。”子張復問。子曰:“師,爾以爲必鋪几、筵,升降、酌、獻、
酬、酢,然後謂之禮乎? 爾以爲必行綴兆〔二〕,興羽籥,作鐘鼓,然後謂
之樂乎? 言而履之,禮也。行而樂之,樂也〔三〕。君子力此二者,以南
面而立,夫是以天下太平也。諸侯朝,萬物服體〔四〕,而百官莫敢不承
事矣。禮之所興,衆之所治也;禮之所廢,衆之所亂也。目巧之室,則
有奧、阼〔五〕,席則有上下,車則有左右,行則有隨,立則有序,古之義
也。室而無奧、阼,則亂於堂、室也;席而無上下,則亂於席上也;車而
無左右,則亂於車也;行而無隨,則亂於塗也;立而無序,則亂於位也。
昔聖帝、明王、諸侯,辨貴賤、長幼、遠近、男女、外内,莫敢相踰越,皆
由此塗出也〔六〕。”

〔一〕錯,通“措”。

〔二〕綴,指舞蹈者的位置。兆,舞蹈活動的範圍。綴兆,此處代指舞蹈。

〔三〕孫希旦曰：“言而履之，《曲禮》所謂‘脩身踐言’也。行而樂之，《孟子》所謂‘樂則生’而至於‘手舞’‘足蹈’也。”

〔四〕孫希旦曰：“物，事也。服猶順也。萬物服體，言萬事莫不順其理也。”

〔五〕鄭玄曰：“目巧，謂但用巧目善意作室，不由法度，猶有奧、阼賓主之處也。”陳澔曰：“目巧，謂不用規矩準繩，但據目力相視之巧也。言雖苟簡爲之，亦必有奧、阼之處。室之有奧，以爲尊者所處；堂之有阼，以爲主人之位也。”

〔六〕孫希旦曰：“遠近以地言，外内以位言。此‘塗’，謂禮也。”

　　三子者既得聞此言也於夫子，昭然若發矇矣〔一〕。

〔一〕孫希旦曰：“若發矇者，謂若目不明，爲人所發而有所見也。”

孔子閒居

　　孔子閒居〔一〕，子夏侍。子夏曰：“敢問《詩》云‘凱弟君子，民之父母’〔二〕，何如斯可謂民之父母矣？”孔子曰：“夫民之父母乎，必達於禮樂之原，以致五至，而行三無，以橫於天下，四方有敗〔三〕，必先知之，此之謂民之父母矣。”子夏曰：“民之父母，既得而聞之矣，敢問何謂五至？”孔子曰：“志之所至，詩亦至焉〔四〕；詩之所至，禮亦至焉；禮之所至，樂亦至焉；樂之所至，哀亦至焉。哀樂相生。是故正明目而視之，不可得而見也。傾耳而聽之，不可得而聞也。志氣塞乎天地。此之謂五至。”子夏曰：“五至既得而聞之矣，敢問何謂三無？”孔子曰：“無聲之樂，無體之禮，無服之喪，此之謂三無。”子夏曰：“三無既得略而聞之矣，敢問何詩近之？”孔子曰：“‘夙夜其命宥密’，無聲之樂也。‘威儀逮逮，不可選也’，無體之禮也。‘凡民有喪，匍匐救之’，無服之喪也〔五〕。”

〔一〕鄭玄曰：“退燕避人曰閒居。”

〔二〕所引詩，見《詩·大雅·泂酌》。凱弟，和樂平易。

〔三〕敗，災禍。

〔四〕鄭玄曰：“凡言‘至’者，至於民也。志，謂恩意也。言君恩意至於民，則其詩亦至也。詩，謂好惡之情也。自此以下，皆謂民之父母者善推其所有，以與民共之。人耳不能聞，目不能見，行之在心胸也。”

〔五〕孫希旦曰：“無聲之樂，謂心之和而無待於聲也。無體之禮，謂心之敬而無待於事也。無服之喪，謂心之至誠惻怛而無待於服也。三者存乎心，由是而之焉則爲志，發焉則爲詩，行之則爲禮、爲樂、爲哀，而無所不至。蓋五至者禮樂之實，而三無者禮樂之原也。宥，宏深也。密，静謐也。其，《詩》作‘基’。基者，積累於下，以承籍乎上者也。此《詩·周頌·昊天有成命》之篇，言成王夙夜積德，以承藉乎天命者甚宏深而静謐，無聲之樂之意也。逮逮，《詩》作‘棣棣’，閑習之意。此《詩·邶風·柏舟》之篇，言仁人之威儀無不閑習，而不可選擇，無體之體之意也。匍匐，手足並行之貌。此《詩·邶風·谷風》之篇，言凡民非於己有親屬，然聞其喪則匍匐而往救，無服之喪之意也。”

子夏曰：“言則大矣、美矣、盛矣，言盡於此而已乎？”孔子曰：“何爲其然也？君子之服之也，猶有五起焉〔一〕。”子夏曰：“何如？”孔子曰：“無聲之樂，氣志不違；無體之禮，威儀遲遲；無服之喪，内恕孔悲。無聲之樂，氣志既得；無體之禮，威儀翼翼；無服之喪，施及四國。無聲之樂，氣志既從；無體之禮，上下和同；無服之喪，以畜萬邦〔二〕。無聲之樂，日聞四方；無體之禮，日就月將〔三〕；無服之喪，純德孔明。無聲之樂，氣志既起；無體之禮，施及四海；無服之喪，施于孫子。”子夏曰：“三王之德，參於天地，敢問何如斯可謂參於天地矣？”孔子曰：“奉三無私以勞天下。”子夏曰：“敢問何謂三無私？”孔子曰：“天無私覆，地無私載，日月無私照，奉斯三者以勞天下〔四〕，此之謂三無私。其在《詩》曰：‘帝命不違，至於湯齊。湯降不遲，聖敬日齊。昭假遲遲，上帝是祗。帝命式于九圍〔五〕。’是湯之德也。天有四時，春秋冬夏，風雨霜露，無非教也。地載神氣，神氣風霆，風霆流形，庶物露生，無非教也。清明在躬，氣志如神。耆欲將至，有開必先，天降時雨，山川出雲〔六〕。其在《詩》曰：‘嵩高維嶽，峻極于天。維嶽降神，生甫及申。維申及甫，維周之翰。四國于蕃，四方于宣〔七〕。’此文、武之德也。三代之王也，必先其令聞。《詩》云‘明明天子，令聞不已’，三代之德也。‘弛其文德，協此四國’〔八〕，大王之德也〔九〕。”子夏蹶然而起，負牆而立〔一〇〕，曰：“弟子敢不承乎！”

〔一〕孫希旦曰：“服猶行也，言行此三無也。起猶發也，言君子行此三無，由内以發於外，由近以及於遠，其次第有五也。”

〔二〕畜，撫育。

〔三〕日就月將，孔穎達曰：“漸興進也。”今案：猶言日新月異。

〔四〕勞，慰勞。

〔五〕鄭玄曰：“式，用也。九圍，九州之界也。”孫希旦曰：“《詩·商頌·長發》之篇。日齊，《詩》作‘日躋’。躋，升也。”假，至。

〔六〕孫希旦曰：“耆欲，謂所願欲之事也。聖人之所願欲者，德澤之及於民也。人之德本清明，惟其有物欲之累也，故不能無所蔽。聖人無私，故其德之在躬者極其清明。合於神明，而能上格乎天焉。其於所願欲之事，但爲之開其端，而天必先爲生賢臣以輔佐之，猶天之將降雨澤，而山川先爲之出雲也。”

〔七〕孫希旦曰：“《詩·大雅·嵩高》之篇。甫，甫侯，穆王時賢臣。申，申伯，宣王時賢臣。此詩宜王時尹吉甫送申伯所作，而記者引之，以證文、武之事，斷章之義也。”

〔八〕鄭玄曰：“弛，施也。協，和也。”所引詩，均見《詩·大雅·江漢》。

〔九〕大王，文王祖父古公亶父。

〔一〇〕鄭玄曰：“起、負墻者，所問竟，辟後來者。”

坊　記

子言之：“君子之道，辟則坊與〔一〕？坊民之所不足者也〔二〕。大爲之坊，民猶踰之，故君子禮以坊德，刑以坊淫，命以坊欲〔三〕。”

〔一〕孫希旦曰：“辟讀爲譬。君子之道，所以坊民之失，譬如水之有坊，所以止水之放泆也。”

〔二〕鄭玄曰：“民所不足，謂仁義之道也。”

〔三〕命，政令。

子云：“小人貧斯約〔一〕，富斯驕。約斯盜，驕斯亂。禮者，因人之情而爲之節文，以爲民坊者也。故聖人之制富貴也，使民富不足以驕，貧不至於約，貴不慊於上〔二〕，故亂益亡。”

〔一〕鄭玄曰：“約猶窮也。”

〔二〕鄭玄曰：“慊，恨，不滿之貌也。”

子云：“貧而好樂，富而好禮，衆而以寧者，天下其幾矣！《詩》云：‘民之貪亂，寧爲荼毒。’〔一〕故制國不過千乘，都城不過百雉〔二〕，家富不過百乘。以此坊民，諸侯猶有畔者〔三〕。”

〔一〕所引詩，見《詩·大雅·桑柔》。

〔二〕鄭玄曰：“古者方十里，其中六十四井，出兵車一乘，此兵賦之法也。成國之賦千乘。雉，度名也。高一丈，長三丈爲雉。百雉爲長三百丈，方五百步。子男之城

　　方五里。百雉者,此謂大都,三國之一。"

〔三〕畔,通"叛"。

　　子云:"夫禮者,所以章疑別微〔一〕,以爲民坊者也。故貴賤有等,衣服有別,朝廷有位,則民有所讓。"

〔一〕孔穎達曰:"疑,謂是非不決,用禮以章明之。微,謂幽隱不著,用禮以分別之。"

　　子云:"天無二日,土無二王,家無二主,尊無二上,示民有君臣之別也。《春秋》不稱楚、越之王喪,禮,君不稱天,大夫不稱君,恐民之惑也〔一〕。《詩》云〔二〕:'相彼盍旦,尚猶患之〔三〕。'"

〔一〕鄭玄曰:"楚、越之君,僭號稱王,不稱其喪,謂不書'葬'也。《春秋傳》曰:'吳、楚之君不書葬,辟其僭號也。'臣者天君,稱天子爲天王,稱諸侯不言天公,辟王也。大夫有臣者稱之曰主,不言君,辟諸侯也。此皆爲使民疑惑,不知孰者尊也。"

〔二〕孔穎達曰:"此逸《詩》也。"

〔三〕鄭玄曰:"盍旦,夜鳴求旦之鳥也,求不可得。人猶惡其反晝夜而亂昏明,況於臣之僭君也。"

　　子云:"君不與同姓同車,與異姓同車不同服,示民不嫌也〔一〕。以此坊民,民猶得同姓以弑其君。"

〔一〕鄭玄曰:"同姓者,謂先王、先公子孫,有繼及之道者也。其非此則無嫌也。僕、右恒朝服,君則各以時事,唯在軍同服。"

　　子云:"君子辭貴不辭賤,辭富不辭貧,則亂益亡。故君子與其使食浮於人也,寧使人浮於食〔一〕。"

〔一〕鄭玄曰:"食,謂禄也。在上曰浮。禄勝己則近貪,己勝禄則近廉。"

　　子云:"觴酒、豆肉〔一〕,讓而受惡,民猶犯齒。衽席之上,讓而坐下,民猶犯貴〔二〕。朝廷之位,讓而就賤,民猶犯君。《詩》云:'民之無良,相怨一方。受爵不讓,至于己斯亡。'〔三〕"

〔一〕孫希旦曰:"觴酒,盛酒於觴也。豆肉,盛肉於豆,謂庶羞臡、炙之屬也。"

〔二〕鄭玄曰:"犯猶僭也。齒,年也。禮,六十以上,籩、豆有加。貴,秩異者。"

〔三〕所引詩,見《詩·小雅·角弓》。

　　子云："君子貴人而賤己，先人而後己，則民作讓。故稱人之君曰君，自稱其君曰寡君[一]。"

〔一〕鄭玄曰："寡君，猶言'少德之君'，言之謙。"

　　子云："利禄先死者而後生者，則民不偝；先亡者而後存者，則民可以託[一]。《詩》云：'先君之思，以畜寡人。'[二]以此坊民，民猶偝死而號無告。"

〔一〕孫希旦曰："亡，謂出在國外者。存，謂在國者。……偝，謂死而背之也。託，謂寄託也。"

〔二〕孫希旦曰："《詩·邶風·燕燕》之篇，莊姜送歸妾戴嬀之詩也。先君，謂莊公。畜，《詩》作'勗'，勉也。寡人，莊姜自謂也。"

　　子云："有國家者貴人而賤禄，則民興讓；尚技而賤車，則民興藝。故君子約言，小人先言[一]。"

〔一〕鄭玄曰："約與先，互言耳。君子約則小人多矣，小人先則君子後矣。"

　　子云："上酌民言[一]，則下天上施。上不酌民言，則犯也；下不天上施，則亂也。故君子信讓以涖百姓[二]，則民之報禮重。《詩》云：'先民有言：詢於芻蕘。'[三]"

〔一〕鄭玄曰："酌，猶取也。"

〔二〕涖，臨也。

〔三〕所引詩，見《詩·大雅·板》。芻蕘，砍柴人。

　　子云："善則稱人，過則稱己，則民不爭。善則稱人，過則稱己，則怨益亡。《詩》云：'爾卜爾筮，履無咎言。'[一]"

〔一〕孫希旦曰："履，《詩》作'體'，謂兆卦之體也。引詩言爾之卜、筮本無咎言，而致咎者在己，以明過則稱己之意。此與詩之本義不同，蓋斷章取之爾。"所引詩，見《詩·衛風·氓》。

　　子云："善則稱人，過則稱己，則民讓善[一]。《詩》云：'考卜惟王，度是鎬京。惟龜正之，武王成之。'[二]"

〔一〕孫希旦曰："讓善者，以善相讓，則又不止於無怨而已。"

〔二〕陳澔曰：”《詩·大雅·文王有聲》之篇。言武王以龜爲正，而成此鎬京，是武王不自以爲功，而讓之龜卜也。故引以爲讓善之證。”

子云："善則稱君，過則稱己，則民作忠。《君陳》曰〔一〕：'爾有嘉謀嘉猷〔二〕，入告爾君於内，女乃順之於外。曰："此謀此猷，惟我君之德。"於乎〔三〕！是惟良顯哉！'"

〔一〕《君陳》，《尚書》篇名，《古文尚書》有此篇。

〔二〕鄭玄曰："猷，道也。"

〔三〕於乎，嗚呼。

子云："善則稱親，過則稱己，則民作孝。《大誓》曰〔一〕：'予克紂，非予武，惟朕文考無罪。紂克予，非朕文考有罪，惟予小子無良。'"

〔一〕《大誓》，《尚書》篇名，《古文尚書》有《泰誓》上中下三篇。

子云："君子弛其親之過〔一〕，而敬其美。"《論語》曰："三年無改於父之道，可謂孝矣。高宗云〔二〕：'三年其惟不言，言乃讙〔三〕。'"

〔一〕弛，鄭玄曰："猶棄忘也。"

〔二〕高宗，殷王武丁。"高宗"以下語句，引自《尚書·無逸》。

〔三〕鄭玄曰："讙當爲'歡'。"

子云："從命不忿，微諫不倦〔一〕，勞而不怨，可謂孝矣。《詩》云：'孝子不匱〔二〕。'"

〔一〕鄭玄曰："微諫不倦者，子於父母尚和順，不用鄂鄂。《論語》曰：'事父母幾諫，見志不從，又敬不違。'《内則》曰：'父母有過，下氣怡色，柔聲以諫。諫若不入，起敬起孝，悦則復諫。'此所謂'不倦'。"

〔二〕所引詩，見《詩·大雅·既醉》。鄭玄曰："匱，乏也。孝子無乏止之時。"

子云："睦於父母之黨，可謂孝矣。故君子因睦以合族〔一〕。《詩》云：'此令兄弟，綽綽有裕；不令兄弟，交相爲瘉〔二〕。'"

〔一〕孔穎達曰："因睦以合族者，言君子因親睦之道以會聚宗族，爲燕食之禮。"

〔二〕孔穎達曰："《詩·小雅·角弓》之篇。令，善也。瘉，病也。言有德之人善於兄弟，綽綽然有寬裕；無德之人不善兄弟，交相爲病害也。"

子云：“於父之執，可以乘其車，不可以衣其衣，君子以廣孝也〔一〕。”

〔一〕鄭玄曰：“父之執，與父執志同者也。可以乘其車，車於身差遠也。謂今與己位等。”

子云：“小人皆能養其親，君子不敬，何以辨〔一〕？”

〔一〕孫希旦曰：“何以辨者，言何以別於小人也。”

子云：“父子不同位〔一〕，以厚敬也。《書》云：‘厥辟不辟，忝厥祖〔二〕。’”

〔一〕鄭玄曰：“同位，尊卑等，爲其相褻。”

〔二〕孔穎達曰：“《書·太甲》三篇，伊尹戒太甲之辭。辟，君也。忝，辱也。言爲君不自尊高，而與臣下相褻，則辱其先祖。若爲人父不自尊嚴，而與卑下相瀆，亦辱累其先祖也。”

子云：“父母在，不稱老。言孝不言慈。閨門之內，戲而不歎〔一〕。君子以此坊民，民猶薄於孝而厚於慈。”

〔一〕鄭玄曰：“戲，謂孺子言笑者也。孟子曰：‘舜年五十，而不失其孺子之心。’歎，謂有憂戚之聲也。”孫希旦曰：“不稱老，爲其感動親也。不言慈，嫌以恩望其親也。”

子云：“長民者〔一〕，朝廷敬老，則民作孝。”

〔一〕長民者，爲民之長者。

子云：“祭祀之有尸也，宗廟之有主也，示民有事也〔一〕。脩宗廟，敬祀事，教民追孝也。以此坊民，民猶忘其親。”

〔一〕鄭玄曰：“有事，有所尊事也。”

子云：“敬則用祭器〔一〕，故君子不以菲廢禮〔二〕，不以美沒禮〔三〕。故食禮，主人親饋則客祭，主人不親饋則客不祭。故君子苟無禮，雖美不食焉。《易》曰：‘東鄰殺牛，不如西鄰之禴祭寔受其福。’〔四〕《詩》云：‘既醉以酒，既飽以德。’〔五〕以此示民，民猶爭利而忘義。”

〔一〕鄭玄曰：“祭器，籩、豆、簠、鉶之屬也。”

〔二〕菲,菲薄。

〔三〕没,淹没,超過。

〔四〕引文見《易·既濟》九五爻辭。

〔五〕所引詩,見《詩·大雅·既醉》。

子云:“七日戒,三月齊,承一人焉以爲尸,過之者趨走,以教敬也〔一〕。醴酒在室,醍酒在堂,澄酒在下,示民不淫也〔二〕。尸飲三,衆賓飲一,示民有上下也〔三〕。因其酒肉,聚其宗族,以教民睦也。故堂上觀乎室,堂下觀乎上。《詩》云:‘禮儀卒度,笑語卒獲。’〔四〕”

〔一〕孫希旦曰:“戒,謂散齊也。承,事也。過之者趨走,謂爲君尸者,大夫士見之,則下車而趨走也。蓋尸乃神象,故齋戒以承之,趨走以避之,教民以敬事其祖、考也。”

〔二〕孫希旦曰:“醴酒,醴齊也。醍酒,醍齊也。澄,清也。澄酒,三酒也。醴齊、醍齊味薄而在室堂,三酒味厚而在堂下,示民以不淫於味也。”

〔三〕孫希旦曰:“尸飲三,謂大夫士祭禮饋食之後,主人、主婦、賓長各酳尸而爲三也。衆賓飲一,謂主人於衆賓唯一獻之也。尸尊,故得獻多;賓客卑,故得獻少,示民以上下之分也。”

〔四〕所引詩,見《詩·小雅·楚茨》。卒,盡。

子云:“賓禮每進以讓,喪禮每加以遠。浴於中霤〔一〕,飯於牖下,小斂於户内,大斂於阼,殯於客位,祖於庭〔二〕,葬於墓,所以示遠也。殷人弔於壙,周人弔於家,示民不偝也。”子云:“死,民之卒事也,吾從周。以此坊民,諸侯猶有薨而不葬者。”

〔一〕中霤,猶中室,即室的中央。陳澔曰:“古者陶複陶穴,皆開其上以漏光明,故雨霤之,後因名室中爲中霤。”霤,流也。

〔二〕祖,設祖奠。

子云:“升自客階,受弔於賓位,教民追孝也。未没喪,不稱君,示民不争也〔一〕。故《魯春秋》記晉喪曰:‘殺其君之子奚齊,及其君卓〔二〕。’以此坊民,子猶有弑其父者。”

〔一〕鄭玄曰:“升自客階,受弔於賓位,謂反哭時也。既葬矣,猶不由阼階,不忍即父位也。”

〔二〕孫希旦曰:“奚齊及卓,皆晉獻公之子。《春秋》僖公九年秋九月:‘晉侯佹諸卒。’

‘冬，晉里克弒其君之子奚齊。’奚齊不稱君，立未踰年也。十年春正月：‘里克弒其君卓。’卓稱君，已踰年也。”

子云：“孝以事君，弟以事長，示民不貳也。故君子有君不謀仕[一]，唯卜之日稱二君[二]。喪父三年，喪君三年，示民不疑也。父母在，不敢有其身，不敢私其財[三]，示民有上下也。故天子四海之内無客禮，莫敢爲主焉。故君適其臣，升自阼階，即位於堂，示民不敢有其室也。父母在，饋獻不及車馬[四]，示民不敢專也。以此坊民，民猶忘其親而貳其君。”

〔一〕君子，君主的太子。

〔二〕鄭玄曰：“卜之日，謂君有故而爲之卜也。二當爲‘貳’，唯卜之時，辭得曰‘君之貳某’爾。”

〔三〕鄭玄曰：“有猶專也。不敢有其身、私其財，身及財皆當統於父母也。”

〔四〕鄭玄曰：“車馬，家物之重者。”

子云：“禮之先幣、帛也，欲民之先事而後禄也。先財而後禮則民利，無辭而行情則民爭，故君子於有饋者弗能見，則不視其饋[一]。《易》曰：‘不耕獲，不菑畬，凶。’[二]以此坊民，民猶貴禄而賤行。”

〔一〕鄭玄曰：“禮，謂所執之贄以見者也。既相見，乃奉幣、帛以脩好也。財，幣、帛也。利猶貪也。不能見，謂有疾也。不視，猶不内也。”

〔二〕引文見《易・無妄》六二爻辭。菑，耕種了一年的田。畬，耕種了三年的熟田。

子云：“君子不盡利，以遺民。《詩》云：‘彼有遺秉，此有不斂穧，伊寡婦之利。’[一]故君子仕則不稼，田則不漁，食時不力珍[二]。大夫不坐羊，士不坐犬。《詩》云：‘采葑采菲，無以下體。德音莫違，及爾同死。’[三]以此坊民，民猶忘義而争利，以亡其身。”

〔一〕孔穎達曰：“不盡利以遺民，謂不盡竭其利，而以餘利遺與民也。《詩・小雅・大田》之篇。言歲時豐稔，田稼既多，穫刈促遽，彼處有遺秉把，此處有不斂之穧束，與寡婦捃拾以爲利，證以利遺民也。”又，《儀禮・聘禮》“四秉曰筥，十筥曰稯”，鄭玄注：“《詩》云‘彼有遺秉’，又云‘此有不斂穧’。”孔穎达疏：“秉，刈禾之把也。穧者，禾之鋪而未束者。”

〔二〕力，務求。珍，佳餚。

〔三〕所引詩，見《詩·邶風·谷風》。葑，大頭菜。菲，蘿蔔。下體，根莖。德音，善言。

子云：“夫禮，坊民所淫，章民之別，使民無嫌〔一〕，以爲民紀者也。故男女無媒不交，無幣不相見，恐男女之無別也。以此坊民，民猶有自獻其身〔二〕。《詩》云：‘伐柯如之何？匪斧不克。取妻如之何？匪媒不得〔三〕。’‘藝麻如之何？橫從其畝。取妻如之何？必告父母〔四〕。’”

〔一〕鄭玄曰：“淫猶貪也。章，明也。嫌，嫌疑也。”
〔二〕自獻其身，謂不經過媒人而私定終身。
〔三〕所引詩，見《詩·豳風·伐柯》。伐，砍伐。柯，斧柄。
〔四〕所引詩，見《詩·齊風·南山》。藝，種植。從，即“縱”。

子云：“取妻不取同姓，以厚別也。故買妾不知其姓，則卜之。以此坊民，《魯春秋》猶去夫人之姓曰‘吳’，其死曰‘孟子卒’〔一〕。”

〔一〕孫希旦曰：“去夫人之姓曰‘吳’者，《春秋》於取夫人皆書其姓……昭公取於吳爲同姓，故諱書其姓，但云‘夫人至自吳’也。……其卒曰‘孟子卒’者，孟，字；子，宋姓也。”

子云：“禮，非祭，男女不交爵。以此坊民，陽侯猶殺繆侯而竊其夫人，故大饗廢夫人之禮〔一〕。”

〔一〕孫希旦曰：“陽、繆，疑二國名。……繆侯饗陽侯，陽侯説其夫人，遂滅其國而竊之，蓋若楚文王之取息嬀然也。”

子云：“寡婦之子，不有見焉，則弗友也，君子以辟遠也。故朋友之交，主人不在，不有大故〔一〕，則不入其門。以此坊民，民猶以色厚於德〔二〕。”

〔一〕鄭玄曰：“大故，喪、病。”
〔二〕孫希旦曰：“色厚於德，謂好色厚於好德也。”

子云：“好德如好色〔一〕，諸侯不下漁色〔二〕，故君子遠色，以爲民紀。故男女授受不親，御婦人則進左手，姑、姊妹、女子子已嫁而反，男子不與同席而坐，寡婦不夜哭，婦人疾，問之，不問其疾〔三〕。以此坊民，民猶淫佚而亂於族。”

〔一〕鄭玄曰：“好德如好色，此句似不足。《論語》曰：‘未見好德如好色。’疾時人厚於
　　色之甚，而薄於德也。”孫希旦曰：“好德如好色者，言人好德之心當如好色之
　　誠也。”

〔二〕鄭玄曰：“内取於國中，爲下漁色。昏禮始納采，謂采擇其可者也。國君而内取，
　　象捕魚然，中網取之，是無所擇。”

〔三〕鄭玄曰：“寡婦不夜哭，嫌思人道也。婦人疾，問之，不問其疾者，嫌媚，略之也，問
　　增損而已。亂於族，犯非妃匹也。”

子云：“昏禮，壻親迎〔一〕，見於舅姑，舅姑承子以授壻〔二〕，恐事之
違也。以此坊民，婦猶有不至者。”

〔一〕壻，通“婿”。

〔二〕鄭玄曰：“舅姑，妻之父母也。妻之父爲外舅，妻之母爲外姑。”承，引。

中　庸

仲尼曰：“君子中庸，小人反中庸〔一〕。君子之中庸也，君子而時
中；小人之中庸也，小人而無忌憚也。”

〔一〕朱熹曰：“中庸者，不偏不倚，無過不及，而平常之理，乃天命所當然，精微之極致
　　也。惟君子爲能體之，小人反是。”

子曰：“中庸其至矣乎！民鮮能久矣！”

子曰：“道之不行也，我知之矣，知者過之，愚者不及也；道之不明
也，我知之矣，賢者過之，不肖者不及也。人莫不飲食也，鮮能知
味也。”

子曰：“道其不行矣夫！”

子曰：“舜其大知也與！舜好問而好察邇言，隱惡而揚善，執其兩
端，用其中於民，其斯以爲舜乎〔一〕！”

〔一〕朱熹曰：“舜之所以爲大知者，以其不自用而取諸人也。邇言者，淺近之言，猶必
　　察焉，其無遺善可知。然於其言之未善者則隱而不宣，其善者則播而不匿，其廣
　　大光明又如此，則人孰不樂告以善哉。兩端，謂衆論不同之極致。蓋凡物皆有兩

端，如小大厚薄之類，於善之中又執其兩端，而量度以取中，然後用之，則其擇之審而行之至矣。然非在我之權度精切不差，何以與此。此知之所以無過不及，而道之所以行也。”

子曰：“人皆曰予知，驅而納諸罟攫陷阱之中〔一〕，而莫之知辟也。人皆曰予知，擇乎中庸，而不能期月守也。”

〔一〕罟，網也。攫，裝有機關的捕獸木籠。

子曰：“回之爲人也，擇乎中庸，得一善，則拳拳服膺而弗失之矣〔一〕。”

〔一〕朱熹曰：“回，孔子弟子顏淵名。拳拳，奉持之貌。服，猶著也。膺，胷也。奉持而著之心胷之間，言能守也。”

子曰：“天下國家可均也〔一〕，爵禄可辭也，白刃可蹈也，中庸不可能也。”

〔一〕朱熹曰：“均，平治也。”

子路問强。子曰：“南方之强與？北方之强與？抑而强與〔一〕？寬柔以教，不報無道，南方之强也，君子居之。衽金革，死而不厭，北方之强也，而强者居之〔二〕。故君子和而不流，强哉矯！中立而不倚，强哉矯！國有道，不變塞焉，强哉矯！國無道，至死不變，强哉矯〔三〕！”

〔一〕朱熹曰：“抑，語辭。而，汝也。”

〔二〕朱熹曰：“衽，席也。金，戈兵之屬。革，甲冑之屬。北方風氣剛勁，故以果敢之力勝人爲强，强者之事也。”

〔三〕朱熹曰：“此四者，汝之所當强也。矯，强貌。《詩》曰‘矯矯虎臣’是也。倚，偏著也。塞，未達也。國有道，不變未達之所守；國無道，不變平生之所守也。”

子曰：“素隱行怪〔一〕，後世有述焉，吾弗爲之矣。君子遵道而行，半塗而廢，吾弗能已矣。君子依乎中庸，遯世不見知而不悔〔二〕，唯聖者能之。”

〔一〕朱熹曰：“素，按《漢書》當作索，蓋字之誤也。索隱行怪，言深求隱僻之理，而過爲詭異之行也。”

〔二〕遯世，避世，隱居。

　　子曰："道不遠人。人之爲道而遠人，不可以爲道〔一〕。《詩》云：
'伐柯伐柯，其則不遠。'執柯以伐柯，睨而視之，猶以爲遠。故君子以
人治人，改而止〔二〕。忠恕違道不遠〔三〕，施諸己而不願，亦勿施於人。
君子之道四，丘未能一焉：所求乎子，以事父未能也；所求乎臣，以事
君未能也；所求乎弟，以事兄未能也；所求乎朋友，先施之未能也。庸
德之行〔四〕，庸言之謹，有所不足，不敢不勉，有餘不敢盡；言顧行，行顧
言，君子胡不慥慥爾〔五〕！"

〔一〕朱熹曰："道者，率性而已，固衆人之所能知能行者也，故常不遠於人。若爲道者，
　　　厭其卑近以爲不足爲，而反務爲高遠難行之事，則非所以爲道矣。"

〔二〕朱熹曰："《詩·豳風·伐柯》之篇。柯，斧柄。則，法也。睨，邪視也。言人執柯
　　　伐木以爲柯者，彼柯長短之法，在此柯耳。然猶有彼此之别，故伐者視之猶以爲
　　　遠也。若以人治人，則所以爲人之道，各在當人之身，初無彼此之别。故君子之
　　　治人也，即以其人之道還治其人之身。其人能改，即止不治。蓋責之以其所能知
　　　能行，非欲其遠人以爲道也。"

〔三〕朱熹曰："違，去也。"

〔四〕庸，平常。

〔五〕朱熹曰："慥慥，篤實貌。言君子之言行如此，豈不慥慥乎，贊美之也。"

　　子曰："射有似乎君子，失諸正鵠〔一〕，反求諸其身。"

〔一〕朱熹曰："畫布曰正，棲皮曰鵠，皆侯之中，射之的也。"

　　子曰："父母其順矣乎！"

　　子曰："鬼神之爲德，其盛矣乎〔一〕！視之而弗見，聽之而弗聞，體
物而不可遺。使天下之人齊明盛服，以承祭祀，洋洋乎如在其上〔二〕，
如在其左右。《詩》曰：'神之格思，不可度思！矧可射思〔三〕！'夫微之
顯，誠之不可揜如此夫〔四〕。"

〔一〕朱熹曰："程子曰：'鬼神，天地之功用，而造化之迹也。'張子曰：'鬼神者，二氣之
　　　良能也。'愚謂以二氣言，則鬼者陰之靈也，神者陽之靈也；以一氣言，則至而伸者
　　　爲神，反而歸者爲鬼，其實一物而已。"

〔二〕朱熹曰:"齊之爲言齊也,所以齊不齊而致其齊也。明,猶潔也。洋洋,流動充滿
　　　之意。能使人畏敬奉承,而發見昭著如此,乃其體物而不可遺之驗也。"

〔三〕朱熹曰:"《詩·大雅·抑》之篇。格,來也。矧,況也。射,厭也,言厭怠而不敬
　　　也。思,語辭。"

〔四〕朱熹曰:"誠者,真實无妄之謂。陰陽合散,無非實者。故其發見之不可揜如此。"
　　　揜,通"掩"。

　　子曰:"舜其大孝也與! 德爲聖人,尊爲天子,富有四海之内。宗
廟饗之,子孫保之。故大德必得其位,必得其禄,必得其名,必得其
壽。故天之生物,必因其材而篤焉〔一〕。故栽者培之,傾者覆之。
《詩》曰:'嘉樂君子,憲憲令德! 宜民宜人,受禄于天。保佑命之,自
天申之〔二〕。'故大德者必受命。"

〔一〕朱熹曰:"材,質也。篤,厚也。"

〔二〕朱熹曰:"《詩·大雅·假樂》之篇。假,當依此作嘉。憲,當依《詩》作顯。申,重
　　　也。"令,善。

　　子曰:"無憂者其惟文王乎! 以王季爲父,以武王爲子,父作之,
子述之〔一〕。武王纘大王、王季、文王之緒。壹戎衣而有天下,身不失
天下之顯名。尊爲天子,富有四海之内。宗廟饗之,子孫保之〔二〕。武
王末受命,周公成文、武之德,追王大王、王季,上祀先公以天子之禮。
斯禮也,達乎諸侯大夫,及士庶人。父爲大夫,子爲士;葬以大夫,祭
以士。父爲士,子爲大夫;葬以士,祭以大夫。期之喪達乎大夫,三年
之喪達乎天子,父母之喪無貴賤,一也〔三〕。"

〔一〕朱熹曰:"此言文王之事。《書》言'王季其勤王家',蓋其所作,亦積功累仁之
　　　事也。"

〔二〕朱熹曰:"此言武王之事。纘,繼也。大王,王季之父也。《書》云:'大王肇基王
　　　迹。'《詩》云:'至于大王,實始翦商。'緒,業也。戎衣,甲冑之屬。壹戎衣,《武
　　　成》文,言一著戎衣以伐紂也。"

〔三〕朱熹曰:"此言周公之事。末,猶老也。追王,蓋推文、武之意,以及乎王迹之所起
　　　也。先公,組紺以上至后稷也。上祀先公以天子之禮,又推大王、王季之意,以及
　　　於無窮也。制爲禮法,以及天下,使葬用死者之爵,祭用生者之禄。喪服自期以
　　　下,諸侯絶,大夫降;而父母之喪,上下同之,推己以及人也。"

子曰:"武王、周公,其達孝矣乎[一]!夫孝者,善繼人之志,善述人之事者也。春秋脩其祖廟,陳其宗器,設其裳衣,薦其時食[二]。宗廟之禮,所以序昭穆也;序爵,所以辨貴賤也;序事,所以辨賢也;旅酬下爲上,所以逮賤也;燕毛,所以序齒也[三]。踐其位,行其禮,奏其樂,敬其所尊,愛其所親,事死如事生,事亡如事存,孝之至也[四]。郊社之禮,所以事上帝也;宗廟之禮,所以祀乎其先也。明乎郊社之禮、禘嘗之義,治國其如示諸掌乎[五]。"

〔一〕朱熹曰:"達,通也。承上章而言武王、周公之孝,乃天下之人通謂之孝,猶孟子之言達尊也。"

〔二〕朱熹曰:"祖廟,天子七,諸侯五,大夫三,適士二,官師一。宗器,先世所藏之重器,若周之赤刀、大訓、天球、河圖之屬也。裳衣,先祖之遺衣服,祭則設之以授尸也。時食,四時之食,各有其物,如春行羔、豚、膳、膏、香之類是也。"

〔三〕朱熹曰:"宗廟之次:左爲昭,右爲穆,而子孫亦以爲序。有事於太廟,則子姓、兄弟、群昭、群穆咸在而不失其倫焉。爵,公、侯、卿、大夫也。事,宗祝有司之職事也。旅,衆也。酬,導飲也。旅酬之禮,賓弟子、兄弟之子各舉觶於其長而衆相酬。蓋宗廟之中,以有事爲榮,故逮及賤者,使亦得以申其敬也。燕毛,祭畢而燕,則以毛髮之色別長幼,爲坐次也。齒,年數也。"

〔四〕朱熹曰:"踐,猶履也。其,指先王也。所尊所親,先王之祖考、子孫、臣庶也。始死謂之死,既葬則曰反而亡焉,皆指先王也。此結上文兩節,皆繼志述事之意也。"

〔五〕朱熹曰:"郊,祀天。社,祭地。不言后土者,省文也。禘,天子宗廟之大祭,追祭太祖之所自出於太廟,而以太祖配之也。嘗,秋祭也。四時皆祭,舉其一耳。禮必有義,對舉之,互文也。示,與視同。視諸掌,言易見也。此與《論語》文意大同小異,記有詳略耳。"

哀公問政。子曰:"文武之政,布在方策。其人存,則其政舉;其人亡,則其政息[一]。人道敏政,地道敏樹。夫政也者,蒲盧也[二]。故爲政在人,取人以身,脩身以道,脩道以仁。仁者人也,親親爲大;義者宜也,尊賢爲大;親親之殺,尊賢之等,禮所生也。在下位不獲乎上,民不可得而治矣!故君子不可以不脩身;思脩身,不可以不事親;思事親,不可以不知人;思知人,不可以不知天。"

〔一〕朱熹曰:"方,版也。策,簡也。息,猶滅也。有是君,有是臣,則有是政矣。"

〔二〕朱熹曰："敏,速也。蒲盧,沈括以爲蒲葦,是也。以人立政,猶以地種樹,其成速矣,而蒲葦又易生之物,其成尤速也。言人存政舉,其易如此。"

子曰："好學近乎知,力行近乎仁,知恥近乎勇〔一〕。"

〔一〕朱熹曰："'子曰'二字衍文。好、近乎知之知,並去聲。"

子曰："愚而好自用,賤而好自專,生乎今之世,反古之道。如此者,烖及其身者也〔一〕。"

〔一〕朱熹曰："以上孔子之言,子思引之。反,復也。"烖,同"災"。

子曰："吾説夏禮,杞不足徵也;吾學殷禮,有宋存焉;吾學周禮,今用之,吾從周〔一〕。"

〔一〕朱熹曰："此又引孔子之言。杞,夏之後。徵,證也。宋,殷之後。三代之禮,孔子皆嘗學之,而能自言其意;但夏禮既不可考證,殷禮雖存,又非當世之法,惟周禮乃時王之制,今日所用。孔子既不得位,則從周而已。"

仲尼祖述堯、舜,憲章文、武;上律天時,下襲水土〔一〕。辟如天地之無不持載,無不覆幬,辟如四時之錯行,如日月之代明〔二〕。萬物並育而不相害,道並行而不相悖,小德川流,大德敦化,此天地之所以爲大也〔三〕。

〔一〕朱熹曰："祖述者,遠宗其道。憲章者,近守其法。律天時者,法其自然之運。襲水土者,因其一定之理。皆兼内外、該本末而言也。"

〔二〕朱熹曰："錯,猶迭也。此言聖人之德。"

〔三〕朱熹曰："悖,猶背也。天覆地載,萬物並育於其間而不相害;四時日月,錯行代明而不相悖。所以不害不悖,小德之川流;所以並育並行者,大德之敦化。小德者,全體之分;大德者,萬殊之本。川流者,如川之流,脈絡分明而往不息也。敦化者,敦厚其化,根本盛大而出無窮也。此言天地之道,以見上文取辟之意也。"

子曰："聲色之於以化民〔一〕,末也。"

〔一〕聲色,疾聲厲色。

表　記

子言之："歸乎!君子隱而顯,不矜而莊,不厲而威,不言而信。"

子曰:"君子不失足於人,不失色於人,不失口於人。是故君子貌足畏也,色足憚也,言足信也。《甫刑》曰:'敬、忌而罔有擇言在躬[一]。'"

〔一〕孫希旦曰:"《甫刑》,《尚書·吕刑篇》。忌,戒也。罔,無也。罔有擇言在躬,謂所言皆合於道,不可擇而去之也。"

子曰:"裼、襲之不相因也,欲民之毋相瀆也[一]。"

〔一〕冬衣裘,夏衣葛,加在裘葛之外,紋飾美麗的罩衣叫裼,裼之外所加的正服叫襲。孫希旦曰:"燕居恒襲,《玉藻》謂'不文飾也不裼'是也。行禮則改襲而裼;若禮之至重,則又改裼而襲。蓋禮以變爲敬,若相因則瀆,瀆則不敬矣。"

子曰:"祭極敬,不繼之以樂。朝極辨[一],不繼之以倦。"

〔一〕辨,《朱子語類》曰:"治也。"

子曰:"君子慎以辟禍,篤以不揜,恭以遠恥[一]。"

〔一〕孫希旦曰:"篤,謂篤厚也。揜者,困迫之意,《易》曰'《困》,剛揜'是也。"

子曰:"君子莊敬日强,安肆日偷[一]。君子不以一日使其躬儳焉,如不終日[二]。"

〔一〕偷,淺薄。

〔二〕儳,鄭玄曰:"可輕賤之貌也。"

子曰:"齊戒以事鬼神,擇日月以見君[一],恐民之不敬也。"

〔一〕鄭玄曰:"擇日月以見君,謂臣在邑境者。"

子曰:"狎侮死焉而不畏也[一]。"

〔一〕孫希旦曰:"小人好相狎暱、侮慢,不知畏死亡也,而死亡恒及之,此慎以辟禍之反也。"

子曰:"無辭不相接也,無禮不相見也,欲民之毋相褻也[一]。《易》曰:'初筮告。再三瀆,瀆則不告[二]。'"

〔一〕鄭玄曰:"辭,所以通情也。禮,謂摯也。《春秋傳》曰:'古者諸侯有朝聘之事',

　'號辭必稱先君以相接'也。"

〔二〕引文爲《易·蒙卦》。

　　子言之："仁者,天下之表也[一]。義者,天下之制也。報者[二],天
下之利也。"

〔一〕表,儀表,表率。

〔二〕鄭玄曰:"報,謂禮也。禮尚往來。"

　　子曰:"以德報德,則民有所勸。以怨報怨,則民有所懲。《詩》
曰:'無言不讎,無德不報。'《大甲》曰:'民非后,無能胥以寧;后非
民,無以辟四方[一]。'"

〔一〕孫希旦曰:"勸者,勉於施德;懲者,戒於樹怨。引《大甲》,言君能安其民,則民能
　　戴其君,以德報德之義也。"所引詩,見《詩·大雅·抑》。后,君主。胥,相。辟,
　　統治。

　　子曰:"以德報怨,則寬身之仁也[一];以怨報德,則刑戮之民也。"

〔一〕仁,通"人"。

　　子曰:"無欲而好仁者,無畏而惡不仁者,天下一人而已矣[一]。
是故君子議道自己,而置法民[二]。"

〔一〕鄭玄曰:"一人而已,喻少也。"

〔二〕"置法民",阮刻本作"置法以民",當從阮刻本。以,依。

　　子曰:"仁有三,與仁同功而異情。與仁同功,其仁未可知也;與
仁同過,然後其仁可知也。仁者安仁,知者利仁,畏罪者強仁。仁者
右也,道者左也。仁者人也,道者義也。厚於仁者薄於義,親而不尊;
厚於義者薄於仁,尊而不親。道有至義有考。至道以王,義道以霸,
考道以爲無失[一]。"

〔一〕鄭玄曰:"此讀當言'道有至、有義、有考',字脱一'有'耳。有至,謂兼仁義者。
　　有義,則無仁矣。"馬晞孟曰:"考道,非體道者也,惟稽考而已,故止於無失。"

　　子言之:"仁有數,義有長短小大。中心憯怛[一],愛人之仁也;率

法而强之,資仁者也〔二〕。《詩》云:'豐水有芑,武王豈不仕,詒厥孫謀,以燕翼子,武王烝哉〔三〕!'數世之仁也。《國風》曰:'我今不閱,皇恤我後〔四〕。'終身之仁也。"

〔一〕惽恨,憂傷。

〔二〕率,循。資,取。

〔三〕所引詩,見《詩·大雅·文王有聲》。仕,通"事"。詒,遺留。厥,其。燕,安。翼,輔助。烝,君。

〔四〕所引詩,見《詩·邶風·谷風》。閱,容。皇,通"遑",空閑。

子曰:"仁之爲器重,其爲道遠,舉者莫能勝也,行者莫能致也。取數多者,仁也。夫勉於仁者,不亦難乎!是故君子以義度人,則難爲人;以人望人,則賢者可知已矣〔一〕。"

〔一〕吕大臨曰:"以義度人者,盡義以度人者也。以人望人者,舉今之人以相望也。盡義以求人,非聖人不足以當之,故難爲人。舉今之人以相望,則大賢愈於小賢,小賢愈於不賢,故賢者可知已矣。此亦以數而言仁也。"

子曰:"中心安仁者,天下一人而已矣。《大雅》曰:'德輶如毛,民鮮克舉之,我儀圖之。惟仲山甫舉之,愛莫助之〔一〕。'《小雅》曰:'高山仰止,景行行止〔二〕。'"子曰:"《詩》之好仁如此。鄉道而行,中道而廢,忘身之老也,不知年數之不足也,俛焉日有孳孳,斃而后已〔三〕。"

〔一〕孫希旦曰:"引《大雅·烝民》之篇。言安仁者少,其有能至之者,又非有待於人之助也。"輶,輕。儀圖,揣度。仲山甫,周宣王的大臣。愛,可惜。

〔二〕所引詩,見《詩·小雅·車舝》。朱熹曰:"景行,大道也。高山則可仰,大道則可行。"止,當作"之"。

〔三〕孫希旦曰:"俛焉,用力之篤而無他顧之意。此言其欲罷不能,死而後已也。"孳孳,通"孜孜"。

子曰:"仁之難成久矣。人人失其所好,故仁者之過易辭也〔一〕。"

〔一〕孫希旦曰:"辭,猶解免也。仁者有過,如日月之食,人皆見之,未嘗有自解免之意,然人皆知其心之無他,故易辭。"

子曰:"恭近禮,儉近仁,信近情,敬讓以行,此雖有過,其不甚矣。

夫恭寡過,情可信,儉易容也。以此失之者,不亦鮮乎!《詩》曰:'温温恭人,惟德之基[一]。'"

〔一〕所引詩,見《詩·大雅·抑》。

子曰:"仁之難成久矣,唯君子能之。是故君子不以其所能者病人[一],不以人之所不能者愧人。是故聖人之制行也,不制以己,使民有所勸勉愧耻,以行其言。禮以節之,信以結之,容貌以文之,衣服以移之,朋友以極之,欲民之有壹也[二]。《小雅》曰:'不愧于人,不畏于天。'[三]是故君子服其服,則文以君子之容;有其容,則文以君子之辭;遂其辭,則實以君子之德。是故君子耻服其服而無其容,耻有其容而無其辭,耻有其辭而無其德,耻有其德而無其行。是故君子衰絰則有哀色,端冕則有敬色,甲胄則有不可辱之色。《詩》云:'維鵜在梁,不濡其翼。彼記之子,不稱其服[四]。'"

〔一〕病,猶指責。

〔二〕孫希旦曰:"壹,專壹於爲善也。"

〔三〕所引詩,見《詩·小雅·何人斯》。

〔四〕孫希旦曰:"引《曹風·候人》之篇,言人之德必稱其服也。"鵜,一種水鳥。梁,漁梁。濡,霑濕。

子言之:"君子之所謂義者,貴賤皆有事於天下[一]。天子親耕,粢盛、秬鬯以事上帝[二],故諸侯勤以輔事於天子。"

〔一〕孫希旦曰:"有事,有所尊事也,與《坊記》'示民有事'義同。"

〔二〕粢盛,祭祀用糧。秬鬯,用黑黍釀造的香酒。

子曰:"下之事上也,雖有庇民之大德,不敢有君民之心,仁之厚也。是故君子恭儉以求役仁,信讓以求役禮,不自尚其事,不自尊其身,儉於位而寡於欲,讓於賢,卑己而尊人,小心而畏義,求以事君,得之自是,不得自是,以聽天命。《詩》云:'莫莫葛藟,施于條枚。凱弟君子,求福不回[一]。'其舜、禹、文王、周公之謂與? 有君民之大德,有事君之小心。《詩》云:'惟此文王,小心翼翼,昭事上帝,聿懷多福。厥德不回,以受方國[二]。'"

〔一〕所引詩，見《詩·大雅·旱麓》。莫莫，茂密。施，延。條枚，枝幹。回，邪僻。
〔二〕所引詩，見《詩·大雅·大明》。昭，明白。聿，助詞，無義。懷，至。

子曰："先王謚以尊名，節以壹惠，恥名之浮於行也〔一〕。是故君子不自大其事，不自尚其功，以求處情；過行弗率，以求處厚；彰人之善而美人之功，以求下賢〔二〕。是故君子雖自卑而民敬尊之。"
〔一〕節，節取。惠，善。浮，超過。
〔二〕率，循。下賢，居賢者之下，謂屈己以尊賢。

子曰："后稷，天下之爲烈也，豈一手一足哉！唯欲行之浮於名也，故自謂便人〔一〕。"
〔一〕便人，鄭玄曰："辟聖人之名，云：'自便習於此事之人耳。'"孔穎達曰："烈，業也。后稷播殖之功，豈止一人之手、一人之足哉！言用之者多也。唯欲實行過於名，故自謂便於稼穡之人，不自謂神聖也。"

子言之："君子之所謂仁者，其難乎！《詩》云：'凱弟君子，民之父母〔一〕。'凱以強教之，弟以説安之，樂而毋荒，有禮而親，威莊而安，孝慈而敬，使民有父之尊，有母之親〔二〕。如此而后可以爲民父母矣，非至德其孰能如此乎？今父之親子也，親賢而下無能〔三〕；母之親子也，賢則親之，無能則憐之。母親而不尊，父尊而不親。水之於民也，親而不尊；火，尊而不親。土之於民也，親而不尊；天，尊而不親。命之於民也〔四〕，親而不尊；鬼，尊而不親。"
〔一〕所引詩，見《詩·大雅·泂酌》。
〔二〕孫希旦曰："強教，謂強勸而教訓之。説安，謂和悦而安定之。毋荒也，有禮也，威莊也，敬也，皆強教之效，而使民有父之尊者也。樂也，親也，安也，孝慈也，皆説安之效，而使民有母之親者也。於二者兼盡之而不偏，則可以謂之仁，可以謂之民父母矣。"
〔三〕孫希旦曰："下，謂卑下之也。"
〔四〕命，政令。

子曰："夏道尊命，事鬼敬神而遠之，近人而忠焉。先禄而後威，先賞而後罰，親而不尊。其民之敝，惷而愚，喬而野〔一〕，朴而不文。殷人尊神,率民以事神,先鬼而後禮,先罰而後賞,尊而不親。其民之敝,蕩而不静,勝而無恥。周人尊禮尚施,事鬼敬神而遠之,近人而忠焉。其賞罰用爵列〔二〕,親而不尊。其民之敝,利而巧,文而不慚,賊而蔽。”

〔一〕孫希旦曰:“尊命,謂尊上之政教也。遠之,謂不以鬼神之道示人也。蓋夏承重黎絶地天通之後,懲神人雜糅之敝,故事鬼敬神而遠之,而專以人道爲教。忠,情實也。敝,謂其後世政教之失也。喬與驕同。”

〔二〕孫希旦曰:“列,等也。周之賞罰,不分先後,但以爵位之等爲輕重之差也。”

子曰:“夏道未瀆辭,不求備,不大望於民,民未厭其親。殷人未瀆禮,而求備於民。周人强民,未瀆神,而賞爵、刑罰窮矣〔一〕。”

〔一〕孫希旦曰:“未瀆辭者,夏道尚忠,尚行而不尚辭也。刑罰寬,故所求於民者不備;禮文簡,故所望於民者易從。是以其民安其政教,而親愛其上,不至於厭斁也。忠之俗既敝,行脩而人猶未信,故殷人始瀆辭,然其於禮尚簡,未至於瀆,亦不大望於民。然先罰後賞,則法網密而所求於民者備矣。敬之俗又敝,辭雖瀆而未足以取信,故周人始瀆禮,而事爲之制,曲爲之防,則大望於民,而强之使從上之教矣。未瀆神者,事鬼敬神而遠之也。窮,盡也。言周人遠鬼神而盡於人事,爵賞、刑罰,所以爲治之具備盡而無遺也。”

子曰:“虞、夏之道,寡怨於民;殷、周之道,不勝其敝。”

子曰:“虞、夏之質,殷、周之文,至矣。虞、夏之文,不勝其質;殷、周之質,不勝其文。”

子言之曰:“後世雖有作者,虞帝弗可及也已矣。君天下,生無私,死不厚其子,子民如父母,有憯怛之愛,有忠利之教;親而尊,安而敬,威而愛,富而有禮,惠而能散。其君子尊仁畏義,恥費輕實〔一〕,忠而不犯,義而順,文而静,寬而有辨。《甫刑》曰:‘德威惟威〔二〕,德明惟明〔三〕。’非虞帝其孰能如此乎?”

〔一〕費,靡費。實,財物。

〔二〕孔穎達曰:“下‘威’訓畏。”

〔三〕孔穎達曰:“下‘明’訓尊。”

子言之："事君先資其言,拜自獻其身,以成其信。是故君有責於其臣,臣有死於其言。故其受禄不誣,其受罪益寡〔一〕。"

〔一〕孫希旦曰："資,藉也。拜,謂受其命。獻,謂進於朝。先藉其言以告君,所謂'敷奏以言'也。度君之能用我言焉而後進,故無不可踐之言,而能成其信。君有責於其臣,於其所資者課之也。臣有死於其言,於其所資者守之也。功與位稱,故受禄不誣。事與言符,故受罪益寡。"

子曰："事君,大言入則望大利,小言入則望小利。故君子不以小言受大禄,不以大言受小禄。《易》曰:'不家食吉。'〔一〕"

〔一〕孫希旦曰："言,即所資之言也。利,謂臣所建白之效也。禄,臣所受於君之食也。禄必稱其位之大小。……引《大畜》卦辭,言臣之受禄不可苟也。若以小言受大禄,以大言受小禄,則不可謂之吉矣。"

子曰："事君不下達,不尚辭,非其人弗自。《小雅》曰:'靖共爾位,正直是與。神之聽之,式穀以女〔一〕。'"

〔一〕孫希旦曰："自,由也,所由以進者也。非其人而由之以進,則己先不正,而無以正君矣。……《詩·小雅·小明》之篇。與,助也。穀,善道也。靖則不尚繁辭,恭則責難於君。正直之人是助,則無比匪之失,而所自必正矣。"靖,敬。共,奉。位,職。

子曰："事君遠而諫,則諂也;近而不諫,則尸利也〔一〕。"

〔一〕呂大臨曰："既無言責,又遠於君,非其職而諫之,凌節犯分,以求自遠,故曰'諂'。有言責之臣,不諫則曠厥官,懷禄固寵,主於為利,故曰'尸利'。"俞樾認為"諂"本亦作"陷",為"陷"的借字。楊天宇認為,"陷"即《白虎通·諫諍篇》中的"陷諫",即為義為君,不避喪生之禍,不怕陷於罪之諫。

子曰："邇臣守和,宰正百官,大臣慮四方〔一〕。"

〔一〕孫希旦曰："邇臣,謂侍御、僕從之臣。邇臣日在君,側慮其便辟、側媚,故欲其和而不同,獻可替否,以成君德也。冢宰統百官,故欲其以正率之。大臣,謂卿大夫也。大臣謀慮四方之大事,非徒治一職而已。"

子曰："事君欲諫不欲陳。《詩》云:'心乎愛矣,瑕不謂矣?中心藏之,何日忘之〔一〕?'"

〔一〕鄭玄曰:“瑕之言胡也。”孫希旦曰:“陳,謂陳數其君之失也。引詩以明諫君者由於心之愛君,而陳者不能然也。”所引詩,見《詩·小雅·隰桑》。

子曰:“事君難進而易退,則位有序;易進而難退,則亂也。故君子三揖而進,一辭而退,以遠亂也。”

子曰:“事君三違而不出竟,則利禄也。人雖曰‘不要’〔一〕,我弗信也。”

〔一〕孫希旦曰:“違猶去也。利猶貪也。要,求也。”

子曰:“事君慎始而敬終〔一〕。”

〔一〕孫希旦曰:“慎始,不敢苟進。敬終,不敢苟去也。”

子曰:“事君可貴可賤,可富可貧,可生可殺,而不可使爲亂〔一〕。”

〔一〕吕大臨曰:“臣之事君,富貴、貧賤、生殺,唯君所命,其不可奪者,吾之理義而已。凡違乎理義者,皆亂也。”

子曰:“事君,軍旅不辟難,朝廷不辭賤。處其位而不履其事,則亂也。故君使其臣,得志則慎慮而從之,否則孰慮而從之,終事而退,臣之厚也。《易》曰:‘不事王侯,高尚其事。’〔一〕”

〔一〕孫希旦曰:“賤,謂卑辱之役也。事君處其位則有其事,雖患難之事,卑辱之役,不可辭也。若避難辭辱,則職守亂矣。得志,謂諫行、言聽也。慎慮而從之,敬慎以從事,不可以得志而自滿也。否,謂不得其志,而君之所使者非己之所欲也。孰慮而從之,謂詳孰思慮,欲其無悖乎君之命,而又無貶乎己之道也。終事,謂終竟所使之事。退,謂去位也。仕不得志而遽退,則顯其君之失,故孰慮以從之;既終事而後退,忠厚之道也。”“《易》曰”以下爲《周易·蠱卦》上九爻辭。

子曰:“唯天子受命于天,士受命于君。故君命順則臣有順命,君命逆則臣有逆命。《詩》曰:‘鵲之姜姜,鶉之賁賁,人之無良,我以爲君〔一〕。’”

〔一〕所引詩,見《詩·鄘風》、《詩·鶉之奔奔》。姜姜、賁賁,鄭玄曰:“争鬭惡貌。”

子曰："君子不以辭盡人。故天下有道,則行有枝葉[一];天下無道,則辭有枝葉。是故君子於有喪者之側,不能賻焉[二],則不問其所費;於有病者之側,不能饋焉,則不問其所欲;有客不能館,則不問其所舍。故君子之接如水,小人之接如醴。君子淡以成,小人甘以壞[三]。《小雅》曰:'盜言孔甘,亂是用餤[四]。'"

〔一〕孫希旦曰:"行有枝葉,則行有餘於其言。"

〔二〕賻,贈送財物。

〔三〕孔穎達曰:"言君子相接不用虛言,如兩水相交,尋合而已。小人以虛辭相飾,如似兩醴相合,必致敗壞。"

〔四〕所引詩,見《詩·小雅·巧言》。餤,增多。

子曰:"君子不以口譽人,則民作忠。故君子問人之寒則衣之,問人之飢則食之,稱人之美則爵之。《國風》曰:'心之憂矣! 於我歸說。'[一]"

〔一〕孫希旦曰:"以口譽人,言徒譽之以口,而不根於實心也。君子不以口譽人,其言必本於心,忠之道也,故民化之而作忠。引《曹風·蜉蝣》之篇,言憂其人則欲其於我歸說,不以口譽人之事也。"

子曰:"口惠而實不至,怨菑及其身。是故君子與其有諾責也,寧有已怨[一]。《國風》曰:'言笑晏晏,信誓旦旦。不思其反,反是不思,亦已焉哉[二]!'"

〔一〕鄭玄曰:"善言而無信,人所惡也。已,謂不許也。言諾而不與,其怨大於不許。"孫希旦曰:"愚謂引《衛風·氓》之篇,言約誓者不思其後之反覆,以致於乖離,猶輕諾者不思其後之不能踐,以至於見怨也。"

〔二〕所引詩,見《詩·衛風·氓》。晏晏,和悦之貌。已,停止。

子曰:"君子不以色親人。情疏而貌親,在小人則穿窬之盜也與[一]?"

〔一〕窬,通"逾"。

子曰:"情欲信,辭欲巧。"

　　子言之："昔三代明王,皆事天地之神明,無非卜筮之用,不敢以其私褻事上帝。是故不犯日月,不違卜筮〔一〕。卜筮不相襲也〔二〕。大事有時日,小事無時日,有筮〔三〕。外事用剛日,内事用柔日〔四〕。"

　　〔一〕孫希旦曰:"私,謂情之所使。褻,謂事之所習。犯,謂犯其不吉之日也。卜筮吉,然後用,故不犯日月。既卜筮,必從之,故不違卜筮。"

　　〔二〕襲,重複。

　　〔三〕鄭玄曰:"有事於大神,有常時常日也。有事於小神,無常時常日,臨有事筮之。"

　　〔四〕剛日,單數日。柔日,雙數日。

　　不違龜筮。子曰:"牲牷、禮樂、齊盛,是以無害乎鬼神,無怨乎百姓。"〔一〕

　　〔一〕孫希旦曰:"'子曰'二字,疑當在'不違龜筮'之上。言不違龜筮,故用牲牷、禮樂、齊盛以祭祀,而無傷害乎鬼神;神降之福,故無怨乎百姓。"龜,占卜。筮,占筮。牷,毛色純一而又完好的牲。

　　子曰:"后稷之祀易富也。其辭恭,其欲儉,其禄及子孫。《詩》曰:'后稷兆祀,庶無罪悔,以迄于今〔一〕。'"

　　〔一〕鄭玄曰:"富之言備也。以傳世之禄,共儉者之祭,易備也。"所引詩,見《詩·大雅·生民》。兆,通"肇",開始。

　　子曰:"大人之器威敬。天子無筮,諸侯有守筮。天子道以筮,諸侯非其國不以筮,卜宅寢室。天子不卜處大廟〔一〕。"

　　〔一〕孫希旦曰:"大人之器,謂龜筴也。……天子無筮,無徒筮也。……守筮,猶言守龜,言其所寶守之蓍筴也。道,道路也。天子言'道',諸侯言'非其國',互見之也。在道,天子但用筮,諸侯不筮,皆簡於其在國之禮也。宅,處也。卜宅寢室者,諸侯適他國,於所舍之寢室,卜而後處之,備不虞也。天子不卜處大廟者,天子適諸侯,必舍其大廟,不須卜之,至尊無所疑也。"

　　子曰:"君子敬則用祭器。是以不廢日月,不違龜筮,以敬事其君長。是以上不瀆於民,下不褻於上〔一〕。"

　　〔一〕孫希旦曰:"言'君子敬則用祭器',以引起下文之所言也。諸侯朝於天子,竟邑之大夫入見於其君,皆卜筮其日月而後行。祭祀卜日,事君上亦卜日,是敬事其長上與祭祀同,亦敬則用祭器之義也。上有以全其尊,故不瀆於民;下有以致其敬,故不褻於上。”

緇　衣

子言之曰：“爲上易事也，爲下易知也，則刑不煩矣〔一〕。”

〔一〕鄭玄曰：“言君不可苛虐，臣無姦心，則刑可以措。”

子曰：“好賢如《緇衣》，惡惡如《巷伯》，則爵不瀆而民作愿，刑不試而民咸服〔一〕。《大雅》曰：‘儀刑文王，萬國作孚〔二〕。’”

〔一〕孫希旦曰：“《緇衣》，鄭國風篇。周人美鄭武公之賢，欲改爲其衣，又欲適其館而授之粲，其殷勤無已如此，好賢之誠也。《巷伯》，《小雅》篇名。詩人惡讒人，欲投之豺虎、有北、有昊，惡惡之誠也。人君之好賢惡惡，其誠苟能如此，則民莫不趨其所好而避其所惡，不待勸以賞而民自愿愨，不待加以刑而民皆畏服矣。”

〔二〕所引詩，見《詩·大雅·文王》。儀刑，效法。孚，信。

子曰：“夫民，教之以德，齊之以禮，則民有格心〔一〕。教之以政，齊之以刑，則民有遯心〔二〕。故君民者，子以愛之，則民親之；信以結之，則民不倍；恭以涖之，則民有孫心〔三〕。《甫刑》曰：‘苗民匪用命，制以刑，惟作五虐之刑，曰法〔四〕。’是以民有惡德，而遂絕其世也。”

〔一〕孫希旦曰：“格，至也，謂至於善也。”

〔二〕孫希旦曰：“遯，逃也，謂苟逃刑罰而已。”

〔三〕孫希旦曰：“子，如《中庸》‘子庶民’之子，言親民如子也。子以愛之，信以結之，恭以涖之，皆教德齊禮之事。親、遯、不倍，則民之格也。”倍，通“背”。孫，通“遜”。

〔四〕孫希旦曰：“匪用命，《書》作‘弗用靈’。靈，善也。引《甫刑》之言，以極言尚刑之失也。”今案：苗民，即三苗，亦稱有苗，古代部族。

子曰：“下之事上也，不從其所令，從其所行。上好是物，下必有甚焉者矣。故上之所好惡，不可不慎也，是民之表也〔一〕。”

〔一〕表，表率。

子曰：“禹立三年，百姓以仁遂焉〔一〕，豈必盡仁？《詩》云：‘赫赫師尹，民具爾瞻〔二〕。’《甫刑》曰：‘一人有慶〔三〕，兆民賴之。’《大雅》

曰:‘成王之孚,下土之式[四]。’”

〔一〕遂,鄭玄曰:“猶達也。”

〔二〕所引詩,見《詩·小雅·節南山》。

〔三〕慶,孔穎達曰:“善也。”

〔四〕所引詩,見《詩·大雅·下武》。孚,信。式,法則。

子曰:“上好仁,則下之爲仁争先人。故長民者章志、貞教,尊仁以子愛百姓,民致行已以説其上矣。《詩》云:‘有梏德行,四國順之。’[一]”

〔一〕孫希旦曰:“章,明也。章志者,明己之志,使民皆知我之好仁而惡不仁也。貞教者,以正道導民,使民皆知所以爲仁而去不仁也。……梏,《爾雅》云:‘直也。’今《毛詩》作‘覺’。”所引詩,見《詩·大雅·抑》。

子曰:“王言如絲,其出如綸;王言如綸,其出如綍[一]。故大人不倡游言[二]。可言也不可行,君子弗言也。可行也不可言,君子弗行也。則民言不危行[三],而行不危言矣。《詩》云:‘淑慎爾止,不愆于儀[四]。’”

〔一〕孫希旦曰:“綸,綬也。綍,引柩索也。綸大於絲,綍大於綸。”

〔二〕孫希旦曰:“游言,浮游無實之言也。”

〔三〕危,王引之曰:“讀爲‘詭’。詭,違也,反也。”

〔四〕所引詩,見《詩·大雅·抑》。愆,通“愆”,過也。

子曰:“君子道人以言[一],而禁人以行,故言必慮其所終,而行必稽其所敝,則民謹於言而慎於行。《詩》云:‘慎爾出話,敬爾威儀。’《大雅》曰:‘穆穆文王,於緝熙敬止[二]。’”

〔一〕道,通“導”。

〔二〕所引詩,均見《詩·大雅·文王》。穆穆,美好。緝熙,光明。

子曰:“長民者衣服不貳,從容有常,以齊其民,則民德壹。《詩》云:‘彼都人士,狐裘黄黄。其容不改,出言有章,行歸于周,萬民所望[一]。’”

〔一〕孫希旦曰:“周,忠信也。”所引詩,見《詩·小雅·都人士》。

子曰：“爲上可望而知也，爲下可述而志也〔一〕，則君不疑於其臣，而臣不惑於其君矣。《尹吉》曰：‘惟尹躬及湯，咸有壹德。’〔二〕《詩》云：‘淑人君子，其儀不忒〔三〕。’”

〔一〕孫希旦曰：“志猶識也。可述而志，謂其言可稱述而記識也。”

〔二〕孫希旦曰：“《尹吉》，當作‘《尹告》’。此《書·咸有一德》伊尹告大甲之言也。”

〔三〕所引詩，見《詩·曹風·鳲鳩》。忒，差錯。

子曰：“有國家者章善瘅惡〔一〕，以示民厚，則民情不貳。《詩》云：‘靖共爾位，好是正直〔二〕。’”

〔一〕鄭玄曰：“章，明也。瘅，病也。”

〔二〕所引詩，見《詩·小雅·小明》。靖，敬。共，奉。位，職位。

子曰：“上人疑則百姓惑，下難知則君長勞。故君民者，章好以示民俗，慎惡以御民之淫，則民不惑矣。臣儀行，不重辭，不援其所不及〔一〕，不煩其所不知，則君不勞矣。《詩》云：‘上帝板板，下民卒瘅〔二〕。’《小雅》曰：‘匪其止共，惟王之邛〔三〕。’”

〔一〕孫希旦曰：“疑，謂好惡不明也。難知，謂陳言於君，而其旨意不顯白也。爲上者章其所好，慎其所惡，使民皆知我之好善而惡惡，則從違定而不至於惑矣。儀，度也。儀行，儀度君之所行也。不重辭，不多爲辭説也。援，引也。”

〔二〕所引詩，見《詩·大雅·板》。板板，邪僻。瘅，病。

〔三〕所引詩，見《詩·小雅·巧言》。止，通“職”。止共，供職。邛，辛勞。

子曰：“政之不行也，教之不成也，爵禄不足勸也，刑罰不足恥也，故上不可以褻刑而輕爵〔一〕。《康誥》曰：‘敬明乃罰。’《甫刑》曰：‘播刑之不迪〔二〕。’”

〔一〕褻刑，濫用刑罰。

〔二〕鄭玄曰：“播，施也。不，衍字耳。迪，道也。”孫希旦曰：“播刑之不迪者，言民之不迪者，乃施之以刑也。今《書》無‘不’字。”

子曰：“大臣不親，百姓不寧，則忠敬不足，而富貴已過也〔一〕。大臣不治，而邇臣比矣〔二〕。故大臣不可不敬也，是民之表也；邇臣不可不慎也，是民之道也。君毋以小謀大，毋以遠言近，毋以內圖外，則大臣不怨,邇臣不疾〔三〕,而遠臣不蔽矣。葉公之顧命曰:'毋以小謀敗大作,毋以嬖御人疾莊后,毋以嬖御士疾莊士大夫、卿、士〔四〕。'"

〔一〕已,過分。

〔二〕比,鄭玄曰:"私相親也。"

〔三〕疾,鄭玄曰:"猶非也。"

〔四〕孫希旦曰:"葉當作'祭',字之誤也。將死而言曰顧命。祭公之顧命者,祭公謀父將死告穆王之言也。今見《逸周書·祭公解篇》。小謀,小臣之所謀;大作,大臣之所爲也。嬖御人,謂嬖寵之妾。莊后,謂齊莊之后也。嬖御士,嬖寵之近臣也。莊士大夫、卿、士,謂齊莊之士爲大夫、卿、士者也。"

子曰:"大人不親其所賢,而信其所賤,民是以親失,而教是以煩。《詩》云:'彼求我則,如不我得。執我仇仇,亦不我力〔一〕。'《君陳》曰:'未見聖,若己弗克見;既見聖,亦不克由聖。'"

〔一〕所引詩,見《詩·小雅·正月》。則,語助詞。鄭玄曰:"仇仇然,不堅固。"不我力,不認爲我有能力。

子曰:"小人溺於水,君子溺於口,大人溺於民,皆在其所褻也〔一〕。夫水近於人而溺人,德易狎而難親也,易以溺人。口費而煩〔二〕,易出難悔,易以溺人。夫民閉於人而有鄙心,可敬不可慢,易以溺人。故君子不可以不慎也。《大甲》曰:'毋越厥命〔三〕,以自覆也。''若虞機張,往省括于厥度則釋〔四〕'。《兌命》曰:'惟口起羞,惟甲冑起兵,惟衣裳在笥,惟干戈省厥躬〔五〕'。《大甲》曰:'天作孽,可違也;自作孽,不可以逭〔六〕'。尹吉曰:'惟尹躬天見于西邑夏,自周有終,相亦惟終〔七〕。'"

〔一〕褻,輕慢。

〔二〕費,王引之以爲是"悖"的假借字。

〔三〕越,王引之引王念孫曰:"輕易也。"

〔四〕虞,虞人,主管山林的官。機,弓弩。省,視察。括,箭的末端,代指箭。釋,放。

〔五〕《兌命》,即《説命》,《清華簡》作"傅説之命"。笥,箱子。省,省察。厥,其。躬,身。厥躬,自身。

〔六〕逭,逃避。

〔七〕尹吉,"尹誥"之誤。"天",楊天宇以爲"先"之誤,謂先人。周,忠信。相,輔助。

子曰：“民以君爲心，君以民爲體。心莊則體舒，心肅則容敬。心好之，身必安之；君好之，民必欲之。心以體全，亦以體傷；君以民存，亦以民亡。《詩》云：‘昔吾有先正，其言明且清，國家以寧，都邑以成，庶民以生。誰能秉國成？不自爲正，卒勞百姓〔一〕。’《小雅》曰：‘夏日暑雨，小民惟曰怨。資冬祁寒，小民亦惟曰怨〔二〕。’”

〔一〕所引詩，逸《詩》也。先正，先代君王。秉，秉持。國成，國政。勞，慰勞。

〔二〕所引詩，見《詩·小雅·節南山》。“資”，楊天宇據鄭玄注以爲“至”字之誤。祁，是。

子曰：“下之事上也，身不正，言不信，則義不壹，行無類也。”

子曰：“言有物而行有格也〔一〕，是以生則不可奪志，死則不可奪名。故君子多聞，質而守之；多志，質而親之；精知，略而行之〔二〕。《君陳》曰：‘出入自爾師虞，庶言同〔三〕。’《詩》云：‘淑人君子，其儀一也〔四〕。’”

〔一〕鄭玄曰：“物，謂事驗也。格，舊法也。”

〔二〕孫希旦曰：“‘略’字從田從各，乃土田之界別，故此借以爲分別之義。蓋多聞多志，則所以考之於古者博矣。質而守之，質而親之，則所以辨之於人者審矣。於是又反之於己，而體驗之，思索之，使所知者極其精，然後分別其可否而行之。如此，必無無物之言、踰格之行矣。”

〔三〕師，衆也。虞，思慮。庶，衆也。

〔四〕所引詩，見《詩·曹風·鳲鳩》。

子曰：“唯君子能好其正，小人毒其正。故君子之朋友有鄉，其惡有方〔一〕。是故邇者不惑，而遠者不疑也。《詩》云：‘君子好仇〔二〕。’”

〔一〕孫希旦曰：“正，謂益者之友，能正己之失者，唯君子能好之，若小人，則反毒害之矣。方亦鄉也。君子所交之朋友，有一定之鄉，必其善者也；其所惡，亦有一定之方，必其不善者也。”

〔二〕所引詩，見《詩·周南·關雎》。仇，今本《毛詩》作“逑”，《毛傳》曰“匹也”。

子曰：“輕絕貧賤，而重絕富貴，則好賢不堅，而惡惡不著也。人雖曰不利〔一〕，吾不信也。《詩》云：‘朋友攸攝，攝以威儀〔二〕。’”

〔一〕不利,不貪利。

〔二〕所引詩,見《詩·大雅·既醉》。攸,助詞。攝,輔正。

子曰:"私惠不歸德,君子不自留焉。《詩》云:'人之好我,示我周行〔一〕。'"

〔一〕孫希旦曰:"周行,大道也。引詩,言人之相好,當相示以大道,而不可以私惠也。"所引詩,見《詩·小雅·鹿鳴》。

子曰:"苟有車,必見其軾;苟有衣,必見其敝〔一〕。人苟或言之,必聞其聲;苟或行之,必見其成。《葛覃》曰:'服之無射〔二〕。'"

〔一〕敝,王引之引王念孫之説,以爲是"袺"的假借字。《廣雅·釋器》:"袺,袂也。"袂,即衣袖。

〔二〕《葛覃》,《詩·國風·周南》篇名。射,厭棄。

子曰:"言從而行之,則言不可飾也。行從而言之,則行不可飾也。故君子寡言而行,以成其信,則民不得大其美而小其惡。《詩》云:'白圭之玷,尚可磨也。斯言之玷,不可爲也〔一〕。'《小雅》曰:'允也君子,展也大成〔二〕。'《君奭》曰:'在昔上帝,周田觀文王之德〔三〕,其集大命于厥躬。'"

〔一〕所引詩,見《詩·大雅·抑》。玷,瑕疵。

〔二〕所引詩,見《詩·小雅·車攻》。允,信也。展,誠也。

〔三〕周田觀,楊天宇以爲當據古文《尚書》作"割申勸",割即蓋,言文王有誠信之德,天蓋申勸之。

子曰:"南人有言曰:'人而無恒,不可以爲卜筮〔一〕。'古之遺言與? 龜筮猶不能知也,而況於人乎?《詩》云:'我龜既厭,不我告猶〔二〕。'《兌命》曰:'爵無及惡德,民立而正事〔三〕。''純而祭祀,是爲不敬。事煩則亂,事神則難。'《易》曰:'不恒其德,或承之羞〔四〕。''恒其德偵,婦人吉,夫子凶〔五〕。'"

〔一〕鄭玄曰:"恒,常也。不可爲卜筮,言卦兆不能見其情,定其吉凶也。"

〔二〕鄭玄曰:"猶,道也。言褻而用之,龜厭之,不告以吉凶之道也。"所引詩,見《詩·小雅·小旻》。

〔三〕鄭玄曰:"惡德,無恒之德也。惡德之人使事煩,事煩則亂;使事鬼神,又難以得福也。"

〔四〕《易·恒卦》九三爻辭。

〔五〕《易·恒卦》六五爻辭。偵,鄭玄曰:"問也。"今本《周易》作"貞",二字通。

三年問

孔子曰:"子生三年,然後免於父母之懷。"〔一〕

〔一〕又見於《論語·陽貨》。

儒　行

魯哀公問於孔子曰:"夫子之服,其儒服與?"孔子對曰:"丘少居魯,衣逢掖之衣;長居宋,冠章甫之冠。丘聞之也:君子之學也博,其服也鄉。丘不知儒服〔一〕。"哀公曰:"敢問儒行。"孔子對曰:"遽數之不能終其物,悉數之乃留。更僕,未可終也〔二〕。"

〔一〕鄭玄曰:"哀公館孔子,見其服與士大夫異,又與庶人不同,疑爲儒服而問之。逢,猶大也。大掖之衣,大袂禪衣也,此君子有道藝者所衣也。孔子生魯,長而之宋,而冠焉。宋,其祖所出也。衣少所居之服,冠長所居之冠,是之謂鄉。言'不知儒服',非哀公志不在於儒,乃問其服。"章甫,殷人之冠。孔子爲殷人之後,而宋爲殷人封國,故其居宋期間,戴章甫之冠。

〔二〕鄭玄曰:"遽猶卒也。物猶事也。留,久也。僕,大僕也,君燕朝則正位,掌擯、相。更之者,爲久將倦,使之相代。"

哀公命席〔一〕。孔子侍,曰:"儒有席上之珍以待聘〔二〕,夙夜强學以待問,懷忠信以待舉,力行以待取。其自立有如此者。儒有衣冠中〔三〕,動作慎;其大讓如慢,小讓如僞;大則如威〔四〕,小則如愧;其難進而易退也,粥粥若無能也〔五〕。其容貌有如此者。儒有居處齊難〔六〕,其坐起恭敬;言必先信,行必中正;道塗不爭險易之利,冬夏不爭陰陽之和;愛其死以有待也,養其身以有爲也。其備豫有如此者〔七〕。儒有不寶金玉,而忠信以爲寶;不祈土地,立義以爲土地;不祈多積,多文以爲富;難得而易禄也,易禄而難畜也〔八〕。非時不見,不亦難得乎?非義不合,不亦難畜乎?先勞而後禄,不亦易禄乎?其近人有如此者。儒有委之以貨財,淹之以樂好[九],見利不虧其義;劫之以眾,沮之以兵[一〇],見死不更其守;鷙蟲攫搏不程勇者,引重鼎不程其力;往者不悔,來者不豫;過言不再,流言不極[一一];不斷其威,不習其謀[一二]。其特立有如此者。儒有可親而不可劫也,可近而不可迫也,可殺而不可辱也。其居處不淫,其飲食不溽[一三],其過失可微辨而不可面數也[一四]。其剛毅有如此者。儒有忠信以爲甲胄,禮義以爲干櫓;戴仁而行,抱義而處[一五];雖有暴政,不更其所。其自立有如此者。儒有一畝之宮,環堵之室;篳門圭窬,蓬戶甕牖;易衣而出,并日而食;上答之不敢以疑,上不答不敢以諂[一六]。其仕有如此者。儒有今人與居,古人與稽;今世行之,後世以爲楷;適弗逢世,上弗援,下弗推[一七]。讒諂之民,有比黨而危之者,身可危也,而志不可奪也;雖危,起居竟信其志[一八],猶將不忘百姓之病也[一九]。其憂思有如此者。儒有博學而不窮,篤行而不倦;幽居而不淫,上通而不困[二〇];禮之以和爲貴,忠信之美,優游之法;慕賢而容眾,毀方而瓦合。其寬裕有如此者[二一]。儒有內稱不辟親[二二],外舉不辟怨,程功積事[二三],推賢而進達之,不望其報,君得其志。苟利國家,不求富貴。其舉賢援能有如此者。儒有聞善以相告也,見善以相示也;爵位相先也,患難相死也;久相待也,遠相致也。其任舉有如此者[二四]。儒有澡身而浴德,陳言而伏;靜而正之[二五],上弗知也;麤而翹之[二六],又不急爲也;不臨深而爲高,不加少而爲多;世治不輕,世亂不沮;同弗與,異弗非也。其特立獨行有如此者。儒有上不臣天子,下不事諸侯;慎靜而尚寬,强毅以與人,博學以知服[二七];近文章,砥厲廉隅;雖分國如錙銖[二八],不臣不仕。其規爲有如此者。儒有合志同方,營道同術[二九];竝立則樂,相下不厭[三〇];久不相見,聞流言不信。其行本方立義[三一],同而進,不同而退。其交友有如此者。溫良者,仁之本也;敬慎者,仁之地也[三二];寬裕者,仁之作也;孫接者[三三],仁之能也;禮節者,仁之貌也;言談者,仁之文也;歌樂者,仁之和也;分散者,仁之施也。儒者兼此而有之,猶且不敢言仁也。其尊讓有如此者。儒有不隕穫於貧賤,不充詘於富貴;不慁君王,不累長上,不閔有司[三四],故曰儒。今眾人之命儒也妄,常以儒相詬病。”

〔一〕鄭玄曰："爲孔子布席於堂,與之坐也。君適其臣,升自阼階,所在如主。"

〔二〕鄭玄曰："席,猶鋪陳也。鋪陳往古堯、舜之善道。"

〔三〕中,這裏指中於禮。

〔四〕威,通"畏"。

〔五〕孔穎達曰："粥粥,柔弱專愚貌。"

〔六〕鄭玄曰："齊難,齊莊可畏難也。"難,王引之以爲當讀爲"戁"。《説文》云："戁,敬也。"

〔七〕備豫,預備。

〔八〕禄,猶供養。畜,猶馴服。

〔九〕鄭玄曰："淹,謂浸漬之。"

〔一〇〕鄭玄曰："劫,劫脅也。沮,謂恐怖之也。"

〔一一〕鄭玄曰："鷙蟲,猛鳥、猛獸也,字從鳥,鷙省聲也。程猶量也。不再,猶不更也。不極,不問所從來也。"

〔一二〕習,俞樾以爲是"重"的意思。"不習其謀","言謀定則行,不重習也"。

〔一三〕鄭玄曰："恣滋味爲溽,溽之言欲也。"

〔一四〕微辨,委婉批評。面數,當面指責。

〔一五〕鄭玄曰："甲,鎧;冑,兜鍪也。干櫓,小楯、大楯也。"孔穎達曰："甲冑、干櫓,所以禦患難。儒者以忠信、禮義禦患難,謂有忠信、禮義,則人不敢侵侮也。戴仁而行,仁之盛。抱義而處,義不離身。"

〔一六〕鄭玄曰："言貧窮屈道,仕爲小官也。宫,謂牆垣也。環堵,面一堵也。五版爲堵,五堵爲雉。篳門,荆竹織門也。圭窬,門旁窬也,穿牆爲之,如圭矣。并日而食,二日用一日食也。上答之,謂君應用其言。"易衣而出,謂家中只有一件穿得出去的衣服,誰出門誰就換上這件衣服。

〔一七〕鄭玄曰："援,猶引也,取也。推,猶進也,舉也。"

〔一八〕鄭玄曰："危,欲毁害之也。起居,猶舉事動作。"信,通"伸"。

〔一九〕病,疾苦。

〔二〇〕鄭玄曰："幽居,謂獨處時也。不困,既仕則不困於道德不足也。"

〔二一〕陳澔曰："陶瓦之事,其初則圓,剖之爲四,其形則方,毁其圓以爲方,合其方而復圓,蓋於涵容之中,未嘗無分辨之意也,故曰'其寬裕有如此者'。"

〔二二〕稱,舉。

〔二三〕程,衡量。

〔二四〕吕大臨曰："舉賢援能,儒者所以侍天下之士也。任舉者,所以侍其朋友而已。爲同其好惡也,故聞善相告,見善相示。爲同其憂樂也,故爵位相先,患難相死。彼雖居下,不待之同升則不升。彼雖疏遠,不致之同進則不進。此任舉朋友,加重於天下之士者,義有厚薄故也。"

〔二五〕俞樾以爲“之”字爲衍文。

〔二六〕陳澔曰:“翹,與‘招其君之過’‘招’字同,舉也。舉其過而諫之也。”

〔二七〕孫希旦曰:“與人,猶《論語》‘可者與之’之“與”。服,行也。”

〔二八〕鄭玄曰:“雖分國如錙銖,言君分國以禄之,視之輕如錙銖矣。八兩曰錙。”

〔二九〕鄭玄曰:“同方、同術,等志行也。”

〔三〇〕相下不厭,孔穎達曰:“謂遞相卑下不厭賤也。”

〔三一〕本方立義,本於方正而立於道義。

〔三二〕地,陳澔曰:“猶踐履也。”

〔三三〕孫,通“遜”。孫接,謙遜接物。

〔三四〕鄭玄曰:“隕穫,困迫失志之貌也。充詘,歡喜失節之貌。恩猶辱也。累猶繫也。閔,病也。言不爲天子、諸侯、卿、大夫、群吏所困迫而違道,孔子自謂也。”孫希旦曰:“隕穫者,困於貧賤,若草之隕落、斬艾,而失其生意也。充詘者,淫於富貴,志意充滿,而不能自强於義理也。命,名也。妄,無實也。言今衆人之命爲儒者,本未嘗有儒之實,故爲人所輕,常以儒相詬病。若有儒行之實者,不可得而詬病也。”

孔子至舍,哀公館之。“聞此言也,言加信,行加義,終没吾世,不敢以儒爲戲。”〔一〕

〔一〕鄭玄曰:“《儒行》之作,蓋孔子自衛初反魯時也。孔子歸至其舍,哀公就而禮館之,問儒服,而遂問儒行,乃始覺焉。言‘没世不敢以儒爲戲’,當時服。”

大　學

《詩》云:“邦畿千里,惟民所止。”〔一〕《詩》云:“緡蠻黄鳥,止於丘隅。”〔二〕子曰:“於止,知其所止,可以人而不如鳥乎!”

〔一〕朱熹曰:“《詩·商頌·玄鳥》之篇。邦畿,王者之都也。止,居也,言物各有所當止止處也。”

〔二〕朱熹曰:“《詩·小雅·緜蠻》之篇。緡蠻,鳥聲。丘隅,岑蔚之處。”

子曰:“聽訟〔一〕,吾猶人也,必也使無訟乎!”

〔一〕聽訟,斷獄。

鄉飲酒義

孔子曰:“吾觀於鄉,而知王道之易易也〔一〕。”

〔一〕鄭玄曰:"鄉,鄉飲酒也。易易,謂教化之本,尊賢尚齒而已。"

射 義

孔子射於瞿相之圃〔一〕,蓋觀者如堵牆。射至於司馬,使子路執弓矢出延射〔二〕。曰:"賁軍之將,亡國之大夫,與爲人後者,不入,其餘皆入〔三〕。"蓋去者半,入者半。又使公罔之裘、序點揚觶而語。公罔之裘揚觶而語曰:"幼、壯孝弟,耆、耋好禮,不從流俗〔四〕,脩身以俟死,者不? 在此位也。"蓋去者半,處者半。序點又揚觶而語曰:"好學不倦,好禮不變,旄、期稱道不亂,者不〔五〕? 在此位也。"蓋厪有存者〔六〕。

〔一〕鄭玄曰:"瞿相,地名也。樹菜蔬曰圃。"

〔二〕鄭玄曰:"射至於司馬者,先行飲酒禮,將射,乃以司正爲司馬。子路執弓矢出延射,則爲司射也。延,進也。出進觀者欲射者也。"

〔三〕鄭玄曰:"賁讀爲僨。僨猶覆敗也。亡國,亡君之國者也。與猶奇也。後人者,一人而已。既有爲者,而往奇之,是貪財也。"與爲人後者,楊天宇據衛湜引劉敞説以爲:"與之者,干之也,求之也。如果是庶子而求爲人後,就是一種奪嫡篡祖行爲;如果身爲嫡子而求爲族人之後,就是一種輕視己父的行爲;如果是異性而求爲人後,就是一種背祖忘宗的行爲,等等,故爲子路所惡。"

〔四〕鄭玄曰:"三十曰壯。耆、耋,皆老也。流俗,失俗也。"

〔五〕鄭玄曰:"八十、九十曰旄,百年曰期頤。稱猶言也。道,行也。者不,言有此行不,可以在此賓位也。"

〔六〕厪,通"僅",少也。

孔子曰:"君子無所爭,必也射乎! 揖讓而升下,而飲,其爭也君子〔一〕。"

〔一〕孫希旦曰:"下,降也。揖讓而升下,而飲者,言升堂而射,射畢而降,及衆耦皆射畢,而勝飲不勝者,皆有揖讓之禮也。"此章又見於《論語·八佾》。

孔子曰:"射者何以射? 何以聽? 循聲而發,發而不失正鵠者,其唯賢者乎! 若夫不肖之人,則彼將安能以中〔一〕?"

〔一〕鄭玄曰:"何以,言其難也。聲,謂樂節也。畫布曰正,棲皮曰鵠。正之言正也。鵠之言梏也。梏,直也,言人正直乃能中也。"又曰:"正亦鳥名,齊、魯之間名題肩爲正。”

聘　義

子貢問於孔子曰：“敢問君子貴玉而賤碈者[一]，何也？爲玉之寡而碈之多與？”孔子曰：“非爲碈之多故賤之也，玉之寡故貴之也。夫昔者君子比德於玉焉：溫潤而澤，仁也；縝密以栗，知也；廉而不劌，義也；垂之如隊，禮也[二]。叩之，其聲清越以長，其終詘然[三]，樂也。瑕不揜瑜，瑜不揜瑕，忠也。孚尹旁達，信也[四]。氣如白虹，天也；精神見于山川，地也；珪、璋特達，德也[五]。天下莫不貴者，道也。《詩》云：‘言念君子，溫其如玉。’[六]故君子貴之也。”

〔一〕鄭玄曰：“碈，石，似玉。”

〔二〕鄭玄曰：“玉色柔溫潤，似仁也。縝，緻也。栗，堅貌。劌，傷也。義者，不苟傷人也。如隊，禮尚謙卑也。”栗，王引之曰：“猶秩也。”謂有條理。

〔三〕鄭玄曰：“越猶揚也。詘，絕止貌。”

〔四〕鄭玄曰：“孚讀爲浮。尹，讀如竹箭之筠。浮筠，謂玉采色也。采色旁達，不相隱翳，似信也。”

〔五〕鄭玄曰：“虹，天氣也。精神，亦謂精氣也。山川，地所以通氣也。特達，謂以朝、聘也。”

〔六〕所引詩，見《詩·秦風·小戎》。

大戴禮記

關於《大戴禮記》的成書，請參見《禮記》題解。

《大戴禮記》本與《禮記》並行而傳，但後來《禮記》因有鄭玄作注而被列爲經，而此書則因被認爲“非聖人之言”未受到重視，至北周盧辯始爲其作注。據鄭玄《六藝論》，此書原爲八十五篇，但到唐代已亡失四十六篇；又書中《夏小正》一篇單行，實僅存三十八篇。

歷代注疏《大戴禮記》的代表作有北周盧辯《大戴禮記注》、清孔廣森《大戴禮記補注》、清王聘珍《大戴禮記解詁》等。

本書以王聘珍的《大戴禮記解詁》（中華書局 1983 年點校本）爲底本，以《叢書集成》本《大戴禮記補注》、黃懷信的《大戴禮記匯校集注》（三秦出版社

2005 年版)、高明的《大戴禮記今注今譯》(臺灣商務印書館 1975 年版)、郭沂的
《孔子集語校補》諸本爲參校本進行輯録整理。

主　言

　　孔子閒居〔一〕,曾子侍。孔子曰:"參,今之君子,惟士與大夫之言
之閒也〔二〕,其至於君子之言者,甚希矣。於乎!吾主言其不出而死
乎〔三〕!哀哉!"曾子起曰:"敢問何謂主言?"孔子不應,曾子懼,肅然
摳衣下席曰〔四〕:"弟子知其不孫也,得夫子之閒也難,是以敢問也。"
孔子不應,曾子懼,退負序而立〔五〕。孔子曰:"參!女可語明主之道
與〔六〕?"曾子曰:"不敢以爲足也,得夫子之閒也難,是以敢問。"孔子
曰:"吾語女:道者,所以明德也;德者,所以尊道也,是故非德不尊,非
道不明。雖有國焉〔七〕,不教不服,不可以取千里;雖有博地衆民,不以
其地治之,不可以霸主。是故昔者明主,内脩七教,外行三至。七教
脩焉,可以守;三至行焉,可以征。七教不脩,雖守不固;三至不行,雖
征不服。是故明主之守也,必折衝乎千里之外;其征也,袵席之上還
師〔八〕。是故内脩七教而上不勞,外行三至而財不費。此之謂明主之
道也。"

　　曾子曰:"敢問不費、不勞可以爲明乎?"孔子愀然揚麋曰〔九〕:
"參!女以明主爲勞乎?昔者舜左禹而右皋陶,不下席而天下治。夫
政之不中,君之過也;政之既中,令之不行,職事者之罪也。明主奚爲
其勞也?昔者明主關譏而不征,市鄽而不税,税十取一〔一〇〕,使民之
力,歲不過三日,入山澤以時,有禁而無征〔一一〕,此六者,取財之路也。
明主捨其四者,而節其二者,明主焉取其費也?"

　　曾子曰:"敢問何謂七教?"孔子曰:"上敬老則下益孝,上順齒則
下益悌,上樂施則下益諒〔一二〕,上親賢則下擇友,上好德則下不
隱〔一三〕,上惡貪則下恥争,上强果則下廉恥。民皆有别,則貞、則
正〔一四〕,亦不勞矣,此謂七教。七教者,治民之本也,教定是正矣〔一五〕。
上者,民之表也〔一六〕。表正,則何物不正?是故君先立於仁,則大夫
忠,而士信、民敦、工璞、商愨、女憧、婦空空〔一七〕。七者,教之志也。七
者,布諸天下而不窕〔一八〕,内諸尋常之室而不塞。是故聖人等之以禮,

立之以義,行之以順,而民棄惡也如灌〔一九〕。”

　　曾子曰:“弟子則不足,道則至矣。”孔子曰:“參! 姑止! 又有焉。昔者明主之治民有法,必別地以州之,分屬而治之,然後賢民無所隱,暴民無所伏。使有司日省如時考之〔二〇〕,歲誘賢焉〔二一〕,則賢者親,不肖者懼;使之哀鰥寡,養孤獨,恤貧窮,誘孝悌,選賢舉能。此七者脩,則四海之内無刑民矣。上之親下也如腹心,則下之親上也如保子之見慈母也〔二二〕。上下之相親如此,然後令則從、施則行。因民既邇者説,遠者來懷。然後布指知寸,布手知尺,舒肘知尋,十尋而索;百步而堵,三百步而里,千步而井,三井而句烈,三句烈而距〔二三〕;五十里而封,百里而有都邑;乃爲畜積衣裘焉,使處者恤〔二四〕,行者有興亡〔二五〕。是以蠻夷諸夏,雖衣冠不同,言語不合,莫不來至,朝覲於王。故曰:無市而民不乏,無刑而民不違。畢弋田獵之得〔二六〕,不以盈宫室也;徵斂於百姓,非以充府庫也;慢怛以補不足,禮節以損有餘。故曰:多信而寡貌。其禮可守,其信可復〔二七〕,其迹可履。其於信也,如四時春秋冬夏;其博有萬民也,如飢而食,如渴而飲,下土之人信之夫! 暑熱凍寒,遠若邇〔二八〕;非道邇也,及其明德也。是以兵革不動而威,用利不施而親,此之謂‘明主之守也,折衝乎千里之外’,此之謂也。”

　　曾子曰:“敢問何謂三至?”孔子曰:“至禮不讓而天下治,至賞不費而天下之士説,至樂無聲而天下之民和。明主篤行三至,故天下之君可得而知也,天下之士可得而臣也,天下之民可得而用也。”

　　曾子曰:“敢問何謂也?”孔子曰:“昔者明主以盡知天下良士之名;既知其名,又知其數〔二九〕;既知其數,又知其所在。明主因天下之爵,以尊天下之士,此之謂至禮不讓而天下治;因天下之禄,以富天下之士,此之謂至賞不費而天下之士説;天下之士説,則天下之明譽興,此之謂至樂無聲而天下之民和。故曰:所謂天下之至仁者,能合天下之至親者也;所謂天下之至知者,能用天下之至和者也;所謂天下之至明者,能選天下之至良者也。此三者咸通,然後可以征。是故仁者莫大於愛人,知者莫大於知賢,政者莫大於官賢。有土之君脩此三者,則四海之内拱而俟〔三〇〕,然後可以征。明主之所征,必道之所廢者也。彼廢道而不行,然後誅其君,致其征〔三一〕,弔其民〔三二〕,而不奪其財也。故曰：明主之征也，猶時雨也，至則民説矣。是故行施彌博[三三]，得親彌衆，此之謂‘袵席之上乎還師’。”

〔一〕鄭玄《三禮目録》云：“退燕避人曰閒居。”

〔二〕閒，孫星衍《孔子集語》注曰：一作“聞”。今案：王聘珍以爲“閒猶中也”。

〔三〕王聘珍曰：“主言謂君子之言。”

〔四〕摳，提也。

〔五〕王聘珍曰：“負之言背也。《爾雅》曰：‘東西牆謂之序。’”

〔六〕“女”，孫星衍《孔子集語》作“汝”。

〔七〕“焉”，孫星衍《孔子集語》作“馬”。

〔八〕孔廣森曰：“袵，卧席也。喻易。”

〔九〕孫星衍《孔子集語》注曰：“麋”一作“眉”。

〔一〇〕王聘珍曰：“關者，界上之門。譏，呵察也。征，賦也。市，買賣所之也。鄽，市場邸舍。鄽而不税者，税其舍不税其物。税十取一，謂田税也。”

〔一一〕孫星衍《孔子集語》注曰：一作“入山澤以時而不禁，夫圭田無征”。

〔一二〕“諒”，王聘珍釋爲“信”。

〔一三〕孫星衍《孔子集語》注曰：一作“上好諫則下隱慝”。

〔一四〕貞，定也。

〔一五〕王聘珍曰：“定，猶成也。”

〔一六〕表，標準。

〔一七〕王聘珍曰：“通物曰商。慤，謹也。女謂未嫁者。憧讀曰僮，無知也。空空，無識也。”

〔一八〕窕，《左傳·昭公二十一年》曰：“窕則不咸。”杜預注曰：“窕，細不滿也。”《淮南子·氾論》曰：“舒之天下而不窕。”高誘注：“不窕，在大能大也。”

〔一九〕王引之曰：“棄惡如灌，文義不明。‘灌’當爲‘濯’，字之誤也。言民之棄惡，如灑濯之去垢也。”

〔二〇〕如，戴震校作“而”。云：“而，他本譌作‘如’，由音近而譌，今從方本。”

〔二一〕王聘珍曰：“誘，進也。誘賢，謂鄉大夫三年則大比，考其德行道藝而興賢者、能者。”

〔二二〕戴震曰：“保、褓古通用。”孔廣森曰：“保子，幼子在保抱者。”

〔二三〕“堵”，王聘珍以爲“畮”之譌字。王聘珍曰：“以百步爲畮計之，應九百步而井。……烈，讀曰列。鄭注《稻人》云：‘列，田之畦略也。’距，折而方也。”

〔二四〕王聘珍曰：“封，起土界也。……畜，聚也。積謂芻米禾薪。……處，居也。恤，憂也。”

〔二五〕興，孫星衍《孔子集語》曰：疑作“與”。今案：王聘珍曰：“興當爲與。……亡，無也。”

〔二六〕王聘珍曰:“畢,田罔也。弋,繳射也。田獵,放獵逐禽也。”

〔二七〕王樹枏曰:“《家語》作‘其言可復’,‘言’字是,據改。”

〔二八〕孔廣森引楊簡曰:“暑則遠邇皆熱,凍則遠邇皆寒。明民信之,無遠邇之異。”今案:此句當指不管暑熱之地還是凍寒之地的人民,即使所處遥遠,也像很近一樣。

〔二九〕楊簡曰:“數,謂詳也。謂知其德行才藝之詳。”

〔三〇〕“俟”,孫星衍《孔子集語》作“視”。

〔三一〕俞樾曰:“‘致其征’三字當在‘誅其君’之上,其文曰‘彼廢道而不行,然後致其征’,此乃申説上文。又曰‘誅其君,弔其民,而不奪其財也’,則起下文之時雨之意,文義甚明。”

〔三二〕弔,慰問。

〔三三〕王聘珍曰:“行謂行師征伐。施,功勞也。”

哀公問五義〔一〕

魯哀公問於孔子曰:“吾欲論吾國之士,與之爲政,何如者取之?”孔子對曰:“生乎今之世〔二〕,志古之道,居今之俗,服古之服,舍此而爲非者〔三〕,不亦鮮乎?”哀公曰:“然則今夫章甫、句屨、紳帶而搢笏者〔四〕,此皆賢乎?”孔子曰:“否。不必然。今夫端衣、玄裳、冕而乘路者,志不在於食葷〔五〕;斬衰、菅屨、杖而歠粥者〔六〕,志不在於飲食。故生乎今之世〔七〕,志古之道;居今之俗,服古之服;舍此而爲非者,雖有,不亦鮮乎〔八〕!”

哀公曰:“善! 何如則可謂庸人矣?”孔子對曰:“所謂庸人者,口不能道善言,而志不邑邑〔九〕;不能選賢人善士而託其身焉,以爲己憂。動行不知所務,止立不知所定〔一〇〕;日選於物,不知所貴;從物而流,不知所歸;五鑿爲政,心從而壞〔一一〕。若此,則可謂庸人矣。”

哀公曰:“善! 何如則可謂士矣?”孔子對曰:“所謂士者,雖不能盡道術,必有所由焉;雖不能盡善盡美〔一二〕,必有所處焉。是故知不務多,而務審其所知;行不務多,而務審其所由;言不務多,而務審其所謂〔一三〕。知既知之,行既由之,言既順之〔一四〕,若夫性命肌膚之不可易也〔一五〕,富貴不足以益,貧賤不足以損。若此,則可謂士矣。”

哀公曰:“善! 何如則可謂君子矣?”孔子對曰:“所謂君子者,躬行忠信，其心不買〔一六〕；仁義在己，而不害不志〔一七〕；聞志廣博，而色不伐；思慮明達，而辭不爭。君子猶然如將可及也，而不可及也。如此，可謂君子矣〔一八〕。"

哀公曰："善！敢問何如可謂賢人矣〔一九〕？"孔子對曰："所謂賢人者，好惡與民同情，取舍與民同統，行中矩繩而不傷於本，言足法於天下而不害於其身，躬爲匹夫而願富〔二〇〕，貴爲諸侯而無財〔二一〕。如此，則可謂賢人矣。"

哀公曰："善！敢問何如可謂聖人矣？"孔子對曰："所謂聖人者，知通乎大道，應變而不窮，能測萬物之情性者也。大道者，所以變化而凝成萬物者也。情性也者，所以理然不然取舍者也〔二二〕。故其事大，配乎天地，參乎日月，雜於雲蜺〔二三〕，總要萬物，穆穆純純〔二四〕。其莫之能循〔二五〕；若天之司，莫之能職，〔二六〕百姓淡然，不知其善。若此，則可謂聖人矣。"哀公曰："善！"

孔子出，哀公送之。（又見於《荀子·哀公》）

〔一〕黃懷信曰："義，戴校本作'儀'，汪照本從。"

〔二〕王念孫以爲"生"下不當有"乎"字。

〔三〕于鬯曰："舍此，猶言若此、如此。"

〔四〕"揖"，孫星衍《孔子集語》作"縉"。孔廣森曰："楊倞曰：'章甫，殷冠，紳，大帶也。'廣森案：《莊子》：'履句屨者知地形。'李頤注：'句，方也。'句音鉤。"

〔五〕孔廣森曰："端衣，正幅裁之，袪尺有二寸，袂二尺有二寸。凡冕服、冠服皆端。《樂記》曰：'端冕而聽古樂。'《論語》曰：'端章甫。'是也。唯弁服有侈袂半而益一。此冕謂玄冕也，齋戒之服。楊倞曰：'路，車之大者。葷，蔥薤之屬也。'"

〔六〕黃懷信曰："蔄，《漢魏叢書》本同，元刻本作'簡'，戴校本作'營'。汪照、戴禮從。"孔廣森曰："蔄，草名，似茅而滑韌。希曰粥，厚曰饘。"

〔七〕王樹楠以爲"乎"字衍。

〔八〕王聘珍曰："端衣者，禮衣端正無殺也。……冕，祭服也。路，車也。葷，辛物，辛主散。齊必變食，不茹葷，不敢散其志也。"

〔九〕孔廣森曰："邑邑，《荀子》作'色色'。"俞樾以爲"而"當讀爲"能"，當在"志不"二字下。

〔一〇〕"立"，孫星衍《孔子集語》作"力"。王聘珍曰："止，居也。"

〔一一〕王聘珍曰："'五'讀曰午，猶忤也。鑿，穿鑿也。五鑿爲政，謂政不率法。心從而壞，謂私心壞政也。"

〔一二〕“雖不能盡善盡美”，王念孫以爲當作“雖不能盡善美”，以與“雖不能盡道術”
相對。

〔一三〕黄懷信曰：“汪中校三‘而’字皆改‘必’，汪喜孫曰：三‘而’字，先君皆據《家語》
改爲‘必’。今檢戴、孔書皆不從《家語》。”

〔一四〕“順”，王樹楠以爲當據《荀子》改爲“謂”。

〔一五〕汪中以爲“若夫”之“夫”字衍。

〔一六〕孫星衍《孔子集語》注曰：“買”當爲“悳”，形近而譌。《荀子》作“言忠信而心不
德”。“買”與“置”形亦相近，故元本又譌作“置”。

〔一七〕孫星衍《孔子集語》注曰：一本作“知”，一本作“自彊不息”。

〔一八〕“君子猶然如將可及也”，王念孫以爲“君子”二字衍。王引之以爲“可謂”上脱
一“則”字。

〔一九〕孫星衍《孔子集語》注曰：一本無“可”字。

〔二〇〕黄懷信曰：“戴校本‘躬’改‘窮’，二汪本從，孔本‘願’上增‘不’字，戴禮從。”

〔二一〕孫星衍《孔子集語》注曰：一本“財”上有“宛”字。注：《荀子》作“富有天下而無
宛財，布施天下而不病貧”。今案：《荀子》“宛”實作“怨”。

〔二二〕汪中、王念孫等認爲“不”下不當有“然”字，當删，“不”讀爲“否”。《解詁》曰：
“理，治也。然否取舍，壹本於情性也。”

〔二三〕孔廣森曰：“雜於雲蜺，雜，文也；虹雌曰蜺。”

〔二四〕王聘珍曰：“穆穆，敬也。純讀曰肫。《中庸》曰：‘肫肫其仁。’鄭注云：‘肫肫或
爲純純，懇誠貌也。’”

〔二五〕王樹楠以爲“其”字衍。

〔二六〕孔廣森曰：“若，順也。司，事也。職，主也。職音志。”

哀公問於孔子

　　哀公問於孔子曰：“大禮何如？君子之言禮，何其尊也？”孔子曰：
“丘也小人，何足以知禮？”君曰〔一〕：“否！吾子言之也！”孔子曰：“丘
聞之也，民之所由生，禮爲大。非禮無以節事天地之神明也，非禮無
以辨君臣上下長幼之位也，非禮無以别男女父子兄弟之親、昏姻疏數
之交也，君子以此之爲尊敬然〔二〕。然後以其所能教百姓，不廢其會
節〔三〕；有成事，然後治其雕鏤文章黼黻以嗣〔四〕；其順之，然後言其喪
算〔五〕，備其鼎俎，設其豕腊，脩其宗廟，歲時以敬祭祀，以序宗族，則安
其居處，醜其衣服，卑其宮室，車不雕幾〔六〕，器不刻鏤，食不貳味，以與
民同利。昔之君子之行禮者如此〔七〕。”公曰：“今之君子，胡莫之行

也?"孔子曰:"今之君子,好色無厭,淫德不倦〔八〕,荒怠傲慢,固民是盡〔九〕,忓其衆以伐有道,求得當欲,不以其所。古之用民者由前,今之用民者由後。今之君子,莫爲禮也!"〔一〇〕

〔一〕戴禮曰:"此'君'疑'公'之譌。蓋此經所引皆稱公不稱君可證。"是也。

〔二〕王聘珍曰:"鄭云:'言君子以此故尊禮。'"

〔三〕王肅曰:"所能,謂禮也。會,謂男女之會。節,謂親疏之節。"

〔四〕孔廣森曰:"成事,行之有效也。《爾雅》曰:'玉謂之雕,金謂之鏤。'皆禮器也。《考工記》曰:'青與赤謂之文,赤與白謂之章,白與黑謂之黼,黑與青謂之黻。'皆禮服飾也。嗣,繼也。"

〔五〕算,孫星衍《孔子集語》注曰:一作"葬"。今案:孔廣森等以爲當作"葬"。

〔六〕孔穎達曰:"幾謂沂鄂也,謂不雕鏤,使有沂鄂也。"今案:沂鄂,指器物表面的凹凸紋理。沂,凹紋。鄂,凸紋。

〔七〕王聘珍曰:"《小戴》'則'作'即','處'作'節'。鄭云:'言,語也。算,數也。即,就也。醜,類也。幾,附纏之也。言君子既尊禮,民以爲順,乃後語以喪祭之禮,就安其居處,正以衣服,教之節儉。與之同利者,上下俱足也。'孔疏云:'設其豕腊者,謂喪中之奠有豕有腊也。宗廟祭祀者,謂除服之後,又教爲之宗廟,以鬼享之。以序宗族者,又教祭祀末,留同姓燕飲,序會宗族。幾謂沂鄂也,謂不雕鏤,使有沂鄂也。'"

〔八〕淫,亂也。

〔九〕固,通"故"。

〔一〇〕王聘珍曰:"《小戴》'色'作'實'。鄭云:'實,猶富也。淫,放也。固,猶故也。午其衆,逆其族類也。當,猶稱也。所,猶道也。由前,用上所言。由後,用下所言。'"

　　孔子侍坐於哀公。哀公曰:"敢問人道誰爲大?"孔子愀然作色而對曰:"君及此言也,百姓之德也,固臣敢無辭而對〔一〕。人道,政爲大。"公曰:"敢問何謂爲政?"孔子對曰:"政者,正也。君爲正,則百姓從政矣。君之所爲,百姓之所從也。君所不爲,百姓何從?"公曰:"敢問爲政如之何?"孔子對曰:"夫婦別,父子親,君臣嚴,三者正,則庶民從之矣。"公曰:"寡人雖無似也〔二〕,願聞所以行三言之道。可得而聞乎?"孔子對曰:"古之爲政,愛人爲大;所以治愛人,禮爲大;所以治禮,敬爲大;敬之至也,大昏爲大。大昏至矣!大昏既至,冕而親迎,親之也。親之也者,親之也。是故君子興敬爲親〔三〕,舍敬是遺親也。

弗愛不親，弗敬不正；愛與敬，其政之本與！”公曰：“寡人願有言。然
冕而親迎，不已重乎？”孔子愀然作色而對曰：“合二姓之好，以繼先聖
之後[四]，以爲天地、社稷、宗廟之主，君何謂已重乎？”公曰：“寡人固。
不固，焉得聞此言也？寡人欲問，不得其辭，請少進。”孔子曰：“天地
不合，萬物不生。大昏，萬世之嗣也，君何以謂已重焉？”孔子遂有言
曰：“内以治宗廟之禮，足以配天地之神明；出以治直言之禮，足以立
上下之敬。物耻足以振之，國耻足以興之[五]。爲政先禮。禮者，政之
本與！”孔子遂言曰：“昔三代明王之政，必敬其妻子也有道。妻也者，
親之主也，敢不敬與？子也者，親之後也，敢不敬與[六]？君子無不敬
也，敬身爲大。身也者，親之枝也，敢不敬與？不能敬其身，是傷其
親；傷其親，是傷其本；傷其本，枝從而亡。三者，百姓之象也。身以
及身，子以及子，配以及配。君子行此三者，則愾乎天下矣[七]。大王
之道也如此，國家順矣。”公曰：“敢問何謂敬身？”孔子對曰：“君子過
言，則民作辭；過動，則民作則。君子言不過辭，動不過則，百姓不命
而敬恭。如是，則能敬其身；能敬其身，則能成其親矣。”公曰：“敢問
何謂成親？”孔子對曰：“君子也者，人之成名也。百姓歸之名，謂之君
子之子，是使其親爲君子也，是爲成其親名也已。”孔子遂言曰：“古之
爲政，愛人爲大；不能愛人，不能有其身；不能有其身，不能安土；不能
安土，不能樂天；不能樂天，不能成身[八]。”公曰：“敢問何謂成身？”孔
子對曰：“不過乎物[九]。”公曰：“敢問君何貴乎天道也[一〇]？”孔子對
曰：“貴其不已，如日月西東相從而不已也，是天道也；不閉其久也，是
天道也；無爲物成，是天道也；已成而明，是天道也[一一]。”公曰：“寡人
惷愚冥煩，子識之心也[一二]！”孔子蹴然避席而對曰[一三]：“仁人不過
乎物，孝子不過乎物，是仁人之事親也如事天，事天如事親，是故孝子
成身。”公曰：“寡人既聞是言也，無如後罪何？”孔子對曰：“君之及此
言也，是臣之福也！”（又見於《穀梁傳·桓公三年》）

　〔一〕王聘珍曰：“鄭云：‘愀然，變動貌也。作，猶變也。德，猶福也。辭，讓也。’”

　〔二〕王聘珍曰：“鄭云：‘無似，猶言不肖。’”

　〔三〕王聘珍曰：“鄭云：‘大昏，國君取禮也。至矣，言至大也。興敬爲親，言相敬
　　　　則親。’”

〔四〕王聘珍曰:“鄭云:‘先聖,周公也。’”

〔五〕王聘珍曰:“鄭云:‘宗廟之禮,祭宗廟也。夫婦配天地,有日月之象焉。……直,猶正也。正言,謂出政教也。政教有夫婦之禮焉。……物,猶事也。事耻,臣耻也。振,猶救也。國耻,君耻也。君臣之行有可耻者,禮足以救之,足以興復之。’”

〔六〕戴禮曰:“取妻以承祭祀,即上所謂宗廟之主也。子,適子也。”

〔七〕王聘珍曰:“鄭云:‘懠,猶至也。’”

〔八〕王聘珍曰:“鄭云:‘有,猶保也。不能保身者,言人將害之也。不能安土,動移失業也。不能樂天,不知已過而怨天也。’”

〔九〕王聘珍曰:“鄭云:‘物,猶事也。’”今案:不過乎物,即不要做錯事。

〔一〇〕“君”下孫星衍《孔子集語》有“子”字。

〔一一〕王聘珍曰:“鄭云:‘已猶止也。是天道也者,言人君法之,當如是也。日月相從,君臣相朝會也。不閉其久,通其政教,不可以倦。無爲而成,使民不可以煩也。已成而明,照察有功。’”

〔一二〕王聘珍曰:“《小戴》‘識’作‘志’。鄭云:‘志讀爲識。識,知也。冥煩者,言不能明理。此事子之心所知也。欲其要言使易行。’”

〔一三〕蹴然,站起來,離開席位,恭敬貌。

禮　察

孔子曰:“君子之道,譬猶防與?”夫禮之塞,亂之所從生也,猶防之塞,水之所從來也。故以舊防爲無用而壞之者,必有水敗;以舊禮爲無所用而去之者,必有亂患。故昏姻之禮廢,則夫婦之道苦,而淫辟之罪多矣;鄉飲酒之禮廢,則長幼之序失,而爭鬭之獄繁矣;聘射之禮廢,則諸侯之行惡,而盈溢之敗起矣;喪祭之禮廢,則臣子之恩薄,而倍死忘生之禮衆矣。凡人之知,能見已然,不能見將然。禮者,禁於將然之前;而法者,禁於已然之後。是故法之用易見,而禮之所爲生難知也。若夫慶賞以勸善,刑罰以懲惡。先王執此之正,堅如金石;行此之信,順如四時;處此之功,無私如天地,爾豈顧不用哉!然如曰禮云禮云,貴絶惡於未萌,而起敬於微眇[一],使民日徙善遠罪而不自知也。孔子曰:“聽訟吾猶人也,必也使無訟乎!”此之謂也。

〔一〕“敬”,《漢書》作“教”。

保　傅

孔子曰："少成若天性，習貫之爲常。"（又見於《賈子新書·保傅》、《漢書·賈誼傳》）

曾子立孝

子曰："可人也，吾任其過；不可人也，吾辭其罪〔一〕。《詩》云：'有子七人，莫慰母心。'子之辭也。'夙興夜寐，無忝爾所生。'〔二〕言不自舍也。不耻其親，君子之孝也。"

〔一〕"人"，王聘珍以爲當作"入"，謂入諫也。王聘珍又曰："任，當也。任過者，過則歸己也。《説文》云：'辭，訟也。'辭其罪，謂内自訟也。"

〔二〕所引詩，分別見於《詩·邶風·凱風》及《詩·小雅·小旻》。

曾子大孝

樂正子春下堂而傷其足。傷瘳，數月不出，猶有憂色。門弟子問曰："夫子傷足，瘳矣，數月不出，猶有憂色，何也？"樂正子春曰："善！如爾之問也。吾聞之曾子，曾子聞諸夫子曰〔一〕：'天之所生，地之所養，人爲大矣。父母全而生之，子全而歸之，可謂孝矣；不虧其體，可謂全矣。'故君子頃步之不敢忘也〔二〕。今予忘夫孝之道矣，予是以有憂色。"（又見於《吕氏春秋·孝行覽》）

〔一〕《禮記·祭義》鄭玄注曰："樂正子春，曾子弟子。曾子聞諸夫子，述曾子所聞於孔子之言。"

〔二〕頃步，半步。頃，通"跬"。《禮記·祭義》："故君子頃步而弗敢忘孝也。"鄭玄注："頃當爲跬，聲之誤也。"《釋文》曰："頃讀爲跬……一舉足爲跬，再舉足爲步。"

夫子曰："伐一木，殺一獸，不以其時，非孝也。"

曾子天圓

曾子曰："參嘗聞之夫子曰：'天道曰圓，地道曰方。方曰幽，而圓曰明。明者，吐氣者也，是故外景；幽者，含氣者也，是故内景〔一〕。'"

〔一〕王聘珍曰:“吐,猶出也。《説文》云:‘景,光也。’外景者,光在外。内景者,光在内。”

衛將軍文子

衛將軍文子問於子贛曰〔一〕:“吾聞夫子之施教也,先以《詩》,世道者孝悌〔二〕,説之以義而觀諸體〔三〕,成之以文德。蓋受教者七十有餘人〔四〕。聞之〔五〕,孰爲賢也?”子貢對,辭以不知。文子曰:“吾子學焉〔六〕,何謂不知也?”子貢對曰:“賢人無妄,知賢則難〔七〕,故君子曰‘智莫難於知人’,此以難也。”文子曰:“若夫知賢,人莫不難。吾子親遊焉,是敢問也〔八〕。”子貢對曰:“夫子之門人,蓋三就焉〔九〕;賜有逮及焉,有未及焉,不得辯知也。”文子曰:“吾子之所及,請問其行也。”子貢對曰:“夙興夜寐,諷誦崇禮〔一○〕;行不貳過,稱言不苟,是顔淵之行也〔一一〕。孔子説之以《詩》〔一二〕,《詩》云:‘媚兹一人,應侯順德。永言孝思,孝思惟則。’〔一三〕故國一逢有德之君〔一四〕,世受顯命,不失厥名,以御於天子以申之〔一五〕。在貧如客,使其臣如藉〔一六〕,不遷怒,不探怨,不録舊罪〔一七〕,是冉雍之行也。孔子曰:‘有土君子,有衆使也,有刑用也,然後怒〔一八〕;匹夫之怒,惟以亡其身。’《詩》云:‘靡不有初,鮮克有終。’〔一九〕以告之。不畏强禦,不侮矜寡〔二○〕,其言曰性,都其富哉,任其戎,是仲由之行也〔二一〕。夫子未知以文也〔二二〕。《詩》云:‘受小共大共〔二三〕,爲下國恂蒙。何天之寵,傳奏其勇〔二四〕。’夫强乎武哉,文不勝其質。恭老恤孤,不忘賓旅,好學省物而不勤〔二五〕,是冉求之行也。孔子因而語之曰:‘好學則智,恤孤則惠,恭老則近禮,克篤恭以天下〔二六〕,其稱之也,宜爲國老。’志通而好禮,擯相兩君之事,篤雅其有禮節也〔二七〕,是公西赤之行也。孔子曰:‘禮儀三百,可勉能也;威儀三千,則難也〔二八〕。’公西赤問曰:‘何謂也?’孔子曰:‘貌以擯禮,禮以擯辭,是之謂也。主人聞之以成〔二九〕。’孔子之語人也,曰:‘當賓客之事則通矣〔三○〕。’謂門人曰:‘二三子欲學賓客之禮者,於赤也。’滿而不滿,實如虛,通之如不及〔三一〕,先生難之,不學其貌,竟其德,敦其言,於人也無所不信〔三二〕,其橋大人也〔三三〕。常以皓皓,是以眉壽〔三四〕,是曾參之行也。孔子曰:‘孝,德之始也;弟,德之序也;信,德之厚也；忠，德之正也。參也中夫四德者矣哉。'以此稱之也。業功不伐[三五]，貴位不善[三六]，不侮可侮，不佚可佚[三七]，不敖無告[三八]，是顓孫之行也[三九]。孔子言之曰：'其不伐則猶可能也，其不弊百姓者則仁也[四○]。'《詩》云：'愷悌君子，民之父母。'[四一]夫子以其仁爲大也。學以深，屬以斷[四二]，送迎必敬，上友下交，銀手如斷[四三]，是卜商之行也。孔子曰：'《詩》云："式夷式已，無小人殆。"而商也，其可謂不險也[四四]。'貴之不喜，賤之不怒，苟於民利矣，廉於其事上也以佐其下[四五]，是澹臺滅明之行也。孔子曰：'獨貴獨富，君子恥之，夫也中之矣[四六]。'先成其慮，及事而用之，是故不忘[四七]，是言偃之行也。孔子曰：'欲能則學，欲知則問，欲善則訊，欲給則豫，當是如偃也得之矣[四八]。'獨居思仁，公言言義[四九]；其聞之《詩》也[五○]，一日三復'白圭之玷'，是南宮綯之行也。夫子信其仁，以爲異姓[五一]。自見孔子[五二]，入戶未嘗越屨，往來過人不履影，開蟄不殺，方長不折，執親之喪，未嘗見齒，是高柴之行也。孔子曰：'高柴執親之喪則難能也，開蟄不殺則天道也，方長不折則恕也。恕則仁也，湯恭以恕，是以日躋也。'[五三]此賜之所親睹也，吾子有命而訊，賜則不足以知賢。"文子曰："吾聞之也，國有道則賢人興焉，中人用焉，百姓歸焉。若吾子之語審茂[五四]，則一諸侯之相也，亦未逢明君也。"

　　子貢既與衛將軍文子言，適魯，見孔子曰："衛將軍問二三子之行於賜也，不一而三，賜也辭不獲命，以所見者對矣，未知中否，請嘗以告。"孔子曰："言之。"子貢以其質告。孔子既聞之，笑曰："賜，汝偉爲知人，賜[五五]！"子貢對曰："賜也焉能知人[五六]，此賜之所親睹也。"孔子曰："是女所親也[五七]，吾語女：耳之所未聞，目之所未見，思之所未至，智之所未及者乎？"子貢曰："賜得，則願聞之也[五八]。"孔子曰："不克不忌，不念舊惡[五九]，蓋伯夷、叔齊之行也。晉平公問於祁傒曰：'羊舌大夫，晉國之良大夫也，其行如何？'祁傒對[六○]，辭曰：'不知也。'公曰：'吾聞女少長乎其所，女其闍知之[六一]。'祁傒對曰：'其幼也恭而遜，恥而不使其過宿也；其爲侯大夫也，悉善而謙其端也[六二]；其爲公車尉也，信而好直其功也[六三]；至於其爲和容也，溫良而好禮，博聞而時出其志[六四]。'公曰：'嚮者問女，女何曰弗知也？'祁傒對曰：

‘每位改變，未知所止〔六五〕，是以不知。’蓋羊舌大夫之行也。畏天而敬人，服義而行信，孝乎父而恭於兄，好從善而敦往〔六六〕，蓋趙文子之行也。其事君也，不敢愛其死，然亦不忘其身，謀其身不遺其友，君陳則進，不陳則行而退〔六七〕，蓋隨武子之行也〔六八〕。其爲人之淵泉也，多聞而難誕也，不内辭，足以没世；國家有道，其言足以生；國家無道，其默足以容，蓋桐提伯華之行也〔六九〕。外寬而内直，自設於隱栝之中〔七〇〕，直己而不直於人，以善存，亡汲汲〔七一〕，蓋蘧伯玉之行也。孝子慈幼，允德禀義，約貨去怨〔七二〕，蓋柳下惠之行也。其言曰：‘君雖不量於臣，臣不可以不量於君〔七三〕。是故君擇臣而使之，臣擇君而事之，有道順君〔七四〕，無道横命。’晏平仲之行也〔七五〕。德恭而行信，終日言不在尤之内，在尤之外，貧而樂也，蓋老萊子之行也〔七六〕。易行以俟天命，居下位而不援其上，觀於四方也，不忘其親，苟思其親，不盡其樂，以不能學爲己終身之憂，蓋介山子推之行也〔七七〕。”（又見於《群書治要·尸子·勸學》）

〔一〕“子贛”，孫星衍《孔子集語》作“子貢”。盧辯曰：“文子，衛卿也，名彌牟。子貢，端木賜也，衛人，衛之相也。”

〔二〕戴震曰：“世道者孝悌，案此句有舛誤。”王樹楠曰：“先以《詩》世道者孝悌，各本均以‘先以《詩》’句。今案：‘世’疑‘而’字之譌，‘者’乃‘諸’字而脱去言旁耳。先以《詩》而道諸孝悌，説之仁義而觀諸禮，兩句偶文。《家語·弟子行篇》作‘先之以《詩》《書》，導之以孝悌’。孔讀未安。”黃懷信曰：“世，當是‘書’字音誤，屬上讀。者，當是‘之’字音誤。”

〔三〕王樹楠曰：“以，當是‘仁’字之譌。體，當是‘禮’字之譌。”

〔四〕黃懷信曰：“受教者，孔本作‘入室升堂者’，注曰：‘入室升堂，宋本作“受教者”，因注而誤也，從《文選·閑居賦》注引此文改。’”孫詒讓曰：“案《周禮·司儀》賈疏引亦作‘蓋受教者七十有餘人’，則初唐本已如是，李善所引或别一本也。”王樹楠曰：“《閑居賦》注乃從《家語》誤引，孔注據改，非也。注謂言能受教者，正釋‘受教者’三字。”

〔五〕黃懷信曰：“聞之，汝聞之也。”

〔六〕黃懷信曰：“學焉，謂學於彼，與七十子共也。”

〔七〕王聘珍曰：“賢人，謂以賢稱人。妄，誣也。知賢，謂知人之賢。”

〔八〕黃懷信曰：“是敢問也，‘是’下戴校本增‘以’字，汪照同。”

〔九〕“蓋三就焉”，王念孫以爲當作“蓋三千就焉”，三千，言其多也。俞樾以爲“三就”

即“三帀”，《家語》作“蓋有三千就焉”，乃王肅不達古語而臆改，或欲據以增入《戴記》。于鬯曰：“三就者，謂前後來就業孔子者有三起焉。”

〔一〇〕黃懷信曰：“諷誦崇禮，戴校本‘誦’改‘詩’，汪照本從。”

〔一一〕王念孫曰：“淵，本作‘回’，盧注‘顏回，魯人，字子淵’即其證。此篇於諸弟子皆稱名，不稱字。今本作‘顏淵’者，涉注文而誤。”

〔一二〕汪照曰：“説之以《詩》，一本有‘曰’字。”

〔一三〕盧辯曰：“《大雅·下武》之四章也。媚兹一人，謂御於天子而蒙寵愛。應侯順德，逢國君能成其德。孝思惟則，此文在前章，兼之以説，故連言也。”

〔一四〕“國”，王引之以爲當作“回”，于鬯以爲當通“或”。俞樾以爲“故國一逢有德之君”至“以御於天子”二十一字當在“孔子説之以《詩》”之上。黃懷信曰：“‘國’字不誤，王念孫説非。又‘故國一逢有德之君’承詩句‘媚兹一人’而來，必不能在‘孔子説之以《詩》’之上，俞説亦非。”

〔一五〕黃懷信曰：“申，告誡。之，指顏回。言孔子以前所引之詩及言以告誡顏回也。”

〔一六〕王樹枏曰：“使其臣如藉，《家語》‘藉’作‘借’。”盧辯曰：“在貧如客，言安貧也。使其臣如藉，藉，借也，如借力然也。”

〔一七〕王樹枏曰：“不探怨，《家語》‘探’作‘深’。”王聘珍曰：“探，遠取之也。録，記録也。”

〔一八〕盧辯曰：“使，舉也。夫子因其性不好怒，故説妄怒之敗也。”

〔一九〕盧辯曰：“《大雅·蕩》首章也。言冉雍能終其行也。”

〔二〇〕王聘珍曰：“畏，懼也。強禦，強梁禦善者。侮，侵也。《孟子》曰：‘老而無妻曰矜，老而無夫曰寡。’”

〔二一〕王樹枏曰：“任其戎，《家語》作‘材任治戎’，蓋連上‘哉’字爲讀而改爲‘材’字也。”孔廣森曰：“子路，卞人，爲衛大夫，注有誤文。一讀‘哉任其戎’爲句。哉，古通以爲‘材’字。”孫詒讓曰：“孔引或讀是也。‘性’當讀爲生，‘都’當讀爲儲。生儲其富，謂能足食；材任其戎，謂能足兵。性、生，都、儲，哉、材，並同聲叚借字。”

〔二二〕“夫子未知以文也”，王念孫以爲當作“夫子和之以文曰”。

〔二三〕孫星衍《孔子集語》注曰：“共”一作“拱”。

〔二四〕盧辯曰：“《殷頌·長發》之五章也，頌湯伐桀除災之事。恂，信也。言下國信蒙其富。”

〔二五〕王聘珍曰：“省，減省也。懃讀曰勤，勞也。”王念孫曰：“好學省物而不懃，‘不’字涉上句‘不忘’而衍。省者，察也。省物而懃，與好學同意，猶言懃於省物耳。”

〔二六〕汪照曰：“克篤恭以天下，案《家語》作‘堯舜篤恭以王天下’。”王樹枏以爲“以”下脱一“王”字，戴禮以爲“以”下脱“教”字。黃懷信以爲“克篤恭以天下”不誤，“以”讀爲“於”。孔廣森曰：“克，能也。以天下，行之於天下也。”

〔二七〕戴禮曰：“案上下文法，‘節’下‘也’字似衍。”王聘珍曰：“志通者，知類通達也。

鄭注《周禮》云：‘出接賓曰擯，入贊禮曰相。’雅，正也。禮節者，禮之制度也。”

〔二八〕王念孫曰：“‘禮儀’本作‘禮經’，此淺學人以《中庸》改之也。”戴禮曰：“王校改上‘儀’爲‘經’，《中庸》亦有‘禮儀三百’之説，或注云‘禮經三百’蓋指禮儀之經，非《周官》六篇亦未可知，故不從。唯‘難’下似脱‘能’字。”黃懷信曰：“‘經儀’與‘威儀’相對，似不誤……‘則難也’亦不誤，戴説非。”

〔二九〕孔廣森曰：“此通爲一句，言威儀三千，主人聞知足以成其禮也，當對文有賓聞之云云，而今本脱佚耳。”黃懷信以爲此六字當在“是之謂也”上，二句倒。王聘珍曰：“主人，謂主言行此在於人也。聞之以成者，公西赤聞之以成。”

〔三〇〕孔廣森曰：“則通矣者，爲不足之辭。”

〔三一〕黃懷信曰：“通之，戴校本、孔本皆改‘過之’。”

〔三二〕王念孫曰：“‘不學’上有‘博無’二字，而今本脱之。‘博無不學’爲句，言其學之博，無所不學也。……‘竟’當爲‘恭’字之誤也。‘其貌恭’爲句，‘其德敦’爲句，‘其言’下屬爲義，此依《家語》訂正。”

〔三三〕“橋”，戴禮以爲當作“撟”。盧辯曰：“橋，高也，高大之人也。”孔廣森曰：“大人，父母之稱。”汪照曰：“王氏曰：大人，富貴者也。”王聘珍曰：“橋大，謂高明廣大也。”王樹楠以爲“橋”通“驕”，“橋大人”即《孟子》所謂説大人之義。黃懷信疑“橋”當作“嬌”，嬌大人即在大人面前撒嬌，即所謂説大人，大人即父母。

〔三四〕王聘珍曰：“皓皓，潔白也，言孝子之潔白也。是以眉壽，以介眉壽也。”

〔三五〕王念孫曰：“業功，當依《家語》作‘美功’，字之誤也。”

〔三六〕汪照曰：“貴位不善，惠氏曰：當作‘不喜’。”

〔三七〕王引之曰：“不佚可佚，‘佚’當作‘怢’。怢，輕忽也。可輕忽者不輕視之，所謂君子無衆寡、無小大、無敢慢也。”

〔三八〕孔廣森曰：“不敖無告，敖音傲。”

〔三九〕王念孫以爲“顓孫”下當脱“師”字。

〔四〇〕汪照曰：“其不弊百姓者，一本無‘者’字。”

〔四一〕盧辯曰：“《大雅·泂酌》之首章也。”

〔四二〕盧辯曰：“能深致隱賾也，性嚴屬而能斷決。”

〔四三〕黃懷信曰：“銀手如斷，‘手’字戴校改‘乎’，孔及汪照本從。”孫詒讓以爲“手”字不誤，當讀爲“守”。盧辯曰：“銀，廉鍔也。如斷，言便能。”孔廣森曰：“銀，猶斷斷也。如斷，有限制也。”王樹楠曰：“銀乎如斷，銀讀爲垠。”黃懷信曰：“送迎必敬，言其有禮也。上友下交，言其交友也。‘銀’讀爲‘垠’，王説是，然解未的。垠，限也、界也。銀乎，有界限之貌。垠乎如斷，言其交友界限分明如斷。”

〔四四〕盧辯曰：“《小雅·節》之四章。殆，近也。言其鄰於德也。”王聘珍曰：“毛傳云：‘式，用也。夷，平也。用平則已，無以小人之言至於危殆也。’不隫，言不危也。”

〔四五〕王樹楠曰：“廉於其事上也以佐其下，《家語》作‘廉於行己，其事上也以佐其下’。”

〔四六〕王聘珍曰：“夫，謂滅明。中，得也，言得君子之道也。”

〔四七〕黃懷信曰：“是故不忘，戴校本‘忘’改‘妄’，二汪同。”

〔四八〕孔廣森曰：“善，《大典》作‘行’。‘是’字宋本倒在‘如’上，從朱本改。”王念孫曰：“欲善則訊，‘訊’當爲‘詳’。……‘當是如’三字不成義，‘如’讀爲‘而’。”

〔四九〕王聘珍曰：“公，猶官也。”

〔五〇〕黃懷信曰：“其聞之《詩》也，戴校删‘之’字，孔及汪照同。”

〔五一〕王樹楠曰：“以爲異姓，《家語》作‘以爲異士’，注云：‘殊異之士也。《大戴》引之曰：以爲異性婚姻也，以兄之女妻之者也。’”

〔五二〕汪照曰：“‘自見孔子’，案：‘自’，劉本作‘目’。”

〔五三〕盧辯曰：“不越人之屨，不履人之影，謙慎之至也。”王聘珍曰：“蟄，蟄蟲也。開，啓也。長，生長也。折，斷也。”王念孫曰：“‘天道’上有‘順’字，而今本脱之，則文義不明。啓蟄，天道也。啓蟄不殺，是順天道也。”

〔五四〕王聘珍曰：“興，起也，謂起而在位也。中，正也。審，悉也。”

〔五五〕盧辯曰：“偉爲知人，言大爲知人也。再言賜者，善之。”偉，于鬯認爲當讀爲“諱”。

〔五六〕黃懷信曰：“焉能，戴校改‘焉敢’。”

〔五七〕王念孫以爲“親”下當有“覿”字而今本脱之。

〔五八〕汪中曰：“賜得則願聞之也，疑當作‘則願得聞之也’。”王念孫曰：“賜得則願聞之也，今本‘得’字在‘則願’上，則文不成義。《永樂大典》本作‘賜得願聞之也’，亦非。《家語》省其文，作‘賜願得聞之’，亦以願得連文。”

〔五九〕王樹楠曰：“不念舊惡，《家語》作‘舊怨’。”盧辯曰：“克，好勝人。忌，有惡於人也。”

〔六〇〕戴禮曰：“此‘對’字疑亦衍。”

〔六一〕孔廣森曰：“闍，猶奄也，言盡知之。”王聘珍曰：“闍讀曰弇，深也。”

〔六二〕孔廣森曰：“‘侯’字誤，蓋候大夫也。晉官有候正、候奄。”又曰：“悉，盡也。盡善而謙，是其端也。”王聘珍讀“悉善”二字上爲句，曰：“悉善者，詳盡善道以事君也。端，本也。”

〔六三〕王聘珍曰：“公車尉，軍尉也。……信，誠也。直，正也。功，謂軍功。直其功，言卒乘之有功者正之，不使冒濫也。”

〔六四〕盧辯曰：“和容，主賓客也。”王聘珍曰：“主賓客，謂應對諸侯及受命而使也。博聞，謂閑習故事。志，意。時出其志者，《公羊·莊十九年傳》曰：‘大夫受命不受辭，出竟，有可以安社稷利國家者，則專之可也。’”

〔六五〕王樹楠曰：“自‘晉平公’至此，《家語》在章末。”王聘珍曰：“位，爵次也。每位，

謂爲侯大夫、公車尉及和容也。鄭注《大學》云：‘止，猶自處也。’未知所止，言未
　知其所自處，不可以一德名也。”

〔六六〕王樹楠曰：“好從善而敄往，《家語》作‘從善而不教’。”戴禮曰：“好從善而敄
　往，‘敄’當作‘效’。”王聘珍曰：“畏，亦敬也。服，從也。行信者，信以爲本，循而
　行之。敄，效也。往，古昔也。”

〔六七〕王聘珍曰：“謀，計也。遺，忘也。陳，謂陳力。君陳者，君與之陳也。”“陳”，俞
　樾以爲“伸”字之誤。

〔六八〕盧辯曰：“隨武子，晉大夫也，世掌刑官，後受隨。范會，名也。季，字也。武，
　謚也。”

〔六九〕孔廣森曰：“其言足以生，生，《史記索隱》此文作‘興’。”汪照曰：“生，《家語》作
　‘治’。”不内辭，孫詒讓疑當作“不入亂”，謂不入亂國。王聘珍曰：“淵，深也。
　泉，水泉也。爲人淵泉，謂思慮深情不測也。誕，欺詐也。《説文》云：‘辭，訟也。’
　不内辭者，無行可悔，不内自訟。没世，謂終身。生，起也，謂興起在位也。‘桐
　提’，《左傳》作‘銅鞮’。孔氏《左傳·昭五年》疏云：‘銅鞮伯華名赤，字伯華，食
　邑於銅鞮。’《世族譜》云：‘赤，羊舌職之子。’”

〔七〇〕設，王引之以爲當作“娛”，通“虞”，虞，安也。設，俞樾以爲當讀爲“翕”，翕，合
　也。王樹楠同意王引之説。黄懷信以爲諸説均誤，“設”字不誤。王聘珍曰：“設，
　置也。”

〔七一〕王聘珍曰：“直，正也。不直於人者，正己而不求於人也。《易》曰：‘成性存
　存。’孔疏云：‘存，謂保其終也。’亡，無也。汲汲，欲速也。《論語》曰：‘君子哉蘧
　伯玉，邦有道則仕，邦無道則可卷而懷之。’”

〔七二〕戴震曰：“孝老慈幼，案：‘老’，各本訛作‘子’，今從方本。”孫詒讓曰：“孫校云：
　‘孝子慈幼’，《索隱》引作‘孝恭慈仁’，‘稟義’作‘圖義’，‘去怨’作‘忘怨’。”王
　聘珍曰：“允，信也。稟，敬也。約，少也。貨，謂貨利。去，除也。”

〔七三〕“量”，孫星衍《孔子集語》作“諒”。王聘珍曰：“量，度也。”

〔七四〕“順君”，王引之以爲當作“順命”。

〔七五〕王樹楠曰：“各本無‘蓋’字，王引之曰：‘當有蓋字。’與孔校同。《仲尼弟子列
　傳索隱》引正有‘蓋’字。”

〔七六〕王引之等以爲“在尤之外”四字當爲注文誤入引文。王聘珍曰：“尤，過也。《漢
　書·藝文志》班氏自注云：‘老萊子，楚人，與孔子同時。’”

〔七七〕子推，孫星衍《孔子集語》注曰：《史記·仲尼弟子列傳》作“子然”，裴駰引亦作
　“子然”。今案：盧辯曰：“介山子推，晉大夫介之推也。”

五帝德

宰我問於孔子曰：“昔者予聞諸榮伊令^{〔一〕}，黄帝三百年。請問黄

帝者人邪〔二〕？抑非人邪〔三〕？何以至於三百年乎？"孔子曰："予！禹、湯、文、武、成王、周公可勝觀也〔四〕？夫黄帝尚矣，女何以爲？先生難言之〔五〕。"宰我曰："上世之傳，隱微之説，卒業之辨〔六〕，闇昏忽之意〔七〕，非君子之道也，則予之問也，固矣。"孔子曰："黄帝，少典之子也，曰軒轅。生而神靈，弱而能言，幼而慧齊〔八〕，長而敦敏，成而聰明。治五氣〔九〕，設五量〔一〇〕，撫萬民，度四方；教熊羆貔〔一一〕豹虎，以與赤帝戰于版泉之野〔一二〕，三戰，然後得行其志。黄帝黼黻衣，大帶，黼裳，乘龍扆雲〔一三〕，以順天地之紀，幽明之故，死生之説，存亡之難〔一四〕。時播百穀草木，故教化淳鳥獸昆虫〔一五〕，曆離日月星辰；極畋土石金玉〔一六〕。勞心力耳目〔一七〕，節用水火材物。生而民得其利百年，死而民畏其神百年，亡而民用其教百年，故曰三百年。"

宰我請問帝顓頊〔一八〕。孔子曰："五帝用記〔一九〕，三王用度〔二〇〕，女欲一日辯聞古昔之説，躁哉予也！"宰我曰："昔者予也聞諸夫子曰：'小子無有宿問。'"孔子曰："顓頊，黄帝之孫，昌意之子也，曰高陽。洪淵以有謀〔二一〕，疏通而知事；養材〔二二〕以任地〔二三〕，履時以象天〔二四〕，依鬼神以制義〔二五〕；治氣以教民，絜誠以祭祀。乘龍而至四海：北至於幽陵，南至于交趾，西濟于流沙，東至于蟠木。動静之物，大小之神，日月所照，莫不祇勵〔二六〕。"

宰我曰："請問帝嚳。"孔子曰："玄囂之孫，蟜極之子也，曰高辛。生而神靈，自言其名，博施利物，不於其身；聰以知遠，明以察微；順天之義，知民之急；仁而威，惠而信，脩身而天下服。取地之財而節用之，撫教萬民而利誨之，曆日月而迎送之〔二七〕，明鬼神而敬事之。其色郁郁，其德嶷嶷〔二八〕，其動也時，其服也士〔二九〕。春夏乘龍，秋冬乘馬，黄黼黻衣〔三〇〕，執中而獲天下；日月所照，風雨所至，莫不從順。"

宰我曰："請問帝堯。"孔子曰："高辛之子也，曰放勳。其仁如天，其知如神；就之如日，望之如雲；富而不驕，貴而不豫；黄黼黻衣，丹車白馬。伯夷主禮，龍、夔教舞，舉舜、彭祖而任之，四時先民治之。流共工於幽州，以變北狄；放驩兜于崇山，以變南蠻；殺三苗于三危，以變西戎；殛鯀于羽山，以變東夷。其言不貳，其行不回〔三一〕，四海之内，舟輿所至，莫不説夷〔三二〕。"

　　宰我曰:“請問帝舜。”孔子曰:“蟜牛之孫,瞽叟之子也,曰重華。好學孝友,聞于四海;陶家事親[三三],寬裕溫良。敦敏而知時[三四],畏天而愛民,恤遠而親親。承受大命,依于倪皇[三五];叡明通知[三六],爲天下工[三七]。使禹敷土[三八],主名山川,以利於民;使后稷播種,務勤嘉穀,以作飲食;羲和掌曆,敬授民時;使益行火,以辟山萊[三九];伯夷主禮,以節天下;夔作樂,以歌籥舞,和以鐘鼓[四〇];皋陶作士[四一],忠信疏通,知民之情;契作司徒,教民孝友,敬政率經[四二]。其言不惑,其德不愿,舉賢而天下平。南撫交阯、大教[四三]、鮮支、渠廋、氐、羌,北山戎、發、息慎,東長、鳥夷羽民。舜之少也,惡頜勞苦[四四],二十以孝聞乎天下,三十在位,嗣帝所,五十乃死,葬于蒼梧之野。”

　　宰我曰:“請問禹。”孔子曰:“高陽之孫,鯀之子也,曰文命。敏給克濟[四五],其德不回,其仁可親,其言可信;聲爲律,身爲度,稱以上士[四六];亹亹穆穆[四七],爲綱爲紀。巡九州,通九道[四八],陂九澤,度九山[四九]。爲神主,爲民父母,左準繩,右規矩,履四時,據四海,平九州,戴九天[五〇],明耳目,治天下。舉皋陶與益以贊其身[五一],舉干戈以征不享、不庭、無道之民;四海之内,舟車所至,莫不賓服[五二]。”

　　孔子曰:“予! 大者如説,民説至矣[五三];予也,非其人也。”宰我曰:“予也不足誠也[五四],敬承命矣。”

　　他日,宰我以語人。有爲道諸夫子之所[五五],孔子曰:“吾欲以顔色取人,於滅明邪改之;吾欲以語言取人,於予邪改之;吾欲以容貌取人,於師邪改之。”宰我聞之,懼,不敢見。

〔一〕令,孫星衍《孔子集語》注曰:《史記索隱》作“言”。今案:榮伊,王聘珍曰:“人姓名,《書序》有榮伯。馬注云:‘榮伯,周同姓畿内諸侯,爲卿大夫也。’《周語》有榮夷公,韋注云:‘榮,國名。’《周書·王會》有榮氏,以國爲氏者也。”令,王聘珍釋爲“教言”。

〔二〕“者”,孫星衍《孔子集語》注曰:“《史記索隱》作‘何’。”

〔三〕此“邪”字,孫星衍《孔子集語》作“耶”。孫星衍《孔子集語》注曰:二“邪”字,《史記索隱》作“也”。

〔四〕“也”,孫星衍《孔子集語》作“邪”。王聘珍曰:“勝,盡也。”

〔五〕孔廣森曰:“此六君子已不能盡知,黃帝久遠,何以問爲? 上古之事,長者猶不能詳也。”

〔六〕孔廣森曰：“卒，終也。業，事也。終事，猶已事也。”

〔七〕王聘珍注曰：“闇昏忽之意，謂其意幽暗恍忽，不自知發問之端。”

〔八〕王聘珍曰：“《史記》‘慧’作‘徇’。裴氏《集解》云：‘徇，疾；齊，速也。言聖德幼而疾速也。’”

〔九〕孔廣森曰：“五氣，五行之氣。”

〔一〇〕王聘珍曰：“《漢書·律曆志》云：‘量者，龠、合、升、斗、斛也。’”

〔一一〕孫星衍《孔子集語》注曰：《御覽》引下有“貅”字。

〔一二〕戴震據《太平御覽》所引及《史記》，訂正“赤”爲“炎”，“版”爲“阪”。

〔一三〕戾，孫星衍《孔子集語》注曰：《御覽》引作“駕”。王聘珍曰：“白與黑謂之黼，黑與青謂之黻。上曰衣，下曰裳。言衣裳始有章采也。大帶，所以申束衣。乘龍者，《左傳》曰：‘古者畜龍。’《釋名》云：‘戾，倚也，在後所依倚也。’”

〔一四〕王聘珍曰：“難，猶説也。凡事是非未盡，假以往來之辭，則曰難。”

〔一五〕戴震、孔廣森皆以爲“故教”二字爲衍文，是也。王聘珍曰：“淳，和也。昆者，衆也。”

〔一六〕王聘珍曰：“離者，別其位次。極，致也。畋，取也。”孔廣森曰：“畋，治也。”

〔一七〕勞，孫星衍《孔子集語》注曰：《史記正義》引作“勞勤”，《御覽》作“旁動”。

〔一八〕“宰我”下，戴校據方本增“曰”字，是也。

〔一九〕“記”，孫星衍《孔子集語》作“説”。

〔二〇〕王聘珍曰：“記，謂傳記。度，意度也。五帝代遠，需用傳記；三王時近，可度而知。”

〔二一〕王聘珍曰：“洪，大也。淵，深。”

〔二二〕材，孫星衍《孔子集語》注曰：《史記索隱》引作“財”。

〔二三〕王聘珍曰：“材，謂百穀草木。任地者，任其力勢所能生育。”

〔二四〕王聘珍曰：“履，步也。履時，謂推步四時。象，法也。”

〔二五〕王聘珍曰：“制，斷也。義，宜也。”

〔二六〕祇，孫星衍《孔子集語》注曰：《史記索隱》引作“砥”。今案：《爾雅》云：“祇，敬也。”《廣雅》云：“勵，勸也。”

〔二七〕曆，曆象。

〔二八〕孫星衍《孔子集語》注曰：《史記索隱》引“郁”作“神”，“嶷”作“俟”。今案：嶷嶷，高貌。

〔二九〕王樹楠曰：“《家語》‘士’作‘衷’。”黃懷信曰：“服與‘動’相對，當訓行，謂行事。衷，同‘中’，適中也。”

〔三〇〕此句疑有誤。王樹楠曰：“《御覽》引作‘黃斧紼衣’。”紼，通“韍”，蔽膝，縫於長衣之前，爲古代禮服的一種服飾。

〔三一〕孔廣森曰：“回，邪也。”

〔三二〕孔廣森曰:"夷,安也。"王聘珍曰:"夷,平也。"

〔三三〕家,孫星衍《孔子集語》注曰:屠本作"漁"。今案:家,孔廣森校作"稼",是也。

〔三四〕"敦敏",孫星衍《孔子集語》作"教敦"。

〔三五〕孔廣森曰:"'倪'字誤,當爲'儀'。儀皇,即舜妃娥皇。《吕氏春秋》以'尚儀'
爲'常娥'。'儀'、'娥'並從我,諧聲,古音同借也。"

〔三六〕王聘珍曰:"叡,聖也。通知,能知人也。"

〔三七〕"工",孫星衍《孔子集語》作"王"。王聘珍曰:"工,官也。爲天下工,言爲天下
舉賢建官也。"孔廣森曰:"爲天下王,爲天下所歸往。"

〔三八〕孔廣森曰:"敷,分也。分九州之土。"

〔三九〕汪照引《孟子》曰:"舜使益掌火,烈山澤而焚之。"王聘珍曰:"萊,草穢也。"

〔四〇〕王聘珍曰:"籥,管也。和,應也。秉籥而舞,其節與鐘鼓相應。"

〔四一〕鄭玄注曰:"士,察也。主察獄訟之事。"孔廣森曰:"士,刑官也。"

〔四二〕孔廣森曰:"率,循。經,常也。"

〔四三〕"教",孫星衍《孔子集語》作"放",《説苑》作"發",與"放"爲一聲之轉,或是。
蓋"教"字形似而譌。

〔四四〕王聘珍曰:"惡頸,猶顝頸也。"黃懷信曰:"頸,即瘁,異體字。惡頸,形容勞苦
之狀。"

〔四五〕黃懷信曰:"敏給,敏捷。"孔廣森曰:"濟,成也。"

〔四六〕戴震曰:"'上士'二字,當從《史記》作'出'。稱以出,猶言比量而出也。"

〔四七〕王聘珍曰:"亹亹,勉也。穆穆,敬也。"

〔四八〕孔廣森曰:"九道,九州之道也。"

〔四九〕孔廣森曰:"陂,障也。……説《禹貢》者以汧、壺口、底柱、太行、西傾、熊耳、蟠
冢、内方、岷爲九山,雷首、大野、彭蠡、震澤、雲夢、滎播、菏澤、孟諸、豬野爲
九澤。"

〔五〇〕九天,據孔廣森,爲八方和中央之天。

〔五一〕贊,助也,輔佐也。

〔五二〕"不庭、無道",孫星衍《孔子集語》作"不道、無德"。王聘珍曰:"《穀梁·昭三
十二年傳》曰:'諸侯不享覲。'范注云:'享,獻也。'《詩》曰'幹不庭方',毛傳云:
'庭,直也。'《廣雅》云:'賓,敬也。'"

〔五三〕戴震曰:"此八字當有舛誤。"

〔五四〕于鬯曰:"'誠'當作'誡',形近之譌。《荀子·彊國篇》楊注云:'誡,教也。'不
足誠,謂不足教誡也。"

〔五五〕王念孫曰:"夫子,當作'孔子'。下行文皆稱孔子,記者之詞也。其稱夫子者,
乃宰我之語,不當於此闌入。《家語》正作'孔子'。"孔廣森曰:"有爲道諸夫子之
所,或以宰我説五帝之事告夫子。"

勸　學

孔子曰:"吾嘗終日思矣,不如須臾之所學;吾嘗跂而望之^{〔一〕},不如升高而博見也。升高而招,非臂之長也,而見者遠;順風而呼,非聲加疾也,而聞者著。假車馬者,非利足也,而致千里;假舟檝者,非能水也,而絕江海。君子之性非異也,而善假於物也。"^{〔二〕}

〔一〕跂,跕起腳。王聘珍曰:"跂,舉足也。"

〔二〕此段文字又見於《荀子·勸學篇》,未標以孔子語,但篇首有"君子曰"字樣,蓋自篇首至此,皆"君子"語。從《大戴禮記》標以"孔子曰"看,此"君子"當爲孔子。

孔子曰:"野哉^{〔一〕}! 君子不可以不學,見人不可以不飾。不飾無貌,無貌不敬,不敬無禮,無禮不立。夫遠而有光者,飾也;近而逾明者,學也。譬之如洿邪^{〔二〕},水潦灂焉^{〔三〕},莞蒲生焉,從上觀之,誰知其非源泉也?"(又見於《尚書大傳略説》、《説苑·建本》)

〔一〕孫星衍《孔子集語》注曰:"'野'字,《説苑》作'鯉',形相近,疑當作'鯉'。今案:戴震曰:'孔子曰鯉,案各本譌作'野',下又衍一'哉'字,今據《説苑》訂正。'"鯉"即孔鯉,孔子之子。

〔二〕洿邪,王聘珍曰:"濁水不流之地。"

〔三〕王念孫曰:"'灂',當作'屬',讀曰'注',謂洿邪爲水潦所注也。"

子貢曰:"君子見大川必觀^{〔一〕},何也?"孔子曰:"夫水者,君子比德焉:偏與之而無私,似德^{〔二〕};所及者生,所不及者死,似仁;其流行痹下倨句,皆循其理^{〔三〕},似義;其赴百仞之谿不疑^{〔四〕},似勇;淺者流行,深淵不測,似智^{〔五〕};弱約危通,似察^{〔六〕};受惡不讓,似貞^{〔七〕};苞裹不清以入,鮮潔以出,似善化^{〔八〕};必出^{〔九〕},量必平,似正^{〔一〇〕};盈不求概,似厲^{〔一一〕};折必以東西^{〔一二〕},似意^{〔一三〕}。是以見大川必觀焉。"(又見於《荀子·宥坐》、《説苑·雜言》)

〔一〕《説文》曰:"川,貫穿通流水也。"

〔二〕王聘珍曰:"與,及也。偏與之者,水流溼也。無私,謂其本性就下,非有私也。德者,得其性者也。"

〔三〕王聘珍曰:"痹讀曰卑。倨,直也。句,曲也。循,從也。理,條理也。"

〔四〕王聘珍曰:"赴,趨也。水注川曰谿。疑,止也。"

〔五〕王聘珍曰："李注《爾雅》云：'淵，藏也。'智者洪深而有謀。"

〔六〕王聘珍曰："《説文》云：'弱，橈也。'謂橈曲也。約，纏束也，言水之旋繞也。危，險。通，達也。弱約危通者，謂水流於曲處則繞之，危地皆能達。察，明也。纖微皆審謂之察。"

〔七〕"貞"，孫星衍《孔子集語》作"真"。王聘珍引《釋名》曰："貞，定也，精定不動惑也。"

〔八〕王聘珍曰："苞裹，藏納也。鮮，明也。潔，清也。化，變也。謂納汙而流潔，若變化其汙然。"

〔九〕"必"上疑有脱字。

〔一〇〕王聘珍曰："出，行也。必出者，《孟子》曰'水無有不下也'。量，斗斛名，喻科坎也。"

〔一一〕王聘珍曰："盈，滿也。……盈不求概，謂盈科則進，滿而不溢也。《廣雅》云：'厲，方也。'"

〔一二〕孫星衍《孔子集語》注曰："西"，一作"也"。

〔一三〕王聘珍曰："折謂曲折。必以東西者，《孟子》曰：'水信無分於東西也。'似意者，意東而東，意西而西也。"

子張問入官

子張問入官於孔子，孔子曰："安身取譽爲難也。"〔一〕子張曰："安身取譽如何？"孔子曰："有善勿專，教不能勿措〔二〕，已過勿發，失言勿踦〔三〕，不善辭勿遂，行事勿留〔四〕。君子入官，自行此六路者，則身安譽至而政從矣。且夫忿數者，獄之所由生也；距諫者，慮之所以塞也；慢易者，禮之所以失也；墮怠者，時之所以後也；奢侈者，財之所以不足也；專者，事之所以不成也；歷者，獄之所由生也。君子入官，除七路者，則身安譽至而政從矣〔五〕。故君子南面臨官，大城而公治之，精知而略行之，合是忠信，考是大倫，存是美惡，而進是利，而除是害，而無求其報焉，而民情可得也。〔六〕故臨之無抗民之志，勝之無犯民之言，量之無狡民之辭，養之無擾於時，愛之勿寬於刑，言此則身安譽至〔七〕，而民自得也〔八〕。故君子南面臨官，所見邇，故明不可弊也；所求邇，故不勞而得也；所以治者約，故不用衆而譽至也〔九〕。法象在内故不遠，源泉不竭故天下積也，而木不寡短長，人得其量，故治而不亂〔一〇〕。故六者貫乎心，藏乎志，形乎色，發乎聲〔一一〕，若此則身安而譽至，而民自得也。故君子南面臨官，不治則亂至，亂至則爭，爭之至又反於亂。是故寬裕以容其民〔一二〕，慈愛以優柔之〔一三〕，而民自得也已。故躬行者政之始也，調悅者情之道也。善政行易則民不怨，言調悅則民不辨法，仁在身則民顯以佚之也〔一四〕。財利之生徵矣〔一五〕，貪以不得〔一六〕；善政必簡矣，苟以亂之〔一七〕；善言必聽矣，詳以失之〔一八〕；規諫日至，煩以不聽矣〔一九〕。言之善者在所日聞，行之善者在所能爲〔二〇〕。故上者，民之儀也；有司執政，民之表也；邇臣便辟者，群臣僕之倫也〔二一〕。故儀不正則民失誓，表弊則百姓亂，邇臣便辟不正廉而群臣服汙矣〔二二〕，故不可不慎乎三倫矣。故君子脩身，反道察說，而邇道之服存焉〔二三〕。是故夫工女必自擇絲麻，良工必自擇齎材，賢君良上必自擇左右始。故佚諸取人，勞於治事；勞於取人，佚於治事。故君子欲譽則謹其所便，欲名則謹於左右〔二四〕。故上者，辟如緣木者，務高而畏下者滋甚。六馬之離，必於四面之衢；民之離道，必於上之佚政也。故上者尊嚴而絕，百姓者卑賤而神〔二五〕，民而愛之則存，惡之則亡也。故君子南面臨官，貴而不驕，富恭有本能圖，脩業居久而譚，情邇暢而及乎遠，察一而關於多〔二六〕，一物治而萬物不亂者，以身爲本者也。故君子莅民，不可以不知民之性，達諸民之情，既知其以生有習，然後民特從命也。故世舉則民親之，政均則民無怨〔二七〕。故君子莅民，不臨以高，不道以遠，不責民之所不能。今臨之明王之成功，則民嚴而不迎也〔二八〕；道以數年之業，則民疾，疾則辟矣〔二九〕。故古者冕而前旒，所以蔽明也；紞紘塞耳〔三〇〕，所以弇聰也。故水至清則無魚，人至察則無徒。故枉而直之，使自得之；優而柔之，使自求之；揆而度之，使自索之。民有小罪，必以其善以赦其過，如死使之生，其善也〔三一〕。是以上下親而不離。故惠者，政之始也。政不正，則不可教也；不習，則民不可使也〔三二〕。故君子欲言之見信也者，莫若先虛其內也〔三三〕；欲政之速行也者，莫若以身先之也；欲民之速服也者，莫若以道御之也。故不先以身，雖行必鄰矣；不以道御之，雖服必強矣。故非忠信，則無可以取親於百姓矣；外內不相應，則無可以取信者矣。四者，治民之統也〔三四〕。”

〔一〕王聘珍曰：“官，猶仕也。安，定也。……譽，聲美也。”

〔二〕盧辯曰："專,爲自納於己。'進'或聲誤爲'揩'。"

〔三〕王聘珍曰："《毛詩傳》云:'發,行也。'《論語》曰:'不貳過。'《易》曰:'有不善未嘗不知,知之未嘗復行也。'《玉篇》云:'踦,曲也。'失言勿踦,謂言之或失,不可曲諱也。"俞樾曰:"'踦'當讀'倚'。……《説文·人部》:'倚,依也。'《老子》'禍兮福之所倚',注曰:'倚,因也。'然則倚有因依之義,謂過失之言勿更因依之以爲説也。"

〔四〕王聘珍曰："《説文》云:'辭,訟也。'《廣雅》云:'遂,行也。'《大學》曰:"必也使無訟乎!無情者不得盡其辭。'盧注云:'凡行政事,勿稽留之。'"

〔五〕王聘珍曰："數,疾也。獄,訟也。距,止也。慮,思也。《樂記》曰:'慢易以犯節。'墮,廢也。怠,懈也。時後,謂失時也。專,謂專欲。《左傳》曰:'專欲難成。'盧注云:'歷,歷亂也。'"

〔六〕王聘珍曰："'城'當爲'誠',形聲之誤也。誠,信實也。無私曰公。倫,理次。存,察也。"盧注云:'精知者,當先是六路。略行者,謂度時而施。能合是六路之忠信,及進除七路之利害,施焉而不求報,則民情不失矣。'"戴禮曰:"精知,謂事之明察。略行,謂政之不繁。"

〔七〕言,孫星衍《孔子集語》注曰:一作"若"。

〔八〕王聘珍曰："《周書·謚法》曰:'逆天虐民曰抗。'勝之者,以理屈之。犯,陵也。量,度也。狡謂狡詐。擾,亂也。無擾於時者,《孟子》曰:'不違農時,穀不可勝食也。'寬,縱也。《樂記》曰:'刑以防其奸。'《廣雅》云:'言,從也。'"

〔九〕王聘珍曰："邇,近也。弊,敗也。約,要也。用,謂役用之也。"

〔一〇〕王聘珍曰："《左氏·襄公三十一年傳》曰:'君子在位,作事可法,德行可象。'內,謂身也。原,水泉本也。竭,盡也。積,聚也。原泉喻法象。'而木'讀曰'如'。寡,罕也。言天下既聚,則人材不寡,如木之或短或長,隨人之量度而用之,人材各得其用,而天下治矣。"

〔一一〕王聘珍曰："貫,習也。盧注云:'志者,心之府也。聲,言也。'"

〔一二〕"寬",孫星衍《孔子集語》作"寡",誤。

〔一三〕盧辯曰："亂至,民錯亂也。"王聘珍曰:"争,競也。反,猶重也。曾子曰:'争辨者,作亂之所由興也。'《中庸》曰:'寬裕温柔,足以有容也。'"王聘珍曰:"優柔,謂委從之以俟其化。"

〔一四〕王聘珍曰："始,本也。調悦,和悦也。《易》曰:'説以先民,民忘其勞;説以犯難,民忘其死;説之大民勸矣哉!'行易,謂民之奉行不難也。言,號令也。辨法,争法也。《左氏·昭六年傳》曰:'民知有辟,則不忌於上;並有争心,以徵於書,而徼倖以成之。'仁,謂躬行調悦也。身,謂臨官者之身。顯,明也。佚,樂也。"

〔一五〕徵,孫星衍《孔子集語》注曰:一作"微"。

〔一六〕王聘珍曰："徵,明也。《大學》曰:'生財有大道。'專利爲貪。不得,謂貨悖而入者亦悖而出。”

〔一七〕王聘珍曰:“簡,約也。苟謂苟簡。”

〔一八〕王聘珍曰:“聽,從也。詳,審察也。過於伺察,則心多疑惑,而善言不行矣。”

〔一九〕王聘珍曰:“煩,亂也。言臨官者心亂,有不聽者,若罔聞知也。”

〔二〇〕王聘珍曰:“爲,猶行也。盧注云:‘君子言之善者,在於終日言之;君子行之善者,在其能躬行。記聽而失之,則無益於言行也。’”

〔二一〕王聘珍曰:“《荀子·君道》云:‘君者,儀也。’有司執政,謂卿大夫也。表,標準也。邇臣便辟,謂侍御之臣。盧注云:‘倫,理也。言是群臣群僕之綱理也。’”

〔二二〕王聘珍曰:“《釋名》云:‘誓,制也。’失誓,謂無所拘制也。弊,頓仆也。廉,潔也。盧注云:‘服,事也。汙,濫也。言私謁也。’”

〔二三〕王聘珍曰:“反,復也。《易》曰:‘反復其道。’服,事也。盧注云:‘脩身當本於道,而省其説,則近道之事存。’”

〔二四〕王聘珍曰:“絲,蠶所吐也。麻,謂麻草可緝績者。齎讀曰資。便,謂便嬖。”

〔二五〕王聘珍曰:“緣,循也。滋,益也。離,散也。《爾雅》曰:‘四達謂之衢。’佚,失也。《論語》曰:‘上失其道,民散久矣。’絕,截也,謂截然高峻而無所倚也。神者,不測者也。《易》曰:‘陰陽不測之謂神。’”

〔二六〕王聘珍曰:“《爾雅》曰:‘恭,敬也。圖,謀也。’盧注云:‘本爲身也,謂能謀其身也。’聘珍謂:業,事功也。居,安也。《廣韻》云:‘譚,大也。’業安於久而自大也。《易》曰:‘可久則賢人之德,可大則賢人之業。’暢,達也。闓,通也。多,眾也。”

〔二七〕王聘珍曰:“莅亦臨也。盧注云:‘性爲仁義禮智之等,情爲喜怒愛惡之屬。性者生之質,情者人之欲。生,謂性也。習,調節也。世舉,言治。’聘珍謂:既知其以生有習者,謂知民之各秉性情而生,而有以教習之。均,平也。”

〔二八〕“而”,原作“則”,據他本改。

〔二九〕王聘珍曰:“明王之成功,不高不遠,民所能從者。嚴,敬也。迎,讀曰逆。不逆,謂不違背也。數年之業,高遠事也。疾,病也。辟,謂僻違也。”

〔三〇〕統,孫星衍《孔子集語》注曰:元本作“絑”,《玉篇》引作“紞”,《説文》:“紞,冕冠塞耳者。”則“統”即“紞”之誤。王聘珍曰:“塞,猶充也,塞耳即充耳也。以纊爲之謂之紞,垂玉石象於末謂之瑱。以紞貫瑱,縣之於耳,謂之紞耳。自天子諸侯公卿大夫,瑱之玉石,紞之采色,一如冕旒之制。”

〔三一〕盧辯曰:“民有邪枉,教之使自得也。《孟子》曰:‘匡之直之,使自得之。’優柔,謂寬教之。揆度,謂量民之材而施教之。”王聘珍曰:“善,賢能也。《周禮》曰:‘議賢之辟,議能之辟。’赦,宥也。過,誤也。如死使之生,謂宥過無大也。其善也者,謂民有所勸勉而益進於善也。”

〔三二〕王聘珍曰:“惠,愛也。政,謂法制禁令。不可教者,雖令不從也。習謂教習。”

〔三三〕盧辯曰:“虛其內,謂內外相應。”

〔三四〕王聘珍曰："鄰,近也。必鄰者,行而不遠。强,勉强也。《孟子》曰:'以力服人者,非心服也,力不贍也。'《左傳》曰:'上思利民,忠也。'《經解》曰:'民不求其所欲而得之,謂之信。'親,愛也。外內不相應者,所令反其所好也。統,紀也。盧注云:'四者,謂以身先及以道御之、忠信及內外相應也。'"

千　乘

公曰："千乘之國,受命於天子,通其四疆〔一〕,教其書社〔二〕,循其灌廟〔三〕,建其宗主〔四〕,設其四佐〔五〕,列其五官〔六〕,處其朝市〔七〕,爲仁如何?"子曰："不仁,國不化〔八〕。"公曰："何如之謂仁?"子曰："不淫於色〔九〕。"公曰："立妃設如太廟然,乃中治;中治,不相陵;不相陵,斯庶嬪達〔一○〕;達,則事上靜;靜,斯潔信在中〔一一〕。朝大夫必慎以恭;出會謀事,必敬以慎;言長幼小大,必中度〔一二〕。此國家之所以崇也。立子設如宗社〔一三〕,宗社先示威,威明顯見;辨爵集德,是以母弟官子咸有臣志,莫敢援於外,大夫中婦私謁不行,此所以使五官治執事政也〔一四〕。夫政以教百姓,百姓齊以嘉善,故蠱佞不生,此之謂良民。國有道則民昌,此國家之所以大遂也〔一五〕。卿設如大門,大門顯美,小大尊卑中度。開明閉幽,內禄出災,以順天道,近者閑焉,遠者稽焉〔一六〕。君發禁,宰〔一七〕而行之以時,通於地,散布於小。理天之災祥,地寶豐省,及民共饗其禄,共任其災〔一八〕,此國家之所以和也。國有四輔,輔,卿也。卿設如四體,毋易事,毋假名,毋重食〔一九〕。凡事尚賢進能使知事,爵不世,能〔二○〕之不愆〔二一〕。凡民戴名以能〔二二〕,食力以時成,以事立。此所以使民讓也。民咸孝弟而安讓,此以怨省而亂不作也,此國之所以長也。下無用〔二三〕,則國家富;上有義,則國家治;長有禮,則民不爭;立有神,則國家敬;兼而愛之,則民無怨心;以爲無命,則民不偷〔二四〕。昔者先王本此六者〔二五〕,而樹之德,此國家之所以茂也〔二六〕。設其四佐而官之:司徒典春,以教民之不則時、不若、不令。成長幼老疾孤寡,以時通于四壃〔二七〕。有闔而不通,有煩而不治〔二八〕,則民不樂生,不利衣食。凡民之藏貯,以及山川之神明,加于民者,發圖功謀〔二九〕。齋戒必敬,會時必節〔三○〕。日曆巫祝,執伎以守官,俟命而作。祈王年,禱民命,及畜穀蜚征庶虞草〔三一〕。方春三月,緩施生育,動作百物,於時有事,享于皇祖皇考,朝孤子八人,以成春事。司馬司夏,以教士車甲。凡士,執伎論功,脩四衛,强股肱,質射御,才武聰慧,治衆長卒,所〔三二〕以爲儀綴於國〔三三〕。出可以爲率,誘於軍旅。四方諸侯之遊士,國中賢餘秀興閱焉〔三四〕。方夏三月,養長秀,蕃庶物,於時有事,享于皇祖皇考,爵士之有慶者七人,以成夏事。司寇司秋,以聽獄訟,治民之煩亂,執權變民中〔三五〕。凡民之不刑〔三六〕,崩本以要閒〔三七〕,作起不敬,以欺惑憧愚〔三八〕。作於財賄、六畜、五穀曰盜〔三九〕;誘居室家有君子曰義〔四〇〕;子女專曰娱〔四一〕;餝五兵及木石曰賊〔四二〕;以中情出,小曰閒,大曰講〔四三〕;利辭以亂屬曰讒〔四四〕;以財投長曰貸〔四五〕。凡犯天子之禁,陳刑制辟,以追國民之不率上教者〔四六〕。夫是故一家三夫道行,三人飲食,哀樂平,無獄〔四七〕。方秋三月,收斂以時。於時有事,嘗新于皇祖皇考〔四八〕,食農夫九人,以成秋事。司空司冬,以制度制地事。準揆山林,規表衍沃,畜水行,衰〔四九〕濯〔五〇〕浸,以節四時之事〔五一〕。治地遠近,以任民力,以節民食。太古食壯之食,攻老之事〔五二〕。"

公曰:"功事不少,而餱糧不多乎〔五三〕?"子曰:"太古之民,秀長以壽者,食也。在今之民,嬴醜以皆者,事也〔五四〕。太古無遊民,食節事時,民各安其居,樂其宮室,服事信上,上下交信,地移民在。今之世,上治不平,民治不和,百姓不安其居,不樂其宮〔五五〕,老疾用財,壯狡用力,於兹民游,薄事貪食〔五六〕,於兹民憂。古者殷書爲成男成女名屬,升于公門,此以氣食得節,作事得時,勸有功,夏服君事不及喝,冬服君事不及凍,是故年穀不成,天之饑饉,道無殣者〔五七〕。在今之世,男女屬散,名不升于公門,此以氣食不節,作事不成〔五八〕,天之饑饉,於時委民〔五九〕,不得以疾死。是故立民之居,必于中國之休地〔六〇〕。因寒暑之和,六畜育焉,五穀宜焉。辨輕重,制剛柔〔六一〕,和五味,以節食時事。東辟之民曰夷,精以僥〔六二〕,至于大遠,有不火食者矣。南辟之民曰蠻,信以樸,至于大遠,有不火食者矣。西辟之民曰戎,勁以剛,至于大遠,有不火食者矣。北辟之民曰狄,肥以戾,至于大遠,有不火食者矣。及中國之民,曰五方之民,有〔六三〕安民〔六四〕、和味,咸有實用利器,知通之,信令之〔六五〕。及量地度居,邑有城郭,立朝市,地以度邑,以度民，以觀安危。距封後利，先慮久固，依固可守，爲奧可久，能節四時之事，霜露時降〔六六〕。方冬三月，草木落，庶虞藏，五穀必入于倉。於時有事，蒸于皇祖皇考，息國老六人，以成冬事〔六七〕。民咸知孤寡之必不失也，咸知有大功之必進等也，咸知用勞力之必以時息也。推而内之水火，入也弗之顧矣，而況有强適在前，有君長正之者乎〔六八〕？"公曰："善哉。"

〔一〕王聘珍曰："通，達也。疆，界也。"

〔二〕房玄齡注《管子·小稱》曰："古者群居二十五家，則共置社。書社，謂以社數書於策。"《史記·孔子世家索隱》云："書社者，書其社之人名於籍。"王聘珍曰："教其書社者，《郊特牲》曰'簡其車賦，歷其卒伍，而君親誓社，以習軍旅'也。"

〔三〕王聘珍曰："循，順也。灌，聚也。順其昭穆，聚群廟之主於太廟，而行大祭之禮。"

〔四〕王聘珍曰："建，立也。《周禮》曰：'宗以族得民，主以利得民。'《左氏·定四年傳》曰：'分魯公以殷民六族，條氏、徐氏、蕭氏、索氏、長勺氏、尾勺氏，使帥其宗氏，輯其分族，將其醜類，以法則周公，用即命於周，是使之職事於魯。'"

〔五〕王聘珍曰："四佐，謂三卿司徒、司馬、司空，又《周禮》公之國有孤一人，謂之孤卿，是爲四也。孔氏《王制》疏云：'崔氏云：大國三卿，司徒兼冢宰之事，司馬兼宗伯之事，司空兼司寇之事，故《春秋左傳》云：季孫爲司徒，叔孫爲司馬，孟孫爲司空。'賈氏《周禮·典命》疏云：'魯是侯爵，非上公，亦得置孤者，魯爲州牧，立孤與公同。'"

〔六〕王聘珍曰："五官，謂下大夫五人也。孔氏《王制》疏云：'五人者，謂司徒之下置小卿二人，一是小宰，一是小司徒。司空之下亦置二小卿，一是小司寇，一是小司空也。司馬之下，惟置一小卿，小司馬也。'"

〔七〕王聘珍曰："處，制也。《考工記》曰：'建國面朝後市。'"

〔八〕王聘珍曰："《易》曰：'君子體仁，足以長人。'化，謂教成於上而易俗於下也。"

〔九〕黄懷信據于鬯説以爲"子曰"下脱二百一十字，今錯在後文"以節民食"下。

〔一○〕孔廣森曰："庶嫡，衆妾也。達，彰也。上下之分彰。"

〔一一〕王聘珍曰："《爾雅》曰：'妃，匹也。'《左氏·桓二年傳》曰：'嘉耦曰妃。'楊注《荀子》曰：'設謂制置。'如太廟然者，《禮器》曰：'太廟之内敬矣。君親制祭，夫人薦盎；君親割牲，夫人薦酒。'中，猶内也。賈注《國語》云：'妾御曰嬪。'達讀曰章，明也。庶嫡達者，嫡庶之分明也。靜，安也。潔，明也。中，謂宮中。"

〔一二〕王聘珍曰："朝，讀如《左傳》'楚子朝其大夫'。《曲禮》曰：'諸侯相見於卻地曰會。'出會謀事者，《左氏·昭三年傳》曰'有事而會'是也。言，謂在會之言。孔氏莊二十三年《左傳》疏云：'諸侯之序，以爵不以年。'言長幼，謂國之大小也。沈氏云：'爵同者據年之長幼。'《説文》云：'度，法制也。'"

〔一三〕孫星衍《孔子集語》注曰：一本無"如"字。

〔一四〕王聘珍曰："此言立世子之道，或國無適子而立衆庶者。宗社，謂宗廟社稷。《爾雅》曰：'威，則也。'辨爵者，立了以貴也。集，合也。集德者，年鈞以德也。官猶公也。公子，謂群公子也。援於外者，《左氏·桓十一年傳》曰：'君多内寵，子無大援，將不立。'《左氏·文六年傳》曰：'晉襄公卒，趙孟曰：立公子雍，秦大而近，足以爲援。'大夫，謂孽大夫。中婦，謂孽妾。謁，請也。……執事，群有司也。政，正也。嗣子正，而朝廷莫不正矣。"

〔一五〕孔廣森曰："遂，順也。"

〔一六〕王聘珍曰："李注《爾雅》云：'宫中南嚮大門，應門也。'度，數也。小大尊卑中度者，《考工記》曰：'應門二徹參个。'……内，入也。禄，福也。近者，群臣。遠者，萬民。閑，法也。稽，猶考也，議也。"

〔一七〕孫星衍《孔子集語》注曰：《大訓》此下有"受"字。

〔一八〕王聘珍曰："禁，政教也。……時，天時也。地，謂地利。通者，《周語》曰'順時覛土'是也。散布，謂布德。小者，物之微也。散布於小者，《月令》曰'立春之月，命相布德和令，禁止伐木，毋覆巢，毋殺孩蟲，胎夭飛鳥，毋麛毋卵'是也。理，謂變理。天反時爲災。吉氣爲祥。地寶，謂五地之物生。陸氏《釋文》云：'地以萬物爲寶也。'豐，饒也。省，減也。及，與也。饗，受也。禄亦福也。任，當。災，禍也。"

〔一九〕王聘珍曰："卿，謂小卿下大夫也。如四體者，《中庸》曰：'體群臣也。'孔疏云：'言接納群臣，與之同體也。'毋易事者，官不易方也，言官守其業，無相踰易。毋假名者，名位不同，禮亦異數，毋相假借。食，稍食也。"

〔二〇〕孫星衍《孔子集語》注曰：《大訓》此下有"官"字。

〔二一〕王聘珍曰："賢，有德行者。能，有道藝者。《周禮》曰：'以德詔爵，以能詔事。'不世者，仕無世官也。愍，失也。能之不愍，謂有能者不失其所也。"

〔二二〕王聘珍曰："戴，載也。名者，《大司馬職》曰：'縣鄙各以其名。'鄭注云：'縣鄙，謂縣正、鄙師至鄰長也。'以能者，《鄉大夫職》曰：'使民興能，入使治之。'賈疏云：'以爲比長、鄰長已上之官，治民之貢賦田役於内也。'"

〔二三〕孔廣森曰："無用者抑下之。"

〔二四〕王聘珍曰："爲，脩爲也，謂脩其教。無命者，不言吉凶禍福之命。《王制》曰：'脩其教，不易其俗。'《周禮》曰：'以俗教安，則民不偷。'賈疏云：'偷，苟且也。'"

〔二五〕"本"，孫星衍《孔子集語》作"立"。

〔二六〕孫星衍《孔子集語》注曰：一本無"之"字。

〔二七〕壇，即疆。

〔二八〕王聘珍曰："闔，閉也。煩，亂也。"

〔二九〕圖，孫星衍《孔子集語》注曰：一作"國"。今案：王聘珍曰："發國功謀，謂舉先世之以功定國,與謨法施於民者而祀之。"

〔三〇〕王聘珍曰:"會,至也。時,謂祭時。節,禮節也。"

〔三一〕王聘珍曰:"日,謂司日者卜筮掌日之術也。曆,謂曆正,主治曆數者。巫祝,謂司巫、大祝之屬,並掌鬼神之事者。執伎守官者,《王制》曰:'凡執伎以事上,不貳事,不移官。'命,謂司徒之命。作,起也,起而各執其事也。祈,求也。祈王年者,《大祝職》曰'年祝'是也。禱,告事求福也。禱民命者,《小祝職》曰:'順豐年,逆時雨,寧風旱,弭災兵,遠皋疾。'並民命之所關也。畜穀,謂六畜五穀。蟲征,謂飛禽走獸也。庶虞草,謂山虞、澤虞所掌之山澤林麓。並禱之者,欲使上下草木鳥獸咸若也。"

〔三二〕所,孫星衍《孔子集語》注曰:《大訓》作"可"。

〔三三〕王聘珍曰:"執伎,謂持五兵之藝。功,猶力也。脩,備也。四衛者,宿衛王宮必居四角四中,於徽候便也。質,主也。治衆長卒者,《周禮》曰:'百人爲卒,卒長皆上士。'《毛詩傳》云:'綴,表也。'"

〔三四〕王聘珍曰:"出,謂司馬出軍。率,讀曰帥。……誘,教也。……賢餘,卿大夫之餘子之賢者。興,升也。秀興者,造士之秀升於司馬者也。閱,具數也。司馬辨論官材,故四方之遊士、國中之賢秀,皆當悉數而省視之。"

〔三五〕王樹楠曰:"變,讀爲'辨',古字通。"

〔三六〕王聘珍曰:"刑,正人之法。"

〔三七〕王聘珍曰:"崩,壞也。本,常也。要,徼也。間,隙也。謂敗壞官府常法,而伺候開隙以行其詐。"

〔三八〕王聘珍曰:"作起,謂動作起事。敬,畏也。不敬,不畏法也。憧愚,無定識之民。"

〔三九〕王聘珍曰:"泉貨曰財。布帛曰賄。"

〔四〇〕王聘珍曰:"句有譌變,未詳其義。"

〔四一〕王聘珍曰:"專,擅也。謂不待父母之命、媒妁之言。《説文》云:'娧,巧也。一曰女子笑貌。'"

〔四二〕"餙",一本作"飭"。王聘珍曰:"餙,讀曰飾,覆也。先鄭司農云:五兵者,戈、殳、戟、酋矛、夷矛。後鄭云:車之五兵,鄭司農所云者是也。步卒之五兵,則無夷矛而有弓矢。木石,謂膽也。《説文》云:'膽,建大木,置石其上以礌敵也。'曰賊者,謂覆匿兵器,謀爲逆亂也。"

〔四三〕王聘珍曰:"中情,國中之情實也。間,反間也。……講,讀曰構,本亦作'構',謂交構也。"

〔四四〕王聘珍曰:"屬,類也。利辭,變亂邪正之類。讒,譖也。"

〔四五〕王聘珍曰:"投,致也。長,謂達官之長。《廣雅》云:'貸,僭也。'"

〔四六〕孫星衍《孔子集語》注曰:"國",《大訓》作"圖"。今案:王聘珍曰:"陳,列也。

刑,謂刑書。制,裁制也。辟,罪。……追,逐也。率,循也。上教,謂禁教。”

〔四七〕王聘珍曰:“有夫有婦爲一家。三夫,丁壯也。道行,謂任力役之事。飲食,食於家也。……平,均也。力政均,民情平,而訟獄衰息矣。”

〔四八〕王聘珍曰:“嘗新,謂新穀熟,嘗之。”

〔四九〕衰,孫星衍《孔子集語》注曰:《御覽》作“表”。

〔五〇〕濯,孫星衍《孔子集語》注曰:《御覽》作“灌”。

〔五一〕孔廣森曰:“準揆,度其形勢也。規表,識其經界也。古者制地九等,衍沃上上,山林下下,舉以包其中也。下平曰衍,有流曰沃。”王聘珍曰:“準,平也。揆,度也。積石曰山。竹木曰林。規,畫也。表,明也。下平曰衍。有溉曰沃。《左氏·襄二十五年傳》曰:‘度山林,井衍沃。’畜水者,《周禮》曰‘以瀦畜水’也。行者,《周禮》曰‘以溝蕩水’,杜子春謂以溝行水也。衰者,《廣韻》云:‘衰,小也,減也,滅也,殺也。’謂水大而減之使小也。《周禮》曰‘以澮寫水’,鄭注云‘澮,田尾去水大溝’是也。濯者,滌溉也。謂以水滌去所芟之草。《周禮》曰‘以涉揚其芟’,鄭注云‘開遂舍水于列中,因涉之,揚去前年所芟之草,而治田種稻’是也。浸者,可以爲陂,灌溉田者也。準揆山林,規表衍沃,制爲井牧也。畜水行衰濯浸,則田閒之水利節制也。四時之事,謂耕耘收穫之事也。”

〔五二〕王聘珍曰:“太古,謂唐虞以上。攻,治也。《王制》曰:‘凡使民,任老者之事,食壯者之食。’鄭注云:‘寬其力,饒其食。’”

〔五三〕戴禮曰:“《説文》:‘餱,乾食。’‘糧,穀食。’壯者食多,老者力薄,故公疑食費而事不支也。”

〔五四〕王聘珍曰:“秀長,謂成長。……壽,久年也。食,謂足食。羸,劣也。醜,惡也。胔,謂死於道路,如鳥獸也。”

〔五五〕宮,孫星衍《孔子集語》注曰:《大訓》作“官”。

〔五六〕王聘珍曰:“《廣雅》云:‘狡,健也。’游,猶流也。薄,迫也。事,謂力役之事。《釋名》云:‘貪,探也,探取入他分也。’貪食,謂民不得食,須探取而後食也。”

〔五七〕王聘珍曰:“殷,衆也。屬,類也。升,登也。……氣讀曰餼。鄭注《聘禮》云:‘餼猶廩也,給也。’節,多寡之度。作,興也。事,謂築邑廬宿市,治宮室、城郭、道渠之類。得時者,《左氏·莊二十九年傳》曰:‘凡土功,龍見而畢務,戒事也。火見而致用,水昏正而栽,日至而畢。’勸,勉也。《王制》曰:‘樂事勸功。’暍,傷暑也。年,周一年也。穀,謂五穀。成,備也。……道,路也。餓死爲饉。”

〔五八〕成,孫星衍《孔子集語》注曰:《大訓》作“時”。

〔五九〕王聘珍曰:“時,是也。委,棄也。”

〔六〇〕王聘珍曰:“休,美也。”

〔六一〕王聘珍曰:“制,克也。”

〔六二〕孔廣森曰:“辟,偏也。僥,僞也。”

〔六三〕孫星衍《孔子集語》注曰：《大訓》上有"咸"字。

〔六四〕民，孫星衍《孔子集語》注曰：《大訓》作"居"。今案：王聘珍曰："安，止也。安民，謂居止之民。"

〔六五〕孔廣森曰："知通之，通其語言。信令之，信著於民，故足以使令之。"

〔六六〕王聘珍曰："距，起也。封，土界也。……後利者，不盡地利以壞形勢。……慮，謀也。依，因也。……奧，深。節四時之事，霜露時降者，言中國之休地也。"

〔六七〕王聘珍曰："庶虞，謂山林川澤之官也。藏，收也。……蒸，衆也，冬物畢成，可祭者衆也。……息，休息也。國老，國之卿大夫致仕者。"

〔六八〕"失"，原作"末"，蓋形近而譌，據孫星衍《孔子集語》改。王聘珍曰："末，薄也。孤寡不末者，朝孤子以成春事也。等謂等級。必進等者，夏爵士之有慶者也。用勞力必以時息者，秋食農夫，冬息國老也。回首曰顧。適讀曰敵。正者，治也。"

四　代

公曰："四代之政刑，論其明者〔一〕，可以爲法乎？"子曰："何哉！四代之政刑，皆可法也。"

公曰："以我行之，其可乎？"子曰："否，不可。臣願君之立知而以觀聞也〔二〕。四代之政刑，君若用之，則緩急將有所不節，不節君將約之，約之卒將棄法〔三〕，棄法是無以爲國家也。"

公曰："巧匠輔繩而斲，胡爲其棄法也？"子曰："心未之度，習未之狎，此以數踰而棄法也。夫規矩準繩鈞衡，此昔者先王之所以爲天下也。小以及大，近以知遠。今日行之，可以知古，可以察今，其此邪！水火金木土穀，此謂六府〔四〕，廢一不可，進一不可〔五〕，民並用之。今日行之，可以知古，可以察今，其此邪！昔夏、商之未興也，伯夷謂此二帝之眇〔六〕。"

公曰："長國治民恒幹〔七〕；論政之大體，以教民辨〔八〕；歷大道，以時地性〔九〕；興民之陽德，以教民事；上服周室之典〔一〇〕，以順事天子；脩政勤禮，以交諸侯；大節無廢，小眇其後乎〔一一〕？"子曰："否，不可後也。《詩》云'東有開明'，於時雞三號，以興庶虞。庶虞動，蟄征作〔一二〕。嗇民執功，百草咸淳，地傾水流之〔一三〕。是以天子盛服朝日于東堂，以教敬示威于天下也。是以祭祀，昭有神明；燕食，昭有慈愛；宗廟之事，昭有義；率禮朝廷〔一四〕，昭有五官；無廢甲胄之戒，昭果毅以聽〔一五〕。天子曰崩，諸侯曰薨，大夫曰卒，士曰不禄，庶人曰死，昭哀。哀愛無失節，是以父慈子孝、兄愛弟敬。此昔先王之所先施於民也，君而後此，則爲國家失本矣。”

公曰：“善哉，子察教我也〔一六〕。”子曰：“鄉也，君之言善，執國之節也。君先眇而後善，中備以君子言〔一七〕，可以知古，可以察今，奐然而興民壹始〔一八〕。”

公曰：“是非吾言也，吾一聞於師也。”子吁焉其色〔一九〕，曰：“嘻，君行道矣。”公曰：“道邪？”子曰：“道也。”

公曰：“吾未能知人，未能取人。”子曰：“君何爲不觀器視才？”公曰：“視可明乎？”子曰：“可以表儀。”公曰：“願學之。”子曰：“平原大藪，瞻其草之高豐茂者，必有怪鳥獸居之。且草可財也，如艾而夷之，其地必宜五穀。高山多林，必有怪虎豹蕃孕焉；深淵大川，必有蛟龍焉。民亦如之，君察之，可以見器見才矣。”

公曰：“吾猶未也。”子曰：“群然，戚然〔二〇〕，頤然，睪然，蹜然，柱然，抽然，首然，僉然，湛然，淵淵然，淑淑然，齊齊然，節節然，穆穆然，皇皇然〔二一〕。見才色脩聲不視聞，怪物恪命不改志，舌不更氣，君見之舉也。得之取之，有事事也。事必與食，食必與位，無相越踰。昔虞舜天德嗣堯，取相十有六人如此〔二二〕。”

公曰：“嘻，美哉！子道廣矣。”曰：“由德徑徑，吾恐惛而不能用也〔二三〕，何以哉！”

公曰：“請問圖德何尚？”子曰：“聖，知之華也；知，仁之實也；仁，信之器也；信，義之重也〔二四〕；義，利之本也。委利生孽〔二五〕。”

公曰：“嘻，言之至也。道天地以民輔之，聖人何尚？”子曰：“有天德，有地德，有人德，此謂三德。三德率行，乃有陰陽，陽曰德，陰曰刑。”

公曰：“善哉！再聞此矣！陽德何出？”子曰：“陽德出禮，禮出刑，刑出慮，慮則節事於近，而揚聲於遠。”

公曰：“善哉！載事何以〔二六〕？”子曰：“德以監位，位以充局〔二七〕，局以觀功，功以養民，民於此乎上。”

公曰：“禄不可後乎？”子曰：“食爲味，味爲氣，氣爲志，發志爲言，發言定名，名以出信，信載義而行之，禄不可後也。”

公曰：“所謂民與天地相參者，何謂也？”子曰：“天道以視，地道以履，人道以稽〔二八〕。廢一曰失統，恐不長饗國。”公愀然其色。子曰：“君藏玉，惟慎用之，雖慎敬而勿愛，民亦如之。執事無貳，五官有差，喜無並愛，卑無加尊，淺無測深，小無招大，此謂楣機。楣機賓薦不蒙。昔舜徵薦此道於堯，堯親用之，不亂上下〔二九〕。”

公曰：“請問民徵。”子曰：“無以爲也，難行。”公曰：“願學之，幾必能〔三〇〕。”子曰：“貪於味不讓，妨於政〔三一〕；願富不久〔三二〕，妨於政；慕寵假貴〔三三〕，妨於政；治民惡衆，妨於政；爲父不慈，妨於政；爲子不孝，妨於政；大縱耳目，妨於政；好色失志，妨於政；好見小利，妨於政；變從無節，撓弱不立，妨於政〔三四〕；剛毅犯神，妨於政；鬼神過節，妨於政。幼勿與衆〔三五〕，克勿與比〔三六〕，依勿與謀〔三七〕，放勿與游〔三八〕，徵勿與事〔三九〕。臣聞之弗慶〔四〇〕，非事君也。君聞之弗用，以亂厥德，臣將慶其簡者〔四一〕。蓋人有可知者焉：貌色聲衆有美焉〔四二〕，必有美質在其中者矣；貌色聲衆有惡焉，必有惡質在其中者矣。此者，伯夷之所後出也〔四三〕。”子曰：“伯夷建國建政，脩〔四四〕國脩政。”公曰：“善哉。”

〔一〕楊簡曰：“四代，虞、夏、商、周也。”王聘珍曰：“論，擇也。”

〔二〕王聘珍曰：“聞，謂所聞四代之政刑。”

〔三〕王聘珍曰：“緩急，謂事之輕重遲速異宜者。……約之者，以法約束之也。卒，終也。卒將棄法者，操之已切，事敝而法窮也。”

〔四〕王聘珍曰：“府，猶庫藏也。”

〔五〕王聘珍曰：“進，猶益也。”

〔六〕孔廣森曰：“伯夷，虞史也。而帝，堯、舜也。眇，小也。伯夷嘗言此六法六府爲堯舜之小政。”王聘珍曰：“‘謂’當作‘爲’，此書‘爲’‘謂’二字多相亂。言爲此規矩、準繩、鈞衡及六府之屬。《書》曰：‘伯夷降典，折民惟刑。’二帝謂堯、舜。董注《説卦傳》云：‘眇，成也。’”

〔七〕王聘珍曰：“長，君也。恒，常也。幹，體也。”

〔八〕王聘珍曰：“辨，別也。教民辨者，《易》曰：‘上天下澤，履，君子以辨上下，定民志。’”

〔九〕歷，王聘珍引《爾雅》曰：“相也。”洪頤煊曰：“大道，當爲‘天道’，字之誤也。”時，與上句“教”相應，此處當用於動詞。“以時地性”，謂以季節運用地之性，與《左傳》“則天之明，因地之性”類似。

〔一〇〕王聘珍曰：“服，從也。典，法也，常也。”

〔一一〕王聘珍曰：“小眇，猶小成也。”洪頤煊曰：“大節無廢，小眇其後乎，言公以小政爲可後也。”

〔一二〕王聘珍曰：“《詩·小雅·大東篇》‘開’作‘啓’，漢諱‘啓’之字曰‘開’。《爾雅》曰：‘明星謂之啓明。’郭注云：‘太白星也。晨見東方爲啓明，昏見西方爲太白。’雞，知時畜也。號，鳴也。庶虞，謂山澤林麓。蜇征，謂禽獸昆蟲。此言夜嚮晨而百物動作也。”

〔一三〕王聘珍曰：“嗇民，農夫。執功，持田功也。淳，和也。傾，覆也。地傾，謂農夫覆種也。水，謂雨水流灌也。”

〔一四〕率，循也。

〔一五〕王聘珍曰：“殺敵爲果，致果爲毅。”

〔一六〕王聘珍曰：“察，審也，明也。”

〔一七〕孔廣森：“能先慎其小者，而後以君所言備行之，則治興矣。”

〔一八〕孔廣森：“奐然，新貌。”“興”，戴震據方本校爲“與”。“與民壹始”，孫詒讓曰：“疑當作‘與民更始’。”王樹楠曰：“壹，皆也。”王聘珍曰：“奐然，盛貌。興，起也。壹，專也。始，猶本也。爲國不失本，則民知務其本矣。”

〔一九〕王引之曰：“吁，喜貌。”戴禮據《説文》曰：“吁，驚也。”

〔二〇〕戚，孫星衍《孔子集語》注曰：《大訓》作“威”。

〔二一〕王聘珍曰：“群然者，《論語》曰‘群而不黨’、《學記》曰‘敬業樂群’是也。戚，親也。《詩》曰‘戚戚兄弟’，毛傳云：‘戚戚，內相親也。’《春秋元命苞》云：‘后稷岐頤’，宋注云：‘頤，有土象也。’《荀子·解蔽》云：‘罣罣廣廣，孰知其德。’楊注云：‘罣讀爲皞。皞皞，廣大貌。’《爾雅》曰：‘踖踖，敏也。’柱讀若‘砥柱’，言不從流俗也。《廣雅》曰：‘抽，拔也。’《孟子》曰：‘拔乎其萃。’《郊特牲》曰：‘首也者，直也。’《爾雅》曰：‘僉，皆也。’《孟子》曰：‘油油然與之偕，而不自失也。’《廣雅》云：‘湛，安也。’淵淵，深水貌。《中庸》曰：‘淵淵其淵。’《説文》云：‘淑，清湛也。’《祭義》曰：‘齊齊乎其敬也。’《釋名》云：‘節，有限節也。’《少儀》曰：‘言語之美，穆穆皇皇。’《爾雅》曰：‘穆穆、皇皇，美也。’群然以下，並言人之表儀也。”

〔二二〕王聘珍曰：“見，顯示之也。才色，色之有才藝者。脩聲，聲之靡曼也。不視聞者，非禮勿視，非禮勿聽也。怪，異也。物，事也。‘恪’當爲‘怪’，形之誤也。怪命者，若後世符瑞之流。不改志，言不爲所惑也。陸賈《新語》云：‘通於道者，不可驚以怪。’《説文》云：‘舌，在口，所以言也。’更，改也。言不更其氣者，《左氏·昭九年傳》曰：‘氣以實志，志以定言。’有事事也者，以能詔事也。事必與食者，以功詔禄也。鄭注《太宰》云：‘位，爵次也。’天德，玄德也。《淮南·原道》云：‘舜執玄德於心。’高注云：‘玄，天也。’《書》曰：‘玄德升聞，乃命以位。’《左氏·文十八年傳》曰：'堯崩，天下如一，同心戴舜以爲天子，以其舉十六相。'"

〔二三〕王聘珍曰："曰，孔子之言也。由，用也。徑徑者，疾趨邪行也。惛，亂也。德急則亂。"

〔二四〕黃懷信曰："重，當作'鐘'。"又曰："鐘，量器之大者，有聚義，猶府也。"

〔二五〕王聘珍曰："委讀若'委積'。《左氏·昭十年傳》曰'蘊利生孽'，杜注云：'蘊，畜也。孽，妖害也。'"

〔二六〕王聘珍曰："載，成也。"

〔二七〕王聘珍曰："《爾雅》曰：'局，分也。'郭注：'謂分部。'"

〔二八〕孔廣森曰："稽，同也，同之天地。"王聘珍引《廣雅》曰："稽，考也。"

〔二九〕孔廣森曰："雖慎敬而弗愛。愛，吝也。民亦如之，用人亦當慎之，而弗愛爵禄。差，等也。貳，《大訓》作'貸'，古通用字。招，讀如招人之過之招。……楣，門上梁受樞者也。機，弩牙也。楣機賓薦不蒙，楣機既得，則賢者皆見賓禮薦用，無所蒙蔽。"王聘珍曰：'貳，疑也。……喜並愛者，《左氏·閔二年傳》曰'内寵並后，嬖子配適'也。淺謂新進日淺，深謂故舊年深。測，意度也。淺測深者，新間舊也。招讀曰翹，危也。《爾雅》曰：'楣謂之梁。'《釋文》引呂伯雍云：'門樞之横梁。'機，樞機也。《易》曰：'樞機之發，榮辱之主也。'賓，敬也。薦，進也。蒙，冒亂也。徵，明也。此道，謂楣機之道。"洪頤煊曰："徵，證也。"

〔三〇〕孔廣森曰："行之惟艱，無以問爲。幾，期也。"《解詁》曰："幾，望也。"

〔三一〕王樹楠曰："'於'字衍，刪之，與下文一律。"

〔三二〕孫詒讓曰："'久'疑當爲'已'，以、已字通。……謂願求富無終已時也。以、久形近而譌。"洪頤煊曰："不讓，無節。"俞樾曰："久，當讀爲'宎'。《説文·宀部》：'宎，貧病也。'《廣雅·釋詁》：'宎，貧也。'是宎有貧義，故與富爲對文。"

〔三三〕王聘珍曰："《説文》云：'慕，習也。'寵，謂外寵。假，僭也。貴，爵位也。習狃外寵，僭與爵位。"

〔三四〕王念孫曰："'從'當作'徙'。節，止也。言變遷無止，則害於政也。"王聘珍曰："撓弱，屈弱也。"

〔三五〕孔廣森曰："幼稚者，勿使蒞衆。"黃懷信曰："'衆'疑'聚'字之誤。"

〔三六〕孔廣森曰："忌克者，勿與相親比。"王聘珍曰："克，好勝也。比，校也。"

〔三七〕孔廣森曰："依違者，不足與謀。"王聘珍曰："依，謂依違，言不專決也。"

〔三八〕孔廣森曰："放縱者，不可與游處。"

〔三九〕黃懷信曰："徼，僥倖。心存僥倖者不與之共行事也。"

〔四〇〕慶，孫星衍《孔子集語》注曰：《大訓》作"薦"。今案：孔廣森曰："聞，聞上觀人之法也。薦，謂陳於君。"

〔四一〕孔廣森曰："更進言取人簡約之道。"于鬯曰："簡雖無善訓，然有簡擇之義，凡所簡擇必其善者，則兩'之'字正指簡者而言，殆所謂没前見後之例也。"

〔四二〕孔廣森曰："衆,皆也。"王聘珍曰："衆,多也。"

〔四三〕孔廣森曰："後出,似字誤。"黄懷信曰："'所'下疑脱'以'字。"

〔四四〕"脩",孫星衍《孔子集語》注曰:一作"循"。今案:王聘珍曰："建,立也。脩,治也。"

虞戴德

公曰:"昔有虞戴德何以? 深慮何及? 高舉安取^{〔一〕}?"子曰:"君以聞之,唯丘無以更也;君之聞如未成也,黄帝慕脩之^{〔二〕}。"曰:"明法于天明,開施教于民。行此以上明于天化也物必起,是故民命而弗改也。"^{〔三〕}

公曰:"善哉! 以天教于民,可以班乎^{〔四〕}?"子曰:"可哉。雖可而弗由,此以上知所以行斧鉞也^{〔五〕}。父之於子,天也;君之於臣,天也。有子不事父,有臣不事君,是非反天而到行邪^{〔六〕}? 故有子不事父,不順;有臣不事君,必刃^{〔七〕}。順天作刑,地生庶物。是故聖人之教于民也,率天如祖地^{〔八〕},能用民德。是以高舉不過天,深慮不過地,質知而好仁,能用民力,此三常之禮明而民不寒^{〔九〕}。禮失則壞,名失則惛。是故上古不諱,正天名也^{〔一〇〕};天子之官四通,正地事也^{〔一一〕};天子御珽,諸侯御荼,大夫服笏,正民德也^{〔一二〕}。斂此三者而一舉之,戴天履地,以順民事。天子告朔於諸侯,率天道而敬行之,以示威于天下也;諸侯内貢於天子,率名敦地實也^{〔一三〕}。是以不至必誅。諸侯相見,卿爲介,以其教士畢行,使仁守,會朝於天子^{〔一四〕}。天子以歲二月,爲壇於東郊,建五色,設五兵,具五味,陳六律,品奏五聲,聽明教^{〔一五〕}。置離,抗大侯,規鵠,堅物^{〔一六〕}。九卿佐三公,三公佐天子。天子踐位,諸侯各以其屬就位。乃升諸侯、諸侯之教士^{〔一七〕},教士執弓挾矢^{〔一八〕},揖讓而升,履物以射^{〔一九〕},其地心端^{〔二〇〕},色容正,時以敦伎^{〔二一〕}。時有慶以地,不時有讓以地^{〔二二〕}。天下之有道也,有天子存;國之有道也,君得其正^{〔二三〕};家之不亂也,有仁父存^{〔二四〕}。是故聖人之教於民也,以其近而見者,稽其遠而明者^{〔二五〕}。天事曰明,地事曰昌,人事曰比,兩以慶^{〔二六〕}。違此三者,謂之愚民。愚民曰姦,姦必誅。是以天下平而國家治,民亦無貸^{〔二七〕}。居小不約,居大則治,衆則集,寡則繆^{〔二八〕},祀則得福,以征則服,此唯官民之上德也。"

公曰:"三代之相授,必更制典物,道乎?"子曰:"否。猷德保,保僭乎前〔二九〕,以小繼大,變民示也〔三○〕。"

公曰:"善哉! 子之察教我也。"子曰:"丘於君唯無言。言必盡,於他人則否。"

公曰:"教他人則如何?"子曰:"否,丘則不能。昔商老彭及仲傀〔三一〕,政之教大夫,官之教士,技之教庶人。揚則抑,抑則揚,綴以德行,不任以言。庶人以言〔三二〕,猶以夏后氏之袝懷袍褐也〔三三〕,行不越境。"

公曰:"善哉! 我則問政,子事教我!"子曰:"君問已參黃帝之制制之大禮也〔三四〕。"

公曰:"先聖之道,斯爲美乎?"子曰:"斯爲美。雖有美者,必偏屬於斯〔三五〕。昭天之福,迎之以祥;作地之福〔三六〕,制之以昌;興民之德,守之以長。"公曰:"善哉!"

〔一〕孔廣森曰:"有虞戴德何以,問民戴舜之德,何以致之? 深慮何及、高舉安取,其慮遠也,何所及? 其高法也,何所取?"王聘珍曰:"戴德,謂民戴其德。慮,思也。高,大也,遠也。舉猶行也,謂行政也。安亦何也。取謂取法。"

〔二〕"脩",孫星衍《孔子集語》注曰:一作"循"。今案:"君以聞之"之"以",戴校本改爲"已"。王聘珍曰:"'君以'讀曰'已'。成,猶備也。慕,思慕也。脩,勉也。言君於四代之政刑,已聞之矣,若以所聞未備,則更於黃帝之道,思慕而勉求之。"

〔三〕戴震曰:"曰明法于天明,按此以下各本衍一'開'字,楊本重一'明',今從方本。開物畢起,案各本脫'開'字,'畢'譌作'必',今從方本。是故民聽命而弗改也,案各本脫'聽'字,今從方本。"于鬯曰:"明於天化也物必起,此'也'字當是'地'之壞文。……地物不起者,即下文所云地生庶物也。"

〔四〕"班",孔廣森曰:"齊也。"王聘珍曰:"徧也。"

〔五〕戴校本刪"以"字。孔廣森曰:"雖可教而民或弗從,故上知君不能誅也。"王聘珍曰:"由,從也。上知,謂賢聖之君。斧鉞,軍戮也。"黃懷信曰:"言雖可徧教而有不從者,此乃上智之君之所以行斧鉞之故也。"

〔六〕"到",戴校本改爲"倒"。孔廣森曰:"'到'即'倒'字。"

〔七〕孔廣森曰:"刃,殺也。"俞越曰:"訓'刃'爲殺,於義未安。'刃'當爲'忍'。"

〔八〕"如",戴校本改爲"而"。王聘珍曰:"祖,法也。"

〔九〕"民",孫星衍《孔子集語》作"名"。孔廣森曰:"三常,天、地、人之常道。""塞",王聘珍釋爲“難也”。

〔一〇〕“古”,于鬯曰:“蓋本作‘直’,直字壞下體誤成‘古’字。”孔廣森曰:“正天名,從
　　天之質。”黄懷信曰:“上,尚也。直,謂直稱其名。天名,自然之名。”

〔一一〕“官”,孫星衍《孔子集語》作“宫”。戴禮曰:“四通,明堂也。地事,謂頒農政。”

〔一二〕孔廣森曰:“凡位不同,服各有異,唯言圭笏,舉一隅耳。《玉藻》曰:‘天子搢珽,
　　方正於天下也。諸侯荼,前詘後直,讓於天子也。大夫前詘後詘,無所不讓也。’”

〔一三〕戴震曰:“諸侯内貢于天子,案‘内’、‘納’古通用。率名敩地實也,案‘敩’、
　　‘效’古通用。”孔廣森曰:“‘敩’,讀爲‘效’,致也。”王聘珍曰:“名者,侯、甸、男、
　　采、衛、要服之名。‘敩’讀曰‘效’,獻也。地實者,土地所宜有。”

〔一四〕王聘珍曰:“諸侯相見者,六服各方諸侯,將時會天子,先自相見也。《曲禮》曰:
　　‘諸侯未及期相見,曰遇。相見於卻地,曰會。’卿爲介者,《朝事》曰:‘諸侯介紹
　　而相見,君子於其所尊,不敢質。’教士,謂諸侯頖宫所教之士。《王制》曰:‘天子
　　命之教,然後爲學。’教士畢行者,《射義》曰:‘古者天子之制,諸侯歲獻貢士於天
　　子,天子試之於射宫。’守,居守其國也。《荀子·大略》云‘使仁居守’,楊注云
　　‘使仁厚者主後事’。《穀梁傳》曰:‘智者慮,義者行,仁者守,然後可以會矣。’會
　　朝者,《周禮》曰:‘時見曰會,春見曰朝。’”

〔一五〕王聘珍曰:“品,同也。品奏者,同五聲於六律也。聽,平治也。明教,謂戒令,
　　《周禮》曰‘誥用之於會同’是也。”

〔一六〕孔廣森曰:“離,耦也。王射以六耦,諸侯四耦,大夫士三耦。凡二人偶曰
　　離。……抗大侯規鵠,抗,張也。大侯,虎侯也。規,度也。鵠,侯中棲皮
　　也。……堅物,堅,立也。物,獲旌也。”戴禮曰:“置離,鄭《曲禮》注:‘離,兩也。’
　　《左·襄二十九年傳》:‘射者三耦。’杜云:‘二人爲耦。’《夏官·射人》:‘以射法
　　治射儀,王以六耦,諸侯以四耦,孤卿大夫以三耦,士以二耦。’抗大侯規鵠堅物,
　　朱子曰:‘抗,張也。堅,定也。’《鄉射記》:‘物長如笴,其間容弓,距隨長武。’鄭
　　云:‘物,謂射時所立處也,謂之物也。’物,猶事也,君子所有事也。”黄懷信曰:
　　“抗,張也。……堅,固也,謂固定。物,射時前腳所踩者。”

〔一七〕黄懷信曰:“‘乃升’下戴校删一‘諸侯’。”

〔一八〕孔廣森曰:“縮矢於弦側持之曰執,横矢於拊方持之曰挾。”

〔一九〕孔廣森曰:“履物以射,以丹若墨度地午畫之,縱三尺,横尺二寸,上射於右,下
　　射於左。”

〔二〇〕孔廣森曰:“‘地’字衍。”

〔二一〕王聘珍曰:“敩讀曰校,謂考校也。伎,藝也。言若是以考諸侯教士之藝也。”

〔二二〕孔廣森曰:“慶,賞也。讓,責也。”

〔二三〕“君得其正”,戴禮疑作“有君存”。

〔二四〕王樹楠曰:“有仁父存,馬本‘存’作‘在’。”戴禮疑“仁”字衍。

〔二五〕王聘珍曰:“近,謂近身之德行道藝。見,顯也。稽,考也。遠,謂事君事長使衆之道也。明,通也。”

〔二六〕黃懷信曰:“‘人事曰’下戴校增‘樂’字。”

〔二七〕“貸”,黃懷信疑作“忒”。

〔二八〕孔廣森曰:“明照物,昌育物。人事曰比兩以慶,兩,即天地也。慶,善也。言合天地之道爲善。古讀‘明’如‘盲’,‘慶’如‘羌’,與‘昌’爲韻。貸音忒。小,小國。大,大國。衆、寡,謂民多少也。約,困也。繆,古通以爲‘穆’字。集、繆,皆和也。”

〔二九〕各本多以“保保”連讀。“保保”,孔廣森以爲“桀紂”之誤,孫詒讓以爲“倥倥”之誤。

〔三〇〕“變民示也”,戴校本“示”改爲“視”。孔廣森曰:“更制典物,謂若正朔三而改,文質再而復。猷德,猷,古通以爲由字。德,謂五行之德,言三代更制,各由其德,異德相變,同德則否,舜與黃帝皆土德,故慕脩之,不更制也。”

〔三一〕老彭即老聃、彭祖;仲傀,即湯左相仲虺。

〔三二〕戴震曰:“任庶人以言,案各本脫‘任’字,今從楊本。”孫詒讓以爲“庶人以言”當作“度人以言”。

〔三三〕孔廣森曰:“綴,表也。袥,盛服也。袍,大襺。褐,毛布,賤者之服也。”

〔三四〕黃懷信以爲“黃帝”下“之”字衍。王聘珍曰:“制,法也。禮猶體也。”

〔三五〕孔廣森曰:“偏,亦屬也。”王聘珍曰:“偏,謂不周備也。言唯先聖之道爲美,舍先聖之道,雖美不備。”

〔三六〕“福”,戴震校爲“穡”。

誥　志

公曰:“誥志無荒[一],以會民義[二],齋戒必敬,會時必節,犧牲必全,齊盛必潔,上下禋祀,外內無失節[三],其可以省怨遠災乎?”子曰:“丘未知其可以省怨也。”

公曰:“然則何以事神?”子曰:“以禮會時。夫民見其禮,則上下援[四];援則樂[五],樂斯毋憂,以此省怨而亂不作也[六]。夫禮,會其四時,四孟、四季,五牲、五穀順至,必時其節也,丘未知其可以爲遠災也[七]。”

公曰:“然則爲此何以?”子曰:“知仁合則天地成,天地成則庶物時,庶物時則民財敬[八],民財敬以時作,時作則節事,節事以動衆,動衆則有極^{〔九〕}，有極以使民則勸，勸則有功，有功則無怨，無怨則嗣世久^{〔一〇〕}，唯聖人！是故政以勝衆^{〔一一〕}，非以陵衆；衆以勝事，非以傷事；事以靖民，非以徵民^{〔一二〕}。故地廣而民衆，非以爲災，長之禄也^{〔一三〕}。丘聞周太史曰：‘政不率天，下不由人^{〔一四〕}，則凡事易壞而難成。’虞史伯夷曰：‘明，孟也；幽，幼也。明幽，雌雄也。雌雄迭興而順至正之統也^{〔一五〕}。’日歸于西，起明于東；月歸于東，起明于西^{〔一六〕}。虞夏之曆，正建於孟春。於時冰泮，發蟄，百草權輿，瑞雉無釋^{〔一七〕}。物乃歲俱生於東，以順四時，卒于冬分^{〔一八〕}。於時雞三號，卒明。載于青色，撫十二月節^{〔一九〕}，卒于丑。日月成歲，曆再閏以順天道，此謂歲虞汁月^{〔二〇〕}。天曰作明，曰與，惟天是戴^{〔二一〕}；地曰作昌，曰與，惟地是事；人曰作樂，曰與，惟民是嬉^{〔二二〕}。民之動能，不遠厥事^{〔二三〕}；民之悲色^{〔二四〕}，不遠厥德。此謂表裏時合^{〔二五〕}，物之所生，而蕃昌之道如此。天生物，地養物，物備興而時用常節^{〔二六〕}，曰聖人；主祭于天，曰天子。天子崩，步于四川^{〔二七〕}，代^{〔二八〕}于四山^{〔二九〕}，卒葬曰帝。天作仁，地作富，人作治。樂治不倦，財富時節^{〔三〇〕}，是故聖人嗣則治。文王治以俟時^{〔三一〕}；湯治以伐亂；禹治以移衆^{〔三二〕}；衆服，以立天下；堯貴以樂治，時舉舜^{〔三三〕}；舜治以德使力^{〔三四〕}。在國統民如恕^{〔三五〕}，在家撫官而國，安之勿變，勸之勿沮，民咸廢惡如進良^{〔三六〕}，上誘善而行罰^{〔三七〕}，百姓盡於仁而遂安之，此古之明制之治天下也。仁者爲聖，貴次^{〔三八〕}，力次，美次，射御次，古之治天下者必聖人。聖人有國，則日月不食，星辰不隕^{〔三九〕}，勃海不運^{〔四〇〕}，河不滿溢，川澤不竭，山不崩解，陵不施谷^{〔四一〕}，川浴不處^{〔四二〕}，深淵不涸。於時龍至不閉^{〔四三〕}，鳳降忘翼，蟄獸忘攖^{〔四四〕}，爪鳥忘距，蜂蠆不螫嬰兒，蠶虺不食禾駒，雉出服^{〔四五〕}，河出圖。自上世以來，莫不降仁。國家之昌，國家之臧^{〔四六〕}，信仁。是故不賞不罰，如民咸盡力^{〔四七〕}；車不建戈，遠邇咸服，胤使來往^{〔四八〕}，地賓畢極^{〔四九〕}，無怨無惡，率惟懿德。此無空禮，無空名，賢人並憂^{〔五〇〕}，殘毒以時省^{〔五一〕}，舉良良，舉善善，恤民使仁，曰敦仁賓也。”

〔一〕孔廣森曰：“楊簡曰：‘誥者，所以誥論臣民之典令。志者，所以記録庶事之書志。’”王聘珍曰：“誥志，國之舊典禮經也。荒，廢也。”

〔二〕王聘珍曰：“會，合也。民義，民道所宜也。”

〔三〕“外内”,洪本作“内外”。

〔四〕戴震曰:“則上不援,案‘不’,各本譌作‘下’,今從楊本。”

〔五〕孫星衍《孔子集語》注曰:《大訓》作“則上下不援,不援則樂”。

〔六〕“以此”,俞樾以爲當作“此以”。王聘珍曰:“見猶知也。援,引也,謂引而親之也。怨,謂神怨。亂,民亂也。省怨而亂不作者,《晉語》曰:‘意寧百神而柔和萬民。’”

〔七〕黃懷信曰:“戴校本删‘節’下‘也’字,‘遠’上‘爲’字。”王聘珍曰:“禮,謂禮文。順,循也。鄭注《樂記》云:‘至,行也。’節,謂節氣。順至必時其節者,按其禮文,循行故事,不失其時節。未可以遠災者,禮文雖具,民不和,神不享矣。”

〔八〕敬,孫星衍《孔子集語》注曰:一作“欲”。今案:黃懷信曰:“戴校本二‘敬’字皆改‘傲’,孔、汪照、洪本同。”孔廣森曰:“傲,聚也。”

〔九〕黃懷信曰:“戴校本删一‘動衆’,孔及汪照、王樹楠同。洪移之於‘有極’下,屬下句。”孫詒讓曰:“丁校云:‘動衆’宜疊。孫校云:‘不應删。’”孔廣森曰:“作,用也。極,中也。”

〔一〇〕孫星衍《孔子集語》注曰:《大訓》重“世久”二字。

〔一一〕王聘珍曰:“政,謂力役之政。勝,任也。”

〔一二〕“徵”,洪頤煊以爲當作“懲”。靖,安也。

〔一三〕“長之禄”,王聘珍釋爲“君之福”。

〔一四〕黃懷信曰:“戴校删‘下’字,汪照從。”王念孫以爲“下”本作“亦”。王聘珍曰:“率,循也。天謂天時。由,從也。人謂人心。”

〔一五〕王聘珍曰:“陽曰明。孟,長也。陰曰幽。幼,小也。……迭,代也。……順,循也,各循其道也。至,行也。正,謂正朔,年始也。統,紀也,建正以日月之行爲紀也。”

〔一六〕黃懷信曰:“起明,始明也。月歸於東者,月晦之晨在東也。起明於西者,月朏之夜在西也。此申明幽雌雄之義。”

〔一七〕孫星衍《孔子集語》注曰:《史記》作“百草奮興,秭鳩先澤”。今案:孔廣森曰:“《史記·曆書》云‘百草奮興,秭鳩先澤’,‘無釋’並形誤。《周易》無咎字爲‘无’,與‘先’相近。”黃懷信曰:“‘無釋’無義,‘無’必‘先’字輾轉之誤,孔説是。釋字可通,不必同《史記》。”又曰:“權輿,始萌發也。瑞雉,野雞。釋,發其聲。”

〔一八〕“分”,孫星衍《孔子集語》作“萬”,注曰:一作“分”,《大訓》作“方”。黃懷信曰:“戴校本‘以順’‘以’字改‘次’屬上讀,汪照、王樹楠從;又‘冬萬’改‘冬方’,孔及汪照、洪從,王聘珍、戴禮本作‘冬分’。”今案:似當作“方”。

〔一九〕孔廣森曰:“載,始也。青,春色也。張守節曰:‘撫,猶循也。’”

〔二〇〕孫星衍《孔子集語》注曰:《大訓》無“歲”字。今案:孔廣森曰:“中數曰歲,朔數曰年。五歲再閏,則一巡守,協時月正日以順天道。此謂有虞氏汁月之法。汁,亦協也。”

〔二一〕黄懷信曰：“戴校本‘曰與’改‘日與’，‘惟’作‘維’，孔、汪照、洪同。下二句同。”孔廣森曰：“日，猶日日也。”黄懷信曰：“曰，語詞。作，猶生也。口，日日，孔説是。與，與及之與。日與，指人言。”

〔二二〕嬉，樂也。

〔二三〕事，孫星衍《孔子集語》注曰：一作“享”。

〔二四〕黄懷信曰：“悲色，戴校本改‘妃色’，汪照從。”

〔二五〕表裏，孫星衍《孔子集語》注曰：《大訓》作“表表裏裏”。

〔二六〕時，孫星衍《孔子集語》注曰：《大訓》作“日”。

〔二七〕“步”，于鬯疑“涉”字之譌。“四川”，孔廣森曰：“江、淮、河、濟也。”

〔二八〕代，孫星衍《孔子集語》注曰：《大訓》作“伐”。

〔二九〕“四山”，孔廣森曰：“衡、岱、恒、華也。”

〔三〇〕洪頤煊曰：“‘富’，高安本作‘賦’。”

〔三一〕孔廣森曰：“俟時，謂服事殷也。”

〔三二〕孔廣森曰：“移衆，化民也。”

〔三三〕孔廣森曰：“以樂治，無爲而治。時，事也。”

〔三四〕王聘珍曰：“力謂群臣之功。”

〔三五〕“恕”，俞樾以爲當作“帑”。

〔三六〕黄懷信曰：“戴校本‘在國統民如恕’、‘民咸廢惡如進良’，兩‘如’字皆改‘而’，汪中、汪照同；‘在家撫官而國’，‘而’字改‘如’，汪照同。”

〔三七〕誘，孫星衍《孔子集語》注曰：《大訓》作“撫”。

〔三八〕王引之以爲“聖”字當在“貴”字下。

〔三九〕孫星衍《孔子集語》注曰：一本無“隕”字。

〔四〇〕勃，孫星衍《孔子集語》注曰：《大訓》作“孛”。

〔四一〕孫星衍《孔子集語》注曰：一本無“谷”字。

〔四二〕浴，孫星衍《孔子集語》注曰：《大訓》作“洛”。

〔四三〕“閉”，洪頤煊以爲當作“閃”。

〔四四〕“蟄”，孫星衍《孔子集語》作“鷙”。

〔四五〕“服”，王聘珍以爲當作“符”。

〔四六〕臧，善也。

〔四七〕黄懷信曰：“戴校‘如’改‘而’，汪中、汪照同。”

〔四八〕楊簡曰：“胤，繼也。”

〔四九〕“賓”，戴校改爲“濱”。“極”，黄懷信以爲當作“及”。

〔五〇〕“憂”，戴校改爲“優”。

〔五一〕孫星衍《孔子集語》注曰：《大訓》無“毒”字。

小 辨

公曰:"寡人欲學小辨[一],以觀於政,其可乎?"子曰:"否,不可。社稷之主愛日,日不可得,學不可以辨[二]。是故昔者先王學齊大道[三],以觀於政。天子學樂辨風,制禮以行政;諸侯學禮辯官政,以行事,以尊事天子;大夫學德別義,矜行以事君[四];士學順,辨言以遂志[五];庶人聽長辨禁[六],農以行力。如此,猶恐不濟,奈何其小辨乎?"公曰:"不辨則何以爲政?"子曰:"辨而不小[七]。夫小辨破言,小言破義[八],小義破道,道小不通,通道必簡。是故循弦以觀於樂,足以辨風矣;爾雅以觀於古[九],足以辨言矣。傳言以象,反舌皆至,可謂簡矣[一〇]。夫道不簡則不行,不行則不樂[一一]。夫亦固十稽之變,由不可既也,而況天下之言乎[一二]?"曰:"微子之言,吾壹樂辨言[一三]。"子曰:"辨言之樂,不若治政之樂。辨言之樂,不下席;治政之樂,皇於四海[一四]。夫政善則民說,民說則歸之如流水,親之如父母;諸侯初入而後臣之[一五],安用辨言?"

公曰:"然則吾何學而可?"子曰[一六]:"禮樂而力,忠信其君,其習可乎[一七]?"公曰:"多與我言忠信,而不可以入患。"子曰:"毋乃既明忠信之備,而口倦其君,則不可而有;明忠信之備,而又能行之,則可立待也[一八]。君朝而行忠信,百官承事,忠滿於中而發於外[一九],刑於民而放於四海[二〇],天下其孰能患之?"公曰:"請學忠信之備。"子曰:"唯社稷之主,實知忠信。若丘也,綴學之徒[二一],安知忠信?"公曰:"非吾子問之而焉也[二二]?"子三辭,將對。公曰:"彊避!"子曰:"彊侍!丘聞:大道不隱。丘言之,君發之於朝,行之於國,一國之人莫不知,何一之彊辟[二三]?丘聞之,忠有九知:知忠必知中[二四],知中必知恕,知恕必知外[二五],知外必知德,知德必知政,知政必知官,知官必知事,知事必知患,知患必知備。若動而無備,患而弗知,死亡而弗知[二六],安與知忠信?内思畢必曰知中[二七],中以應實曰知恕[二八],内恕外度曰知外,外内參意曰知德,德以柔政曰知政,正義辨方曰知官[二九],官治物則曰知事,事戒不虞曰知備,毋患曰樂[三〇],樂義曰

終〔三一〕。”（又見於《淮南子·泰族訓》）

〔一〕小辨,盧辯曰:“爲小辨給也。”黄懷信曰:“辨,别也。小辨,謂辨别細小之法。”

〔二〕“辨”上戴震據楊本補“小”字。王聘珍曰:“愛,惜也。日不可得者,猶云‘歲不我與’也。”

〔三〕王聘珍曰:“齊讀曰躋,升也。大道,謂大學之道。”洪頤煊曰:“齊,同也。”

〔四〕盧辯曰:“别猶辨也。矜猶屬也。”

〔五〕洪頤煊曰:“順,讀爲‘慎’。”戴禮曰:“學順,即《孝經》‘忠順不失,以事其上’。辨言,猶《論語》‘不以言舉人,不以人廢言’。遂,成也。”

〔六〕王聘珍曰:“聽,從也。長,上也。盧注云:‘辨禁,識刑憲也。’”

〔七〕洪頤煊曰:“言當知其大者。”

〔八〕王聘珍曰:“破言,猶析言破律也。義謂名義。破義者,亂名改作也。”

〔九〕盧辯曰:“邇,近也。謂依於《雅》《頌》。”孔廣森曰:“爾雅,即今《爾雅》書也。《釋詁》一篇,周公所作。詁者,古也,所以詁訓言語,通古今之殊異,故足以辨言。揚子雲云:‘孔子教魯哀公學《爾雅》。’謂此記也。”今案:“爾雅”當非書名,“爾”當依盧辯訓“近”。“爾雅”與上句“循弦”相應,皆動賓結構。

〔一〇〕孔廣森曰:“象,《周官》象胥也,掌蠻夷閩貉戎狄之國,使傳王之言而諭説焉。反舌,南方國名,其人舌本在前。言四方之言有象譯存,非君所辨也。君將學之,則非簡易之道。”王聘珍引鄭玄曰:“象胥,譯官也。”黄懷信曰:“反舌,指異語者。”

〔一一〕王聘珍曰:“簡亦大也。道不大,小補而已,行之不遠也。大道之行也,君子樂得其道,小人樂得其欲。”

〔一二〕戴震校本改“亦”爲“弈”,删“固”字。“稘”,一本作“祺”,戴震校本改爲“朞”,孔廣森改爲“棋”。盧辯曰:“公於十朞之中,變數尚不可盡,天下之言,豈可窮乎?故至道以不言爲辨。”王聘珍曰:“《説文》云:‘稘,復其時也。《虞書》曰:稘,三百有六旬。’《廣雅》云:‘稘,年也。’由讀曰猶。既,盡也。十年之中變故,尚不可盡,天下之言,其可窮乎?故至道不以小辨。”

〔一三〕王聘珍曰:“微,無也。壹,專壹也。”

〔一四〕孔廣森曰:“皇,大也。”王念孫曰:“皇,充也,謂充滿於四海也。”

〔一五〕洪頤煊曰:“言諸侯初入以敵禮,而後臣之者,心服也。”

〔一六〕孫星衍《孔子集語》注曰:此下《大訓》有“行”字。

〔一七〕戴震校本删上“其”字。俞樾曰:“‘君其習’三字當在‘禮樂’之上,其文曰‘君其習禮樂而力忠信,其可乎’。傳寫者奪‘君其習’三字而誤補之‘其’字之下,義不可通。”

〔一八〕孔廣森曰:“口倦,言之厭也。而有明忠信之備而又能行之則可立待也,‘而有’舊屬上讀,非是。而,如也。如有能明忠信之備而行之者,則治效立見也。”王聘

珍曰：“倦，勞也。君，謂心。《荀子·解蔽》云：‘心者，形之君也。’口倦其君，謂
以口辨而勞其心。不可有，謂不能有其忠信也。待，猶給也。可立待者，施之則
行，不必小辨而給也。”

〔一九〕孫詒讓曰：“當作‘忠信滿於中’，與上文正相承貫，今本脱一字。”

〔二〇〕孔廣森曰：“刑，法也。放，至也。”

〔二一〕王聘珍曰：“《説文》云：‘綴，合著也。’劉歆云：‘綴學之士，不思廢絕之闕，因陋
就寡，分文析字，煩言碎亂。’”洪頤煊曰：“綴，連也。《漢書》曰‘往者綴學之士’。
謙言簡編之學不足以知忠信。”

〔二二〕當作“非吾子而焉問之也”，傳寫之誤。

〔二三〕盧辯曰：“謂辟彊也。一曰：公以夫子三辭，欲避左右之彊者也。不隱，言不可
隱蔽也。”孔廣森曰：“彊，人名，時侍公側，公疑子有隱言，恐聞於三家，故令之
避。”王引之引陳觀樓曰：“‘何一之彊辟’，當作‘何一彊之辟’。”甚確。

〔二四〕盧辯曰：“能内思自盡也。”

〔二五〕盧辯曰：“内恕，故外能處於度物也。”

〔二六〕此句戴震校改爲注文。

〔二七〕必，孫星衍《孔子集語》注曰：戴校作“心”。今案：王聘珍亦以爲“必”爲“心”之
譌。孔廣森曰：“畢心，盡心也。”

〔二八〕王聘珍曰：“實，誠也。恕者，忖度其義於人，必心誠求之。”

〔二九〕孫詒讓曰：“此上文九‘知’文並首尾銜接，‘正義辨方’承上‘知政’，此‘正’
疑當作‘政’。”是也。黃懷信曰：“義，疑也。”今案：“義”或“以”字之誤。

〔三〇〕孫詒讓曰：“‘毋患’承上‘知備’，上疑闕‘有備’二字。‘毋患’即‘無患’也。”

〔三一〕洪頤煊曰：“終，成也。”

用　兵

公曰：“用兵者，其由不祥乎[一]？”子曰：“胡爲其不祥也？聖人之
用兵也，以禁殘止暴於天下也[二]；及後世貪者之用兵也，以刈百姓，危
國家也。”公曰：“古之戎兵[三]，何世安起[四]？”子曰：“傷害之生久矣，
與民皆生。”公曰：“蚩尤作兵與[五]？”子曰：“否！蚩尤，庶人之貪者
也[六]，及利無義[七]，不顧厥親，以喪厥身。蚩尤惛慾而無厭者也，何
器之能作[八]？蜂蠆挾螫而生，見害而校，以衛厥身者也[九]。人生有
喜怒，故兵之作，與民皆生，聖人利用而弭之，亂人興之喪厥身。《詩》
云：‘魚在在藻，厥志在餌。’[一〇]‘鮮民之生矣，不如死之久矣。’[一一]
‘校德不塞[一二]，嗣武孫武子。’聖人愛百姓而憂海内，及後世之人，思

其德,必稱其仁〔一三〕,故今之道堯、舜、禹、湯、文、武者,猶威致王,今若存。夫民思其德,必稱其人,朝夕祝之,升聞皇天,上神歆焉〔一四〕,故永其世而豐其年也。夏桀、商紂,嬴暴於天下〔一五〕,暴極不辜,殺戮無罪,不祥于天,粒食之民,布散厥親,疎遠國老,幼色是與,而暴慢是親,讒賊處穀,法言法行處辟〔一六〕。祅替天道〔一七〕,逆亂四時,禮樂不行,而幼風是御〔十八〕。曆失制,攝提失方〔十九〕,鄒大無紀〔二○〕。不告朔於諸侯〔二一〕,玉瑞不行〔二二〕;諸侯力政,不朝於天子;六蠻、四夷交伐於中國。於是降之災,水旱臻焉〔二三〕,霜雪大滿〔二四〕,甘露不降,百草殘黃〔二五〕,五穀不升,民多夭疾,六畜鮮胚〔二六〕,此太上之不論不議也。祅傷厥身,失墜天下。夫天下之報殃於無德者,必與其民〔二七〕。"公懼焉,曰:"在民上者,可以無懼乎哉〔二八〕?"

〔一〕盧辯曰:"祥,善。"

〔二〕盧辯曰:"言非利金攘土,將以存亡繼絶,平天下之亂也。

〔三〕戎,孫星衍《孔子集語》注曰:《大訓》作"用"。今案:黃懷信以爲"戎"不誤,作"用"非。

〔四〕"何世安起",王念孫以爲"安"猶"於"也,此倒句,"何世於起",猶言"起於何世"。

〔五〕黃懷信曰:"與,戴校本作'歟',汪照本同。"

〔六〕黃懷信曰:"貪,戴校本改'强',汪照本同。"

〔七〕"及",王引之以爲當爲"夃","夃",取也,貪也。

〔八〕孫星衍《孔子集語》注曰:《周禮》疏引作"何兵之能造"。

〔九〕孔廣森曰:"當以'蜂蠆挾螫而生'爲句,'見害而校'爲句,言蜂蠆生而挾毒,見害己者則與之校,所以衛其身也,喻聖人作兵亦所以自衛也。"

〔一○〕盧辯曰:"由心在於利,用兵以取危,蓋逸《詩》也。"

〔一一〕盧辯曰:"《小雅·蓼莪》之三章也,亦困於兵革之詩也。"汪中曰:"此六句皆逸《詩》,不必牽引《蓼莪》。"

〔一二〕王聘珍曰:"校猶亢也。德謂德教。校德者,逞兵以違德教也。"

〔一三〕仁,孫星衍《孔子集語》注曰:《大訓》作"人"。今案:下句作"夫民思其德,必稱其人",則作"人"是也。

〔一四〕王聘珍曰:"歆,猶欣也。"

〔一五〕嬴,孫星衍《孔子集語》注曰:《大訓》作"贏"。

〔一六〕王聘珍曰:"處,居也。"

〔一七〕戴禮曰:"祅,絶也。《釋詁》:'替,廢也。'"

〔十八〕"幼",俞樾以爲當讀爲"幽"。"幽風"即幽眇之風也。風者,聲也。

〔十九〕汪照曰:“《漢書音義》:‘攝提,星名。隨斗杓所指,建十二月。若曆誤,春三月
　　　當指辰,而乃指巳,是爲失方。’”

〔二〇〕孫星衍《孔子集語》注曰:《漢書》作“孟陬無紀”。今案:王念孫曰:“‘鄹’讀爲
　　　‘陬’。‘鄹大無紀’,本作‘孟陬無紀’。”孔廣森曰:“鄹大無紀,‘大’亦‘失’字
　　　之誤。”

〔二一〕黃懷信曰:“告朔,戴校本作‘頒朔’,汪照本同。”

〔二二〕戴禮曰:“不告朔於諸侯,玉瑞不行,鄭《春官·典瑞》注:‘人執以見曰瑞。’玉
　　　瑞,命圭也。《書·舜典》:‘班瑞於群后。’不行,廢禮也。”

〔二三〕王聘珍曰:“臻,至也。”

〔二四〕戴震曰:“霜雪大薄,案:‘薄’,各本作‘滿’,今從楊本。”王念孫亦以爲“滿”當
　　　作“薄”,薄,至也。

〔二五〕孔廣森曰:“殰,蔫也。蔫,萎也。”

〔二六〕“醉”,盧辯以爲“瘁”字之誤,瘁,病也。“皆”,孔廣森以爲即“嚌”字。

〔二七〕王聘珍曰:“報,反也。殃,猶禍惡也。與,從也。”

〔二八〕洪頤煊曰:“公懼焉,‘懼’讀曰‘瞿’,驚貌。可以無懼乎哉,懼,恐也。”

少　閒

公曰:“今日少閒〔一〕,我請言情於子。”子愀焉變色,遷席而辭
曰〔二〕:“君不可以言情於臣,臣請言情於君,君則不可。”公曰:“師之
而不言情焉,其私不同〔三〕。”子曰:“否。臣事君而不言情於君則不
臣,君而不言情於臣則不君〔四〕。有臣而不臣猶可,有君而不君,民無
所錯手足。”

公曰:“君度其上下〔五〕,咸通之〔六〕;權其輕重,居之;準民之色,目
既見之;鼓民之聲,耳既聞之〔七〕;動民之德,心既和之;通民之欲,兼而
壹之〔八〕;愛民親賢,而教不能,民庶説乎?”子曰:“説則説矣,可以爲
家,不可以爲國。”公曰:“可以爲家,胡爲不可以爲國? 國之民,家之
民也。”子曰:“國之民,誠家之民也。然其名異,不可同也。同名同食
曰同等。唯不同等〔九〕,民以知極。故天子昭有神於天地之間〔一〇〕,以
示威於天下也;諸侯修禮於封内〔一一〕,以事天子;大夫修官守職,以事
其君;士修四衛〔一二〕,執技論力,以聽乎大夫;庶人仰視天文,俯視地
理,力時使以聽乎父母〔一三〕。此唯不同等〔一四〕,民以可治也。”

公曰:“善哉! 上與下不同乎?”子曰:“將以時同時不同〔一五〕:上

謂之閑，下謂之多疾[一六]。君時同於民，布政也；民時同於君，服聽也。上下相報[一七]，而終於施。大猶已成，發其小者；遠猶已成，發其近者[一八]。將行重器，先其輕者。先清而後濁者，天地也。天政曰正，地政曰生，人政曰辨[一九]。苟本正，則華英必得其節以秀乎矣，此官民之道也。”

公曰：“善哉！請少復進焉。”子曰：“昔堯取人以狀，舜取人以色，禹取人以言，湯取人以聲，文王取人以度，此四代五王之取人，以治天下如此。”公曰：“嘻！善之不同也。”子曰：“何謂其不同也？”公曰：“同乎？”子曰：“同。”公曰：“人狀可知乎？”子曰：“不可知也。”公曰：“五王取人，各有以舉之，胡爲人之不可知也？”子曰：“五王取人，比而視，相而望。五王取人，各以己焉，是以同狀[二〇]。”公曰：“以子相人何如？”子曰：“否。丘則不能五王取人[二一]，丘也傳聞之，以委於君。丘則否能，亦又不能[二二]。”

公曰：“我聞子之言始蒙矣。”子曰：“由君居之，成於純，胡爲其蒙也？雖古之治天下者，豈生於異州哉[二三]？昔虞舜以天德嗣堯，布功散德制禮。朔方幽都來服，南撫交趾，出入日月，莫不率俾，西王母來獻其白琯，粒食之民，昭然明視，民明教，通于四海，海[二四]外肅慎、北發、渠搜、氐、羌來服。舜有禹代興[二五]，禹卒受命，乃遷邑姚姓于陳。作物配天，修德使力[二六]，民明教通于四海，海之外肅慎、北發、渠搜、氐、羌來服。禹崩，十有七世，乃有末孫桀即位。桀不率先王之明德，乃荒耽于酒，淫泆于樂，德昏政亂，作宮室[二七]高臺，汙池土察，以民爲虐[二八]，粒食之民，憛焉幾亡。乃有商履代興[二九]。商履循禮法以觀天子[三〇]，天子不説，則嫌於死[三一]。成湯卒受天命，不忍天下粒食之民刈戮，不得以疾死[三二]，故乃放移夏桀，散亡其佐。乃遷姒姓于杞。發厥明德，順民天心嗇地[三三]，作物配天，制典慈民。咸合諸侯，作八政，命於總章。服禹功以修舜緒，爲副于天。粒食之民，昭然明視，民明教，通于四海，海之外肅慎、北發、渠搜、氐、羌來服。成湯卒崩，殷德小破，二十有二世，乃有武丁即位。開先祖之府，取其明法，以爲君臣上下之節，殷民更眩[三四]；近者説，遠者至，粒食之民昭然明視。武丁年崩[三五]，殷德大破，九世，乃有末孫紂即位。紂不率先王之明德，乃上祖夏桀行,荒耽於酒,淫泆於樂[三六],德昏政亂,作宮室高臺,汙池土寮,以爲民虐[三七],粒食之民,忽然幾亡。乃有周昌霸諸侯以佐之[三八]。紂不說諸侯之聽於周昌,則嫌於死[三九],乃退伐崇許魏[四〇],以客事天子[四一]。文王卒受天命,作物配天,制無用[四二],行三明,親親尚賢。民明教,通於四海,海之外肅慎、北發、渠搜、氐、羌來服。君其志焉,或侯將至也[四三]。”

公曰:“大哉,子之教我政也;列五王之德,煩煩如繁諸乎[四四]!”子曰:“君無譽臣,臣之言未盡,請盡臣之言,君如財之[四五]。”曰:“於此有功匠焉[四六],有利器焉[四七],有措扶焉[四八],以時令其藏必周密,發如用之[四九],可以知古,可以察今,可以事親,可以事君,可用于生,又用之死,吉凶並興,禍福相生,卒反生福,大德配天。”公愀然其色曰:“難立哉!”子曰:“臣願君之立,知如以觀聞也[五〇];時天之氣,用地之財,以生殺於民,民之死,不可以教。”公曰:“我行之,其可乎?”子曰:“唯,此在君。君曰足,臣恐其不足;君曰不足[五一],舉其前必舉其後,舉其左必舉其右。君既教矣,安能無善[五二]?”公呀焉其色曰:“大哉,子之教我制也。政之豐也,如木之成也[五三]。”子曰:“君知未成,言未盡也。凡草木根鞁傷[五四],則枝葉必偏枯,偏枯是爲不實,穀亦如之[五五]。上失政,大及小人畜穀。”公曰:“所謂失政者,若夏商之謂乎?”子曰:“否。若夏商者,天奪之魄,不生德焉[五六]。”公曰:“然則何以謂失政?”子曰:“所謂失政者:疆蕘未虧[五七],人民未變,鬼神未亡[五八],水土未絪[五九];糟者猶糟,實者猶實[六〇],玉者猶玉,血者猶血[六一],酒者猶酒[六二]。優以繼懼[六三],政出自家門,此之謂失政也。非天是反,人自反[六四]。臣故曰:君無言情於臣,君無假人器,君無假人名。”公曰:“善哉!”

〔一〕孔廣森曰:“聞,暇也。”

〔二〕遷席,前坐也。

〔三〕盧辯曰:“言己師禮事夫子,故不使言情也,其私不同於此也。”黃懷信以爲盧説非,曰:“此言既師之而不言情於師,則其私不同。私,謂各自內心。不同,不相通也。”

〔四〕戴震曰:“君而言情於臣,案:‘君而’下各本衍‘不’字,今從楊本。”

〔五〕“君”,孫星衍《孔子集語》作“吾”。

〔六〕“咸”，于鬯以爲當讀爲“感”。

〔七〕王聘珍曰：“準，望也。鼓，振動也。聲，言也。謂鼓舞其民而民有聲也。”

〔八〕王聘珍曰：“兼，并也。壹，專也。并其所欲，而專致於民。”

〔九〕黄懷信曰：“唯，戴校本字作‘惟’。後同。同食，汪中校作‘同位’，王樹楠從。”孔廣森曰：“食，禄也。”

〔一〇〕“有神”，戴震、王念孫均以爲當作“百神”。

〔一一〕孫星衍《孔子集語》“内”上無“封”字。洪頤煊曰：“封内，封域之内。古文以爲‘邦’字。”

〔一二〕盧辯曰：“四衛，四方之職。”

〔一三〕“使”，孫詒讓疑當爲“事”字。

〔一四〕“唯”，孫星衍《孔子集語》作“惟”。

〔一五〕盧辯曰：“言有可同不可同也。”

〔一六〕王聘珍曰：“閑，防也。疾，病也。上爲法制以防下，而下敝於法則，以爲屬己，此上下之情不同也。”

〔一七〕孔廣森曰：“報，高安本作‘服’。”

〔一八〕王聘珍曰：“猶讀曰猷，謀也。”

〔一九〕“辨”，他本或作“辯”。

〔二〇〕王聘珍曰：“比謂比方。相，亦視也。望謂物望。己者，身也。《中庸》曰：‘取人以身也。’言五王取人，比方而視之，視之而參以物望，取之復由於一身，是以取人不同而得善同也。”

〔二一〕盧辯曰：“言不能如五王。”

〔二二〕王聘珍曰：“否能，謂不能知人也。亦又不能者，不能取人以己也。”

〔二三〕孔廣森曰：“居之無倦曰純。雖古之治天下者豈生於異州哉，言非生於異地，明人皆可爲堯、舜也。”

〔二四〕戴震、王念孫等以爲“海”下脱一“之”字。

〔二五〕有，孫星衍《孔子集語》注曰：《大訓》作“崩”。今案：戴震、孔廣森均於“舜”下增一“崩”字。

〔二六〕孔廣森曰：“作物，制作典物也。使力，若盡力溝洫之事。”

〔二七〕孫星衍《孔子集語》“宫”下無“室”字。

〔二八〕“土察，以民爲虐”一句，俞樾以爲當作“以民爲土察”，“土察”當爲“土蔡”，即土芥，“虐”爲衍文；王樹楠以爲當作“虐民以爲土察”。孔廣森以爲“察”蓋窟室之屬。

〔二九〕盧辯曰：“履，湯名。”

〔三〇〕“觀”，王樹楠以爲當是“覿”字之誤。今案：洪頤煊曰：“觀，讀如觀兵之觀。”王聘珍曰：“應劭云：‘觀，見也。’”則“觀”字不誤。

〔三一〕洪頤煊曰:"則,朱氏、高安本俱作'別'。"孔廣森曰:"嫌於死,謂鈞臺之囚也。"

〔三二〕汪照曰:"死,一作'亂'。"

〔三三〕"順民天心嗇地",戴震、王引之以爲當作"順天嗇地"。"嗇地",孔廣森曰:"任地宜而稼穡之。"

〔三四〕眩,孫星衍《孔子集語》注曰:《大訓》作"服"。今案:黄懷信以爲"眩"字不誤。王聘珍曰:"先祖,謂成湯也。府,文書聚藏之所也。明法,成湯所制典法也。節,制也。更,改也。眩,亂也,惑也。"

〔三五〕年,孫星衍《孔子集語》注曰:《大訓》作"卒"。

〔三六〕"泆",孫星衍《孔子集語》作"佚"。

〔三七〕孔廣森曰:"汙池土察,以爲民虐,上文'以民爲虐'亦當依此作'爲民'。"

〔三八〕孔廣森曰:"霸,長也,謂爲西伯也。"

〔三九〕則,孫星衍《孔子集語》注曰:一作"別"。

〔四〇〕"許魏",王念孫以爲是"誅黎"之誤。

〔四一〕"客",洪頤煊以爲當作"窓",窓,敬也。俞樾以爲"客"當作"容"。

〔四二〕無,孫星衍《孔子集語》注曰:孔校作"典"。今案:黄懷信曰:"制無用,戴校本作'制法任地'。"

〔四三〕王聘珍曰:"俟,待也。"

〔四四〕"諸",洪頤煊以爲讀作"者",孫詒讓疑當作"緒"。洪頤煊又曰:"煩,多也。"

〔四五〕黄懷信曰:"君如財之,戴校'如'改'而',汪照從;汪中改'而君財之'。"戴震曰:"財、裁古通用。"

〔四六〕"功",孫詒讓以爲當作"巧"。盧辯曰:"王非獨善,言有師保。"

〔四七〕盧辯曰:"言有先王之禮度也。"

〔四八〕盧辯曰:"謂股肱之良也。"王聘珍曰:"措,棄置也。扶,進之也。《論語》曰:'舉直措諸枉則民服。'"

〔四九〕黄懷信曰:"發如用之,戴校'如'改'而',二汪同。"

〔五〇〕觀聞,孫星衍《孔子集語》注曰:一作"間觀"。今案:當作"觀聞"。"如"讀爲"而"。

〔五一〕孫星衍《孔子集語》注曰:一本下有"臣恐其足"四字。

〔五二〕王聘珍曰:"舉猶取也。……教,習也。言君有所不足,則取諸前後左右輔弼之人,其人皆教習之士,能無善乎。"

〔五三〕"木",孫星衍《孔子集語》作"未"。

〔五四〕戴禮曰:"鞁,當作'皤',形聲兩近而譌也。《集韻》:'皤,皮壞也。'"

〔五五〕"穀",戴震以爲當作"民"。

〔五六〕洪頤煊曰:"魄,形也。言天絶夏商之生,不降之德。"

〔五七〕王聘珍曰:"疆,封疆也。蔓,草木盛也。"于鬯以爲"蔓"當作"遺",疆遺者,疆域邊界之謂也。

〔五八〕洪頤煊曰:"變,謂流徙。鬼神未亡,祭禮不失。"

〔五九〕盧辯曰:"絪猶亂。"俞樾以爲"絪"當讀爲"垔",垔,塞也。黃懷信以爲"絪"當讀如字,謂絪緼,雲烟彌漫之狀。

〔六〇〕洪頤煊曰:"酒滓曰糟,喻俗之薄。實者猶實,喻俗之厚。"

〔六一〕洪頤煊曰:"玉者猶玉,謂不變色。《書·大傳》曰:'在内者皆玉色。'血,憂也。"

〔六二〕俞樾以爲"酒者猶酒"當在"糟者猶糟"一句下。

〔六三〕"惉",戴震改作"湛",是也。"優以繼湛",孔廣森注曰:"優游湛樂。"

〔六四〕自,孫星衍《孔子集語》注曰:一作"是"。

易本命

子曰:"夫易之生,人、禽獸、萬物、昆蟲各有以生,或奇或偶,或飛或行,而莫知其情;惟達道德者,能原本之矣。天一,地二,人三,三三而九〔一〕,九九八十一,一主日,日數十〔二〕,故人十月而生〔三〕;八九七十二,偶以承奇,奇主辰,辰主月,月主馬,故馬十二月而生〔四〕;七九六十三,三主斗,斗主狗,故狗三月而生〔五〕;六九五十四,四主時,時主豕,故豕四月而生;五九四十五,五主音〔六〕,音主猨,故猨五月而生;四九三十六,六主律,律主禽鹿,故禽鹿六月而生也;三九二十七,七主星,星主虎,故虎七月而生;二九十八,八主風,風主蟲,故蟲八月化也〔七〕;其餘各以其類也〔八〕。鳥魚皆生於陰而屬於陽,故鳥魚皆卵;魚游於水,鳥飛於雲,故冬燕雀入於海,化而爲蚧〔九〕。萬物之性各異類,故蠶食而不飲,蟬飲而不食,蜉蝣不飲不食,介鱗夏食冬蟄〔一〇〕;齕吞者八竅而卵生〔一一〕,咀嚼者九竅而胎生〔一二〕;四足者無羽翼,戴角者無上齒〔一三〕;無角者膏,而無前齒;有羽者脂,而無後齒〔一四〕;晝生者類父,夜生者類母。凡地東西爲緯,南北爲經。山爲積德,川爲積刑〔一五〕;高者爲生,下者爲死〔一六〕;丘陵爲牡,谿谷爲牝;蜯蛤龜珠,與月盛虛〔一七〕。是故堅土之人肥,虛土之人大,沙土之人細,息土之人美,耗土之人醜〔一八〕。是故食水者善游能寒〔一九〕,食土者無心而不息,食木者多力而拂,食草者善走而愚,食桑者有絲而蛾,食肉者勇敢而捍〔二〇〕,食穀者智惠而巧,食氣者神明而壽〔二一〕,不食者不死而神〔二二〕。故曰:有羽之蟲三百六十,而鳳皇爲之長;有毛之蟲三百六十,而麒麟爲之長;有甲之蟲三百六十,而神龜爲之長;有鱗之蟲三百六十,而蛟龍爲之長;倮之蟲三百六十,而聖人爲之長。此乾坤之美類,禽獸萬物之數也〔二三〕。故帝王好壞巢破卵,則鳳凰不翔焉;好竭水搏魚〔二四〕,則蛟龍不出焉〔二五〕;好刳胎殺夭〔二六〕,則麒麟不來焉;好填谿塞谷,則神龜不出焉。故王者動必以道,静必以理〔二七〕;動不以道,静不以理,則自夭而不壽,訞孽〔二八〕數起,神靈不見,風雨不時,暴風水旱並興,人民夭死,五穀不滋,六畜不蕃息。”

〔一〕王聘珍曰:“九,極陽數也。下文八七六五四三二,皆以九乘之。”

〔二〕孫星衍《孔子集語》注曰:《淮南子》此下有“日主人”三字。

〔三〕王聘珍曰:“一,陽數,數之始。日爲陽精。”

〔四〕王聘珍曰:“偶以承奇者,二爲偶,偶陰也,奇陽也,陰不專主,承陽以爲主。……辰,從子至亥也。……辰主月者,十二辰建十二月也。”

〔五〕九家注曰:“艮數三,七九六十三。三主斗,斗爲犬,故犬懷胎三月而生。斗運行十三時日出,故犬十三日而開目。斗詘,故犬卧詘也。斗運行四市,犬亦夜繞室也。”

〔六〕五音,即宫、商、角、徵、羽。

〔七〕王聘珍曰:“《説文》云:‘風,八風也。東方曰明庶風,東南曰清明風,南方曰景風,西南曰涼風,西方曰閶闔風,西北曰不周風,北方曰廣莫風,東北曰融風。風動蟲生,故曰八日而化。’聘珍謂:經言八月,許言八日,經或字誤也。”

〔八〕王聘珍曰:“其餘者,凡毛羽鱗介倮蟲之屬也。”

〔九〕“蚧”,王聘珍以爲當作“蛤”。

〔一〇〕王聘珍曰:“介,甲,龜鼈之屬也。鱗,魚龍之屬。”

〔一一〕孔廣森云:“噱啄曰齦。”八竅,七竅加一個排泄腔。

〔一二〕王念孫曰:“嚾,當作嗺,字之誤也。”咀嗺,即咀嚼。九竅,七竅加兩個排泄腔。

〔一三〕董仲舒曰:“受于大者,不取于小。”“與之齒者去其角,傅其翼者兩其足。”顏師古曰:“謂牛無上齒則有角,其餘無角則有上齒。”

〔一四〕膏,肥肉。膏凝爲脂。王氏曰:“無前後,謂鋭小也。”

〔一五〕盧辯曰:“山積陽,川積陰。陽爲德,陰爲刑。”

〔一六〕王聘珍曰:“高積陽,陽氣發生;下積陰,陰氣肅殺。”

〔一七〕盧辯曰:“月者,太陰之精,故龜蛤之屬因之以盛虧。”高誘曰:“與,猶隨也。”

〔一八〕王念孫曰:“此當依《淮南》作‘堅土之人剛,弱土之人肥,盧土之人大,沙土之人細’。《説文》:‘壚,黑剛土也。’與沙土對,故盧土之人大,沙土之人細。下文‘息土之人美,耗土之人醜',文亦相對。今本'堅土之人'下脫去'剛弱土之人'五字,'盧'字又訛作'虛',則義不可通。"俞樾曰:"堅土、弱土相對,肥與剛則不相對,而轉與'虛土之人大'其義相混矣。疑'肥'字乃'脆'字之誤。《廣雅·釋詁》:'脆,弱也。'脆,即脃之俗體。'弱土之人脃'與'堅土之人剛'正相對文。"息土,謂肥沃的土地。王聘珍曰:"耗土,謂疏薄之地。"

〔一九〕能,耐也。

〔二〇〕盧辯注云:"食水,魚鼈之屬。食土,蚯蚓之屬,不氣息也。食木,熊犀之屬。拂,戾也。食草,麋鹿之屬。食肉,虎狼鷹鶹之屬。"

〔二一〕王聘珍曰:"食氣者,謂龜也。"

〔二二〕"死",他本或作"生",誤。王聘珍曰:"不食者,謂蓍也。"

〔二三〕王聘珍曰:"《説文》云:'蛟,龍之屬也。池魚滿三千六百,蛟來爲之長,能率魚飛。置筍水中,蛟即去。'盧注云:'三百六十,乾坤之中央;萬一千五百二十,當萬物之數也。'"

〔二四〕搏,擊取。

〔二五〕孫星衍《孔子集語》注曰:"出",《大典》本作"至"。

〔二六〕王聘珍曰:"翔,回顧也。……搏,擊取也。刴,屠也。胎,孕在腹中未出者也。少長曰夭。"

〔二七〕王聘珍曰:"道謂天道。理,地理也。動必以道,法天時也;静必以理,安地利也。"

〔二八〕訞孽,即妖孽。

尚書大傳

　　《尚書大傳》,舊題伏勝撰。伏勝,一作伏生。鄭玄《尚書大傳序》曰:"蓋自伏生也。伏生爲秦博士,至孝文時年且百歲。張生、歐陽生從其學而受之。"《崇文總目》説:"漢濟南伏勝撰,後漢大司農鄭玄注。伏生本秦博士,以章句授諸儒,故博引異言,援經而申證。"《四庫提要》説:"據玄序文,乃勝之遺説,而張生、歐陽生等録之也。"從是書的性質看,其所載孔子言行,多漢人雜記所讀所聞,且多與《荀子》、《禮記》、《大戴禮記》、《孔子家語》等書的《論語》類文獻相參見。

　　歷代注疏《尚書大傳》的代表作有漢鄭玄注、清王闓運補注之《尚書大傳》,清皮錫瑞《尚書大傳疏證》等。

　　本書以《叢書集成》本爲底本,以《四庫全書》本、《四庫叢刊》本《尚書大傳》

以及郭沂《孔子集語校補》爲參校本加以校勘注釋。

卷　一

孔子對子張曰[一]：“男子三十而娶，女子二十而嫁[二]。女二十而通織紝績紡之事、黼黻文章之美[三]。不若是，則上無以孝於舅姑，下無以事夫養子也。舜，父頑母嚚，不見室家之端，故謂之鰥。”

〔一〕孫星衍《孔子集語》注曰：《通典》五十九作“孔子曰”。

〔二〕鄭玄注曰：“《公羊疏》引婦人八歲備數，十五從嫡，二十承事君子。”

〔三〕黼黻，《淮南子·説林訓》：“黼黻之美，在於杼軸。”高誘注曰：“白與黑爲黼，青與赤爲黻，皆文衣也。”此處“黼黻”指布匹上的花紋。文章，指錯雜的色彩或花紋。

武丁祭成湯，有飛雉升鼎耳而雊。武丁問諸祖已，祖已曰：“雉者，野鳥也，不當升鼎；今升鼎者，欲爲用也。遠方將有來朝者乎[一]？”故武丁內反諸己，以思先王之道。三年，編髮重譯來朝者六國[二]。孔子曰：“吾於《高宗肜日》，見德之有報之疾也。”

〔一〕王闓運曰：“此託言瑞應以寬王心，所謂先假王。”

〔二〕編髮，邊疆異族編髮爲辮。重譯，經過幾重翻譯。在這裏，編髮重譯指邊疆異族。

孔子曰：“文王得四臣，丘亦得四友焉。自吾得回也，門人加親，是非胥附與[一]？自吾得賜也，遠方之士日至，是非奔輳與[二]？自吾得師也，前有輝，後有光，是非先後與？自吾得由也，惡言不入於門，是非禦侮與[三]？文王有四臣以免虎口，丘亦有四友以禦侮。”

〔一〕胥附，使疏遠者相親附，亦指親附的人。

〔二〕奔輳，自遠方趨附之士。

〔三〕孫星衍《孔子集語》注曰：《史記·仲尼弟子傳》作“不入於耳”，《鹽鐵論》作“不入於門”。

卷　二

孔子曰：“吾於《洛誥》，見周公之德。光明於上下，勤施四方，旁作穆穆，至於海表，莫敢不來服，莫敢不來享，以勤文王之鮮光[一]，以揚武王之大訓，而天下大治[二]。故曰：聖之與聖也，猶規之相周，矩之相襲也〔三〕。”

〔一〕鮮光,猶光明。

〔二〕“治”,孫星衍《孔子集語》作“洽”。

〔三〕襲,合也。

《書》曰:“高宗梁闇〔一〕,三年不言。”何謂梁闇也?《傳》曰:“高宗居倚廬,三年不言,百官總己以聽於冢宰,而莫之違,此之謂梁闇。”子張曰:“何謂也?”孔子曰:“古者君薨,王世子聽於冢宰三年,不敢服先王之服、履先王之位而聽焉〔二〕。以民臣之義,則不可一日無君矣;不可一日無君,猶不可一日無天也。以孝子之隱乎,則孝子三年弗居矣。故曰:義者,彼也;隱者,此也。遠彼而近此,則孝子之道備矣。”

〔一〕梁闇,謂天子居廬守喪。梁,通“諒”。鄭玄注曰:“闇,讀爲鶉。鶉,謂廬也。”《禮記·喪服四制》作“高宗諒闇”,鄭玄注曰:“諒,古作‘梁’,楣謂之梁。……闇謂廬也。廬有梁者,所謂柱楣也。”

〔二〕王闓運曰:“三年,吉凶不相干,故不敢也。有終身之慕,非在服位。”

子張曰:“堯舜之王,一人不刑而天下治〔一〕,何則? 教誠而愛深也。今一夫而被此五刑。”子龍子曰:“未可謂能爲書。”〔二〕孔子曰:“不然也,五刑有此教〔三〕。”

〔一〕孫星衍《孔子集語》作“二人刑而天下治”,注曰:《御覽》八十引作“一人不刑而四海至”。《四庫》本作“堯舜之聖,一人刑而天下治”(“人”下疑脱“不”字)。

〔二〕鄭玄注:“二人俱罪甫侯之説刑也。被此五刑,喻犯數罪也。”王闓運曰:“一人被五刑,蓋周末之法,秦猶用之以刑李斯,龍子以上服下服,爲二罪刑一,疑一人數刑始於此,故子張引而問之。”

〔三〕鄭玄注曰:“教然耳,犯數罪猶以上一罪刑之。”今案:鄭注“猶”字當在“犯”前。

孔子曰:“古之刑者省之,今之刑者繁之;其教〔一〕,古者有禮然後有刑,是以刑省也;今也反是,無禮而齊之以刑,是以繁也。《書》曰:‘伯夷降典禮〔二〕,折民以刑。’謂有禮然後有刑也。又曰:‘兹殷罰有倫。’今也反是,諸侯不同聽〔三〕,每君異法,聽無有倫,是故知法難也〔四〕。”

〔一〕王闓運曰:“‘教’,當作‘故’,下當有‘何’也。”

〔二〕“伯夷降典禮”，王闓運以爲當作“伯夷降禮”。

〔三〕鄭玄注曰：“聽，議獄也。”

〔四〕“是故知法難也”，孫星衍《孔子集語》作“是故法之難也”。

子曰：“吴越之俗，男女同川而浴，其刑重而不勝，由無禮也；中國之教，内外有別，男女不同椸架〔一〕，不同巾櫛〔二〕，其刑重而勝，由有禮也〔三〕。語曰：夏后氏不殺不刑，罰有罪，而民不輕犯〔四〕。”

〔一〕椸架，衣架。

〔二〕櫛，梳篦。

〔三〕王闓運曰：“言象刑即禮，所以教民，非勝民也。夷狄亦不用刑，雖無禮，刑不煩也。中國設禮而不尚禮，則刑日用民日偽矣。”

〔四〕“而民不輕犯”下，孫星衍《孔子集語》據《史記·平準書》索隱引補“死，罰二千鍰”五字。今案：《四部叢刊》本“氏”誤作“斤”。鍰，朱駿聲《説文通訓定聲》曰：“假借爲鋝，實爲鋝。”鋝，貨幣單位。《説文》：“鋝，十銖二十五分之十三也。……北方以二十兩爲鋝。”

子曰：“今之聽民者，求所以殺之；古之聽民者，求所以生之；不得其所以生之之道，乃刑殺，君與臣會焉〔一〕。”

〔一〕孫星衍《孔子集語》注曰：“聽民”，《漢書·刑法志》作“聽獄”。今案：“君與臣會焉”當指君與臣會商才能做出死刑判決。

子曰：“古之聽民者，察貧窮，哀孤獨矜寡，宥老幼。不肖無告，有過必赦，小過勿增，大罪勿纍〔一〕。老弱不受刑，有過不受罰。是故老而受刑謂之悖，弱而受刑謂之暴，不赦有過謂之賊，率過以小謂之枳〔二〕。故與其殺不辜，寧失有罪；與其增以有罪〔三〕，寧失過以有赦。”

〔一〕鄭玄注曰：“延罪無辜曰纍。”

〔二〕王闓運曰：“枳、疻、痏同字，創也。故以法中傷人也。”

〔三〕孫星衍《孔子集語》注曰：本無“以”字，據《御覽》六百五十二引補。

子曰：“聽訟者，雖得其情〔一〕，必哀矜之，死者不可復生，斷者不可復續也。《書》曰：‘哀矜哲獄〔二〕。’”

〔一〕此二句一本作“聽訟雖得其指”。

〔二〕“哲”，孫星衍《孔子集語》作“折”，是也。

孔子如衛,人謂曰:"公甫不能聽訟[一]。"子曰:"非公甫之不能聽獄也。公甫之聽獄也,有罪者懼,無罪者恥,民近禮矣。"

〔一〕鄭玄注曰:"公甫,魯大夫。"王闓運曰:"敬姜子。"

卷　三

子曰[一]:"心之精神是謂聖。"

〔一〕"子曰",孫星衍《孔子集語》作"孔子"。

子曰:"君子不可以不學,見人不可以不飾。不飾無貌[一],無貌不敬,不敬無禮,無禮不立[二]。夫遠而有光者[三],飾也;近而逾明者,學也。譬之圩邪[四],水潦集焉[五],菅蒲生焉[六],從上觀之,誰知非源水也?"(又見於《大戴禮記・勸學》、《説苑・建本》)

〔一〕貌,容儀,禮貌。

〔二〕立,謂在社會上立足。語取孔子"不學禮,無以立"(《論語・季氏》)之義。

〔三〕"有"字,《四庫全書》、《四部叢刊》、《叢書集成》諸本皆無,今據《大戴禮記》補。

〔四〕"圩",《四庫全書》本作"汙",是也。

〔五〕潦,《説文》曰:"雨水大皃。從水尞聲。""雨水大皃",段玉裁據《詩・采蘋》正義、《文選・陸機贈顧彥先詩》注、《群經音義》卷一訂正爲"雨水也"。"水潦"即雨後積水。

〔六〕菅蒲即水草。

子張曰:"仁者何樂於山也?"孔子曰:"夫山者,薆然高[一]。""薆然高,則何樂焉?""夫山,草木生焉,鳥獸蕃焉,財用殖焉,生財用而無私爲焉,四方皆代焉,每無私予焉[二]。出雲風[三],以通乎天地之間,陰陽和合,雨露之澤,萬物以成,百姓以饗,此仁者之所以樂於山者也。"(《御覽》四百十九引)

〔一〕孫星衍《孔子集語》注曰:"薆"當爲"岊"字,從"卩"。《御覽》三十八引作"夫山者,嵬嵬然"。

〔二〕孫星衍《孔子集語》注曰:《文選・頭陀寺碑》注引作"生財用而無私爲焉,四方皆伐,無私與焉"。皮錫瑞曰:"又(《御覽》)三十八《地部》……無'薆然高'以下八字。'鳥'作'禽','財用'作'材木','風'作'雨',無'生財'以下八字,又無'代焉每'三字。"

〔三〕孫星衍《孔子集語》注曰:《御覽》三十八引作"雨"。

　　子貢曰："葉公問政於夫子,子曰:'政在附近而來遠。'魯哀公問政,子曰:'政在於論臣。'齊景公問政,子曰:'政在於節用。'三君問政,夫子應之不同,然則政有異乎?"子曰:"荆之地廣而都狹,民有離志焉,故曰在於附近而來遠;哀公有臣三人,内比周以惑其君,外障距諸侯賓客以蔽其明,故曰政在論臣;齊景公奢於臺榭,淫於苑囿,五官之樂不解〔一〕,一旦而賜人百乘之家者三,故曰政在節用。"(又見於《韓非子·難三》、《説苑·政理》)

　　〔一〕王闓運曰:"方伯五官,言卿大夫荒宴。"

　　東郭子思問於子貢曰〔一〕:"夫子之門何其雜也?"子貢曰:"夫檃括之旁多枉木〔二〕,良醫之門多疾人,砥礪之旁多頑鈍。"夫子聞之曰:"修道以俟〔三〕,天下來者不止,是以雜也。"(《繹史》九十五引,又見於《説苑·雜言》、《荀子·法行》)

　　〔一〕東郭子思,《繹史》注云:《荀子》作"南郭惠子"。

　　〔二〕"檃括",又作"隱括",矯正彎曲木材的器具。

　　〔三〕王闓運曰:"不敢自謂教人,言待人教,故多見人。"

　　子夏讀《書》畢,見夫子。夫子問焉:"子何爲於《書》?"對曰:"《書》之論事也,昭昭若日月之明,離離若參辰之錯行。上有堯舜之道,下有三王之義。商所受於夫子者,志之弗敢忘也;雖退而窮居河濟之間,深山之中,壞室編蓬爲户,於中彈琴,詠先王之道,則可發憤慷慨矣。"

　　子夏讀《書》畢。孔子問曰:"吾子何爲於《書》?"子夏曰:"《書》之論事,昭昭若日月焉,所受於夫子者,弗敢忘。退而窮居河濟之間,深山之中,壞室蓬户,彈琴瑟以歌先王之風。有人亦樂之,無人亦樂之。上見堯舜之道,下見三王之義,可以忘死生矣。"孔子愀然變容曰:"嘻,子殆可與言《書》矣。雖然,見其表,未見其裏;闚其門,未入其中。"顔回曰:"何謂也?"孔子曰:"丘常悉心盡志以入其中,則前有高岸,後有大谿,填填正立而已。《六誓》可以觀義,《五誥》可以觀仁,《甫刑》可以觀誡,《洪範》可以觀度,《禹貢》可以觀事,《皋陶謨》可以觀治,《堯典》可以觀美。”

　　子夏讀《書》畢,見于夫子。夫子問焉:“子何爲于《書》?”子夏對曰:“《書》之論事也,昭昭如日月之代明,離離若星辰之錯行。上有堯舜之道,下有三王之義。商所受于夫子,志之于心,弗敢忘也;雖退而巖居河濟之間,深山之中,作壞室,編蓬户,尚彈琴其中,以歌先王之風,則可以發憤忼慨,忘己貧賤。有人亦樂之,無人亦樂之,而忽不知憂患與死也。”夫子造然變色曰[一]:“嘻,子殆可與言《書》矣。雖然,見其表,未見其裏也。”顔淵曰:“何爲也?”子曰:“闚其門而不入其中,觀其奧藏之所在乎? 然藏又非難也[二]。丘嘗悉心盡志以入其中[三],則前有高岸,後有大谿,填填正立而已[四]。是故《堯典》可以觀美,《禹貢》可以觀事,《咎繇》可以觀治,《鴻範》可以觀度,《六誓》可以觀義,《五誥》可以觀仁,《甫刑》可以觀誠。通斯七觀,《書》之大義舉矣。”[五](又見於《韓詩外傳》二)

　〔一〕造然,不安貌。
　〔二〕王闓運曰:“難,猶深也。”
　〔三〕“中”字原脱,據《韓詩外傳》補。
　〔四〕填填,端正穩重貌。填,通“鎮”。
　〔五〕此條爲孫星衍《孔子集語》所收,然與《四庫全書》本、《四部叢刊》本、《緯書集成》本及中華書局諸本《尚書大傳》上兩條文字有異,而文意更加完整,不知孫氏所據何本,姑附於此。

　　子曰:“參,女以爲明主爲勞乎? 昔者舜左禹而右皋陶,不下席而天下治。”

韓詩外傳

　　《韓詩外傳》,漢韓嬰撰。《漢書·儒林傳》曰:“嬰推詩人之意而作《内》、《外傳》數萬言。”《漢書·藝文志》有《韓故》三十六卷、《韓内傳》四卷、《韓外傳》六卷、《韓説》四十一卷,然至今唯存《外傳》,餘皆亡佚。是書在《隋書·經籍志》、《舊唐書·經籍志》、《新唐書·藝文志》、《宋史·藝文志》中均著録爲十卷。《四庫提要》云:“其書雜引古事古語,證以詩詞,與經義不相比附,故曰《外傳》,所采多與周秦諸子相出入。"故其所載孔子言行,多漢人雜記所讀所聞,且多與《荀子》、《禮記》、《大戴禮記》、《孔子家語》等書的《論語》類文獻相參見。

歷代研究《韓詩外傳》的代表作有清代趙懷玉的《韓詩外傳校正》、周廷寀的《韓詩外傳校注》以及今人許維遹的《韓詩外傳集釋》等。

本書以許維遹的《韓詩外傳集釋》(中華書局 1980 年版)爲底本,以屈守元的《韓詩外傳箋疏》(巴蜀書社 1996 年版)、賴炎元的《韓詩外傳今注今譯》(臺灣商務印書館 1979 年版)以及郭沂的《孔子集語校補》爲參校本進行輯錄整理。

卷 一

孔子南遊,適楚,至於阿谷之隧,有處子佩璜而浣者[一]。孔子曰:"彼婦人其可與言矣乎?"抽觴以授子貢,曰:"善爲之辭,以觀其語。"子貢曰:"吾,北鄙之人也,將南之楚,逢天之暑,思心潭潭[二],願乞一飲,以表我心。"婦人對曰:"阿谷之隧,隱曲之汜,其水載清載濁,流而趨海,欲飲則飲,何問於婢子[三]?"受子貢觴,迎流而挹之,奐然而棄之,從流而挹之,奐然而溢之,坐,置之沙上,曰:"禮固不親授。"子貢以告。孔子曰:"丘知之矣。"抽琴去其軫,以授子貢,曰:"善爲之辭,以觀其語。"子貢曰:"嚮子之言,穆如清風,不悖我語,和暢我心。於此有琴而無軫,願借子以調其音。"婦人對曰:"吾,野鄙之人也,僻陋而無心,五音不知,安能調琴?"子貢以告。孔子曰:"丘知之矣。"抽絺綌五兩以授子貢[四],曰:"善爲之辭,以觀其語。"子貢曰:"吾,北鄙之人也,將南之楚。於此有絺綌五兩,吾不敢以當子身,敢置之水浦[五]。"婦人對曰:"行客之人,嗟然永久[六],分其資財,棄之野鄙。吾年甚少,何敢受子?子不早去,今竊有狂夫守之者矣。"(又見於《列女傳·辯通》)

〔一〕"璜",舊作"瑱",許維遹據梁端之説改作"璜"。梁端認爲:瑱,充耳也,非佩玉,從《詩·女曰雞鳴》疏引校改。

〔二〕"潭",《列女傳》作"譚"。王照圓疑"潭"、"譚"均爲"燂"之借字。"燂",《説文》云:"火熱也。"

〔三〕"何問於婢子",舊作"何問婦人乎",孫星衍《孔子集語》注曰:《御覽》七十四引作"何問於婢子"。今案:許瀚云:"《御覽》引是也。'子'與上文'汜''海'韻,如今本則失其韻矣。蓋‘婢’譌爲‘婦’，‘子’譌爲‘乎’，‘人’乃‘於’之爛字也。讀者覺‘何問人婦乎’不可通而乙轉之，益失其真。”

〔四〕許維遹曰：“‘五兩’猶言‘五匹’。古之布帛，每匹兩端對捲，故謂之兩。”

〔五〕許維遹曰：“《列女傳·辯通篇》作‘願注之水旁’。《説文·水部》：‘浦，水瀕也。’《吕氏春秋·召類篇》‘堯戰於丹水之浦’，高注：‘浦，岸也，一曰崖也。’‘浦’‘旁’聲轉義同。”

〔六〕此二句孫星衍《孔子集語》作“客之行，差遲乖人”，注云：《御覽》八百十九作“行客之人，嗟然永久”。今案：趙懷玉、許瀚、許維遹均以爲當作“行客之人，嗟然永久”。

哀公問孔子曰：“有智者壽乎〔一〕？”孔子曰：“然。人有三死而非命也者，自取之也。居處不理，飲食不節，佚勞過度者，病共殺之；居下而好干上，嗜欲無厭，求索不止者，刑共殺之；少以敵衆，弱以侮強，忿不量力者，兵共殺之。故有三死而非命也者，自取之也。”（又見於《説苑·雜言》）

〔一〕“者”字爲許維遹據趙懷玉及趙善詒之説補。

孔子曰：“富而可求也，雖執鞭之士，吾亦爲之。如不可求，從吾所好。”

荆伐陳，陳西門壞，因其降民，使脩之，孔子過而不式。子貢執轡而問曰：“禮，過三人則下，二人則式。今陳之脩門者衆矣，夫子不爲式，何也？”孔子曰：“國亡而弗知，不智也；知而不爭，非忠也；爭而不死，非勇也。脩門者雖衆，不能行一於此，吾故弗式也。”（又見於《説苑·立節》）

孔子曰：“君子有三憂：弗知，可無憂與？知而不學，可無憂與？學而不行，可無憂與？”

卷　二

孔子曰：“口欲味，心欲佚，教之以仁；心欲安，身惡勞〔一〕，教之以恭;好辯論而畏懼,教之以勇;目好色,耳好聲,教之以義。《易》曰:‘艮其限,列其腹,厲薰心。’《詩》曰:‘吁嗟女兮,無與士耽。’〔二〕皆防邪禁佚,調和心志。”

〔一〕“惡”,原作“欲”,據孫星衍《孔子集語》改。

〔二〕高亨《周易古經今注》曰:《易》之文見《艮卦》爻辭九三,詩之文見《詩·衛風·氓》。“艮”,猶顧也。王弼注:“限,身之中也。”《釋文》:“馬云:‘限,要也。’鄭、荀、虞同。”“腹”,馬融注曰:“夾脊肉也。”“薰”,《集解》作“閽”,疑假借爲“惛”,釋爲亂。“艮其限,列其腹,厲薰心”,即顧其要而傷其脊肉,是顧此失彼,以此處事,危矣,誠心中迷亂者矣。

　　高牆豐上激下〔一〕,未必崩也;降雨興〔二〕,流潦至,則崩必先矣。草木根荄淺〔三〕,未必撅也;飄風興,暴雨墜,則撅必先矣。君子居是邦也,不崇仁義,尊其賢臣,以理萬物,未必亡也;一旦有非常之變,諸侯交爭,人趨車馳,迫然禍至,乃始愁憂〔四〕,乾喉焦脣,仰天而歎,庶幾乎望其安也,不亦晚乎?孔子曰:“不慎其前,而悔其後。嗟乎!雖悔無及矣。”(又見於《説苑·建本》)

〔一〕屈守元曰:“此文‘激’當爲‘墩’,字之誤也。《説文·土部》:‘墩,磽也。從土,敦聲。’又《石部》:‘磽,磬也。從石,堯聲。’墩磽音義並同。……《孟子·告子上篇》趙注:‘磽,薄也。’豐上墩下,即豐上薄下之義。”

〔二〕許維遹以爲“降雨”即“隆雨”。

〔三〕荄亦根也。

〔四〕“愁憂”,舊作“憂愁”,許維遹據《治要》等改作“愁憂”。

　　孔子云:“美哉!顏無父之御也。馬知後有輿而輕之,知上有人而愛之,馬親其正,而愛其事,如使馬能言,彼將必曰:‘樂哉!今日之驂也。’至於顏淪,少衰矣,馬知後有輿而輕之,知上有人而敬之。馬親其正而敬其事,如使馬能言,彼將必曰:‘驂來!其人之使我也。’至於顏夷而衰矣〔一〕。馬知後有輿而重之,知上有人而畏之,馬親其正而畏其事,如使馬能言,彼將必曰:‘驂來!驂來!女不驂,彼將殺女。’故御馬有法矣,御民有道矣。法得則馬和而歡,道得則民安而集。《詩》曰:‘執轡如組,兩驂如舞。’此之謂也。”

〔一〕“矣”,孫星衍《孔子集語》作“焉”。

孔子曰:“子爲父隱,父爲子隱,直在其中矣。”

傳曰:孔子遭齊程本子於郯之間〔一〕,傾蓋而語終日。有間〔二〕,顧子路曰:“由,來,取〔三〕束帛〔四〕以贈先生。”子路不對。有間,又顧曰:“取〔五〕束帛以贈先生。”子路率爾而對曰:“昔者,由也聞之於夫子,士不中道相見〔六〕,女無媒而嫁者,君子不行也。”孔子曰:“夫《詩》不云乎:‘野有蔓草,零露漙兮。有美一人,青陽宛兮。邂逅相遇,適我願兮。’〔七〕且夫齊程本子,天下之賢士也,吾於是而不贈,終身不之見也。大德不踰閑,小德出入可也。”(又見於《説苑·尊賢》、《子華子》)

〔一〕孫星衍《孔子集語》注曰:《初學記》十七引作“孔子過齊,遇程本子於郯郊之間”;《御覽》八百十八引作“孔子之齊,遇程本子於譚郯之間”。

〔二〕有間,孫星衍《孔子集語》注曰:《初學記》引作“甚説”。

〔三〕“來”、“取”二字,舊本無,許維遹從趙懷玉本補。

〔四〕“帛”下一本有“十匹”二字。下同。

〔五〕“取”字,舊本無,許維遹據《説苑·尊賢》補。

〔六〕許維遹曰:“‘道’與‘導’同。導,引也。卷三第十八章‘四方之士相導而至矣’,相導者言相引薦也。然則中導猶中間耳。《家語·致思篇》作‘中間’,《御覽》四百二引《説苑·尊賢篇》作‘士不中間而見’,注云:‘中間,謂紹介也。’紹介與引薦義同。今本《説苑》脱‘間’字。”

〔七〕見《詩·鄭風·野有蔓草》。

子路與巫馬期薪於韞丘之下〔一〕。陳之富人有處師氏者,脂車百乘〔二〕,觴於韞丘之上。子路與巫馬期曰〔三〕:“使子無忘子之所知,亦無進子之所能,得此富,終身無復見夫子,子爲之乎?”巫馬期喟然仰天而歡,闇然投鎌於地〔四〕,曰:“吾嘗聞之夫子:勇士不忘喪其元,志士仁人不忘在溝壑。子不知予與?試予與?意者其志與?”子路心慙,負薪先歸〔五〕。孔子曰:“由,來!何爲偕出而先返也?”子路曰:“向也由與巫馬期薪於韞丘之下,陳之富人有處師氏者,脂車百乘,觴於韞丘之上,由謂巫馬期曰:‘使子無忘子之所知,亦無進子之所能,得此富,終身無復見夫子,子爲之乎?’巫馬期喟然仰天而嘆,闇然投鎌於地,曰:‘吾嘗聞之夫子:勇士不忘喪其元,志士仁人不忘在溝壑。

子不知予與？試予與？意者其志與？'由也心慚,故先負薪歸。"孔子
援琴而彈："《詩》曰:'蕭蕭鴇羽,集于苞栩。王事靡盬,不能藝稷黍。
父母何怙？悠悠倉天,曷其有所？'〔六〕予道不行邪？使汝願者〔七〕。"

〔一〕許翰云:"輼丘即宛邱。"薪,砍柴。
〔二〕脂,俞樾認爲當作"指",爲"楮"之假借。《爾雅·釋言》:"楮,柱也。"車止必有木
　　　以楮其輪,使之勿動,古謂之軔。楮車猶軔車。
〔三〕與,孫星衍《孔子集語》注曰:當作"謂"。今案:趙懷玉謂"與"當作"語"。
〔四〕許維通曰:"'闇'與'翕'同。《文選·吳都賦》劉逵注:'翕,忽疾貌。'"
〔五〕"負"上原有"故"字,許維通以爲衍。
〔六〕見《詩·唐風·鴇羽》。"倉",舊作"蒼",許維通據陳喬樅改。
〔七〕聞一多云:"願,慕也,謂子路慕陳人之富。此倒裝用法,猶言'使汝慕者,豈予道
　　　不行邪'。"

　　孔子曰:"士有五:有執尊貴者,有家富厚者,有資勇悍者,有心智
慧者,有貌美好者。執尊貴者,不以愛民行義理,而反以暴敖凌物〔一〕。
家富厚者,不以振窮救不足,而反以侈靡無度。資勇悍者,不以衛上
攻戰,而反以侵陵私鬬。心智慧者,不以端計數〔二〕,而反以事姦飾詐。
貌美好者,不以統朝涖民,而反以蠱女從欲〔三〕。此五者,所謂士失其
美質者也。"

〔一〕"凌物"二字爲許維通所補。
〔二〕端,審察。數,社會治亂的定數。
〔三〕蠱,誘惑。

　　子夏讀《書》已畢。夫子問曰:"爾亦可言於《書》矣〔一〕？"子夏對
曰:"《書》之於事也,昭昭乎若日月之光明,燎燎乎如星辰之錯行,上
有堯舜之道,下有三王之義,弟子所受於夫子者,志之於心〔二〕不敢忘。
雖居蓬戶之中,彈琴以詠先王之風;有人亦樂之,無人亦樂之,亦可發
憤忘食矣。《詩》曰:'衡門之下,可以棲遲;泌之洋洋,可以療
飢〔三〕。'"夫子造然變容曰:"嘻,吾子殆可以言《書》已矣。然子以見
其表,未見其裏。"顏淵曰:"其表已見,其裏又何有哉？"孔子曰:"闚其
門,不入其中,安知其奧藏之所在乎？然藏又非難也。丘嘗悉心盡
志,已入其中,前有高岸,後有深谷,泠泠然如此〔四〕,既立而已矣。不

能見其裏，蓋未謂精微者也。”（又見於《尚書大傳略説》）

〔一〕“可言”，原作“何大”，許維遹據趙懷玉之説改。

〔二〕“弟子”下“所受於夫子者，志之於心”等十字爲許維遹據趙懷玉之説所補。

〔三〕所引《詩》，見《詩·陳風·衡門》。

〔四〕泠泠然，清涼貌。

卷　三

楚莊王寢疾，卜之，曰：“河爲祟。”大夫曰：“請用牲。”莊王曰：“止。古者聖王之制，祭不過望。濉、漳、江、漢，楚之望也。寡人雖不德，河非所獲罪也。”遂不祭，三日而疾有瘳。孔子聞之曰：“楚莊王之霸，其有方矣。制節守職，反身不貳，其霸不亦宜乎？”（又見於《説苑·君道》）

子夏問《詩》，學一以知二。孔子曰：“起予者，商也。始可與言《詩》已矣！”孔子賢乎英傑而聖德備，弟子被光景而德彰。

傳曰：宋大水，魯人弔之曰：“天降淫雨，害於粢盛〔一〕，延及君地，以憂執政，使臣敬弔。”宋人應之曰：“寡人不仁，齋戒不修，使民不時，天加以災，又遺君憂，拜命之辱。”孔子聞之，曰：“宋國其庶幾矣。”弟子曰：“何謂？”孔子曰：“昔桀、紂不任其過，其亡也忽焉。成、湯、文王知任其過，其興也勃焉。過而改之，是不過也。”宋人聞之，乃夙興夜寐，弔死問疾，戮力宇内，三歲，年豐政平。鄉使宋人不聞孔子之言，則年穀未豐，而國家未寧。

〔一〕粢，黍稷。食物盛於器皿叫盛。一説盛爲稻。粢盛，泛指穀物。

傳曰：魯有父子訟者，康子欲殺之。孔子曰：“未可殺也。夫民不知父子訟之爲不義久矣〔一〕，是則上失其道。上有道，是人亡矣。”訟者聞之，請無訟。康子曰：“治民以孝，殺一人以僇不孝〔二〕，不亦可乎？”孔子曰：“否。不教而聽其獄，殺不辜也；三軍大敗，不可誅也；獄讞不治〔三〕，不可刑也。上陳之教而先服之，則百姓從風矣；躬行不從，然後俟之以刑，則民知罪矣。夫一仞之牆，民不能踰，百仞之山，童子登遊焉，凌遲故也。今世仁義之陵遲久矣，能謂民無踰乎？《詩》曰：‘俾民不迷。’〔四〕昔之君子，道其百姓不使迷，是以威厲而不試，刑措而不用也〔五〕。故形其仁義〔六〕，謹其教道，使民目晰焉而見之，使民耳晰焉而聞之，使民心晰焉而知之，則道不迷而民志不惑矣。《詩》曰：‘示我顯德行。’〔七〕故道義不易，民不由也。禮樂不明，民不見也。《詩》曰：‘周道如砥，其直如矢。”言其易也。‘君子所履，小人所視。’言其明也。‘睠言顧之，潸焉出涕。’〔八〕哀其不聞禮教而就刑誅也。夫散其本教而待之刑辟，猶決其牢而發以毒矢也，亦不哀乎！故曰：未可殺也。昔者先王使民以禮，譬之如御也。刑者，鞭策也，今猶無轡銜而鞭策以御也。欲馬之進，則策其後，欲馬之退，則策其前，御者以勞而馬亦多傷矣。今猶此也，上憂勞而民多罹刑。《詩》曰：‘人而無禮，胡不遄死！’〔九〕爲上無禮，則不免乎患；爲下無禮，則不免乎刑；上下無禮，胡不遄死！”康子避席再拜曰：“僕雖不敏，請承此語矣。”孔子退朝，門人子路難曰：“父子訟，道邪？”孔子曰：“非也。”子路曰：“然則夫子胡爲君子而免之也？”孔子曰：“不戒責成，虐也；慢令致期，暴也；不教而誅，賊也。君子爲政，避此三者。且《詩》曰：‘載色載笑，匪怒伊教。’〔一〇〕”（又見於《荀子·宥坐》、《説苑·政理》、《長短經·政體》）

〔一〕“民”下原脱“不知”二字，許維遹據《説苑·政理》補。

〔二〕“人”，孫星衍《孔子集語》作“不義”。僇，使羞耻。

〔三〕讞，評議。“獄讞不治”，訴訟的裁決評議不當。

〔四〕見《詩·小雅·節南山》。

〔五〕此句一本作“是以威厲而刑措不用也”。

〔六〕形，孫星衍《孔子集語》注曰：本或作“刑”。

〔七〕見《詩·周頌·敬之》。

〔八〕“睠言”，原作“睠焉”，據孫星衍《孔子集語》與今本《詩經》改。以上所引詩，均見《詩·小雅·大東》。睠，回頭看。之，這裏指周道。潸，流淚貌。

〔九〕見《詩·鄘風·相鼠》。遄，速也。

〔一〇〕見《詩·魯頌·泮水》。載，猶則。色，和顏悦色。匪，同“非”。伊，是也。

舜生於諸馮，遷於負夏，卒於鳴條，東夷之人也。文王生於岐周，卒於畢郢，西夷之人也。地之相去也，千有餘里；世之相後也，千有餘歲，然得志行乎中國，若合符節。孔子曰："先聖後聖，其揆一也。"

孔子觀於周廟，有欹器焉。孔子問於守廟者曰："此謂何器也？"對曰："此蓋爲宥座之器。"孔子曰："吾聞宥座之器，滿則覆，虛則欹，中則正，有之乎？"對曰："然。"孔子使子路取水試之，滿則覆，中則正，虛則欹。孔子喟然而嘆曰："嗚呼！惡有滿而不覆者哉！"子路曰："敢問持滿有道乎？"孔子曰："持滿之道，抑而損之。"子路曰："損之有道乎？"孔子曰："德行寬裕者，守之以恭；土地廣大者，守之以儉；祿位尊盛者，守之以卑；人衆兵强者，守之以畏；聰明睿智者，守之以愚；博聞强記者，守之以淺。夫是之謂抑而損之。"（又見於《荀子·宥坐》、《淮南子·道應訓》、《說苑·敬慎》）

傳曰：子路盛服以見孔子。孔子曰："由，疏疏者何也[一]？昔者江出於岷[二]，其始出也，不足以濫觴；及其至乎江之津也，不方舟，不避風，不可渡也。非其下流衆川之多歟[三]！今汝衣服甚盛，顏色充滿，天下有誰加汝哉！"子路趨出，改服而入，蓋揖如也[四]。孔子曰："由，志之。吾語汝：夫慎於言者不譁，慎於行者不伐。色知而有長者，小人也。故君子知之爲知之，不知爲不知，言之要也；能之爲能之，不能爲不能，行之要也。言要則知，行要則仁，既知且仁，又何加哉？"（又見於《荀子·子道》、《說苑·雜言》）

〔一〕許維遹以爲"疏疏"讀爲"楚楚"，有美好義。

〔二〕"江"下原脫"出"字，許維遹據《荀子·天道篇》補。

〔三〕許維遹以爲"衆川"上脫"下流"二字。

〔四〕"揖"，孫星衍《孔子集語》作"攝"，孫星衍《孔子集語》注曰：毛本作"揖"。

卷　四

哀公問取人，孔子曰："無取健，無取佞，無取口讒。健，驕也；佞，諂也；口讒，誕也。故弓調然後求勁焉，馬服然後求良焉，士信愨而後求知焉。士不信愨而又多知[一]，譬之豺狼與[二]，其難以身近也。《周書》曰：'無爲虎傅翼，將飛入邑，擇人而食。'夫置不肖之人於位，是爲

虎傅翼也^{〔三〕}，不亦殆乎！”（又見於《荀子·哀公》、《説苑·尊賢》）

〔一〕“慤而”，原作“焉”，許維遹據《荀子·哀公》改。

〔二〕“與”字爲許維遹據他本補。

〔三〕“是”以上二十二字爲許維遹所補。

晏子聘魯，上堂則趨，授玉則跪。子貢怪之，問孔子曰：“晏子知禮乎？今者晏子來聘魯，上堂則趨，授玉則跪，何也？”孔子曰：“其有方矣。待其見我，我將問焉。”俄而晏子至，孔子問之。晏子對曰：“夫上堂之禮，君行一，臣行二。今君行疾，臣敢不趨乎？今君之授幣也卑，臣敢不跪乎？”孔子曰：“善。禮中又有禮。賜，寡使也，何足以識禮也！”《詩》曰：“禮儀卒度，笑語卒獲。”^{〔一〕}晏子之謂也。（又見於《晏子春秋·雜上》）

〔一〕見《詩·小雅·楚茨》。卒，盡也。卒度，謂完全符合法度。獲，于省吾曰：“讀爲矱，矱，規也。”

孔子見客^{〔一〕}，客去。顏淵曰^{〔二〕}：“客，仁也^{〔三〕}？”孔子曰：“恨兮其心，顙兮其口^{〔四〕}，仁則^{〔五〕}吾不知也^{〔六〕}。”顏淵楚然變色，曰：“良玉度尺，雖有十仞之土，不能掩其光；良珠度寸，雖有百仞之水，不能掩其瑩^{〔七〕}。夫形體之包心也^{〔八〕}，閔閔乎其薄也。苟有溫良在其中^{〔九〕}，則眉睫著之矣^{〔一〇〕}；疵瑕在其中，則眉睫亦不匿之。《詩》曰：‘鼓鐘于宮，聲聞于外。^{〔一一〕}’”言有諸中必形諸外也^{〔一二〕}。

〔一〕孫星衍《孔子集語》注曰：薛據《集語》引作“孔子適衛，衛使見客”。

〔二〕孫星衍《孔子集語》注曰：薛“曰”上有“問”字。

〔三〕孫星衍《孔子集語》注曰：薛下有“乎”字。

〔四〕顙，疑爲“類”字之誤。類，善也。

〔五〕則，孫星衍《孔子集語》注曰：薛作“即”。

〔六〕“知也”下一本有“言之所聚也”五字。

〔七〕其瑩，孫星衍《孔子集語》注曰：薛作“其氣”。

〔八〕“夫形體之包心也”，一本作“夫形，體也；色，心也”。

〔九〕孫星衍《孔子集語》無“其”字，注曰：薛作“苟有溫瑩，良在其中”。

〔一〇〕著，孫星衍《孔子集語》注曰：薛作“見”。

〔一一〕所引詩，出自《詩·小雅·都人士之什》。

〔一二〕“言有諸中必形諸外也”九字舊脱，許維遹依趙善詒據《孔子集語》補。

卷　五

子夏問曰：“《關雎》何以爲《國風》始也？”孔子曰：“《關雎》至矣乎！夫《關雎》之人，仰則天，俯則地，幽幽冥冥，德之所藏，紛紛沸沸，道之所行，雖神龍化〔一〕，斐斐文章。大哉！《關雎》之道也，萬物之所繫，群生之所懸命也。河、洛出《書》、《圖》，麟鳳翔乎郊，不由《關雎》之道，則《關雎》之事將奚由至矣哉？夫六經之策，皆歸論汲汲〔二〕，蓋取之乎《關雎》。《關雎》之事大矣哉！馮馮翊翊〔三〕，自東自西，自南自北，無思不服。子其勉強之，思服之。天地之間，生民之屬，王道之原，不外此矣。”子夏喟然嘆曰：“大哉！《關雎》乃天地之基也〔四〕。”

〔一〕“雖神龍化”，舊作“如神龍變化”，許維遹據許瀚改。
〔二〕“汲汲”，賴炎元釋爲“急迫”。
〔三〕“馮馮翊翊”，賴炎元釋爲“充實茂盛的樣子”。
〔四〕“也”，原作“地”，據孫星衍《孔子集語》改。

孔子抱聖人之心，彷徨乎道德之域，逍遥乎無形之鄉。倚天理，觀人情，明終始，知得失，故興仁義，厭勢利，以持養之。于時周室微，王道絶，諸侯力政〔一〕，強劫弱，衆暴寡，百姓靡安，莫之紀綱，禮儀廢壞，人倫不理，於是孔子自東自西，自南自北，匍匐救之。

〔一〕許維遹曰：“‘政’與‘征’通。《大戴禮·用兵篇》‘諸侯力征’，盧注：‘言以威力侵爭。’”

孔子學鼓琴於師襄子而不進〔一〕。師襄子曰：“夫子可以進矣。”孔子曰：“丘已得其曲矣，未得其數也。”有閒，曰：“夫子可以進矣。”曰：“丘已得其數矣，未得其意也。”有閒，復曰：“夫子可以進矣。”曰：“丘已得其意，未得其人也。”有閒，復曰：“夫子可以進矣。”〔二〕曰：“丘已得其人矣，未得其類也。”有閒，曰：“邈然遠望〔三〕，洋洋乎〔四〕！翼翼乎〔五〕！必作此樂也。黯然而黑，幾然而長，以王天下，以朝諸侯者，其惟文王乎！”師襄子避席再拜，曰：“善！師以爲文王之《操》也〔六〕。”故孔子持文王之聲，知文王之爲人。師襄子曰：“敢問何以知其文王之

《操》也?”孔子曰:“然。夫仁者好韋〔七〕,和者好粉〔八〕,智者好彈,有惛懇之意者好麗,丘是以知文王之《操》也。”(又見於《淮南子·主術訓》)

〔一〕師襄子,孫星衍《孔子集語》注曰:《初學記》十六引作“師堂子”。

〔二〕“曰丘”以下二十二字原脱,許維遹據趙懷玉本補。

〔三〕孫星衍《孔子集語》注曰:《初學記》引“曰”字在“遠望”下。

〔四〕洋洋乎,盛大充滿的樣子。

〔五〕翼翼乎,嚴正的樣子。

〔六〕《操》,琴曲。

〔七〕“韋”,舊作“偉”,許維遹據孫詒讓改。

〔八〕粉,粉飾。

孔子曰:“夫談説之術,齊莊以立之〔一〕,端誠以處之,堅强以持之〔二〕,辟稱以喻之,分别以明之〔三〕,歡忻芬芳以送之〔四〕。寶之珍之,貴之神之。如是,則説恒無不行矣〔五〕。夫是之謂能貴其所貴。若夫無類之説,不形之行,不贊之辭,君子慎之。”

〔一〕孫星衍《孔子集語》注曰:《荀子·非相篇》不云“孔子曰”,作“矜莊以莅之”。

〔二〕“持”,孫星衍《孔子集語》作“處”。

〔三〕“别”字爲許維遹據《荀子》增。二句《荀子》作“分别以喻之,譬稱以明之”。

〔四〕孫星衍《孔子集語》注曰:《荀子》作“欣驩芬薌”。

〔五〕孫星衍《孔子集語》注曰:《荀子》作“則説常無不受,雖不説人,人莫不貴”。

孔子侍坐於季孫。季孫之宰通曰:“君使人假馬,其與之乎〔一〕?”孔子曰:“吾聞君取於臣,謂之取,不曰假。”季孫悟,告宰通曰:“自今以往,君有取,謂之取,無曰假。”故孔子正假馬之名,而君臣之義定矣。《論語》曰:“必也正名乎。”(又見於《新序·雜事》)

〔一〕孫星衍《孔子集語》注曰:皇侃《論語疏》七引“乎”上有“不”字。

卷　六

子路治蒲,三年,孔子過之。入其境而善之,曰:“善哉〔一〕! 由恭敬以信矣。”入其邑,曰:“善哉! 由忠信以寬矣。”至其庭,曰:“善哉! 由明察以斷矣。”子貢執轡而問曰:“夫子未見由,而三稱善,可得聞乎?”孔子曰:“我入其境,田疇甚易〔二〕,草萊甚辟,此恭敬以信,故其民盡力〔三〕。入其邑，墉屋甚尊，樹木甚茂，此忠信以寬，故其民不偷。入其庭，甚閑，故其民不擾也。”

〔一〕“善哉”二字原脱，許維遹據《孔子家語·辯政》補。

〔二〕甚易，孫星衍《孔子集語》注曰：此二字本脱，據《文選·籍田賦》注引補。

〔三〕“其”字原脱，許維遹據《文選·甘泉賦》注引、《孔子家語·辯政》補。

子曰：“不學而好思，雖知不廣矣；學而慢其身〔一〕，雖學不尊矣；不以誠立，雖立不久矣；誠未著而好言，雖言不信矣。美材也〔二〕，而不聞君子之道，隱小物以害大物者〔三〕，災必及其身矣。”

〔一〕慢，《論語·泰伯》：“斯遠暴慢矣。”朱子注曰：“放肆也。”

〔二〕許維遹曰：“元本‘材’作‘林’。本或作‘林’，‘林’即‘材’之形誤。”今案：材，材
　　質也。

〔三〕《尚書·盤庚下》：“尚皆隱哉。”孔穎達疏：“隱，謂隱審也。”這裏指詳察。物，事
　　也。害，妨害，妨礙。

孔子曰：“可與言終日而不倦者，其惟學乎！其身體不足觀也〔一〕，勇力不足憚也，族姓不足稱也，宗祖不足道也，然而可以聞於四方而昭於諸侯者，其惟學乎！”（又見於《説苑·建本》）

〔一〕賴炎元曰：“身體，疑當據《家語》作容體。容體，容貌，謂美好的容貌。”

孔子行，簡子將殺陽虎〔一〕，孔子似之，帶甲以圍孔子舍。子路慍怒，奮戟將下〔二〕，孔子止之曰：“由，何仁義之寡裕也！夫《詩》《書》之不習，禮樂之不講，是丘之罪也。若我非陽虎而以我爲陽虎，則非丘之罪也，命也夫！歌，予和若〔三〕。”子路歌，孔子和之，三終而圍罷。（又見於《莊子·外篇·秋水》、《説苑·雜言》）

〔一〕許維遹曰：“此句脱誤，當依《説苑》作‘孔子之衛，匡簡子將殺陽虎’。‘行’即
　　‘衛’字之壞，《説苑》‘宋’字亦當作‘衛’。”

〔二〕《説苑·雜言》“下”下有“鬭”字，當補。

〔三〕原作“命也我歌子和若”，許維遹據元本、趙本改。

卷　七

孔子曰：“昔者，周公事文王，行無專制，事無由己，身若不勝衣，

言若不出口,有奉持於前,洞洞焉若將失之〔一〕,可謂能子矣〔二〕。武王崩,成王幼,周公承文、武之業,履天子之位,聽天下之政〔三〕,征夷狄之亂,誅管、蔡之罪,抱成王而朝諸侯,誅賞制斷,無所顧問,威動天地,振恐海內,可謂能武矣。成王壯,周公致政,北面而事之,請然後行,無伐矜之色,可謂能臣矣〔四〕。故一人之身,能三變者,所以應時也。"

〔一〕洞洞,恭敬虔誠貌。

〔二〕"能"字原脱,許維遹依趙善詒據《淮南子・氾論訓》補。

〔三〕"天下"原作"天子",趙善詒、許維遹據《淮南子・氾論訓》、《荀子・儒效》改。

〔四〕"能"字原脱,許維遹依趙善詒據《淮南子・氾論訓》補。

　　孔子困於陳、蔡之間,即三經之席〔一〕,七日不食,藜羹不糝,弟子有飢色,讀詩書習禮樂不休〔二〕。子路進諫曰:"爲善者,天報之以福;爲不善者,天報之以禍。今夫子積德累仁,爲善久矣,意者,尚有遺行乎〔三〕?奚居之隱也?"孔子曰:"由,來!汝小人也,未講於論也。居,吾語汝:子以知者爲無罪乎,則王子比干何爲剖心而死?子以義者爲聽乎〔四〕,則伍子胥何爲抉目而懸吳東門?子以廉者爲用乎,則伯夷、叔齊何爲餓於首陽之山?子以忠者爲用乎,則鮑叔何爲而不用,葉公子高終身不仕,鮑焦抱木而立〔五〕,子推登山而燔?故君博學深謀,不遇時者衆矣,豈獨丘哉!賢不肖者,材也;遇不遇者,時也。今無有時,賢安所用哉?故虞舜耕於歷山之陽,立爲天子,其遇堯也;傅說負土而版築,以爲大夫,其遇武丁也;伊尹故有莘氏僮也,負鼎操俎,調五味,而立爲相,其遇湯也;呂望行年五十,賣食棘津,年七十屠於朝歌,九十乃爲天子師,則遇文王也;管夷吾束縛自檻車以爲仲父〔六〕,則遇齊桓公也;百里奚自賣五羊之皮,爲秦伯牧牛〔七〕,舉爲大夫,則遇秦繆公也;虞丘名聞於天下以爲令尹〔八〕,讓於孫叔敖,則遇楚莊王也;伍子胥前功多,後戮死,非知有盛衰也,前遇闔閭,後遇夫差也。夫驥罷鹽車,此非無形容也,莫知之也〔九〕。使驥不得伯樂,安得千里之足?造父亦無千里之手矣。夫蘭茝生於茂林之中,深山之間,不爲人莫見之〔一〇〕,故不芬。夫學者非爲通也。爲窮而不困,憂而志不衰,先知禍福之終始,而心無惑焉。故聖人隱居深念,獨聞獨見。夫舜亦賢聖矣,南面而治天下,惟其遇堯也。使舜居桀、紂之世,能自免於刑戮之中,則爲善矣,亦何位之有？桀殺關龍逢,紂殺王子比干,當此之時,豈關龍逢無知而王子比干不慧乎哉？此皆不遇時也。故君子務學,脩身端行而須其時者也,子無惑焉。”（又見於《荀子·宥坐》、《説苑·雜言》）

〔一〕“即”,元本作“席”。許維遹案:本或作“席”,與《説苑·雜言篇》合。日本關嘉曰:“三經,《詩》《書》《禮》也。席三經之席者,下所謂席讀《詩》《書》治《禮》之席也。”

〔二〕孫星衍《孔子集語》無“詩”字。

〔三〕孫星衍《孔子集語》注曰:本作“意者,當遺行乎”,據《文選·對楚王問》、《文選·辯命論》兩注引改。今案:遺,亡也,即過也。

〔四〕“義”,許維遹以爲當讀爲“議”。

〔五〕“立”,原作“泣”,許維遹校作“立”。今案:作“立”是也。《説苑·雜言》篇曰:“鮑焦抱木而立枯。”《莊子·雜篇·盜跖》:“鮑焦飾行非世,抱木而死。”均無鮑焦“抱木而泣”之事,而是“抱木而立”。

〔六〕趙懷玉云:“‘自’,《説苑·雜言篇》作‘膠目’,此脱誤。”許維遹以爲本書若有“膠目”之文,據《説苑》當云“管夷吾束縛膠目,居檻車以爲仲父”,或“自檻車”作“自檻車起”,不加“膠目”亦通。據《吕氏春秋》,則“自檻車”當作“置檻車”。

〔七〕許維遹曰:“《説苑·雜言篇》‘牧牛’作‘牧羊’。據《孟子·萬章篇》,則‘牛’是而‘羊’非。”

〔八〕“名聞”二字爲許維遹據《説苑》補。

〔九〕許維遹以爲“非”上“此”子衍,“莫”上脱“世”字,或“世”誤爲“此”。

〔一○〕“不爲”二字爲許維遹據元本補。

孔子曰:“明王有三懼:一曰處尊位而恐不聞其過,二曰得志而恐驕,三曰聞天下之至道而恐不能行。”

孔子閑居,子貢侍坐。“請問爲人下之道奈何？”孔子曰:“善哉！爾之問也！爲人下,其猶土乎？”子貢未達,孔子曰:“夫土者,掘之得甘泉焉,樹之得五穀焉,草木植焉,鳥獸魚鱉遂焉,生則立焉,死則入焉,多功不言,賞世不絶。故曰:能爲人下者,其惟土乎！”子貢曰:“賜雖不敏,請事斯語。”（又見於《説苑·臣術》、《荀子·堯問》）

子貢問大臣，子曰：“齊有鮑叔，鄭有子皮。”子貢曰：“否。齊有管仲，鄭有東里子産。”孔子曰：“然，吾聞鮑叔之薦管仲也，子皮之薦子産也，未聞管仲、子産有所薦也〔一〕。”子貢曰：“然則薦賢賢於賢？”曰：“知賢，智也；推賢，仁也；引賢，義也。有此三者，又何加焉？”（又見於《説苑·臣術》、《劉子·薦賢》）

〔一〕“然，吾聞鮑叔之薦管仲也，子皮之薦子産也，未聞管仲、子産有所薦也”二十七字原作“産薦也”，許維遹據《説苑》補。孫星衍《孔子集語》注曰：似當云“管仲，鮑叔薦也；子産，子皮薦也”。

孔子遊於景山之上，子路、子貢、顔淵從。孔子曰：“君子登高必賦，小子願者，何言其願，丘將啓汝。”子路曰：“由願奮長戟，盪三軍〔一〕，乳虎在後〔二〕，仇敵在前，蠡躍蛟奮，進救兩國之患。”孔子曰：“勇士哉！”子貢曰：“兩國搆難，壯士列陣，塵埃漲天，賜不持一尺之兵，一斗之糧，解兩國之難。用賜者存，不用賜者亡。”孔子曰：“辯士哉！”顔回不願，孔子曰：“回何不願？”顔淵曰：“二子已願，故不敢願。”孔子曰：“不同，意各有事焉。回其願，丘將啓汝。”顔淵曰：“願得小國而相之，主以道制，臣以德化，君臣同心，外内相應，列國諸侯莫不從義嚮風，壯者趨而進，老者扶而至，教行乎百姓，德施乎四蠻，莫不釋兵，輻輳乎四門，天下咸獲永寧，蝡飛蠕動，各樂其性，進賢使能，各任其事，於是君綏於上，臣和於下，垂拱無爲，動作中道，從容得禮。言仁義者賞，言戰鬭者死，則由何進而救？賜何難之解？”孔子曰：“聖士哉！大人出，小子匿〔三〕，聖者起，賢者伏。回與執政，則由、賜焉施其能哉？”（又見於《韓詩外傳》九、《説苑·指武》）

〔一〕盪，衝殺。
〔二〕乳虎，産子的母虎。母虎産子後，護子心切，特別兇猛。
〔三〕“子”，孫星衍《孔子集語》作“人”。

昔者孔子鼓瑟，曾子、子貢側門而聽。曲終，曾子曰：“嗟乎！夫子瑟聲殆有貪狼之志〔一〕，邪僻之行，何其不仁，趨利之甚。”子貢以爲然，不對而入。夫子望見子貢有諫過之色，應難之狀〔二〕，釋瑟而待之，子貢以曾子之言告。子曰：“嗟乎！夫參，天下賢人也，其習知音矣！

鄉者,丘鼓瑟,有鼠出游,狸見於屋,循梁微行,造焉而避,厭目曲脊,求而不得,丘以瑟淫其音〔五〕。參以丘爲貪狼邪僻,不亦宜乎!"

〔一〕"志",孫星衍《孔子集語》作"心"。貪狼,像狼一樣貪狼。

〔二〕難,責難。

〔三〕"淫",孫星衍《孔子集語》作"浮"。

卷　八

越王勾踐使廉稽獻民於荆王。荆王使者曰:"越,夷狄之國也。臣請欺其使者。"荆王曰:"越王,賢人也,其使者亦賢,子其慎之。"使者出見廉稽,曰:"冠則得以俗見,不冠不得見。"廉稽曰:"夫越亦周室之列封也,不得處於大國,而處江海之陂,與魭鱓魚鼈爲伍,文身翦髮而後處焉。今來至上國,必曰冠得俗見,不冠不得見,如此,則上國使適越,亦將劓墨文身翦髮而後得以俗見,可乎?"荆王聞之,披衣出謝。孔子曰:"使於四方,不辱君命,可謂士矣。"

子賤治單父,其民附。孔子曰:"告丘之所以治之者。"對曰:"不齊時發倉廩,振困窮,補不足。"孔子曰:"是小人附耳,未也。"對曰:"賞有能,招賢才,退不肖。"孔子曰:"是士附耳,未也。"對曰:"所父事者三人,所兄事者五人,所友者十有二人,所師者一人。"孔子曰:"所父事者三人,足以教孝矣〔一〕;所兄事者五人,足以教弟矣;所友者十有二人,足以袪壅蔽矣;所師者一人,足以慮無失策,舉無敗功矣。昔者堯、舜清微其身,以聽觀天下,務來賢人。夫舉賢者,百福之宗也,而神明之主也〔二〕。惜乎! 不齊之所爲者小也。爲之大功〔三〕,乃與堯、舜參矣。"(又見於《説苑·政理》)

〔一〕據《説苑·政理》,此處舊脱"可以教孝矣"五字。許維遹從下例改"可"爲"足"。

〔二〕"昔者堯、舜清微其身,以聽觀天下,務來賢人。夫舉賢者,百福之宗也,而神明之主也"三十三字爲許維遹據《説苑》補。

〔三〕"不齊之所爲者小也,爲之大功",一本作"不齊爲之大功"。

傳曰:予小子使爾繼邵公之後〔一〕,受命者必以其祖命之〔二〕。孔子爲魯司寇,命之曰:"宋公之子弗甫何孫魯孔丘,命爾爲司寇。"孔子

曰："弗甫敦及厥辟〔三〕,將不堪〔四〕。"公曰："不妄〔五〕。"（又見於《御覽》二百八引《符子》）

〔一〕予小子,天子自稱。邵公,即召公奭。召公之後,指召公的後代穆公虎。

〔二〕指君主在任命文辭中,一定稱述受命人的祖先,以期他遵循祖先的傳統。

〔三〕敦,敦厚。厥,其。辟,君。這裏指弗甫何把君位讓給弟弟宋厲公,厚待君主。

〔四〕堪,堪任,勝任。這裏指孔子自謙不能勝任。

〔五〕妄,虛誣不實。本句是說孔子無此毛病,故可以勝任。

梁山崩,晉君召大夫伯宗,道逢輦者,以其輦服其道〔一〕,伯宗使其右下,欲鞭之。輦者曰："君趨道豈不遠矣,不如捷而行。"伯宗喜,問其居。曰："絳人也。"伯宗曰："子亦有聞乎?"曰："梁山崩,壅河,顧三日不流,是以召子。"伯宗曰："如之何?"曰："天有山,天崩之;天有河,天壅之。伯宗將如之何?"伯宗私問之,曰："君其率群臣,素服而哭之,既而祠焉,河斯流矣。"伯宗問其姓名,弗告。伯宗到,君問,伯宗以其言對。於是君素服,率群臣而哭之,既而祠焉,河斯流矣。君問伯宗何以知之,伯宗不言受輦者,詐以自知。孔子聞之曰："伯宗其無後,攘人之善。"（又見於《穀梁·成五年傳》）

〔一〕孫星衍《孔子集語》注曰:《晉語五》云:"遇車當道而覆。"今案:一本無"其道"二字。趙懷玉以爲"服"當作"覆"。周廷寀也以爲"服"同"覆",並以爲"其道"之"其"當作"於"。聞一多認爲"其道"之"其"字斥伯宗,輦者欲止伯宗而與之語,佯覆其輦以阻伯宗之道也。故周說非也。

晉平公使范昭觀齊國之政,景公錫之宴〔一〕,晏子在前,范昭趨曰："願君之倅樽以爲壽〔二〕。"景公顧左右曰："酌寡人樽,獻之客。"范昭已飲。晏子曰〔三〕："徹去樽。"范昭不說,起舞,顧太師曰："子爲我奏成周之樂,吾爲子舞之。"太師對曰："盲臣不習。"范昭起,出門。景公謂晏子曰："夫晉,天下大國也,使范昭來觀齊國之政,今子怒大國之使者,將奈何?"晏子曰："范昭之爲人也,非陋而不知禮也,是欲試吾君臣,嬰故不從。"於是景公召太師而問之曰："范昭使子奏成周之樂,何故不調?"對如晏子。於是范昭歸,報平公曰："齊未可并也。吾試其君,晏子知之;吾犯其樂,太師知之。"孔子聞之曰："善乎晏子,不出

俎豆之間,折衝千里之外。"(又見於《晏子春秋·雜上》、《新序·雜事一》)

〔一〕許維遹曰:"'錫'、'賜'古通用,金文'賜'多以'錫'爲之。"

〔二〕屈守元曰:"《周禮·夏官·戎僕》:'掌王倅事之政。'鄭玄注:'倅,副也。'字或作'卒'。"

〔三〕"曰"上原有"對"字,許維遹以爲衍,是也。

孔子燕居〔一〕,子貢攝齊而前曰〔二〕:"弟子事夫子有年矣,才竭而智罷〔三〕,倦於學問,不能復進,請一休焉。"孔子曰:"賜也欲焉休乎?"曰:"賜欲休於事君。"孔子曰:"《詩》云:'夙夜匪懈,以事一人。'〔四〕爲之若此其不易也,若之何其休也!"曰:"賜欲休於事父母。"孔子曰:"《詩》云:'孝子不匱,永錫爾類。'〔五〕爲之若此其不易也,如之何其休也!"曰:"賜欲休於事兄弟。"孔子曰:"《詩》云:'妻子好合,如鼓瑟琴。兄弟既翕,和樂且耽。'〔六〕爲之若此其不易也,如之何其休也!"曰:"賜欲休於耕田。"孔子曰:"《詩》云:'晝爾于茅,宵爾索綯;亟其乘屋,其始播百穀。'〔七〕爲之若此其不易也,若之何其休也!"子貢曰:"君子亦有休乎?"孔子曰:"闔棺兮乃止播兮〔八〕,不知其時之易遷兮,此之謂君子所休也。"(又見於《荀子·大略》、《列子·天瑞》)

〔一〕燕居,在家閑居。

〔二〕《論語·鄉黨》曰:"攝齊升堂,鞠躬如也。"朱子注曰:"攝,摳也。齊,衣下縫也。禮,將升堂,兩手摳衣,使去地尺,恐躡之而傾跌失容也。"攝齊,表示恭敬而有禮。

〔三〕罷,通"疲"。

〔四〕見《詩·大雅·烝民》。

〔五〕見《詩·大雅·既醉》。匱,竭盡。錫即賜。

〔六〕見《詩·小雅·常棣》。好合,和樂。翕,和合。耽,愉悦。

〔七〕見《詩·豳風·七月》。爾,語助詞。于,取。茅,茅草。索,搓。綯,繩子。亟,急。乘,登。這裏指登上房屋進行修繕。

〔八〕後"兮"字,孫星衍《孔子集語》注曰:本多作"耳",今從楊本。

曾子有過,曾晳引杖擊之,仆地。有間,乃蘇。起曰:"先生得無病乎?"魯人賢曾子,以告夫子。夫子告門人:"參,來勿内也!"曾子自以爲無罪,使人謝夫子。夫子曰〔一〕:"汝不聞昔者舜爲人子乎? 小箠則待〔二〕,大杖則逃。索而使之,未嘗不在側;索而殺之,未嘗可得。今

汝委身以待暴怒，拱立不去，汝非王者之民邪？殺王者之民，其罪何如？”（又見於《説苑·建本》）

〔一〕“勿内也！曾子自以爲無罪，使人謝夫子。夫子曰”十八字爲許維遹據《説苑》補。

〔二〕“待”下原有“笞”字，許維遹以爲衍。

孔子曰：“《易》先《同人》，後《大有》，承之以《謙》，不亦可乎？故天道虧盈而益謙，地道變盈而流謙，鬼神害盈而福謙，人道惡盈而好謙。謙者，抑事而損者也。持盈之道，抑而損之。此謙德之於行也，順之者吉，逆之者凶。五帝既没，三王既衰，能行謙德者，其惟周公乎！周公以文王之子〔一〕、武王之弟、成王之叔父，假天子之尊位七年，所執贄而師見者十人，所還質而友見者十三人，窮巷白屋之士所先見者四十九人，時進善者百人，宮朝者千人，諫臣五人，輔臣五人，拂臣六人，載干戈以至於封侯，異族九十七人〔二〕，而同姓之士百人。”孔子曰：“猶以爲周公爲天下黨，則以同族爲衆而異族爲寡也。故德行寬容，而守之以恭者榮；土地廣大，而守之以儉者安；位尊禄重，而守之以卑者貴；人衆兵强，而守之以畏者勝；聰明睿智，而守之以愚者哲；博聞强記，而守之以淺者不隘。此六者，皆謙德也。《易》曰：‘謙，亨，君子有終，吉。’能以此終吉者，君子之道也。貴爲天子，富有四海，而德不謙，以亡其身，桀、紂是也，而況衆庶乎！夫《易》有一道焉，大足以治天下，中足以安家國，近足以守其身者，其惟謙德乎？”

〔一〕“周公以”三字爲許維遹據趙善詒説所補。

〔二〕“異族九十七人”六字爲許維遹據趙善詒説所補。

卷　九

孔子出行〔一〕，聞哭聲甚悲。孔子曰：“驅之！驅之！前有賢者。”至，則皋魚也〔二〕。被褐擁鎌〔三〕，哭於道旁。孔子辟車與之言〔四〕，曰：“子非有喪，何哭之悲也？”皋魚曰：“吾失之三矣：少而好學，周游諸侯，以殁吾親〔五〕，失之一也；高尚吾志，簡吾事，不事庸君，而晚事無成〔六〕，失之二也；與友厚而中絶之〔七〕，失之三矣。夫樹欲静而風不止〔八〕，子欲養而親不待〔九〕。往而不可追者，年也；去而不可得見者〔一〇〕，親也。吾請從此辭矣〔一一〕。”立槁而死。孔子曰：“弟子識之，足以誡矣。”於是門人辭歸而養親者十有三人。（又見於《説苑・敬慎》）

〔一〕“子”下舊脱“出”字，許維遹據《文選・長迪賦》注補。

〔二〕“皋魚”，《説苑・敬慎》及《家語・致思》均作“丘吾子”。孫志祖云：“‘丘吾’、‘皋魚’，聲轉字異，一人也。”

〔三〕賴炎元曰：“褐，粗布衣。擁，持。‘鎌’，疑當從《文選・長迪賦》注引作‘劍’。”

〔四〕辟，通“避”。“辟車”即下車。

〔五〕“殁”，原誤作“後”，許維遹據《孔子集語》引改。

〔六〕“簡吾事，不事庸君，而晚事無成”，原作“間吾事君”，許維遹據《御覽》四百八十七補正。

〔七〕“中”，原作“小”，許維遹據趙善詒之説校改。

〔八〕“夫”字舊脱，爲許維遹所補。

〔九〕“待”下原有“也”字，許維遹以爲衍。

〔一〇〕“不可追者，年也；去而”八字舊脱，許維遹依趙本據《御覽》四百八十七補。

〔一一〕孫星衍《孔子集語》注曰：“請從”，《文選注》作“於是”。

子路曰：“有人於斯，夙興夜寐，手足胼胝，而面目黧黑，樹藝五穀，以事其親，而無孝子之名者，何也？”孔子曰：“意者身未敬邪〔一〕？色不順邪？辭不遜邪？古人有言曰：‘衣歟醪歟〔二〕！曾不爾聊〔三〕。’子勞以事其親，無此三者，何爲無孝之名！意者所友非仁人邪？坐，吾語汝〔四〕：雖有國士之力，不能自舉其身，非無力也，勢不便也。是以君子入則篤孝，出則友賢，何爲其無孝子之名？”（又見於《荀子・子道》）

〔一〕“意”上原有“吾”字，許維遹以爲衍。

〔二〕“醪”，原作“食”，許維遹據元本及劉師培之説校改。孫星衍《孔子集語》注曰：《荀子》楊倞注引此作“衣予教予”。今案：盧文弨曰：“‘教予’疑是‘飫予’之譌”。

〔三〕“聊”，舊作“即”，許維遹據盧文弨注改。

〔四〕“吾”字爲許維遹依《説苑・敬慎篇》、《家語・困誓篇》所補。

子路曰：“人善我，我亦善之；人不善我，我不善之。”子貢曰：“人善我，我亦善之；人不善我，我則引之進退而已耳。”顔回曰：“人善我，我亦善之；人不善我，我亦善之。”三子所持各異，問於夫子。夫子曰：“由之所持〔一〕，蠻貊之言也；賜之所持，朋友之言也；回之所持，親屬之言也。”

　〔一〕“持”，舊作“言”，許維遹據元本、沈本、張本等改。

　　孔子出遊少源之野，有婦人中澤而哭，其音甚哀。孔子怪之[一]，使弟子問焉，曰：“夫人何哭之哀？”婦人對曰[二]：“鄉者刈蓍薪而亡吾蓍簪[三]，吾是以哀也。”弟子曰[四]：“刈蓍薪而亡蓍簪，有何悲焉？”婦人曰：“非傷亡簪也，吾所以悲者蓋不忘故也[五]。”

　〔一〕“怪之”二字舊脱，許維遹依趙本據《文選》陸士衡《連珠》注引、《御覽》五十五補。

　〔二〕原無“對”字。孫星衍《孔子集語》注曰：舊本無“對”字，據《文選注》增。今案：趙本亦有“對”字。

　〔三〕蓍薪即蓍草，通常用於占卜。一本無“而”字。

　〔四〕孫星衍《孔子集語》注曰：《文選》、《御覽》俱作“孔子曰”。

　〔五〕舊脱“吾所以悲者”五字。孫星衍《孔子集語》注曰：“蓋”字，《文選》、《御覽》俱作“吾所以悲者，蓋”六字，《御覽》六百八十八引亦同。

　　孔子與子路、子貢、顏淵游於戎山之上[一]。孔子喟然嘆曰：“二三子各言爾志，予將覽焉。由，爾何如？”對曰：“得白羽如月，赤羽如日[二]，擊鐘鼓者，上聞於天，旌旗翩翻[三]，下蟠於地[四]，使將而攻之，惟由爲能。”孔子曰：“勇士哉！賜，爾何如？”對曰：“得素衣縞冠，使於兩國之間，不持尺寸之兵，升斗之糧，使兩國相親如兄弟。”孔子曰：“辯士哉！回，爾何如？”對曰：“鮑魚不與蘭茝同笥而藏[五]，桀、紂不與堯、舜同時而治。二子已言，回何言哉？”孔子曰：“回有鄙之心。”顏淵曰：“願得明王聖主爲之相，使城郭不治，溝池不鑿，陰陽和調，家給人足，鑄庫兵以爲農器。”孔子曰：“大士哉！由，來！區區汝何攻[六]？賜，來！便便汝何使[七]？願得衣冠[八]，爲子宰焉。”（又見於《韓詩外傳》七、《説苑·指武》）

　〔一〕“子路、子貢”，舊作“子貢、子路”，許維遹依趙本據《韓詩外傳》卷七移正。戎山，《説苑·指武》、《孔子家語·致思》皆作“農山”，音近假借。

　〔二〕日，孫星衍《孔子集語》注曰：或作“朱”。今案：羽，旌旗上裝飾的五色羽毛。

　〔三〕“旌旗翩翻”四字舊脱，爲許維遹據周廷寀校所補。

　〔四〕蟠，委也。

　〔五〕鮑魚，腐臭的魚。蘭、茝，都是香草。笥，盛衣物的竹籃。

〔六〕區區,得志的樣子。

〔七〕便便,善辯的樣子。

〔八〕“衣冠”,舊作“之冠”,許維遹據周廷寀改。

　　孔子出衛之東門[一],逆姑布子卿,曰:“二三子使車避,有人將來,必相我者也,志之。”姑布子卿亦曰:“二三子引車避,有聖人將來。”孔子下,步。姑布子卿迎而視之五十步,從而望之五十步。顧子貢曰:“是何爲者也?”子貢曰:“賜之師也,所謂魯孔丘也。”姑布子卿曰:“是魯孔丘歟? 吾固聞之。”子貢曰:“賜之師何如?”姑布子卿曰:“得堯之顙,舜之目,禹之頸,皋陶之喙。從前視之,盎盎乎似有土者[二];從後視之,高肩弱脊,循循固得之轉廣一尺四寸[三]。此惟不及四聖者也。”子貢吁然。姑布子卿曰:“子何患焉? 汙面而不惡,葭喙而不藉[四],遠而望之,羸乎若喪家之狗[五],子何患焉?”子貢以告孔子。孔子無所辭,獨辭喪家之狗耳,曰:“丘何敢乎?”子貢曰:“汙面而不惡,葭喙而不藉,賜以知之矣[六]。不知喪家狗,何足辭也?”子曰:“賜,汝獨不見夫喪家之狗歟? 既斂而椁,布席而祭[七]。顧望無人,意欲施之。上無明王,下無賢方伯[八],王道衰,政教失,强陵弱,衆暴寡,百姓縱心,莫之綱紀。是人固以丘爲欲當之者也,丘何敢乎!”（又見於《白虎通義·壽命》、《論衡·骨相》）

〔一〕衛,孫星衍《孔子集語》注曰:疑當作“鄭”。

〔二〕“土”,原作“王”,許維遹依趙善詒之説校改。

〔三〕“循循固得之轉廣一尺四寸”十一字舊脱,許維遹據元本補。

〔四〕郝懿行曰:“汙面者,黑也。葭喙者,長也。皋陶鳥喙,孔子得皋陶之喙,故曰有喙三尺也。”

〔五〕許維遹曰:“‘贏’與‘纍’聲同。《史記·孔子世家》作‘纍纍’,《家語·困誓篇》作‘纍然’,王肅注:‘纍然是不得意之貌也。’”

〔六〕“以”,周本作“已”。許維遹以爲“以”“已”古通。

〔七〕“席”,原作“器”,許維遹據周廷寀説校改。

〔八〕“賢”下原有“士”字,許維遹以爲衍。

　　傳曰:孔子過康子,子張、子夏從。孔子入坐。二子相與論,終日不決。子夏辭氣甚隘[一],顔色甚變。子張曰:“子亦聞夫子之議論邪？徐言誾誾，威儀翼翼[二]，後言先默，得之推讓，巍巍乎，蕩蕩乎，道有歸矣。小人之論也，專意自是，言人之非，瞋目搤腕，疾言嘖嘖[三]，口沸目赤，一幸得勝，疾笑嗌嗌[四]，威儀固陋，辭氣鄙俗，是以君子賤之也。"

〔一〕賴炎元曰："隘，窮急。"

〔二〕賴炎元曰："誾誾，和悅正直的樣子。翼翼，恭敬的樣子。"

〔三〕賴炎元曰："嘖嘖，說話急速的樣子。"

〔四〕賴炎元曰："嗌嗌，笑聲。"

卷　十

大王亶甫有子曰太伯、仲雍、季歷，歷有子曰昌。太伯知大王賢昌而欲季爲後也[一]，太伯去，之吳。大王將死，謂曰："我死，汝往讓兩兄，彼即不來，汝有義而安。"大王薨，季之吳告伯、仲，伯、仲從季而歸。群臣欲伯之立季。季又讓。伯謂仲曰："今群臣欲我立季，季又讓，何以處之？"仲曰："刑有所謂矣，要於扶微者[二]。可以立季。"季遂立，而養文王[三]，文王果受命而王。孔子曰："太伯獨見，王季獨知；伯見父志，季知父心。故大王、太伯、王季可謂見始知終而能承志矣。"

〔一〕許維遹曰："元本、沈本、張本、毛本、劉本、程本同，鍾本、黃本、楊本、趙本無'太伯知'三字。"

〔二〕許維遹曰："'謂''爲'古通用。"屈守元曰："周云：'疑。'趙云：'語未詳。'守元案：此語實不可解。"今案：刑，法規。"謂"通"爲"，爲，《說文·爪部》段玉裁注"凡有所變化曰爲"，這裏當指權變。句謂法規有所權變，關鍵看能否扶持國家的微弱。

〔三〕許維遹引周廷寀之說曰："'養'字疑。"

顏淵問於孔子曰："淵願貧如富，賤如貴，無勇而威，與士交通，終身無患難，亦且可乎？"孔子曰："善哉，回也！夫貧而如富，其知足而無欲也；賤而如貴，其讓而有禮也；無勇而威，其恭敬而不失於人也；終身無患難，其擇言而出之也。若回者，其至乎！雖上古聖人，亦如此而已。"

佚　文

魯哀公使人穿井，三月不得泉，得一玉羊，哀公甚懼。孔子聞之曰[一]：“水之精爲玉，土之精爲羊。此羊肝乃土爾。”哀公使人殺羊，其肝即土也[二]。（《初學記》七引、《文選·齊故安陸王碑》注引、《御覽》九百二引，又見於《説苑·辨物》、《搜神記》十二、《國語·魯語下》、《風俗通義·怪神》）

〔一〕“孔子聞之曰”，中華書局《初學記》作“孔子曰聞”。

〔二〕孫星衍《孔子集語》注曰：今《外傳》無。

孔子使子貢，爲其不來，孔子占之，遇《鼎》，謂弟子曰：“占之遇《鼎》。”皆言無足而不來。顏回掩口而笑。孔子曰：“回也何哂乎？”曰：“回謂賜必來。”孔子曰：“何如也？”回對曰：“乘舟而來矣[一]。”賜果至矣[二]。（《北堂書鈔》百三十七引，又見於《藝文類聚》七十一引《衝波傳》）

〔一〕光緒本《北堂書鈔》“乘”上有“無足者”三字。

〔二〕光緒本《北堂書鈔》無“矣”字。孫星衍《孔子集語》注曰：陳禹謨本作“孔子使子貢適齊，久而未回。孔子占之，遇《鼎》。謂弟子曰：‘占之遇《鼎》，無足而不來。’顏回掩口而笑。孔子曰：‘回也何哂？’曰：‘回謂賜必來。’孔子曰：‘如何？’對曰：‘卜而鼎無足，必乘舟而來矣。’賜果至”。按今本《外傳》無此文。

孔子、顏淵登魯泰山[一]，望吳閶門。淵曰：“見一匹練，前有生藍。”子曰：“白馬、藍芻也。”[二]（又見於《御覽》八百九十七引《論衡》、《論衡·書虚》、《續博物志》七）

〔一〕“泰”，中華書局影印本《御覽》作“東”。

〔二〕孫星衍《孔子集語》注曰：今《外傳》無。今案：“藍”，中華書局影印本《御覽》作“蘆”。

存　疑

自古封太山、禪梁甫者，萬有餘家，仲尼觀之，不能盡識[一]。（《補史記三皇本紀》引，又見於《白虎通義·封禪》、《史記·孝武本紀索隱》引）

〔一〕此條孔穎達《尚書序正義》等認爲出自《韓詩外傳》，司馬貞《補史記三皇本紀》稱出自《韓詩》，馬驌《繹史》則稱出自《韓詩內傳》。

孔子渡江，見之，異，衆莫能名。孔子嘗聞河上人歌曰："鵒兮鵒兮[一]，逆毛衰兮，一身九尾長兮。"鶬，鵒也。(《廣韻》十三末"鵒"字注引，又見於《繹史·孔子類記》引《衝波傳》、《北户録》引《白澤圖》)

〔一〕"鵒"，《鉅宋廣韻》作"鷗"。下同。

鶬鵒胎生。孔子渡江，見而異之[一]。

〔一〕屈守元《韓詩外傳箋疏》曰："《史記·司馬相如傳》：'雙鶬下。'《正義》：'司馬彪云：鶬似雁而黑，亦呼爲鶬括。《韓詩外傳》云：胎生也。'守元案：《大戴禮記·易本命篇》盧注引作《内傳》，《廣韻》入聲十三末但引作《韓詩》，是《史記正義》稱《韓詩外傳》，疑爲誤文也。"

新　序

《新序》，西漢劉向撰。《漢書·楚元王傳》曰："向采傳記行事，著《新序》、《説苑》五十篇，奏之。"《漢書·藝文志》儒家類載劉向所序六十七篇，自注云："《新序》、《説苑》、《世説》、《列女傳頌圖》也。"《隋書·經籍志》、《新唐書·藝文志》皆作《新序》三十卷，《録》一卷。

是書既然爲劉向"采傳記行事"，則其所載孔子言行，爲雜記所讀所聞，且多與《荀子》、《禮記》、《大戴禮記》、《孔子家語》等書的《論語》類文獻相參見。

本書以石光瑛的《新序校釋》(中華書局 2001 年版)爲底本，以《百子全書》本《新序》、趙善詒的《新序疏證》(華東師範大學出版社 1989 年版)、盧元駿的《新序今注今譯》(臺灣商務印書館 1977 年版)以及郭沂的《孔子集語校補》爲參校本進行校勘注釋。

卷第一　雜事

昔者，舜自耕稼陶漁而躬孝友。父瞽瞍頑、母嚚及弟象傲，皆下愚不移。舜盡孝道，以供養瞽瞍。瞽瞍與象，爲浚廩塗井之謀[一]，欲以殺舜，舜孝益篤。出田則號泣，年五十猶嬰兒慕，可謂至孝矣。故耕於歷山，歷山之耕者讓畔；陶於河濱，河濱之陶者器不苦窳[二]；漁於雷澤，雷澤之漁者分均。及立爲天子，天下化之，蠻夷率服。北發、渠搜、南撫、交趾，莫不慕義，麟鳳在郊。故孔子曰："孝弟之至，通於神明,光於四海。"舜之謂也。

〔一〕"浚廩塗井",一本作"浚井塗廩",近是。事見《孟子・萬章上》《史記・五帝本紀》等。

〔二〕《説文注》曰:"裴駰曰:'窳,病也。'按器窳者,低陷之謂。"

孔子在州里,篤行孝道,居於闕黨,闕黨之子弟畋漁,分,有親者得多,孝以化之也。是以七十二子,自遠方至,服從其德。

魯有沈猶氏者,旦飲羊,飽之,以鬻市人〔一〕。公慎氏有妻而淫,慎潰氏奢侈驕佚〔二〕,魯市之鬻牛馬者善豫賈。孔子將爲魯司寇,沈猶氏不敢朝飲其羊,公慎氏出其妻,慎潰氏踰境而徙,魯之鬻馬牛不豫賈,布正以待之也〔三〕。既爲司寇,季、孟墮郈、費之城〔四〕,齊人歸所侵魯之地,由積正之所致也。(又見於《荀子・儒效》)

〔一〕石光瑛曰:"飲羊飽之,使羊身重,可多取值。今俗宰牛羊豕者,嘿水,輸入牛羊豕身中,食之損人,蓋即此類。"

〔二〕"佚",石光瑛以爲當作"泆","泆"與"淫"同義。

〔三〕"布正",石光瑛據俞樾之説以爲當作"脩正",意爲"脩身正行"。

〔四〕郈,叔孫氏邑。費,季氏之邑。

曾子曰:"鳥之將死,其鳴也哀;人之將死,其言也善。"言反其本性,共王之謂也。故孔子曰:"朝聞道,夕死可矣。"於以開後嗣,覺來世,猶愈没身不寤者也。

晉平公欲伐齊,使范昭往觀焉。景公觴之酒〔一〕,酣,范昭曰:"願請君之樽酌。"公曰:"酌寡人之樽,進之於客。"范昭已飲,晏子曰:"徹樽更之。"樽觶具矣。范昭佯醉,不悦而起舞,謂太師曰:"能爲我調成周之樂乎? 吾爲子舞之。"太師曰:"冥臣不習。"范昭趨而出。景公謂晏子曰:"晉,大國也,使人來,將觀吾政也。今子怒大國之使者,將奈何?"晏子曰:"夫范昭之爲人,非陋而不識禮也,且欲試吾君臣,故絶之也。"景公謂太師曰:"子何以不爲客調成周之樂乎?"太師對曰:"夫成周之樂,天子之樂也,若調之,必人主舞之。今范昭,人臣也,而欲

舞天子之樂，臣故不爲也。”范昭歸，以告平公曰：“齊未可伐也。臣欲
試其君，而晏子識之；臣欲犯其禮，而太師知之。”仲尼聞之曰：“不出
於樽俎之間，而知衝千里之外，其晏子之謂乎！可謂折衝矣，而太師
其與焉。”（又見於《韓詩外傳》八、《晏子春秋·雜上》）

〔一〕“觴”，原作“賜”，石光瑛據《晏子春秋》改。

卷第二　雜事

魯君使宓子賤爲單父宰。子賤辭去，因請借善書者二人，使書憲
書教品〔一〕，魯君予之。至單父，使書，子賤從旁引其肘。書醜則怒之，
欲好書則又引之。書者患之，請辭而去。歸以告魯君。魯君曰：“子
賤苦吾擾之，使不得施其善術也。”乃命有司無得擅徵發單父。單父
之化大治。故孔子曰：“君子哉，子賤！魯無君子者，斯安取斯？”美其
德也。（又見於《吕氏春秋·審行覽·具備》、《淮南子·道應訓》、《水經·泗水》注）

〔一〕石光瑛曰：“憲書，法憲之書；教品，教令之品也。”

卷第四　雜事

有司請吏於齊桓公，桓公曰：“以告仲父。”有司又請，桓公曰：“以
告仲父。”若是者三。在側者曰：“一則告仲父，二則告仲父，易哉爲
君。”桓公曰：“吾未得仲父，則難；已得仲父，曷爲其不易也。”故王者勞
於求人，佚於得賢。舜舉衆賢在位，垂衣裳，恭己無爲，而天下治。湯、
文用伊、吕，成王用周、邵，而刑措不用，兵偃而不動，用衆賢也。桓公用
管仲則小也，故至於霸，而不能以王。故孔子曰：“小哉，管仲之器。”

晉人伐楚，三舍不止。大夫請擊之〔一〕。莊王曰：“先君之時，晉
不伐楚，及孤之身，而晉伐楚，是寡人之過也，如何其辱諸大夫？”大夫
曰：“先臣之時，晉不伐楚，及臣之身，而晉伐楚，是臣之罪也。請擊
之。”莊王俛泣而起，拜諸大夫。晉人聞之，曰：“君臣爭以過爲在己，
且君下其臣猶如此，所謂上下一心，三軍同力，未可攻也。”乃夜還師
而歸〔二〕。孔子聞之曰：“楚莊王霸，其有方矣。下士以一言而敵還，
以安社稷，其霸不亦宜乎？”《詩》曰：“柔遠能邇，以定我王。”〔三〕此之

謂也。

〔一〕“夫”下原有“曰”字，石光瑛據《淮南子》及《御覽》以爲衍。

〔二〕“而歸”二字，各本俱無，石光瑛據《淮南子》及《御覽》引補。

〔三〕見《詩·大雅·民勞》。

　　鄭人游于鄉校，以議執政之善否。然明謂子產曰：“何不毀鄉校？”子產曰：“胡爲？夫人朝夕游焉，以議執政之善否。其所善者，吾將行之。其所惡者，吾將改之。是吾師也，如之何毀之？吾聞爲國忠信以損怨，不聞作威以防怨。譬之若防川也，大決，所犯傷人必多，吾不能救也，不如小決之使導，吾聞而藥之也。”然明曰：“蔑也，乃今知吾子之信可事也。小人實不材。若果行此，其鄭國實賴之，豈惟二三臣？”仲尼聞是語也〔一〕，曰：“由是觀之〔二〕，人謂子產不仁，吾不信也。”

〔一〕“是”，《百子全書》本作“斯”。

〔二〕“由”，舊作“以”，石光瑛據宋本改。

　　哀公問孔子曰：“寡人生乎深宮之中，長於婦人之手，寡人未嘗知哀也，未嘗知憂也，未嘗知勞也，未嘗知懼也，未嘗知危也。”孔子辟席曰：“吾君之問，乃聖君之問也。丘，小人也，何足以言之？”哀公曰：“否。吾子就席。微吾子，無所聞之矣。”孔子就席曰：“君入廟門〔一〕，升自阼階，仰見榱棟，俯見几筵；其器存，其人亡。君以此思哀，則哀將安不至矣？君昧爽而櫛冠，平旦而聽朝，一物不應，亂之端也。君以此思憂，則憂將安不至矣？君平旦而聽朝，日昃而退，諸侯之子孫，必有在君之門廷者，君以此思勞，則勞將安不至矣？君出魯之四門，以望魯之四郊，亡國之虛列〔二〕，必有數矣。君以此思懼，則懼將安不至矣？丘聞之：‘君者，舟也；庶人者，水也。水則載舟，水則覆舟。’君以此思危，則危將安不至矣？夫執國之柄，履民之上，懍乎如以腐索御奔馬〔三〕。《易》曰：‘履虎尾。’《詩》曰：‘如履薄冰。’不亦危乎？”哀公再拜曰：“寡人雖不敏，請事斯語矣！”（又見於《荀子·哀公》）

〔一〕“君”前舊有“然”字，石光瑛據盧文弨删。

〔二〕“虛”，各本作“墟”，石光瑛據《荀子》注改。

〔三〕“懍”，《百子全書》本作“凛”。

勇士一呼，三軍皆辟，士之誠也。昔者，楚熊渠子夜行，見寢石，以爲伏虎，關弓射之，滅矢，飲羽；下視，知石也，卻復射之，矢摧無迹。熊渠子見其誠心，而金石爲之開，況人心乎？唱而不和，動而不隨，中必有不全者矣。夫不降席而匡天下者，求之己也。子曰：“其身正，不令而行；其身不正，雖令不從。”先王之所以拱揖指揮，而四海來賓者，誠德之至，已形於外也。故《詩》曰：“王猶允塞，徐方既來。”此之謂也。

卷第五　　雜事

昔衛靈公問陣，孔子言俎豆，賤兵而貴禮也。

哀公問於孔子曰：“寡人聞之，東益宅不祥〔一〕，信有之乎？”孔子曰：“不祥有五，而東益宅不與焉〔二〕。夫損人而益己，身之不祥也；棄老取幼，家之不祥也；釋賢用不肖，國之不祥也；老者不教，幼者不學，俗之不祥也；聖人伏匿，天下之不祥也。故不祥有五，而東益宅不與焉。《詩》曰：‘各敬爾儀，天命不又。’〔三〕未聞東益宅之與爲命也〔四〕。”

〔一〕石光瑛據《論衡》、《淮南子》、《御覽》等疑“東”當作“西”。
〔二〕“宅”字爲石光瑛本據《淮南子》、《論衡》補。下同。
〔三〕見《詩·小雅·小宛》。
〔四〕孫星衍《孔子集語》注曰：《家語》與此同，《淮南子·人間訓》、《論衡·四諱》、《御覽》百八十引《風俗通》亦有此説。“東”皆作“西”。

孔子北之山戎氏，有婦人哭於路者，其哭甚哀。孔子立輿而問曰：“曷爲哭哀至於此也？”婦人對曰：“往年虎食我夫，今虎食我子，是以哀也。”孔子曰：“嘻！若是則曷爲不去也？”曰：“其政平，其吏不苛，吾以是不能去也。”孔子顧子貢曰：“弟子記之：夫政之不平而吏苛，乃甚於虎狼矣。《詩》曰：‘降喪饑饉，斬伐四國。’〔一〕夫政不平也，乃斬伐四國，而況二人乎？其不去，宜哉！”（又見於《論衡·遭虎》）

〔一〕見《詩·小雅·雨無正》。

孔子侍坐於季孫,季孫之宰通曰:“君使人假馬,其與之乎?”孔子曰:“吾聞君取於臣謂之取,不曰假。”季孫悟,告宰曰:“自今以來,君有取謂之取,無曰假。”故孔子正假馬之名,而君臣之義定矣。《論語》曰:“必也正名。”《詩》曰:“無易由言,無曰苟矣。”可不慎乎?

齊有閭丘卬,年十八,道遮宣王,曰:“家貧親老,願得小仕。”宣王曰:“子年尚稚,未可也。”閭丘卬曰:“不然。昔有顓頊,行年十二而治天下,秦項橐七歲而爲聖人師,由此觀之,卬不肖耳,年不稚矣。”宣王曰:“未有咫角駿駒而能服重致遠者也。由此觀之,夫士亦華髮墮顛而後可用耳。”閭丘卬曰:“不然。夫尺有所短,寸有所長,華騮綠驥,天下之俊馬也,使之與狸鼬試於釜竈之間,其疾未必能過狸鼬也;黃鵠白鶴,一舉千里,使之與燕服翼試之堂廉之下,廬室之間,其便未必能過燕服翼也。辟閭巨闕,天下之利劍也,擊石不缺,刺石不鋝,使之與菅蒯決目出眯,其便未必能過菅蒯也。由此觀之,華髮墮顛,與卬何以異哉?”宣王曰:“善。子有善言,何見寡人之晚也?”卬對曰:“夫雞豚謹嗷,即奪鐘鼓之音;雲霞充咽,則奪日月之明。讒人在側,是以見晚也。《詩》曰:‘聽言則對,譖言則退。’庸得進乎?”宣王拊軾曰:“寡人有過,寡人有過。”遂載與之俱歸,而用焉。故孔子曰:“後生可畏,安知來者之不如今?”此之謂也。

卷第六　刺奢

工尹池爲荆使於宋〔一〕,司城子罕止而觴之。南家之牆,擁於前而不直;西家之潦,經其宮而不止。工尹池問其故。司城子罕曰:“南家,工人也,爲鞈者也。吾將徙之,其父曰:‘吾恃爲鞈,已食三世矣。今徙,是宋邦之求鞈者,不知吾處也,吾將不食。願相國之憂吾不食也!’爲是,故吾不徙。西家高,吾宮卑,潦之經吾宮也利。爲是,故不禁也。”工尹池歸荆,荆王適興兵欲攻宋〔二〕。工尹池諫於王曰:“宋不可攻也。其主賢,其相仁。賢者能得民,仁者能用人。攻之無功,爲天下笑。"楚釋宋而攻鄭。孔子聞之曰："夫修之於廟堂之上,而折衝於千里之外者,司城子罕之謂也。"（又見於《吕氏春秋·恃君覽·召類》）

〔一〕"工尹池",各本作"士尹池",石光瑛據《御覽》改,下同。石光瑛釋"工尹"爲楚官名。

〔二〕"工尹池歸荆,荆王適興兵欲攻宋",原作"工尹池歸,荆適興兵欲攻宋",石光瑛據《吕覽》改。

　　魯孟獻子聘於晉,韓宣子止而觴之,三徙,鍾石之懸,不移而具。獻子曰："富哉家!"宣子曰："子之家孰與我家富?"獻子曰："吾家甚貧,惟有二士,曰顔回、茲無靈者,使吾邦家安平,百姓和協,惟此二者耳。吾盡於此矣。"客出,宣子曰："彼君子也,以畜賢爲富。我鄙人也,以鍾石金玉爲富。"孔子曰："孟獻子之富,可著於春秋。"

卷第七　節士

　　齊攻魯,求岑鼎,魯公載岑鼎往,齊侯不信而反之,以爲非也,使人告魯君,柳下惠以爲是,因請受之。魯君請於柳下惠,柳下惠對曰："君之欲以爲岑鼎也,以免國也。臣亦有國於此,破臣之國,以免君之國,此臣所難也。"魯君乃以真岑鼎往。柳下惠可謂守信矣,非獨存己之國也,又存魯君之國。信之於人重矣哉,猶輿之有輗軏也。故孔子曰："大輿無輗,小輿無軏,其何以行之哉?"此之謂也。

　　楚昭王有士曰石奢,其爲人也,公正而好義,王使爲理。於是廷有殺人者,石奢追之,則其父也,遂反乎廷,曰："殺人者,僕之父也,以父成政,不孝;不行君法,不忠。弛罪廢法而伏其辜,僕之所守也。"遂伏斧鑕,曰："命在君。"君曰："追而不及,庸有罪乎? 子其治事矣。"石奢曰："不私其父,非孝也;不行君法,非忠也;以死罪生,非廉也。君赦之,上之惠也;臣不敢失法,下之行也。"遂不離鈇鑕,刎頸而死於廷中。君子聞之曰："貞夫,法哉!"孔子曰："子爲父隱,父爲子隱,直在其中矣。"《詩》曰："彼己之子,邦之司直。"石子之謂也。

東方有士曰袁旌目，將有所適，而飢於道，狐父之盜曰丘，見之，下壺餐以與之。袁旌目三餔而後能視，仰而問焉，曰："子誰也？"曰："我，狐父之人丘也。"袁旌目曰："嘻！汝乃盜也，何爲而食我？以吾義不食也。"兩手據地而歐之，不出，喀喀然，遂伏地而死。縣名勝母，曾子不入。邑號朝歌，墨子回車。故孔子席不正不坐，割不正不食，不飲盜泉之水，積正也。旌目不食而死，潔之至也。

佚　文

孔子謂曾子曰："君子不以利害義，則耻辱安從生哉！官怠於宦成，病加於少愈，禍生於怠惰，孝衰於妻子。察此四者，慎終如始[一]。"（薛據《孔子集語·曾子第二十》引）

　〔一〕孫星衍《孔子集語》注曰：今《新序》缺此文。《鄧析子》云："患生於官成，病始於少瘳，禍生於懈慢，孝衰於妻子。此四者，慎終如始也。"與此小異。

孔子曰："聖人雖生異世，相襲若規矩。"[一]（《文選》孫子荆《爲石仲容與孫皓書》注引）

　〔一〕孫星衍《孔子集語》注曰：今《新序》無此文。

趙簡子欲專天下，謂其相曰："趙有犢犨，晉有鐸鳴，魯有孔丘，吾殺三人者，天下可王也。"於是乃召犢犨、鐸鳴而問政焉，已，即殺之。使使者聘孔子於魯，以胖牛肉迎於河上。使者謂船人曰："孔子即上船，中河必流而殺之[一]。"孔子至，使者致命。進胖牛之肉。孔子仰天而歎曰："美哉水乎，洋洋乎，使丘不濟此水者，命也夫！"子路趨而進曰："敢問何謂也？"孔子曰："夫犢犨、鐸鳴，晉國之賢大夫也，趙簡子未得意之時，須而後從政，及其得意也，殺之。黃龍不反於涸澤，鳳皇不離其蔚羅。故刳胎焚林，則麒麟不臻；覆巢破卵，則鳳皇不翔；竭澤而漁，則黿龍不見。鳥獸之於不仁，猶知避之，況丘乎？故虎嘯而谷風起，龍興而景雲見，擊庭鐘於外，而黃鐘應於內。夫物類之相感，精神之相應，若響之應聲，影之象形，故君子違傷其類者。今彼已殺吾類矣，何爲之此乎？"於是遂回車，不渡而還[二]。（《三國志·魏書·劉廙

傳》注引,又見於《説苑·權謀》、《琴操》、《水經·河水五注》)

〔一〕必流,孫星衍《孔子集語》注曰:《御覽》八百六十三引作"安流"。

〔二〕孫星衍《孔子集語》注曰:今本《新序》無。

　　孔子見宋榮啓期,老〔一〕,白首衣弊服,鼓琴自樂。孔子問曰:"先生老而窮,何樂也?"啓期曰:"吾有三樂:天生萬物,以人爲貴,吾得爲人,一樂也;人生以男爲貴,吾得爲男,二樂也;人生命有夭傷〔二〕,吾年九十歲〔三〕,是三樂也。貧者士之常,死者人之終,居常以守終,何不樂乎〔四〕?"(《御覽》三百八十三引,又見於《列子·天瑞》、《説苑·雜言》)

〔一〕中華書局影印本《御覽》"老"上有"年"字。

〔二〕"夭傷",中華書局影印本《御覽》作"傷夭"。

〔三〕"歲",中華書局影印本《御覽》作"餘"。

〔四〕孫星衍《孔子集語》注曰:今本佚此文。

説　苑

　　《説苑》,西漢劉向著。《漢書·楚元王傳》説:"向采傳記行事,著《新序》、《説苑》五十篇,奏之。"是書既然爲劉向"采傳記行事",故所載孔子言行當屬《論語》類文獻。不過,劉向本人對《新序》、《説苑》的史料價值有所區分:"所校中書《説苑·雜事》及臣向書……除去與《新序》複重者,其餘者淺薄不中義理,別集以爲百家後。令以類相從,一一條別篇目,更以造新事十萬言以上,凡二十篇七百八十四章,號曰《説苑》。"(劉向《説苑·叙録》)這就是説,《説苑》中的史料遠不如《新序》可靠。

　　劉向《叙録》和《隋書·經籍志》皆載此書二十卷。《崇文總目》云今存者五篇,餘皆亡佚。北宋曾鞏《校書序》云:"得十五篇於士大夫家,與舊爲二十篇。"南宋晁公武《郡齋讀書志》云:"劉向《説苑》以君道、臣術、建本、立節、貴德、復恩、政理、尊賢、正諫、法誡、善説、奉使、權謀、至公、指武、談叢、雜言、辨物、修文爲目,陽嘉四年上之,闕第二十卷。"但南宋陸游《渭南集》記李德芻之言,謂曾鞏所得尚缺《反質》一篇,而分《修文》爲兩篇,以足二十篇之數,後得高麗所進一本,始補成完書。

　　本書以向宗魯的《説苑校證》(中華書局1987年版)爲底本,以《百子全書》

本《説苑》、盧元駿的《説苑今注今譯》（臺灣商務印書館 1979 年版）以及郭沂的《孔子集語校補》爲參校本進行校勘注釋。

君　道

　　魯哀公問於孔子曰：“吾聞君子不博，有之乎？”孔子對曰：“有之。”哀公曰：“何爲其不博也？”孔子對曰：“爲其有二乘〔一〕。”哀公曰：“有二乘則何爲不博也？”孔子對曰：“爲行惡道也。”哀公懼焉〔二〕。有間，曰：“若是乎君子之惡惡道之甚也！”孔子對曰：“惡惡道不能甚，則其好善道亦不能甚；好善道不能甚，則百姓之親之也亦不能甚。《詩》云：‘未見君子，憂心惙惙；亦既見止，亦既覯止，我心則説。’〔三〕《詩》之好善道之甚也如此。”哀公曰：“善哉！吾聞君子成人之美，不成人之惡。微孔子，吾焉聞斯言也哉？”

　〔一〕向宗魯引關嘉之説以及《古博經》，謂“乘”即“道”，二乘即白黑分道也。
　〔二〕盧文弨曰：“懼焉即‘瞿然’。”
　〔三〕見《詩·召南·草蟲》。

　　虞人與芮人質其成於文王，入文王之境，則見其人民之讓爲士大夫；入其國，則見其士大夫讓爲公卿。二國者相謂曰：“其人民讓爲士大夫，其士大夫讓爲公卿；然則此其君，亦讓以天下而不居矣〔一〕。”二國者，未見文王之身，而讓其所爭，以爲閑田而反。孔子曰：“大哉文王之道乎！其不可加矣！不動而變，無爲而成，敬慎恭己，而虞、芮自平。故《書》曰：‘惟文王之敬忌。’〔二〕此之謂也。”

　〔一〕“以”，孫星衍《孔子集語》作“爲”。
　〔二〕見《康誥篇》。敬，慎也。忌，憚也。

　　楚昭王有疾，卜之，曰：“河爲祟。”大夫請用三牲焉。王曰：“止，古者先王割地制土，祭不過望；江、漢、雎、漳，楚之望也，禍福之至，不是過也。不穀雖不德，河非所獲罪也。”遂不祭焉。仲尼聞之曰：“昭王可謂知天道矣，其不失國，宜哉！”（又見於《韓詩外傳》三）

　　孔子曰：“文王似元年，武王似春王，周公似正月〔一〕。文王以王季爲父，以太任爲母，以太姒爲妃，以武王、周公爲子，以泰顛、閎夭爲臣，其本美矣。武王正其身以正其國，正其國以正天下。伐無道，刑有罪，一動而天下正^{〔二〕}，其事正矣。春致其時，萬物皆及生；君致其道，萬人皆及治。周公戴己而天下順之^{〔三〕}，其誠至矣。”

〔一〕《春秋》首句爲“元年春王正月”，這裏比喻文王、武王、周公創建周朝王業。

〔二〕“而”字爲向宗魯據《孔子家語》補。

〔三〕戴，通“載”，謂行事。

孔子曰：“夏道不亡，商德不作；商德不亡，周德不作；周德不亡，《春秋》不作；《春秋》作而後君子知周道亡也。”

臣　術

子貢問孔子曰：“今之人臣孰爲賢？”孔子曰：“吾未識也。往者齊有鮑叔，鄭有子皮，賢者也。”子貢曰：“然則齊無管仲、鄭無子産乎？”子曰：“賜，汝徒知其一，不知其二。汝聞進賢爲賢邪？用力爲賢邪？”子貢曰：“進賢爲賢。”子曰：“然。吾聞鮑叔之進管仲也，聞子皮之進子産也，未聞管仲、子産有所進也。”（又見於《韓詩外傳》七、《劉子·薦賢》）

簡子有臣尹綽、赦厥。簡子曰：“厥愛我，諫我必不於衆人中；綽也不愛我，諫我必於衆人中。”尹綽曰：“厥也愛君之醜而不愛君之過也，臣愛君之過而不愛君之醜^{〔一〕}。”孔子曰：“君子哉，尹綽！面訾不面譽也^{〔二〕}。”

〔一〕向宗魯曰：“愛，惜也。醜，恥也。”

〔二〕“面訾不面譽也”，孫星衍《孔子集語》作“而訾不譽也”。

子貢問孔子曰：“賜爲人下，而未知所以爲人下之道也。”孔子曰：“爲人下者，其猶土乎！種之則五穀生焉，掘之則甘泉出焉，草木植焉，禽獸育焉，生人立焉，死人入焉^{〔一〕}，多其功而不言。爲人下者，其猶土乎？”（又見於《韓詩外傳》七、《荀子·堯問》）

〔一〕向宗魯本疑“生人”、“死人”之“人”作“則”。

　　子路爲蒲令,備水災,與民春修溝瀆,爲人煩苦,故予人一簞食,一壺漿。孔子聞之,使子貢復之[一]。子路忿然不悦,往見夫子曰:"由也以暴雨將至,恐有水災,故與人修溝瀆以備之,而民多匱於食,故人予[二]一簞食、一壺漿,而夫子使賜止之,何也? 夫子止由之行仁也? 夫子以仁教而禁其行仁也,由也不受。"子曰:"爾以民爲餓,何不告於君,發倉廩以給食之? 而以爾私饋之,是汝不明君之惠,見汝之德義也,速已則可矣,否則爾之受罪不久矣。"子路心服而退也。(又見於《韓非子·外儲説右上》)

　　〔一〕"復",向宗魯以爲當讀爲"覆"。又據《御覽》百九十引作"止",亦通。

　　〔二〕"人予"二字舊倒,向宗魯據《御覽》乙轉。孫星衍《孔子集語》亦作"人予"。

建　本

　　孔子曰:"君子務本,本立而道生。夫本不正者末必陭,始不盛者終必衰。《詩》云:'原隰既平,泉流既清。'本立而道生。"(又見於《後漢書·延篤傳》)

　　孔子曰:"行身有六本,本立焉,然後爲君子。立體有義矣,而孝爲本;處喪有禮矣,而哀爲本;戰陣有隊矣,而勇爲本;治政有理矣,而能爲本;居國有禮矣,而嗣爲本;生才有時矣[一],而力爲本。"

　　〔一〕"才",孫星衍《孔子集語》作"財"。

　　曾子芸瓜而誤斬其根,曾晳怒,援大杖擊之,曾子仆地。有頃,乃蘇[一],蹷然而起,進曰:"曩者參得罪於大人,大人用力教參,得無疾乎?"退屏鼓琴而歌,欲令曾晳聽其歌聲,令知其平也。孔子聞之,告門人曰:"參來,勿内也!"曾子自以無罪,使人謝孔子。孔子曰:"汝不聞瞽瞍有子名曰舜? 舜之事父也,索而使之,未嘗不在側;求而殺之,未嘗可得。小箠則待,大箠則走,以逃暴怒也。今子委身以待暴怒,立體而不去,殺身以陷父不義,不孝孰是大乎? 汝非天子之民邪? 殺天子之民,罪奚如?"(又見於《韓詩外傳》八)

　　〔一〕"乃"字爲向宗魯據盧文弨説,《類聚》、《御覽》四百十三又五百七十一、《事類賦》

十一注補。

　　孔子曰:"可以與人終日而不倦者〔一〕,其惟學乎! 其身體不足觀也〔二〕,其勇力不足憚也,其先祖不足稱也,其族姓不足道也,然而可以聞四方而昭於諸侯者,其惟學乎!"(又見於《韓詩外傳》六)

〔一〕向宗魯引盧文弨之説:"'人',《外傳》六作'言'。"

〔二〕"身",孫星衍《孔子集語》注曰:一作"容"。

　　孔子曰:"鯉,君子不可以不學,見人不可以不飾。不飾則無根,無根則失理,失理則不忠,不忠則失禮,失禮則不立。夫遠而有光者,飾也;近而逾明者,學也。譬之如污池,水潦注焉,菅蒲生之,從上觀之,誰知其非源也。"(又見於《尚書大傳略説》、《大戴禮記·勸學》)

　　孔子謂子路曰:"汝何好?"子路曰:"好長劍。"孔子曰:"非此之問也。請以汝之所能〔一〕,加之以學,豈可及哉?"子路曰:"學亦有益乎?"孔子曰:"夫人君無諫臣則失政,士無教友則失聽〔二〕;狂馬不釋其策,操弓不返於檠〔三〕;木受繩則直,人受諫則聖。受學重問,孰不順成? 毁仁惡士,且近於刑。君子不可以不學。"子路曰:"南山有竹,弗揉自直;斬而射之,通於犀革,又何學爲乎?"孔子曰:"括而羽之,鏃而砥礪之,其入不益深乎?"子路拜曰:"敬受教哉。"

〔一〕"請",向宗魯引盧文弨之説改作"謂",是也。

〔二〕"聽",舊作"德",向宗魯據關嘉改。

〔三〕"操",向宗魯云:"疑當讀爲'燥'。"檠,校正弓弩的器具。這裏是説,弓弩一旦乾燥,即已定型,不能再加以校正。

　　子路問於孔子曰:"請釋古之學而行由之意,可乎?"孔子曰:"不可。昔者東夷慕諸夏之義,有女,其夫死,爲之内私壻〔一〕,終身不嫁;不嫁則不嫁矣,然非貞節之義也。蒼梧之弟〔二〕,娶妻而美好,請與兄易;忠則忠矣,然非禮也。今子欲釋古之學而行子之意,庸知子用非爲是,用是爲非乎? 不順其初〔三〕,雖欲悔之,難哉!"

〔一〕内,同"納"。私壻,指非正式婚配的丈夫。

〔二〕蒼梧，複姓，《淮南子·氾論訓》作"蒼吾繞"，其中載有其娶妻讓兄之事。一説
　　　"蒼梧"爲山名。
〔三〕順，慎也，二字通。

　　豐牆墝下，未必崩也，流潦至〔一〕，壞必先矣；樹木根垓不深〔二〕，未
必撅也〔三〕，飄風起，暴雨至，拔必先矣。君子居於是國，不崇仁義，不
尊賢臣，未必亡也；然一旦有非常之變，車馳人走，指而禍至，乃始乾
喉燋脣，仰天而歎，庶幾焉天其救之，不亦難乎！ 孔子曰："不慎其前，
而悔其後，雖悔無及矣。"（又見於《韓詩外傳》二）
〔一〕"流"下原有"行"字，向宗魯依俞樾之説以爲衍。
〔二〕"樹木根核不深"，舊作"樹本淺，根垓不深"，向宗魯據盧文弨説改。顏師古曰：
　　　"'核'亦'荄'字。"
〔三〕"撅"，舊本作"橛"，向宗魯據盧文弨説改。

　　子貢問爲政〔一〕，孔子曰："富之。既富乃教之也，此治國之
本也。"
〔一〕"子貢"，盧文弨以爲當爲"冉有"之譌。

立　節

　　楚伐陳，陳西門燔，因使其降民修之，孔子過之，不軾。子路曰：
"禮，過三人則下車，過二人則軾。今陳修門者人數衆矣，夫子何爲不
軾？"孔子曰："丘聞之，國亡而不知，不智；知而不爭，不忠；忠而不死，不
廉。今陳修門者不能行一於此〔一〕，丘故不爲軾也。"（又見於《韓詩外傳》
一）
〔一〕"能"字舊脱，向宗魯據《韓詩外傳》補。

　　孔子見齊景公，景公致廩丘以爲養，孔子辭不受，出，謂弟子曰：
"吾聞君子當功以受禄，今説景公，景公未之行而賜我廩丘，其不知丘
亦甚矣！"遂辭而行。（又見於《淮南子·氾論訓下》、《吕氏春秋·離俗覽·高義》）

　　曾子衣弊衣以耕,魯君使人往致邑焉。曰:"請以此修衣。"曾子不受;反,復往,又不受。使者曰:"先生非求於人,人則獻之,奚爲不受?"曾子曰:"臣聞之,受人者畏人,予人者驕人。縱君有賜,不我驕也,我能勿畏乎?"終不受。孔子聞之曰:"參之言,足以全其節也。"

貴　德

　　孔子曰:"吾於《甘棠》,見宗廟之敬也甚。"尊其人,必敬其位,順安萬物,古聖之道幾哉!

　　孔子歷七十二君,冀道之一行,而得施其德,使民生於全育,烝庶安土,萬物熙熙,各樂其終。卒不遇,故睹麟而泣,哀道不行,德澤不洽,於是退作《春秋》,明素王之道,以示後人,思施其惠,未嘗輟忘。

　　周室衰,禮義廢,孔子以三代之道,教導於後世,繼嗣至今不絶者,有隱行也。

　　孔子曰:"里仁爲美,擇不處仁,焉得智?"

　　孔子之楚,有漁者獻魚甚强[一],孔子不受。獻魚者曰:"天暑市遠,賣之不售,思欲棄之,不若獻之君子。"孔子再拜受,使弟子掃除,將祭之。弟子曰:"夫人將棄之,今吾子將祭之[二],何也?"孔子曰:"吾聞之,務施而不腐餘財者,聖人也。今受聖人之賜,可無祭乎?"

〔一〕盧文弨曰:"'甚强'二字,《御覽》四百七十八無。"向宗魯曰:"《事類賦》二十九注引亦無。"
〔二〕"吾子",《御覽》引作"夫子"。

　　子路持劍,孔子問曰:"由,安用此乎?"子路曰:"善古者固以善之,不善古者固以自衛[一]。"孔子曰:"君子以忠爲質,以仁爲衛,不出環堵之内,而聞千里之外。不善以忠化,寇暴以仁圍[二],何必持劍乎?"子路曰:"由也請攝齊以事先生矣[三]。"

〔一〕二“古”字,盧文弨改爲“吾”,是也。

〔二〕“圉”,舊作“圍”,向宗魯據文義改。“圉”,通“禦”,即防禦之義。如《莊子·繕性》曰“其來不可圉”,成玄英釋“圉”爲“扞禦”。

〔三〕攝,提。齊,衣服的下襬。

復　恩

孔子曰:“德不孤,必有鄰。”

孔子曰:“北方有獸,其名曰蹶,前足鼠,後足兔。是獸也,甚矣,其愛蛩蛩巨虛也〔一〕!食得甘草,必齧以遺蛩蛩巨虛,蛩蛩巨虛見人將來,必負蹶以走。蹶非性之愛蛩蛩巨虛也,爲其假足之故也;二獸者,亦非性之愛蹶也,爲其得甘草而遺之故也。夫禽獸昆蟲,猶知比假而相有報也,況於士君子之欲興名利於天下者乎?”

〔一〕《說文》曰:“蛩蛩,獸也。”蛩蛩即巨虛,均指野獸。

趙襄子見圍於晉陽,罷圍,賞有功之臣五人,高赫無功,而受上賞,五人皆怒。張孟談謂襄子曰:“晉陽之中,赫無大功,今與之上賞,何也?”襄子曰:“吾在拘厄之中,不失臣主之禮,唯赫也。子雖有功,皆驕寡人。與赫上賞,不亦可乎?”仲尼聞之曰:“趙襄子可謂善賞士乎!賞一人,而天下之人臣,莫敢失君臣之禮矣。”(又見於《吕氏春秋·孝行覽·義賞》、《韓非子·難一》)

東閭子嘗富貴而後乞,人問之曰:“公何爲如是?”曰:“吾自知吾嘗相六七年,未嘗薦一人也;吾嘗富三千萬者再,未嘗富一人也,不知士出身之咎然也。”孔子曰:“物之難矣,小大多少,各有怨惡,數之理也,人而得之,在於外假之也。”

政　理

季孫問於孔子曰:“如殺無道以就有道,何如?”孔子曰:“子爲政,焉用殺,子欲善而民善矣。君子之德風也,小人之德草也,草上之風必偃。”

衛靈公謂孔子曰：“有語寡人：‘爲國家者，謹之於廟堂之上，而國家治矣。’其可乎？”孔子曰：“可。愛人者則人愛之，惡人者則人惡之。知得之己者，亦知得之人。所謂不出於環堵之室而知天下者，知反之己者也。”（又見於《吕氏春秋·季春紀·先己》）

子貢問治民於孔子，孔子曰：“懍懍焉，如以腐索御奔馬。”子貢曰：“何其畏也？”孔子曰：“夫通達之國皆人也，以道導之，則吾畜也；不以道導之，則吾讎也，若何而毋畏！”

齊桓公出獵，逐鹿而走入山谷之中，見一老公，而問之曰：“是爲何谷？”對曰：“爲愚公之谷。”桓公曰：“何故？”對曰：“以臣名之。”桓公曰：“今視公之儀狀，非愚人也，何爲以公名之〔一〕？”對曰：“臣請陳之。臣故畜牸牛〔二〕，生子而大，賣之而買駒。少年曰：‘牛不能生馬。’遂持駒去。傍鄰聞之，以臣爲愚，故名此谷爲愚公之谷。”桓公曰：“公誠愚矣，夫何爲而與之？”桓公遂歸。明日朝，以告管仲，管仲正衿再拜曰：“此夷吾之過也〔三〕。使堯在上，咎繇爲理，安有取人之駒者乎？若有見暴如是叟者，又必不與也。公知獄訟之不正，故與之耳。請退而修政。”孔子曰：“弟子記之。桓公，霸君也；管仲，賢佐也，猶有以智爲愚者也，況不及桓公、管仲者也！”

〔一〕“之”字爲向宗魯據《治要》及《類聚》增。
〔二〕牸牛，母牛。
〔三〕“過”，原作“愚”，向宗魯據《治要》、《類聚》、《御覽》八百九十九改。

魯有父子訟者，康子曰：“殺之。”孔子曰：“未可殺也。夫民不知子父訟之不善者久矣，是則上過也。上有道，是人亡矣。”康子曰：“夫治民以孝爲本，今殺一人以戮不孝，不亦可乎？”孔子曰：“不教而誅之〔一〕，是虐殺不辜也。三軍大敗，不可誅也；獄訟不治，不可刑也；上陳之教而先服之，則百姓從風矣；躬行不從而后俟之以刑，則民知罪矣。夫一仞之牆，民不能踰，百仞之山，童子升而遊焉，陵遲故也。今是仁義之陵遲久矣，能謂民弗踰乎？《詩》曰：'俾民不迷。'〔二〕昔者君子導其百姓不使迷，是以威厲而不試，刑錯而不用也。"於是訟者聞之，乃請無訟。（又見於《韓詩外傳》三、《荀子·宥坐》、《長短經·政體》）

〔一〕"不教而誅之"，一作"不孝而誅之"。孫星衍《孔子集語》注曰：薛據《集語》引作"不孝者，不教而誅之"。

〔二〕見《詩·小雅·節南山》。

魯哀公問政於孔子〔一〕，對曰："政在使民富且壽〔二〕。"哀公曰："何謂也？"孔子曰："薄賦斂則民富，無事則遠罪，遠罪則民壽。"公曰："若是則寡人貧矣。"孔子曰："《詩》云：'愷悌君子，民之父母。'〔三〕未見其子富而父母貧者也。"

〔一〕盧文弨以爲"孔子"二字當重。

〔二〕"在"，舊作"有"，向宗魯據俞樾之説改。

〔三〕見《詩·大雅·泂酌》。"愷"，舊作"凱"，向宗魯據盧文弨説改。

仲尼見梁君，梁君問仲尼曰："吾欲長有國，吾欲列都之得，吾欲使民安不惑，吾欲使士竭其力，吾欲使日月當時，吾欲使聖人自來，吾欲使官府治，爲之奈何？"仲尼對曰："千乘之君，萬乘之主，問於丘者多矣，未嘗有如主君問丘之術也，然而盡可得也。丘聞之，兩君相親，則長有國；君惠臣忠，則列都之得；毋殺不辜，毋釋罪人，則民不惑；益士禄賞，則竭其力；尊天敬鬼，則日月當時；善爲刑罰，則聖人自來；尚賢使能，則官府治。"梁君曰："豈有不然哉！"

子貢曰："葉公問政於夫子，夫子曰：'政在附近而來遠。'魯哀公問政於夫子，夫子曰：'政在於諭臣〔一〕。'齊景公問政於夫子，夫子曰：'政在於節用。'三君問政於夫子，夫子應之不同，然則政有異乎？"孔子曰："夫荆之地廣而都狹，民有離志焉，故曰在於附近而來遠。哀公有臣三人，内比周以惑其君〔二〕，外鄣距諸侯賓客以蔽其明〔三〕，故曰政在諭臣。齊景公奢於臺榭，淫於苑囿，五官之樂不解，一旦而賜人百乘之家者三，故曰政在於節用。此三者政也，《詩》不云乎：'亂離斯

瘼，爰其適歸’〔四〕，此傷離散以爲亂者也；‘匪其止共，惟王之邛’〔五〕，
此傷姦臣蔽主以爲亂者也；‘相亂蔑資，曾莫惠我師’〔六〕，此傷奢侈不
節以爲亂者也。察此三者之所欲，政其同乎哉！”（又見於《尚書大傳略説》、
《韓非子·難三》）

〔一〕“諭”，《尚書大傳》、《漢書》皆作“論”，依俞樾等之説當訓爲擇，乃討論選擇之義。

〔二〕“周”下舊有“公”字，向宗魯據盧文弨説删。

〔三〕“鄣”，原作“障”，向宗魯依盧文弨説、宋本、明本改。

〔四〕見《詩·小雅·四月》。“亂離斯瘼”，今本《詩經》作“亂離瘼矣”。瘼，疾苦。爰，
何也。

〔五〕見《詩·小雅·巧言》。止，禮也。共，借爲“恭”。止恭，猶禮敬。

〔六〕見《詩·大雅·板》。蔑，猶無也。資，財物。師，衆也。

孔子謂宓子賤曰：“子治單父而衆説，語丘所以爲之者。”曰：“不
齊父其父，子其子，恤諸孤而哀喪紀。”孔子曰：“善。小節也，小民附
矣，猶未足也。”曰：“不齊也所父事者三人，所兄事者五人，所友者十
一人。”孔子曰：“父事三人，可以教孝矣；兄事五人，可以教弟矣；友十
一人，可以教學矣。中節也，中民附矣，猶未足也。”曰：“此地民有賢
於不齊者五人，不齊事之，皆教不齊所以治之術。”孔子曰：“欲其大
者，乃於此在矣。昔者堯、舜清微其身，以聽觀天下，務來賢人。夫舉
賢者，百福之宗也，而神明之主也，惜乎〔一〕。不齊之所治者，小也！不
齊所治者大，其與堯、舜繼矣。”（又見於《韓詩外傳》八）

〔一〕“惜乎”二字舊脱，向宗魯據盧文弨説補。

宓子賤爲單父宰，辭於夫子，夫子曰：“毋迎而距也，毋望而許也；
許之則失守，距之則閉塞。譬如高山深淵，仰之不可極，度之不可測
也。”子賤曰：“善，敢不承命乎！”

孔子兄子有孔蔑者〔一〕，與宓子賤皆仕。孔子往過孔蔑，問之曰：
“自子之仕者，何得何亡？”孔蔑曰：“自吾仕者，未有所得，而有所亡者
三。曰：王事若襲〔二〕，學焉得習，以是學不得明也，所亡者一也；奉祿
少，饘饘不足及親戚〔三〕，親戚益疏矣，所亡者二也；公事多急，不得弔

死視病,是以朋友益疏矣,所亡者三也。"孔子不説,而復往見子賤,曰:"自子之仕,何得何亡?"子賤曰:"自吾之仕,未有所亡,而所得者三:始誦之文,今履而行之,是學日益明也,所得者一也;奉禄雖少,鬻鬻得及親戚,是以親戚益親也,所得者二也;公事雖急,夜勤弔死視病[四],是以朋友益親也,所得者三也。"孔子謂子賤曰:"君子哉若人!君子哉若人! 魯無君子者,斯焉取斯!"

〔一〕"兄"原作"弟",向宗魯據盧文弨改。

〔二〕向宗魯曰:"《家語》'襲'作'龍',王肅注曰:'龍宜爲聾,前後相因也。'"

〔三〕"鬻鬻",舊作"鬻鬻",向宗魯據盧文弨説改。下同。盧文弨曰:"'鬻鬻'乃'鬻鬻'之譌。'鬻'即'饘'字。下同。《子路初見篇》作'饘粥',古今字耳。"

〔四〕向宗魯曰:"'夜',當爲'亦'……《家語》作'兼以弔死問疾'。"

子路治蒲,見於孔子曰:"由願受教。"孔子曰:"蒲多壯士,又難治也。然吾語汝:恭以敬,可以攝勇;寬以正,可以容衆;恭以潔,可以親上[一]。"

〔一〕孫星衍《孔子集語》注曰:按《史記·仲尼弟子傳》作"恭以敬,可以執勇;寬以正,可以比衆;恭正以静,可以報上"。

子貢爲信陽令,辭孔子而行,孔子曰:"力之順之,因天之時[一],無奪無伐,無暴無盗。"子貢曰:"賜少而事君子,君子固有盗者邪?"孔子曰:"夫以不肖伐賢,是謂奪也[二];以賢伐不肖,是謂伐也[三];緩其令,急其誅,是謂暴也;取人善以自爲己,是謂盗也;君子之盗,豈必當財幣乎? 吾聞之曰:知爲吏者,奉法利民[四];不知爲吏者,枉法以侵民,此皆怨之所由生也。臨官莫如平[五],臨財莫如廉,廉平之守,不可攻也。匿人之善者[六],是謂蔽賢也;揚人之惡者,是謂小人也;不内相教而外相謗者,是謂不足親也。言人之善者,有所得而無所傷也;言人之惡者,無所得而有所傷也,故君子慎言語矣,毋先己而後人,擇言出之,令口如耳。"[七]

〔一〕"天",原作"子",向宗魯據盧文弨説改。

〔二〕盧文弨曰:"'伐',依《家語》當是'代',下同。"向宗魯以爲"不肖"二字,當從《家語》作"賢"。

〔三〕孫詒讓曰：“此似有譌，以賢伐不肖，安得謂之伐乎？《家語》作‘以賢代賢，是謂之奪；以不肖代賢，是謂之伐’。”向宗魯曰：“《意林》引桓譚《新論》云：‘以賢伐賢謂之煩，以不肖伐不肖謂之亂。’文與此相似。《御覽》四百二亦引之，‘伐’皆作‘代’。竊謂孔子誡子貢以無伐，如今本，則以賢伐不肖理之順者，又何誡焉？《家語》文爲長。”

〔四〕盧文弨曰：“‘法’下，《家語》有‘以’字。”今案：觀下句“枉法以侵民”，“以”字當補。

〔五〕盧文弨曰：“以下四句當別爲一條。”

〔六〕盧文弨曰：“此又是一條。”

〔七〕向宗魯曰：“《家語·辨政篇》用此文。盧分此章爲三條。攷《家語》已合爲一，盧説未敢從。”

　　齊侯問於晏子曰：“爲政何患？”對曰：“患善惡之不分。”公曰：“何以察之？”對曰：“審擇左右，左右善，則百僚各得其所宜，而善惡分。”孔子聞之曰：“此言也信矣。善進，則不善無由入矣；不善進〔一〕，則善無由入矣。”（又見於《晏子春秋·問上》）

〔一〕“不善進”，舊作“不進善言”，向宗魯據《治要》及《晏子春秋》改。

　　魯國之法，魯人有贖臣妾於諸侯者，取金於府。子貢贖人於諸侯，而還其金〔一〕。孔子聞之曰：“賜失之矣。聖人之舉事也，可以移風易俗，而教導可施於百姓，非獨適其身之行也。今魯國富者寡而貧者衆，贖而受金則爲不廉，不受則後莫復贖。自今以來，魯人不復贖矣〔二〕。”（又見於《淮南子·道應訓》、《淮南子·齊俗訓》、《吕氏春秋·先識覽·察微》）

〔一〕向宗魯曰：“句不明，《吕氏》作‘來而讓不取其金’，《淮南·齊俗篇》作‘而不受金於府’，《道應篇》作‘來而辭不受金’，《家語》作‘辭而不取金’，此疑作‘還而辭其金’，因脱‘辭’字，故倒易‘還而’二字耳。實未嘗受，何得言還其金也。”

〔二〕向宗魯曰：“‘贖’下當有‘人’字，《吕氏》、《淮南》、《家語》皆有。”

　　孔子見季康子，康子未説，孔子又見之。宰予曰：“吾聞之夫子曰：‘王公不聘不動。’今吾子之見司寇也，少數矣。”孔子曰：“魯國以衆相陵、以兵相暴之日久矣，而有司不治，聘我者孰大乎於是？”魯人聞之曰：“聖人將治，可以不先自爲刑罰乎〔一〕？”自是之後，國無争者。孔子謂弟子曰：“違山十里，蟪蛄之聲，猶尚存耳。政事無如膺之矣〔二〕。”（又見於《續博物志》十、《詩含神霧》）

〔一〕關嘉曰：“《家語》‘可’作‘何’。”盧文弨曰：“衍‘以’字。（《家語》無。）”又曰：“‘爲’，《家語》‘遠’。”向宗魯曰：“‘爲’讀爲‘遠’，《左傳》‘蔿氏’即‘蓮氏’，即二字音通之例。”

〔二〕膺，接受，承當。

尊　賢

鮑龍跪石而登嶂〔一〕，孔子爲之下車。（又見於《劉子·知人》）

〔一〕嶂，山屈曲貌。

齊景公問於孔子曰：“秦穆公，其國小，處僻而霸，何也？”對曰：“其國雖小而其志大〔一〕，處雖僻而其政中〔二〕。其舉果，其謀和，其令不偷。親舉五羖大夫於係縲之中〔三〕，與之語，三日而授之政。以此取之，雖王可也，霸則小矣。”

〔一〕“雖”字和“而”下“其”字舊無，向宗魯依《史記》、《家語》等補。

〔二〕“處雖僻”，舊作“雖處僻”，向宗魯據《史記》、《家語》乙轉。

〔三〕係縲，拘因。

哀公問於孔子曰：“人若何而可取也〔一〕？”孔子對曰：“毋取拑者〔二〕，毋取健者，毋取口鋭者。”哀公曰：“何謂也？”孔子曰：“拑者大給利，不可盡用；健者必欲兼人，不可以爲法也；口鋭者多誕而寡信，後恐不驗也。夫弓矢和調，而後求其中焉；馬愨愿順，然後求其良材焉；人必忠信重厚，然後求其知能焉。今人有不忠信重厚而多知能，如此人者，譬猶豺狼與，不可以身近也。是故先其仁信之誠者，然後親之；於是有知能者，然後任之。故曰：親仁而使能。夫取人之術也，觀其言而察其行。夫言者，所以抒其匈而發其情者也。能行之士，必能言之，是故先觀其言而揆其行；夫以言揆其行，雖有姦軌之人，無以逃其情矣。”哀公曰：“善。”（又見於《韓詩外傳》四、《荀子·哀公》）

〔一〕“若何”，孫星衍《孔子集語》作“何若”。

〔二〕拑，脅持。

　　魯哀公問於孔子曰：“當今之時，君子誰賢？”對曰：“衛靈公。”公曰：“吾聞之，其閨門之内，姑姊妹無别。”對曰：“臣觀於朝廷，未觀於堂陛之間也。靈公之弟曰公子渠牟，其知足以治千乘之國，其信足以守之，而靈公愛之。又有士曰王林，國有賢人，必進而任之，無不達也，不能達，退而與分其禄，而靈公尊之。又有士曰慶足，國有大事，則進而治之，無不濟也，而靈公説之。史鰌去衛，靈公邸舍三月，琴瑟不御，待史鰌之入也而後入。臣是以知其賢也。”

　　介子推行年十五而相荆，仲尼聞之，使人往視之〔一〕，還，曰：“廊下有二十五俊士，堂上有二十五老人。”仲尼曰：“合二十五人之智，智於湯武；并二十五人之力，力於彭祖。以治天下，其固免矣乎！”
　　〔一〕“之”字爲向宗魯依《書鈔》增。

　　孔子閒居，喟然而歎曰：“銅鞮伯華而無死，天下其有定矣！”子路曰：“願聞其爲人也何若？”孔子曰：“其幼也，敏而好學；其壯也，有勇而不屈；其老也，有道而能以下人。”子路曰：“其幼也敏而好學則可，其壯也有勇而不屈則可。夫有道又誰下哉？”孔子曰：“由不知也。吾聞之，以衆攻寡，而無不消也；以貴下賤，無不得也。昔在周公旦，制天下之政，而下士七十人，豈無道哉？ 欲得士之故也。夫有道而能下於天下之士，君子乎哉！”

　　孔子之郯，遭程子於塗，傾蓋而語終日，有間，顧謂子路曰〔一〕：“取束帛一，以贈先生。”子路不對。有間，又顧謂曰〔二〕：“取束帛一，以贈先生。”子路屑然對曰：“由聞之也，士不中閒而見〔三〕，女無媒而嫁，君子不行也。”孔子曰：“由，《詩》不云乎：‘野有蔓草，零露溥兮。有美一人，清陽婉兮〔四〕。邂逅相遇，適我願兮。’今程子，天下之賢士也，於是不贈，終身不見也〔五〕。大德毋踰閑，小德出入可也。”（又見於《韓詩外傳》二、《子華子》）

〔一〕“謂”字爲向宗魯據《御覽》四百二補。

〔二〕“謂”字爲向宗魯據盧文弨之説補。

〔三〕“聞”，《御覽》四百二引作“間”，注云：中間謂紹介也。

〔四〕“陽”，原作“揚”，向宗魯依盧文弨之説改。

〔五〕“也”字爲向宗魯據盧文弨之説補。

齊桓公使管仲治國，管仲對曰：“賤不能臨貴。”桓公以爲上卿，而國不治。桓公曰：“何故？”管仲對曰：“貧不能使富。”桓公賜之齊國市租一年，而國不治。桓公曰：“何故？”對曰：“疏不能制親。”桓公立以爲仲父。齊國大安，而遂霸天下。孔子曰：“管仲之賢，而不得此三權者，亦不能使其君南面而霸矣。”

子路問於孔子曰：“治國何如？”孔子曰：“在於尊賢而賤不肖。”子路曰：“范中行氏尊賢而賤不肖，其亡何也？”曰：“范中行氏尊賢而不能用也，賤不肖而不能去也；賢者知其不己用而怨之，不肖者知其賤己而讐之。賢者怨之，不肖者讐之，怨讐並前，中行氏雖欲無亡，得乎？”

正　諫

諫有五：一曰正諫，二曰降諫〔一〕，三曰忠諫，四曰戇諫，五曰諷諫。孔子曰：“吾其從諷諫矣乎。夫不諫則危君，固諫則危身〔二〕，與其危君寧危身。危身而終不用，則諫亦無功矣。智者度君權時，調其緩急，而處其宜；上不敢危君，下不以危身〔三〕。故在國而國不危，在身而身不殆。”（又見於《白虎通義·諫諍》）

〔一〕盧文弨曰：“《御覽》四百五十五‘降’作‘譎’。”

〔二〕“固”，《御覽》作“直”。

〔三〕“以”，《御覽》作“爲”。

楚昭王欲之荆臺游，司馬子綦進諫曰：“荆臺之游，左洞庭之波，右彭蠡之水，南望獵山，下臨方淮，其樂使人遺老而忘死，人君游者，盡以亡其國。願大王勿往游焉。”王曰：“荆臺，乃吾地也，有地而游之，子何爲絶我游乎？”怒而擊之。於是令尹子西駕安車、四馬，徑於殿下，曰：“今日荆臺之游，不可觀也。”王登車而拊其背曰：“荆臺之游，與子共樂之矣。”步馬十里，引轡而止，曰：“臣不敢下車，願得有道，大王肯聽之乎？”王曰：“第言之。”令尹子西曰：“臣聞之，爲人臣而忠其君者，爵禄不足以賞也；爲人臣而諛其君者，刑〔一〕罰不足以誅也。若司馬子綦者，忠臣也；若臣者，諛臣也。願大王殺臣之軀，罰臣之家，而禄司馬子綦。”王曰：“若我能止，聽公，子獨能禁我游耳。後世游之，無有極時，奈何？”令尹子西曰：“欲禁後世易耳，願大王山陵崩陁，爲陵於荆臺；未嘗有持鐘鼓管弦之樂，而游於父祖之墓上者也。”於是王還車，卒不游荆臺，令罷先置。孔子從魯聞之，曰：“美哉，令尹子西！諫之於十里之前，而權之於百世之後者也。”

〔一〕“爲人臣而忠其君者，爵禄不足以賞也；爲人臣而諛其君者，刑”二十四字，向宗魯本原無，今據孫星衍《孔子集語》補。

孔子曰：“良藥苦於口，利於病；忠言逆於耳，利於行。故武王諤諤而昌，紂嘿嘿而亡〔一〕。君無諤諤之臣，父無諤諤之子，兄無諤諤之弟，夫無諤諤之婦，士無諤諤之友，其亡可立而待。故曰君失之，臣得之；父失之，子得之；兄失之，弟得之；夫失之，婦得之；士失之，友得之。故無亡國、破家、悖父、亂子、放兄、棄弟、狂夫、淫婦、絶交敗友。”

〔一〕“諤諤”，盧元駿釋爲“直言的樣子”；“嘿嘿”，盧元駿釋爲“嘿與默同。默默，寂静無人聲”。

敬　慎

孔子讀《易》，至於《損》、《益》，則喟然而歎。子夏避席而問曰：“夫子何爲歎？”孔子曰：“夫自損者益，自益者缺，吾是以歎也。”子夏曰：“然則學者不可以益乎？”孔子曰：“否。天之道，成者未嘗得久也。夫學者以虚受之，故曰得。苟不知持滿，則天下之善言不得入其耳矣。昔堯履天子之位，猶允恭以持之，虚静以待下，故百載以逾盛，迄今而益章。昆吾自臧而滿意〔一〕，窮高而不衰，故當時而虧敗，迄今而逾惡。是非損益之徵與？吾故曰：‘謙也者，致恭以存其位者也。’夫豐明而動,故能大;苟大,則虧矣。吾戒之。故曰:‘天下之善言不得入其耳矣。’日中則昃,月盈則食,天地盈虛,與時消息,是以聖人不敢當盛。升輿而遇三人則下,二人則軾,調其盈虛,故能長久也。”子夏曰:“善。請終身誦之。”(又見於《淮南子·人間訓》)

〔一〕昆吾,夏末部落名稱,後爲商湯所滅。

　　孔子觀於周廟,而有欹器焉,孔子問守廟者曰:“此爲何器?”對曰:“蓋爲右坐之器。”孔子曰:“吾聞右坐之器,滿則覆,虛則欹,中則正,有之乎?”對曰:“然。”孔子使子路取水而試之,滿則覆,中則正,虛則欹。孔子喟然嘆曰:“嗚呼! 惡有滿而不覆者哉!”子路曰:“敢問持滿有道乎?”孔子曰:“持滿之道,挹而損之。”子路曰:“損之有道乎?”孔子曰:“高而能下,滿而能虛,富而能儉,貴而能卑,智而能愚,勇而能怯,辯而能訥,博而能淺,明而能闇,是謂損而不極。能行此道,唯至德者及之。《易》曰:‘不損而益之,故損;自損而終,故益。’”(又見於《韓詩外傳》三、《淮南子·道應訓》、《荀子·宥坐》)

　　孔子曰:“存亡禍福,皆在己而已,天災地妖,亦不能殺也〔一〕。昔者殷王帝辛之時〔二〕,爵生烏於城之隅〔三〕,工人占之曰:‘凡小以生巨,國家必祉,王名必倍。’帝辛喜爵之德,不治國家,亢暴無極,外寇乃至,遂亡殷國。此逆天之時,詭福反爲禍也〔四〕。至殷王武丁之時,先王道缺,刑法弛,桑穀俱生於朝,七日而大拱。工人占之曰:‘桑穀者,野物也;野物生於朝,意朝亡乎?’武丁恐駭,側身修行,思昔先王之政,興滅國,繼絶世,舉逸民,明養老之道。三年之後,遠方之君,重譯而朝者六國。此迎天之時〔五〕,得禍反爲福也。故妖孽者,天所以警天子諸侯也;惡夢者,所以警士大夫也。故妖孽不勝善政,惡夢不勝善行也;至治之極,禍反爲福。故《太甲》曰:‘天作孽,猶可違;自作孽,不可逭〔六〕。’”

〔一〕“殺”,《家語》作“加”,是也。

〔二〕帝辛,紂王。

〔三〕爵,通“雀”。

〔四〕“也”字爲向宗魯據《御覽》及《事類賦》補。

〔五〕“之”字爲向宗魯所補。

〔六〕遁，逃避。

　　魯哀公問孔子曰：“予聞忘之甚者，徙而忘其妻，有諸乎？”孔子對曰：“此非忘之甚者也，忘之甚者忘其身。”哀公曰：“可得聞與？”對曰：“昔夏桀貴爲天子，富有天下，不修禹之道，毁壞辟法，裂絶世祀，荒淫于樂，沈酗于酒，其臣有左師觸龍者，諂諛不正。湯誅桀，左師觸龍者身死，四支不同壇而居，此忘其身者也。”哀公愀然變色曰：“善。”（又見於《御覽》四百九十引《尸子》）

　　孔子之周，觀於太廟。右陛之前，有金人焉，三緘其口，而銘其背曰：“古之慎言人也，戒之哉！戒之哉！無多言，多言多敗；無多事，多事多患。安樂必戒，無行所悔。勿謂何傷，其禍將長；勿謂何害，其禍將大；勿謂何殘，其禍將然；勿謂莫聞，天妖伺人。熒熒不滅，炎炎奈何；涓涓不壅，將成江河；緜緜不絶，將成網羅；青青不伐，將尋斧柯〔一〕。誠不能慎之，禍之根也。曰是何傷，禍之門也。强梁者不得其死，好勝者必遇其敵，盜怨主人，民害其貴。君子知天下之不可蓋也，故後之下之，使人慕之，執雌持下，莫能與之争者。人皆趨彼，我獨守此；衆人惑惑，我獨不徙；内藏我知，不與人論技；我雖尊高，人莫我害〔二〕。夫江河長百谷者，以其卑下也。天道無親，常與善人。戒之哉！戒之哉！”孔子顧謂弟子曰：“記之！此言雖鄙，而中事情。《詩》曰：‘戰戰兢兢，如臨深淵，如履薄冰。’〔三〕行身如此，豈以口遇禍哉！”

〔一〕關嘉曰：“王肅曰：‘尋，用也。’”

〔二〕“我害”，原作“害我”，向宗魯據盧文弨説改。

〔三〕見《詩·小雅·小旻》。

　　孔子行游，中路聞哭者聲，其音甚悲。孔子曰：“驅之！驅之！前有異人音。”少進，見之，丘吾子也，擁鐮帶索而哭。孔子辟車而下，問曰：“夫子非有喪也，何哭之悲也？”丘吾子對曰：“吾有三失。”孔子曰：“願聞三失。”丘吾子曰：“吾少好學問，周遍天下，還後，吾親亡，一失也；事君奢驕，諫不遂，是二失也；厚交友而後絶，是三失也〔一〕。樹欲静乎風不定,子欲養乎親不待。往而不來者,年也;不可得再見者,親也。請從此辭。"則自刎而死。孔子曰:"弟子記之,此足以爲戒也。"於是弟子歸養親者十三人。(又見於《韓詩外傳》九)

〔一〕"是"字爲向宗魯據《御覽》等引增。

孔子論《詩》,至於《正月》之六章,懼然曰〔一〕:"不逢時之君子,豈不殆哉! 從上依世則廢道,違上離俗則危身;世不與善,己獨由之,則曰非妖則孽也。是以桀殺關龍逢,紂殺王子比干。故賢者不遇時,常恐不終焉。《詩》曰:'謂天蓋高,不敢不跼;謂地蓋厚,不敢不蹐。'〔二〕此之謂也。"

〔一〕懼然,敬貌。

〔二〕見《詩·小雅·正月》。跼,曲也,此處謂曲身。蹐,用小步走路。

孔子見羅者,其所得者,皆黃口也〔一〕。孔子曰:"黃口盡得,大爵獨不得,何也?"羅者對曰:"黃口從大爵者不得,大爵從黃口者可得。"孔子顧謂弟子曰:"君子慎所從,不得其人,則有羅網之患。"

〔一〕向宗魯曰:"《淮南·氾論篇》:'古之伐國,不殺黃口。'注云:'黃口,幼也。'"

顏回將西遊,問於孔子曰:"何以爲身?"孔子曰:"恭敬忠信,可以爲身。恭則免於衆,敬則人愛之,忠則人與之,信則人恃之。人所愛,人所與,人所恃,必免於患矣,可以臨國家,何況於身乎? 故不比數而比疎,不亦遠乎? 不修中而修外,不亦反乎? 不先慮事,臨難乃謀,不亦晚乎?"

善　說

趙襄子謂仲尼曰:"先生委質以見人主,七十君矣,而無所不通識,世無明君乎? 意先生之道固不通乎?"仲尼不對。異日,襄子見子路,曰:"嘗問先生以道,先生不對。知而不對,則隱也,隱則安得爲仁? 若信不知,安得爲聖?"子路曰:"建天下之鳴鐘而撞之以梃,豈能發其聲乎哉? 君問先生,無乃猶以梃撞乎?"

子路問於孔子曰："管仲何如人也?"子曰："大人也。"子路曰："昔者管子説襄公,襄公不説,是不辯也;欲立公子糾而不能,是無能也;家殘於齊而無憂色,是不慈也;桎梏而居檻車中無慙色,是無愧也;事所射之君,是不貞也;召忽死之,管子不死,是無仁也。夫子何以大之?"子曰："管仲説襄公,襄公不説,管子非不辯也,襄公不知説也;欲立子糾而不能,非無能也,不遇時也;家殘於齊而無憂色,非不慈也,知命也;桎梏居檻車而無慙色,非無愧也,自裁也;事所射之君,非不貞也,知權也;召忽死之,管子不死,非無仁也。召忽者,人臣之材也,不死則三軍之虜也,死之則名聞天下,夫何爲不死哉? 管子者,天子之佐,諸侯之相也,死之則不免爲溝中之瘠,不死則功復用於天下,夫何爲死之哉? 由,汝不知也。"

權 謀

趙簡子曰："晉有澤鳴、犢犨,魯有孔丘,吾殺此三人,則天下可圖也。"於是乃召澤鳴、犢犨,任之以政而殺之。使人聘孔子於魯。孔子至河,臨水而觀,曰："美哉水! 洋洋乎! 丘之不濟於此,命也夫!"子路趨進曰："敢問奚謂也?"孔子曰："夫澤鳴、犢犨,晉國之賢大夫也。趙簡子之未得志也,與之同聞見,及其得志也,殺之而後從政。故丘聞之,刳胎焚夭,則麒麟不至;乾澤而漁,則蛟龍不遊[一];覆巢毀卵,則鳳皇不翔。丘聞之:君子重傷其類者也。"(《三國志·魏書·劉廙傳》注引《新序》,又見於《琴操》、《水經·河水五注》)

〔一〕"則"字舊脱,向宗魯依上下文例補。

孔子與齊景公坐,左右白曰："周使來,言'周廟燔'。"齊景公出,問曰："何廟也?"孔子曰："是釐王廟也。"景公曰："何以知之?"孔子曰："《詩》云:'皇皇上帝,其命不忒。天之與人,必報有德。'禍亦如之。夫釐王變文、武之制而作玄黃宮室,輿馬奢侈,不可振也[一],故天殃其廟。是以知之。"景公曰："天何不殃其身[二]?"曰："天以文王之故也。若殃其身,文王之祀,無乃絕乎? 故殃其廟以章其過也。"左右入報曰："周釐王廟也。"景公大驚,起再拜曰："善哉! 聖人之智,豈不大乎！”

〔一〕玄，黑色。玄黄，指色彩華麗。此三句《孔子家語》作“夫鼇王變文、武之制而作玄
　　黃華麗之飾，宮室崇峻，輿馬奢侈，而弗可振也”。王肅注曰：“振，救也。”

〔二〕盧元駿本下有“而殃其廟乎？子”六字。

魯公索氏將祭而亡其牲。孔子聞之曰：“公索氏比及三年，必亡
矣。”後一年而亡。弟子問曰：“昔公索氏亡牲，夫子曰：‘比及三年必
亡矣。’今期年而亡。夫子何以知其將亡也？”孔子曰：“祭之爲言索
也。索也者，盡也，乃孝子所以自盡於親也。至祭而亡其牲，則餘所
亡者多矣。吾以此知其將亡也。”

齊桓公將伐山戎、孤竹，使人請助於魯。魯君進群臣而謀，皆曰：
“師行數千里，入蠻夷之地，必不反矣。”於是魯許助之而不行。齊已
伐山戎、孤竹，而欲移兵於魯。管仲曰：“不可。諸侯未親，今又伐遠，
而還誅近鄰。鄰國不親，非霸王之道。君之所得山戎之寶器者，中國
之所鮮也，不可以不進周公之廟乎？”桓公乃分山戎之寶，獻之周公之
廟。明年起兵伐莒。魯下令丁男悉發，五尺童子皆至。孔子曰：“聖
人轉禍爲福，報怨以德。”此之謂也。

中行文子出亡至邊，從者曰：“爲此嗇夫者〔一〕，君人也，胡不休
焉，且待後車者〔二〕？”文子曰：“異日吾好音，此子遺吾琴，吾好佩，又
遺吾玉，是不非吾過者也，自容於我者也。吾恐其以我求容也。”遂不
入。後車入門，文子問嗇夫之所在，執而殺之〔三〕。仲尼聞之曰：“中
行文子背道失義以亡其國，然後得之，猶活其身。道不可遺也若此。”

〔一〕嗇夫，官職名，典田官也。

〔二〕向宗魯曰：“‘者’字衍。”

〔三〕向宗魯曰：“《韓》云：‘果收文子後車二乘，而獻之其君矣。’則非文子殺嗇夫甚
　　明。此文脫誤不可通。《家語》王注作‘車入，問文子之所在，（脫嗇夫二字）執而
　　殺之’，疑此文本作‘後車入門，問文子之所在，嗇夫執而殺之’，蓋後車問文子之
　　所在，而嗇夫執後車之人殺之也。（此言嗇夫之姦，以著中行文子先去之明）今本
　　‘文子’二字誤在‘問’字上，‘嗇夫’二字誤在‘之所在’上，遂失其義矣。”

孔子問漆雕馬人曰："子事臧文仲、武仲、孺子容，三大夫者，孰爲賢？"漆雕馬人對曰："臧氏家有龜焉，名曰蔡。文仲立，三年爲一兆焉[一]；武仲立，三年爲二兆焉；孺子容立，三年爲三兆焉，馬人見之矣。若夫三大夫之賢不賢，馬人不識也。"孔子曰："君子哉，漆雕氏之子！其言人之美也，隱而顯；其言人之過也，微而著。故智不能及，明不能見，得無數卜乎？"

〔一〕占卜時燒灼龜甲所產生的裂紋，古人依此判吉凶。一兆，這裏指占卜一次。

至　公

孔子曰："巍巍乎！惟天爲大，惟堯則之。"

楚共王出獵而遺其弓，左右請求之，共王曰："止，楚人遺弓，楚人得之，又何求焉？"仲尼聞之曰："惜乎其不大，亦曰'人遺弓，人得之'而已，何必楚也！"（又見於《吕氏春秋·孟春紀·貴公》《公孫龍子·迹府》）

萬章問曰："孔子於衛主雍睢，於齊主寺人脊環，有諸？"孟子曰："否！不然。好事者爲之也。於衛主顔讎由。彌子之妻與子路之妻，兄弟也。彌子謂子路曰：'孔子主我，衛卿可得也。'子路以告。孔子曰：'有命。'孔子進之以禮，退之以義，得之不得，曰有命；而主雍睢與寺人脊環，是無命也。孔子不說於魯、衛，將適宋，遭桓司馬，將要而殺之，微服過宋，是孔子當阨，主司城貞子，爲陳侯周臣。吾聞之，觀近臣以其所爲之主，觀遠臣以其所主，如孔子主雍睢與寺人脊環，何以爲孔子乎？"

夫子行説七十諸侯，無定處，意欲使天下之民各得其所，而道不行。退而修《春秋》，采毫毛之善，貶纖介之惡。人事浹[一]，王道備，精和聖制，上通於天而麟至，此天之知夫子也。於是喟然而嘆曰："天以至明爲不可蔽乎，日何爲而食？地以至安爲不可危乎，地何爲而動？天地而尚有動蔽，是故賢聖説於世而不得行其道，故災異並作也。"夫子曰："不怨天，不尤人，下學而上達，知我者其天乎？"

〔一〕浹,通達。

孔子生於亂世,莫之能容也。故言行於君,澤加於民,然後仕;言不行於君,澤不加於民,則處。孔子懷天覆之心,挾仁聖之德,憫時俗之汙泥,傷紀綱之廢壞,服重歷遠,周流應聘,乃俟幸施道,以子百姓,而當世諸侯莫能任用。是以德積而不肆,大道屈而不伸,海内不蒙其化,群生不被其恩〔一〕。故喟然嘆曰:“而有用我者,則吾其爲東周乎?”故孔子行説,非欲身運德於一城,將欲舒之於天下,而建之於群生者耳。(《繹史·孔子類記》引)

〔一〕“恩”,原作“思”,據孫星衍《孔子集語》改。

孔子爲魯司寇,聽獄必師斷〔一〕,敦敦然皆立〔二〕,然後君子進曰〔三〕:“某子以爲何若?”某子以爲云云〔四〕。又曰:“某子以爲何若?”某子曰云云。辯矣。然後君子“幾當從某子云云乎〔五〕”。以君子之知,豈必待某子之云云,然後知所以斷獄哉?君子之敬讓也,文辭有可與人共之者,君子不獨有也。(又見於《鹽鐵論·備胡》、《春秋繁露·五行相生》)

〔一〕向宗魯曰:“師,衆也。”

〔二〕劉臺拱曰:“《行葦傳》:‘敦,聚貌。’《釋文》:‘音徒端反。’此讀當如之。”

〔三〕盧文弨曰:“君子即孔子。”

〔四〕向宗魯曰:“依下文例,當作‘某子曰云云’,此某子答孔子語也。”

〔五〕向宗魯曰:“《家語》作‘當從某子云云幾是’,王注云:‘幾,近也。’”

子羔爲衛政,刖人之足。衛之君臣亂,子羔走郭門,郭門閉。刖者守門,曰:“於彼有缺。”子羔曰:“君子不踰。”曰:“於彼有竇。”子羔曰:“君子不遂〔一〕。”曰:“於此有室。”子羔入,追者罷。子羔將去,謂刖者曰:“吾不能虧損主之法令,而親刖子之足。吾在難中,此乃子之報怨時也,何故逃我?”刖者曰:“斷足,固我罪也,無可奈何。君之治臣也,傾側法令,先後臣以法,欲臣之免於法也,臣知之;獄決罪定,臨當論刑,君愀然不樂,見於顏色,臣又知之。君豈私臣哉?天生仁人之心,其固然也。此臣之所以脱君也。”孔子聞之曰:“善爲吏者樹德,

不善爲吏者樹怨,公行之也,其子羔之謂歟!”（又見於《韓非子·外儲説左下》）

〔一〕盧文弨曰:“‘遂’,《家語》‘隧’。”王肅注曰:“隧,從竇出。”

指　　武

孔子北遊,東上農山,子路、子貢、顏淵從焉。孔子喟然歎曰:“登高望下,使人心悲,二三子者,各言爾志,丘將聽之。”子路曰:“願得白羽若月,赤羽若日,鐘鼓之音,上聞於天,旌旗翩翻,下蟠於地。由且舉兵而擊之,必也攘地千里,獨由能耳。使夫二子者爲我從焉。”孔子曰:“勇哉,士乎! 憤憤者乎!”子貢曰:“賜也願齊、楚合戰於莽洋之野,兩壘相當,旌旗相望,塵埃相接,接戰搆兵,賜願著縞衣白冠,陳説白刃之間,解兩國之患,獨賜能耳。使夫二子者爲我從焉。”孔子曰:“辯哉,士乎! 僊僊者乎〔一〕!”顏淵獨不言。孔子曰:“回! 來! 若獨何不願乎?”顏淵曰:“文武之事,二子已言之,回何敢與焉!”孔子曰:“若鄙心不與焉,第言之!”顏淵曰:“回聞鮑魚、蘭芷不同篋而藏,堯、舜、桀、紂不同國而治,二子之言與回言異。回願得明王聖主而相之,使城郭不修,溝池不越,鍛劍戟以爲農器,使天下千歲無戰鬬之患。如此,則由何憤憤而擊,賜又何僊僊而使乎?”孔子曰:“美哉,德乎!姚姚者乎〔二〕!”子路舉手問曰:“願聞夫子之意。”孔子曰:“吾所願者,顏氏之計,吾願負衣冠而從顏氏子也。”（又見於《韓詩外傳》九、《韓詩外傳》七）

〔一〕僊僊,輕舉的樣子。

〔二〕姚姚,自得的樣子。

魯哀公問於仲尼曰:“吾欲小則守,大則攻,其道若何?”仲尼曰:“若朝廷有禮,上下有親,民之衆皆君之畜也,君將誰攻? 若朝廷無禮,上下無親,民衆皆君之讐也,君將誰與守?”〔一〕於是廢澤梁之禁,弛關市之徵,以爲民惠也。

〔一〕孫星衍《孔子集語》注曰:薛據《集語》引此以爲見《韓非子》,今《韓非子》無此文。

孔子爲魯司寇,七日而誅少正卯於東觀之下。門人聞之,趨而進,至者不言,其意皆一也。子貢後至,趨而進,曰:"夫少正卯者,魯國之聞人矣,夫子始爲政,何以先誅之?"孔子曰:"賜也,非爾所及也。夫王者之誅有五,而盜竊不與焉。一曰心辯而險,二曰言僞而辯,三曰行辟而堅,四曰志愚而博,五曰順非而澤。此五者,皆有辨知聰達之名,而非其真也。苟行以僞,則其智足以移衆,强足以獨立,此姦人之雄也,不可不誅。夫有五者之一,則不免於誅。今少正卯兼之,是以先誅之也。昔者湯誅蠋沐,太公誅潘阯,管仲誅史附里,子產誅鄧析,此五子未有不誅也。所謂誅之者,非謂其晝則攻盜、暮則穿窬也,皆傾覆之徒也。此固君子之所疑,愚者之所惑也。《詩》云:'憂心悄悄,愠于群小。'此之謂矣。"(又見於《尹文子・聖人》、《淮南子・氾論訓下》、《荀子・宥坐》、《論衡・講瑞》、《劉子・心隱》、《漢書・趙尹韓張兩王傳》)

談　叢

邑名勝母,曾子不入;水名盜泉,孔子不飲:醜其聲也。(又見於《文選・陸機猛虎行注》引《尸子》、《御覽》六十三引《論語比考讖》、《後漢書・鍾離意傳》)

雜　言

孔子曰:"自季孫之賜我千鍾而友益親,自南宮敬叔之乘我車也而道加行〔一〕。故道,有時而後重,有勢而後行,微夫二子之賜,丘之道幾於廢也。"

〔一〕"敬",原作"頃",孫星衍《孔子集語》作"項",依盧文弨據《家語》改。

孔子爲魯司寇而不用;從祭,膰肉不至;不脫冕而行。其不善者以爲爲肉也,其善者以爲爲禮也。乃孔子欲以微罪行,不欲爲苟去,故君子之所爲,衆人固不得識也。

楚昭王召孔子,將使執政,而封以書社七百。子西謂楚王曰:"王之臣,用兵有如子路者乎?使諸侯有如宰予者乎?長管五官有如子貢者乎〔一〕?昔文王處酆,武王處鎬,酆、鎬之間,百乘之地,伐上殺主,立爲天子,世皆曰聖王。今以孔子之賢,而有書社七百里之地,而三子佐之，非楚之利也。"楚王遂止。

〔一〕"有"下原無"如"字，據他本以及上下文例改。

魯哀公問於孔子曰："有智者壽乎？"孔子曰："然。人有三死而非命也者，人自取之：夫寢處不時，飲食不節，佚勞過度者，疾共殺之；居下位而上忤其君，嗜慾無厭，而求不止者，刑共殺之；少以犯衆，弱以侮强，忿怒不量力者，兵共殺之。此三死者非命也，人自取之。"（又見於《韓詩外傳》一）

孔子遭難陳、蔡之境，絶糧。弟子皆有饑色。孔子歌兩柱之間。子路入見曰："夫子之歌，禮乎？"孔子不應，曲終而曰："由，君子好樂爲無驕也，小人好樂爲無懾也，其誰知之？子不我知而從我者乎？"子路不悦，援干而舞，三終而出。及至七日，孔子修樂不休，子路愠見曰："夫子之修樂，時乎？"孔子不應，樂終而曰："由，昔者齊桓霸心生于莒，句踐霸心生于會稽，晉文霸心生于驪氏。故居不幽則思不遠，身不約則智不廣，庸知而不遇之？"於是興，明日免於厄。子貢執轡曰："二三子從夫子而遇此難也，其不可忘已！"孔子曰："惡！是何言也？語不云乎，三折肱而成良醫？夫陳、蔡之間，丘之幸也。二三子從丘者，皆幸人也。吾聞人君不困不成王，列士不困不成行。昔者湯困於吕，文王困於羑里，秦穆公困於殽，齊桓困於長勺，句踐困於會稽，晉文困於驪氏。夫困之爲道，從寒之及煖，煖之及寒也，唯賢者獨知而難言之也。"《易》曰："困，亨，貞，大人吉，無咎。有言不信。"聖人所與人難言，信也。（又見於《韓詩外傳》七、《荀子·宥坐》）

孔子困於陳、蔡之間，居環堵之内，席三經之席，七日不食，藜羹不糝，弟子皆有饑色，讀《詩》、《書》治禮不休。子路進諫曰："凡人爲善者，天報以福；爲不善者，天報以禍。今先生積德行，爲善久矣。意者尚有遺行乎？奚居之隱也〔一〕！"孔子曰："由，來！汝不知。坐，吾語汝。子以夫知者爲無不知乎？則王子比干何爲剖心而死？以諫者爲必聽乎？伍子胥何爲抉目於吴東門？子以廉者爲必用乎？伯夷、叔齊何爲餓死於首陽山之下？子以忠者爲必用乎？則鮑莊何爲而肉枯，荆公子高終身不顯，鮑焦抱木而立枯，介子推登山焚死？故夫君子博學深謀，不遇時者衆矣，豈獨丘哉！賢不肖者，才也；爲不爲者，人也；遇不遇者，時也；死生者，命也。有其才不遇其時，雖才不用。苟遇其時，何難之有？故舜耕歷山而陶於河畔，立爲天子，則其遇堯也。傅説負壤土、釋版築，而立佐天子，則其遇武丁也。伊尹，有莘氏媵臣也，負鼎俎、調五味而佐天子，則其遇成湯也。吕望行年五十，賣食於棘津，行年七十，屠牛朝歌，行年九十，爲天子師，則其遇文王也。管夷吾束縛膠目，居檻車中，自車中起爲仲父，則其遇齊桓公也。百里奚自賣取五羊皮，伯氏牧羊以爲卿大夫，則其遇秦穆公也。沈尹名聞天下，以爲令尹，而讓孫叔敖，則其遇楚莊王也。伍子胥前多功，後戮死，非其智益衰也，前遇闔廬，後遇夫差也。夫驥厄罷鹽車，非無驥狀也，夫世莫能知也。使驥得王良、造父，驥無千里之足乎？芝蘭生深林，非爲無人而不香。故學者非爲通也，爲窮而不困也，憂而志不衰也[二]，先知禍福之始而心而惑也。聖人之深念，獨知獨見。舜亦賢聖矣，南面治天下，唯其遇堯也；使舜居桀、紂之世，能自免刑戮固可也，又何官得治乎？夫桀殺關龍逢而紂殺王子比干，當是時，豈關龍逢無知而比干無惠哉？此桀、紂無道之世然也。故君子疾學，修身端行，以須其時也。”（又見於《韓詩外傳》七、《荀子·宥坐》）

〔一〕“之”字原無，向宗魯依盧文弨據《外傳》七、《家語·在厄篇》補。

〔二〕“而志”二字原無，向宗魯依盧文弨據《外傳》補。

　　孔子之宋，匡簡子將殺陽虎，孔子似之，甲士以圍孔子之舍[一]。子路怒，奮戟將下鬭。孔子止之，曰：“何仁義之不免俗也？夫《詩》《書》之不習，禮樂之不修也，是丘之過也。若似陽虎，則非丘之罪也，命也夫。由，歌，予和汝[二]。”子路歌，孔子和之，三終而甲罷。（又見於《莊子·外篇·秋水》、《韓詩外傳》六）

〔一〕《北堂書鈔》一百二十四無“以”字。向宗魯以爲“以”字似當在“甲”字上。

　　孔子曰：“不觀於高岸，何以知顛墜之患？不臨於深淵，何以知没溺之患？不觀於海上，何以知風波之患？失之者其不在此乎？士慎三者，無累於人。”

　　子夏問仲尼曰：“顏淵之爲人也，何若？”曰：“回之信賢於丘也。”曰：“子貢之爲人也，何若？”曰：“賜之敏賢於丘也。”曰：“子路之爲人也，何若？”曰：“由之勇賢於丘也。”曰：“子張之爲人也，何若？”曰：“師之莊賢於丘也。”於是子夏避席而問曰：“然則四者何爲事先生？”曰：“坐，吾語汝。回能信而不能反，賜能敏而不能屈，由能勇而不能怯，師能莊而不能同。兼此四子者，丘不爲也。”（又見於《淮南子·人間訓》、《列子·仲尼》、《論衡·定賢》）

　　東郭子惠問於子貢曰：“夫子之門何其雜也？”子貢曰：“夫隱括之旁多枉木，良醫之門多疾人，砥礪之旁多頑鈍。夫子修道以俟，天下來者不止，是以雜也。”（又見於《繹史》九十五引《尚書大傳》、《荀子·法行》）

　　孔子觀於吕梁，懸水四十仞，環流九十里，魚鱉不能過，黿鼉不敢居。有一丈夫，方將涉之。孔子使人並崖而止之曰：“此懸水四十仞，圜流九十里，魚鱉不敢過，黿鼉不敢居，意者難可濟也！”丈夫不以錯意，遂渡而出。孔子問：“子巧乎？且有道術乎？所以能入而出者何也？”丈夫對曰：“始吾入，先以忠信，吾之出也，又從以忠信，忠信錯吾軀於波流，而吾不敢用私，吾所以能入而復出也。”孔子謂弟子曰：“水而尚可以忠信，義久而身親之，況於人乎？”（又見於《列子·説符》）

　　子路盛服而見孔子。孔子曰：“由，是裾裾者何也？昔者江水出於岷山，其始也，大足以濫觴。及至江之津也，不方舟，不避風，不可渡也。非唯下流衆川之多乎？今若衣服甚盛，顏色充盈，天下誰肯加若哉？”子路趨而出，改服而入，蓋自如也。孔子曰：“由，記之，吾語若：賁於言者，華也；奮於行者，伐也；夫色智而有能者，小人也。故君子知之爲知之，不知爲不知，言之要也；能之爲能之[一]，不能爲不能，行之至也。言要則知，行要則仁；既知且仁，夫有何加矣哉？由！”（又

見於《韓詩外傳》三、《荀子・子道》）

〔一〕下“之”字爲向宗魯據上例、《荀子》、《韓詩外傳》補。

子路問於孔子曰：“君子亦有憂乎？”孔子曰：“無也。君子之修其行，未得，則樂其意；既已得，又樂其知〔一〕。是以有終身之樂，無一日之憂。小人則不然。其未之得，則憂不得；既已得之，又恐失之。是以有終身之憂，無一日之樂。”（又見於《荀子・子道》）

〔一〕這裏是説，君子修養他的品行，在尚未有所得的時候，則爲自己有這種意願而高興；在有所得以後，則爲自己的新知而高興。

孔子見榮啓期，衣鹿皮裘，鼓瑟而歌。孔子問曰：“先生何樂也？”對曰：“吾樂甚多：天生萬物，唯人爲貴，吾既已得爲人，是一樂也；人以男爲貴，吾既已得爲男，是爲二樂也；人生不免襁褓，吾年已九十五，是三樂也。夫貧者士之常也，死者民之終也，處常待終，當何憂乎？”（又見於《御覽》三百八十三引《新序》、《列子・天瑞》）

曾子曰：“吾聞夫子之三言，未之能行也。夫子見人之一善，而忘其百非，是夫子之易事也。夫子見人有善，若己有之，是夫子之不爭也。聞善必躬親行之，然後道之，是夫子之能勞也。夫子之能勞也，夫子之不爭也，夫子之易事也，吾學夫子之三言，而未能行。”

孔子曰：“回，若有君子之道四：强於行己，弱於受諫，怵於待禄，慎於持身。”

仲尼曰：“史鰌有君子之道三：不仕而敬上，不祀而敬鬼，直能曲於人。”

孔子曰：“丘死之後，商也日益，賜也日損。商也好與賢己者處，賜也好説不如己者。”

孔子將行，無蓋。弟子曰：“子夏有蓋，可以行。”孔子曰：“商之爲人也,甚短於財。吾聞與人交者,推其長者,違其短者,故能久長矣。”

子路行,辭於仲尼曰:“敢問新交取親若何? 言寡可行若何? 長爲善士而無犯若何?”仲尼曰:“新交取親,其忠乎! 言寡可行,其信乎! 長爲善士而無犯,其禮乎!”

子路將行,辭於仲尼。曰:“贈汝以車乎? 以言乎?”子路曰:“請以言。”仲尼曰:“不强不遠〔一〕,不勞無功,不忠無親,不信無復,不恭無禮。慎此五者,可以長久矣。”

〔一〕“遠”,向宗魯以爲當從《家語》作“達”。

孔子曰:“中人之情,有餘則侈,不足則儉,無禁則淫,無度則失〔一〕,縱欲則敗。飲食有量,衣服有節,宮室有度,畜聚有數,車器有限,以防亂之源也〔二〕。故夫度量不可不明也,善欲不可不聽也。”

〔一〕向宗魯曰:“‘失’讀爲‘佚’,《家語》作‘佚’。”

〔二〕向宗魯曰:“‘以’上《家語》有‘所’字。”當補。

孔子曰:“巧而好度,必工;勇而好同,必勝;知而好謀,必成。愚者反是。夫處重擅寵,專事妒賢,愚者之情也。志驕傲而輕舊怨,是以尊位則必危,任重則必崩,擅寵則必辱。”(又見於《荀子·仲尼》)

孔子曰:“鞭朴之子,不從父之教;刑戮之民,不從君之政。言疾之難行。故君子不急斷,不意使,以爲亂源。”

孔子曰:“終日言不遺己之憂〔一〕,終日行不遺己之患,唯智者有之。故恐懼所以除患也,恭敬所以越難也。終身爲之,一言敗之,可不慎乎?”〔二〕

〔一〕孫星衍《孔子集語》“終”上有“君子”二字。

〔二〕孫星衍《孔子集語》注曰:薛據《集語》引此云見《韓詩外傳》,“終身爲之”作“終日爲之”。今《外傳》無此條。

孔子曰：“以富貴爲人下者，何人不與？ 以富貴敬愛人者，何人不親？ 衆言不逆，可謂知言矣；衆嚮之，可謂知時矣。”

孔子曰：“夫富而能富人者，欲貧而不可得也；貴而能貴人者，欲賤而不可得也；達而能達人者，欲窮而不可得也。”

仲尼曰：“非其地而樹之，不生也；非其人而語之，弗聽也。得其人如聚沙而雨之，非其人如聚聾而鼓之。”

孔子曰：“船非水不可行，水入船中，則其没也。故曰：君子不可不嚴也，小人不可不閑也〔一〕。”

〔一〕“閑也”，各本作“閉也”，向宗魯據程本改。

孔子曰：“依賢固不困，依富固不窮，馬踦折而復行者何〔一〕？ 以輔足衆也。”

〔一〕“踦”，孫星衍《孔子集語》注曰：一作“蚿”。今案：踦，獸足企也，即動物的脚前面着地。

孔子曰：“不知其子，視其所友；不知其君，視其所使。”又曰：“與善人居，如入蘭芷之室，久而不聞其香，則與之化矣；與惡人居，如入鮑魚之肆，久而不聞其臭，亦與之化矣。故曰丹之所藏者赤，烏之所藏者黑，君子慎所藏。”

子貢問曰：“君子見大水必觀焉，何也？”孔子曰：“夫水者，君子比德焉：遍與而無私，似德；所及者生，似仁；其流卑下句倨，皆循其理，似義；淺者流行，深者不測，似智；其赴百仞之谷不疑，似勇；綽弱而微達，似察；受惡不讓，似貞〔一〕；包蒙不清以入，鮮潔以出，似善化；主量必平〔二〕，似正；盈不求概，似度；其萬折必東，似意。是以君子見大水觀焉爾也〔三〕。”（又見於《大戴禮記·勸學》、《荀子·宥坐》）

〔一〕“貞”字爲向宗魯據《大戴禮記》補。

〔二〕“主”，原作“至”，向宗魯據盧文弨之説改。

〔三〕“水”下孫星衍《孔子集語》有“必”字，蓋爲孫氏據《荀子》補。

　　齊高廷問於孔子曰：“廷不曠山〔一〕、不直地〔二〕、衣裘、提執〔三〕，精氣以問事君之道〔四〕，願夫子告之。”孔子曰：“貞以幹之，敬以輔之。待人無倦，見君子則舉之，見小人則退之。去爾惡心而忠與之，敏其行，修其禮，千里之外，親如兄弟。若行不敏，禮不合，對門不通矣。”

〔一〕《孔子家語》王肅注曰：“曠，隔也。不以山爲隔，踰山而來。”

〔二〕盧文弨曰：“直，王肅注《家語·六本篇》云：‘宜爲植。’”向宗魯疑“直”爲“脩”之
　　誤，不以地爲長遠也。

〔三〕盧文弨曰：“‘執’，《家語》作‘贄’。”王肅注曰：“贄，所以執爲禮也。”

〔四〕盧文弨校“君”下增“子”字。精氣，猶赤誠。

辨　物

　　顏淵問於仲尼曰：“成人之行何若？”子曰：“成人之行，達乎情性之理，通乎物類之變，知幽明之故，睹遊氣之源，若此而可謂成人。既知天道，行躬以仁義，飭身以禮樂。夫仁義禮樂，成人之行也；窮神知化，德之盛也。”

　　吳伐越，隳會稽，得骨專車，使使問孔子曰：“骨何者最大？”孔子曰：“禹致群臣會稽山，防風氏後至，禹殺而戮之，其骨節專車，此爲大矣。”使者曰：“誰爲神？”孔子曰：“山川之靈，足以紀綱天下者，其守爲神。社稷爲公侯，山川之祀爲諸侯，皆屬於王者。”曰：“防風氏何守？”孔子曰：“汪芒氏之君，守封、嵎之山者也，其神爲釐姓，在虞、夏爲防風氏，商爲汪芒氏，於周爲長狄氏，今謂之大人。”使者曰：“人長幾何？”孔子曰：“僬僥氏三尺，短之至也；長者不過十，數之極也。”使者曰：“善哉！聖人也。”（又見於《國語·魯語下》）

　　仲尼在陳，有隼集于陳侯之廷而死，楛矢貫之，石砮，矢長尺而咫。陳侯使問孔子，孔子曰：“隼之來也遠矣，此肅慎氏之矢也。昔武王克商，通道九夷百蠻，使各以其方賄來貢，思無忘職業。於是肅慎

氏貢楛矢,石砮,長尺而咫。先王欲昭其令德之致,故銘其栝曰:‘肅慎氏貢楛矢。’以勞大姬,配虞胡公而封諸陳。分同姓以珍玉,展親也;分別姓以遠方職貢,使無忘服也。故分陳以肅慎氏之矢。”試求之故府,果得焉。(又見於《國語·魯語下》)

季桓子穿井,得土缶,中有羊。以問孔子,言得狗。孔子曰:“以吾所聞,非狗,乃羊也。木石之怪,夔、罔兩;水之怪,龍、罔象;土之怪,羵羊也,非狗也。”桓子曰:“善哉!”(又見於《國語·魯語下》、《搜神記》十二、《初學記》七引《韓詩外傳》、《文選·齊故安陸王碑》注引《韓詩外傳》、《御覽》九百二引《韓詩外傳》、《風俗通義·怪神》)

楚昭王渡江,有物大如斗,直觸王舟,止於舟中。昭王大怪之,使聘問孔子。孔子曰:“此名萍實,令剖而食之[一]。惟霸者能獲之,此吉祥也。”其後,齊有飛鳥,一足,來下,止于殿前,舒翅而跳。齊侯大怪之,又使聘問孔子。孔子曰:“此名商羊,急告民趣治溝渠,天將大雨。”於是如之,天果大雨,諸國皆水,齊獨以安。孔子歸,弟子請問,孔子曰:“異哉[二]!小兒謠曰:‘楚王渡江,得萍實,大如拳,赤如日,剖而食之,美如蜜。’此楚之應也。兒又有兩兩相牽,屈一足而跳,曰:‘天將大雨,商羊起舞。’今齊獲之,亦其應也。”夫謠之後,未嘗不有應隨者也,故聖人非獨守道而已也,睹物記也,即得其應矣。

〔一〕“令”,向宗魯依《家語》以爲當作“可”。
〔二〕“異哉”,孫星衍《孔子集語》注曰:薛據《集語》引作“異時”。

孔子晨立堂上,聞哭者聲音甚悲,孔子援琴而鼓之,其音同也。孔子出,而弟子有吒者,問:“誰也?”曰:“回也。”孔子曰:“回爲何而吒?”回曰:“今者有哭者,其音甚悲,非獨哭死,又哭生離者。”孔子曰:“何以知之?”回曰:“似完山之鳥。”孔子曰:“何如?”回曰:“完山之鳥生四子,羽翼已成,乃離四海,哀鳴送之,爲是往而不復返也。”孔子使人問哭者,哭者曰:“父死家貧,賣子以葬父,將與其別也。”孔子曰:“善哉!聖人也。”

子貢問孔子:"死人有知無知也?"孔子曰:"吾欲言死者有知也,恐孝子順孫妨生以送死也;欲言無知,恐不孝子孫棄不葬也。賜欲知死人有知將無知也,死,徐自知之,猶未晚也。"

脩　文

孔子曰:"移風易俗,莫善於樂;安上治民,莫善於禮。"是故聖王脩禮文,設庠序,陳鐘鼓,天子辟雍〔一〕,諸侯泮宮,所以行德化。

〔一〕辟雍,天子所設的大學。

延陵季子適齊,於其反也,其長子死於嬴博之間,因葬焉。孔子聞之,曰:"延陵季子,吳之習於禮者也。"使子貢往而觀之。其穿〔一〕,深不至泉。其斂,以時服。既葬封,壙墳掩坎,其高可隱也。既封,左袒右旋其封,且號者三,言曰:"骨肉歸復於土,命也。若魂氣則無不之也! 無不之也!"而遂行。孔子曰:"延陵季子於禮其合矣。"

〔一〕"穿",當依《禮記》作"坎"。

子夏三年之喪畢,見於孔子,孔子與之琴,使之弦。援琴而弦,衎衎而樂,作而曰:"先王制禮,不敢不及也。"子曰:"君子也。"閔子騫三年之喪畢,見於孔子,孔子與之琴,使之弦。援琴而弦,切切而悲,作而曰:"先王制禮,不敢過也。"孔子曰:"君子也。"子貢問曰:"閔子哀不盡,子曰'君子也';子夏哀已盡,子曰'君子也'。賜也惑,敢問何謂?"孔子曰:"閔子哀未盡,能斷之以禮,故曰'君子也';子夏哀已盡,能引而致之,故曰'君子也'。夫三年之喪,固優者之所屈〔一〕,劣者之所勉。"(又見於《淮南子·繆稱訓》、《毛詩·素冠傳》)

〔一〕屈,盡也,這裏指盡哀。

孔子曰:"無體之禮,敬也;無服之喪,憂也;無聲之樂,懽也。不言而信,不動而威,不施而仁,志也。鐘鼓之聲,怒而擊之則武,憂而擊之則悲,喜而擊之則樂。其志變,其聲亦變。其志誠〔一〕,通乎金石,而況人乎?"

〔一〕向宗魯曰:"'其志誠',《家語》作'故志誠感之',《尸子》作'意誠感之'。此文似脱'感'字。"

　　孔子曰:"可也,簡。"簡者,易野也。易野者,無禮文也。孔子見子桑伯子,子桑伯子不衣冠而處。弟子曰:"夫子何爲見此人乎?"曰:"其質美而無文,吾欲説而文之。"孔子去,子桑伯子門人不説,曰:"何爲見孔子乎?"曰:"其質美而文繁,吾欲説而去其文。"故曰,文質修者謂之君子,有質而無文謂之易野。子桑伯子易野,欲同人道於牛馬。故仲弓曰太簡。上無明天子,下無賢方伯。天下爲無道,臣弑其君,子弑其父,力能討之,討之可也。當孔子之時,上無明天子也。故言"雍也可使南面",南面者,天子也。雍之所以得稱南面者,問子桑伯子於孔子,孔子曰:"可也,簡。"仲弓曰:"居敬而行簡,以道民,不亦可乎? 居簡而行簡,無乃太簡乎?"子曰:"雍之言然!"仲弓通於化術,孔子明於王道,而無以加仲弓之言。

　　孔子至齊郭門之外,遇一嬰兒,挈一壺相與俱行。其視精,其心正,其行端。孔子謂御曰:"趣驅之,趣驅之。"韶樂方作,孔子至彼聞韶,三月不知肉味。

　　子路鼓瑟,有北鄙之音〔一〕,孔子聞之曰:"信矣,由之不才也!"冉有侍,孔子曰:"求,來! 爾奚不謂由? 夫先王之制音也,奏中聲,爲中節;流入於南,不歸於北。南者,生育之鄉;北者,殺伐之域。故君子執中以爲本,務生以爲基,故其音温和而居中,以象生育之氣,憂哀悲痛之感不加乎心,暴屬淫荒之動不在乎體,夫然者,乃治存之風,安樂之爲也。彼小人則不然,執末以論本,務剛以爲基,故其音湫屬而微末,以象殺伐之氣。和節正中之感不加乎心〔二〕,温儼恭莊之動不存乎體。夫殺者,乃亂亡之風,奔北之爲也。昔舜造南風之聲,其興也勃焉,至今王公述而不釋;紂爲北鄙之聲,其廢也忽焉,至今王公以爲笑。彼舜以匹夫,積正合仁,履中行善,而卒以興;紂以天子,好慢淫荒,剛厲暴賊,而卒以滅。今由也,匹夫之徒,布衣之醜也,既無意乎先王之制,而又有亡國之聲,豈能保七尺之身哉?"冉有以告子路,子路曰:"由之罪也!小人不能耳陷而入於斯〔三〕。宜矣,夫子之言也!"遂自悔,不食七日而骨立焉。孔子曰:"由之改,過矣。"

〔一〕"音",一作"聲"。

〔二〕"正中",一作"中正"。

〔三〕向宗魯以爲"耳"字誤,"耳"疑"自"之譌,是也。

反　質

孔子卦得賁,喟然仰而歎息,意不平。子張進,舉手而問曰:"師聞賁者吉卦,而歎之乎?"孔子曰:"賁非正色也,是以歎之。吾思夫質素,白當正白,黑當正黑,夫質又何也? 吾亦聞之:丹漆不文,白玉不雕,寶珠不飾,何也? 質有餘者,不受飾也。"(又見於《呂氏春秋·慎行論·壹行》)

魯有儉者,瓦鬲煑食,食之而美。盛之土鉶之器〔一〕,以進孔子。孔子受之,歡然而悦,如受太牢之饋。弟子曰:"瓦甌,陋器也;煑食,薄膳也。而先生何喜如此乎?"孔子曰:"吾聞好諫者思其君,食美者念其親。吾非以饌爲厚也,以其食美而思我親也〔二〕。"

〔一〕《説文》:"鉶,器也。"《玉篇·金部》:"鉶,羹器也。"

〔二〕盧文弨疑"親"字衍。

仲尼問老聃曰:"甚矣! 道之於今難行也! 吾比執道委質以當世之君〔一〕,而不我受也。道之於今難行也。"老子曰:"夫説者流於聽,言者亂於辭,如此二者,則道不可委矣。"

〔一〕盧文弨據《家語·觀周篇》以爲"以"下當增一"求"字,是也。

佚　文

子曰:"以容取人,失之子羽;以言取人,失之宰予。澹臺子羽,君子之容也,與之久處,而言不充其貌〔一〕;宰予之辭,雅而文也,與之久

處，而智不充其辯。"〔二〕（薛據《集語》引，又見於《韓非子·顯學》）

〔一〕"充"，乾隆本薛據《集語》作"克"。下文"智不充其辯"之"充"亦然。

〔二〕孫星衍《孔子集語》注曰：今本無此文。《韓非子》"澹臺子羽"六句在"孔子曰以容取人"之上，以爲非孔子語也。

第六卷　三傳紀實

左　傳

　　《春秋左傳》，乃爲詮釋《春秋》而作的我國第一部編年史。一般認爲，作者爲和孔子同時的左丘明。《史記·十二諸侯年表》載，孔子"西觀周室，論史記舊聞，興於魯，而次《春秋》，上記隱，下至哀之獲麟。約其辭文，去其煩重，以制義法，王道備，人事浹。七十子之徒，口受其傳指，爲有所刺譏襃諱挹損之文辭不可以書見也。魯君子左丘明懼弟子人人異端，各安其意，失其真，故因孔子史記，具論其語，成《左氏春秋》"。和《春秋》一樣，此書亦起自魯隱公元年，但迄於魯悼公十四年，比《春秋》經文多出十一年，而實際記事則多出二十六年。其內容包括諸侯國之間的聘問、會盟、征伐、婚喪、篡弒等。《左傳》中有大量關於孔子的記載，當爲信史。

　　《左傳》在周秦著作中未見著録，而首見於司馬遷之《史記》。漢代劉向、劉歆、桓譚、班固皆認爲《春秋左傳》乃左丘明受《春秋》於孔子後，爲注經而作，魏晉以來，此説幾乎被視爲定論。然自唐趙匡始疑左氏非丘明，宋元二代之儒，懷疑者更多。宋王安石有《春秋解》，列舉十一條證《左傳》非丘明所作。另有宋朱熹謂"虞不臘矣"爲秦人語，宋葉夢得謂記事終於智伯，當爲六國時人。清閻若璩《古文尚書疏證》駁之曰："史稱秦文公始有史以記事，秦宣公初志閏月，豈亦中國所無，待秦獨創哉？"由此可知朱熹懷疑臘爲秦禮之説未必準確。《四庫全書總目提要》以"《經》止獲麟，而弟子續至孔子卒。《傳》載智伯之亡，殆亦後人所續"爲由，把《左傳》"仍定爲左丘明作，以祛衆惑"。

　　歷代研究《左傳》的代表作有漢賈逵《春秋左氏傳解詁》，晉杜預注、唐孔穎達疏《春秋左傳正義》,清高士奇《左傳記事本末》等。

　　本書以阮刻《十三經注疏》本(中華書局 1980 年影印版)爲底本,參考了楊伯峻編著《春秋左傳注》(中華書局 1981 年版)、李夢生《左傳譯注》(上海古籍出版社 2004 年版)、李宗侗《春秋左傳今注今譯》(臺灣商務印書館 1984 年第六版)進行整理。

僖　公

　　冬,會于溫,討不服也[一]。衛侯與元咺訟[二],甯武子爲輔,鍼莊子爲坐[三],士榮爲大士[四]。衛侯不勝。殺士榮,刖鍼莊子,謂甯俞忠而免之。執衛侯,歸之于京師,寘諸深室[五]。甯子職納橐饘焉[六]。元咺歸于衛,立公子瑕[七]。是會也,晉侯召王,以諸侯見,且使王狩。仲尼曰:"以臣召君,不可以訓。故書曰'天王狩于河陽',言非其地也,且明德也。"(二十八年)

　　[一]杜預注曰:"討衛、許。"

　　[二]杜預注曰:"爭殺叔武事。"

　　[三]坐,替代,這裏指替代衛侯。因當時君不可與臣打官司,故而使鍼莊子替代衛侯打官司。

　　[四]俞樾《茶香室經説》曰:"爲大士與爲輔爲坐,一律皆當時所爲,非舉其平日之官也。竊疑鍼莊子爲坐,不過代衛侯坐訟耳;至其反辯論,與晉獄官對理,則皆士榮爲之;名之曰大士,蓋當時有此名目也。"

　　[五]深室,囚室。

　　[六]橐,衣囊。饘,稠粥,代指食物。橐饘,此處當釋爲"供給衣食"。

　　[七]杜預注曰:"瑕謂公子適也。"

文　公

　　仲尼曰:"臧文仲,其不仁者三,不知者三。下展禽[一],廢六關[二],妾織蒲[三],三不仁也。作虛器[四],縱逆祀[五],祀爰居[六],三不知也。"(二年)

　　[一]下,謂使之居於下位。展禽,即柳下惠。

　　[二]楊伯峻曰:"廢六關有兩解:杜注云'塞關、陽關之屬凡六,關所以禁絶末游,而廢之',則以廢爲廢棄。此一解也。然《孔子家語》'廢'作'置',王肅注云'六關,關名,魯本無此關,文仲置之以税行者,故爲不仁',則以廢爲置立。此又一解。兩

義正相反。惠棟《補注》、洪亮吉《詁》均主後説，或近是。”

〔三〕妾織蒲席販賣，言與民争利。

〔四〕楊伯峻曰：“作，《家語》作‘設’。虚器指臧文仲私蓄大蔡之龜，作室以居之之事。”

〔五〕縱逆祀，楊伯峻曰：“縱容夏父弗忌之主張也。《禮記·禮器》云：‘孔子曰：臧文仲安知禮，夏父弗綦逆祀而弗止也。’”

〔六〕爰居，海鳥之名。止於魯東門外，文仲命人祭之。

宣　公

　　乙丑，趙穿攻靈公於桃園〔一〕。宣子未出山而復〔二〕。大史書曰“趙盾弑其君”，以示於朝。宣子曰：“不然。”對曰：“子爲正卿，亡不越竟，反不討賊，非子而誰？”宣子曰：“烏呼！《詩》曰：‘我之懷矣，自詒伊慼。’〔三〕其我之謂矣。”孔子曰：“董狐，古之良史也，書法不隱。趙宣子，古之良大夫也，爲法受惡。惜也，越竟乃免。”（二年）

〔一〕“攻”，楊伯峻據王引之《經義述聞》及《孔子家語·正論篇》改作“殺”。

〔二〕山，晉國邊境之山。

〔三〕“詩曰”二字據楊伯峻增。楊伯峻曰：“各本無‘詩曰’二字，杜注云‘逸《詩》也’，則杜所據本有‘詩曰’二字，今從金澤文庫本增。杜注以此二句爲逸《詩》，今《詩·邶風·雄雉》有句云‘我之懷矣，自詒伊阻’，與引《詩》僅一字之異，故王肅以爲此即引《雄雉》之詩。”

　　陳靈公與孔寧、儀行父通於夏姬〔一〕，皆衷其衵服，以戲于朝〔二〕。洩冶諫曰〔三〕：“公卿宣淫，民無效焉〔四〕，且聞不令〔五〕。君其納之！”公曰：“吾能改矣。”公告二子。二子請殺之，公弗禁，遂殺洩冶。孔子曰：“《詩》云：‘民之多辟，無自立辟。’〔六〕其洩冶之謂乎！”（九年）

〔一〕孔寧、儀行父，陳大夫。夏姬，鄭穆公之女，陳大夫御叔之妻，陳大夫夏徵之母。

〔二〕衷，内也，這裏指穿（衣）於内。衵服，内衣，這裏指夏姬的内衣。

〔三〕洩冶，陳大夫。

〔四〕宣，宣示。民無效，民衆無所效法。

〔五〕聞，名聲。令，善。

〔六〕所引詩，見《詩·大雅·板》。多辟，即多邪僻。立辟，立爲法度。辟，法也。

成　公

　　衛侯使孫良夫、石稷、甯相、向禽將侵齊[一]，與齊師遇。石子欲還。孫子曰：“不可。以師伐人，遇其師而還，將謂君何？若知不能，則如無出。今既遇矣，不如戰也。”夏，有……[二]石成子曰：“師敗矣，子不少須[三]，衆懼盡。子喪師徒，何以復命？”皆不對。又曰：“子，國卿也，隕子[四]，辱矣。子以衆退，我此乃止。”且告車來甚衆。齊師乃止，次于鞫居。新築人仲叔于奚救孫桓子[五]，桓子是以免。既，衛人賞之以邑，辭，請曲縣、繁纓以朝[六]。許之。仲尼聞之曰：“惜也，不如多與之邑。唯器與名，不可以假人，君之所司也。名以出信，信以守器，器以藏禮，禮以行義，義以生利，利以平民，政之大節也。若以假人，與人政也。政亡，則國家從之，弗可止也已。”（二年）

　　〔一〕孫良夫，孫林父之父。石稷，即石成子，石碏四世孫。甯相，甯俞之子。

　　〔二〕楊伯峻曰：“原文有闕脫。此段應爲叙述新築戰事。新築戰事在夏四月，故知‘夏’字爲讀。”

　　〔三〕須，等待。

　　〔四〕隕，損失。

　　〔五〕孫桓子，即孫良夫。

　　〔六〕楊伯峻曰：“‘縣’同‘懸’，指鐘、磬等樂器懸掛於架。古代，天子樂器，四面懸掛，象宮室四面有墻，謂之‘宮懸’；諸侯去其南面樂器，三面懸掛，曰‘軒縣’，亦曰‘曲縣’；大夫僅左右兩面懸掛，曰‘判縣’；士僅於東面或階間懸掛，曰‘特縣’。仲叔于奚請‘曲縣’，是以大夫而僭越用諸侯之禮。餘詳《周禮·春官·小胥》孫詒讓《正義》。繁音盤，《説文》作‘鞶’，馬鬣毛前裝飾，亦諸侯之禮。詳《周禮·春官·巾車》孫詒讓《正義》。”

　　齊慶克通于聲孟子[一]，與婦人蒙衣乘輦而入于閎[二]。鮑牽見之，以告國武子。武子召慶克而謂之[三]。慶克久不出，而告夫人曰：“國子謫我[四]。”夫人怒。國子相靈公以會，高、鮑處守。及還，將至，閉門而索客。孟子訴之曰：“高、鮑將不納君，而立公子角，國子知之。”秋七月壬寅，刖鮑牽而逐高無咎。……仲尼曰：“鮑莊子之知不如葵[五]，葵猶能衛其足。”（十七年）

〔一〕慶克,齊大夫,慶封之父。

〔二〕蒙衣,穿婦女衣服。閨,宮中巷門。

〔三〕謂,告。

〔四〕杜預注曰:"譴,譴責也。"

〔五〕楊伯峻曰:"葵非向日葵,向日葵傳入中國甚晚也。……此葵或是金錢紫花葵或秋葵。古代以葵爲蔬菜,不待其老便掐,而不傷其根,欲其再長嫩葉,故古詩云'采葵不傷根,傷根葵不生'。'不傷根'始合'衞其足'之意。"

襄　公

齊侯將爲臧紇田〔一〕。臧孫聞之,見齊侯,與之言伐晉,對曰:"多則多矣,抑君似鼠〔二〕。夫鼠,晝伏夜動,不穴於寢廟,畏人故也。今君聞晉之亂而後作焉〔三〕,寧將事之,非鼠如何?"乃弗與田。仲尼曰:"知之難也。有臧武仲之知,而不容於魯國,抑有由也,作不順而施不恕也〔四〕。《夏書》曰'念茲在茲',順事恕施也。"(二十三年)

〔一〕杜預注曰:"與之田邑。"

〔二〕抑,轉折連詞,但是。

〔三〕杜預注曰:"作,起兵也。"

〔四〕楊伯峻曰:"作事不順無適則立長之禮,施爲不恕被廢者之心。"

冬十月,子展相鄭伯如晉,拜陳之功。子西復伐陳,陳及鄭平。仲尼曰:"《志》有之〔一〕:'言以足志,文以足言。'不言,誰知其志?言之無文,行而不遠。晉爲伯,鄭入陳,非文辭不爲功。慎辭哉!"(二十五年)

〔一〕杜預注曰:"《志》,古書。"

五月甲辰〔一〕,晉趙武至於宋。丙午〔二〕,鄭良霄至。六月丁未朔,宋人享趙文子,叔向爲介〔三〕。司馬置折俎〔四〕,禮也。仲尼使舉是禮也,以爲多文辭〔五〕。(二十七年)

〔一〕楊伯峻曰:"甲辰,二十七日。"

〔二〕楊伯峻曰:"丙午,二十九日。"

〔三〕介,賓之副。

〔四〕折俎,即將牲體斬爲一節一段,置於俎中。

〔五〕杜預注曰:"宋向戌自美弭兵之意,敬逆趙武,趙武、叔向因享宴之會,展賓主之辭,故仲尼以爲多文辭。"《釋文》引沈云:"舉謂記録之也。"

鄭人游于鄉校[一],以論執政。然明謂子産曰:"毁鄉校何如?"子産曰:"何爲?夫人朝夕退而游焉,以議執政之善否。其所善者,吾則行之;其所惡者,吾則改之,是吾師也。若之何毁之?我聞忠善以損怨,不聞作威以防怨,豈不遽止[二]?然猶防川,大決所犯,傷人必多,吾不克救也,不如小決使道[三],不如吾聞而藥之也[四]。"然明曰:"蔑也今而後知吾子之信可事也。小人實不才,若果行此,其鄭國實賴之,豈唯二三臣?"仲尼聞是語也,曰:"以是觀之,人謂子産不仁,吾不信也。"(三十一年)

〔一〕杜預注曰:"鄉之學校。"
〔二〕遽止,立即制止。
〔三〕道,通"導",指引導。
〔四〕杜預注曰:"以爲己藥石。"

昭　公

昭子即位,朝其家衆,曰:"豎牛禍叔孫氏,使亂大從[一],殺適立庶;又披其邑[二],將以赦罪,罪莫大焉。必速殺之。"豎牛懼,奔齊,孟、仲之子殺諸塞關之外[三],投其首於寧風之棘上[四]。仲尼曰:"叔孫昭子之不勞[五],不可能也[六]。周任有言曰[七]:'爲政者不賞私勞,不罰私怨。'《詩》云:'有覺德行,四國順之。'[八]"(五年)

〔一〕楊伯峻曰:"從,順也。謂其亂重要之順道也。"
〔二〕批,分割。
〔三〕塞關,爲齊、魯邊界上關塞。
〔四〕杜預注曰:"寧風,齊地。"
〔五〕楊伯峻曰:"勞謂酬勞,蓋昭子爲豎牛所立,不酬其立己之功,而反殺之。"
〔六〕不可能,難能。
〔七〕周任,古之良史。
〔八〕所引詩,見《詩·大雅·抑》篇。覺,直也。

九月,公至自楚。孟僖子病不能相禮[一],乃講學之,苟能禮者從之。及其將死也，召其大夫，曰："禮，人之幹也。無禮，無以立。吾聞將有達者曰孔丘，聖人之後也，而滅於宋。其祖弗父何以有宋而授厲公。及正考父，佐戴、武、宣，三命兹益共〔二〕，故其鼎銘云〔三〕：'一命而僂，再命而傴，三命而俯〔四〕，循牆而走〔五〕，亦莫余敢侮。饘於是，鬻於是〔六〕，以餬余口。'其共也如是。臧孫紇有言曰：'聖人有明德者，若不當世〔七〕，其後必有達人。'今其將在孔丘乎！我若獲没，必屬説與何忌於夫子〔八〕，使事之，而學禮焉，以定其位。"故孟懿子與南宫敬叔師事仲尼。仲尼曰："能補過者，君子也。《詩》曰'君子是則是效'〔九〕，孟僖子可則效已矣。"（七年）

〔一〕《釋文》、惠士奇、臧琳、王引之、楊伯峻均以爲"相"爲衍文。

〔二〕兹益，更加。共，即恭。

〔三〕杜預注曰："考父廟之鼎。"

〔四〕杜預注曰："俯共於傴，傴共於僂。"

〔五〕楊伯峻曰："循墙，避道中央。急趨曰走，示恭敬。"

〔六〕饘，稠粥。鬻，稀粥。

〔七〕當世，指爲國君。

〔八〕説，即南宫敬叔。何忌，即孟懿子。

〔九〕所引詩，見《詩·小雅·鹿鳴》。

楚子狩于州來〔一〕，次于潁尾〔二〕，使蕩侯、潘子、司馬督、囂尹午、陵尹喜帥師圍徐以懼吴〔三〕。楚子次于乾谿〔四〕，以爲之援。雨雪，王皮冠，秦復陶〔五〕，翠被〔六〕，豹舄，執鞭以出。僕析父從。右尹子革夕〔七〕，王見之，去冠、被，舍鞭，與之語，曰："昔我先王熊繹與吕級、王孫牟、燮父、禽父並事康王〔八〕，四國皆有分〔九〕，我獨無有。今吾使人於周，求鼎以爲分，王其與我乎？"對曰："與君王哉！昔我先王熊繹辟在荆山，篳路藍縷以處草莽，跋涉山林以事天子，唯是桃弧、棘矢以共禦王事〔一〇〕。齊，王舅也；晉及魯、衛，王母弟也。楚是以無分，而彼皆有。今周與四國服事君王，將唯命是從，豈其愛鼎？"王曰："昔我皇祖伯父昆吾，舊許是宅。今鄭人貪賴其田〔一一〕，而不我與。我若求之，其與我乎？"對曰："與君王哉！周不愛鼎，鄭敢愛田？"王曰："昔諸侯遠我而畏晉〔一二〕，今我大城陳、蔡、不羹，賦皆千乘，子與有勞焉，諸侯其畏我乎!"對曰:"畏君王哉!是四國者,專足畏也〔一三〕。又加之以楚,敢不畏君王哉!"工尹路請曰:"君王命剝圭以爲鏚柲〔一四〕,敢請命〔一五〕。"王入視之。析父謂子革:"吾子,楚國之望也。今與王言如響〔一六〕,國其若之何?"子革曰:"摩厲以須〔一七〕,王出,吾刃將斬矣。"王出,復語。左史倚相趨過,王曰:"是良史也,子善視之!是能讀《三墳》、《五典》、《八索》、《九丘》〔一八〕。"對曰:"臣嘗問焉,昔穆王欲肆其心〔一九〕,周行天下,將皆必有車轍馬迹焉。祭公謀父作《祈招》之詩以止王心,王是以獲没於祇宫。臣問其詩而不知也。若問遠焉,其焉能知之?"王曰:"子能乎?"對曰:"能。其《詩》曰:'祈招之愔愔〔二〇〕,式昭德音〔二一〕。思我王度,式如玉,式如金〔二二〕。形民之力,而無醉飽之心〔二三〕。'"王揖而入,饋不食,寢不寐,數日,不能自克,以及於難。仲尼曰:"古也有志:'克己復禮,仁也。'信善哉!楚靈王若能如是,豈其辱於乾谿?"(十二年)

〔一〕州來,地名,在今安徽鳳台縣。

〔二〕潁尾,地名,在今安徽潁上縣東南。

〔三〕蕩侯、潘子、司馬督、囂尹午、陵尹喜,五人均爲楚大夫。

〔四〕乾谿,今安徽亳縣東南。

〔五〕秦復陶,秦國所送的羽絨服。

〔六〕翠被,用翠羽做的披風。

〔七〕夕,即夜,這裹指夜晚來見。

〔八〕熊繹,楚國第一個君主。吕級,齊太公之子。王孫牟,衛康叔之子康伯。燮父,晉唐叔之子。禽父,魯伯禽,周公之子。康王,周康王,周成王之子。

〔九〕杜預注曰:"四國,齊、晉、魯、衛。分,珍寶之器。"

〔一〇〕"共",通"供"。"禦",通"御"。供御即供奉。

〔一一〕賴,利。

〔一二〕遠我,以我爲僻遠。

〔一三〕杜預注曰:"四國,陳、蔡、二不羹。"專,獨。

〔一四〕杜預注曰:"鏚,斧也。柲,柄也。破圭玉以飾斧柄。"

〔一五〕杜預注曰:"請制度之命。"

〔一六〕如響,即如同回聲。

〔一七〕摩厲,即磨礪。

〔一八〕杜預注曰:"皆古書名。"

〔一九〕穆王,周穆王。肆,放縱。

〔二〇〕杜預注曰:“愔愔,安和貌。”

〔二一〕式,語助詞。

〔二二〕杜預注曰:“金玉取其堅重。”顧炎武曰:“猶言如金如錫,如圭如璧,謂令德也。”

〔二三〕王引之曰:“形當爲刑,刑猶成也,言惟成民是務,而無縱欲之心也。”段玉裁《説
　　　　文解字注》“型”字下注曰:“《詩》毛傳屢云:‘刑,法也。’又或假‘形’爲之。《左
　　　　傳》引《詩》‘形民之力,而無醉之心’,謂程量其力之所能爲而不過也。”

　　甲戌,同盟于平丘,齊服也。令諸侯日中造于除〔一〕。癸酉〔二〕,退
朝。子産命外僕速張於除〔三〕,子大叔止之,使待明日。及夕,子産聞
其未張也,使速往,乃無所張矣。及盟,子産爭承〔四〕,曰:“昔天子班
貢,輕重以列〔五〕。列尊貢重,周之制也。卑而貢重者,甸服也〔六〕。鄭
伯,男也,而使從公侯之貢,懼弗給也,敢以爲請。諸侯靖兵〔七〕,好以
爲事。行理之命〔八〕,無月不至。貢之無藝〔九〕,小國有闕,所以得罪
也。諸侯脩盟,存小國也。貢獻無極,亡可待也。存亡之制,將在今
矣。”自日中以爭,至于昏,晉人許之。既盟,子大叔咎之曰:“諸侯若
討,其可瀆乎〔一〇〕?”子産曰:“晉政多門,貳偷之不暇〔一一〕,何暇討?
國不競亦陵,何國之爲?”公不與盟。晉人執季孫意如,以幕蒙
之〔一二〕,使狄人守之。司鐸射懷錦,奉壺飲冰,以蒲伏焉〔一三〕。守者御
之,乃與之錦而入。晉人以平子歸,子服湫從。子産歸,未至,聞子皮
卒,哭,且曰:“吾已! 無爲爲善矣〔一四〕。唯夫子知我。”仲尼謂子産:
“於是行也,足以爲國基矣。《詩》曰:‘樂只君子,邦家之基。’〔一五〕子
産,君子之求樂者也。”且曰:“合諸侯,藝貢事〔一六〕,禮也。”(十三年)

〔一〕杜預注曰:“除地爲壇,盟會處。”

〔二〕楊伯峻曰:“癸酉,六日。”

〔三〕張,這裏指張帷幕。

〔四〕杜預注曰:“承,貢賦之次。”

〔五〕楊伯峻曰:“班貢,定貢獻之次序。班,次也,序也。杜注:‘列,位也。’謂依位
　　　爲次。”

〔六〕杜預注曰:“甸服謂天子畿内共職貢者。”

〔七〕杜預注曰:“靖,息也。”

〔八〕行理,使者。

〔九〕楊伯峻曰：“服虔云：‘藝，極也。’即下文‘貢獻無極’。”

〔一〇〕“其”，楊伯峻以爲即“豈”。“瀆”，杜預釋爲“易也”，孔穎達以“輕易”解之，章炳麟以爲“瀆”借爲“黷”，楊樹達以爲“瀆”謂數而不敬。楊伯峻以杜預、孔穎達之説爲長。

〔一一〕貳偷，苟且偷安。

〔一二〕杜預注曰：“蒙，裹也。”

〔一三〕楊伯峻曰：“司鐸射，杜注：‘魯大夫。’蓋司鐸爲官名，其官署亦曰司鐸。”又曰：冰有二説，一爲杜注“冰，箭筩蓋，可以取飲”，實則冰機矢箭，即掤之借字；一爲郭沫若之説，認爲“掤”與“冰”實“荀”之音變。又曰：蒲伏即匍匐，謂爬行，懼人見而阻之也。

〔一四〕沈彤曰：“無爲，無助也。言無人助我爲善矣。”

〔一五〕所引詩，見《詩·小雅·南山有臺》。

〔一六〕藝，極也。藝貢事，即確定貢賦的極限。

仲尼曰：“叔向，古之遺直也。治國制刑，不隱於親。三數叔魚之惡，不爲末減〔一〕。曰義也夫〔二〕，可謂直矣！平丘之會，數其賄也〔三〕，以寬衛國，晉不爲暴。歸魯季孫，稱其詐也，以寬魯國，晉不爲虐。邢侯之獄，言其貪也，以正刑書，晉不爲頗〔四〕。三言而除三惡，加三利〔五〕。殺親益榮，猶義也夫〔六〕！”（十四年）

〔一〕杜預注曰：“末，薄也。減，輕也。”

〔二〕“曰”，王引之以爲“由”字之譌。由義，即行義。

〔三〕數，指責。數其賄，指責其貪瀆。

〔四〕頗，偏。

〔五〕杜預注曰：“三惡，暴、虐、頗也。三惡除則三利加。”

〔六〕猶，通“由”。猶義，即由義，行義。

秋，郯子來朝，公與之宴。昭子問焉，曰：“少皞氏鳥名官，何故也〔一〕？”郯子曰：“吾祖也，我知之。昔者黃帝氏以雲紀，故爲雲師而雲名〔二〕；炎帝氏以火紀，故爲火師而火名〔三〕；共工氏以水紀，故爲水師而水名〔四〕；大皞氏以龍紀，故爲龍師而龍名〔五〕。我高祖少皞摯之立也，鳳鳥適至，故紀於鳥，爲鳥師而鳥名：鳳鳥氏，曆正也〔六〕；玄鳥氏，司分者也〔七〕；伯趙氏，司至者也〔八〕；青鳥氏，司啓者也〔九〕；丹鳥氏,司閉者也〔一〇〕;祝鳩氏,司徒也〔一一〕;鴡鳩氏,司馬也〔一二〕;鳲鳩氏,司空也〔一三〕;爽鳩氏,司寇也〔一四〕;鶻鳩氏,司事也〔一五〕。五鳩,鳩民者也〔一六〕。五雉爲五工正〔一七〕,利器用、正度量,夷民者也〔一八〕。九扈爲九農正〔一九〕,扈民無淫者也〔二〇〕。自顓頊以來,不能紀遠,乃紀於近。爲民師而命以民事,則不能故也。"仲尼聞之,見於郯子而學之。既而告人曰:"吾聞之,'天子失官,學在四夷',猶信。"(十七年)

〔一〕杜預注曰:"少皞,金天氏,黃帝之子,己姓之祖也。問何故以鳥名官。"

〔二〕杜預注曰:"黃帝,姬姓之祖也。黃帝受命有雲瑞,故以雲紀事。百官師長皆以雲爲名號,縉雲氏蓋其一官也。"

〔三〕杜預注曰:"炎帝,神農氏,姜姓之祖也。亦有火瑞,以火紀事,名百官。"

〔四〕杜預注曰:"共公,以諸侯霸有九州者,在神農前,大皞後。亦受水瑞,以水名官。"

〔五〕杜預注曰:"大皞,伏犧氏,風姓之祖也。有龍瑞,故以龍命官。"

〔六〕杜預注曰:"鳳鳥知天時,故以名曆正之官。"

〔七〕司分,掌管春分、秋分。

〔八〕司至,掌管夏至、冬至。

〔九〕司啓,掌管立春、立夏。

〔一〇〕司閉,掌管立秋、立冬。

〔一一〕杜預注曰:"祝鳩,鵻鳩也。鵻鳩孝,故爲司徒,主教民。"

〔一二〕杜預注曰:"鴡鳩,王鴡也。鷙而有別,故爲司馬,主法制。"

〔一三〕杜預注曰:"鳲鳩,鵠鵴也。鳲鳩平均,故爲司空,平水土。"

〔一四〕杜預注曰:"爽鳩,鷹也。鷙,故爲司寇,主盜賊。"

〔一五〕杜預注曰:"鶻鳩,鶻鵰也。春來冬去,故爲司事。"

〔一六〕杜預注曰:"鳩,聚也。治民上聚,故以鳩爲名。"

〔一七〕杜預注曰:"五雉,雉有五種,西方曰鷷雉,東方曰鶅雉,南方曰翟雉,北方曰鵗雉,伊洛之南曰翬雉。"

〔一八〕杜預注曰:"夷,平也。"

〔一九〕九扈,九種扈鳥,杜預以爲即春、夏、秋、冬、棘、行、宵、桑、老九種,掌管九種農事。

〔二〇〕杜預注曰:"扈,止也。止民使不淫放。"

　　衛公孟縶狎齊豹〔一〕,奪之司寇與鄄。有役則反之,無則取之。公孟惡北宮喜、褚師圃,欲去之。公子朝通于襄夫人宣姜〔二〕,懼,而欲以作亂。故齊豹、北宮喜、褚師圃、公子朝作亂。初,齊豹見宗魯於公孟〔三〕，爲驂乘焉。將作亂，而謂之曰："公孟之不善，子所知也，勿與乘，吾將殺之。"對曰："吾由子事公孟，子假吾名焉〔四〕，故不吾遠也。雖其不善，吾亦知之；抑以利故，不能去，是吾過也。今聞難而逃，是僭子也〔五〕。子行事乎，吾將死之，以周事子〔六〕；而歸死於公孟，其可也。"丙辰〔七〕，衛侯在平壽。公孟有事於蓋獲之門外，齊子氏帷於門外，而伏甲焉。使祝鼃寘戈於車薪以當門，使一乘從公孟以出；使華齊御公孟，宗魯驂乘。及閎中〔八〕，齊氏用戈擊公孟，宗魯以背蔽之，斷肱，以中公孟之肩。皆殺之。……琴張聞宗魯死，將往弔之。仲尼曰："齊豹之盜，而孟縶之賊，女何弔焉〔九〕？君子不食姦〔一〇〕，不受亂〔一一〕，不爲利疚於回〔一二〕，不以回待人〔一三〕，不蓋不義〔一四〕，不犯非禮〔一五〕。"（二十年）

〔一〕杜預注曰："公孟，靈公兄也。齊豹，齊惡之子，爲衛司寇。犴，輕也。"

〔二〕杜預注曰："宣姜，靈公嫡母。"

〔三〕楊伯峻曰："見音現，推薦也，介紹也。"

〔四〕假，借。假吾名，假借吾名，此處指"爲我宣揚好名聲"。

〔五〕僭，不信。

〔六〕杜預注曰："周，猶終竟也。"楊伯峻曰："謂使殺公孟事成功。俞樾《平議》引《說文》，解'周'爲密，不泄言，亦通。"

〔七〕楊伯峻曰："丙辰，二十九日。"

〔八〕杜預注曰："閎，曲門中。"

〔九〕杜預注曰："言齊豹所以爲盜，孟縶所以見賊，皆由宗魯。"

〔一〇〕杜預注曰："如公孟不善而受其祿，是食姦也。"

〔一一〕杜預注曰："許豹行事，是受亂也。"

〔一二〕杜預注曰："疚，病；回，邪也。以利故不能去，是病身於邪。"

〔一三〕楊伯峻引陶鴻慶之說曰："宗魯知死公孟，而不能諫阻齊豹使不爲難；以公孟之不善爲可殺，是以邪待公孟也；知齊豹將殺公孟而聽之，是以邪待齊豹也。皆所謂以回待人。"

〔一四〕蓋，掩蓋。

〔一五〕杜預注曰："以二心事縶，是非禮。"

十二月，齊侯田于沛，招虞人以弓〔一〕，不進。公使執之。辭曰："昔我先君之田也，旃以招大夫，弓以招士，皮冠以招虞人〔二〕。臣不

見皮冠，故不敢進。”乃舍之。仲尼曰：“守道不如守官。”君子韙之[三]。（二十年）

〔一〕杜預注曰：“虞人，掌山澤之官。”

〔二〕孔穎達疏曰：“《周禮》，孤卿建旃，大夫尊，故麾旃以招之也。逸《詩》：‘翹翹車乘，招我以弓。’古者聘士以弓，故弓以招士也。諸侯服皮冠以田，虞人掌田獵，故皮冠以招虞人也。”

〔三〕楊伯峻曰：“此句有兩解。如此用引號，則孔丘僅云‘守道不如守官’，君子以其言爲是。若引號在‘韙之’下，則孔丘引‘守道不如守官’，而又謂‘君子韙之’。”

鄭子産有疾，謂子大叔曰：“我死，子必爲政。唯有德者能以寬服民，其次莫如猛。夫火烈，民望而畏之，故鮮死焉；水懦弱，民狎而翫之[一]，則多死焉，故寬難。”疾數月而卒。大叔爲政，不忍猛而寬，鄭國多盜，取人於萑苻之澤[二]。大叔悔之，曰：“吾早從夫子，不及此。”興徒兵以攻萑苻之盜，盡殺之，盜少止。仲尼曰：“善哉！政寬則民慢[三]，慢則糾之以猛。猛則民殘，殘則施之以寬。寬以濟猛，猛以濟寬，政是以和。《詩》曰‘民亦勞止，汔可小康；惠此中國，以綏四方’[四]，施之以寬也。‘毋從詭隨[五]，以謹無良[六]；式遏寇虐，憯不畏明[七]’，糾之以猛也。‘柔遠能邇[八]，以定我王’，平之以和也。又曰‘不競不絿，不剛不柔，布政優優，百祿是遒[九]’，和之至也。”及子産卒，仲尼聞之，出涕曰：“古之遺愛也。”（二十年）

〔一〕杜預注曰：“狎，輕也。”翫即玩，玩弄。

〔二〕取，讀爲聚。萑苻，即萑蒲、蘆葦。萑苻之澤，即蘆葦叢生的水澤。楊樹達《讀左傳》云：“疑《傳》文本作‘聚於萑苻之澤’，‘聚’下半字壞，故誤分爲‘取人’二字耳。”

〔三〕慢，怠慢。

〔四〕此句及下句所引之詩，均見《詩·大雅·民勞》。止，助詞。汔，庶幾，差不多。綏，安也。

〔五〕楊伯峻曰：“‘從’，《毛詩》作‘縱’。詭隨，不顧是非而妄隨人者。”

〔六〕楊伯峻引吳闓生曰：“謹者，約敕之意。”

〔七〕楊伯峻曰：“式，助動詞，應也。遏，止也。‘憯’，《毛詩》作‘憯’，曾也。句謂寇虐不畏明法者，則應遏止之。”

〔八〕“柔”，楊伯峻以爲與“能”同義。

〔九〕楊伯峻曰：“《詩·商頌·長發》。競，强也。絿，音求，緩也。《詩毛傳》、《説文》俱謂‘絿，急也’，則競與絿義近。然下文‘不剛不柔’，剛柔相反，則競絿義亦當相反。……優優，寬裕之貌。遒，聚也。”

　　秋，晉韓宣子卒，魏獻子爲政，分祁氏之田以爲七縣，分羊舌氏之田以爲三縣。司馬彌牟爲鄔大夫，賈辛爲祁大夫，司馬烏爲平陵大夫，魏戊爲梗陽大夫，知徐吾爲塗水大夫，韓固爲馬首大夫，孟丙爲盂大夫，樂霄爲銅鞮大夫，趙朝爲平陽大夫，僚安爲楊氏大夫。謂賈辛、司馬烏爲有力於王室，故舉之；謂知徐吾、趙朝、韓固、魏戊，餘子之不失職、能守業者也；其四人者，皆受縣而後見於魏子，以賢舉也。魏子謂成鱄：“吾與戊也縣，人其以我爲黨乎？”對曰：“何也？戊之爲人也，遠不忘君，近不偪同〔一〕；居利思義，在約思純〔二〕，有守心而無淫行，雖與之縣，不亦可乎！昔武王克商，光有天下〔三〕，其兄弟之國者十有五人，姬姓之國者四十人，皆舉親也。夫舉無他，唯善所在，親疏一也。《詩》曰：‘惟此文王〔四〕，帝度其心。莫其德音〔五〕，其德克明。克明克類，克長克君。王此大國〔六〕，克順克比。比于文王，其德靡悔。既受帝祉〔七〕，施于孫子〔八〕。’心能制義曰度，德正應和曰莫〔九〕，照臨四方曰明，勤施無私曰類，教誨不倦曰長，賞慶刑威曰君，慈和徧服曰順，擇善而從之曰比〔一〇〕，經緯天地曰文。九德不愆，作事無悔，故襲天禄，子孫賴之〔一一〕。主之舉也，近文德矣，所及其遠哉！”賈辛將適其縣，見於魏子。魏子曰：“辛來！昔叔向適鄭，鬷蔑惡〔一二〕，欲觀叔向，從使之收器者〔一三〕，而往，立於堂下，一言而善。叔向將飲酒，聞之，曰：‘必鬷明也！’下，執其手以上，曰：‘昔賈大夫惡，娶妻而美，三年不言不笑。御以如皋，射雉，獲之，其妻始笑而言。賈大夫曰：“才之不可以已。我不能射，女遂不言不笑夫！”今子少不颺〔一四〕，子若無言，吾幾失子矣。言不可以已也如是！’遂如故知。今女有力於王室，吾是以舉女。行乎！敬之哉！毋墮乃力！”仲尼聞魏子之舉也，以爲義，曰：“近不失親，遠不失舉，可謂義矣。”又聞其命賈辛也，以爲忠：“《詩》曰‘永言配命，自求多福’〔一五〕，忠也。魏子之舉也義，其命也忠，其長有後於晉國乎！”（二十八年）

〔一〕杜預注曰：“不偪同位。”

〔二〕約，窮困。

〔三〕光，通“廣”。

〔四〕楊伯峻曰：“《詩·大雅·皇矣》。今本《毛詩》作‘維此王季’，陳啓源《毛詩稽古篇》、陳奐《毛詩傳疏》皆以《傳》作‘文王’爲是。《韓詩》亦作‘文王’。”

〔五〕楊伯峻曰：“莫，今《毛詩》作‘貊’，静也。《禮記·樂記》、《韓詩外傳》皆作‘莫’，與《左傳》同。”

〔六〕楊伯峻曰：“《毛詩》及《樂記》引《詩》‘國’均作‘邦’。敦煌唐寫本殘卷亦作‘邦’。”

〔七〕祉，福。

〔八〕施，延及。孫子即子孫。

〔九〕杜預注曰：“莫然清净。”楊伯峻以爲“莫然”即“漠然”。

〔一〇〕杜預注曰：“比方善事，使相從也。”

〔一一〕杜預注曰：“襲，受也。”

〔一二〕杜預注曰：“惡，貌醜。”

〔一三〕杜預注曰：“從，隨也。隨使人應斂俎豆者。”

〔一四〕杜預注曰：“顔貌不揚顯。”

〔一五〕所引詩，見《詩·大雅·文王》。言，助詞，無義。配，合。命，天命。

　　冬，晉趙鞅、荀寅帥師城汝濱〔一〕，遂賦晉國一鼓鐵〔二〕，以鑄刑鼎，著范宣子所爲刑書焉。仲尼曰：“晉其亡乎！失其度矣。夫晉國將守唐叔之所受法度〔三〕，以經緯其民，卿大夫以序守之〔四〕，民是以能尊其貴，貴是以能守其業。貴賤不愆，所謂度也。文公是以作執秩之官，爲被廬之法，以爲盟主。今棄是度也，而爲刑鼎，民在鼎矣〔五〕，何以尊貴？貴何業之守？貴賤無序，何以爲國？且夫宣子之刑，夷之蒐也，晉國之亂制也〔六〕，若之何以爲法？”（二十九年）

〔一〕汝濱，汝水之濱。

〔二〕鼓既可指重量名，又可指容量名。

〔三〕唐叔，晉開國之君。

〔四〕杜預注曰：“序，位次也。”

〔五〕楊伯峻曰：“在讀爲察，謂民察鼎以知刑。”

〔六〕杜預注曰：“范宣子所用刑，乃夷蒐之法也。夷蒐在文六年，一蒐而三易中軍帥，賈季、箕鄭之徒遂作亂，故曰亂制。”

定 公

秋七月癸巳,葬昭公於墓道南。孔子之爲司寇也,溝而合諸墓。(元年)

六月,伐陽關^{〔一〕}。陽虎使焚萊門^{〔二〕}。師驚,犯之而出,奔齊,請師以伐魯,曰:"三加,必取之。"齊侯將許之。鮑文子諫曰:"臣嘗爲隸於施氏矣^{〔三〕},魯未可取也。上下猶和,衆庶猶睦,能事大國,而無天菑,若之何取之? 陽虎欲勤齊師也^{〔四〕},齊師罷,大臣必多死亡,己於是乎奮其詐謀。夫陽虎有寵於季氏,而將殺季孫,以不利魯國,而求容焉^{〔五〕}。親富不親仁,君焉用之? 君富於季氏,而大於魯國,兹陽虎所欲傾覆也。魯免其疾,而君又收之,無乃害乎?"齊侯執陽虎,將東之。陽虎願東,乃因諸西鄙。盡借邑人之車,鍥其軸,麻約而歸之^{〔六〕}。載葱靈,寢於其中而逃^{〔七〕}。追而得之,囚於齊。又以葱靈逃,奔晉,適趙氏。仲尼曰:"趙氏其世有亂乎!"(九年)

〔一〕杜預注曰:"討陽虎也。"

〔二〕萊門,陽關城門。

〔三〕爲隸即爲臣。施氏,魯大夫。

〔四〕勤,勞也。

〔五〕求容,即博取笑容、歡心。

〔六〕鍥,刻。麻約,用麻束之。

〔七〕葱靈,裝載衣物之車。

夏,公會齊侯于祝其,實夾谷^{〔一〕}。孔丘相^{〔二〕},犁彌言於齊侯曰:"孔丘知禮而無勇,若使萊人以兵劫魯侯,必得志焉。"齊侯從之。孔丘以公退,曰:"士兵之! 兩君合好,而裔夷之俘以兵亂之^{〔三〕},非齊君所以命諸侯也。裔不謀夏,夷不亂華,俘不干盟^{〔四〕},兵不偪好。於神爲不祥,於德爲愆義,於人爲失禮,君必不然。"齊侯聞之,遽辟之。將盟,齊人加於載書曰:"齊師出竟而不以甲車三百乘從我者,有如此盟!"孔丘使兹無還揖對,曰:"而不反我汶陽之田,吾以共命者,亦如之!"齊侯將享公。孔丘謂梁丘據曰:"齊、魯之故^{〔五〕},吾子何不聞焉?

事既成矣,而又享之,是勤執事也。且犧象不出門,嘉樂不野合[六]。饗而既具[七],是棄禮也;若其不具,用秕稗也[八]。用秕稗,君辱;棄禮,名惡。子盍圖之! 夫享,所以昭德也。不昭,不如其已也。”乃不果享。(十年)

〔一〕杜預注曰:“夾谷即祝其也。”

〔二〕杜預注曰:“相,會儀也。”

〔三〕楊伯峻引范文瀾之説曰:“裔指夏以外的地,夷指華以外的人。”

〔四〕干,犯也。

〔五〕杜預注曰:“故,舊典。”

〔六〕杜預注曰:“犧、象,酒器,犧尊、象尊也。嘉樂,鐘、磬也。”

〔七〕既,盡也。

〔八〕杜預注曰:“秕,穀不成者。稗,草之似穀者。言享不具禮,穢薄若秕稗。”

仲由爲季氏宰,將墮三都,於是叔孫氏墮郈。季氏將墮費,公山不狃、叔孫輒帥費人以襲魯。公與三子入于季氏之宮,登武子之臺。費人攻之,弗克。入及公側[一],仲尼命申句須、樂頎下,伐之,費人北。國人追之,敗諸姑蔑。二子奔齊,遂墮費。將墮成,公斂處父謂孟孫:“墮成,齊人必至于北門。且成,孟氏之保障也。無成,是無孟氏也。子僞不知,我將不墜。”冬十二月,公圍成,弗克。(十二年)

〔一〕杜預注曰:“至臺下。”俞樾疑“入”乃“矢”字之譌,言費人自臺下仰攻,故矢及公側也。

十五年春,邾隱公來朝。子貢觀焉。邾子執玉高[一],其容仰;公受玉卑,其容俯。子貢曰:“以禮觀之,二君者,皆有死亡焉。夫禮,死生存亡之體也,將左右、周旋,進退、俯仰,於是乎取之;朝、祀、喪、戎,於是乎觀之。今正月相朝,而皆不度[二],心已亡矣。嘉事不體[三],何以能久? 高、仰,驕也;卑、俯,替也[四]。驕近亂,替近疾,君爲主,其先亡乎!”……夏五月壬申,公薨。仲尼曰:“賜不幸言而中,是使賜多言者也。”(十五年)

〔一〕杜預注曰:“玉,朝者之贄。”

〔二〕杜預注曰:“不合法度。”

〔三〕杜預注曰:“嘉事,朝禮。”楊伯峻以爲“體”通“禮”。

〔四〕楊伯峻引《漢書》顔師古注曰：“替，廢惰也。”

哀　公

夏五月辛卯，司鐸火[一]。火踰公宫，桓、僖災。……孔子在陳，聞火，曰：“其桓、僖乎！”（三年）

　〔一〕杜預以“司鐸”爲宫名，章炳麟認爲是官署之在宫城中者也。

初，昭王有疾，卜曰：“河爲祟。”王弗祭。大夫請祭諸郊。王曰：“三代命祀，祭不越望[一]。江、漢、雎、章，楚之望也。禍福之至，不是過也。不穀雖不德[二]，河非所獲罪也。”遂弗祭。孔子曰：“楚昭王知大道矣。其不失國也，宜哉！《夏書》曰：‘惟彼陶唐，帥彼天常[三]，有此冀方[四]。今失其行，亂其紀綱，乃滅而亡。’又曰：‘允出兹在兹。’由己率常，可矣。”（六年）

　〔一〕望，指境内的名山大川。對這些名山大川的祭祀也叫望。

　〔二〕不穀，楚昭王自稱也。

　〔三〕帥，通“率”，遵行，循行。

　〔四〕冀方，即中國。

十一年春，齊爲鄎故，國書、高無平帥師伐我，及清。……師及齊師戰于郊。……公爲與其嬖僮汪錡乘，皆死，皆殯。孔子曰：“能執干戈以衛社稷，可無殤也。”冉有用矛於齊師，故能入其軍。孔子曰：“義也。”（十一年）

冬，衛大叔疾出奔宋。初，疾娶于宋子朝，其娣嬖。子朝出，孔文子使疾出其妻，而妻之。疾使侍人誘其初妻之娣寘於犁，而爲之一宫，如二妻。文子怒，欲攻之，仲尼止之。……孔文子之將攻大叔也，訪於仲尼。仲尼曰：“胡簋之事[一]，則嘗學之矣；甲兵之事，未之聞也。”退，命駕而行，曰：“鳥則擇木，木豈能擇鳥？”文子遽止之，曰：“圉豈敢度其私[二]，訪衛國之難也[三]。”將止，魯人以幣召之，乃歸。（十一年）

　〔一〕胡簋即簠簋，祭祀之器。胡簋之事，即有關祭祀之事。

〔二〕杜預注曰:“闔,文子名。度,謀也。”

〔三〕楊伯峻曰:“《孔子家語》‘訪’作‘防’,于文義爲順。”

　　季孫欲以田賦[一],使冉有訪諸仲尼。仲尼曰:“丘不識也。”三發[二]。卒曰:“子爲國老,待子而行,若之何子之不言也?”仲尼不對,而私於冉有曰:“君子之行也,度於禮,施取其厚,事舉其中,斂從其薄。如是,則以丘亦足矣。若不度於禮,而貪冒無厭,則雖以田賦,將又不足。且子季孫若欲行而法,則周公之典在;若欲苟而行,又何訪焉?”弗聽。(十一年)

〔一〕楊伯峻曰:“‘以田賦’即下年之‘用田賦’。宣十五年初稅畝,乃田畝稅之改革,成元年之作丘甲,乃兵役法之改革,此則兩者皆有之。”

〔二〕杜預注曰:“三發問。”

　　夏五月,昭夫人孟子卒。昭公娶于吳,故不書姓[一]。死不赴,故不稱夫人。不反哭,故不言葬小君。孔子與弔,適季氏。季氏不絻[二],放絰而拜[三]。(十二年)

〔一〕吳、魯同姓,依禮同姓不婚,故不書姓。

〔二〕據楊伯峻之説,絻乃始發喪之禮,季氏不絻者,不行喪夫人之禮。

〔三〕絰,葛麻製成的喪服。

　　冬十二月,螽[一]。季孫問諸仲尼。仲尼曰:“丘聞之,火伏而後蟄者畢[二]。今火猶西流,司曆過也[三]。”(十二年)

〔一〕楊伯峻曰:“螽,《公羊》例作‘蠭’,即今蝗蟲爲災。”

〔二〕楊伯峻曰:“火爲心宿二,一般夏正十月即不見于天空,此時天已寒冷,昆蟲盡蟄入地下。”

〔三〕楊伯峻曰:“孔丘之意,謂時已十月,天空應不見心宿二,昆蟲應皆蟄伏,然心宿二猶遥見于西方天空,逐見沉没,乃司曆者之誤。”

　　十四年春,西狩於大野,叔孫氏之車子鉏商獲麟[一],以爲不祥,以賜虞人[二]。仲尼觀之曰:“麟也。”然後取之。(十四年)

〔一〕楊伯峻曰:“杜注以‘車子’連文,‘鉏商’爲人名。服虔以‘車’爲御車者,‘子’爲姓,‘鉏商’爲名。王肅《孔子家語》用服説。王引之《述聞》則以‘子鉏’爲氏,

‘商’爲名。王説有據有理，可從。”

〔二〕杜預注曰：“虞人，掌山澤之官。”

　　甲午，齊陳恒弑其君壬于舒州。孔丘三日齊〔一〕，而請伐齊三。公曰：“魯爲齊弱久矣，子之伐之，將若之何？”對曰：“陳恒弑其君，民之不與者半。以魯之衆加齊之半，可克也。”公曰：“子告季孫。”孔子辭，退而告人曰：“吾以從大夫之後也，故不敢不言。”（十四年）

〔一〕齊，通“齋”，齋戒。

　　閏月，良夫與大子入，舍於孔氏之外圃〔一〕。昏，二人蒙衣而乘，寺人羅御，如孔氏。孔氏之老欒寧問之，稱姻妾以告，遂入，適伯姬氏。既食，孔伯姬杖戈而先，大子與五人介〔二〕，輿豭從之。迫孔悝於厠〔三〕，强盟之，遂劫以登臺。欒寧將飲酒，炙未熟，聞亂，使告季子；召獲駕乘車，行爵食炙，奉衛侯輒來奔。季子將入，遇子羔將出，曰：“門已閉矣。”季子曰：“吾姑至焉。”子羔曰：“弗及，不踐其難〔四〕！”季子曰：“食焉，不辟其難。”子羔遂出，子路入。及門，公孫敢門焉〔五〕，曰：“無入爲也。”季子曰：“是公孫，求利焉，而逃其難。由不然，利其禄，必救其患。”有使者出〔六〕，乃入，曰：“大子焉用孔悝？雖殺之，必或繼之。”且曰：“大子無勇，若燔臺，半，必舍孔叔〔七〕。”大子聞之，懼，下石乞、盂黶敵子路，以戈擊之，斷纓。子路曰：“君子死，冠不免。”結纓而死。孔子聞衛亂，曰：“柴也其來，由也死矣〔八〕。”（十五年）

〔一〕外圃，家外之菜園。

〔二〕賈逵曰：“介，被甲也。”

〔三〕厠，側也。

〔四〕不，即勿，表示禁止。

〔五〕杜預注曰：“守門。”

〔六〕“使”，原作“死”，據楊伯峻《春秋左傳注》改。

〔七〕孔叔，即孔悝。

〔八〕柴，子羔名。由，子路名。

　　夏四月己丑，孔丘卒。公誄之曰〔一〕：“旻天不弔〔二〕，不慭遺一老〔三〕，俾屏余一人以在位〔四〕，煢煢余在疚。嗚呼哀哉尼父！無自律〔五〕。”子贛曰〔六〕：“君其不没於魯乎！夫子之言曰：‘禮失則昏，名失則愆。’失志爲昏，失所爲愆。生不能用，死而誄之，非禮也；稱一人〔七〕，非名也。君兩失之。”（十六年）

〔一〕楊伯峻曰：“孔疏引鄭衆《周禮·大祝》注：‘誄謂積累生時德行以賜之，命主爲其辭。’誄猶今之致悼辭。”

〔二〕不弔，不善。

〔三〕憖，姑且。

〔四〕杜預注曰：“俾，使也。屏，蔽也。”

〔五〕杜預注曰：“律，法也。言喪尼父，無以自爲法。”

〔六〕子贛即子貢。

〔七〕一人，即“余一人”，天子自稱之詞。

公羊傳

　　《春秋公羊傳》，爲闡釋《春秋》而作，出自公羊高。公羊高，戰國時齊國人，相傳爲子夏弟子。此書上起魯隱公元年，止於魯哀公十四年，與《春秋》起訖時間相同。其記史十分簡略，而着重闡釋《春秋》之“微言大義”，異於《左傳》之重在史實記載。《漢書·藝文志》載：“《公羊傳》十一卷。”班固自注提到其作者爲“公羊子，齊人”。徐彦疏引戴宏序曰：“子夏傳與公羊高，高傳與其子平，平傳與其子地，地傳與其子敢，敢傳與其子壽。至漢景帝時，壽乃與齊人胡母子都著於竹帛。”《四庫全書總目提要》認爲：“今觀《傳》中有‘子沈子曰’、‘子司馬子曰’、‘子女子曰’、‘子北宮子曰’，又有‘高子曰’、‘魯子曰’，蓋皆傳授之經師，不盡出於公羊子。”

　　歷代研究《公羊傳》的代表作有東漢何休的《春秋公羊解詁》、唐徐彦的《公羊傳注疏》、清孔廣森的《春秋公羊經傳通義》、陳立的《公羊義疏》等。

　　本書以阮刻《十三經注疏》本（中華書局 1980 年影印）爲底本，並參考了劉尚慈的《春秋公羊傳譯注》（中華書局 2010 年版）、李宗侗的《春秋公羊傳今注今譯》（臺灣商務印書館 1976 年版）和郭沂的《孔子集語校補》進行輯録整理。

昭　公

　　昭公於是噭然而哭，諸大夫皆哭。既哭，以人爲菑，以幦爲席，以

窜爲几，以遇禮相見〔一〕。孔子曰："其禮與！其辭足觀矣！"（二十五年）

〔一〕何休曰："菑，周埒垣也，所以分別內外衛威儀。幜，車覆笭。以諸侯出相遇之禮相見。"

定　公

齊人暨爲來歸運、讙、龜陰田？孔子行乎季孫，三月不違，齊人爲是來歸之。（十年）

季孫斯、仲孫何忌帥師墮費，暨爲帥師墮郈、帥師墮費？孔子行乎季孫，三月不違，曰："家不藏甲，邑無百雉之城〔一〕。"於是帥師墮郈，帥師墮費。（十二年）

〔一〕"雉"，一本作"仞"。

哀　公

麟者仁獸也，有王者則至，無王者則不至。有以告者曰："有麕而角者。"孔子曰："孰爲來哉！孰爲來哉！"反袂拭面，涕沾袍。（十四年）

顏淵死，子曰："噫，天喪予！"子路死，子曰："噫，天祝予〔一〕！"西狩獲麟，孔子曰："吾道窮矣。"（十四年。又見於《春秋繁露·隨本消息》）

〔一〕何休曰："祝，斷也。"

佚　文

然則孰爲而至？爲孔子之作《春秋》。〔一〕

〔一〕李滋然《孔子集語補遺商證》曰：哀公十四年"無王者則不至"下孔舒元本。

穀梁傳

《春秋穀梁傳》，出自穀梁子。此書上起魯隱公元年，止於魯哀公十四年，與《春秋》起訖時間相同，體裁與《公羊傳》相似，以語錄體和對話體爲主，闡釋《春秋》的微言大義。唐楊士勛《春秋穀梁傳注疏》稱："穀梁子名俶，字元始，受經於子夏，爲經作傳，以授荀卿，卿授齊人浮丘伯，伯授魯人申公，申公授瑕丘江公。"《四庫全書總目提要》則考《穀梁傳》"初獻六羽"條,稱"梁子曰",認爲"《傳》既梁自作,不應自引己説",且《穀梁傳》引"'尸子曰',而尸佼爲商鞅之師,其人亦在梁後,不應預爲引據"。《漢書·藝文志》載《公羊》、《穀梁》二家《經》十一卷,《傳》亦各十一卷,則可以推定《春秋》之《經》、《傳》初爲別編。《漢書·儒林傳》稱《穀梁傳》爲魯學,《公羊傳》爲齊學,前者純謹,後者詼詭。

歷代治《穀梁傳》的代表作有晉范寧的《春秋穀梁傳集解》、唐楊士勳的《春秋穀梁傳注疏》、清鍾文烝的《穀梁補注》等。

本書以阮刻《十三經注疏》本(中華書局 1980 年影印)爲底本,並參考了薛安勤的《春秋穀梁傳今注今譯》(臺灣商務印書館 1994 年版)、"新世紀萬有文庫"之《春秋穀梁傳》(遼寧教育出版社 1997 年版)、郭沂的《孔子集語校補》進行輯録整理。

桓　公

孔子曰:"名從主人,物從中國。"(二年)

子貢曰:"冕而親迎,不已重乎?"孔子曰:"合二姓之好,以繼萬世之後,何謂已重乎?"(三年。又見於《大戴禮記·哀公問》)

孔子曰:"聽遠音者,聞其疾而不聞其舒;望遠者,察其貌而不察其形。立乎定、哀,以指隱、桓,隱、桓之日遠矣。"(十四年)

僖　公

子曰:"石,無知之物;鷁,微有知之物。石無知,故日之[一];鷁微有知之物,故月之[二]。君子之於物,無所苟而已。"(十六年)
〔一〕日之,記下日期。
〔二〕月之,記下月份。

成　公

梁山崩,壅遏河三日不流。晉君召伯尊而問焉。伯尊來,遇輦者,輦者不辟。使車右下而鞭之。輦者曰:"所以鞭我者,其取道遠矣。"伯尊下車而問焉,曰:"子有聞乎?"對曰:"梁山崩,壅遏河三日不流。"伯尊曰："君爲此召我也。爲之奈何?"輦者曰："天有山,天崩之;天有河,天壅之。雖召伯尊,如之何?"伯尊由忠問焉,輦者曰："君親素縞,帥群臣而哭之,既而祠焉,斯流矣。"伯尊至,君問之,曰："梁山崩,壅遏河三日不流,爲之奈何?"伯尊曰："君親素縞,帥群臣而哭之,既而祠焉,斯流矣。"孔子聞之曰："伯尊其無績乎! 攘善也。"(五年。又見於《韓詩外傳》八)

定　公

頰谷之會,孔子相焉。兩君就壇,兩相相揖。齊人鼓譟而起,欲以執魯君。孔子歷階而上,不盡一等,而視歸乎齊侯,曰："兩君合好,夷狄之民何爲來爲?"命司馬止之。齊侯逡巡而謝曰："寡人之過也。"退而屬其二三大夫曰："夫人率其君與之行古人之道,二三子獨率我而入夷狄之俗,何爲?"罷會,齊人使優施舞於魯君之幕下[一]。孔子曰："笑君者罪當死。"使司馬行法焉,首足異門而出。齊人來歸鄆、讙、龜陰之田者,蓋爲此也。(十年。又見於《新語辨惑》)

〔一〕范寧注曰："優,俳。施其名也。幕,帳。欲嗤笑魯君。"

哀　公

吳王夫差曰："好冠來。"孔子曰："大矣哉! 夫差未能言冠,而欲冠也!"(十三年)

第七卷　孔門承訓

公孫尼子

《公孫尼子》,作於子夏弟子公孫尼子,也就是韓非子筆下的"孫氏之儒"。《漢書·藝文志·諸子略》儒家類載有《公孫尼子》二十八篇。這部經劉向整理"定著"的二十八篇本《公孫尼子》流傳時間並不長,大概在漢魏之際就佚失了。《隋書·經籍志》子部儒家類著録有《公孫尼子》一卷。這部一卷本與二十八篇本的關係如何呢? 雖然二十八篇有可能被合爲若干卷,但被合爲一卷的可能性幾乎是不存在的。很可能在二十八篇本佚失以後,有心人將其佚文輯在一起,而篇幅又不大,不足以分卷,故合爲一卷。因而,一卷本的出現,從側面説明二十八篇本在隋以前確已亡佚。這部一卷本,在宋以後又亡佚了。二十八篇本和一卷本《公孫尼子》雖然皆已散佚,所幸的是其若干佚文保存至今,其中最重要的就是今本《禮記》中的《樂記》篇。現在所存的《公孫尼子》,有清人馬國翰和洪頤煊的輯本,分別收在《玉函山房輯佚書》和《問經堂叢書》中。

本書據《玉函山房輯佚書》本以及郭沂的《孔子集語校補》進行校勘注釋。《樂記》的有關史料已見於《禮記》部分,此處不重録。

　　孔子有疾,哀公使醫視之。醫曰:"子居處飲食何如?"孔子曰:"丘春居葛籠[一],夏居密楊[二],秋不風,冬不煬;飲食不造[三],飲酒不勤。"醫曰:"是良藥也。"(又見於《御覽》二十一又七百二十四引)
　　〔一〕"籠",孫星衍《孔子集語》作"室",然中華書局影印本《御覽》亦作"籠"。
　　〔二〕"楊",孫星衍《孔子集語》作"陽"。

〔三〕"造"，中華書局影印本《御覽》、《玉函山房輯佚書》本《公孫尼子》作"饋"。

王孫子

《王孫子》，舊題周王孫子撰。《漢書·藝文志》載："《王孫子》一篇。一曰《巧心》。"嚴可均《鐵橋漫稿》曰："王孫，姓也。不知其名。《巧心》亦未詳。《意林》僅有目録，而所載《王孫子》文爛脱。從《北堂書鈔》等書采出二十四事，省併重複，僅得五事。繹其言，蓋七十子之後言治道者。"《隋書·經籍志》載"梁有《王孫子》一卷，亡"，説明此書至隋已亡。《玉函山房輯佚書》有輯本一卷。

本書據《玉函山房輯佚書》本以及郭沂的《孔子集語校補》進行校勘注釋。

趙簡子獵於晉陽之山〔一〕，撫轡而歎。董安于曰："今游獵，樂也，而主君歎，敢問何故也〔二〕？"簡子曰："汝不知也。吾效廏養食穀之馬以千數，令官奉多力之士以百數〔三〕，欲以獵獸也，吾憂鄰國養賢以獵吾也〔四〕。"孔子聞之曰："簡子知所歎也。"（又見於《御覽》四百六十九引）

〔一〕孫星衍《孔子集語》注曰："之山"二字從《御覽》八百三十二引補。今案：《玉函山房輯佚書》作"晉山之陽"。
〔二〕孫星衍《孔子集語》注曰："故"字從（《御覽》）八百三十二引補。
〔三〕"令官奉"，孫星衍《孔子集語》作"合宮養"，注曰：本作"奉多力之書"，從（《御覽》）八百三十二引改，四百二亦引作"士"。"以百數"，孫星衍《孔子集語》作"日數百"。
〔四〕孫星衍《孔子集語》注曰："吾"字從（《御覽》）四百二引補。

魯連子

《魯連子》，舊題周魯仲連撰。《史記·魯仲連鄒陽列傳》載："魯仲連者，齊人也。好奇偉俶儻之畫策，而不肯仕宦任職，好持高節。遊於趙。"《漢書·藝文志》儒家類著録《魯仲連子》十四篇。《隋書·經籍志》作五卷，《目録》一卷。至《新唐書·藝文志》，只録一卷。或有以《魯連子》爲僞書者，如蘇轍《蘇氏春秋集解》認爲《魯連子》中所載曹沫三戰三敗而兵劫桓公一事與史不符。

原書已佚,有清代洪頤煊《經典集類》、嚴可均《全上古文》、馬國翰《玉函山房輯佚書》等輯本。

本書據嚴可均《全上古文》輯録。

子曰:"君子能仁于人,不能使人仁於我;能義於人,不能使人義於我。"

孟　子

孟子,名軻,戰國時鄒國人。《史記·孟子荀卿列傳》稱孟子"受業子思之門人",但兩漢時期的劉向《列女傳》、班固《漢書·藝文志》自注、趙岐《孟子題辭》、《淮南子·氾論訓》、應劭《風俗通·窮通篇》都稱孟子直接受業於子思。根據郭沂的最新考證,子思年九十二,生活在公元前 504 至公元前 403 年之間,但這仍不能與孟子時代相接,而多種典籍中有關孟子受業於子思的説法乃至有關子思、孟軻相見的記載又難以置疑。實際情況是:孟子雖然深受子思及其門人的影響,並與之構成思孟學派,但他既非受業於子思,亦非受業於子思門人。《子思子》、《孔叢子》等書所載的那位姓孟名軻字子車的儒者,並不是孟子,而是一位與孟子同姓名的子思弟子。有關孟子受業於子思門人的説法都是由思孟時不相值的事實和《史記》衍文的影響所導致的誤解。

《孟子》一書爲儒家經典,列於"十三經"和"四書"。《史記·孟子荀卿列傳》云:"天下方務於合從連衡,以攻伐爲賢,而孟軻乃述唐、虞、三代之德,是以所如者不合。退而與萬章之徒序《詩》、《書》,述仲尼之意,作《孟子》七篇。"東漢趙岐、南宋朱熹、清代閻若璩、焦循等均持此説,然唐代韓愈、北宋蘇轍、南宋晁公武等人認爲此書乃孟子死後,由其弟子萬章、公孫丑等人撰述。

歷代治《孟子》的代表作有東漢趙岐的《孟子章句》、朱熹的《孟子集注》、清代戴震的《孟子字義疏證》、焦循的《孟子正義》等。

本次以朱熹《四書章句集注》(中華書局 1983 年版)本爲底本,並參考了楊伯峻《孟子譯注》(中華書局 1960 年版)加以校勘、注釋。

梁惠王上

仲尼曰:"始作俑者,其無後乎!"

仲尼之徒無道桓文之事者，是以後世無傳焉。

公孫丑上

孔子曰："德之流行，速於置郵而傳命〔一〕。"

〔一〕朱熹曰："置，驛也。郵，馹也。所以傳命也。""置"和"郵"均爲古代的驛站。命，國家之政令。

昔者曾子謂子襄曰："子好勇乎？吾嘗聞大勇於夫子矣：自反而不縮，雖褐寬博，吾不惴焉；自反而縮，雖千萬人，吾往矣。"〔一〕

〔一〕朱熹曰："子襄，曾子弟子也。夫子，孔子也。縮，直也。……惴，恐懼之也。往，往而敵之也。"

宰我、子貢善爲説辭，冉牛、閔子、顔淵善言德行。孔子兼之，曰："我於辭命，則不能也。"

昔者子貢問於孔子曰："夫子聖矣乎？"孔子曰："聖則吾不能，我學不厭而教不倦也。"子貢曰："學不厭，智也；教不倦，仁也。仁且智，夫子既聖矣。"夫聖，孔子不居。

昔者竊聞之：子夏、子游、子張皆有聖人之一體，冉牛、閔子、顔淵則具體而微〔一〕。

〔一〕朱熹曰："一體，猶一肢也。具體而微，謂有其全體，但未廣大耳。"

可以仕則仕，可以止則止，可以久則久，可以速則速，孔子也。

宰我、子貢、有若，智足以知聖人，汙不至阿其所好〔一〕。宰我曰："以予觀於夫子〔二〕，賢於堯、舜遠矣。"子貢曰："見其禮而知其政，聞其樂而知其德，由百世之後，等百世之王〔三〕，莫之能違也。自生民以來，未有夫子也。"有若曰："豈惟民哉？麒麟之於走獸，鳳凰之於飛鳥，太山之於丘垤〔四〕，河海之於行潦〔五〕，類也。聖人之於民，亦類也。

出於其類,拔乎其萃〔六〕,自生民以來,未有盛於孔子也。"

〔一〕朱熹曰:"汙,下也。三子智足以知夫子之道。假使汙下,必不阿私所好而空譽之,明其言之可信也。"

〔二〕予,宰我之名。

〔三〕等,差等。

〔四〕垤,土堆。

〔五〕朱熹曰:"行潦,道上無源之水也。"

〔六〕萃,聚也。

以力服人者,非心服也,力不贍也;以德服人者,中心悦而誠服也,如七十子之服孔子也。

《詩》云:"迨天之未陰雨,徹彼桑土,綢繆牖户。今此下民,或敢侮予?"孔子曰:"爲此詩者,其知道乎! 能治其國家,誰敢侮之?"〔一〕

〔一〕朱熹曰:"《詩·豳風·鴟鴞》之篇,周公之所作也。迨,及也。徹,取也。桑土,桑根之皮也。綢繆,纏緜補葺也。牖户,巢之通氣出入處也。予,鳥自謂也。言我之備患詳密如此,今此在下之人,或敢有侮予者乎? 周公以鳥之爲巢如此,比君之爲國,亦當思患而預防之。孔子讀而贊之,以爲知道也。"

孔子曰:"里仁爲美,擇不處仁,焉得智?"

滕文公上

孔子曰:"君薨,聽於冢宰,歠粥〔一〕,面深墨〔二〕,即位而哭,百官有司莫敢不哀,先之也。"

〔一〕歠,飲也。

〔二〕深墨,甚黑也。

孔子曰:"大哉堯之爲君! 惟天爲大,惟堯則之,蕩蕩乎民無能名焉! 君哉舜也! 巍巍乎有天下而不與焉!"

昔者孔子没,三年之外,門人治任將歸〔一〕,入揖於子貢,相嚮而哭,皆失聲,然後歸。子貢反,築室於場,獨居三年,然後歸。他日,子夏、子張、子游以有若似聖人，欲以所事孔子事之，彊曾子。曾子曰：“不可；江漢以濯之，秋陽以暴之〔二〕，皜皜乎不可尚已〔三〕。”

〔一〕治，整理。任，負荷。治任，謂整理行李。

〔二〕暴，“曝”之本字。

〔三〕皜皜，潔白貌。

滕文公下

昔齊景公田〔一〕，招虞人以旌，不至，將殺之。志士不忘在溝壑，勇士不忘喪其元。孔子奚取焉？取非其招不往也。（又見《孟子·萬章上》）

〔一〕田，田獵。

傳曰：“孔子三月無君，則皇皇如也〔一〕，出疆必載質〔二〕。”

〔一〕皇皇，惶恐貌。

〔二〕朱熹曰：“質，所執以見人者，如士則執雉也。”

陽貨欲見孔子而惡無禮，大夫有賜於士，不得受於其家，則往拜其門。陽貨矙孔子之亡也〔一〕，而饋孔子蒸豚；孔子亦矙其亡也，而往拜之。當是時，陽貨先，豈得不見？曾子曰：“脅肩諂笑，病于夏畦〔二〕。”子路曰：“未同而言，觀其色赧赧然，非由之所知也〔三〕。”

〔一〕矙，窺伺也。

〔二〕朱熹曰：“脅肩，竦體。諂笑，强笑。皆小人側媚之態也。病，勞也。夏畦，夏月治畦之人也。言爲此者，其勞過於夏畦之人也。”

〔三〕朱熹曰：“未同而言，與人未合而强與之言也。赧赧，慚而面赤之貌。由，子路名。言非己所知，甚惡之之辭也。”

世衰道微，邪説暴行有作〔一〕，臣弑其君者有之，子弑其父者有之。孔子懼，作《春秋》。《春秋》，天子之事也；是故孔子曰：“知我者其惟《春秋》乎！罪我者其惟《春秋》乎！”

〔一〕有，通“又”。

楊墨之道不息〔一〕，孔子之道不著，是邪説誣民，充塞仁義也。仁義充塞，則率獸食人，人將相食。

〔一〕楊墨即楊朱、墨翟。

孔子成《春秋》而亂臣賊子懼。

離婁上

孔子曰："道二,仁與不仁而已矣。"

孔子曰："仁不可爲衆也。夫國君好仁,天下無敵。"

有孺子歌曰："滄浪之水清兮〔一〕,可以濯我纓〔二〕;滄浪之水濁兮,可以濯我足。"孔子曰："小子聽之! 清斯濯纓,濁斯濯足矣。自取之也。"

〔一〕楊伯峻曰："盧文弨《鍾山札記》云:'倉浪,青色;在竹曰蒼筤,在水曰滄浪。'按盧説是也。前人有以滄浪爲水名者(或云漢水之支流;或云即漢水),又有以爲地名者(在湖北均縣北),恐都不可靠。朱琦《小萬卷齋文集》有《滄浪非地名辨》。"

〔二〕纓,係帽子的絲帶。

求也爲季氏宰〔一〕,無能改於其德,而賦粟倍他日。孔子曰："求非我徒也,小子鳴鼓而攻之可也。"

〔一〕求即冉求,孔子弟子。

離婁下

孟子曰："仲尼不爲已甚者〔一〕。"

〔一〕已甚,猶言太甚,太過分。已,太也。

仲尼亟稱於水〔一〕,曰："水哉,水哉!"

〔一〕亟,數次。

孟子曰："王者之迹熄而《詩》亡〔一〕,《詩》亡然後《春秋》作。晉之《乘》,楚之《檮杌》,魯之《春秋》〔二〕,一也:其事則齊桓、晉文,其文則史。孔子曰:'其義則丘竊取之矣。'"

〔一〕“迹”，楊伯峻曰：“《説文解字・辵部》云：‘辿，古之遒人，以木鐸記《詩》言。’朱駿
　　　聲《説文通訓定聲》云：‘《孟子》“王者之迹熄而《詩》亡”，迹即辿之誤。’”
〔二〕《乘》、《檮杌》、《春秋》，均爲各國史書名。

　　孟子曰：“君子之澤五世而斬〔一〕，小人之澤五世而斬。予未得爲
孔子徒也，予私淑諸人也〔二〕。”
　〔一〕朱熹曰：“澤，猶言流風餘韻也。”斬，斷也。
　〔二〕朱熹曰：“私，猶竊也。淑，善也。李氏以爲方言是也。人，謂子思之徒也。”“淑”，
　　　楊伯峻認爲“淑”借爲“叔”，“叔”，取也。當從楊説。

　　禹、稷當平世，三過其門而不入，孔子賢之。顏子當亂世，居於陋
巷，一簞食，一瓢飲，人不堪其憂，顏子不改其樂，孔子賢之。

萬章上

　　咸丘蒙問曰〔一〕：“語云：‘盛德之士，君不得而臣，父不得而子。’
舜南面而立，堯帥諸侯北面而朝之，瞽瞍亦北面而朝之。舜見瞽瞍，
其容有蹙〔二〕。孔子曰：‘於斯時也，天下殆哉，岌岌乎〔三〕！’不識此語
誠然乎哉？”孟子曰：“否；此非君子之言，齊東野人之語也。堯老而舜
攝也。《堯典》曰：‘二十有八載，放勳乃徂落〔四〕，百姓如喪考妣。三
年，四海遏密八音〔五〕。’孔子曰：‘天無二日，民無二王。’舜既爲天子
矣，又帥天下諸侯以爲堯三年喪，是二天子矣。”
　〔一〕咸丘蒙，孟子弟子。
　〔二〕有，詞頭，無意。蹙，不安貌。
　〔三〕岌岌，危殆貌。
　〔四〕放勳，堯的稱號。徂落，死。
　〔五〕遏密，禁止。八音，金、石、絲、竹、匏、土、革、木八種樂器。

　　孟子曰：“……匹夫而有天下者，德必若舜禹，而又有天子薦之
者，故仲尼不有天下。”

　　孔子曰：“唐虞禪，夏后殷周繼，其義一也。”

萬章問曰：“或謂孔子於衛主癰疽[一]，於齊主侍人瘠環[二]，有諸乎？”孟子曰：“否，不然也；好事者爲之也。於衛主顏讎由[三]。彌子之妻與子路之妻[四]，兄弟也。彌子謂子路曰：‘孔子主我，衛卿可得也。’子路以告。孔子曰：‘有命。’孔子進以禮，退以義，得之不得曰‘有命’。而主癰疽與侍人瘠環，是無義無命也。孔子不悦於魯衛，遭宋桓司馬將要而殺之，微服而過宋。是時孔子當阨，主司城貞子，爲陳侯周臣[五]。吾聞觀近臣，以其所爲主；觀遠臣，以其所主[六]。若孔子主癰疽與侍人瘠環，何以爲孔子？”

〔一〕朱熹曰：“主，謂舍於其家，以之爲主人也。”癰疽，人名，宦官，《史記·孔子世家》作“雍渠”。

〔二〕朱熹曰：“侍人，奄人也。瘠，姓。環，名。”據此，侍人即宦官。

〔三〕顏讎由，衛國賢大夫，《史記》作“顏濁鄒”。

〔四〕彌子，衛靈公倖臣彌子瑕也。

〔五〕朱熹曰：“不悦，不樂居其國也。桓司馬，宋大夫向魋也。司城貞子，亦宋大夫之賢者也。陳侯，名周。”

〔六〕朱熹曰：“近臣，在朝之臣。遠臣，遠方來仕者。君子小人，各從其類，故觀其所爲主，與其所主者，而其人可知。”

萬章下

孟子曰：“……孔子之去齊，接淅而行[一]；去魯，曰：‘遲遲吾行也。’去父母國之道也。可以速而速[二]，可以久而久，可以處而處，可以仕而仕，孔子也。”

〔一〕朱熹曰：“接，猶承也。淅，漬米水也。漬米將炊，而欲去之速，故以手承水取米而行，不及炊也。”

〔二〕而，則。

孟子曰：“……伯夷，聖之清者也；伊尹，聖之任者也；柳下惠，聖之和者也；孔子，聖之時者也。孔子之謂集大成。集大成也者，金聲而玉振之也[一]。金聲也者，始條理也；玉振之也者，終條理也。始條理者，智之事也；終條理者，聖之事也。智，譬則巧也；聖，譬則力也。由射於百步之外也[二]，其至，爾力也；其中，非爾力也。”

〔一〕朱熹曰:"並奏八音,則於其未作,而先擊鎛鐘以宣其聲;俟其既闋,而後擊特磬以
收其韻。"振,猶收。

〔二〕由,同"猶"。

(孟子)曰:"其交也以道,其接也以禮,斯孔子受之矣。"

(孟子)曰:"……孔子之仕於魯也,魯人獵較〔一〕,孔子亦獵較。
獵較猶可,而況受其賜乎?"(萬章)曰:"然則孔子之仕也,非事道
與?"曰:"事道也。""事道奚獵較也?"曰:"孔子先簿正祭器,不以四
方之食供簿正。"曰:"奚不去也?"曰:"爲之兆也。兆足以行矣,而不
行,而後去,是以未嘗有所終三年淹也〔二〕。孔子有見行可之仕,有際
可之仕,有公養之仕〔三〕。於季桓子,見行可之仕也;於衛靈公,際可之
仕也;於衛孝公,公養之仕也〔四〕。"

〔一〕趙岐曰:"獵較者,田獵相較奪禽獸,得之以祭,時俗所尚,以爲吉祥。"

〔二〕朱熹曰:"此因孔子事而反覆辯論也。事道者,以行道爲事也。事道奚獵較也,萬
章問也。先簿正祭器,未詳。徐氏曰:'先以簿書正其祭器,使有定數,不以四方
難繼之物實之。夫器有常數,實有常品,則其本正矣。彼獵較者,將久而自廢
矣。'未知是否也。兆,猶卜之兆,蓋事之端也。孔子所以不去者,亦欲小試行道
之端,以示於人,使知吾道之果可行也。若其端既可行,而人不能遂行之,然後不
得已而必去之。蓋其去雖不輕,而亦未嘗不決,是以未嘗終三年留於一國也。"

〔三〕際可、公養,皆謂對人之禮遇。前者指對某一人之特別的禮遇,後者指對一群人
之共同禮遇。

〔四〕朱熹曰:"見行可,見其道之可行也。際可,接遇以禮也。公養,國君養賢之禮也。
季桓子,魯卿季孫斯也。衛靈公,衛侯元也。孝公,《春秋》《史記》皆無之,疑出
公輒也。因孔子仕魯,而言其仕有此三者。故於魯則兆足以行矣而不行然後去,
而於衛之事,則又受其交際問餽而不卻之一驗也。"

孟子曰:"……孔子嘗爲委吏矣〔一〕,曰:'會計當而已矣。'嘗爲乘
田矣〔二〕,曰:'牛羊茁壯長而已矣。'"

〔一〕朱熹曰:"委吏,主委積之吏也。"

〔二〕朱熹曰:"乘田,主苑囿芻牧之吏也。"

萬章曰:"孔子,君命召,不俟駕而行;然則孔子非與?"(孟子)曰:

“孔子當仕有官職,而以其官召之也。”

告子上

孟子曰:“……《詩》曰:‘天生蒸民,有物有則。民之秉夷,好是懿德。’[一]孔子曰:‘爲此詩者,其知道乎! 故有物必有則,民之秉夷也,故好是懿德。’”

〔一〕朱熹曰:“《詩·大雅·烝民》之篇。蒸,《詩》作‘烝’,衆也。物,事也。則,法也。夷,《詩》作‘彝’,常也。懿,美也。”

孟子曰:“……孔子曰:‘操則存,舍則亡;出入無時,莫知其鄉[一]。’惟心之謂與?”

〔一〕趙岐注云:“鄉猶里,以喻居也。”焦循《正義》云:“近讀鄉爲向。”兩説皆通。

告子下

(孟子)曰:“……孔子曰:‘舜其至孝矣,五十而慕。’”

(孟子)曰:“孔子爲魯司寇,不用,從而祭,燔肉不至[一],不税冕而行[二]。不知者以爲爲肉也,其知者以爲爲無禮也。乃孔子則欲以微罪行[三],不欲爲苟去。君子之所爲,衆人固不識也。”

〔一〕楊伯峻曰:“燔亦作‘膰’,即祭肉,又曰胙,又曰脤,又曰福肉,又曰釐肉。古禮,宗廟社稷諸祭,必分賜祭肉與同姓之國以及有關諸人,表示‘同福禄’。”

〔二〕税,讀爲“脱”。

〔三〕閻若璩《四書釋地續》曰:“蓋孔子爲魯司寇,既不用其道,宜去一;燔俎又不去,宜去二。其去之之故,天下自知之,但孔子不欲其失純在君相,己亦帶有罪焉。樂毅報燕王尚云‘忠臣去國,不潔其名’,況孔子乎? 又《禮》:‘大夫士去國,不説人以無罪。’注云:‘己雖遭放逐,不自以無罪解説於人,過則稱己也。’以膰肉不至遂行,無乃太甚,此之謂以微罪行。魯人爲肉、爲無禮之議,正愜孔子微罪之心。”

盡心上

孟子曰:“孔子登東山而小魯,登太山而小天下,故觀於海者難爲水,遊於聖人之門者難爲言。”

盡心下

孟子曰："孔子之去魯，曰：'遲遲吾行也。'去父母國之道也。去齊，接淅而行，去他國之道也。"

（孟子）曰："……《詩》云：'憂心悄悄，愠于群小。'〔一〕孔子也。"

〔一〕見《詩·邶風·柏舟》。

萬章問曰："孔子在陳曰：'盍歸乎來！吾黨之士狂簡，進取，不忘其初。'孔子在陳，何思魯之狂士？"〔一〕孟子曰："孔子'不得中道而與之，必也狂獧乎！狂者進取，獧者有所不爲也'。孔子豈不欲中道哉？不可必得，故思其次也。""敢問何如斯可謂狂矣？"曰："如琴張、曾晳、牧皮者〔二〕，孔子之所謂狂矣。""何以謂之狂也？"曰："其志嘐嘐然，曰：'古之人，古之人。'夷考其行而不掩焉者也〔三〕。狂者又不可得，欲得不屑不潔之士而與之，是獧也，是又其次也〔四〕。孔子曰：'過我門而不入我室，我不憾焉者，其惟鄉原乎〔五〕！鄉原，德之賊也。'"曰："何如斯可謂之鄉原矣？"曰："'何以是嘐嘐也？言不顧行，行不顧言，則曰，古之人，古之人。行何爲踽踽涼涼？生斯世也，爲斯世也，善斯可矣。'閹然媚於世也者，是鄉原也〔六〕。"萬子曰："一鄉皆稱原人焉，無所往而不爲原人，孔子以爲德之賊，何哉？"曰："非之無舉也，刺之無刺也，同乎流俗，合乎汙世，居之似忠信，行之似廉潔，衆皆悦之，自以爲是，而不可與入堯舜之道，故曰'德之賊'也。孔子曰：惡似而非者：惡莠，恐其亂苗也；惡佞，恐其亂義也；惡利口，恐其亂信也；惡鄭聲，恐其亂樂也；惡紫，恐其亂朱也；惡鄉原，恐其亂德也。君子反經而已矣〔七〕。經正，則庶民興；庶民興，斯無邪慝矣。"

〔一〕朱熹曰："盍，何不也。狂簡，謂志大而略於事。進取，謂求望高遠。不忘其初，謂不能改其舊也。""吾黨之士狂簡"，楊伯峻據監本、汲古閣本改爲"吾黨之小子狂簡"，是也。

〔二〕琴張，名牢，字子張，孔子弟子。曾晳，孔子弟子，曾參之父。牧皮，不詳。

〔三〕朱熹曰："嘐嘐，志大言大也。重言古之人，見其動輒稱之，不一稱而已也。夷，平也。掩，覆也。言平考其行，則不能覆其言也。"

〔四〕朱熹曰:“狂,有志者也。獧,有守者也。……屑,潔也。”

〔五〕朱熹曰:“鄉人非有識者。原,與‘愿’同。《荀子》‘原慤’,字皆讀作‘愿’,謂謹愿之人也。故鄉里所謂愿人,謂之鄉原。”

〔六〕朱熹曰:“踽踽,獨行不進之貌。涼涼,薄也,不見親厚於人也。鄉原譏狂者曰:何用如此嘐嘐然,行不掩其言,而徒每事必稱古人邪?又譏獧者曰:何必如此踽踽涼涼,無所親厚哉?人既生於此世,則但當爲此世之人,使當世之人皆以爲善則可矣,此鄉原之志也。閹,如奄人之奄,閉藏之意也。媚,求悦於人也。孟子言此深自閉藏,以求親媚於世,是鄉原之行也。”

〔七〕朱熹曰:“反,復也。經,常也,萬世不易之常道也。”

孟子曰:“由堯舜至於湯,五百有餘歲;若禹、皋陶,則見而知之;若湯,則聞而知之。由湯至於文王,五百有餘歲,若伊尹、萊朱〔一〕,則見而知之;若文王,則聞而知之。由文王至於孔子,五百有餘歲,若太公望、散宜生〔二〕,則見而知之;若孔子,則聞而知之。由孔子而來至於今,百有餘歲,去聖人之世,若此其未遠也,近聖人之居,若此其甚也,然而無有乎爾,則亦無有乎爾。”

〔一〕趙岐曰:“萊朱,亦湯賢臣也。一曰仲虺,是也。”焦循曰:“在湯時,舉一伊尹、萊朱,則當時賢臣如女鳩、女房、義伯、仲伯、咎單等括之矣。在文王時,舉一太公望、散宜生,則虢叔、泰顛、閎夭、召公、畢公、榮公等括之矣。非謂見知者,僅此一二人也。”

〔二〕散宜生,姓散宜,名生,見於《尚書·君奭》。

荀　子

題解與所據書目請見第五卷《儒書存録》。

非相篇

仲尼長。

仲尼之狀,面如蒙倛〔一〕。

〔一〕蒙,戴。倛,假面具,這裏指古時驅逐疫鬼或出喪開路所用的假面具。

仲尼篇

孔子曰:"巧而好度,必節;勇而好同,必勝[一];知而好謙[二],必賢。"(又見於《説苑・雜言》)

〔一〕楊倞注曰:"巧者好作淫靡,故好法度者必得其節。勇者多陵物,故好與人同者必勝之也。"王先謙引郭嵩燾曰:"勝,當讀爲識蒸切。《説文》:'勝,任也。'言勇而好同,能盡人之力,則可以任天下之大事。"

〔二〕謙,孫星衍《孔子集語》注曰:一作"謀"。

儒效篇

孔子曰:"周公其盛乎! 身貴而愈恭,家富而愈儉,勝敵而愈戒[一]。"

〔一〕楊倞注曰:"戒,備也。言勝敵而益戒備。"

仲尼將爲司寇,沈猶氏不敢朝飲其羊,公慎氏出其妻,慎潰氏踰境而徙。魯之粥牛馬者不豫賈,必蚤正以待之者也[一]。居於闕黨,闕黨之子弟,罔不分[二],有親者取多,孝悌以化之也。(又見於《新序・雜事一》)

〔一〕楊倞注曰:"豫賈,定爲高價也。粥牛馬者不敢高價,言仲尼必先正其身以待物,故得從化如此。賈,讀爲價。"王念孫曰:"'蚤正以待之',與下文'孝弟以化之',皆指孔子而言。"王引之釋"豫"爲"詍"。俞樾以爲"必"字衍,"蚤"字無義,疑爲"脩"字之誤。

〔二〕"不"下,元刻本補"必"字。今案:王先謙據劉台拱、王念孫之説,以爲無"必"字。

王制篇

孔子曰:"大節是也,小節是也,上君也。大節是也,小節一出焉,一入焉,中君也。大節非也,小節雖是也,吾無觀其餘矣。"

王霸篇

孔子曰:"知者之知,固以多矣。有以守少[一],能無察乎! 愚者之知,固以少矣。有以守多,能無狂乎[二]!"

〔一〕楊倞注曰:"上知音智,下如字。有,讀爲又,下同。守少,謂任賢,恭己而已也。"

〔二〕楊倞注曰:"守多,謂自任,主百事者也。事煩則狂亂也。"

孔子曰:"審吾所以適人,適人之所以來我也〔一〕。"

〔一〕楊倞注曰:"適人,往與人也。審慎其與人之道,爲其復來報我也。"王念孫以爲下
　　"適"涉上"適"字而衍。《群書治要》本亦無"適"字。

正論篇

孔子曰:"天下有道,盜其先變乎?"

解蔽篇

孔子仁知且不蔽,故學亂術〔一〕,足以爲先王者也。

〔一〕楊倞注曰:"亂,雜也。言其多才多藝,足以及先王也。"郝懿行曰:"亂者,治也,學
　　治天下之術。'亂'之一字,包'治'、'亂'二義,注非。"今案:郝説是也。

春秋繁露

　　《春秋繁露》,漢董仲舒撰。關於董仲舒的著作,《漢書·藝文志》"春秋類"
載《公羊董仲舒治獄》十六篇,"諸子類"載《董仲舒》百二十三篇。《漢書·董仲
舒傳》稱,董仲舒"説《春秋》事得失,《聞舉》、《玉杯》、《蕃露》、《清明》、《竹林》
之屬,復數十篇,十餘萬言,皆傳於後世"。《蕃露》即爲《繁露》,"蕃"與"繁"古
字相通。《四庫全書總目提要》云:"今觀其文,雖未必全出仲舒,然中多根極理
要之言,非後人所能依託也。""《春秋繁露》雖頗本《春秋》以立論,而無關《經》
義者多,實《尚書大傳》、《詩外傳》之類。向來列之經解中,非其實也。"清蘇輿
認爲:"《春秋》之義存於《公羊》,而《公羊》之學傳自董子。董子《春秋繁露》,
原天以尊禮,援比以貫類,博極閎深,旨奥詞顯,不熟《公羊》者則不能讀《繁
露》。"

　　歷史上治《春秋繁露》的代表作有清代凌曙的《春秋繁露注》和蘇輿的《春
秋繁露義證》等。

　　本書以蘇輿的《春秋繁露義證》(中華書局1992年版)爲底本,以《四部叢
刊》本《春秋繁露》、郭沂的《孔子集語校補》爲參校本進行輯注。

楚莊王

孔子曰:"無爲而治者,其舜乎!"

玉　杯

孔子立新王之道,明其貴志以反和,見其好誠以滅僞,其有繼周之弊,故若此也。

孔子曰:"政逮於大夫,四世矣。"蓋自文公以來之謂也。

竹　林

《詩》云:"棠棣之華,偏其反而。豈不爾思? 室是遠而。"孔子曰:"未之思也! 夫何遠之有?"

孔子曰:"道千乘之國,敬事而信。"

王　道

孔子明得失,差貴賤,反王道之本,譏天王以致太平,刺惡譏微,不遺小大,善無細而不舉,惡無細而不去,進善誅惡,絕諸本而已矣。

臧孫辰請糴於齊,孔子曰:"君子爲國,必有三年之積,一年不熟乃請糴,失君之職也。"

隨本消息

顏淵死,子曰:"天喪予。"子路死,子曰:"天祝予[一]。"西狩獲麟,曰:"吾道窮,吾道窮。"三年,身隨而卒。(又見於《春秋公羊傳·襄公十四年》)
〔一〕何休《春秋公羊傳解詁》曰:"祝,斷也。"

俞　序

仲尼之作《春秋》也,上探正天端王公之位[一],萬民之所欲[二],下明得失,起賢才,以待後聖。故引史記,理往事,正是非,見王公〔三〕。史記十二公之間,皆衰世之事,故門人惑。孔子曰:"吾因其行事〔四〕,而加乎王心焉,以爲見之空言,不如行事博深切明〔五〕。"故子貢、閔子、公肩子言其切而爲國家資也〔六〕。其爲切而至於殺君亡國〔七〕,奔走不得保社稷。其所以然,是皆不明於道,不覽於《春秋》也。故衛子夏言:"有國家者,不可不學《春秋》。不學《春秋》,則無以見前後旁側之危,則不知國之大柄、君之重任也〔八〕。"故或脅窮失國,撟殺於位〔九〕,一朝至爾。苟能述《春秋》之法,致行其道,豈徒除禍哉,乃堯舜之德也。故世子曰:"功及子孫,光輝百世,聖人之德,莫美於恕〔一〇〕。"故予先言《春秋》,詳己而略人,因其國而容天下。《春秋》之道,大得之則以王,小得之則以霸。故曾子、子石盛美齊侯安諸侯〔一一〕,尊天子。霸王之道,皆本於仁。仁,天心,故次以天心。愛人之大者,莫大於思患而豫防之,故蔡得意於吳,魯得意於齊,而《春秋》皆不告,故次以言怨人不可邇,敵國不可狎,攘竊之國不可使久親,皆防患、爲民除患之意也。不愛民之漸乃至於死亡,故言楚靈王、晉厲公生弒於位,不仁之所致也。故善宋襄公不厄人,不由其道而勝,不如由其道而敗,《春秋》貴之,將以變習俗而成王化也。故子〔一二〕夏言《春秋》重人,諸譏皆本此。或奢侈使人憤怨,或暴虐賊害人,終皆禍及身。故子池言魯莊築臺,丹楹刻桷,晉厲之刑刻意者,皆不得以壽終。上奢侈,刑又急,皆不内恕,求備於人,故次以《春秋》緣人情,赦小過,而傳明之曰:"君子辭也。"孔子明得失,見成敗,疾時世之不仁,失王道之體,故緣人情,赦小過。傳又明之曰:"君子辭也。"孔子曰:"吾因行事,加吾王心焉。"假其位號以正人倫,因其成敗以明順逆,故其所善,則桓文行之而遂,其所惡,則亂國行之終以敗,故始言大惡殺君亡國,終言赦小過,是亦始於麤粗,終於精微,教化流行,德澤大洽,天下之人,人有士君子之行而少過矣,亦譏二名之意也。

〔一〕蘇輿疑"探"爲"援"之誤,"正"當在"王公"上。正王公之位,先言王正月,而後公即位是也。

〔二〕孫星衍《孔子集語》"萬"下有"物"字,天啓本注以爲衍。

〔三〕"見",孫星衍《孔子集語》作"也"。蘇輿曰:"王公,疑緣上而誤,當作'見王心'。"

〔四〕“行事”,蘇輿以爲當釋爲“往事”。

〔五〕孫星衍《孔子集語》無“明”字。《史記·太史公自序》曰:“子曰:‘我欲載之空言,不如見之於行事之深切著明也。’”據此,有“明”字是也。

〔六〕“資”,孫星衍《孔子集語》注曰:一作“賢”。“公肩子”,蘇輿以爲即《史記·仲尼弟子列傳》之“公肩定字子中”,蓋複姓。

〔七〕蘇輿曰:“凌云:‘殺,當作弒。’下同。”

〔八〕“之”,孫星衍《孔子集語》作“子”。

〔九〕“撑”,一作“撑”。蘇輿曰:“凌本‘撑’作‘擒’。”

〔一〇〕世子即周人世碩,見《漢書·藝文志》及《論衡·本性》。“聖人”,孫星衍《孔子集語》作“聖王”。

〔一一〕“子石”,《史記·仲尼弟子列傳》曰:“公孫龍字子石,少孔子五十三歲。”

〔一二〕孫星衍《孔子集語》無“子”字。

度　　制

孔子曰:“不患貧而患不均。”

孔子曰:“君子不盡利以遺民。”

仁義法

孔子謂冉子曰:“治民者,先富之而後加教。”語樊遲曰:“治身者,先難後獲。”

必仁且知

孔子曰:“天之所幸,有爲不善而屢極〔一〕。”

〔一〕盧文弨曰:“文似不了。”蘇輿曰:“疑奪‘其罪’二字,下當更有奪文。”

身之養重於義

孔子曰:“誰能出不由户,何莫由斯道也!”

仲尼曰:“國有道,雖加刑,無刑也;國無道,雖殺之,不可勝也。”

深察名號

孔子曰：“善人，吾不得而見之，得見有常者，斯可矣。”

實　性

孔子曰：“名不正，則言不順。”

五行相生

北方者水，執法司寇也。司寇尚禮，君臣有位，長幼有序，朝廷有爵〔一〕，鄉黨以齒，升降揖讓，般伏拜謁，折旋中矩，立而磬折〔二〕，拱則抱鼓〔三〕，執衡而藏〔四〕，至清廉平，賂遺不受，請謁不聽，據法聽訟，無有所阿，孔子是也。爲魯司寇，斷獄屯屯〔五〕，與衆共之，不敢自專。是死者不恨，生者不怨，百工維時，以成器械。（又見於《鹽鐵論・備胡》、《說苑・至公》）

〔一〕“有爵”，蘇輿疑作“以爵”。

〔二〕“磬”，孫星衍《孔子集語》作“罄”。

〔三〕凌曙曰：“《考工》一‘柯有半謂之磬折’，注：‘人帶以下四尺五寸，磬折立則上偄。’《新書》：‘顧頤正視，正肩正背，臂如抱鼓，足間二寸，端面攝纓，端股整足，體不搖肘曰經立，因以微磬曰共立，因以磬折曰肅立，因以垂佩曰卑立。立容也。’”

〔四〕蘇輿曰：“《文選》五十二、五十五並引鄭云：‘稱上曰衡。’《鄒陽傳》‘懸衡天下’，如淳注：‘衡，稱之衡，懸法度於其上是也。’”

〔五〕盧文弨曰：“屯屯，疑是肫肫。”

五行相勝

火者，司馬也〔一〕。司馬爲讒，反言易辭以謟愬人。內離骨肉之親，外疏忠臣，賢聖旋亡，讒邪日昌，魯上大夫季孫是也。專權擅政，薄國威德〔二〕，反以怠惡〔三〕，謟愬其賢臣，劫惑其君。孔子爲魯司寇，據義行法，季孫自消，墮費、郈城，兵甲有差。夫火者，大朝，有邪讒熒惑其君〔四〕，執法誅之。執法者，水也，故曰水勝火。

〔一〕凌曙曰：“《白虎通》：‘司馬主兵。言馬者，馬陽物，乾之所爲，行兵用焉，不以傷害爲度，故言馬也。’”

〔二〕“政”,孫星衍《孔子集語》作“勢”。蘇輿曰:“自張其威德,以牢籠民心,是薄國之
　　威德。”

〔三〕蘇輿疑“怠”字誤。

〔四〕“大朝”,盧文弨疑當作“本朝”。

郊　　語

孔子曰:“君子有三畏:畏天命,畏大人,畏聖人之言。”

孔子曰:“獲罪於天,無所禱也。”

山川頌

孔子曰:“山川神祇立[一],寶藏殖,器用資,曲直合,大者可以爲
宫室臺榭,小者可以爲舟輿浮灂[二]。大者無不中,小者無不入。持斧
則斫,折鐮則艾[三]。生人立,禽獸伏,死人入,多其功而不言,是以君
子取譬也。”

〔一〕盧文弨曰:“川字疑衍。”

〔二〕“浮灂”,盧文弨疑爲“栘楎”之譌。蘇輿曰:“《淮南·主術訓》:‘大者以爲舟航柱
　　梁,小者以爲楫楔。’王念孫云:‘楫楔,《集韻》引作桫櫚,小梁也。亦見《莊子·
　　在宥篇》。’案:浮灂,無義,疑亦桫櫚之譌,栘楎則與‘舟’複矣。”

〔三〕折鐮,孫星衍《孔子集語》注曰:疑當作“持鐮”。《古文苑》作“拆鑠”。

孔子在川上曰:“逝者如斯夫,不舍晝夜。”

祭　　義

孔子受君賜,則以祭。

孔子曰:“吾不與祭,如不祭。祭神如神在。”

孔子曰:“書之重,辭之復,嗚呼! 不可不察也,其中必有美
者焉。”

新　語

　　《新語》,又稱《陸子》,西漢陸賈撰。據《史記》本傳載,劉邦建立西漢後,命令陸賈"試爲我著秦所以失天下、吾所以得之者何,及古成敗之國",於是陸賈"粗述存亡之徵,凡著十二篇。每奏一篇,高帝未嘗不稱善,左右呼萬歲,號其書曰'新語'"。可見,《新語》主要是爲漢朝探討長治久安之術。它認爲秦朝速亡的主要原因是橫徵暴斂、嚴刑峻法,從而倡導仁義德治。《四庫全書總目提要》評曰:"今但據其書論之,則大旨皆崇王道,黜霸術,歸本於修身用人。其稱引《老子》者,惟《思務篇》引'上德不德'一語,餘皆以孔氏爲宗。所援據多《春秋》、《論語》之文。漢儒自董仲舒外,未有如是之醇正也。流傳既久,其真其贋,存而不論可矣。"

　　《漢書·藝文志》著録《陸賈》二十三篇,其中當含《新語》。梁阮孝緒《七録》、《隋書·經籍志》等皆著録《新語》。宋代黃震在《黃氏日鈔》中提出此爲僞書,但清代以來的學者如唐晏、嚴可均、胡適、羅根澤、余嘉錫等論證此書確爲陸賈所作。

　　本書以王利器的《新語校注》(中華書局1986年版)爲底本,以《叢書集成》本、《百子全書》本以及郭沂的《孔子集語校補》爲參校本進行輯注。

無　爲

　　孔子曰:"移風易俗,豈家令人視之哉! 亦取之於身而已矣。"

辨　惑

　　魯定公之時,與齊侯會於夾谷,孔子行相事。兩君升壇,兩相處下,而相欲揖[一],君臣之禮,濟濟備焉。齊人鼓譟而起,欲執魯公,孔子歷階而上,不盡一等而立,謂齊侯曰:"兩君合好,以禮相率,以樂相化。臣聞嘉樂不野合,犧象之薦不下堂[二],夷狄之民何求爲[三]?"命司馬請止之。定公曰:"諾。"齊侯逡巡而避席曰:"寡人之過。"退而自責大夫。罷會,齊人使優旃侏儒於魯公之幕下,傲戲,欲候魯君之隙以執定公。孔子歎曰:"君辱,臣當死[四]。"使司馬行法,斬焉,首足異門

而出〔五〕。於是齊人懼然而恐〔六〕，君臣易操，不安其故行，乃歸魯四邑之侵地，終無乘魯之心。（又見於《穀梁·定十年傳》）

〔一〕孫星衍《孔子集語》無"欲"字，蓋衍。

〔二〕《左傳》作"犧象不出門，嘉樂不野合"。杜注："犧象，酒器，犧尊象尊也。嘉樂，鐘磬也。"正義曰："此言不出門、不野合者，謂享燕正禮，當設於宫内，不得違禮而行，妄作於野耳，非謂祭祀之大禮也。"

〔三〕宋翔鳳曰："'求'當依《穀梁》作'來'。"范寧注云："兩君合會，以結親好，而齊人欲執魯君，此爲無禮之甚，故謂夷狄之民。"

〔四〕唐晏曰："按'君辱臣當死'，《穀梁》作'笑君者罪當死'；詳此文義，當作'臣辱君當死'，爲後人妄改。"

〔五〕宋翔鳳曰："'門'本作'河'，依《子彙》本改，《穀梁傳》亦作'門'。"俞樾主張作"河"，"河"通"何"，"何，儋也"。蓋今人所用負荷字。"異何而出"，謂使一人何其首，又使一人何其身，則首足異何矣。

〔六〕"懼"，一作"瞿"。宋翔鳳曰："'懼''瞿'通。"

孔子遭君暗臣亂，衆邪在位，政道隔於三家，仁義閉於公門，故作《公陵》之歌，傷無權力於世。

新　書

《新書》，又稱《賈子》或《賈子新書》，漢賈誼撰。《漢書·藝文志》著録此書五十八篇。《崇文總目》云："《漢·賈誼傳》本七十二篇，劉向删定爲五十八篇。《隋》、《唐》九卷，今别本或爲十卷。"《朱子語録》曰："賈誼《新書》除了《漢書》中所載，餘亦難得粹者。看來只是賈誼一雜記稿耳，中間事事有些。"陳振孫亦謂："其非《漢書》所有者，輒淺駁不足觀，決非誼本書。"《四庫全書總目提要》曰："其書多取誼本傳所載之文，割裂其章段，顛倒其次序，而加以標題，殊瞀亂無條理。……其書不全真，亦不全僞。"然余嘉錫《四庫提要辨證》則力證此書爲賈誼之著作。

本書以閻振益、鍾夏的《新語校注》（中華書局 2007 年版）爲底本，以《百子全書》本《新書》、光緒本《賈子次詁》、《賈誼集》（上海人民出版社 1976 年版）以及郭沂的《孔子集語校補》爲參校本進行輯注。

保　傅

孔子曰："少成若天性[一]，習貫若自然。"（又見於《大戴禮記·保傅》）

〔一〕少成，年少而老成。

容　經

子贛由其家來[一]，謁於孔子。孔子正顏，舉杖磬折而立[二]，曰："子之大親毋乃不寧乎[三]?"放杖而立，曰："子之兄弟亦得無恙乎?"曳杖倍下行[四]，曰："妻子家中得毋病乎?"故身之倨佝，手之高下，顏色聲氣，各有宜稱，所以明尊卑，別疏戚也。（又見於《吕氏春秋·孟冬紀·異用》）

〔一〕子贛，即孔子弟子子貢。

〔二〕磬折，像磬那樣彎着腰。

〔三〕閻振益、鍾夏曰："大親即指祖父，猶大父謂祖也。此下或脱問父母之句。毋乃，王引之曰：'無，字或作毋。''無乃，猶得無。'"

〔四〕"曳杖倍下行"，《百子全書》本作"曳杖倍而行"，光緒本《賈子次詁》作"曳杖倍下而行"。

子路見孔子之背，磬折舉褒，曰："唯由也見。"孔子聞之，曰："由也何以遺亡也。"

鹽鐵論

《鹽鐵論》，漢桓寬編撰。在西漢昭帝始元六年的"鹽鐵會議"上，以賢良文學爲一方，以御史大夫桑弘羊爲另一方，就鹽鐵專營、酒類專賣和平準均輸等問題展開辯論，桓寬根據當時的會議記録以及與會儒生朱子伯的介紹，撰成此書。《漢書·藝文志》著録此書六十篇。今通行本十卷，凡六十篇。其中，第一篇至第四十一篇記述了會議正式辯論的經過及雙方的主要看法，第四十二篇至第五十九篇介紹會後雙方有關匈奴的外交策略以及法制等問題的争論，末篇爲後序。《四庫全書總目提要》曰："爲書凡六十篇，篇各標目，實則反覆問答，諸篇皆首尾相屬。後罷榷酤，而鹽鐵則如舊，故寬作是書，惟以鹽鐵爲名，蓋惜其議不盡行也。”“蓋其著書之大旨，所論皆食貨之事，而言皆述先王，稱六經，故諸史皆列之儒家。”

本書以王利器的《鹽鐵論校注》（中華書局 1992 年版）爲底本，以《百子全書》本以及郭沂的《孔子集語校補》爲參校本進行輯注。

通　有

昔孫叔敖相楚，妻不衣帛，馬不秣粟。孔子曰：“不可大儉極下。此《蟋蟀》所爲作也。”

論　儒

孔子脩道魯、衛之間，教化洙、泗之上，弟子不爲變，當世不爲治，魯國之削滋甚。

孔子曰：“鳳鳥不至，河不出圖，吾已矣夫！”

孔子能方不能圓，故飢于黎丘。

孔子適衛，因嬖臣彌子瑕以見衛夫人，子路不説。（又見於《淮南子·泰族訓》、《吕氏春秋·慎大覽·貴因》）

孔子周流。

憂　邊

孔子曰：“不通於論者難於言治，道不同者不與相謀。”

孔子曰：“麻冕，禮也。今也純，儉，吾從衆。”

褒　賢

季孟之權，三桓之富，不可及也。孔子爲之曰：“微爲人臣，權均於君，富侔於國者，亡。”

孔子曰:"如有用我者,吾其爲東周乎?"

相　刺

孔子曰:"詩人疾之不能默,丘疾之不能伏。是以東西南北,七十説而不用,然後退而修王道,作《春秋》,垂之萬載之後,天下折中焉。"
(又見於《論衡·對作》)

夫仲尼之門,七十子之徒,去父母,捐家室,負荷而隨孔子,不耕而學,亂乃愈滋。

散不足

孔子讀史記,喟然而歎,傷正德之廢、君臣之危也。

孔子栖栖〔一〕,疾固也。
〔一〕栖栖,不安也。

孔子食於有喪者之側,未嘗飽也。子於是日哭,則不歌。

備　胡

匡人畏孔子。

孔子仕於魯,前仕三月及齊平,後仕三月及鄭平。務以德,安近而綏遠。當此之時,魯無敵國之難、鄰境之患,强臣變節而忠順,故季桓隳其都城。大國畏義而合好,齊人來歸鄆、讙、龜陰之田。(又見於《春秋繁露·五行相生》《説苑·至公》)

執　務

孔子曰:"吾於《河廣》,知德之至也。而欲得之,各反其本,復諸古而已。"

大　論

孔子曰:"聽訟,吾猶人也,必也使無訟乎!"

孔丘以禮説跖。

孔子不以因進見而能往者,非賢士才女也。

孔子生於亂世,思堯舜之道,東西南北,灼頭濡足,庶幾世主之悟。

白虎通義

　　《白虎通義》,又稱《白虎通》,東漢班固撰,爲漢章帝建初四年白虎觀會議的記録。《後漢書·班固傳》載:"天子會諸儒講論五經,作《白虎通德論》,令固撰集其事。"《後漢書·章帝紀》又載:"於是下太常,將、大夫、博士、議郎、郎官及諸生、諸儒會白虎觀,講議五經同異,使五官中郎將魏應承制問,侍中淳于恭奏,帝親稱制臨決,如孝宣甘露石渠故事,作《白虎議奏》。"《白虎通義》、《白虎通德論》和《白虎議奏》是否爲同一本書,學界説法不一。《隋書·經籍志》著録《白虎通》六卷,不著撰者。《新唐書·藝文志》載《白虎通義》六卷,始題班固之名。《崇文總目》、陳振孫《直齋書録解題》同作十卷。今本爲四卷。

　　今以陳立的《白虎通疏證》(中華書局 1994 年版)爲底本,以《四庫全書》本、《百子全書》本《白虎通義》以及郭沂的《孔子集語校補》爲參校本進行輯注。

社　稷

　　《曾子問》曰:"諸侯之祭社稷,俎豆既陳,聞天子崩,如之何? 孔子曰:廢。"臣子哀痛之,不敢終于禮也。

封公侯

　　《曾子問》曰:"立適以長不以賢,何[一]? 以言爲賢不肖,不可知也。"

〔一〕孫星衍《孔子集語》注曰:《孔子逸語》引下有"也子曰"三字。

諫　諍

孔子曰:"諫有五,吾從諷之諫。事君,進思盡忠,退思補過,去而不訕,諫而不露。"(又見於《説苑·正諫》)

辟　雍

孔子師老聃〔一〕。(又見於《吕氏春秋·仲春紀·當染》)

〔一〕孫星衍《孔子集語》注曰:又見《潛夫論·讚學》。

封　禪

孔子曰:"升泰山,觀易姓之王,可得而數者七十餘君。"(又見於《史記補三皇本紀》引《韓詩》)

聖　人

孔子反宇,是謂尼甫。德澤所興,藏元通流〔一〕。

〔一〕王仁俊《孔子集語補遺》注曰:按《史記·孔子世家》:"生而首上圩頂。"今案:此條《叢書集成》本作"孔子反宇,是謂尼丘,德澤所興,藏元通流"。

三　教

《樂稽耀嘉》曰:"顔回尚三教變,虞夏何如?"曰:"教者,所以追補敗政,靡弊涸濁,謂之治也。舜之承堯,無爲易也。"

孔子曰:"爲明器者善,爲俑者不仁","塗車芻靈,自古有之"。

壽　命

冉伯牛危行正言,而遭惡疾,孔子曰:"命矣夫,斯人也而有斯疾也,斯人也而有斯疾也!"

夫子過鄭，與弟子相失，獨立郭門外。或謂子貢曰：“東門有一人，其頭似堯，其頸似皋陶，其肩似子産；然自腰以下，不及禹三寸；儡儡如喪家之狗。”子貢以告孔子，孔子喟然而笑曰：“形狀末也；如喪家之狗，然乎哉！然乎哉！”（又見於《韓詩外傳》九、《論衡·骨相》）

姓　名

孔子首類丘山〔一〕，故名爲丘。

〔一〕孫星衍《孔子集語》“類”下有“魯國尼”三字。

五　經

孔子所以定五經者何？孔子居周之末世，王道陵遲，禮樂廢壞〔一〕，强陵弱，衆暴寡，天子不敢誅，方伯不敢伐。閔道德之不行，故周流應聘，冀行其道德。自衛反魯，自知不用，故追定五經，以行其道。故孔子曰：“《書》曰：‘孝乎惟孝，友於兄弟，施於有政，是亦爲政。’”

〔一〕“禮樂”，孫星衍《孔子集語》作“禮義”。

嫁　娶

《曾子問》曰：“昏禮，既納幣，有吉日，女之父母死，何如？孔子曰：‘壻使人弔之。如壻之父母死，女亦使人弔之。父喪稱父，母喪稱母；父母不在，則稱伯父世母。壻已葬，壻之伯父叔父使人致命女氏曰：“某子有父母之喪，不得嗣爲兄弟，使某致命。”女氏許諾，不敢嫁，禮也。壻免喪，女父使人請，壻不娶而後嫁之，禮也。女之父母死，壻亦如之。’”

喪　服

《曾子問》曰：“三年之喪，練不群立，不旅行。禮以飾情，三年之喪而弔哭，不亦虛乎！”

《曾子問》曰："小功可以與祭乎?"孔子曰："斬衰已下與祭,禮也。"

子夏問："三年之喪,既卒哭,金革之事無避者,禮與?"孔子曰:"吾聞諸老聃曰:'周公伯禽,則有爲爲之也。'今以三年之喪從其利者,吾不知也。"

《曾子問》曰："君薨既殯,而臣有父母之喪,則如之何?"孔子曰:"歸居於家,有殷事,則之君所,朝夕否。"曰："君既啓[一],而臣有父母之喪,則如之何?"孔子曰："歸哭,而反送君。"曰："君未殯,而臣有父母之喪,則如之何?"孔子曰："歸殯,反於君所,有殷事則歸,朝夕否。大夫室老行事,士則子孫行事,大夫内子,有殷事亦之君所,朝夕否。"

〔一〕"啓",孫星衍《孔子集語》作"斂",然今本《禮記·曾子問》作"啓"。

《檀弓》記曰："孔子曰:'吾惡乎哭諸。兄弟哭諸廟門之外,師吾哭諸寢,朋友吾哭諸寢門外,所知吾哭諸野。'"

法　言

《法言》,西漢揚雄撰。《漢書·藝文志》儒家類著録此書十三篇。《漢書·揚雄傳贊》稱揚雄"好古而樂道,其志欲求文章成名於後世,以爲經莫大於《易》,故作《太玄》;傳莫大於《論語》,作《法言》"。後世學者對此書頗有微詞。《四庫全書總目提要》稱:"自程子始謂其曼衍而無斷,優柔而不決。蘇軾始謂其以艱深之詞文淺易之説。至朱子作《通鑑綱目》,始書莽大夫揚雄死。雄之人品著作,遂皆爲儒者所輕。若北宋之前,則大抵以爲孟、荀之亞。故光作《潛虛》以擬《太玄》,而又采諸儒之説以注此書。"

本書以汪榮寶的《法言義疏》(中華書局1987年版)爲底本,以《四庫全書》本、《百子全書》本以及郭沂的《孔子集語校補》爲參校本進行輯注。

學　行

孔子,習周公者也;顏淵,習孔子者也。

修　身

或曰："孔子之事多矣，不用，則亦勤且憂乎？"曰："聖人樂天知命，樂天則不勤，知命則不憂。"

言不慚，行不恥者，孔子憚焉。

問　神

昔乎，仲尼潛心於文王矣，達之；顔淵亦潛心於仲尼矣，未達一間耳。神在所潛而已矣。

《易》始八卦，而文王六十四，其益可知也。《詩》、《書》、《禮》、《春秋》，或因或作，而成於仲尼，其益可知也。

《書序》，雖孔子未如之何矣。

寡　見

昔在姬公用於周，而四海皇皇，奠枕於京。孔子用於魯，齊人章章，歸其侵疆。

五　百

仲尼於南子，所不欲見也；陽虎，所不欲敬也。

君　子

仲尼多愛，愛義也；子長多愛，愛奇也。

新　論

《新論》，東漢桓譚著。《後漢書·桓譚傳》曰："初，譚著書言當世行事二十九篇,號曰《新論》。"《東觀漢記》載:"光武讀之,敕言卷大,令皆別爲上下,凡二十九篇。"《隋書·經籍志》、《新唐書·藝文志》皆著録此書十七卷。書散失於唐末或宋代。《弘明集》存其《形神》篇。清人嚴可均、孫馮翼均有輯本行世。

清人盧文弨的《新論校正》爲治《新論》的代表作。

本書以朱謙之《新輯本桓譚新論》(中華書局 2009 年版)爲底本,以《四部備要》本以及郭沂的《孔子集語校補》爲參校本進行輯録、整理。

王　霸

孔氏門人,五尺童子,不言五霸事者,惡其違仁義而尚權詐也。

啓　寤

孔子匹夫耳,而卓然名著,至其冢墓,高者牛羊雞豚而祭之,下及酒脯寒具,致敬而去。

孔子以四科教士,隨其所喜。譬如市肆,多列雜物,欲置之者並至[一]。(又見於《意林》卷三)

〔一〕朱謙之注曰:"孫云:置字疑有訛誤。"

子貢對齊景公曰:"臣事仲尼,譬如渴而操杯器就江海飲,滿腹而去,又焉知江海之深也。"

顔淵所以命短,慕孔子,所以殤其年也。

道　賦

孔子言:"舉一隅足以三隅反。"

孔子名牲牲,聞野人而知之[一]。(又見於《論衡·實知》)

〔一〕《四部備要》本無此語,蓋佚文。

閔　友

昔仲尼豈獨是魯孔子? 亦齊、楚聖人也。(又見於《意林》卷三)

潛夫論

　　《潛夫論》,東漢王符著。《後漢書·王符傳》載:"符獨耿介不同於俗,以此遂不得升進。志意蘊憤,乃隱居著書三十餘篇,以譏當時失得,不欲章顯其名,故號曰《潛夫論》。"《隋書·經籍志》、《新唐書·藝文志》、《宋史·藝文志》均有著録。全書凡三十六篇。

　　治此書的代表作有清代汪繼培的《潛夫論箋》、俞樾的《讀潛夫論》等。

　　本書以彭鐸的《潛夫論箋校正》(中華書局版 1985 年版)爲底本,以《百子全書》本以及郭沂的《孔子集語校補》爲參校本進行輯注。

浮　侈

　　仲尼喪母,冡高四尺,遇雨而墮,弟子請治之。夫子泣曰:"禮不修墓。鯉死,有棺而無椁。"

　　孔子曰:"多貨財,傷於德;弊,則没禮[一]。"
　　[一]孫星衍《孔子集語》注曰:疑作"多貨則傷于德,多幣則没禮"。

慎　微

　　仲尼曰:"湯、武非一善而王也,桀、紂非一惡而亡也。三代之廢興也,在其所積。積善多者,雖有一惡,是爲過失,未足以亡;積惡多者,雖有一善,是謂誤中,未足以存。"

志氏姓

　　季氏欲伐顓臾,而孔子譏之。

　　閔公子弗父何生宋父,宋父生世子,世子生正考父,正考父生孔父嘉,孔父嘉生子木金父;木金父降爲士,故曰滅於宋。金父生祁父,祁父生防叔,防叔爲華氏所偪,出奔魯,爲防大夫,故曰防叔。防叔生伯夏,伯夏生叔梁紇,爲鄹大夫,故曰鄹叔紇,生孔子。

　　周靈王之太子晉,幼有成德[一],聰明博達,温恭敦敏。穀、雒水
鬬,將毀王宮,王欲壅之[二]。太子晉諫,以爲不順天心,不若修政。晉
平公使叔譽聘於周,見太子,與之言,五稱而三窮,逡巡而退,歸告平
公曰:"太子晉行年十五,而譽弗能與言[三],君請事之。"平公遣師曠
見太子晉。太子晉與語,師曠服德,深相結也。乃問曠曰:"吾聞太師
能知人年之長短。"師曠對曰:"女色,赤白;女聲,清汗;火色,不壽。"
晉曰:"然。吾後三年將上賓於帝,女慎無言,殃將及女。"其後三年而
太子死。孔子聞之曰:"惜夫! 殺吾君也。"

〔一〕彭鐸曰:"'成德'即《風俗通》'盛德'。宣二年《左傳》'盛服將朝',《釋文》:'音
　　成,本或作成。'是成、盛古通。"
〔二〕"王"字舊脱,《潛夫論箋校正》補之。
〔三〕彭鐸曰:"臣對君不得自稱其字,'譽'當從《周書》作'臣'。"

中　論

　　《中論》,東漢徐幹著。《隋書·經籍志》、《舊唐書·經籍志》、《新唐書·藝
文志》以及《崇文總目》皆著録此書六卷,而晁公武《郡齋讀書志》、陳振孫《直齋
書録解題》、《文獻通考》、《四庫全書總目》則並作二卷。

　　治此書的代表作有清人錢培名的《中論校補》、俞樾的《中論劄記》、今人徐
湘琳的《中論校注》、孫啓治的《中論解詁》等。

　　本書以《四庫全書》本《中論》爲底本,以郭沂的《孔子集語校補》爲參校本
進行輯注。

治　學

　　孔子曰:"弗學何以行? 弗思何以得? 小子勉之! 斯可謂師
人矣[一]。"

〔一〕"斯可謂師人矣",孫星衍《孔子集語》作"斯可以爲人師矣",是也。

修　本

　　孔子之制《春秋》也,詳内而略外,急己而寬人。故於魯也,小

惡必書；於衆國也，大惡始筆。

孔子曰：“弟子勉之：汝毋自舍！人猶舍汝，況自舍乎？人違汝，其遠矣。”

孔子謂子張曰：“師，吾欲聞彼將以改此也。聞彼而不改此，雖聞何益？”

孔子曰：“小人何以壽爲？一日之不能善矣，久惡，惡之甚也。”

虛　道

孔子曰：“顔氏之子，其殆庶幾乎？有不善未嘗不知，知之未嘗復行。”〔一〕

〔一〕當引自《易傳·繫辭下》。

貴　驗

孔子曰：“欲人之信己也，則微言而篤行之。篤行之，則用日久；用日久，則事著明；事著明，則有目者莫不見也，有耳者莫不聞也，其可誣哉！”

孔子曰：“居而得賢友，福之次也。”

貴　言

孔子曰：“可與言而不與之言，失人；不可與言而與之言，失言。知者不失人，亦不失言。”

孔子曰：“惟君子然後能貴其言、貴其色，小人能乎哉？”

藝　紀

孔子稱：“安上治民莫善於禮，移風易俗莫善於樂。”〔一〕

〔一〕引自《孝經》，原文下句在前。

覈　辯

孔子曰：“小人毀訾以爲辯，絞急以爲智^{〔一〕}，不遜以爲勇。”

〔一〕毀訾，亦作“毀疵”，指非議別人。《荀子·不苟篇》云：“正義直指，舉人之過，非毀疵也。”楊倞注曰：“疵，病也。或曰：讀爲訾。”絞急，急迫之義。

審大臣

魯人見仲尼之好讓而不爭也，亦謂之無能。

慎所從

孔子曰：“知不可由，斯知所由矣。”

魏　子

《魏子》，東漢魏朗撰。魏朗字少英，會稽上虞人。《後漢書·黨錮列傳》稱：魏朗“從博士郤仲信學《春秋圖緯》，又詣太學受五經”。《隋書·經籍志》、《舊唐書·經籍志》、《新唐書·藝文志》等皆著録此書爲三卷。唐馬總《意林》作十卷，疑爲後人拆分。清馬國翰《玉函山房輯佚書》有輯本，近人魯迅據《太平御覽》、《藝文類聚》、《事類賦注》、《文選》李善注等重新輯佚，題作《魏朗子》。

本書以《玉函山房輯佚書》本爲底本，參以郭沂的《孔子集語校補》進行輯録。

仲尼無契券於天下，而德著古今，善惡明也^{〔一〕}。（又見於《意林》卷五）

〔一〕李滋然《孔子集語補遺商正》注曰：《太平御覽》五百九十八引同。

傅　子

《傅子》，西晉傅玄撰。據《晉書·傅玄傳》記載：“撰論經國九流及三史故事,評斷得失,各爲區例,各爲《傳子》,爲内、外、中篇,凡有四部、六録,合百四十首,數十萬言。"《隋書·經籍志》、《新唐書·藝文志》均著録此書爲一百四十卷,入儒家類。唐宋之間,部分内容逐漸散失,故宋《崇文總目》著録爲二十三篇,《宋史·藝文志》則僅著録爲五卷。明清之際,原本佚失不存。

是書主要以儒家思想爲主調,亦兼容道家思想。《晉書·傅玄傳》載司空王忱之言曰:"言富理濟,經綸政體,存重儒教,足以塞楊墨之流遁,齊孫孟於往代。"《四庫全書總目》贊其"皆關切治道,闡啓儒風,精意名言,往往而在,以視《論衡》、《昌言》,皆當遜之"。今本乃清人自《永樂大典》、《太平御覽》、《群書治要》諸書中輯出,計有嚴可均五卷輯本、錢保塘三卷輯本、傅以禮五卷輯本等。

今以《四庫全書》本《傅子》爲底本,以中華書局影印本《文選》、郭沂《孔子集語校補》爲參校本進行輯録、校勘。

附　録

昔仲尼既没,仲之徒追論夫子之言,謂之《論語》。(又見於《文選·辯命論》注)

顏氏家訓

《顏氏家訓》,北齊顏之推著。全書共七卷二十篇,内容涉獵廣泛,旨在以儒家思想教育如何修身、治家、處世、爲學等,是中國古代家訓類典籍的代表作。

今以王利器的《顏氏家訓集解》(中華書局 1993 年版) 爲底本,以《四部叢刊》本《顏氏家訓》以及郭沂的《孔子集語校補》爲參校本進行輯録。

誡兵篇

孔子力翹門關,不以力聞。(又見於《吕氏春秋·慎大覽·慎大》、《淮南子·道應訓》、《淮南子·主術訓下》、《列子·説符》)

第八卷　馬遷立傳

孔子世家

《孔子世家》，爲《史記》中的一篇，記録了孔子的生平、思想以及後世。司馬遷在其《太史公自序》中説："周室既衰，諸侯恣行。仲尼悼禮廢樂崩，追修經術，以達王道，匡亂世反之於正，見其文辭，爲天下制儀法，垂六藝之統紀於後。作《孔子世家》第十七。"

本書以中華書局標點本《史記》(中華書局 1959 年版)爲底本，參考馬持盈的《史記今注》(臺灣商務印書館 1998 年版)加以整理。

孔子生魯昌平鄉陬邑。其先宋人也，曰孔防叔。防叔生伯夏，伯夏生叔梁紇。紇與顏氏女野合而生孔子[一]，禱於尼丘得孔子[二]。魯襄公二十二年而孔子生[三]。生而首上圩頂[四]，故因名曰丘云。字仲尼，姓孔氏。

〔一〕司馬貞曰："《家語》云：'梁紇娶魯之施氏，生九女。其妾生孟皮，孟皮病足，乃求婚於顏氏徵在，從父命爲婚。'其文甚明。今此云'野合'者，蓋謂梁紇老而徵在少，非當壯室初笄之禮，故云野合，謂不合禮儀。故《論語》云'野哉由也'，又'先進於禮樂，野人也'，皆言野者是不合禮耳。"張守節曰："男八月生齒，八歲毀齒，二八十六陽道通，八八六十四陽道絶。女七月生齒，七歲毀齒，二七十四陰道通，七七四十九陰道絶。婚姻過此者，皆爲野合。故《家語》云'梁紇娶魯施氏女，生九女，乃求婚於顏氏，顏氏有三女，小女徵在'。據此，婚過六十四矣。"

〔二〕尼丘，即今尼山，在曲阜城東南三十公里。

〔三〕司馬貞曰："《公羊傳》'襄公二十一年十有一月庚子，孔子生。'今以爲二十二年，蓋以周正十一月屬明年,故誤也。後序孔子卒,云七十二歲,每少一歲也。”

〔四〕司馬貞曰:“圩音烏。頂音鼎。圩頂言頂上窊也,故孔子頂如反宇。反宇者,若屋宇之反,中低而四傍高也。”

丘生而叔梁紇死〔一〕,葬於防山〔二〕。防山在魯東,由是孔子疑其父墓處,母諱之也〔三〕。孔子爲兒嬉戲,常陳俎豆〔四〕,設禮容。孔子母死,乃殯五父之衢,蓋其慎也。郰人輓父之母誨孔子父墓〔五〕,然後往合葬於防焉。

〔一〕據《孔子家語》,孔子三歲時叔梁紇死。

〔二〕防山,在曲阜城東二十五公里。

〔三〕司馬貞曰:“謂孔子少孤,不的知父墳處,非謂不知其塋地。徵在笄年適於梁紇,無幾而老死,是少寡,蓋以爲嫌,不從送葬,故不知墳處,遂不告耳,非諱之也。”

〔四〕張守節曰:“俎豆以木爲之,受四升,高尺二寸。大夫以上赤雲氣,諸侯加象飾足,天子玉飾也。”

〔五〕誨,明示。

孔子要絰〔一〕,季氏饗士,孔子與往。陽虎絀曰:“季氏饗士,非敢饗子也。”孔子由是退。

〔一〕要絰,腰上纏着麻繩,喪服。要,同“腰”。絰,喪服用的麻繩。司馬貞曰:“《家語》‘孔子之母喪,既練而見’,不非之也。今此謂孔子實要絰與饗,爲陽虎所絀,亦近誣矣。一作‘要經’。要經猶帶經也,故劉氏云嗜學之意是也。”

孔子年十七,魯大夫孟釐子病且死,誡其嗣懿子曰:“孔丘,聖人之後〔一〕,滅於宋。其祖弗父何始有宋而嗣讓厲公。及正考父佐戴、武、宣公,三命茲益恭,故鼎銘云〔二〕:‘一命而僂,再命而傴,三命而俯〔三〕,循牆而走,亦莫敢余侮。饘於是,粥於是,以餬余口〔四〕。’其恭如是。吾聞聖人之後,雖不當世,必有達者。今孔丘年少好禮,其達者歟?吾即没,若必師之!”及釐子卒,懿子與魯人南宮敬叔往學禮焉〔五〕。是歲,季武子卒,平子代立。

〔一〕孔子爲殷人之後。這裏的“聖人”指殷人的祖先商湯。

〔二〕三命,一命爲士,再命爲大夫,三命爲卿,即由士升爲大夫,再由大夫升爲卿。裴駰曰:“杜預曰:‘三命,上卿也。考父廟之鼎。’”

〔三〕裴駰曰：“服虔曰：‘僂、傴、俯，皆恭敬之貌。’”

〔四〕裴駰曰：“杜預曰：‘於是鼎中爲饘粥。饘粥，餬屬。言至儉也。’”

〔五〕司馬貞曰：“《左傳》及《系本》，敬叔與懿子皆孟僖子之子，不應更言‘魯人’，亦太
史公之疏耳。”

　　孔子貧且賤。及長，嘗爲季氏史〔一〕，料量平〔二〕；嘗爲司職吏而畜
蕃息。由是爲司空〔三〕。已而去魯，斥乎齊，逐乎宋、衛，困於陳、蔡之
間，於是反魯。孔子長九尺有六寸，人皆謂之“長人”而異之。魯復善
待，由是反魯。

〔一〕“史”，當爲“吏”之誤。司馬貞曰：“有本作‘委吏’。”按：趙岐曰：‘委吏，主委積倉
　　庫之吏。’”

〔二〕料量平，稱量公平。

〔三〕司空，管理水土的官員。

　　魯南宮敬叔言魯君曰：“請與孔子適周。”魯君與之一乘車，兩馬，
一竪子俱，適周問禮，蓋見老子云。辭去，而老子送之曰：“吾聞富貴
者送人以財，仁人者送人以言。吾不能富貴，竊仁人之號，送子以言，
曰：‘聰明深察而近於死者，好議人者也。博辯廣大危其身者，發人之
惡者也。爲人子者毋以有己，爲人臣者毋以有己。’”孔子自周反于
魯，弟子稍益進焉。

　　是時也，晉平公淫，六卿擅權，東伐諸侯；楚靈王兵彊，陵轢中
國〔一〕；齊大而近於魯。魯小弱，附於楚則晉怒；附於晉則楚來伐；不備
於齊〔二〕，齊師侵魯。

〔一〕陵轢，欺壓。轢，車輪碾壓。

〔二〕備，侍奉周到。

　　魯昭公之二十年，而孔子蓋年三十矣。齊景公與晏嬰來適魯，景
公問孔子曰：“昔秦穆公國小處辟，其霸何也？”對曰：“秦，國雖小，其
志大；處雖辟，行中正。身舉五羖〔一〕，爵之大夫，起纍絏之中〔二〕，與語
三日，授之以政。以此取之，雖王可也，其霸小矣。”景公説。

〔一〕張守節曰：“百里奚也。”今案：百里奚爲秦繆公以五張黑羊皮從楚人手中贖回，被
　　稱爲五羖大夫。羖，黑羊。

〔二〕縲絏,拘繫罪人的繩索,這裏指犯罪受刑之意。

　　孔子年三十五,而季平子與郈昭伯以鬭鷄故得罪魯昭公〔一〕,昭公率師擊平子,平子與孟氏、叔孫氏三家共攻昭公。昭公師敗,奔於齊,齊處昭公乾侯〔二〕。其後頃之,魯亂。孔子適齊,爲高昭子家臣,欲以通乎景公。與齊太師語樂,聞《韶》音,學之,三月不知肉味〔三〕,齊人稱之。

〔一〕張守節曰:"郈音后。《括地志》云:'鬭鷄臺二所,相去十五步,在兗州曲阜縣東南三里魯城中。《左傳》昭二十五年,季氏與郈昭伯鬭鷄,季氏芥鷄翼,郈氏爲金距之處。'"

〔二〕乾侯,在今河北省成安縣東南。

〔三〕司馬貞曰:"按《論語》,子語魯太師樂,非齊太師也。又'子在齊聞《韶》,三月不知肉味',無'學之'文。今此合《論語》齊、魯兩文而爲此言,恐失事實。"

　　景公問政孔子,孔子曰:"君君,臣臣,父父,子子。"景公曰:"善哉! 信如君不君,臣不臣,父不父,子不子,雖有粟,吾豈得而食諸!"他日又復問政於孔子,孔子曰:"政在節財。"景公説,將欲以尼谿田封孔子。晏嬰進曰:"夫儒者滑稽而不可軌法;倨傲自順,不可以爲下;崇喪遂哀,破産厚葬,不可以爲俗;游説乞貸,不可以爲國。自大賢之息,周室既衰,禮樂缺有閒〔一〕。今孔子盛容飾,繁登降之禮,趨詳之節〔二〕,累世不能殫其學〔三〕,當年不能究其禮。君欲用之以移齊俗,非所以先細民也〔四〕。"後,景公敬見孔子,不問其禮。異日,景公止孔子曰:"奉子以季氏〔五〕,吾不能。"以季、孟之閒待之〔六〕。齊大夫欲害孔子,孔子聞之。景公曰:"吾老矣,弗能用也。"孔子遂行,反乎魯。

〔一〕司馬貞曰:"息者,生也。言上古大賢生則有禮樂,至周室微而始缺有閒也。"缺有閒,謂殘缺不全。

〔二〕趨詳,同"趨翔"。

〔三〕累世,許多代。

〔四〕先,謂居先引領。

〔五〕司馬貞曰:"劉氏奉音扶用反,非也。今奉音如字,謂奉待孔子如魯季氏之職,故下文云'以季、孟之間待之'也。"

〔六〕裴駰曰:"孔安國曰:'魯三卿,季氏爲上卿,最貴;孟氏爲下卿,不用事。言待之以二者之間也。’”

　　孔子年四十二，魯昭公卒於乾侯，定公立。定公立五年，夏，季平子卒，桓子嗣立。季桓子穿井得土缶，中若羊。問仲尼，云“得狗”。仲尼曰：“以丘所聞，羊也。丘聞之，木石之怪夔、罔閬[一]，水之怪龍、罔象[二]，土之怪墳羊[三]。”

〔一〕夔，傳說中的一足獸。罔閬，即魍魎，好學人聲而迷惑人。

〔二〕罔象，一種食人的水怪。

〔三〕墳羊，雌雄未成之羊，土精也。

　　吳伐越，墮會稽[一]，得骨節專車[二]。吳使使問仲尼：“骨何者最大？”仲尼曰：“禹致群神於會稽山，防風氏後至，禹殺而戮之，其節專車，此爲大矣。”吳客曰：“誰爲神？”仲尼曰：“山川之神，足以綱紀天下，其守爲神，社稷爲公侯[三]，皆屬於王者。”客曰：“防風何守？”仲尼曰：“汪罔氏之君，守封、禹之山，爲釐姓。在虞、夏、商爲汪罔，於周爲長翟，今謂之大人。”客曰：“人長幾何？”仲尼曰：“僬僥氏三尺，短之至也。長者不過十之，數之極也。”於是吳客曰：“善哉聖人！”[四]

〔一〕墮，毀也。會稽，山名，在今紹興東南。

〔二〕專車，與車子的長度相當。

〔三〕無山川之祀而守社稷者爲公侯。

〔四〕此事亦見於《國語·魯語下》。

　　桓子嬖臣曰仲梁懷[一]，與陽虎有隙。陽虎欲逐懷，公山不狃止之[二]。其秋，懷益驕，陽虎執懷。桓子怒，陽虎因囚桓子，與盟而醳之[三]。陽虎由此益輕季氏。季氏亦僭於公室，陪臣執國政[四]，是以魯自大夫以下皆僭離於正道。故孔子不仕，退而脩詩書禮樂，弟子彌眾，至自遠方，莫不受業焉。

〔一〕嬖臣，寵臣。

〔二〕公山不狃，季氏之宰。

〔三〕張守節曰：“醳音釋。”

〔四〕陪臣，大夫的家臣。

定公八年，公山不狃不得意於季氏，因陽虎爲亂，欲廢三桓之
適[一]，更立其庶孽陽虎素所善者，遂執季桓子。桓子詐之，得脱。定
公九年，陽虎不勝，奔于齊。是時孔子年五十。

〔一〕張守節曰：“適音嫡。”

公山不狃以費畔季氏，使人召孔子。孔子循道彌久，温温無所
試[一]，莫能己用，曰：“蓋周文武起豐鎬而王，今費雖小，儻庶幾
乎！”[二]欲往。子路不説，止孔子。孔子曰：“夫召我者豈徒哉？如用
我，其爲東周乎[三]！”然亦卒不行。

〔一〕温温，即“藴藴”，謂默默不得志。
〔二〕司馬貞曰：“檢《家語》及孔氏之書，並無此言，故桓譚亦以爲誣也。”
〔三〕裴駰曰：“何晏曰：‘興周道於東方，故曰東周也。’”

其後定公以孔子爲中都宰[一]，一年，四方皆則之。由中都宰爲司
空，由司空爲大司寇[二]。

〔一〕中都，即都中，魯國都城。
〔二〕大司寇，掌管刑法和社會治安的長官。

定公十年春，及齊平[一]。夏，齊大夫黎鉏言於景公曰：“魯用孔
丘，其勢危齊。”乃使使告魯爲好會，會於夾谷[二]。魯定公且以乘車
好往。孔子攝相事，曰：“臣聞有文事者必有武備，有武事者必有文
備。古者諸侯出疆，必具官以從。請具左右司馬。”定公曰：“諾。”具
左右司馬。會齊侯夾谷，爲壇位，土階三等，以會遇之禮相見[三]，揖讓
而登。獻酬之禮畢，齊有司趨而進曰：“請奏四方之樂。”景公曰：
“諾。”於是旍旄羽祓矛戟劍撥鼓噪而至[四]。孔子趨而進，歷階而
登[五]，不盡一等[六]，舉袂而言曰：“吾兩君爲好會，夷狄之樂何爲於
此！請命有司！”有司卻之，不去，則左右視晏子與景公。景公心
怍[七]，麾而去之。有頃，齊有司趨而進曰：“請奏宮中之樂。”景公曰：
“諾。”優倡侏儒爲戲而前[八]。孔子趨而進，歷階而登，不盡一等，曰：
“匹夫而營惑諸侯者罪當誅[九]！請命有司！”有司加法焉，手足異處。
景公懼而動，知義不若，歸而大恐，告其群臣曰：“魯以君子之道輔其

君,而子獨以夷狄之道教寡人,使得罪於魯君,爲之奈何?"有司進對
曰:"君子有過則謝以質,小人有過則謝以文。君若悼之,則謝以質。"
於是齊侯乃歸所侵魯之鄆、汶陽、龜陰之田以謝過[一〇]。

〔一〕司馬貞曰:"及,與也。平,成也。謂與齊和好,故云平。"

〔二〕夾谷,即今山東萊蕪南三十里的夾谷峪。

〔三〕裴駰曰:"王肅曰:'會遇之禮,禮之簡略也。'"

〔四〕司馬貞曰:"《家語》作'萊人以兵鼓譟劫定公'。袚音弗,謂舞者所執,故《周禮》
　　　樂有《袚舞》。撥音伐,謂大楯也。"旍,同"旌",旗之有鈴者。

〔五〕古人登階之法,每級聚足。因事急,故孔子不聚足而歷階。

〔六〕不盡一等,還差一個臺階便登完臺階了,即站在最高臺階之下的那個臺階上。

〔七〕作,慚愧。

〔八〕優倡,表演歌舞雜耍的人。

〔九〕司馬貞曰:"謂經營而惑亂也。《家語》作'熒侮'。"

〔一〇〕裴駰曰:"服虔曰:'三田,汶陽田也。龜,山名。陰之田,得其田不得其山也。'
　　　杜預曰:'太山博縣北有龜山。'"司馬貞曰:"《左傳》'鄆、讙及龜陰之田',則三田
　　　皆在汶陽也。"張守節曰:"鄆,今鄆州鄆城縣,在兗州龔丘縣東北五十四里。故謝
　　　城在龔丘縣東七十里。齊歸侵魯龜陰之田以謝魯,魯築城於此,以旌孔子之功,
　　　因名謝城。"

　　　定公十三年夏,孔子言於定公曰:"臣無藏甲,大夫毋百雉之城。"
使仲由爲季氏宰,將墮三都[一]。於是叔孫氏先墮郈[二]。季氏將墮
費[三],公山不狃、叔孫輒率費人襲魯。公與三子入于季氏之宮[四],登
武子之臺。費人攻之,弗克,入及公側[五]。孔子命申句須、樂頎下伐
之[六],費人北。國人追之,敗諸姑蔑[七]。二子奔齊,遂墮費。將墮
成[八],公斂處父[九]謂孟孫曰:"墮成,齊人必至于北門。且成,孟氏之
保鄣;無成是無孟氏也。我將弗墮。"十二月,公圍成,弗克。

〔一〕裴駰曰:"服虔曰:'三都,三家之邑也。'"

〔二〕郈,叔孫氏之邑,在今山東東平縣。

〔三〕費,季孫氏之邑,在今山東費縣。

〔四〕裴駰曰:"服虔曰:'三子,季孫、孟孫、叔孫也。'"

〔五〕裴駰曰:"服虔曰:'人有入及公之臺側。'"今案:或以"入"爲"矢"字之誤。

〔六〕裴駰曰:"服虔曰:'申句須、樂頎,魯大夫。'"

〔七〕姑蔑,在今山東泗水縣東。

〔八〕成,孟孫氏之邑,在今山東泗水縣西北五十里。

〔九〕裴駰曰:"服虔曰:'成宰也。'"

　　定公十四年,孔子年五十六,由大司寇行攝相事〔一〕,有喜色。門人曰:"聞君子禍至不懼,福至不喜。"孔子曰:"有是言也。不曰'樂其以貴下人'乎?"於是誅魯大夫亂政者少正卯。與聞國政三月,粥羔豚者弗飾賈〔二〕,男女行者別於塗,塗不拾遺,四方之客至乎邑者不求有司〔三〕,皆予之以歸。

〔一〕攝,代理。

〔二〕粥,同"鬻",賣也。飾賈,虛假買賣。

〔三〕裴駰曰:"王肅曰:'有司常供其職,客求而有在也。'"

　　齊人聞而懼,曰:"孔子爲政,必霸;霸則吾地近焉,我之爲先并矣。盍致地焉〔一〕?"黎鉏曰:"請先嘗沮之;沮之而不可則致地,庸遲乎!"於是選齊國中女子好者八十人,皆衣文衣而舞《康樂》〔二〕;文馬三十駟〔三〕,遺魯君。陳女樂文馬於魯城南高門外。季桓子微服往觀再三,將受,乃語魯君爲周道游〔四〕,往觀終日,怠於政事。子路曰:"夫子可以行矣!"孔子曰:"魯今且郊〔五〕,如致膰乎大夫〔六〕,則吾猶可以止。"桓子卒受齊女樂,三日不聽政;郊,又不致膰俎於大夫。孔子遂行,宿乎屯〔七〕。而師己送,曰:"夫子則非罪。"孔子曰:"吾歌可夫?"歌曰:"彼婦之口,可以出走;彼婦之謁,可以死敗〔八〕。蓋優哉游哉,維以卒歲〔九〕。"師己反,桓子曰:"孔子亦何言?"師己以實告。桓子喟然歎曰:"夫子罪我以群婢故也夫!"

〔一〕盍,何不。致地,貢獻土地。

〔二〕文衣,華麗的衣服。《康樂》,司馬貞曰:"《家語》作'容璣'。王肅云:'舞曲名也。'"

〔三〕文馬,毛色好看的馬。

〔四〕司馬貞曰:"謂請魯君爲周偏道路游行,因出觀齊之女樂。"

〔五〕郊,郊祭。

〔六〕裴駰曰:"王肅曰:'膰,祭肉。'"

〔七〕裴駰曰:"屯在魯之南也。"司馬貞曰:"地名。"

〔八〕裴駰曰:"王肅曰:'言婦人之口請謁,足以憂使人死敗,故可以出走也。'"

〔九〕裴駰曰：“王肅曰：‘言仕不遇也，故且優游以終歲。’”

　　孔子遂適衛，主於子路妻兄顏濁鄒家〔一〕。衛靈公問孔子：“居魯得禄幾何？”對曰：“奉粟六萬。”衛人亦致粟六萬〔二〕。居頃之，或譖孔子於衛靈公。靈公使公孫余假一出一入〔三〕。孔子恐獲罪焉，居十月，去衛。

〔一〕司馬貞曰：“孟子曰：‘孔子於衛主顏讎由，彌子之妻與子路之妻，兄弟也。’今此云濁鄒是子路之妻兄，所説不同。”

〔二〕司馬貞曰：“若六萬石似太多，當是六萬斗，亦與漢之秩禄不同。”張守節曰：“六萬小斗，計當今二千石也。周之斗升斤兩皆用小也。”

〔三〕司馬貞曰：“謂以兵仗出入，以脅夫子也。”

　　將適陳，過匡〔一〕，顏刻爲僕，以其策指之曰：“昔吾入此，由彼缺也〔二〕。”匡人聞之，以爲魯之陽虎。陽虎嘗暴匡人，匡人於是遂止孔子。孔子狀類陽虎，拘焉五日。顏淵後，子曰：“吾以汝爲死矣！”顏淵曰：“子在，回何敢死！”匡人拘孔子益急，弟子懼。孔子曰：“文王既没，文不在兹乎？天之將喪斯文也，後死者不得與于斯文也。天之未喪斯文也，匡人其如予何！”孔子使從者爲甯武子臣於衛，然後得去〔三〕。

〔一〕匡，在今河南長垣縣西南。

〔二〕司馬貞曰：“謂昔所被攻缺破之處也。”

〔三〕司馬貞曰：“《家語》：‘子路彈劍而歌，孔子和之，曲三終，匡人解圍而去。’今此取《論語》‘文王既没’之文，及從者臣甯武子然後得去。蓋夫子再厄匡人，或設辭以解圍，或彈劍而釋難。今此合《論語》、《家語》之文以爲一事，故彼此文交互耳。”

　　去即過蒲〔一〕。月餘，反乎衛，主遽伯玉家〔二〕。靈公夫人有南子者，使人謂孔子曰：“四方之君子不辱，欲與寡君爲兄弟者，必見寡小君〔三〕。寡小君願見。”孔子辭謝，不得已而見之。夫人在絺帷中〔四〕。孔子入門，北面稽首。夫人自帷中再拜，環珮玉聲璆然〔五〕。孔子曰：“吾鄉爲弗見，見之禮答焉〔六〕。”子路不説。孔子矢之曰：“予所不者，天厭之！天厭之〔七〕！”居衛月餘，靈公與夫人同車，宦者雍渠參乘，出,使孔子爲次乘,招搖市過之[八]。孔子曰:"吾未見好德如好色者也。"於是醜之,去衛,過曹。是歲,魯定公卒。

〔一〕蒲,在今河南長垣縣西南。

〔二〕遽伯玉,衛之賢大夫。

〔三〕寡小君,國君夫人自稱之辭。

〔四〕絺帷,由細葛布所做的帳幔。

〔五〕璆然,狀聲音清脆悦耳。

〔六〕司馬貞曰:"上'見'如字。下'見'音賢徧反,去聲。言我不爲相見之禮現而答之。"

〔七〕裴駰曰:"欒肇曰:'見南子者,時不獲已,猶文王之拘羑里也。天厭之者,言我之否屈乃天命所厭也。'蔡謨曰:'矢,陳也。夫子爲子路陳天命也。'"

〔八〕裴駰曰:"徐廣曰:'招搖,翱翔也。'"

孔子去曹適宋,與弟子習禮大樹下。宋司馬桓魋欲殺孔子,拔其樹。孔子去。弟子曰:"可以速矣!"孔子曰:"天生德於予,桓魋其如予何?"

孔子適鄭,與弟子相失,孔子獨立郭東門。鄭人或謂子貢曰:"東門有人,其顙似堯[一],其項類皋陶,其肩類子産。然自要以下不及禹三寸,纍纍若喪家之狗[二]。"子貢以實告孔子。孔子欣然笑曰:"形狀,末也。而謂似喪家之狗,然哉!然哉!"

〔一〕顙,額。

〔二〕裴駰曰:"王肅曰:'喪家之狗,主人哀荒,不見飲食,故纍然而不得意。孔子生於亂世,道不得行,故纍然不得志之貌也。《韓詩外傳》曰:'喪家之狗,既斂而槨,有席而祭,顧望無人也。'"

孔子遂至陳,主於司城貞子家。歲餘,吳王夫差伐陳,取三邑而去。趙鞅伐朝歌。楚圍蔡,蔡遷于吳。吳敗越王句踐會稽。

有隼集于陳廷而死[一],楛矢貫之[二],石砮[三],矢長尺有咫[四]。陳湣公使使問仲尼。仲尼曰:"隼來遠矣,此肅慎之矢也[五]。昔武王克商,通道九夷百蠻,使各以其方賄來貢[六],使無忘職業。於是肅慎貢楛矢石砮,長尺有咫。先王欲昭其令德,以肅慎矢分大姬[七],配虞胡公而封諸陳。分同姓以珍玉,展親;分異姓以遠方職,使無忘服。

故分陳以肅慎矢。"試求之故府,果得之[八]。

〔一〕隼,一種猛禽,似鷹而小。

〔二〕楛,木名,似荆。

〔三〕砮,箭頭。

〔四〕咫,八寸。

〔五〕肅慎,古國名,屬東北夷,後音轉爲女真。

〔六〕方賄,地方特産。

〔七〕大姬,周武王的長女。

〔八〕此事亦見《國語·魯語下》。

　　孔子居陳三歲,會晉、楚爭彊,更伐陳。及吳侵陳,陳常被寇。孔子曰:"歸與!歸與!吾黨之小子狂簡,進取不忘其初。"於是孔子去陳。

　　過蒲,會公叔氏以蒲畔,蒲人止孔子。弟子有公良孺者,以私車五乘從孔子。其爲人長賢,有勇力,謂曰:"吾昔從夫子遇難於匡,今又遇難於此,命也已。吾與夫子再罹難,寧鬬而死。"鬬甚疾。蒲人懼,謂孔子曰:"苟毋適衛,吾出子。"與之盟,出孔子東門。孔子遂適衛。子貢曰:"盟可負邪?"孔子曰:"要盟也,神不聽。"

　　衛靈公聞孔子來,喜,郊迎。問曰:"蒲可伐乎?"對曰:"可。"靈公曰:"吾大夫以爲不可。今蒲,衛之所以待晉、楚也[一],以衛伐之,無乃不可乎?"孔子曰:"其男子有死之志[二],婦人有保西河之志[三],吾所伐者不過四五人[四]。"靈公曰:"善。"然不伐蒲。

〔一〕張守節曰:"衛在濮州,蒲在滑州,在衛西也。韓魏及楚從西向東伐,先在蒲,後及衛。"

〔二〕裴駰曰:"王肅曰:'公叔氏欲以蒲適他國,而男子欲死之,不樂適他。'"

〔三〕裴駰曰:"王肅曰:'婦人恐懼,欲保西河,無戰意也。'"司馬貞曰:"此西河在衛地,非魏之西河也。"

〔四〕裴駰曰:"本與公叔同畔者。"

　　靈公老,怠於政,不用孔子。孔子喟然歎曰:"苟有用我者,朞月而已,三年有成。"孔子行。

　　佛肸爲中牟宰[一]。趙簡子攻范、中行,伐中牟。佛肸畔,使人召孔子,孔子欲往。子路曰:“由聞諸夫子:‘其身親爲不善者,君子不入也〔二〕。’今佛肸親以中牟畔,子欲往,如之何?”孔子曰:“有是言也。不曰堅乎,磨而不磷;不曰白乎,涅而不淄〔三〕。我豈匏瓜也哉,焉能繫而不食〔四〕?”

〔一〕裴駰曰:“孔安國曰:‘晉大夫趙簡子之邑宰。’”司馬貞曰:“此河北之中牟,蓋在漢陽西。”

〔二〕裴駰曰:“孔安國曰:‘不入其國。’”

〔三〕裴駰曰:“孔安國曰:‘磷,薄也。涅,可以染皂者也。言至堅者磨之而不薄,至白者染之於涅中而不黑,君子雖在濁亂,不能汙也。’”

〔四〕裴駰曰:“何晏曰:‘言匏瓜得繫一處者,不食故也。吾自食物當東西南北,不得如不食之物繫滯一處。’”

　　孔子擊磬。有荷蕢而過門者,曰:“有心哉,擊磬乎〔一〕! 硜硜乎,莫己知也夫而已矣〔二〕!”

〔一〕裴駰曰:“何晏曰:‘蕢,草器也。有心謂契契然也。’”

〔二〕裴駰曰:“此硜硜,信己而已,言亦無益也。”

　　孔子學鼓琴師襄子,十日不進。師襄子曰:“可以益矣。”孔子曰:“丘已習其曲矣,未得其數也。”有閒,曰:“已習其數,可以益矣。”孔子曰:“丘未得其志也。”有閒,曰:“已習其志,可以益矣。”孔子曰:“丘未得其爲人也。”有閒,有所穆然深思焉,有所怡然高望而遠志焉。曰:“丘得其爲人,黯然而黑〔一〕,幾然而長〔二〕,眼如望羊〔三〕,如王四國。非文王其誰能爲此也!”師襄子辟席再拜,曰:“師蓋云《文王操》也。”

〔一〕裴駰曰:“王肅曰:‘黯,黑貌。’”

〔二〕裴駰曰:“徐廣曰:‘《詩》云“頎而長兮”。’”司馬貞曰:“‘幾’與注‘頎’,並音祈,《家語》無此四字。”

〔三〕裴駰曰:“王肅曰:‘望羊,望羊視也。’”今案:一説即“汪洋”。

　　孔子既不得用於衛,將西見趙簡子。至於河而聞竇鳴犢、舜華之死也〔一〕,臨河而歎曰:“美哉水,洋洋乎! 丘之不濟此,命也夫!”子貢趨而進,曰:“敢問何謂也?”孔子曰:“竇鳴犢、舜華,晉國之賢大夫也。

趙簡子未得志之時，須此兩人而后從政；及其已得志，殺之乃從政。丘聞之也，刳胎殺夭則麒麟不至郊，竭澤涸漁則蛟龍不合陰陽〔二〕，覆巢毀卵則鳳皇不翔。何則？君子諱傷其類也。夫鳥獸之於不義也尚知辟之，而況乎丘哉！”乃還息乎陬鄉，作爲《陬操》以哀之〔三〕。而反乎衛，入主遽伯玉家。

〔一〕裴駰曰：“徐廣曰：‘或作“鳴鐸賚犨”，又作“賚犨鳴犢、舜華也”。’”

〔二〕司馬貞曰：“有角曰蛟龍。龍能興雲致雨，調和陰陽之氣。”

〔三〕裴駰曰：“《陬操》，琴曲名也。”司馬貞曰：“此陬鄉非魯之陬邑。《家語》云作‘《槃操》’也。”

他日，靈公問兵陳〔一〕。孔子曰：“俎豆之事，則嘗聞之；軍旅之事，未之學也。”明日，與孔子語，見蜚鴈，仰視之，色不在孔子。孔子遂行〔二〕，復如陳。

〔一〕裴駰曰：“孔安國曰：‘軍陳行列之法。’”

〔二〕司馬貞曰：“此魯哀二年也。”

夏，衛靈公卒，立孫輒，是爲衛出公。六月，趙鞅內太子蒯聵于戚〔一〕。陽虎使太子絻〔二〕，八人衰絰〔三〕，僞自衛迎者，哭而入，遂居焉。冬，蔡遷于州來。是歲魯哀公三年，而孔子年六十矣。齊助衛圍戚，以衛太子蒯聵在故也。

〔一〕內，同“納”。戚，衛邑，在今河南濮陽北。

〔二〕絻，喪服，這裏用於動詞。

〔三〕衰絰，喪服。

夏，魯桓、釐廟燔，南宮敬叔救火。孔子在陳，聞之，曰：“災必於桓、釐廟乎〔一〕？”已而果然。

〔一〕裴駰曰：“服虔曰：‘桓釐當毀，而魯事非禮之廟，故孔子聞有火災，知其加桓釐也。’”

秋，季桓子病，輦而見魯城，喟然歎曰：“昔此國幾興矣，以吾獲罪於孔子，故不興也。”顧謂其嗣康子曰：“我即死，若必相魯；相魯，必召仲尼。”後數日，桓子卒，康子代立。已葬，欲召仲尼。公之魚曰：“昔吾先君用之不終,終爲諸侯笑。今又用之,不能終,是再爲諸侯笑。”
康子曰:“則誰召而可?”曰:“必召冉求。”於是使使召冉求。冉求將
行,孔子曰:“魯人召求,非小用之,將大用之也。”是日,孔子曰:“歸
乎! 歸乎[一]! 吾黨之小子狂簡,斐然成章,吾不知所以裁之。”子贛
知孔子思歸,送冉求,因誡曰“即用,以孔子爲招”云。

〔一〕司馬貞曰:“此《系家》再有‘歸與’之辭者,前辭出《孟子》,此辭見《論語》,蓋止是
　　一稱‘歸其’,二書各記之,今前後再引,亦失之也。”

　　冉求既去,明年,孔子自陳遷于蔡。蔡昭公將如吳,吳召之也。
前,昭公欺其臣遷州來。後將往,大夫懼復遷,公孫翩射殺昭公[一]。
楚侵蔡。秋,齊景公卒[二]。

〔一〕裴駰曰:“徐廣曰:‘哀公四年也。’”
〔二〕裴駰曰:“徐廣曰:‘哀公五年也。’”

　　明年,孔子自蔡如葉。葉公問政,孔子曰:“政在來遠附邇。”他
日,葉公問孔子於子路,子路不對[一]。孔子聞之,曰:“由,爾何不對
曰‘其爲人也,學道不倦,誨人不厭,發憤忘食,樂以忘憂,不知老之將
至’云爾。”

〔一〕裴駰曰:“孔安國曰:‘葉公名諸梁,楚大夫,食菜於葉,僭稱公。不對,未知所以
　　對也。’”

　　去葉,反于蔡。長沮、桀溺耦而耕[一],孔子以爲隱者,使子路問津
焉[二]。長沮曰:“彼執輿者爲誰?”子路曰:“爲孔丘。”曰:“是魯孔丘
與?”曰:“然。”曰:“是知津矣。”桀溺謂子路曰:“子爲誰?”曰:“爲仲
由。”曰:“子,孔丘之徒與?”曰:“然。”桀溺曰:“悠悠者,天下皆是也,
而誰以易之[三]? 且與其從辟人之士,豈若從辟世之士哉[四]!”耰而不
輟[五]。子路以告孔子,孔子憮然,曰:“鳥獸不可與同群。天下有道,
丘不與易也!”

〔一〕耦,同“偶”,并伴。
〔二〕裴駰曰:“鄭玄曰:‘耜廣五寸,二耜爲耦。津,濟渡處也。’”
〔三〕裴駰曰:“悠悠者,周流之貌也。言當今天下治亂同,空舍此適彼,故曰‘誰以易

之’。”

　〔四〕裴駰曰：“何晏曰：‘士有辟人之法，有辟世之法。長沮、桀溺謂孔子爲士，從辟人
　　之法者也；己之爲士，則從辟世之法也。’”

　〔五〕裴駰曰：“鄭玄曰：‘櫌，覆種也。輟，止也。覆種不止，不以津告也。’”

　　他日，子路行，遇荷篠丈人〔一〕，曰：“子見夫子乎？”丈人曰：“四體
不勤，五穀不分，孰爲夫子！”植其杖而芸〔二〕。子路以告，孔子曰：“隱
者也。”復往，則亡。

　〔一〕裴駰曰：“包氏曰：‘丈人，老者。篠，草器名也。’”
　〔二〕裴駰曰：“孔安國曰：‘植，倚也。除草曰芸。’”

　　孔子遷于蔡三歲，吳伐陳。楚救陳〔一〕，軍于城父。聞孔子在陳、
蔡之間，楚使人聘孔子。孔子將往拜禮，陳、蔡大夫謀曰：“孔子，賢
者，所刺譏皆中諸侯之疾。今者久留陳、蔡之間，諸大夫所設行皆非
仲尼之意。今楚，大國也，來聘孔子。孔子用於楚，則陳、蔡用事大夫
危矣〔二〕！”於是乃相與發徒役圍孔子於野。不得行，絕糧。從者病，
莫能興〔三〕。孔子講誦弦歌不衰。子路慍見，曰：“君子亦有窮乎？”孔
子曰：“君子固窮，小人窮斯濫矣〔四〕。”

　〔一〕裴駰曰：“徐廣曰：‘哀公四年也。’”
　〔二〕用事，當權執政者。
　〔三〕裴駰曰：“孔安國曰：‘興，起也。’”
　〔四〕裴駰曰：“何晏曰：‘濫，溢也。君子固亦有窮時，但不如小人窮則濫溢爲非。’”

　　子貢色作。孔子曰：“賜，爾以予爲多學而識之者與？”曰：“然。
非與？”孔子曰：“非也。予一以貫之〔一〕。”

　〔一〕裴駰曰：“善有元，事有會，天下殊塗而同歸，百慮而一致。知其元則衆善舉也，故
　　不待學，以一知之。”

　　孔子知弟子有慍心，乃召子路而問曰：“《詩》云：‘匪兕匪虎，率彼
曠野〔一〕。’吾道非邪？吾何爲於此？”子路曰：“意者吾未仁邪？人之
不我信也。意者吾未知邪？人之不我行也。”孔子曰：“有是乎！由，
譬使仁者而必信，安有伯夷、叔齊〔二〕？使知者而必行，安有王子

比干〔三〕？”

〔一〕裴駰曰：“王肅曰：‘率，循也。言非兕虎而循曠野也。’”

〔二〕張守節曰：“言仁者必使四方信之，安有伯夷、叔齊餓死乎？”

〔三〕張守節曰：“言智者必使處事通行，安有王子比干剖心哉？”

子路出，子貢入見。孔子曰：“賜，《詩》云：‘匪兕匪虎，率彼曠野。’吾道非邪？吾何爲於此？”子貢曰：“夫子之道至大也，故天下莫能容夫子。夫子蓋少貶焉？”孔子曰：“賜，良農能稼而不能爲穡〔一〕，良工能巧而不能爲順〔二〕。君子能脩其道，綱而紀之，統而理之，而不能爲容。今爾不脩爾道而求爲容。賜，而志不遠矣！”

〔一〕裴駰曰：“王肅曰：‘種之爲稼，斂之爲穡。言良農能善種之，未必能斂穫之。’”

〔二〕裴駰曰：“言良工能巧而已，不能每順人之意。”

子貢出，顔回入見。孔子曰：“回，《詩》云：‘匪兕匪虎，率彼曠野。’吾道非邪？吾何爲於此？”顔回曰：“夫子之道至大，故天下莫能容。雖然，夫子推而行之，不容何病，不容然後見君子！夫道之不脩也，是吾醜也。夫道既已大脩而不用，是有國者之醜也。不容何病，不容然後見君子！”孔子欣然而笑曰：“有是哉！顔氏之子！使爾多財，吾爲爾宰〔一〕。”

〔一〕裴駰曰：“王肅曰：‘宰，主財者也。爲汝主財，言志之同也。’”

於是使子貢至楚。楚昭王興師迎孔子，然後得免。

昭王將以書社地七百里封孔子〔一〕。楚令尹子西曰：“王之使使諸侯有如子貢者乎？”曰：“無有。”“王之輔相有如顔回者乎？”曰：“無有。”“王之將率有如子路者乎？”曰：“無有”。“王之官尹有如宰予者乎？”曰：“無有。”“且楚之祖封於周，號爲子男五十里。今孔丘述三、五之法〔二〕，明周、召之業，王若用之，則楚安得世世堂堂方數千里乎〔三〕？夫文王在豐，武王在鎬，百里之君，卒王天下。今孔丘得據土壤，賢弟子爲佐，非楚之福也！”昭王乃止。其秋，楚昭王卒于城父。

〔一〕裴駰曰：“服虔曰：‘書，籍也。’”司馬貞曰：“古者二十五家爲里，里則各立社，則書社者，書其社之人名於籍。蓋以七百里書社之人封孔子也，故下冉求云‘雖累千社而夫子不利'是也。"

〔二〕三、五,這裏指三皇五帝。

〔三〕堂堂,廣大貌。

　　楚狂接輿歌而過孔子,曰:"鳳兮鳳兮,何德之衰! 往者不可諫兮,來者猶可追也! 已而已而〔一〕,今之從政者殆而!"孔子下〔二〕,欲與之言。趨而去,弗得與之言。

〔一〕裴駰曰:"孔安國曰:'言"已而"者,言世亂已甚,不可復治也。再言之者,傷之深也。'"

〔二〕裴駰曰:"包氏曰:'下,下車也。'"

　　於是孔子自楚反乎衛。是歲也,孔子年六十三,而魯哀公六年也。

　　其明年,吳與魯會繒,徵百牢〔一〕。太宰嚭召季康子。康子使子貢往,然後得已。

〔一〕司馬貞曰:"此哀七年時也。百牢,牢具一百也。周禮上公九牢,侯伯七牢,子男五牢。今吳徵百牢,夷不識禮故也。子貢對以周禮,而後吳亡是徵也。"

　　孔子曰:"魯、衛之政,兄弟也〔一〕。"是時,衛君輒父不得立,在外,諸侯數以爲讓〔二〕。而孔子弟子多仕於衛,衛君欲得孔子爲政。子路曰:"衛君待子而爲政,子將奚先?"孔子曰:"必也正名乎!"子路曰:"有是哉,子之迂也! 何其正也?"孔子曰:"野哉由也! 夫名不正則言不順,言不順則事不成,事不成則禮樂不興,禮樂不興則刑罰不中,刑罰不中則民無所錯手足矣。夫君子爲之必可名,言之必可行。君子於其言,無所苟而已矣。"

〔一〕裴駰曰:"包氏曰:'周公、康叔既爲兄弟,康叔睦於周公,其國之政亦如兄弟也。'"

〔二〕讓,責備。

　　其明年,冉有爲季氏將師,與齊戰於郎,克之〔一〕。季康子曰:"子之於軍旅,學之乎? 性之乎?"冉有曰:"學之於孔子。"季康子曰:"孔子何如人哉?"對曰:"用之有名;播之百姓,質諸鬼神而無憾。求之至於此道,雖累千社[二],夫子不利也。"康子曰:"我欲召之,可乎?"對曰:"欲召之,則毋以小人固之[三],則可矣。"而衛孔文子將攻太叔[四],問策於仲尼。仲尼辭不知,退而命載而行,曰:"鳥能擇木,木豈能擇鳥乎!"文子固止。會季康子逐公華、公賓、公林,以幣迎孔子,孔子歸魯。

〔一〕裴駰曰:"徐廣曰:'此哀公十一年也,去吳會繒已四年矣。《年表》哀公十年,孔子自陳至衛也。'"司馬貞曰:"徐説去會四年,是也。按:《左傳》及此文,孔子是時在衛歸魯,不見有在陳之文,在陳當哀公之初,蓋《年表》誤爾。"

〔二〕社,祭祀土地神的場所。千社,謂範圍廣大。

〔三〕固,同"錮",禁錮,限制。

〔四〕裴駰曰:"服虔曰:'文子,衛卿也。'"又曰:"《左傳》曰太叔名疾。"

　　孔子之去魯,凡十四歲而反乎魯[一]。

〔一〕司馬貞曰:"前文孔子以定公十四年去魯,計至此十三年。《魯系家》云定公十二年孔子去魯,則首尾計十五年矣。"

　　魯哀公問政,對曰:"政在選臣。"季康子問政,曰:"舉直錯諸枉,則枉者直。"康子患盜,孔子曰:"苟子之不欲,雖賞之不竊。"然魯終不能用孔子,孔子亦不求仕。

　　孔子之時,周室微而禮樂廢,《詩》、《書》缺。追迹三代之禮,序《書傳》,上紀唐虞之際,下至秦繆,編次其事。曰:"夏禮吾能言之,杞不足徵也;殷禮吾能言之,宋不足徵也[一]。足,則吾能徵之矣。"觀殷、夏所損益,曰:"後雖百世可知也[二],以一文一質。周監二代,郁郁乎文哉!吾從周[三]。"故《書傳》、《禮記》自孔氏。

〔一〕裴駰曰:"包氏曰:'徵,成也。杞宋二國,夏殷之後也。夏殷之禮吾能説之,杞宋之君不足以成也。'"

〔二〕裴駰曰:"物類相召,勢數相生,其變有常,故可預知者也。"

〔三〕裴駰曰:"孔安國曰:'監,視也。言周文章備於二代,當從之也。'"

　　孔子語魯大師:"樂其可知也。始作翕如[一],縱之純如[二],皦如[三],繹如也,以成[四]。""吾自衛反魯,然後樂正,《雅》《頌》各得其所[五]。"

〔一〕裴駰曰:"何晏曰:'太師,樂官名也。五音始奏,翕如盛也。'"

〔二〕裴駰曰:"何晏曰:'言五音既發放縱盡,其聲純和諧也。'"

〔三〕裴駰曰:"何晏曰:'言其音節明。'"

〔四〕裴駰曰:"何晏曰:'縱之以純如,皦如,繹如,言樂始於翕如而成於三者也。'"

〔五〕裴駰曰:"鄭玄曰:'反魯,魯哀公十一年冬。是時道衰樂廢,孔子來還,乃正之,故《雅》《頌》各得其所。'"

　　古者《詩》三千餘篇,及至孔子,去其重,取可施於禮義,上采契、后稷,中述殷、周之盛,至幽、厲之缺〔一〕,始於衽席〔二〕,故曰:"《關雎》之亂以爲《風》始〔三〕,《鹿鳴》爲《小雅》始,《文王》爲《大雅》始,《清廟》爲《頌》始。"三百五篇,孔子皆弦歌之,以求合《韶》、《武》、《雅》、《頌》之音。禮樂自此可得而述,以備王道,成六藝。

〔一〕缺,衰敗。

〔二〕衽席,寢處之所,爲夫婦關係。

〔三〕張守節曰:"亂,理也。"

　　孔子晚而喜《易》,序《彖》、《繫》、《象》、《說卦》、《文言》〔一〕。讀《易》,韋編三絕〔二〕。曰:"假我數年,若是,我於《易》則彬彬矣。"

〔一〕張守節曰:"序,《易·序卦》也。夫子作《十翼》,謂《上彖》、《下彖》、《上象》、《下象》、《上繫》、《下繫》、《文言》、《序卦》、《說卦》、《雜卦》也。《易正義》曰:'文王既繇六十四卦分爲上下篇,先後之次,其理不易。孔子就上下二經,各序其相次之義。'"今案:序有整理次序和作序二義。"序《彖》、《繫》、《象》、《說卦》、《文言》",是說孔子爲這五種文獻整理次序並作序。五者皆孔子以前的文獻,其中《彖》即今本《彖傳》,《繫》即卦辭和爻辭,《象》即今《象傳》,今本《說卦》前三章以外的部分以及《序卦》、《雜卦》爲古本《說卦》佚文,今本《乾文言》第一章爲古本《文言》的佚文。詳見郭沂《從早期易傳到孔子易說——重新檢討易傳成書問題》,《國際易學研究》第 3 輯,華夏出版社 1997 年版。

〔二〕韋編,古代用韋編竹簡,故稱編連竹簡的韋爲韋編。

　　孔子以《詩》《書》禮樂教,弟子蓋三千焉,身通六藝者七十有二人。如顏濁鄒之徒〔一〕,頗受業者甚衆。

〔一〕張守節曰:"濁音卓。鄒音聚。顏濁鄒,非七十二人數也。"

　　孔子以四教:文,行,忠,信。絶四:毋意,毋必,毋固,毋我。所慎:齊、戰、疾。子罕言利,與命與仁。不憤不啓,舉一隅不以三隅反,則弗復也。

　　其於鄉黨,恂恂似不能言者[一]。其於宗廟朝廷,辯辯言[二],唯謹爾[三]。朝,與上大夫言,誾誾如也[四];與下大夫言,侃侃如也[五]。

〔一〕裴駰曰:"王肅曰:'恂恂,温恭貌也。'"
〔二〕辯辯,司馬貞曰:"《論語》作'便便'。"
〔三〕裴駰曰:"鄭玄曰:'唯辯而謹敬也。'"
〔四〕誾誾,裴駰曰:"孔安國曰:'中正之貌也。'"
〔五〕侃侃,裴駰曰:"孔安國曰:'和樂貌。'"

　　入公門,鞠躬如也;趨進,翼如也[一]。君召使儐[二],色勃如也[三];君命召,不俟駕行矣。

〔一〕裴駰曰:"孔安國曰:'言端好也。'"
〔二〕裴駰曰:"鄭玄曰:'有賓客,使迎之也。'"
〔三〕裴駰曰:"孔安國曰:'必變色。'"

　　魚餒[一],肉敗,割不正,不食。席不正,不坐。食於有喪者之側,未嘗飽也。

〔一〕裴駰曰:"孔安國曰:'魚敗曰餒也。'"

　　是日哭,則不歌。見齊衰、瞽者,雖童子必變。

　　"三人行,必得我師。""德之不脩,學之不講,聞義不能徙,不善不能改,是吾憂也。"使人歌,善,則使復之,然後和之。

　　子不語怪、力、亂、神[一]。

〔一〕裴駰曰:"王肅曰:'怪,怪異也。力謂若奡蕩舟,烏獲舉千鈞之屬也。亂謂臣弑君,子弑父也。神謂鬼神之事。或無益於教化,或所不忍言也。'李充曰:'力不由理,斯怪力也。神不由正,斯亂神也。怪力亂神,有與於邪,無益於教,故不言也。'"

　　子貢曰:"夫子之文章,可得聞也。夫子言天道與性命,弗可得聞也已。"顏淵喟然歎曰:"仰之彌高,鑽之彌堅。瞻之在前,忽焉在後。

夫子循循然善誘人,博我以文,約我以禮,欲罷不能。既竭我才,如有所立,卓爾。雖欲從之,蔑由也已[一]!”達巷黨人曰:“大哉孔子! 博學而無所成名。”子聞之,曰:“我何執? 執御乎? 執射乎? 我執御矣。”牢曰:“子云:‘不試,故藝。’[二]”

〔一〕裴駰曰:“孔安國曰:‘言夫子既以文章開博我,又以禮節節約我,使我欲罷不能。已竭吾才矣,其有所立,則卓然不可及。言己雖蒙夫子之善誘,猶不能及夫子所立也。’”

〔二〕裴駰曰:“鄭玄曰:‘牢者,弟子子牢也。試,用也。言孔子自云不見用故多伎藝也。’”

魯哀公十四年春,狩大野[一]。叔孫氏車子鉏商獲獸[二],以爲不祥。仲尼視之,曰:“麟也。”取之[三]。曰:“河不出圖,雒不出書,吾已矣夫[四]!”顔淵死,孔子曰:“天喪予!”及西狩見麟,曰:“吾道窮矣!”喟然歎曰:“莫知我夫!”子貢曰:“何爲莫知子?”子曰:“不怨天,不尤人,下學而上達,知我者其天乎!”

〔一〕裴駰曰:“服虔曰:‘大野,藪名,魯田圃之常處,蓋今鉅野是也。’”張守節曰:“《括地志》云:‘獲麟堆在鄆州鉅野縣東十二里。《春秋・哀十四年經》云“西狩獲麟”。《國都城記》云“鉅野故城東十里澤中有土臺,廣輪四五十步,俗云獲麟堆,去魯城可三百餘里”。’”

〔二〕裴駰曰:“服虔曰:‘車子,微者也;鉏商,名也。’”司馬貞曰:“《春秋傳》及《家語》並云‘車子鉏商’,而服虔以‘子’爲姓,非也。今以車子爲主車車士,微者之人也。人微故略其姓,則‘子’非姓也。”

〔三〕裴駰曰:“服虔曰:‘麟非時所常見,故怪之,以爲不祥也。仲尼名之曰“麟”,然後魯人乃取之也。明麟爲仲尼至也。’”

〔四〕裴駰曰:“孔安國曰:‘聖人受命,則河出圖,今無此瑞。吾已矣夫者,傷不得見也。河圖,八卦是也。’”

“不降其志,不辱其身,伯夷、叔齊乎!”謂“柳下惠、少連,降志辱身矣”。謂“虞仲、夷逸隱居放言[一],行中清,廢中權[二]”。“我則異於是,無可無不可。”

〔一〕裴駰曰:“包氏曰:‘放,置也。置不復言世務也。’”

〔二〕裴駰曰:“馬融曰:‘清,純絜也。遭世亂,自廢棄以免患,合於權也。’”

子曰:“弗乎弗乎,君子病没世而名不稱焉。吾道不行矣,吾何以自見於後世哉?”乃因史記作《春秋》,上至隱公,下訖哀公十四年,十二公。據魯,親周[一],故殷,運之三代[二]。約其文辭而指博。故吳、楚之君自稱王,而《春秋》貶之曰“子”。踐土之會,實召周天子,而《春秋》諱之曰:“天王狩於河陽。”推此類以繩當世。貶損之義,後有王者舉而開之。《春秋》之義行,則天下亂臣賊子懼焉。

〔一〕司馬貞曰:“言夫子修《春秋》,以魯爲主,故云據魯。親周,蓋孔子之時周雖微,而親周王者,以見天下之有宗主也。”

〔二〕張守節曰:“殷,中也。又中運夏、殷、周之事也。”

孔子在位聽訟,文辭有可與人共者,弗獨有也。至於爲《春秋》,筆則筆,削則削,子夏之徒不能贊一辭。弟子受《春秋》,孔子曰:“後世知丘者以《春秋》,而罪丘者亦以《春秋》[一]。”

〔一〕裴駰曰:“劉熙曰:‘知者,行堯舜之道者也。罪者,在王公之位,見貶絶者。’”

明歲,子路死於衛。孔子病,子貢請見。孔子方負杖逍遥於門,曰:“賜,汝來何其晚也!”孔子因歎,歌曰:“太山壞乎! 梁柱摧乎! 哲人萎乎[一]!”因以涕下。謂子貢曰:“天下無道久矣,莫能宗予。夏人殯於東階,周人於西階,殷人兩柱間。昨暮予夢坐奠兩柱之間,予始殷人也。”後七日卒。

〔一〕裴駰曰:“王肅曰:‘萎,頓也。’”

孔子年七十三,以魯哀公十六年四月己丑卒[一]。

〔一〕司馬貞曰:“若孔子以魯襄二十一年生,至哀十六年爲七十三;若襄二十二年生,則孔子年七十二。經傳生年不定,致使孔子壽數不明。”

哀公誄之曰[一]:“旻天不弔[二],不憖遺一老,俾屏余一人以在位,煢煢余在疚[三]。嗚呼哀哉! 尼父,毋自律[四]!”子貢曰:“君其不没於魯乎! 夫子之言曰:‘禮失則昏,名失則愆。失志爲昏,失所爲愆。’生不能用,死而誄之,非禮也。稱‘余一人’,非名也[五]。”

〔一〕誄,哀悼死者的文字,這裏用於動詞。

〔二〕不弔，不仁，不憐憫。

〔三〕煢煢，憂思貌。疚，内心苦惱。

〔四〕此處疑有誤。

〔五〕此事見《左傳·哀公十六年》。

　　孔子葬魯城北泗上，弟子皆服三年。三年心喪畢，相訣而去〔一〕，則哭，各復盡哀；或復留。唯子贛廬於冢上，凡六年，然後去。弟子及魯人往從冢而家者，百有餘室，因命曰孔里。魯世世相傳以歲時奉祠孔子冢，而諸儒亦講禮鄉飲大射於孔子冢。孔子冢大一頃。故所居堂、弟子内，後世因廟，藏孔子衣冠琴車書〔二〕，至于漢二百餘年不絕。高皇帝過魯，以太牢祠焉。諸侯卿相至，常先謁，然後從政。

〔一〕司馬貞曰："訣音決。訣者，別也。"

〔二〕司馬貞曰："謂孔子所居之堂，其弟子之中，孔子没後，後代因廟，藏夫子平生衣冠琴書於壽堂中。"

　　孔子生鯉，字伯魚。伯魚年五十，先孔子死。

　　伯魚生伋，字子思。年六十二。嘗困於宋。子思作《中庸》。

　　子思生白，字子上，年四十七。子上生求，字子家，年四十五。子家生箕，字子京，年四十六。子京生穿，字子高，年五十一。子高生子慎，年五十七，嘗爲魏相。

　　子慎生鮒，年五十七，爲陳王涉博士，死於陳下。

　　鮒弟子襄，年五十七，嘗爲孝惠皇帝博士，遷爲長沙太守。長九尺六寸。

　　子襄生忠，年五十七。忠生武，武生延年及安國。安國爲今皇帝博士，至臨淮太守，蚤卒。安國生卬，卬生驩。

　　太史公曰：《詩》有之："高山仰止，景行行止。"雖不能至，然心鄉往之。余讀孔氏書，想見其爲人。適魯，觀仲尼廟堂車服禮器，諸生以時習禮其家，余祗迴留之不能去云〔一〕。天下君王至于賢人衆矣，當時則榮，没則已焉。孔子布衣，傳十餘世，學者宗之。自天子王侯，中國言六藝者折中於夫子〔二〕。可謂至聖矣！

〔一〕司馬貞曰："祗，敬也。言祗敬遲回不能去之。有本亦作'低回'，義亦通。"

〔二〕司馬貞曰:"《離騷》云'明五帝以折中'。王師叔云'折中,正也'。宋均云'折,斷也。中,當也'。按:言欲折斷其物而用之,與度相中當,故以言其折中也。"

仲尼弟子列傳

《仲尼弟子列傳》,爲《史記》中的一篇,記録孔子部分弟子言行事迹,多取材《論語》,並參以《春秋左氏傳》等古籍。司馬遷在其《太史公自序》中説:"孔氏述文,弟子興業,咸爲師傅,崇仁屬義,作《仲尼弟子列傳》第七。"作爲中國古代偉大的教育家,孔子長期從事教育事業,史稱弟子三千,賢者七十有二人。據《史記·孔子世家》載,孔子年十七時即有魯國貴族孟懿子與南宫敬叔從其學禮,其教人之齡五十有五年。從《仲尼弟子列傳》看,孔子弟子年齡最大者爲子路,小孔子九歲;年齡最小的爲公孫龍,小孔子五十三歲。然據《孔子家語·七十二弟子解》載,年齡最大者爲秦商,小孔子四歲。孔子既歿,儒分爲八,孔門弟子承前啓後,爲儒學之發展做出巨大貢獻。《孟子·公孫丑上》首先把孔門弟子稱爲"七十子"。

本書以中華書局標點本《史記》(中華書局 1959 年版)爲底本,參照馬持盈的《史記今注》(臺灣商務印書館 1998 年版)加以整理。

孔子曰"受業身通者七十有七人[一]",皆異能之士也。德行:顔淵,閔子騫,冉伯牛,仲弓。政事:冉有,季路。言語:宰我,子貢。文學:子游,子夏。師也辟[二],參也魯[三],柴也愚[四],由也喭[五],回也屢空。賜不受命而貨殖焉,億則屢中[六]。

〔一〕身通,這裏指身通六藝。

〔二〕裴駰曰:"馬融曰:'子張才過人,失於邪辟文過。'"

〔三〕裴駰曰:"孔安國曰:'魯,鈍也。曾子遲鈍。'"

〔四〕裴駰曰:"何晏曰:'愚直之愚。'"

〔五〕裴駰曰:"鄭玄曰:'子路之行,失於畋喭。'"司馬貞曰:"《論語》先言柴,次參,次師,次由。今此傳序之亦與《論語》不同,不得輒言其誤也。"張守節曰:"畋音畔。喭音岸。"

〔六〕裴駰曰:"何晏曰:'言回庶幾於聖道,雖數空匱而樂在其中。賜不受教命,唯財貨是殖,億度是非。蓋美回所以勵賜也。一曰屢猶每也,空猶虚中也。以聖人之善道,教數子之庶幾,猶不至於知道者,各内有此害也。其於庶幾每能虚中者唯回,懷道深遠。不虛心不能知道。子貢無數子之病，然亦不知道者，雖不窮理而幸中，雖非天命而偶富，亦所以不虛心也。’”

孔子之所嚴事：於周則老子；於衛，蘧伯玉；於齊，晏平仲；於楚，老萊子；於鄭，子產；於魯，孟公綽。數稱臧文仲、柳下惠、銅鞮伯華[一]、介山子然，孔子皆後之，不並世。

〔一〕銅鞮，司馬貞曰：“《地理志》：縣名，屬上黨。”

顏回者，魯人也，字子淵。少孔子三十歲。

顏淵問仁，孔子曰：“克己復禮，天下歸仁焉。”

孔子曰：“賢哉回也！一簞食，一瓢飲，在陋巷，人不堪其憂，回也不改其樂。”“回也如愚；退而省其私，亦足以發，回也不愚。”“用之則行，捨之則藏，唯我與爾有是夫！”

回年二十九，髮盡白，蚤死[一]。孔子哭之慟，曰：“自吾有回，門人益親。”魯哀公問：“弟子孰爲好學？”孔子對曰：“有顏回者好學，不遷怒，不貳過。不幸短命死矣，今也則亡。”

〔一〕司馬貞曰：“《家語》亦云‘年二十九而髮白，三十二而死’。王肅云：‘此久遠之書，年數錯誤，未可詳也。校其年，則顏回死時，孔子年六十一。然則伯魚年五十先孔子卒，時孔子且七十也。今此爲顏回先伯魚死，而《論語》曰顏回死，顏路請子之車，孔子曰“鯉也死，有棺而無槨”，或爲設事之辭。’按：顏回死在伯魚之前，故以《論語》爲設詞。”

閔損字子騫。少孔子十五歲。

孔子曰：“孝哉閔子騫！人不閒於其父母昆弟之言[一]。”不仕大夫，不食汙君之祿[二]。“如有復我者[三]，必在汶上矣[四]。”

〔一〕裴駰曰：“陳群曰：‘言子騫上事父母，下順兄弟，動靜盡善，故人不得有非閒之言。’”

〔二〕司馬貞曰：“《論語》：季氏使閔子騫爲費宰，子騫曰‘善爲我辭焉’，是不仕大夫，不食汙君之祿也。”

〔三〕裴駰曰：“孔安國曰：‘復我者，重來召我。’”

〔四〕裴駰曰：“孔安國曰：‘去之汶水上，欲北如齊。’”

冉耕字伯牛。孔子以爲有德行。

伯牛有惡疾，孔子往問之，自牖執其手，曰："命也夫！斯人也而有斯疾，命也夫！"

冉雍字仲弓。

仲弓問政，孔子曰："出門如見大賓，使民如承大祭。在邦無怨，在家無怨。"

孔子以仲弓爲有德行，曰："雍也可使南面[一]。"

〔一〕裴駰曰："包氏曰：'可使南面，言任諸侯之治。'"

仲弓父，賤人。孔子曰："犂牛之子騂且角，雖欲勿用，山川其舍諸[一]？"

〔一〕裴駰曰："何晏曰：'犂，雜文。騂，赤色也。角者，角周正，中犧牲，雖欲以其所生犂而不用，山川寧肯舍之乎？言父雖不善，不害於子之美。'"

冉求字子有，少孔子二十九歲。爲季氏宰。

季康子問孔子曰："冉求仁乎？"曰："千室之邑，百乘之家[一]，求也可使治其賦。仁則吾不知也[二]。"復問："子路仁乎？"孔子對曰："如求。"

〔一〕裴駰曰："孔安國曰：'千室，卿大夫之邑。卿大夫稱家。諸侯千乘，大夫故曰百乘。'"

〔二〕裴駰曰："孔安國曰：'賦，兵賦也。仁道至大，不可全名也。'"

求問曰："聞斯行諸？"子曰："行之。"子路問："聞斯行諸？"子曰："有父兄在，如之何其聞斯行之！"子華怪之："敢問問同而答異。"孔子曰："求也退，故進之。由也兼人，故退之。"

仲由字子路，卞人也[一]。少孔子九歲。

〔一〕卞，在今山東泗水縣東南。

子路性鄙，好勇力，志伉直[一]，冠雄鷄，佩豭豚[二]，陵暴孔子[三]。孔子設禮稍誘子路，子路後儒服委質[四]，因門人請爲弟子。

〔一〕伉直，剛強而直率。

〔二〕裴駰曰：“冠以雄雞，佩以猳豚。二物皆勇，子路好勇，故冠帶之。”

〔三〕陵暴，欺凌施暴。

〔四〕司馬貞曰：“服虔注《左氏》云：‘古者始仕，必先書其名於策，委死之質於君，然後爲臣，示必死節於其君也。’”一説委質同“委贄”，弟子初次拜見老師的禮物。

子路問政，孔子曰：“先之，勞之〔一〕。”請益。曰：“無倦〔二〕。”

〔一〕裴駰曰：“孔安國曰：‘先導之以德，使民信之，然後勞之。’”

〔二〕裴駰曰：“孔安國曰：‘子路嫌其少，故請益。曰“無倦”者，行此上事，無倦則可。’”

子路問：“君子尚勇乎？”孔子曰：“義之爲上。君子好勇而無義則亂，小人好勇而無義則盜。”

子路有聞，未之能行，唯恐有聞。

孔子曰：“片言可以折獄者，其由也與〔一〕！”“由也好勇過我，無所取材〔二〕。”“若由也，不得其死然〔三〕。”“衣敝緼袍與衣狐貉者立而不恥者〔四〕，其由也與！”“由也升堂矣，未入於室也。”

〔一〕裴駰曰：“孔安國曰：‘片猶偏也。聽訟必須兩辭以定是非，偏信一言折獄者，唯子路可也。’”

〔二〕材，一説同“哉”；一説同“裁”，全句謂不能裁之以義理。

〔三〕裴駰曰：“孔安國曰：‘不得以壽終也。’”

〔四〕裴駰曰：“孔安國曰：‘緼，枲著也。’”

季康子問：“仲由仁乎？”孔子曰：“千乘之國可使治其賦，不知其仁。”

子路喜從游，遇長沮、桀溺、荷蓧丈人。

子路爲季氏宰，季孫問曰：“子路可謂大臣與？”孔子曰：“可謂具臣矣〔一〕。”

〔一〕裴駰曰：“孔安國曰：‘言備臣數而已。’”

子路爲蒲大夫〔一〕，辭孔子。孔子曰：“蒲多壯士，又難治。然吾語汝：恭以敬，可以執勇；寬以正，可以比衆〔二〕；恭正以静，可以報上。”

〔一〕司馬貞曰：“蒲，衛邑，子路爲之宰也。”

〔二〕裴駰曰:"言寬大清正,衆必歸近之。"

　　初,衛靈公有寵姬曰南子。靈公太子蕢聵得過南子,懼誅出奔。及靈公卒,而夫人欲立公子郢。郢不肯,曰:"亡人太子之子輒在。"於是衛立輒爲君,是爲出公。出公立十二年,其父蕢聵居外,不得入。子路爲衛大夫孔悝之邑宰。蕢聵乃與孔悝作亂,謀入孔悝家,遂與其徒襲攻出公。出公奔魯,而蕢聵入立,是爲莊公。方孔悝作亂[一],子路在外,聞之而馳往。遇子羔出衛城門,謂子路曰:"出公去矣,而門已閉,子可還矣,毋空受其禍。"子路曰:"食其食者不避其難。"子羔卒去。有使者入城,城門開,子路隨而入。造蕢聵,蕢聵與孔悝登臺。子路曰:"君焉用孔悝? 請得而殺之。"蕢聵弗聽。於是子路欲燔臺,蕢聵懼,乃下石乞、壺黶攻子路,擊斷子路之纓。子路曰:"君子死而冠不免。"遂結纓而死。

〔一〕司馬貞曰:"《左傳》蒯聵入孔悝家,悝母伯姬劫悝於廁,强與之盟而立蒯聵,非悝本心自作亂也。"

　　孔子聞衛亂,曰:"嗟乎,由死矣!"已而果死。故孔子曰:"自吾得由,惡言不聞於耳。"是時子貢爲魯使於齊[一]。

〔一〕司馬貞曰:"《左傳》子貢爲魯使齊在哀十五年,蓋此文誤也。"

　　宰予字子我。利口辯辭。既受業,問:"三年之喪不已久乎? 君子三年不爲禮,禮必壞;三年不爲樂,樂必崩。舊穀既没,新穀既升,鑽燧改火,期可已矣[一]。"子曰:"於汝安乎?"曰:"安。""汝安則爲之。君子居喪,食旨不甘[二],聞樂不樂,故弗爲也。"宰我出,子曰:"予之不仁也! 子生三年然後免於父母之懷[三]。夫三年之喪,天下之通義也。"

〔一〕裴駰曰:"馬融曰:'《周書·月令》有更火之文。春取榆柳之火,夏取棗杏之火,季夏取桑柘之火,秋取柞楢之火,冬取槐檀之火。一年之中,鑽火各異木,故曰"改火"。'"

〔二〕裴駰曰:"孔安國曰:'旨,美也。'"

〔三〕裴駰曰:"馬融曰:'生未三歲,爲父母所懷抱也。'"

　　宰予晝寢。子曰:"朽木不可雕也,糞土之牆不可圬也〔一〕。"

〔一〕糞土之牆,已陳舊粉化的墻面。圬,塗飾。裴駰曰:"王肅曰:'圬,墁也。二者喻
　　雖施功猶不成也。'"

　　宰我問五帝之德,子曰:"予非其人也〔一〕。"

〔一〕裴駰曰:"王肅曰:'言不足以明五帝之德也。'"

　　宰我爲臨菑大夫〔一〕,與田常作亂,以夷其族,孔子恥之〔二〕。

〔一〕司馬貞曰:"按:謂仕齊。齊都臨淄,故云'爲臨淄大夫'也。"

〔二〕司馬貞曰:"《左氏傳》無宰我與田常作亂之文,然有闞止字子我,因而爭寵,遂爲
　　陳恒所殺。恐字與宰予相涉,因誤云然。"

　　端沐賜〔一〕,衛人,字子貢。少孔子三十一歲。

〔一〕端沐賜,即端木賜。

　　子貢利口巧辭,孔子常黜其辯。問曰:"汝與回也孰愈〔一〕?"對
曰:"賜也何敢望回!回也聞一以知十,賜也聞一以知二。"

〔一〕裴駰曰:"孔安國曰:'愈猶勝也。'"

　　子貢既已受業,問曰:"賜何人也?"孔子曰:"汝,器也〔一〕。"曰:
"何器也?"曰:"瑚璉也〔二〕。"

〔一〕裴駰曰:"孔安國曰:'言汝器用之人。'"

〔二〕裴駰曰:"包氏曰:'瑚璉,黍稷器。夏曰瑚,殷曰璉,周曰簠簋,宗廟之貴器。'"

　　陳子禽問子貢曰:"仲尼焉學?"子貢曰:"文武之道未墜於地,在
人,賢者識其大者,不賢者識其小者,莫不有文武之道。夫子焉不學,
而亦何常師之有!"又問曰:"孔子適是國必聞其政。求之與?抑與之
與?"子貢曰:"夫子溫良恭儉讓以得之。夫子之求之也,其諸異乎人
之求之也。"

　　子貢問曰:"富而無驕,貧而無諂,何如?"孔子曰:"可也。不如貧
而樂道,富而好禮。"

　　田常欲作亂於齊,憚高、國、鮑、晏,故移其兵欲以伐魯。孔子聞

之,謂門弟子曰:"夫魯,墳墓所處,父母之國,國危如此,二三子何爲莫出?"子路請出,孔子止之。子張、子石請行〔一〕,孔子弗許。子貢請行,孔子許之。

〔一〕子石,司馬貞曰:"公孫龍也。"

遂行,至齊,説田常曰:"君之伐魯過矣。夫魯,難伐之國,其城薄以卑,其地狹以泄〔一〕,其君愚而不仁,大臣僞而無用,其士民又惡甲兵之事,此不可與戰。君不如伐吳。夫吳,城高以厚,地廣以深,甲堅以新,士選以飽,重器精兵盡在其中,又使明大夫守之,此易伐也。"田常忿然作色曰:"子之所難,人之所易;子之所易,人之所難。而以教常,何也?"子貢曰:"臣聞之,憂在内者攻彊,憂在外者攻弱。今君憂在内。吾聞君三封而三不成者,大臣有不聽者也。今君破魯以廣齊,戰勝以驕主,破國以尊臣〔二〕,而君之功不與焉,則交日疏於主。是君上驕主心,下恣群臣,求以成大事,難矣。夫上驕則恣,臣驕則爭,是君上與主有郤,下與大臣交爭也。如此,則君之立於齊危矣。故曰不如伐吳。伐吳不勝,民人外死,大臣内空,是君上無彊臣之敵,下無民人之過,孤主制齊者唯君也。"田常曰:"善。雖然,吾兵業已加魯矣,去而之吳,大臣疑我,奈何?"子貢曰:"君按兵無伐,臣請往使吳王,令之救魯而伐齊,君因以兵迎之。"田常許之,使子貢南見吳王。

〔一〕司馬貞曰:"按《越絶書》其'泄'字作'淺'。"
〔二〕裴駰曰:"王肅曰:'鮑、晏等帥師,若破國則臣尊矣。'"

説曰:"臣聞之,王者不絶世,霸者無彊敵,千鈞之重加銖兩而移。今以萬乘之齊而私千乘之魯,與吳爭彊,竊爲王危之。且夫救魯,顯名也;伐齊,大利也。以撫泗上諸侯,誅暴齊以服彊晉,利莫大焉。名存亡魯,實困彊齊,智者不疑也。"吳王曰:"善。雖然,吾嘗與越戰,棲之會稽。越王苦身養士,有報我心。子待我伐越而聽子。"子貢曰:"越之勁不過魯,吳之彊不過齊,王置齊而伐越,則齊已平魯矣。且王方以存亡繼絶爲名,夫伐小越而畏彊齊,非勇也。夫勇者不避難,仁者不窮約,智者不失時,王者不絶世,以立其義。今存越示諸侯以仁,救魯伐齊，威加晉國，諸侯必相率而朝吳，霸業成矣。且王必惡越〔一〕，臣請東見越王，令出兵以從，此實空越，名從諸侯以伐也。”吳王大説，乃使子貢之越。

〔一〕司馬貞曰：“惡猶畏惡也。”

越王除道郊迎，身御至舍而問曰〔一〕：“此蠻夷之國，大夫何以儼然辱而臨之？”子貢曰：“今者吾説吳王以救魯伐齊，其志欲之而畏越，曰‘待我伐越乃可’。如此，破越必矣。且夫無報人之志而令人疑之，拙也；有報人之志，使人知之，殆也；事未發而先聞，危也。三者舉事之大患。”句踐頓首再拜曰：“孤嘗不料力，乃與吳戰，困於會稽，痛入於骨髓，日夜焦脣乾舌，徒欲與吳王接踵而死，孤之願也。”遂問子貢。子貢曰：“吳王爲人猛暴，群臣不堪；國家敝以數戰，士卒弗忍；百姓怨上，大臣内變；子胥以諫死〔二〕，太宰嚭用事，順君之過以安其私：是殘國之治也。今王誠發士卒佐之以徼其志〔三〕，重寶以説其心，卑辭以尊其禮，其伐齊必也。彼戰不勝，王之福矣。戰勝，必以兵臨晉，臣請北見晉君，令共攻之，弱吳必矣。其鋭兵盡於齊，重甲困於晉，而王制其敝，此滅吳必矣。”越王大説，許諾。送子貢金百鎰，劍一，良矛二。子貢不受，遂行。

〔一〕身御，親自駕車。

〔二〕司馬貞曰：“王劭按：《家語》、《越絶》並無此五字。是時子胥未死。”

〔三〕裴駰曰：“王肅曰：‘激射其志。’”徼，投合。

報吳王曰：“臣敬以大王之言告越王，越王大恐。曰：‘孤不幸，少失先人，内不自量，抵罪於吳，軍敗身辱，棲于會稽，國爲虛莽〔一〕，賴大王之賜，使得奉俎豆而修祭祀，死不敢忘，何謀之敢慮！’”後五日，越使大夫種頓首言於吳王曰：“東海役臣孤句踐使者臣種，敢修下吏問於左右。今竊聞大王將興大義，誅彊救弱，困暴齊而撫周室，請悉起境内士卒三千人，孤請自被堅執鋭，以先受矢石。因越賤臣種奉先人藏器，甲二十領，鈇屈盧之矛〔二〕，步光之劍，以賀軍吏。”吳王大説，以告子貢曰：“越王欲身從寡人伐齊，可乎？”子貢曰：“不可。夫空人之國,悉人之衆,又從其君,不義。君受其幣,許其師,而辭其君。”吳王許諾,乃謝越王。於是吳王乃遂發九郡兵伐齊。

〔一〕虛莽,荒原。

〔二〕司馬貞曰:“鈇音膚,斧也。劉氏云一本無此字。屈盧,矛名。”

　　子貢因去之晉,謂晉君曰:“臣聞之,慮不先定不可以應卒[一],兵不先辨不可以勝敵。今夫齊與吳將戰,彼戰而不勝,越亂之必矣;與齊戰而勝,必以其兵臨晉。”晉君大恐,曰:“爲之奈何?”子貢曰:“修兵休卒以待之。”晉君許諾。

〔一〕司馬貞曰:“按:卒謂急卒也。言計慮不先定,不可以應卒有非常之事。”

　　子貢去而之魯。吳王果與齊人戰於艾陵[一],大破齊師,獲七將軍之兵而不歸,果以兵臨晉,與晉人相遇黃池之上[二]。吳晉爭彊。晉人擊之,大敗吳師。越王聞之,涉江襲吳,去城七里而軍。吳王聞之,去晉而歸,與越戰於五湖。三戰不勝,城門不守,越遂圍王宮,殺夫差而戮其相[三]。破吳三年,東向而霸。

〔一〕艾陵,一説在山東泰安東南,一説在萊蕪東北。司馬貞曰:“按:《左傳》在哀十一年。”

〔二〕黃池,在河南封丘縣西南。司馬貞曰:《左傳》黃池之會在哀十三年。越入吳,吳與越平也。”

〔三〕司馬貞曰:“按:《左傳》越滅吳在哀二十二年,則事並懸隔數年。蓋此文欲終説其事,故其辭相連。”

　　故子貢一出,存魯,亂齊,破吳,彊晉而霸越。子貢一使,使勢相破,十年之中,五國各有變。

　　子貢好廢舉,與時轉貨貲[一]。喜揚人之美,不能匿人之過。常相魯衛,家累千金,卒終于齊。

〔一〕裴駰曰:“廢舉謂停貯也。與時謂逐時也。夫物賤則買而停貯,值貴即逐時轉易,貨賣取資利也。”司馬貞曰:“《家語》‘貨’作‘化’。王肅云:‘廢舉謂買賤賣貴也,轉化謂隨時轉貨以殖其資也。’劉氏云:‘廢謂物貴而賣之,舉謂物賤而收買之,轉貨謂轉貴收賤也。’”

言偃,吴人,字子游。少孔子四十五歲。

子游既已受業,爲武城宰。孔子過,聞弦歌之聲。孔子莞爾而笑曰[一]:"割鷄焉用牛刀?"子游曰:"昔者偃聞諸夫子曰,君子學道則愛人,小人學道則易使。"孔子曰:"二三子,偃之言是也。前言戲之耳。"孔子以爲子游習於文學。

〔一〕裴駰曰:"何晏曰:'莞爾,小笑貌。'"

卜商字子夏。少孔子四十四歲。

子夏問:"'巧笑倩兮,美目盼兮,素以爲絢兮'[一],何謂也?"子曰:"繪事後素[二]。"曰:"禮後乎[三]?"孔子曰:"商始可與言《詩》已矣。"

〔一〕裴駰曰:"馬融曰:'倩,笑貌。盼,動目貌。絢,文貌。此上二句在《衛風·碩人》之二章,其下一句逸《詩》。'"

〔二〕裴駰曰:"鄭玄曰:'繪,畫文也。凡畫繪先布衆色,然後以素分布其間以成其文,喻美女雖有倩盼美質,亦須禮以成也。'"

〔三〕裴駰曰:"何晏曰:'孔言繢事後素,子夏聞而解知以素喻禮,故曰"禮後乎"。'"

子貢問:"師與商孰賢?"子曰:"師也過,商也不及。""然則師愈與?"曰:"過猶不及。"

子謂子夏曰:"汝爲君子儒,無爲小人儒。"

孔子既没,子夏居西河教授,爲魏文侯師[一]。其子死,哭之失明。

〔一〕司馬貞曰:"子夏文學著於四科,序《詩》,傳《易》。又孔子以《春秋》屬商。又傳《禮》,著在《禮志》。而此史並不論,空記《論語》小事,亦其疏也。"

顓孫師,陳人,字子張。少孔子四十八歲。

子張問干禄[一],孔子曰:"多聞闕疑,慎言其餘,則寡尤[二];多見闕殆,慎行其餘,則寡悔[三]。言寡尤,行寡悔,禄在其中矣。"

〔一〕裴駰曰:"鄭玄曰:'干,求也。禄,禄位也。'"

〔二〕裴駰曰:"包氏曰:'尤,過也。疑則闕之;其餘不疑,猶慎言之,則少過。'"

〔三〕裴駰曰:"包氏曰:'殆,危也。所見危者,闕而不行,則少悔。'"

他日從在陳蔡間,困,問行。孔子曰:"言忠信,行篤敬,雖蠻貊之國行也；言不忠信，行不篤敬，雖州里行乎哉〔一〕！立則見其參於前也，在輿則見其倚於衡〔二〕，夫然後行。”子張書諸紳〔三〕。

〔一〕裴駰曰：“鄭玄曰：‘二千五百家爲州，五家爲鄰，五鄰爲里。行乎哉，言不可行。’”

〔二〕裴駰曰：“包氏曰：‘衡，軶也。言思念忠信，立則常想見，參然在前；在輿則若倚於車軶。’”

〔三〕裴駰曰：“孔安國曰：‘紳，大帶也。’”

子張問：“士何如斯可謂之達矣？”孔子曰：“何哉，爾所謂達者？”子張對曰：“在國必聞，在家必聞。”孔子曰：“是聞也，非達也。夫達者，質直而好義，察言而觀色，慮以下人，在國及家必達。夫聞也者，色取仁而行違，居之不疑，在國及家必聞。”

曾參，南武城人，字子輿。少孔子四十六歲。

孔子以爲能通孝道，故授之業。作《孝經》。死於魯。

澹臺滅明〔一〕，武城人，字子羽。少孔子三十九歲。

〔一〕裴駰曰：“包氏曰：‘澹臺，姓；滅明，名。’”

狀貌甚惡。欲事孔子，孔子以爲材薄。既已受業，退而修行，行不由徑，非公事不見卿大夫。

南游至江，從弟子三百人，設取予去就，名施乎諸侯。孔子聞之，曰：“吾以言取人，失之宰予；以貌取人，失之子羽。”

宓不齊字子賤。少孔子三十歲。

孔子謂：“子賤，君子哉！魯無君子，斯焉取斯？”

子賤爲單父宰，反命於孔子，曰：“此國有賢不齊者五人，教不齊所以治者。”孔子曰：“惜哉不齊所治者小，所治者大則庶幾矣。”

原憲字子思。

子思問恥。孔子曰：“國有道，穀。國無道，穀，恥也。”

子思曰：“克伐怨欲不行焉〔一〕，可以爲仁乎？”孔子曰：“可以爲難矣，仁則吾弗知也。”

〔一〕裴駰曰：“馬融曰：‘克，好勝人也。伐，自伐其功。怨，忌也。欲，貪欲也。’”

孔子卒，原憲遂亡在草澤中〔一〕。子貢相衛，而結駟連騎，排藜藋入窮閭,過謝原憲。憲攝敝衣冠見子貢。子貢恥之,曰:“夫子豈病乎?”原憲曰:“吾聞之,無財者謂之貧,學道而不能行者謂之病。若憲,貧也,非病也。”子貢慙,不懌而去[二],終身恥其言之過也。

〔一〕謂隱居避世。

〔二〕懌,樂。

公冶長,齊人,字子長。

孔子曰:“長可妻也,雖在累紲之中[一],非其罪也。”以其子妻之。

〔一〕裴駰曰:“孔安國曰:‘累,黑索也。紲,攣也。所以拘罪人。’”

南宮括字子容。

問孔子曰:“羿善射,奡盪舟[一],俱不得其死然;禹、稷躬稼而有天下?”孔子弗答。容出,孔子曰:“君子哉若人! 上德哉若人[二]!”“國有道,不廢[三];國無道,免於刑戮。”三復“白珪之玷”[四]。以其兄之子妻之。

〔一〕裴駰曰:“孔安國曰:‘羿,有窮之君,篡夏后位,其徒寒浞殺之,因其室而生奡。奡多力,能陸地行舟,爲夏后少康所殺。’”

〔二〕上,同“尚”。

〔三〕裴駰曰:“孔安國曰:‘不廢,言見用。’”

〔四〕裴駰曰:“孔安國曰:‘《詩》云“白珪之玷,尚可磨也;斯言之玷,不可爲也”。南容讀《詩》至此,三反之,是其心敬慎於言。’”

公皙哀字季次。

孔子曰:“天下無行,多爲家臣,仕於都;唯季次未嘗仕。”

曾蒧字皙[一]。

〔一〕蒧,音點。曾蒧,即曾點,曾參之父。

侍孔子,孔子曰:“言爾志。”蒧曰:“春服既成,冠者五六人,童子六七人,浴乎沂,風乎舞雩,詠而歸。”孔子喟爾歎曰:“吾與蒧也!”

顏無繇字路。路者,顏回父,父子嘗各異時事孔子。

顏回死,顏路貧,請孔子車以葬。孔子曰:“材不材,亦各言其子也。鯉也死,有棺而無椁,吾不徒行以爲之椁,以吾從大夫之後,不可以徒行。"

商瞿,魯人,字子木。少孔子二十九歲。

孔子傳《易》於瞿,瞿傳楚人馯臂子弘[一],弘傳江東人矯子庸疵[二],疵傳燕人周子家豎[三],豎傳淳于人光子乘羽[四],羽傳齊人田子莊何[五],何傳東武人王子中同[六],同傳菑川人楊何。何元朔中以治《易》爲漢中大夫。

[一]"馯",裴駰引徐廣曰:"音寒。"司馬貞曰:"馯,徐廣音韓,鄒誕生音汗。按:《儒林傳》、《荀卿子》及《漢書》皆云馯臂字子弓,今此獨作'弘',蓋誤耳。應劭云子弓是子夏門人。"

[二]司馬貞曰:"《儒林傳》及《系本》皆作'蟜'。疵音自移反。疵字或作'疪'。蟜是姓,疵,名也,字子肩。然蟜姓,魯莊公族也,《禮記》'蟜固見季武子'。蓋魯人,《史·儒林傳》皆云魯人,獨此云江東人,蓋亦誤耳。《儒林傳》云馯臂,江東人;蟜疵,楚人也。"張守節曰:"《漢書》作'橋庇',云魯人。顏師古云橋庇字子庸。"

[三]張守節曰:"周豎字子家,《漢書》作'周醜'也。"

[四]司馬貞曰:"淳于,縣名,在北海。光羽字子乘。"

[五]司馬貞曰:"田何字子莊。"

[六]司馬貞曰:"王同字子中。"

高柴字子羔。少孔子三十歲。

子羔長不盈五尺,受業孔子,孔子以爲愚。

子路使子羔爲費郈宰,孔子曰:"賊夫人之子!"子路曰:"有民人焉,有社稷焉,何必讀書然後爲學!"孔子曰:"是故惡夫佞者。"

漆彫開字子開。

孔子使開仕,對曰:"吾斯之未能信。"孔子説。

公伯繚字子周[一]。

[一]司馬貞曰:"馬融云魯人。《家語》無公伯繚而有申繚子周。而譙周云:'疑公伯繚是讒愬之人,孔子不責,而云"其如命何",非弟子之流也。'今亦列比在七十二賢之數,蓋太史公誤。且'繚'亦作'遼'也。"

周愬子路於季孫,子服景伯以告孔子,曰:"夫子固有惑志,繚也吾力猶能肆諸市朝[一]。"孔子曰:"道之將行,命也;道之將廢,命也。

公伯繚其如命何！”

〔一〕裴駰曰：“鄭玄曰：‘吾勢猶能辨子路之無罪於季孫，使人誅繚而肆之也。有罪既刑，陳其尸曰肆。’”

司馬耕字子牛。

牛多言而躁。問仁於孔子，孔子曰：“仁者其言也訒〔一〕。”曰：“其言也訒，斯可謂之仁乎？”子曰：“爲之難，言之得無訒乎！”

〔一〕裴駰曰：“孔安國曰：‘訒，難也。’”

問君子，子曰：“君子不憂不懼。”曰：“不憂不懼，斯可謂之君子乎？”子曰：“內省不疚，夫何憂何懼！”

樊須字子遲。少孔子三十六歲。

樊遲請學稼，孔子曰：“吾不如老農。”請學圃，曰：“吾不如老圃。”〔一〕樊遲出，孔子曰：“小人哉樊須也！上好禮，則民莫敢不敬；上好義，則民莫敢不服；上好信，則民莫敢不用情〔二〕。夫如是，則四方之民襁負其子而至矣，焉用稼！”

〔一〕裴駰曰：“馬融曰：‘樹五穀曰稼，樹菜蔬曰圃。’”

〔二〕裴駰曰：“孔安國曰：‘情，實也。言民化上各以實德。’”

樊遲問仁，子曰：“愛人。”問智，曰：“知人。”

有若少孔子四十三歲。有若曰：“禮之用，和爲貴，先王之道斯爲美。小大由之，有所不行；知和而和，不以禮節之，亦不可行也〔一〕。”“信近於義，言可復也〔二〕；恭近於禮，遠恥辱也〔三〕；因不失其親，亦可宗也〔四〕。”

〔一〕裴駰曰：“馬融曰：‘人知禮貴和，而每事從和，不以禮爲節，亦不可以行也。’”

〔二〕裴駰曰：“何晏曰：‘復猶覆也。義不必信，信非義也。以其言可覆，故曰近義。’”

〔三〕裴駰曰：“何晏曰：‘恭不合禮，非禮也。以其能遠恥辱，故曰近禮。’”

〔四〕裴駰曰：“孔安國曰：‘因，親也。言所親不失其親，亦可宗敬。’”

孔子既没，弟子思慕，有若狀似孔子，弟子相與共立爲師，師之如夫子時也。他日，弟子進問曰：“昔夫子當行，使弟子持雨具，已而果雨。弟子問曰:'夫子何以知之?'夫子曰:'《詩》不云乎:"月離于畢,俾滂沱矣[一]。"昨暮月不宿畢乎?'他日,月宿畢,竟不雨。商瞿年長無子,其母爲取室。孔子使之齊,瞿母請之。孔子曰:'無憂,瞿年四十後當有五丈夫子[二]。'已而果然。敢問夫子何以知此?"有若默然無以應。弟子起曰:"有子避之,此非子之座也!"

〔一〕裴駰曰:"《毛傳》曰:'畢,噣也。月離陰星則雨。'"

〔二〕裴駰曰:"五男也。"

公西赤字子華。少孔子四十二歲。

子華使於齊,冉有爲其母請粟。孔子曰:"與之釜[一]。"請益,曰:"與之庾[二]。"冉子與之粟五秉[三]。孔子曰:"赤之適齊也,乘肥馬,衣輕裘。吾聞君子周急不繼富。"

〔一〕裴駰曰:"馬融曰:'六斗四升曰釜。'"

〔二〕裴駰曰:"包氏曰:'十六斗曰庾。'"

〔三〕裴駰曰:"馬融曰:'十六斛曰秉,五秉合八十斛。'"

巫馬施字子旗。少孔子三十歲。

陳司敗問孔子曰[一]:"魯昭公知禮乎?"孔子曰:"知禮。"退而揖巫馬旗曰:"吾聞君子不黨,君子亦黨乎? 魯君娶吳女爲夫人,命之爲孟子。孟子姓姬,諱稱同姓,故謂之孟子。魯君而知禮,孰不知禮[二]!"施以告孔子,孔子曰:"丘也幸,苟有過,人必知之。臣不可言君親之惡,爲諱者,禮也[三]。"

〔一〕裴駰曰:"孔安國曰:'司敗,官名。陳大夫也。'"

〔二〕裴駰曰:"孔安國曰:'相助匿非曰黨。禮同姓不婚,而君娶之。當稱"吳姬",諱曰"孟子"。'"

〔三〕裴駰曰:"孔安國曰:'以司敗之言告也。諱國惡,禮也。聖人之道弘,故受之爲過也。'"

梁鱣字叔魚。少孔子二十九歲。

顏幸字子柳。少孔子四十六歲。

冉孺字子魯。少孔子五十歲。

曹卹字子循。少孔子五十歲。

伯虔字子析。少孔子五十歲。

公孫龍字子石。少孔子五十三歲。

自子石已右三十五人,顯有年名及受業聞見于書傳。其四十有二人,無年及不見書傳者紀于左:

冉季字子產。

公祖句茲字子之。

秦祖字子南。

漆雕哆字子斂。

顏高字子驕。

漆雕徒父。

壤駟赤字子徒。

商澤。

石作蜀字子明。

任不齊字選。

公良孺字子正。

后處字子里。

秦冉字開。

公夏首字乘。

奚容箴字子皙。

公肩定字子中。

顏祖字襄。

鄡單字子家。

句井疆。

罕父黑字子索。

秦商字子丕。

申黨字周。

顏之僕字叔。

榮旂字子祈。

縣成字子祺。

左人郢字行。

燕伋字思。

鄭國字子徒。

秦非字子之。

施之常字子恒。

顏噲字子聲。

步叔乘字子車。

原亢籍。

樂欬字子聲。

廉絜字庸。

叔仲會字子期。

顏何字冉。

狄黑字皙。

邦巽字子斂。

孔忠。

公西輿如字子上。

公西葴字子上。

太史公曰：學者多稱七十子之徒，譽者或過其實，毀者或損其真，鈞之未覩厥容貌，則論言弟子籍，出孔氏古文近是。余以弟子名姓文字悉取《論語》弟子問，并次爲篇，疑者闕焉。

第九卷　史海鈎沉

國　語

　　《國語》是一部重要的先秦典籍,主要記述了春秋時期周王室和魯、齊、晉、鄭、楚、吳、越諸國的史事,被視爲國別史之首,但其特色不在於紀事,而在於紀言,是一部集結各國之"語"而成的議論總集,故名"國語"。司馬遷在《史記‧太史公自序》和《報任安書》中最早提及此書,並認爲作者爲左丘明:"左丘失明,厥有《國語》。"《漢書‧藝文志》中也有記載:"《國語》二十一篇,左丘明著。"漢人如王充、劉熙等多認爲《國語》爲"《春秋》外傳"。然晉代傅玄始疑此說,認爲"《國語》非左丘明所作。凡有共說一事而二文不同,必《國語》虛而《左傳》實,其言相反,不可強合也"。自宋呂大光、朱熹,至清尤侗、崔東壁、皮錫瑞等亦疑《國語》爲左丘明所作。《四庫全書總目提要》提出:"《國語》出自何人,說者不一,然終以漢人所說爲近古。"今人王樹民認爲,《國語》爲編輯成書,各篇成於不同時代,但都在左丘明之後,屬戰國時代之人取《春秋》之事而擬成文字者。

　　本書以《四庫全書》本《國語》爲底本,參之以《四部叢刊》本《國語》、徐元誥的《國語集解》(中華書局 2002 年版)以及郭沂的《孔子集語校補》進行輯注。

魯語下

　　季桓子穿井,獲如土缶,其中有羊焉[一]。使問之仲尼曰:"吾穿井而獲狗,何也?"對曰:"以丘之所聞,羊也。丘聞之,木石之怪,曰夔、蝄蜽[二];水之怪,曰龍、罔象[三];土之怪,曰羵羊[四]。"(又見於《説苑·辨物》、《搜神記》十二、《初學記》七、《文選·齊故安陸王碑》注引《韓詩外傳》、《御覽》九百二引《韓詩外傳》、《風俗通義·怪神》)

〔一〕“獲如土缶”,徐元誥本作“如獲土缶”。韋昭注曰:“或云,得土如瓦缶狀,中有土羊。昭謂:羊,生羊也,故謂之怪。”俞樾曰:“如韋說,則當云獲土如缶,不當云獲如土缶。託之或說,蓋亦有所未安耳。疑《國語》原文本作‘如獲土缶’。‘而’、‘如’古通用。”

〔二〕韋昭注曰:“木石,謂山也。或云,夔,一足,越人謂之山繅(音騷)。蚍蜽,山精,好敩人聲而迷惑人也。”

〔三〕韋昭注曰:“龍,神獸也。非常見,故曰怪。或曰:‘罔象食人,一名沐腫。’”

〔四〕《淮南子》:“井生墳羊。”高注云:“墳羊,土之精也。”

公父文伯退朝,朝其母,其母方績。文伯曰:“以歜之家而主猶績,懼干季孫之怒也,其以歜爲不能事主乎?”其母歎曰:“魯其亡乎!使僮子備官而未之聞耶?居,吾語女。昔聖王之處民也,擇瘠土而處之,勞其民而用之,故長王天下。夫民勞則思,思則善心生;逸則淫,淫則忘善,忘善則惡心生。沃土之民不材,逸也〔一〕;瘠土之民莫不嚮義,勞也〔二〕。是故天子大采朝日,與三公九卿祖識地德〔三〕;日中考政,與百官之政事,師尹、惟旅、牧、相宣序民事〔四〕;少采夕月,與太史、師載,糾虔天刑;日入監九御,使潔奉禘、郊之粢盛〔五〕,而後即安。諸侯朝修天子之業命,晝考其國職,夕省其典刑,夜儆百工,使無慆淫〔六〕,而後即安。卿大夫朝考其職,晝講其庶政,夕序其業,夜庀其家事〔七〕,而後即安。士朝而受業,晝而講貫〔八〕,夕而習復,夜而討過〔九〕,無憾而後即安。自庶人以下,明而動,晦而休,無日以怠。王后親織玄紞〔一〇〕,公侯之夫人加之以紘、綖〔一一〕,卿之内子爲大帶〔一二〕,命婦成祭服〔一三〕,列士之妻加之以朝服〔一四〕,自庶士以下,皆衣其夫。社而賦事,烝而獻功〔一五〕,男女效績,愆則有辟〔一六〕,古之制也。君子勞心,小人勞力,先王之訓也。自上以下,誰敢淫心舍力?今我寡也,爾又在下位,朝夕處事,猶恐忘先人之業。況有怠惰,其何以避辟!吾冀而朝夕修我曰:‘必無廢先人。’爾今曰:‘胡不自安。’以是承君之官,余懼穆伯之絶祀也。”仲尼聞之曰:“弟子志之,季氏之婦不淫矣〔一七〕。”

〔一〕“逸”，原作“淫”，依徐元誥據王念孫之説改。

〔二〕韋昭注：“善心生，故嚮義也。”

〔三〕韋昭注曰：“《禮》：‘天子以春分朝日，示有尊也。’虞説云：‘大采，衮織也。祖，習也。識，知也。地德所以廣生。’昭謂：《禮·玉藻》：‘天子玄冕以朝日。’玄冕冕服之下則大采，非衮織也。《周禮》：‘王搢大圭，執鎮圭，藻五采五就以朝日。’則大采謂此也。言天子與公卿因朝日以脩陽政而習地德，因夕月以治陰教而糾天刑。日照晝，月照夜，各因其明以脩其事。”今案：朝日，朝拜祭祀日神。

〔四〕韋昭注曰：“宣，徧也。序，次也。三君云：‘師尹，大夫官也，掌以美詔王。惟，陳也。旅，衆士也。牧，州牧也。相，國相也。皆百官政事之所及也。’”王引之以爲“政事”之“政”當讀爲正，正，長也，百官之政事即百官府之爲長官及任群職者。

〔五〕王引之曰：“此與《昏義》異也，《昏義》九嬪次於三夫人之下，此則有九嬪無三夫人。非有其人而不列於此也，内宰、内小臣、内司服、追師皆但言九嬪而不及三夫人，然則《周禮》無三夫人明矣。《周語》《魯語》言‘九御’，《月令》‘后妃帥九嬪御’，乃禮天子所御，皆言九嬪，而不及夫人，與《周禮》合。無三夫人，故但云‘帥九嬪’。鄭注謂‘天子有夫人，有嬪，有世婦，有女御。獨云帥九嬪，舉中言也’，失之。高誘注《吕氏·仲春紀》，分后妃爲二，以妃爲夫人，尤誤。”

〔六〕韋昭注曰：“儆，戒也。工，官也。惰，慢也。”

〔七〕“庇”，一本作“庀”。徐元誥注：“庇，治也。”

〔八〕“講”，一本作“習”。韋昭注曰：“貫，習也。”

〔九〕“討”，原作“計”，依徐元誥據《列女傳》改。

〔一〇〕韋昭注曰：“説云：‘紞，冠之垂前後者。’昭謂：紞，所以懸瑱當耳者。”

〔一一〕韋昭注曰：“既織紞，又加之以紘、綖也。冕曰紘。紘，纓之無緌者也，從下而上，不結。綖，冕上之覆也。”

〔一二〕韋昭注曰：“卿之適妻曰内子。大帶，緇帶也。”

〔一三〕韋昭注曰：“命婦，大夫之妻也。祭服，玄衣、纁裳也。”

〔一四〕韋昭注曰：“列士，元士也。既成祭服，又加之以朝服也。朝服，天子之士皮弁素積，諸侯之士玄端委貌。”

〔一五〕烝，冬祭。

〔一六〕韋昭注曰：“績，功也。辟，罪也。”

〔一七〕韋昭注曰：“淫，汏也。《大戴禮·曾子立事》篇：‘居上位而不淫。’鄭注曰：‘淫，汏也。’是其證。汏，謂驕也，見昭三年《左傳》注。季氏之婦不淫，即謂季氏之婦不驕也。”

公父文伯之母，季康子之從祖叔母也。康子往焉，闈門與之言〔一〕,皆不踰閾〔二〕。祭悼子,康子與焉,酢不受,徹俎不宴,宗不具不繹〔三〕,繹不盡飫則退〔四〕。仲尼聞之,以爲別於男女之禮矣。

〔一〕韋昭注曰:"閾,闑也。門,寢門也。"

〔二〕韋昭注曰:"閾,門限也。皆,二人也。"

〔三〕韋昭注曰:"繹,又祭也。唐尚書云:'祭之明日也。'昭謂:天子、諸侯曰繹,以祭之明日。卿大夫曰賓尸,與祭同日。此言祭者,通言也。賈侍中云:'宗,宗臣,主祭祀之禮也。不具,謂宗臣不具在,則敬姜不與繹也。'"

〔四〕韋昭注曰:"説云:'飫,宴安私飲也。'昭謂:立曰飫,坐曰宴。言宗具則與繹,繹畢而飲,不盡飫禮而退,恐有醉飽之失,皆所以遠嫌也。"

公父文伯卒,其母戒其妾曰:"吾聞之:好內,女死之;好外,士死之。今吾子夭死,吾惡其以好內聞也。二三婦之辱共先祀者,請無瘠色,無洵涕,無摘膺〔二〕,無憂容,有降服,無加服。從禮而静,是昭吾子也。"仲尼聞之曰:"女知莫如婦,男知莫如夫。公父氏之婦知也夫!欲明其子之令德〔三〕。"

〔一〕韋昭注曰:"摘,叩也。膺,胸也。"

〔二〕徐元誥本"令德"下有"也"字。

公父文伯之母朝哭穆伯,而暮哭文伯。仲尼聞之曰:"季氏之婦可謂知禮矣。愛而無私,上下有章。"

吳伐越,墮會稽,獲骨焉,節專車〔一〕。吳子使來好聘〔二〕,且問之仲尼,曰:"無以吾命〔三〕。"賓發幣於大夫,及仲尼,仲尼爵之〔四〕。既徹俎而宴,客執骨而問曰:"敢問骨何爲大?"仲尼曰:"丘聞之,昔禹致群神於會稽之山〔五〕,防風氏後至〔六〕,禹殺而戮之,其骨節專車。此爲大矣。"客曰:"敢問誰守爲神?"仲尼曰:"山川之靈,足以紀綱天下者,其守爲神;社稷之守,爲公侯。皆屬於王者。"客曰:"防風氏何守也?"仲尼曰:"汪芒氏之君也,守封、嵎之山者也,爲漆姓。在虞、夏、商爲汪芒氏,於周爲長翟,今爲大夫。"客曰:"人長之極幾何?"仲尼曰:"僬僥氏長三尺,短之至也。長者不過十,數之極也。"(又見於《説苑・辨物》)

〔一〕韋昭注曰:"骨一節,其長專車。專,擅也。"吳曾祺曰:"專車,滿一車也。"

〔二〕韋昭注曰：“吳子，夫差也。好聘，修舊好也。”

〔三〕吳曾祺曰：“使者自以意問，不言上所命也。”

〔四〕韋昭注曰：“爵之，飲之酒也。”

〔五〕韋昭注曰：“群神，謂主山川之君，爲群神之主，故謂之神也。”

〔六〕韋昭曰：“防風，汪芒氏君之名也。”

　　仲尼在陳，有隼集於陳侯之庭而死，楛矢貫之，石砮，其長尺有咫〔一〕。陳惠公使人以隼如仲尼之館問之。仲尼曰：“隼之來也遠矣！此肅慎氏之矢也〔二〕。昔武王克商，通道於九夷百蠻〔三〕，使各以其方賄來貢〔四〕，使無忘職業。於是肅慎氏貢楛矢石砮，其長尺有咫。先王欲昭其令德之致遠也，以示後人，使永監焉，故銘其括曰“肅慎氏之貢矢”〔五〕，以分大姬，配虞胡公而封諸陳〔六〕。古者，分同姓以珍玉，展親也〔七〕；分異姓以遠方之職貢，使無忘服也〔八〕。故分陳以肅慎氏之貢。君若使有司求諸故府，其可得也。”使求，得之金櫝，如之〔九〕。（又見於《説苑·辨物》）

〔一〕韋昭注曰：“隼，鷙鳥也。楛，木名。砮，鏃也，以石爲之。八寸曰咫。楛矢貫之，墜而死也。”

〔二〕韋昭注曰：“肅慎，北夷之國，故隼來遠矣。《傳》曰：‘肅慎、燕、亳，吾北土也。’”吳曾祺曰：“肅慎，後音轉爲女真，在今甯古塔。”

〔三〕韋昭注曰：“九夷，東夷九國也。百蠻，蠻有百邑也。”

〔四〕韋昭注曰：“各以所居之方所出貨賄爲貢也。”

〔五〕韋昭注曰：“刻曰銘。括，箭、羽之間也。”

〔六〕韋昭注曰：“分，予也。大姬，武王元女。胡公，舜後，虞遏父之子胡滿也。諸，之也。”

〔七〕韋昭注曰：“展，重也。玉，謂若夏后氏之璜。”

〔八〕徐元誥曰：“服，謂要服。《周語》曰：‘要服者貢。’”

〔九〕韋昭注曰：“櫝，櫃也。金，以金帶其外也。如之，如孔子之言也。”

　　季康子欲以田賦〔一〕，使冉有訪諸仲尼。仲尼不對，私於冉有曰：“求，來！汝不聞乎？先王制土，藉田以力，而砥其遠邇〔二〕；賦里以入，而量其有無〔三〕；任力以夫，而議其老幼〔四〕。於是乎有鰥、寡、孤、疾，有軍旅之出則徵之，無則已。其歲收，田一井出稯禾，秉芻、缶米，不是過也。先王以爲足。若子季孫欲其法也,則有周公之籍矣;若欲犯法[五],則苟而賦,又何訪焉!”

〔一〕韋昭注曰:“田賦,以田出賦。”

〔二〕韋昭注曰:“制土,制其肥磽以爲差也。藉田,謂稅也。以力,謂三十者受田百畝,二十者受五十畝,六十還田也。砥,平也。平遠邇,遠邇有差也。”

〔三〕韋昭注曰:“里,廛也,謂商賈所居之區域也。以入,計其利入多少而量其財業有無以爲差也。”

〔四〕韋昭注曰:“力,謂徭役。以夫,以夫家爲數也。議其老幼,老幼則有復除也。”

〔五〕韋昭注曰:“其歲,有軍旅之歲也。缶,庾也。《聘禮》曰:‘六斗曰庾,十庾曰秉。秉,二百四十斤也。四秉曰筥,十筥曰稯。稯,二百四十斛也。’”今案:韋注“六斗”原作“十六斗”,“二百四十斤”原作“一百六十斗”,“二百四十斛”原作“六百四十斛”,今皆依徐元誥據《發正》改。

魯哀公問於孔子曰:“吾聞夔一足,信乎?”對曰:“夔,人也,何其一足也? 夔通於聲,堯曰:‘夔一而已。’使爲樂正。故君子曰:“夔有一,足。非一足也。”[一](又見於《吕氏春秋·慎行論·察傳》、《韓非子·外儲説左下》)

〔一〕此條爲孫星衍《孔子集語》所引,然《四庫全書》、《四部叢刊》、《四部備要》諸本《國語》皆無此文,不知孫氏何據。

戰國策

《戰國策》,戰國時期國别體史書,漢劉向校録。劉向《戰國策叙録》説:“所校中《戰國策》書,中書餘卷,錯亂相糅舛。又有國别者八篇,少不足。臣向因國别者略以時次之,分别不以序者以相補,除複重,得三十三篇。……中書本號或曰《國策》,或曰《國事》,或曰《短長》,或曰《事語》,或曰《長書》,或曰《修書》。臣向以爲戰國時游士,輔所用之國,爲之策謀,宜爲《戰國策》。其事繼《春秋》以後,訖楚漢之起,二百四十五年間之事。”此書主要記述了戰國時期縱橫家的政治主張和遊辯策略,一般認爲作於戰國時期各國史官或策士。西漢劉向編定爲三十三篇,《隋書·經籍志》録三十四卷,《新唐書·藝文志》已缺兩卷,北宋時散佚十一篇。北宋曾鞏云:“《崇文總目》稱十一篇者闕,臣訪之士大夫家,始盡得其書,證其誤謬而不可考者,然後《戰國策》三十三篇復完。”是爲今本。

歷代注疏此書的代表作有宋姚宏據漢高誘注本所校《戰國策注》、元吳師道《戰國策校注》等。

本書以上海古籍出版社 1985 年標點本《戰國策》爲底本，以郭沂的《孔子集語校補》爲參校本進行輯録、校勘。

卷五　秦三

蔡澤曰："……夫待死而後可以立忠成名，是微子不足仁，孔子不足聖，管仲不足大也。"

卷七　秦五

甘羅曰："夫項橐生七歲而爲孔子師。"（又見於《淮南子·修務訓》、《淮南子·說林訓》高誘注、《論衡·實知》、《御覽》四百四引《春秋後語》、《玉燭寶典》五）

卷十七　楚四

或謂黃齊曰："……公不聞老萊子之教孔子事君乎？示之其齒之堅也，六十而盡相靡也。"

附録　劉向書録

孔子曰："能以禮讓爲國乎何有？"周之流化，豈不大哉！及春秋之後，衆賢輔國者既没，而禮義衰矣。孔子雖論《詩》、《書》，定禮、樂，王道粲然分明，以匹夫無勢，化之者七十二人而已，皆天下之俊也，時君莫尚之，是以王道遂用不興。故曰："非威不立，非勢不行。"

孔子曰："道之以政，齊之以刑，民免而無耻；道之以德，齊之以禮，有耻且格。"

世　本

《漢書·藝文志》載："《世本》十五篇，古史官記黃帝以來訖春秋時諸侯大夫。”唐劉知幾指出：“楚漢之際，有好事者録自古帝王公侯卿大夫之世，終乎秦末，號曰《世》。”此書由先秦時期史官修撰，西漢末年劉向校書定爲現名，後來在唐朝時爲避唐太宗李世民諱，又一度改名爲《系本》。全書包括《帝系》、《王侯世》、《卿大夫世》、《氏族》、《作篇》、《居篇》及《謚法》等十五篇，爲司馬遷《史記》、韋昭《國語注》、杜預《春秋經傳集解》、司馬貞《史記索隱》、張守節《史記正義》所徵引。東漢宋衷曾爲之作注。《舊唐書·經籍志》曰：“《世本》四卷，宋衷撰。《世本別録》一卷，《帝譜世本》七卷，宋均撰。”《新唐書·藝文志》曰：“宋衷《世本》四卷，《別録》一卷，宋衷注《帝譜世本》十卷。”南朝時《世本》缺《謚法》一篇，至唐朝散佚更多，至南宋末則全失。1957 年商務印書館將清代八家輯本彙編成《世本八種》一書。

　　本書以《叢書集成》本雷學淇校輯《世本》爲底本，以郭沂的《孔子集語校補》爲參校本進行輯録、校勘。

　　宋湣公生弗甫何，弗甫何生宋父，宋父生正考甫，正考甫生孔父嘉，爲宋司馬，華督殺之，而絶其世。其子木金父降爲士。木金父生祁父，祁父生防叔，爲華氏所偪，奔魯，爲防大夫，故曰防叔[一]。防叔生伯夏，伯夏生叔梁紇，叔梁紇生仲尼[二]。（《詩·商頌序》疏引，又見于《潛夫論·志氏姓》）

　〔一〕《十三經注疏》本《春秋左傳正義》下有“則正考甫是孔子七世之祖”十一字。
　〔二〕孫星衍《孔子集語》注云：《左傳·桓元年》疏引作“孔父嘉生木金父，木金父生祁父，其于奔魯爲防叔，防叔生伯夏，伯夏生叔梁紇，叔梁紇生仲尼”，省文。

　　孔子後數世皆一子[一]。
　〔一〕《鄭志》引此，見《十三經注疏》本《禮記·檀弓》正義。

　　孔子圬頂，反首張面。（又見於《路史後紀》十注）

史　記

　　《史記》，漢司馬遷著，中國第一部紀傳體通史，居二十四史之首。全書凡一百三十卷，包括十二本紀、十表、八書、三十世家、七十列傳，記載上起黄帝下至漢武帝太初四年的歷史,時間跨度三千餘年。初無定名,世人稱之爲"太史公書"、"太史公傳",省稱"太史公",成書於東漢桓帝時的《東海廟碑》始稱之爲"史記"。三國以後,"史記"漸由史書之通稱演變爲此書的專稱。《漢書·司馬遷傳》謂《史記》"是非頗謬於聖人,論大道則先黄老而後六經,序遊俠則退處士而進奸雄,述貨殖則崇勢利而羞賤貧,此其所蔽也",故當時是書被視爲"謗書",以致西漢時就被删改。至東漢班固時,已少十篇。《後漢書·楊終傳》云,楊終"受詔删《太史公書》爲十餘萬言"。然此删定本漢後不傳。《四庫全書總目提要》曰:"張晏注以爲遷歿之後,亡《景帝紀》、《武帝紀》、《禮書》、《樂書》、《兵書》、《漢興以來將相年表》、《日者列傳》、《三王世家》、《龜策列傳》、《傅靳列傳》。劉知幾《史通》則以爲十篇未成,有録而已,駁張晏之説爲非。今考《日者》、《龜策》二傳,並有'太史公曰',又有'褚先生曰',是爲補綴殘稿之明證,當以知幾爲是也。"

　　歷代治《史記》的代表作有南朝裴駰的《史記集解》、唐司馬貞的《史記索隱》、唐張守節的《史記正義》(以上三書被稱爲"三家注")、清梁玉繩的《史記志疑》、清崔適的《史記探源》、清張森楷的《史記新校注》等。

　　本書根據中華書局 1959 年標點本《史記》,並參考馬持盈的《史記今注》(臺灣商務印書館 1998 年版)加以整理。

五帝本紀

　　孔子所傳《宰予問五帝德》及《帝繫姓》,儒者或不傳。

夏本紀

　　孔子正夏時,學者多傳《夏小正》云。

殷本紀

　　孔子曰:"殷路車爲善,而色尚白。"[一]

〔一〕司馬貞曰:"《論語》孔子曰:'乘殷之輅。'《禮記》曰'殷人尚白',太史公爲贊,不取成文,遂作此語,亦疏略也。"

周本紀

　　四十一年,楚滅陳。孔子卒。

秦本紀

惠公元年,孔子行魯相事。

秦始皇本紀

孔子以悼公十二年卒。

孝文本紀

孔子言:“必世然後仁。善人之治國百年,亦可以勝殘去殺。”

三代世表

五帝、三代之記,尚矣。自殷以前諸侯不可得而譜,周以來乃頗可著。孔子因史文次《春秋》,紀元年,正時日月,蓋其詳哉。至於序《尚書》則略,無年月,或頗有,然多闕,不可録。故疑則傳疑,蓋其慎也。

孔子曰:“昔者堯命契爲子氏,爲有湯也〔一〕;命后稷爲姬氏,爲有文王也;大王命季歷,明天瑞也。太伯之吳,遂生源也。”

〔一〕爲,使也,訓“致使”之使。下“爲有文王也”同。

十二諸侯年表

孔子明王道,干七十餘君,莫能用,故西觀周室,論史記舊聞,興於魯而次《春秋》,上記隱,下至哀之獲麟,約其辭文,去其煩重,以制義法,王道備,人事浹。七十子之徒口受其傳指,爲有所刺譏褒諱挹損之文辭不可以書見也。魯君子左丘明懼弟子人人異端,各安其意,失其真,故因孔子史記具論其語,成《左氏春秋》。

禮　書

自子夏,門人之高弟也,猶云“出見紛華盛麗而説,入聞夫子之道而樂,二者心戰,未能自決",而況中庸以下,漸漬於失教,被服於成俗乎?孔子曰"必也正名",於衛所居不合。仲尼没後,受業之徒沈湮而不舉,或適齊、楚,或入河海,豈不痛哉!

樂　書

賓牟賈侍坐於孔子,孔子與之言,及樂,曰:"夫《武》之備戒之已久[一],何也?"答曰:"病不得其衆也。""永歎之,淫液之[二],何也?"答曰:"恐不逮事也[三]。""發揚蹈厲之已蚤[四],何也?"答曰:"及時事也。""《武》坐致右憲左[五],何也?"答曰:"非《武》坐也。""聲淫及商,何也?"答曰:"非《武》音也。"子曰:"若非《武》音,則何音也?"答曰:"有司失其傳也[六]。如非有司失其傳,則武王之志荒矣。"子曰:"唯丘之聞諸萇弘,亦若吾子之言是也。"賓牟賈起,免席而請曰:"夫《武》之備戒之已久,則既聞命矣。敢問遲之遲而又久[七],何也?"子曰:"居,吾語汝。夫樂者,象成者也。總干而山立[八],武王之事也;發揚蹈厲,太公之志也;《武》亂皆坐[九],周、召之治也。且夫《武》,始而北出,再成而滅商,三成而南,四成而南國是疆,五成而分陝,周公左,召公右,六成復綴,以崇天子[一〇],夾振之而四伐,盛威於中國也。分夾而進,事蚤濟也。久立於綴,以待諸侯之至也。且夫女獨未聞牧野之語乎?武王克殷反商,未及下車,而封黃帝之後於薊,封帝堯之後於祝,封帝舜之後於陳;下車而封夏后氏之後於杞,封殷之後於宋,封王子比干之墓,釋箕子之囚,使之行商容而復其位。庶民弛政,庶士倍祿。濟河而西,馬散華山之陽而弗復乘;牛散桃林之野而不復服;車甲弢而藏之府庫而弗復用;倒載干戈,苞之以虎皮;將率之士,使爲諸侯,名之曰'建櫜'[一一]:然後天下知武王之不復用兵也。散軍而郊射,左射《貍首》,右射《騶虞》,而貫革之射息也;裨冕搢笏,而虎賁之士稅劍也;祀乎明堂,而民知孝;朝覲,然後諸侯知所以臣;耕藉,然後諸侯知所以敬:五者天下之大教也。食三老五更於太學,天子袒而割牲,執醬而饋,執爵而酳,冕而總干,所以教諸侯之悌也。若此,則周道四達,禮樂交通,則夫《武》之遲久,不亦宜乎?"

〔一〕裴駰曰:"鄭玄曰:'《武》謂周舞也。備戒,擊鼓警衆也。'"
〔二〕裴駰曰:"鄭玄曰:'永歎,淫液,歌遲之也。'"

〔三〕裴駰曰:"鄭玄曰:'逮,及也。事,伐事也。'"

〔四〕裴駰曰:"王肅曰:'厲,疾也。備戒雖久,至其發作又疾也。'"

〔五〕裴駰曰:"王肅曰:'右膝至地,左膝去地也。'"張守節曰:"憲音軒。第四問也。
        坐,跪也。致,至也。軒,起也。問舞人何忽有時而跪也。"

〔六〕裴駰曰:"鄭玄曰:'有司,典樂者。傳猶説也。'"

〔七〕裴駰曰:"鄭玄曰:'遲之遲謂久立於綴。'"

〔八〕裴駰曰:"王肅曰:'總持干楯,山立不動。'"

〔九〕裴駰曰:"王肅曰:'《武》亂,武之治也。皆坐,以象安民無事也。'"

〔一〇〕裴駰曰:"鄭玄曰:'六奏,象兵還振旅也。復綴,反位止也。'"

〔一一〕裴駰曰:"王肅曰:'所以能囊弓矢而不用者,將率之士力也,故建以爲諸侯,謂
        之建囊也。'"

天官書

孔子論六經,紀異而説不書。

吴太伯世家

(吴王闔廬)十五年,孔子相魯。

孔子言:"太伯可謂至德矣,三以天下讓,民無得而稱焉。"

齊太公世家

(景公)四十八年,與魯定公好會夾谷。犁鉏曰:"孔丘知禮而怯,請令萊人爲樂,因執魯君,可得志。"景公害孔丘相魯,懼其霸,故從犁鉏之計。方會,進萊樂,孔子歷階上,使有司執萊人斬之,以禮讓景公。景公慚,乃歸魯侵地以謝,而罷去。是歲,晏嬰卒。

魯周公世家

(襄公)二十二年,孔丘生。

十年,定公與齊景公會於夾谷,孔子行相事。齊欲襲魯君,孔子以禮歷階,誅齊淫樂,齊侯懼,乃止,歸魯侵地而謝過。十二年,使仲

由毀三桓城,收其甲兵。孟氏不肯墮城,伐之,不克而止。季桓子受齊女樂,孔子去。

（哀公）十一年,齊伐魯。季氏用冉有有功,思孔子,孔子自衛歸魯。

（哀公）十四年,齊田常弒其君簡公於徐州。孔子請伐之,哀公不聽。十五年,使子服景伯、子貢爲介,適齊,齊歸我侵地。田常初相,欲親諸侯。

（哀公）十六年,孔子卒。

太史公曰:“余聞孔子稱曰:‘甚矣魯道之衰也! 洙泗之間齗齗如也〔一〕。’”

〔一〕裴駰引徐廣曰:“齗,魚斤反,東州語也。蓋幼者患苦長者,長者忿愧自守,故齗齗爭辭,所以爲道衰也。”司馬貞曰:“齗音魚斤反,讀如《論語》‘誾誾如也’。言魯道雖微,而洙泗之間尚誾誾如也。”

陳杞世家

成公元年冬,楚莊王爲夏徵舒殺靈公,率諸侯伐陳。謂陳曰:“無驚,吾誅徵舒而已。”已誅徵舒,因縣陳而有之,群臣畢賀。申叔時使於齊來還,獨不賀。莊王問其故,對曰:“鄙語有之,牽牛徑人田,田主奪之牛。徑則有罪矣,奪之牛,不亦甚乎? 今王以徵舒爲賊弒君,故徵兵諸侯,以義伐之,已而取之,以利其地,則後何以令於天下! 是以不賀。”莊王曰:“善。”乃迎陳靈公太子午於晉而立之,復君陳如故,是爲成公。孔子讀史記至楚復陳,曰:“賢哉楚莊王! 輕千乘之國而重一言。”

湣公六年,孔子適陳。吳王夫差伐陳,取三邑而去。十三年,吳復來伐陳,陳告急楚,楚昭王來救,軍於城父,吳師去。是年,楚昭王卒於城父。時孔子在陳。

（湣公）二十四年，楚惠王復國，以兵北伐，殺陳湣公，遂滅陳而有之。是歲，孔子卒。

衛康叔世家

（靈公）三十八年，孔子來，禄之如魯。後有隙，孔子去。後復來。

孔子自陳入衛。（出公）九年，孔文子問兵於仲尼，仲尼不對。其後魯迎仲尼，仲尼反魯。

孔子聞衛亂，曰：“嗟乎！柴也其來乎，由也其死矣。”（又見於《御覽》八百六十五引《風俗通》）

（莊公）二年，魯孔丘卒。

宋微子世家

（景公）二十五年，孔子過宋，宋司馬桓魋惡之，欲殺孔子，孔子微服去。

孔子稱：“微子去之，箕子爲之奴，比干諫而死，殷有三仁焉。”

晉世家

孔子讀史記至文公，曰“諸侯無召王”、“王狩河陽”者，《春秋》諱之也。

盾遂奔，未出晉境。乙丑，盾昆弟將軍趙穿襲殺靈公於桃園，而迎趙盾。趙盾素貴，得民和；靈公少，侈，民不附，故爲弑易。盾復位。晉太史董狐書曰“趙盾弑其君”，以視於朝。盾曰：“弑者趙穿，我無罪。”太史曰：“子爲正卿，而亡不出境，反不誅國亂，非子而誰？”孔子聞之，曰：“董狐，古之良史也，書法不隱。宣子，良大夫也，爲法受惡。惜也，出疆乃免。”

楚世家

（昭王）十六年，孔子相魯。

昭王病於軍中，有赤雲如鳥，夾日而蜚。昭王問周太史，太史曰：“是害於楚王，然可移於將相。”將相聞是言，乃請自以身禱於神。昭王曰：“將相，孤之股肱也，今移禍，庸去是身乎！”弗聽。卜而河爲祟，大夫請禱河。昭王曰：“自吾先王受封，望不過江、漢，而河非所獲罪也。”止不許。孔子在陳，聞是言，曰：“楚昭王通大道矣。其不失國，宜哉！”

鄭世家

子産者，鄭成公少子也。爲人仁愛人，事君忠厚。孔子嘗過鄭，與子産如兄弟云。及聞子産死，孔子爲泣曰：“古之遺愛也！”

（聲公）二十二年，楚惠王滅陳。孔子卒。

趙世家

孔子聞趙簡子不請晉君而執邯鄲午，保晉陽，故書《春秋》曰“趙鞅以晉陽畔”。

魏世家

其後十四歲而孔子相魯。後四歲，趙簡子以晉陽之亂也，而與韓、魏共攻范、中行氏。魏獻子生魏侈。魏侈與趙鞅共攻范、中行氏。

田敬仲完世家

太史公曰：蓋孔子晚而喜《易》。《易》之爲術，幽明遠矣，非通人達才孰能注意焉！

外戚世家

孔子罕稱命,蓋難言之也。

留侯世家

孔子曰:"以貌取人,失之子羽。"

伯夷叔齊列傳

孔子序列古之仁聖賢人,如吳太伯、伯夷之倫詳矣。

孔子曰:"伯夷、叔齊,不念舊惡,怨是用希。""求仁得仁,又何怨乎?"

管晏列傳

管仲世所謂賢臣,然孔子小之。豈以爲周道衰微,桓公既賢,而不勉之至王,乃稱霸哉?

老莊申韓列傳

孔子適周,將問禮於老子。老子曰:"子所言者,其人與骨皆已朽矣,獨其言在耳。且君子得其時則駕,不得其時則蓬累而行〔一〕。吾聞之,良賈深藏若虛,君子盛德,容貌若愚。去子之驕氣與多欲,態色與淫志,是皆無益於子之身。吾所以告子,若是而已。"孔子去,謂弟子曰:"鳥,吾知其能飛;魚,吾知其能游;獸,吾知其能走。走者可以爲罔〔二〕,游者可以爲綸〔三〕,飛者可以爲矰〔四〕。至於龍,吾不能知,其乘風雲而上天。吾今日見老子,其猶龍邪!"(又見於《莊子·外篇·天運》、《論衡·龍虛》、《論衡·知實》)

〔一〕司馬貞曰:"劉氏云:蓬累猶扶持也。……按:蓬者,蓋也;累者,隨也。以言若得明君則駕車服冕,不遭時則自覆蓋相攜隨而去耳。"張守節曰:"蓬,沙磧上轉蓬也。累,轉行貌也。言君子得明主則駕車而事,不遭時則若蓬轉流移而行,可止則止也。蓬,其狀若嶓蒿,細葉,蔓生於漠中,風吹則根斷,隨風轉移也。嶓蒿,江東呼爲斜蒿云。"

〔二〕罔同"網"。

〔三〕《説文》曰："綸,青絲綬也。"

〔四〕《廣雅》曰："矰,箭也。"

商君列傳

孔丘有言曰："推賢而戴者進,聚不肖而王者退。"

樗里子甘茂列傳

夫項橐生七歲爲孔子師。

孟子荀卿列傳

衛靈公問陳,而孔子不答。

平原君虞卿列傳

孔子,賢人也,逐於魯,而是人不隨也。

田叔列傳

孔子稱曰："居是國必聞其政。"

平津侯主父列傳

孔子不云乎,"子率而正,孰敢不正"。"舉善而教不能則勸"。

儒林列傳

孔子閔王路廢而邪道興,於是論次《詩》《書》,修起禮樂。適齊聞《韶》,三月不知肉味。自衛返魯,然後樂正,《雅》《頌》各得其所。世以混濁莫能用,是以仲尼干七十餘君無所遇,曰"苟有用我者,期月而已矣"。西狩獲麟,曰"吾道窮矣"。故因史記作《春秋》,以當王法,其辭微而指博,後世學者多録焉。

孔子在陳，曰："歸與歸與！吾黨之小子狂簡，斐然成章，不知所以裁之。"

酷吏列傳

孔子曰："導之以政，齊之以刑，民免而無耻。導之以德，齊之以禮，有耻且格。"

滑稽列傳

孔子曰："六蓺於治，一也。《禮》以節人，《樂》以發和，《書》以道事，《詩》以達意，《易》以神化，《春秋》以義〔一〕。"

〔一〕"以義"，孫星衍《孔子集語》注曰：《長短經·正論》引作"以道義"。

龜策列傳

宋元王二年，江使神龜使於河，至於泉陽，漁者豫且舉網得而囚之，置之籠中。……孔子聞之曰："神龜知吉凶，而骨直空枯。日爲德而君於天下，辱於三足之烏。月爲刑而相佐，見食於蝦蟆。蝟辱於鵲〔一〕，騰蛇之神而殆於即且〔二〕。竹外有節理，中直空虛；松柏爲百木長，而守門閭。日辰不全，故有孤虛〔三〕。黃金有疵，白玉有瑕。事有所疾，亦有所徐。物有所拘，亦有所據。罔有所數，亦有所疏。人有所貴，亦有所不如。何可而適乎？物安可全乎？天尚不全，故世爲屋，不成三瓦而陳之〔四〕，以應之天。天下有階，物不全乃生也。"

〔一〕裴駰曰："郭璞曰：'蝟能制虎，見鵲仰地。'《淮南·萬畢》曰：'鵲令蝟反腹者，蝟憎其意而心惡之也。'"

〔二〕裴駰曰："郭璞曰：'騰蛇，龍屬也。蝍蛆，似蝗，大腹，食蛇腦也。'"張守節曰："即，津日反。且，則餘反。即吳公也，狀如蚰蜒而大，黑色。"

〔三〕裴駰曰："甲乙謂之日，子丑謂之辰。《六甲孤虛法》：甲子旬中無戌亥，戌亥即爲孤，辰巳即爲虛。甲戌旬中無申酉，申酉爲孤，寅卯即爲虛。甲申旬中無午未，午未爲孤，子丑即爲虛。甲午旬中無辰巳，辰巳爲孤，戌亥即爲虛。甲辰旬中無寅卯，寅卯爲孤，申酉即爲虛。甲寅旬中無子丑，子丑爲孤，午未即爲虛。"

〔四〕司馬貞曰："劉氏云：'陳猶居也。'"張守節曰："言爲屋不成，欠三瓦以應天，猶陳列而居之。"

太史公自序

幽、厲之後，王道缺，禮樂衰，孔子脩舊起廢，論《詩》《書》，作《春秋》，則學者至今則之。

周道衰廢，孔子爲魯司寇，諸侯害之，大夫壅之。孔子知言之不用，道之不行也，是非二百四十二年之中，以爲天下儀表，貶天子，退諸侯，討大夫，以達王事而已矣。

子曰："我欲載之空言，不如見之於行事之深切著明也。"〔一〕
〔一〕《索隱》云見《春秋緯》。

孔子戹陳、蔡，作《春秋》。

漢　書

《漢書》，又稱《前漢書》，東漢班固編撰，是中國第一部紀傳體斷代史。《史記》止於武帝太初年間，後揚雄、劉歆等雖爲綴續，但多鄙俗失真。班固之父班彪乃采集前史遺事，旁觀異聞，作《史記後傳》六十五篇。班固承繼父志，撰成《漢書》，包括紀十二篇，表八篇，志十篇，傳七十篇，共一百篇。其中八表和《天文志》，由班固之妹班昭及馬續共同續成，故《漢書》前後歷經四人之手完成。所記上起西漢漢高祖元年，下至新朝王莽地皇四年。此書在中國史學史上佔有重要地位，正如章學誠曾在《文史通義》中所説："遷史不可爲定法，固因遷之體，而爲一成之義例，遂爲後世不桃之宗焉。"

歷代治此書的代表作有唐顏師古《漢書注》、明凌稚隆《漢書評林》、清王先謙《漢書補注》等。

本書以《漢書》（中華書局1962年版）爲底本，以郭沂的《孔子集語校補》爲參校本加以輯録、校勘。

高帝紀

十一月，行自淮南還。過魯，以大牢祠孔子。

景帝紀

孔子稱:"斯民,三代之所以直道而行也。"

古今人表

孔子曰:"若聖與仁,則吾豈敢?"又曰:"何事於仁,必也聖乎!""未知,焉得仁?""生而知之者,上也;學而知之者,次也;因而學之,又其次也;困而不學,民斯爲下矣。"又曰:"中人以上,可以語上也。""唯上智與下愚不移。"

律曆志

周衰官失,孔子陳後王之法,曰:"謹權量,審法度,修廢官,舉逸民,四方之政行矣。"

子貢欲去其餼羊,孔子愛其禮,而著其法於《春秋》。

禮樂志

孔子曰:"安上治民,莫善於禮;移風易俗,莫善於樂。"

孔子曰:"禮云禮云,玉帛云乎哉? 樂云樂云,鐘鼓云乎哉?"

刑法志

二伯之後,寖以陵夷,至魯成公作丘甲,哀公用田賦,搜狩治兵大閱之事皆失其正。《春秋》書而譏之,以存王道。於是師旅亟動,百姓罷敝,無伏節死難之誼。孔子傷焉,曰:"以不教民戰,是謂棄之。"故稱子路曰:"由也,千乘之國,可使治其賦也。"而子路亦曰:"千乘之國,攝虖大國之間,加之以師旅,因之以饑饉,由也爲之,比及三年,可使有勇,且知方也。"

孔子曰：“工欲善其事，必先利其器。”

孔子傷之，曰：“導之以德，齊之以禮，有恥且格；導之以政，齊之以刑，民免而無恥。”“禮樂不興，則刑罰不中；刑罰不中，則民無所錯手足。”

孔子曰：“如有王者，必世而後仁；善人爲國百年，可以勝殘去殺矣。”

孔子曰：“古之知法者能省刑，本也；今之知法者不失有罪，末矣。”又曰：“今之聽獄者求所以殺之，古之聽獄者求所以生之。”（又見於杜牧《罪言》）

藝文志

昔仲尼没而微言絶，七十子喪而大義乖。

孔氏爲之《彖》、《象》、《繫辭》、《文言》、《序卦》之屬十篇。

《古文尚書》者，出孔子壁中。武帝末，魯共王壞孔子宅，欲以廣其宫。而得《古文尚書》及《禮記》、《論語》、《孝經》凡數十篇，皆古字也。

孔子純取周詩，上采殷，下取魯，凡三百五篇，遭秦而全者，以其諷誦，不獨在竹帛故也。

孔子曰：“安上治民，莫善於禮；移風易俗，莫善於樂。”

周室既微，載籍殘缺，仲尼思存前聖之業，乃稱曰：“夏禮吾能言之，杞不足徵也；殷禮吾能言之，宋不足徵也。文獻不足故也，足則吾能徵之矣。”

《論語》者,孔子應答弟子時人及弟子相與言而接聞於夫子之語也。當時弟子各有所記。夫子既卒,門人相與輯而論纂,故謂之《論語》。

《孝經》者,孔子爲曾子陳孝道也。

孔子曰:"吾猶及史之闕文也,今亡矣夫!"

孔子曰:"如有所譽,其有所試。"

孔子曰:"必也正名乎! 名不正則言不順,言不順則事不成。"

孔子曰:"誦《詩三百》,使於四方,不能專對,雖多,亦奚以爲?" 又曰:"使乎,使乎!"

孔子曰:"所重民食"。

孔子曰:"雖小道,必有可觀者焉,致遠恐泥,是以君子弗爲也。"

仲尼有言:"禮失而求諸野。"

孔子曰"不學《詩》,無以言。"

孔子曰:爲國者"足食足兵","以不教民戰,是謂棄之"。

孔子曰:"索隱行怪,後世有述焉,吾不爲之矣。"

楚元王傳

孔子與季、孟偕仕於魯。

孔子與顏淵、子貢更相稱譽，不爲朋黨。

自古明聖未有無誅而治者也，故舜有四放之罰[一]，而孔子有兩觀之誅[二]，然後聖化可得而行也。

〔一〕顏師古曰："謂流共工於幽州，放驩兜於崇山，竄三苗於三危，殛鯀於羽山也。"

〔二〕應劭曰："少正卯姦人之雄，故孔子攝司寇七日，誅之於兩觀之下。"

孔子論《詩》，至於"殷士膚敏，灌將于京"[一]，喟然歎曰："大哉天命！善不可不傳于子孫，是以富貴無常。不如是，則王公其何以戒慎？民萌何以勸勉[二]？"

〔一〕"灌"，中華書局本《後漢書》作"祼"，《十三經注疏》本《詩·大雅·文王》亦作"祼"，是也。高亨《詩經今注》曰："殷士，指殷商後人。膚，當讀爲薄。《方言》：'薄，勉也。'于省吾曰：'敏，勉也。'祼，祭祀時，在神主前鋪上白茅，將酒灑瀝於茅上，像神飲酒。將，獻上祭品。京，此指鎬京。此二句指殷士投降周朝，在周王祭祀時助祭，行祼將之禮。"

〔二〕孫星衍《孔子集語》注曰：《長短經·懼誡篇》同。今案："萌"通"氓"。

自古及今，未有不亡之國。……孔子所謂"富貴無常"，蓋謂此也。

孔子葬母於防，稱古墓而不墳，曰："丘，東西南北之人也，不可不識也。"爲四尺墳，遇雨而崩。弟子修之，以告孔子，孔子流涕曰："吾聞之，古者不修墓。"

延陵季子適齊而反，其子死，葬於嬴、博之間……夫嬴、博去吳千有餘里，季子不歸葬。孔子往觀曰："延陵季子於禮合矣。"

宋桓司馬爲石槨，仲尼曰："不如速朽。"

孔子曰："祿去公室，政逮大夫"。

昔孔子對魯哀公,並言夏桀、殷紂暴虐天下,故曆失則攝提失方,孟陬無紀,此皆易姓之變也。

孔子憂道之不行,歷國應聘。自衛反魯,然後樂正,《雅》、《頌》乃得其所;修《易》,序《書》,制作《春秋》,以紀帝王之道。及夫子没而微言絕,七十子終而大義乖。重遭戰國,棄籩豆之禮,理軍旅之陳,孔氏之道抑,而孫、吳之術興。

及魯恭王壞孔子宅,欲以爲宫,而得古文於壞壁之中,逸《禮》有三十九,《書》十六篇。天漢之後,孔安國獻之,遭巫蠱倉卒之難,未及施行。

贊曰:仲尼稱:“材難不其然與!”

賈誼傳

孔子曰:“少成若天性,習貫如自然。”

孔子曰:“聽訟,吾猶人也,必也使毋訟乎[一]!”
〔一〕“毋”,《論語·顏淵》作“無”。

景十三王傳

恭王初好治宫室,壞孔子舊宅以廣其宫,聞鐘磬琴瑟之音,遂不敢復壞,於其壁中得古文經傳。

文王拘於牖里,孔子阨於陳、蔡。

賈鄒枚路傳

孔子曰:“齊桓公法而不譎。”

李廣蘇建傳

孔子稱“志士仁人,有殺身以成仁,無求生以害仁”,“使於四方,不辱君命"。

董仲舒傳

孔子在齊而聞《韶》也。

孔子曰："人能弘道,非道弘人"。

孔子曰："德不孤,必有鄰"。

孔子曰："君子之德風,小人之德草,草上之風必偃。"

孔子曰："不教而誅謂之虐。"

孔子曰："鳳鳥不至,河不出圖,吾已矣夫!"

孔子曰："腐朽之木不可彫也,糞土之牆不可圬也。"

孔子曰："如有王者,必世而後仁。"

孔子曰："《韶》,盡美矣,又盡善矣"。

孔子作《春秋》,先正王而繫萬事,見素王之文焉。

孔子曰："《武》,盡美矣,未盡善也"。

孔子曰："奢則不遜,儉則固。"

孔子曰："導之以政,齊之以刑,民免而無恥。"

孔子作《春秋》,上揆之天道,下質諸人情,參之於古,考之於今。

孔子曰："天地之性人爲貴。"

孔子曰："不知命,亡以爲君子。"

孔子曰："亡爲而治者,其舜虖!"

孔子曰："殷因於夏禮,所損益可知也;周因於殷禮,所損益可知也;其或繼周者,雖百世可知也。"

孔子稱殷有三仁。

仲尼之門,五尺之童羞稱五伯,爲其先詐力而後仁誼也。

顔淵死,孔子曰："噫! 天喪余。"唯此一人爲能當之,自宰我、子贛、子游、子夏不與焉。

杜周傳

孔子曰："仁遠乎哉!"

孔子曰："孝無終始,而患不及者,未之有也。"

孔子曰："視其所以,觀其所由,察其所安,人焉廋哉?"

孔子曰："惡紫之奪朱。"

司馬遷傳

幽、厲之後,王道缺,禮樂衰,孔子脩舊起廢,論《詩》、《書》,作《春秋》,則學者至今則之。

自周公卒五百歲而有孔子,孔子至於今五百歲,有能紹而明之,正《易傳》,繼《春秋》,本《詩》、《書》、禮、樂之際。

周道廢,孔子為魯司寇,諸侯害之,大夫壅之。孔子知時之不用,道之不行也,是非二百四十二年之中,以為天下儀表,貶諸侯,討大夫,以達王事而已矣。

子曰:"我欲載之空言,不如見之於行事之深切著明也。"

孔子之時,上無明君,下不得任用,故作《春秋》,垂空文以斷禮義,當一王之法。

衛靈公與雍渠載,孔子適陳。

仲尼厄而作《春秋》。

孔子因魯史記而作《春秋》,而左丘明論輯其本事以為之傳,又纂異同為《國語》。

嚴朱吾丘主父徐嚴終王賈傳

孔子曰:"吾何執,執射乎?"

孔子稱堯曰"大哉",《韶》曰"盡善",禹曰"無間"。

及其衰也,南征不還,齊桓捄其難,孔子定其文。

楊胡朱梅雲傳

孔子所謂"鄙夫不可與事君","苟患失之,亡所不至"。

孔子曰:"工欲善其事,必先利其器。"

孔子故殷後也。

《禮記》孔子曰:"丘,殷人也。"先師所共傳,宜以孔子世爲湯後。

傅常鄭甘陳段傳

春秋夾谷之會,優施笑君,孔子誅之,方盛夏,首足異門而出。

雋疏于薛平彭傳

孔子曰:"如有王者,必世而後仁。"

王貢兩龔鮑傳

昔武王伐紂,遷九鼎於雒邑,伯夷、叔齊薄之,餓死於首陽,不食其祿,周猶稱盛德焉。然孔子賢此二人,以爲"不降其志,不辱其身"也。

孔子曰:"安上治民,莫善於禮。"

孔子,匹夫之人耳,以樂道正身不解之故,四海之内,天下之君,微孔子之言亡所折中。

韋賢傳

孔子曰:"微管仲,吾其被髮左衽矣。"

魏相丙吉傳

孔子所謂"吾恐季孫之憂不在顓臾而在蕭牆之内"。

眭兩夏侯京翼李傳

孔子曰:"十室之邑,必有忠信。"

趙尹韓張兩王傳

仲尼作《春秋》,迹盛衰,譏世卿最甚。

孔子治魯,七日誅少正卯。(又見於《尹文子‧聖人》、《淮南子‧氾論訓下》、《説苑‧指武》、《論衡‧講瑞》、《荀子‧宥坐》、《劉子‧心隱》)

孔子曰:"愛之欲其生,惡之欲其死,是惑也。""浸潤之譖不行焉,可謂明矣。"

蓋諸葛劉鄭孫毋將何傳

趙簡子殺其大夫鳴犢,孔子臨河而還。

孔子曰:"奚取於三家之堂!"

孔子曰:"吾未見剛者。"

宣元六王傳

孔子曰:"過而不改,是謂過矣。"

匡張孔馬傳

孔子曰:"能以禮讓爲國乎,何有?"

《大雅》曰:"無念爾祖,聿修厥德。"孔子著之《孝經》首章,蓋至德之本也。

孔子論《詩》以《關雎》爲始,言太上者民之父母。

孔子曰:"德義可尊,容止可觀,進退可度,以臨其民,是以其民畏而愛之,則而象之。"

孔子稱:"賜愛其羊,我愛其禮。"

薛宣朱博傳

孔子曰:"陳力就列,不能者止。"

孔子曰:"如有所譽,其有所試。"

孔子曰:"必也正名! 名不正,則至於刑罰不中;刑罰不中,而民無所錯手足。"

孔子曰:"久矣哉,由之行詐也!"

翟方進傳

孔子曰:"鄙夫可與事君也與哉!"

孔子曰:"人而不仁如禮何! 人而不仁如樂何!"

谷永杜鄴傳

昔曾子問"從令"之義,孔子曰:"是何言與!"

何武王嘉師丹傳

孔子曰:"材難,不其然與!"

孔子曰:"道千乘之國,敬事而信,節用而愛人,使民以時。"

酷吏傳

孔子曰:"導之以政,齊之以刑,民免而無恥;導之以德,齊之以禮,有恥且格。"

貨殖傳

子贛既學於仲尼,退而仕衛,發貯鬻財曹、魯之間。七十子之徒,賜最爲饒,而顏淵簞食瓢飲,在於陋巷。子贛結駟連騎,束帛之幣聘享諸侯,所至,國君無不分庭與之抗禮。然孔子賢顏淵而譏子贛,曰:"回也其庶乎,屢空。賜不受命,而貨殖焉,意則屢中。"

游俠傳

孔子曰:"天下有道,政不在大夫。"

王莽傳

子曰:"巍巍乎,舜、禹之有天下而不與焉!"

是以孔子見南子,周公居攝,蓋權時也。

孔子曰:"未若貧而樂,富而好禮。"

孔子曰:"敏則有功。"

孔子曰:"能以禮讓爲國乎何有?"

孔子曰:"食無求飽,居無求安"。

孔子著《孝經》,曰:"不敢遺小國之臣,而況於公、侯、伯、子、男乎? 故得萬國之歡心以事其先王。"此天子之孝也。

孔子曰:"周監於二代,郁郁乎文哉! 吾從周。"

七　略

　　《七略》,中國第一部綜合性圖書分類目録。據《漢書·藝文志·總叙》載:"漢興,改秦之敗,大收篇籍,廣開獻書之路。訖孝武世,書缺簡脱,禮壞樂崩,聖上喟然而稱曰:'朕甚閔焉!'於是建藏書之策,置寫書之官,下及諸子傳説,皆充祕府。至成帝時,以書頗散亡,使謁者陳農求遺書於天下。詔光禄大夫劉向校經傳諸子詩賦,步兵校尉任宏校兵書,太史令尹咸校數術,侍醫李柱國校方技。每一書已,向輒條其篇目,撮其指意,録而奏之。會向卒,哀帝復使向子侍中奉車都尉歆卒父業。歆於是總群書而奏其《七略》,故有輯略,有六藝略,有諸子略,有詩賦略,有兵書略,有術數略,有方技略。"劉向爲每種書所作的叙録彙編爲《别録》,其子劉歆又在《别録》的基礎上編成《七略》。其中輯略是寫在六略之前的一篇概括性的學術簡史,所以《七略》實際上分爲六大類。《七略》對其後的圖書分類學、目録學的發展影響深遠,中國古代圖書的六分法即創始於此。原書在唐末佚失,但從東漢班固以《七略》爲藍本編成《漢書·藝文志》中可知《七略》的概貌。另外,清代有七種輯本行世。

　　本書以《玉函山房輯佚書》本爲底本加以輯録。

别　録

　　魯人所學,謂之《魯論》。齊人所學,謂之《齊論》。孔壁所得,謂之《古論》。(皇侃《論語序疏》引)

　　《孔子三朝記》七篇。孔子見魯哀公,問政,比三朝,退而爲此記。凡七篇,並入《大戴禮》。(《史記·五帝本紀》索隱引)

　　孔子三見哀公,作《三朝記》七篇,今在《大戴禮》。(《三國志·蜀志·秦宓傳》裴松之注引,《藝文類聚》卷五十五雜文部一經典引同)

　　《孝經古孔氏》一篇,古文字也,《庶人》章分爲二也。《曾子敢問》章爲三,又多一章。凡二十二章。(《漢書·藝文志》注引,亦見於《玉函山房輯佚書》)

《列子書》論尼父，而云“生在鄭穆之年”。（《史通》卷十四引）

越絶書

　　《越絶書》，南朝阮孝緒《七録》最早著録，稱“或云謂伍子胥撰”，而《隋書·經籍志》則作子貢撰。宋陳振孫首次否定舊説，謂“蓋戰國後人所爲，而漢人又附益之”。明人楊慎考定袁康、吳平爲作者，而同朝人胡應麟認爲其書成於先秦，經袁康、吳平二人删定。《四庫全書總目提要》認爲：“此書爲會稽袁康作，同郡吳平所定也。”現在一般認爲，是書成於東流時期，乃漢代吳越地區的人自述其鄉土歷史的一部著作。是書主要記載春秋末年至戰國初期吳、越爭霸之歷史，上溯夏禹，下訖兩漢，旁及諸侯列國，對吳越之政治、經濟、軍事、天文、地理、曆法等多有所涉。是書原爲二十五篇，所謂“舊有内記八，外傳十七”，至北宋初亡佚了五篇，現只剩十九篇。其中首尾兩篇屬於序跋性質，中間十七篇有内經、内傳和外傳。

　　歷代治《越絶書》的代表作有清俞樾的《越絶書劄記》、錢培名的《越絶書劄記》，以及近人張仲清的《越絶書校注》等。

　　本書以《四庫全書》本爲底本，以《四部叢刊》本、張仲清的《越絶書校注》（國家圖書館出版社 2009 年版）以及郭沂的《孔子集語校注》爲參校本進行輯録、校勘。

卷一　越絶外傳本事第一

　　當是之時，齊將伐魯，孔子耻之，故子貢説齊以安魯。子貢一出，亂齊，破吳，興晉，彊越。

　　子貢與夫子坐，告夫子曰：“太宰死。”夫子曰：“不死也。”如是者再。子貢再拜而問：“何以知之？”夫子曰：“天生宰嚭者，欲以亡吳，吳今未亡，宰何病乎？”後，人來言不死。

卷三　越絶吳内傳第四

　　臣弑君，子弑父，天下莫能禁止。於是孔子作《春秋》，方據魯以王。

卷七　越絕内傳陳成恒

　　昔者陳成恒相齊簡公,欲爲亂,憚齊邦鮑、晏,故徙其兵而伐魯,魯君憂也。孔子患之,乃召門人弟子而謂之曰:"諸侯有相伐者尚恥之。今魯,父母之邦也,丘墓存焉,今齊將伐之,可無一出乎?"顔淵辭出,孔子止之;子路辭出,孔子止之;子貢辭出,孔子遣之。(又見於《吳越春秋·夫差内傳》)

卷八　越絕外傳記地傳

　　句踐伐吳,霸關東,從瑯琊〔一〕起觀臺,臺周七里,以望東海。死士八千人,戈船三百艘。居無幾,躬求賢聖。孔子從弟子七十人,奉先生雅琴,治禮往奏。句踐乃身被賜夷之甲〔二〕,帶步光之劍,杖物盧之矛,出死士三百人,爲陣關下。孔子有頃到越〔三〕,越王曰:"唯唯。夫子何以教之?"孔子對曰:"丘能述五帝三王之道,故奉雅琴,至大王所。"句踐喟然歎曰:"夫越性脆而愚,水行而山處,以船爲車,以楫爲馬,往若飄風,去則難從,鋭兵任死,越之常性也。夫子異,則不可。"於是孔子辭,弟子莫能從乎。(又見於《吳越春秋·句踐伐吳外傳十》)

〔一〕"從",李步嘉據錢培名之説校作"徙"。
〔二〕賜,孫星衍《孔子集語》注曰:一作"陽",又音唐。
〔三〕"有頃"下,《四部叢刊》《四庫全書》本皆有"姚稽"二字,疑爲衍文,今據《吳越春秋》删。

　　孔子奉先王雅琴,語治禮,句踐乃身被啄禹之甲,帶步光之劍。(《北堂書鈔·武功部九》引)

卷九　越絕外傳計倪

　　越王大媿。乃壞池填塹,開倉穀,貸貧乏;仍使群臣身問疾病,躬視死喪;不厄窮僻,尊有德;與民同苦樂,激河泉井,示不獨食。行之六年,士民一心,不謀同辭,不呼自來,皆欲伐吳。遂有大功而霸諸侯。孔子曰：“寬則得衆。”此之謂也。

卷十五　越絶篇叙外傳記

孔子感精，知後有彊秦喪其世，而漢興也〔一〕。賜權齊、晉、越，入吳。孔子推類，知後有蘇秦也。權衡相動，衡五相發。道獲麟，周盡證也，故作《春秋》以繼周也。此時天地永清，日月一明，弟子欣然，相與太平。孔子懷聖承弊，無尺土所有，一民所子〔二〕，睹麟垂涕〔三〕，傷民不得其所，非聖人孰能痛世若此！萬代不滅，無能復述，故聖人没而微言絶。賜見《春秋》改文尚質，譏二名，興素王，亦發憤記吳、越，章句其篇，以喻後賢。賜之説也，魯安，吳敗，晉彊，越霸，世春秋二百餘年，垂象後王。賜傳吳、越，□指於秦。聖人發一隅，辯士宣其辭；聖文絶於彼，辯士絶於此。故題其文，謂之《越絶》。

〔一〕錢培名曰：“‘喪其世而漢興也’，‘而’字原空，依《漢魏叢書》本補。”
〔二〕樂祖謀曰：“‘一民所子’，張本‘子’作‘主’。”
〔三〕錢培名曰：“‘睹麟垂涕’，‘垂’原誤作‘乘’，依《漢魏叢書》、《逸史》本改。”樂祖謀曰：“‘睹麟垂涕’，‘垂’字原本及正德本、陳本誤作‘乘’，據孔本等改。”

問曰：“子胥妻楚王母，無罪而死於吳。其行如是，何義乎？”曰：“孔子固貶之矣。賢其復仇，惡其妻楚王母也。然《春秋》之義，量功掩過也。賢之，親親也。”

問曰：“子胥未賢耳！賢者所過化。子胥賜劍，欲無死，得乎？”“盲者不可示以文繡，聾者不可語以調聲。瞽瞍不移，商均不化；湯繫夏臺，文王拘於殷。時人謂舜不孝，堯不慈，聖人不悦下愚，而況乎子胥？當困於楚，劇於吳，信不去耳，何拘之有？”“孔子貶之奈何？”“其報楚也，稱子胥妻楚王母，及乎夷狄。貶之，言吳人也。”

孔子去魯，燔俎無肉；曾子去妻，藜蒸不熟。微子去，比干死，孔子並稱仁。

東觀漢記

　　《東觀漢記》是東漢時期幾代史學家相繼撰修而成的一部記載東漢歷史的史書,所記史實上起光武帝,下訖靈帝。此書流傳後,爲世所重,與《史記》、《漢書》並稱"三史",比其晚出的東漢諸史皆取材於是書。《隋書·經籍志》著錄全書一百四十三卷,《舊唐書·經籍志》著錄爲一百二十七卷,《宋史·藝文志》著錄爲八卷。元以後已散佚殆盡,清姚之駰曾輯集佚文八卷。乾隆年間修《四庫全書》時,館臣以姚輯本爲基礎,參以《永樂大典》所載,又旁考其他各書,補其闕失,所增達十分之六,釐訂爲二十四卷。

　　本書以《四庫全書》本《東觀漢記》爲底本,參之以吳樹平《東觀漢記校注》(中州古籍出版社 1987 年版)以及郭沂的《孔子集語校補》加以輯錄、校勘。

　　鮑永,字君長……爲魯郡太守。時彭豐等不肯降。後,孔子闕里無故荆棘自闢,從講室埽除至孔里。永異之,召郡府丞謂曰:"方今阨急,而闕里無故自滌,豈夫子欲令太守大行饗,誅無狀也?"乃修學校理,請豐等會,手格殺之。(又見於《御覽》一百五十七)

吳越春秋

　　《吳越春秋》是一部詳細記載先秦時期吳、越兩國歷史的重要史書。前五篇爲吳事,起於吳太伯,訖於夫差;後五篇爲越事,記越國自無餘以至勾踐。相傳爲東漢趙曄撰。然《晉書·楊方傳》載楊方"更撰"《吳越春秋》。《隋書·經籍志》著錄趙曄《吳越春秋》十二卷,楊方《吳越春秋削繁》五卷。《宋史·藝文志》載趙曄《吳越春秋》十卷。近人黃雲眉《古今僞書考補正》認爲:"意所謂'更撰'者,即就趙曄所撰,損益成書。增者少而削者多,故十二卷減爲五卷。其書當名削繁,《晉書》益簡言之耳。……然則今世所傳之《吳越春秋》,殆即楊方更撰之本,經後人析五卷爲十卷,而又誤去削繁之名。自宋以後,趙書既失,遂以楊書歸之趙耳。"是書鈔撮古史,編年記事,以補《國語》、《左傳》、《史記》不足之處,但多錄傳聞異說,近於小説家言。

本書以《四庫全書》本《吳越春秋》爲底本，以《四部叢刊》本《吳越春秋》以及郭沂的《孔子集語校注》爲參校本加以輯録、校勘。

夫差内傳

十三年，齊大夫陳成恒欲弑簡公，陰憚高、國、鮑、晏，故前興兵伐魯，魯君憂之，孔子患之，召門人而謂之曰：“諸侯有相伐者，丘常恥之。夫魯，父母之國也，丘墓在焉，今齊將伐之，子無意一出耶？”子路辭出，孔子止之；子張、子石請行，孔子弗許；子貢辭出，孔子遣之。（又見於《越絶書》七）

魯承周公之末，有孔子之教，守仁抱德，無欲於鄰國，而齊舉兵伐之，不愛民命，惟有所獲。

句踐伐吳外傳

越王既已誅忠臣，霸於關東。從琅琊起觀臺[一]，周七里，以望東海；死士八千人，戈船三百艘。居無幾，躬求賢士[二]，孔子聞之，從弟子奉先王雅琴禮樂奏於越。越王乃被唐夷之甲，帶步光之劍，杖屈盧之矛，出死士以三百人爲陣關下。孔子有頃到，越王曰：“唯唯，夫子何以教之？”孔子曰：“丘能術五帝三王之道，故奏雅琴以獻之大王。”越王喟然嘆曰：“越性脆而愚，水行山處，以船爲車，以楫爲馬；往若飄然[三]，去則難從，悦兵敢死[四]，越之常也。夫子何説而欲教之？”孔子不答，因辭而去。

〔一〕“從”，孫星衍《孔子集語》作“遷都”。

〔二〕“躬”，《四部叢刊》、《四庫全書》等各本皆作“射”，今從孫星衍《孔子集語》校改，其根據蓋爲《越絶書》。

〔三〕下“飄”字，《四部叢刊》本同，孫星衍《孔子集語》作“風”。

〔四〕“悦”，疑當如《越絶書》作“鋭”。

佚 文

禹治洪水，至牧德之山，見神人焉。謂禹曰：“勞子之形，役子之慮,以治洪水,無乃怠乎。我有靈寶五符,以役蛟龍水豹。"因授禹而誡之曰:"事畢可祕於靈山。"禹成功後,藏于洞庭苞山之穴。至吳王闔閭之時,有龍威丈人得符獻之。吳王以示群臣,皆莫能識。乃令齎符以問孔子曰:"吳王閑居,有赤鳥銜此書以至王所,莫辨其文,故令遠問。"孔子曰:"昔禹治水於牧德之山,遇神人,授以靈寶五符,後藏洞庭之苞山。君王所得,無乃是乎? 赤鳥之事,丘所未聞。"[一](《繹史·孔子類記四》引《吳越春秋》,又見於《抱朴子·内篇·辨問》、《繹史·孔子類記四》引《靈寶要略》、《御覽》四十六引《吳地記》)

〔一〕孫星衍《孔子集語》注曰:今本所無,恐馬氏誤引。

夫差聞孔子至吳,微服觀之。或人傷其指,王怒欲索,或而誅之。子胥諫,乃止。[一](《繹史·孔子類記四》引)

〔一〕孫星衍《孔子集語》注曰:今本無。

後漢書(華嶠撰)

《後漢書》,西晉華嶠撰,記載了從光武帝到漢獻帝之間的歷史。《晉書·華表傳》謂其書"爲帝紀十二卷,皇后紀二卷,十典十卷,傳七十卷,及三譜、序傳、目錄,凡九十七卷"。華嶠認爲,東漢官修《東觀漢記》有"煩穢"之處,於是有改作之意,故作是書。然未竟而逝,由其子華徹、華暢完成。西晉永嘉之亂後僅存五十餘卷。《隋書·經籍志》著録十七卷,《舊唐書·經籍志》、《新唐書·藝文志》皆作三十一卷。宋以後亡佚。歷代輯佚者,有清姚之駰《後漢書補逸》、清黃奭《漢學堂叢書》、清汪文臺《七家後漢書》等。

本書根據汪文臺《七家後漢書》加以輯録。

丁鴻傳

孔子曰:"泰伯三以天下讓,民無得而稱焉。"

劉趙淳于江劉周趙列傳序

孔子曰:"夫孝莫大於嚴父,嚴父莫大於配天,則周公其人也。"子路曰:"傷哉貧也! 生無以養,死無以葬。"子曰:"啜菽飲水,孝也。"

後漢書(范曄撰)

　　《後漢書》,南朝劉宋范曄編撰,記載了從光武帝劉秀至漢獻帝之間的歷史。《四庫全書總目提要》曰:"本紀十卷、列傳八十卷,宋范蔚宗撰,唐章懷太子賢注。……考《隋書·經籍志》載范《書》九十七卷,新、舊《唐書》則作九十二卷,互有不同。惟《宋志》作九十卷,與今本合。"是書綜合當時流傳的七部後漢史料,以《東觀漢記》爲基本史料依據,以華嶠書爲主要藍本,並參考了袁宏的《後漢紀》。北宋時,有人把晉司馬彪《續漢書》與之合刊而成今天的《後漢書》。

　　歷代治此書的代表作有宋熊方的《補後漢書年表》、清惠棟的《後漢書補注》等。

　　本書以中華書局 1965 年標點本《後漢書》爲底本,以郭沂的《孔子集語校注》爲參校本加以輯録、校勘。

郎顗傳

　　孔子曰:"漢三百載,計曆改憲〔一〕。"

〔一〕孫星衍《孔子集語》注曰:劉放曰:"計",當作"斗"。

　　孔子曰:"靁之始發《大壯》始,君弱臣彊從《解》起。"

張奮傳

　　孔子曰:"揖讓而化天下者,禮樂之謂也。"

　　孔子謂子夏曰:"禮以修外,樂以制内,丘已矣夫。"〔一〕

〔一〕孫星衍《孔子集語》注曰:注云,《禮稽命徵》之辭也。

鍾離意傳

　　孔子忍渴於盜泉之水。

翟酺傳

孔子曰:"吐珠於澤,誰能不含?"〔一〕

〔一〕孫星衍《孔子集語》注曰:注《春秋保乾圖》曰:"臣功大者主威侵,權并族害己姦
　　行,吐珠於澤,誰能不含?"

李雲傳雲上書

孔子曰:"帝者,諦也。"〔一〕

〔一〕孫星衍《孔子集語》注曰:注《春秋運斗樞》曰:"五帝修名、立功、修德、成化,統調
　　陰陽,招類使神,故稱帝。帝之言諦也。"鄭玄注云:"審諦於物也。"

李固傳

孔子曰:"智者見變思刑,愚者覩怪諱名。"

三國志

　　《三國志》,西晉陳壽著,包括《魏志》三十卷、《蜀志》十五卷、《吳志》二十卷,凡六十五卷。其中,《魏志》和《吳志》在寫作過程中參閱了王沈的《魏書》、魚豢的《魏略》和韋昭的《吳書》。陳壽是晉朝朝臣,尊魏爲正統,故《魏志》有本紀、列傳,而《蜀志》、《吳志》只有列傳。初,三志單獨流傳。《舊唐書·經籍志》以《魏書》爲正史,歸《蜀書》、《吳書》入編年。至北宋,三志合爲一書。《四庫全書總目提要》評價説:"其書以魏爲正統,至習鑿齒作《漢晉春秋》,始立異議。自朱子以來,無不是鑿齒而非壽。然以理而論,壽之謬萬萬無辭。以勢而論,則鑿齒帝漢順而易,壽欲帝漢逆而難。蓋鑿齒時晉已南渡,其事有類乎蜀,爲偏安者爭正統,此孚於當代之論者也。壽則身爲晉武之臣,而晉武承魏之統,僞魏是僞晉矣,其能行於當代哉?"《三國志》沒有表和志,清代以來不少學者補撰,如萬斯同的《三國大事年表》、侯康的《補三國藝文志》、周嘉猷的《三國紀年表》等。

　　本書根據中華書局1959年標點本《三國志》加以輯錄。

魏志·文帝紀

季孫以璵璠斂,孔子歷級而救之,譬之暴骸中原。

魏志・高堂隆傳

孔子曰："災者，脩類應行，精祲相感，以戒人君。"（又見於《後漢書・五行志》注）

三國志注

《三國志注》，南北朝裴松之撰。其注之特點爲對史實的增補和考訂，其内容包羅宏富，所引材料非常廣泛。自唐代始，學人對裴注之龐雜繁蕪和體例不純多有批評，劉知幾《史通・補注》認爲裴松之"才短力微，不能自達……喜聚異同，不加刊定，恣其擊難，坐長煩蕪"；陳振孫《直齋書録解題》認爲裴注"鳩集傳記，增廣異文。大抵本書固率略，而注又繁蕪"。《四庫全書總目提要》則肯定了裴注保存六朝文獻之功，批評了裴注體例不純："或詳或略，或有或無，亦頗爲例不純。然網羅繁富，凡六朝舊籍，今所不傳者，尚一一見其崖略；又多首尾完具，不似酈道元《水經注》、李善《文選注》皆剪裁割裂之文。故考證之家，取材不竭，轉相引據者，反多於陳壽本書焉。"清錢大昕《三國志辨疑・序》則認爲："裴氏注搜羅缺佚，尤爲功臣。"清李慈銘《越縵堂日記》亦肯定了裴注："裴松之注博采異聞，而多所折衷，在諸史注中爲最善，注家亦絶少此體。"

本書根據中華書局 1959 年標點本《三國志》加以輯録。

魏文帝紀注輔國將軍等奏

孔子曰："周公其爲不聖乎？以天下讓。是天地日月，輕去萬物也。"（又見於《長短經・懼誡》引《尸子》、《三國志・魏文帝紀》注許芝奏引《春秋大傳》）

帝王世紀

《帝王世紀》，西晉皇甫謐編撰，是專述帝王世系、年代及事蹟之史書。所叙上起三皇，下訖漢魏，内容多采自經傳圖緯及諸子雜書，載録了許多《史記》及兩《漢書》闕而不備的史事。清代宋翔鳳、錢保塘、張澍等有輯本，今人徐宗元亦有

《帝王世紀輯存》。

　　本書以中華書局 1985 年版《帝王世紀》爲底本，參之以郭沂的《孔子集語校補》進行輯録、校勘。

　　孔子曰：“天子之德，感天地，洞八方。是以功合神者稱皇[一]，德合地者稱帝，義合人者稱王。”[二]（又見於《藝文類聚》十一、《初學記》九引《七經義綱》）

　　[一]“功”，《藝文類聚》作“化”。

　　[二]孫星衍《孔子集語》注曰：又見《御覽》七十六。

　　黄帝在位百年而崩，年百一十歲矣[一]。或傳以爲仙，或言壽三百年。故宰我疑以問孔子，孔子曰：“民賴其利，百年而崩；民畏其神，百年而亡；民用其教，百年而移，故曰三百年。”

　　[一]“百一十歲”，《史記·五帝本紀》集解作“百一十一歲”。

　　舜攝政二十八年而堯崩。三年喪畢，舜年八十一，以仲冬甲子月次於畢，始即真，改正朔。……於是俊乂在官，群后德讓，百僚師師，以五采章施於五色爲服，以六律五聲八音協治。治用之和，蒸民乃粒，萬邦作乂，庶績咸熙。乃作《大韶》之樂，簫韶九成，鳳凰來儀，擊石拊石，百獸率舞。故孔子稱：“《韶》盡美矣，又盡善也。”

　　論曰：“孔子稱古者三皇五帝設防而不犯，故無陷刑之民。”

　　孔子所謂五世之外，天之錫命，疏可同名者也。

　　僖王自即位以來，變文武之制，作元黄華麗之飾，宮室崇峻，而興馬奢侈，故孔子譏焉。

　　洎顓頊之所建，帝嚳受之，則孔子稱其地，北至幽陵，南暨交趾，西蹈流沙，東極蟠木，日明所照，莫不底焉。

春秋後語

　　《春秋後語》，晉孔衍撰，多取材於《史記》、《戰國策》、《禮記》、《楚辭》、《韓非子》、《説苑》等書。孔衍爲孔子二十二世孫，對《春秋經》多有研究，又有很多仿經之作，如《漢尚書》、《漢春秋》。唐劉知幾《史通・六家》言：“始衍撰《春秋時國語》，復撰《春秋後語》，勒成二書，各爲十卷。今行於世者，惟《後語》存焉。”是書在唐宋頗爲流行，但因其文簡事繁，語短句澀，南宋後漸不傳，明清皆有輯佚本。另外，清末敦煌石室藏書散出，有殘卷和全本若干。

　　本書根據郭沂《孔子集語校補》加以輯録、校勘。

　　仲尼學乎老聃。（《御覽》卷四百四引）

　　甘羅曰：“夫項橐十歲爲孔子師[一]。”（《御覽》卷四百四引，又見於《淮南子・修務訓》、《淮南子・説林訓》高誘注、《論衡・實知》、《戰國策》七、《玉燭寶典》五）
　　〔一〕“十”，中華書局影印本《御覽》作“七”。

漢晉春秋

　　《漢晉春秋》，東晉習鑿齒撰，記述自東漢光武帝至西晉湣帝之間的歷史。《四庫全書總目提要》在評述《三國志》時説：“其書以魏爲正統，至習鑿齒作《漢晉春秋》，始立異議。自朱子以來，無不是鑿齒而非壽。”原書已佚，清代黄奭、湯球、王仁俊等有輯本。

　　本書根據郭沂《孔子集語校補》加以輯録、校勘。

　　鍾離意相魯，見仲尼廟頹毀，會諸生於廟中，慨然嘆曰：“‘蔽芾甘棠，勿翦勿伐’，況見聖人廟乎？”遂躬留治之。周觀輿服之在焉。自仲尼以來，莫之開也。意發視之，得古文策書曰：“亂吾書，董仲舒；治吾堂，鍾離意；璧有七，張伯懷其一[一]。”意尋案，未了而卒。張伯者，治中庭。治地得六璧，上之。意曰：“此有七，何以不遂？”伯懼，探璧懷中。魯咸以爲神。(《續漢·郡國志二補·豫州魯國》引，又見於《續漢·郡國志注補》引《鍾離意別傳》、《後漢書·鍾離意傳》注引《意別傳》、《水經注》二十五《泗水》)

〔一〕"懷其一"，汲古閣本《續漢志》作"盜一"。

魏　書

《魏書》，北齊魏收撰，記載了四世紀末至六世紀中葉北魏王朝的歷史。凡一百三十篇，其中帝紀十四篇、列傳九十六篇、志二十篇。因是書以東魏北齊爲正統，不爲西魏三帝立紀，稱南朝爲島夷，獨偏一家，故被稱爲"穢史"。隋文帝以收書不實，命魏澹、顏之推別撰。隋煬帝又敕楊素、潘徽、褚亮、歐陽詢別撰，書名亦爲《魏書》。唐劉知幾《史通》及清趙翼《廿二史劄記》對此書均有貶詞。北宋劉放、劉恕、安燾和范祖禹曾對《魏書》有校勘。

本書據中華書局 1974 年標點本《魏書》以及郭沂《孔子集語校補》加以輯録。

高允傳

箕子陳謨而《洪範》作，宣尼述史而《春秋》著，皆所以彰明列辟，景測皇天者也。

典　略

《典略》，三國時期魏國郎中魚豢著，係雜録周秦以至三國史志典故而成，內容廣博，體裁駁雜，與其所撰《魏略》，皆爲陳壽《魏志》的重要依據。《三國志》裴松之注、《世説》劉孝標注、《文選》李善注、《後漢書》李賢注，以至《通鑑》胡注等，既引《魏略》，又引《典略》，可見"二略"互出兼録。原書不存，清代名士納蘭容若有輯本。

今以《四庫全書》本《藝文類聚》爲底本，以郭沂《孔子集語校補》爲參校本加以輯録、校勘。

孔子返衛，衛夫人南子使人謂之曰："四方君子之來者，必見寡小

君。"孔子不得已見之。夫人在錦帷中,孔子北面稽首。夫人自帷中再拜[一],環珮之聲璆然[二]。(《藝文類聚》六十七引)

〔一〕"帷中",孫星衍《孔子集語》注曰:《御覽》七百作"幕中"。

〔二〕"璆然",孫星衍《孔子集語》注曰:《御覽》作"璆璆然"。今案:璆,美玉也。

孔子適宋,與弟子習禮於樹下[一],宋司馬桓魋使人拔其樹,去適於野[二]。(《藝文類聚》三十八引)

〔一〕"於樹下",《御覽》五百二十三引《典略》作"於大樹下"。

〔二〕此四字,孫星衍《孔子集語》注曰:《御覽》作"去適鄭"。

南齊書

《南齊書》,南朝梁蕭子顯撰,所記年代上起齊高帝建元元年,下至齊和帝中興二年。原書六十卷,現存五十九卷,包括紀八卷、志十一卷、列傳四十卷。梁時已有熊襄的《齊典》、沈約的《齊紀》、吳均的《齊春秋》和江淹的《齊史》等,蕭子顯"本超、淹之舊而小變之",並汲取諸家成果,完成《南齊書》六十卷。《四庫全書總目提要》考證:"章俊卿《山堂考索》引《館閣書目》云'《南齊書》本六十卷,今存五十九卷,亡其一'。劉知幾《史通》、曾鞏《叙錄》則皆云八紀、十一志、四十列傳,合爲五十九卷,不言其有闕佚。然《梁書》及《南史》子顯本傳實俱作六十卷,則《館閣書目》不爲無據。"

今以中華書局 1972 年標點本《南齊書》爲底本,以郭沂《孔子集語校補》爲參校本加以輯錄、校勘。

宣尼生庚子日[一],每以是日[二],陳《五經》而拜之[三]。(《南齊書》引臧榮緒説)

〔一〕"宣尼生庚子日",孫星衍《孔子集語》作"宣尼庚子日生。"

〔二〕此四字據孫星衍《孔子集語》補。

〔三〕"而"字據孫星衍《孔子集語》補。

宋　書

《宋書》,梁沈約撰,乃記述南朝劉宋一代史事的紀傳體史書,包括紀十卷、志三十卷、列傳六十卷。所記年代上起晉安帝義熙元年，下至宋順帝升明三年。《隋書·經籍志》著録此書一百卷。到北宋時，多有散佚。今本一百卷，乃宋以後學者校勘輯補而成。

　　今以中華書局 1984 年標點本《宋書》爲底本，以郭沂《孔子集語校補》爲參校本加以輯録、校勘。

符瑞志

　　魯哀公十四年，孔子夜夢三槐之間，豐、沛之邦，有赤煙氣起，乃呼顏淵、子夏往視之。驅車到楚西北范氏街，見芻兒摘麟，傷其左前足，薪而覆之。孔子曰：“兒來，汝姓爲赤誦，名子喬，字受紀。”孔子曰：“汝豈有所見邪？”兒曰：“見一禽，巨如羔羊，頭上有角，其末有肉。”孔子曰：“天下已有主也，爲赤劉，陳、項爲輔，五星入井從歲星。”兒發薪下麟示孔子，孔子趨而往，麟蒙其耳，吐三卷《圖》，廣三寸，長八寸，每卷二十四字，其言赤劉當起，曰：“周亡，赤氣起，大耀興，玄丘制命，帝卯金。”孔子作《春秋》，制《孝經》，既成，使七十二弟子向北辰星罄折而立，使曾子抱《河》、《洛》事北向。孔子齋戒，向北辰而拜，告備於天曰：“《孝經》四卷，《春秋》、《河》、《洛》凡八十一卷，謹已備。”天乃洪鬱起白霧，摩地，赤虹自上下，化爲黃玉，長三尺，上有刻文。孔子跪受而讀之曰：“寶文出，劉季握，卯金刀，在軫北，字禾子，天下服。”（又見於《事類賦》十五注引《孝經援神契》、《搜神記》八、《北堂書鈔》八十五《拜揖》引《孝經右契》）

十六國春秋

　　《十六國春秋》，北魏崔鴻撰，乃記載十六國歷史的紀傳體史書，凡一百零二卷。西晉亡後，中原先後有十六國，其各自史書體例不一，崔鴻“求之公私，驅馳數歲”，又“約損煩文，補其不足”，彙編而成此書。《隋書·經籍志》、《新唐書·藝文志》皆有著録，宋以後亡佚。現存三種：一是明代屠喬孫、項琳之以《晉書·載記》、《魏書》、《北史》、《册府元龜》、《資治通鑑》以及《藝文類聚》、《太平御覽》等書補綴而成的一百卷本，仍題“崔鴻撰”，署“屠喬孫、項琳之同訂”，但被清人斥爲僞書。二是《漢魏叢書》保存的十六卷本。此書十六國各爲一録，記各國國主五十八人，與《晉書》大同小異。三是清代湯球輯録的《十六國春秋輯補》一百卷。

今以《四庫全書》本《十六國春秋》爲底本，以湯球輯《十六國春秋纂録校本》（中華書局 1985 年版）、郭沂《孔子集語校補》爲參校本加以輯録、校勘。

北涼録

昔魯人有浮海而失津者，至於亶州，見仲尼及七十二子遊於海中[一]。與魯人木杖，令閉目乘之，使歸告魯侯，築城以備寇。魯人出海，投杖水中，乃龍也。具以狀告，魯侯不信。俄而有群燕數萬，銜土培城。魯侯信之，大城曲阜[二]。既迄，而齊寇至，攻魯不克而還。（《御覽》九百二十二引）

〔一〕“七十二”，孫星衍《孔子集語》作“七十”。

〔二〕“信之”，孫星衍《孔子集語》作“乃”。

北齊書

《北齊書》，唐李百藥撰，所記上起北魏分裂高歡起兵，下訖北齊亡國，包括紀八卷、列傳四十二卷。此書在唐代中葉以後就逐漸殘缺，到北宋初僅存十七卷，其餘皆爲後人據北史和唐人史鈔中相關記載所輯補。

今據中華書局 1972 年標點本《北齊書》以及郭沂《孔子集語校補》加以輯録、校勘。

辛術傳

昔鍾離意云“孔子忍渴於盜泉”，便以珠璣委地。足下今能如此，可謂異代一時。（又見於《後漢書·鍾離意傳》）

隋　書

《隋書》，包括紀五卷、列傳五十卷、志三十卷。據劉知幾《史通》，顏師古、孔穎達撰紀和傳部分，于志甯、李淳風、韋安仁撰志部分。但到宋刊刻《隋書》時，紀傳部分題魏徵撰，志部分題長孫無忌撰。

今以中華書局 1973 年標點本《隋書》爲底本，以郭沂《孔子集語校補》爲參校本加以輯録、校勘。

刑法志

孔子曰：“刑亂及諸政[一]，政亂及諸身。”

〔一〕“亂”，孫星衍《孔子集語》作“德”。

三日紀

《三日紀》，東晉干寶撰。據今人研究，唐代司馬貞《史記索隱》引干寶之《三日紀》實爲《晉紀》之誤。唐代官修《晉書》之前曾流行十八種晉代斷代史書，包括九家《晉書》與九家《晉紀》，如王隱《晉書》、虞預《晉書》、朱鳳《晉書》、陸機《晉紀》、曹嘉之《晉紀》以及干寶《晉紀》等。唐房玄齡監修《晉書》而諸家晉史漸亡，至南宋失傳。明清時人從劉孝標注《世説新語》、裴松之注《三國志》、李善注《文選》以及《太平御覽》等書中輯録了十八家晉史的殘篇和片斷，如清人湯球《九家舊晉書輯本》、《晉紀輯本》等。

今據郭沂《孔子集語校補》加以輯録、校勘。

徵在生孔子空桑之地，今名空竇，在魯南山之空竇中。無水，當祭時灑掃以告，輒有清泉自石門出，足以周用，祭訖泉枯。今俗名女陵山[一]。（《史記·孔子世家》正義引《括地志》）

〔一〕《史記·孔子世家》正義引《括地志》曰：“女陵山在曲阜縣南二十八里。”

列女傳

《列女傳》，又稱《古列女傳》，西漢劉向著，記載了上古至西漢約一百位具有通才卓識、奇節異行之女子。《漢書·劉向傳》載其成書緣起：“向睹俗彌奢淫，而趙、衛之屬，起微賤，逾禮制。向以爲王教由内及外，自近者始，故采取詩書所載賢妃貞婦、興國顯家可法則及孽嬖亂亡者，序次爲《列女傳》，凡八篇，以戒天子。"此書含七卷：母儀傳、賢明傳、仁智傳、貞順傳、節義傳、辯通傳和孽嬖傳。據《漢書·藝文志》"儒家類"載，劉向所序六十七篇，注曰："《新序》、《説苑》、《世説》、《列女傳頌圖》也。"《隋書·經籍志》於"雜傳類"載《列女傳》十五卷，注曰："劉向撰，曹大家注。"《四庫全書總目提要》稱："此書屢經傳寫，至宋代已非復古本。"

今以《叢書集成》本《古列女傳》爲底本，以《四部叢刊》本《列女傳》以及郭沂《孔子集語校補》爲參校本加以輯録、校勘。

辯　通

阿谷處女者，阿谷之隧浣者也。孔子南遊，過阿谷之隧，見處子佩瑱而浣。孔子謂子貢曰："彼浣者，其可與言乎？"抽觴以授子貢曰："爲之辭，以觀其志。"子貢曰："我，北鄙之人也，自北徂南，將欲之楚，逢天之暑，我思譚譚，願乞一飲，以伏我心。"處子曰："阿谷之隧，隱曲之地，其水一清一濁，流入於海。欲飲則飲，何問乎婢子？"授子貢觴，迎流而挹之，投而棄之；從流而挹之，滿而溢之。跪置沙上曰："禮不親授。"子貢還報其辭。孔子曰："丘已知之矣。"抽琴去其軫，以授子貢曰："爲之辭。"子貢往曰："嚮者聞子之言，穆如清風，不拂不寤，私復我心。有琴無軫，願借子調其音。"處子曰："我，鄙野之人也，陋固無心，五音不知，安能調琴？"子貢以報孔子，孔子曰："丘已知之矣，過賢則賓。"抽絺綌五兩以授子貢曰："爲之辭。"子貢往曰："吾[一]，北鄙之人也，自北徂南，將欲之楚，有絺綌五兩，非敢以當子之身也，願注之水旁[二]。"處子曰："行客之人，嗟然永久。分其資財，棄於野鄙。妾年甚少，何敢受子？子不早命，竊有狂夫名之者矣。"子貢以告孔子，孔子曰："丘已知之矣，斯婦人達於人情而知禮。"（又見於《韓詩外傳》一）

〔一〕"吾"，孫星衍《孔子集語》作"我"。
〔二〕"注"，《叢書集成》本注曰："似爲'往'字。"

鍾離意別傳

《鍾離意別傳》，成書於東漢時期，作者不詳，已佚，《隋書·經籍志》未著錄。鍾離意,會稽山陰人,建武初年爲郡督郵。明帝即位,徵爲尚書,後出爲魯相,以久病卒官。是書曾爲《文選注》、《後漢書注》、《太平御覽》、《藝文類聚》、《北堂書鈔》等所引,清王仁俊《玉函山房輯佚書續編》有輯本,然僅輯得兩條。今人朱東潤重輯是書,得兩千餘字,最爲完備,見其所著《八代傳叙文學述論·附録第二》(復旦大學出版社 2006 版)。

今據朱東潤《八代傳叙文學述論·附録第二》(復旦大學出版社 2006 版)、郭沂《孔子集語校補》加以輯録、校勘。

意爲魯相,到官,出私錢萬三千文,付户曹孔訴,修夫子車。身入廟,拭机席劍履。男子張伯除堂下草,土中得玉璧七枚,伯懷其一,以六枚白意,意令主簿安置几前。孔子教授堂下牀首有懸甕,意召孔訴問:“此何甕也?”對曰:“夫子甕也,背有丹書,人莫敢發也。”意曰:“夫子,聖人。所以遺甕,欲以懸示後賢。”因發之,中得素書。文曰:“後世修吾書,董仲舒;護吾車、拭吾履、發吾笥[一],會稽鍾離意;璧有七,張伯藏其一。”意即召問伯,果服焉[二]。(《後漢書·鍾離意傳》注引,又見於《續漢郡國志注補》引《鍾離意別傳》、《續漢郡國志補》引《漢晉春秋》、《水經注》二十五《泗水》)

〔一〕《説文》曰:“笥,飯及衣之器也。”即盛飯或衣物的器皿。
〔二〕孫星衍《孔子集語》注曰:《御覽》八百七引及《搜神記》三作:“意即召問伯:‘璧有七,何藏一邪?’伯叩頭出之。”上文皆同。

意省堂,有孔子小車乘,皆朽敗,意自糶俸雇漆膠之直,請魯民治之,及護几席劍履。後得甕中素書曰:“護吾履,鍾離意。”(《續漢郡國志注補》引,又見於《後漢書·鍾離意傳》注引《意別傳》、《續漢郡國志補》引《漢晉春秋》、《水經注》二十五《泗水》)[一]

〔一〕見《續漢書·郡國志二·豫州魯國》。

衝波傳

《衝波傳》,作者不詳,多記有關孔子及其弟子的怪異故事。原書已佚,佚文散見於《殷芸小説》、《藝文類聚》、《太平御覽》等書。余嘉錫論《衝波傳》云:

"章宗源《隋書經籍志考證》卷十三雜傳類曰:'……衝波二字未詳其義。'嘉錫案:《初學記》卷二十九引《衝波傳》曰:'鹿生三年,其角自墮。'《北戶録》注卷二引《衝波傳》云:'蝦蟆無腸,龍蛇屬也。'合之《類聚》、《御覽》所引觀之,其書蓋雜記衆事,略如應劭《風俗通》、張華《博物志》之體,當屬之子部雜家,或小説家,章氏以爲雜傳之類,非也。"歷代輯佚者,有清王仁俊輯《玉函山房輯佚書補編》輯録闕名撰《衝波傳》二條,近人余嘉錫《讀已見書齋隨筆》"衝波傳"條述及八條。

今據王仁俊輯《玉函山房輯佚書續編三種》(上海古籍出版社1989年版)爲底本,以郭沂《孔子集語校補》爲參校本加以輯録、校勘。

有鳥九尾,孔子與子夏見之,人以問,孔子曰:"鶬也。"子夏曰:"何以知之?"孔子曰:"河上之歌云:'鶬兮鶬兮,逆毛衰兮,一身九尾長兮。'"(《繹史·孔子類記四》引,又見於《廣韻》十三末鴰字注引《韓詩》、《北戶録》上引《白澤圖》)

孔子使子貢,久而不來。孔子謂弟子占之,遇《鼎》,皆言:"無足,不來。"顔回掩口而笑。子曰:"回也哂,謂賜來也?"曰:"無足者,乘舟而來至矣。"清旦朝,子貢果至,驗如顔回之言[一]。(《藝文類聚》七十一引,又見於《北堂書鈔》百三十七引《韓詩外傳》)

[一]孫星衍《孔子集語》注曰:《御覽》七百二十八引《衝波傳》略同。今按:薛據《集語》引《吕氏春秋》亦載此事,今本無之,薛蓋誤。

孔子去衛適陳,塗中見二女采桑。子曰:"南枝窈窕北枝長。"答曰:"夫子游陳必絶糧,九曲明珠穿不得,著來問我采桑娘。"夫子至陳,大夫發兵圍之,令穿九曲珠乃釋其厄。夫子不能,使回、賜返問之。其家謬言女出外,以一瓜獻二子。子貢曰:"瓜子在内也。"女乃出,語曰:"用蜜塗珠絲,將繫蟻,蟻將繫絲,如不肎過,用烟燻之。"子依其言,乃能穿之,於是絶糧七日。(《繹史·孔子類記一》引)

嵇康高士傳

《隋書·經籍志》"雜傳類"録《聖賢高士傳讚》三卷,嵇康撰,周續之注。

《唐志》以《傳》屬嵇康,《讚》屬周續之。嵇康兄嵇喜《嵇康傳》曰:“撰録上古以來聖賢隱逸、遁心、遺名者,集爲《傳讚》,自混沌至於管寧,凡百一十有九人。”由此來看,《傳》與《讚》皆嵇康所撰。宋代已佚,清代馬國翰《玉函山房輯佚書》、嚴可均《全上古三代秦漢三國六朝文》以及今人戴明揚《嵇康集校注》(中華書局 2014 年版)均有輯本。

今以《玉函山房輯佚書》本《聖賢高士傳》爲底本,以郭沂《孔子集語校補》爲參校本加以輯録、校勘。

榮啓期

榮啓期,不知何許人也。披裘帶索,鼓琴而歌。孔子曰:“先生何樂也?”對曰:“天生萬物,唯人爲貴,吾得爲人,是一樂也;以男爲貴,吾得爲男,二樂也;人生有不免於襁褓,吾行年九十五矣,是三樂也。貧者士之常,死者民之終,居常以待終,何不樂也!”

太公任

太公任者,陳人。孔子圍陳七日不火食,太公往弔之,曰:“子幾死乎? 夫直木先伐,甘井先竭,子其飾智以驚愚,修身以明汙,昭昭如揭日月而行,故汝不免於患也。孰能削迹捐勢不爲功名者哉! 無責於人,人亦無責焉。”孔子曰:“善辭其交遊巡於大澤入獸不亂群,而況人也。”

項　橐

孔子問項橐曰:“居何在?”曰:“萬流屋。”言與萬物同流匹也。

嵇康《高士傳》乃言:大項橐與孔子俱學於老子。俄而,大項爲童子推蒲車而戲,孔子候之,過而不識[一]。問:“大項居何在?”曰:“萬流屋是。”到家而知向是項子也。交之,與之談。[二](隋杜臺卿《玉燭寶典》卷五引)

〔一〕“過”,《叢書集成》本作“遇”。

〔二〕王仁俊《孔子集語補遺》注曰：按《淮南·説林訓》：“項託使嬰兒矜。”今案：此條
　　爲《玉函山房輯佚書》所未采。

皇甫謐高士傳

　　《高士傳》，西晉皇甫謐撰，爲對堯、舜、夏、商、周、秦、漢、魏八代“身不屈於
王公，名不耗於終始”的名士所作的傳記。據南宋李石《續博物志》所載，原書只
記高士七十二人。今本係後人雜抄《太平御覽》所引嵇康《聖賢高士傳讚》、《後
漢書》等附益而成。如披衣、老聃、庚桑楚、林類、老商氏等皆應爲後人補述，不
見於《太平御覽》。宋晁公武《郡齋讀書志》謂此書載九十六人，而陳振孫《直齋
書録解題》説載八十七人。是書《隋書·經籍志》著録爲六卷，《舊唐書·經籍
志》爲七卷，至《新唐書·藝文志》又增至十卷，《宋史·藝文志》亦録有十卷。
後人續作甚多，陳繼儒有《逸民傳》、李卓吾著《藏書》、高兆著《續高士傳》。《高
士傳》大約在宋時散佚，現在常見的輯佚本有明吳瑭本、清魏裔介本等。
　　今以《叢書集成》本《高士傳》爲底本，以潮陽鄭氏明刻本《高士傳》、郭沂
《孔子集語校補》爲參校本加以輯録、校勘。

老子李耳

　　仲尼至周，見老子，知其聖人，乃師之。

　　孔子年十七，遂適周，見老聃[一]。
〔一〕此與上條當爲同一事，唯在傳抄過程中形成異文。孫星衍《孔子集語》注曰：《水
　　經·渭水》注引同。按：《莊子·天運》：“孔子行年五十有一，南之沛，見老聃。”
　　《史記·孔子世家》載適周事在年三十之前，《索隱》引《莊子》下復再言十七。諸
　　説不同，宜從《史記》。

老萊子

　　仲尼嘗聞其論而憱然改容焉。

林　類

　　林類者，魏人也，年且百歲。底春披裘，拾遺穗於故畦，並歌並

進。孔子適衛,望之於野,顧謂弟子曰:"彼叟可與言者,試往訊之。"子貢請行,逆之隴端,面之而歎曰:"先生曾不悔乎,而行歌拾穗?"林類行不留,歌不輟。子貢叩之不已,乃仰而應曰:"吾何悔邪?"子貢曰:"先生少不勤行,長不競時,老無妻子,死期將至,亦有何樂,而拾穗行歌乎?"林類笑曰:"吾之所以爲樂,人皆有之,而反以爲憂。少不勤行,長不競時,故能壽若此。老無妻子,死期將至,故能樂若此。"子貢曰:"壽者,人之情。死者,人之惡。子以死爲樂,何也?"林類曰:"死之與生,一往一反。故死於是者,安知不生於彼。故吾知其不相若矣。吾又安知營營而求生非惑乎?亦又安知吾今之死不愈昔之生乎?"子貢聞之,不喻其意。還,以告夫子。夫子曰:"吾知其可與言,果然。"

榮啓期

榮啓期者,不知何許人也。鹿裘帶索,鼓琴而歌。孔子遊于泰山,見而問之曰:"先生何樂也?"對曰:"吾樂甚多。天生萬物,唯人爲貴,吾得爲人矣,是一樂也。男女之別,男尊女卑,故以男爲貴,吾既得爲男矣,是二樂也。人生有不見日月、不免襁褓者,吾既已行年九十矣,是三樂也。貧者,士之常也;死者,民之終也,居常以待終,何不樂也?"

荷蕢

荷蕢者,衛人也。避亂不仕,自匿姓名。孔子擊磬於衛,乃荷蕢而過孔氏之門,曰:"有心哉擊磬乎?"既而曰:"硜硜乎莫己知也,斯己而已矣。深則厲,淺則揭。"孔子聞之曰:"果哉,末之難矣。"

石門守

石門守者,魯人也,亦避世不仕,自隱姓名,爲魯守石門,主晨夜開閉。子路從孔子,石門而宿。問子路曰:"奚自?"子路曰:"自孔氏。"遂譏孔子曰:"是知其不可爲而爲之者與?"時人賢焉。

陸　通

陸通，字接輿，楚人也。好養性，躬耕以爲食。楚昭王時，通見楚政無常，乃佯狂不仕，故時人謂之楚狂。孔子適楚，楚狂接輿遊其門，曰："鳳兮鳳兮，何如德之衰也？來世不可待，往世不可追也。天下有道，聖人成焉；天下無道，聖人生焉。方今之時，僅免刑焉。福輕乎羽，莫之知載；禍重乎地，莫之知避。已乎已乎，臨人以德；殆乎殆乎，畫地而趨；迷陽迷陽，無傷吾行；卻曲卻曲，無傷吾足。山木自寇也，膏火自煎也。桂可食，故伐之；漆可用，故割之。人皆知有用之用，而不知無用之用也。"孔子下車，欲與之言，趨而避之，不得與之言。

顔　淵

孔子曰："回，來！家貧居卑，胡不仕乎？"回對曰："不願仕。回有郭外之田五十畝，足以給饘粥；郭內之圃十畝，足以爲絲麻；鼓宮商之音，足以自娛；習所聞於夫子，足以自樂。回何仕焉？"孔子愀然變容曰："善哉，回之意也！"

佚　文

客有候孔子者，顔淵問曰："客何人也？"孔子曰："宵兮法兮[一]，吾不測也。夫良玉徑尺，雖十仞之土，不能掩其光；明珠徑寸[二]，雖有函丈之石，不能戢其曜。苟縕矣自厚[三]，容止可知矣。"（《御覽》五百十引，又見於《韓詩外傳》四）

〔一〕"宵兮法兮"，中華書局影印本《御覽》作"宵兮泛兮"。

〔二〕"徑"，中華書局影印本《御覽》作"度"。

〔三〕"矣"，中華書局影印本《御覽》作"美"。

師覺授孝子傳

《孝子傳》，南朝宋師覺授撰。中國古代向來有以歷代孝子事蹟作傳之傳統,以《孝子傳》爲名的書在歷史上有許多種,如《隋書·經籍志》著録有王昭之《孝子傳讚》三卷、晉蕭廣濟《孝子傳》十五卷、南朝宋鄭緝之《孝子傳》十卷、宋躬《孝子傳》二十卷等。師覺授之《孝子傳》,今已亡佚。清代茆泮林搜集遺佚,得劉向、蕭廣濟、王歆、王昭之、周景武、師覺授、宋躬、虞盤和佚名等九種《孝子傳》。另有清黃奭輯本。

今根據《叢書集成》本《古孝子傳》以及郭沂的《孔子集語校補》加以輯録。

老萊子者,楚人。行年七十,父母俱存,至孝,蒸蒸常著斑蘭之衣〔一〕。爲親取飲,上堂脚跌,恐傷父母之心,僵仆爲嬰兒啼。孔子曰:"父母老,常言不稱老,爲其傷老也。若老萊子,可謂不失孺子之心矣。"(《御覽》四百十三引)

〔一〕《廣雅》曰:"蒸蒸,孝也。"

仲子崔者,仲由之子也。初,子路仕衛,赴蒯聵之亂,衛人狐黶時守門〔一〕,殺子路。子崔既長,告孔子,欲報父讐。夫子曰:"行矣。"子崔即行。黶知之曰:"夫君子不掩人之不備。須後日〔二〕,於城西決戰。"其日,黶持蒲弓木戟,而〔三〕與子崔戰而死。(《御覽》四百八十二引)

〔一〕"狐黶",孫星衍《孔子集語》注曰:(《御覽》)三百五十二引作"子黶"。

〔二〕"曰夫君"下十三字原無,據孫星衍《孔子集語》從《御覽》三百五十二補。

〔三〕中華書局影印本《太平御覽》無"而"字。

神仙傳

《神仙傳》,東晉葛洪撰。書中收録了古代傳説中的九十二位仙人的事蹟,本書雖事多怪誕,但其中不少内容揭示出道家養生思想及方法。《四庫全書總目提要》記載此書成書緣起爲:"是書據洪自序,蓋於《抱朴子·内篇》既成之後,因其弟子滕升問仙人有無而作。所録凡八十四人。序稱秦大夫阮倉所記凡數百人,劉向所撰又七十一人。今復抄集古之仙者見於仙經服食方百家之書,先師所説,耆儒所論,以爲十卷。又稱劉向所述殊甚簡略,而自謂此傳有愈於向。"是書《舊唐書·經籍志》與《新唐書·藝文志》皆作《神仙傳》,唯獨《隋書·經籍志》録爲《列仙傳》。現存《神仙傳》有兩个版本：一爲九十二人附二人傳本，見於《道藏精華録百種》等道典中。二爲八十四人傳本，見於《四庫全書》中。

今以《四庫全書》本《太平御覽》爲底本，以郭沂《孔子集語校補》爲參校本加以輯録。

孔子讀書，老子見而問曰：“是何書也？”曰：“《易》也，聖人亦讀之。”老子云：“聖人可也，汝曷爲讀之？”

拾遺記

《拾遺記》，又名《拾遺録》、《王子年拾遺記》，東晉王嘉撰。王嘉，字子年，隴西安陽（今甘肅渭源）人。《隋書·經籍志》“雜史類”載此書二卷，後經亂亡殘闕。梁蕭綺搜羅補綴而定爲十卷，是爲今本。《四庫全書總目提要》評之曰：“其言荒誕，證以史傳皆不合。如皇娥宴歌之事，趙高登仙之説，或上誣古聖，或下獎賊臣，尤爲乖迕。綺録亦附會其詞，無所糾正。然歷代詞人，取材不竭，亦劉勰所謂事豐奇偉，辭富膏腴，無益經典而有助文章者歟？”現存最早的刻本是明嘉靖十三年世德堂翻宋本。今人齊治平有《拾遺記校注》。

今以齊治平《拾遺記校注》（中華書局1981年版）爲底本，以《百子全書》本《拾遺記》及郭沂《孔子集語校補》爲參校本加以輯録、校勘。

卷二　周

孔子相魯之時，有神鳳遊集。至哀公之末，不復來翔，故云：“鳳鳥不至。”可爲悲矣！

卷三　周靈王

周靈王立二十一年，孔子生於魯襄公之世。夜有二蒼龍自天而下，來附徵在之房，因夢而生夫子。有二神女，擎香露於空中而來，以沐浴徵在。天帝下奏鈞天之樂，列以顏氏之房。空中有聲，言天感生聖子，故降以和樂笙鏞之音，異於俗世也。又有五老列於徵在之庭，則五星之精也。夫子未生時，有麟吐玉書於闕里人家，文云："水精之子，係衰周而素王。"故二龍繞室，五星降庭。徵在賢明，知爲神異，乃以繡綍繫麟角，信宿而麟去。相者云："夫子係殷湯，水德而素王。"至敬王之末，魯定公十四年[一]，魯人鋤商田於大澤，得麟，以示夫子，繫角之綍，尚猶在焉。夫子知命之將終，乃抱麟解綍，涕泗滂沱。且麟出之時[二]，及解綍之歲，垂百年矣。（又見於《初學記》二十九引《孝經右契》、《搜神記》八）

〔一〕"十四年"，原作"二十四年"，據孫星衍《孔子集語》改。今案：魯定公在位共十五年。

〔二〕齊治平曰："且"疑"自"之誤。

卷五　前漢上

仲尼云："不如速朽。"斂手足形。聖人以斯昭誡，豈不尚哉！

卷九　晉時事

昔仲尼刪《詩》、《書》，不及鬼神幽昧之事，以言怪力亂神。

第十卷　傳注雜引

易　類

京氏易傳

《京氏易傳》，西漢京房撰。《漢書·藝文志》著録此書十一篇，《文獻通考》作四卷，今本爲三卷，有三國吴陸績注。《搜神記》等書引京房《易傳》，雖亦言災異，但文多不見於此書，恐爲他書。《四庫全書總目提要》評是書曰：“其書雖以《易傳》爲名，而絶不詮釋經文，亦絶不附合《易》義。上卷、中卷以八卦分八宫，每宫一純卦統七變卦，而注其世應、飛伏、遊魂、歸魂諸例。下卷首論聖人作《易》揲著布卦，次論納甲法，次論二十四氣候配卦，與夫天、地、人、鬼四易，父母、兄弟、妻子、官鬼等爻，龍德、虎形、天官、地官與五行生死所寓之類，蓋後來錢卜之法實出於此。”

今以《四庫全書》本爲底本，以《四部叢刊》本、郭沂《孔子集語校補》爲參校本加以輯録、校勘。

卷　下

孔子曰：“陽三陰四，位之正也。三者，東方之數。東方，日之所出。又圓者，徑一而開三也。四者，西方之數。西方，日之所入。又方者，徑一而取四也。言日月終天之道，故《易》卦六十四。分上下，象陰陽也。奇耦之數，取之於乾、坤。乾、坤者，陰陽之根本。坎、離者，陰陽之性命。分四營而成易，十有八變而成卦。卦象定，吉凶明，得失降,五行分。四象順則吉,逆則凶。故曰吉凶悔吝生乎動,又曰明得失於四序。運機布度,其氣轉易。主者亦當則天而行,與時消息,安而不忘亡,將以順性命之理,極菁龜之源。重三成六,能事畢矣。分天地乾坤之象,益之以甲乙壬癸。震、巽之象配庚辛,坎、離之象配戊己,艮、兌之象配丙丁。八卦分陰陽、六位、五行,光明四通,變易立節。天地若不變易,不能通氣。五行迭終,四時更廢,變動不居,周流六虛,上下無常,剛柔相易。不可以為典要,惟變所適。吉凶共列于位,進退明乎機要。易之變化,六爻不可據,以隨時所占。"(又見於《周易乾鑿度》)

孔子云:"易[一]有四易:一世、二世為地易;三世、四世為人易;五世、六世為天易;游魂、歸魂為鬼易。八卦鬼為繫爻,財為制爻,天地為義爻[二],福德為寶爻[三],同氣為專爻[四]。龍德十一月在子,在坎卦,左行。虎刑五月,午在離卦,右行。甲乙庚辛天官,申酉地官;丙丁壬癸天官,亥子地官;戊巳甲乙天官,寅卯地官;壬癸戊巳天官,辰戌地官。靜為悔,發為貞。貞為本,悔為末。初爻上,二爻中,三爻下,三月之數以成。一月初爻三日,二爻三日,三爻三日,名九日。餘有一日,名曰閏餘。初爻十日為上旬,二爻十日為中旬,三爻十日為下旬;三旬三十。積旬成月,積月成年。八八六十四卦。分六十四卦,配三百八十四爻。成萬一千五百二十策。定氣候二十四,考五行於運命,人事天道,日月星辰,局於指掌,吉凶見乎其位,繫乎吉凶,悔吝生乎動。寅中有生火,亥中有生木,巳中有生金,申中有生水,丑中有死金,戌中有死火,未中有死木,辰中有死水,土兼於中。建子陽生,建午陰生,二氣相衝,吉凶明矣。積筭隨卦起宮,乾、坤、震、巽、坎、離、艮、兌,八卦相盪。二氣陽入陰,陰入陽。二氣交互不停,故曰'生生之謂易'。天地之內,無不通也。乾起巳,坤起亥,震起午,巽起辰,坎起子,離起丑,艮起寅,兌起□,□於六十四卦。遇王則吉,廢則凶,衝則破,刑則敗,死則危,生則榮。攷其義理,其可通乎!分三十為中,六十為上,三十為下,總一百二十,通陰陽之數也。新新不停,生生相續。故淡泊不失其所,確然示人。陰陽運行,一寒一暑,五行互用,一吉一凶,以通神明之德,以類萬物之情。故《易》所以斷天下之理,定之以人倫而明王道。八卦建五氣,立五常,法象乾坤,順於陰陽,以正君臣父子之義。故《易》曰:'元亨利貞。'夫作《易》所以垂教,教之所被,本被於有無。且易者,包備有無,有吉則有凶,有凶則有吉。生吉凶之義,始於五行,終於八卦。從無入有,見灾於星辰也;從有入無,見象於陰陽也。陰陽之義,歲月分也。歲月既分,吉凶定矣。故曰:'八卦成列,象在其中矣。'六爻上下,天地陰陽運轉。有無之象,配乎人事。八卦仰觀俯察,在乎人;隱顯灾祥,在乎天;考天時,察人事,在乎卦。八卦之要,始於乾坤,通乎萬物,故曰:'《易》窮則變,變則通,通則久。'久於其道,其理得矣。卜筮非襲於吉,唯變所適,窮理盡性於茲矣。"

〔一〕孫星衍《孔子集語》"易"字在"云"上。

〔二〕陸績注曰:"天地即父母也。"

〔三〕陸績注曰:"德福即子孫也。"

〔四〕陸績注曰:"兄弟爻也。"

佚　文

《京氏易·積算法》引夫子曰:"八卦因伏羲,暨于神農,重乎八純。聖理玄微,《易》道難究。迄乎西伯父子,研理窮通,上下囊括,推爻考象,配卦世應,加乎星宿,局於六十四所,二十四氣。分天地之數,定人倫之理,驗日月之行,尋五行之端,灾祥進退莫不因茲而兆矣。故考天地日月星辰山川草木蟲魚鳥獸之情狀,運氣生死休咎,不可執一隅,故曰《易》含萬象。"〔一〕(《困學紀聞》卷一引)

〔一〕今《京氏易傳》無此條。今以樂保群等校點《困學紀聞》(上海古籍出版社 2008 年版)爲底本,以郭沂《孔子集語校補》爲參校本加以輯録、校勘。

周易干氏注

《周易干氏注》,東晉干寶撰,今不存。《經典釋文·叙録》:"干寶《注》十卷。"《隋書·經籍志》、《舊唐書·經籍志》、《新唐書·藝文志》皆同。朱彝尊《經義考》引胡一桂曰:"干寶《周易傳》十卷,復別出《爻義》一卷,宣和四年蔡攸上其書。"清人張惠言評之曰:"京氏以《易》陰陽推後世災變,令升以《易》辭推周家應期,故曰令升之爲京氏者非京氏也。魏晉之代《易》學中微,令升知空虚之壞道而未得其門,欲以穢瑣附會之説勝之,遂使後之學者指漢師爲術數而不敢道,則《易》之墜,令升實與有責焉耳。"清馬國翰《玉函山房輯佚書》有輯録。

　　今以《玉函山房輯佚書》本《周易干氏注》爲底本,以郭沂《孔子集語校補》爲參校本加以輯録、校勘。

　　凡《易》既分爲六十四卦以爲上下經,天人之事各有始終。夫子又爲《序卦》,以明其相承受之義。然則文王、周公所遭遇之運,武王、成王所先後之政,蒼精受命短長之期,備於此矣。而夫子又重爲《雜卦》,以易其次第;《雜卦》之末又改其例,不以兩卦反覆相酬者,以示來聖後王明道非常道、事非常事也。化而裁之存乎變,是以終之以決言,能決斷其中,唯陽德之主也。故曰:易窮則變,通則久。總而觀之,伏羲、黄帝皆繋世象賢,欲使天下世有常君也。而堯、舜禪代,非黄、農之化,朱、均頑也;湯、武逆取,非唐、虞之迹,桀、紂之不君也;伊尹廢立,非從順之節,使太甲思愆也;周公攝政,非湯、武之典,成王幼年也。凡此皆聖賢所遭遇異時者也。夏政尚忠,忠之弊野,故殷自野以教敬;敬之弊鬼,故周自鬼以教文;文弊薄,故春秋閲諸三代而損益之[一]。顔回問爲邦,子曰:"行夏之時,乘殷之輅,服周之冕。"弟子問政者數矣,而夫子不與言。三代損益,以非其任也[二]。回則備言王者之佐,伊尹之人也,故夫子及之焉。是以聖人之於天下也,同不是,異不非。百世以俟聖人而不惑,一以貫之矣。(《周易集解》引)

　　〔一〕"諸",原作"説",據孫星衍《孔子集語》改。
　　〔二〕孫星衍《孔子集語》無"以"字。

書　類

洪範五行傳

　　《洪範五行傳》一篇,最早見於《漢書·五行志》,其作者有伏生、劉向、夏侯始昌幾種説法,至今莫之能定。《漢書·五行志》在述及《洪範》時首列"經曰",

即爲《洪範》；次列"傳曰"，即《洪範五行傳》；又次爲"説曰"，即爲劉向、劉歆、夏侯勝、京房等説。此書常稱某事失則某徵見，皆讖緯之説也。《四庫全書總目提要》評之曰："漢代緯候之説，實由是起。"

今據郭沂《孔子集語校補》加以輯録、校勘。

孔子作《春秋》，正春，正秋，所以重曆也。（《御覽》十六引）

尚書大傳鄭注

《尚書大傳鄭注》，爲東漢鄭玄對伏生《尚書大傳》所作的注。《玉海》載《中興館閣書目》引鄭玄《尚書大傳序》曰："蓋自伏生也。伏生爲秦博士，至孝文時年且百歲。張生、歐陽生從其學而受之，音聲猶有訛誤，先後猶有舛差，重以篆隸之殊，不能無失。生終後，數子各論所聞，以己意彌縫其缺，別作章句，又特撰大義，因經屬指，名之曰《傳》。劉向校書，得而上之，凡四十一篇，詮次爲八十一篇。"《漢書·藝文志》有著録，但未言作者，《隋書·經籍志》始稱鄭玄注。

今以皮錫瑞《尚書大傳疏證》爲底本，以《四庫全書》本、《叢書集成》本《尚書大傳》、郭沂《孔子集語校補》爲參校本加以輯録、校勘。

洪範五行傳

心明曰聖，孔子説休徵。曰："聖者，通也。兼四而明，則所謂聖。聖者，包貌言視聽而載之以思。心者，通以待之君，思心不通，則是非不能心明其事也[一]。"

〔一〕孫星衍《孔子集語》無"非"字。

孔子説《春秋》曰：政以不由王出，不得爲政。則是王，君出政之號也[一]。（《後漢書·五行志》注引）

〔一〕孫星衍《孔子集語》無"是"字。

書　讚

《書讚》，東漢鄭玄撰。唐孔穎達曰："鄭玄謂之'讚'者，以序不分散，避其序名，故謂之'讚'。讚者，明也，佐也。佐成序義，明以注解故也。"原書已佚，清馬國翰《玉函山房輯佚書》有輯本。

今據《玉函山房輯佚書》以及郭沂《孔子集語校補》加以輯録。

孔子撰書,乃尊而命之曰《尚書》。

詩 類

毛詩傳

《毛詩傳》,即《毛詩故訓傳》,簡稱《毛傳》。其作者和傳授淵源,自漢訖唐,諸說不一,今人一般根據鄭玄的《詩譜》和陸璣的《毛詩草木鳥獸蟲魚疏》,定爲魯人毛亨所作。相傳其詩學傳自荀卿,西漢初期開門授徒,所著《詩故訓傳》傳之趙人毛萇,爲"毛詩學"的開創者。《毛詩故訓傳》是現存最早的完整的《詩經》注本。全書以解釋字義爲主,其章句訓詁大抵取自先秦群籍,保存了許多古義。此書在訓詁體例方面,或統釋全篇於首章,或統釋全篇於末章,或明假借,或釋虛詞,或以今語通古語,或以今義通古義。《漢書·藝文志》載《毛詩故訓傳》三十卷,原書已佚。東漢末年,鄭玄爲之作《箋》,唐代孔穎達又進一步疏解《毛傳》、《鄭箋》而作《毛詩正義》,遂使《毛傳》在經學研究領域地位不斷提高。

今以清陳奐《詩毛氏傳疏》爲底本,以郭沂《孔子集語校補》爲參校本加以輯録、校勘。

木瓜傳

孔子曰:"吾於《木瓜》,見苞苴之禮行[一]。"
〔一〕"苞",通"包","苞苴"即饋贈的禮品。

素冠傳

子夏三年之喪畢,見於夫子,援琴而弦,衎衎而樂[一],作而曰:"先王制禮,不敢不及。"夫子曰:"君子也。"閔子騫三年之喪畢,見於夫子,援琴而弦,切切而哀,作而曰:"先王制禮,不敢過也。"夫子曰:"君子也。"子路曰:"敢問何謂也?"夫子曰:"子夏哀已盡,能引而致之於禮，故曰君子也；閔子騫哀未盡，能自割以禮，故曰君子也。夫三年之喪，賢者之所輕，不肖者之所勉。"（又見於《淮南子·繆稱訓》、《説苑·脩文》）

〔一〕衎衎，和樂貌。

巷伯傳

　　昔者顔叔子獨處于室，鄰之釐婦又獨處于室〔一〕。夜，暴風雨至而室壞，婦人趨而至，顔叔子納之，而使執燭，放乎旦而蒸盡，搔屋而繼之〔二〕，自以爲辟嫌之不審矣。若其審者，宜若魯人然。魯人有男子獨處于室，鄰之釐婦又獨處于室。夜，暴風雨至而室壞，婦人趨而託之，男子閉户而不納，婦人自牖與之言曰："子何爲不納我乎？"男子曰："吾聞之也，男子不六十不閒居。今子幼，吾亦幼，不可以納子。"婦人曰："子何不若柳下惠然？嫗不逮門之女〔三〕，國人不稱其亂。"男子曰："柳下惠固可，吾固不可。吾將以吾不可學柳下惠之可。"孔子曰："欲學柳下惠可者，未有能似於是者也。"〔四〕

〔一〕釐婦，又作"嫠婦"，寡婦。
〔二〕"搔"同"縮"，抽取。這裏指抽取房屋上的茅草。
〔三〕《孔子家語·好生》："嫗不逮門之女。"孫志祖《疏證》："以體覆之曰嫗。"逮，及，至。不逮門之女，指無家可歸的女子。
〔四〕孫星衍《孔子集語》無"可"、"能"二字。其注曰：《後漢書·崔駰傳》注引《韓詩外傳》亦有此文。今《外傳》無。

禮　類

周禮注

　　《周禮注》，東漢鄭玄撰。《周禮》初名《周官經》，劉歆始改稱《周禮》，然《七略》猶曰《周官》，《漢書·藝文志》仍之。馬融訓釋之作，亦稱《周官傳》，至鄭玄以《周禮》名之。鄭玄廣搜博稽，訓釋經文，闡述禮制，正字讀音，糾經衍誤，對前人《周禮》之研究做了整理和總結。是書可謂集兩漢《周禮》學之大成。

　　今以《十三經注疏》本《周禮正義》爲底本，以郭沂《孔子集語校補》爲參校本加以輯録、校勘。

九嬪注

孔子云:"日者,天之明;月者,地之理。陰契制,故月上屬爲天使;婦從夫,放月紀。"〔一〕

〔一〕孫星衍《孔子集語》注曰:疏云:《孝經援神契》文。

禮記注

《禮記注》,東漢鄭玄撰。是書可考的版本主要有敦煌卷子本、石經本、刻本三大類,其中刻本以《四部叢刊》本最爲常見。歷代注疏者,有唐孔穎達《禮記注疏》、宋方愨《禮記集解》、元陳澔《禮記集説》、清朱軾《禮記纂言》、孫希旦《禮記集解》等。

今以《四部叢刊》本《禮記》爲底本,以郭沂《孔子集語校補》爲參校本加以輯録、校勘。

檀弓上

孔子之父鄹叔梁紇與顏氏女徵在野合而生孔子,徵在恥焉,不告〔一〕。

〔一〕李滋然《孔子集語補遺商正》注曰:按鄭注本《史記·孔子世家》"叔梁紇與顏氏女野合而生孔子",孔疏注言:"野合,不備於禮也。若《論語》'先進於禮樂,野人也'及'野哉!由也',非謂草野而合也。但徵在恥與其夫不備禮爲妻,見孔子知禮,故不告。"《通典》卷百三引《聖證論》王肅難鄭云:"聖人而不知其父死之與生。生不求養,死不奉祭,斯不然矣。"張融評曰:"孔子既得合葬於防,言既得明未葬時未知墓處也。雖仲由之言,亦孔子不知其墓。若徵在見娉,則當言墓以告,孔子何得不知其墓?"按孔子三歲喪父,年方幼穉,即使徵在告之,不過指其大略。古無墓祭,身未親歷,又無封識,焉能塙知其所在?徵在既没,爲時更久,雖有聞於徵在,亦必待再問曼父之母,然後合葬,蓋慎之也。鄭氏望文生義,牽合史遷謬説;孔疏曲事調停,終涉牽強。王肅難鄭、張融評王,詰異黨同,各分門户,證以經文,終尟定解。今特爲辨正之。

喪服要記

《喪服要記》,又名《王氏喪服要記》,三國王肅撰。《隋書·經籍志》有著録。原書已佚,清馬國翰《玉函山房輯佚書》有輯本。

今以《玉函山房輯佚書》本《王氏喪服要記》爲底本,以《漢學堂叢書》本、《漢魏遺書鈔・經翼・二集・喪服要記》(嘉慶三年刻本)以及郭沂《孔子集語校補》爲參校本進行輯録、校勘。

魯哀公祖載其父〔一〕,孔子問曰:“寧設桂樹乎?”哀公曰:“不也。桂樹者,起於介子推。子推,晉之人也。文公有内難,出國之狄,子推隨其行,割肉以續軍糧。後文公復國,忽忘子推,子推奉唱而歌,文公始悟,當受爵禄。子推奔介山,抱木而燒死。國人葬之,恐其神魂貫于地,故作桂樹焉。吾父生于宫殿,死于枕席,何用桂樹爲?”〔二〕(《水經注》六引)

〔一〕祖載,古代喪禮之一。《白虎通・崩薨》曰:“祖者,始也,始載於庭也。乘軸車,辭祖禰,故名爲祖載也。”

〔二〕孫星衍《孔子集語》注曰:《喪服要記》語不盡純,是王肅依託,姑附載之。

昔者,魯哀公祖載其父,孔子問曰:“寧設三桃湯乎?”答曰:“不也。桃湯者,起於衛靈公〔一〕。有女嫁〔二〕,乳母送新婦就夫家,道聞夫死,乳母欲將新婦返,新婦曰:‘女有三從,今屬於人,死當卒哀。’因駕素車白馬,進到夫家,治三桃湯以沐死者,出東門北隅,禮三終,使死者不恨。吾父無所恨,何用三桃湯焉?”(《御覽》九百六十七引)

〔一〕“衛靈公”三字疑當重。

〔二〕《漢學堂叢書》本“嫁”下有“楚”字,當補。

昔者,魯哀公祖載其父。孔子問曰:“寧設五穀囊乎?”公曰:“不也。五穀囊者,起伯夷、叔齊〔一〕,不食周粟,而餓死首陽山,恐魂之饑,故作五穀囊。吾父食味含哺而死,何用此爲?”(《藝文類聚》八十五引)

〔一〕孫星衍《孔子集語》注曰:《御覽》七百四引此下有“讓國”二字。

魯哀公葬父,孔子問曰:“寧設菰廬乎?”哀公曰:“菰廬,起大伯。大伯出奔,聞古公崩,還赴喪,故作菰廬以彰其尸。吾父無大伯之罪,何用此爲?”(《御覽》五百四十八引)

魯哀公葬父,孔子問曰:"寧設桐人乎?"哀公曰:"桐人起于虞卿。虞卿齊人[一]。遇惡繼母,不得養父,死不能葬[二]。知有過,故作桐人。吾父生得供養,何桐人爲[三]?"(《御覽》五百五十二引)

〔一〕"虞卿"二字原不重,據中華書局影宋本《御覽》補。此句一本作"不也。桐人起于齊人虞卿"。

〔二〕"能",中華書局影宋本《御覽》、《漢學堂叢書》本皆作"得"。

〔三〕中華書局影宋本《御覽》"何"下有"用"字,當補。

魯哀公葬其父,孔子問曰:"寧設魂衣乎?"哀公曰:"魂衣起宛荆[一]。於山之下[二],道逢寒死。友哀往迎其尸[三],憫神之寒,故作魂衣。吾父生服錦繡,死於衣被,何魂衣爲[四]?"(《御覽》八百八十六引)

〔一〕中華書局影宋本《御覽》、《漢學堂叢書》本重"宛荆"二字,當補入。"宛"字或作"苑"。

〔二〕孫星衍《孔子集語》注曰:疑有脫文,即左伯桃事。

〔三〕《漢學堂叢書》本"哀"下注云:一作"羊角哀"。中華書局影宋本《御覽》"哀"上有"人羊角"三字。

〔四〕《漢學堂叢書》本、中華書局影宋本《御覽》"何"下皆有"用"字,當補入。

魯哀公葬其父,孔子問曰:"寧設表門乎?"公曰:"夫表門,起於禹。禹治洪水,故表其門以紀其功。吾父無功,何用焉?"(《路史後紀》十三注引)

大戴禮記盧辯注

《大戴禮記盧辯注》,爲北周盧辯對《大戴禮記》注疏之著作。鄭玄曾以戴德、戴聖爲高堂生"五傳弟子",大小戴並傳高氏《儀禮》之學,《小戴禮記》得馬融、盧植、高誘、鄭玄等諸家詁解,其學始盛,而清之前注《大戴禮記》全書者,僅盧辯一家而已。盧辯注所徵引的文獻遍及漢、魏、晉諸儒,當中尤以鄭玄、王肅爲多。

今據王聘珍的《大戴禮記解詁》(中華書局 1983 年版)、郭沂《孔子集語校補》加以輯錄、校勘。

易本命

孔子曰:"聖人智通於大道,應化而不窮,能測萬品之情也。"

樂　類

琴　操

《琴操》，爲解説琴曲標題之著作。南宋鄭樵《通志·樂略》中説："《琴操》所言者何嘗有是事？琴之始也，有聲無辭，但善音之人欲寫其幽懷隱思而無所憑依，故取古之人悲憂不遇之事而以命操，或有其人而無其事，或有其事又非其人，或得古人之影響又從而滋蔓之，君子之所取者但取其聲而已，取其聲之義而非取其事之義。"此書最早著録於《隋書·經籍志》經部樂類，題署"晉廣陵相孔衍撰"。《舊唐書·經籍志》經部也著録此書，除孔衍三卷本外，另列有桓譚《琴操》二卷。但六朝劉昆注《後漢書》、唐人李善注《文選》時，都認爲《琴操》爲蔡邕所撰。清代人馬瑞辰認爲，是書乃蔡邕《叙樂》中的一部分，而孔衍是傳述者。原書已佚。王謨《漢魏遺書鈔》輯本署名孔衍撰，而黄奭《漢學堂叢書》、王仁俊《玉函山房輯佚書續編》輯本則署蔡邕撰。

今以《叢書集成》本《琴操》爲底本，以郭沂《孔子集語校補》爲參校本加以輯録、校勘。

卷　上

《將歸操》者，孔子之所作也。趙簡子循執玉帛，以聘孔子。孔子將往，未至，渡狄水，聞趙殺其賢大夫竇鳴犢，喟然而嘆之曰："夫趙之所以治者，鳴犢之力也，殺鳴犢而聘余，何丘之往也？夫燔林而田，則麒麟不至；覆巢破卵，則鳳皇不翔。鳥獸尚惡傷類，而況君子哉！"於是援琴而鼓之，云："翱翔於衛，復我舊居，從吾所好，其樂只且。"（又見於《説苑·權謀》、《三國·魏·劉廙傳》注引《新序》、《水經·河水五》注）

《猗蘭操》者，孔子所作也。孔子歷聘諸侯[一]，諸侯莫能任。自衛反魯，過隱谷之中，見薌蘭獨茂，喟然嘆曰："夫蘭當爲王者香，今乃獨茂，與衆草爲伍，譬猶賢者不逢時，與鄙夫爲倫也。"乃止車援琴鼓之云："'習習谷風，以陰以雨；之子于歸，遠送于野。'何彼蒼天，不得其所；逍遥九州，無所定處；世人闇蔽，不知賢者；年紀逝邁，一身將老。"自傷不逢時,託辭於薌蘭云〔二〕。

〔一〕《叢書集成》本注:"《太平御覽》香部引無'歷'字。"

〔二〕《叢書集成》本注:"《太平御覽》香部引'薌'作'香'。"

《龜山操》者,孔子所作也。齊人饋女樂,季桓子受之,魯君閉門不聽朝。當此之時,季氏專政,上僭天子,下畔大夫,賢聖斥逐,讒邪滿朝。孔子欲諫不得,退而望魯。魯有龜山蔽之,辟季氏於龜山,託勢位於斧柯,季氏專政,猶龜山蔽魯也。傷政道之陵遲〔一〕,閔百姓不得其所,欲誅季氏,而力不能,於是援琴而歌云〔二〕:"予欲望魯兮,龜山蔽之;手無斧柯,奈龜山何?"

〔一〕《叢書集成》本注曰:"'陵遲',本作'不用',從《水經注·汶水》、《北堂書鈔·樂部》引改。"

〔二〕《叢書集成》本注曰:"《北堂書鈔·樂部》引作'於是鼓琴塵落,九動其鳴'。"

卷　下

《孔子厄》者,孔子使顏淵執轡,到匡郭外,顏淵舉策指匡穿垣曰:"往與陽虎〔一〕,正從此入。"匡人聞其言,孔子貌似陽虎,告匡君曰:"往者陽虎,今復來至。"乃率衆圍孔子〔二〕,數日不解。弟子皆有飢色,於是孔子仰天而歎曰:"君子固亦窮乎!"子路聞孔子之言悲感,悖然大怒,張目奮劍,聲如鐘鼓,顧謂二三子曰:"使吾有此厄也。"孔子曰:"由,來!今汝欲鬬,名爲戮我於天下〔三〕,爲汝悲歌而感之,汝皆和我。"由等唯唯。孔子乃引琴而歌〔四〕,音曲甚哀,有暴風擊拒〔五〕,軍士僵仆,於是匡人乃知孔子聖人,瓦解而去〔六〕。

〔一〕"陽虎",《叢書集成》本注曰:"《史記·孔子世家》正義引作'陽貨'。"

〔二〕《叢書集成》本注曰:"今本作'乃令桓魋圍孔子'。《太平御覽·人事部》引同。考《史記·孔子世家》,桓魋欲殺孔子,在去曹適宋,與此別一時事,今從《正義》引改。"

〔三〕《叢書集成》本注曰:"今本作'孔子顧謂二三子曰'。無'曰由來'以下十四字,今從《太平御覽·人事部》引補。"

〔四〕"引琴",《叢書集成》本注:"《史記·孔子世家》正義引作'和琴'。"

〔五〕《叢書集成》本注:"'拒'本作'扼',從《太平御覽·人事部》引改,《史記·孔子世家》正義引無'拒'字。"

〔六〕《叢書集成》本注：“一云陳、蔡時作。案《史記·孔子世家》正義引作‘自解’。”

補　遺

魯哀公十四年，西狩，薪者獲麟，繫之，傷其左足，將以示孔子。孔子道與相逢見，俛而泣，抱麟曰：“爾孰爲來哉！孰爲來哉！”反袂拭面，乃歌曰：“唐虞世兮麟鳳遊，今非其時來何求？麟兮麟兮我心憂。”〔一〕仰視其人，龍顏日月〔二〕。夫子奉麟之口，須臾，吐三卷圖。一爲赤伏，劉季興爲王；二爲周滅，夫子將終；三爲漢制造，作《孝經》。夫子還，謂子夏曰：“新主將起〔三〕，其如得麟者〔四〕。”（《藝文類聚》十引）

〔一〕“乃歌曰”至“我心憂”，上海古籍出版社影印本《藝文類聚》無，而《漢學堂叢書》本《琴操》有。

〔二〕“月”，孫星衍《孔子集語》注曰：當作“角”。

〔三〕“主”，孫星衍《孔子集語》作“王”。

〔四〕上海古籍出版社影印本《藝文類聚》“其”下有“人”字。

孔子遊於朡山，見取薪而哭，長梓上有孤鵜，乃承而歌之〔一〕。（《北堂書鈔》一百六引）

〔一〕孫星衍《孔子集語》注曰：陳禹謨本作“孔子遊於山隅，見梓樹上有孤鵜，乃承而歌之”。

孔子遊於泰山，見薪者哭，甚哀。孔子問之，薪者曰：“吾自傷，故哀爾。”（《藝文類聚》三十四引）

《琴操》又名《息陬操》，其辭曰：“乾澤而魚，蛟龍不游；覆巢毀卵，鳳不翔留；慘予心悲，還原息陬。”〔一〕（《繹史·孔子類記一》引）

〔一〕王仁俊《孔子集語補遺》稱此條爲《繹史·孔子類記一》所引，然查今本《繹史》無此文。

逸　文

乾澤而漁，蛟龍不游；覆巢毀卵，鳳不翔留；慘予心悲，還轅息陬〔一〕。（《古詩源》一《〈琴操〉逸文〈槃操〉》）

〔一〕王仁俊《孔子集語補遺》注曰：按《息陬操》爲竇鳴犢、舜華而作也，《史記》可證。

《家語》云:"作《槃操》以哀之。"李滋然《孔子集語補遺商正》以爲,此與上條應合二爲一,理由有二:一是"原"、"轅"音同,轉寫偶別,不得謂之異本。二是兩篇所引,雖有《息陬》、《槃操》之別,不過一操二名,非孔子當日有二操也。

春秋類

春秋大傳

《春秋大傳》,作者不詳,但《史記·三王世家》褚少孫補傳已引此書。褚爲宣帝、元帝時人,由此可知《春秋大傳》作者蓋爲漢初經師。原書已佚。清馬國翰《玉函山房輯佚書》和王仁俊《玉函山房輯佚書續編》各有輯本一卷。另外,清何西夏撰有《春秋大傳補説》,亦有參考價值。

今據清王仁俊《玉函山房輯佚書續編》以及郭沂《孔子集語校補》加以輯錄、校勘。

周公何以不之魯?蓋以爲雖有繼體守文之君,不害聖人受命而王。周公反政,《尸子》以爲孔子非之,以周公不聖[一],不爲兆民也。(《三國志·魏文帝紀》注許芝奏引、《三國志·魏文帝紀》注輔國將軍等奏引,又見於《長短經·懼誡》引《尸子》)

〔一〕孫星衍《孔子集語》"以"下有"爲"字。

閔因叙

《閔因叙》,作者不詳,然爲東漢何休《春秋公羊解詁》所引,故當成於東漢以前。

今以《十三經注疏》本《春秋公羊傳注疏》爲底本,以郭沂《孔子集語校補》爲參校本加以輯錄、校勘。

昔孔子受端門之命,制《春秋》之義,使子夏等十四人求周史記,得百二十國寶書,九月經立。(《公羊傳·隱公第一》疏引)

春秋左傳解詁

《春秋左傳解詁》,東漢賈逵撰。原書已佚,清馬國翰《玉函山房輯佚書》有輯本二卷。

今以清馬國翰《玉函山房輯佚書》本《春秋左氏傳解詁》爲底本，以郭沂《孔子集語校補》爲參校本加以輯録、校勘。

春秋序

孔子覽史記，就是非之説，立素王之法。

隱公元年

四公皆實即位。孔子修經，乃有不書。

昭公七年

是歲，孟僖子卒，屬其子使事仲尼，仲尼時年三十五，定以孔子爲襄二十一年生也。

昭公十二年

孔子作《春秋》，素王之文也。

昭公二十四年

仲尼時年三十五矣。

哀公十四年

孔子自衛反魯，考正《禮》、《樂》，修《春秋》，約以《周禮》，三年文成。致麟，麟感而至，取龍爲水物，故以爲修母致子之應。周在西，明夫子道繫周。(《春秋左傳正義》引)

春秋左傳解誼

《春秋左傳解誼》，東漢服虔撰。《隋書·經籍志》著録《春秋左氏解誼》三十一卷，漢九江太守服虔注，所分卷數與杜預的《春秋左氏經傳集解》三十卷不同。原書已佚，清馬國翰《玉函山房輯佚書》有輯本。

今以清馬國翰《玉函山房輯佚書》本《春秋左氏傳解誼》爲底本，以郭沂《孔子集語校補》爲參校本加以輯録、校勘。

隱公元年

孔子作《春秋》,於春每月書王,以統三王之正。(《春秋左傳正義》引)

四公皆實即位。孔子修經,乃有不書。

哀公十一年

《春秋》終於獲麟,故小邾繹不在三叛人中也[一]。弟子欲明夫子作《春秋》以顯其師,故書小邾繹以下至孔子卒。[二]

〔一〕"繹",《十三經注疏》本《春秋左傳正義》作"射",蓋音同而譌。下倣此。

〔二〕此條李滋然《孔子集語補遺商正》注曰:《春秋左氏傳序》正義引。

言西者,有意於西,明夫子有立言,立言之位在西方。(《春秋左傳正義》引)

麟,非時所常見,故怪之,以爲不祥也。仲尼命之曰"麟",然後魯人乃取之也,明麟爲孔子至也。(《史記·孔子世家》集解引)

賈逵春秋序

《春秋序》,東漢賈逵著。原書已佚。清馬國翰《玉函山房輯佚書》有輯本。

今以《十三經注疏》本《春秋左傳正義》(中華書局 1980 年版)爲底本,以清馬國翰《玉函山房輯佚書》以及郭沂《孔子集語校補》爲參校本加以輯録、校勘。

孔子覽史記,就是非之説,立素王之法。

春秋左傳杜預注

《春秋左傳杜預注》,又名《春秋左氏經傳集解》,西晉杜預所撰,乃流傳至今最早的《左傳》完整注解本。此書在編排上沿襲馬融、鄭玄"分傳附經"的體例。其序文稱"分經之年,與傳之年相附",這樣就使原來分別成書的《春秋》和《左傳》合爲一書。此書廣泛引述劉歆、賈逵、許慎等人的説法,並加以總結發揮,在文字訓詁、文義詮釋及制度、地理説明等方面均有獨到之處。

今據《十三經注疏》本《春秋左傳正義》(中華書局 1980 年版)輯録。

春秋序

或曰《春秋》之作,《左傳》及《穀梁》無明文。説者以仲尼自衛反魯,脩《春秋》,立素王。丘明爲素臣。

隱公七年

仲尼修《春秋》,皆承策爲經。丘明之《傳》,博采衆記。

春秋釋例

《春秋釋例》,西晉杜預撰。《四庫全書總目提要》曰:"是書以經之條貫必出於傳,傳之義例歸總於'凡'。《左傳》稱'凡'者五十,其別四十有九,皆周公之垂法,史書之舊章。仲尼因而修之,以成一經之通體。"杜預文武兼通,善於用兵,太康元年自平吴後,從容無事,乃著《春秋左氏經傳集解》,之後又參考衆家,更以己意論之,謂之《春秋釋例》。《隋書·經籍志》著録爲十五卷,而元代吴萊作後序稱全書爲四十卷,不詳所本。至明代,原書散佚,僅《永樂大典》中尚存三十篇。後有《岱南閣叢書》本、掃葉山房重刊本及《古經解匯函》等輯本傳世。

今以《叢書集成》本《春秋釋例》爲底本,以郭沂《孔子集語校補》爲參校本加以輯録、校勘。

卷二　氏族例第八

仲尼修《春秋》,因采以示義。義之所起,則刊而定正之。否則即因而示之,不皆刊正也。

卷三　書事例第十五

仲尼以督有無君之心,改書一事而已。

冉有用矛于齊師,孔子以爲義。

卷四　得獲例第三十八

仲尼修《春秋》,又以所稱爲優劣也。

卷十五　經傳長曆第四十五之六

仲尼以斗建在戌，火星尚未見没〔一〕，據今猶見，故言猶西流也，明夏之九月尚可有螽也。季孫雖聞仲尼此言〔二〕，猶不即改。

〔一〕"見"，孫星衍《孔子集語》作"盡"。

〔二〕孫星衍《孔子集語》無"雖"字。

卷十五　終篇

丘明之爲《傳》，所以釋仲尼《春秋》。仲尼《春秋》，皆因舊史之策書。義之所在，則時加增損，或仍舊史之無，亦或改舊史之有。雖因舊文，固是仲尼之書也；丘明所發，固是仲尼之意也。雖是舊文不書，而事合仲尼之意，仲尼因而用之，即是仲尼新意。若宣十年，崔氏出奔衛。《傳》稱：書曰崔氏，非其罪也；且告以族，不以名，是告不以名。故知舊史無名，及仲尼修經，無罪見逐，例不書名，此舊史之文，適當孔子之意，不得不因而用之。因舊爲新，皆此類也。

春秋左傳王氏注

《春秋左傳王氏注》，三國時曹魏王肅撰。王肅善賈、馬之學而不好鄭學。是書西晉時列於學官，杜預《春秋左氏經傳集解》多有微引，然杜書一出，風靡於世，肅作反而漸被冷落。《隋書·經籍志》、《舊唐書·經籍志》、《新唐書·藝文志》均載爲三十卷，而清代朱彝尊《經義考》載其已佚，當亡於宋以後。今存清人馬國翰所輯《春秋左氏傳王氏注》一卷。

今以《十三經注疏》本《春秋左傳正義》爲底本，以郭沂《孔子集語校補》爲參校本加以輯錄、校勘。

郯，中國也。故吳伐郯，季文子歎曰："中國不振旅，蠻夷入伐，吾亡無日矣。"孔子稱"學在四夷"，疾時學廢也。郯，少皡之後，以其後則遠，以其國則小矣。魯，周公之後，以其世則近，以其國則大矣；然其禮不如郯，故孔子發此言也。失官爲所居之官不脩其職也。仲尼學樂於萇弘，問官於郯子，是聖人無常師。（《春秋左傳·昭公十七年》正義引）

春秋左傳述義

　　《春秋左傳述義》，隋劉炫撰。《隋書·經籍志》著録四十卷。原書已亡佚。此書糾正杜預注之誤達一百五十餘條，對賈逵、服虔也多有批評。孔穎達雖斥其習杜義而攻杜義，然亦對此書多有采納。

　　今以《十三經注疏》本《春秋左傳正義》爲底本，以郭沂《孔子集語校補》爲參校本加以輯録、校勘。

　　《序》云：諸言不書，皆仲尼新意。然則前三年，魯史皆書公在，仲尼去之。仲尼所以不於此先書公在鄆與乾侯者，所以非公之妄，妄伐季氏，且明過謬猶可掩。〔一〕

　　〔一〕此條李滋然《孔子集語補遺商正》注曰：《春秋左傳·昭公三十年》正義引。

公羊顔氏記

　　《公羊顔氏記》，西漢顔安樂撰。《漢書·藝文志》著録爲十一篇，後不傳。顔安樂是西漢今文《春秋》學"顔氏學"的開創者，師從魯人眭孟。在業師指導下，他查證古籍文獻，對照石經殘碑，進行實地考察，訂正注釋《公羊傳》。近人劉師培説："《春秋》有《公羊顔氏記》，雜引他書以輔《公羊》，蓋猶《考工記》之輔《周官》耳。"清馬國翰《玉函山房輯佚書》有輯本。

　　今據《玉函山房輯佚書》以及郭沂《孔子集語校補》加以輯録、校勘。

隱公元年

　　從襄二十一年之後孔子生訖，即爲所見之世……又：孔子在襄二十一年生，從生以後理不得謂之所聞也。

公羊嚴氏春秋

　　《公羊嚴氏春秋》，西漢嚴彭祖撰。嚴彭祖爲西漢今文《春秋》學"嚴氏學"的開創者。《漢書·儒林傳》載："嚴彭祖字公子，東海下邳人也。與顔安樂俱事眭孟。孟弟子百餘人，唯彭祖、安樂爲明，質問疑誼，各持所見。孟曰：'《春秋》之意，在二子矣！'孟死，彭祖、安樂各顓門教授。由是《公羊春秋》有顔、嚴之學。"《後漢書》也載當時公羊學立爲官學之情況："齊胡母子都傳《公羊春秋》，授東平嬴公，嬴公授東海孟卿，孟卿授魯人眭孟，眭孟授東海嚴彭祖、魯人顏安樂。彭祖爲《春秋》嚴氏學，安樂爲《春秋》顏氏學，又瑕丘江公傳《穀梁春秋》，三家皆立博士。"原書亡佚，清馬國翰《玉函山房輯佚書》有輯本。

今據《玉函山房輯佚書》以及郭沂《孔子集語校補》加以輯録、校勘。

觀周篇説

孔子將修《春秋》，與左丘明乘如周，觀書於周史，歸而修《春秋》之經，丘明爲之傳，共爲表裏[一]。（《春秋左傳》孔穎達正義引）

〔一〕此條李滋然《孔子集語補遺商正》注曰：今《孔子家語·觀周篇》並無此文，故補輯。

公羊解詁

《公羊解詁》，也稱《春秋公羊解詁》、《春秋公羊傳注》，東漢何休撰，十二卷。何休是繼漢初胡毋生、董仲舒以後最著名的《公羊》學者。《後漢書》本傳稱其"雅有心思，精研六經，世儒無及者"。他歷時十七年撰成《春秋公羊解詁》，成爲兩漢《公羊》學的集大成之作。其自序云："略依胡毋生條例，多得其正，故遂隱括，使就繩墨焉。"

今以《十三經注疏》本《春秋公羊傳注疏》爲底本，以郭沂《孔子集語校補》爲參校本加以輯録、校勘。

僖四年解詁

孔子曰："書之重，辭之複。嗚呼！不可不察，其中必有美者焉。"[一]

〔一〕孫星衍《孔子集語》注曰：疏云《春秋説》文。

成八年解詁

孔子曰："皇象元，逍遥術，無文字，德明謐。"[一]

〔一〕孫星衍《孔子集語》注曰：疏云《春秋説》文。

襄二十九年解詁

孔子曰："三皇設言民不違，五帝畫象世順機，三王肉刑揆漸加，應世黠巧姦僞多。"[一]

〔一〕孫星衍《孔子集語》注曰：疏云《孝經説》文。

定十年解詁

　　頰谷之會，齊侯作侏儒之樂，欲以執定公。孔子曰："匹夫而熒惑於諸侯者誅。"於是誅侏儒，首足異處。齊侯大懼，曲節從教。〔一〕

　　〔一〕孫星衍《孔子集語》注曰：疏云《晏子春秋》文。今案：今本《晏子》無。

定十二年解詁

　　郈，叔孫氏所食邑；費，季氏所食邑。二大夫宰吏數叛，患之，以問孔子。孔子曰："陪臣執國命，采長數叛者，坐邑有城池之固、家有甲兵之藏故也。"季氏説其言而墮之。〔一〕

　　〔一〕孫星衍《孔子集語》注曰：疏云《春秋説》文。

哀十四年解詁

　　得麟之後，天下血書魯端門曰："趍作法，孔聖没，周姬亡，彗東出，秦政起，胡破術，書記散，孔不絶。"子夏明日往視之，血書飛爲赤鳥，化爲白書，署曰"《演孔圖》"，中有作圖制法之狀〔一〕。孔子仰推天命，俯察時變，却觀未來，豫解無窮，知漢當繼大亂之後，故作撥亂之法以授之。

　　〔一〕孫星衍《孔子集語》注曰：疏云《演孔圖》文。今案：宋均注曰："哀公十有三年己未冬十一月，有星孛于大辰。"

解疑論

　　《解疑論》，東漢戴宏著，爲闡釋《春秋》之作。其特點爲據《公羊》之文以論《左氏》。《春秋公羊傳注疏》"恨先師觀聽不決多隨二創"下注疏曰："今戴宏作《解疑論》而難《左氏》，不得《左氏》之理，不能以正義決之，故云'觀聽不決'。'多隨二創'者，上文云'至有背經任意、反傳違戾'者，與《公羊》爲一創；又云'援引他經失其句讀'者，又與《公羊》爲一創。今戴宏作《解疑論》，多隨此二事，故曰'多隨二創'也。"是書亡佚，馬國翰《玉函山房輯佚書》中有輯本一卷。

　　今據《玉函山房輯佚書》以及郭沂《孔子集語校補》加以輯録、校勘。

聖人不空生受命而制作，所以生斯民、覺後生也。西狩獲麟，知天命去周。赤帝方起，麟爲周亡之異、漢興之瑞。故孔子曰："我欲託諸空言，不如載諸行事。"又聞端門之命，有制作之狀，乃遣子夏等求周史記，得百二十國寶書，修爲《春秋》。故孟子云："世衰道微，邪説暴行有作，臣弑其君者有之，子弑其父者有之。孔子懼，作《春秋》。"故《史記》云：《春秋》之中，弑君三十六，亡國五十二，諸侯奔走不得保其社稷者，不可勝數。故有國者不可以不知《春秋》，爲人臣者不可以不知《春秋》。爲人君父而不通於《春秋》之義者，必蒙首惡之名；爲人臣子而不通於《春秋》之義者，必陷篡弑之誅。以此言之，則孔子見時衰政失，恐文武道絶；又見獲麟，劉氏方興，故順天命以制《春秋》以授之。(《春秋公羊傳正義》引)

公羊序

《公羊序》，西晉盧欽撰。是書南宋王應麟《困學紀聞》等有引用，現已不傳。

今據郭沂《孔子集語校補》加以輯録、校勘。

孔子自因魯史記而修《春秋》，制素王之道。(《春秋左傳正義》引)

穀梁傳注義

《穀梁傳注義》，又稱《春秋穀梁傳注義》，東晉徐邈撰。《晉書·范甯傳》載："初，(范)甯以《春秋穀梁氏》未有善釋，遂沈思積年，爲之集解。其義精審，爲世所重。既而徐邈復爲之注，世亦稱之。"是書不傳，清馬國翰《玉函山房輯佚書》有輯本。

今以《玉函山房輯佚書》本爲底本，以郭沂《孔子集語校補》爲參校本加以輯録、校勘。

夫子感隱桓之事，爲作《春秋》，振王道於無王。

故孔子因而脩之，事仍本史，而辭有損益，所以成詳略之例，起褒貶之意。(《春秋穀梁傳·僖公三十二年》集解引)

春秋折衷論

《春秋折衷論》,唐陳岳撰,《新唐書·藝文志》、《宋史·藝文志》皆有著録。《直齋書録解題》著録爲三十卷,並稱:"以三《傳》異義,折衷其是非,而斷於一。"《唐摭言》亦記載:"因之博覽群籍,嘗著書商較前史得失,尤長於班、史之業,評三《傳》是非,著《春秋折衷論》三十卷。"原書亡佚,清馬國翰《玉函山房輯佚書》有輯本。

今以《玉函山房輯佚書》本爲底本,以郭沂《孔子集語校補》爲參校本加以輯録、校勘。

《公羊》曰:顔回死,子曰"天喪予";子路死,子曰"天祝予"。西狩獲麟,爲仲尼之應。顔回、子路,則聖人重愛之弟子也。聞其死曰"天喪予"者,皆痛惜之辭,安可以獲麟? 爲比麟鳳。則王者之瑞既出,無其應,聖人乃感麟而起,以脩《春秋》。麟出既非爲己,《春秋》脩亦非爲己。蓋懲惡勸善爲百世之法,如"河不出圖,洛不出書,吾已矣夫",斯皆爲周德之衰[一],無明王之應[二],非爲己也。孟軻謂:"仲尼之道,高於堯舜,何道窮之有?"(《群書考索續集》卷十二引)

〔一〕孫星衍《孔子集語》無"爲"字。
〔二〕孫星衍《孔子集語》無"無"字。

春秋啖趙集傳纂例

《春秋啖趙集傳纂例》,又作《春秋集傳纂例》,唐陸淳撰。陸淳闡發啖助、趙匡關於《春秋》經説而作是書。關於三人之關係,《舊唐書》云:"淳師匡,匡師助。"《新唐書》則云:"趙匡、陸淳皆助高弟。"但淳自作《修傳始終記》稱助爲啖先生,匡爲趙子。《四庫全書總目提要》評是書曰:"歐陽修、晁公武諸人皆不滿之,而程子則稱其絶出諸家,有攘異端、開正途之功。蓋舍傳求經,實導宋人之先路。生臆斷之弊,其過不可掩;破附會之失,其功亦不可没也。"

今以《叢書集成》本《春秋啖趙集傳纂例》爲底本,以郭沂《孔子集語校補》爲參校本加以輯録、校勘。

卷一 春秋宗恉議第一

啖子曰:夫子所以修《春秋》之意,三《傳》無文。説《左氏》者,以爲《春秋》者,周公之志也,暨乎周德衰,典禮喪,諸所記注,多違舊章。宣父因魯史成文,考其行事而正其典禮。上以遵周公之遺制,下以明將來之法。言《公羊》者則曰:夫子之作《春秋》,將以黜周王魯,變周之文,從先代之質。解《穀梁》者則曰:平王東遷,周室微弱,天下板蕩,王道盡矣。夫子傷之,乃作《春秋》,所以明黜陟,著勸戒,成天下之事業,定天下之邪正,使夫善人勸焉,淫人懼焉。

周公之志,仲尼從而明之。

夫子之志,冀行道以拯生靈也。

卷一　趙氏損益義第五

夫改制創法,王者之事。夫子身爲人臣,分不當耳。

孝經類

孝經安昌侯説

《孝經安昌侯説》,西漢張禹撰。張禹通經學而爲博士,漢成帝時任丞相後封安昌侯。《漢書·藝文志》著録《孝經安昌侯説》一篇,並稱:"漢興,長孫氏、博士江翁、少府后倉、諫大夫翼奉、安昌侯張禹傳之,各自名家,經文皆同。"《隋書·經籍志》、《經典釋文·叙録》並載之。原書久佚,清馬國翰輯得一卷,收入《玉函山房輯佚書》。

今據《玉函山房輯佚書》以及郭沂《孔子集語校補》加以輯録、校勘。

仲者,中也;尼者,和也。言孔子有中和之德,故曰仲尼。(《孝經》邢昺正義引)

孝經長孫氏説

《孝經長孫氏説》,漢代長孫氏撰。《漢書·藝文志》"孝經"類著録《長孫氏

説》二篇,並稱:"漢興,長孫氏、博士江翁、少府后倉、諫大夫翼奉、安昌侯張禹傳
之,各自名家,經文皆同。"原書已佚,清馬國翰《玉函山房輯佚書》有輯本。

　　今據《玉函山房輯佚書》以及郭沂《孔子集語校補》加以輯録、校勘。

　　子曰:"閨門之内〔一〕具禮矣乎,嚴父嚴兄、妻子臣妾猶百姓徒
役也〔二〕。"

〔一〕李滋然《孔子集語補遺商正》注曰:《隋書·經籍志》:長孫有《閨門》一章,據孔安
　　國《古文孝經説》録補。王氏《十三經拾遺》輯有"子曰"二字,馬氏輯《孝經長孫
　　氏説》無之。

〔二〕《禮記·樂記》曰:"在閨門之内,父子兄弟同聽之則莫不和親。""閨門之内"與
　　"宗廟之中"相對,故"閨門"應指家庭中。

孝經説

　　《孝經説》,漢后倉撰。后倉曾師事精通五經的夏侯始昌,又從孟卿學習
《禮》和《春秋》,善治《詩》、《禮》和《孝經》。《漢書·藝文志》"孝經"類著録
《后氏説》一篇,並稱:"漢興,長孫氏、博士江翁、少府后倉、諫大夫翼奉、安昌侯
張禹傳之,各自名家,經文皆同。"原書已佚,有清馬國翰《玉函山房輯佚書》等
輯本。

　　今據《玉函山房輯佚書》以及郭沂《孔子集語校補》加以輯録、校勘。

　　孔子曰:"《春秋》屬商,《孝經》屬參。"(《公羊·哀十四年》疏引)

　　丘以匹夫徒步以制正法。(《公羊·哀十四年》疏引)

　　孔子曰:"德義可尊,容止可觀,進退可度,以臨其民,是以其民畏
而愛之,則而象之。"

孝經義疏

　　《孝經義疏》,梁武帝撰。原書已佚,清馬國翰《玉函山房輯佚書》有輯本
一卷。

　　今據《玉函山房輯佚書》以及郭沂《孔子集語校補》加以輯録、校勘。

丘爲聚[一]，尼爲和。（《孝經》邢昺正義引）

[一]“聚”，一作“娶”。

論語類

論語訓解

　　《論語訓解》，又稱《論語孔氏訓解》，西漢孔安國撰。清代朱彝尊《經義考》讚之曰：“按宋雪坡姚氏云：六經之傳行於世者，《詩》、《禮》箋注自鄭康成，始於東漢；《易》、《春秋》注自王弼、杜預，始於魏晉；出西漢者，獨孔安國《書》傳耳。然安國《書》傳本出僞託，惟《論語集解》中所引孔氏訓，則解經首功矣。”但《史記》、《漢書》均未提及孔安國爲《論語》作注之事，《隋書·經籍志》及《舊唐書·經籍志》、《新唐書·藝文志》也沒有著録。最早提及是書的爲王肅《孔子家語·後序》，故清儒如劉臺拱、段玉裁、丁晏等對《論語孔氏訓解》多有懷疑。段玉裁云：“何晏《集解》所載孔注甚淺陋，蓋亦如《尚書》、《孝經》傳爲後人託作，西京孔安國未嘗著者也。”《論語訓解》見於何晏《論語集解》、裴駰《史記集解》、李善《文選注》及李賢《後漢書注》等典籍中，另清馬國翰《玉函山房輯佚書》有輯本。

　　今據《玉函山房輯佚書》以及郭沂《孔子集語校補》加以輯録、校勘。

　　孔子曰：“削觚而志有所念，觚不時成。故曰：‘觚哉觚哉！’”

　　孔子見之（南子）者，欲因以説靈公，使行治道也。

　　孔子推禹功德之盛，言己不能復。

　　孔子去衛如曹，曹不容。又之宋，遭匡人之難。又之陳，會吳伐陳。陳亂，故乏食也。（《史記·孔子世家》集解引）

論語集解義疏

　　《論語集解義疏》，魏何晏解，梁皇侃疏。是書首創古籍注釋中的集解一體，較爲集中地保存了《論語》的漢魏古注。是書由"集解"和"義疏"兩部分構成。《晉書》載："鄭沖與孫邕、何晏、曹羲、荀顗等共集《論語》諸家訓詁之善者,義有不安,輒改易之,名'集解'。"今本撰者只提何晏,是由來久矣,因以成習。陸德明《經典釋文·叙録》曰："魏吏部尚書何晏集孔安國、包咸、周氏、馬融、鄭玄、陳群、王肅、周生烈之説,並下己意,爲《集解》。正始中,上之,盛行於世,今以爲主。"至梁朝,皇侃爲之疏而成《論語集解義疏》。清陳澧的《東塾讀書記·論語》中説："何注始有玄虛之語……自是之後,玄談競起,此皆皇侃疏所采,而皇氏玄談之説尤多,甚至謂原壤爲方外聖人,孔子爲方内聖人。"皮錫瑞也説:"皇侃之《論語義疏》,名物制度,略而弗講,多以老莊之旨發爲駢麗之文,與漢人説經相去懸絶。"書成後,一直流傳不廢。

今據《叢書集成》本以及郭沂《孔子集語校補》加以輯録、校勘。

卷一　引梁冀説

凡人求聞見乃知耳,夫子觀化以知之,與凡人異也。

卷九　引王弼説

孔子機發後應、事形乃視、擇地以處身、資教以全度者也,故不入亂人之邦。聖人通遠慮微,應變神化;濁亂不能污其潔,凶惡不能害其性。所以避難不藏身,絶物不以形也。

論語隱義注

《論語隱義注》,撰者不詳。《隋書·經籍志》載:"梁有《論語隱義注》三卷,亡"。另《舊唐書·經籍志》、《新唐書·藝文志》有《論語義注隱》,或爲一書。是書多爲玄談,或疑爲郭象《論語隱》,但清代馬國翰疑爲後人發衍郭象之意所爲之注。有清馬國翰《玉函山房輯佚書》輯本。

今以《玉函山房輯佚書》本爲底本,以郭沂《孔子集語校補》爲參校本加以輯録、校勘。

孔子至蔡,假於客舍。夜有人取孔子一隻屨去,盜者置屨于受盜家。孔子屨長一尺四寸,與凡人屨異。(《御覽》六百九十八引)

論語李鱐注

《論語李鱐注》,李鱐撰。是書爲韓愈《論語筆解》所引用,成書時代當在韓氏之前。

今以《四庫全書》本《論語筆解》爲底本,以郭沂《孔子集語校補》爲參校本加以輯録、校勘。

《季氏》一篇皆書“孔子曰”,餘篇即但云“子曰”,此足見仲尼作《春秋》,本惡三桓,正謂亂臣賊子。當時弟子避季氏强盛,特顯孔子之名以制三桓耳,故悉書“孔子曰”,以明當時之事。三桓可畏,宜其著《春秋》以制其彊焉。(《論語筆解·季氏第十六》引)

仲尼,魯哀十一年自衛返魯〔一〕,使子路伐三桓,城不克〔二〕。至十四年,叔孫氏西狩獲麟,仲尼乃作《春秋》,始於桓、終於定而已。三家興於桓,衰於定,故徵王經以貶强臣。三桓子孫微者,諭默扶公室將行周道也。(《論語筆解·季氏第十六》引)

〔一〕“哀十一年”,《四庫全書》本《論語筆解》作“定十三年”,誤。

〔二〕孫星衍《孔子集語》無“城”字。

其　他

六藝論

《六藝論》,東漢鄭玄著。是書首見於《後漢書·鄭玄傳》,其成書時間有不同説法。唐徐彦《公羊傳·題疏》曰:“鄭君先作《六藝論》,訖,然後注書。”清皮錫瑞謂其成書在“七緯注成之後,三《禮》草創之時”。《隋書·經籍志》、《舊唐書·經籍志》與《新唐書·藝文志》皆著録此書,然至北宋《崇文總目》、南宋《郡齋讀書志》及《直齋書録解題》,均已不見此書蹤影。有輯本多種。

今據郭沂《孔子集語校補》加以輯録、校勘。

孔子既西狩獲麟，自號素王，爲後世受命之君制明王之法。[一]

〔一〕李滋然《孔子集語補遺商正》注曰：《春秋左傳》第一正義引。

孔子以六藝題目不同，指意殊別，恐道離散，後世莫知根源，故作《孝經》以總會之。[一]

〔一〕此條李滋然《孔子集語補遺商正》注曰：《孝經正義》引。今案：見《孝經序》正義。

文王創業[一]，至魯僖間，《商頌》不在數矣。孔子删《詩》[二]，録此五章，豈無意哉[三]！

〔一〕“業”，《四部備要》本《路史》作“基”。

〔二〕《四部備要》本《路史》“詩”下有“時”字。

〔三〕此條李滋然《孔子集語補遺商正》注曰：《路史後紀》下羅苹注。

説文解字

《説文解字》，東漢許慎著，爲中國第一部系統分析漢字字形和考究字源的字書，同時也是中國第一部按部首編排的字典。《四庫全書總目提要》評是書“推究六書之義，分部類從，至爲精密”。原爲十五卷，今傳本爲宋徐鉉校定的三十卷本。

歷代注疏此書的代表作有南唐徐鍇《説文解字系傳》、清代段玉裁《説文解字注》、朱駿聲《説文通訓定聲》、桂馥《説文解字義證》、王筠《説文釋例》等。

今以《説文解字》（中華書局 1963 年版）爲底本，以郭沂《孔子集語校補》爲參校本加以輯録、校勘。

孔子曰：“一貫三爲王。”[一]

〔一〕見《説文》“王”字注。

孔子曰：“美哉，璵璠遠而望之，奐若也；近視之，瑟若也。一則理勝，二則孚勝。”[一]

〔一〕見《説文》“璠”字注。

《逸論語》曰：“玉粲之璱兮，其㻞猛也。”[一]

〔一〕見《説文》“㻞”字注。

《逸論語》曰:“如玉之瑩。”〔一〕

〔一〕見《説文》“瑩”字注。

孔子曰:“推十合一爲士。”〔一〕

〔一〕見《説文》“士”字注。

詻詻孔子容。〔一〕

〔一〕見《説文》“詻”字注。

孔子曰:“牛羊之字,以形舉也。”〔一〕

〔一〕見《説文》“羊”字注。

孔子曰:“道不行,欲之九夷,乘桴浮於海,有以也。”〔一〕

〔一〕見《説文》“羌”字注。

孔子曰:“烏,盱呼也〔一〕,取其助气,故以爲烏呼。”〔二〕

〔一〕“盱”,段玉裁校作“虧”。

〔二〕見《説文》“烏”字注。

孔子曰:“槖之爲言,續也。”〔一〕

〔一〕見《説文》“槖”字注。

孔子曰:“黍可爲酒〔一〕,禾入水也。”〔二〕

〔一〕段玉裁以爲“酒”下當依《廣韻》補“故從”二字。

〔二〕見《説文》“黍”字注。

孔子曰:“在人下〔一〕,故詰屈。”〔二〕

〔一〕孫星衍《孔子集語》注曰:《玉篇》及徐鍇《通論》作“人在下”,疑此倒。

〔二〕見《説文》“儿”字注。

孔子曰:“貉之爲言貉。貉,惡也。”〔一〕

〔一〕見《説文》“貉”字注。

孔子曰：“視犬之字，如畫狗也。”〔一〕

〔一〕見《説文》“犬”字注。

孔子曰：“狗，叩也。叩气吠以守。”〔一〕

〔一〕見《説文》“狗”字注。

五經異義

《五經異義》，東漢許慎撰。《後漢書》本傳載：“初，慎以五經傳説臧否不同，於是撰爲《五經異義》，又作《説文解字》十四篇，皆傳於世。”後鄭玄作《駁五經異義》以駁之。《四庫全書總目提要》云：“《隋書·經籍志》有《五經異義》十卷，後漢太尉祭酒許慎撰，而不及鄭玄之《駁議》。《舊唐書·經籍志》：‘《五經異義》十卷，許慎撰，鄭玄駁。’《新唐書·藝文志》並同。蓋鄭氏所駁之文，即附見於許氏原本之内，非别爲一書，故史志所載亦互有詳略。至《宋史·藝文志》，遂無此書之名，則自唐以來失傳久矣。學者所見《異義》，僅出於《初學記》、《通典》、《太平御覽》諸書所引，而鄭氏《駁義》則自三《禮》正義而外，所存亦復寥寥。”清人陳壽祺取王復本、莊述祖本、錢大昭本、孔廣森本參訂之，撰《五經異義疏證》。

今據郭沂《孔子集語校補》加以輯録、校勘。

麟，西方毛蟲。孔子作《春秋》有立言，西方兑，兑爲口，故麟來。許慎謹按：公議郎尹更始、待詔劉更生等議石渠，以爲吉凶不并，瑞災不兼。今麟爲周亡天下之異，則不得爲瑞以應孔子，至玄之闇也。〔一〕

（《禮記·禮運》正義引）

〔一〕李滋然《孔子集語補遺商正》注曰：按“麟西方毛蟲”上，許慎《五經異義》原本有“麟是中央軒轅大角獸。孔子修《春秋》者，禮修以致其子，故麟來爲孔子瑞，陳欽説”三十一字，今見《孝經援神契》，孫毂《古微書》具載。

正部論

《正部論》，東漢王逸撰。《隋書·經籍志》著録八卷。原書元時已亡佚，清馬國翰《玉函山房輯佚書》中有輯本一卷。

今據馬國翰《玉函山房輯佚書》以及郭沂《孔子集語校補》加以輯録、校勘。

仲尼叙書,上謂天談,下謂民語,兼該男女,究其表裏。

仲尼門人餔道醇,飲道宗[一]。

〔一〕李滋然《孔子集語補遺商正》注曰:《御覽》四百三引。

聖證論

　　《聖證論》,三國曹魏王肅著。《隋書·經籍志》著録十二卷,《新唐書·藝文志》著録十一卷。《三國志·王肅傳》稱:"肅善賈逵、馬融之學,而不好鄭玄,集《聖證論》以譏短玄。"《南齊書》載:"王肅依經辯理,與碩相非,爰興《聖證》,據用《家語》。"原書已佚,清王謨《漢魏叢書鈔》、馬國翰《玉函山房輯佚書》皆有輯本一卷。治此書的代表作有清皮錫瑞《聖證論補評》等。

　　今據馬國翰《玉函山房輯佚書》以及郭沂《孔子集語校補》加以輯録、校勘。

　　孔子曰:"奐乎其有文章,泮乎其無涯涘[一],一人戒無逸,勸使縱弛事相反戾,乃天之與地,何其疏實而妄争訟也。"[二]

〔一〕"涘",《十三經注疏》本《毛詩正義》作"際"。

〔二〕此條李滋然《孔子集語補遺商正》注曰:《詩·大雅·卷阿》正義引孔晁答王肅難鄭語。

　　然則孔子制素王之法,以遺後世,男女以及時盛年爲得,不限以日月。《家語》限以冬,不附於《春秋》之正經,如是則非孔之言嫁娶也。[一]

〔一〕此條李滋然《孔子集語補遺商正》注曰:《通典》引張融評,據《周禮正義》校補。

　　祥之日,鼓素琴。孔子彈琴笙歌,乃省哀樂非正樂也。[一]

〔一〕李滋然《孔子集語補遺商正》注曰:《通典》卷八十七引。

從征記

　　《從征記》,東晉伍輯之撰,爲地理考據之作。是書爲北魏酈道元《水經注》所引,且《隋書·經籍志》、《舊唐書·經籍志》、《新唐書·藝文志》皆有《伍輯之集》,並著録是書,然今已亡佚。

今據《初學記》（中華書局 1962 年版）、郭沂《孔子集語校補》加以輯録、校勘。

魯國孔子廟中，夫子床前有石硯一枚，作甚古樸，蓋夫子平生時物。[一]（《初學記》二十一引）

〔一〕孫星衍《孔子集語》注曰：《叙事》、《事對》兩引。又見《御覽》六百五。今案：《初學記》兩引《從征記》，前引無“夫子牀前”、“作甚古樸”二句；后引無“魯國孔子廟中”一句，與《御覽》六百五同。《御覽》“夫子”作“孔子”。

水經注

《水經注》，北魏酈道元著，爲對《水經》所作之注解。《隋書·經籍志》載“《水經》三卷，郭璞注”，《舊唐書·經籍志》改《隋志》之郭“注”字爲“撰”，郭成爲作者，但《新唐書·藝文志》稱桑欽撰，宋以後著作大多稱爲桑欽。酈道元以《水經》爲綱，在其基礎上擴充記載河流水道千餘條而完成《水經注》，但《四庫全書總目提要》也指出其中不足：“至塞外群流，江南諸派，道元足迹皆所未經。故於灤河之正源，三藏水之次序，白檀要陽之建置，俱不免附會乖錯。甚至以浙江妄合姚江，尤爲傳聞失實。”《隋書·經籍志》著録《水經注》四十卷，《舊唐書·經籍志》與《新唐書·經籍志》皆同，《崇文總目》録爲三十五卷。歷代注疏者，有清末楊守敬、熊會貞《水經注疏》，近人段熙仲、陳橋驛《水經注疏》等。

今以陳橋驛《水經注校證》爲底本，以郭沂《孔子集語校補》爲參校本加以輯録、校勘。

卷五　河水

昔趙殺鳴犢[一]，仲尼臨河而歎，自是而返曰：“丘之不濟，命也夫。”《琴操》以爲孔子臨狄水而歌矣，曰：“狄水衍兮風揚波，船楫顛倒更相加。”[二]（《説苑·權謀》、《琴操》、《三國·魏·劉廙傳》注引《新序》）

〔一〕“趙”下孫星衍《孔子集語》有“鞅”字。

〔二〕孫星衍《孔子集語》注曰：又見《續博物志》八。《繹史·孔子類記一》引《水經注》：“孔子適趙，臨河不濟，歎而作歌曰：‘秋風衍兮風揚波，舟楫顛倒更相加，歸來歸來胡爲斯？’”

卷六　汾水

王肅《喪服要記》曰：昔魯哀公祖載其父，孔子問曰：“寧設桂樹乎?”哀公曰:“不也。桂樹者,起於介子推。子推,晉之人也。文公有內難,出國之狄,子推隨其行,割肉以續軍糧。後文公復國,忽忘子推,子推奉唱而歌,文公始悟,當受爵禄。子推奔介山,抱木而燒死。國人葬之,恐其神魂賈于地,故作桂樹焉。吾父生于宫殿,死于枕席,何用桂樹爲?”

卷六　澮水

魯定公問:一言可以喪邦,有諸? 孔子以爲幾乎,余睹智氏之談矣。

卷八　濟水二

“其一水東南流,其一水從縣東北流,入鉅野澤”。注云:濮水又東逕匡城北,孔子去衛適陳,遇難于匡者也。

濮渠又東逕蒲城北,故衛之蒲邑。孔子將之衛,子路出于蒲者也。

卷八　菏水

“又東過方與縣北,爲菏水”。注云:戴延之《西征記》曰:焦氏山北數里,漢司隸校尉魯峻穿山得白蛇、白兔,不葬,更葬山南,鑿而得金,故曰金鄉山。山形峻峭,冢前有石祠、石廟,四壁皆青石隱起,自書契以來,忠臣、孝子、貞婦、孔子及弟子七十二人形像,像邊皆刻石記之。

卷九　沁水

“(沁水)又東過野王縣北”。注云:邗水又東南逕孔子廟東〔一〕……云仲尼〔二〕傷道不行,欲北從趙鞅。聞殺鳴鐸,遂旋車而反。及其後也,晉人思之,于太行嶺南爲之立廟,蓋往時迴轅處也〔三〕。

〔一〕孫星衍《孔子集語》無“邗水”二字。

〔二〕孫星衍《孔子集語》“仲尼”前有“述舊記”三字。

〔三〕“往”,孫星衍《孔子集語》作“當”。

卷二十五　泗水

“西南過魯縣北”。注云：《春秋演孔圖》曰：“鳥化爲書，孔子奉以告天，赤爵銜書上，化爲黄玉，刻曰：孔提命，作應法，爲赤制。”

《説題辭》曰：“孔子卒，以所受黄玉，葬魯城北，即子貢廬墓處也。”

譙周云：“孔子死後，魯人就冢次而居者百有餘家，命曰孔里。”

《皇覽》曰：弟子各以四方奇木來植，故多諸異樹，不生棘木刺草，今則無復遺條矣。泗水自城北，南逕魯城西南，合沂水。沂水出魯城東南尼丘山西北，山即顏母所祈而生孔子也。山東十里有顏母廟。山南數里，孔子父葬處，《禮》所謂防墓崩者也。

漢高祖十三年，過魯，以太牢祀孔子。自秦燒《詩》、《書》，經典淪缺。漢武帝時，魯恭王壞孔子舊宅，得《尚書》、《春秋》、《論語》、《孝經》，時人已不復知有古文，謂之科斗書，漢世秘之，稀有見者。于時聞堂上有金石絲竹之音，乃不壞。

廟屋三間：夫子在西間，東向；顏母在中間，南向；夫人隔東一間，東向。夫人牀前[一]，有石硯一枚，作甚朴，云平生時物也。
〔一〕“夫人”，孫星衍《孔子集語》注曰：當作“夫子”。

魯人藏孔子所乘車於廟中，是顏路所請者也。獻帝時，廟遇火燒之。永平中，鍾離意爲魯相，到官，出私錢萬三千文，付户曹孔訢，治夫子車。身入廟，拭几席、劍履。男子張伯除堂下草，土中得玉璧七枚。伯懷其一，以六枚白意，意令主簿安置几前。孔子寢堂牀首有懸甕，意召孔訢問：“何等甕也？”對曰：“夫子甕也。背有丹書，人勿敢發也。”意曰：“夫子聖人，所以遺甕，欲以懸示後賢耳。”發之，中得素書。

文曰："後世修吾書,董仲舒;護吾車、拭吾履、發吾笥,會稽鍾離意;璧有七,張伯藏其一。"意即召問伯,果服焉。(又見於《續漢郡國志注補》引《鍾離意別傳》、《續漢郡國志補》引《漢晉春秋》、《後漢·鍾離意傳》注引《鍾離意別傳》)

"又東過沛縣東"。注曰:昔宓子賤之治也,孔子使巫馬期觀政,入其境,見夜漁者,問曰:"子得魚輒放,何也?"曰:"小者,吾大夫欲長育之故也。"子聞之曰:"誠彼形此,子賤得之,善矣。惜哉! 不齊所治者小也。"(又見於《呂氏春秋·審行覽·具備》、《新序·雜事二》、《淮南子·道應訓》)

卷二十五　洙水

"西南至卞縣,入于泗"。注云:《尸子》曰:"孔子至於暮矣而不宿,於盜泉渴矣而不飲,惡其名也。"

《論語比考讖》曰:"水名盜泉,仲尼不漱。"

卷二十六　淄水

"又東過利縣東"。注云:《淮南子》曰:"白公問微言曰:'若以水投水,如何?'孔子曰:'淄、澠之水合,易牙嘗而知之,謂斯水矣。'"

文　選

《文選》,又稱《昭明文選》,南朝蕭統編選,是中國現存的最早一部詩文總集,共收錄了周代至六朝七八百年間一百三十個知名作者和少數佚名作者的作品七百餘篇。

歷代治此書的代表作有隋蕭該的《文選音》,唐李善的《文選注》,唐呂延濟、劉良、張銑、呂向和李周翰的《文選五臣注》等。

今據中華書局 1977 年據胡克家刻本影印本以及郭沂《孔子集語校補》加以輯錄、校勘。

李康運命論

夫以仲尼之才也,而器不周於魯衛;以仲尼之辯也,而言不行於定哀;以仲尼之謙也,而見忌於子西;以仲尼之仁也,而取讎於桓魋;以仲尼之智也,而屈厄於陳蔡;以仲尼之行也,而招毀於叔孫。

廣　志

《廣志》,晉郭義恭撰。近人石聲漢認爲郭義恭乃東晉人。是書多記南方地區的風土物産、動植物特性。原書已佚,部分内容爲《齊民要術》引用而得以保存至今。清代劉燿《漢學堂叢書》與馬國翰《玉函山房輯佚書》有輯本。

今據《玉函山房輯佚書》本和郭沂《孔子集語校補》加以輯録、校勘。

孔子冢上,特多楷樹。

輿地志

《輿地志》,南朝梁顧野王撰,《隋書·經籍志》、《舊唐書·經籍志》、《新唐書·藝文志》皆有著録。此書既詳考山川古迹之典故,又注明其文獻出處,爲六朝地理書的總結之作,具有重要史料價值和文獻輯佚價值。《隋書·經籍志》有載:"齊時,陸澄聚一百六十家之説,依其前後遠近,編而爲部,謂之《地理書》。任昉又增陸澄之書八十四家,謂之《地記》。陳時,顧野王抄撰衆家之言,作《輿地志》。"原書亡佚,清代王謨《漢魏叢書鈔》有輯本一卷。

今據郭沂《孔子集語校補》加以輯録、校勘。

贊皇縣有孔子嶺,上有石堂,寬博,其石相拒若楹柱。有石人像,執卷之狀。(《御覽》五十四引)

博物志

《博物志》,西晉張華編撰,十卷,爲分類記載怪事奇物、瑣聞雜事及神仙方術的志怪小説集。《隋書·經籍志》、《舊唐書·經籍志》、《新唐書·藝文志》、《宋史·藝文志》皆有著録。是書前三卷記地理及動植物,第四、五卷爲方術家言,第六卷爲雜考,第七至十卷爲異聞、史補和雜説。《四庫全書總目提要》記載成書緣起:"考王嘉《拾遺記》,稱華好觀秘異圖緯之部,捃采天下遺逸,自書契之始,考驗神怪及世間閭里所説,造《博物志》四百卷,奏於武帝。"

今據范寧《博物志校證》(中華書局 1980 年版)以及郭沂《孔子集語校補》

加以輯録、校勘。

人名考

仲尼四友:顔淵、子貢、子路、子張。

史　補

《禮記》曰:“孔子少孤,不知其父墓,母亡,問於鄒曼父之母,乃合葬於防。防墓又崩,門人後至,孔子問來何遲,門人實對,孔子不應,如是者三,乃潸然流涕而止曰:‘古不修墓。’”蔣濟、何晏、夏侯玄、王肅皆云無此事,注記者謬,時賢咸從之。

孔子東遊,見二小兒辯鬭。問其故,一小兒曰〔一〕:“我以日始出時去人近,而日中時遠也。”一小兒曰:“以日出而遠,而日中時近。”〔二〕一小兒曰〔三〕:“日初出時大如車蓋,及日中時如盤盂。此不爲遠者小而大者近乎?”一小兒曰〔四〕:“日初出滄滄涼涼,及其中而探湯〔五〕。此不爲近者熱而遠者涼乎?”孔子不能決,謂兩小兒曰〔六〕:“孰謂汝多知乎?”(又見於《金樓子·立言上》、《列子·湯問》)

〔一〕王仁俊《孔子集語補遺》注曰:《列子》作“一兒曰”,無“小”字。
〔二〕王仁俊《孔子集語補遺》注曰:《列子》作“一兒以日初出遠而日中時近也”。
〔三〕王仁俊《孔子集語補遺》注曰:《列子》無“小”字。
〔四〕王仁俊《孔子集語補遺》注曰:《列子》無“小”字。
〔五〕而,王仁俊《孔子集語補遺》注曰:《列子》作“如”。
〔六〕“謂”字當爲衍文。

《春秋》哀公十有四年春,西狩獲麟。《公羊傳》曰:“有以告者,孔子曰:‘孰爲來哉! 孰爲來哉!’”《左傳》曰:“叔孫氏之車子鉏商獲麟,以爲不祥。”

佚　文

堯造圍棊而丹朱善圍棊。孔子曰:“不有博奕者乎? 爲之猶賢乎!”(《藝文類聚》卷七十四引)

禽經張華注

　　《禽經》,舊題春秋時晉大夫師曠撰,晉張華注。《四庫全書總目提要》云:
"漢、隋、唐諸志及宋《崇文總目》皆不著録。其引用自陸佃《埤雅》始,其稱師曠
亦自佃始,其稱張華注則見於左圭《百川學海》所刻。"並認爲"張華,晉人,而注
引顧野王《瑞應圖》、任昉《述異記》,乃及見梁代之書,則注之僞亦不待辨。然
其中又有僞中之僞。"明末馬驌《繹史》全録此書,而别取《埤雅》、《爾雅翼》所引
今本不載者,附録於末,謂之《古禽經》。《宋史·藝文志》子部小説類著録此
書。有《百川學海》本、《格致叢書》本、《夷門廣牘》本等。

　　今據《四庫全書》本、《百川學海》本《禽經》以及郭沂《孔子集語校補》加以
輯録、校勘。

　　《禽經》:雨舞則雨。張華注曰:一足鳥,一名商羊,《字統》曰:商
羊一名雨。天將雨,則飛鳴。孔子辨之於齊庭也。

七經義綱

　　《七經義綱》,北周樊文深撰,《隋書·經籍志》著録爲二十九卷,《舊唐書·
經籍志》和《新唐書·藝文志》皆著録《七經義綱略論》三十卷。原書亡佚,清馬
國翰《玉函山房輯佚書》和王謨《漢魏叢書鈔》均有輯本。

　　今據馬國翰《玉函山房輯佚書》以及郭沂《孔子集語校補》加以輯録、校勘。

　　孔子曰:"天子之德感天地,洞八方。以化合神者稱皇,德合天者
稱帝,德合仁義者稱王。"(《初學記》九引,又見於《藝文類聚》十一引《帝王世
紀》)

急就篇顏師古訓解

　　《急就篇顏師古訓解》,即《急就篇注》,唐顏師古撰,一卷,《新唐書·藝文
志》與《宋史·藝文志》皆有著録。後宋王應麟又補注之,釐爲四卷。

　　今據《叢書集成初編》本《急就篇》以及郭沂《孔子集語校補》加以輯録、
校勘。

宦學諷《詩》《孝經》《論》

《詩》,孔子所刪爲三百篇者也;《孝經》,孔子爲弟子曾參所説也;《論語》,孔子與弟子言及應對時人之語也。

《春秋》《尚書》律今文

《春秋》,孔子約史記而修之也。天有四時:春爲陽中,萬物以生;秋爲陰中,萬物以成。故錯牙舉之,苞十二月而爲名也。《尚書》,孔子所修,帝王之書也。謂之《尚書》者,言自上古以來,其事久遠也。

北堂書鈔

《北堂書鈔》,唐虞世南等撰。全書分爲帝王、后妃、政術、刑法、封爵、設官等篇目。其體例先立“類”,類下摘引字句作“標題”,標題之下引用古籍。唐劉禹錫《嘉言録》曰:“虞公之爲秘書,於省後堂集群書中事可爲文用者,號爲《北堂書鈔》。今北堂猶存,而《書鈔》盛行於世。”《新唐書·藝文志》著録此書爲一百七十三卷,宋晁公武撰《郡齋讀書志》同,《中興館閣書目》與《宋史·藝文志》則皆作一百零六卷。

今據光緒十四年本《北堂書鈔》、郭沂《孔子集語校補》輯録、校勘。

禮儀部　學校七

仲尼曰:“面貌不足見也,先視天下不見稱也,然而名顯天下,聞於四方,其唯學乎[一]!”

〔一〕李滋然《孔子集語補遺商正》注曰:按“先視”二字不可解,當是“祖”字之誤。《韓詩外傳》六作“宗祖不足道也”,《説苑·建本》作“先祖不足稱也”,是也。此本《尸子》所引。

酒食部二

班固《幽通賦》注云:孔子在陳、蔡,七日而九食,門人有飢[一]。（又見於《韓詩外傳》七、《説苑·雜言》、《莊子·雜篇·讓王》、《吕氏春秋·孝行覽·慎人》、《風俗通》七、《莊子·外篇·山木》、《墨子·非儒》、《吕氏春秋·審分覽·任數》、《荀子·宥坐》、《論衡·知實》）

〔一〕今《文選・幽通賦》注無此文。

初學記

　　《初學記》，唐徐堅等奉敕編撰，爲唐代官修的一部類書，保存史料十分豐富，共三十卷。此書的編撰原爲唐玄宗諸子作文時檢查事類之用，故曰“初學記”。《四庫全書總目提要》評之曰：“在唐人類書中，博不及《藝文類聚》，而精則勝之，若《北堂書鈔》及《六帖》，則出此書之下遠矣。”此書有清代嚴可均、陸心源等校本。

　　今以中華書局1962年標點本《初學記》爲底本，以《四庫全書》本《初學記》以及郭沂《孔子集語校補》爲參校本加以輯録、校勘。

寶器部　玉第四

　　《逸論語》曰：“玉十謂之區，治玉謂之琢，亦謂之雕〔一〕。瑳，玉色鮮白也；瑩，玉色也；瑛，玉光也；瓊，赤玉也；璿瑾瑜，美玉也；璘，三采玉也；玲瓏玎璫瑝，玉聲也；璬，玉佩也；瑱，充耳也；璪玉，飾以水藻也”。〔二〕
　　〔一〕孫星衍《孔子集語》注曰：雙玉爲瑴，五瑴爲區。雕，治璞也。瑴，音角。
　　〔二〕孫星衍《孔子集語》注曰：《御覽》八百四引《逸論語》同。

　　《逸論語》曰：“璠璵，魯之寶玉也。”孔子曰：“美哉璠璵！遠而望之，煥若也；近而視之，瑟若也。一則理勝，一則孚勝〔一〕。”
　　〔一〕《集韻・尤韻》：“孚，玉采也。”

意　林

　　《意林》，唐馬總撰。《四庫全書總目提要》曰：“初，梁庾仲容取周、秦以來諸家雜記凡一百七家，摘其要語爲三十卷，名曰《子鈔》。總以其繁略失中，復增損以成此書。宋高似孫《子略》稱，仲容《子鈔》，每家或取數句，或一二百言。馬總《意林》，一遵庾目，多者十餘句，少者一二言，比《子鈔》更爲取之嚴，録之精。今觀所采諸子，今多不傳者，惟賴此僅存其概。其傳於今者，如老、莊、管、列諸家，亦多與今本不同，不特《孟子》之文如《容齋隨筆》所云也。”是書《新唐書·藝文志》與《宋史·藝文志》皆有著録。歷代注疏者,有清代周廣業《意林注》等。

今據《四部叢刊》本《意林》以及郭沂《孔子集語校補》加以輯録、校勘。

孔子文足,老君玄足[一]。

〔一〕此條《意林》稱引自揚雄《太玄》。李滋然《孔子集語補遺商正》注曰:按今《太玄》無此文,故以《意林》標目。

仲尼叙《書》,上謂天談,下謂民語,兼該男女,究其表裏[一]。

〔一〕此條《意林》稱引自王逸《正部》。

古文苑

《古文苑》,編者不詳,相傳爲唐人舊藏本。《四庫全書總目提要》記載:"《書録解題》稱:世傳孫洙巨源,於佛寺經龕中得之,唐人所藏,所録詩賦雜文,自東周訖於南齊,凡二百六十餘首,皆'史傳'、'文選'所不載。然所録漢、魏詩文,多從《藝文類聚》、《初學記》删節之本,《石鼓文》亦與近本相同。其真僞蓋莫得而明也。"南宋淳熙六年韓元吉對其加以整理,分爲九卷。章樵又加增訂,並加以注釋,重分爲二十一卷。

今據《四庫全書》本以及郭沂《孔子集語校補》加以輯録、校勘。

朱敬則陳武論

孔子曰:"夏道不亡,商德不作;商道不亡,周德不作。"[一](又見於《説苑·君道》)

〔一〕王仁俊《孔子集語補遺》稱引自《古文苑》,然今《古文苑》無。

徐彦伯樞密論

孔子曰:"終日行,不遺己患;終日言,不遺己憂。"又云:"終身爲善,一言敗之,惜也。"[一](又見於《孔子家語·六本》、《説苑·雜言》)

〔一〕王仁俊《孔子集語補遺》稱引自《古文苑》,然今《古文苑》無。

金　鏡

《金鏡》,唐太宗著。北宋《册府元龜》卷四十記載:"唐太宗貞觀初著《金鏡》,述以示侍臣。"作者在《金鏡述》自陳此書緣起曰:"朕以萬機暇日,游心前文,仰六代之高風,觀百王之遺迹,興亡之運,可得言焉。每至軒、昊之無爲,唐、虞之至治,未嘗不留連讚詠,不能已矣。及於夏、殷末世,秦、漢暴君,使人凜然兢懼,如履朽薄。然人君皆欲其永享萬乘之尊,以垂百王之後,而得失異迹,興滅不同,何也? 蓋短於自見,不聞逆耳之言,至於滅亡,終身不悟。豈不懼哉? 觀理亂之本原,足爲明鏡之鑒戒。"《文苑英華》、《太平御覽》等均有著録。

今據《文苑英華》(《四庫全書》本)及郭沂《孔子集語校補》加以輯録、校勘。

仲尼曰:"寬以濟猛,猛以濟寬。"

孔子曰:"夫文之所加者,深則武之;所服者,大德之所施者。博則武之,所制者廣。"

孔子曰:"子從令者,不得爲孝;臣苟順者,不得爲忠。"

夫子廟堂碑

《夫子廟堂碑》,唐虞世南書。碑文記述唐高祖李淵於武德九年封孔子二十三代孫孔德倫爲襃聖侯並新修孔廟事。因捶拓過多,不久碑毁,唐拓本今已罕見。宋初王彦超再刻此碑文,世稱陝本或西廟堂本,現存陝西省西安碑林博物館。另有元代至元間摹刻本,石在山東城武,稱"東廟堂碑"。清人王昶《金石萃編》卷四十一有收録。

今以王昶《金石萃編》爲底本,以郭沂《孔子集語校補》爲參校本加以輯録、校勘。

辯飛龜於石函[一]。

〔一〕"辯",孫星衍《孔子集語》作"辨"。其注曰:事詳《抱朴子·辨問》。

酉陽雜俎

《酉陽雜俎》,唐段成式撰。是書内容繁雜,包含自然現象、文籍典故、地産資源、草木蟲魚、方技醫藥、佛家故事等諸多方面。段成式在自序中稱:"固役不耻者,抑志怪小説之書也。"酉陽乃山名,相傳山下有石穴,藏書千卷,《新唐書》

本傳稱段成式"博學强記,多奇篇秘笈",故以家藏秘笈與酉陽逸典相比,又因内容廣泛駁雜,而以"雜俎"爲名。據《舊唐書》,段成式"家多書史,用以自娱,尤深於佛書。所著《酉陽雜俎》傳於時"。《四庫全書總目提要》評價是書曰:"多詭怪不經之談,荒渺無稽之物。而遺文秘笈,亦往往錯出其中。故論者雖病其浮誇,而不能不相徵引。自唐以來,推爲小説之翹楚,莫或廢也。"是書《新唐書・藝文志》、《宋史・藝文志》均有著録。

今以方南生點校本《酉陽雜俎》(中華書局1981年版)爲底本,以郭沂《孔子集語校補》爲參校本加以輯録、校勘。

卷二 玉格

孔子爲元宫仙,佛爲三十三天仙。

琱玉集

《琱玉集》,類書,撰輯者不詳。所收古籍頗爲豐富,其殘卷有"聰慧"、"壯力"、"鑒識"、"感應"、"美人"等條目。宋鄭樵《通志・藝文略》作《琱玉集》二十卷。日本藏舊鈔卷子本僅存兩卷,前後無序跋,楊守敬《日本訪書記》亦未載。今殘本收録在清代黎庶昌所編《古逸叢書》中。

今據《叢書集成》本以及郭沂《孔子集語校補》加以輯録、校勘。

聪慧篇

路婦不知何處人也,孔子遊行見之,頭戴烏牙櫛〔一〕。謂諸弟子曰:"誰能得之?"顏淵曰:"回能得之。"即往至婦人前,跪而曰:"吾有俳佪之山〔二〕,百草生其上,有枝而無葉,萬獸集其裏,有飲而無食,故從夫人借羅網而捕之。"婦人即取櫛與之。顏淵曰:"夫人不問由委,乃取櫛與回,何也?"婦人答曰:"俳佪之山者,是君頭也;百草生其上,有枝而無葉者,是君髮也;萬獸集其裏者,是君虱也;借網捕之者,是吾櫛也,以故取櫛與君。何恠之有〔三〕?"顏淵嘿然而退。孔子聞之,曰:"婦人之智尚爾,況於學士者乎!"

〔一〕櫛,梳子和篦子的總稱。

〔二〕俳佪,即徘徊。

〔三〕恠,同"怪"。

吴地記

《吴地記》,舊題唐陸廣微撰。據《四庫全書總目提要》記載,所記皆吴、長洲、嘉興、昆山、常熟、華亭、海鹽七縣之事,其中以吴縣、長洲縣爲豐。《宋史·藝文志》作一卷,與今本合。一是受《漢書·地理志》等正史地理志和地理總志的影響,二是受六朝地記圖經的影響,《吴地記》體例已有地方志之雛形。是書傳本多種,有明《古今逸史》吴琯校本、馮夢龍《五朝小説》本、今人曹林娣的《吴地記校注》等。

今據《四庫全書》本《吴地記》、《太平御覽》及郭沂《孔子集語校補》加以輯録、校勘。

孔子登山,望東吴閶門,歎曰:"吴門有白氣如練。"

包山在縣西一百三十里,中有洞庭,深遠世莫能測。吴王使靈威丈人入洞穴,十七日不能盡。因得玉葉,上刻《靈寶》二卷[一],使示[二]。孔子云:"禹之書也。"[三](《御覽》卷四十六引。又見於《抱朴子·内篇·辨問》、《繹史·孔子類記四》引《靈寶要略》、《繹史·孔子類記四》引《吴越春秋》)

〔一〕"靈寶",中華書局影印本《御覽》作"靈寶經"。

〔二〕"示"下疑脱"孔子"二字。

〔三〕此條依孫星衍《孔子集語》據《御覽》録,然《四庫》本《吴地記》有異文,姑附於此:

《洞庭山記》曰:洞庭有二穴,東南入洞,幽邃莫測。昔闔閭使令威丈人尋洞,秉燭晝夜而行,繼七十日不窮而返。啓王曰:初入洞口,狹隘傴僂而入。約數里,忽遇一石室,可高二丈,常垂津液,内有石牀、枕、硯石。几上有素書三卷,持回上於閭閻,不識,乃請孔子辯之。孔子曰:"此夏禹之書。"

劉子袁注

《劉子袁注》,唐袁孝政撰,爲現存《劉子》的較早注本。

今據傅亞庶《劉子校釋》(中華書局 1998 年版)以及郭沂《孔子集語校補》加以輯録、校勘。

心隱袁注

孔子爲魯司寇,語魯定公曰:"勇而有謀,此亂天下也,君可殺

之。”定公誅少正卯也。（又見於《荀子·宥坐》、《尹文子·聖人》、《淮南子·氾論訓》、《説苑·指武》、《論衡·講瑞》）

歲華紀麗

　　《歲華紀麗》，舊本題唐韓鄂撰。《四庫全書總目提要》謂：“考《唐書·宰相世系表》，載韓休之弟殿中丞倩，倩之子河南兵曹參軍滌，鄂乃滌之曾孫也。其書以四時節候分門隷事，各編爲駢句，略如《北堂書鈔》、《六帖》之體。”是書《新唐書·藝文志》、《宋史·藝文志》皆有著録，南宋陳振孫《直齋書録解題》亦載之，然久無傳本。明代胡震亨《秘册匯函》有收録。

　　今據郭沂《孔子集語校補》加以輯録、校勘。

　　孔子將行而無蓋，門人曰：“商有之。”孔子曰：“商之爲人甚悋於財〔一〕。”

　　〔一〕悋，吝也。見《歲時紀麗》卷二《雨》“假蓋”下注。

隷　釋

　　《隷釋》，宋洪適著，收録漢魏隷書石刻文字一百八十三種，並附輯《水經注》中的漢魏碑目和歐陽修《集古録》、歐陽棐《集古録目》、趙明誠《金石録》和不著撰人《天下碑録》中的漢魏部分。《四庫全書總目提要》曰：“自有碑刻以來，推是本爲最精博。”清代嘉慶二年黃丕烈校勘《隷釋》而成《隷釋刊誤》，後刊成收入《士禮居叢書》。

　　今據《四庫全書》本及郭沂《孔子集語校補》加以輯録、校勘。

卷四　周憬銘〔一〕

　　孔子曰：“禹不決江疏河，吾其魚矣。”
　　〔一〕全稱爲“桂陽太守周憬功勳銘”。

法言宋咸注

　　《法言宋咸注》，北宋宋咸撰。

　　今據《四庫全書》本、《漢魏叢書》本以及郭沂《孔子集語校補》加以輯録、校勘。

五百篇

孔子曰："君子之行己,可以詘則詘,可以伸則伸。"〔一〕（又見於《御覽》八百三十引《尸子》）

〔一〕見《法言》卷六。

三國雜事

《三國雜事》,宋唐庚撰。是書雜論三國之事,共有三十六條並加自序一篇,後人皆編入唐庚的文集中。《宋史·藝文志》載唐庚集二十二卷,而南宋晁公武、陳振孫皆謂唐庚集有十卷。《四庫全書總目提要》評價是書曰："今觀其論諸葛亮寬待法正,及不逾年改元事,論荀彧爭曹操九錫事,皆故與前人相反。至亮之和吳,本爲權計,而以爲王道之正。亮拔西縣千餘家,本以招安,而以爲擾累無辜,皆不中理。又謂商無建丑之說,謂張掖石圖即河洛之文,而惜無伏羲、神農以識之,尤爲紕繆。然其他議論可采者頗多。醇駁並存,瑕瑜不掩,固亦尚論者之所節取耳。"原書已佚,清曹溶《學海類編》有輯本。

今據郭沂《孔子集語校補》加以輯錄、校勘。

孫盛評曰："子路私饋,仲尼毀其食器。"

續博物志

《續博物志》,十卷,舊題晉李石撰,但《晉書》不載李石姓名。《四庫全書總目提要》云："第二卷稱今上于前朝作鎮睢陽,洎開國,號大宋,是宋太祖時人矣。而又稱曾公亮得龍之脊,王安石得龍之睛,全摭陸佃《埤雅》之說。又引《子華子》、陳正敏《遁齋閑覽》、曾慥《集仙傳》,均南北宋間之書,則並非北宋初人。別本末有其門人迪功郎眉山簿黃宗泰跋,稱爲方舟先生。方舟爲宋李石之號,所作《詩如例》,已著錄經部中,則稱晉李石誤也。然石爲紹興、乾道間人,亦不應稱太祖爲今上,殆亦剽掇說部以爲之,仍其舊文,未及削改歟。其書以補張華所未備。惟華書首地理,此首天象,體例小異。其餘雖不分門目,然大致略同。故自序謂次第仿華說,一事續一事。"

歷代注疏此書的代表作有清代陳逢衡的《續博物志疏證》及《續博物志補遺》等。

今以《四庫全書》本《續博物志》爲底本,以《百子全書》本《續博物志》以及郭沂《孔子集語校補》爲參校本加以輯録、校勘。

卷　二

孔子生於魯襄公二十二年〔一〕。

〔一〕孫星衍《孔子集語》注曰：《公羊》、《穀梁》皆謂生於襄二十一年。此本《史記·孔
　　子世家》。

卷　四

孔子生鯉字伯魚。鯉生伋字子思。伋生白字子上。白生求字子
家。求生箕字子京。箕生穿字子高。穿生子順相魏。自叔梁紇至子順
九世。魏城大梁。

宣父因禱尼山，得名丘，字仲尼。

卷　七

顔淵與孔子俱上泰山，東南望吳閶門外。孔子見白馬，引顔淵指
之："若見吳閶門乎？"顔淵曰："見之，有繫練之狀。"孔子撫其目而止
之。顔淵髮白齒落，遂以病死。蓋精力不及聖人，而强役之也。（又見
於《御覽》八百九十七引《論衡》、《論衡·書虛》、《御覽》八百十八引《韓詩外傳》）

卷　八

孔子臨狄水而歌曰："狄水衍兮風揚波，船楫顛倒更相加。"

卷　十

孔子曰："違山十里，蟪蛄之聲猶在於耳。政事惡譁而善肅。"〔一〕
（又見於《説苑·政理》、《詩含神霧》）

〔一〕孫星衍《孔子集語》注曰：《古微書》引《詩含神霧·孔子歌》云："違山十里，蟪蛄
　　之聲尚猶在耳。政尚静而惡譁也。"

路　史

《路史》，南宋羅泌撰。羅泌嘗惜孔子"删書"斷自唐堯，後世史書極少言皇
古之事，遂博采各種典籍，於乾道年間成書。"路史"，乃大史之意，取自《爾雅》

的“訓路爲大”。是書記述了上古以來有關歷史、地理、風俗、氏族等方面的傳説和史事，取材繁博龐雜，是神話歷史集大成之作，但因材料多來自緯書和道藏，神話色彩强烈，故向來不爲歷史學家所采。全書分《前紀》九卷，述三皇至陰康、無懷之事；《後紀》十四卷，述太昊至夏履癸之事；《國名紀》八卷，述上古至三代諸國姓氏地理，下逮兩漢之末；《發揮》六卷、《餘論》十卷，皆辨難考證之文。是書卷端題有“男蘋承命注”，或謂其子羅萍爲父注。但《四庫全書總目提要》認爲：“句下注文，題其子蘋所撰。核其詞義，與泌書詳略相補，似出一手，殆自注而嫁名於子歟！”

今以《四庫全書》本《路史》爲底本，以《四部備要》本以及郭沂《孔子集語校補》爲參校本加以輯録、校勘。

後紀十

生而頹頂，故名丘，而字仲尼。四十有九表：堤眉、谷竅、參臂、駢脅，要大十圍，長九尺有六寸，時謂長人。

餘論六

孔子以庚戌年二月二十三日庚子甲申時生。

山居新話

《山居新話》，又稱《山居新語》，元楊瑀撰。是書乃楊瑀致仕退隱杭州時所作，書中有不少關於典章制度和政治活動的記載。《四庫全書總目提要》曰：“其書皆記所見聞，多參以神怪之事，蓋小説家言。然如記處州砂糖竹箭，記至元六年增糶官米，記高克恭弛火禁，記託克託開舊河，則有關於民事。記敕令格式四者之别，記八府宰相職掌，記奎章閣始末，記儀鳳司、教坊司班次，則有資於典故。記朱夫人、陳才人之殉節，記高麗女之守義，記樊時中之死事，則有裨於風教。其他嘉言懿行可資勸戒者頗多。”

今以《四庫全書》本《山居新話》爲底本，以郭沂《孔子集語校補》爲參校本加以輯録、校勘。

卷　一

大都鐘樓街，富民家藏宣聖履。

靈寶要略

　　《靈寶要略》,道家典籍,撰者不詳,曾爲明代《古微書》所引用。靈寶派是道教教派,始創於東晉末年。"靈寶"一詞最早見於《太平經》,原爲神靈寶貴之意。隆安中,葛洪族孫葛巢甫附會引申,造作《靈寶經》三十餘卷,並臚列一個上自元始天尊,下至葛玄及其後嗣的傳經系統。是書即爲《靈寶經》之通解。原書亡佚,清代王仁俊《玉函山房輯佚書補編》有輯本。

　　今據《玉函山房輯佚書補編》以及郭沂《孔子集語校補》加以輯錄、校勘。

　　昔太上以《靈寶》五篇真文以授帝嚳,帝嚳將仙,封之於鍾山。至夏禹巡狩,度弱水,登鍾山,遂得是文,後復封之包山洞庭之室。吳王闔閭出游包山,見一人,自言姓山名隱居,闔閭扣之,乃入洞庭,取素書一卷,呈闔閭。其文不可識,令人齎之問孔子。孔子曰:"丘聞童謠曰:'吳王出游觀震湖,龍威丈人山隱居,北上包山入雲墟,乃入洞庭竊禹書。天地大文不可舒,此文長傳百六初,若强取出喪國廬。'"闔閭乃尊事之。(又見於《抱朴子·內篇·辨問》、《繹史·孔子類記四》引《吳越春秋》、《御覽》四十六引《吳地記》)

留青日札

　　《留青日札》,明田藝蘅撰,爲筆記體小說。《四庫全書總目提要》曰:"是書欲仿《容齋隨筆》、《夢溪筆談》,而所學不足以逮之,故蕪雜特甚。其中《詩談初編》、《二編》各一卷,《玉笑零音》一卷,《大統曆解》三卷,《始天易》一卷,皆以所著別行之書編入,以足卷帙,尤可不必。"是書通行本爲明沈節甫《記錄彙編》本,另有今人朱碧蓮《留青日札》點校本。

　　今以朱碧蓮點校《留青日札》(上海古籍出版社 1992 年版)爲底本,以《四庫全書存目叢書》本《留青日札》(齊魯書社 1995 版)及郭沂《孔子集語校補》加以輯錄、校勘。

卷二　稚噫歌

　　《衝波傳》云:孔子相魯,齊人懼而欲敗其政,選齊國好女八十人,皆衣文衣而舞容璣,季桓子語魯君爲周道游館,孔子乃行,睹雉之飛鳴,嘆曰:"山梁雌雉,時哉時哉! 色斯舉矣,翔而後集。"

卷二　銘旌用單字

《吳公碑》曰:"於乎! 有吳延陵君子之墓[一]。"此孔子篆書。"君子",或作"季子"。

〔一〕春秋時吳國公子季札封於延陵,因稱延陵季子。

卷十　防風氏國

孔子,人稱長人,長九尺六寸。(又見於《抱朴子·袪惑》)

卷三十　龜

孔子曰:"龍食于清,游于清;龜食于清,游于濁;魚食于濁,游于清。丘上不爲龍,下不爲魚,中止其龜與!"(又見於該書第三十六卷《靈極圖》)

卷三十　狗

孔子曰:"叩,氣吠以守。"

卷三十一　黃雀語

世傳公冶長能通鳥語。或言冶長貧而閒居,無以給食,有雀飛鳴其舍,呼之曰:"公冶長! 公冶長! 南山有箇虎馱羊;爾食肉,我食腸,當亟取之勿彷徨!"子長如其言,往山中,果得大羊,食之有餘[一]。及亡羊氏迹之[二],索得其角[三],乃以爲偷,訟之魯君。魯君不信鳥語,逮繫之獄。孔子素知之,爲之白於魯君,亦不解也,於是歎曰:"雖在縲絏之中,非其罪也。"未幾,子長在獄舍,雀復飛鳴其上,呼之曰:"公冶長! 公冶長! 齊人出師侵我疆;沂水上,嶧山旁,當亟禦之勿彷徨!"子長介獄吏白之魯君,魯君亦弗信也。姑如其言往迹之,則齊師果將及矣。急發兵應敵,遂獲大勝。因釋公冶長而厚賜之,欲爵爲大夫,辭不受[四],蓋恥因禽獸以得祿也[五]。後世遂廢其學。[六](《繹史》九十五引)

〔一〕"往山中"十一字,孫星衍《孔子集語》作"往取食之"。

〔二〕“氏”,孫星衍《孔子集語》作“者”。

〔三〕孫星衍《孔子集語》無“索”字。

〔四〕“辭”上孫星衍《孔子集語》有“冶”字。

〔五〕“獸”,孫星衍《孔子集語》作“語”。

〔六〕孫星衍《孔子集語》注曰:皇侃《論語義疏》引《論釋》云:公冶長從衛還魯,行至二
　　　塸上,聞鳥相呼往清溪食死人肉。須臾,見一老嫗當道而哭。冶長問之,嫗曰:
　　　“兒前日出行,于今不反,當是已死亡,不知所在。”冶長曰:“向聞鳥相呼往清溪食
　　　肉,恐是嫗兒也。”嫗往看,即得其兒也,已死。即嫗告村司,村司問嫗從何得知
　　　之。嫗曰:“見冶長道如此。”村官曰:“冶長不殺人,何緣知之!”因録冶長付獄。
　　　主問冶長:“何以殺人?”冶長曰:“解鳥語,不殺人。”主曰:“當試之。若必解鳥
　　　語,便相放也;若不解,當令償死。”駐冶長在獄六十日。卒日,有雀子緣獄栅上相
　　　呼:“嘖嘖唯唯。”冶長含笑。吏啓主:“冶長笑雀語,是似解鳥語。”主教問冶長:
　　　“雀何所道而笑之?”冶長曰:“雀鳴:‘嘖嘖唯唯,白蓮水邊有車翻,覆黍粟,牡牛折
　　　角,收斂不盡。’相呼往啄。”獄主未信,遣人往看,果如其言。後又解猪及燕語,屢
　　　驗,於是得放。今案:程樹德《論語集釋》亦引之,文略簡。

<h2 style="text-align:center">卷三十六　　靈極圖</h2>

孔子曰:“舍爾靈龜,觀我朵頤。”

<h2 style="text-align:center">卷三十六　　易象圖</h2>

孔子曰:“易者,象也。”

野獲編

　　《野獲編》,又稱《萬曆野獲編》,明沈德符撰。是書内容頗爲豐富,上自朝
庭典章制度、治亂得失,下至山川風物,乃至文人學士的瑣事逸聞等無不載録。
今有楊萬里點校本。

　　今以《萬曆野獲編》(中華書局1997年版)爲底本,以郭沂《孔子集語校補》
爲參校本加以輯録、校勘。

<h2 style="text-align:center">卷二十七　　衣钵</h2>

　　孔子履在晉武庫中,元康中已與斬蛇劍同焚矣。至宋靖康,金
人擄去古物,又有女媧琴。孔子履何邪? 豈宣尼行縢尚留兩緉耶?
又唐宣宗令有司做孔子履名魯風鞋,宰相以下俱效之,號遵王履,則

似孔子履,未焚也。

震澤編

《震澤編》,明蔡升撰,王鏊重修。《四庫全書總目提要》曰:"是書首紀五湖、七十二山、兩洞庭,次石、泉、古迹,次風俗人物、土産、賦税,次水利、官署、寺觀、菴廟、雜記,次集詩、集文。前有弘治十八年楊循吉序,稱其'操觚之妙,天機獨運。中間有似《爾雅》者,有似《山海經》者,有似柳子厚諸山水記者,用能繪畫造物,陳諸簡牘',未免譽過其實。升書本名《太湖志》,鏊爲重修,乃取《禹貢》之語改今名云。"據民國《吴縣志》記載,舊稱《太湖志》者共四種,作者分别是蔡升、丁允亨、李備、華渚。其中蔡升之《太湖志》共十卷,其子還爲其作《續編》。但這幾部《太湖志》均不見傳於世。後王鏊在蔡氏父子基礎上删節成八卷,稱《震澤編》。其分卷類目如下:卷之一爲五湖、七十二山、兩洞庭,卷之二爲石、泉、古迹,卷之三爲風俗、人物、土産、賦税,卷之四爲水利、官署、寺觀、菴廟、雜記,卷之五至卷之七爲集詩,卷之八爲集文。明歸有光《三吴水利録》等録有是書。

今以《四庫全書存目叢書》本《震澤編》爲底本,以郭沂《孔子集語校補》爲參校本加以輯録、校勘。

卷二 古迹

昔闔閭使靈威丈人入洞,秉燭,晝夜行,七十日不窮而返。啓王曰:"初入洞口,甚隘,傴僂而入約數里,忽遇一石室,高可二丈,嘗垂津液,内有石床枕研石几,上有素書三卷,持回。"上於闔閭,不識。使人問於孔子,孔子曰:"此禹石函文並神僊之事,言大道也。"王又令再入,經二十日,卻返,云:"不似前也。唯上聞風浪聲,又有異蟲撓人、撲火,石燕、蝙蝠大如鳥。前去不得,穴中高處照不見顛,左右多人馬迹。"昔禹治水,過會稽,夢人衣玄纁,告云:治水法在山北鈿函中,並不死方。禹得之,藏於包山石室,靈威丈人所得是也。

第十一卷　諸子載言

道家類

文　子

　　《文子》，舊題周辛鈃撰。《漢書·藝文志》道家類著録《文子》九篇，班固自注曰：“老子弟子，與孔子同時，而稱周平王問，似依託者也。”《隋書·經籍志》載《文子》十二篇，注曰：“老子弟子。”北魏李暹作《文子注》，傳曰：“姓辛，葵丘濮上人，號曰計然。范蠡師事之。本受業於老子，録其遺言爲十二篇。”然而《四庫全書總目提要》卻認爲：“《史記·貨殖列傳》有范蠡師計然語，又因裴駰《集解》有計然姓辛字文子，其先晉國公子語，北魏李暹作《文子注》，遂以計然、文子合爲一人。”歷代懷疑其爲僞作者亦有不少。1973 年河北定縣漢墓出土竹簡中，有《文子》的殘簡。一些學者通過比較竹簡《文子》和今本《文子》，將古本和今本區別對待。竹簡《文子》殘卷所引《老子》皆見於竹簡本《老子》，説明作者尚未見到今本《老子》而僅見到竹簡本《老子》，可見竹簡《文子》、《老子》兩書可互證早出，加之兩書的思想相當接近，由此可推斷竹簡《文子》應出自春秋末年的文子，文子確爲老聃弟子，《漢書·藝文志》所載“老子弟子，與孔子同時”是正確的。今本《文子》由於所引《老子》之語有許多不見於簡本而僅見於今本，故應晚於太史儋。此書來源相當龐雜，乃古本散佚後，好事者雜采古本《文子》佚文、今本《老子》、《淮南子》等書而成。

　　今以王利器《文子疏義》（中華書局 2009 年版）爲底本加以輯録。

道　原

孔子問道。老子曰："正汝形，一汝視，天和將至；攝汝知，正汝度，神將來舍。道將爲汝容，道將爲故居。瞳兮若新生之犢，而無求其故。形若枯木，心若死灰，真其實知，而不以曲故。自持恢恢，無心可謀，明白四達，能無知乎？"

自　然

孔子無黔突，墨子無煖席，非以貪禄慕位，將欲事起於天下之利，而除萬民之害也。

子華子

《子華子》，舊本題晉人程本撰，十卷。但程本之名見於《家語》，而子華子之名見於《列子》，並非一人。《四庫全書總目提要》曰："秦以前原有《子華子》書，然《漢志》已不著録，則劉向時書亡矣。此本自宋南渡後始刊版於會稽。晁公武以其多用字説，指爲元豐後舉子所作。朱子以其出於越中，指爲王銍、姚寬輩所託，而又疑非二人所及。周氏《涉筆》則據其《神氣》一篇，指爲黨禁未開之時，不得志者所爲。"朱熹在《偶讀漫記》中曾評論此書"其辭故爲艱澀而理實淺近，其體務爲高古而氣實輕浮，其理多取佛、老、醫、卜之言，其語多用《左傳》、班、史中字，其粉飾塗澤俯仰態度但如近年後生巧於摸擬變撰者所爲。不惟決非先秦古書，亦非百十年前文字也"。明宋濂《諸子辯》亦曰："後序稱子華子爲鬼谷子師。鬼谷，戰國縱橫家也。今書絶不似之，乃反類道家言。又頗剿浮屠、老子、莊周、列禦寇、孟軻、荀卿、《黄帝内經》、《春秋外傳》、司馬遷、班固等書而成。"今原書已佚，清馬國翰《玉函山房輯佚書》有輯本。

今以《叢書集成》本《子華子》爲底本，以《四庫全書》本、《百子全書》本《子華子》以及郭沂《孔子集語校補》爲參校本加以輯録、校勘。

孔子贈

子華子反自郊，遭孔子於塗，傾蓋而顧，相語終日，其相親也。孔子命子路曰："取束帛以贈先生。"子路屑然而對曰："由聞之，士不中間見，女嫁無媒，君子不以交，禮也。"有間，又顧謂子路，子路又對如初,孔子曰:"固哉,由也!《詩》不云:'有美一人,清揚婉兮;邂逅相遇,適我願兮。'今程子,天下之賢士也。於斯不贈,則終身弗能見也,小子行之。"(又見於《説苑·尊賢》、《韓詩外傳》二)

亢倉子

　　《亢倉子》,舊本題庚桑楚撰,但唐以前不見著録,《崇文總目》作九篇,《宋史·藝文志》作二卷,宋濂《諸子辨》則作五卷。亢倉子乃道教祖師,被尊爲洞靈真人,又名亢桑子。或説爲《莊子》中寓言人物,姓庚桑,名楚,陳國人。然晁公武《郡齋讀書志》曰:"案唐天寶元年詔號亢桑子爲《洞靈真經》,然求之不獲。襄陽處士王士元謂《莊子》作庚桑子,太史公、《列子》作亢倉子,其實一也。取諸子文義類者補其亡。今此書乃士元補亡者。"《新唐書·藝文志》中亦載王士元《亢倉子》二卷,所注與晁公武所言同。《孟浩然集》首亦有宜城王士元序,自稱修《亢倉子》九篇。此後學者多以是書爲王士元掇拾《莊子》、《列子》、《文子》、《吕氏春秋》、《新序》、《説苑》等書而成,幾成定論。原書已佚,《玉函山房輯佚書》有輯本。

　　今以《四庫全書》本《亢倉人》爲底本,以《洞靈真經》(1924年上海涵芬樓影印本)、《百子全書》本《亢倉子》以及郭沂《孔子集語校補》爲參校本加以輯録、校勘。

訓　道

　　閔子騫問仲尼:"道之與孝,相去奚若?"仲尼曰:"道者,自然之妙用;孝者,人道之至德。夫其包運天地,發育萬物,曲成萬類,布丕性壽[一],其功至寶。而不爲物府,不爲事官,無爲功尸[二],捫求視聽,莫得而有,字之曰道;用之於人,字之曰孝。孝者,善事父母之名也。夫善事父母,敬順爲本。意以承之,順承顔色,無所不至。發一言,舉一意,不敢忘父母;營一手[三],措一足,不敢忘父母。事君不敢不忠,朋友不敢不信,臨下不敢不敬,嚮善不敢不勤,雖居獨室之中,亦不敢懈其誠,此之謂全孝。故至誠之至,通乎神明,光于四海,有感必應,善事父母之所致也。昔者虞舜,其大孝矣。庶母惑父,屢憎害之,舜心益恭懼而無怨。謀使浚井,下土實之。于時天休震動,神明駿赫,導穴而出,奉養滋謹。由是玄德茂盛,爲天下君,善事父母之所致也。

文王之爲太子也，其大孝矣。朝夕必至乎寢門之外，問寺人曰〔四〕：
'兹日安否？如何？'曰：'安。'太子温然喜色；小不安節〔五〕，太子色憂
滿容。朝夕食上，太子必視寒煖之節；食下，必知膳羞所進，然後退。
寺人言疾，太子肅冠而齋，膳宰之饌，必敬視之；湯液之貢，必親嘗之。
嘗饌善則太子亦能食，嘗饌寡太子亦不能飽。以至于復初，然後亦復
初。君后有過，怡聲以諷；君后所愛，雖小物必嚴龔〔六〕。是故孝成於
身，道洽天下。《雅》曰：'文王陟降，在帝左右。'言文王静作進退，天
必贊之，故紂不能害。夢啓之壽，卜世三十，卜年七百，天所命也，善
事父母之所致也。"

　　閔子騫曰："善事父母之道，既幸聞矣。敢問教子之義。"仲尼曰：
"凡三王教子，必視禮樂。樂所以修内，禮所以修外；禮樂交修，則德
容發輝于貌，故能温恭而文明。夫爲人臣者，殺其身有益於君則爲
之，況利其身以善其君乎？是故擇建忠良貞正之士，爲之師傅，欲其
知父子君臣長幼之道。夫知爲人子，然後可以爲人父；知爲人臣，然
後可以爲人君；知事人，然後能使人。此三王教子之義也。"

　　閔子騫退而事之於家，三年人無間於父母昆弟之言，交遊稱其
信，鄉黨稱其仁，宗族稱其弟，德行之聲，溢于天下。此善事父母之所
致也。

〔一〕丕，大也。

〔二〕尸，主也。

〔三〕嘗一手，謂揮一下手。

〔四〕寺，通"侍"，近也。寺人，猶言近侍之人。

〔五〕節，多寡之度。

〔六〕龔，供奉。

農　道

孔子之言，冬飽則身温，夏飽則身凉。

列　子

《列子》，舊題周列禦寇撰。漢劉向《列子新書目録》曰："所校中書《列子》
五篇，臣向謹與長社尉臣參校讎太常書三篇，太史書四篇，臣向書六篇，臣參書

二篇,內外書凡二十篇,以校除複重十二篇,定著八篇。”《漢書·藝文志》著録《列子》八篇,班固自注曰:“名圄寇,先莊子。”漢以後原書亡佚。唐代柳宗元已懷疑今本《列子》的來源。南宋高似孫、黃震、葉大慶、清代錢大昕、姚鼐以及章炳麟、梁啓超等人都以爲此書爲僞。清姚際恒《古今僞書考》亦認定《列子》是僞書,乃晉人湊雜道家著作而成。今人馬叙倫《列子僞書考》説:“蓋《列子》晚出而早亡,魏晉以來好事之徒聚斂《管子》、《晏子》、《論語》……《説苑》、《新序》、《新論》之言,附益晚説,假爲向序以見重。”不過,近年來也有學者認爲此書非僞。

歷代治此書的代表作有晉代張湛的《列子注》、今人楊伯峻的《列子集釋》等。

今以楊伯峻《列子集釋》(中華書局 1979 年版)爲底本,以《四庫全書》本、《叢書集成》本《列子》以及郭沂《孔子集語校補》爲參校本加以輯録、校勘。

天瑞篇

孔子遊於太山,見榮啓期行乎郕之野,鹿裘帶索[一],鼓琴而歌。孔子問曰:“先生所以樂,何也?”對曰:“吾樂甚多:天生萬物,唯人爲貴,而吾得爲人,是一樂也;男女之別,男尊女卑,故以男爲貴,吾既得爲男矣,是二樂也;人生有不見日月、不免襁褓者,吾既已行年九十矣,是三樂也。貧者士之常也,死者人之終也,處常得終,當何憂哉?”孔子曰:“善乎! 能自寬者也。”(又見於《御覽》三百八十三引《新序》、《説苑·雜言》)

〔一〕沈濤曰:“鹿裘乃裘之麤者,非以鹿爲裘也。鹿車乃車之麤者,非以鹿駕車也。麤從三鹿,故鹿有麤義。”

林類年且百歲[一],底春被裘[二],拾遺穗於故畦[三],並歌並進。孔子適衛,望之於野。顧謂弟子曰:“彼叟可與言者,試往訊之[四]!”子貢請行。逆之壠端,面之而歎曰:“先生曾不悔乎,而行歌拾穗?”林類行不留,歌不輟。子貢叩之不已,乃仰而應曰:“吾何悔邪?”子貢曰:“先生少不勤行,長不競時,老無妻子,死期將至,亦有何樂而拾穗行歌乎?”林類笑曰:“吾之所以爲樂,人皆有之,而反以爲憂[五]。少不勤行,長不競時,故能壽若此[六]。老無妻子,死期將至,故能樂若此。”子貢曰：“壽者人之情，死者人之惡。子以死爲樂，何也？”林類曰：“死之與生，一往一反。故死於是者，安知不生於彼？故吾知其不相若矣。吾又安知營營而求生非惑乎〔七〕？亦又安知吾今之死不愈昔之生乎？”子貢聞之，不喻其意，還以告夫子。夫子曰：“吾知其可與言，果然；然彼得之而不盡者也〔八〕。”

〔一〕楊伯峻曰：“且，將也。”

〔二〕張湛注曰：“底，當也。”

〔三〕張湛注曰：“收刈後田中棄穀，捃之也。”

〔四〕楊伯峻曰：“《釋文》作‘有試往訊之’，云：訊音信，一本無有字。”

〔五〕張湛注曰：“我所以爲樂者，人人皆同，但未能觸事而夷，故無蹔歡。”

〔六〕張湛注曰：“不勤行，則遺名譽；不競時，則無利欲。二者不存於胸中，則百年之壽不祈而自獲也。”

〔七〕王叔岷以爲“求生”下當有“之”字。

〔八〕張湛注曰：“卒然聞林類之言，盛以爲已造極矣；而夫子方謂未盡。夫盡者，無所不盡，亦無所盡，然後盡理都全耳。今方對無於有，去彼取此，則不得不覺內外之異。然所不盡者，亦少許處耳。若夫萬變玄一，彼我兩忘，即理自夷，而實無所遣。夫冥內遊外，同於人群者，豈有盡與不盡者乎？”

　　子貢倦於學，告仲尼曰：“願有所息。”仲尼曰：“生無所息。”子貢曰：“然則賜息無所乎？”仲尼曰：“有焉耳。望其壙，睪如也〔一〕，宰如也〔二〕，墳如也〔三〕，鬲如也，則知所息矣。”子貢曰：“大哉，死乎！君子息焉，小人伏焉〔四〕。”仲尼曰：“賜，汝知之矣。人胥知生之樂，未知生之苦；知老之憊，未知老之佚；知死之惡，未知死之息也。”（又見於《韓詩外傳》八、《荀子·大略》）

〔一〕許維遹引王肅曰：“睪，高貌。”

〔二〕許維遹引《釋文》云：“言如冢宰也。”今案：這裏用其位高義。

〔三〕許維遹引盧文弨曰：“墳如，如大防也。”引《釋文》云：“如墳墓也。”今案：這裏用其高大義。

〔四〕“伏”，疑當從《荀子·大略》作“休”，形近而譌。

黃帝篇

　　范氏有子曰子華，善養私名，舉國服之；有寵於晉君，不仕而居三卿之右。目所偏視，晉國爵之；口所偏肥〔一〕，晉國黜之。游其庭者侔於朝〔二〕。子華使其俠客以智鄙相攻，彊弱相凌。雖傷破於前，不用介意〔三〕。終日夜以此爲戲樂，國殆成俗。禾生、子伯，范氏之上客，出行，經坰外〔四〕，宿於田更商丘開之舍。中夜，禾生、子伯二人相與言子華之名勢，能使存者亡，亡者存；富者貧，貧者富〔五〕。商丘開先窘於飢寒，潛於牖北聽之。因假糧荷畚之子華之門。子華之門徒皆世族也，縞衣乘軒，緩步闊視。顧見商丘開年老力弱，面目黎黑，衣冠不檢，莫不眲之〔六〕。既而狎侮欺詒〔七〕，攩㧙挨抌〔八〕，亡所不爲。商丘開常無慍容，而諸客之技單，憊於戲笑。遂與商丘開俱乘高臺〔九〕，於衆中漫言曰：“有能自投下者賞百金。”衆皆競應。商丘開以爲信然，遂先投下，形若飛鳥，揚於地，肌骨無碬〔一○〕。范氏之黨以爲偶然，未詎怪也。因復指河曲之淫隈曰〔一一〕：“彼中有寶珠，泳可得也。”商丘開復從而泳之。既出，果得珠焉。衆昉同疑〔一二〕。子華昉令豫肉食衣帛之次。俄而范氏之藏大火。子華曰：“若能入火取錦者，從所得多少賞若。”商丘開往，無難色，入火往還，埃不漫，身不焦。范氏之黨以爲有道，乃共謝之曰：“吾不知子之有道而誕子〔一三〕，吾不知子之神人而辱子。子其愚我也，子其聾我也，子其盲我也。敢問其道。”商丘開曰：“吾亡道。雖吾之心，亦不知所以。雖然，有一於此，試與子言之。曩子二客之宿吾舍也，聞譽范氏之勢，能使存者亡，亡者存；富者貧，貧者富。吾誠之無二心，故不遠而來。及來，以子黨之言皆實也，唯恐誠之之不至，行之之不及，不知形體之所措，利害之所存也。心一而已。物亡迕者，如斯而已。今昉知子黨之誕我，我內藏猜慮，外矜觀聽，追幸昔日之不焦溺也，怛然內熱，惕然震悸矣。水火豈復可近哉？”自此之後，范氏門徒路遇乞兒馬醫，弗敢辱也，必下車而揖之。宰我聞之，以告仲尼。仲尼曰：“汝弗知乎？夫至信之人，可以感物也。動天地，感鬼神，橫六合，而無逆者，豈但履危險、入水火而已哉？商丘開信僞物猶不逆，況彼我皆誠哉！小子識之〔一四〕！”

〔一〕張湛曰：“肥，薄也。”段玉裁曰：“古肥與非通。口所偏肥，猶云口所偏非也。”洪頤煊以爲“肥”通“腓”，當釋爲“避”，口所偏避，謂不齒之人。

〔二〕《釋文》曰：“侔音謀，齊也。”

〔三〕《釋文》曰：“介音界，副也，稱也。”

〔四〕張湛注曰:"坰,郊野之外也。"

〔五〕盧重玄解曰:"存者亡,毁之也;亡者存,譽之也。富者貴,奪之也;貧者富,施之也。而商丘開下里不達,將謂聖力所成之也。"

〔六〕《中華大字典》曰:"眄,輕視也。"

〔七〕《說文》曰:"詒,相欺語也。"

〔八〕張湛注曰:"攙音晃。拯音扶閉。挨音烏待。抌音都感切。"《釋文》云:"攙,胡廣切。《方言》:今江東人亦名推爲攙。又音晃,搪打也。拯,蒲結切。《方言》:凡相推搏曰拯。又扶畢切,推擊也。挨,烏骸切,推也。抌,丁感切。《方言》:擊背也。一本作抗,違拒也。"

〔九〕"俱乘",《釋文》作"俱升",並云:"俱升",一本作"俱乘"。乘,登也。

〔一〇〕"骫",《釋文》作"骪",《說文》云:骨曲直也。礒音毁。

〔一一〕《釋文》曰:"淫音深。隈,烏恢切,水曲也,一本作隅。"

〔一二〕"昉",張湛注曰:"始也。"

〔一三〕"誕",張湛注曰:"欺也。"

〔一四〕盧重玄解曰:"乞兒馬醫皆下人也,遇之不敢輕。夫子言其至信之感理盡矣。"

　　顏回問乎仲尼曰:"吾嘗濟乎觴深之淵矣,津人操舟若神〔一〕。吾問焉,曰:'操舟可學邪?'曰:'可,能游者可教也,善游者數能〔二〕。乃若夫没人,則未嘗見舟而謖操之者也〔三〕。'吾問焉,而不告。敢問何謂也?"仲尼曰:"譆!吾與若玩其文也久矣〔四〕,而未達其實,而固且道與〔五〕。能游者可教也,輕水也;善游者之數能也,忘水也。乃若夫没人之未嘗見舟也而謖操之也,彼視淵若陵,視舟之覆猶其車卻也。覆卻萬物方陳乎前而不得入其舍〔六〕。惡往而不暇。以瓦摳者巧〔七〕,以鉤摳者憚,以黃金摳者惛。巧一也〔八〕,而有所矜,則重外也。凡重外者拙內。"(又見於《莊子·外篇·達生》)

〔一〕孫詒讓曰:"《說文》水部云:'津,水渡也。'津人蓋掌渡之吏士。"

〔二〕張湛注曰:"向秀曰:其數自能也,言其道數必能不懼舟也。"

〔三〕張湛注曰:"謖,起也。向秀曰:能鶩没之人也。"

〔四〕《釋文》曰:"玩,五貫切,習也。"

〔五〕張湛注曰:"見操舟之可學,則是玩其文;未悟没者之自能,則是未至其實,今且爲汝說之也。"

〔六〕張湛注曰:"神明所居,故謂之舍。"俞樾曰:"方,並也。"奚侗以爲方當爲旁。

〔七〕《釋文》曰:"摳,探也,以手藏物探而取之曰摳,亦曰藏彄。"

〔八〕許維遹疑"巧"上有"其"字。

　　孔子觀於吕梁,懸水三十仞,流沫三十里,黿鼉魚鼈之所不能游也,見一丈夫游之,以爲有苦而欲死者也,使弟子並流而承之。數百步而出,被髮行歌,而游於棠行〔一〕。孔子從而問之,曰:"吕梁懸水三十仞,流沫三十里,黿鼉魚鼈所不能游,向吾見子道之,以爲有苦而欲死者,使弟子並流將承子。子出而被髮行歌,吾以子爲鬼也。察子,則人也。請問蹈水有道乎?"曰:"亡,吾無道。吾始乎故,長乎性,成乎命,與齎俱入,與汩偕出〔二〕。從水之道而不爲私焉,此吾所以道之也。"孔子曰:"何謂始乎故,長乎性,成乎命也?"曰:"吾生於陵而安於陵,故也〔三〕;長於水而安於水,性也;不知吾所以然而然,命也。"(又見於《莊子·外篇·達生》)

〔一〕孫星衍《孔子集語》注曰:"棠行",一本作"塘下"。今案:張湛注曰:"棠當作塘,行當作下。"

〔二〕張湛注曰:"齎汩者,水迴入湧出之貌。"

〔三〕張湛注曰:"故猶素也。任其真素,則所遇而安也。"

　　仲尼適楚,出於林中,見痀僂者承蜩,猶掇之也。仲尼曰:"子巧乎! 有道邪?"曰:"我有道也。五六月,絫垸二而不墜,則失者錙銖〔一〕;絫三而不墜,則失者十一;絫五而不墜,猶掇之也〔二〕。吾處也,若橛株駒〔三〕;吾執臂,若槁木之枝〔四〕。雖天地之大,萬物之多,而唯蜩翼之知。吾不反不側,不以萬物易蜩之翼,何爲而不得?"孔子顧謂弟子曰:"用志不分,乃疑於神〔五〕。其痀僂丈人之謂乎!"丈人曰:"汝逢衣徒也〔六〕,亦何知問是乎? 脩汝所以,而後載言其上〔七〕。"(又見於《莊子·外篇·達生》)

〔一〕張湛注曰:"向秀曰:累二丸而不墜,是用手之停審也,故承蜩所失者不過錙銖之間耳。"

〔二〕張湛注曰:"用手轉審,則無所失也。"

〔三〕崔譔曰:"橛株駒,斷樹也。"

〔四〕王叔珉以爲"執臂"下當有"也"字,當補。

〔五〕張湛注曰:"分猶數。意專則與神相似者也。"

〔六〕孫詒讓曰:"逢衣即《禮經》侈袂之衣。"

〔七〕張湛注曰:“脩,治也。言治汝所用仁義之術,反於自然之道,然後可載此言於身
　　上也。”

　　趙襄子率徒十萬狩於中山〔一〕,藉芿燔林〔二〕,扇赫百里。有一人
從石壁中出,隨煙燼上下。衆謂鬼物。火過,徐行而出,若無所經涉
者。襄子怪而留之〔三〕。徐而察之:形色七竅,人也;氣息音聲,人也。
問:“奚道而處石? 奚道而入火?”其人曰:“奚物而謂石? 奚物而謂
火?”襄子曰:“而嚮之所出者,石也;而嚮之所涉者,火也。”其人曰:
“不知也。”魏文侯聞之,問子夏曰:“彼何人哉?”子夏曰:“以商所聞
夫子之言,和者大同於物,物無得傷閡者,游金石,蹈水火,皆可也。”
文侯曰:“吾子奚不爲之?”子夏曰:“刳心去智,商未之能。雖然,試語
之有暇矣〔四〕。”文侯曰:“夫子奚不爲之?”子夏曰:“夫子能之而能不
爲者也。”文侯大説。

〔一〕張湛注曰:“火畋曰狩。”
〔二〕《釋文》曰:“在下曰藉,草不剪曰芿。燔音煩,燒也。”
〔三〕《釋文》曰:“留,力救切,謂宿留而視之也。”
〔四〕張湛注曰:“夫因心以刳心,借智以去智;心智之累誠盡,然所遣心智之迹猶存。
　　明夫至理非用心之所體忘,言之則有餘暇矣。”

周穆王

　　宋陽里華子中年病忘,朝取而夕忘,夕與而朝忘;在塗則忘行,在
室則忘坐;今不識先,後不識今〔一〕。闔室毒之〔二〕。謁史而卜之,弗
占〔三〕;謁巫而禱之,弗禁;謁醫而攻之,弗已。魯有儒生,自媒能治之,
華子之妻子以居產之半請其方〔四〕。儒生曰:“此固非卦兆之所占,非
祈請之所禱,非藥石之所攻。吾試化其心,變其慮,庶幾其瘳乎!”於
是試露之,而求衣;飢之,而求食;幽之,而求明。儒生欣然告其子曰:
“疾可已也。然吾之方密,傳世不以告人。試屏左右,獨與居室七
日。”從之〔五〕。莫知其所施爲也,而積年之疾一朝都除。華子既悟,
迺大怒,黜妻罰子,操戈逐儒生。宋人執而問其以。華子曰:“曩吾忘
也,蕩蕩然不覺天地之有無。今頓識既往,數十年來存亡、得失、哀
樂、好惡,擾擾萬緒起矣。吾恐將來之存亡、得失、哀樂、好惡之亂吾

心如此也,須臾之忘,可復得乎?"子貢聞而怪之,以告孔子。孔子曰:"此非汝所及乎!"顧謂顏回紀之。

〔一〕王重民曰:"今不識先,後不識今"二句有誤,《御覽》七三八引作"不識先後,不識今古",近是。

〔二〕毒,苦也。

〔三〕吳闓生曰:"弗占,弗驗也。"

〔四〕陶鴻慶曰:"居猶蓄也,謂其素所蓄積也。"

〔五〕《釋文》曰:從音縱。楊伯峻以爲"從"當讀如字,謂依之也,《釋文》誤。

仲尼篇

仲尼閒居,子貢入侍,而有憂色。子貢不敢問,出告顏回。顏回援琴而歌。孔子聞之,果召回入,問曰:"若奚獨樂〔一〕?"回曰:"夫子奚獨憂?"孔子曰:"先言爾志。"曰:"吾昔聞之夫子曰:'樂天知命故不憂。'回所以樂也。"孔子愀然。有閒,曰:"有是言哉? 汝之意失矣〔二〕。此吾昔日之言爾,請以今言爲正也。汝徒知樂天知命之無憂,未知樂天知命有憂之大也〔三〕。今告若其實:修一身,任窮達,知去來之非我,亡變亂於心慮,爾之所謂樂天知命之無憂也。曩吾修《詩》《書》,正禮樂,將以治天下、遺來世,非但修一身、治魯國而已。而魯之君臣日失其序,仁義益衰,情性益薄。此道不行一國與當年,其如天下與來世矣? 吾始知《詩》《書》禮樂無救於治亂,而未知所以革之之方。此樂天知命者之所憂。雖然,吾得之矣。夫樂而知者,非古人之所謂樂知也。無樂無知,是真樂真知;故無所不樂,無所不知,無所不憂,無所不爲。《詩》《書》禮樂,何棄之有? 革之何爲?"顏回北面拜手曰:"回亦得之矣。"出告子貢。子貢茫然自失,歸家淫思七日,不寢不食,以至骨立。顏回重往喻之,乃反丘門,弦歌誦書,終身不輟。

〔一〕王重民曰:"《御覽》四百六十八又四百六十九引'獨'上並有'敢'字。"

〔二〕"失",《釋文》作"夾",云:夾音狹。

〔三〕王重民曰:《御覽》四百六十八引"有"上有"之"字。

陳大夫聘魯,私見叔孫氏。叔孫氏曰:"吾國有聖人。"曰:"非孔丘邪?"曰:"是也。""何以知其聖乎?"叔孫氏曰:"吾常聞之顏回曰:

'孔丘能廢心而用形〔一〕。'"陳大夫曰:"吾國亦有聖人,子弗知乎?"曰:"聖人孰謂?"曰:"老聃之弟子有亢倉子者,得聃之道,能以耳視而目聽。"魯侯聞之大驚,使上卿厚禮而致之。亢倉子應聘而至。魯侯卑辭請問之。亢倉子曰:"傳之者妄。我能視聽不用耳目,不能易耳目之用。"魯侯曰:"此增異矣。其道奈何? 寡人終願聞之。"亢倉子曰:"我體合於心,心合於氣,氣合於神,神合於無。其有介然之有,唯然之音〔二〕,雖遠在八荒之外,近在眉睫之内,來干我者,我必知之。乃不知是我七孔四支之所覺,心腹六藏之所知〔三〕,其自知而已矣。"魯侯大悦。他日以告仲尼,仲尼笑而不答。

〔一〕張湛注曰:"此顏回之辭。夫聖人既無所廢,亦無所用。廢用之辭,亦因事而生耳。故俯仰萬機,對接世務,皆形迹之事耳。冥絶而灰寂者,固泊然而不動矣。"

〔二〕孫詒讓曰:此文以"有"與"音"相儷,"有"疑當作"形"。

〔三〕《釋文》曰:心、肺、肝、脾、腎謂之五藏。今六藏者,爲腎有兩藏:其左爲腎,右爲命門。命門者,謂神之所舍也。

商太宰見孔子,曰:"丘聖者歟?"孔子曰:"聖則丘何敢? 然則丘博學多識者也。"商太宰曰:"三王聖者歟?"孔子曰:"三王善任智勇者,聖則丘弗知。"曰:"五帝聖者歟?"孔子曰:"五帝善任仁義者,聖則丘弗知。"曰:"三皇聖者歟?"孔子曰:"三皇善任因時者,聖則丘弗知。"商太宰大駭,曰:"然則孰者爲聖〔一〕?"孔子動容。有閒,曰:"西方之人,有聖者焉,不治而不亂〔二〕,不言而自信,不化而自行,蕩蕩乎民無能名焉。丘疑其爲聖。弗知真爲聖歟? 真不聖歟?"商太宰嘿然心計曰:"孔丘欺我哉。"(又見於《韓非子·説林上》)

〔一〕楊伯峻疑"者"當在"聖"字下,本作"孰爲聖者"。

〔二〕俞樾認爲此本作"不治而自亂",亂,治也,謂不治而自治也,正與下文"不言而自信,不化而自行"文義一律。

子夏問孔子曰:"顏回之爲人奚若?"子曰:"回之仁賢於丘也。"曰:"子貢之爲人奚若?"子曰:"賜之辯賢於丘也〔一〕。"曰:"子路之爲人奚若?"子曰:"由之勇賢於丘也。"曰:"子張之爲人奚若?"子曰:"師之莊賢於丘也〔二〕。"子夏避席而問曰:"然則四子者何爲事夫子?"

曰:"居! 吾語汝。夫回能仁而不能反〔三〕,賜能辯而不能訥,由能勇而不能怯,師能莊而不能同〔四〕。兼四子之有以易吾,吾弗許也〔五〕。此其所以事吾而不貳也〔六〕。"（又見於《淮南子·人間訓》、《説苑·雜言》、《論衡·定賢》）

〔一〕盧重玄解曰:"有進取之能,未階乎道也。"

〔二〕莊,張湛注曰:"猶矜莊也。"

〔三〕張湛注曰:"反,變也。夫守一而不變,無權智以應物,則所適必閡矣。"盧重玄解曰:"可與適道,未可與權。"楊伯峻引俞樾之説,以爲"反"乃"刅"之誤,"刅"即"忍","忍"即"忍心"之"忍"。

〔四〕張湛注曰:"辯而不能訥,必虧忠信之實;勇而不能怯,必傷仁恕之道;莊而不能同,有違和光之義:此皆滯於一方也。"盧重玄解曰:"自守矜嚴,不能同物,失於和也。"

〔五〕張湛注曰:"四子各是一行之極,設使兼而有之,求變易吾之道,非所許。"楊伯峻以爲"易"字當釋爲"交易",張湛釋爲"變易",誤。

〔六〕張湛注曰:"會同要當寄之於聖人,故欲罷而不能也。"盧重玄解曰:"兼有仁辯嚴勇,吾且不與之易,況不能兼之? 夫子能兼四子之不能也,故事我而不貳心矣。此論道之大者,更在其行藏之卷耳。"

湯問篇

孔子東游,見兩小兒辯鬭。問其故。一兒曰:"我以日始出時去人近,而日中時遠也。"一兒以日初出遠〔一〕,而日中時近也。一兒曰:"日初出大如車蓋;及日中,則如盤盂。此不爲遠者小而近者大乎?"一兒曰:"日初出滄滄涼涼〔二〕,及其日中如探湯〔三〕。此不爲近者熱而遠者涼乎?"孔子不能決也。兩小兒笑曰:"孰爲汝多知乎〔四〕?"（又見於《金樓子·立言上》、《博物志》卷八）

〔一〕《事類賦》、《御覽》引"兒"下有"曰我"二字,似當補。

〔二〕滄,寒也。

〔三〕王重民以爲"日"字衍。

〔四〕王重民曰:《類聚》一、《初學記》一、《御覽》三引"爲"作"謂"。爲、謂古字通用。

説符篇

孔子自衛反魯,息駕乎河梁而觀焉。有懸水三十仞,圜流九十里,魚鼈弗能游,黿鼉弗能居,有一丈夫方將厲之〔一〕。孔子使人並涯止之,曰:"此懸水三十仞,圜流九十里,魚鼈弗能游,黿鼉弗能居也。意者難可以濟乎?"丈夫不以錯意,遂度而出。孔子問之曰:"巧乎[二]?有道術乎?所以能入而出者,何也?"丈夫對曰:"始吾之入也,先以忠信;及吾之出也,又從以忠信。忠信錯吾軀於波流[三],而吾不敢用私,所以能入而復出者,以此也。"孔子謂弟子曰:"二三子識之[四]!水且猶可以忠信誠身親之,而況人乎?"(又見於《説苑・雜言》)

〔一〕《釋文》曰:"厲,涉水也。"

〔二〕王叔岷曰:《家語・致思篇》、《説苑・雜言篇》"巧乎"上並有"子"字,文意較完,當從之。

〔三〕俞樾以爲"忠信"二字衍,王叔岷同意此説。

〔四〕《釋文》曰:識音志。

　　白公問孔子曰[一]:"人可與微言乎?"孔子不應[二]。白公問曰[三]:"若以石投水何如?"孔子曰:"吳之善没者能取之[四]。"曰:"若以水投水何如?"孔子曰:"淄澠之合,易牙嘗而知之[五]。"白公曰:"人固不可與微言乎?"孔子曰:"何爲不可?唯知言之謂者乎!夫知言之謂者,不以言言也。爭魚者濡,逐獸者趨,非樂之也。故至言去言,至爲無爲。夫淺知之所爭者,末矣。"白公不得已,遂死於浴室。(又見於《吕氏春秋・審應覽・精諭》、《淮南子・道應訓》)

〔一〕王重民曰:《吕覽・精諭篇》、《淮南・道應篇》"問"下並有"於"字,《御覽》五十八引"問"下亦有"於"字,今本脱,誤。

〔二〕張湛注曰:"白公,楚平王之孫,太子建之子也。其父爲費無極所譖,出奔鄭,鄭人殺之。勝欲令令尹子西、司馬子期伐鄭,許而未行。晉伐鄭,子西、子期將救鄭。勝怒曰:鄭人在此,讎不遠矣。欲殺子西、子期,故問孔子。孔子知之,故不應。微言猶密謀也。"

〔三〕王叔岷以爲"問"字衍。

〔四〕張湛注曰:"石之投水則没,喻其微言不可覺;故孔子答以善没者能得之,明物不可隱者也。"

〔五〕盧重玄解曰:"以石投水,喻迹不可見;以水投水,喻合不可隱也。味者分淄、澠,不可合也,唯神契理會然後得也。"

　　趙襄子使新稺穆子攻翟[一],勝之,取左人、中人[二],使遽人來謁之[三]。襄子方食,而有憂色。左右曰:“一朝而兩城下,此人之所喜也;今君有憂色,何也?”襄子曰:“夫江河之大也,不過三日[四];飄風暴雨不終朝,日中不須臾[五]。今趙氏之德行,無所施於積[六],一朝而兩城下,亡其及我哉!”孔子聞之曰:“趙氏其昌乎!”……孔子之勁,能拓國門之關,而不肯以力聞[七]。(又見於《吕氏春秋·慎大覽》、《淮南子·道應訓》)

〔一〕張湛注曰:“翟,鮮虞也。”

〔二〕張湛注曰:“左人、中人,鮮虞二邑名。”

〔三〕張湛注曰:“遽,傳也。謁,告也。”

〔四〕張湛注曰:“謂潮水有大小。”

〔五〕張湛注曰:“勢盛者必退也。”

〔六〕張湛注曰:“無積德而有重功,不可不戒懼也。”俞樾曰:“‘施’,衍字,蓋即‘於’字之誤而複者。《吕氏春秋·慎大篇》亦有此文,正無‘施’字。”王重民曰:“俞説是也。《淮南·道應篇》亦有此文,亦無‘施’字。”

〔七〕孫星衍《孔子集語》注曰:薛據《集語》引作“孔子之勁,能拓國門之關,勇復孟諸,足蹀狄兔,不以力聞”。

　　宋人有好行仁義者,三世不懈。家無故黑牛生白犢,以問孔子。孔子曰:“此吉祥也,以薦上帝。”居一年,其父無故而盲。其牛又復生白犢,其父又復令其子問孔子。其子曰:“前問之而失明,又何問乎?”父曰:“聖人之言,先迕後合。其事未究,姑復問之。”其子又復問孔子。孔子曰:“吉祥也。”復教以祭。其子歸致命。其父曰:“行孔子之言也。”居一年,其子又無故而盲。其後楚攻宋,圍其城,民易子而食之,析骸而炊之,丁壯者皆乘城而戰,死者太半。此人以父子有疾皆免。及圍解,而疾俱復。(又見於《劉子·禍福章》)

莊　子

《史記·老莊申韓列傳》曰:“莊子者,蒙人也,名周。周嘗爲蒙漆園吏,與梁惠王、齊宣王同時。其學無所不窺,然其要歸本於老子之言,故其著書十餘萬言,大抵率寓言也。”《漢書·藝文志》著録《莊子》五十二篇。今存三十三篇,其中内篇七篇、外篇十五篇、雜篇十一篇。歷代學者多認爲内篇爲莊子自著,外、雜篇出自莊子後學之手。

　　今以郭慶藩《莊子集釋》(中華書局 1981 年版)爲底本,以王先謙《莊子集解》(中華書局 2012 年版)、成玄英《南華真經注疏》(中華書局 1998 年版)、陳鼓應《莊子今注今譯》(中華書局 2001 年版)、曹礎基《莊子淺注》(中華書局 1982 年版)以及郭沂《孔子集語校補》等爲參校本加以輯録、校勘。

人間世

　　顏回見仲尼,請行。曰:“奚之[一]?”曰:“將之衛。”曰:“奚爲焉?”曰:“回聞衛君,其年壯,其行獨,輕用其國而不見其過;輕用民死,死者以國量乎澤,若蕉[二],民其无如矣。回嘗聞之夫子曰:‘治國去之,亂國就之,醫門多疾。’願以所聞,思其則,庶幾其國有瘳乎[四]!”仲尼曰:“譆! 若殆往而刑耳[五]! 夫道不欲雜,雜則多,多則擾,擾則憂,憂而不救。古之至人,先存諸己而後存諸人。所存於己者未定,何暇至於暴人之所行! 且若亦知夫德之所蕩而知之所爲出乎哉? 德蕩乎名,知出乎争。名也者,相軋也;知也者,争之器也。二者凶器,非所以盡行也。且德厚信矼,未達人氣;名聞不争,未達人心[六]。而强以仁義繩墨之言術暴人之前者[七],是以人惡有其美也,命之曰菑人。菑人者,人必反菑之,若殆爲人菑夫! 且苟爲悦賢而惡不肖,惡用而求有以異? 若唯无詔,王公必將乘人而鬭其捷。而目將熒之,而色將平之,口將營之,容將形之,心且成之。是以火救火,以水救水,名之曰益多。順始无窮,若殆以不信厚言,必死於暴人之前矣! 且昔者桀殺關龍逄,紂殺王子比干,是皆修其身以下傴拊人之民,以下拂其上者也。故其君因其修以擠之。是好名者也。昔者堯攻叢枝、胥敖,禹攻有扈,國爲虚厲,身爲刑戮,其用兵不止,其求實无已,是皆求名實者也。而獨不聞之乎? 名實者,聖人之所不能勝也[八],而况若乎? 雖然,若必有以也,嘗以語我來!”

　　顏回曰:“端而虛[九],勉而一[一〇],則可乎?”曰:“惡! 惡可! 夫以陽爲充孔揚[一一],采色不定,常人之所不違,因案人之所感,以求容與其心。名之曰日漸之德不成,而况大德乎! 將執而不化,外合而内不訾,其庸詎可乎!”“然則我内直而外曲,成而上比;内直者,與天爲徒;與天爲徒者,知天子之與己皆天之所子〔一二〕,而獨以己言蘄乎而人善之,蘄乎而人不善之邪? 若然者,人謂之童子,是之謂與天爲徒。外曲者,與人之爲徒也〔一三〕。擎跽曲拳,人臣之禮也。人皆爲之,吾敢不爲邪? 爲人之所爲者,人亦无疵焉,是之謂與人爲徒。成而上比者,與古爲徒。其言雖教,謫之實也。古之有也,非吾有也。若然者,雖直而不病〔一四〕,是之謂與古爲徒。若是則可乎?”仲尼曰:“惡! 惡可! 大多政,法而不諜〔一五〕,雖固亦无罪。雖然,止是耳矣,夫胡可以及化! 猶師心者也。”顔回曰:“吾无以進矣,敢問其方。”仲尼曰:“齋,吾將語若! 有心而爲之〔一六〕,其易邪? 易之者,暤天不宜。”顔回曰:“回之家貧,唯不飲酒、不茹葷者數月矣。如此則可以爲齋乎?”曰:“是祭祀之齋,非心齋也。”回曰:“敢問心齋。”仲尼曰:“若一志,无聽之以耳,而聽之以心;无聽之以心,而聽之以氣。聽止於耳〔一七〕,心止於符。氣也者,虛而待物者也。唯道集虛。虛者,心齋也。”顔回曰:“回之未始得使,實自回也〔一八〕;得使之也,未始有回也,可謂虛乎?”夫子曰:“盡矣。吾語若:若能入遊其樊而無感其名〔一九〕,入則鳴,不入則止。無門無毒〔二〇〕,一宅而寓於不得已,則幾矣。絶迹易,无行地難。爲人使易以僞,爲天使難以僞。聞以有翼飛者矣,未聞以无翼飛者也;聞以有知知者矣,未聞以无知知者也。瞻彼闋者〔二一〕,虛室生白〔二二〕,吉祥止止。夫且不止,是之謂坐馳。夫徇耳目内通而外於心知,鬼神將來舍,而況人乎! 是萬物之化也,禹舜之所紐也,伏戲、几蘧之所行終〔二三〕,而況散焉者乎!”

〔一〕成玄英疏曰:“奚,何也。之,適也。質問顔回欲往何處耳。”

〔二〕成玄英疏曰:“蕉,草芥也。”奚侗《莊子補注》曰:“‘國’字涉上文‘輕用其國’而衍,當斷‘死者以量乎澤’爲句,‘以’猶‘已’也。《吕覽·期賢篇》‘死者量乎澤矣’,高誘注:‘量,猶滿也。’”

〔三〕王孝魚校曰:江南李氏本“其”下有“所行”二字,“財”字屬下句。

〔四〕成玄英疏曰:“庶,冀也。幾,近也。瘳,愈也。”

〔五〕王孝魚校曰:張君房本“殆”在“而”字下。今案:成玄英疏曰:“譆,怪笑聲也。若,汝也。殆,近也。孔子哂其術淺,未足化他,汝若往於衛,必遭刑戮者也。”

〔六〕成玄英疏曰:"矼,確實也。假且道德純厚,信行確實,芳名令聞,不與物爭,而衛君素性頑愚,凶悖少鑒,既未達顏回之意氣,豈識匡扶之心乎!"

〔七〕江南古藏本"衙"作"衒"。

〔八〕曹礎基曰:"趙諫議本'聖人'下無'之'字。"

〔九〕郭象注曰:"正其形而虛其心也。"

〔一〇〕郭象注曰:"言遜而不二也。"

〔一一〕成玄英疏曰:"陽,剛猛也。充,滿也。孔,甚也。言衛君以剛猛之性滿實内心,強暴之甚,彰揚外迹。"

〔一二〕曹礎基引于鬯之説,以爲後"子"字疑爲"予"字之誤。

〔一三〕曹礎基曰:"趙諫議本'人'下無'之'字。

〔一四〕中華書局本《南華真經注疏》無"爲"字。

〔一五〕成玄英疏曰:"諜,條理也,當也。法苟當理,不俟多端,政設三條,大傷繁冗。於理不當,亦不安恬,故於何而可也。"

〔一六〕"心"字依張君房本及注文補。

〔一七〕"聽止於耳",陳鼓應本作"耳於聽",近是。今案:俞樾以爲當作"耳止於聽"。

〔一八〕"自",陳鼓應本作"有"。

〔一九〕成玄英疏曰:"夫子語顏生化衛之要,慎莫據其樞要,且復遊於蕃傍,亦宜晦迹消聲,不可以名智感物。樊,蕃也。"

〔二〇〕郭象注曰:"毒,治也。"

〔二一〕孫星衍《孔子集語》注曰:明本作"闃者"。

〔二二〕郭象注曰:"夫視有若無,虛室者也。虛室而純白獨生矣。"

〔二三〕成玄英疏曰:"几蘧者,三皇已前無文字之君也。"

葉公子高將使於齊,問於仲尼曰:"王使諸梁也甚重〔一〕,齊之待使者,蓋將甚敬而不急。匹夫猶未可動,而況諸侯乎!吾甚慄之。子常語諸梁也,曰:'凡事若小若大,寡不道以懽成〔二〕。'事若不成,則必有人道之患〔三〕;事若成,則必有陰陽之患〔四〕。若成若不成而後无患者,唯有德者能之〔五〕。吾食也,執粗而不臧〔六〕,爨无欲清之人〔七〕。今吾朝受命而夕飲冰,我其内熱與!吾未至乎事之情〔八〕,而既有陰陽之患矣;事若不成,必有人道之患。是兩也。爲人臣者不足以任之,子其有以語我來!"仲尼曰:"天下有大戒二〔九〕:其一,命也;其一,義也。子之愛親,命也,不可解於心〔一〇〕;臣之事君,義也,無適而非君也,無所逃於天地之間〔一一〕。是之謂大戒。是以夫事其親者,不擇地而安之〔一二〕,孝之至也;夫事其君者,不擇事而安之〔一三〕,忠之盛也;自事其心者,哀樂不易施乎前〔一四〕,知其不可奈何,而安之若命,德之至也。爲人臣子者,固有所不得已。行事之情而忘其身〔一五〕,何暇至於悦生而惡死! 夫子其行可矣。丘請復以所聞:凡交〔一六〕,近則必相靡以信,遠則必忠之以言,言必或傳之。夫傳兩喜兩怒之言,天下之難者也。夫兩喜必多溢美之言,兩怒必多溢惡之言。凡溢之類妄〔一七〕,妄則其信之也莫〔一八〕,莫則傳言者殃。故法言曰:'傳其常情,无傳其溢言,則幾乎全。'且以巧鬬力者,始乎陽,常卒乎陰,泰至則多奇巧〔一九〕;以禮飲酒者,始乎治,常卒乎亂,泰至則多奇樂〔二○〕。凡事亦然。始乎諒,常卒乎鄙〔二一〕。其作始也簡,其將畢也必巨。言者,風波也〔二二〕;行者,實喪也〔二三〕。夫風波易以動,實喪易以危。故忿設无由,巧言偏辭〔二四〕。獸死不擇音,氣息茀然,於是並生心厲〔二五〕。剋核大至,則必有不肖之心應之,而不知其然也〔二六〕。苟爲不知其然也,孰知其所終! 故法言曰:'无遷令,无勸成。'過度,益也〔二七〕。遷令勸成殆事,美成在久,惡成不及改〔二八〕,可不慎與? 且夫乘物以遊心,託不得已以養中,至矣〔二九〕。何作爲報也〔三○〕! 莫若爲致命,此其難者〔三一〕。"

〔一〕成玄英曰:"委寄甚重。"

〔二〕王先謙曰:"事無大小,鮮不由道而以懼然成遂者。"

〔三〕王先謙曰:"王必降罪。"

〔四〕宣穎曰:"喜懼交戰,陰陽二氣將受傷而疾作。"

〔五〕成玄英曰:"任成敗於前塗,不以憂喜累心者,唯盛德之人。"蘇輿云:"謂事無成敗,而卒可無患者,唯盛德爲能。"王先謙以爲蘇説是。

〔六〕宣穎曰:"甘守粗糲,不求精善。"

〔七〕成玄英曰:"清,涼也。……燃火不多,無熱可避。"

〔八〕宣穎曰:"未到行事實處。"今案:情,實也。

〔九〕成玄英曰:"戒,法也。"

〔一○〕王先謙曰:"受之於天,自然固結。"

〔一一〕成玄英曰:"天下未有無君之國。"

〔一二〕王先謙曰:"不論境地何若,惟求安適其親。"

〔一三〕成玄英曰:"事無夷險,安之若命。"

〔一四〕王念孫曰:"施讀爲移。此猶言不移易。"

〔一五〕王先謙曰：“情，實也。”

〔一六〕王先謙曰：“交，交鄰。”

〔一七〕成玄英曰：“類，似也。似使人妄構。”

〔一八〕成玄英曰：“莫，致疑貌也。”

〔一九〕王先謙曰：“鬬力屬陽，求勝則終於陰謀，欲勝之至，則奇譎百出矣。”

〔二〇〕王先謙曰：“禮飲象治，既醉則終於迷亂，昏醉之至，則樂無不極矣。”

〔二一〕宣穎曰：“諒，信。鄙，詐。”俞樾云：“諒與鄙，文不相對。諒蓋諸之誤。諸讀爲都。”

〔二二〕王先謙本“言者”前有“夫”字。王先謙曰：“如風之來，如波之起。”

〔二三〕郭嵩燾曰：“實者，有而存之；喪者，縱而舍之。實喪，猶得失也。”

〔二四〕王先謙曰：“忿怒之設端，無他由也，常由巧言過實、偏辭失中之故。”

〔二五〕“心屬”，陳鼓應據武延緒説改作“屬心”。王先謙曰：“獸困而就死，鳴不擇音，而忿氣有餘。於其時，且生於心而爲惡屬，欲噬人也。以獸之心屬，譬下人有不肖之心。”

〔二六〕王先謙曰：“剋求精核太過，則人以不肖之心起而相應，不知其然而然。”

〔二七〕王先謙曰：“若過於本度，則是增益語言。”

〔二八〕王先謙曰：“成而善，不在一時；成而惡，必有不及改者。”

〔二九〕宣穎曰：“隨物以遊寄吾心，託於不得已而應，而毫無造端，以養吾心不動之中，此道之極則也。”

〔三〇〕郭嵩燾曰：“任齊所報，何必爲齊作意於其間！”

〔三一〕王先謙曰：“但致君命，而不以己與，即此爲難。若人道之患，非患也。”

孔子適楚，楚狂接輿遊其門曰：“鳳兮鳳兮，何如德之衰也！來世不可待，往世不可追也。天下有道，聖人成焉；天下無道，聖人生焉。方今之時，僅免刑焉。福輕乎羽，莫之知載；禍重乎地，莫之知避。已乎已乎，臨人以德！殆乎殆乎，畫地而趨〔一〕！迷陽迷陽〔二〕，无傷吾行！吾行郤曲〔三〕，无傷吾足！”山木自寇也，膏火自煎也。桂可食，故伐之；漆可用，故割之。人皆知有用之用，而莫知无用之用也。

〔一〕宣穎曰：“最可危者，拘守自苦之人。”

〔二〕王先謙曰：“謂棘刺也，生於山野，踐之傷足。至今吾楚輿夫遇之，猶呼‘迷陽踢’也。迷音讀如麻。”

〔三〕此“吾行”，陳鼓應校作“郤曲”。王孝魚曰：“《闕誤》引張君房本‘吾行’作‘郤曲’。”成玄英曰：“郤，空也。曲，從順也。空虛其心，隨順物性，則凡稱吾者自足也。”

德充符

魯有兀者王駘〔一〕,從之遊者,與仲尼相若,常季問於仲尼曰:"王駘,兀者也,從之遊者,與夫子中分魯。立不教,坐不議,虛而往,實而歸。固有不言之教,無形而心成者邪? 是何人也?"仲尼曰:"夫子,聖人也。丘也直後而未往耳〔二〕。丘將以爲師,而況不若丘者乎! 奚假魯國! 丘將引天下而與從之。"常季曰:"彼兀者也,而王先生,其與庸亦遠矣〔三〕。若然者,其用心也,獨若之何?"仲尼曰:"死生亦大矣,而不得與之變,雖天地覆墜,亦將不與之遺〔四〕。審乎无假而不與物遷〔五〕,命物之化而守其宗也。"常季曰:"何謂也?"仲尼曰:"自其異者視之,肝膽楚越也;自其同者視之,萬物皆一也。夫若然者,且不知耳目之所宜,而遊心乎德之和;物視其所一而不見其所喪,視喪其足猶遺土也。"常季曰:"彼爲己,以其知得其心〔六〕,以其心得其常心〔七〕,物何爲最之哉〔八〕?"仲尼曰:"人莫鑑於流水,而鑑於止水〔九〕,唯止能止眾止。受命於地,唯松柏獨也在冬夏青青;受命於天,唯舜獨也正,幸能正生,以正眾生。夫保始之徵,不懼之實。勇士一人,雄入於九軍。將求名而能自要者,而猶若是,而況官天地,府萬物,直寓六骸,象耳目,一知之所知,而心未嘗死者乎! 彼且擇日而登假,人則從是也。彼且何肯以物爲事乎!"

〔一〕成玄英疏曰:"兀,刖一足曰兀。"

〔二〕郭慶藩認爲"直"之爲言特也。

〔三〕成玄英疏曰:"王,盛也。庸,常也。"

〔四〕成玄英疏曰:"遺,失也。雖復圜天顛覆,方地墜陷,既冥於安危,故未嘗喪我也。"

〔五〕"無假",郭慶藩以爲當爲"無瑕"之誤。

〔六〕成玄英疏曰:"彼,王駘也。謂王駘修善修己,猶用心知。"

〔七〕成玄英疏曰:"嫌王駘不能忘懷任致,猶用心以得心也。"

〔八〕成玄英疏曰:"最,聚也。若能虛忘平淡,得真常之心者,固當和光匿耀,不殊於俗。豈可獨異於物,使眾歸之者也!"

〔九〕成玄英疏曰:"鑑,照也。夫止水所以留鑑者,爲其澄清故也;王駘所以聚眾者,爲其凝寂故也。止水本無情於鑑物,物自照之;王駘豈有意於招攜,而眾自來歸湊者也。"

　　魯有兀者叔山无趾，踵見仲尼[一]，仲尼曰："子不謹前，既犯患若是矣。雖今來，何及矣！"无趾曰："吾唯不知務而輕用吾身，吾是以亡足。今吾來也，猶有尊足者存[二]，吾是以務全之也。夫天無不覆，地無不載，吾以夫子爲天地，安知夫子之猶若是也！"孔子曰："丘則陋矣。夫子胡不入乎？請講以所聞！"无趾出，孔子曰："弟子勉之！夫无趾，兀者也，猶務學以復補前行之惡，而況全德之人乎！"无趾語老聃曰："孔丘之於至人，其未邪？彼何賓賓以學子爲[三]？彼且蘄以諔詭幻怪之名聞，不知至人之以是爲己桎梏邪[四]？"老聃曰："胡不直使彼以死生爲一條，以可不可爲一貫者？解其桎梏，其可乎？"无趾曰："天刑之，安可解！"

〔一〕成玄英疏曰："踵，頻也。"

〔二〕陳鼓應於"存"下補"焉"字。

〔三〕成玄英疏曰："賓賓，恭勤貌也。"俞樾以爲"賓賓"即"頻頻"。

〔四〕成玄英疏曰："蘄，求也。諔詭，猶奇譎也。"俞樾以爲"諔詭"當讀作"吊詭"。

　　魯哀公問於仲尼曰："衛有惡人焉，曰哀駘它。丈夫與之處者，思而不能去也。婦人見之，請於父母曰'與爲人妻，寧爲夫子妾'者，十數而未止也[一]。未嘗有聞其唱者也，常和人而已矣[二]。无君人之位以濟乎人之死，无聚禄以望人之腹。又以惡駭天下，和而不唱，知不出乎四域，且而雌雄合乎前。是必有異乎人者也。寡人召而觀之，果以惡駭天下。與寡人處，不至以月數，而寡人有意乎其爲人也；不至乎期年，而寡人信之。國無宰[三]，寡人傳國焉。悶然而後應[四]，氾而若辭[五]。寡人醜乎，卒授之國。無幾何也，去寡人而行。寡人卹焉若有亡也[六]，若無與樂是國也，是何人者也？"仲尼曰："丘也嘗使於楚矣，適見㹠子食於其死母者[七]，少焉眴若[八]，皆棄之而走。不見己焉爾，不得類焉爾。所愛其母者，非愛其形也，愛使其形者也。戰而死者，其人之葬也不以翣資[九]；刖者之屨，无爲愛之。皆无其本矣。爲天子之諸御，不爪翦，不穿耳；取妻者止於外，不得復使[一○]。形全猶足以爲爾，而況全德之人乎！今哀駘它未言而信，无功而親，使人授己國，唯恐其不受也，是必才全而德不形者也。"

哀公曰："何謂才全?"仲尼曰："死生存亡,窮達貧富,賢與不肖,毁譽,飢渴寒暑,是事之變,命之行也。日夜相代乎前,而知不能規乎其始者也。故不足以滑和〔一一〕,不可入於靈府〔一二〕。使之和豫,通而不失於兑〔一三〕。使日夜无郤而與物爲春〔一四〕,是接而生時於心者也。是之謂才全。"

"何謂德不形?"曰："平者,水停之盛也〔一五〕。其可以爲法也,内保之而外不蕩也。德者,成和之脩也。德不形者,物不能離也。"

哀公異日以告閔子曰〔一六〕："始也吾以南面而君天下,執民之紀而憂其死,吾自以爲至通矣。今吾聞至人之言,恐吾無其實,輕用吾身而亡吾國。吾與孔丘,非君臣也,德友而已矣。"

〔一〕十數,孫星衍《孔子集語》注曰:明本作"數十"。

〔二〕孫星衍《孔子集語》注曰:明本無"人"字。

〔三〕曹礎基曰:"世德堂本'宰'下有'而'字。"

〔四〕《釋文》曰:"'悶然'音'門'。李云:不覺貌。崔云:有頃之間也。"

〔五〕陳鼓應於"氾"下補"然"字。

〔六〕《釋文》曰:"醜,憨也。崔云:愧也。"成玄英注曰:"愧,憨也。卒,終也。幾何,俄頃也。卹,憂也。"

〔七〕"狶",中華書局本《南華真經注疏》作"豚"。

〔八〕《釋文》曰:"眴若本亦作瞚,音舜。司馬云:驚貌。崔云:目動也。謂死母目動。"俞樾以爲"眴若"猶"眴然",釋爲驚貌。

〔九〕郭象注曰:"翣者,武所資也。戰而死者無武也,翣將安施?"《釋文》曰:"翣資,所甲反,扇也,武王所造。宋均云:武飾也。李云:資,送也。崔本作翣枕,音坎,謂先人墳墓也。"

〔一〇〕"爪翦",陳鼓應校作"翦爪"。郭嵩燾曰:"不爪翦,不穿耳,謂不加修飾而後本質見。止於外,不復使,謂不交涉他事而後精神專一。"

〔一一〕成玄英疏曰:"滑,亂也。雖復事變命遷,而隨形任化,淡然自若,不亂於中和之道也。"

〔一二〕郭象注曰:"靈府者,精神之宅也。"

〔一三〕成玄英疏曰:"兑,徧悦也。體窮通,達生死,遂使所遇和樂,中心逸豫,經涉夷險,兑然自得,不失其適悦也。"

〔一四〕成玄英疏曰:"郤,間也。駘它流轉,日夜不停,心心相係,亦無間斷也。"

〔一五〕成玄英疏曰:"停,止也。而天下均平,莫盛於止水。故上文云人莫鑒於流水而必鑒於止水。此舉爲譬,以彰德不形義故也。"

〔一六〕閔子即孔子弟子閔子騫也。

大宗師

子桑户、孟子反、子琴張三人相與友〔一〕,曰:"孰能相與於无相與,相爲於无相爲? 孰能登天遊霧,撓挑無極〔二〕;相忘以生,无所終窮〔三〕?"三人相視而笑,莫逆於心,遂相與爲友。

莫然有閒而子桑户死〔四〕,未葬。孔子聞之,使子貢往侍事焉。或編曲〔五〕,或鼓琴,相和而歌曰:"嗟來桑户乎! 嗟來桑户乎! 而已反其真,而我猶爲人猗〔六〕!"子貢趨而進曰:"敢問臨尸而歌,禮乎?"二人相視而笑曰:"是惡知禮意!"

子貢反,以告孔子,曰:"彼何人者邪? 修行无有,而外其形骸,臨尸而歌,顏色不變,无以命之〔七〕。彼何人者邪?"孔子曰:"彼遊方之外者也,而丘遊方之内者也。外内不相及,而丘使女往弔之,丘則陋矣。彼方且與造物者爲人,而遊乎天地之一氣。彼以生爲附贅縣疣,以死爲決疿潰癰,夫若然者,又惡知死生先後之所在! 假於異物〔八〕,託於同體;忘其肝膽,遺其耳目;反覆終始,不知端倪〔九〕。芒然彷徨乎塵垢之外,逍遙乎无爲之業。彼又惡能憒憒然爲世俗之禮,以觀衆人之耳目哉!"

子貢曰:"然則夫子何方之依?"孔子曰:"丘,天之戮民也。雖然,吾與汝共之。"

子貢曰:"敢問其方。"孔子曰:"魚相造乎水,人相造乎道。相造乎水者,穿池而養給;相造乎道者,无事而生定〔一〇〕。故曰:魚相忘乎江湖,人相忘乎道術。"

子貢曰:"敢問畸人。"曰:"畸人者,畸於人而侔於天〔一一〕。故曰,天之小人,人之君子;人之君子,天之小人也〔一二〕。"

〔一〕"友",陳鼓應校作"語"。

〔二〕成玄英疏曰:"撓挑,猶宛轉也。"

〔三〕成玄英疏曰:"終窮,死也。相與忘生復忘死,死生混一,故順化而無窮也。"

〔四〕《釋文》曰:"'莫然'如字。崔云:定也。'有間'如字。崔、李云:頃也。本亦作'爲間'。"郭慶藩認爲"爲間"即"有間",古"爲""有"義通。

〔五〕成玄英以爲"曲"即"薄",編曲即編薄織簾。

〔六〕成玄英疏曰:"猗,相和聲也。"

〔七〕成玄英疏曰:"命,名也。"

〔八〕郭象注曰:"假,因也。"

〔九〕成玄英疏曰:"端,緒也。倪,畔也。反覆,猶往來也。終始,猶生死也。既忘其形
　　質,墮體絀聰,故能去來生死,與化俱往。化又無極,故莫知端倪。"

〔一○〕"定",俞樾疑爲"足"字之誤。

〔一一〕成玄英疏曰:"侔者,等也,同也。"

〔一二〕"人之君子,天之小人也",陳鼓應校爲"天之君子,人之小人"。

　　顏回問仲尼曰:"孟孫才,其母死,哭泣无涕,中心不戚,居喪不
哀。无是三者,以善處喪〔一〕。蓋魯國固有无其實而得其名者乎? 回
壹怪之。"仲尼曰:"夫孟孫氏盡之矣,進於知矣。唯簡之而不得,夫已
有所簡矣。孟孫氏不知所以生,不知所以死;不知就先,不知就後〔二〕;
若化爲物,以待其所不知之化已乎! 且方將化,惡知不化哉? 方將不
化,惡知已化哉? 吾特與汝,其夢未始覺者邪! 且彼有駭形而无損
心,有旦宅而无情死〔三〕。孟孫氏特覺,人哭亦哭,是自其所以乃〔四〕。
且也相與'吾之'耳矣,庸詎知吾所謂'吾之'乎〔五〕? 且汝夢爲鳥而厲
乎天,夢爲魚而没於淵。不識今之言者,其覺者乎? 其夢者乎? 造適
不及笑,獻笑不及排,安排而去化,乃入於寥天一〔六〕。"

〔一〕孫星衍《孔子集語》注曰:明本無"處"字。

〔二〕兩"就"字,陳鼓應本皆作"孰",是也。成玄英疏曰:"先,生也。後,死也。若,順
　　也。既一於死生,故無去無就;冥於變化,故順化爲物也。"

〔三〕"情死",陳鼓應校作"耗精"。成玄英疏曰:"旦,日新也。宅者,神之舍也。"

〔四〕孫星衍《孔子集語》注曰:崔本作"惡"。

〔五〕陳鼓應本"之"下有"非吾"二字,當補。

〔六〕"一",中華書局本《南華真經注疏》作"弌"。

　　顏回曰:"回益矣。"仲尼曰:"何謂也?"曰:"回忘仁義矣〔一〕。"曰:
"可矣,猶未也。"他日,復見,曰:"回益矣。"曰:"何謂也?"曰:"回忘
禮樂矣〔二〕。"曰:"可矣,猶未也。"他日,復見,曰:"回益矣。"曰:"何謂
也?"曰:"回坐忘矣。"仲尼蹵然曰:"何謂坐忘?"顏回曰:"墮肢體,黜
聰明,離形去知,同於大通,此謂坐忘。"仲尼曰:"同則无好也,化則无

常也。而果其賢乎！丘也請從而後也。”（又見於《淮南子·道應訓》）

〔一〕“仁義”，陳鼓應校作“禮樂”。

〔二〕“禮樂”，陳鼓應校作“仁義”。

天　　地

夫子問於老聃曰：“有人治道若相放，可不可，然不然〔一〕。辯者有言曰：‘離堅白若縣寓。’若是則可謂聖人乎？”老聃曰：“是胥易技係，勞形怵心者也〔二〕。執留之狗成思，猿狙之便自山林來〔三〕。丘，予告若，而所不能聞與而所不能言。凡有首有趾无心无耳者衆，有形者與无形无狀而皆存者盡无。其動，止也；其死，生也；其廢，起也，此又非其所以也。有治在人，忘乎物，忘乎天，其名爲忘己。忘己之人，是之謂入於天〔四〕。”

〔一〕郭象注曰：“若相放效，强以不可爲可，不然爲然，斯矯其性情也。”

〔二〕成玄英疏曰：“胥，相也。言以是非更相易奪，用此技藝係縛其身，所以疲勞形體，怵惕心盧也。此答前問意。技，有本或作枝字者，言是非易奪，枝分葉派也。”

〔三〕《釋文》云：“執留”如字。一本作狸，亦如字。司馬云：狸，竹鼠也。一云：執留之狗，謂有能故被留係，成愁思也。郭嵩燾認爲狸不當爲竹鼠，同意司馬彪後説。“成思”，陳鼓應本作“來田”。“自山林來”，陳鼓應本作“來藉”。

〔四〕成玄英疏曰：“入，會也。”

子貢南遊於楚，反於晉，過漢陰，見一丈人方將爲圃畦，鑿隧而入井，抱甕而出灌，搰搰然用力甚多而見功寡〔一〕。子貢曰：“有械於此，一日浸百畦，用力甚寡而見功多，夫子不欲乎？”爲圃者卬而視之曰：“奈何？”曰：“鑿木爲機，後重前輕，挈水若抽，數如泆湯，其名爲槔。”爲圃者忿然作色而笑曰：“吾聞之吾師，有機械者必有機事，有機事者必有機心。機心存於胸中，則純白不備；純白不備，則神生不定；神生不定者，道之所不載也。吾非不知，羞而不爲也。”子貢瞞然慙〔二〕，俯而不對。有閒，爲圃者曰：“子奚爲者邪？”曰：“孔丘之徒也。”爲圃者曰：“子非夫博學以擬聖，於于以蓋衆〔三〕，獨弦哀歌以賣名聲於天下者乎〔四〕？汝方將忘汝神氣，墮汝形骸〔五〕，而庶幾乎？而身之不能治，而何暇治天下乎？子往矣，无乏吾事！”

子貢卑陬失色,頊頊然不自得^{〔六〕},行三十里而後愈。其弟子曰:“向之人何爲者邪? 夫子何故見之變容失色,終日不自反邪?”曰:“始吾以爲天下一人耳^{〔七〕},不知復有夫人也。吾聞之夫子,事求可,功求成。用力少,見功多者,聖人之道。今徒不然。執道者德全,德全者形全,形全者神全。神全者,聖人之道也。託生與民並行而不知其所之,汒乎淳備哉! 功利機巧必忘夫人之心。若夫人者,非其志不之,非其心不爲。雖以天下譽之,得其所謂,謷然不顧;以天下非之,失其所謂,儻然不受。天下之非譽,无益損焉,是謂全德之人哉! 我之謂風波之民^{〔八〕}。”

反於魯,以告孔子,孔子曰:“彼假脩渾沌氏之術者也,識其一,不知其二;治其内,而不治其外。夫明白入素^{〔九〕},无爲復樸,體性抱神,以遊世俗之間者,汝將固驚邪? 且渾沌氏之術,予與汝何足以識之哉!”

〔一〕成玄英疏曰:“水南曰陰,種蔬曰圃,埒中曰畦。隧,地道也。搰搰,用力貌也。丈人,長者之稱也。”

〔二〕成玄英疏曰:“瞞,羞作之貌也。”

〔三〕成玄英疏曰:“於于,佞媚之謂也。”

〔四〕“賣”,王叔珉疑爲“買”字。

〔五〕“墮”,中華書局本《南華真經注疏》作“隳”。

〔六〕成玄英疏曰:“卑陬,慙作之貌。頊頊,自失之貌。”《校釋》以爲“頊頊”當作“規規”。

〔七〕陳鼓應本“以”下有“夫子”二字。

〔八〕成玄英疏曰:“謷是誕慢之容,儻是無心之貌。丈人志氣淳素,不任機巧,心懷寡欲,不務有爲。縱令舉世贊譽,稱爲有德,知爲無益,曾不顧盼;舉世非毁,聲名喪失,達其無損,都不領受;既毁譽不動,可謂全德之人。夫水性雖澄,逢風波起,我心不定,類彼波瀾,故謂之風波之民也。”

〔九〕“入”,陳鼓應校作“太”。

天　道

孔子西藏書於周室。子路謀曰:“由聞周之徵藏史^{〔一〕},有老聃者,免而歸居,夫子欲藏書,則試往因焉。”孔子曰:“善”。往見老聃,而老聃不許,於是繙十二經以説^{〔二〕}。老聃中其説^{〔三〕},曰:“大謾^{〔四〕},

願聞其要。”孔子曰:“要在仁義。”老聃曰:“請問仁義,人之性邪?”孔子曰:“然。君子不仁則不成,不義則不生。仁義,真人之性也,又將奚爲矣〔五〕?”老聃曰:“請問何謂仁義?”孔子曰:“中心物愷〔六〕,兼愛无私,此仁義之情也〔七〕。”老聃曰:“意!幾乎後言!夫兼愛,不亦迂乎?无私焉,乃私也。夫子若欲使天下无失其牧乎?則天地固有常矣,日月固有明矣,星辰固有列矣,禽獸固有群矣,樹木固有立矣。夫子亦放德而行,循道而趨,已至矣。又何偈偈乎揭仁義,若擊鼓而求亡子焉?意!夫子亂人之性也!”

〔一〕司馬貞曰:“徵藏,藏名。一云:徵,典也。”

〔二〕《釋文》:“十二經,説者云:《詩》、《書》、《禮》、《樂》、《易》、《春秋》六經,又加六緯,合爲十二經也。一説云:《易》上下經並《十翼》爲十二。又一云:《春秋》十二公經也。”今案:“十二”或爲“六”字之訛。

〔三〕《釋文》:“中,丁仲反。”成玄英曰:“許其有理也。”宣穎曰:“語未盡也。”王先謙曰:“下云‘太謾’,是未許,成説未晰。中其説者,當是觀其説甫及半,故下云然。”

〔四〕成玄英曰:“嫌其繁謾太多。”宣穎曰:“謾,欺也,音滿,平聲。”王先謙曰:“繁則近謾,恐多無實之詞。”

〔五〕王先謙曰:“舍是奚爲。”

〔六〕宣穎曰:“與物同樂。”

〔七〕王先謙曰:“情,實也。”

天　運

孔子西遊於衛。顏淵問師金曰〔一〕:“以夫子之行爲奚如?”師金曰:“惜乎!而夫子其窮哉!”顏淵曰:“何也?”師金曰:“夫芻狗之未陳也,盛以篋衍,巾以文繡,尸祝齋戒以將之〔二〕。及其已陳也,行者踐其首脊,蘇者取而爨之而已。將復取而盛以篋衍,巾以文繡,遊居寢臥其下,彼不得夢,必且數眯焉〔三〕。今而夫子,亦取先王已陳芻狗,聚弟子游居寢臥其下。故伐樹於宋,削迹於衛,窮於商周,是非其夢邪?圍於陳蔡之間,七日不火食,死生相與鄰,是非其眯邪?夫水行莫如用舟,而陸行莫如用車。以舟之可行於水也而求推之於陸,則没世不行尋常。古今非水陸與?周魯非舟車與?今蘄行周於魯,是猶推舟於陸也。勞而無功,身必有殃。彼未知夫无方之傳〔四〕,應物而不窮者也。且子獨不見夫桔槔者乎？引之則俯，舍之則仰。彼，人之所引，非引人也，故俯仰而不得罪於人。故夫三皇五帝之禮義法度，不矜於同而矜於治〔五〕，故譬三皇五帝之禮義法度，其猶柤梨橘柚邪！其味相反而皆可於口。故禮義法度者，應時而變者也。今取猨狙而衣以周公之服，彼必齕齧挽裂，盡去而後慊。觀古今之異，猶猨狙之異乎周公也。故西施病心而矉其里，其里之醜人見之而美之，歸亦捧心而矉其里。其里之富人見之，堅閉門而不出；貧人見之，挈妻子而去走。彼知矉美，而不知矉之所以美。惜乎，而夫子其窮哉！"

〔一〕成玄英疏曰："師金，魯太師，名金也。"

〔二〕成玄英疏曰："芻狗，草也，謂結草爲狗以解除也。衍，笥也。尸祝，巫師也。將，送也。言芻狗未陳，盛以篋笥之器，覆以文繡之巾，致齊絜以表誠，展如在之將送，庶其福祉，貴之如是。"

〔三〕成玄英疏曰："踐，履也。首，頭也。脊，背也。取草曰蘇。爨，炊也。眯，魘也。"

〔四〕成玄英疏曰："方，猶常也。傳，轉也。言夫子執先王之迹，行衰周之世，徒勞心力，卒不成功，故削迹伐樹，身遭殃禍也。夫聖人之智，接濟無方，千轉萬變，隨機應物。未知此道，故嬰斯禍也。"

〔五〕成玄英疏曰："矜，美也。"

孔子行年五十有一而不聞道，乃南之沛見老聃。老聃曰："子來乎？吾聞子，北方之賢者也，子亦得道乎？"孔子曰："未得也。"老子曰："子惡乎求之哉？"曰："吾求之於度數，五年而未得也〔一〕。"老子曰："子又惡乎求之哉？"曰："吾求之於陰陽，十有二年而未得也〔二〕。"老子曰："然。使道而可獻，則人莫不獻之於其君；使道而可進，則人莫不進之於其親；使道而可以告人，則人莫不告其兄弟；使道而可以與人，則人莫不與其子孫。然而不可者，无佗也，中无主而不止，外无正而不行。由中出者，不受於外，聖人不出；由外入者，無主於中，聖人不隱。名〔三〕，公器也，不可多取。仁義，先王之蘧廬也，止可以一宿而不可久處，覯而多責〔四〕。古之至人，假道於仁，託宿於義，以遊逍遙之虛，食於苟簡之田，立於不貸之圃〔五〕。逍遥，无爲也；苟簡，易養也；不貸，无出也。古者謂是采真之遊。以富爲是者，不能讓禄；以顯爲是者，不能讓名；親權者，不能與人柄。操之則慄，舍之則悲，而一無所鑒,以闚其所不休者[六],是天之戮民也。怨、恩、取、與、諫、教、生、殺八者,正之器也,唯循大變无所湮者爲能用之。故曰:正者,正也。其心以爲不然者,天門弗開矣。"

孔子見老聃而語仁義,老聃曰:"夫播穅眯目,則天地四方易位矣;蚊虻噆膚,則通昔不寐矣。夫仁義憯然,乃憤吾心,亂莫大焉。吾子使天下无失其朴,吾子亦放風而動[七],總德而立矣,又奚傑然若負建鼓而求亡子者邪[八]? 夫鵠不日浴而白,烏不日黔而黑。黑白之朴,不足以爲辯;名譽之觀,不足以爲廣。泉涸,魚相與處於陸,相呴以濕,相濡以沫,不若相忘於江湖。"

孔子見老聃歸,三日不談,弟子問曰:"夫子見老聃,亦將何規哉?"孔子曰[九]:"吾乃今於是乎見龍。龍,合而成體,散而成章,乘雲氣而養乎陰陽。予口張而不能嗋[一〇],予又何規老聃哉!"子貢曰:"然則人固有尸居而龍見[一一],雷聲而淵默[一二],發動如天地者乎?賜亦可得而觀乎?"遂以孔子聲見老聃[一三]。

老聃方將倨堂而應,微曰:"予年運而往矣[一四],子將何以戒我乎?"子貢曰:"夫三王五帝之治天下不同[一五],其係聲名一也。而先生獨以爲非聖人,如何哉?"老聃曰:"小子少進! 子何以謂不同?"對曰:"堯授舜,舜授禹,禹用力而湯用兵,文王順紂而不敢逆,武王逆紂而不肯順,故曰不同。"老聃曰:"小子少進! 余語汝三皇、五帝之治天下。黃帝之治天下[一六],使民心一,民有其親死不哭而民不非也。堯之治天下,使民心親,民有爲其親殺其服而民不非也[一七]。舜之治天下,使民心競,民孕婦十月生子,子生五月而能言,不至乎孩而始誰,則人始有夭矣。禹之治天下,使民心變,人有心而兵有順,殺盜非殺人[一八],自爲種而天下耳,是以天下大駭,儒墨皆起。其作始有倫,而今乎婦[一九],女何言哉?余語汝,三皇、五帝之治天下[二〇],名曰治之,而亂莫甚焉。三皇之知,上悖日月之明,下睽山川之精,中墮四時之施。其知憯於蠆蠆之尾,鮮規之獸[二一],莫得安其性命之情者,而猶自以爲聖人,不可恥乎? 其无恥也!"子貢蹵蹵然立不安。

孔子謂老聃曰:"丘治《詩》、《書》、《禮》、《樂》、《易》、《春秋》六經,自以爲久矣,孰知其故矣。以奸者七十二君,論先王之道而明周、召之迹,一君无所鈎用,甚矣! 夫人之難説也,道之難明邪!"老子曰:"幸矣,子之不遇治世之君也! 夫六經,先王之陳迹也,豈其所以迹哉! 今子之所言,猶迹也。夫迹者〔二二〕,履之所出,而迹豈履哉! 夫白鶂之相視,眸子不運而風化;蟲,雄鳴於上風,雌應於下而風化〔二三〕;類自爲雌雄,故曰風化〔二四〕。性不可易,命不可變,時不可止,道不可壅。苟得於道,无自而不可;失焉者,无自而可。"孔子不出三月,復見曰:"丘得之矣。烏鵲孺,魚傅沫〔二五〕,細要者化〔二六〕,有弟而兄啼〔二七〕。久矣,夫丘不與化爲人! 不與化爲人,安能化人!"老子曰:"可。丘得之矣。"(又見於《論衡・知實》、《論衡・龍虛》、《史記・老莊申韓列傳》)

〔一〕成玄英疏曰:"數,算數也。三年一閏,天道小成,五年再閏,天道大成,故言五年也。道非術數,故未得之也。"

〔二〕"也"字依曹礎基據唐寫本所增。

〔三〕《闕誤》引張君房本"名"下有"者"字,曹礎基據此以爲當補"者"字。

〔四〕成玄英疏曰:"蓬廬,逆旅傳舍也。覯,見也,亦久也。夫蓬廬客舍,不可久停;仁義禮智,用訖宜廢。客停久,疵釁生;聖迹留,過責起。"

〔五〕成玄英疏曰:"苟,且也。簡,略也。貸,施與也。知止知足,食於苟簡之田;不損己物,立於不貸之圃。而言田圃者,明是聖人養生之地。"

〔六〕曹礎基以爲當依唐寫本及成《疏》意删去"不"字。

〔七〕司馬彪曰:"放,依也。依無爲之風而動也。"

〔八〕陳鼓應據他本以爲當重"傑"字,又據劉師培説於"傑然"下補"揭仁義"三字。成玄英疏曰:"建,擎。傑然,用力貌。夫揭仁義以趨道德之鄉,何異乎打大鼓以求逃亡之子! 故鼓聲大而亡子遠,仁義彰而道德廢也。"

〔九〕曹礎基以爲"'曰'下蓋有脱文,而各書所引多差異"。王叔岷以爲當脱"吾與汝處於魯之時,人用意如飛鴻者,吾爲弓弩而射之;用意如遊鹿者,吾爲走狗而逐之;用意如井魚者,吾爲鈎繳以投之"。

〔一〇〕曹礎基據王叔岷之説以爲"不能嚌"之下當補"舌舉而不能訒"六字。成玄英疏曰:"嚌,合也。"

〔一一〕曹礎基據《闕誤》引江南古藏本於"人"上補"至"字。

〔一二〕陳鼓應據《在宥篇》以爲"淵默"二字當在"雷聲"前。

〔一三〕成玄英疏曰:"子貢欲觀至人龍德之相,遂以孔子聲教而往見之。"

〔一四〕成玄英疏曰:"倨,踞也。運,時也。"

〔一五〕"王",《百子全書》本、陳鼓應本作"皇",是也。曹礎基據唐寫本、《闕誤》引江南古藏本以爲"天下"下有"也"字。

〔一六〕《闕誤》引江南古藏本“黄帝”上有“昔”字。

〔一七〕“服”，原作“殺”，曹礎基引劉文典及王叔岷之説改。郭象注曰：“殺，降也。言
　　　親疏者降殺。”

〔一八〕曹礎基曰：“王叔岷據《墨子·小取篇》及孫詒讓之説，從‘人’絶句，故將下句
　　　‘人’字屬此句。”當從此説。

〔一九〕“婦”，陳鼓應本作“歸”。

〔二〇〕曹礎基曰：“唐寫本‘三皇’下無‘五帝’二字，成疏亦無。”今案：從下句“三皇之
　　　知”，可知此處“五帝”當删去。

〔二一〕“厲蠆”，曹礎基據唐寫本、《輯要》本以爲當作“蠆蠆”。成玄英疏曰：“憯，毒
　　　也。厲蠆，尾端有毒也。鮮規，小貌。”

〔二二〕“者”字依曹礎基據王叔岷説補。

〔二三〕郭象注曰：“鳹以眸子相視，蟲以鳴聲相應，俱不待合便生子，故曰風化。”

〔二四〕“曰”字爲曹礎基據《闕誤》引張君房本補。

〔二五〕曹礎基曰：“傅，《續古逸》本作‘傳’。”今案：觀文意，當作“傳”。

〔二六〕《釋文》曰：“‘烏鵲孺’，如喻反。李云：孚乳而生也。‘魚傅’音附，又音付。本
　　　亦作傳，直專反。‘沫’音末。司馬云：傳沫者，以沫相育也。亦云：傅口中沫，相
　　　與而生子也。‘細要’一遥反。‘者化’蜂之屬也。司馬云：取桑蟲祝使似己也。
　　　案即《詩》所謂‘螟蛉有子，果蠃負之’是。”

〔二七〕成玄英疏曰：“有弟而兄失愛，舍長憐幼，故啼。是知陳迹不可執留，但當順之，
　　　物我無累。〔郭云〕言人性舍長視幼故啼也。”

秋　水

　　孔子遊於匡，宋人圍之數匝，而弦歌不惙[一]。子路入見，曰：“何
夫子之娛也？”孔子曰：“來，吾語女。我諱窮久矣[二]，而不免，命也；
求通久矣，而不得，時也。當堯舜而天下无窮人[三]，非知得也；當桀紂
而天下无通人，非知失也，時勢適然。夫水行不避蛟龍者，漁父之勇
也；陸行不避兕虎者，獵夫之勇也；白刃交於前，視死若生者，烈士之
勇也；知窮之有命，知通之有時，臨大難而不懼者，聖人之勇也。由處
矣！吾命有所制矣。”无幾何，將甲者進[四]，辭曰：“以爲陽虎也，故圍
之。今非也，請辭而退。”（又見於《韓詩外傳》六、《説苑·雜言》）

〔一〕《釋文》云：“司馬云：‘宋當作衛。衛人誤圍孔子，以爲陽虎，虎嘗暴於匡人也。’”

〔二〕成玄英疏曰：“諱，忌也。”

〔三〕陳鼓應據陳碧虚説於“堯舜”下補“之時”二字，下“桀紂”同。

〔四〕《釋文》曰:"將甲,本亦作'持甲'。"

至　樂

　　顏淵東之齊,孔子有憂色,子貢下席而問曰:"小子敢問,回東之齊,夫子有憂色,何邪?"孔子曰:"善哉汝問! 昔者管子有言,丘甚善之,曰:'褚小者不可以懷大,綆短者不可以汲深[一]。'夫若是者,以爲命有所成而形有所適也[二],夫不可損益。吾恐回與齊侯言堯、舜、黄帝之道,而重以燧人、神農之言。彼將内求於己而不得,不得則惑,人惑則死。且女獨不聞邪? 昔者海鳥止於魯郊,魯侯御而觴之于廟,奏《九韶》以爲樂,具太牢以爲膳[三]。鳥乃眩視憂悲,不敢食一臠,不敢飲一杯,三日而死。此以己養養鳥也,非以鳥養養鳥也。夫以鳥養養鳥者,宜栖之深林,遊之壇陸,浮之江湖,食之鰌鰍,隨行列而止,委蛇而處[四]。彼唯人言之惡聞,奚以夫譊譊爲乎[五]!《咸池》、《九韶》之樂,張之洞庭之野,鳥聞之而飛,獸聞之而走,魚聞之而下入,人卒聞之,相與還而觀之[六]。魚處水而生,人處水而死,彼必相與異,其好惡故異也。故先聖不一其能,不同其事。名止於實,義設於適,是之謂條達而福持。"

　　〔一〕成玄英疏曰:"褚,容受也。懷,包藏也。綆,汲索也。夫容小之器,不可以藏大物;短促之繩,不可以引深井。此言出《管子》之書,孔丘善之,故引以爲譬也。"

　　〔二〕《釋文》曰:"適或作通。"

　　〔三〕成玄英疏曰:"郭外曰郊。御,迎也。《九韶》,舜樂名也。太牢,牛羊豕也。"

　　〔四〕成玄英疏曰:"壇陸,湖渚也。鰌,泥鰌也。鰍,白魚子也。逶迤,寬舒自得也。"

　　〔五〕成玄英疏曰:"譊,喧聒也。"

　　〔六〕王先謙曰:"卒、猝同。還,繞。唯人好觀樂。"

達　生

　　仲尼適楚,出於林中,見痀僂者承蜩,猶掇之也[一]。仲尼曰:"子巧乎! 有道邪?"曰:"我有道也。五六月累丸二而不墜,則失者錙銖[二];累三而不墜,則失者十一;累五而不墜,猶掇之也。吾處身也,若厥株拘;吾執臂也,若槁木之枝[三];雖天地之大,萬物之多,而唯蜩翼之知。吾不反不側,不以萬物易蜩之翼,何爲而不得?"孔子顧謂弟

子曰:"用志不分,乃凝於神,其痀僂丈人之謂乎!"(又見於《列子·黃帝》)

〔一〕成玄英疏曰:"痀僂,老人曲腰之貌。承蜩,取蟬也。掇,拾也。"

〔二〕郭象注曰:"累二丸於竿頭,是用手之停審也。故其承蜩,所失者不過錙銖之間也。"

〔三〕"拘",陳鼓應校爲"枸"。成玄英疏曰:"拘,謂斫殘枯樹枝也。執,用也。我安處身心,猶如枯樹,用臂執竿,若槁木之枝,凝寂停審,不動之至。斯言有道,此之謂也。"

  顏回問仲尼曰:"吾嘗濟乎觴深之淵,津人操舟若神。吾問焉,曰:'操舟可學邪?'曰:'可。善游者數習而後能〔一〕,若乃夫没人,則未嘗見舟而便操之也〔二〕。'吾問焉而不吾告,敢問何謂也?"仲尼曰:"善游者數能,忘水也。若乃夫没人之未嘗見舟而便操之也,彼視淵若陵,視舟之覆猶其車卻也。覆卻萬方陳乎前而不得入其舍〔三〕,惡往而不暇!以瓦注者巧,以鉤注者憚,以黄金注者殙〔四〕。其巧一也,而有所矜,則重外也。凡外重者内拙。"(又見於《列子·黃帝》)

〔一〕"習而後"三字依曹礎基據《補正》、《校釋》等補。郭象注曰:"言物雖有性,亦須數習而後能耳。"

〔二〕郭象注曰:"没人,謂能鶩没於水底。"成玄英疏曰:"鶩,鴨子也。謂津人便水,没入水下,猶如鴨鳥没水,因而提舟。"

〔三〕郭象注曰:"覆卻雖多而猶不以經懷,以其性便故也。

〔四〕郭象注曰:"所要愈重,則其心愈矜也。"成玄英疏曰:"注,射也。用瓦器賤物而戲賭射者,既心無矜惜,故巧而中也。以鉤帶賭者,以其物稍貴,恐不中垛,故心生怖懼而不著也。用黄金賭者,既是極貴之物,矜而惜之,故心智昏亂而不中也。是以津人以忘遣故若神,射者以矜物故昏亂。是以矜之則拙,忘之則巧,勗諸學者,幸志之焉。"

  仲尼曰:"无入而藏〔一〕,无出而陽〔二〕,柴立其中央〔三〕。三者若得,其名必極〔四〕。夫畏塗者,十殺一人,則父子兄弟相戒也,必盛卒徒而後敢出焉,不亦知乎〔五〕!人之所取畏者〔六〕,衽席之上,飲食之間,而不知爲之戒者,過也〔七〕!"

〔一〕郭象注曰:"藏既内矣,而又入之,此過於入也。"

〔二〕郭象注曰:"陽既外矣,而又出之,是過於出也。"

〔三〕郭象注曰:"若槁木之無心而中適,是立也。"

〔四〕郭象注曰：“名極而實當也。”

〔五〕成玄英疏曰：“塗，道路也。夫路有劫賊，險難可畏，十人同行，一人被殺，則親情相戒，不敢輕行，彊盛卒伍，多結徒伴，斟量平安，然後敢去。豈不知全身遠害乎？”

〔六〕曹礎基曰：“取，《闕誤》引江南古藏本作‘罪’。”

〔七〕成玄英疏曰：“衽，衣服也。夫塗路患難，十殺其一，猶相戒慎，不敢輕行。況飲食之間，不能將節，衽席之上，恣其淫蕩，動之死地，萬無一全。舉世皆然，深爲罪過。”

　　孔子觀於呂梁，縣水三十仞，流沫四十里〔一〕，黿鼉魚鱉之所不能游也。見一丈夫游之，以爲有苦而欲死者也〔二〕，使弟子並流而拯之。數百步而出，被髮行歌而游於塘下〔三〕。孔子從而問焉，曰：“吾以子爲鬼，察子，則人也。請問，蹈水有道乎？”曰：“亡，吾无道。吾始乎故，長乎性，成乎命。與齊俱入，與汩偕出〔四〕，從水之道而不爲私焉。此吾所以蹈之也。”孔子曰：“何謂始乎故，長乎性，成乎命？”曰：“吾生於陵而安於陵，故也；長於水而安於水，性也；不知吾所以然而然，命也。”（又見於《列子·黃帝》）

〔一〕曹礎基曰：“四十里，《校釋》謂：唐寫本、《白帖》二、《御覽》五八、三九五、九三二引並作‘三十里’，《列子·黃帝篇》同。”

〔二〕“者”字依曹礎基據唐寫本補。

〔三〕成玄英疏曰：“塘，岸也。既安於水，故散髮而行歌，自得逍遙，遨游岸下。”

〔四〕郭象注曰：“磨翁而旋入者，齊也；回伏而涌出者，汩也。”

山　木

　　孔子圍於陳、蔡之間，七日不火食。太公任往弔之曰：“子幾死乎？”曰：“然。”〔一〕“子惡死乎？”曰：“然。”任曰：“予嘗言不死之道。東海有鳥焉，其名曰意怠。其爲鳥也，翂翂翐翐，而似无能；引援而飛，迫脅而棲〔二〕；進不敢爲前，退不敢爲後；食不敢先嘗，必取其緒〔三〕。是故其行列不斥，而外人卒不得害，是以免於患。直木先伐，甘井先竭。子其意者飾知以驚愚，脩身以明汙，昭昭乎如揭日月而行，故不免也〔四〕。昔吾聞之大成之人曰：‘自伐者无功，功成者墮〔五〕，名成者虧。’孰能去功與名而還與衆人！道流而不明居，得行而不名處;純純常常,乃比於狂;削迹捐勢,不爲功名,是故无責於人,人亦無責焉。至人不聞,子何喜哉?"孔子曰:"善哉!"辭其交遊,去其弟子,逃於大澤;衣裘褐,食杼栗;入獸不亂群,入鳥不亂行。鳥獸不惡,而況人乎!

〔一〕成玄英疏曰:"太公,老者稱也。任,名也。幾,近也。然,猶如是也。"

〔二〕《釋文》曰:"司馬云:翂翂翐翐,舒遲貌。一云:飛不高貌。李云:羽翼聲。迫脅而棲,李云:不敢獨棲,迫脅在眾鳥中,纔足容身而宿,辟害之至也。"

〔三〕王念孫曰:"《釋文》曰:緒,次緒也。案:陸説非也。緒者,餘也,言食不敢先嘗,而但取其餘也。"

〔四〕成玄英疏曰:"謂仲尼意在裝飾才智,驚異愚俗;修瑩身心,顯他汙染;昭昭明察,炫耀己能;猶如揭日月而行,故不免於禍患也。"

〔五〕"墮",中華書局本《南華真經注疏》作"隳"。

　　孔子問子桑雺曰[一]:"吾再逐於魯,伐樹於宋,削迹於衛,窮於商、周,圍於陳、蔡之間。吾犯此數患,親交益疏,徒友益散,何與?"子桑雺曰:"子獨不聞假人之亡與? 林回棄千金之璧,負赤子而趨。或曰:'爲其布與? 赤子之布寡矣[二];爲其累與? 赤子之累多矣;棄千金之璧,負赤子而趨,何也?' 林回曰:'彼以利合,此以天屬也。' 夫以利合者,迫窮禍患害相棄也;以天屬者,迫窮禍患害相收也。夫相收之與相棄亦遠矣[三]。且君子之交淡若水,小人之交甘若醴;君子淡以親,小人甘以絕。彼无故以合者,則无故以離。"孔子曰:"敬聞命矣!"徐行翔佯而歸,絕學捐書,弟子无挹於前,其愛益加進[四]。

〔一〕《釋文》云:"李云:桑,姓;雺,其名;隱人也。或云:姓桑雺,名隱。"俞樾疑即《大宗師》之子桑户。

〔二〕郭象注曰:"布,謂財帛也。"林回,司馬彪云:"殷之逃民之姓名。"俞樾曰:"上文假人之亡,李注:假,國名。然則林回當是假之逃民。蓋假亡而其民逃,故林回負赤子而趨也。"

〔三〕成玄英疏曰:"寶璧,利合也。赤子,親屬也。親屬,急迫猶相收;利合,窮禍則相棄。棄收之情,相去遠耳。"

〔四〕成玄英疏曰:"的聞高命,徐步而歸,翶翔閒放,逍遥自得,絕有爲之學,棄聖迹之書,不行華藻之教,故無揖讓之禮,徒有敬愛,日加進益焉。"

孔子窮於陳、蔡之間,七日不火食。左據槁木,右擊槁枝,而歌猋氏之風,有其具而无其數[一],有其聲而无宮角[二],木聲與人聲,犁然有當於人之心[三]。顏回端拱還目而窺之。仲尼恐其廣己而造大也,愛己而造哀也[四],曰:"回,无受天損易[五],无受人益難[六]。无始而非卒也[七],人與天,一也。夫今之歌者,其誰乎?"

回曰:"敢問无受天損易。"仲尼曰:"飢渴寒暑,窮桎不行。天地之行也,運物之泄也,言與之偕逝之謂也。爲人臣者,不敢去之。執臣之道猶若是,而況乎所以待天乎!"

"何謂无受人益難?"仲尼曰:"始用四達,爵祿並至而不窮,物之所利,乃非己也,吾命其在外者也。君子不爲盜,賢人不爲竊。吾若取之,何哉! 故曰,鳥莫知於鷾鴯[八],目之所不宜處,不給視,雖落其實,棄之而走。其畏人也,而襲諸人間[九],社稷存焉爾。""何謂无始而非卒?"仲尼曰:"化其萬物而不知其禪之者[一〇],焉知其所終? 焉知其所始? 正而待之而已耳。"

"何謂人與天一邪?"仲尼曰:"有人,天也;有天,亦天也。人之不能有天,性也,聖人晏然體逝而終矣!"(又見於《墨子·非儒》)

〔一〕宣穎曰:"有枝擊木,而無節奏。"

〔二〕宣穎曰:"有歌聲而無音律。"

〔三〕宣穎曰:"犁然,猶釋然,如犁田者其土釋然也。"

〔四〕王先謙曰:"造,至也。自廣而至於自大,自愛而至於自傷,皆非所以處窮。"

〔五〕郭象注曰:"唯安之故易。"

〔六〕成玄英疏曰:"儻來而寄,推之即難。"

〔七〕郭象注曰:"於今爲始者,於昨爲卒,則所謂始者即是卒矣。言變化之無窮。"

〔八〕《釋文》曰:"知音智。或曰:鷾鴯,燕也。"

〔九〕成玄英疏曰:"襲,入也。"

〔一〇〕王先謙曰:"天化生萬物,日新不窮,而不知誰爲禪代之者。"

田子方

温伯雪子適齊,舍於魯。魯人有請見之者,温伯雪子曰:"不可。吾聞中國之君子,明乎禮義而陋於知人心[一],吾不欲見也。"至於齊,反舍於魯,是人也又請見。温伯雪子曰:"往也蘄見我,今也又蘄見我，是必有以振我也〔二〕。"出而見客，入而歎。明日見客，又入而歎。其僕曰："每見之客也，必入而歎，何耶？"曰："吾固告子矣：中國之民〔三〕，明乎禮義而陋乎知人心。昔之見我者，進退一成規一成矩，從容一若龍一若虎，其諫我也似子，其道我也似父，是以歎也。"仲尼見之而不言。子路曰〔四〕："吾子欲見溫伯雪子久矣〔五〕，見之而不言，何邪？"仲尼曰："若夫人者，目擊而道存矣，亦不可以容聲矣〔六〕。"（又見於《呂氏春秋·審應覽·精諭》）

〔一〕成玄英疏曰："姓溫，名伯，字雪子，楚之懷道人也。中國，魯國也。陋，拙也。"

〔二〕成玄英疏曰："蘄，求也。振，動也。"

〔三〕曹礎基曰："民，唐寫本作'君子'。"

〔四〕曹礎基據王叔岷之說以爲"子路"下當有"怪而問"三字。

〔五〕"吾子"，王叔岷以爲當作"夫子"，是也。

〔六〕成玄英疏曰："擊，動也。夫體悟之人，忘言得理，目裁運動而玄道存焉，無勞更事辭費，容其聲説也。"

　　顏淵問於仲尼曰："夫子步亦步，夫子趨亦趨，夫子馳亦馳；夫子奔逸絕塵，而回瞠若乎後矣！"夫子曰："回，何謂邪？"曰："夫子步，亦步也〔一〕；夫子言，亦言也；夫子趨，亦趨也；夫子辯，亦辯也；夫子馳，亦馳也；夫子言道，回亦言道也；及奔逸絕塵，而回瞠若乎後者〔二〕。夫子不言而信，不比而周，无器而民滔乎前，而不知所以然而已矣。"仲尼曰："惡！可不察與？夫哀莫大於心死，而人死亦次之。日出東方而入於西極，萬物莫不比方〔三〕，有目有趾者，待是而後成功，是出則存，是入則亡。萬物亦然，有待也而死，有待也而生。吾一受其成形，而不化以待盡，效物而動，日夜无隙，而不知其所終；薰然其成形〔四〕，知命不能規乎其前，丘以是日徂〔五〕。吾終身與汝交一臂而失之〔六〕，可不哀與！女殆著乎吾所以著也。彼已盡矣，而女求之以爲有〔七〕，是求馬於唐肆也〔八〕。吾服女也甚忘〔九〕，女服吾也亦甚忘〔一〇〕。雖然，女奚患焉！雖忘乎故吾，吾有不忘者存〔一一〕。"（又見於《淮南子·齊俗訓》《論衡·自然》）

〔一〕曹礎基據唐寫本於"也"下補"者"字，下同。

〔二〕曹礎基據唐寫本於"者"上補"也"字。

〔三〕成玄英疏曰:“夫夜暗晝明,東出西入,亦猶人入幽出顯,死去生來。故知人之死
　　生,譬天之晝夜,以斯寓比,亦何惜哉!”

〔四〕成玄英疏曰:“薰然,自動之貌。薰然禀氣成形,無物使之然也。”

〔五〕成玄英疏曰:“徂,往也。達於時變,不能預作規模,體於日新,是故與化俱往也。”

〔六〕曹礎基曰:“《御覽》三六九無‘一’字。”

〔七〕曹礎基曰:“唐寫本‘以’下無‘爲’字。”

〔八〕郭象注曰:“唐肆,非停馬處也,言求向者之有,不可復得也。人之生,若馬之過肆
　　耳,恒無駐須臾,新故之相續,不舍晝夜也。著,見也,言汝殆見吾所以見者耳。
　　吾所以見者,日新也,故已盡矣,汝安得有之!”

〔九〕郭象注曰:“服者,思存之謂也。甚忘,謂過去之速也。言汝去忽然,思之恒欲
　　不反。”

〔一〇〕郭象注曰:“俱爾耳,不問賢之與聖,未有得停者。”

〔一一〕郭象注曰:“不忘者存,謂繼之以日新也。雖忘故吾而新吾已至,未始非吾,吾
　　何患焉! 故能離俗絕塵而與物無不冥也。”

　　孔子見老聃,老聃新沐,方將被髮而乾,慹然似非人〔一〕。孔子便
而待之〔二〕,少焉見,曰:“丘也眩與,其信然與? 向者先生形體掘若槁
木,似遺物離人而立於獨也。”老聃曰:“吾遊心於物之初〔三〕。”孔子
曰:“何謂邪?”曰:“心困焉而不能知,口辟焉而不能言〔四〕。嘗爲汝議
乎其將〔五〕:至陰肅肅,至陽赫赫〔六〕;肅肅出乎天,赫赫發乎地;兩者交
通成和而物生焉,或爲之紀而莫見其形。消息滿虛,一晦一明,日改
月化,日有所爲,而莫見其功。生有所乎萌,死有所乎歸,始終相反乎
无端而莫知乎其所窮。非是也,且孰爲之宗!”孔子曰:“請問遊是。”
老聃曰:“夫得是,至美至樂也,得至美而遊乎至樂,謂之至人。”孔子
曰:“願聞其方。”曰:“草食之獸不疾易藪,水生之蟲不疾易水,行小變
而不失其大常也〔七〕,喜怒哀樂不入於智次〔八〕。夫天下也者,萬物之
所一也。得其所一而同焉,則四支百體將爲塵垢,而死生終始將爲晝
夜,而莫之能滑,而況得喪禍福之所介乎! 棄隸者若棄泥塗,知身貴
於隸也,貴在於我而不失於變。且萬化而未始有極也,夫孰足以患
心! 已爲道者解乎此。”孔子曰:“夫子德配天地,而猶假至言以修
心〔九〕,古之君子,孰能脫焉?”老聃曰:“不然。夫水之於汋也〔一〇〕,无
爲而才自然矣。至人之於德也,不修而物不能離焉。若天之自高,地

之自厚，日月之自明，夫何脩焉！"孔子出，以告顏回曰："丘之於道也，其猶醯雞與[一一]！微夫子之發吾覆也，吾不知天地之大全也。"

〔一〕"慹"，司馬彪曰：不動之貌。

〔二〕《釋文》曰："待，或作侍。"

〔三〕"心"字爲陳鼓應所補。成玄英疏曰："初，本也。夫道通生萬物，故名道爲物之初也。遊心物初，則是凝神妙本，所以形同槁木，心若死灰也。"

〔四〕成玄英疏曰："辟者，口開不合也。夫聖心非不能知，爲其無法可知；口非不能辯，爲其無法可辯。辯之則乖其體，知之則喪其真，是知至道深玄。超言意之表，故困焉辟焉。"

〔五〕成玄英疏曰："夫至理玄妙，非言意能詳。試爲汝議論陰陽，將擬議大道，雖即仿象，未即是真矣。"

〔六〕成玄英疏曰："肅肅，陰氣寒也；赫赫，陽氣熱也；近陰中之陽，陽中之陰，言其交泰也。"

〔七〕成玄英疏曰："疾，患也。易，移也。夫食草之獸，不患移易藪澤；水生之蟲，不患改易池沼；但有草有水，則不失大常，從東從西，蓋小變耳。亦猶人處於大道之中，隨變任化，未始非我，此則不失大常，生死之變，蓋亦小耳。"

〔八〕成玄英疏曰："喜順，怒逆，樂生，哀死，夫四者生崖之事也。而死生無變於己，喜怒豈入於懷中也！"《釋文》曰："李云：次，中也。"

〔九〕假，孫星衍《孔子集語》注曰：明本作"偈"。

〔一〇〕成玄英疏曰："汋，水澄湛也。""汋"，《釋文》引李頤曰："取也。"郭嵩燾反對李說，並引《說文》曰："汋，激水聲也。"

〔一一〕《釋文》曰："郭云：醯雞，甕中之蠛蠓也。司馬曰：若酒上蠛蠓也。"

　　文王觀於臧，見一丈夫釣[一]，而其釣莫釣；非持其釣有釣者也，常釣也。文王欲舉而授之政，而恐大臣父兄之弗安也；欲終而釋之，而不忍百姓之无天也。於是旦而屬之大夫曰："昔者寡人夢見良人，黑色而頯，乘駮馬而偏朱蹄，號曰：'寓而政於臧丈人，庶幾乎民有瘳乎！'"諸大夫蹵然曰："先君王也[二]。"文王曰："然則卜之。"諸大夫曰："先君之命，王其无它，又何卜焉！"遂迎臧丈人而授之政。典法无更，偏令无出。三年，文王觀於國，則列士壞植散群，長官者不成德，斔斛不敢入於四竟[三]。列士壞植散群，則尚同也；長官者不成德，則同務也；斔斛不敢入於四竟，則諸侯无二心也。文王於是焉以爲大師，北面而問曰："政可以及天下乎？"臧丈人昧然而不應，泛然而辭，朝令而夜遁,終身无聞。顏淵問於仲尼曰:"文王其猶未邪? 又何以夢爲乎?"仲尼曰:"默,汝无言! 夫文王盡之也[四],而又何論刺焉! 彼直以循斯須也[五]。"

〔一〕成玄英疏曰:"臧者,近渭水地名也。丈夫者,寓言於太公也。"

〔二〕《釋文》引司馬彪曰:"言先君王靈神之所致。"俞樾疑"先君"下奪"命"字。

〔三〕《釋文》云:"司馬云:植,行列也。散群,言不養徒衆也。一云:植者,疆界頭造群屋以待諫者也。"俞樾曰:"司馬兩説,並未得'植'字之義。宣二年《左傳》華元爲植,杜注曰:植,將主也。列士必先有主而後得有徒衆,故欲散其群,必先壞其植也。長,丁丈反,下同。官者不成德,司馬云:不利功名也。鍥斛,音庚。李云:六斛四斗曰鍥。司馬本作鍥斛,云:鍥讀曰鍾,斛讀曰庾。四竟音境。下同。"

〔四〕郭象注曰:"任諸大夫而不自任,斯盡之也。"

〔五〕成玄英疏曰:"斯須猶須臾也。循,順也。夫文王聖人,盡於妙理,汝宜寢默,不勞譏刺。彼直隨任物性,順蒼生之望,欲悟未悟之頃,進退須臾之間,故託夢以發其性耳,未足怪也。"

　　肩吾問於孫叔敖曰:"子三爲令尹而不榮華,三去之而無憂色。吾始也疑子,今視子之鼻間栩栩然[一],子之用心獨奈何?"孫叔敖曰:"吾何以過人哉! 吾以其來不可卻也,其去不可止也,吾以爲得失之非我也,而无憂色而已矣,我何以過人哉! 且不知其在彼乎? 其在我乎? 其在彼邪亡乎我,在我邪亡乎彼。方將躊躇,方將四顧,何暇至乎人貴人賤哉[二]!"仲尼聞之曰:"古之真人,知者不得説,美人不得濫,盜人不得劫,伏戲、黃帝不得友。死生亦大矣,而无變乎己,況爵禄乎! 若然者,其神經乎大山而無介,入乎淵泉而不濡,處卑細而不憊,充滿天地[三],既以與人,己愈有[四]。"

〔一〕成玄英疏曰:"肩吾,隱者也。叔敖,楚之賢人也。栩栩,歡暢之貌也。"

〔二〕成玄英疏曰:"躊躇是逸豫自得,四顧是高視八方。方將磅礴萬物,揮斥宇宙,有何容暇至於人世,留心貴賤之間乎! 故去之而無憂色也。"

〔三〕王叔岷據《淮南子》疑"天地"下脱"而不窕"三字。

〔四〕成玄英疏曰:"介,礙也。既,盡也。夫真人入火不熱,入水不濡,經乎大山而神無障礙,屈處卑賤,其道不虧,德合二儀,故充滿天地,不損己爲物,故愈有也。"

知北遊

　　孔子問於老聃曰:"今日晏間,敢問至道[一]。"老聃曰:"汝齋戒,疏瀹而心,澡雪而精神,掊擊而知。夫道,窅然難言哉!將爲汝言其崖略[二]。夫昭昭生於冥冥,有倫生於无形,精神生於道,形本生於精,而萬物以形相生,故九竅者胎生,八竅者卵生。其來无迹,其往无崖,无門无房,四達之皇皇也。邀於此者,四肢彊,思慮恂達,耳目聰明。其用心不勞,其應物无方[三]。天不得不高,地不得不廣,日月不得不行,萬物不得不昌,此其道與!且夫博之不必知,辯之不必慧,聖人以斷之矣。若夫益之而不加益,損之而不加損者,聖人之所保也。淵淵乎其若海,巍巍乎其終則復始也[四],運量萬物而不匱,則君子之道,彼其外與!萬物皆往資焉而不匱,此其道與!中國有人焉,非陰非陽,處於天地之間,直且爲人,將反於宗。自本觀之,生者,暗醷物也[五]。雖有壽夭,相去幾何?須臾之説也,奚足以爲堯、桀之是非!果蓏有理,人倫雖難,所以相齒[六]。聖人遭之而不違,過之而不守。調而應之,德也;偶而應之,道也。帝之所興,王之所起也。人生天地之間,若白駒之過郤,忽然而已。注然勃然,莫不出焉;油然漻然,莫不入焉[七]。已化而生,又化而死,生物哀之,人類悲之。解其天弢,墮其天袠[八],紛乎宛乎,魂魄將往,乃身從之,乃大歸乎!不形之形,形之不形,是人之所同知也,非將至之所務也,此衆人之所同論也。彼至則不論,論則不至。明見无值[九],辯不若默。道不可聞,聞不若塞。此之謂大得。"

〔一〕成玄英疏曰:"晏,安也。孔子師於老子,故承安居閒暇而詢問玄道也。"

〔二〕成玄英疏曰:"疏瀹,猶洒濯也。澡雪,猶精潔也。而,汝也。掊擊,打破也。崖,分也。汝欲問道,先須齋汝心迹,戒慎專誠,洒濯身心,清净神識,打破聖智,滌蕩虛夷。然玄道窅冥,難可言辯,將爲汝舉其崖分,粗略言之。"

〔三〕成玄英疏曰:"邀,遇也。恂,通也。遇於道而會於真理者,則百體安康,四肢强健,思慮通達,視聽聰明,無心之心,用而不勞,不應之應,應無方所也。"俞樾以爲"邀"即"順"。

〔四〕陳鼓應本"其"下有"若山"二字。

〔五〕成玄英疏曰:"本,道也。暗醷,氣聚也。從道理而觀之,故知生者聚氣之物也,奚足以惜之哉!"

〔六〕成玄英疏曰:"在樹曰果,在地曰蓏。桃李之屬,瓜瓠之徒,木生藤生,皆有其理。人之處世,險阻艱難,而貴賤尊卑,更相齒次,但當任之,自合夫道,譬彼果蓏,有

　　理存焉。”

〔七〕成玄英疏曰：“注勃是生出之容，油漻是入死之狀。言世間萬物，相與無恒，莫不
　　從變而生，順化而死。”

〔八〕成玄英疏曰：“嵾，囊藏也。袠，束囊也。言人執是競非，欣生惡死，故爲生死束縛
　　也。今既一於是非，忘於生死，故墮解天然之嵾袠也。”

〔九〕成玄英疏曰：“值，會遇也。夫能閉智塞聰，故冥契玄理，若顯明聞見，則不會
　　真也。”

　　冉求問於仲尼曰：“未有天地可知邪？”仲尼曰：“可。古猶今也。”
冉求失問而退。明日復見，曰：“昔者吾問‘未有天地可知乎’，夫子
曰：‘可。古猶今也。’昔日吾昭然，今日吾昧然，敢問何謂也？”仲尼
曰：“昔之昭然也，神者先受之；今之昧然也，且又爲不神者求邪〔一〕！
无古无今，无始无終。未有子孫而有子孫，可乎？”冉求未對，仲尼曰：
“已矣，未應矣！不以生生死，不以死死生。死生有待邪？皆有所一
體。有先天地生者物邪？物物者非物，物出不得先物也，猶其有物
也。猶其有物也无已。聖人之愛人也終无已者，亦乃取於是者也。”

〔一〕成玄英疏曰：“先來未悟，銳彼精神，用心求受，故昭然明白也。後時領解，不復運
　　用精神，直置任真，無所求請，故昧然闇塞也。求邪者，言不求也。”

　　顏淵問乎仲尼曰：“回嘗聞諸夫子曰：‘无有所將，无有所迎。’回
敢問其由〔一〕。”仲尼曰：“古之人，外化而內不化；今之人，內化而外不
化。與物化者，一不化者也。安化安不化〔二〕，安與之相靡〔三〕，必與之
莫多。狶韋氏之囿，黃帝之圃，有虞氏之宮，湯武之室〔四〕。君子之人，
若儒墨者師，故以是非相䪺也，而況今之人乎〔五〕？聖人處物不傷物。
不傷物者，物亦不能傷也。唯无所傷者，爲能與人相將迎。山林與！
皋壤與！使我欣欣然而樂與！樂未畢也，哀又繼之。哀樂之來，吾不
能禦，其去弗能止。悲夫，世人直爲物逆旅耳〔六〕！夫知遇而不知所不
遇，知能能而不能所不能。无知无能者，固人之所不免也。夫務免乎
人之所不免者，豈不亦悲哉！至言去言，至爲去爲。齊知之所知，則
淺矣。”

〔一〕“由”，原作“遊”，依曹礎基據奚侗及成玄英疏改。成玄英疏曰：“請夫子言。將，

送也。夫聖人如鏡，不送不迎，顏回聞之曰，未曉其理，故詢諸尼父，問其所由。"

〔二〕成玄英疏曰："安，任也。夫聖人無心，隨物流轉，故化與不化，斯安任之，既無分別，曾不概意也。"

〔三〕成玄英疏曰："靡，順也。所以化與不化悉安任者，爲不忤蒼生，更相靡順。"

〔四〕成玄英疏曰："狶韋、軒轅、虞舜、殷湯、周武，並是聖明王也。言無心順物之道，乃是狶韋彷徨之苑囿，軒轅遨遊之園圃，虞舜養德之宮闈，湯武怡神之虛室，斯乃群聖之所游而處之也。"

〔五〕郭象注曰："鏊，和也。夫儒墨之師，天下之難和者，而無心者猶故和之，而況其凡乎！"

〔六〕成玄英疏曰："逆旅，客舍也。窮達之來，不能禦扞；哀樂之去，不能禁止。而凡俗之人，不閑斯趣，譬彼客舍，爲物所停，以妄爲真，深可悲歎也。"

徐無鬼

仲尼之楚，楚王觴之，孫叔敖執爵而立，市南宜僚受酒而祭曰："古之人乎！於此言已。"〔一〕曰："丘也聞不言之言矣，未之嘗言，於此乎言之。市南宜僚弄丸而兩家之難解，孫叔敖甘寢秉羽而郢人投兵〔二〕。丘願有喙三尺〔三〕！彼之謂不道之道，此之謂不言之辯〔四〕，故德總乎道之所一，而言休乎知之所不知，至矣。道之所一者，德不能同也；知之所不能知者，辯不能舉也；名若儒墨而凶矣。故海不辭東流，大之至也；聖人并包天地，澤及天下，而不知其誰氏。是故生无爵，死无謚，實不聚，名不立，此之謂大人。狗不以善吠爲良，人不以善言爲賢，而況爲大乎！夫爲大不足以爲大，而況爲德乎！夫大備矣，莫若天地，然奚求焉而大備矣。知大備者，无求、无失、无棄，不以物易己也。反己而不窮，循古而不摩〔五〕，大人之誠〔六〕。"

〔一〕成玄英疏曰："觴，酒器之總名，謂以酒燕之也。爵亦酒器，受一升。古人欲飲，必祭其先，宜僚瀝酒祭，故祝聖人，願與孔子於此言論也。"

〔二〕成玄英疏曰："姓熊，字宜僚，楚之賢人，亦是勇士沉默者也。居於市南，因號曰市南子焉。楚白公勝欲因作亂，將殺令尹子西。司馬子綦言熊宜勇士也，若得，敵五百人，遂遣使屈之。宜僚正上下弄丸而戲，不與使者言。使因以劍乘之，宜僚曾不驚懼，既不從命，亦不言佗。白公不得宜僚，反事不成，故曰兩家難解。姓孫，字叔敖，楚之令尹，甚有賢德者也。郢，楚都也。投，息也。叔敖蘊藉實知，高枕而逍遙，會理忘言，執羽扇而自得，遂使敵國不侵，折衝千里之外，楚人無事，脩文德，息其武略。彰二子有此功能，故可與仲尼晤言，贊揚玄道也。"

〔三〕成玄英疏曰:“喙,口也。苟其言當,即此無言。假余喙長三尺,與閉口何異,故願有之也。”

〔四〕郭象注曰:“彼,謂二子。此,謂仲尼。”

〔五〕成玄英疏曰:“循,順也。順於物性,無心改作,豈復摩飾而矜之!”

〔六〕成玄英疏曰:“誠,實也。夫反本還原,因循萬物者,斯乃大聖之人自實之德也。”

則　陽

　　孔子之楚,舍於蟻丘之漿。其鄰有夫妻臣妾登極者,子路曰:“是稷稷何爲者邪?”〔一〕仲尼曰:“是聖人僕也。是自埋於民,自藏於畔〔二〕。其聲銷〔三〕,其志無窮,其口雖言,其心未嘗言,方且與世違而心不屑與之俱〔四〕。是陸沈者也〔五〕,是其市南宜僚邪?”子路請往召之,孔子曰:“已矣! 彼知丘之著於己也,知丘之適楚也,以丘爲必使楚王之召己也,彼且以丘爲佞人也〔六〕。夫若然者,其於佞人也羞聞其言,而況親見其身乎! 而何以爲存〔七〕?”子路往視之,其室虛矣〔八〕。

〔一〕《釋文》曰:“司馬云:極,屋棟也。升之以觀也。一云:極,平頭屋也。稷稷音總,字亦作總。李云:聚貌。本又作稷。一本作稷,初力反。”

〔二〕《釋文》曰:“王云:脩田農之業,是隱藏於壠畔。”

〔三〕《釋文》曰:“銷音消。司馬云:小也。”

〔四〕《釋文》曰:“屑,絜也,不絜世也。本或作肯。”

〔五〕《釋文》曰:“陸沈,司馬云:當顯而反隱,如無水而沈也。”

〔六〕成玄英疏曰:“彼,宜僚也。著,明也。知丘明識宜僚是陸沈賢士,又知適楚必向楚王薦召之,如是則用丘爲諸佞之人也。”

〔七〕成玄英疏曰:“而,汝也。存,在也。匿影銷聲,久當逃避,汝何爲請召,謂其猶在?”

〔八〕郭象注曰:“果逃去也。”

　　仲尼問於大史大弢、伯常騫、狶韋曰〔一〕:“夫衞靈公飲酒湛樂,不聽國家之政;田獵畢弋,不應諸侯之際。其所以爲靈公者,何邪〔二〕?”大弢曰:“是因是也〔三〕。”伯常騫曰:“夫靈公有妻三人,同濫而浴〔四〕。史鰌奉御而進所,搏幣而扶翼〔五〕。其慢若彼之甚也,見賢人若此其肅也,是其所以爲靈公也〔六〕。”狶韋曰:“夫靈公也死,卜葬於故墓,不吉,卜葬於沙丘而吉。掘之數仞,得石槨焉,洗而視之,有銘焉,曰:

'不馮其子,靈公奪而里之。'夫靈公之爲靈也久矣〔七〕。之二人,何足以識之!"

〔一〕成玄英疏曰:"太史,官號也。下三人,皆史官之姓名也。所問之事,次列下文。"

〔二〕成玄英疏曰:"畢,大網也。弋,繩繫箭而射也。庸猥之君,淫聲嗜酒,捕獵禽獸,不聽國政,會盟交際,不赴諸侯。汝等史官,應須定謚,無道如此,何爲謚靈?"

〔三〕郭象注曰:"靈即是無道之謚也。"

〔四〕濫,《釋文》曰:"浴器也。"

〔五〕成玄英疏曰:"姓史,字魚,衛之賢大夫也。幣,帛也。又《謚法》:德之精明曰靈。男女同浴,使賢人進御。公見史魚良臣,深懷愧悚,假遣人搏捉幣帛,令扶將羽翼,慰而送之,使不終其禮。敬賢如此,便是明君,故謚爲靈,靈則有道之謚。"

〔六〕郭象注曰:"欲以肅賢補其私慢。靈有二義,亦可謂善,故仲尼問焉。"

〔七〕郭象注曰:"子,謂蒯聵也。言不馮其子,靈公將奪女處也。夫物皆先有其命,故來事可知也。是以凡所爲者,不得不爲;凡所不爲者,不可得焉;而愚者以爲之在己,不亦妄乎!"

外　物

老萊子之弟子出薪,遇仲尼,反以告,曰:"有人於彼,脩上而趨下,末僂而後耳,視若營四海,不知其誰氏之子?"老萊子曰:"是丘也,召而來。"仲尼至,曰:"丘! 去汝躬矜與汝容知,斯爲君子矣。"仲尼揖而退,蹙然改容而問曰:"業可得進乎?"老萊子曰:"夫不忍一世之傷而驁萬世之患,抑固窶邪,亡其略弗及邪? 惠以歡爲,驁終身之醜,中民之行易進焉耳〔一〕,相引以名,相結以隱。與其譽堯而非桀,不如兩忘而閉其所譽〔二〕。反无非傷也,動无非邪也。聖人躊躇以興事,以每成功。奈何哉其載焉終矜爾!"

〔一〕曹礎基據《闕誤》引張君房本、成玄英本以爲"行"下有"易"字,據補。

〔二〕馬叙倫曰:"所"蓋"非"字之譌也。陳鼓應曰:當作"閉其所非譽"。

宋元君夜半而夢人被髮闚阿門〔一〕,曰:"予自宰路之淵〔二〕,予爲清江使河伯之所,漁者余且得予。"元君覺,使人占之,曰:"此神龜也。"君曰:"漁者有余且乎?"左右曰:"有。"君曰:"令余且會朝。"明日,余且朝。君曰:"漁何得?"對曰:"且之網得白龜焉,其圓五尺。"君曰:"獻若之龜。"龜至,君再欲殺之,再欲活之,心疑,卜之,曰:"殺龜以卜,吉。"乃刳龜,七十二鑽而无遺筴〔三〕。仲尼曰:"神龜能見夢於元君,而不能避余且之網;知能七十二鑽而无遺筴,不能避刳腸之患。如是,則知有所困,神有所不及也。雖有至知,萬人謀之,魚不畏網而畏鵜鶘,去小知而大知明,去善而自善矣。嬰兒生无師而能言,與能言者處也。"

〔一〕《釋文》曰:"李云:'元公也。'"王先謙云:"宋元公名佐,平公之子。阿門,司馬云:'阿,屋曲簷也。'"

〔二〕李頤曰:"淵,名龜所居。"

〔三〕王先謙曰:"每占必鑽龜,凡七十二次皆驗。"

寓　言

莊子謂惠子曰:"孔子行年六十而六十化,始時所是,卒而非之,未知今之所謂是之非五十九非也〔一〕。"惠子曰:"孔子勤志服知也〔二〕。"莊子曰:"孔子謝之矣,而其未之嘗言〔三〕。孔子云:'夫受才乎大本,復靈以生〔四〕。鳴而當律,言而當法,利義陳乎前,而好惡是非直服人之口而已矣。使人乃以心服而不敢蘁立〔五〕,定天下之定〔六〕,'已乎! 已乎! 吾且不得及彼乎!"

〔一〕成玄英疏曰:"夫人之壽命,依年而數,年既不定,數豈有耶! 是以去年之是,於今非矣。故知今年之是,還是去歲之非;今歲之非,即是來年之是。故容成氏曰,除日無歲也。"

〔二〕宣穎曰:"疑孔子勤勞心志,從事於多知,未得爲化也。"

〔三〕宣穎曰:"言孔子已謝去勤勞之迹而進於道,但口未之言耳。"

〔四〕王先謙曰:"大本,天也。人受才於天,而復其性靈以生。"

〔五〕曹礎基曰:"高山寺本'使'下旁注'眾'字。按郭注、成疏似亦有'眾'字。"《釋文》曰:"蘁音悟,逆也。"

〔六〕王先謙曰:"言但取服人口而已。而能使人心服,自不敢迕,如此者,斯足以立定天下之定理也。子言如此。"

曾子再仕而心再化〔一〕,曰:"吾及親仕,三釜而心樂,後仕三千鍾〔二〕,而不洎〔三〕,吾心悲。"弟子問於仲尼曰:"若參者,可謂无所縣其罪乎〔四〕?"曰:"既已縣矣。夫无所縣者,可以有哀乎! 彼視三釜、三千鍾,如觀雀蚊虻相過乎前也〔五〕。"

〔一〕再化,陳鼓應釋爲"内心的感覺不同"。

〔二〕成玄英疏曰:"六斗四升曰釜,六斛四斗曰鍾。"

〔三〕郭象注曰:"洎,及也。"

〔四〕郭象注曰:"縣,係也。謂參仕以爲親,無係禄之罪也。"

〔五〕郭象注曰:"彼,謂無係也。夫無係者,視榮禄若蚊虻鳥雀之在前而過去耳,豈有哀樂於其間哉!"

讓　王

孔子謂顔回曰:"回[一],來! 家貧居卑,胡不仕乎?"顔回對曰:"不願仕。回有郭外之田五十畝,足以給飦粥[二];郭内之田十畝,足以爲絲麻;鼓琴,足以自娱;所學夫子之道者,足以自樂也。回不願仕。"孔子愀然變容曰:"善哉! 回之意! 丘聞之:'知足者不以利自累也,審自得者失之而不懼[三],行修於内者无位而不怍。'丘誦之久矣,今於回而後見之,是丘之得也。"

〔一〕曹礎基曰:"《道藏》成疏本、《輯要》本無'回'字。"

〔二〕飦粥,薄粥。

〔三〕審,信也,果也。得,指得道。道是通過自己的努力才能得到的,所以謂"自得"。這句話是説,真正得道的人,即使遇到損失也不會憂懼。

孔子窮於陳、蔡之間,七日不火食,藜羹不糁,顔色甚憊,而弦歌於室[一],顔回擇菜[二]。子路、子貢相與言曰:"夫子再逐於魯,削迹於衛,伐樹於宋,窮於商、周,圍於陳、蔡,殺夫子者无罪,藉夫子者无禁[三]。弦歌鼓琴,未嘗絶音,君子之无耻也若此乎?"顔回无以應,入告孔子。孔子推琴,喟然而嘆曰:"由與賜,細人也。召而來,吾語之。"子路、子貢入。子路曰:"如此者,可謂窮矣!"孔子曰:"是何言也? 君子通於道之謂通,窮於道之謂窮。今丘抱仁義之道以遭亂世之患,其何窮之爲? 故内省而不窮於道[四],臨難而不失其德,天寒既至[五],霜雪既降,吾是以知松柏之茂也[六]。陳、蔡之隘[七],於丘其幸乎!"孔子削然反琴而弦歌,子路扢然執干而舞。子貢曰:"吾不知天之高也,地之下也。古之得道者,窮亦樂,通亦樂,所樂非窮通也,道德於此[八],則窮通爲寒暑風雨之序矣。故許由娱於潁陽,而共伯得乎

共首〔九〕。”（又見於《吕氏春秋·孝行覽·慎人》、《風俗通義》七）

〔一〕陳鼓應據王叔岷之説於“而”下補“猶”字。

〔二〕陳鼓應於“菜”下補“于外”二字。

〔三〕《釋文》曰：“藉，陵藉也。”

〔四〕“窮”，陳鼓應依奚侗、王叔岷據《吕氏春秋·慎人篇》校作“疢”。今案：未必然。

〔五〕“天”，陳鼓應校作“大”。

〔六〕劉文典據江南古藏本、《吕覽》、《風俗通》以爲“茂也”下當補“桓公得之莒，文公得之曹，越王得之會稽”。

〔七〕《釋文》曰：“隘音厄”。

〔八〕曹礎基曰：“道德，高山寺本、《吕氏春秋·慎人篇》均作‘道得’。”

〔九〕“得乎共首”，中華書局本《南華真經注疏》作“得志乎丘首”。

盗跖

孔子與柳下季爲友，柳下季之弟，名曰盗跖。盗跖從卒九千人，横行天下，侵暴諸侯，穴室樞户，驅人牛馬〔一〕，取人婦女。貪得忘親，不顧父母兄弟，不祭先祖。所過之邑，大國守城，小國入保〔二〕，萬民苦之。孔子謂柳下季曰：“夫爲人父者，必能詔其子；爲人兄者，必能教其弟。若父不能詔其子〔三〕，兄不能教其弟，則无貴父子兄弟之親矣。今先生，世之才士也，弟爲盗跖，爲天下害，而弗能教也，丘竊爲先生羞之。丘請爲先生往説之。”柳下季曰：“先生言爲人父者必能詔其子，爲人兄者必能教其弟，若子不聽父之詔，弟不受兄之教，雖今先生之辯，將奈之何哉！且跖之爲人也，心如涌泉，意如飄風，强足以距敵，辯足以飾非，順其心則喜，逆其心則怒，易辱人以言。先生必无往。”孔子不聽，顔回爲馭，子貢爲右，往見盗跖。

盗跖乃方休卒徒大山之陽，膾人肝而餔之〔四〕。孔子下車而前，見謁者曰：“魯人孔丘，聞將軍高義，敬再拜謁者。”謁者入通。盗跖聞之大怒，目如明星，髪上指冠，曰：“此夫魯國之巧僞人孔丘非邪？爲我告之：‘爾作言造語，妄稱文武，冠枝木之冠，帶死牛之脅〔五〕，多辭謬説，不耕而食，不織而衣，摇脣鼓舌，擅生是非，以迷天下之主，使天下學士不反其本，妄作孝弟，而僥倖於封侯富貴者也〔六〕。子之罪大極重，疾走歸！不然，我將以子肝益晝餔之膳！’”孔子復通曰：“丘得幸於季,願望履幕下〔七〕。"謁者復通,盜跖曰:"使來前!"

孔子趨而進,避席反走,再拜盜跖。盜跖大怒,兩展其足〔八〕,案劍瞋目,聲如乳虎,曰:"丘來前!若所言,順吾意則生,逆吾心則死。"孔子曰:"丘聞之,凡天下有三德:生而長大,美好无雙,少長貴賤見而皆説之,此上德也;知維天地,能辯諸物,此中德也;勇悍果敢,聚衆率兵,此下德也。凡人有此一德者,足以南面稱孤矣。今將軍兼此三者,身長八尺二寸,面目有光,脣如激丹,齒如齊貝,音中黄鐘〔九〕,而名曰盜跖,丘竊爲將軍耻不取焉。將軍有意聽臣,臣請南使吳越,北使齊魯,東使宋衛,西使晉楚,使爲將軍造大城數百里,立數十萬户之邑,尊將軍爲諸侯,與天下更始,罷兵休卒,收養昆弟,共祭先祖。此聖人才士之行,而天下之願也。"盜跖大怒曰:"丘來前!夫可規以利而可諫以言者,皆愚陋恒民之謂耳。今長大美好,人見而悦之者,此吾父母之遺德也。丘雖不吾譽,吾獨不自知邪?且吾聞之,好面譽人者,亦好背而毀之。今丘告我以大城衆民,是欲規我以利而恒民畜我也,安可久長也!城之大者,莫大乎天下矣。堯舜有天下,子孫无置錐之地;湯武立爲天子,而後世絶滅。非以其利大故邪?且吾聞之,古者禽獸多而人少〔一〇〕,於是民皆巢居以避之,晝拾橡栗,暮栖木上,故命之曰有巢氏之民。古者民不知衣服,夏多積薪,冬則煬之,故命之曰知生之民。神農之世,臥則居居,起則于于〔一一〕,民知其母,不知其父,與麋鹿共處,耕而食,織而衣,无有相害之心,此至德之隆也。然而黄帝不能致德,與蚩尤戰於涿鹿之野,流血百里。堯舜作,立群臣,湯放其主,武王殺紂。自是之後,以强陵弱,以衆暴寡。湯武以來,皆亂人之徒也。今子脩文武之道,掌天下之辯,以教後世。縫衣淺帶〔一二〕,矯言偽行,以迷惑天下之主,而欲求富貴焉。盜莫大於子,天下何故不謂子爲盜丘,而乃謂我爲盜跖?子以甘辭説子路而使從之,使子路去其危冠〔一三〕,解其長劍,而受教於子,天下皆曰孔丘能止暴禁非。其卒之也,子路欲殺衛君而事不成,身菹於衛東門之上,是子教之不至也。子自謂才士聖人邪,則再逐於魯,削迹於衛,窮於齊,圍於陳蔡,不容身於天下。子教子路菹此患,上无以爲身,下无以爲人〔一四〕,子之道豈足貴邪?世之所高,莫若黄帝,黄帝尚不能全德,而

戰涿鹿之野，流血百里。堯不慈[一五]，舜不孝[一六]，禹偏枯[一七]，湯放
其主，武王伐紂，文王拘羑里[一八]，此六子者[一九]，世之所高也，孰論
之，皆以利惑其真而强反其情性，其行乃甚可羞也。世之所謂賢士，
伯夷、叔齊[二○]。伯夷、叔齊辭孤竹之君而餓死於首陽之山，骨肉不
葬；鮑焦飾行非世，抱木而死[二一]；申徒狄諫而不聽，負石自投於河，爲
魚鼈所食；介子推至忠也，自割其股以食文公，文公後背之，子推怒而
去，抱木而燔死；尾生與女子期於梁下，女子不來，水至不去，抱梁柱
而死。此六子者，无異於磔犬流豕、操瓢而乞者[二二]，皆離名輕死，不
念本養壽命者也。世之所謂忠臣者，莫若王子比干、伍子胥。子胥沈
江，比干剖心，此二子者，世謂忠臣也，然卒爲天下笑。自上觀之，至
于子胥、比干，皆不足貴也。丘之所以説我者，若告我以鬼事，則我不
能知也；若告我以人事者，不過此矣，皆吾所聞知也。今吾告子以人
之情：目欲視色，耳欲聽聲，口欲察味，志氣欲盈；人上壽百歲，中壽八
十，下壽六十，除病瘦死喪憂患[二三]，其中開口而笑者，一月之中不過
四五日而已矣。天與地无窮，人死者有時，操有時之具而託於无窮之
間，忽然无異騏驥之馳過隙也。不能説其志意，養其壽命者，皆非通
道者也。丘之所言，皆吾之所棄也。亟去走歸，无復言之！子之道，
狂狂汲汲，詐巧虛僞事也，非可以全真也，奚足論哉！”

　　孔子再拜趨走，出門上車，執轡三失，目芒然无見，色若死灰，據
軾低頭，不能出氣。歸到魯東門外，適遇柳下季。柳下季曰：“今者闕
然，數日不見，車馬有行色，得微往見跖邪？”孔子仰天而歎曰：“然。”
柳下季曰：“跖得无逆汝意若前乎？”孔子曰：“然。丘所謂无病而自灸
也，疾走料虎頭，編虎須，幾不免虎口哉！”

〔一〕曹礎基曰：“‘樞’，《闕誤》引劉得一本作‘摳’。”成玄英疏曰：“穿穴屋室，解脱門
　　樞，而取人牛馬也。”
〔二〕成玄英疏曰：“保，小城也。”
〔三〕《釋文》曰：“詔，教也。”
〔四〕成玄英疏曰：“餔，食也。”
〔五〕成玄英疏曰：“脅，肋也。言尼父所戴冕，浮華雕飾，華葉繁茂，有類樹枝。又將牛
　　皮用爲革帶，既闊且堅，有如牛肋也。”
〔六〕成玄英疏曰：“徼倖，冀望也。”

〔七〕成玄英疏曰:"言丘幸其得與賢兄朋友,不敢正覷儀容,願履帳幕之下。亦有作綦字者。綦,履迹也。願履綦迹,猶看足下。"

〔八〕成玄英疏曰:"趨,疾行也。反走,卻退。兩展其足,伸兩腳也。"

〔九〕成玄英疏曰:"激,明也。貝,珠也。黃鐘,六律聲也。"

〔一〇〕"民"字當作"人民",《韓非子·五蠹篇》亦云:"上古之世,人民少而禽獸衆。"

〔一一〕成玄英疏曰:"居居,安静之容。于于,自得之貌。"郭慶藩釋"于于"爲廣大之意。

〔一二〕"縫衣",《釋文》作"撻衣"。郭慶藩曰:"撻衣淺帶,向秀注曰:儒服寬而長大(見《列子·黃帝篇》注)。《釋文》:撻,又作縫。縫衣,大衣也。或作逢,《書·洪範》子孫其逢吉,馬注曰:逢,大也。"

〔一三〕危,高也。

〔一四〕"子教子路菹此患,上無以爲身,下無以爲人",馬叙倫以爲衍文。

〔一五〕成玄英疏曰:"謂不與丹朱天下。"

〔一六〕成玄英疏曰:"爲父所疾也。"

〔一七〕成玄英疏曰:"治水勤勞,風櫛雨沐,致偏枯之疾,半身不遂也。"

〔一八〕"文王拘羑里",李勉以爲衍文。

〔一九〕曹礎基曰:"六,《闕誤》引江南古藏本作'七'。"

〔二〇〕陳鼓應本"伯夷"前有"莫若"二字。

〔二一〕成玄英疏曰:"姓鮑,名焦,周時隱者也。節行非世,廉潔自守,荷擔采樵,拾橡充食,故無子胤,不臣天子,不友諸侯。"

〔二二〕《釋文》曰:"磔,竹客反。《廣雅》云:張也。……而乞者,李云:言上四人不得其死,猶豬狗乞兒流轉溝中者也。乞,或作走。"

〔二三〕曹礎基曰:"瘦,王念孫謂當爲'瘃',《意林》正引作'瘃'。"瘃,病也。

田成子常殺君竊國,而孔子受幣。

孔子不見母,匡子不見父。

漁　父

孔子遊乎緇帷之林,休坐乎杏壇之上。弟子讀書,孔子弦歌鼓琴,奏曲未半〔一〕。有漁父者,下船而來,須眉交白,被髮揄袂,行原以上,距陸而止〔二〕,左手據膝,右手持頤以聽。曲終而招子貢、子路,二人俱對。客指孔子曰:"彼何爲者也?"子路對曰:"魯之君子也。"客問其族。子路對曰:"族孔氏。"客曰:"孔氏者,何治也?"子路未應,子貢對曰:"孔氏者,性服忠信,身行仁義,飾禮樂,選人倫,上以忠於世主,下以化於齊民[三],將以利天下。此孔氏之所治也。"又問曰:"有土之君與?"子貢曰:"非也。""侯王之佐與?"子貢曰:"非也。"客乃笑而還行,言曰:"仁則仁矣,恐不免其身;苦心勞形以危其真。嗚呼遠哉,其分於道也!"

子貢還,報孔子。孔子推琴而起曰:"其聖人與!"乃下求之,至於澤畔,方將杖拏而引其船,顧見孔子,還鄉而立。孔子反走,再拜而進[四]。客曰:"子將何求?"孔子曰:"曩者先生有緒言而去,丘不肖,未知所謂,竊待於下風,幸聞咳唾之音以卒相丘也[五]。"客曰:"嘻!甚矣子之好學也!"孔子再拜而起曰:"丘少而脩學,以至於今,六十九歲矣,无所得聞至教,敢不虛心!"客曰:"同類相從,同聲相應,固天之理也。吾請釋吾之所有而經子之所以[六]。子之所以者,人事也。天子、諸侯、大夫、庶人,此四者自正,治之美也,四者離位,而亂莫大焉。官治其職,人憂其事[七],乃无所陵[八]。故田荒室露[九],衣食不足,徵賦不屬,妻妾不和,長少无序[一〇],庶人之憂也;能不勝任,官事不治,行不清白,群下荒怠,功美不有[一一],爵禄不持,大夫之憂也;廷无忠臣,國家昏亂,工技不巧,貢職不美,春秋後倫,不順天子,諸侯之憂也;陰陽不和,寒暑不時,以傷庶物,諸侯暴亂,擅相攘伐,以殘民人,禮樂不節,財用窮匱,人倫不飭,百姓淫亂,天子有司之憂也[一二]。今子既上无君侯有司之勢,而下无大臣職事之官,而擅飾禮樂,選人倫,以化齊民,不泰多事乎?且人有八疵,事有四患,不可不察也。非其事而事之,謂之摠[一三];莫之顧而進之,謂之佞;希意道言,謂之諂;不擇是非而言,謂之諛;好言人之惡,謂之讒;析交離親,謂之賊;稱譽詐偽以敗惡人[一四],謂之慝;不擇善否,兩容頰適,偷拔其所欲,謂之險。此八疵者,外以亂人,内以傷身,君子不友,明君不臣。所謂四患者:好經大事,變更易常,以挂功名,謂之叨;專知擅事,侵人自用,謂之貪;見過不更,聞諫愈甚,謂之很;人同於己則可,不同於己,雖善不善,謂之矜。此四患也。能去八疵,无行四患,而始可教已。"孔子愀然而歎,再拜而起曰:"丘再逐於魯,削迹於衛,伐樹於宋,圍於陳蔡。

丘不知所失，而離此四謗者，何也？"客悽然變容曰："甚矣，子之難悟也！人有畏影惡迹而去之走者，舉足愈數而迹愈多，走愈疾而影不離身[一五]，自以爲尚遲，疾走不休，絶力而死。不知處陰以休影，處静以息迹，愚亦甚矣！子審仁義之間，察同異之際，觀動静之變，適受與之度，理好惡之情，和喜怒之節，而幾於不免矣。謹脩而身，慎守其真，還以物與人，則无所累矣。今不脩之身而求之人，不亦外乎？"孔子愀然曰："請問何謂真？"客曰："真者，精誠之至也。不精不誠，不能動人。故强哭者，雖悲不哀[一六]；强怒者，雖嚴不威；强親者，雖笑不和。真悲无聲而哀，真怒未發而威[一七]，真親未笑而和。真在内者，神動於外，是所以貴真也。其用於人理也，事親則慈孝，事君則忠貞，飲酒則歡樂，處喪則悲哀。忠貞以功爲主，飲酒以樂爲主，處喪以哀爲主，事親以適爲主。功成之美，无一其迹矣。事親以適，不論所以矣[一八]；飲酒以樂，不選其具矣；處喪以哀，无問其禮矣。禮者，世俗之所爲也；真者，所以受於天也，自然不可易也。故聖人法天貴真，不拘於俗。愚者反此。不能法天而恤於人，不知貴真，禄禄而受變於俗，故不足。惜哉，子之蚤湛於人偽而晚聞大道也[一九]！"孔子又再拜而起曰："今者丘得遇也，若天幸然。先生不羞而比之服役[二〇]，而身教之。敢問舍所在，請因受業而卒學大道。"客曰："吾聞之，可與往者，與之至於妙道；不可與往者，不知其道。慎勿與之，身乃无咎。子勉之！吾去子矣，吾去子矣！"乃刺船而去，延緣葦間。

　　顔淵還車，子路授綏，孔子不顧，待水波定，不聞拏音而後敢乘。子路旁車而問曰："由得爲役久矣，未嘗見夫子遇人如此其威也。萬乘之主，千乘之君，見夫子未嘗不分庭伉禮，夫子猶有倨敖之容。今漁父杖拏逆立，而夫子曲要磬折，言拜而應，得无太甚乎？門人皆怪夫子矣，漁父何以得此乎？"孔子伏軾而歎曰："甚矣，由之難化也！湛於禮義有間矣，而樸鄙之心至今未去。進，吾語汝。夫遇長不敬，失禮也；見賢不尊，不仁也。彼非至人，不能下人。下人不精，不得其真，故長傷身。惜哉！不仁之於人也，禍莫大焉，而由獨擅之。且道者，萬物之所由也，庶物失之者死，得之者生；爲事逆之則敗，順之則成。故道之所在，聖人尊之。今漁父之於道，可謂有矣，吾敢不敬乎!"

〔一〕成玄英疏曰:"緇,黑也。尼父游行天下,讀講詩書,時於江濱,休息林籟。其林鬱
　　茂,蔽日陰沈,布葉垂條,又如帷幕,故謂之緇帷之林也。壇,澤中之高處也。其
　　處多杏,謂之杏壇也。琴者,和也,可以和心養性,故奏之。"

〔二〕成玄英疏曰:"揄,揮也。袂,袖也。原,高平也。距,至也。"

〔三〕《釋文》曰:"下以化齊民,李云:齊,等也。許慎云:齊等之民也。如淳云:齊民,猶
　　平民。元嘉本作化於齊民後。"

〔四〕成玄英注曰:"挈,橈也。反走前進,是虔敬之容也。"

〔五〕《釋文》曰:"緒言猶先言也。"成玄英疏曰:"曩,向也。緒言,餘論也。卒,終也。
　　相,助也。"俞樾以爲緒言即餘言也。

〔六〕《釋文》曰:"司馬云:經,理也。"

〔七〕于省吾曰:作"處"是也。

〔八〕成玄英疏曰:"陵,亦亂也。"

〔九〕郭慶藩曰:"荒露,謂荒蕪敗露。"

〔一〇〕曹礎基曰:"少,高山寺本作'幼',成疏同。"

〔一一〕曹礎基曰:"不有,高山寺本作'無有'。"

〔一二〕"有司"二字,馬叙倫以爲衍文。

〔一三〕成玄英疏曰:"摠,濫也。"

〔一四〕曹礎基曰:"惡人,《闕誤》引張君房本作'德人'。"

〔一五〕曹礎基曰:"高山寺本'離'下無'身'字。"

〔一六〕"悲",曹礎基曰:"高山寺本作'疾'。"

〔一七〕王孝魚曰:"又'未發'作'不嚴'。"

〔一八〕"其"字爲曹礎基據高山寺本補。

〔一九〕孫星衍《孔子集語》注曰:明本無"人"字。

〔二〇〕王孝魚曰:"高山寺本'不'下有'爲'字。"

列禦寇

　　魯哀公問乎顔闔曰:"吾以仲尼爲貞幹,國其有瘳乎〔一〕?"曰:"殆
哉圾乎仲尼〔二〕!方且飾羽而畫,從事華辭。以支爲旨,忍性以視民而
不知不信,受乎心,宰乎神,夫何足以上民!彼宜女與〔三〕?予頤
與〔四〕?誤而可矣〔五〕。今使民離實學僞,非所以視民也,爲後世慮,不
若休之,難治也。施於人而不忘,非天布也。商賈不齒,雖以事齒之。
神者弗齒。爲外刑者,金與木也〔六〕;爲内刑者,動與過也〔七〕。宵人之

離外刑者,金木訊之[八];離内刑者,陰陽食之[九]。夫免乎外内之刑者,唯真人能之。"

〔一〕成玄英疏曰:"言仲尼有忠貞幹濟之德,欲命爲卿相,魯邦亂病庶瘳差矣。"

〔二〕成玄英疏曰:"殆,近也。伋,危也。"

〔三〕郭象注曰:"彼,百姓也。女,哀公也。彼與女各自有所宜,相效則失真,此即今之見驗。"

〔四〕成玄英疏曰:"予,我也。頤,養也。"

〔五〕郭象注曰:"正不可也。"

〔六〕郭象注曰:"金,謂刀鋸斧鉞;木,謂捶楚桎梏。"

〔七〕郭象注曰:"静而當,則外内無刑。"

〔八〕郭象注曰:"不由明坦之塗者,謂之宵人。"《釋文》曰:"宵人,王云:非明正之徒,謂之宵夜之人也。"成玄英疏曰:"宵,闇夜也。離,罹也。訊,問也。闇惑之人,罹於憲網,身遭枷杻斧鉞之刑也。"俞樾以爲"宵人"即小人也。

〔九〕郭象注曰:"動而過分,則性氣傷於内,金木訊於外也。"

　　孔子曰:"凡人心險於山川,難於知天[一];天猶有春秋冬夏旦暮之期,人者厚貌深情。故有貌愿而益[二],有長若不肖[三],有順懁而達[四],有堅而縵[五],有緩而釬[六]。故其就義若渴者,其去義若熱。故君子遠使之而觀其忠,近使之而觀其敬,煩使之而觀其能,卒然問焉而觀其知,急與之期而觀其信,委之以財而觀其仁,告之以危而觀其節,醉之以酒而觀其側[七],雜之以處而觀其色。九徵至,不肖人得矣。"

〔一〕難於知天,馬叙倫以爲當作"難知於天"。

〔二〕《釋文》曰:"愿,謹愨也。"俞樾云:"益當作溢。溢之言驕溢也。《荀子・不苟篇》'以驕溢人'是也。愿與溢,義正相反。"

〔三〕成玄英疏曰:"心實長者,形如不肖。"

〔四〕王先謙曰:"柔順懁急而内通事理。"

〔五〕王先謙曰:"外堅强而内緩弱。"

〔六〕《釋文》曰:"釬,胡旦反,又音干,急也。"

〔七〕《釋文》曰:"側,不正也。或作則。"俞樾云:"上文皆舉美德言之,此獨觀其不正,則不倫矣。其云'或作則',當從之。"

佚　文

仲尼讀書,老聃倚竈觚而聽之[一]。曰:"是何書也?"曰:"《春秋》

也。"〔二〕（《藝文類聚》八十引）

〔一〕竈觚，即竈突。

〔二〕孫星衍《孔子集語》注曰：《御覽》一百八十六引《莊子》曰："仲尼讀《春秋》，老聃
　　踞竈觚而聽。"注："觚，竈額也。"按當在逸篇。

　　　老子見孔子，從弟子五人，問曰："前爲誰?"對曰："子路，勇且多
力；其次子貢，爲智；曾子，爲孝；顔回，爲仁；子張，爲武。"老子歎曰：
"吾聞南方有鳥，名鳳凰〔一〕，其所居也〔二〕，積石千里，河水出下，鳳鳥
居止〔三〕。天爲生食，其樹名瓊，枝高百仞，以璆琳琅玕爲實；天又爲生
離朱〔四〕，一人三頭，遞起以伺琅玕。鳳鳥之文，戴聖嬰仁〔五〕，右智左
賢。"〔六〕（《御覽》九百十五引）

〔一〕"名鳳凰"，中華書局影印本《御覽》作"其名爲鳳"。

〔二〕"其"、"也"二字，中華書局影印本《御覽》無。

〔三〕"河水出下，鳳鳥居止"八字，中華書局影印本《御覽》無。

〔四〕中華書局影印本《御覽》"朱"作"珠"。

〔五〕《説文》："嬰，頸飾也。"

〔六〕孫星衍《孔子集語》注曰：今本無此文，當是佚篇。

　　　孔子病，子貢出，卜。孔子曰〔一〕："汝待也。吾坐席不敢先，居處
若齋，食飲若祭。吾卜之久矣。"〔二〕（《御覽》八百四十九引，《繹史·孔子類記
四》引）

〔一〕《四庫全書》本《繹史》下有"子侍也"三字。

〔二〕王仁俊《孔子集語補遺》注曰：按《困學紀聞》入《莊子》佚文。

　　　孔子舍於沙丘，見主人，曰："辯士也。"子路曰："夫子何以識之?"
曰："其口窮踦，其鼻空大，其服博，其睫流，其舉足也高，其踐地也深，
鹿合而牛舍。"〔一〕（《繹史·孔子類記四》引）

〔一〕孫星衍《孔子集語》注曰：今本無。

黔婁子

　　《黔婁子》，舊題周黔婁先生撰。西漢劉向《列女傳》認爲黔婁爲魯國人。
東漢皇甫謐《高士傳》云："黔婁先生，齊人也，修身清節，不求諸侯。……著書四

篇,言道家之務,號《黔婁子》。"《漢書·藝文志》著録《黔婁子》四篇,注云:"齊隱士,守道不詘,威王下之。"然《隋書·經籍志》、《舊唐書·經籍志》皆不見著録,亡佚久矣。清馬國翰《玉函山房輯佚書》有輯本一卷。

今據《玉函山房輯佚書》之《黔婁子》加以輯録。

子曰:"言之善者,在所日聞;行之善者,在所能爲。"

抱朴子

《抱朴子》,東晉葛洪撰。葛洪自號"抱朴子",故名。全書分爲内、外兩篇。《四庫全書總目提要》曰:"其書内篇論神仙吐納、符籙克治之術,純爲道家之言;外篇則論時政得失,人事臧否,詞旨辨博,饒有名理,而究其大旨,亦以黄、老爲宗。"是書總結了戰國以來神仙家的理論,確立了道教神仙理論體系,並繼承了魏伯陽的煉丹理論,與玄學和儒學融爲一體,提出"儒道雙修"之主張。《隋書·經籍志》、《舊唐書·經籍志》均列入雜家,南宋晁公武《郡齋讀書志》、陳振孫《直齋書録解題》亦有著録,但卷數各不相同。

今以王明《抱朴子内篇校釋》(中華書局 1986 版)、楊明照《抱朴子外篇校箋》(中華書局 1991 版)爲底本,以《百子全書》本、葛洪《抱朴子》(上海書店 1986 年版)以及郭沂《孔子集語校補》爲參校本加以輯録、校勘。

内篇 辨問

孔子門徒,達者七十二,而各得聖人之一體,是聖事有剖判也。又云:顏淵具體而微,是聖事有厚薄也。

完山之鳥,賣生送死之聲,孔子不知之,便可復謂顏回只可偏解之乎?聞太山婦人之哭,問之,乃知虎食其家三人,又不知此婦人何以不徙去之意,須答乃悟。見羅雀者純得黄口,不辨其意,問之乃覺。及欲葬母,不知父墓所在,須人語之,既定墓崩,又不知之,弟子誥之,乃泫然流涕。又疑顏淵之盜食,乃假言欲祭先人,卜掇塵之虛僞。廄焚,又不知傷人馬否。顏淵後,便謂之已死。又周流七十餘國,而不能逆知人之必不用之也,而栖栖遑遑,席不暇溫。又不知匡人當圍之,而由其途。問老子以古禮,禮有所不解也。問郯子以鳥官,官有所不識也。行不知津,而使人問之,又不知所問之人,必譏之而不告其路,若爾,可知不問也。下車逐歌鳳者,而不知彼之不住也。見南子而不知其無益也。

《靈寶經》有《正機》、《平衡》、《飛龜授袟》凡三篇,皆仙術也。吳王伐石以治宮室,而於合石之中,得紫文金簡之書,不能讀之,使使者持以問仲尼,而欺仲尼曰:“吳王閑居,有赤雀銜書以置殿上,不知其義,故遠諮呈。”仲尼以視之,曰:“此乃靈寶之方,長生之法,禹之所服,隱在水邦,年齊天地,朝於紫庭者也。禹將仙化,封之名山石函之中,乃今赤雀銜之,殆天授也。”（又見於《繹史·孔子類記四》引《吳越春秋》、《繹史·孔子類記四》引《靈寶要略》、《御覽》四十六引《吳地記》）

袪　惑

（抱朴子）又云:孔子母年十六七時,吾相之,當生貴子。及生仲尼,真異人也,長九尺六寸,其顙似堯,其項似皋陶,其肩似子産,自腰以下不及禹三寸,雖然,貧苦孤微,然爲兒童便好俎豆之事。吾知之必當成就。及其長大,高談驚人,遠近從之受學者,著録數千人。我喜聽其語,數往從之,但恨我不學,不能與之覆疏耳。常勸我讀《易》,云:“此良書也,丘竊好之,韋編三絶,鐵撾三折〔一〕,今乃大悟。”魯哀公十四年,西狩獲麟,麟死。孔子以問吾,吾語之,言此非善祥也。孔子乃愴然而泣。後得惡夢,乃欲得見吾。

〔一〕“撾”,鼓槌。孫星衍《孔子集語》注曰:一作“摘”。

外篇　逸民

桀紂,帝王也;仲尼,陪臣也。今見比於桀紂,則莫不怒焉;見擬於仲尼,則莫不悦焉。爾則貴賤果不在位也。故孟子云:“禹、稷、顔淵,易地皆然矣。”宰予亦謂:“孔子賢於堯、舜遠矣。”

昔顔回死,魯定公將躬弔焉,使人訪仲尼。仲尼曰:“凡在邦内,皆臣也。”定公乃升自東階,行君禮焉。

譏 惑

孔子云:"喪親者,若嬰兒之失母,其號豈常聲之有? 寧令哀有餘而禮不足。"

仁 明

孔子曰"聰明神武",不云"聰仁"。又曰"昔者明王之治天下",不曰"仁王"。

枕中書

《枕中書》,又名《枕中記》,南宋《嘉定赤城志》稱《衆真記》,舊題東晉葛洪撰。《四庫全書總目提要》曰:"考隋、唐、宋藝文志,但有《墨子枕中記》及《枕中素書》,而無葛洪《枕中書》。此本別載《説郛》中,一名《元始上真衆仙記》,而《通志》所列《元始上真記》無衆仙字,似亦非此書。書中説多謬悠。若稱太昊氏治岱宗山,顓頊治恒山,祝融氏治衡霍山……武王爲田極明公,漢高祖、光武爲四明賓友之類,已屬不經。至謂元始天尊與太玄玉女通氣結精,遂生扶桑大帝、九天玄女,誕妄尤甚。又在《真靈位業圖》諸書之下,其出後人僞撰無疑也。"然亦有學者認爲此書不僞。

今據郭沂《孔子集語校補》加以輯録、校勘。

孔丘爲太極上真公,治九顚山,顔回受書初爲明泉侍郎,後爲三天司真,七十二人受名玄洲,門徒三千,不逕北鄙之門。

孔子門徒三千,不逕北鄙之門。

孫綽子

《孫綽子》,西晉孫綽撰。孫綽少以文才著稱,但《晉書》載其性好譏嘲,《世説新語》則稱其性鄙。此書著録於《隋書·經籍志》、《舊唐書·經籍志》、《新唐書·藝文志》和《宋史·藝文志》,十卷。原書亡佚,清代王仁俊《玉函山房輯佚書補編》、勞格《月河精舍雜鈔》等有輯本。

今據郭沂《孔子集語校補》加以輯録、校勘。

仲尼見滄海横流,故務爲舟航。(《北堂書鈔》卷一百三十八,又《太平御覽》卷七百七十引)

符　子

《符子》,又作《苻子》,前秦苻朗著。《晉書·苻朗傳》謂苻朗"著《苻子》數十篇行於世,亦《老》、《莊》之流也。"較早著録此書的是南朝庾仲容的《子鈔》。《隋書·經籍志》以及唐馬總《意林》、宋鄭樵《通志》皆著録二十卷,然《舊唐書·經籍志》與《新唐書·藝文志》均著録三十卷。《四庫全書總目提要》曰:"其書今已佚,惟見類書所引。如關龍逢諫桀、齊景公好馬之類,皆假借古人爲寓言,並無事實。"清馬國翰《玉函山房輯佚書》和嚴可均《全晉文》有輯本。

今以《玉函山房輯佚書》爲底本,以郭沂《孔子集語校補》爲參校本加以輯録、校勘。

魯侯欲以孔子爲司徒,將召三桓而議之。乃謂左丘明曰:"寡人欲以孔某爲司徒,而授以魯政焉。寡人將欲詢諸三子。"左丘明曰:"孔某聖人與! 夫聖人在政,過者離位焉。君雖欲謀,其遂弗合乎?"魯侯曰:"吾子奚以知之?"丘明曰:"周人有愛裘而好珍羞,欲爲千金之裘,而與狐謀其皮;欲具少牢之珍,而與羊謀其羞。言未卒,狐相率逃於重邱之下,羊相呼藏於深林之中。故周人十年不制一裘,五年不具一牢。何者? 周人之謀,失之矣! 今君欲以孔某爲司徒,召三桓而議之,亦與狐謀裘,與羊謀羞哉!"於是魯侯不以三桓謀,而召孔子爲司徒。(《御覽》二百八引,又見於《韓詩外傳》八)

孔子福地記

《孔子福地記》,作者不詳,曾爲陶弘景《真誥》所引用,當爲道家洞天福地類著作。

今據郭沂《孔子集語校補》加以輯録。

崗山之間有伏龍之鄉,可以避水避病長生。[一](《真誥》引)

[一]王仁俊《孔子集語補遺》注曰:按俞氏《茶香室三鈔》曰:"此即謂句曲山也。"俊
　　謂:此寓言耳。《寶典》十二曰:"夏禹不疤,而仲尼知之,安知仲尼不密脩其道?"

與此同,不足深據。

真誥

《真誥》,二十卷,南朝梁陶弘景撰,爲道教上清派要典。南宋高似孫評價是書爲"能通乎緯,必知誥矣。陶君之意,亦謂卦六十四,道之元也;道德五千言,元之道也。其餘賾元之奧,鉤玄之微,能與易、老貫者,各形乎言,各見乎事。雖然,事與言非元矣"。《隋書·經籍志》未見著録,但北周王延的《三洞珠囊》多引其文。《真誥》存於《道藏》中,另外日本學者吉川忠夫的《真誥校注》校勘甚精。

今以《叢書集成》本《真誥》爲底本,以《四庫全書》本《真誥》、郭沂《孔子集語校補》爲參校本加以輯録、校勘。

稽神樞第四

施存者,齊人也,自號婉盆子,得遁變化景之道。今在中岳或少室,往有壺公,正此人也。然未受太上書,猶未成真焉。其行玉斧軍火符,是其所受之枝條也。施存是孔子弟子三千之數[一]。

[一]孫星衍《孔子集語》注曰:三千之限有此人,而不預七十二者,明夫子不以仙爲教矣。

法家類

申 子

《申子》,戰國時期法家申不害的著作。《史記·老子韓非列傳》稱申不害"本於黃老,而主刑名,著書兩篇,故名《申子》"。《漢書·藝文志》著録《申子》六篇。然據《史記集解》引劉向《別録》:"今民間所有上下二篇,中書六篇,皆合二篇,已備,過於太史公所記也。"原書已佚,清馬國翰《玉函山房輯佚書》有輯本。

今據《玉函山房輯佚書》以及郭沂《孔子集語校補》加以輯録、校勘。

子張見魯哀公,七日不見禮,託僕夫而去。曰:"臣聞君好士,舍重趼來見,七日而不禮。君之好士也,有似葉公子高之好龍也。葉公子高好龍,居室雕文以象龍。天龍聞而下之,窺頸於牖,拖尾於堂。葉公見之,棄而還走,失其魂魄。是葉公非好龍也,好夫似龍而非龍者也。今臣聞君好士,不遠千里而見君,七日不禮,君非好士也。"子張以告夫子,子曰:"彼好夫士而非士者也。"〔一〕(《御覽》三十七引)

〔一〕王仁俊《孔子集語補遺》注曰:《御覽》卷九百二十引《莊子》同。今案:當爲卷九百二十九,文字有異。

慎　子

《慎子》,舊題周慎到撰。《史記·孟子荀卿列傳》載:"慎到,趙人。……皆學黃老道德之術,因發明序其指意。故慎到著十二論"。徐廣注曰:"今《慎子》,劉向所定,有四十一篇。"班固《漢書·藝文志》著録爲四十二篇,《新唐書·藝文志》著録爲十卷,宋代《崇文總目》記爲三十七篇,南宋陳振孫《直齋書録解題》則稱麻沙刻本凡五篇。原書亡佚,經清嚴可均輯補,現存《慎子》有七篇。《四庫全書總目提要》論説其學術淵源爲:"是《慎子》之學近乎釋氏,然《漢志》列之於法家。今考其書,大旨欲因物理之當然,各定一法而守之。不求於法之外,亦不寬於法之中,則上下相安,可以清净而治。然法所不行,勢必刑以齊之。道德之爲刑名,此其轉關。所以申、韓多稱之也。"

今以許富宏《慎子集校集注》(中華書局 2013 版)爲底本,以郭沂《孔子集語校補》爲參校本加以輯録、校勘。

佚　文

孔子曰:"丘少而好學,晚而聞道,以此博矣。"〔一〕(《御覽》六百七引)

〔一〕孫星衍《孔子集語》注曰:按薛據《孔子集語》、馬驌《繹史》八十六、曹廷棟《孔子逸語》皆引作《申子》,誤。

孔子曰:"有虞氏不賞不罰,夏后氏賞而不罰,殷人罰而不賞,周人賞且罰。罰,禁也;賞,使也。"(《御覽》六百三十三引)

韓非子

《韓非子》,又稱《韓子》,戰國韓非著,二十卷,五十五篇。《漢書·藝文志》

載：“《韓子》五十五篇。”班固自注云：“名非，韓諸公子，使秦，李斯害而殺之。”《四庫全書總目提要》載：“考《史記》非本傳，稱非見韓削弱，數以書諫韓王，韓王不能用。悲廉直不容於邪枉之臣，觀往者得失之變，故作《孤憤》、《五蠹》、《内》《外儲說》、《說林》、《說難》十餘萬言。”近人考證，此書並非全部爲韓非所著。有關爭議，分歧較大。如《飭令》篇與《商君書·飭令》基本相似，故非韓非所作。又如《初見秦》篇乃爲縱横家的遊説之辭。

歷代注疏此書的代表作有明趙用賢《韓非子注》、清王先慎《韓非子集解》、梁啓雄《韓子淺釋》、陳奇猷《韓非子新校注》等。

今以王先慎《韓非子集解》（中華書局 1988 版）爲底本，以陳奇猷《韓非子新校注》（上海古籍出版社 2000 年版）、韓非子校注組《韓非子校注》（江蘇人民出版社 1982 年版）以及郭沂《孔子集語校補》爲參校本加以輯録、校勘。

説林上

子圉見孔子於商太宰[一]。孔子出，子圉入，請問客。太宰曰：“吾已見孔子，則視子猶蚤蝨之細者也。吾今見之於君。”子圉恐孔子貴於君也，因謂太宰曰[二]：“君已見孔子[三]，亦將視子猶蚤蝨也[四]。”太宰因弗復見也。（又見於《列子·仲尼》）

〔一〕陳奇猷曰：商，即宋也，詳見《日知録》卷二。

〔二〕“謂”，原作“請”，王先慎依《御覽》改正。

〔三〕孫星衍《孔子集語》注曰：本作“己”，從宋本改。

〔四〕“亦”字上原有“孔子”二字，顧廣圻、王先慎、陳奇猷均認爲“孔子”二字不當重，依《御覽》删。

説林下

孔子謂弟子曰：“孰能導子西之釣名也[一]？”子貢曰：“賜也能。”乃導之，不復疑也。孔子曰：“寬哉，不被於利！絜哉，民性有恒！曲爲曲，直爲直[二]。”孔子曰[三]：“子西不免。”白公之難，子西死焉。

〔一〕太田方曰：“《淮南·要略》注：‘導，諫也。’《漢書·公孫弘傳》‘誠飾詐欲以釣名’，顔師古注：‘釣，取也。若釣魚之謂也。’”陳奇猷曰：“子西，楚令尹子西也。”

〔二〕王先慎曰：“數句當是子西對子貢言，‘孔子’二字疑‘子西’之誤。”陳奇猷曰：“松皋圓以下文‘孔子曰’三字衍文，是也。子貢諫子西，子西不復疑，然孔子以民性有恒推之,子西之聽子貢乃暫時之事,亦品性難移之意,故知子西不免也。"

〔三〕孫星衍《孔子集語》注曰:朱本"孔子曰"提行。今案:陳奇猷引松皋圓以爲"孔子
　　曰"三字當删。

内儲説上　七術

仲尼説隕霜,而殷法刑棄灰。

魯哀公問於孔子曰:"鄙諺曰:'莫衆而迷〔一〕。'今寡人舉事,與
群臣慮之,而國愈亂,其故何也?"孔子對曰:"明主之問臣,一人知
之,一人不知也;如是者,明主在上,群臣直議於下。今群臣無不一
辭同軌乎季孫者,舉魯國盡化爲一,君雖問境内之人,猶不免於
亂也。"

〔一〕莫衆而迷,謂舉事不與衆謀者必迷惑。

魯哀公問於仲尼曰:"《春秋》之記曰:'冬十二月,霣霜不殺菽。'
何爲記此?"仲尼對曰:"此言可以殺而不殺也。夫宜殺而不殺,桃李
冬實。天失道,草木猶犯干之,而況於人君乎!"〔一〕

〔一〕孫星衍《孔子集語》注曰:此申、韓深刻之學,依託之詞。

殷之法,刑棄灰於街者〔一〕。子貢以爲重,問之仲尼。仲尼曰:
"知治之道也。夫棄灰於街必掩人〔二〕,掩人,人必怒,怒則鬭,鬭必三
族相殘也,此殘三族之道也,雖刑之可也。且夫重罰者,人之所惡也;
而無棄灰,人之所易也。使人行之所易,而無離所惡,此治之道〔三〕。"
一曰:殷之法,棄灰于公道者斷其手。子貢曰:"棄灰之罪輕,斷手之
罰重,古人何太毅也〔四〕?"曰:"無棄灰,所易也;斷手,所惡也。行所
易,不關所惡〔五〕,古人以爲易,故行之。"

〔一〕王先慎曰:"《初學記》二十引'刑'字在'者'字下。"

〔二〕必掩,孫星衍《孔子集語》注曰:《史記·李斯傳》正義引作"必燔"。

〔三〕王先慎曰:"行之所易,即去其疾所易也。行,猶去也。之,猶其也。……離讀爲
　　罹。"孫子書以爲王説非,認爲"行其所易"即指無棄灰言之。陳奇猷同意孫説。

〔四〕毅,酷也。

〔五〕王先慎曰:"不關所惡,謂不入斷手之法也。"

魯人燒積澤。天北風，火南倚，恐燒國。哀公懼，自將衆趣救火[一]。左右無人，盡逐獸而火不救，乃召問仲尼。仲尼曰："夫逐獸者樂而無罰，救火者苦而無賞，此火之所以無救也。"哀公曰："善[二]。"仲尼曰："事急，不及以賞；救火者盡賞之，則國不足以賞於人。請徒行罰[三]。"哀公曰："善。"於是仲尼乃下令曰："不救火者，比降北之罪；逐獸者，比入禁之罪。"令下未遍，而火已救矣。

〔一〕"趣"，原作"輒"。"火"下原有"者"字。俞樾以爲"輒"當作"趣"，"火"下"者"字衍文。王先慎曰："趙本'輒'作'趣'，《藝文類聚》八十、《御覽》八百六十九、《初學記》二十引並作'趣'，無'者'字，今據改。"陳奇猷同意王説。

〔二〕陳奇猷以爲"善"字誤，當作"爲之奈何"。

〔三〕"請徒行罰"，原作"請徒行賞"。孫星衍《孔子集語》注曰：《藝文類聚》八十引作"請徒行罰"。今案：顧廣圻曰："行賞，當依馮氏舒校改作'行罰'。"王先慎曰："《藝文類聚》、《御覽》引並作'請徒行罰'，今據改。"

內儲説下　六微

仲尼爲政於魯，道不拾遺，齊景公患之。黎且謂景公曰："去仲尼猶吹毛耳。君何不迎之以重禄高位，遺哀公以女樂[一]，以驕榮其意[二]？哀公新樂之，必怠於政，仲尼必諫，諫而不聽[三]，必輕絶於魯。"景公曰："善。"乃令犁且以女樂二八遺哀公[四]，哀公樂之，果怠於政。仲尼諫，不聽，去而之楚。（又見於《晏子春秋·外篇下》）

〔一〕孫星衍《孔子集語》注曰：《後漢書·馮衍傳》注引作"魯公"。今案：盧文弨以爲"哀"字譌，此事發生在定公時。王先慎曰："哀公，《後漢》注引同，明此《韓非子》傳聞偶誤，非字譌也。《後漢》注上作'定'，下作'哀'，不足爲據。"又《百子全書》本無"以"字。

〔二〕王渭曰："'榮'當作'熒'，下文'以榮其意'同。"陳奇猷以爲是，而曰："熒通營，惑也。"

〔三〕原文及《百子全書》本無"而不聽"三字，蓋脱，今依孫星衍《孔子集語》補。今案：《後漢書·馮衍傳》注引"諫"下亦有"而不聽"三字。

〔四〕"二八"，原作"六"，王先慎依《御覽》改。

外儲説左上

孔子曰："爲人君者，猶盂也；民，猶水也。盂方水方，盂圜水圜。"

（又見於《群書治要・尸子・處道》）

　　晉文公攻原，裹十日糧，遂與大夫期十日。至原十日而原不下，擊金而退，罷兵而去。士有從原中出者，曰："原三日即下矣。"群臣左右諫曰："夫原之食竭力盡矣，君姑待之。"公曰："吾與士期十日，不去，是亡吾信也。得原失信，吾不爲也。"遂罷兵而去。原人聞曰："有君如彼其信也，可無歸乎？"乃降公。衛人聞曰："有君如彼其信也，可無從乎？"乃降公。孔子聞而記之，曰："攻原得衛者〔一〕，信也。"

　　〔一〕"衛"，《淮南子》、《新序》皆作"温"。陳奇猷據《左傳》、《史記》等書以爲作"温"是也。

外儲説左下

　　孔子議晏嬰。

　　孔子相衛，弟子子皋爲獄吏〔一〕，刖人足，所跀者守門。人有惡孔子於衛君者，曰："尼欲作亂。"衛君欲執孔子。孔子走，弟子皆逃。子皋從出門〔二〕，跀危引之，而逃之門下室中，吏追不得。夜半，子皋問跀危曰："吾不能虧主之法令，而親刖子之足，是子報仇之時也，而子何故乃肯逃我？我何以得此於子？"跀危曰："吾斷足也，固吾罪當之，不可奈何。然方公之欲治臣也〔三〕，公傾側法令，先後臣以言〔四〕，欲臣之免也甚〔五〕，而臣知之。及獄決罪定，公憱然不悦，形於顏色，臣見又知之〔六〕。非私臣而然也，夫天性仁心固然也。此臣之所以悦而德公也。"〔七〕

　　〔一〕傅佛崖曰："子皋，即《論語》'子路使子羔爲費宰'之子羔。"

　　〔二〕顧廣圻以爲"從"當作"後"。王先慎認爲"從"字不誤，"出門"當作"後門"。陳奇猷同意顧説，曰："顧説是。'出'字衍。下文'梁車爲鄴令'條'暮而後門'，《吕氏春秋・長利篇》高注：'後門，日夕門已閉也。'今'後'形誤爲'從'，'子皋從門'不可解，後人遂增'出'字耳。王説改作'子皋從後門'，子皋既從，何得後門？且後、出二字形聲皆不近，亦無由致誤。"

　　〔三〕"欲"，原作"獄"，王先慎依張榜本改。

〔四〕太田方曰:"《周禮·士師》'以五戒先後刑罰,毋使罪麗於民',注:'先後,猶左右
　　也,助也。'《尚書》'和懌先後迷民',《孔傳》:'先後,謂教訓也。'《後漢·伏湛
　　傳》'實足以先後王室',注:'先後,相導也。'"

〔五〕陳奇猷疑"甚"字衍。今案:陳説誤,此"甚"字可修飾全句,意爲"甚欲臣之免",
　　可釋爲"極其希望我能够免於刑罰"。

〔六〕陶鴻慶以爲"見"字衍。陳奇猷同意陶説。

〔七〕舊注:"跀者行危步,故曰朔危也。"俞樾以爲"危"乃"跪"之省文。王先慎曰:
　　"《荀子·勸學篇》'蟹六跪而二螯',楊倞注曰:"跪,足也。《韓子》以刖足爲朔
　　跪。'據此,是楊所見《韓子》作'跪'也,跪訓爲足,又其一證。'悦而德公也',張
　　榜本重'而'字。案此下當接'孔子曰:"善爲吏者樹德,不能爲吏者樹怨。槩者平
　　量者也,吏者平法者也,治國者不可失平也"'。"陳奇猷同意王説。

孔子曰:"善爲吏者樹德,不能爲吏者樹怨。槩者平量者也〔一〕,
吏者平法者也,治國者不可失平也〔二〕。"(又見於《説苑·至公》)
　　〔一〕《説文》:"槩,杚斗斛。"槩爲一種容器。
　　〔二〕王先慎以爲此句當在"孔子相衞"之後,參見上文注釋。

魯哀公問於孔子曰:"吾聞古者有夔一足,其果信有一足乎?"孔
子對曰:"不也,夔非一足也。夔者,忿戾惡心,人多不説喜也。雖然,
其所以得免於人害者,以其信也。人皆曰:'獨此一,足矣。'夔非一足
也,一而足也。"哀公曰:"審而是〔一〕,固足矣。"一曰:哀公問於孔子
曰:"吾聞夔一足,信乎?"曰:"夔,人也,何故一足? 彼其無他異,而獨
通於聲。堯曰:'夔一而足矣。'使爲樂正。故君子曰:'夔,有一,足。'
非一足也。"(又見於《國語·魯語下》、《吕氏春秋·慎行論·察傳》)
　　〔一〕王先慎曰:"而,讀若如。"

孔子侍坐於魯哀公,哀公賜之桃與黍。哀公曰〔一〕:"請用。"仲尼
先飯黍而後啗桃,左右皆揜口而笑。哀公曰:"黍者,非飯之也,以雪
桃也〔二〕。"仲尼對曰:"丘知之矣。夫黍者,五穀之長也,祭先王爲上
盛。果蓏有六,而桃爲下,祭先王不得入廟。丘之聞也,君子以賤雪
貴,不聞以貴雪賤。今以五穀之長雪果蓏之下,是從上雪下也。丘以
爲妨義,故不敢以先於宗廟之盛也。"

〔一〕“曰”字原無,王先慎依盧文弨及《藝文類聚》補。

〔二〕太田方曰:“雪,拭也。”

仲尼曰:“與其使民諂下也,寧使民諂上〔一〕。”

〔一〕諂下則朋黨,諂上則尊敬。

管仲相齊,曰:“臣貴矣,然而臣貧。”桓公曰:“使子有三歸之家〔一〕。”曰:“臣富矣,然而臣卑。”桓公使立於高、國之上。曰:“臣尊矣,然而臣疏。”乃立爲仲父。孔子聞而非之曰:“泰侈偪上。”一曰:管仲父出,朱蓋青衣,置鼓而歸〔二〕,庭有陳鼎,家有三歸〔三〕。孔子曰:“良大夫也,其侈偪上。”

〔一〕郭嵩燾曰:“包咸《論語注》以三歸爲一娶三姓,《史記·管子傳》注、《漢書》顏師古注、《國策》鮑彪注皆用其説。《説苑》以爲臺名。至金仁山氏始據以爲税法,固爲近之,而不能詳其義。此蓋《管子》‘九府輕重’之法,當就《管子》書求之。《山至數篇》曰‘則民之三有歸於上矣’,‘三歸’之名實本於此。”陳奇猷同意此説。

〔二〕舊注:“自朝歸,設鼓吹之樂。”蔣超伯曰:“按古字‘歸’、‘饋’通。《魯論》‘歸孔子豚’,注‘歸,一作饋’,《孟子》作‘饋’。置鼓而歸,謂陳鼓樂以侑食。”陳奇猷同意蔣説。

〔三〕陳奇猷曰:“庭有陳鼎,謂庭中有陳列之鼎。《吕氏春秋·貴直篇》‘殷之鼎陳於周之廷’,又曰‘無使齊之大吕陳之廷’(大吕,齊大鼎名),可證此文之義。”

外儲説右上

季孫相魯,子路爲郈令。魯以五月起衆爲長溝。當此之時〔一〕,子路以其私秩粟爲漿飯〔二〕,要作溝者於五父之衢而飱之〔三〕。孔子聞之,使子貢往覆其飯,擊毀其器,曰:“魯君有民,子奚爲乃飱之?”子路怫然怒,攘肱而入,請曰:“夫子疾由之爲仁義乎? 所學於夫子者,仁義也;仁義者,與天下共其所有而同其利者也。今以由之秩粟而飱民,其不可,何也?”孔子曰:“由之野也! 吾以女知之,女徒未及也。女故如是之不知禮也! 女之飱之,爲愛之也。夫禮,天子愛天下,諸侯愛境内,大夫愛官職,士愛其家,過其所愛曰侵。今魯君有民而子擅愛之,是子侵也,不亦誣乎?”言未卒,而季孫使者至,讓曰:“肥也起民而使之,先生使弟子止徒役而飱之,將奪肥之民耶?”孔子駕而去

魯〔四〕。（又見於《説苑・臣術》）

〔一〕“時”，《百子全書》本、陳奇猷本皆作“爲”，是也。太田方曰：“《國策》‘隉山之爲’注：‘爲，役也。’”陳奇猷曰：“猶言當此役之時。”

〔二〕秩粟，俸米。

〔三〕太田方曰：“《左傳》注：‘五父衢，道名，在魯國東南。’”

〔四〕孫星衍《孔子集語》注曰：《水經・濟水》注引《韓子》曰：“魯以仲夏起長溝，子路爲蒲宰，以私粟饋衆。孔子使子貢毀其器焉。”

堯欲傳天下於舜。鯀諫曰：“不祥哉！孰以天下而傳之於匹夫乎？”堯不聽，舉兵而誅殺鯀於羽山之郊。共工又諫曰：“孰以天下而傳之於匹夫乎？”堯不聽，又舉兵而流共工於幽州之都〔一〕，於是天下莫敢言無傳天下於舜。仲尼聞之曰：“堯之知，舜之賢，非其難者也。夫至乎誅諫者必傳之舜，乃其難也。”一曰：不以其所疑敗其所察，則難也。

〔一〕“流”，原作“誅”，王先愼據《御覽》改“誅”爲“流”，于省吾以爲失之，陳奇猷疑“誅”下脱一“流”字。

外儲説右下

衛君入朝於周，周行人問其號〔一〕，對曰：“諸侯辟疆。”周行人卻之，曰：“諸侯不得與天子同號〔二〕。”衛君乃自更曰：“諸侯燬。”而後内之。仲尼聞之，曰：“遠哉禁偪！虛名不以借人，況實事乎？”〔三〕

〔一〕太田方曰：“《周禮》：‘大行人掌大賓之禮，及大客之禮，以親諸侯。’”

〔二〕舊注：開辟疆土者，天子之號。

〔三〕舊注：名辟疆，未必能辟疆，故曰虛也。王先愼曰：“‘諸侯辟疆’、‘諸侯燬’兩‘諸’字皆涉‘諸侯不得與天子同號’句而誤，‘諸’當作‘衛’。”

難　一

晉文公將與楚人戰，召舅犯問之，曰：“吾將與楚人戰，彼衆我寡，爲之奈何？”舅犯曰：“臣聞之：‘繁禮君子，不厭忠信；戰陣之間，不厭詐僞。’君其詐之而已矣。”文公辭舅犯，因召雍季而問之，曰：“我將與楚人戰，彼衆我寡，爲之奈何？”雍季對曰：“焚林而田，偷取多獸，後必無獸；以詐遇民，偷取一時，後必無復。”文公曰：“善。”辭雍季，以舅犯之謀與楚人戰,以敗之。歸而行爵,先雍季而後舅犯。群臣曰:“城濮之事,舅犯謀也。夫用其言而後其身,可乎?”文公曰:“此非君所知也〔一〕。夫舅犯言,一時之權也;雍季言,萬世之利也。”仲尼聞之,曰:“文公之霸也,宜哉! 既知一時之權,又知萬世之利。”（又見於《吕氏春秋·孝行覽·義賞》）

〔一〕陳奇猷引顧廣圻説以爲“君”當作“若”。

歷山之農者侵畔,舜往耕焉,朞年,甽畝正。河濱之漁者爭坻〔一〕,舜往漁焉,朞年而讓長。東夷之陶者器苦窳〔二〕,舜往陶焉,朞年而器牢。仲尼歎曰:“耕、漁與陶,非舜官也,而舜往爲之者,所以救敗也〔三〕。舜其信仁乎! 乃躬藉處苦而民從之。故曰:聖人之德化乎!”

〔一〕舊注:“坻,水中高地,釣者依之。”

〔二〕舊注:“苦窳,惡也。”

〔三〕陳奇猷曰:“敗,壞也。謂敗政壞俗之事。”

襄子圍於晉陽中,出圍,賞有功者五人,高赫爲賞首。張孟談曰:“晉陽之事,赫無大功,今爲賞首,何也?”襄子曰:“晉陽之事,寡人國家危,社稷殆矣。吾群臣無有不驕侮之意者,惟赫不失君臣之禮,是以先之。”仲尼聞之,曰:“善賞哉! 襄子賞一人,而天下爲人臣者莫敢失禮矣。”（又見於《吕氏春秋·孝行覽·義賞》、《説苑·復恩》）

難　二

昔者文王侵盂、克莒、舉豐〔一〕,三舉事而紂惡之。文王乃懼,請入洛西之地、赤壤之國方千里,以解炮烙之刑〔二〕。天下皆説。仲尼聞之,曰:“仁哉,文王! 輕千里之國而請解炮烙之刑。智哉,文王! 出千里之地而得天下之心。”

〔一〕“豐”,原作“酆”,王先慎據《御覽》改。

〔二〕“解”上原有“請”字,王先慎據《藝文類聚》删。

難　三

葉公子高問政於仲尼,仲尼曰:“政在悦近而來遠。”哀公問政於仲尼,仲尼曰:"政在選賢。"齊景公問政於仲尼,仲尼曰:"政在節財。"
三公出,子貢問曰:"三公問夫子政,一也,夫子對之不同,何也?"仲尼
曰:"葉都大而國小,民有背心,故曰'政在悅近而來遠'。魯哀公有大
臣三人[一],外障距諸侯四鄰之士,内比周而以愚其君,使宗廟不掃除,
社稷不血食者,必是三臣也,故曰'政在選賢'。齊景公築雍門,爲路
寢,一朝而以三百乘之家賜者三[二],故曰'政在節財'。"(又見於《尚書大
傳略説》《説苑·政理》)

〔一〕松皋圓曰:"孟孫、叔孫、季孫三人。"

〔二〕舊注:"謂以大夫之業世賜與爲寢也。"王先慎曰:"注'世',趙本作'也'。"盧文弨
　　　曰:"'業也'當作'菜地',又'寢也'當作'寢者'。"松皋圓曰:"雍門,齊城門名。
　　　戰國時有雍門子周,蓋居此地,因以爲姓。《晏子春秋》:'景公爲路寢之臺,令吏
　　　侁其期日而不趣。'《淮南子·要略訓》'齊景公作爲路寢之臺,一朝而以三千鍾
　　　贛',注:'贛,賜也。'"陳奇猷曰:"路寢爲臺名,是。但雍門當非城門名,當亦爲
　　　臺榭之名,但無可考耳。"

<h2 style="text-align:center">五　蠹</h2>

魯人從君戰,三戰三北。仲尼問其故,對曰:"吾有老父,身死莫
之養也。"仲尼以爲孝,舉而上之。

<h2 style="text-align:center">顯　學</h2>

自孔子之死也,有子張之儒,有子思之儒,有顔氏之儒,有孟氏之
儒,有漆雕氏之儒,有仲良氏之儒,有孫氏之儒,有樂正氏之儒。

澹臺子羽,君子之容也,仲尼幾而取之,與處久而行不稱其貌。
宰予之辭,雅而文也,仲尼幾而取之,與處而智不充其辯。故孔子曰:
"以容取人乎,失之子羽;以言取人乎,失之宰予。"

<h2 style="text-align:center">忠　孝</h2>

《記》曰:"舜見瞽瞍,其容造焉。孔子曰:'當是時也,危哉!天下
岌岌!有道者,父固不得而子,君固不得而臣也。'"

名家類

尹文子

　　《尹文子》，戰國尹文著。漢仲長統《尹文子序》認爲其學受於公孫龍。《漢書·藝文志》名家類著録《尹文子》一卷，謂："説齊宣王，先公孫龍。"《四庫全書總目提要》評之曰："大旨指陳治道，欲自處於虛靜，而萬事萬物則——綜核其實，故其言出入於黄、老、申、韓之間。"學者多認爲今本乃僞作。

　　今以《諸子集成》本《尹文子》（中華書局 1954 年版）爲底本，以汪繼培校《尹文子》（臺灣新文豐出版公司 1985 版）、厲時熙《尹文子簡注》（上海人民出版社 1977 年版）以及郭沂《孔子集語校補》爲參校本加以輯録、校勘。

大道下

　　孔丘攝魯相，七日而誅少正卯。門人進問曰："夫少正卯，魯之聞人也，夫子爲政而先誅，得無失乎?"孔子曰："居! 吾語汝其故。人有惡者五，而竊盗、姦私不與焉。一曰心達而險，二曰行僻而堅，三曰言僞而辨，四曰彊記而博，五曰順非而澤。此五者，有一於人，則不免君子之誅，而少正卯兼有之。故居處足以聚徒成群，言談足以飾邪熒衆，彊記足以反是獨立。此小人雄桀也〔一〕，不可不誅也。是以湯誅尹諧，文王誅潘正，太公誅華士，管仲誅付里乙，子産誅鄧析、史付〔二〕。此六子者，異世而同心，不可不誅也。《詩》曰：'憂心悄悄，愠于群小。'小人成群，斯足畏也。"（又見於《荀子·宥坐》、《淮南子·氾論訓下》、《説苑·指武》、《論衡·講瑞》、《劉子·心隱》、《漢書·趙尹韓張兩王傳》）

　　〔一〕厲時熙《尹文子簡注》於"人"下補"之"字。

　　〔二〕太公誅華士之事，見《韓非子·外儲説右上》，他事未詳。

公孫龍子

　　《公孫龍子》，戰國公孫龍著。《漢書·藝文志》著録爲十四篇，注曰："趙人。"現存六篇，保存在明代的《道藏》中。其中首篇《迹府》是後人編輯的有關公孫龍的介紹,其餘五篇是公孫龍的作品。《四庫全書總目提要》曰:"其首章所載與孔穿辨論事,《孔叢子》亦有之,謂龍爲穿所絀,而此書又謂穿願爲弟子,彼此互異。蓋龍自著書,自必欲伸己說。《孔叢》僞本,出於漢、晉之間,朱子以爲孔氏子孫所作,自必欲伸其祖說。記載不同,不足怪也。其書大旨疾名器乖實,乃假指物以混是非,借白馬而齊物我,冀時君有悟而正名實,故諸史皆列於名家。"

今以王琯《公孫龍子懸解》(中華書局 1992 年版)爲底本,以《四庫全書》本、《百子全書》本《公孫龍子》、譚戒甫《公孫龍子形名發微》(中華書局 1963 版)、吳毓江《公孫龍子校釋》(上海古籍出版社 2001 年版)以及郭沂《孔子集語校補》爲參校本加以輯録、校勘。

迹　府

楚王張繁弱之弓,載忘歸之矢,以射蛟兕於雲夢之圃,而喪其弓。左右請求之。王曰:"止。楚王遺弓,楚人得之,又何求乎?"仲尼聞之,曰:"楚王仁義而未遂也。亦曰'人亡弓,人得之'而已,何必楚?"
(又見於《吕氏春秋·孟春紀·貴公》、《説苑·至公》)

墨家類

墨　子

《墨子》,先秦墨家學派的主要著作,一般認爲是由墨子的弟子及其後學在不同時期記述編纂而成。其中一部分記墨子言行,另一部分通常被稱作墨辯或墨經,主要闡述墨家之認識論和邏輯學思想。《漢書·藝文志》著録《墨子》七十一篇,班固自注曰:"名翟,宋大夫,在孔子後。"《隋書·經籍志》徑謂"宋大夫墨翟撰"。然《四庫全書總目提要》則說:"書中多稱子墨子,則門人之言,非所自著。"《隋書·經籍志》、《舊唐書·經籍志》、《新唐書·藝文志》、《宋史·藝文志》都著録爲十五卷。現存十五卷五十三篇,亡十八篇。

今以孫詒讓《墨子閒詁》(中華書局 2001 年版)爲底本,以吳毓江《墨子校注》(中華書局 1993 年版)、孫啓治《墨子校注》(中華書局 1993 年版)以及郭沂《孔子集語校補》爲參校本加以輯録、校勘。

非儒下

齊景公問晏子曰:"孔子爲人何如?"晏子不對。公又復問,不對。景公曰:"以孔某語寡人者衆矣,俱以賢人也。今寡人問之,而子不對,何也?"晏子對曰:"嬰不肖,不足以知賢人。雖然,嬰聞所謂賢人者,入人之國,必務合其君臣之親,而弭其上下之怨。孔某之荆,知白公之謀,而奉之以石乞,君身幾滅,而白公僇。嬰聞賢人得上不虛,得下不危,言聽於君必利人,教行下必於上,是以言明而易知也,行明而易從也,行義可明乎民,謀慮可通乎君臣。今孔某深慮同謀以奉賊,勞思盡知以行邪,勸下亂上,教臣殺君,非賢人之行也;入人之國而與人之賊,非義之類也;知人不忠,趣之爲亂,非仁義之也。逃人而後謀,避人而後言,行義不可明於民,謀慮不可通於君臣,嬰不知孔某之有異於白公也,是以不對。"景公曰:"嗚乎! 覼寡人者衆矣,非夫子,則吾終身不知孔某之與白公同也。"

孔某之齊,見景公,景公説,欲封之以尼谿。以告晏子,晏子曰:"不可。夫儒,浩居而自順者也,不可以教下;好樂而淫人,不可使親治;立命而怠事,不可使守職;宗喪循哀[一],不可使慈民;機服勉容[二],不可使導衆;孔某盛容脩飾以蠱世,弦歌鼓舞以聚徒,繁登降之禮以示儀,務趨翔之節以勸衆,博學不可使議世,勞思不可以補民,絫壽不能盡其學,當年不能行其禮,積財不能贍其樂。繁飾邪術,以營世君;盛爲聲樂,以淫遇民。其道不可以期世,其學不可以導衆。今君封之,以利齊俗[三],非所以導國先衆。"公曰:"善。"於是厚其禮,留其封,敬見而不問其道。孔某乃恚,怒於景公與晏子,乃樹鴟夷子皮於田常之門[四],告南郭惠子以所欲爲。歸於魯[五]。有頃,閒齊將伐魯,告子貢曰:"賜乎! 舉大事於今之時矣!"乃遣子貢之齊,因南郭惠子以見田常,勸之伐吳,以教高、國、鮑、晏,使毋得害田常之亂,勸越伐吳。三年之内,齊、吳破國之難,伏尸以言術數,孔某之誅也。(又見於《晏子春秋·外篇下》)

〔一〕宗,孫星衍《孔子集語》注曰:《史記》、《孔叢》作"崇"。

〔二〕孫詒讓曰：“《大戴禮記·本命篇》盧注云：‘機，危也。’危服，蓋猶言危冠。勉，
‘俛’之借字。《考工記·矢人》‘前弱則俛’，《唐石經》‘俛’作‘勉’，是其證也。
機服勉容，言其冠高而容俛也。”

〔三〕“利”，孫詒讓以爲當據《晏子春秋》和《史記》作“移”。

〔四〕畢沅曰：“即范蠡也。”蘇云：“據《史記》，范蠡亡吳後，乃變易姓名適齊，爲鴟夷子
皮。然亡吳之歲，乃孔子卒後六年，景公卒後十七年，又安知蠡之適齊而樹之田
氏之門乎？此與莊周所言孔子見盜跖無異，真齊東野人之語也。”孫啓治曰：“據
《史記》，田常殺簡公在周敬王三十九年，魯哀公十四年。其時越未滅吳，范蠡尚
在越。此鴟夷子皮助田常作亂，當別爲一人，非范蠡也。”

〔五〕孫星衍《孔子集語》注曰：《孔叢子·詰墨》：夫樹人爲信己也。《記》曰：孔子適
齊，惡陳常而終不見。常病之，亦惡孔子。交相惡而又任事其然矣。《記》又曰：
陳常弑其君，孔子齋戒沐浴而朝，請討之。觀其終不樹子皮，審矣。

　　孔某爲魯司寇，舍公家而奉季孫。季孫相魯君而走〔一〕，季孫與邑
人爭門關〔二〕，決植〔三〕。

〔一〕孫詒讓曰：“經傳無此事，亦謾語也。”

〔二〕《説文》云：“關，以木橫持門户也。”

〔三〕孫詒讓疑“決植”上有脱文。

　　孔某窮於蔡、陳之間，藜羹不糂〔一〕。十日，子路爲享豚，孔某不問
肉之所由來而食；號人衣以酤酒〔二〕，孔某不問酒之所由來而飲。哀公
迎孔某，席不端弗坐，割不正弗食。子路進請曰：“何其與陳、蔡反
也？”孔某曰：“來，吾語女。曩與女爲苟生，今與女爲苟義。”（又見於《莊
子·外篇·山木》）

〔一〕《説文》曰：“糂，以米和羹也。一曰粒也。”

〔二〕號，孫星衍《孔子集語》注曰：“祝”字之誤。《孔叢》作“剥”。

　　孔某與其門弟子閒坐，曰：“夫舜見瞽叟就然〔一〕，此時天下圾
乎〔二〕！周公旦非其人也邪〔三〕？何爲舍亓家室而託寓也〔四〕？”孔某所
行，心術所至也。其徒屬弟子皆效孔某〔五〕，子貢、季路輔孔悝亂乎衛，
陽貨亂乎齊，佛肸以中牟叛，柒雕刑殘〔六〕，莫大焉〔七〕。夫爲弟子後
生，其師〔八〕，必脩其言，法其行，力不足，知弗及而後已。今孔某之行
如此，儒士則可以疑矣。

〔一〕“就然”，舊作“然就”，畢沅以意改。孫詒讓認爲“就然”即踧然。

〔二〕畢沅云：“坂，舊作坡，以意改。”孫詒讓認爲“坂”當釋爲危。

〔三〕“非其人”，孫詒讓疑作“其非人”，人與仁通，言周公不足爲仁。

〔四〕“舍亓”，舊作“舍亦”，盧文弨校爲“亦舍”，王念孫校爲“舍亓”，孫詒讓同意王説。

〔五〕孫詒讓以爲“徒屬”即黨友。

〔六〕孫詒讓曰：“泰正字，經典多叚‘漆’字爲之。刑，吳鈔本校改‘形’。”

〔七〕畢沅曰：“‘莫’上當脱一字。”

〔八〕孫詒讓以爲“其”上有脱字。

耕　柱

葉公子高問政於仲尼曰：“善爲政者若之何？”仲尼對曰：“善爲政者，遠者近之，而舊者新之。”

雜家類

晏子春秋

　　《晏子春秋》，記載春秋時齊國晏嬰言行的著作。《漢書·藝文志》“儒家”類著録“《晏子》八篇”，注曰：“名嬰，字平仲，相齊景公，善與人交。”南宋晁公武《郡齋讀書志》言：“嬰相景公，此書著其行事及諫諍之言。”《崇文總目》謂後人采嬰行事爲之，非嬰所自撰。是書經過劉向的整理，定著爲八篇，二百一十五章。關於此書之學術譜系，劉向、班固俱列之儒家中，唐柳宗元卻疑此書爲墨子之徒有齊人者爲之。南宋薛季宣《浪語集》也以爲《孔叢子》詰墨諸條今皆見《晏子》書中，則嬰之學實出於墨。

　　今以吳則虞《晏子春秋集釋》（中華書局 1962 年版）爲底本，以張純一《晏子春秋校注》（世界書局 1935 年版）、王更生《晏子春秋今注今譯》（臺灣商務印書館 1987 年版）以及郭沂《孔子集語校補》爲參校本加以輯録、校勘。

内篇諫上

　　景公之時，雨雪三日而不霽。公被狐白之裘，坐堂側陛。晏子入見，立有間，公曰：“怪哉！雨雪三日而天不寒。”晏子對曰：“天不寒乎?”公笑。晏子曰:“嬰聞古之賢君,飽而知人之飢,温而知人之寒,逸而知人之勞。今君不知也。”公曰:“善!寡人聞命矣。”乃令出裘發粟,與飢寒。令所睹于塗者,無問其鄉;所睹于里者,無問其家;循國計數,無言其名。士既事者兼月,疾者兼歲〔一〕。孔子聞之,曰:“晏子能明其所欲,景公能行其所善也。”

〔一〕蘇輿云:“兼月,兼一月之粟;兼歲,兼一歲之粟。‘事’,謂已有職業可任者,故但兼月;‘疾’則病苦無能爲之人,故須兼歲乃可自給也。”長孫元齡曰:“事者,謂冠昏喪祭等多用度之事。”

内篇諫下

晏子使于魯,比其返也〔一〕,景公使國人起大臺之役,歲寒不已,凍餒之者鄉有焉〔二〕,國人望晏子。晏子至,已復事,公延坐〔三〕,飲酒樂。晏子曰:“君若賜臣,臣請歌之。”歌曰:“庶民之言曰:凍水洗我,若之何! 太上靡散我,若之何〔四〕!”歌終,喟然嘆而流涕。公就止之,曰:“夫子曷爲至此? 殆爲大臺之役夫? 寡人將速罷之。”晏子再拜。出而不言,遂如大臺,執朴鞭其不務者〔五〕,曰:“吾細人也,皆有蓋廬〔六〕,以避燥濕,君爲壹臺,而不速成,何爲?”國人皆曰:“晏子助天爲虐。”晏子歸,未至,而君出令趣罷役,車馳而人趨。仲尼聞之,喟然歎曰:“古之善爲人臣者,聲名歸之君,禍災歸之身,入則切磋其君之不善〔七〕,出則高譽其君之德義,是以雖事惰君,能使垂衣裳、朝諸侯,不敢伐其功。當此道者,其晏子是耶!”

〔一〕張純一曰:“此四字蓋後人妄加。下文國人望晏子,望其返也;晏子至,晏子返也,則此處不應有‘比其返也’四字明矣,當删。”吳則虞也以爲四字矛盾,認爲“反”當爲“出”字之譌。

〔二〕盧文弨疑“之”字衍。王念孫據《藝文類聚》、《初學記》、《御覽》等書以爲此句本作“役之凍餒者鄉有焉”。

〔三〕“延”,孫星衍《孔子集語》作“乃”。

〔四〕吳則虞曰:“《北堂書鈔》、《藝文類聚》、《事文類聚·前集》引俱作‘庶人之凍,我若之何;奉上靡弊,我若之何’。……‘散’者,蘇時學云:‘散當爲敝,敝與散相近而譌,下章言靡敝,是也。’”

〔五〕朴,木棍。

〔六〕俞樾曰:“‘蓋’乃‘盍’字之誤,‘盍’讀爲‘闔’,襄十七年《左傳》‘吾儕小人,皆有閣廬,以避燥濕寒暑',語意與此同。"吴則虞案:"俞説是也。《御覽》一百七十七引正作'閣廬',《吕氏春秋・知化篇》'吴爲丘墟,禍及閣廬','閣廬',亦民居也。"

〔七〕孫星衍云:"'磋'當爲'瑳'。"

景公之孽妾嬰子死,公守之,三日不食,膚著於席不去〔一〕。左右以復,而君無聽焉。晏子入,復曰:"有術客與醫〔二〕,俱言曰:'聞嬰子病死,願請治之。'"公喜,遽起,曰:"病猶可爲乎?"晏子曰:"客之道也〔三〕,以爲良醫也,請嘗試之。君請屏〔四〕,潔沐浴飲食,間病者之宮〔五〕,彼亦將有鬼神之事焉。"公曰:"諾。"屏而沐浴。晏子令棺人入斂,已斂,而復曰:"醫不能治病,已斂矣,不敢不以聞。"公作色不説,曰:"夫子以醫命寡人,而不使視,將斂而不以聞,吾之爲君,名而已矣。"晏子曰:"君獨不知死者之不可以生邪?嬰聞之,君正臣從謂之順,君僻臣從謂之逆。今君不道順而行僻,從邪者邇,導害者遠〔六〕,讒諛萌通〔七〕,而賢良廢滅,是以諂諛繁於間〔八〕,邪行交於國也。昔吾先君桓公,用管仲而霸,嬖乎豎刁而滅〔九〕,今君薄於賢人之禮〔一〇〕,而厚孽妾之哀。且古聖王,畜私不傷行,斂死不失愛,送死不失哀。行傷則溺己,愛失則傷生,哀失則害性。是故聖王節之也。即畢斂,不留生事,棺椁衣衾,不以害生養,哭泣處哀,不以害生道。今朽尸以留生,廣愛以傷行,修哀以害性,君之失矣。故諸侯之賓客慗入吾國,本朝之臣慗守其職。崇君之行,不可以導民;從君之欲,不可以持國。且嬰聞之,朽而不斂,謂之僇尸;臭而不收,謂之陳胔。反明王之性〔一一〕,行百姓之誹,而内嬖妾於僇胔〔一二〕,此之爲不可。"公曰:"寡人不識,請因夫子而爲之。"晏子復曰:"國之士大夫,諸侯四鄰賓客,皆在外,君其哭而節之。"仲尼聞之,曰:"星之昭昭,不若月之曀曀;小事之成,不若大事之廢;君子之非,賢於小人之是也。其晏子之謂歟!"

〔一〕陶鴻慶曰:"'膚著於席不去'六字,語不可曉,疑'不食'之'食'本作'斂','斂'字闕其右偏,爲'僉',遂誤爲'食'矣。'不去'二字,當在'公守之'下,其文云:'公守之不去,三日不斂,膚著於席。'言三日不小斂而尸膚著於席也。"吴則虞曰:"《御覽》三百九十五引無'膚著於席'四字,作'三日不食,不去左右',與此異。"

〔二〕孫星衍曰:“術客,客有術者。”

〔三〕孫星衍曰:“‘道’,《御覽》作‘通’,‘道’亦‘通’也。”

〔四〕孫星衍曰:“‘君請’,《御覽》作‘使君’。”吳則虞云:“《御覽》無‘屏’字。”

〔五〕吳則虞曰:“‘間’,猶隔離也。”

〔六〕王念孫曰:“按‘導害’二字,義不可通,‘導害’當爲‘道善’,字之誤也。‘道’,亦‘從’也。‘道善’與‘從邪’正相反。”劉師培云:“‘害’字不必改作‘善’,‘道害’者,即匡君之失,指陳弊政之謂也。”

〔七〕吳則虞曰:“‘萌通’,即‘明通’。”

〔八〕陶鴻慶曰:“《墨子·經上篇》云‘有間,中也’。‘繁於間’,猶言‘繁於中’,謂公之近侍也,故與‘國’對文。”

〔九〕劉師培曰:“戴校云:‘乎字衍。’”

〔一〇〕吳則虞曰:“‘於’字疑衍。”

〔一一〕長孫元齡曰:“‘性’疑‘制’字之誤。”

〔一二〕蘇輿曰:“‘内’,同‘納’。”吳則虞曰:“‘僇齮’不辭,‘僇’下疑脱‘尸陳’二字。”

内篇問上

故臣聞仲尼居處惰倦,廉隅不正,則季次、原憲侍〔一〕;氣鬱而疾〔二〕,志意不通,則仲由、卜商侍;德不盛,行不厚,則顏回、騫、雍侍〔三〕。(又見於《聖賢群輔録》、《廣博物志》二十引《尸子》)

〔一〕季次,《仲尼弟子列傳》曰:“公皙哀字季次。”

〔二〕《詩·秦風·晨風》曰:“鬱彼北林。”《毛詩》曰:“鬱,積也。”

〔三〕騫即閔子騫,雍即冉雍。

景公問於晏子曰:“爲政何患?”晏子對曰:“患善惡之不分。”公曰:“何以察之?”對曰:“審擇左右。左右善,則百僚各得其所宜,而善惡分。”孔子聞之,曰:“此言也信矣! 善進,則不善無由入矣;不善進,則善無由入矣。”(又見於《説苑·政理》)

内篇問下

梁丘據問晏子曰:“子事三君,君不同心,而子俱順焉,仁人固多心乎?”晏子對曰:“嬰聞之,順愛不懈,可以使百姓;彊暴不忠,不可以使一人。一心可以事百君,三心不可以事一君。”仲尼聞之,曰:“小子識之[一]！晏子以一心事百君者也。”

〔一〕孫星衍曰：“‘識’，《御覽》、《孔叢》俱作‘記’。”

內篇雜上

晉平公欲伐齊，使范昭往觀焉。景公觴之，飲酒酣，范昭曰：“請君之棄罇[一]。”公曰：“酌寡人之罇，進之于客[二]。”范昭已飲，晏子曰：“徹罇，更之。”罇觶具矣，范昭佯醉，不説而起舞。謂太師曰：“能爲我調成周之樂乎？吾爲子舞之。”太師曰：“冥臣不習。”范昭趨而出。景公謂晏子曰：“晉，大國也，使人來，將觀吾政，今子怒大國之使者，將奈何？”晏子曰：“夫范昭之爲人也，非陋而不知禮也，且欲試吾君臣，故絶之也。”景公謂太師曰：“子何以不爲客調成周之樂乎？”太師對曰：“夫成周之樂，天子之樂也，調之，必人主舞之。今范昭人臣，欲舞天子之樂，臣故不爲也。”范昭歸，以報平公曰：“齊未可伐也。臣欲試其君，而晏子識之；臣欲犯其禮，而太師知之。”仲尼聞之曰：“夫不出于尊俎之間，而知千里之外，其晏子之謂也。可謂折衝矣[三]！而太師其與焉。”（又見於《韓詩外傳》八、《新序·雜事一》）

〔一〕孫星衍曰：“按《説文》：‘尊’，酒器也，或作‘尊’。《玉篇》或作‘樽’、‘傅’。又云‘罇’同‘樽’，是‘樽’、‘罇’、‘傅’皆‘尊’字之俗。”劉師培曰：《御覽》七百六十一引作‘請君棄樽酌’，五百七十四作‘請公之樽酌’，《事類賦注》十一作‘范昭請公之樽酌’，《孫子杜牧注》引同。疑今本‘樽’下脱‘酌’字。”

〔二〕孫星衍曰：“《文選注》作‘公令左右酌樽以獻’。”

〔三〕孫星衍曰：“按‘衝’者，衝車折挫之也。”王念孫曰：“案此文本作‘夫不出于尊俎之間，而知衝千里之外，其晏子之謂也’，無‘可謂折衝矣’五字。‘知衝’即‘折衝’也，‘知’‘折’聲相近，故字亦相通。”

晏子使魯，仲尼命門弟子往觀。子貢反，報曰：“孰謂晏子習于禮乎？夫禮曰：‘登階不歷[一]，堂上不趨，授玉不跪。’今晏子皆反此，孰謂晏子習于禮者？”晏子既已有事於魯君，退見仲尼，仲尼曰：“夫禮，登階不歷，堂上不趨，授玉不跪。夫子反此乎？”晏子曰：“嬰聞兩楹之間，君臣有位焉，君行其一，臣行其二。君之來速[二]，是以登階歷，堂上趨，以及位也。君授玉卑[三]，故跪以下之。且吾聞之，大者不踰閑，

小者出入可也。”晏子出，仲尼送之以賓客之禮。不計之義〔四〕，維晏子爲能行之。（又見於《韓詩外傳》四）

〔一〕歷，過也，這裏指跨越。

〔二〕孫星衍曰：“《初學記》作‘速’。《説文》：‘速，疾也，籀文作遬。’”

〔三〕吳則虞云：“‘君授玉’，當作‘授君玉’。《論衡》‘授玉不跪，晏子跪’，是亦言授君玉，而非君授玉。《韓詩外傳》作‘今君之授幣也卑，臣敢不跪乎’，尤非。”

〔四〕王念孫曰：“‘不計之義’，《初學記·文部》引作‘不法之禮’，上有‘反（句）’，命門弟子曰’六字，然則‘不計之義’二句，乃孔子命門弟子之語，今脱去上六字，則不知爲何人語矣。《外上篇》曰‘晏子出，仲尼送之以賓客之禮，再拜其辱，反，命門弟子曰’云云，文義正與此同。《韓詩外傳》載此事亦云：‘孔子曰：“善，禮中又有禮。”’”

晏子居晏桓子之喪，麤衰斬，苴絰帶，杖，菅屨，食粥，居倚廬，寢苫，枕草。其家老曰：“非大夫喪父之禮也。”晏子曰：“唯卿爲大夫〔一〕。”曾子以聞孔子，孔子曰：“晏子可謂能遠害矣。不以己之是駁人之非，遜辭以避咎，義也夫！”

〔一〕孫星衍曰：“鄭氏注：‘此平仲之謙辭也。言己非大夫，故爲父服士服耳。’”

外篇上

仲尼曰：“靈公汙，晏子事之以整齊；莊公壯，晏子事之以宣武〔一〕；景公奢，晏子事之以恭儉：君子也！相三君而善不通下。晏子，細人也。”晏子聞之，見仲尼曰：“嬰聞君子有譏於嬰，是以來見。如嬰者，豈能以道食人者哉！嬰之宗族，待嬰而祀其先人者數百家，與齊國之閒士，待嬰而舉火者數百家，臣爲此仕者也。如臣者，豈能以道食人者哉！”晏子出，仲尼送之以賓客之禮，再拜其辱。反，命門弟子曰：“救民之姓而不夸〔二〕，行補三君而不有，晏子果君子也。”

〔一〕壯，盧文弨曰：“《孔叢·詰墨篇》作‘怯’。”今案：當作“怯”。劉師培曰：“‘宣’與‘桓’同（《左傳》‘曹宣公’，《禮記》作‘桓’），故‘宣武’並文。（《爾雅·釋訓》：‘桓桓，威也。’《爾雅·釋訓》：‘桓桓，武也。’）”

〔二〕黃以周云：“‘姓’與‘生’古通。”

外篇下

仲尼之齊，見景公，景公説之，欲封之以爾稽〔一〕，以告晏子。晏子對曰:"不可。彼浩裾自順〔二〕,不可以教下;好樂緩于民,不可使親治;立命而建事〔三〕,不可使守職;厚葬破民貧國,久喪道哀費日〔四〕,不可使子民〔五〕;行之難者在内,而傳者無其外,故異于服,勉于容〔六〕,不可以道衆而馴百姓〔七〕。自大賢之滅,周室之卑也,威儀加多,而民行滋薄;聲樂繁充,而世德滋衰。今孔丘盛聲樂以侈世,飾弦歌鼓舞以聚徒,繁登降之禮〔八〕,趨翔之節以觀衆〔九〕,博學不可以儀世,勞思不可以補民,兼壽不能殫其教,當年不能究其禮〔一〇〕,積財不能贍其樂,繁飾邪術以營世君〔一一〕,盛爲聲樂以淫愚其民。其道也,不可以示世;其教也,不可以導民。今欲封之,以移齊國之俗,非所以道衆存民也。"公曰:"善。"于是厚其禮而留其封,敬見不問其道〔一二〕。仲尼乃行。(又見於《墨子·非儒下》)

〔一〕孫星衍曰:"《墨子》作'尼谿'。'尼'、'爾'、'稽'、'谿',聲皆相近。"

〔二〕孫星衍曰:"《墨子》作'浩居',《史記》作'倨傲'。"洪頤煊云:"'浩裾',即'傲倨'假借字。"吴則虞云:"孫詒讓《墨子·閒詁》云:'《家語·三恕篇》:浩倨者則不親,王肅注云:浩裾,簡略不恭之貌。《大戴禮記·文王官人篇》云:自順而不讓。又云:有道而自順。孔廣森云:自順,謂順非也。'"

〔三〕孫星衍曰:"《墨子》作'怠事',是言恃命而怠于事也。'建'或'逮'譌,'逮'亦爲'怠'叚音與。"孫詒讓《札迻》云:"孫説未塙。'建'與'券'聲近字通,'建事',謂厭倦於事也。"

〔四〕王念孫曰:"案'道'當爲'遁',字之誤也。'遁'與'循'同。《墨子·非儒篇》云'宗喪循哀,不可使慈民',文義正與此同。"

〔五〕孫星衍曰:"《墨子》作'慈民','子'當讀爲'慈'。"

〔六〕吴則虞曰:"'異於服'者,如《儒行》所謂衣逢掖之衣,冠章甫之冠也。……'勉於容',即《儒行》所謂坐起恭敬。"

〔七〕孫星衍曰:"'道',《墨子》作'導'。"文廷式云:"'馴'通作'訓'。"

〔八〕孫星衍曰:"《墨子》下有'以示儀'三字。"吴則虞以爲當補。

〔九〕文廷式曰:"趨翔,即趨蹌也。"

〔一〇〕孫星衍曰:"'究',《墨子》作'行'。"蘇輿曰:"《爾雅》云:'丁,當也。''丁'、'當'一聲之轉。此云'當年'者,'丁年'也;'丁年'者,'壯年'也。"

〔一一〕孫星衍曰:"《説文》:'營,惑也。'高誘注《淮南》:'營,惑也。'二通。"

〔一二〕敬,俞樾以爲當作"苟"。

仲尼游齊,見景公。景公曰:"先生奚不見寡人宰乎?"仲尼對曰:

“臣聞晏子事三君而得順焉，是有三心，所以不見也。”仲尼出，景公以其言告晏子，晏子對曰：“不然！嬰爲三心，三君爲一心故[一]，三君皆欲其國之安，是以嬰得順也。嬰聞之，是而非之，非而是之，猶非也[二]。孔丘必據處此一心矣[三]。”

〔一〕王念孫曰：“案‘嬰’上當有‘非’字，言嬰所以事三君而得順者，非嬰爲三心，乃三君爲一心故也。上篇曰‘嬰之心，非三心也’，是其證。今本脱‘非’字，則義不可通。”

〔二〕陶鴻慶曰：“‘猶非’之‘非’，當爲誹謗也。”

〔三〕蘇時學曰：“此句有誤，‘據’字屬衍。”于鬯云：“‘據’字即涉‘處’字而衍，‘心’字涉上文而衍，‘孔丘必據此一矣’，猶《孟子·梁惠王篇》云：‘夫子必居一於此矣。’”

仲尼之齊，見景公而不見晏子。子貢曰：“見君不見其從政者，可乎？”仲尼曰：“吾聞晏子事三君而順焉，吾疑其爲人。”晏子聞之，曰：“嬰則齊之世民也[一]，不維其行，不識其過，不能自立也。嬰聞之，有幸見愛，無幸見惡，誹謗爲類，聲嚮相應，見行而從之者也。嬰聞之，以一心事三君者，所以順焉；以三心事一君者，不順焉。今未見嬰之行，而非其順也。嬰聞之，君子獨立不慚于影[二]，獨寢不慚于魂。孔子拔樹削迹，不自以爲辱；窮陳、蔡，不自以爲約；非人不得其故，是猶澤人之非斤斧，山人之非網罟也。出之其口，不知其困也。始吾望儒而貴之，今吾望傅而疑之。”仲尼聞之，曰：“語有之，言發于爾[三]，不可止于遠也；行存于身，不可掩于衆也。吾竊議晏子而不中夫人之過，吾罪幾矣！丘聞君子過人以爲友，不及人以爲師。今丘失言于夫子，議之[四]，是吾師也。”因宰我而謝焉，然仲尼見之[五]。

〔一〕于鬯曰：“春秋時，齊晏氏爲齊世民。嬰父弱，謚桓子，桓子以上無聞。《管子·大匡篇》有‘晏子’，房元齡注：‘但謂平仲之先，不能實其人。’其家世之微，亦可見矣。”

〔二〕影，孫星衍曰：“當爲‘景’。”

〔三〕爾，孫星衍曰：“‘邇’同。”

〔四〕王念孫曰：“案‘議之’上當更有‘夫子’二字，而今本脱之，則文義不明。上文曰‘君子不及人以爲師’，故此曰‘夫子議之，是吾師也’。”

〔五〕蘇時學曰：“據上文義，當云‘然後晏子見之’。”

仲尼相魯,景公患之,謂晏子曰:"鄰國有聖人,敵國之憂也。今孔子相魯,若何〔一〕?"晏子對曰:"君其勿憂。彼魯君,弱主也;孔子,聖相也。君不如陰重孔子,設以相齊〔二〕,孔子彊諫而不聽,必驕魯而有齊〔三〕,君勿納也。夫絶于魯,無主于齊,孔子困矣。"居期年,孔子去魯之齊,景公不納,故困于陳、蔡之間。(又見於《韓非子·内儲説下》)

〔一〕吴則虞以爲當據《詰墨篇》於"若何"上補"爲之"二字。
〔二〕蘇時學曰:"'設'疑當作'許'。"
〔三〕"驕",于鬯疑讀爲"撟拂"之"撟"。

佚　文

齊景公爲大鐘,將懸之。仲尼、伯常騫、晏子三人俱來朝,皆曰鐘將毁。撞之,果毁。公召三子問之。晏子曰:"鐘大非禮〔一〕,是以曰將毁〔二〕。"仲尼曰:"鐘大懸下,其氣不得上薄〔三〕,是以曰將毁。"伯常騫曰:"今日庚申,雷日也。陰莫勝於雷,是以曰將毁。"〔四〕(《初學記》十六引)

〔一〕孫星衍《孔子集語》注曰:《御覽》五百七十五引作"鐘大不以禮"。
〔二〕孫星衍《孔子集語》注曰:《御覽》作"故曰將毁"。下皆作"故曰"。
〔三〕孫星衍《孔子集語》注曰:《御覽》無"不得"。
〔四〕孫星衍《孔子集語》注曰:今本《晏子》無。

尸　子

《尸子》,戰國時尸佼撰。尸子其人,《史記·孟子荀卿列傳》稱其爲楚人,《漢書·藝文志》稱其爲魯人,劉向《别録》稱其爲晉人。尸佼對法家思想進行反思,並取各家之長,著成《尸子》一書,其思想又兼儒、墨、名、法、陰陽,西漢劉向《荀子書録》説尸子著書"非先王之法,不循孔氏之術"。是書《隋書·經籍志》、《舊唐書·經籍志》、《新唐書·藝文志》作二十卷,在三國時已亡佚一半,宋末王應麟稱《尸子》只存一卷,在《群書治要》中找到十三篇佚文,清代先有惠棟刻《尸子輯本》三卷,又有任兆麟刻《校訂尸子》三篇,繼有孫星衍刻《尸子集本》二卷。至嘉慶十六年,汪繼培據三人輯佚而重加釐訂,成《尸子校正》二卷。

今以汪繼培輯《尸子》(臺灣新文豐出版公司 1985 版)爲底本,以《二十二子》本、《百子全書》本、孫星衍輯《尸子》(中華書局 1991 年版)以及郭沂《孔子集語校補》爲參校本輯録、校勘。

卷上　勸學

夫子曰："車唯恐地之不堅也,舟唯恐水之不深也。有其器,則以人之難爲易,夫道以人之難爲易也。"(《群書治要》引)

孔子曰："自娛於驛括之中,直己而不直人,以善廢而不邑邑〔一〕,蘧伯玉之行也。"(《群書治要》引,又見於《大戴禮記·衛將軍文子》)

　〔一〕邑邑,憂鬱不樂貌。

明　堂

孔子曰："大哉河海乎! 下之也。夫河下天下之川,故廣;人下天下之士,故大。"(《群書治要》引)

發　蒙

孔子曰："臨事而懼,希不濟。"(《群書治要》引)

治天下

鄭簡公謂子産曰："飲酒之不樂,鐘鼓之不鳴,寡人之任也;國家之不乂,朝廷之不治,與諸侯交之不得志,子之任也。子無入寡人之樂,寡人無入子之朝。"自是以來,子産治鄭,城門不閉,國無盜賊,道無餓人。孔子曰："若鄭簡公之好樂,雖抱鐘而朝可也。"(《群書治要》引)

處　道

孔子曰："欲知則問,欲能則學,欲給則豫〔一〕,欲善則肄〔二〕。國亂則擇其邪人而去之,則國治矣;胸中亂則擇其邪欲而去之,則德正矣。"(《群書治要》引)

　〔一〕給,豐足。豫,即預先準備,如《中庸》曰:"凡事預則立,不預則廢。"

　〔二〕肄,《廣韻》曰:"習也。"《禮記·檀弓》曰:"君命,大夫與士肄。"鄭注云:"肄,習
　　　也。君有命,大夫則與士展習其事。"

孔子曰:“君者,盂也;民者,水也。盂方則水方,盂圓則水圓。上何好而民不從?”(《群書治要》引,又見於《韓非子·外儲説左上》)

仲尼曰:“得之身者得之民,失之身者失之民;不出於户而知天下,不下其堂而治四方,知反之於己者也。”〔一〕(《群書治要》引)

〔一〕孫星衍《孔子集語》注曰:薛據《集語》作“孔子曰:‘惡人者,人惡之;知得之己者,亦知得之人。所謂不出環堵之室而知天下者,知反之己者也’”。

卷　下

子貢問孔子曰:“古者黄帝四面,信乎?”孔子曰:“黄帝取合己者四人,使治四方〔一〕,不計而耕〔二〕,不約而成〔三〕,大有成功,此之謂四面也。”(《御覽》七十九引)

〔一〕“使治”二字原奪,今據孫星衍《孔子集語》補。

〔二〕“不計而耕”,原作“不謀而親”,據孫星衍《孔子集語》改。“不計而耕,不約而成”似爲韻語,而“耕”、“成”皆屬上古耕部。二語是説民風醇厚,不起争奪之心,所以不用計量土地即可耕種,不用規約,萬事皆成。

〔三〕孫星衍《孔子集語》注曰:《御覽》三百六十五引作“使治四方,大有成功”。

昔周公反政,孔子非之曰:“周公其不聖乎? 以天下讓,不爲兆人也。”(《長短經》引。又見於《三國志·魏文帝紀》注《許芝奏》引《春秋大傳》)

魯哀公問孔子曰:“魯有大忘,徙而忘其妻,有諸?”孔子曰:“此忘之小者也。昔商紂有臣,曰王子須,務爲諂,使其君樂須臾之樂,而忘終身之憂;棄黎老之言,而用姑息之謀。”(《御覽》四百九十引,又見於《説苑·敬慎》)

孔子謂子夏曰:“商〔一〕,汝知君之爲君乎?”子夏曰:“魚失水則死,水失魚猶爲水也。”孔子曰:“商,汝知之矣。”〔二〕(《御覽》六百二十引)

〔一〕孫星衍《孔子集語》無“商”字。

〔二〕孫星衍《孔子集語》注曰:《諸子彙函》以爲《尸子·君治篇》文。

仲尼曰:“面貌不足觀也,先視天下,不見稱也,然而名顯天下,聞

於四方,其惟學者乎?"(《北堂書鈔・禮儀部》)

孔子曰:"誦詩讀書,與古人居;讀書誦詩,與古人謀。"(《意林》一、《太平御覽・學部》引)

仲尼志意不立,子路侍;儀服不修,公西華侍;禮不習,子貢侍〔一〕;辭不辯,宰我侍;亡忽古今,顏回侍;節小物,冉伯牛侍。曰:"吾以夫六子自勵也。"(《聖賢群輔録》、《廣博物志》二十引,又見於《晏子春秋・問上》)
〔一〕"子貢",孫星衍《孔子集語》作"子游"。

孔子至於勝母,暮矣,而不宿;過於盜泉,渴矣,而不飲,惡其名也。(《史記・鄒陽列傳》索隱、《水經・洙水》注、《文選・猛虎行》注引。又見於《御覽》六十三引《論語比考讖》、《説苑・説叢》、《後漢書・鍾離意傳》、《北齊書・辛術傳・邢邵遺辛術書》)

孔子曰:"詘寸而信尺,小枉而大直,吾爲之也〔一〕。"(《御覽》八百三十引,又見於《法言・五百》宋咸注)
〔一〕"吾爲之也",孫星衍《孔子集語》作"吾弗爲也"。今案:"詘"通"屈","信"通"伸"。

呂氏春秋

《呂氏春秋》,又名《呂覽》,秦丞相呂不韋集合門客依"兼儒墨,合名法"的原則編撰的一部雜家名著。《史記・呂不韋列傳》載:"呂不韋乃使其客人人著所聞,集論以爲八覽、六論、十二紀,二十餘萬言,以爲備天地萬物古今之事,號曰《呂氏春秋》。"紀、覽、論三部分共一百六十篇,内容涵蓋政治、經濟、軍事、農業、外交、倫理、道德、修身等各個方面,同時涉及天文、曆法、地理、樂律、術數等等,十分龐雜。漢代高誘《呂氏春秋序》謂之"以道德爲標的,以無爲爲綱紀,以忠義爲品式,以公方爲檢格,與孟軻、孫卿、淮南、揚雄相表裏也。"《四庫全書總目提要》曰:"不韋固小人,而是書較諸子之言獨爲醇正。大抵以儒爲主而參以道家、墨家,故多引六籍之文與孔子、曾子之言。其他如論音則引《樂記》,論鑄劍則引《考工記》,雖不著篇名,而其文可案。所引莊、列之言,皆不取其放誕恣肆者。墨翟之言,不取其非儒、明鬼者。而縱橫之術,刑名之説,一無及焉。其持論頗爲不苟。論者鄙其爲人，因不甚重其書，非公論也。"

今以許維遹《吕氏春秋集釋》（中華書局 2009 年版）爲底本，以《百子全書》本、陳奇猷《吕氏春秋新校釋》（上海古籍出版社 2002 年版）以及郭沂《孔子集語校補》爲參校本加以輯録、校勘。

孟春紀　貴公

荆人有遺弓者，而不肯索，曰："荆人遺之，荆人得之，又何索焉？"孔子聞之，曰："去其荆，而可矣。"老聃聞之，曰："去其人，而可矣。"故老聃則至公矣。（又見於《公孫龍子·迹府》、《説苑·至公》）

去　私

晉平公問於祁黄羊曰："南陽無令，其誰可而爲之？"祁黄羊對曰："解狐可。"平公曰："解狐，非子之讎邪？"對曰："君問可，非問臣之讎也。"平公曰："善。"遂用之。國人稱善焉。居有間，平公又問祁黄羊曰："國無尉，其誰可而爲之？"對曰："午可。"平公曰："午非子之子邪？"對曰："君問可，非問臣之子也。"平公曰："善。"又遂用之。國人稱善焉。孔子聞之，曰："善哉！祁黄羊之論也。外舉不避讎，内舉不避子，祁黄羊可謂公矣。"

仲春紀　當染

孔子學於老聃、孟蘇、夔靖叔。（又見於《白虎通·辟雍》）

子貢、子夏、曾子學於孔子，田子方學於子貢，段干木學於子夏，吴起學於曾子。

季春紀　先己

《詩》曰："執彎如組[一]。"孔子曰："審此言也[二]，可以爲天下。"子貢曰："何其躁也？"孔子曰："非謂其躁也，謂其爲之於此，而成文於彼也。聖人組修其身[三]，而成文於天下矣。"

〔一〕高誘注曰："'組'讀'組織'之'組'。夫組織之匠，成文於手，猶良御執彎於手而調馬口，以致萬里。"

〔二〕高誘注曰：“審，實也。爲，治也。”陳奇猷案：“《淮南·精神訓》‘吾將舉類而實之’，注‘實，明也’；又《本經訓》‘審於符者’，注‘審，明也’；漢人以明訓實、訓審，是以實、審同義，故高此注以實訓審也。”

〔三〕陳奇猷曰：“猶言如織組之理以修其身。”

孔子見魯哀公，哀公曰：“有語寡人曰：‘爲國家者，爲之堂上而已矣。’寡人以爲迂言也。”孔子曰：“此非迂言也。丘聞之：得之於身者得之人，失之於身者失之人。不出於門户而天下治者，其惟知反於己身者乎！”（又見於《説苑·政理》）

孟夏紀　勸學〔一〕

曾點使曾參，過期而不至，人皆見曾點曰：“無乃畏邪？”曾點曰：“彼雖畏，我存，夫安敢畏？”〔二〕孔子畏於匡，顏淵後，孔子曰：“吾以汝爲死矣。”顏淵曰：“子在，回何敢死？”顏回之於孔子也，猶曾參之事父也。

〔一〕“勸學”，舊校云：“一作‘觀師’。”陳奇猷曰：“‘觀’與‘勸’字通。《禮·緇衣》‘在昔上帝周田觀文王之德’，注‘周田觀，古文爲割申勸’，《釋文》‘觀，依注讀爲勸’；《韓非子·難三》‘舉善以觀民’，宋乾道本作‘觀’，藏本、趙本及《孔叢子·公儀》、《論衡·非韓》均作‘勸’，並其證。‘觀師’者，勸人爲師之道也。……‘勸學’‘觀師’二題均通，未知孰是《吕氏》原文。但以下篇題爲‘尊師’，則此篇題作‘勸學’爲勝。”

〔二〕陳奇猷曰：“‘畏’乃‘圍’之假字，畏、圍古音同部，自可假借。《論語·子罕》及此作‘孔子畏於匡’，《淮南·主術訓》作‘孔子圍於匡’，尤爲‘畏’、‘圍’通之明證。‘圍’，本字作‘囗’，《説文》‘囗，回也，象回帀之形’，則以物回繞謂之圍。被他人回繞不得出固可謂之圍，自我以物回繞而不出當亦可謂之圍。被他人以物回繞不得出即是困，自我以物回繞而不出即是藏。此文‘無乃畏邪’，猶言無乃藏而不出耶。下文‘彼雖畏，我存，夫安敢畏’，猶言彼雖藏，而我尚存，彼豈敢藏而不出耶。下文‘孔子畏於匡’，猶言孔子被圍困於匡。”

尊　師

子張，魯之鄙家也；顏涿聚，梁父之大盜也，學於孔子。

子貢問孔子曰：“後世將何以稱夫子？”孔子曰：“吾何足以稱哉！

勿已者,則好學而不厭,好教而不倦,其惟此邪?"

孟冬紀　安死

　　魯季孫有喪,孔子往弔之。入門而左,從客也。主人以璵璠收[一],孔子徑庭而趨,歷級而上,曰:"以寶玉收,譬之猶暴骸中原也。[二]"

〔一〕璵璠,君佩玉也。收,收斂。

〔二〕陳奇猷引李寶洤之説曰:"言人知有寶玉,將抇之,故猶暴骸中原。"

異　用

　　孔子之弟子從遠方來者,孔子荷杖而問之曰:"子之公不有恙乎[一]?"搏杖而揖之,問曰:"子之父母不有恙乎?"置杖而問曰:"子之兄弟不有恙乎?"杕步而倍之,問曰:"子之妻子不有恙乎?"[二](又見於《賈子‧容經》)

〔一〕公,祖父。

〔二〕孫星衍《孔子集語》注曰:《御覽》七百十"公"作"父",下無"父"字;"搏杖"作"持杖";"杕步而倍之"作"杖步而倚之"。《廣韻》"杕"字下引云:"孔子見弟子,抱杖而問其父母,拄杖而問其兄弟,曳杖而問其妻子,尊卑之差也。"蓋約此文。今案:許維遹引俞樾之説曰:"'搏杖'即'扶杖'也。專聲、夫聲相近,故義得通。《釋名‧釋言語》曰:'扶,傅也,傅近之也。'是其例也。"陳奇猷引孫詒讓、蔣維喬等以"杕"爲"曳"之譌。"倍"即"背"。陳奇猷又曰:"上問兄弟已置杖,此時杖已不在手中,故問妻子則曳步。因係問人之妻子,故背而問之,亦男女有別之義也。"

仲冬紀　當務

　　楚有直躬者[一],其父竊羊而謁之上[二],上執而將誅之。直躬者請代之。將誅矣,告吏曰:"父竊羊而謁之,不亦信乎? 父誅而代之,不亦孝乎? 信且孝而誅之,國將有不誅者乎[三]?"荊王聞之,乃不誅也。孔子聞之,曰:"異哉,直躬之爲信也! 一父而載取名焉[四]。"

〔一〕許維遹曰:"孔安國解直躬謂'直身而行',經師多從其説,遂以《吕覽》爲人姓名非是。"

〔二〕高誘注曰:"謁,告也。上,君也。"

〔三〕高誘注曰:"言淫刑以逞,誰能免之?"

〔四〕陳奇猷曰："'載'、'再'通。"

孝行覽

樂正子春下堂而傷足,瘳,而數月不出,猶有憂色。門人問之曰:"夫子下堂而傷足,瘳,而數月不出,猶有憂色,敢問其故。"樂正子春曰:"善乎而問之。吾聞之曾子,曾子聞之仲尼:'父母全而生之,子全而歸之,不虧其身,不損其形,可謂孝矣。君子無行咫步而忘之〔一〕。'余忘孝道,是以憂。"(又見於《大戴禮記·曾子大孝》)

〔一〕古八寸爲咫。咫步,小步也。

義　賞

昔晉文公將與楚人戰於城濮,召咎犯而問曰:"楚衆我寡,奈何而可?"咎犯對曰:"臣聞繁禮之君,不足於文;繁戰之君,不足於詐。君亦詐之而已。"文公以咎犯言告雍季,雍季曰:"竭澤而漁,豈不獲得?而明年無魚。焚藪而田,豈不獲得?而明年無獸。詐僞之道〔一〕,雖今偷可〔二〕,後將無復,非長術也。"文公用咎犯之言,而敗楚人於城濮。反而爲賞,雍季在上。左右諫曰:"城濮之功,咎犯之謀也。君用其言而賞後其身〔三〕,或者不可乎?"文公曰:"雍季之言,百世之利也。咎犯之言,一時之務也。焉有以一時之務先百世之利者乎!"孔子聞之曰:"臨難用詐,足以却敵。反而尊賢,足以報德。文公雖不終始,足以霸矣。"(又見於《韓非子·難一》)

〔一〕許維遹曰:"《治要》引'之'下有'爲'字。"
〔二〕梁運華曰:"《四部叢刊》本'偷'下有注'一作愈'。"
〔三〕梁運華曰:"《四部叢刊》本'身'下有注'一作資後其賞'。"

趙襄子出圍,賞有功者五人,高赫爲首。張孟談曰:"晉陽之中,赫無大功,賞而爲首,何也?"襄子曰:"寡人之國危,社稷殆,身在憂約之中,與寡人交而不失君臣之禮者惟赫,吾是以先之。"仲尼聞之,曰:"襄子可謂善賞矣。賞一人,而天下之爲人臣,莫敢失禮。"(又見於《韓非子·難一》、《説苑·復恩》)

慎 人

孔子窮於陳、蔡之間，七日不嘗食，藜羹不糝。宰予備[一]矣，孔子弦歌於室，顏回擇菜於外。子路與子貢相與而言曰："夫子逐於魯，削迹於衛，伐樹於宋[二]，窮於陳、蔡，殺夫子者無罪，藉夫子者不禁，夫子弦歌鼓舞，未嘗絶音，蓋君子之無所醜也若此乎[三]?"顏回無以對，入以告孔子。孔子憱然推琴[四]，喟然而嘆曰："由與賜，小人也。召[五]，吾語之。"子路與子貢入。子貢曰[六]："如此者可謂窮矣。"孔子曰："是何言也? 君子達於道之謂達，窮於道之謂窮。今丘也，拘仁義之道，以遭亂世之患，其所也，何窮之謂? 故内省而不疚於道，臨難而不失其德。大寒既至，霜雪既降，吾是以知松柏之茂也。昔桓公得之莒，文公得之曹，越王得之會稽。陳、蔡之阸，於丘其幸乎!"孔子烈然返瑟而弦[七]，子路抗然執干而舞[八]。子貢曰："吾不知天之高也，不知地之下也。古之得道者，窮亦樂，達亦樂。所樂非窮達也，道得於此，則窮達一也[九]，爲寒暑風雨之序矣[一〇]。故許由虞乎潁陽，而共伯得乎共首。"(又見於《莊子·雜篇·讓王》《風俗通》七)

〔一〕"備"，高誘以爲當作"憊"，"憊"，極也。陳奇猷同意此説。

〔二〕伐，孫星衍《孔子集語》注曰：一作"拔"。

〔三〕孫人和以爲無"所"字，於義爲長。高誘注曰："醜，猶恥也。"

〔四〕"憱"，楊樹達以爲當讀爲"愀"，釋作"憂"；于省吾以爲當讀爲"蹙"，釋爲"改容之貌"。陳奇猷同意于説。

〔五〕陳奇猷以爲"召"下當據《莊子·讓王》補"而來"二字。

〔六〕畢沅曰："《莊子·讓王》篇及《風俗通》俱作'子路曰'。"

〔七〕高誘注曰："返，更也。更取瑟而弦歌。"

〔八〕高誘注曰："干，楯也。"

〔九〕高誘注曰："此，近，喻身也。言得道之人，不爲窮極，不爲達顯，故一之也。"

〔一〇〕高誘注曰："寒暑，陰陽也。陰陽和，風雨序也。聖人法天地，順陰陽，故能不爲窮達變其節也。"

遇 合

孔子周流海内，再干世主[一]，如齊至衛，所見八十餘君，委質爲弟子者三千人[二]，達徒七十人。七十人者[三]，萬乘之主得一人用可爲師,不爲無人〔四〕。以此游,僅至於魯司寇。

〔一〕陳昌濟以爲“再干”當作“稱於”,孫人和以爲陳説非也,“再”猶“更”也。

〔二〕“爲”,孫星衍《孔子集語》作“於”,據《經傳釋詞》,“於”、“爲”通也。

〔三〕孫星衍《孔子集語》無“七十人者”四字。

〔四〕“爲”,孫星衍《孔子集語》作“於”。

文王嗜昌蒲菹〔一〕,孔子聞而服之〔二〕,縮頞而食之,三年然後勝之〔三〕。

〔一〕高誘注曰:“昌本之菹。”陳奇猷曰:“《周禮·天官·醢人》注:‘昌本,昌蒲根切之四寸爲菹。’《説文》:‘菹,酢菜也。’菹、菹同,舊本作俎,誤。”

〔二〕許維遹引孫人和之説疑無“而服”二字,陳奇猷亦同意孫説。

〔三〕高誘注曰:“勝,服。”陸繼輅曰:“《孟子》‘舉疾首蹙頞而相告’,《説文》:‘頞,鼻莖也’,故可云蹙。蹙頞猶言縐眉也。蹙、縮古今字,縮頞即蹙頞也。”陳奇猷曰:“《説文》:‘勝,任也。’此高注‘服’字讀如《長攻》‘義兵不攻服’之服,即屈服。能勝任其事即有屈服其事之意,故高訓勝爲服也。又案:陸説是。《説文》:‘縮,蹴也。’蹴、蹙同。”

必　己

孔子行道而息〔一〕,馬逸,食人之稼,野人取其馬。子貢請往説之,畢辭,野人不聽。有鄙人始事孔子者曰請往説之〔二〕。因謂野人曰:“子不耕於東海,吾不耕於西海也〔三〕,吾馬何得不食子之禾?”其野人大説,相謂曰:“説亦皆如此其辯也〔四〕,獨如嚮之人?”解馬而與之。（又見於《淮南子·人間訓》）

〔一〕王念孫以爲當據《文選》陸士衡《演連珠》李善注作“孔子行於東野”,陳奇猷以爲王説非。

〔二〕陶鴻慶以爲“曰”字不當有。陳奇猷同意此説。

〔三〕畢沅曰《文選注》引作“子耕東海至於西海”,俞樾據此以爲“吾不”二字衍文也。譚戒甫以爲原文不誤。高亨曰:“此言設子耕於東海,吾耕於西海,則吾與子無相遇之機會,吾馬自不能食子之禾矣。今子不耕於東海,吾不耕於西海,則吾與子有相遇之機會,吾馬何得不食子之禾哉?”陳奇猷同意高説。

〔四〕“其”,許維遹以爲當作“也”,屬上爲句。

慎大覽

趙襄子攻翟,勝老人、中人,使使者來謁之,襄子方食搏飯〔一〕,有憂色。左右曰：“一朝而兩城下，此人之所以喜也[二]，今君有憂色，何[三]？”襄子曰：“江河之大也，不過三日；飄風暴雨，日中不須臾。今趙氏之德行，無所於積，一朝而兩城下，亡其及我乎！”孔子聞之，曰：“趙氏其昌乎！”（又見於《列子·說符》、《淮南子·道應訓》）

〔一〕楊樹達曰：“《說文》：‘搏，以手圜之也。’”陳奇猷曰：“‘搏飯’即《異寶》之‘搏黍’，亦即今所謂‘飯團’也。”

〔二〕許維遹引畢沅及孫人和之說以爲“以”字衍。

〔三〕許維遹引孫人和之說以爲“何”下脱“也”字。

　　孔子之勁，舉國門之關，而不肯以力聞。（又見於《列子·說符》、《淮南子·道應訓》、《淮南子·主術訓下》、《顏氏家訓·誡兵篇》）

貴　因

　　孔子道彌子瑕見釐夫人，因也。（又見於《淮南子·泰族訓》、《鹽鐵論·論儒》）

先識覽　樂成

　　孔子始用於魯。魯人鷖誦之曰[一]：“麛裘而韠，投之無戾；韠而麛裘，投之無郵[二]。”用三年，男子行乎塗右，女子行乎塗左，財物之遺者，民莫之舉[三]。

〔一〕畢沅以爲“鷖”蓋魯人名。孫詒讓以爲“鷖”當讀爲“緊”，“緊”，釋爲“發聲”。章炳麟以爲“鷖”當讀爲“瘱”，《說文》云“勸聲也”。又通作“殹”，《說文》“殹”下云“一曰病聲也”。陳奇猷認爲“鷖”即“翳”之異文，釋爲“密”。

〔二〕高誘注曰：“孔子衣麛裘。投，棄也。‘郵’字與‘尤’同。言投棄孔子無罪尤也。”今案：麛裘與韠均爲衣服。

〔三〕高誘注曰：“舉，取也。”

察　微

　　魯國之法，魯人爲人臣妾於諸侯，有能贖之者，取其金於府。子貢贖魯人於諸侯，來而讓[一]，不取其金。孔子曰：“賜失之矣。自今以往，魯人不贖人矣。取其金則無損於行，不取其金則不復贖人矣。”（又見於《淮南子·道應訓》、《淮南子·齊俗訓》、《說苑·政理》）

〔一〕“讓”，《文選》引作“辭”。陳奇猷認爲辭、讓同義。

　　子路拯溺者，其人拜之以牛〔一〕，子路受之。孔子曰：“魯人必拯溺者矣。”孔子見之以細，觀化遠也〔二〕。（又見於《淮南子·道應訓》、《淮南子·齊俗訓》、《説苑·政理》）

〔一〕拜，謝也。

〔二〕俞樾以爲“觀”下蓋脱“大以近觀”四字，“化”當在“遠”字下，而“化”上又脱“通於”二字，本作“以細觀大，以近觀遠，通於化也”。譚戒甫、陳奇猷認爲原文無誤。陳奇猷認爲，化即《知接》“告之以遠化”之化，謂日後必至之勢。“孔子見之以細，觀化遠也”，猶言孔子察事於細微，而推知日後必至之勢也。

審分覽　任數

　　孔子窮乎陳、蔡之間，藜羹不斟〔一〕，七日不嘗粒。晝寢，顔回索米，得而爨之，幾熟，孔子望見顔回攫其甑中而食之。選間〔二〕，食熟，謁孔子而進食。孔子佯爲不見之〔三〕。孔子起曰：“今者夢見先君，食潔而後饋〔四〕。”顔回對曰：“不可。嚮者煤炱入甑中〔五〕，棄食不祥，回攫而飯之。”孔子歎曰：“所信者目也，而目猶不可信；所恃者心也，而心猶不足恃。弟子記之，知人固不易矣。”（又見於《論衡·知實》）

〔一〕許維遹引畢沅之説以爲“斟”當作“糂”。

〔二〕高誘注曰：“選間，須臾。”

〔三〕俞樾以爲“孔子佯爲不見之”七字當在“選間，食熟”之上。陳奇猷同意俞説。

〔四〕據許維遹，“後”，一本作“欲”，一本作“故”。

〔五〕“煤炱”原作“煤室”。孫星衍《孔子集語》注曰：《御覽》八百三十八引作“煐煤”。今案：畢沅改“煤室”爲“煤炱”，王引之以爲當作“臺煤”，陳奇猷以爲“室”當爲“實”之假字。

不　二

孔子貴仁。

審應覽　精諭

　　孔子見温伯雪子，不言而出。子貢曰：“夫子之欲見温伯雪子好矣〔一〕，今也見之而不言，其故何也？”孔子曰：“若夫人者，目擊而道存

矣,不可以容聲矣。"(又見於《莊子·外篇·田子方》)

〔一〕"好矣",畢沅以爲當作"久矣"。"好",吳承仕以爲當讀爲"孔","孔",甚也,"好矣"即"甚矣"。

　　白公問於孔子曰:"人可與微言乎?"孔子不應。白公曰:"若以石投水奚若?"孔子曰:"没人能取之。"白公曰:"若以水投水奚若?"孔子曰:"淄、澠之合者,易牙嘗而知之。"白公曰:"然則人不可與微言乎?"孔子曰:"胡爲不可? 唯知言之謂者爲可耳。"(又見於《列子·説符》、《淮南子·道應訓》)

具　備

　　宓子賤治亶父,恐魯君之聽讒人,而令己不得行其術也。將辭而行,請近吏二人於魯君,與之俱至於亶父。邑吏皆朝,宓子賤令吏二人書。吏方將書,宓子賤從旁時掣摇其肘。吏書之不善,則宓子賤爲之怒。吏甚患之,辭而請歸。宓子賤曰:"子之書甚不善,子勉歸矣〔一〕。"二吏歸報於君,曰:"宓子不可爲書。"君曰:"何故?"吏對曰:"宓子使臣書,而時掣摇臣之肘,書惡而有甚怒〔二〕,吏皆笑宓子,此臣所以辭而去也。"魯君太息而歎曰:"宓子以此諫寡人之不肖也。寡人之亂子〔三〕,而令宓子不得行其術,必數有之矣。微二人,寡人幾過。"遂發所愛〔四〕,而令之亶父,告宓子曰:"自今以來,亶父非寡人之有也,子之有也。有便於亶父者,子決爲之矣。五歲而言其要〔五〕。"宓子敬諾,乃得行其術於亶父。三年,巫馬旗短褐衣弊裘〔六〕,而往觀化於亶父,見夜漁者,得則舍之。巫馬旗問焉,曰:"漁爲得也。今子得而舍之,何也?"對曰:"宓子不欲人之取小魚也〔七〕。所舍者,小魚也。"巫馬旗歸,告孔子曰:"宓子之德至矣。使民闇行〔八〕,若有嚴刑於旁。敢問宓子何以至於此?"孔子曰:"丘嘗與之言曰:'誠乎此者刑乎彼。'宓子必行此術於亶父也。"(又見於《新序·雜事二》、《淮南子·道應訓》、《水經·泗水》注)

〔一〕高誘注曰:"勉猶趣也。"

〔二〕許維遹以爲"有"讀爲"又"。

〔三〕"亂子",陶鴻慶以爲當作"亂宓子"。

〔四〕高誘注曰:“發,遣。”

〔五〕高誘注曰:“要,約最,簿書。”陳奇猷曰:“最、撮同,古今字。”

〔六〕許維遹曰:“巫馬旗,張本‘旗’作‘期’,與《察賢》篇、《古今人表》合。”

〔七〕高誘注曰:“古者魚不尺不升於俎。宓子體聖人之化,爲盡類也,故不欲人取小魚。”陳奇猷以爲此句“盡”上當有“不”字。

〔八〕高誘注曰:“闇,夜。”

離俗覽 高義

孔子見齊景公,景公致廩丘以爲養,孔子辭不受。入謂弟子曰:“吾聞君子當功以受禄。今説景公,景公未之行而賜之廩丘〔一〕,其不知丘亦甚矣。”令弟子趣駕,辭而行。孔子,布衣也,官在魯司寇,萬乘難與比行,三王之佐不顯焉,取舍不苟也夫。(又見於《淮南子·氾論訓下》、《説苑·立節》)

〔一〕陳奇猷曰:“廩丘,齊邑。”

上 德

三苗不服,禹請攻之,舜曰:“以德可也。”行德三年,而三苗服。孔子聞之,曰:“通乎德之情,則孟門、太行不爲險矣。故曰德之速,疾乎以郵傳命。”

舉 難

季孫氏劫公家,孔子欲諭術則見外〔一〕,於是受養而便説〔二〕,魯國以訾。孔子曰〔三〕:“龍食乎清而游乎清,螭食乎清而游乎濁,魚食乎濁而游乎濁〔四〕。今丘上不及龍,下不若魚,丘其螭邪。”(又見於《論衡·龍虚》)

〔一〕高誘注曰:“季孫氏,武子,季文子子也。劫奪公家政事而自專之也。孔子欲以道而見遠外。”畢沅曰:“注誤,當云‘桓子,季平子子也’。末疑有文脱,似當云‘孔子欲以道術諭之而慮見遠外也’。”陳奇猷曰:“諭,曉也。謂孔子欲曉道術於季孫氏則見遠外也。……畢謂注末當云‘孔子欲以道術諭之而慮見遠外也’,是,但謂上段當作‘桓子,季平子子也’則非。考《史記·孔子世家》云‘桓子使人召孔子,子路止,卒不行’,明孔子無受養於桓子事。《孔子世家》‘季武子卒,平子代立。孔子貧且賤,及長,嘗爲季氏史’,則孔子嘗受養於季平子。據此,則此注當云‘季孫氏,武子子平子也’。”

〔二〕高誘注曰：“孔子受其養，而季氏便之。”畢沅曰：“注非也。受其養則不見遠外，於
　　　以諭道術則便矣。”陳奇猷同意畢説。

〔三〕孫星衍《孔子集語》注曰：《御覽》九百三十引重“孔子”二字。

〔四〕高誘注曰：“螭，龍之別名也。”陳奇猷曰：“《説文》：‘螭，若龍而黃，北方謂之地
　　　螻。或云無角曰螭。’”

恃君覽　知分

　　荆有次非者，得寶劍于干遂，還反涉江，至於中流，有兩蛟夾繞其
船。次非謂舟人曰：“子嘗見兩蛟繞船能兩活者乎[一]？”船人曰：“未
之見也。”次非攘臂，袪衣拔寶劍曰：“此江中之腐肉朽骨也。棄劍以
全己，余奚愛焉！”於是赴江刺蛟，殺之而復上船，舟中之人皆得活。
荆王聞之，仕之執圭[二]。孔子聞之，曰：“夫善哉！不以腐肉朽骨而
棄劍者，其次非之謂乎？”（又見於《淮南子·道應訓》）

〔一〕王念孫疑下“兩”字衍。俞樾疑下“兩”字作“而”，本在“能”字之上。范耕研曰：
　　　“兩者，謂人與蛟。言非蛟覆舟，即人殺蛟，不能兩活也。俞氏改乙，非也。”

〔二〕高誘注曰：“《周禮》：‘侯執信圭。’楚以次非勇武而侯之。”

召　類

　　士尹池爲荆使於宋，司城子罕觴之。南家之牆，犨於前而不
直[一]；西家之潦，徑其宮而不止。士尹池問其故。司城子罕曰：“南
家，工人也，爲鞄者也[二]。吾將徙之，其父曰：‘吾恃爲鞄以食三世
矣。今徙之，是宋國之求鞄者不知吾處也，吾將不食。願相國之憂吾
不食也。’爲是故，吾弗徙也。西家高，吾宮庳，潦之經吾宮也利，故弗
禁也。”士尹池歸荆，荆王適興兵而攻宋，士尹池諫於荆王曰：“宋不可
攻也。其主賢，其相仁。賢者能得民，仁者能用人。荆國攻之，其無
功而爲天下笑乎！”故釋宋而攻鄭。孔子聞之，曰：“夫脩之於廟堂之
上，而折衝乎千里之外者，其司城子罕之謂乎[三]？”（又見於《新序·刺
奢》）

〔一〕高誘注曰：“犨猶出，曲出子罕堂前也。”洪頤煊以爲“犨”當作“讎”，王引之疑
　　　“犨”爲“擁”，劉師培與王説同。陳奇猷以爲王、劉之説皆非，犨爲讎之本字，匹敵
　　　之意。高注訓“不直”爲曲，非也。據《説文》：“直，正見也。”“犨於前而不直”，猶
　　　言當於子罕堂前而目不能見正面之遠方。

〔二〕高誘注曰:"鞔,履也。作履之工也。一曰:鞔,靪也。作車靪之工也。"

〔三〕高誘注曰:"衝車所以衝突敵之軍,能陷破之也。有道之國,不可攻伐,使欲攻己
　　　　者折還其衝車於千里之外,不敢來也。"

　　趙簡子將襲衛,使史默往睹之〔一〕,期以一月,六月而後反。趙簡
子曰:"何其久也?"史默曰:"謀利而得害,猶弗察也〔二〕。今蘧伯玉爲
相,史鰌佐焉,孔子爲客,子貢使令於君前,甚聽〔三〕。《易》曰:'渙其
群,元吉。'渙者,賢也;群者,衆也;元者,吉之始也;'渙其群,元吉'
者,其佐多賢也〔四〕。"趙簡子按兵而不動。

〔一〕"睹",王念孫疑爲"覩"字之訛。陳奇猷以爲"睹"字不誤,"睹"本有視義。

〔二〕高誘注曰:"察,知。"

〔三〕高誘注曰:"君從其言。"

〔四〕高誘注曰:"謂孔子、子貢之客也。吳公子季札適衛,説蘧瑗、史鰌、公子荆、公叔
　　　　發、公子罶曰:'衛多君子,未有患也。'故曰其佐多賢也。"畢沅曰:"《左傳》'蘧
　　　　瑗'下有'史狗',陸德明作'史朝',此公子罶疑是'朝'之訛,即'朝'也。但公子
　　　　朝通於宣姜,懼而作亂,不得爲賢。梁伯子云:'或是公孫朝。'"梁玉繩曰:"《左》
　　　　襄二十九注'史狗,史朝之子文子',故《釋文》云'史朝如字',非以史狗爲史朝
　　　　也。又案:'罶'字必'罶'之譌。余初疑爲公孫朝,非也。公子朝作亂在後,不得
　　　　以難季札。又《文選‧東征賦》注引《傳》'公子朝'上有'謂'字,甚精,恐是今本
　　　　《左傳》脱之。"陳奇猷以爲梁後説是。

觀　表

　　邱成子爲魯聘於晉〔一〕,過衛,右宰穀臣止而觴之,陳樂而不樂,酒
酣而送之以璧。顧反,過而弗辭。其僕曰:"曩者,右宰穀臣之觴吾子
也甚歡,今侯渫過而弗辭〔二〕?"邱成子曰:"夫止而觴我,與我歡也;陳
樂而不樂,告我憂也;酒酣而送我以璧,寄之我也。若由是觀之,衛其
有亂乎?"倍衛三十里〔三〕,聞甯喜之難作〔四〕,右宰穀臣死之。還車而
臨,三舉而歸〔五〕。至,使人迎其妻子,隔宅而異之〔六〕,分祿而食之,其
子長而反其璧。孔子聞之,曰:"夫智可以微謀,仁可以託財者,其邱
成子之謂乎!"

〔一〕高誘注曰:"邱成子,魯大夫也,邱敬子國之子,邱青孫也。適晉,道經衛。"

〔二〕高誘注曰:"侯,何也。重過爲渫過。何爲不辭右宰。"

〔三〕畢沅曰:“《孔叢》、《選注》‘倍’皆作‘背’。”

〔四〕高誘注曰:“甯喜,衛大夫甯惠子殖之子悼子也。惠子與孫林父共逐獻公出之。
　　惠子疾,臨終,謂悼子:‘吾得罪於君,名載諸侯之策。君入則掩之。若能掩之,
　　則吾子也。’悼子許諾。魯襄二十六年,殺衛侯剽而納獻公,故曰甯喜之難作也。”

〔五〕高誘注曰:“臨,哭也。右宰息如是者三,故曰三舉。”

〔六〕畢沅曰:“《孔叢》‘異’作‘居’。”馬叙倫曰:“異蓋廙之省文。《説文》:‘廙,行
　　屋也。’”

慎行論　壹行

　　孔子卜,得賁[一]。孔子曰:“不吉。”子貢曰:“夫賁亦好矣,何謂
不吉乎?”孔子曰:“夫白而白,黑而黑,夫賁又何好乎[二]?”(又見於《説
苑·反質》)

〔一〕高誘注:“賁,色不純也。”

〔二〕王念孫曰:“而,猶則也。”陳奇猷曰:“凡言白即意味爲純白,黑即意味爲純黑,《説
　　苑》作‘正白’‘正黑’,其義甚明。”

求　人

　　晉人欲攻鄭,令叔向聘焉,視其有人與無人。子産爲之詩曰:“子
惠思我,褰裳涉洧;子不思我,豈無他士?”叔向歸曰:“鄭有人,子産在
焉,不可攻也。秦、荆近,其詩有異心,不可攻也。”晉人乃輟攻鄭。孔
子曰:“《詩》云:‘無競惟人。’子産一稱而鄭國免[一]。”

〔一〕高誘注曰:“《詩·大雅·抑》之二章也。‘無競惟人,四方其訓之’,無競,競也。
　　國之强,惟在得人,故曰鄭國免其難也。”

察　傳

　　魯哀公問於孔子曰:“樂正夔一足,信乎?”孔子曰:“昔者舜欲以
樂傳教於天下,乃令重黎舉夔於草莽之中而進之,舜以爲樂正。夔於
是正六律,和五聲,以通八風,而天下大服[一]。重黎又欲益求人,舜
曰:‘夫樂,天地之精也,得失之節也,故唯聖人爲能和,樂之本也。夔
能和之,以平天下。若夔者,一而足矣。’故曰,夔一,足,非一足也。”
(又見於《國語·魯語下》、《韓非子·外儲説左下》)

〔一〕高誘注曰:“六律,六氣之律。陽爲律,陰爲吕,合十二也。五聲,五行之聲,宫、

商、角、徵、羽也。八風,八卦之風也。通和陰陽,故天下大服也。”

貴直論　過理

糟丘酒池,肉圃爲格[一],雕柱而桔諸侯,不適也[二]。刑鬼侯之女而取其環[三],戮涉者脛而視其髓[四],殺梅伯而遺文王其醢[五],不適也。文王貌受以告諸侯[六]。作爲琁室,築爲頃宮[七],剖孕婦而觀其化[八],殺比干而視其心,不適也。孔子聞之,曰:“其竅通,則比干不死矣[九],夏、商之所以亡也[一〇]。”

〔一〕陳奇猷引畢沅、馬叙倫等人之説,以爲“爲”當作“炮”。高誘注曰:“格以銅爲之,布火其下,以人置上,人爛墮火而死,笑之以爲樂,故謂之樂不適也。”

〔二〕高誘注曰:“雕畫高柱,施桔槔於其端,舉諸侯而上下之,故曰不適。”孫詒讓、馬叙倫、許維遹以爲高注非,“桔”當作“梏”。

〔三〕“環”,陳奇猷本作“瓛”。高誘注曰:“聽妲己之譖,殺鬼侯之女以爲脯,而取其所服之瓛。”

〔四〕高誘注曰:“以其涉水能寒也,故視其髓,欲知其與人有異不也。”

〔五〕高誘注曰:“醢,肉醬也。”

〔六〕高誘注曰:“貌受,心不受也,故曰告諸侯也。”陳奇猷曰:“注‘曰’當作‘以’。”

〔七〕高誘注曰:“琁室,以琁玉文飾其室也。頃宮,築作宮牆,滿一頃田中,言博大也。”

〔八〕高誘注曰:“化,育也。視其胞裹。”

〔九〕高誘注曰:“聖人心達性通。紂性不仁,心不通,安於爲惡,殺比干,故孔子言其一竅通則比干不見殺也。”

〔一〇〕許維遹疑“夏”上脱一“此”字。

不苟論　不苟

武王至殷郊,係墮[一]。五人御於前,莫肯之爲[二],曰:“吾所以事君者,非係也。”武王左釋白羽,右釋黄鉞,勉而自爲係。孔子聞之,曰:“此五人者之所以爲王者佐也,不肖主之所弗安也。”故天子有不勝細民者,天下有不勝千乘者。

〔一〕孫星衍《孔子集語》注曰:《韓非子·外儲説左下》云:“文王伐崇,至鳳黄虚,韈繫解。”

〔二〕畢沅曰:“疑是‘爲之係’,倒二字,脱一字。”鹽田曰:“《唐類函》作‘莫爲之係’。”許維遹曰:“《書鈔》四十九引作‘莫肯爲之’,亦脱‘係’字。”

士容論　務大

孔子曰：“燕爵爭善處於一屋之下，母子相哺也，區區焉相樂也[一]，自以爲安矣。竈突決，上棟焚[二]，燕爵顏色不變，是何也？不知禍之將及之也[三]，不亦愚乎！爲人臣而免於燕爵之智者，寡矣。夫爲人臣者，進其爵禄富貴，父子兄弟相與比周於一國，區區焉相樂也，而以危其社稷，其爲竈突近矣，而終不知也，其與燕爵之智不異。故曰：‘天下大亂，無有安國。一國盡亂，無有安家。一家盡亂，無有安身。’此之謂也。故細之安必待大，大之安必待小[四]。細大賤貴，交相爲贊，然後皆得其所樂。”

〔一〕高誘注曰：“區區，得志貌也。”“區區”，畢沅以爲當作“嘔嘔”。
〔二〕“上棟焚”，俞樾以爲當作“上焚棟”。
〔三〕“及之”，畢沅以爲當作“及己”。
〔四〕畢沅曰：“兩‘待’字，前《諭大》篇俱作‘侍’，下‘贊’字亦作‘侍’。”

淮南子

《淮南子》，又名《淮南鴻烈》、《劉安子》，西漢淮南王劉安及其門客集體編寫。漢高誘《淮南鴻烈解》稱：“安爲辨達，善屬文……天下方術之士多往歸焉。於是遂與蘇飛、李尚、左吳、田由、雷被、毛被、伍被、晉昌等八人，及諸儒大山、小山之徒，共講論道德，總統仁義，而著此書。”《漢書·藝文志》云：“《淮南》内二十一篇，外三十三篇。”顏師古注曰：“内篇論道，外篇雜説。”是書采百家之長，將道、陰陽、墨、法和一部分儒家思想糅合起來，内容龐雜，並多用歷史、神話、傳説、故事來説理，文風新異瑰奇，繁富有序。清劉熙載説：“《淮南子》連類喻義，本諸《易》與《莊子》，而奇偉宏富，又能自用其才，雖使與先秦諸子同時，亦足成一家之作。”胡適謂“《淮南》書又集道家的大成”。原書多有亡佚，今本爲二十一卷。

歷史上治此書最有影響的代表作爲漢高誘注。但據《漢書·藝文志》記載，當時除高注之外，尚有許慎、盧植、馬融之注，後盧、馬二注不存而高、許二注常混。《隋書·經籍志》、《宋史·藝文志》等皆許注、高注並列；唐陸德明《莊子釋文》引《淮南子》注稱許慎；唐殷敬順《列子釋文》引《淮南子》注或稱高誘，或稱許慎。《四庫全書總目提要》認爲：“後慎注散佚，傳刻者誤以誘注題慎名。”清人陶方琦曾作《淮南許注異同詁》以區分兩注之異同。此外，尚有清莊逵吉的

《淮南子注》、近人劉文典的《淮南鴻烈集解》等。

今以劉文典《淮南鴻烈集解》(中華書局 1989 年版)爲底本,以何甯《淮南子集釋》(中華書局 1998 年版)、《叢書集成》本、《百子全書》本、《四庫全書》本《淮南子》以及郭沂《孔子集語校補》爲參校本加以輯録、校勘。

主術訓

夫榮啓期一彈,而孔子三日樂,感于和。

孔子學鼓琴於師襄,而諭文王之志,見微以知明矣。(又見於《韓詩外傳》五)

孔子之通,智過於萇宏,勇服於孟賁,足躡郊菟,力招城關,能亦多矣〔一〕;然而勇力不聞,伎巧不知,專行教道,以成素王,事亦鮮矣。春秋二百四十二年,亡國五十二,弑君三十六,采善鉏醜〔二〕,以成王道,論亦博矣。然而圍於匡,顏色不變,弦歌不輟,臨死亡之地,犯患難之危,據義行理,而志不懾〔三〕,分亦明矣。然爲魯司寇,聽獄必爲斷,作爲《春秋》,不道鬼神,不敢專己。(又見於《吕氏春秋・慎大覽・慎大》、《淮南子・道應訓》、《列子・説符》、《顏氏家訓・誡兵篇》)

〔一〕高誘注曰:"萇弘,周大夫,敬王臣也,號知大道。孟賁,勇士也。孔子皆能。招,舉也。"陶方琦曰:"《群書治要》引許注:'萇弘,周景王之史,行通天下鬼方之術也。'"劉文典曰:"《春秋文曜鉤》云:'高辛受命,重黎説天,成周改號,萇弘分官。'又《群書治要》、《後漢書・鄭太傳》注引許注:'孟賁,衛人。'按:《漢書・淮南王傳》'奮諸、賁之勇',應邵曰:'吴專諸,衛孟賁也。'與許説同。"

〔二〕"鉏"同"鋤"。

〔三〕高誘注曰:"犯,猶遭也。懾,猶懼也。"

繆稱訓

夫子見禾之三變也〔一〕,滔滔然曰〔二〕:"狐鄉丘而死,我其首禾乎〔三〕。"

〔一〕高誘注曰:"夫子,孔子也。三變,始於粟,粟生於苗,苗成於穗也。"

〔二〕劉文典曰:"《文選・思玄賦》注引'滔滔然曰'作'乃嘆曰'。"滔滔,比喻言行連續不斷。

〔三〕高誘注曰:"禾穗垂而向根,君子不忘本也。"

申喜聞乞之歌而悲,出而視之,其母也。艾陵之戰也,夫差曰:"夷聲陽,句吳其庶乎!"同是聲,而取信焉異,有諸情也。故心哀而歌不樂,心樂而哭不哀。夫子曰:"絃則是也,其聲非也。"(又見於《毛詩·素冠傳》、《説苑·脩文》)

子曰:"鈞之哭也〔一〕,曰:'子予奈何兮,乘我何?'其哀則同,其所以哀則異,故哀樂之襲人情也深矣。"

〔一〕鈞,等也。

魯以偶人葬,而孔子歎。

齊俗訓

子路撜溺而受牛謝〔一〕。孔子曰:"魯國必好救人於患〔二〕。"子贛贖人而不受金於府。孔子曰:"魯國不復贖人矣。"子路受而勸德,子贛讓而止善。孔子之明,以小知大,以近知遠,通於論者也。(又見於《淮南子·道應訓》、《吕氏春秋·先識覽·察微》、《説苑·政理》)

〔一〕高誘注曰:"撜,舉也。扮出溺人,主謝以牛也。"

〔二〕劉文典曰:"'救人於患'下當有'矣'字,與下文'孔子曰:魯國不復贖人矣'一律。《群書治要》引此文,'患'下有'矣'字。"

孔子謂顏回曰:"吾服汝也忘,而汝服於我也亦忘。雖然,汝雖忘乎吾,猶有不忘者存。"(又見於《莊子·外篇·田子方》、《論衡·自然》)

晉平公出言而不當,師曠舉琴而撞之,跌袵宫壁〔一〕。左右欲塗之,平公曰:"舍之,以此爲寡人失。"孔子聞之,曰:"平公非不痛其體也,欲來諫者也。"

〔一〕高誘注曰:"跌袵,至平公衣袵,中宫壁。"俞樾疑"跌袵宫壁"當作"跌袵中壁"。跌,猶越也。言越過平公之袵而中於壁也。

道應訓

白公問於孔子曰:"人可以微言?"孔子不應。白公曰:"若以石投水中何如?"曰:"吴、越之善没者能取之矣。"曰:"若以水投水何如?"孔子曰:"菑、澠之水合,易牙嘗而知之。"白公曰:"然則人固不可與微言乎?"孔子曰:"何謂不可? 誰知言之謂者乎? 夫知言之謂者,不以言言也。争魚者濡,逐獸者趚〔一〕,非樂之者也。故至言去言,至爲無爲,夫淺知之所争者末矣。"白公不得也,故死於浴室。(又見於《吕氏春秋·審應覽·精諭》、《列子·説符》)

〔一〕趚,同"趨"。

趙襄子攻翟而勝之〔一〕,取尤人、終人,使者來謁之。襄子方將食,而有憂色,左右曰:"一朝而兩城下,此人之所喜也。今君有憂色,何也?"襄子曰:"江、河之大也,不過三日;飄風暴雨,日中不須臾。今趙氏之德行無所積,今一朝兩城下〔二〕,亡其及我乎!"孔子聞之,曰:"趙氏其昌乎!"(又見於《吕氏春秋·慎大覽》、《列子·説符》)

〔一〕王念孫以爲"攻翟"上當有"使"字。

〔二〕"今一朝兩城下",王念孫以爲本作"今一朝而兩城下"。

孔子勁杓國門之關〔一〕,而不肯以力聞。(又見於《吕氏春秋·慎大覽·慎大》、《列子·説符》、《淮南子·主術訓下》、《顔氏家訓·誡兵篇》)

〔一〕杓,引也。

魯國之法,魯人爲人妾於諸侯〔一〕,有能贖之者,取金於府。子贛贖魯人於諸侯,來而辭不受金。孔子曰:"賜失之矣。夫聖人之舉事也,可以移風易俗,而受教順可施後世〔二〕,非獨以適身之行也。今國之富者寡,而貧者衆,贖而受金則爲不廉,不受金則不復贖人。自今以來,魯人不復贖人於諸侯矣。"(又見於《吕氏春秋·先識覽·察微》、《淮南子·齊俗訓》、《説苑·政理》)

〔一〕王念孫曰:"《吕氏春秋·察微篇》、《説苑·政理篇》、《家語·致思篇》'妾'上俱有'臣'字,於義爲長。"

〔二〕王念孫曰:"'教順'上本無'受'字,此因上文'不受金'而誤衍也。'教順'即'教訓'也(訓、順古多通用,不煩引證)。'教訓'上有'受'字,則與下四字義不相屬矣。《説苑》、《家語》並作'教導可施於百姓',是其證。"

　　顏回謂仲尼曰:"回益矣。"仲尼曰:"何謂也?"曰:"回忘禮樂矣。"仲尼曰:"可矣,猶未也。"異日,復見,曰:"回益矣。"仲尼曰:"何謂也?"曰:"回忘仁義矣。"仲尼曰:"可矣,猶未也。"異日,復見,曰:"回坐忘矣。"仲尼遽[一]然曰:"何謂坐忘?"顏回曰:"墮支體,黜聰明,離形去知,洞於化通,是謂坐忘。"仲尼曰:"洞則無善也,化則無常矣,而夫子薦賢,丘請從之後。"(又見於《莊子·内篇·大宗師》)

　　〔一〕"遽",孫星衍《孔子集語》作"造"。

　　季子治亶父三年[一],而巫馬期絻衣短褐,易容貌,往觀化焉[二],見得魚釋之。巫馬期問焉,曰:"凡子所爲魚者,欲得也。今得而釋之,何也?"漁者對曰:"季子不欲人取小魚也。所得者小魚,是以釋之。"巫馬期歸,以報孔子曰:"季子之德至矣。使人闇行若有嚴刑在其側者,季子何以至於此?"孔子曰:"丘嘗問之以治,言曰:'誠於此者刑於彼[三]。'季子必行此術也[四]。"(又見於《呂氏春秋·審行覽·具備》、《新序·雜事二》、《水經·泗水》注)

　　〔一〕王念孫曰:"《群書治要》引此,季子作宓子。《呂氏春秋·具備篇》同。案:諸書無宓子賤爲季子者,季當爲孚,字之誤也。"
　　〔二〕高誘注曰:"易服而往,微以視之。"
　　〔三〕"誠",王念孫以爲是"誠"字之譌。
　　〔四〕孫星衍《孔子集語》注曰:薛據《集語》引此而節其文,云見《韓非子》,今《韓非子》無此文。

　　荊有佽非,得寶劍於干隊,還反度江,至於中流,陽侯之波[一],兩蛟挾繞其船,佽非謂枻船者曰[二]:"嘗有如此而得活者乎?"對曰:"未嘗見也。"於是佽非瞑目勃然,攘臂拔劍曰[三]:"武士可以仁義之禮説也,不可劫而奪也,此江中之腐肉朽骨,棄劍而已[四],余有奚愛焉?"赴江刺蛟,遂斷其頭,船中人盡活,風波畢除,荊爵爲執圭。孔子聞之,曰:"夫善載[五]! 腐肉朽骨棄劍者,佽非之謂乎?"(又見於《呂氏春秋·恃君覽·知分》)

　　〔一〕陽侯,古代傳説中的波濤之神。
　　〔二〕高誘注曰:"枻,櫂也。"
　　〔三〕王念孫以爲"瞑目"二字與"攘臂拔劍"事不相類,故"瞑目"當爲"瞋目"。劉文典案:"勃然"二字當在"瞋目"之上,而以"勃然瞋目攘臂拔劍"作一句讀。

〔四〕俞樾曰:"已乃人己之己,'己'上當有'全'字。《呂氏春秋》正作'棄劍而全己'。"

〔五〕載,俞樾疑當作"哉"。

孔子觀桓公之廟,有器焉,謂之宥卮。孔子曰:"善哉! 予得見此器。"顧曰:"弟子取水。"水至,灌之,其中則正,其盈則覆。孔子造然革容曰:"善哉,持盈者乎!"子貢在側曰:"請問持盈。"曰:"益而損之。"曰:"何謂益而損之?"曰:"夫物盛而衰,樂極而悲,日中而移,月盈而虧。是故聰明睿知,守之以愚;多聞博辯,守之以陋;武力毅勇,守之以畏;富貴廣大,守之以儉;德施天下,守之以讓。此五者,先王所以守天下而弗失也;反此五者,未嘗不危也。"(又見於《韓詩外傳》三、《荀子·宥坐》、《説苑·敬慎》)

氾論訓

孔子曰:"可以共學矣,而未可以適道也;可與適道,未可以立也;可以立,未可與權。"

孔子辭廩丘,終不盜刀鉤。(又見於《呂氏春秋·離俗覽·高義》、《説苑·立節》)

孔子誅少正卯,而魯國之邪塞。(又見於《尹文子·聖人》、《荀子·宥坐》、《説苑·指武》、《論衡·講瑞》、《劉子·心隱》、《漢書·趙尹韓張兩王傳》)

人間訓

孔子讀《易》至《損》《益》,未嘗不憤然而歎曰[一]:"《益》《損》者,其王者之事與? 事或欲以利之,適足以害之;或欲害之,乃反以利之。利害之反,禍福之門户,不可不察也。"(又見於《説苑·敬慎》)

〔一〕孫星衍《孔子集語》注曰:《御覽》六百九引作"喟然"。

人或問孔子曰:"顔回何如人也?"曰:"仁人也,丘弗如也。""子貢何如人也?"曰:"辯人也,丘弗如也。""子路何如人也?"曰:"勇人也,丘弗如也。"賓曰:"三人皆賢夫子,而爲夫子役,何也?"孔子曰:

“丘能仁且忍，辯且訥，勇且怯，以三子之能，易丘一道，丘弗爲也。”孔子知所施之也。（又見於《列子·仲尼》、《説苑·雜言》、《論衡·定賢》）

孔子行游[一]，馬失，食農夫之稼。野人怒，取馬而繫之。子貢往説之，卑辭而不能得也[二]。孔子曰：“夫以人之所不能聽説人，譬以大牢享野獸，以《九韶》樂飛鳥也。予之罪也，非彼人之過也。”乃使馬圉往説之[三]。至，見野人曰：“子耕於東海，至於西海，吾馬之失，安得不食子之苗？”野人大喜，解馬而與之。（又見於《吕氏春秋·孝行覽·必己》、《劉子·適才章》）

〔一〕王念孫以爲此本作“孔子行於東野”。

〔二〕王念孫以爲“子貢”上脱“使”字，“卑”當爲“畢”，字之誤也。畢辭，謂竟其辭也。

〔三〕劉文典曰：“圉，養馬者。”

昔者衛君朝於吳，吳王囚之，欲流之於海，説者冠蓋相望而弗能止。魯君聞之，撤鐘鼓之縣，縞素而朝。仲尼入見曰：“君胡爲有憂色？”魯君曰：“諸侯無親，以諸侯爲親；大夫無黨，以大夫爲黨。今衛君朝於吳王[一]，吳王囚之，而欲流之於海，孰意衛君之仁義，而遭此難也。吾欲免之而不能，爲奈何？”仲尼曰：“若欲免之，則請子貢行。”魯君召子貢，授之將軍之印，子貢辭曰：“貴無益於解患，在所由之道。”斂躬而行，至於吳，見太宰嚭，太宰嚭甚悦之，欲薦之於王。子貢曰：“子不能行説於王，奈何吾因子也？”太宰嚭曰：“子焉知嚭之不能也？”子貢曰：“衛君之來也，衛國之半曰不若朝於晉，其半曰不若朝於吳。然衛君以爲吳可以歸骸骨也，故束身以受命。今子受衛君而囚之，又欲流之於海，是賞言朝於晉者，而罰言朝於吳也。且衛君之來也，諸侯皆以爲著龜兆。今朝於吳而不利，則皆移心於晉矣。子之欲成霸王之業，不亦難乎？”太宰嚭入，復之於王，王報出令於百官曰：“比十日，而衛君之禮不具者死。”子貢可謂知所以説矣。

〔一〕王念孫以爲“王”字涉下句而衍。

脩務訓

孔子無黔突[一]。（又見於《劉子·惜時》）

〔一〕高誘注曰：“黔，言其窔。竈不至於黑……汲汲於行道也。”莊逵吉曰：“窔音深，俗本作突字，誤。”

夫項託七歲爲孔子師，孔子有以聽其言也。（又見於《戰國策》七、《淮南子·説林訓》高誘注、《論衡·實知》、《御覽》四百四引《春秋後語》、《玉燭寶典》五）

泰族訓

孔子爲魯司寇，道不拾遺，市不豫賈〔一〕，田漁皆讓長，而辯白不戴負〔二〕，非法之所能致也。

〔一〕“市”下原衍“買”字（孫星衍《孔子集語》作“賈”），據王念孫之説刪。王念孫曰：“買字即賈字之誤而衍者也。‘市不豫賈’，謂市之鬻物者不高其價以相誑豫，非謂買者也。”

〔二〕孫星衍《孔子集語》“辯”作“斑”，“戴負”作“負戴”。

孔子曰：“小辯破言，小利破義，小藝破道，小見不達，必簡。河以逶蛇故能遠，山以陵遲故能高〔一〕，陰陽無爲故能和，道以優柔故能化〔二〕。”（又見於《大戴禮記·小辯》）

〔一〕陵遲，斜坡緩延。

〔二〕“柔”，原作“游”，據孫星衍《孔子集語》改。優柔，寬舒和諧。

孔子弟子七十，養徒三千人，皆入孝出悌，言爲文章，行爲儀表，教之所成也。

孔子欲行王道，東西南北，七十説而無所偶。故因衛夫人、彌子瑕而欲通其道。（又見於《吕氏春秋·慎大覽·貴因》、《鹽鐵論·論儒》）

要　略

孔子脩成康之道，述周公之訓，以教七十子，使服其衣冠，脩其篇籍，故儒者之學生焉。

論　衡

《論衡》，東漢王充撰。王充在《自紀篇》中説“吾書百篇”，然《後漢書》本傳卻稱其"著《論衡》八十五篇,二十餘萬言"。《四庫全書總目提要》認爲"其書凡八十五篇,而第四十四《招致》篇有録無書,實八十四篇……然則原書實百餘篇。此本目録八十五篇,已非其舊矣"。是書主要批評了當時社會上盛行的讖緯思想和各種神秘主義,其目的是"冀悟迷惑之心,使知虛實之分"。南宋晁公武《郡齋讀書志》曰:"後漢王充仲任撰。充好論説,始如詭異,終有實理。以俗儒守文多失其真,乃閉門潛思,户牖牆壁各置刀筆,著《論衡》八十五篇,釋物類同異,正時俗嫌疑。"《四庫全書總目提要》評之曰:"其言多激。《刺孟》、《問孔》二篇,至於奮其筆端,以與聖賢相軋,可謂狂矣。又露才揚己,好爲物先。"

今以黄暉《論衡校釋》(中華書局 1990 年版)爲底本,以馬宗霍《論衡校讀箋識》(中華書局 2010 年版)、《諸子集成》本、《百子全書》本、《叢書集成》本、《四庫全書》本《論衡》以及郭沂《孔子集語校補》爲參校本加以輯録、校勘。

幸　偶

孔子門徒七十有餘,顔回蚤夭,孔子曰:"不幸短命死矣!"

孔子曰:"人之生也直,罔之生也幸。"

魯城門久朽欲頓,孔子過之,趨而疾行。左右曰:"久矣。"孔子曰:"惡其久也。"孔子戒慎已甚,如過遭壞,可謂不幸也。故孔子曰:"君子有不幸而無有幸,小人有幸而無不幸。"又曰:"君子處易以俟命,小人行險以徼幸。"

骨　相

孔子反羽[一]。

〔一〕孫星衍《孔子集語》注曰:又《講瑞》篇:"孔子反宇。"又《劉子·命相》篇:"孔子返宇。"

孔子適鄭,與弟子相失,孔子獨立鄭東門。鄭人或問子貢曰:"東門有人,其頭似堯,其項若皋陶,肩類子産。然自腰以下,不及禹三寸,儽儽若喪家之狗。"子貢以告孔子,孔子欣然笑曰:"形狀未也,如喪家狗,然哉! 然哉!"(又見於《白虎通·壽命》、《韓詩外傳》九)

書　虛

傳書或言：顏淵與孔子俱上魯太山。孔子東南望，吳閶門外有繫白馬。引顏淵，指以示之，曰："若見吳閶門乎？"顏淵曰："見之。"孔子曰："門外何有？"曰："有如繫練之狀。"孔子撫其目而正之，因與俱下。下而顏淵髮白齒落，遂以病死。蓋以精神不能若孔子，彊力自極，精華竭盡，故早夭死。（又見於《御覽》八百九十七引《論衡》、《御覽》八百十八引《韓詩外傳》、《續博物志》七）

傳書言："孔子當泗水之葬，泗水爲之卻流。"

孔子生時，推排不容，故歎曰："鳳鳥不至，河不出圖，吾已矣夫！"

感　虛

孔子疾病，子路請禱。孔子曰："有諸？"子路曰："有之。誄曰：禱爾于上下神祇。"孔子曰："丘之禱，久矣。"

福　虛

宋人有好善行者，三世不改，家無故黑牛生白犢，以問孔子。孔子曰："此吉祥也，以享鬼神。"即以犢祭。一年，其父無故而盲。牛又生白犢，其父又使其子問孔子。孔子曰："吉祥也，以享鬼神。"復以犢祭。一年，其子無故而盲。其後楚攻宋，圍其城。當此之時，易子而食之，析骸而炊之，此獨以父子俱盲之故得毋乘城。軍罷圍解，父子俱視。

禍　虛

伯牛有疾，孔子自牖執其手；曰："亡之命矣夫！斯人也，而有斯疾也！"

龍　虛

孔子曰："龍食於清，游於清；龜食於清，游於濁；魚食於濁，游於

清。丘上不及龍，下不爲魚，中止其龜與！”（又見於《呂氏春秋·離俗覽·舉難》）

孔子曰：“游者可爲綱，飛者可爲矰，至於龍也，吾不知。其乘風雲上升。今日見老子，其猶龍乎！”（又見於《莊子·外篇·天運》、《史記·老莊申韓列傳》、《論衡·知實》）

雷　虛

《論語》云：“迅雷風烈必變。”《禮記》曰：“有疾風迅雷甚雨則必變，雖夜必興，衣服，冠而坐。”懼天怒。子曰[一]：“天之與人猶父子，有父爲之變，子安能忽？故天變，己亦宜變；順天時，示己不違也。”

> 〔一〕黄暉曰：“‘子’，元本作‘乎’。朱校同。孫曰：當作‘乎’，非‘子曰’連文，是也。”據此，則此段非孔子之語。

語　增

孔子曰：“巍巍乎，舜、禹之有天下而不與焉！”

孔子曰：“紂之不善，不若是之甚也。是以君子惡居下流，天下之惡皆歸焉。”

傳語曰：“文王飲酒千鍾，孔子百觚。”

儒　增

書説：“孔子不能容於世，周流游説七十餘國，未嘗得安。”

《論語》之篇，諸子之書，孔子自衛反魯，在陳絶糧，削迹於衛，忘味於齊，伐樹於宋，竝費與頓牟，至不能十國。傳言七十國，非其實也。或時干十數國也，七十之説，文書傳之，因言干七十國矣。

《論語》曰：“孔子問公叔文子於公明賈曰：‘信乎，夫子不言、不笑、不取乎？’公明賈對曰：‘以告者過也。夫子時然後言，人不厭其言也；樂然後笑，人不厭其笑也；義然後取，人不厭其取也。’子曰：‘豈其然乎！豈其然乎！’”

效　力

孔子，周世多力之人也，作《春秋》，删《五經》，祕書微文，無所不定。

孔子，山中巨木之類也。

孔子能舉北門之關，不以力自章。

別　通

孔子病，商瞿卜，期日中。孔子曰：“取書來，比至日中何事乎？”

超　奇

孔子得史記以作《春秋》，及其立義創意，褒貶賞誅，不復因史記者，眇思自出於胷中也[一]。

〔一〕眇，高遠。

孔子作《春秋》，以示王意。

孔子之《春秋》，素王之業也。

孔子曰：“文王既没，文不在兹乎！”

文王之文在孔子，孔子之文在仲舒。

明　雩

孔子出，使子路齎雨具[一]。有頃，天果大雨。子路問其故，孔子曰：“昨暮，月離于畢；後日，月復離畢。”孔子出，子路請齎雨具，孔子不聽。出，果無雨。子路問其故，孔子曰：“昔日，月離其陰，故雨。昨暮，月離其陽，故不雨。”

〔一〕齎,持,帶。

順　鼓

魯國失禮,孔子作經,表以爲戒也。

亂　龍

有若似孔子,孔子死,弟子思慕,共坐有若孔子之座。

遭　虎

孔子行魯林中,婦人哭,甚哀,使子貢問之:"何以哭之哀也?"曰:"去年虎食吾夫,今年食吾子,是以哭哀也。"子貢曰:"若此,何不去也?"對曰:"吾善其政之不苛,吏之不暴也。"子貢還報孔子。孔子曰:"弟子識諸,苛政暴吏,甚於虎也。"(又見於《新序·雜事五》)

講　瑞

子貢事孔子,一年,自謂過孔子;二年,自謂與孔子同;三年,自知不及孔子。當一年二年之時,未知孔子聖也;三年之後,然乃知之。以子貢知孔子,三年乃定,世儒無子貢之才,其見聖人,不從之學,任倉卒之視,無三年之接,自謂知聖,誤矣。少正卯在魯,與孔子並。孔子之門,三盈三虛,唯顏淵不去,顏淵獨知孔子聖也。夫門人去孔子,歸少正卯,不徒不能知孔子之聖,又不能知少正卯,門人皆惑。子貢曰:"夫少正卯,魯之聞人也。子爲政,何以先之?"孔子曰:"賜退,非爾所及。"(又見於《尹文子·聖人》《淮南子·氾論訓下》《說苑·指武》《荀子·宥坐》《劉子·心隱》《漢書·趙尹韓張兩王傳》)

自　然

宋人或刻木爲楮葉者,三年乃成。孔子曰:"使地三年乃成一葉,則萬物之有葉者寡矣。"〔一〕

〔一〕孫星衍《孔子集語》注曰:《列子·說符》亦有此語。

孔子謂顏淵曰:"吾服汝,忘也;汝之服於我,亦忘也。"(又見於《淮

南子·齊俗訓》、《莊子·外篇·田子方》)

須　頌

孔子稱:"大哉,堯之爲君也! 唯天爲大,唯堯則之。蕩蕩乎民無能名焉。"

孔子顯三累之行[一]。

〔一〕劉盼遂曰:"何休《公羊傳注》:累,累從君而死,齊人語也。漢世謂罪臣曰累,故漢代稱屈平爲湘累。《荀子·成相》云:'比干見刳,箕子累。'三累亦三罪臣之義也。"

佚　文

孝武皇帝封弟爲魯恭王。恭王壞孔子宅以爲宮,得佚《尚書》百篇,《禮》三百,《春秋》三十篇,《論語》二十一篇。

孔子稱周曰:"唐虞之際,於斯爲盛,周之德,其可謂至德已矣!"

紀　妖

孔子當泗水而葬,泗水却流。

言　毒

孔子見陽虎,却行,白汗交流。

卜　筮

子路問孔子曰:"豬肩羊膊[一],可以得兆;萑葦藁芼[二],可以得數,何必以蓍龜?"孔子曰:"不然,蓋取其名也。夫蓍之爲言耆也,龜之爲言舊也。明狐疑之事,當問耆舊也[三]。"

〔一〕豬肩羊膊,豬羊之肩胛骨。

〔二〕萑葦,蘆葦之類的植物。藁,穀物之莖。芼,茅草。

〔三〕耆舊,有經驗的老人。

孔子曰:"天何言哉? 四時行焉,百物生焉。"

魯將伐越，筮之，得“鼎折足”，子貢占之以爲凶。何則？鼎而折足，行用足，故謂之凶。孔子占之以爲吉，曰：“越人水居，行用舟，不用足，故謂之吉。”魯伐越，果克之。

實　　知

孔子將死，遺讖書曰：“不知何一男子，自謂秦始皇，上我之堂，踞我之牀，顛倒我衣裳，至沙丘而亡。”又曰：“董仲舒，亂我書。”又書曰：“亡秦者，胡也。”

孔子生不知其父，若母匿之，吹律自知殷宋大夫子氏之世也[一]。
〔一〕孫星衍《孔子集語》注曰：《御覽》十六引《論衡》曰：“孔子吹律，自知殷之苗裔。”

魯以偶人葬而孔子嘆[一]。
〔一〕孫星衍《孔子集語》注曰：“《抱朴子·嘉遯》云：‘尼父聞偶葬而永欷。’”

夫項託年七歲教孔子。（又見於《淮南子·修務訓》、《淮南子·説林訓》高誘注、《戰國策》七、《御覽》四百四引《春秋後語》、《玉燭寶典》五）

孔子曰：“生而知之，上也；學而知之，其次也。”

孔子曰：“其或繼周者，雖百世可知也。”又曰：“後生可畏，焉知來者之不如今也？”

孔子未嘗見狌狌[一]，至輒能名之；……然而孔子名狌狌，聞昭人之歌。（又見於桓譚《新論》）
〔一〕狌狌，即猩猩。

孔子曰：“吾十有五而志乎學。”

孔子曰：“吾嘗終日不食、終夜不寢以思，無益，不如學也。”

知　實

孔子問公叔文子於公明賈曰："信乎,夫子不言不笑不取,有諸?"對曰："以告者過也。夫子時然後言,人不厭其言;樂然后笑,人不厭其笑;義然后取,人不厭其取。"孔子曰："豈其然乎? 豈其然乎?"

顏淵炊飯,塵落甑中,欲置之則不清,投地則棄飯,掇而食之。孔子望見,以爲竊食。(又見於《吕氏春秋·審分覽·任數》)

子畏於匡,顏淵後,孔子曰："吾以汝爲死矣。"

陽貨欲見孔子,孔子不見,饋孔子豚。孔子時其亡也而往拜之,遇諸塗。

長沮、桀溺耦而耕,孔子過之,使子路問津焉。

孔子母死,不知其父墓,殯於五甫之衢。人見之者以爲葬也,蓋以無所合葬,殯之謹,故人以爲葬也。鄰人鄒曼甫之母告之,然后得合葬於防。……既得合葬,孔子反,門人後,雨甚。至,孔子問曰："何遲也?"曰："防墓崩。"孔子不應。三,孔子泫然流涕曰："吾聞之,古不脩墓。"

子入太廟,每事問。

孔子曰："疑思問。"

孔子曰："吾自衛反魯,然後樂正,《雅》、《頌》各得其所。"

孔子曰："游者可爲綸,走者可爲矰。至於龍,吾不知,其乘雲風上升。今日見老子,其猶龍邪!"(又見於《莊子·外篇·天運》、《論衡·龍虛》、

《史記·老莊申韓列傳》）

孔子曰:"孝哉,閔子騫! 人不間於其父母昆弟之言。"

晏子聘於魯,堂上不趨,晏子趨;授玉不跪,晏子跪。門人怪而問於孔子,孔子不知。問於晏子,晏子解之,孔子乃曉。

孔子曰:"賜不受命而貨殖焉,億則屢中。"

子貢問於孔子:"夫子聖矣乎?"孔子曰:"聖則吾不能。我學不饜,而教不倦。"子貢曰:"學不饜者,智也;教不倦者,仁也。仁且智,夫子既聖矣。"

定　賢

子貢問曰:"鄉人皆好之,何如?"孔子曰:"未可也。""鄉人皆惡之,何如?"曰:"未可也。不若鄉人之善者好之,其不善者惡之。"

或問於孔子曰:"顏淵何人也?"曰:"仁人也,丘不如也。""子貢何人也?"曰:"辯人也,丘弗如也。""子路何人也?"曰:"勇人也,丘弗如也。"客曰:"三子者皆賢於夫子,而爲夫子服役,何也?"孔子曰:"丘能仁且忍,辯且訥,勇且怯,以三子之能,易丘之道,弗爲也。"（又見於《淮南子·人間訓》、《説苑·雜言》、《列子·仲尼》）

孔子曰:"鄉原,德之賊也。"

孔子稱少正卯之惡,曰:"言非而博,順非而澤。"

周道不弊,孔子不作《春秋》。《春秋》之作,起周道弊也。

正　説

魯共王壞孔子教授堂以爲殿,得百篇《尚書》於牆壁中。

書　解

孔子作《春秋》,不用於周也。

案書篇

《春秋左氏傳》者,蓋出孔子壁中。

對　作

孔子作《春秋》,周民弊也。

孔子曰:"詩人疾之不能默,丘疾之不能伏,是以論也。"(又見於《鹽鐵論·相刺》)

本書佚文

孔子遊説七十餘國。按孔子自衛返魯,在陳絶糧,削迹于衛,有志于齊,伐樹于宋,不過十國。(《意林》卷三引)

后稷作兒,以種樹爲戲。孔子能行,以俎豆而弄。(《意林》卷三引)

儒書稱孔子與顔淵俱登魯東山,望吴閶門,謂曰:"爾何見?"[一]"一匹練,前生藍。"孔子曰:"噫! 此白馬、蘆芻。"使人視之,果然。(《御覽》八百九十七引,又見於《御覽》八百十八引《韓詩外傳》、《續博物志》七)

〔一〕中華書局影印本《御覽》"何見"下有"曰見"二字。

風俗通義

《風俗通義》,又稱《風俗通》,東漢應劭著。應劭自序曰:"今王室大壞,九州幅裂,亂靡有定,生民無幾。私懼後進,益以迷昧,聊以不才,舉爾所知,方以類聚,凡三十一卷,謂之《風俗通義》,言通於流俗之過謬,而事該之於義理也。"是書考證了歷代名物制度、風俗、傳聞,對兩漢民間的風俗習慣、奇聞怪談多有駁正。范曄《後漢書》本傳謂此書"以辨物類名號,釋時俗嫌疑,文雖不典,後世服其洽聞"。《四庫全書總目提要》也説:"其書因事立論,文辭清辨,可資博洽,大致如王充《論衡》,而叙述簡明則勝充書之冗漫。"《隋書·經籍志》列入雜家類,著録三十卷,注云:"録一卷。"《舊唐書·經籍志》、《新唐書·藝文志》同。北宋時散佚已多,《崇文總目》、《郡齋讀書志》、《直齋書録解題》皆作十卷。清人盧文弨、錢大昕、孫志祖等輯有《風俗通義》佚文。嚴可均輯有《風俗通義》佚文六卷,收入《全後漢文》。

今以王利器《風俗通義校注》(中華書局 2010 年版)爲底本,以吴樹平《風俗通義校釋》(天津人民出版社 1980 年版)、《百子全書》本、《叢書集成》本《風俗通義》以及郭沂《孔子集語校補》爲參校本加以輯録、校勘。

皇　霸

孔子稱"民到於今受其賜"。又曰:"齊桓正而不譎,晉文譎而不正。"

正　失

孔子曰:"衆善焉,必察之;衆惡焉,必察之。"

孔子稱:"封泰山,禪梁父,可得而數者七十有二。"

《周書》稱:"靈王太子晉,幼有盛德,聰明博達,師曠與言,弗能尚也。晉年十五,顧而問曰:'吾聞大師能知人年之短長也。'師曠對曰:'女色赤白,女聲清,女色不壽。'晉曰:'然。吾後三年,將上賓於天,女慎無言,禍將及女。'其後太子果死。"孔子聞之,曰:"惜夫殺吾君也。"

孔子葬魯城之北。

愆　禮

子張過而子夏不及,然則無愈;子路喪姊,期而不除,仲尼以爲大譏。

孔子之喪,門人疑所服。子貢曰:"昔夫子之喪顔回,若喪子而無服,至子路亦然。請喪夫子如喪父而無服。"

孔子食於施氏,未嘗不飽。

孔子疾時貪昧,退思狂狷;狷者有所不爲,亦其介也。

過　譽

孔子稱:"大哉!中庸之爲德,其至矣乎!"又曰:"君子之道,忠恕而已。"

孔子以匹夫,朋徒無幾,習射矍相之圃,三哲而去者過半。

孔子稱:"可寄百里之命,託六尺之孤,臨大節而不可奪。"[一]

〔一〕《論語·泰伯》曰:"曾子曰:'可以託六尺之孤,可以寄百里之命,臨大節而不可奪也。'"

十　反

孔丘周流以應聘。

柳下惠不枉道以事人,故三黜而不去,孔子謂之不恭。

孔子嘉虞仲、夷逸,作者七人,亦終隱約。

孔子曰:"雖明天子,熒惑必謀;禍福之徵,慎察用之。"

孔子曰:"火上不可握,熒惑班變,不可息志,帝應其修無極。"

窮　通

孔子困於陳、蔡之間,七日不嘗粒,藜羹不糝,而猶絃琴於室,顏回釋菜於戶外。子路、子貢相與言曰:"夫子逐於魯,削迹於衛,拔樹於宋，今復見厄於此。殺夫子者無罪，籍夫子者不禁，夫子絃歌鼓儛，未嘗絶音。蓋君子之無恥也，若此乎！”顔淵無以對，以告孔子。孔子恬然推琴，喟然而嘆曰：“由與賜，小人也。召，吾語之。”子路與子貢入，子路曰：“如此可謂窮矣。”夫子曰：“由，是何言也！君子通於道之謂通，窮於道之謂窮。今丘抱仁義之道，以遭亂世之患，其何窮之爲？故内省不疚於道，臨難而不失其德。大寒既至，霜雪既降，吾是以知松柏之茂也。昔者桓公得之莒，晉文公得之曹，越得之會稽。陳、蔡之厄，於丘其幸乎！”（又見於《莊子·雜篇·讓王》、《吕氏春秋·孝行覽·慎人》）

怪　神

仲尼不許子路之禱。

孔子稱“土之怪爲墳羊”，《論語》：“子不語怪、力、亂、神。”（又見於《説苑·辨物》、《搜神記》十二、《國語·魯語下》）

子貢問孔子：“死者其有知乎？”曰：“賜，爾死自知之，由未晚也。”

山　澤

孔子曰：“封泰山，禪梁父，可得而數，七十有二。”

佚文　釋忌

子路感雷精而生，尚剛好勇。死，衛人醢之，孔子覆醢，每聞雷，心惻怛耳。（《御覽》八百六十五引，又見於《史記·衛世家》）

金樓子

《金樓子》，梁元帝蕭繹撰。《四庫全書總目提要》曰：“《梁書》本紀稱帝博總群書，著述詞章，多行於世。其在藩時，嘗自號金樓子，因以名書。《隋書·經籍志》、《唐書》、《宋史·藝文志》俱載其目，爲二十卷。晁公武《讀書志》謂其書十五篇，是宋代尚無闕佚。至宋濂《諸子辨》、胡應麟《九流緒論》所列子部，皆不及是書。知明初漸已湮晦，明季遂竟散亡。……其書於古今聞見事蹟，治忽貞邪，咸爲苞載。附以議論，勸戒兼資，蓋亦雜家之流。”今存本六卷十四篇，係清人周永年從《永樂大典》中輯出。

　　今以許逸民《金樓子校箋》（中華書局 2011 年版）爲底本，以《四庫全書》本、《百子全書》本、《叢書集成》本《金樓子》以及郭沂《孔子集語校補》爲參校本加以輯錄、校勘。

興王篇

　　昔孔子夢三槐間豐沛邦有赤蛇，化爲黃玉，上有文曰"卯金刀"字，此其瑞矣。

戒子篇

　　高季羔爲衛之士師，刖人之足。俄而衛有蒯聵之亂，刖者守門焉。謂季羔曰："於此有室！"季羔入焉。既追者罷，季羔將去，問刖者曰："今吾在難，此正子報怨之時，而子逃我何？"曰："曩君治臣以法，臣知之。獄決罪定，臨當論刑，君愀然不樂見於顏色，臣又知之。君豈私於臣哉！天生君子，其道固然。此臣之所以待君子。"孔子聞之，曰："善哉爲吏，其用法一也。"

説蕃篇

　　劉餘初封爲淮陽王，吳、楚反，破後，徙王魯，好治宮室苑囿狗馬，季年好音，口吃難言，初壞孔子舊宅，以廣其宮，聞鐘磬琴瑟之聲，遂不敢壞，於其壁中得古文經傳。

　　劉義恭鎮彭城，魯郡孔子舊廟有柏樹二十四株，經歷漢、晉，其大連抱者二株先倒折，士人崇敬，莫之敢犯，義恭悉遣人伐取之，父老莫不歎息。

立言上

　　孔子稱："大哉中庸之爲德，其至矣乎！"又曰："君子之道，忠恕而已矣。"

　　孔子東游，見兩小兒相鬭。一兒曰："我以日初出去人近。"一兒曰："日中近。"一兒曰："日初出如車蓋,至中裁如盤盂,豈不近者大,遠者小?"一兒曰："日初出滄滄涼涼,至日中有如探湯,此非遠者涼,近者熱耶?"孔子亦不知日中天而小,落扶桑而大。(又見於《列子·湯問》、《博物志》卷八)

立言下

子曰[一]："耳聽者,學在皮膚;心聽者,學在肌肉;神聽者,學在骨髓也。"

〔一〕"子曰",許逸民據《太平御覽》改爲"文子曰"。

子曰："滌盂而食,洗爵而飲,可以養家客,未可以饗三軍。兕虎在後,隋珠在前,弗及掇珠,先避後患;聞雷掩耳,見電瞑目;耳聞所惡,不如無聞;目見所惡,不如無見;火可見而不可握,水可循而不可毀。故有象之屬,莫貴於火;有形之類,莫尊於水。身曲影直者,未之聞也。用百人之所能,則百人之力舉,譬若伐樹而引其本,千枝萬葉,莫能弗從也。"

著　書

老聃貴弱,孔子貴仁,陳駢貴齊,楊朱貴己,而終爲令德。

志　怪

孔子冢在魯城北,塋中樹以百數,皆異種,魯人世世無能名者。傳言:孔子弟子,既皆異國之人,各持其國樹來種之。孔子塋中,至今不生荆棘及刺人草[一]。(又見於《御覽》五百六十引《皇覽·冢墓記》)

〔一〕"荆棘及刺人草",原作"荆棘草木",許逸民據《史記》、《御覽》所引《皇覽》補正。

雜記上

孔子遊舍於山,使子路取水,逢虎於水,與戰,攬尾得之,内於懷中。取水還,問孔子曰："上士殺虎如之何?"子曰："上士殺虎,持虎頭。""中士殺虎如之何?"子曰："中士殺虎持虎耳。"又問:"下士殺虎如之何?"子曰："下士殺虎捉虎尾。"子路出尾棄之,復懷石盤,曰："夫子知虎在水，而使我取水，是欲殺我也。”乃欲殺夫子。問：“上士殺人如之何？”曰：“用筆端。”“中士殺人如之何？”曰：“用語言。”“下士殺人如之何？”曰：“用石盤。”子路乃棄盤而去。

皇　　覽

　　《皇覽》，三國時魏劉劭、王象、桓範、韋誕、繆襲等奉敕編撰。《三國志·魏志·文帝紀》載：“帝好文學，以著述爲務，自所勒成垂百篇。又使諸儒撰集經傳，隨類相從，凡百篇，號曰《皇覽》。”是書撰集經傳，分門別類，共四十餘部。宋代王應麟《玉海》有言：“類事之書，始於《皇覽》。”其體例對《四部要略》、《藝文類聚》、《永樂大典》等類書影響很大。是書阮孝緒《七錄》著録爲六百八十卷，至隋僅存一百二十卷。原書已佚，清人孫馮翼輯出佚文一卷，僅存《冢墓記》等八十餘條，收入《問經堂叢書》。

　　今據郭沂《孔子集語校補》、《叢書集成》本《皇覽》加以輯録、校勘。

冢墓記

　　魯大夫叔梁紇冢，在魯國東陽聚安泉東北八十五步〔一〕，名曰防冢。民傳曰：防墳，于防地微高。孔子冢，魯城北便門外，南去城十里。冢營方百畝，冢南北廣十步，東西十步〔二〕，高丈二尺。冢爲祠壇〔三〕，方六尺，與地方平，無祠堂〔四〕。冢塋中樹以百數，皆異種，魯人世世皆無能名其樹者。民傳云：孔子弟子異國人，各持其國樹來種之〔五〕。孔子塋中不生荆棘及刺人草。伯魚冢〔六〕，孔子冢東邊，與孔子並，大小相望。子思冢，在孔子冢南，亦大小相望〔七〕。（孫星衍《孔子集語》卷十七據《御覽》五百六十引録，又見於《金樓子·志怪》）

〔一〕“八十五步”，中華書局影印本《御覽》、《叢書集成》本《皇覽》皆作“八十四步”。

〔二〕孫星衍《孔子集語》注曰：《繹史》引作“十三步”。

〔三〕孫星衍《孔子集語》注曰：《繹史》作“冢前以瓴甓爲祠壇”。

〔四〕孫星衍《孔子集語》注曰：《繹史》作“與地平，本無祠堂”。

〔五〕孫星衍《孔子集語》注曰：《繹史》此下有“其樹柞扮雒離女貞五味兗檀之樹”。

〔六〕中華書局影印本《御覽》、《叢書集成》本《皇覽》“冢”下有“在”字。

〔七〕孫星衍《孔子集語》注曰：《水經注》二十五《泗水》引《皇覽》云：弟子各以四方奇木來植，故多異樹，不生棘木刺草。今案：此條《叢書集成》本《皇覽》有異文，姑附於此：孔子冢去城一里，冢塋百畝，冢南北廣十步，東西十三步，高一丈二尺。冢前以瓴甓爲祠,壇方六尺,與地平,本無祠堂。冢塋中樹以百數,皆異種,魯人世無能名其樹者。民傳言:孔子弟子異國人,各持其方樹來種之,其樹柞、枌、雒、離、女貞五味毚檀之樹。孔子塋中,不生荆棘及刺人艸。伯魚冢在孔子冢東,與孔子並,大小相望。子思冢在孔子冢南,大小相望。魯大夫叔梁紇冢在魯國東陽聚安泉東北八十四步,名曰防冢。民傳言:防墳,於地微高。

劉　子

　　《劉子》,又名《劉子新論》。《隋書·經籍志》未著録。《舊唐書·經籍志》題作梁劉勰撰。陳振孫《直齋書録解題》、晁公武《郡齋讀書志》以及《宋史·藝文志》俱作北齊劉畫撰。《四庫全書總目提要》認爲:"近本仍刻劉勰,殊爲失考。劉孝標之説,《南史》、《梁書》俱無明文,未足爲據。劉歆之説,則《激通》篇稱班超憤而習武,卒建西域之績。其説可不攻而破矣。……或袁孝政采掇諸子之言,自爲此書而自注之。又恍惚其著書之人,使後世莫可究詰,亦未可知也。然劉勰之名,今既確知其非,自當刊正。劉畫之名則介在疑似之間,難以確斷。"現存最早引録其書的是隋代虞世南的《北堂書鈔》。

　　歷代注疏的代表作有近人孫楷第的《劉子新論校釋》、今人王叔岷的《劉子集證》、傅亞庶的《劉子校釋》等。

　　今以傅亞庶《劉子校釋》(中華書局 1998 年版)爲底本,以郭沂《孔子集語校補》爲參校本加以輯録、校勘。

崇　學

宣尼臨殁,手不釋卷。

專　務

夫蟬之難取,而黏之如掇。(唐袁孝政注曰:掇,急也。仲尼適楚,見傴僂者捕蟬,黏如掇。孔子曰:"巧哉! 巧哉!")

知　人

鮑龍跪石而吟,仲尼爲之下車。(又見於《説苑·尊賢》)

薦　賢

仲尼在衛,趙鞅折謀。

　　昔子貢問於孔子曰："誰爲大賢?"子曰："齊有鮑叔,鄭有子皮。"子貢曰："齊豈無管仲,鄭豈無子産乎?"子曰："吾問進賢爲賢,排賢爲不肖。鮑叔薦管仲,子皮薦子産,未聞二子有所舉也。"(又見於《説苑·臣術》、《韓詩外傳》七)

　　臧文仲不進展禽,仲尼謂之竊位。(袁注:"展禽,名柳下,嘗三爲士師,無喜色;三已之,無慍色。孔子知其清潔,乃以兄女妻之,時人始知其賢也。")

心　隱

　　少正卯在魯,與孔子同時,孔子門人三盈三虛,唯顔淵不去,獨知聖人之德也。夫門人去仲尼而皈少正卯,非徒不知仲尼之聖,亦不知少正卯之佞。子貢曰："少正卯,魯之聞人也[一],夫子爲政,何以先誅之?"子曰："賜也退[二],非爾所及也。夫少正卯,心達而憸,行辟而堅[三],言僞而辯,詞鄙而博,順非而澤。有此五僞[四],而亂聖人。"以子貢之明而不能見,知人之難也。(又見於《尹文子·聖人》、《淮南子·氾論訓下》、《説苑·指武》、《論衡·講瑞》、《荀子·宥坐》、《漢書·趙尹韓張兩王傳》)

　　〔一〕"聞",原作"文",據孫星衍《孔子集語》改。
　　〔二〕"退",孫星衍《孔子集語》作"還"。
　　〔三〕《百子全書》本"辟"作"僻"。
　　〔四〕僞,孫星衍《孔子集語》注曰:程本作"爲"。

　　若子貢始事孔子,一年自謂勝之,二年以爲同德,三年方知不及。

命　相

　　顔徵感黑帝而生孔子。

　　孔子反宇。

妄　瑕

　　仲尼見人一善,而忘其百非。

適　才

昔野人棄子貢之辯,而悅馬圉之辭。(袁注云:孔子游於太山,馬佚,犯食野人禾。野人捉馬不還,夫子乃令子貢往取。子貢以文藻之辭取馬,野人不用此語。後令馬圉往取,乃用直言取之,語野人曰:"東海至西海之禾,並是君禾,馬若不食,還食何物?"野人聞之,乃還馬。馬圉是掌馬人也。)(又見於《淮南子·人間訓》《呂氏春秋·孝行覽·必己》)

誡　盈

昔仲尼觀欹器而革容。(袁注:周公廟中有祭器,常傾欹不正,號之欹器。太滿則傾,不滿亦欹,惟平則正矣。孔子於周公廟見之,問主器曰:"此器何名?"曰:"欹器。"孔子曰:"我聞欹器,太滿則傾,不滿亦欹,惟平則正。"孔子於是發嘆改其心,噓曰:"古人制之以約後代人,慎傾滿,使各得其分也。")

禍　福

昔宋人有白犢之祥,而有失明之禍;雖有失明之禍,以至獲全之福。(袁注:宋國人家有黑牛,生白犢,往問孔子。孔子曰:"是祥也。"後乃殺之,將祭祀,牛主兒失右眼。後更生白犢,又往問孔子。孔子曰:"祥也。"又殺之,其牛主兒復失左眼。後楚攻宋,宋人盡投作兵,戰死並盡,惟有其人父子目盲,並得存於命也[一]。")(又見於《列子·說符》)

〔一〕"盲",原作"育"。王仁俊《孔子集語補遺》注曰:"盲",宋本作"育",誤。

正　賞

昔魯哀公遙慕稷、契之賢,而不覺孔丘之聖。

昔仲尼先飯黍,侍者掩口笑。(袁注:人送黍飯米饗孔子,孔子不喫諸食,先飯黍。侍者掩口笑。孔子曰:"黍是五穀之長,故先飯黍。")

惜　時

仲尼棲棲[一],突不暇黔。(又見於《淮南子·修務訓》)

〔一〕"棲棲",《百子全書》本作"栖栖",《孔子集語》作"恓恓"。"恓"、"栖"、"棲"通用,均指不安之意。

長短經

《長短經》，亦稱《反經》，又作《長短要術》，唐趙蕤著。原爲十卷，今存九卷，末一卷《陰謀》已佚。《四川總志》謂趙蕤“博考六經諸子同異，著《長短經》”，而“論王霸、機權、正變、長短之術”。《四庫全書總目提要》曰：“劉向序《戰國策》，稱或題曰《長短》。此書辨析事勢，其源蓋出於縱橫家，故以長短爲名。雖因時制變，不免爲事功之學，而大旨主於實用，非策士詭譎之謀，其言固不悖於儒者，其文格亦頗近荀卿《申鑒》、劉邵《人物志》，猶有魏、晉之遺。唐人著述，世遠漸稀，雖佚十分之一，固當全璧視之矣。”

今以《叢書集成》本《長短經》爲底本，以《四庫全書》本《長短經》以及郭沂《孔子集語校補》爲參校本加以輯錄、校勘。

君　德

昔季康子問五帝之德於孔子，孔子曰：“天有五行，木火金水及土，分時化育以成物，其神爲五帝緯。”

臣　行

子貢曰：“陳靈公君臣宣淫於朝，泄冶諫而殺之，是與比干同也，可謂仁乎？”子曰：“比干於紂，親則叔父，官則少師，忠款之心，在於存宗廟而已，故以必死争之，冀身死之後，而紂悔寤，其本情在乎仁也。泄冶位爲下大夫，無骨肉之親，懷寵不去，以區區之一身，欲正一國之淫昏，死而無益，可謂懷矣。《詩》云：‘民之多僻，無自立辟[一]。’其泄冶之謂乎？”[二]

〔一〕僻，邪僻。辟，法也。文見《詩·大雅·板》，作“民之多辟，無自立辟”。

〔二〕孫星衍《孔子集語》注曰：此見《家語》，姑附載之。

德　表

孔子曰：“性相近也，習相遠也。”

子曰：“立德之本，莫尚乎正心。”

政　體

孔子曰:"上失其道,而殺其下,非禮也。故三軍大敗,不可斬;獄犴不知[一],不可刑。何也? 上教之不行,罪不在人故也。夫慢令謹誅,賊也;徵斂無時,暴也;不誡責成,虐也。政無此三者,然後刑即可也。陳道德以先服之,猶不可,則尚賢以勸之,又不可,則廢不能以憚之,而猶有邪人不從化者,然後待之以刑矣。"(又見於《韓詩外傳》三、《説苑·政理》《荀子·宥坐》)

〔一〕"知",《叢書集成》本作"治",是也。獄犴,獄訟之事。

釋家類

牟　子

《牟子》,又稱《牟子理惑論》。據唐神清《北山録》稱,原名《治惑論》,唐人避高宗李治諱改今名,相傳爲東漢牟子著。是書原收在南齊陸澄的《法論》中,名下有副標題:"一云蒼梧太守牟子博傳。"《隋書·經籍志》著《牟子》二卷,題爲後漢太尉牟融撰。《舊唐書·經籍志》、《新唐書·藝文志》亦著録二卷。此書收入《弘明集》中。明胡應麟《四部正訛》認爲《理惑論》作者牟子不是牟融,而是後漢人所作。清洪頤煊認爲其文近於漢魏,非牟融所作。晚清孫詒讓則確認此書爲東漢牟子所作。梁啓超作《牟子理惑論辨僞》,否定牟子真有其人,認爲此書"一望而知爲晉六朝鄉曲人不善屬文者所作"。

今以《牟子理惑論》(中華書局 2011 年版,《弘明集》中所輯)及郭沂《孔子集語校補》加以輯録。

仲尼反顙。

問曰:"道家云:堯、舜、周、孔、七十二弟子,皆不死而僊。佛家云:人皆當死,莫能免。何哉?"牟子曰:"此妖妄之言,非聖人所語也。……孔子曰:'賢者避世,仁孝常在。'"

弘明集

《弘明集》,梁僧祐撰。僧祐自序曰:"夫道以人弘,教以文明,弘道明教,故謂之《弘明集》。"《新唐書·藝文志》著錄爲十四卷,與今本同。是書收錄自東漢末年至南朝梁時佛教內外人士護法禦侮以及與之相關的論文、書信、詔令、奏表、檄魔等各類史料,記載了漢末至魏晉六朝三百年佛教流傳的情況,詳於江南佛教而略於北方佛教。《四庫全書總目提要》曰:"所輯皆東漢以下至於梁代闡明佛法之文。其學主於戒律,其說主於因果,其大旨則主於抑周、孔,排黃、老,而獨伸釋氏之法。……梁以前名流著作,今無專集行世者,頗賴以存。"《弘明集》被收入各種佛藏之中,單行本以金陵刻經處本爲優。

今以《乾隆大藏經》版《弘明集》爲底本加以輯錄。

卷十二　道盛啓齊武皇帝論檢試僧事

仲尼養徒三千,學天文者則戴圓冠,學地理者則履方履。楚莊周詣哀公曰:"蓋聞此國有知天文、地理者不少,請試之。"哀公即宣令國內知天文者著圓冠,知地理者著方履,來詣門。唯有孔丘一人到門,無不對。

小説家類

白澤圖

《白澤圖》,撰者不詳。"白澤"之名,源於我國遠古神話中神獸之名。是書主要記載各類神獸鬼怪之情狀及禦制方法。東晉干寶《搜神記》載三國時諸葛恪曾經讀過《白澤圖》,故或謂此書在兩漢期間即已完成。敦煌文獻中有《白澤精怪圖》,學者認爲乃原始《白澤圖》經過敦煌民間口頭與書面的修改、加工與當地風俗信仰雜糅而成。《白澤圖》在《隋書·經籍志》、《舊唐書·經籍志》、《新唐書·藝文志》、《宋史·藝文志》中皆有著錄,後亡佚,清代馬國翰《玉函山房輯佚書》從諸書所引輯得四十餘節,合錄爲帙。

今據《玉函山房輯佚書》以及郭沂《孔子集語校補》加以輯録、校勘。

鬼車……昔孔子、子夏所見，故歌之，其圖九首[一]。（《北户録》上引，又見於《廣韻》十三末鴟字注引《韓詩》、《繹史·孔子類記四》引《衝波傳》）

〔一〕以下當補“今呼爲九頭鳥也”七字。

殷芸小説

《殷芸小説》，十卷，梁殷芸撰。宋晁公武《郡齋讀書志》稱此書“述秦漢以來雜事”。清人姚振宗稱：“殆是梁武帝作《通史》時，凡不經之説爲《通史》所不取者，皆令殷芸別集爲《小説》。是《小説》因《通史》而作，猶《通史》之外乘。”是書不僅是一部野史雜記，也是中國歷史上第一部以“小説”爲書名的短篇小説集。《梁書》、《南史》中都没有提到此書，《隋書·經籍志》小説家著録《小説》十卷，到宋代還爲《太平廣記》、《續談助》、《類説》、《紺珠集》、《説郛》等書著録和引用，而明以後僅見《述古堂書目》著録一卷。原書已佚，今人周楞伽有《殷芸小説》輯注本，溯源考訂、注釋校勘都頗爲詳審。

今以余嘉錫《余嘉錫論學雜著》（中華書局 1963 年版）所收之《殷芸小説輯證》爲底本，以郭沂《孔子集語校補》爲參校本加以輯録。

顏淵、子路共坐於夫子之門[一]，有鬼魅求見孔子，其目若日，其形甚偉。子路失魄口噤[二]，顏淵乃納履拔劍而前[三]，捲握其腰，於是化爲蛇[四]，遂斬之。孔子出觀[五]，歎曰：“勇者不懼，智者不惑；仁者必有勇[六]，勇者不必有仁。”[七]

〔一〕“夫子之”三字據王仁俊《孔子集語補遺》補。

〔二〕“口噤”，王仁俊《孔子集語補遺》作“口噤不得言”。

〔三〕“拔劍而前”，王仁俊《孔子集語補遺》作“杖劍”。

〔四〕王仁俊《孔子集語補遺》“化”上有“形”字。

〔五〕王仁俊《孔子集語補遺》無“出觀”二字。

〔六〕此句王仁俊《孔子集語補遺》作“智者必勇”。

〔七〕余嘉錫曰：“《説郛》、《續談助》、《廣記》四百五十六引。案：此條不注書名，以下條及‘子路取水’條推之，必《衝波傳》也。蓋此四條皆引《衝波傳》，而總注於末條之下耳。其事頗與《搜神記》十九記‘子路殺大鱓魚’事相類，疑即一事，傳聞異詞，要之皆荒謬不可據。《衝波傳》不知何書，此條失收。馬驌《繹史》九十五引此條題爲‘《殷芸小説》’,蓋即自《廣記》轉引,非真見原書也。”

孔子嘗使子貢出,久而不返,占之遇鼎,弟子皆言無足不來,顏回掩口而笑。孔子曰:“回笑,是謂賜必來也。”因問回:“何以知賜來?”對曰:“無足者,蓋乘舟而來,賜且至矣。”明旦,子貢乘潮至。〔一〕

〔一〕余嘉錫曰:“《説郛》。案:《藝文類聚》七十一引《衝波傳》,文與此同而稍略,其事又見《北堂書鈔》三十七引《韓詩外傳》。”

孔子嘗游於山,使子路取水,逢虎於水所,與共戰,攬尾得之,納懷中。取水還,問孔子曰:“上士殺虎如之何?”子曰:“下士殺虎捉尾。”〔一〕子路出尾棄之,因恚孔子曰:“夫子知水所有虎,使我取水,是欲死我。”乃懷石盤,欲中孔子。又問:“上士殺人如之何?”子曰:“上士殺人使筆端。”又問曰:“中士殺人如之何?”子曰:“中士殺人用舌端。”又問:“下士殺人如之何?”子曰:“下士殺人懷石盤。”子路出而棄之,於是心服。〔二〕

〔一〕余嘉錫曰:“《金樓子》作‘子曰:上士殺虎持虎頭。中士殺虎如之何? 子曰:中士殺虎持虎耳。又問:下士殺虎如之何? 子曰:下士殺虎捉虎尾’。蓋其原文如此,今本《説郛》有删節。”

〔二〕原注:《衝波傳》。余嘉錫曰:“《説郛》。案:《金樓子·雜記篇上》所載略同,梁元帝著書在《殷芸》之後,知亦本取之《衝波傳》也。《繹史》九十五引《衝波傳》較此亦多‘上士殺虎持虎頭’數句,蓋馬氏所見《説郛》猶是善本。”

秦世有謠云:“秦始皇,何强梁;開吾户,據吾牀;飲吾漿,唾吾裳;飡吾飯,以爲糧;張吾弓,射東牆;前至沙邱當滅亡。”始皇既焚書坑儒,乃發孔子墓,欲取經傳。墓既啓,遂見此謠文刊在冢壁,始皇甚惡之。及東游,乃遠沙邱而循別路,忽見群小兒攢沙爲阜,問之何爲,答云:“此爲沙邱也。”從此得病而亡。或云:“孔子將死,遺書曰:不知何男子,自謂秦始皇,上我之堂,據我之牀,顛倒我衣裳,至沙邱而亡。”〔一〕

〔一〕余嘉錫曰:“《説郛》。此條失注所出書名。今案:其文見劉敬叔《異苑》四,文句小異,僅至從此得病止,無而亡以下三十九字。考《論衡·實知篇》云:‘孔子將死,遺讖書曰:不知何一男子,自謂秦始皇,上我之堂,踞我之牀,顛倒我衣裳,至沙邱而亡。’與此條或説全合,蓋即一事。傳聞異辭,故敬叔於篇末引之以存疑,而今本《異苑》脱去也。但《論衡》第云其後秦王兼吞天下,號始皇,巡狩至魯,觀孔子宅,乃至沙邱,道病而崩,無發孔子墓取經傳事,《異苑》之言尤不可信。”

安吉縣西有孔子井,吴東校書郎施彦先後居井側[一],先云:“仲尼聘楚,爲令尹子西所譖,欲如吴未定,逍遥此境,復居井側,因以名焉。”[二]

〔一〕“吴東”,余嘉錫曰:“《説郛》誤作‘吾東’。”

〔二〕原注:出山謙之《吴興記》。余嘉錫曰:“《續談助》、《説郛》。案:《隋志》有《吴興記》三卷,山謙之撰。”

搜神記

《搜神記》,東晉干寶撰。《晉書·干寶傳》説:“寶以父婢復生及兄病氣絶復悟,云見天地間鬼怪事,遂撰集古今神祇靈異人物變化,名爲《搜神記》。”而干寶在自序中也稱:“及其著述,亦足以發明神道之不誣也。”是書《隋書·經籍志》、《舊唐書·經籍志》、《新唐書·藝文志》俱著録爲三十卷,《宋史·藝文志》作《搜神總記》十卷,亦云干寶撰,《崇文總目》則云《搜神總記》十卷,不著撰人名氏。原本多散佚,明胡應麟從《北堂書鈔》、《藝文類聚》、《太平御覽》、《法苑珠林》等書中輯録而成今本二十卷。

今以汪紹楹校注《搜神記》(中華書局 1979 年標點本)爲底本,以胡懷琛標點本《搜神記》(商務印書館 1981 年版)、《百子全書》本《搜神記》以及郭沂《孔子集語校補》爲參校本加以輯録、校勘。

卷 三

漢永平中,會稽鍾離意字子阿,爲魯相。到官,出私錢萬三千文,付户曹孔訢,修夫子車。身入廟,拭几席劍履。男子張伯,除堂下草,土中得玉璧七枚,伯懷其一,以六枚白意。意令主簿安置几前。孔子教授堂下牀首有懸甕,意召孔訢問:“此何甕也?”對曰:“夫子甕也。背有丹書,人莫敢發也。”意曰:“夫子,聖人。所以遺甕,欲以懸示後賢。”因發之,中得素書,文曰:“後世修吾書,董仲舒。護吾車,拭吾履,發吾笥,會稽鍾離意。璧有七,張伯藏其一。”意即召問:“璧有七,何藏一耶?”伯叩頭出之。

卷　八

　　魯哀公十四年,孔子夜夢三槐之間豐沛之邦有赤氛氣起,乃呼顏回、子夏同往觀之。驅車到楚西北范氏街,見芻兒打麟,傷其左前足,束薪而覆之。孔子曰:“兒,來!汝姓爲誰?”兒曰:“吾姓爲赤松,名時喬,字受紀。”孔子曰:“汝豈有所見乎?”兒曰:“吾所見一禽,如麕,羊頭,頭上有角,其末有肉。方以是西走。”孔子曰:“天下已有主也,爲赤劉。陳、項爲輔。五星入井,從歲星。”兒發薪下麟,示孔子。孔子趨而往。麟向孔子,蒙其耳,吐三卷圖,廣三寸,長八寸,每卷二十四字。其言:赤劉當起,日周亡,赤氣起,火曜興,玄丘制命,帝卯金。(又見於《初學記》二十九引《孝經右契》、《拾遺記》三)

　　孔子修《春秋》,制《孝經》,既成,齋戒,向北辰而拜,告備於天。天乃洪鬱,起白霧摩地〔一〕,赤虹自上而下〔二〕,化爲黃玉,長三尺,上有刻文。孔子跪受而讀之,曰:“寶文出,劉季握,卯金刀,在軫北,字禾子,天下服。”(又見於《事類賦》十五注引《孝經援神契》、《北堂書鈔》八十五《拜揖》引《孝經右契》、《宋書·符瑞志》)

〔一〕黃瀦明注曰:洪鬱,非常滯結。洪,大。鬱,滯,閉結。摩地,迫近地面。

〔二〕赤虹,孫星衍《孔子集語》注曰:舊作“白虹”,從《初學記》二、《御覽》十四又八百八、《事類賦》九引改。

卷十一

　　曾子從仲尼在楚而心動,辭歸問母。母曰:“思爾齧指。”孔子曰:“曾參之孝〔一〕,精感萬里。”

〔一〕孫星衍《孔子集語》注曰:《曾子·外篇·齊家》引作“參之至誠”。

卷十二

　　季桓子穿井,獲如土缶,其中有羊焉。使問之仲尼曰:“吾穿井而獲狗,何邪?”仲尼曰:“以丘所聞,羊也。丘聞之,木石之怪,夔、蝄蜽;水中之怪,龍、罔象;土中之怪,曰賁羊。”(又見於《說苑·辨物》、《國語·魯語下》、《初學記》七、《文選·齊故安陸王碑》注引《韓詩外傳》、《御覽》九百二引《韓詩外

傳》、《風俗通義·怪神》）

卷十九

　　孔子厄於陳，絃歌於館中。夜有一人，長九尺餘，著皂衣，高冠，大吒，聲動左右。子貢進，問："何人耶？"便提子貢而挾之。子路引出，與戰於庭。有頃，未勝。孔子察之，見其甲車間時時開如掌。孔子曰："何不探其甲車，引而奮登？"子路引之，没手仆於地，乃是大鯷魚也，長九尺餘。孔子曰[一]："此物也，何爲來哉？吾聞：物老則群精依之，因衰而至。此其來也，豈以吾遇厄絶糧，從者病乎？夫六畜之物，及龜、蛇、魚、鼈、草、木之屬，久者神皆馮依，能爲妖怪，故謂之'五酉'。五酉者，五行之方，皆有其物。酉者老也，物老則爲怪，殺之則已，夫何患焉？或者天之未喪斯文，以是繫予之命乎？不然，何爲至於斯也？"弦歌不輟。子路烹之，其味滋，病者興。明日遂行。

〔一〕孫星衍《孔子集語》注曰：《法苑珠林·變化篇》、《太平廣記》四百六十八引作"孔子歎曰"。

詩賦類

楚　辭

　　《楚辭》，是中國第一部騷體類文章的總集。《四庫全書總目提要》曰："哀屈、宋詩賦，定名《楚辭》，自劉向始也。"原收戰國楚人屈原、宋玉及漢代淮南小山、東方朔、王褒、劉向等人辭賦共十六篇。後王逸增入己作《九思》，成十七篇。本書所選的《七諫》，作者爲東方朔。《隋書·經籍志》集部以《楚辭》別爲一門，歷代因之。

　　今以黄靈庚《楚辭章句疏證》（中華書局 2007 年版）爲底本，以《叢書集成》本《楚辭》以及郭沂《孔子集語校補》爲參校本加以輯録。

七諫　沈江

　　路室女之方桑兮，孔子過之以自侍。（王逸注：言孔子出遊，過於客舍，其女方采桑,一心不視,喜其貞信,故以自侍。)

孔子項託相問書

　　《孔子項託相問書》,爲敦煌遺書,作者不詳,以故事賦體記載了孔子與少年項託相遇之事。此文今存敦煌寫本十三種及李木齋舊藏卷,原卷題有"孔子項託相問書一卷",大多爲晚唐五代寫本。王重民等編的《敦煌變文集》和黄征、張湧泉的《敦煌變文校注》等均有收録。

　　今以項楚《敦煌變文選注》(中華書局 2006 年版) 爲底本加以輯録。

　　昔者夫子東遊,行至荆山之下,路逢三個小兒。二小兒作戲,一小兒不作戲。夫子怪而問曰:"何不戲乎?"小兒答曰:"大戲相煞,小戲相傷,戲而無功,衣破裏空。相隨擲石,不如歸舂。上至父母,下至兄弟,只欲不報,恐受無禮。善思此事,是以不戲,何謂怪乎?"

　　項託有相,隨擁土作城,在内而座。夫子語小兒曰:"何不避車?"小兒答曰:"昔聞聖人有言:上知天文,下知地理,中知人情,從昔至今,只聞車避城,豈聞城避車?"夫子當時無言而對,遂乃車避城下道。遣人往問:"此是誰家小兒? 何姓何名?"小兒答曰:"姓項名託。"

　　夫子曰:"汝年雖少,知事甚大。"小兒答曰:"吾聞魚生三日,遊於江海;兔生三日,盤地三畝;馬生三日,趂及其母;人生三月,知識父母。天生自然,何言大小!"

　　夫子問小兒曰:"汝知何山無石? 何水無魚? 何門無關? 何車無輪? 何牛無犢? 何馬無駒? 何刀無環? 何火無煙? 何人無婦? 何女無夫? 何日不足? 何日有餘? 何雄無雌? 何樹無枝? 何城無使? 何人無字?"小兒答曰:"土山無石。井水無魚。空門無關。輿車無輪。塈牛無犢。木馬無駒。斫刀無環。螢火無煙。仙人無婦。玉女無夫。冬日不足。夏日有餘。孤雄無雌。枯樹無枝。空城無使。小兒無字。"

　　夫子曰:"善哉! 善哉! 吾與汝共遊天下,可得已否?"小兒答曰:"吾不遊也。吾有嚴父,當須侍之;吾有慈母,當須養之;吾有長兄,當須順之;吾有小弟,當須教之。所以不得隨君去也。"

　　夫子曰："吾車中有雙陸局，共汝博戲如何？"小兒答曰："吾不博戲也。天子好博，風雨無期；諸侯好博，國事不治；吏人好博，文案稽遲；農人好博，耕種失時；學生好博，忘讀書詩；小兒好博，笞撻及之。此是無益之事，何用學之！"

　　夫子曰："吾與汝平卻天下，可得已否？"小兒答曰："天下不可平也。或有高山，或有江海，或有公卿，或有奴婢，是以不可平也。"

　　夫子曰："吾以汝平却高山，塞却江海，除却公卿，棄却奴婢，天下蕩蕩，豈不平乎？"小兒答曰："平却高山，獸無所依；塞却江海，魚無所歸；除却公卿，人作是非；棄却奴婢，君子使誰？"

　　夫子曰："善哉！善哉！汝知屋上生松，戶前生葦，床上生蒲，犬吠其主，婦坐使姑，雞化爲雉，狗化爲狐，是何也？"小兒答曰："屋上生松者是其椽，戶前生葦者是其箔，床上生蒲者是其席。犬吠其主，爲傍有客；婦坐使姑，初來花下也；雞化爲雉，在山澤也；狗化爲狐，在丘陵也。"

　　夫子語小兒曰："汝知夫婦是親，父母是親？"小兒曰："父母是親。"夫子曰，"夫婦是親。生同床枕，死同棺槨，恩愛極重，豈不親乎？"小兒答曰："是何言與！是何言與！人之有母，如樹有根；人之有婦，如車有輪。車破更造，必得其新；婦死更娶，必得賢家。一樹死，百枝枯；一母死，眾子孤。將婦比母，豈不逆乎！"

　　小兒却問夫子曰："鵝鴨何以能浮？鴻鶴何以能鳴？松柏何以冬夏常青？"夫子對曰："鵝鴨能浮者緣脚足方，鴻鶴能鳴者緣咽項長，松柏冬夏常青者緣心中強。"小兒答曰："不然也！蝦蟆能鳴，豈猶咽項長？龜鱉能浮，豈猶脚足方？胡竹冬夏常青，豈猶心中強？"夫子問小兒曰："汝知天高幾許？地厚幾丈？天有幾樑？地有幾柱？風從何來？雨從何起？霜出何邊？露出何處？"小兒答曰："天地相却萬萬九千九百九十九里，其地厚薄，以天等同。風出蒼梧，雨出高處，霜出於天，露出百草。天亦無樑，地亦無柱，以四方雲而乃相扶，故與爲柱，有何怪乎？"

　　夫子歎曰："善哉！善哉！方知後生實可畏也。"

　　夫子共項託對答，下下不如項託；夫子有心煞項託，乃爲詩曰：

“孫景懸頭而刺股，匡衡鑿壁夜偷光，
子路爲人情好勇，貪讀詩書是子張。
項託七歲能言語，報答孔丘甚能强。
項託入山遊學去，叉手堂前啓孃孃：
‘百尺樹下兒學問，不須受記有何方。’
耶孃年老惰迷去，寄他夫子兩車草，
夫子一去經年歲，項託父母不承忘。
取他百束將燒却，餘者他日餧牛羊。
夫子登時却索草，耶孃面色轉無光，
當時便欲酬倍價，每束黄金三錠强。
‘金錢銀錢總不用，婆婆項託在何方？’
‘我兒一去經年歲，百尺樹下學文章？’
夫子當時聞此語，心中歡喜倍勝常。
夫子乘馬入山去，登山驀嶺甚分方，
樹樹每量無百尺，葛蔓交脚甚能長。
夫子使人把鍬钁，塚著地下有石堂。
一重門裏石師子，兩重門外石金剛，
入到中門側耳聽，兩伴讀書似雁行。
夫子拔刀撩斷斫，其人兩兩不相傷。
化作石人總不語，鐵刀割截血汪汪。
項託殘去猶未盡，迴頭遥望啓孃孃：
‘將兒赤血混盛着，擎向家中七日强。’
阿孃不忍見兒血，擎將寫着糞堆傍。
一日二日竹生根，三日四日竹蒼蒼，
竹竿森森長百尺，節節兵馬似神王。
弓刀器械沿身帶，腰間寶劍白如霜，
二人登時却覓勝，誰知項託在先亡。
夫子當時甚惶怕，州縣分明置廟堂。”

藝術類

藝　經

　　《藝經》，三國魏邯鄲淳撰。除此書外，邯鄲淳還著有《笑林》三卷，因此被稱爲笑林始祖。原書已佚，清代馬國翰《玉函山房輯佚書》有輯本一卷。

　　今以《玉函山房輯佚書》本爲底本，以郭沂《孔子集語校補》爲參校本加以輯録、校勘。

三不比兩

　　三不比兩者，孔子所造也。布十干於其方，戊己西南，維其文曰：火爲木生甲呼丁，夫婦義重己隨壬，貴遺則，統領辛，參南丙，妻則須[一]，守乙後火，戊子天，癸就庚。（《術數拾遺記》引）

　　〔一〕"須"，王仁俊《孔子集語補遺》作"循"。

五行類

瑞應圖

　　《瑞應圖》，作者不詳，或謂南朝梁顧野王編撰。此書彙集各種符瑞物象，並以圖示的方式加以説明。《隋書·經籍志》著録孫柔之《瑞應圖》三卷，《南齊書·祥瑞志》載庚温撰《瑞應圖》，《南史》記顧野王《瑞應圖》十卷，《舊唐書·經籍志》僅有熊理《瑞圖贊》三卷，《新唐書·藝文志》有孫柔之《瑞應圖記》三卷、熊理《瑞應圖贊》三卷、顧野王《瑞應圖》十卷。《中興書目》著録《符瑞圖》二卷，陳顧野王撰。近人多認爲此書作於顧野王。原書已佚，清王士禎《精華録訓纂》等有輯本行世。

　　今據馬國翰《玉函山房輯佚書》輯録。

　　赤雀者,王者動作應天時,即銜書來。一云,孔子坐元扈洛水之上,銜丹書隨至。(《藝文類聚》卷九十九引)

五行大義

　　《五行大義》,五卷,隋蕭吉撰。《隋書·經籍志》、《舊唐書·經籍志》、《新唐書·藝文志》均有著録,但自《宋史·藝文志》著録《五行大義》後,是書不傳,至日本《佚存叢書》進入中國則復得之。清代孫詒讓《札迻》、朱右曾《逸周書集訓校釋》、趙在翰《七緯》、黄奭《黄氏逸書考》等均有徵引。

　　今據《叢書集成》本以及郭沂《孔子集語校補》加以輯録、校勘。

卷四　論律吕

　　孔子云:"《夏正》得天。"

第十二卷　兩漢讖緯

易緯乾坤鑿度

《易緯乾坤鑿度》，二卷，舊題包犧氏文、軒轅氏演古籀文、倉頡修。《郡齋讀書志》云："案隋、唐志及《崇文總目》皆無之，至祐《田氏書目》始載焉，當是國朝人依託爲之。"《四庫全書總目提要》曰："上篇論四門四正，取象取物，以至卦爻著策之數。下篇謂坤有十性，而推及於蕩配、陵配。又雜引《萬形經》、《地形經》、《制靈經》、《著成經》、《含靈孕》諸緯文，詞多聱牙不易曉。"是書有喬松年、趙在翰、黄奭等輯本。

今以安居香山、中村璋八輯《緯書集成》（河北人民出版社 1994 年版）爲底本，以《四庫全書》本、《叢書集成》本以及郭沂《孔子集語校補》爲參校本加以輯録、校勘。

孔子附，仲尼，魯人。生不知易本，偶筮其命，得《旅》，請益於商瞿氏，曰："子有聖智而無位。"孔子泣而曰："天也，命也，鳳鳥不來，河無圖至，嗚呼，天命之也。"嘆訖而後，息志停讀，禮止史削，五十究《易》，作十翼，明也，明易幾教。若曰：終日而作，思之於古聖，頤師於姬昌，法旦[一]，作九問十惡，七正八嘆，上下繫辭，大道大數，大法大義，《易》書中爲通聖之問，明者以爲聖賢矣。孔子曰："吾以觀之，曰：仁者見爲仁幾之文，智者見爲智幾之問，聖者見爲神通之文。仁者見之爲之仁，智者見之爲之智，隨仁智也。"漢代舉，舉先易，而後依孔子[二]。

〔一〕鄭玄注曰："旦者，周公，立易簡而文。"

〔二〕鄭玄注曰："附於後,是代代書之,後人書之,不得爲先文也。"

易緯乾鑿度

《易緯乾鑿度》,舊題倉頡撰。此書當出於西漢,東漢初已經流行,《白虎通義·天地篇》已引用之。《乾鑿度》提出了比較系統的宇宙生成論,後來爲道家和道教所吸取,宋明理學也受其影響。《四庫全書總目提要》曰:"説者稱其書出於前秦,自《後漢書》、南北朝諸史及唐人撰《五經正義》、李鼎祚作《周易集解》,徵引最多,皆于《易》旨有所發明,較他緯獨爲醇正。"顧實《重考古今僞書考》曰:"當作于漢武、宣以後,亦今文博士之遺説,兼有鄭玄注,俱未可蔑視也。"南宋晁公武《郡齋讀書志》、陳振孫《直齋書録題解》、元代馬端臨《文獻通考》皆著録兩卷。清朝修《四庫全書》將其從《永樂大典》中輯出,分上下兩卷。舊有鄭玄及宋均兩家注,今本爲鄭玄注。是書有《説郛》、任兆麟、喬松年、王仁、黃奭等不同輯本。

今以安居香山、中村璋八輯《緯書集成》(河北人民出版社 1994 年版)爲底本,以《四庫全書》本、《叢書集成》本以及郭沂《孔子集語校補》爲參校本加以輯録、校勘。

孔子曰:"易者,易也,變易也,不易也。管三成爲德道苞籥〔一〕。易者,以言其德也。通情無門,藏神無内也〔二〕。光明四通,儆易立節〔三〕。天地爛明,日月星辰布設;八卦錯序,律曆調列,五緯順軌〔四〕,四時和栗孳結〔五〕。四瀆通情,優游信潔〔六〕,根著浮流〔七〕,氣更相實〔八〕,虛無感動,清净炤哲〔九〕,移物致耀,至誠專密〔一〇〕,不煩不撓,淡泊不失〔一一〕。此其易也。變易也者,其氣也。天地不變,不能通氣〔一二〕。五行迭終,四時更廢〔一三〕。君臣取象,變節相和,能消者息〔一四〕,必專者敗〔一五〕。君臣不變,不能成朝。紂行酷虐,天地反〔一六〕;文王下吕,九尾見〔一七〕。夫婦不變,不能成家。妲己擅寵,殷以之破〔一八〕;大任順季,享國七百。此其變易也。不易也者,其位也,天在上,地在下;君南面,臣北面;父坐,子伏。此其不易也。故易者,天地之道也,乾坤之德,萬物之寶。至哉易,一元以爲元紀〔一九〕。"

〔一〕孫星衍《孔子集語》"爲"在"德"下。鄭玄注曰:"管,統也。德者,得也。道者,理也。籥者,要也。言易道統此三事,故能成天下之道德,故云包道之要籥也。"

〔二〕鄭玄注曰：“傚易無爲，故天下之性，莫不自得也。”

〔三〕鄭玄注曰：“傚易者，寂然無爲之謂也。”

〔四〕鄭玄注曰：“五緯，五星也。”

〔五〕鄭玄注曰：“孶，育也。結，成也。”

〔六〕鄭玄注曰：“水有信而清潔。”

〔七〕鄭玄注曰：“根著者，草木也。浮流者，人兼鳥獸也。”

〔八〕鄭玄注曰：“此皆言易道無爲，故天地萬物，各得以自通也。”

〔九〕鄭玄注曰：“炤，明也。夫惟虛無也，故能感天下之動。惟清净也，故能炤天下之明。”

〔一〇〕鄭玄注曰：“移，動也。天確爾至誠，故物得以自動。寂然皆專密，故物得以自專也。”

〔一一〕鄭玄注曰：“未始有得，夫何失哉。”

〔一二〕鄭玄注曰：“否卦是也。”

〔一三〕鄭玄注曰：“天道如之，而況於人乎？”

〔一四〕鄭玄注曰：“文王是也。”

〔一五〕鄭玄注曰：“殷紂是也。”

〔一六〕鄭玄注曰：“不能變節以下賢也。”

〔一七〕鄭玄注曰：“文王師吕尚，遂致九尾狐瑞也。”

〔一八〕鄭玄注曰：“不變節以逮衆妾也。”

〔一九〕鄭玄注曰：“天地之元，萬物所紀。”

　　孔子曰：“方上古之時，人民無別，群物無殊，未有衣食器用之利〔一〕。於是伏羲乃仰觀象於天，俯觀法於地，中觀萬物之宜，始作八卦，以通神明之德，以類萬物之情〔二〕。故易者，所以經天地、理人倫而明王道〔三〕。是故八卦以建，五氣以立，五常以之行〔四〕；象法乾坤，順陰陽，以正君臣父子夫婦之義〔五〕；度時制宜，作網罟，以畋以漁，以贍人用〔六〕。於是人民乃治，君親以尊，臣子以順，群生和洽，各安其性，八卦之用〔七〕。伏羲氏之王天下也，始作八卦。結繩而爲網罟，以畋以漁，蓋取諸離。質者無文，以天言，此易之意〔八〕。夫八卦之變，象感在人〔九〕。文王因性情之宜，爲之節文〔一〇〕。”

〔一〕鄭玄注曰：“天地恚淳，人物恬粹，同於自得，故不相殊別。人雖有此而用之，故行而無迹，事而勿傳也。”

〔二〕鄭玄注曰：“伏羲之時，物漸流動，是以因別八卦，以鎮其動也。”

〔三〕鄭玄注曰："王道,繼天地而已。"

〔四〕鄭玄注曰："天地氣合,而化生五物。"

〔五〕鄭玄注曰："天地陰陽,尚有尊卑先後之序,而況人道乎?"

〔六〕鄭玄注曰："時有不贍,因制器以宜之。"

〔七〕鄭玄注曰："安,猶不失也。順其度而道之,因其宜而制之,則天下之志通,萬類之情得也。"

〔八〕鄭玄注曰："夫何爲哉,亦順其自通而已耳。當此之時,天氣尚淳,物情猶樸,是故伏羲聖亦因以質法化人,故曰以王天下也。"

〔九〕鄭玄注曰："人情變動,因設變動之爻以效之,亦大德之謂也。"

〔一〇〕鄭玄注曰："九六之辭是也。"

孔子曰:"易始於太極〔一〕,太極分而爲二〔二〕,故生天地〔三〕;天地有春秋冬夏之節,故生四時;四時各有陰陽剛柔之分,故生八卦。八卦成列,天地之道立,雷風水火山澤之象定矣。其布散用事也,震生物於東方,位在二月;巽散之於東南,位在四月;離長之於南方,位在五月;坤養之於西南方,位在六月;兌收之於西方,位在八月;乾制之於西北方,位在十月;坎藏之於北方,位在十一月;艮終始之於東北方,位在十二月。八卦之氣終,則四正四維之分明,生長收藏之道備,陰陽之體定,神明之德通,而萬物各以其類成矣〔四〕。皆易之所包也。至矣哉,易之德也。"

〔一〕鄭玄注曰："氣象未分之時,天地之所始也。"

〔二〕鄭玄注曰："七九、八六。"

〔三〕鄭玄注曰："輕清者上爲天,重濁者下爲地。"

〔四〕鄭玄注曰："萬物是八卦之象,定其位,則不遷其性、不淫其德矣,故各得自成者也。"

孔子曰:"歲三百六十日而天氣周。八卦用事各四十五日,方備歲焉〔一〕。故艮漸正月,巽漸三月,坤漸七月,乾漸九月〔二〕,而各以卦之所言爲月也。乾者,天也,終而爲萬物始。北方,萬物所始也,故乾位在於十月。艮者,止物者也,故在四時之終,位在十二月。巽者,陰始順陽者也,陽始壯於東南方,故位在四月。坤者,地之道也,形正六月,四維正紀,經緯仲序,度畢矣〔三〕。"

〔一〕鄭玄注曰:"其中猶自有斗分,此重舉大數而已。"

〔二〕鄭玄注曰:"乾御戌亥,在於十月,而漸九月也。"

〔三〕鄭玄注曰:"四維,正四時之紀,則坎、離爲經,震、兑爲緯,此四正之卦,爲四仲之次序也。"

孔子曰:"乾坤,陰陽之主也。陽始於亥,形於丑。乾位在西北,陽祖微據始也〔一〕。陰始於巳,形於未,據正立位,故坤位在西南,陰之正也〔二〕。君道倡始,臣道終正,是以乾位在亥,坤位在未,所以明陰陽之職,定君臣之位也。"

〔一〕鄭玄注曰:"陽氣始於亥,生於子,形於丑,故乾位在西北也。"

〔二〕鄭玄注曰:"陰氣始於巳,生於午,形於未,陰道卑順,不敢據始以敵,故立於正形之位。"

孔子曰:"八卦之序成立,則五氣變形。故人生而應八卦之體,得五氣以爲五常,仁義禮智信是也。夫萬物始出於震。震,東方之卦也。陽氣始生,受形之道也,故東方爲仁。成于離。離,南方之卦也。陽得正於上,陰得正於下,尊卑之象定,禮之序也,故南方爲禮。入於兑。兑〔一〕,西方之卦也。陰用事而萬物得其宜,義之理也,故西方爲義。漸於坎。坎,北方之卦也。陰氣形盛,陽氣含閉〔二〕,信之類也,故北方爲信。夫四方之義,皆統於中央,故乾、坤、艮、巽,位在四維。中央所以繩四方行也,智之決也,故中央爲智。故道興於仁,立於禮,理於義,定於信,成於智。五者,道德之分,天人之際也。聖人所以通天意、理人倫而明至道也。昔者聖人因陰陽,定消息,立乾坤,以統天地也。"

〔一〕"兑"字據孫星衍《孔子集語》補。

〔二〕"陽"上原衍"陰"字,據錢叔寶本删。"閉",孫星衍《孔子集語》作"閉"。

孔子曰:"陽三陰四,位之正也〔一〕。故《易》卦六十四,分而爲上下,象陰陽也。夫陽道純而奇〔二〕,故上篇三十,所以象陽也。陰道不純而偶,故下篇三十四,所以法陰也。乾、坤者,陰陽之根本,萬物之祖宗也。爲上篇始者,尊之也。離爲日,坎爲月。日月之道,陰陽之經,所以終始萬物,故以坎、離爲終〔三〕。咸、恒者,男女之始,夫婦之道也。人道之興，必由夫婦，所以奉承祖宗，爲天地主也，故爲下篇始者，貴之也。既濟、未濟爲最終者，所以明戒愼而存王道〔四〕。"（又見於《京氏易傳》下）

〔一〕鄭玄注曰："三者，東方之數，東方日所出也。又圓者，徑一而周三。四者，西方之數，西方日所入也。又方者，徑一而匝四也。"

〔二〕鄭玄注曰："陽道專斷，兼統陰事，故曰純也。"

〔三〕鄭玄注曰："言以日月終天地之道也。"

〔四〕鄭玄注曰："夫物不可窮，理不可極。故王者亦常則天而行，與時消息，不可安而忘危，存而忘亡。未濟者，亦無窮極之謂者也。"

孔子曰："泰者，天地交通，陰陽用事，長養萬物也。否者，天地不交通，陰陽不用事，止萬物之長也。上經象陽，故以乾爲首，坤爲次，先泰而後否〔一〕。損者，陰用事，澤損山而萬物損也，下損以事其上〔二〕。益者，陽用事，而雷風益萬物也，上自損以益下〔三〕。下經以法陰，故以咸爲始、恒爲次，先損而後益〔四〕，各順其類也。"

〔一〕鄭玄注曰："先尊而後卑、先通而後止者，所以類陽事也。"

〔二〕鄭玄注曰："象陽用事之時，陰宜自損以奉陽者，所以戒陰道，以執其順者也。"

〔三〕鄭玄注曰："當陰用事之時，陽宜自損以益陰者，所以戒陽道，以弘其化也。"

〔四〕鄭玄注曰："咸則男下女，恒則陽上而陰下。先陰而後陽者，以取類陰也。"

孔子曰："昇者，十二月之卦也。陽氣升上，陰氣欲承，萬物始進。譬猶文王之修積道德，弘開基業，始即昇平之路。當此時也，鄰國被化，岐民和洽。是以六四蒙澤而承吉，九三可處王位。享於岐山，爲報德也。明陰以顯陽之化，民臣之順德也〔一〕，故言無咎。"

〔一〕鄭玄注曰："民臣化順，文王之德。"

孔子曰："益之六二，或益之十朋之龜，弗克違，永貞吉，王用享於帝，吉。益者，正月之卦也。天氣下施，萬物皆益，言王者之法天地，施政教，而天下被陽德，蒙王化，如美寶莫能違害。永貞其道，咸受吉化，德施四海，能繼天道也。王用享於帝者，言祭天也。三王之郊，一用夏正，天氣三微而成一著，三著而成一體〔一〕。方知此之時，天地交，萬物通。故泰、益之卦，皆夏之正也。此四時之正，不易之道也。故三王之郊，一用夏正，所以順四時、法天地之道也。"

〔一〕鄭玄注曰："五日爲一微,十五日爲一著,故五日有一候,十五日成一氣也。冬至陽始生,積十五日,至小寒,爲一著,至大寒,爲二著,至立春,爲三著,凡四十五日而成一節,故曰三著而成體也。正月則泰卦用事,故曰成體而郊也。"

　　孔子曰："隨上六,拘繫之,乃從維之,王用享於西山。隨者,二月之卦。隨德施行,藩決難解〔一〕。萬物隨陽而出,故上六欲待九五〔二〕,拘繫之,維持之,明被陽化而陰欲隨之也〔三〕。譬猶文王之崇至德,顯中和之美,拘民以禮,係民以義。當此之時,仁恩所加,靡不隨從,咸悦其德,得用道之王,故言王用享於西山〔四〕。"

　　〔一〕鄭玄注曰："大壯九三爻主正月,陰氣猶在,故羝羊觸藩,而羸其角也。至於九四,主二月,故藩決不勝羸也。言二月之時,陽氣已壯,施生萬物,而陰氣漸微,不能爲難,以障閉陽氣,故曰藩決難解也。"
　　〔二〕孫星衍《孔子集語》無"待"字。
　　〔三〕"欲隨",孫星衍《孔子集語》作"隨從"。
　　〔四〕鄭玄注曰："是時紂存,未得東巡,故言西山。"

　　孔子曰："陽消陰言夬,陰消陽言剥者,萬物之祖也。斷制除害,全物爲務。夬之爲言,決也。當三月之時,陽盛息,消夬陰之氣,萬物畢生,靡不蒙化。譬猶王者之崇至德,奉承天命,伐決小人,以安百姓,故謂之決。夫陰傷害爲行,故剥之爲行剥也。當九月之時,陽氣衰消,而陰終不能盡陽,小人不能決君子也,謂之剥,言不安而已〔一〕。是以夬之九五,言決小人〔二〕。剥之六五,言盛殺,萬物皆剥墮落,譬猶君子之道衰,小人之道盛,侵害之行興,安全之道廢,陰貫魚而欲承君子也〔三〕。"

　　〔一〕鄭玄注曰："直剥落傷害,使萬物不得安全而已,然不能決君子。"
　　〔二〕鄭玄注曰："經曰:莧陸夬夬,中行無咎。"
　　〔三〕鄭玄注曰："陽衰之時,若能執柔順以奉承君子,若魚之序,然後能寵無不利也。"

　　孔子曰："《易》有六位、三才,天地人道之分際也。三才之道,天地人也。天有陰陽,地有柔剛,人有仁義,法此三者,故生六位。六位之變,陽爻者,制於天也;陰爻者,繫於地也。天動而施曰仁,地静而理曰義。仁成而上,義成而下。上者專制,下者順從。正形於人,則道德立而尊卑定矣[一]。此天地人道之分際也。天地之氣,必有終始;六位之設,皆由上下。故易始於一[二],分於二[三],通於三[四],□於四,盛於五[五],終於上。初爲元士[六],二爲大夫,三爲三公,四爲諸侯,五爲天子,上爲宗廟[七]。凡此六者,陰陽所以進退,君臣所以升降,萬人所以爲象則也。故陰陽有盛衰,人道有得失。聖人因其象,隨其變,爲之設卦。方盛則託吉,將衰則寄凶[八]。陰陽不正,皆爲失位[九];其應實而有之,皆失義[一〇]。善雖微細,必見吉端;惡雖纖芥[一一],必有悔吝。所以極天地之變,盡萬物之情,明王事也[一二]。丘繫之曰:'立象以盡意,設卦以盡情僞[一三],繫辭焉以盡其言。'"

〔一〕鄭玄注曰:"震主施生,卯爲日出,象人道之陽也。兌主入悦,酉爲月門,象人道之柔也。夫人者,通之也,德之經也,故曰道德立者也。"

〔二〕鄭玄注曰:"易本無體,氣變而爲一,故氣從下生也。"

〔三〕鄭玄注曰:"清、濁,分爲二儀。"

〔四〕鄭玄注曰:"陰陽氣交,人生其中,故爲三才。"

〔五〕鄭玄注曰:"二壯於地,五壯於天,故爲盛也。"

〔六〕鄭玄注曰:"在位卑下。"

〔七〕鄭玄注曰:"宗廟,人道之終。"

〔八〕鄭玄注曰:"聖人之見物情有得失之故,寄注陰陽之盛衰,以斷其吉凶也。"

〔九〕鄭玄注曰:"初六,陰不正。九二,陽不正。"

〔一〇〕鄭玄注曰:"陰有陽應,陽有陰應,實者也。既非其應,設使得而有之,皆爲非義而得也。雖得之,君子所不貴也。"

〔一一〕"芥",孫星衍《孔子集語》作"介"。

〔一二〕鄭玄注曰:"王者亦當窮天地之理,類萬物之情。"

〔一三〕鄭玄注曰:"以象盡天地之意,重之盡萬物之變者也。"

孔子曰:"易六位正,王度見矣。"

孔子曰:"易有君人五號也:帝者,天稱也;王者,美行也;天子者,爵號也;大君者,與上行異也[一];大人者,聖明德備也。變文以著名,題德以別操[二]。王者,天下所歸往。《易》曰:'在師中,吉,無咎。王三錫命。'師者,衆也,言有盛德,行中和,順民心,天下歸往之,莫不美命爲王也。行師以除民害,賜命以長世,德之盛[三]。天子者,繼天理

物,改一統,各得其宜,父天母地,以養萬民,至尊之號也。《易》曰:
'公用亨於天子。'〔四〕大君者,君人之盛者也。《易》曰:'知臨,大君之
宜,吉。'臨者,大也。陽氣在內,中和之盛應于盛位,浸大之化行于萬
民,故言宜處王位,施大化,爲大君矣。臣民,欲被化之詞也。大人
者,聖人之在位者也。夫大人者,與天地合其德。《易》曰:'見龍在
田,利見大人。'又曰:'飛龍在天,利見大人。'言德化施行,天地之和,
故曰大人。"

〔一〕鄭玄注曰:"臨之九二,有中和美異之行。應於五位,故百姓欲其與上爲大君也。"

〔二〕鄭玄注曰:"夫至人一也,應迹不同,而生五號,故百姓變其文名,別其操行。"

〔三〕鄭玄注曰:"武王受命行師,以除民害,遂享七百之祚,可謂之長世也。"

〔四〕"亨",孫星衍《孔子集語》作"享"。鄭玄注曰:"大有九三曰:公用亨於天子,小人
不克害也。文王爲紂三公,百姓悅樂文王之德,文王亨天子之位,以法罰小人之
罪也。"

孔子曰:"既濟九三:'高宗伐鬼方,三年剋之。'高宗者,武丁也,
湯之後有德之君也。九月之時,陽失正位,盛德既衰,而九三得正下
陰,能終其道,濟成萬物。猶殷道中衰,王道陵遲。至於高宗,內理其
國以得民心,扶救衰微,伐征遠方,三年而惡消滅。成王道〔一〕,殷人高
而宗之。文王挺以校易勸德也〔二〕。"

〔一〕"成王道",孫星衍《孔子集語》作"王道成"。

〔二〕鄭玄注曰:"挺出高宗,以言昭易義,所以勸人君修德者也。"

孔子曰:"《易》本陰陽,以譬於物也。掇序帝乙、箕子、高宗著德。
易者所以昭天道、定王業也。上術先聖,考諸近世,采美善以見王事。
言帝乙、箕子、高宗,明有法也。美帝乙之嫁妹,順天地之道,以立嫁
娶之義。義立則妃匹正,妃匹正則王化全。"

孔子曰:"泰者,正月之卦也。陽氣始通,陰道執順,故因此以見
湯之嫁妹,能順天地之道,立教戒之義也。至於歸妹,八月卦也。陽
氣歸下,陰氣方盛,故復以見湯妹之嫁,以天子貴妹而能自卑,順從變
節,而欲承陽者,以執湯之戒〔一〕。是以因時變一用,見帝乙之道,所以

彰湯之美,明陰陽之義也。"

〔一〕鄭玄注曰:"此謂教戒之義。"

孔子曰:"自成湯,至帝乙。帝乙,湯之玄孫之孫也。此帝乙,即湯也。殷録質,以生日爲名,順天性也。玄孫之孫,外絶恩矣[一]。同以乙日生,疏可同名[二]。湯以乙生,嫁妹,本天地,正夫婦。夫婦正,王道興矣。故曰:《易》之帝乙爲成湯,《書》之帝乙六世王,同名不害以明功。"

〔一〕鄭玄注曰:"玄孫之外,五世之末,外絶恩矣。"

〔二〕鄭玄注曰:"同以乙日生,天錫之命,疏可同名。"

孔子曰:"紱者,所以别尊卑,彰有德也。故朱赤者,盛色也[一]。是以聖人法以爲紱服,欲百世不易也。故困九五,文王爲紂三公,故言'困於赤紱'也。至于九二,周將王,故言'朱紱方來',不易之法也。"

〔一〕鄭玄注曰:"南方,陽盛之時。"

孔子曰:"《易》,天子、三公、諸侯紱服,皆同色。困九二,困於酒食,朱紱方來。九五,劓刖,困於赤芾[一]。夫困之九二,有中和,居亂世,交於小人。困於酒食者,困於禄也。朱芾者,天子賜大夫之服,而有九二大人之行。將賜之朱芾,其位在二,故以大夫言之[二]。至於九五劓刖者,不安也。文王在諸侯之位,上困於紂也,故曰劓刖困於赤芾。夫執中和,順時變,所以全王德,通至美也,乃徐有説[三]。丘記《象》曰:"困而不失其所亨。""貞,大人吉利,以剛中也。"文王因陰陽,定消息,立乾坤,統天地。夫有形者生於無形,則乾坤安從生[四]?故曰:有太易,有太初,有太始,有太素[五]。太易者,未見氣。太初者,氣之始。太始者,形之始。太素者,質之始[六]。氣形質具而未相離,故曰渾淪,言萬物相渾淪而未相離[七]。視之不見,聽之不聞,循之不得,故曰易也。易無形埒也[八]。"

〔一〕鄭玄注曰:"謂朱、紱同爲色者,其染法同,以淺深爲之差也。"

〔二〕鄭玄注曰:"困於禄者,禄少薄也。"

〔三〕鄭玄注曰:"赤芾,紂所賜文王,所以喻紂也,以巽順而變,故終無災。"

〔四〕鄭玄注曰：“消息，寒温之氣，而陰陽定寒温，而三微生著，而立乾坤以天地之道，則是天地先乾坤生也。天有象可見，地有形可處，若先乾坤，則是乃天地生乾坤。或云有形生於無形，則爲反矣，如是則乾坤安從生焉。若怪而問之，欲説其故。”

〔五〕鄭玄注曰：“將説此也。時人不知，問，故先張其所由以爲本，使易陵猶故也。”

〔六〕鄭玄注曰：“太易之始，漠然無氣可見者。太初者，氣寒温始生也。太始，有兆始萌也。太素者，質始形也。諸所爲物，皆成苞裹，元未分別。”

〔七〕鄭玄注曰：“此極説太素。渾淪，今人言質，率爾有能散之意。”

〔八〕鄭玄注曰：“此又説上古太易之時，始有聲氣曰坏。尚未有聲氣，惡有形兆乎？又重明之。《禮記·夏小正》十二月，鷄始乳也。”

本段《緯書集成》本文字有較大不同，姑附於下：

孔子曰：“《易》，天子、三公、諸侯紱服，皆同色。困之九二，困於酒食，朱紱方來。九五，劓刖，困於赤紱。乃徐有説。”天子、三公、九卿朱紱，諸侯赤紱。困之九二，有中和，居亂世，交於小人。又困於酒食者，困於禄也。赤紱者，賜大夫之服也。文王方困，而有九二大人之行。將錫之朱紱也，其位在二，故以大夫言之。至於九五劓刖，不安也。文王在諸侯之位，上困於紂，故曰：困於赤紱。夫執中和，順時變，以全王德，通至美也，故曰：乃徐有説。丘記諸象曰：困而不失其所亨也，貞，大人吉，以剛中也。

孔子曰：“自成湯，至帝乙。帝乙，湯玄孫之孫也。帝乙則湯。殷録質〔一〕，以生日爲名，順天性也。玄孫五世之末，外絶恩矣。同日以乙，天之錫命，疏可同名〔二〕。湯以乙生，嫁妹，本天地之義，順陰陽之道，以正夫婦，夫婦正則王教興〔三〕。《易》之帝乙爲湯，《書》之帝乙六世王，名同不害以明功。〔四〕”

〔一〕鄭玄注曰：“王者之政，一質一文，以變易從初，殷録相次質也。”

〔二〕鄭玄注曰：“仁恩已絶，則不能避，故小殷以是日同，故曰天之錫命矣。”

〔三〕鄭玄注曰：“正夫婦者，乃所以興王教於天下，非苟也。”

〔四〕鄭玄注曰：“《易》與《尚書》，俱載帝乙，雖同名，不相害，各以明其美功也。”

孔子曰：“《易》，天子、三公、諸侯紱服，皆同色。困九二：‘困於酒食，朱紱方來〔一〕。’九五：‘劓刖，困於赤芾。’夫困之九二，有中和，居亂世，交於小人。‘困於酒食’者，困於禄也〔二〕。朱芾者，天子賜大夫之服，而有九二大人之行。將賜之朱芾，其位在二，故以大夫言之。至於九五劓刖者，不安也。文王在諸侯之位，上困於紂也，故曰：‘劓刖,困于赤茀[三]。'夫執中和,順時變,所以全王德,通至美也。乃徐有説。丘記《象》曰:'困而不失其所,亨,貞,大人吉,以剛中也。'文王因陰陽,定消息,立乾坤,統天地。夫有形者生於無形,則乾坤安從生[四]?故曰,有太易,有太初,有太始,有太素[五]。太易者,未見氣;太初者,氣之始;太始者,形之始;太素者,質之始[六]。氣形質具而未相離,故曰渾淪,言萬物相渾淪而未相離[七]。視之不見,聽之不聞,循之不得,故曰易也。易無形埒也[八]。《易》變而爲一,一變而爲七,七變而爲九。九者,氣變之究也,乃復變而爲一。一者,形變之始。清輕上爲天,濁重下爲地[九]。物有始,有壯,有究,故三畫而成乾,乾坤相並俱生[一〇]。物有陰陽,因而重之,故六畫而成卦[一一]。卦者,挂也,挂萬物,視而見之,故三畫已下爲地,四畫已上爲天。物感以動,類相應也。陽氣從下生,故動於地之下,則應於天之下;動於地之中,則應於天之中;動於地之上,則應於天之上。故初以四,二以五,三以上,此謂之應。陽動而進,陰動而退,故陽以七,陰以八,爲象。易一陰一陽,合而爲十五之謂道。陽變七之九,陰變八之六,亦合於十五,則象變之數若一。陽動而進,變七之九,象其氣之息也。陰動而退,變八之六,象其氣之消也。故太一取其數以行九宮,四正四維,皆合於十五[一二]。五音、六律、七宿由此作焉[一三]。八卦之生物也,畫六爻之移氣,周而從卦[一四]。八卦數二十四以生陰陽,衍之皆合之於度量[一五]。陽析九,陰析六,陰陽之析,各百九十二。以四時乘之,八而周,三十二而大周。三百八十四爻,萬一千五百二十析也。故卦當歲,爻當月,析當日。大衍之敷必五十,以成變化而行鬼神也,故曰:日十者,五音也;辰十二者,六律也;星二十八者,七宿也,凡五十,所以大閡物而出之者。故六十四卦,三百八十四爻,戒各有所繫焉。故陽唱而陰和,男行而女隨,天道左旋,地道右遷,二卦十二爻而期一歲[一六]。乾,陽也;坤,陰也,並治而交錯行。乾貞於十一月子,左行陽時六,坤貞於六月未,右行陰時六,以奉順成其歲。歲終次從於屯、蒙,屯、蒙主歲。屯爲陽,貞於十二月丑,其爻左行,以間時而治六辰。蒙爲陰,貞於正月寅,其爻右行,亦間時而治六辰。歲終,則從其次卦。陽卦以其辰爲貞,丑與左行,間辰而治六辰。陰卦與陽卦同位者,退一辰以爲貞,其爻右行,間辰而治六辰。泰、否之卦,獨各貞其辰,共北辰,左行相隨也。中孚爲陽,貞於十一月子,小過爲陰,貞於六月未,法于乾坤,三十二歲期而周,六十四卦,三百八十四爻,萬一千五百二十析,復從於貞〔一七〕。曆以三百六十五日四分度之一爲一歲,易以三百六十析當期之日,此律曆數也。五歲再閏,故再扐,而後卦,以應律曆之數〔一八〕。故乾坤氣合戌亥,音受二子之節,陽生秀白之州,載鍾名太乙之精也。其帝一世,紀録事,明期推移,不奪而消焉〔一九〕。”

〔一〕鄭玄注曰:“謂朱、絑爲同色者,其染法同,以淺深爲之差也。”鄭注“爲同色”,原作“同爲色”,據孫星衍《孔子集語》改。

〔二〕鄭玄注曰:“困於禄者,禄少薄也。”

〔三〕鄭玄注曰:“赤芾,紂所賜文王,所以喻紂也,以巽順而變,故終無災。”

〔四〕鄭玄注曰:“消息,寒温之氣,而陰陽定寒温,此二微生著,而立乾坤以天地之道,則是天地先乾坤生也。天有象可見,地有形可處,若先乾坤,則是乃天地生乾坤。或云有形生於無形,則爲反矣,如是則乾坤安從生焉。若怪而問之,欲説其故。”

〔五〕鄭玄注曰:“將説此也。時人不知問,故先張所由以爲本,使易陵猶故也。”

〔六〕鄭玄注曰:“太易之始,漠然無氣可見者。太初者,氣寒温始生也。太始,有兆始萌也。太素者,質始形也。諸所爲物,皆成苞裹,元未分別。”

〔七〕鄭玄注曰:“此極説太素。渾淪,今人言質,率爾有能散之意。”

〔八〕鄭玄注曰:“此又説上古太易之時,始有聲氣,曰埒。尚未有聲氣,惡有形兆乎?又重明之。《禮記·夏小正》十二月,雞始乳也。”

〔九〕鄭玄注曰:“易,太易也。太易變而爲一,謂變爲太初也。一變而爲七,謂變爲太始也。七變而爲九,謂變爲太素也。乃復變爲一,一變誤耳,當爲二。二變而爲六,六變而爲八,則與上七九意相協。不言如是者,謂足相推明耳。九言氣變之究也。二言形之始,亦足以發之耳。又言乃復之一,易之變一也。太易之變,不惟是而已,乃復變而爲二,亦謂變而爲太初。二變爲六,亦謂變而爲太始也。六變爲八,亦謂變而爲太素也。九,陽數也,言氣變之終。二,陰數也,言形變之始。則氣與形相隨此也。初太始之六,見其先後耳。《繫辭》:天一,地二,天三,地四,天五,地六,天七,地八,天九,地十。奇者爲陽,偶者爲陰。奇者得陽而合,偶者得陰而居,言數相偶乃爲道也。孔子於《易·繫》,著此天地之數,下乃言子曰明天地之道,本此者也。一變而爲七,是今陽爻之象。七變而爲九,是今陽爻之變。二變而爲六,是今陰爻之變。六變而爲八,是今陰爻之象。七在南方象火,九在西方象金,六在北方象水,八在東方象木。自太易至太素,氣也,形也。既成四象,爻備於是,清輕上而爲天,重濁下而爲地,於是而開闢也。天地之與乾坤,氣形之與質本,同時如表裏耳,以有形生於無形,問此時之言,斯爲之也。"

〔一〇〕鄭玄注曰:"物於太初時如始,太始時如壯,太素時如究,而後天地開闢,乾坤卦象立焉。三畫成體,象卦亦然。"

〔一一〕鄭玄注曰:"此言人皆所及,無苟然。"

〔一二〕鄭玄注曰:"太一者,北辰之神名也。居其所曰太一。常行於八卦日辰之間,曰天一,或曰太一。出入所游,息於紫宫之内外,其星因以爲名焉。故《星經》曰:天一、太一,主氣之神。行,猶待也。四正四維,以八卦神所居,故亦名之曰宫。天一下行,猶天子出巡狩,省方岳之事,每率則復。太一下行八卦之宫,每四乃還於中央。中央者北神之所居,故因謂之九宫。天數大分,以陽出,以陰入,陽起於子,陰起於午,是以太一下九宫,從坎宫始。坎,中男,始亦言無適也。自此而從於坤宫,坤,母也。又自此而從震宫,震,長男也。又自此而從巽宫,巽,長女也。所行者半矣,還息於中央之宫。既又自此而從乾宫,乾,父也。自此而從兑宫,兑,少女也。又自此從於艮宫,艮,少男也。又自此從於離宫,離,中女也。行則周矣。上游息於太一、天一之宫,而反於紫宫。行從坎宫始,終於離宫。數自太一行之,坎爲名耳。出從中男,入從中女,亦因陰陽男女之偶,爲終始云。從自坎宫,必先之坤者,母於子養之勤勞者。次之震,又之巽,母從異姓來,此其所以敬爲生者。從息中而復之乾者,父於子教之而已,於事逸也。次之兑,又之艮,父或老順其心所愛,以爲長育,多少大小之行,已亦爲施。此數者合十五,言有法也。"

〔一三〕鄭玄注曰:"作,起也。見八卦行太一之宫,則八卦各有主矣。推此意,則又知日辰及列宿亦有事焉,故曰由此起。日辰及列宿,皆係八卦,是以云也。"

〔一四〕鄭玄注曰:"八卦生物,謂其歲之八節,每一卦生三氣,則各得十五日。今言畫六爻,是則中分之,言太史司刻漏者,每氣兩箭,猶是生焉。"

〔一五〕鄭玄注曰:"數二十四者,即分八卦各爲三氣之數。於是復云以生陰陽,則中分爲四十八也。衍推極其數之本,十二而候氣,十二而候律,周焉。衍生十二,合二十四氣與八卦爻用事之數通衍之,如是者三,極於六十卦大備。合於度量推衍之數,可以知政得失,無所苟焉。度,謂用律之長短。量,謂所容之多少也。"

〔一六〕鄭玄注曰:"從陽析九,至期一歲,此爻析之所由,及卦爻析與歲月及日相當之意,而其文亦錯亂。陽析九至八而周,律辭不相理,自是脱誤。三百八十四爻至析當日,是一簡字,故六十四卦至期一歲,是二簡字,而大衍之説雜其間,云是換脱。此皆衍數之事。較其次序,合補其脱,正其誤,復其換,得無傷於疣贅敗賊。於上言衍之皆合之度量,因承其大衍之數五十,所以成變化而行鬼神也。故曰:日十者,五音也;辰十二者,六律也;星二十八宿者,七宿也,凡五十,所以大閲物出之者也。陽析九,陰析六,陰陽二析合一百九十二爻,故當以陰爻乘陰析,合之,以四時乘之,並合之三百八十四爻,萬一千五百二十析也。故卦當歲,爻當月,析當日。天道左旋,地道右遷,二卦十二爻,而期一歲,三十二而大周。如是則合之度量,而至是大周七簡適盈皆合二正,亦可知之。夫八十四戒者,十二消息爻象之變,消息於雜卦爲尊。每月者,譬一卦而位屬焉。各有所繫,是謂八十四戒。必連數之者,見四百五十變而周矣。"

〔一七〕鄭玄注曰:"貞,正也。初爻以此爲正,次爻左右者各從次數之,一歲終則從其次,屯、蒙、需、訟也。陰卦與陽卦其位同,謂與同日,若在衝也。陰則退一辰者,爲左右交錯相避。泰否獨各貞其辰,言不用卦次,泰卦當貞於戌,否當貞於亥,戌乾體所在,亥又坤消息之月,泰、否、乾、坤,離體炁與之相亂,故避之而各貞其辰。謂泰貞於正月,否貞於七月,六爻皆泰,得否之乾,否得泰之坤,北辰左行,謂泰從正月至六月,皆陽爻,否從七月至十二月,皆陰爻,否、泰各自相從。中孚貞於十一月,小過貞於正月。言法乾坤者,著乾坤尚然,示以承餘且有改也。餘不見,爲圖者備列之矣。期也、周也,皆一歲。匝悟相避,其於此月,唯歲終矣,爻析有餘也。"

〔一八〕鄭玄注曰:"曆以記時,律以候氣,氣率十五日一轉,與律相感,則三百六十日粗爲終也。曆之數有餘者四分之一,參差不齊,故閏月建四時成歲,令相應也。"

〔一九〕"太一",《四庫全書》本、《緯書集成》本皆作"太乙"。鄭玄注曰:"'音',假借字,讀如'鶉鵪'之'鵪',包覆之意也。'音'與《詩》'奄有九有'同音。此言律曆參差,前却無常,故乾居西北,氣合戌亥,包覆二子之節,交餘不齊,當於斷焉。陽,猶象也,人象乾德而生者。秀白之州,字曰州,乾氣白,又九月之節,故謂秀白。載,猶植也。齊人《月令》云:'乾爲金,金於鍾律爲商。'人象乾德而生殖之,一,姓也;商,名也,太一之精也。言太一常行乾宫,降感其母而生之耳。其帝一也,其人爲天子,一世耳。若堯舜者,德聖明達見,能識《圖》《書》,爲君德正者之多少,又知其期推移易去之微,故不見代而自消退之。自昔之退者此帝,帝當是世,猶乾在西北,斷律曆不齊也。"

孔子曰:"三萬一千九百二十歲,《録》、《圖》受命,易姓三十二紀〔一〕。德有七,其三法天,其四法地。五王有三十五,半聖人君子,消息卦純者爲帝,不純者爲王。六子上不及帝,下有過王,故六子雖純,不爲乾坤〔二〕。"

〔一〕鄭玄注曰:一本作"四十二軌"。張惠言曰"軌"當爲"純"。

〔二〕鄭玄注曰:"易姓三十二萬三千,三萬一千九百二十歲。中則乾率爲七百六十,此堯所爲。四十二者,消息三十六,六子在其數。其三法天,消息中三乾也。其四法地,消息中四坤。及六子之欲王,有三十六,消息六子也。"

孔子曰：“《洛書摘六辟》〔一〕曰：‘建紀者，歲也。成姬倉，有命在河，聖。孔表雄，德庶人受命，握麟徵〔二〕。’”

〔一〕“六”，孫星衍《孔子集語》作“亡”。

〔二〕鄭玄注曰：“建紀者，謂大易爻六七八九之數，此道成於文王，聖也。孔表雄，著漢當興，以庶人之有仁德，受命爲天子，此謂使以獲麟爲應。”

孔子曰：“推即位之術，乾、坤三：上、中、下。坤變初六復，曰正陽在下，爲聖人。故一聖，二庸，三君子，四庸，五聖，六庸，七小人，八君子，九小人，十君子，十一小人，十二君子，十三聖人，十四庸人，十五君子，十六庸人，十七聖人，十八庸人，十九小人，二十君子，二十一小人，二十二君子，二十三小人，二十四君子，二十五聖人，二十六庸人，二十七君子，二十八庸人，二十九聖人，三十庸人，三十一小人，三十二君子，三十三小人，三十四君子，三十五小人，三十六君子，三十七聖人，三十八庸人，三十九君子，四十小人，四十一聖人，四十二庸人〔一〕。”孔子曰：“極至德之世，不過此。乾三十二世消，坤三十六世消〔二〕。代聖人者仁，繼之者庸人，仁世淫，庸世狠〔三〕。二陰之精射三陽，當卦自掃〔四〕。知命守録，其可防，鈎鈐解，命圖興〔五〕。”孔子曰：“丘文以候，授明之出，莫能雍。”

〔一〕鄭玄注曰：“三已上者三變，乾坤之體，上極三，從下起如是。至有消息卦三十，六子，坎、離、震、巽、艮、兑，以次承之，故録圖受命，易姓者三十二，而一終也，六子之坤坎靈圖也。”

〔二〕鄭玄注曰：“乾坤之君，德之至盛，爲其子孫相承之世，如此而已，數之已消也。”

〔三〕鄭玄注曰：“三十二君之率，陽得正爲聖人，失正爲庸人；陰失正爲小人，得正爲君子。今此之言似誤，三十二君子，又無仁人，此宜言小人。上云繼聖人者庸，言仁者，是相發耳。既其字非小辟字，又易若代聖人者庸，繼之者小人，相協，其然乎。小人之世淫，庸則其世狠，會其性矣。”

〔四〕鄭玄注曰：“二陰，金、水也；三陽，火、土、木。其王也、末也，皆失其德，陰則起，大而强，陽則柔，劣而弱，當各以所宜八卦之德掃，更正其正也。”

〔五〕鄭玄注曰：“鈎、鈐二星，近防上，將去疏闊，爲解之者，遇除禍之圖，更興之也。”

孔子曰：“復十八世消，以三六也；臨十二世消，以二六也；泰三十世消，以二九、二六也；大壯二十四世消，以二九、一五也〔一〕；夬三十二世消,以三九、一四也〔二〕。”

〔一〕“五”,孫星衍《孔子集語》作“六”。

〔二〕鄭玄注曰:“皆以爻正爲之世數也。復反臨,不以一九數者,復初九無據。二正,
　　　正數中自泰以上卦數,則壯矣。《坤靈圖》云:‘孔子以位三不正,是謂興也。’”

孔子曰:“姤一世消,無所據也;遯一世消,據不正也;否十世消,
以二五也;觀二十世消,以二五四六也〔一〕;剥十二世消,以三四也。”

〔一〕孫星衍《孔子集語》注曰:當有誤。

孔子軌:以七百六十爲世軌者堯,以甲子受天元爲推術〔一〕。以往
六來八〔二〕、往九來七爲世軌者文王,推爻四,乃術數〔三〕。

〔一〕鄭玄注曰:“甲子爲部,起十一月朔日,每一部者七十六歲,如是世積一千五百二
　　　十歲後復。然則七十六歲之時,十一月朔旦甲子。堯既以此爲一陰一陽,而中
　　　分,推以爲軌度也。”

〔二〕“以”,孫星衍《孔子集語》作“七”。

〔三〕鄭玄注曰:“易有四象,文王用之焉。往布六於北方,以象水;布八於東方,以象
　　　木;布九於西方,以象金;布七於南方,以象火。如是備爲一爻,而正爲四營而成。
　　　由是故生四八、四九、四七、四六之數。爻倍之,則每卦率得七百六十歲。言往來
　　　者,外陽内陰也。”

孔子曰:“以爻正月,爲享國數,存六期者天子〔一〕。欲求水旱之
厄,以位入軌年數,除軌筭盡,則厄所遭也。甲乙爲饑,丙丁爲旱,戊
己爲中興,庚辛爲兵,壬癸爲水。臥算爲年,立算爲日〔二〕。必除先入
軌年數,水旱兵饑得矣〔三〕。如是,乃救災度厄矣。陽之法〔四〕。”

〔一〕鄭玄注曰:“正月誤字,當正云一軌。國之法,其術意如此。乃終存六期者,謂與
　　　符厄所遭者,言天子者不爲四位之人也。”

〔二〕鄭玄注曰:“此術謂之意,先置今所復值軌卦消息。君六,天子之軌數。乾也,則
　　　七百六十八。復也,六百八十八。坎則七百。以作入軌年數,除之者,陽爻則除
　　　其十四,陰爻則除五十六。從初至上,如是再如軌意矣。每除識其數於側,至於
　　　求時,而上則厄之所遭耳。筭者爲軌,餘年不足,復除所識臥筭與立,皆年數也。
　　　今所求者,主於日不用,故分別之。”

〔三〕鄭玄注曰:“先入軌數,前代值之。軌除其入年數者七百二十歲,四十二歲者大
　　　周,萬三百四十歲。以除減上九,上九咸自處,其餘一。欲得除一帝卦者,以次除

之,數有多少。欲得除日,求之也。"

〔四〕鄭玄注曰:"言陽,推法術之將有求厄而爲之備也。"

　　孔子曰:"天之將降嘉瑞,應河水清三日,青四日〔一〕。青變爲赤〔二〕,赤變爲黑,黑變爲黃,各各三日。河中水安井,天乃清明,《圖》乃見,見必南向,仰天言〔三〕。見三日以三日,見六日以六日,見九日以九日,見十二日以十二日,見十五日以十五日,見皆言其餘日〔四〕。"

〔一〕孫星衍《孔子集語》注曰:《文選》李康《運命論》注引作"聖人受命瑞,應先見於河"。

〔二〕孫星衍《孔子集語》注曰:《御覽》八百七十三引作"河水清變爲白,白變爲赤"。

〔三〕鄭玄注曰:"嘉,善、美也。應者,聖王爲政,治平之所致。水色每變,其爲所長一明,時治平,無相勝害之者,乾爲水爲寒,《河圖》將出,故先清。南之向天者,龍也。《圖》有受而言,謂乎興者也。"

〔四〕鄭玄注曰:"誤"餘"字也,當爲陵之。聖王聞河,如天必下美德於己前,齊往受焉,龍乃以《圖》授之。其時不聞,則不知往期,龍則至陵而授焉。陵,平地。河水變日,以備龍圖,當以月三日,時無受之,則後三日龍至陵。當以一月六日,龍見日,無受之者,則後六日龍至陵。自此爲期驗,故著之。云陵日,皆言就者於陵受之時,亦扶同。"

　　孔子曰:"帝德之應洛水,先温九日,後五日變爲五色,玄黃天地之静,書見矣,負《圖》出午,聖人見五日以五日〔一〕,見十日以十日,見十五日以十五日,見二十日以二十日,見二十五日以二十五日,見三十日以三十日〔二〕。"

〔一〕鄭玄注曰:"坤主處置之氣,洛水出焉。後寒俱降嘉應,效乾也。安静由安井,午者龜,畏人,今而一人,故以午言。"

〔二〕鄭玄注曰:"亦謂洛水辛日,以備而無受之者,龜六口見,就龍陵而受焉。期之意,與上同也。"

　　孔子曰:"君子亦於静,若龍而无角,河二日清,二日白,二日赤,二日黑,二日黃〔一〕。虵見水中,用日也。一日辰爲法,以一辰二辰,以三辰,以四五辰,以六七辰,以八九辰,以十辰,以十一辰,以十二辰〔二〕。夜不可見,水中赤煌煌,如火英,圖書、虵皆然也。"

〔一〕鄭玄注曰："君子,次聖德者。又降嘉瑞,應河水,亦爲變其日,從其應之與見於清静。若龍無角,神虵也。"

〔二〕鄭玄注曰："以言河水爲虵,將出而變,變而已備,而無受之者,虵不出水,就陵而受之。君子之德,不能不致於此期。從不用日十二爲數者,不累日也。而當見而無受者,以一日辰爲法,謂用其明日期也。辰當爲期也。一日十二辰,爲一丑辰,而無受者,期日丑辰見,虵亦見水中,此有其期明驗也。"

孔子曰："復,表日角〔一〕;臨,表龍顔〔二〕;泰,表載干〔三〕;大壯,表握訴,龍角大辰〔四〕;夬,表升骨履文〔五〕;姤,表耳參漏,足履王,知多權〔六〕;遯,表日角連理〔七〕;否,表二好文〔八〕;觀,表出準虎〔九〕;剝,表重童,明曆元〔一○〕。此皆律曆運期相,一匡之神也,欲所按合誠〔一一〕。《洛書靈準聽》曰:氣五,機七,八合提,九爻結;八九七十二,録圖起〔一二〕。初世者戲也,姬通紀,《河圖》龍出,《洛書》龜予。演亦八者,七九也〔一三〕。始倉甄節,五七受命〔一四〕,德數運不俗〔一五〕,守録以次第相改,七九度變命失寶〔一六〕。合七八,八名畢升,漸喜,六十四精聖性象,有録第,以所變,承運動〔一七〕。日者提,不者殆,易物之慎命不在〔一八〕。仟者霸,橫者距命,曆掘執并。投者上,契輔摘,推失排絀者,咸名紀,所錯中,與用材毁苴〔一九〕。五行旋代出,輔運相拒,與更用事,終始相討,期有從至,有餘運,有託除,要有知衙,合七八以視旋機,審矣。"

〔一〕鄭玄注曰："表者,人形體之章誠也。名復者,初震爻也。震之體在卯,日於出焉。又初應在六四,於辰在丑,爲牛,牛有角,復,人表象。"

〔二〕鄭玄注曰："名臨者,二爻而互體震,震爲龍,應在六五,六五離爻也,體南方爲上,故臨,人表在顔也。"

〔三〕鄭玄注曰："干,楯也。名泰者,三爻也。而體艮,艮爲山,山爲石體,有以行懼難之器云,應在上六,於人體俱須參人表,載於干上。"

〔四〕"辰",孫星衍《孔子集語》作"展",張惠言以爲"當作'唇'"。鄭玄注曰:"艮卦至大壯而立體,此爲乾,其四則艮爻,井艮爲手,握訴者艮也。井二則坎,爲水,有唇。《詩》云:'寘之河之唇。'四名卦而震爲龍,故大壯,人之表其象也。"

〔五〕鄭玄注曰："名夬者,五立於辰,在斗魁所指者。又五於人體當艮卦,於夬亦手,體成其四,則震爻也。爲足,其三猶艮爻,於十十次,值本於析,七耀之行起焉。七者屬文,北斗在骨,足履文,夬人之表象明也。"

〔六〕鄭玄注曰："姤初爻在巽，巽爲風，風有聲而無形也。九竅之分，目視形，耳聽聲。八卦屬坎，坎爲水，水爲孔穴象，消卦，其道五事，曰聽耳而三漏，聽之至。巽爲股，初爻最在下，足象，消卦，其姤、離爲明人君南面而治焉，足行於其上，姤人表覆王，是由然。王，人君最尊者。離又爲火，火者土寄位焉。土數五，當如姤氣於其上，故八，兼更得性耳。巽爲進退，又爲近利，有知而以進退求利，此謂之姤焉者，陰氣之始，故因其逐表見其情。"

〔七〕鄭玄注曰："名遯者，以離爻也。離爲日，消卦，遯主六月，於辰未，未爲羊，有角。離，南方之卦也，五均南方，爲衡，人之眉上曰衡。衡者，平地。連理，或謂連珠者，其骨起。衡之遯人表亦少少，然《詩含神霧》云：'四角主張，熒惑司過也。'"

〔八〕鄭玄注曰："細或爲之時，名否卦者三也。三在五，體艮之中，艮爲木多節。否人之表，二時象之，與三艮卦，體五坤，坤爲文，故性亦好文也。"

〔九〕鄭玄注曰："名觀者，亦在五艮之中而位上，艮爲山，澤山通氣，其於人體則鼻也。艮又門闕。觀謂之闕，準在鼻上而高顯，觀人表出之象。艮爲禽喙之屬，而當兌之上，兌爲口，虎脣又象焉。"

〔一〇〕鄭玄注曰："名剝者，五色也。五離爻，離爲日。童，目子。六五於辰又在卯，西屬也。剝離人表重焉，五月卦，體在艮，終萬物，始萬物，莫盛乎艮。曆數以有終始，剝人兼之，性自然，表象參差，神實爲之，難得縷耳，所誾差也。"

〔一一〕鄭玄注曰："主正月，不三者，此人心之合誠，《春秋讖》卷名也。"

〔一二〕鄭玄注曰："氣五，禹之五行。機七，二十七里也，二十八宿以存焉。二者用事，以卦相提，得一歲俱終。而太一行九宮，及位遊相結，每宮如卦之日，則參差矣。八九相乘七十二歲，而七百二十歲，復於冬至甲子生，象其數以爲軌焉，故曰録圖起之。"

〔一三〕鄭玄注曰："初世也。《周禮》曰：'凡日行水逆，地功爲之不行，或勒伏羲初遺十言之教，而畫八卦。至文王，乃通其教，演著陰陽入象之言者也'"

〔一四〕鄭玄注曰："伏羲、文王，皆倉精也。始次言易之法度，而五七三十五，君位在後爻，受文始甄紀也。"

〔一五〕孫星衍《孔子集語》無"德"字。

〔一六〕鄭玄注曰："俗，猶從也，順之。後世之君子，不順行易道，次第有名録也者，將起代變，滿七九六千三百，則其王命也。"

〔一七〕"承運動"，孫星衍《孔子集語》作"畢動動"。鄭玄注曰："畢，猶悉令也。八八六十四之人，於有天命也者，即悉喜於將升進也。其性各有象，謂若復表日角之屬，録次以象所變，如其世數。姤復去，遯臨起，此謂君臣則不然，王命臣位俱列也。"

〔一八〕鄭玄注曰："殆於正也，此言卦也。雖有録圖，所當王，必待日旁有氣提之者，乃復可起也。無此氣者，且當止。雖有録圖，第且勿順，天命在今。《春秋元命包》

曰：精出於天，提日而西北之也。"

〔一九〕鄭玄注曰："伓乃横與錯者三，皆旁氣名。投摘亡排紲，蓋爲乑氣投乑伇力之
　　屬。摘亡，微也。排紲，納也。伯者，齊桓、晉文者。距之，若秦始皇者。契輔，推
　　契而輔之也，若夏太康之昆弟。苴始毁者，當任用賢才之臣。毁者，八風之時，所
　　行之見異，皆有云爲，下行則此毁。直，或改作苴也。"

　　孔子曰："至德之數，先立木、金、水、火、土德，合三百四歲。五德
備，凡一千五百二十歲，大終復初。其求金木水火土德日名之法，道
一紀七十六歲，因而四之，爲三百四歲。以一歲三百六十五日四分乘
之，凡爲十一萬一千三十六。以甲爲法除之，餘三十六〔一〕，以三十六
甲子始數立，立算皆爲甲，旁算亦爲甲，以日次次之，母算者，乃木金
火水土德之日也。德益三十六，五德而止。六日名：甲子木德，主春，
春生，三百四歲；庚子金德，主秋成收，三百四歲；丙子火德，主夏長，
三百四歲；壬子水德，主冬藏，三百四歲；戊子土德，主季夏致養，三百
四歲。六子德四正，四正子午卯酉也，而期四時，凡一千五百二十歲，
終一紀。五德者，所以立尊號，論天弗志長久〔二〕。"

〔一〕孫星衍《孔子集語》此下有"以三十六"四字。

〔二〕鄭玄注曰："六日名甲子，謂五德，竟至於六，其號名爲甲子，故林德後，是六甲子
　　故。弗，誤字，當作常。志，古字與識同，今時受作職者也。"

　　孔子曰："丘按《録讖》論國定符，以《春秋》西狩，題釗表命，予亦
握嬉，帝之十二當興平嗣，出妃妾，妾得亂。不勤竭乘，維表循符，當
至者塞，政在樞，害時失命敀壽。以符瑞伏代災，《七録》握藉，成年劋
衰〔一〕。期凶，敕候脩身，練敀郵，專兌，兌德始剋，免延期〔二〕。自然之
讖，推引相拘，沮思愈知命不或世，帝思圖也。夫天道三微而成一著，
三著而體成〔三〕。"

〔一〕"衰"，孫星衍《孔子集成》作"哀"。鄭玄注曰："當至寒林微之應，閉不來也，爲政
　　如此，塞必在樞，謂不用七政則害四時之氣，既元年命以當致瑞，反代，或爲佐
　　之也。"

〔二〕鄭玄注曰："上以至深道之，故以此言勸協掖之，言聖人承天意也。殷勤然練，猶
　　澤郵過也。兌或爲説也。"

〔三〕鄭玄注曰："三微而成一著，自冬至至正月中，爲泰卦。三著成體，則四月爲乾卦。

以三微一著之義,則與三著成體不協,蓋寫之誤也。原經之義,三而成一著,一爻也。三著成體,乃泰卦也。是則十日爲微,一月爲著矣。十有八變而成卦之數,恐未盡注意,故不改。隨上六,拘繫之,乃從維之。言六二欲九五拘之,推六既爲政應,又非其事。六二蓋當作上六,先師不改,故亦不改。主歲之卦,注以爲泰否之卦,宜貞戌亥,蓋據屯蒙推之也。爲其圖者,以爲貞戌西。按注則違圖,按圖違經,則失圖之矣。而注亦又錯。今以經義推之,同位陰陽,退一辰相避也。按圖位無同時,又何避焉,不合一也。又屯蒙之貞,違經失義,不合二也。否泰不以及用,不合三也。經曰:乾貞於子,坤貞於未。乾坤,陰陽之主也,陰退一辰,故貞於未,至於屯蒙,則各貞其日,言歲終則各從卦次,是也。且屯蒙爲法也,泰否言獨各貞於辰,中孚小過,言法乾坤。蓋諸異者,否泰於卦位,屬爲衡,法宜相避,故言獨貞辰也。北辰共者,否貞申,右行則三陰在西,三陽在北。泰貞寅,左行則三陽在東,三陰在南,是則陰陽相北,共復乾坤之體也。中孚貞於十一月子,小過正月之卦也,宜貞於母二月卯,而貞於六月,非其次,故言象法乾坤。其餘眾卦,則自貞於其同位,仍相避可知也。謹撰所聞。其餘君子爲肬贅而非之,問其餘君子庸人,求乎免也。”

仲尼,魯人,生不知《易》本。偶筮其命,得旅,請益於商瞿氏,曰:“子有聖智而無位。”孔子泣而曰:“天也,命也。鳳鳥不來,河無圖至。嗚呼! 天命之也。”嘆訖而後息志,停讀《禮》,止史削。五十究《易》,作《十翼》,明也。明《易》幾教。若曰:“終日而作,思之於古聖,頤師於姬昌,法旦。”作《九問》、《十惡》、《七正》、《八嘆》、上下《繫辭》、《大道》、《大數》、《大法》、《大義》。《易》書中爲通聖之問,明者以爲聖賢矣。孔子曰:“吾以觀之,曰:‘仁者見爲仁幾之文,智者見爲智幾之問[一],聖者見爲通神之文。仁者見之爲之仁,智者見之爲之智,隨仁智也。’”[二]

〔一〕“問”疑爲“文”字之誤。

〔二〕此段《緯書集成》本不存。

易緯稽覽圖

《易緯稽覽圖》,三卷,漢鄭玄注。《四庫全書總目提要》曰:“《後漢書·樊英傳》注舉七緯之名,以《稽覽圖》冠《易》緯之首。《隋志》《鄭康成注易緯》八卷,《唐志》《宋均注易緯》九卷,皆不詳其篇目。《宋志》有《鄭康成注稽覽圖》一卷,《通志》七卷。而馬氏《經籍考》載《易》緯七種,亦首列《鄭注稽覽圖》二卷。獨陳振孫《書録解題》別出《稽覽圖》三卷,稱與上《易》緯相出入,而詳略不同,似後人掇拾緯文,依託爲之者,非即康成原注之本。自宋以後,其書亦久佚弗傳。今《永樂大典》載有《稽覽圖》一卷。謹以《後漢書·郎顗楊賜傳》、《隋書·王邵傳》所見緯文及注參校,無不符合,其爲鄭注原書無疑。"

今以安居香山、中村璋八輯《緯書集成》(河北人民出版社 1994 年版)爲底本,以《四庫全書》本以及郭沂《孔子集語校補》爲參校本加以輯録、校勘。

孔子曰:"終始之義,在外内焉。進退在二年,觀其政,以別知其泰延與否也。"

易緯通卦驗

《易緯通卦驗》,二卷,舊題鄭玄注。《四庫全書總目提要》曰:"馬端臨《經籍考》及《宋史·藝文志》俱載其名。朱彝尊《經義考》則以爲久佚,今載於《説郛》者,皆從類書中湊合而成,不逮什之二三。蓋是書之失傳久矣。《經籍考》、《藝文志》舊分二卷,此本卷帙不分。核其文義,似于'人主動而得天地之道,則萬物之藴盡矣'以上爲上卷,'曰:凡《易》八卦之氣,驗應各如其法度'以下爲下卷,上明稽應之理,下言卦氣之徵驗也。至其中訛脱頗多,注與正文往往相混。其字句與諸經注疏、《續漢書》劉昭補注、歐陽詢《藝文類聚》、徐堅《初學記》、宋白《太平御覽》、孫轂《古微書》等書所徵引,亦互有異同。第此書久已失傳,當世並無善本可校。"是書有《説郛》、孫轂、劉學寵、喬松年、殷元正、黄奭、趙在翰、王仁俊等輯本。

今以安居香山、中村璋八輯《緯書集成》(河北人民出版社 1994 年版)爲底本,以《四庫全書》本以及郭沂《孔子集語校補》爲參校本加以輯録、校勘。

孔子曰:"太皇之先,與燿合元,精五帝期,以序七神[一]。天地成位,君臣道生。君五期,輔三名,以建德,通萬靈[二]。遂皇始出,握機矩,表計宜,其刻曰[三],蒼牙通靈[四],昌之成,孔演命,明道經[五]。燧人之皇没,虑戲生,本尚芒芒,開矩聽八,蒼靈唯精,不慎明之,害類遠振[六]。撣度出表,挺後名,知命陳效。睹三萬一千,一終一名,虑方牙,蒼精作《易》無書,以盡序[七]。"

〔一〕鄭玄注曰：“皇，君也。先，猶本也。燿者，燿魄寶。北辰，帝名也。此言太微之帝，本與本辰之帝同元。元，天之始也。其精有五，謂蒼帝靈威仰之屬也。其布列用事各有期，期各七十二日，主叙十神、二十八舍、北斗也。”

〔二〕鄭玄注曰：“成，猶定也，言天地尊卑已定，乃後有君臣也。君之用事，五行代王亦有期，如太微之君。輔臣三名：公、卿、大夫。主氣者人君，亦以此主其德於天下，通於萬物之靈，因之致其符，長爲瑞應。”

〔三〕“曰”，原作“白”，據孫星衍《孔子集語》改。

〔四〕蒼牙，孫星衍《孔子集語》注曰：《古微書》引作“蒼渠”。

〔五〕鄭玄注曰：“矩，法也。遂皇，謂燧人，在虙羲前，始王天下，但持斗機運之法，指天以施教令，作其圖緯之計，演時無書，刻曰：蒼精牙肩之人，能通神靈之意，謂虙羲將作《易》也。昌，文王名也。又將成之，謂觀象而繫辭也。”鄭注“曰”原作“白”，據《黃氏逸書考》本改。

〔六〕鄭玄注曰：“聽，猶慎也。虙戲作八本，尚芒芒然，闓燧皇握機矩，所作計演之圖。思其所言，作八卦之象，倉渠即巳也，當通靈。唯之言專也。觀象於天地，取鳥獸萬物之具，專精於此，而作八卦，卦既成，令以行，惡類遠去，唯善者存也。”

〔七〕孫詒讓認爲“虙”下當有“戲”字，《御覽》引作“伏犧”可證。盡，《御覽》作畫，與注義合，當據正。鄭玄注曰：“虙戲時質道樸，作《易》以爲政令而不書，但以畫見其事之形象而已矣。”

孔子表《洛書摘亡辟》曰：“亡秦者，胡也。丘以推秦，白精也。其先星感，河出《圖》，挺白以胡誰亡。胡之名，行之名，行之萌。秦爲赤軀，非命王，故帝表有七五命，七以永慶王，以火代黑，黑畏黃精之起，因威萌。虙羲作易仲，仲命德，維紀衡〔一〕。周文增通八八之節，轉序三百八十四爻，以繫王命之瑞，謀三十五君，常其一也，興亡殊方，各有其祥〔二〕。封於泰山，禪於梁陰，易姓之起，刻石明號〔三〕。丘表大命，謀天皇，巽奎坤艮，出亡興之街。仲者帝命所保，行文出加政撥臣，陽候七，陰候八，皆行子午，視卯酉相違，遠期衡六千三百變，非摘亡據興，盡在文昌所會，增卦爻，可以先知珍瑞之類，妖孽之將，審其繫象，通神明〔四〕。明者類視七若九〔五〕。八卦以推七九之微，《録》、《圖》準命，略爲世題萌表試。故十二月十二日政，八風、二十四氣，其相應之驗，猶影響之應人動作言語也〔六〕。故正其本而萬物理，失之毫釐〔七〕，差以千里。”

〔一〕鄭玄注曰:“仲,謂四仲之卦,震、兌、坎、離也。命德者,震也,則命之曰木德;兌也,則命之曰金德;坎也,則命之曰水德;離也,則命之曰火德。維者,四角之卦,艮、巽、坤、乾也。紀,猶數也。衡,猶當也。維卦起數之所當,謂若艮於四時之數當上春。”

〔二〕鄭玄注曰:“八八之節,六十四卦,於節氣各有王也。以繫王命之瑞,此《乾鑿度》迹妭所生,每卦六爻,爻曰一日之術也。”

〔三〕鄭玄注曰:“封、壇,皆謂祭之時築土爲其神位。《孝經鈎命決》曰:‘封太山考績,燔燎於梁父。’刻石紀號,此亦王者易姓而興之一方,故承上言而云然。梁陰,梁父也,山名,字誤。”

〔四〕鄭玄注曰:“此言文王推演卦爻之象,而嘉瑞應、變怪諸物,備字於其中焉。”

〔五〕鄭玄注曰:“撰撥。”

〔六〕孫星衍《孔子集語》無“影”字。鄭玄注曰:“十二月者,正,夏有小正,則王居明堂禮也。氣或爲節也。”

〔七〕鄭玄注曰:“氂,馬尾也。”

　　遂皇始出,握機鉅,是法北斗,而成七政,表計實圖。其刻曰:蒼渠通靈,蒼牙通靈,昌之成運,孔演明道經。

易緯坤靈圖

　　《易緯坤靈圖》,舊題鄭玄注。《四庫全書總目提要》説:“孫瑴謂配《乾鑿度》名篇。馬氏《經籍考》著録一卷。今僅存論乾、無妄、大畜卦辭及史注所引‘日月連璧’數語,則其闕佚者蓋已夥矣。考《後漢書》注,《易》緯《坤靈圖》第三,在《辯終備》、《是類謀》之上。而王應麟《玉海》謂三館所藏有《鄭注易緯》七卷,《稽覽圖》一,《辯終備》四,《是類謀》五,《乾元序制記》六,《坤靈圖》七,二卷、三卷無標目。《永樂大典》篇次亦然。”是書有《説郛》、孫瑴、劉學寵、殷元正、王仁俊、黄奭、趙在翰等輯本。

　　今以安居香山、中村璋八輯《緯書集成》(河北人民出版社 1994 年版)爲底本,以《叢書集成》本以及郭沂《孔子集語校補》爲參校本加以輯録、校勘。

　　丘序曰:“《天經》曰:‘乾,元、亨、利、貞。’爻曰:‘飛龍在天,利見大人。’〔一〕故德配天地,天地不私公位,稱之曰帝〔二〕。故堯,天之精陽,萬物莫不從者。故乾居西北,乾用事,萬物蟄伏。致乎萬物蟄伏,故能致乎萬人之化〔三〕。《經》曰：用九〔四〕。《經》曰：震下乾上，无妄，天精起〔五〕。帝必有洪水之災，天生聖人使殺之，故言乃統天也〔六〕。丘括義，因象助類。辭曰：'天無雲而雷，先王以茂對時育萬物。'〔七〕《經》曰：乾下艮上，大畜，天災將至。預畜而待之，人免於饑，故曰元亨；上下皆通，各載其性，故曰利貞〔八〕。至德之萌，五星若連珠，日月如合璧，天精起，斗口有位。雞鳴斗運，行復始，莫敢當之。黃星第於北斗，必以戊巳日，其先無芒。行文元武動事，莫之敢拒〔九〕。"

〔一〕鄭玄注曰："謂《易》爲《天經》者，聖人所制作。乾有四德，飛龍在天，此聖人以至德居天子位也。序此之言說之也。"

〔二〕鄭玄注曰："古者聖人德如此也。不私公位，不傳之子孫，禪於能者，與天同，故以天稱之也。"

〔三〕鄭玄注曰："'立天之道，曰陰與陽'，言堯乃天之陽精所生，所以能爲明君，而能假人也。萬物蟄伏，象施化功成，人人化，故然也。"

〔四〕鄭玄注曰："堯時賢聖爲聖德，化於天下故耳。天之所首之，故經以明之。"

〔五〕鄭玄注曰："起，猶立。乾爲天，震爲長子，天生長子，聖人立爲天子，天下之人各得所，天所獲无妄也。"

〔六〕鄭玄注曰："初九震在子，坎爲水，又年與艮同體，艮爲山，水而漸山，是大水爲人害，天故生聖君，堯求命之，是亦堯辜也，與乾統天之功同。"

〔七〕鄭玄注曰："茂，勉也。對，遂。育，長也。天之將雨，先必與雲而後雷。今乾在上，下無坎而有震，是以雷行天下，無雲而雷。洪水之時，人苦雨之多，故堯於是茂勉，遂其教令，以養萬物，以是衆庶艱食，得以餬口焉。"

〔八〕鄭玄注曰："載之時，言得值也。言待堯養萬物，將歲不饑，長幼情性，人自各得如此也。"

〔九〕"拒"，原作"距"，據孫星衍《孔子集語》改。

孔子曰："雷之始發大壯始，君弱臣强從解起。"

蒼牙通靈，昌之成運，孔演命，明道經。

孔子以位三不正，是謂興也〔一〕。

〔一〕"是謂興也"四字原無，據《周易乾鑿度》鄭玄注補。

易緯是類謀

《易緯是類謀》，又作《筮類謀》，舊題鄭玄注。馬端臨《經籍考》著録一卷。《四庫全書總目提要》曰："其書通以韻語綴輯成文，古質錯綜，別爲一體。《藝文類聚》、《太平御覽》諸書引其文頗多，與此本參校，並合。蓋視諸緯略稱完備。其間多言機祥推驗，並及於姓輔名號，與《乾鑿度》所引《易曆》者義相發明。而《隋書·律曆志》載周太史上士馬顯所上表亦有'玉羊金雞'之語，則此書固隋以前言術數者所必及也。"今有孫瑴、喬松年、黃奭、趙在翰等不同輯本。

今以安居香山、中村璋八輯《緯書集成》（河北人民出版社 1994 年版）爲底本，以《叢書集成》本以及郭沂《孔子集語校補》爲參校本加以輯録、校勘。

備命者孔丘。

集紀攸録，括要題訖備，命者孔丘。

孔子演曰："天子亡徵九，聖人起有八符[一]。運之以斗，稅之以昴，五七布舒，河出《録》、《圖》，雒授變書[二]。"

〔一〕鄭玄注曰："九八，亦陽爻、陰象之數也。。"

〔二〕鄭玄注曰："運之以斗，則上類萌樞，及機衡準時也。稅之以昴，則上所謂視在揀星。七五三十五，有名以第録。王受命之時，亦河出《圖》，洛出《書》，受之以王録。"

易緯辨終備

《易緯辨終備》，又作《辨中備》。本篇據天人感應之説，占驗災祥，辨其吉凶，以便事先作充分之準備，故曰《辨終備》。《四庫全書總目提要》曰："《後漢書·樊英傳》注《易》緯凡六，爲《稽覽圖》、《乾鑿度》、《坤靈圖》、《通卦驗》、《是類謀》，而終以此篇。馬氏《經籍考》皆稱爲鄭康成注，而《辨終備》著録一卷。今《永樂大典》所載僅寥寥數十言，已非完本，且其文頗近《是類謀》，而《史記正義》所引《辨中備》孔子與子貢言世應之説，與此反不類。或其書先佚而後人雜取他緯以成之者，亦未可定也。然別無可證，姑仍舊題云。"今有孫瑴、喬松年、殷元正、黃奭等輯本。

今以安居香山、中村璋八輯《緯書集成》（河北人民出版社 1994 年版）爲底本,以《四庫全書》本以及郭沂《孔子集語校補》爲參校本加以輯録、校勘。

孔子表《河圖皇參持》曰:"天以斗視,日發明皇,以戲招始,掛八卦談。"〔一〕

〔一〕鄭玄注曰:"《皇參持》,《河圖》名也。言以北斗之星視聽,而以日月發其明,以昭示天地三皇。伏戲始卦,以示後世之人,謂使觀見之矣。"

魯人商瞿,使向齊國。瞿年四十,今復使行遠路〔一〕,畏慮恐絶無子。夫子正月與瞿母筮,告曰:"後有五丈夫子。"子貢曰:"何以知?"子曰:"卦遇大畜,艮之二世。九二甲寅木爲世,六五景子水爲應。世生外象生象來爻生互内象,艮別子。應有五子,一子短命。"顏回云:"何以知之?""内象是本子,一艮變爲二醜、三陽。爻五,於是五子。一子短命。""何以知短命?""他以故也。"〔二〕(《史記·仲尼弟子傳》正義引)

〔一〕"復",中華書局點校本《史記》作"後",蓋誤。
〔二〕孫星衍《孔子集語》注曰:按即《辨終備》。今案:今本《辨終備》無。《四庫》本注云:"蓋非全本也。"

尚書緯考靈曜

《尚書緯考靈曜》,舊題鄭玄注。原書不存,但在《尚書緯》各篇中,其佚文殘存最多,内容包括論述天地之開闢運行、太陽軌道運行及二十八宿等天體現象。正如清代朱彝尊所説:"按《考靈曜》文,大都推步之説,其言天體特詳。"趙在翰《七緯·春秋緯叙目》亦云:"七政行天,兩儀斡運,測景耀靈,時成不紊。"又説:"立九野之道,四遊之極,得而考焉,《考靈耀》次之。"今有孫瑴、喬松年、王仁俊、馬國翰、黄奭等輯本。

今以安居香山、中村璋八輯《緯書集成》(河北人民出版社1994年版)爲底本,以郭沂《孔子集語校補》爲參校本加以輯録、校勘。

孔子爲赤制,故作《春秋》。

丘生倉際觸期,稽度爲赤制,故作《春秋》,以明文命,綴紀撰書,修定禮義。(《隸釋·史晨祠孔廟碑》引)

卯金出軫，握命孔符。

尚書緯琁璣鈐

《尚書緯璇璣鈐》，舊題鄭玄注。原書不存，從其逸文來看，是書述《河圖》性質、三皇五帝之歷史、日食星占等内容。"璇璣"有兩種解釋，一是測量天象的儀器設備，二是北斗七星中前四星的統稱。"鈐"則與"鉤"相通。這是一部據星辰之運行以知王之受命，又依星辰之運行以論帝王政治之要的著作。清趙在翰《七緯・春秋緯叙目》云："稽古璿璣，撫辰鈐要，聖德儲精，天文宣燿。"又説："旋璣者，帝王御運治曆觀天之器也。"今有孫瑴、劉學寵、喬松年、趙在翰、殷元正、馬國翰、黄奭等輯本。

今以安居香山、中村璋八輯《緯書集成》(河北人民出版社 1994 年版)爲底本，以《玉函山房輯佚書》本以及郭沂《孔子集語校補》爲參校本加以輯録、校勘。

孔子求書，得黄帝孫帝魁之書，迄於秦穆公，凡三千二百四十篇[一]。斷遠取近，定可以爲世法者百二十篇，以百二篇爲《尚書》，十八篇爲《中候》。(《尚書序疏》引)

〔一〕孫星衍《孔子集語》注曰：《史記・伯夷傳》索隱引作"三千三百三十篇"。

孔子曰："五帝出，受《録》、《圖》[一]。"(《文選・漢高祖功臣頌》注引)

〔一〕孫星衍《孔子集語》注曰：又《齊安陸王碑文》注引作"錄圖"。今案：中華書局本《文選》此處亦作"《圖錄》"。

尚書緯中候日角

《尚書緯中候日角》，又作《尚書中候》。漢代人認爲，此書是和《尚書》同時產生的，都是由孔子删定的。《尚書璇璣鈐》和鄭玄《六藝論》都説："孔子求得黄帝玄孫帝魁之書，迄于秦穆公，凡三千二百四十篇，斷遠取近，定可爲世法者百二十篇，以百二篇爲《尚書》，十八篇爲《中候》。""中"者，徵應也。"候"者，占驗也。是書主要模仿《尚書》的文體，記述古代帝王的符命瑞應，以證明這些朝代和帝王興起應乎符瑞，合乎天命。此書是漢代緯書中產生較早、較有影響的一部，與"七緯"並稱"緯候"，成爲讖緯之學的代名詞。《隋書・經籍志》著録五卷,漢鄭玄注;又言"梁有八卷,今殘缺"。此八卷本或爲魏宋均注本。《舊唐書·經籍志》和《新唐書·藝文志》均不著録,蓋其時已殘缺或佚失。然傳注及類書中引用頗多,佚文存留也較多。清馬國翰《玉函山房輯佚書》等有輯本。治此書的代表作有皮錫瑞的《尚書中候疏證》等。

今以安居香山、中村璋八輯《緯書集成》(河北人民出版社 1994 年版)爲底本,以《玉函山房輯佚書》本以及郭沂《孔子集語校補》爲參校本加以輯録、校勘。

夫子素按《圖》、《録》,知庶劉季當代周,見薪采者獲麟,知爲其出,何者? 麟者木精,薪采者庶人,燃火之意,此赤帝將代周[一]。

〔一〕李滋然《孔子集語補遺商正》注曰:《春秋·哀十四年公羊傳》何休注。徐彥疏云蓋見《中候》。馬氏國翰謂《候言圖録》,當是此篇,據以補入。

詩緯含神霧

《詩緯含神霧》,《舊唐書·經籍志》與《新唐書·藝文志》分別著録"《詩緯》三卷,鄭玄注"和"《詩緯》十卷,宋均注"。清趙在翰《七緯·春秋緯叙目》云:"天運人事,統諸神靈,以言其象,氛霧冥冥。"又説:"圖録之神,禎祥之降,曰《含神霧》。"《含神霧》載天人災祥感應之徵,序列上天五帝座之神名,並以六律五音與國風地域相配。是書有孫瑴、劉學寵、馬國翰、喬松年等輯本。清代陳喬樅《侯官陳氏遺書》中有《詩緯集證》,其中第四卷爲《含神霧》,注解較爲完備。另外近人胡薇元《詩緯含神霧訓纂》,亦有較高參考價值。

今以安居香山、中村璋八輯《緯書集成》(河北人民出版社 1994 年版)爲底本,以《玉函山房輯佚書》本以及郭沂《孔子集語校補》爲參校本加以輯録、校勘。

孔子曰:"《詩》者,天地之心,君德之祖,百福之宗,萬物之户也[一]。刻之玉版,藏之金府。"(《御覽》八百四引)

〔一〕孫星衍《孔子集語》注曰:"君德"下十三字從《御覽》六百九引補。

孔子歌曰:"違山十里,蟪蛄之聲,猶尚在耳。政尚静而惡譁也。"(又見於《續博物志》十、《説苑·政理》)

禮緯稽命徵

　　《禮緯稽命徵》，《禮緯》之一（另外兩篇爲《禮緯含文嘉》、《禮緯斗威儀》）。清趙在翰《七緯·春秋緯叙目》云：“天秩天叙，定命之符。稽古同天，古帝道孚。聖神徵應，匪曰矯誣。”又説：“由文質以徵命，次《稽命徵》。”這是説只有聖帝明王才能稽合天命，應徵受命爲王，故名《稽命徵》。《隋書·經籍志》著録《禮緯》三卷，鄭玄注。《舊唐書·經籍志》、《新唐書·藝文志》並有《禮緯》三卷，宋均注。原書已佚，有孫㲉、劉學寵、喬松年、趙在翰等輯本。

　　今以安居香山、中村璋八輯《緯書集成》（河北人民出版社1994年版）爲底本，以郭沂《孔子集語校補》爲參校本加以輯録、校勘。

　　孔子謂子夏曰：“禮以脩外，樂以脩内，丘已矣夫！”（《後漢書·張奮傳》注引）

　　夫子墳方一里，弟子各以四方奇木植之。（《藝文類聚》卷八十八引）

　　孔子謂子夏曰：“群鴿至[一]，非中國之禽也。”（《御覽》九百二十三引，《玉燭寶典》五引）

　　〔一〕“群”，《古微書》本以及孫星衍《孔子集語》作“鸛”。

樂　緯

　　東漢以來，《樂緯》共有三種，即《動聲儀》、《稽耀嘉》和《叶圖徵》。《樂緯》乃“七緯”中唯一没有經書相配的緯書。《樂緯》中的樂論比較零散，涉及音樂的産生、性質、作用以及樂理、樂律等等。關於《樂緯》及其篇名，古代文獻早有提及，如《白虎通義·情性》：“《樂動聲儀》曰：‘官有六府，人有五藏。’”又如《漢書·李尋傳》“五經六緯，尊術顯士”孟康注：“六緯，五經與《樂》緯也。”顏師古注：“六緯者，五經之緯及《樂》緯也。”《後漢書·樊英傳》李賢注：“七緯者，《易》緯《稽覽圖》、《乾鑿度》、《坤靈圖》、《通卦驗》、《是類謀》、《辨終備》也；……《樂》緯《動聲儀》、《稽耀嘉》、《汁圖徵》也。”《隋書·經籍志》載：“《樂緯》三卷，宋均注。”原書已佚，有清代殷元正、王仁俊、黄奭等輯本。

　　今以安居香山、中村璋八輯《緯書集成》（河北人民出版社1994年版）爲底本，以王仁俊《玉函山房輯佚書續編》以及郭沂《孔子集語校補》爲參校本加以輯録、校勘。

孔子曰:"丘吹律定姓,一言得土曰宫,二言得火曰徵,五言得水曰羽,七言得金曰商,九言得木曰角。"(《五行大義》一引,又見於《御覽》十六引《春秋演孔圖》)

樂動聲儀

《樂動聲儀》,舊題魏宋均注。明孫瑴《古微書》卷二十一云:"凡奸聲感人,而逆氣應之;正氣感人,而順氣應之。能動物者,真如樂也。其翼在儀,儀動則人心爲之動矣。"清趙在翰《七緯·樂緯叙録》云:"言詠歌舞蹈,揄揚雍容,德盛物感也。"朱彝尊《經義考》卷二六五云:"按《動聲儀》文有云:'風雨動魚龍,仁義動君子。'其名書之義乎?"任繼愈等云:"歌詠舞蹈,雍容盛德,故名《動聲儀》。"鍾肇鵬説:"本篇言五聲律吕四氣風物相感之事理,樂音感人至深,動容周旋,詠歌鼓舞,雍容盛德,而威儀彰著,故曰《動聲儀》。"原書已佚,有清孫瑴、喬松年等輯本。

今以安居香山、中村璋八輯《緯書集成》(河北人民出版社 1994 年版)爲底本,以郭沂《孔子集語校補》爲參校本加以輯録、校勘。

孔子曰:"簫韶者,舜之遺音也,温潤以和,似南風之至。其爲音,如寒暑風雨之動物,如物之動人,雷動獸禽[一],風雨動魚龍,仁義動君子,財色動小人。是以聖人務其本。"(《御覽》八十一引)

〔一〕"禽",原作"含",據孫星衍《孔子集語》改。

樂緯稽耀嘉

《樂緯稽耀嘉》,又名《稽曜嘉》,魏宋均注。清趙在翰《七緯·樂緯叙録》云:"言器良制備,功成事舉,光耀永嘉也。"孫瑴《古微書》卷二十二云:"是書不必專述樂事,但於天地人物各挹其光大而嫩淑者,以爲禮儀立標。"任繼愈等云:"順乎天行,功成事舉,光耀永嘉,故名《稽耀嘉》。"鍾肇鵬説:"本篇述三統三正三教,五行更王,文質代變之道,稽同天行,功成事舉,光耀永嘉,故名《稽耀嘉》。"是書有孫瑴、喬松年、黄奭等輯本。

今以安居香山、中村璋八輯《緯書集成》(河北人民出版社 1994 年版)爲底本,以郭沂《孔子集語校補》爲參校本加以輯録、校勘。

孔子謂子夏曰:“鸜鵒至,非中國之禽也。”(又見於《禮稽命徵》)

顔回尚〔一〕三教變〔二〕,虞夏何如?曰:“教者,所以追補敗政、靡弊、溷濁〔三〕,謂之治也。舜之承堯,無爲易也。”(《白虎通·三教》引)

〔一〕尚,孫星衍《孔子集語》注曰:當作“問”。

〔二〕三教,謂忠、敬、文之教化。《白虎通·三教》曰:“夏人之王教以忠,……殷人之王教以敬,……周人之王教以文。”

〔三〕靡弊,殘破、凋敝。溷濁,混亂。

春秋緯演孔圖

《春秋緯演孔圖》,一卷,魏宋均注。清趙在翰《七緯·春秋緯叙目》云:“聖不空生,法制木鐸,有命自天,黑龍赤雀。”又説:“首《演孔圖》,紀黑精之降,應圖而生。”篇中叙述孔子因獲麟而作《春秋》,九月書成。端門受命,天降血書,中有作圖制法之狀,故名《演孔圖》。原書已佚,有孫瑴、喬松年、趙在翰、殷元正、馬國翰、黄奭等輯本。

今以安居香山、中村璋八輯《緯書集成》(河北人民出版社 1994 年版)爲底本,以《玉函山房輯佚書》本以及郭沂《孔子集語校補》爲參校本加以輯録、校勘。

孔子反字,是謂尼父,立德澤世,開萬世路。

孔子母徵在游大澤之陂〔一〕。睡,夢黑帝使請己,己往夢交,語曰:“汝乳必於空桑之中。”覺則若感,生丘於空桑之中。(《藝文類聚》八十八引)

〔一〕“大澤”,孫星衍《孔子集語》以及《事類賦注》二十五、《御覽》九百五十五作“大冢”。

孔子母徵在夢感黑帝而生,故曰玄聖。(《後漢·班固傳下》注引,又見於《禮記·檀弓》疏引《論語撰考讖》)

孔胸文曰:制作定世符運。(《御覽》三百七十一引)

孔子曰:"丘援律吹命,陰得羽之宫。"(又見於《五行大義》一引《樂緯》,《御覽》十六引《春秋演孔圖》)

孔子長十尺,大九圍,坐如蹲龍,立如牽牛,就之如昂,望之如斗。(《御覽》三百七十七引)

孔子曰:"丘作《春秋》,天授《演孔圖》,中有大玉,刻一版曰:琁璣,一低一昂,是七期驗敗毁滅之徵也。"(《御覽》六百六引。)

孔子曰:"丘作《春秋》,王道成。"

孔子修《春秋》,九月而成,卜之,得陽豫之卦[一]。(《儀禮·士冠禮》疏引)

〔一〕宋均注:"陽豫,夏殷之卦名。"

獲麟而作《春秋》,九月書成。(《公羊·哀十四年》疏引)

得麟之後,天下血書魯端門曰:"趨作法,孔聖没,周姬亡,彗東出,秦政起,胡破術。書紀散,孔不絶。"子夏明日往視之,血書飛爲赤鳥,化爲白書,署曰"《演孔圖》"。中有制圖法之狀。

"趨作法,聖没[一],周姬亡,彗東出,秦政[二],胡破術,書記散,孔不絶。"此魯端門血書[三]。十三年冬,有星孛東方,説題曰:"麟德之月,天當有血書端門。"子夏至期往視,逢一即[四],言門有血書,往寫之。血蜇鳥化爲帛,鳥消書出,署曰"《演孔圖》"。[五](《藝文類聚》九十八引。)

〔一〕上海古籍出版社《藝文類聚》、《漢學堂叢書》本《演孔圖》"聖"前有"孔"字。

〔二〕諸本"政"下皆有"起"字,是也。

〔三〕"此魯端門血書"下至"往寫之"當爲注。

〔四〕"即",諸本皆作"郎",是也。

〔五〕此段《緯書集成》本不存，今據《藝文類聚》補録。

　　孔子論經〔一〕，有鳥化爲書。孔子奉以告天，赤爵集書上〔二〕，化爲
玉〔三〕，刻曰：“孔提命，作應法，爲赤制〔四〕。”（《御覽》八百四，又九百十四引）

〔一〕中華書局影印本《御覽》與此文字稍異。

〔二〕集，孫星衍《孔子集語》注曰：《水經注》二十五《泗水》引作“銜”。

〔三〕孫星衍《孔子集語》“玉”上有“黄”字。

〔四〕孫星衍《孔子集語》注曰：《藝文類聚》九十引此下有“雀集”二字。

　　丘爲制法之主，黑緑不代蒼黄。

　　丘覽史記，援引古圖，推集天變，爲漢帝制法，陳叙圖録。

　　丘水精，治法爲赤制功。

　　玄丘制命，帝卯行也〔一〕。

〔一〕李滋然《孔子集語補遺商正》注曰：《文選》班孟堅《典引》注引。按孫書輯有“丘
　　立制命帝卯行”，係《隸釋·晨祠孔廟碑》所引，作《孝經援神契》，與《文選注》引
　　略有異同，附録備考。

　　孔子作法五經，運之天地〔一〕，稽之圖象，質於三王，施於四海〔二〕。

〔一〕“運”，《御覽》作“束”。

〔二〕此條《緯書集成》本不存。李滋然《孔子集語補遺商正》注曰：《初學記》卷十六
　　引。《太平御覽》卷六百八引並同。

　　《公羊》全孔經〔一〕。（《初學記》卷二十一引）

〔一〕此條《緯書集成》本不存。

　　首類尼丘，故名丘〔一〕。

〔一〕此條《緯書集成》本不存。李滋然《孔子集語補遺商正》注曰：孫瑴《古微書》引。
　　今案：《古微書》作“首類尼丘山，故名”。

聖人不空生，必有所制，以顯天心。丘爲木鐸，制天下法〔一〕。

〔一〕此條《緯書集成》本不存。李滋然《孔子集語補遺商正》注曰：《禮記·中庸》正義引，馬氏輯入《春秋演孔圖》。

春秋緯元命包

《春秋緯元命包》，二卷，魏宋均注。孫瑴《古微書》曰：“元，大也。命者，理之隱探也。苞，言乎其羅絡也。萬象千名，靡不括也。然主以《春秋》立名之意爲之履端，故其名則然。”清趙在翰《七緯·春秋緯叙目》云：“三節共本，同出元苞，恢命著紀，擬文演爻。”是書闡述《春秋》首句“元年春”之微旨，涉及天地人三才，對於符瑞、災異以及帝王形象、天文、地理都有所涉獵。有《説郛》、孫瑴、劉學寵、喬松年、趙在翰等輯本。

今以安居香山、中村璋八輯《緯書集成》（河北人民出版社 1994 年版）爲底本，以趙在翰輯、鍾肇鵬、蕭文郁點校《七緯》（中華書局 2012 年版）及《玉函山房輯佚書》本、郭沂《孔子集語校補》爲參校本加以輯録、校勘。

孔子曰：“扶桑者，日所出，房所立，其耀盛，蒼神用事，精感姜嫄〔一〕，卦得震，震者動而光，故知周蒼代殷者爲姬昌，人形、龍顔、長大，精翼日，衣青光〔二〕。”（《文選·齊安陸王碑文》注引）

〔一〕“嫄”，孫星衍《孔子集語》作“原”。

〔二〕宋衷曰：“爲日精所羽翼，故以爲名。木神以其方色衣之。”

孔子曰：“皇象元，逍遥術，無文字，德明謚。”

〔一〕宋均注曰：“言皇之德，象合元矣。逍遥猶動，行其德術，未有文字之教，其德盛明者，爲其謚矣。”

孔子曰：“丘作《春秋》，始於元，終於麟，王道成也。”（《文選·答賓戲》注引）

子夏問：“夫子作《春秋》，不以初哉首基爲始何？”（張楫《上廣疋表》引）

春秋緯感精符

《春秋緯感精符》，一卷，魏宋均注。有《説郛》、孫瑴、劉學寵、喬松年、趙在翰、馬國翰、黄奭、王仁俊等輯本。

今以安居香山、中村璋八輯《緯書集成》(河北人民出版社 1994 年版) 爲底本,以趙在翰輯、鍾肇鵬、蕭文郁點校《七緯》(中華書局 2012 年版) 以及郭沂《孔子集語校補》爲參校本加以輯録、校勘。

孔子按録書,含觀五常英人[一],知姬昌爲蒼帝精。(《御覽》八十四引)

〔一〕“含”,趙在翰《七緯》作“合”。

墨、孔生,爲赤制。(《後漢書·郅惲傳》注引)

孔子受端門之命,制《春秋》之義,使子夏等十四人求周史記,得百二十國寶書,九月經立。(又見於《春秋考異郵》、《春秋説題辭》、《春秋緯》)

春秋緯漢含孳

《春秋緯漢含孳》,一卷,魏宋均注。孔子作《春秋》,爲漢室制法,且獲麟爲漢室受命之端,預示着劉季繼起爲王,漢室孳生,故曰《漢含孳》。有《説郛》、孫轂、喬松年、趙在翰、馬國翰等輯本。

今以安居香山、中村璋八輯《緯書集成》(河北人民出版社 1994 年版) 爲底本,以郭沂《孔子集語校補》爲參校本加以輯録、校勘。

孔子曰:“丘覽史記,援引古圖,推集天變,爲漢帝制法,陳叙《圖》、《録》。”[一]

〔一〕李滋然《孔子集語補遺商正》注曰:《公羊·隱元年傳》徐彦疏引《春秋説》。孫轂《古微書》輯入《漢含孳》。

丘水精,制法爲赤制方。[一]

〔一〕李滋然《孔子集語補遺商正》注曰:《公羊·隱元年傳》徐彦疏引,又徐彦疏引《演孔圖》文:“丘水精,治法爲赤制功。”《古微書》收入《漢含孳》。

春秋握誠圖

《春秋握誠圖》,一卷,魏宋均注。清代趙在翰認爲,是書論述了“誠者天道,王之所握”，故名。清朱彝尊《經義考》疑《握誠圖》即《合成圖》。有孫㲄、喬松年、趙在翰、馬國翰、黃奭等輯本。

今以安居香山、中村璋八輯《緯書集成》（河北人民出版社 1994 年版）爲底本，以趙在翰輯、鍾肇鵬、蕭文郁點校《七緯》（中華書局 2012 年版）及《玉函山房輯佚書》本、郭沂《孔子集語校補》爲參校本加以輯録、校勘。

孔子作《春秋》，陳天人之際[一]，記異考符。（《初學記》二十一引）

〔一〕“人”字據趙在翰《七緯》、孫星衍《孔子集語》補。

孔子明天文，占妖祥，若告非其人，則雖言之不著。

春秋説題辭

《春秋説題辭》，一卷，魏宋均注。清代趙在翰認爲是書“總解經言，闡揚緯理”。是書似爲《春秋緯》的概論，泛論六經旨要，解説經題，闡明緯義，而作題辭，故名《説題辭》。是書尤其强調《孝經》和《公羊》的重要性，蓋出於公羊後學。有《説郛》、孫㲄、劉學寵、喬松年等輯本。

今以安居香山、中村璋八輯《緯書集成》（河北人民出版社 1994 年版）爲底本，以趙在翰輯、鍾肇鵬、蕭文郁點校《七緯》（中華書局 2012 年版）以及郭沂《孔子集語校補》爲參校本加以輯録、校勘。

昔孔子受端門之命，制《春秋》之義，使子夏等十四人求周史記，得百二十國寶書，九月經立。（又見於《春秋考異郵》、《春秋感精符》、《春秋緯》）

孔子曰[一]：“伏羲作八卦，丘合而演其文，讀而出其神[二]，作《春秋》，以改亂制。”[三]

〔一〕“孔子曰”三字，據李滋然《孔子集語補遺商正》補。

〔二〕“讀”，原作“瀆”，據李滋然《孔子集語補遺商正》改。

〔三〕李滋然《孔子集語補遺商正》注曰：《演孔圖》同，《春秋公羊傳》徐彦疏引，孫㲄《古微書》收入此篇。

傳我書者，公羊高也。（《公羊傳序》疏引）

孔子作《春秋》,一萬八千字,九月而書成,以授游、夏之徒,游、夏之徒不能改一字。

孔子曰:"德合元者稱皇,皇象元,逍遥術,無文字,德明謐。合天者稱帝,河、洛受瑞,可放仁義。合者稱王,符瑞應,天下歸往。"

孔子謂子夏曰:"得麟之月,天當有血書魯端門:'孔聖没,周室亡。'"子夏往觀,逢一郎,云:"門有血,飛爲赤烏,化而爲書云:往孔聖没,周室亡。"(《太平廣記》一百四十一引)

孔子卒,以所受黄玉葬魯城北。[一](《水經注》二十五引)

〔一〕孫星衍《孔子集語》注曰:《御覽》八百四引同。又《白虎通·崩薨》引《檀弓》曰:"孔子卒,以所受魯君之璜玉葬魯城北。"今《檀弓》無此文。

孔子言曰:"五變入臼[一],米出甲,謂礶之爲糲米也。舂之則粺米也,帥之則鑿米也[二],蚩之則糓米也,又蕶擇之、暘睉之則爲晶米[三]。"

〔一〕"入",原作"八",據趙在翰《七緯》改。

〔二〕"帥",原作"師",據趙在翰《七緯》改。

〔三〕"蕶",原作"導",據趙在翰《七緯》改。

春秋緯文耀鉤

《春秋緯文耀鉤》,魏宋均注。清代趙在翰論述是書"制命書成九月,萬八千字,燭地動天"。有《説郛》、孫瑴、劉學寵、喬松年、趙在翰、馬國翰、黄奭、王仁俊等輯本。

今以安居香山、中村璋八輯《緯書集成》(河北人民出版社 1994 年版)爲底本,以《玉函山房輯佚書》本以及郭沂《孔子集語校補》爲參校本加以輯録、校勘。

首類尼丘山,故以爲名。

春秋緯

《春秋緯》，一卷，鄭玄、宋均、宋忠皆曾爲之注。有《説郛》、劉學寵、王仁俊等輯本。

今以安居香山、中村璋八輯《緯書集成》(河北人民出版社 1994 年版)爲底本，以郭沂《孔子集語校補》爲參校本加以輯録、校勘。

伏羲作八卦，丘合而演其文，瀆而出其神，作《春秋》。

孔子作《春秋》，一萬八千字，九月而書成，以授游、夏之徒，游、夏之徒不能改一字。(又見於《春秋考異郵》、《春秋説題辭》、《春秋感精符》)

孔子坐元扈洛水之上，赤雀銜丹書隨至。

孔子曰："書之重，辭之複，嗚呼，不可不察，其中必有美者焉。"

丘攬史記，援引古圖，推集天變，爲漢帝制法，陳叙《圖》《録》。

孔子曰："陪臣執國命，采長數叛者，坐邑有城池之固、家有甲兵之藏故也。"季氏説其言而墮之。

孔子親仕之定、哀，故以定、哀爲己時。定、哀既當于己，明知昭公爲父時事。知昭、定、哀爲所見，文、宣、成、襄爲所聞，隱、桓、莊、閔、僖爲所傳聞者。

子曰："我欲載之空言，不如見之于行事之深切著明也。"

麟出周亡，故立《春秋》，制素王，授當興也。

哀十四年春，西狩獲麟，作《春秋》，九月書成。

丘水精,治法爲赤制功。

孔子曰〔一〕:"陪臣執國命,采長數叛者,坐邑有城池之固、家有甲兵之藏故也。"季氏説其言而墮之。(《公羊·定十二年》解詁引)

〔一〕《公羊傳·定公十二年》解詁引"孔子"前有"郈,叔孫氏所食邑;費,季氏所食邑。二大夫宰吏數叛,患之,以問孔子"二十六字。

春秋緯命曆序

《春秋緯命曆序》,又作《命曆序》,一卷,魏宋均注。唐代李賢注《後漢書·樊英傳》中提到的《春秋緯》十三篇中並没有這一種。鍾肇鵬在《讖緯論略》中説:"本篇認爲帝王年世,受命於天,五運相承,曆數有序,故以《命曆序》名篇。篇中叙述天地開闢以來經歷十紀,自三皇以下,迄於春秋,對古帝王時代及受命曆數加以序列。太古傳説故事,賴此窺其崖略。"其中的"十紀"説是本篇的首創,後世不少史書受其影響。此書久佚,有孫瑴、喬松年、馬國翰、黄奭、王仁俊等輯本。

今以安居香山、中村璋八輯《緯書集成》(河北人民出版社1994年版)爲底本,以《玉函山房輯佚書》本以及郭沂《孔子集語校補》爲參校本加以輯録、校勘。

孔子爲治《春秋》之故,退修殷之故曆,使其數可傳於後。(《古微書》卷十三引)

春秋揆命篇

《春秋揆命篇》,有喬松年輯本等。

今以安居香山、中村璋八輯《緯書集成》(河北人民出版社1994年版)爲底本,以郭沂《孔子集語校補》爲參校本加以輯録、校勘。

孔子年七十歲知《圖》、《書》,作《春秋》。(《公羊·哀十四年》疏引)

春秋考異郵

孫瑴《古微書》曰:"此篇專談物應耳。"清趙在翰《七緯·春秋緯叙目》云:

"異成氣錯,潰敗有由,王侯元德,天下歸郵。"古人認爲天垂現象,可以見吉凶,故考其災異禎祥,天人通郵,符應不爽,故名《考異郵》。

今以安居香山、中村璋八輯《緯書集成》(河北人民出版社 1994 年版)爲底本,以郭沂《孔子集語校補》爲參校本加以輯録、校勘。

孔子受端門之命,制《春秋》之義,使子夏等十四人求周史記,得百二十國寶書,九月經立。(又見於《春秋感精符》、《春秋説題辭》、《春秋緯》)

春秋保乾圖

《春秋保乾圖》,魏宋均注。清趙在翰《七緯·春秋緯叙目》云:"通乾出苞,德元受寶,于時保之,合天地道。""乾"爲天爲君,言君承天命,應運受圖,于時保之,故名《保乾圖》。是書所述孫登及魏代漢之事,當爲後世雜入。

今以安居香山、中村璋八輯《緯書集成》(河北人民出版社 1994 年版)爲底本,以郭沂《孔子集語校補》爲參校本加以輯録、校勘。

孔子曰:"三百年斗曆改憲。"

孔子曰:"吐珠於澤,誰能不含?"〔一〕(《初學記》二十七引)

〔一〕王仁俊《孔子集語補遺》注曰:按《後漢書·翟酺傳》同。李滋然《孔子集語補遺商正》曰:攷《後漢書·翟酺傳》注引《春秋保乾圖》曰:"臣功大者主威侵,權并族害己姦行,吐珠於澤,誰能不舍?"無"孔子曰"字。惟《傳》内翟酺上疏引此文乃有"孔子曰"三字。今案:《商正》所引之"舍"乃"含"字之誤。又,中華書局本《初學記》所引亦無"孔子曰"三字。

春秋説

《春秋説》,作者不詳,然東漢何休《春秋公羊解詁》多所引用,故當成於東漢以前。孫瑴《古微書》將《公羊·隱元年傳》徐彦疏所引輯入《漢含孳》,故此書或屬《春秋緯》。

今據郭沂《孔子集語校補》以及《十三經注疏》本《春秋公羊傳注疏》加以輯録、校勘。

孔子欲作《春秋》,卜之〔一〕,得陽豫之卦〔二〕。(《公羊·隱元年》疏引)

〔一〕《十三經注疏》本《春秋公羊傳注疏》無"之"字。

〔二〕王仁俊《孔子集語補遺》注曰：按《路史後紀》三羅苹注略同。李滋然《孔子集語補遺商正》曰：此《春秋緯演孔圖》文。攷《儀禮·士冠禮》疏引《春秋演孔圖》云："孔子脩《春秋》，九月而成，卜之，得陽豫之卦。"（哀十四年《公羊傳》疏引《演孔圖》云："獲麟而作《春秋》，九月書成"；《路史後紀》卷三羅苹注："孔子修《春秋》，九月而成，卜之，得陽豫之卦。"《路史》及《儀禮正義》均約二節爲一節，《公羊》隱元年、哀十四年兩疏分而爲二耳，非有別見之異本也）

孔子曰："丘覽史記，援引古圖，推集天變，爲漢帝制法，陳叙《圖》、《録》。"〔一〕

〔一〕李滋然《孔子集語補遺商正》注曰：《公羊·隱元年傳》徐彦疏引《春秋説》。孫瑴《古微書》輯入《漢含孳》。

孔子曰："書之重，辭之複，嗚呼，不可不察，其中必有美者焉。"〔一〕（《公羊·僖四年》解詁引）

〔一〕疏云《春秋説》文。

孔子曰："皇象元，逍遥術，無文字，德明謐。"〔一〕（《公羊·成八年》解詁引）

〔一〕疏云《春秋説》文。

孔子作《春秋》，一萬八千字，九月書成，以授游、夏之徒，游、夏之徒不能改一字。（《公羊·昭十二年》疏引，又見於《春秋考異郵》、《春秋感精符》、《春秋緯》）

郈，叔孫氏所食邑；費，季氏所食邑。二大夫宰吏數叛，患之，以問孔子。孔子曰："陪臣執國命，采長數叛者，坐邑有城池之固、家有甲兵之藏故也。"季氏説其言而墮之。〔一〕（《公羊·定十二年》解詁引，又見於《春秋緯》）

〔一〕疏云《春秋説》文。

孔子玉版

《孔子玉版》，又作《春秋玉版》、《春秋玉版讖緯》。有喬松年、王仁俊等輯本。

今以安居香山、中村璋八輯《緯書集成》(河北人民出版社 1994 年版)爲底本,以郭沂《孔子集語校補》爲參校本加以輯録、校勘。

定天下者,魏公子桓[一]。(《三國志·魏文紀》注引)

〔一〕孫星衍《孔子集語》注曰:許芝奏引《春秋玉版讖》曰:"代赤眉者,魏公子。"今案:中華書局點校本《三國志》無"眉"字。

論語比考讖

《論語比考讖》,一卷,魏宋均注。孫瑴《古微書》曰:"蓋以上比之三王,下自考也。"就是説,孔子爲素王,設教講學,垂法後世,雖無爵禄,但上比三王,以自考校,故名《比考》。此書久佚,有孫瑴、喬松年、馬國翰、黄奭等輯本。

今以安居香山、中村璋八輯《緯書集成》(河北人民出版社 1994 年版)爲底本,以《玉函山房輯佚書》本以及郭沂《孔子集語校補》爲參校本加以輯録、校勘。

仲尼曰:"吾聞帝堯率舜等游首山,觀河渚。有五老游河渚。一曰:'《河圖》將來告帝期。'二曰:'《河圖》將來告帝謀。'三曰:"《河圖》將來告帝書。'四曰:'《河圖》將來告帝圖。'五曰:'《河圖》將來告帝符。'有頃,赤龍銜玉苞,舒圖刻板,題命可卷,金泥玉檢封盛書。威曰:知我者重童也。五老乃爲流星,上入昴。黄姚視之,龍没圖在。堯等共發曰:'帝當樞百,則禪於虞。'堯喟然曰:'咨如舜,天之曆數在汝躬,允執其中,四海困窮,天禄永終。'"

堯、舜昇登首山[一],觀河渚。有五老遊於河渚,相謂曰:"《河圖》將來告帝期。"五老流星上昴[二]。有須,赤龍負玉苞舒圖出,堯與大舜等共發。曰:"帝當樞百,則禪虞。"堯喟然嘆曰:"咨爾舜,天之曆數在爾躬。"[三](《御覽》八十一引,又見於《御覽》五)

〔一〕中華書局影印本《御覽》、《漢學堂叢書》本《論語比考讖》"舜"下有"等"字。

〔二〕諸本"上"下有"入"字。

〔三〕本條據孫星衍《孔子集語》輯録。然《緯書集成》本有異文,姑附於此:

乃以禪舜。又堯在位七十年，將以天下禪舜，乃潔齊，修壇場於河洛，率舜等升首山，遵河渚。有五老游焉，蓋五星之精，相謂：《河圖》將浮於是，龍銜玉苞，刻木版，題命可卷，金泥玉檢封書，威知我者重瞳黃姚。視五老飛爲流星，上入昴。

叔孫、武叔毀孔子，譬若堯民，曰："我耕田而食，穿井而飲，堯何力功？"（《御覽》八百二十二引）

子路感雷精而生，尚剛好勇，親涉衛難，結纓而死。孔子聞而覆醢，每聞雷鳴，乃中心惻怛〔一〕。故後人忌焉，以爲常也〔二〕。

〔一〕《御覽》下有"亦復如之"四字。

〔二〕李滋然《孔子集語補遺商正》注曰：《太平御覽》卷十三引。王充《論衡》、虞世南《北堂書鈔》卷一百五十二引上二句，陳耀文《天中記》卷二引全節，並作《論語説》。《古微書》收入《比考讖》。又案《御覽》八百六十五引《風俗通》云："子路感雷精而生，尚剛好勇。死，衛人醢之，孔子覆醢。每聞雷聲惻怛耳。"與此文互有異同。

孔子師老聃。（《白虎通·辟雍篇》引）

孔子讀《易》，韋編三絕，鐵擿三折，漆書三滅。（明陳耀文《天中記》引稱《論語比考緯》。在《緯書集成》本中，此條不見於本篇，見於《論語讖》）

水名盜泉，仲尼不漱〔一〕。注曰："夫子教于洙、泗之間。今于城北，二水之中，即夫子領徒之所也。"（《御覽》六十三引，又見於《文選·陸機猛虎行》注引《尸子》、《説苑·説叢》、《後漢書·鍾離意傳》、《北齊書·辛術傳·邢邵遺辛術書》）

〔一〕"水名盜泉，仲尼不漱"八字據孫星衍《孔子集語》補。

論語譔考讖

《論語譔考讖》，一卷，魏宋均注。以孔子撰述《論語》以自考校，故名曰《譔考》。此書僅存逸文十餘條，有孫㲉、喬松年、馬國翰、黃奭等輯本。

今以安居香山、中村璋八輯《緯書集成》（河北人民出版社 1994 年版）爲底本，以《玉函山房輯佚書》本以及郭沂《孔子集語校補》爲參校本加以輯録、校勘。

叔梁紇與徵在禱尼丘山，感黑龍之精以生仲尼。（《禮記·檀弓》疏引，又見於《後漢書·班固傳下》注引《演孔圖》、《春秋演孔圖》）

論語摘輔象

《論語摘輔象》，一卷，魏宋均注。本篇多記孔子及其徒屬之容貌及性格，並據以選擇聖王輔佐，故以《摘輔象》名篇。此書久佚，有孫瑴、喬松年、馬國翰、黃奭等輯本。

今以安居香山、中村璋八輯《緯書集成》（河北人民出版社 1994 年版）爲底本，以《玉函山房輯佚書》本以及郭沂《孔子集語校補》爲參校本加以輯録、校勘。

孔子胸應矩，是謂儀古。（《御覽》三百七十一引）

仲尼爲素王，顏淵爲司徒。（又見於《文選·曹顏遠思友人詩》注、劉歆《移書讓太常博士》注引《論語崇爵讖》、鄭康成《六藝論》）

仲尼淑明清理。

孔子海口，言若含澤。

論語摘衰聖

《論語摘衰聖》，一卷，魏宋均注。本名《論語摘衰聖承進讖》，“衰”亦作“襄”。本篇記西狩獲麟，孔子往觀，遂泣曰：“予之於人，猶麟之於獸也，麟出而死，吾道窮矣！”因聖人處於衰世，傷麟道窮，故名《摘衰聖》。此書久佚，有孫瑴、喬松年、馬國翰、黃奭等輯本。

今以安居香山、中村璋八輯《緯書集成》（河北人民出版社 1994 年版）爲底本，以《玉函山房輯佚書》本以及郭沂《孔子集語校補》爲參校本加以輯録、校勘。

子欲居九夷，從鳳嬉[一]。(《初學記》卷三十引)

[一]此條李滋然《孔子集語補遺商正》注曰:《太平御覽》卷九百十五引《論語摘襄
聖》。"衷"、"襄"形近致譌,當以"衷"爲正字。按上句已著《論語》,因輯"從鳳
嬉"句並録。

論語素王受命讖

《論語素王受命讖》,又作《素王受命讖》,一卷,魏宋均注。素王是指孔子。
與《論語崇爵讖》相似,此篇以樹立孔子聖人之形象爲基礎,言孔子受命設教闡
發王道興廢之義,故曰《素王受命讖》。有喬松年、黃奭、馬國翰等輯本。

今以安居香山、中村璋八輯《緯書集成》(河北人民出版社 1994 年版)爲底
本,以《玉函山房輯佚書》本以及郭沂《孔子集語校補》爲參校本加以輯録、
校勘。

河授《圖》,天下歸心。[一](《文選·短歌行》注引)

[一]王仁俊《孔子集語補遺》注曰:《漢高祖功臣頌》注引同。

論語崇爵讖

《論語崇爵讖》,一卷,魏宋均注。"崇"是"高"義,"爵"即爵禄。此篇當是
如《摘輔象》一樣,以孔子爲素王,諸弟子各有爵位,乃崇高孔門之爵禄,故曰《崇
爵讖》。該篇只存佚文一條,有喬松年、馬國翰、黃奭等輯本。

今以安居香山、中村璋八輯《緯書集成》(河北人民出版社 1994 年版)爲底
本,以郭沂《孔子集語校補》爲參校本加以輯録、校勘。

子夏六十四人[一],共撰仲尼微言,以當素王。(《文選·曹顏遠思友人
詩》注,又劉歆《移書讓太常博士》注引,又見於《御覽》二百七引《論語摘輔象》、鄭康成
《六藝論》)

[一]"六十四人"四字據孫星衍《孔子集語》補。

論語讖

《論語讖》,一卷,魏宋均注。明代孫瑴《古微書》云:"《論語》不入經,亦不
立緯,惟讖八卷。"《隋書·經籍志》載阮孝緒《七録》中有《論語讖》八卷,宋均
注。《舊唐書·經籍志》、《新唐書·藝文志》均著録《論語緯》十卷。《白虎通

義·辟雍篇》引《論語讖》"五帝立師，三王制之"之語，是故是書在東漢初已經流行。原書散佚，明代以後有《古微書》、《玉函山房輯佚書》、《黃氏逸書考》等多種輯本，而日本學者安居香山、中村璋八《緯書集成》輯本最爲完備。

今以安居香山、中村璋八輯《緯書集成》（河北人民出版社 1994 年版）爲底本，以趙在翰輯、鍾肇鵬、蕭文郁點校《七緯》（中華書局 2012 年版）及《玉函山房輯佚書》本、郭沂《孔子集語校補》爲參校本加以輯録、校勘。

仲尼居鄉黨，卷懷道美。（《文選·齊安陸王碑文》注引）

子夏六十四人，共撰仲尼微言。

孔子讀《易》，韋編三絶，鐵鏑三折，漆書三滅。

仲尼曰："吾聞〔一〕堯率舜等遊於首山，觀於河渚〔二〕。有五老遊於河渚〔三〕。一老曰：'《河圖》將來告帝期。'二老曰：'《河圖》將來告帝謀。'三老曰：'《河圖》將來告帝書。'四老曰：'《河圖》將來告帝圖。'五老曰：'《河圖》將來告帝符〔四〕。'浮龍御於玉苞〔五〕，金泥玉檢封盛書〔六〕。五老飛爲流星，上入昴〔七〕。"（《御覽》五引，又見於《御覽》八十一引《論語撰考讖》）

〔一〕"仲尼曰吾聞"五字據孫星衍《孔子集語》以及趙在翰《七緯》補。

〔二〕"觀於河"，孫星衍《孔子集語》作"觀河渚"。

〔三〕孫星衍《孔子集語》無"於"字。

〔四〕"符"，孫星衍《孔子集語》作"筭"。

〔五〕"浮龍御於玉苞"，孫星衍《孔子集語》作"龍銜玉苞"。

〔六〕"封"字據孫星衍《孔子集語》補。

〔七〕孫星衍《孔子集語》注曰：《文選·宣德皇后令》注引作："龍銜玉苞，刻版題命可卷，金泥玉檢封書成，知我者重瞳黃姚，視五老，飛爲流星，上入昴。""帝符"以下，趙在翰輯《七緯》作：有頃，赤龍銜玉苞舒圖，刻版題命，可卷，金泥玉檢封。盛威（校者以爲此二字當爲咸字之誤——引者注）曰："知我者重童也。"五老乃爲流星，上入昴。黃姚視之，龍没圖在。與太尉舜共發，曰帝樞當百，則禪於虞。堯喟然嘆曰："咨汝舜，天之曆數在汝躬，允執其中，四海困窮，大禄永終。"乃以禮舜。

仲尼曰：“吾聞堯、舜等游於首陽山，觀黄河，休氣四塞。有五老至帝前，第一老人曰：‘《河圖》將來告帝期。’二老曰：‘《河圖》持龜告帝謀。’三老曰：‘《河圖》將來告帝圖。’四老曰：‘山川魚鱉儔聖思。’五老曰：‘《河圖》持龍銜玉繩。’歌訖，飛爲流星，入昴。”

自衛反魯，删《詩》、《書》，修《春秋》。（《文選·劉歆移書太常博士》注引）

孔子師老聃。（《白虎通·辟雍篇》引）

孝經援神契

《孝經援神契》，三卷，或作一卷、二卷，魏宋均注。清趙在翰《七緯·孝經緯叙目》云：“孝通神明，天人契合，援引衆義，山藏海納。”是書以孝道通乎神明，天人合契，故援引衆義，闡發微旨，故名曰《援神契》。原書已佚，有《説郛》、孫轂、劉學寵、喬松年、趙在翰、殷元正、馬國翰、黃奭、王仁俊等輯本。

今以安居香山、中村璋八輯《緯書集成》（河北人民出版社 1994 年版）爲底本，以趙在翰輯、鍾肇鵬、蕭文郁點校《七緯》（中華書局 2012 年版）及《玉函山房輯佚書》本、郭沂《孔子集語校補》爲參校本加以輯録、校勘。

孔子曰：“日者天之明，月者地之理。陰契制，故月上屬爲天，使婦從天，做月紀。”

孔子海口，言若含澤，斗脣吐教，陳機授度。（《御覽》三百六十七引）

丘爲制法主黑緑，不代蒼黄〔一〕。

〔一〕李滋然《孔子集語補遺商正》注曰：《禮記·中庸》正義引。宋均注言：“孔子，黑龍之精，不合代周家，木德之蒼也。”

魯哀公十四年，孔子夜夢三槐之間沛豐之邦有赤烟氣起，乃呼顔淵、子夏往視之，驅車到楚西北范氏街，見芻兒捕麟，傷其前左足，薪而覆之。孔子曰：“兒來，汝姓爲誰？”兒曰：“吾姓爲赤誦，名子喬，字受紀。”孔子曰：“汝豈有所見耶？”兒曰：“見一獸，巨如羔羊，頭上有角，其末有肉。”孔子曰：“天下已有主也，爲赤劉，陳、項爲輔。五星入井，從歲星。”兒發薪下麟示孔子，孔子趨而往。麟蒙其耳，吐三卷圖，廣三寸，長八寸，每卷二十四字，其言赤劉當起，曰：“周亡赤氣起，火燿興，玄丘制命，帝卯金。”

　　玄丘制命[一]，帝卯行。（《隸釋·史晨祠孔廟碑》引）

　〔一〕“玄丘”，孫星衍《孔子集語》作“丘立”。

　　麟，中央也，軒轅大角獸也。孔子備《春秋》者[一]，修禮以致其子，故麟來爲孔子瑞[二]。

　〔一〕孫星衍《孔子集語》無“者”字。

　〔二〕李滋然《孔子集語補遺商正》注曰：孫瑴《古微書》引。

　　孔子制作《孝經》，使七十二子向北辰磬折，使曾子抱《河》、《洛》事北向，孔子簪縹筆[一]，衣絳單衣，向北辰而拜[二]。（《北堂書鈔》八十五《拜揖》引，《事類賦》十五注引，又見於《搜神記》八、《宋書·符瑞志》）

　〔一〕“簪”，孫星衍《孔子集語》作“揩”。

　〔二〕嘉靖本《事類賦》與此文字有異，《漢學堂叢書》本《孝經援神契》與此同。

孝經緯鉤命訣

　　《孝經緯鉤命訣》，一卷，魏宋均注。“訣”，或作“决”。清趙在翰《七緯·孝經緯叙目》云：“天命流行，孝正情性，鉤效授度，用孝格命。”《白虎通義·義爵篇》的《爵篇》和《號篇》曾引用此書，説明其在東漢初早已流行。原書已佚，有《説郛》、孫瑴、趙在翰、馬國翰、黃奭、王仁俊等輯本。

　　今以安居香山、中村璋八輯《緯書集成》（河北人民出版社1994年版）爲底本，以趙在翰輯、鍾肇鵬、蕭文郁點校《七緯》（中華書局2012年版）及《玉函山房輯佚書》本、郭沂《孔子集語校補》爲參校本加以輯録、校勘。

　　孔子在庶，德無所施，功無所就。志在《春秋》，行在《孝經》。以《春秋》屬商，《孝經》屬參[一]。（《公羊序》疏引）

〔一〕孫星衍《孔子集語》注曰：又《禮記·中庸》注引孔子曰：“吾志在《春秋》，行在《孝
　　　經》。”

吾志在《春秋》，行在《孝經》。

孔子云：“欲觀我褒貶諸侯之志，在《春秋》；崇人倫之行，在《孝
經》。”

《孝經》者，篇題就號也，所以表指括意，序中書名出義，見道曰
著。一字苞十八章，爲天地喉襟，道要德本，故挺以題符篇冠就。

曾子撰斯，問曰：“孝文乎〔一〕？駁不同何〔二〕？”子曰：“吾作《孝
經》，以素王無爵禄之賞，斧鉞之誅，與先王以託權，目至德要道以題
行，首仲尼以立情性，言子曰以開號，列曾子示撰輔，《書》《詩》以合
謀。”〔三〕（《御覽》六百十引）

　〔一〕“孝文乎”，中華書局影宋本《御覽》、《漢學堂叢書》本《孝經鉤命決》同，孫星衍
　　　《孔子集語》作“孝乎文”。
　〔二〕“何”，孫星衍《孔子集語》作“乎”。
　〔三〕鄭玄注曰：“就，成也。孝爲一篇之目，十八章也。成號序中心之事，使孝義見
　　　于外。”

丘乃授帝圖，掇祕文〔一〕。

　〔一〕李滋然《孔子集語補遺商正》注曰：《文選》顏延年注引。又《西都賦》注、《後漢
　　　書·班固傳》引“丘掇祕文”句。均附録之，以備參攷。

丘爲制法之主，黑緑不代蒼黃。

仲尼斗脣〔一〕，舌理七重，吐教陳機受度。（《御覽》三百六十七引）
　〔一〕“斗”，趙在翰輯《七緯》從《御覽·人事部九》作“牛”。

仲尼虎掌，是謂威射。（《御覽》三百七十引）

仲尼龜脊。（《御覽》三百七十一引）

夫子輔喉。（《御覽》三百六十八引）

夫子骿齒。（《御覽》三百六十八引）

孔子謂顏淵曰："吾終身與汝交臂而失之，可不哀與？"

孝經中契

《孝經中契》，一卷，魏宋均注。有孫瑴、喬松年、馬國翰、黃奭等輯本。

今以安居香山、中村璋八輯《緯書集成》（河北人民出版社 1994 年版）爲底本，以《玉函山房輯佚書》本以及郭沂《孔子集語校補》爲參校本加以輯録、校勘。

丘作《孝經》，文成道立，齊以白天，則玄雲踴北，紫宮開北門，角、亢星北落，司命天使書題號《孝經篇》。云：神星裔孔丘知元，今使陽衢乘紫麟，下告地主要道之君。後年麟至，口吐圖文，北落郎服，書魯端門，隱形不見。子夏往觀，寫得十七字，餘字滅消，文其餘，飛爲赤鳥，翔摩青雲。（《御覽》六百十引）

孝經右契

《孝經右契》，一卷，魏宋均注。有《説郛》、孫瑴、劉學寵、喬松年、馬國翰、黃奭等輯本。

今以安居香山、中村璋八輯《緯書集成》（河北人民出版社 1994 年版）爲底本，以《玉函山房輯佚書》本以及郭沂《孔子集語校補》爲參校本加以輯録、校勘。

孔子夜夢豐、沛邦有赤烟氣起，顏回、子夏侶往觀之。驅車到楚西北范氏之廟，見芻兒捶麟，傷其前左足，束薪而覆之。孔子曰："兒，來，汝姓爲誰？”曰：“吾姓爲赤松，字時僑〔一〕，名受紀。”孔子曰：“汝豈有所見乎？”“吾所見一獸〔二〕，如麕，羊頭，頭上有角，其末有肉，方以是西走。”孔子發薪下麟視，孔子趨而往〔三〕。麟蒙其耳，吐三卷書，孔子精而讀之。（《初學記》二十九引，又見於《搜神記》八、《拾遺記》三）

〔一〕“字時僑”，《事類賦》二十注引《孝經援神契》同，孫星衍《孔子集語》作“子時橋”。

〔二〕“獸”，中華書局本《初學記》同，孫星衍《孔子集語》作“禽”。

〔三〕孫星衍《孔子集語》注曰：《事類賦注》作“孔子發薪下麟視之”，無“孔子而往”四字。今案：中華書局本《初學記》“孔子”下有“趨”字。

　　孔子夜夢三槐之間豐沛之邦有赤烟氣起，乃呼顏淵、子夏侶往觀之。驅車到楚西北范氏之街，見芻兒摏麟，傷其前左足，束薪而覆之。孔子曰：“兒，汝來，汝姓爲誰？”兒曰：“吾姓爲赤誦，字時喬，名受紀。”孔子曰：“汝豈有所見乎？”兒曰：“吾有所見，一禽，如麕，羊頭，上有角，其末有肉，方以是西走。”孔子曰：“天下已有主也，爲赤劉，陳、項爲輔。五星入井，從歲星。”兒發薪下麟視孔子，孔子趨而往，茸其耳，吐書三卷。孔子精而讀之。圖廣三寸，長八寸，每卷二十四字，其言赤劉當起，曰：“周亡赤氣起，火曜興，元丘制命，帝卯金。”

　　制作《孝經》，道備，使七十二弟子向北辰星而磬折〔一〕，使曾子抱《河》、《洛》事北向〔二〕，孔子衣絳單衣，向星而拜〔三〕。（《北堂書鈔》八十五《拜揖》引，《事類賦》十五注引，又見於《搜神記》八、《宋書·符瑞志》）

〔一〕“二”，原作“人”，據孫星衍《孔子集語》改。

〔二〕“向”，孫星衍《孔子集語》作“面”。

〔三〕“向星而拜”，孫星衍《孔子集語》作“向北辰星而拜者也”。今案：光緒本《北堂書鈔》無“者也”二字，當删。

　　告備於天曰：“《孝經》四卷，《春秋》、《河》、《洛》凡八十一卷，謹已備。”天乃洪鬱起，白霧摩地，赤虹自上下，化爲黃玉，長三尺，上有刻文。孔子跪受而讀之，曰：“寶文出，劉季握。卯金刀，在軫北。字禾子，天下服。”

孝經緯

　　《孝經緯》，又作《孝經讖》，魏宋均注。此書爲《白虎通義·誅伐篇》所引用，故其在東漢初已流行。此書以言天人感應、符瑞災異爲主，也載有古代傳説及解説經義之語。《舊唐書·經籍志》、《新唐書·藝文志》均著録《孝經緯》五卷，宋均注。原書已佚，有《説郛》、趙在翰、馬國翰、黄奭等輯本。

　　今以安居香山、中村璋八輯《緯書集成》（河北人民出版社 1994 年版）爲底本，以《玉函山房輯佚書》本以及郭沂《孔子集語校補》爲參校本加以輯録、校勘。

　　丘以匹夫徒步，以制正法。

　　孔子云：“欲觀我褒貶諸侯之志，在《春秋》；崇人倫之行，在《孝經》。”

　　孔子曰：“事親孝，故忠可移於君。是以求忠臣，必於孝子之門。”

河圖挍命篇

　　《河圖挍命篇》，《河圖緯》之一。《文選》班叔皮《王命論》注和李蕭遠《運命論》注皆引作《春秋河圖挍命篇》，疑《春秋河圖》爲書名，而《挍命篇》乃其中之一篇。然清朱彝尊《經義考》引作《河圖挍命篇》，無“春秋”二字。“挍”或作“撰”，蓋形誤。此乃言天命瑞應之書。挍，度也，“挍命”即挍度運命之意。有日本安居香山、中村璋八《緯書集成》等輯本。

　　今以安居香山、中村璋八輯《緯書集成》（河北人民出版社 1994 年版）爲底本，以郭沂《孔子集語校補》爲參校本加以輯録、校勘。

　　孔子年七十，知《圖》、《書》，作《春秋》。

河圖絳象

　　《河圖絳象》，又名《圖緯絳象》，一卷。清朱彝尊《經義考》收目，注云：“一作《絳象》。”絳者赤也。古稱中國曰“赤縣神州”，故“絳象”即赤縣神州之地象。有孫瑴、喬松年、殷元正、黄奭等輯本。

今以安居香山、中村璋八輯《緯書集成》（河北人民出版社 1994 年版）爲底本，以郭沂《孔子集語校補》爲參校本加以輯録、校勘。

吴王闔閭登包山之上，命龍威丈人入包山，得書一卷，凡一百七十四字，而還。吴王不識，使問仲尼，詭云赤鳥銜書以授王。仲尼曰：“昔吾游西海之上，聞童謡曰：‘吴王出游觀震湖，龍威丈人名隱居，北上包山入靈墟，乃造洞庭竊禹書，天帝大文不可舒，此文長傳六百初，今强取出喪國廬。’丘按謡言乃龍威丈人洞中得之；赤鳥所銜，非丘所知也。”吴王懼，乃復歸其書[一]。（明孫瑴《古微書》引）

〔一〕王仁俊《孔子集語補遺》注曰：按《越絶書》作“禹治洪水，得五符，藏之洞庭之包山。龍威丈人竊禹書。得吾圖者，喪國廬”。

洛書摘辟

《洛書摘辟》，又作《洛書摘亡辟》，《洛書緯》之一。“亡”或作“六”、“芒”、“王”。孫瑴云：“此蓋挑諸帝矣，而端於渺茫之代，間取其道德尤去者，靳於六君矣。”《易緯乾鑿度》曾引此書“建紀者歲也，成姬昌，有命在河，聖孔表雄德，庶人受命，握麟徵”等語，故其成書較早。其内容多言天文占驗。原書已佚，有清黄奭等輯本。

今以安居香山、中村璋八輯《緯書集成》（河北人民出版社 1994 年版）爲底本，以郭沂《孔子集語校補》爲參校本加以輯録、校勘。

成姬倉，有命在河，聖孔表雄德，庶人受命。

洛書録運法

《洛書録運法》，《洛書緯》之一，“録”或作“禄”。清代朱彝尊《經義考》收目，作《洛書禄運期》，注云：“期，或作法。”明孫瑴云：“此其書亦必有關運位，蓋隱讖存焉，而世不聞耳。”原書已佚，有日本安居香山、中村璋八《緯書集成》等輯本。

今以安居香山、中村璋八輯《緯書集成》（河北人民出版社 1994 年版）爲底本，以郭沂《孔子集語校補》爲參校本加以輯録、校勘。

孔子曰：“逢氏抱小女末喜觀帝，孔甲悦之，以爲太子履癸妃。”